GOLDMANN

W0088545

Buch

Gestützt auf jahrelange minutiöse Recherchen, schildert der amerikanische Journalist Randy Shilts die Entstehung und Ausbreitung der Jahrhundertseuche Aids. Er beschreibt die schleichende Ausbreitung des Leidens von seinen Anfängen in Afrika und San Francisco – zunächst unter Homosexuellen und Fixern – bis hin zu seiner heutigen Allgegenwart und universellen Bedrohlichkeit. Den wenigen, die verantwortungsbewußt mit der neuen Krankheit umgehen, stand die Masse der Verantwortlichen in Politik und Gesellschaft mit erschreckender Engstirnigkeit, Fahrlässigkeit und Tatenlosigkeit gegenüber. So ist es nicht verwunderlich, daß das aufrüttelnde Buch vor allem eine Anklage ist – eine Anklage gegen Politiker, Gesundheitsbehörden, Blutbanken, Ärzte, Forscher, Journalisten und Vertreter der organisierten Homosexualität. Randy Shilts belegt, daß eine epidemische Ausbreitung des Leidens, daß der qualvolle und sinnlose Tod zahlloser Opfer hätte verhindert werden können.

Sein Buch, das weltweit viel diskutiert wurde, ist schon jetzt ein Klassiker des engagierten Enthüllungsjournalismus und eine unersetzliche Quelle wichtiger Hintergrundinformationen zu dem wohl brennendsten Problem unserer Zeit, ein Meilenstein in der Auseinandersetzung zu dem Thema Aids.

...UND DAS LEBEN GEHT WEITER wurde jetzt mit großem Staraufgebot von Roger Spottiswoode erfolgreich verfilmt: »Ein Film, der längst überfällig war, den man einfach gesehen haben muß« *(Time)* – »mutig, streitbar und fesselnd« *(Rolling Stone)*.

Autor

Randy Shilts gilt als der führende Aids-Experte unter den amerikanischen Journalisten. Er schreibt seit 1982 für den »San Francisco Chronicle« ausschließlich zu diesem Thema. Für seine kritischen Reportagen wurde er mit zahlreichen Auszeichnungen bedacht.

Randy Shilts lebt heute in San Francisco.

Von Randy Shilts ist als Goldmann-Taschenbuch außerdem erschienen
Im Namen der Hoffnung (41102)

Randy Shilts

... UND DAS LEBEN GEHT WEITER

And The Band Played On

Aus dem Amerikanischen
von Hans Jürgen Baron von Koskull

GOLDMANN VERLAG

Originaltitel:
And The Band Played On: politics, people, and the AIDS epidemic
Originalverlag: St. Martin's Press, New York
Dieser Band ist bereits unter dem Titel »Aids. Die Geschichte eines großen
Versagens« als Goldmann-Sachbuch 11486 erschienen

Umwelthinweis:
Alle bedruckten Materialien dieses Taschenbuches
sind chlorfrei und umweltschonend.

Der Goldmann Verlag
ist ein Unternehmen der Verlagsgruppe Bertelsmann

© 1987 by Randy Shilts
© der deutschsprachigen Ausgabe 1988
by Wilhelm Goldmann Verlag, München
Druck: Presse-Druck Augsburg
Umschlaggestaltung: Design Team, München
Umschlagmotiv: Impuls Film
Verlagsnummer: 42669
GR · Herstellung: Sebastian Strohmaier
Made in Germany
ISBN: 3-442-42669-3

1 3 5 7 9 10 8 6 4 2

Für
Ann Neuenschwander

Inhalt

Siebter Teil:
Hoffnungen und Enttäuschungen (1984)

Achter Teil:
Die Fleischerrechnung (1985)

Epilog: Danach

Vorrede

Am 2. Oktober 1985 – am Morgen des Tages, an dem Rock Hudson starb – war das Wort in fast jedem Haus in der westlichen Welt bekannt.

AIDS.

Das Acquired Immune Deficiency Syndrome (das erworbene Immunmangelsyndrom) war für die meisten, die bis dahin etwas davon gehört hatten, kaum eine ernste Bedrohung gewesen, denn man hatte geglaubt, eine Ansteckungsgefahr bestünde nur für kleine Gruppen von Außenseitern und Asozialen. Als jedoch im Sommer 1985 plötzlich bekannt wurde, daß sich ein Filmstar mit dieser Krankheit infiziert hatte, und die Zeitungsberichte darüber nicht abrissen, wurde man sich bewußt, daß diese Epidemie jedermann bedrohte.

Auf einmal gab es Kinder mit AIDS, die zur Schule gehen wollten, Arbeiter mit AIDS, die arbeiten wollten, und Forscher, die Geldmittel brauchten. Und es gab eine Gefährdung der öffentlichen Gesundheit, die nicht länger ignoriert werden durfte. Vor allem aber wurde man sich zum ersten Mal der Tatsache bewußt, daß dieses seltsame neue Wort nie wieder aus unserem Sprachschatz verschwinden würde. AIDS würde zu einem Teil der westlichen Kultur werden und unser ganzes Leben entscheidend verändern.

Bis die Menschen das Ausmaß der Bedrohung tatsächlich begriffen, sollten noch einige Jahre vergehen, aber seit dem 2. Oktober 1985 zeichnete sich ein Bewußtseinswandel ab. Rock Hudsons Tod hatte die Aufmerksamkeit der Öffentlichkeit zum ersten Mal auf die neue tödliche Bedrohung gelenkt, und der Tag, an dem die Krankheit bei ihm diagnostiziert worden war, wurde zu einem Demarkationspunkt, der vor allem in Amerika die Geschichte in die Zeit vor AIDS und danach teilte.

Das Tragische war, daß es, als Amerika auf die Krankheit aufmerksam wurde, bereits zu spät war, etwas dagegen zu unternehmen. Das

Virus hatte sich schon über das ganze Land verbreitet und grassierte auf dem gesamten nordamerikanischen Kontinent. Die Lawine der Todesfälle, die Amerika überrollen sollte, konnte vielleicht verlangsamt, aber nicht mehr gestoppt werden.

Die AIDS-Epidemie war keineswegs aufgrund bestimmter biologischer Gegebenheiten plötzlich über die Welt hereingebrochen. Das Problem hatte sich vielmehr während der vorangegangenen Jahre allmählich zugespitzt. Die große Zahl der Todesopfer, die die Epidemie zunehmend zu fordern begann, war keine überraschend eingetretene Entwicklung, sondern wurde schon seit vielen Jahren vorausgesagt. Einige Jahre früher hätte man die Katastrophe noch verhindern können, aber 1985 war es zu spät. An dem Tage, an dem die Welt erfuhr, daß Rock Hudson sich infiziert hatte, waren schon zwölftausend Amerikaner tödlich erkrankt oder bereits an AIDS gestorben, und Hunderttausende hatten sich mit dem Virus infiziert. Aber nur wenige Menschen waren sich dessen bewußt, und niemand schien sich Sorgen um dieses Problem zu machen.

Die bittere Wahrheit war, daß AIDS sich nicht zufällig bis nach Amerika ausgebreitet hatte. Zahlreiche Institutionen hatten das zugelassen, denn sie alle hatten es versäumt, das Ihre zum Schutz der öffentlichen Gesundheit zu tun. Dieses Versagen des Gesundheitssystems hat sinnlose Leiden zur Folge, die der Westen noch über Jahrzehnte wird ertragen müssen.

Gerade in unserer Zeit gibt es in einem Land wie Amerika keine Entschuldigung für die Ausbreitung einer neuen tödlichen Seuche. Denn die Vereinigten Staaten verfügen über die besten medizinischen Einrichtungen und das umfassendste Gesundheitswesen der Welt und wären daher von Anfang an in der Lage gewesen, die Bevölkerung vor einer solchen Seuche zu schützen. Als das Virus auftauchte, gab es in der reichsten Nation der Welt die am großzügigsten finanzierten wissenschaftlichen Forschungseinrichtungen, und zwar sowohl innerhalb der für die Gesundheitsfürsorge zuständigen Regierungsbürokratie als auch in anderen Institutionen. Dort konnten neu auftauchende Krankheiten erforscht und rasch unter Kontrolle gebracht werden. Und die freieste und militanteste Presse der Welt hätte ihre Aufgabe erfüllen und dafür sorgen können, daß die von der Regierung beauftragten Forscher und die Gesundheitsämter ihre Pflicht erfüllten. Darüber hinaus hatte die von der Seuche am schwersten betroffene Gruppe der Homosexuellen zu dieser Zeit bereits eine wirksame politische Infrastruktur entwickelt, besonders in den Großstädten, wo die Krankheit zuerst und am virulentesten auftrat. Die Führer dieser Gruppe hätten bereit sein müssen, sich für die Gesundheit und das Überleben ihrer Gemeinschaft einzusetzen.

Aber als 1980 die ersten Homosexuellen an eigenartigen und ungewöhnlichen Symptomen erkrankten, vergingen noch fast fünf Jahre, bevor alle diese Institutionen – die Ärzte, die Einrichtungen der öffentlichen Gesundheitsfürsorge, die bundesstaatlichen und privaten Forschungsinstitute, die Massenmedien und die Führer der organisierten Homosexuellen – ihre Kräfte in der Weise mobilisierten, wie sie es gleich zu Beginn der Bedrohung hätten tun sollen. Die Geschichte dieser ersten fünf Jahre nach dem Auftreten der AIDS-Epidemie ist ein Drama eines beispiellosen Versagens, das zu einem sinnlosen Massensterben geführt hat.

Die Menschen starben, während die Beamten der Reagan-Administration die dringenden Bitten der Wissenschaftler, die für die Regierung arbeiteten, ignorierten und sich weigerten, ihnen die für die AIDS-Forschung erforderlichen Mittel zur Verfügung zu stellen.

Die Menschen starben, während die Wissenschaftler der Seuche nicht die notwendige Beachtung schenkten, weil sie glaubten, es sei ihrem Ansehen nicht förderlich, wenn sie sich mit einer Krankheit beschäftigten, von der nur Homosexuelle befallen wurden. Und auch nachdem sich diese Auffassung als falsch erwiesen hatte, starben die Menschen – nur weil einige Wissenschaftler und besonders diejenigen, die für die US-Regierung arbeiteten, miteinander konkurrierten, anstatt im Rahmen der internationalen Forschung zusammenarbeiteten. So verschwendeten sie ihre Energie im Kampf gegeneinander, anstatt sie zur Bekämpfung der Krankheit einzusetzen.

Die Menschen starben, während die Gesundheitsbehörden und die Politiker sich weigerten, die notwendigen einschneidenden Maßnahmen zu ergreifen, um die Ausbreitung der Epidemie zu verhindern. Denn das politisch Opportune war ihnen wichtiger als die öffentliche Gesundheitsfürsorge.

Und die Menschen starben, während die Führer der Schwulenbewegung mit der Krankheit ein politisches Spiel trieben und das politische Dogma über den Schutz menschlichen Lebens stellten.

Die Menschen starben, und niemand kümmerte sich darum, weil sich die Massenmedien davor scheuten, über Homosexuelle und besonders über die sexuellen Praktiken der Schwulen zu berichten. Zeitungen und Fernsehen vermieden es, die Krankheit zu erwähnen, bis die Zahl der Todesfälle so groß war, daß sie nicht mehr ignoriert werden konnte – und bis es sich zeigte, daß auch Menschen, die nicht irgendwelchen gesellschaftlichen Randgruppen angehörten, der Seuche zum Opfer fielen. Und während die Medien sich weigerten, die Öffentlichkeit vor der Gefahr zu warnen, blieb dem einzelnen nichts anderes übrig, als mit dem AIDS-Problem so umzugehen, wie er es selbst für richtig hielt.

In jenen ersten Jahren betrachtete die Bundesregierung AIDS als ein finanzielles Problem. Die Beamten der Gesundheitsbehörden dagegen sahen die Krankheit als politisches Problem. Die Vertreter der Schwulenbewegung betrachteten die Epidemie als ein Problem der Public Relations, und die Nachrichtenmedien sahen darin ein Problem der Homosexuellen, das niemanden sonst interessierte. So gab es nur wenige, die AIDS als das erkannten, was es wirklich war – als eine im höchsten Grad bedrohliche Krankheit, der die Medizin offensichtlich hilflos gegenüberstand.

Nur eine Handvoll mutiger Menschen aus den verschiedensten Bevölkerungsschichten wagte den Kampf gegen diese Gleichgültigkeit der Institutionen. Einzelne Wissenschaftler in den Forschungszentren Amerikas und Europas riskierten ihren guten Ruf und oft auch ihre Stellung, um sich aktiv mit der Erforschung dieser unbekannten Krankheit zu beschäftigen. In der Pionierzeit der AIDS-Forschung gab es Ärzte und Krankenschwestern, deren Engagement bei der Behandlung der Opfer weit über das hinausging, was ihre Pflicht gewesen wäre. Auch bei den Gesundheitsbehörden kämpften einzelne Beamte mutig dafür, wirksame Maßnahmen gegen die Seuche zu ergreifen. Und einige wenige Führer der Schwulenbewegung nahmen Verunglimpfungen in Kauf und setzten sich energisch dafür ein, daß man etwas gegen die Epidemie unternahm und die Geldmittel zur Verfügung stellte, die den ersten Durchbruch in der Forschung ermöglichten. Und dann gab es noch die vielen Opfer der Epidemie, die gegen Ablehnung, Furcht, Isolation und gegen ihre eigene Todesangst kämpften und versuchten, die Menschen wachzurütteln und ihr Verständnis zu gewinnen.

Ihr Kampf macht die Geschichte der AIDS-Epidemie zu einer Geschichte der Tapferkeit und der Feigheit, des Mitleids und der Bigotterie, der Inspiration und der Käuflichkeit, der Erlösung und der Verzweiflung.

Es ist eine Geschichte, die erzählt werden muß, damit sie sich niemals wiederholt – nirgendwo auf der Welt.

14

Die Personen der Handlung

DR. FRANCOISE BARRE, wissenschaftliche Forscherin am Pasteur Institut. Ihr ist es als erster gelungen, den AIDS-Virus nachzuweisen.

DR. BOB BIGGAR, Forscher an der Abteilung für Umwelt-Epidemiologie am *National Cancer Institute*.

FRANCES BORCHELT, eine Großmutter aus San Francisco.

DR. EDWARD BRANDT, Abteilungsleiter im amerikanischen Gesundheitsministerium.

JOE BREWER, ein homosexueller Psychotherapeut aus der Gegend der Castro Street in San Francisco.

HARRY BRITT, der einzige Stadtrat von San Francisco, der sich offen zur Homosexualität bekennt.

PHILIP BURTON, ein überzeugter Liberaler, der San Francisco als Abgeordneter im amerikanischen Kongreß vertritt.

SALA BURTON, die die Nachfolge ihres Mannes im amerikanischen Kongreß angetreten hat.

MICHAEL CALLEN, ein Rocksänger, der die Organisation *People With AIDS Coalition* in New York ins Leben gerufen hat.

LU CHAIKIN, eine lesbische Psychotherapeutin aus der Gegend der Castro Street in San Francisco.

DR. JEAN-CLAUDE CHERMANN, Mitarbeiter in dem Team des *Pasteur-Instituts*, das als erstes den AIDS-Virus nachweisen konnte.

DR. MARCUS CONANT, Dermatologe an der University of California in San Francisco.

DR. JAMES CURRAN, Epidemiologe und Leiter der AIDS-Forschung an den *U. S. Centers for Disease Control* in Atlanta.

WILLIAM DARROW, Soziologe und Epidemiologe, der an der AIDS-Forschung an den *Centers for Disease Control* beteiligt ist.

DR. WALTER DOWDLE, Direktor des *Center for Infectious Diseases*.

DR. SELMA DRITZ, stellvertretende Direktorin des *Bureau of Communicable Disease Control* am Gesundheitsamt von San Francisco.

GAETAN DUGAS, Steward bei der französisch-kanadischen Fluggesellschaft *Air Canada*, einer der ersten Nordamerikaner, bei dem eine AIDS-Infektion diagnostiziert worden ist.

DR. MYRON »MAX« ESSEX, Retrovirologe an der *Harvard University School of Public Health*.

SANDRA FORD, Drogentechnikerin an den *Centers for Disease Control*.

DR. WILLIAM FOEGE, in den ersten Jahren nach Beginn der AIDS-Epidemie Direktor der *Centers for Disease Control*.

DR. DONALD FRANCIS, Retrovirologe, der die Forschungsarbeiten über AIDS in den Laboratorien der *Centers for Disease Control* leitete.

DR. ROBERT GALLO, Retrovirologe am *National Cancer Institute* in Bethesda.

DR. MICHAEL GOTTLIEB, Immunologe an der *University of California* in Los Angeles.

ENRIQUE »KICO« GOVANTES, ein homosexueller Künstler aus San Francisco, Liebhaber von Bill Kraus.

DR. JAMES GROUNDWATER, Dermatologe, der den ersten in San Francisco gemeldeten AIDS-Fall behandelt hat.

DR. MARY GUINAN, Epidemiologin, die sich an den ersten AIDS-Forschungen an den *Centers for Disease Control* beteiligt hat.

MARGARET HECKLER, amerikanische Gesundheitsministerin von Anfang 1983 bis Ende 1985.

KEN HORNE, der erste in San Francisco gemeldete AIDS-Patient.

DR. HAROLD JAFFE, Epidemiologe und Mitarbeiter am AIDS-Programm der *Centers for Disease Control*.

CLEVE JONES, ein homosexueller Aktivist in San Francisco, der die *Kaposi's Sarcoma Research and Education Foundation* ins Leben gerufen hat.

LARRY KRAMER, Romanschriftsteller, Drehbuchautor und Filmproduzent, der die Organisation *Gay Men's Health Crisis* in New York City ins Leben gerufen hat.

BILL KRAUS, prominenter Führer der organisierten Homosexuellen in San Francisco, Mitarbeiter der Abgeordneten Philip und Sala Burton.

MATTHEW KRIEGER, Gebrauchsgraphiker aus San Francisco, Liebhaber von Gary Walsh.

DR. MATHILDE KRIM, bekannte Krebsforscherin, Begründerin der *AIDS Medical Foundation*.

16

DR. DALE LAWRENCE, der für die *Centers for Disease Control* die ersten Untersuchungen über AIDS bei Blutern und Empfängern von Bluttransfusionen vorgenommen hat.

MICHAEL MALETTA, Friseur aus San Francisco, einer der ersten AIDS-Patienten.

DR. JAMES MASON, Direktor der *Centers for Disease Control* seit Ende 1983, wurde 1985 Abteilungsleiter im Gesundheitsministerium.

RODGER MCFARLANE, leitender Direktor der Organisation *Gay Men's Health Crisis* in New York City.

DR. DONNA MILDVAN, AIDS-Forscherin am *Bet Israel Medical Center* in Manhattan.

DR. LUC MONTAGNIER, Leiter der Forschungsgruppe am *Pasteur-Institut*, die das AIDS-Virus zum ersten Mal isoliert hat.

JACK NAU, einer der ersten AIDS-Patienten in New York City, ein ehemaliger Liebhaber von Paul Popham.

ENNO POERSCH, ein Gebrauchsgraphiker, der sich nach dem Tod seines Geliebten Nick Anfang 1981 aktiv an der Kampagne der Bekämpfung von AIDS beteiligt hat.

PAUL POPHAM, ein Geschäftsmann an der New Yorker Wall Street, Präsident der Organisation *Gay Men's Health Crisis*.

DR. GRETHE RASK, dänische Ärztin in Zaïre, die erste AIDS-Patientin aus dem Westen, die nachgewiesenermaßen an dieser Krankheit gestorben ist.

DR. WILLY ROZENBAUM, führender AIDS-Kliniker in Paris.

DR. ARYE RUBINSTEIN, Immunologe im New Yorker Stadtteil Bronx, einer der ersten Ärzte, die AIDS bei Kindern festgestellt haben.

DR. DAVID SENCER, Leiter des Gesundheitsamts der Stadt New York.

DR. MERVYN SILVERMAN, Direktor des Gesundheitsamts der Stadt San Francisco.

DR. PAUL VOLBERDING, Direktor der AIDS-Klinik im San Francisco General Hospital.

GARY WALSH, ein homosexueller Psychotherapeut aus San Francisco, der sich als einer der ersten darum bemüht hat, AIDS-Patienten zu organisieren.

HENRY WAXMAN, Kongreßabgeordneter aus Los Angeles, Vorsitzender des Unterausschusses für Gesundheit und Umwelt.

DR. JOEL WEISMAN, ein angesehener homosexueller Arzt in Los Angeles, einer der ersten, die festgestellt haben, daß die Krankheit AIDS in eine Epidemie ausartet.

RICK WELLIKOFF, ein Lehrer aus Brooklyn, einer der ersten AIDS-Kranken in Amerika, ein enger Freund von Paul Popham.

TIM WESTMORELAND, Berater des Unterausschusses für Gesundheit und Umwelt im Repräsentantenhaus der Vereinigten Staaten.

DR. DAN WILLIAM, ein angesehener homosexueller Arzt in New York City.

Die Gesundheitsbehörden in den USA

In der Administration der Vereinigten Staaten sind die Gesundheits-ämter dem *U.S. Department of Health and Human Services* (HHS), dem amerikanischen Gesundheitsministerium, unterstellt. Die wich-tigsten wissenschaftlichen Forschungseinrichtungen im Gesundheits-wesen werden betreut vom *U.S. Public Health Service* (PHS). Diese Behörde wird geleitet von dem Abteilungsleiter für Gesundheit im Gesundheitsministerium *(Department of Health and Human Servi-ces)*. Die *National Institutes of Health* (NIH), die *Food and Drug Administration* (FDA) und die *Centers for Disease Control* (CDC) gehören zum PHS.

Die *National Institutes of Health* bestehen aus mehreren verschiede-nen Einrichtungen, die den größten Teil der unter der Aufsicht der Regierung stehenden Laboratoriumsforschung auf dem Gebiet der öffentlichen Gesundheit leisten. Die beiden größten Institute der NIH haben sich auch am intensivsten mit der AIDS-Forschung beschäftigt: das *National Cancer Institute* (NCI) und das *National Institute of Allergy and Infectious Disease* (NIAID).

Die *Centers for Disease Control* umfassen mehrere Zentren, die sich mit den verschiedensten Problemen der öffentlichen Gesundheits-pflege beschäftigen. Das größte ist das *Center for Infectious Diseases* (Zentrum für Infektionskrankheiten). Hier ist schon fast seit Beginn der Epidemie AIDS-Forschung betrieben worden. Die *Kaposi Sar-coma-Opportunistic Infections Task Force* (KSOI Task Force), die später in *AIDS Task Force* umbenannt wurde und schließlich *AIDS Activities Office* hieß, war Teil des CID.

Die *Kaposi's Sarcoma Research and Education Foundation* (KS Foun-dation) wurde 1982 in San Francisco ins Leben gerufen. 1983 spaltete sich diese Organisation in die *National Kaposi's Sarcoma/AIDS Research and Education Foundation (National KS Foundation)*, die sich 1984 auflöste, und die San Francisco *Kaposi's Sarcoma/AIDS*

Research Foundation auf. Diese letztere Gruppe änderte dann ihren Namen in *San Francisco AIDS Foundation*.

1983 wurde in New York City die *AIDS Medical Foundation* gegründet. 1985 vereinigte sie sich mit der *National AIDS Research Foundation* unter der neuen Bezeichnung *American Foundation for AIDS Research* (AmFAR).

ERSTER TEIL

Siehe ein fahles Pferd

Und ich sah, und siehe, ein fahles Pferd. Und der darauf saß, des Name hieß Tod, und die Hölle folgte ihm nach. Und ihnen ward Macht gegeben, zu töten das vierte Teil auf der Erde mit dem Schwert und Hunger und mit dem Tod und durch die Tiere auf Erden.

Offenbarung 6, 8.

1. Das Fest der Herzen

4. Juli 1976, Der Hafen von New York

Hohe Segel durchschnitten die dunkle, purpurfarbene Nacht, Raketen stiegen zum Himmel auf, zerplatzten und versprühten rote, weiße und blaue Sterne über der hochaufragenden Freiheitsstatue. Es war, als beobachtete die ganze Welt dieses Schauspiel. Schiffe von fünfundfünfzig Nationen waren in den Hafen eingelaufen, und ihre Matrosen mischten sich unter die Millionen von Menschen in Manhattan, die das größte pyrotechnische Wunderwerk bestaunten – zur Feier des zweihundertjährigen Geburtstages der USA. Bis zum frühen Morgen drängten sich die Seeleute in den Bars. Alle waren sich einig: New York City veranstaltete hier die größte Party, die es je gegeben hatte. Und die Gäste kamen aus allen Ländern der Welt.

Das war es, worüber auch die Epidemiologen sprachen, als sie später in langen nächtlichen Gesprächen darüber diskutierten, wo und wann es begonnen habe. Sie dachten dabei an die großartige nächtliche Feier im Hafen von New York, an all die Matrosen, und erinnerten sich: Sie kamen aus allen Ländern der Welt nach New York.

Heiligabend 1976 Kinshasa, Zaire

Über der afrikanischen Stadt wölbte sich ein schwarzer Himmel, und es war drückend heiß; nichts erinnerte an Weihnachten.

Die feuchte Hitze in der unter dem Äquator gelegenen Hauptstadt steigerte noch das Heimweh des dänischen Arztes, Dr. Ib Bygbjerg. Dr. Grethe Rask wollte ihren jungen Kollegen ein wenig aufmuntern und bereitete in der Küche ein Abendessen, wie es in Dänemark zu Weihnachten, dem »Fest der Herzen«, Tradition ist.

Diese Weihnachtsvorbereitungen weckten in der Ärztin die Erinnerungen an ihre Kindheit in Thisted, dem alten jütländischen Hafen am

23

Lim Fjord. Grethe Rask wußte, das Hauptgericht mußte aus Geflügel bestehen. In Jütland wäre es eine gebratene Gans oder eine Ente gewesen, doch in Zaire mußte ein Hähnchen genügen. Während sie es zubereitete, überkam Grethe die gewohnte schwere Müdigkeit, unter der sie schon seit zwei Jahren litt und gegen die sie stets vergeblich ankämpfte.

Grethe legte sich erschöpft auf ihr Bett. Sie gehörte zu den dänischen Ärzten, die die belgischen Kollegen abgelöst hatten. Diese junge Nation wollte die Kolonialzeit vergessen und daher nichts mehr von den Belgiern wissen. Grethe war zum ersten Mal 1964 nach Zaire gekommen, um sich dann eine Zeitlang in Europa in den Fächern Magenchirurgie und tropische Krankheiten fortzubilden. Jetzt lebte sie wieder seit vier Jahren in Zaire, aber trotz ihres langjährigen Aufenthalts in Afrika war sie die typische Dänin geblieben, die stolz darauf war, nördlich des Fjords geboren zu sein. Die Menschen, die nördlich des Lim Fjords leben, gelten als direkt, entschlossen, unabhängig und freimütig. Sie betrachten die Jütländer, die weiter südlich leben, als Schwächlinge. Grethe Rask aus Thisted war eine typische Vertreterin ihres Stammes.

Das erklärte auch, warum sie jetzt hier in Zaire arbeitete, achttausend Kilometer von ihrer Heimat entfernt, wo sie in den modernen Kopenhagener Krankenhäusern eine glänzende Karriere als Ärztin hätte machen können. Aber das Leben dort hätte es mit sich gebracht, daß andere ihr über die Schulter schauten und ihr Befehle gaben. Sie zog es vor, in einem primitiven Krankenhaus im abgelegenen Dorf Abumombazi im Norden von Zaire zu arbeiten. Hier trug sie allein die Verantwortung für alles, was geschah.

Die Verhältnisse im Krankenhaus von Abumombazi waren nicht ganz so primitiv wie in anderen Kliniken des Landes. Ein prominenter zairischer General stammte aus dieser Gegend. Ihm war es gelungen, eine weiße Ärztin für die Arbeit in diesem Dorf zu gewinnen, und nun arbeitete Grethe hier zusammen mit belgischen Nonnen. Was das Material betraf, mußte sie ihre Ansprüche gewaltig zurückschrauben. Man befand sich hier schließlich in Zentralafrika, und auch in einer relativ gut ausgestatteten Klinik gab es keine sterilen Gummihandschuhe oder Einwegspritzen. Man verwendete immer wieder die gleichen Nadeln, bis sie unbrauchbar geworden waren. Wenn die Gummihandschuhe zerrissen, mußte es der Chirurg in Kauf nehmen, sich die Hände mit dem Blut seines Patienten zu beschmieren. Das Fehlen notwendigen Materials bedeutete, daß der Chirurg Risiken eingehen mußte, die sich ein Arzt in den hochentwickelten Industrieländern kaum vorstellen konnte, weil in den unterentwickelten Ländern, und zwar gerade in Zentralafrika, mit alptraumhafter Regelmäßigkeit immer wieder neue Krankheiten zu entstehen schienen. Am Anfang des gleichen Jahres hatte nicht weit von Abumombazi in einem Dorf am Fluß Ebola an der Grenze zum Sudan der Ausbruch einer schweren neuen Krankheit bewiesen, welche Gefahren die primitive medizinische Versorgung und die Infizierung der Patienten mit neuen Viren mit sich brachten. Ein Händler aus dem Dorf Enzara, der unter hohem Fieber und starken, nicht zu stillenden Blutungen litt, war in die Ausbildungsklinik für Krankenschwestern in Maridi eingeliefert worden. Der Mann hatte sich augenscheinlich beim Geschlechtsverkehr infiziert. Schon nach wenigen Tagen erkrankten jedoch vierzig Prozent der Schwesternschülerinnen in Maridi an dem gleichen Fieber, weil sie bei der normalen Versorgung des Mannes oder durch versehentliche Verletzungen mit Injektionsnadeln mit dem infizierten Blut des Patienten in Berührung gekommen waren.

Zu Tode erschrockene afrikanische Gesundheitsbehörden unterdrückten ihren Stolz und wandten sich an die Weltgesundheitsorganisation, die einige Fachleute aus den amerikanischen Zentren für Seuchenbekämpfung nach Zaire schickte. Als die jungen amerikanischen Ärzte dort eintrafen, waren neununddreißig Krankenschwestern und zwei Ärzte gestorben. Das Ärzteteam griff sofort ein und isolierte alle an Fieber erkrankten Patienten. Die Schwarzen protestierten wütend, als die Amerikaner die rituelle Beisetzung der Opfer verboten, weil die Krankheit durch das traditionelle Waschen der Leichen weiterverbreitet werden konnte. Schon nach wenigen Wochen hatte man die Seuche im Griff. Am Ende waren dreiundfünfzig Prozent der mit dem sogenannten Ebola-Virus infizierten Personen gestorben, das heißt, es waren einhundertdreiundfünfzig Menschenleben zu beklagen, bevor die Seuche ebenso geheimnisvoll verschwand wie sie gekommen war. Dieses neue Virus wurde durch Sex und Blutkontakt übertragen, und Jahre später sprachen die Ärzte noch erleichtert davon, welches Glück es für die Menschheit gewesen sei, daß diese neue tödliche Krankheit in einem so entlegenen Teil der Welt ausgebrochen und so rasch zum Verlöschen gebracht worden war. Wäre das gleiche in der Nähe eines größeren Verkehrsknotenpunktes geschehen, dann hätte eine furchtbare Epidemie ausbrechen können. Angesichts der modernen Verkehrswege und der raschen Verbindungsmöglichkeiten mit dem Düsenflugzeug gab es auf dieser Erde kaum noch einen

Ort, der von der übrigen Welt völlig isoliert war. So konnte es auch nie wieder geschehen, daß bestimmte Krankheiten jahrhundertelang nur ein Volk in einem fernen Land heimsuchten, ohne einen Weg zu finden, sich über den ganzen Planeten auszubreiten.

Die Schlacht zwischen den Menschen und der Krankheit wurde nirgends mit größerer Erbitterung ausgefochten als hier im tropischen äquatorialen Klima, wo Hitze und Feuchtigkeit die Entstehung neuer Lebensformen begünstigen. Ein Historiker hat einmal gesagt, die Menschen, die sich vor Jahrmillionen in Afrika entwickelten, seien nur deshalb gen Norden – nach Asien und Europa – gezogen, um in einem Klima zu leben, das den tödlichen Mikroben der Tropen weniger günstige Lebensbedingungen bot.

Hier, also in einem Gebiet, in dem sie mit den härtesten medizinischen Realitäten der Welt konfrontiert wurde, behandelte Grethe Rask ihre Patienten. Während des dreijährigen Aufenthalts in Abumombazi hatte sie sich mit aller ihr zur Verfügung stehenden Energie für den Bau eines Urwaldkrankenhauses eingesetzt, und die schwarze Bevölkerung vergötterte sie geradezu. Dann kehrte sie in das dänische Rotkreuz-Krankenhaus zurück, das größte medizinische Institut in der übervölkerten Stadt Kinshasa, um die Aufgaben des Chefs der Chirurgischen Klinik zu übernehmen. Hier lernte sie Ib Bygbjerg kennen, der bis dahin an einem anderen ländlichen Außenposten gearbeitet hatte. Niemand hätte vermutet, daß der zierliche schwarzhaarige Bygbjerg ein Däne war. Er selbst glaubte, einer seiner Vorfahren sei vielleicht ein spanischer Seemann gewesen, den es vor Jahrhunderten nach Dänemark verschlagen hatte. Grethe Rask dagegen war von ihrem Aussehen her eine typische Frau aus Thisted mit hohen Backenknochen und männlich wirkenden kurzgeschnittenen blonden Haaren.

An jenem Weihnachtsabend hatte Bygbjerg den Eindruck, daß es mit Grethe Rask nicht zum besten stand. Sie war sehr mager und nahm ständig weiter ab, weil sie an einem chronischen Durchfall litt. Dieser Zustand plagte sie, seit sie vor mehr als zwei Jahren aus dem abgelegenen Dorf im Norden zurückgekehrt war. 1975 war nach einer Behandlung mit Medikamenten eine leichte Besserung eingetreten, aber seit einem Jahr schien nichts mehr helfen zu wollen. Sie nahm weiter ab und wurde von Tag zu Tag schwächer.

Noch alarmierender war der Zustand ihres Lymphsystems, der Drüsen, die eine entscheidende Rolle bei der Immunreaktion des Körpers auf Krankheitserreger spielen. Normalerweise schwillt ein Lymphknoten an, um irgendeine Infektion zu bekämpfen, und es entsteht eine kleine Verhärtung am Hals, unter einem Arm oder vielleicht in der Leistengegend. Doch hier ließ sich für diese Schwellungen keine Ursache feststellen. Man konnte nirgends eine Infektion diagnostizieren, geschweige denn einen Grund dafür, daß die Lymphknoten an ihrem ganzen Körper sich vergrößert hatten.

Die ständige Müdigkeit war der beunruhigendste Aspekt dieser Erkrankung. In ihren besten Zeiten hatte es für die Ärztin nie so etwas wie Erholung gegeben. Aber auch an diesem Tag, an dem sie eigentlich keinen Dienst hatte, arbeitete sie ohne Pause. Sie arbeitete ständig, und in diesem Teil der Welt konnte niemand etwas dagegen sagen, denn es gab immer sehr viel zu tun. Doch Bygbjerg wußte, daß ihr Erschöpfungszustand nicht die Folge von Überarbeitung war. Grethe Rask war ihr ganzes Leben ein erstaunlich gesunder Mensch gewesen und hatte immer hart arbeiten müssen. Nein, diese Müdigkeit hatte irgendeine im Dunklen liegende Ursache. Sie war immer gegenwärtig, lastete auf jeder ihrer Bewegungen und verhöhnte den Tätigkeitsdrang der Ärztin.

Grethe Rask war weder sentimental noch besonders religiös, aber sie hatte ihrem jungen Kollegen eine Freude machen wollen. Nun lag sie bewegungslos und wie gelähmt auf dem Bett. Nach zwei Stunden stand sie mühsam auf und stellte sich wieder an den Herd. Bygbjerg war überrascht, daß sie sich zu elend fühlte, um an einem so wichtigen Tag wie diesem wachzubleiben.

NOVEMBER 1977, HJARDEMAAL, DÄNEMARK

Ein eisiger arktischer Wind fegte über die kahle Heide und um ein kleines, weißgetünchtes Haus, das drei Kilometer entfernt von der nächsten menschlichen Behausung in der einsamsten Gegend von Dänemark nördlich des Lim Fjords lag. Der Sturm wehte von der Nordsee her über die Sanddünen und die niedrigen Krüppelkiefern und rüttelte an den Hauswänden. Im Inneren des Hauses unter dem roten Ziegeldach lag Grethe Rask mit einer Sauerstoffflasche auf ihrem Bett und rang nach Atem.

»Ich möchte lieber zu Hause sterben«, hatte sie Ib Bygbjerg ganz sachlich erklärt.

Ihre Ärzte stimmten nur darin überein, daß diese Frau keine Überlebenschancen mehr hatte. Ansonsten standen sie der Krankheit ratlos gegenüber. Auch der kürzlich aus Afrika zurückgekehrte Bygbjerg zerbrach sich vergeblich den Kopf und fand keine Erklärung für den

27

rätselhaften Gesundheitszustand von Grethe. Aus den Krankheitssymptomen ließ sich keine zutreffende Diagnose ableiten. Anfang 1977 schien eine Besserung eingetreten zu sein. Die Schwellungen der Lymphknoten waren zurückgegangen, obwohl die Ermattung zunahm. Aber sie hatte weitergearbeitet und Anfang Juli einen kurzen Urlaub in Südafrika genommen.

Doch plötzlich hatte sie nicht mehr atmen können. Zutiefst erschrocken flog sie nach Kopenhagen und mußte während des Fluges mit Sauerstoff beatmet werden. Inzwischen waren Monate vergangen, und die fähigsten dänischen Spezialisten hatten sich um eine Diagnose der Krankheit ihrer Kollegin bemüht. Doch keiner von ihnen konnte sagen, weshalb diese Frau, bei der keine Krankheitssymptome festzustellen waren, sterben sollte. Doch plötzlich tauchten die ungewöhnlichsten Erscheinungen auf. In ihrer Mundhöhle entdeckte man eine Pilzinfektion. Im Blut wurden Staphylokokken festgestellt. Serumtests zeigten, daß ihr Immunsystem irgendwie aus dem Gleichgewicht geraten war. In ihrem Körper herrschte ein Mangel an T-Zellen, deren wichtigste Aufgabe es ist, Infektionen zu bekämpfen. Doch Probeexzisionen zeigten, daß sie nicht unter einem Krebs der Lymphknoten litt, was nicht nur den T-Zellenmangel erklärt hätte, sondern auch die offensichtliche Unfähigkeit ihres Körpers, Infektionen abzuwehren. Die Ärzte konnten ihr nur sagen, daß sie an einer fortschreitenden Lungenerkrankung litt, deren Ursache sich nicht ergründen ließ. Und die Antwort auf ihre direkte Frage, ob sie sterben würde, lautete: Ja.

Schließlich wurden ihr die unaufhörlichen Untersuchungen und Fragen der Kopenhagener Ärzte zuviel, und sie zog sich in ihr kleines Landhaus in der Nähe von Thisted zurück. Ein Landarzt versorgte sie mit Sauerstoffflaschen. Grethes langjährige Freundin, eine Krankenschwester in einer nahegelegenen Klinik, betreute sie. Während Grethe in dem einsamen, weißgetünchten Hause lag und die von der Nordsee herüberwehenden Winde Jütland den ersten Schnee dieses Winters brachten, dachte sie an die Jahre, die sie in Afrika zugebracht hatte.

Ib Bygbjerg, der jetzt an der Universitätsklinik in Kopenhagen arbeitete, machte sich große Sorgen um seine Freundin. Die zwischen den Eintragungen auf ihren Karteikarten versteckten Geheimnisse mußten sich entschlüsseln lassen. Vielleicht war es irgendein ganz gewöhnlicher tropischer Bazillus, den man übersehen hatte. Dann wäre ihre Heilung kein Problem mehr, und sie alle würden nur noch darüber lächeln, wie leicht es sich hatte lösen lassen, und am Fest der Herzen ein Glas Rotwein trinken und den Gänsebraten genießen.

Bygbjerg sprach mit den Ärzten, und die Ärzte versuchten, Grethe Rask zu überreden. Schließlich kehrte sie widerwillig in das alte *Rigshospitalet* nach Kopenhagen zurück – in der Hoffnung, daß es vielleicht doch noch eine Chance gab.

Bygbjerg hat es sich nie verzeihen können, daß er sie damals aus dem Haus am Fjord nach Kopenhagen geholt hat. Die virulenten Mikroorganismen, die ihren Körper zerstörten, ließen sich mit den zahlreichen Tests, die sie in ihren letzten Tagen noch ertragen mußte, nicht zum Vorschein bringen. Am 12. Dezember 1977, nur zwölf Tage vor dem Fest der Herzen, starb Margrethe P. Rask im Alter von siebenundvierzig Jahren.

Dieses Ereignis veranlaßte Bygbjerg, sein Leben von nun an der Erforschung tropischer Krankheiten zu weihen. Er wollte wissen, welcher mikroskopische Freibeuter aus dem afrikanischen Urwald seiner besten Freundin das Leben genommen hatte, einer Frau, die sich mit solcher Hingabe bemüht hatte, anderen zu helfen.

Bei der Autopsie stellte sich heraus, daß die Lungen von Grethe Rask von Millionen Organismen überschwemmt waren, welche die Bezeichnung *Pneumocystis carinii* trugen. Sie waren die Ursache für eine seltene Form der Pneumonie gewesen, an der die Frau langsam erstickt war. Aus der Diagnose ergaben sich mehr Fragen als Antworten. Bygbjerg stand vor einem Rätsel und wollte diese Krankheit näher erforschen, aber erfahrene Professoren rieten ihm ab und meinten, er solle sich lieber mit der Malaria beschäftigen. Sie sagten, es habe keinen Sinn, seine Zeit mit der *Pneumocystosis* zu vergeuden, denn diese Krankheit käme zu selten vor.

ZWEITER TEIL

Vor 1980

Die ganze Geschichte läßt sich ohne weiteres an den Biographien weniger tapferer und entschlossener Persönlichkeiten ablesen.

Ralph Waldo Emerso..

2. Herrliche Tage

29. JUNI 1980, SAN FRANCISCO

Nachdem die Sonne den Morgennebel aufgelöst hatte, war die Luft so kristallklar, daß man fürchten mußte, sie werde zerbrechen, wenn man sie zu intensiv anstarrte. Über der Silhouette der Stadt erhob sich die Transamerikapyramide, und die Brücken spannten sich bis zu den Bergen hin, die in der frühsommerlichen Hitze in einem sanften goldenen Glanz aufleuchteten. Regenbogenflaggen flatterten in der sanften Brise.

Für sieben Männer war es der Beginn eines besonderen Tages. Bill Kraus, soeben zurückgekehrt von seinem neuen Triumph in Washington, D. C., konnte es kaum erwarten, am unteren Ende der Market Street seinen Platz an der Spitze der größten Parade einzunehmen, die San Francisco je gesehen hatte. Und es gab viel zu feiern.

In seiner Wohnung an der Castro Street im Herzen des Schwulenghettos von San Francisco wartete Cleve Jones ungeduldig darauf, daß sein Geliebter aus dem Bett kam. Niemand, nicht einmal der schöne Junge, der sich neben ihm in seinem Bett räkelte, würde ihn dazu bringen, sich an diesem aufregenden Tag zu verspäten. Cleve freute sich auf den Anblick Tausender von Homosexuellen. Vor genau einem Jahr war er der Anführer der Gruppe von Schwulen gewesen, die das Rathaus gestürmt hatte. Inzwischen hatte er sich allerdings zum ehrbaren Mitarbeiter eines der mächtigsten Politiker in Kalifornien gemausert. Doch das sei kein Verrat an der Sache seiner Freunde, behauptete Cleve schelmisch, damit beginne nur ein neues Kapitel in seinem legendären Lebenslauf. »Wir treffen uns bei der Parade«, rief er seinem schläfrigen Freund zu und lief zur Tür. »Ich darf mich nicht verspäten.«

Einige Häuserblocks weiter wartete Dan William auf David Ostrow. Die beiden Ärzte waren nach San Francisco gekommen, um an

33

einer Konferenz schwuler Ärzte an der *State University* teilzunehmen. Zu Hause in New York beteiligten sich nur etwa dreißigtausend an den von Homosexuellen veranstalteten Paraden. Dan William versuchte sich vorzustellen, wie eine Parade mit vielen hunderttausend schwulen Teilnehmern aussehen werde. Nach allem, was er wußte, war David Ostrow froh, daß es in Chicago keine Paraden gab wie in San Francisco; so etwas war dort nicht möglich.

In seiner Wohnung an der California Street betrachtete Gaetan Dugas, der als Steward für eine Luftfahrtgesellschaft arbeitete, aufmerksam sein Gesicht im Spiegel. Die Narbe unter seinem Ohr war kaum mehr zu erkennen. Bald würde sie völlig abgeheilt sein. Um diesen Tag hier mitzuerleben, hatte er die weite Reise von Toronto nicht gescheut, und im Augenblick wollte er nicht mehr an die beunruhigenden Dinge denken, die er vor ein paar Wochen von seinen Ärzten erfahren hatte.

Für den zweiundzwanzigjährigen Kico Govantes im Mission District war die *Gay Freedom Day Parade* das Ereignis, auf das er während der ganzen fünf Wochen, die er schon in San Francisco war, ungeduldig gewartet hatte. Kico hatte seine Homosexualität an dem kleinen College in Wisconsin nur in vorsichtigen, kleinen Schritten entdecken können, aber nun durfte er sie stolz zur Schau stellen. Vielleicht würde er unter den Tausenden, die während der vergangenen Woche in die Stadt geströmt waren, den Geliebten finden können, den er sich wünschte.

Vorher.
Das war das Wort, das im Leben von Millionen amerikanischer Bürger, besonders aber der schwulen Amerikaner, einen entscheidenden Wendepunkt bezeichnen sollte. Auch nach Ausbruch der Epidemie ging das Leben weiter. Und es gab schöne Erinnerungen an die Zeit *vorher*.

Vorher und *danach*. Die Seuche sollte das Leben vieler Menschen in zwei Abschnitte zerreißen, ähnlich wie ein großer Krieg oder eine Depression.

Vorher, das bedeutete Unschuld und Exzeß, Idealismus und Hybris. Doch vor allem war es eine Zeit, in der man noch nicht an den Tod denken mußte. Aber an diesem sonnigen Morgen drängte sich der Tod bereits durch die Menge wie ein rücksichtsloser Tourist, der einen günstigen Platz ergattern will. Seine Gegenwart war noch nicht deutlich sichtbar. Vielleicht zwanzig oder dreißig schwule Männer, die an einer nicht näher zu definierenden Krankheit litten, waren unmerklich von ihm angerührt worden. Und in ihnen begegneten sich an diesem Tag Zukunft und Vergangenheit.

Leute wie Bill Kraus und Cleve Jones, Dan William und David Ostrow hatten in jüngster Zeit Triumphe erlebt, die sie sich in ihren kühnsten Träumen nicht erhofft hatten. Doch die Zukunft würde sie vor Herausforderungen stellen, die alles übertrafen, was sie jemals gefürchtet hatten. Für sie und für Millionen anderer, die glaubten, sie hätten mit dieser Art Leben in San Francisco nichts zu tun, würde dieses Jahr die letzten ungetrübten Erinnerungen an die Zeit vorher bringen. Doch dann würde nichts mehr so sein, wie es gewesen war.

Bill Kraus sah die Market Street hinauf in Richtung auf den Castro District, aber das Ende der in einer langen Kolonne auf das Stadtzentrum von San Francisco vorrückenden Menge, die sich an der Freiheitsparade der Homosexuellen beteiligte, war nicht zu erkennen. Bill fuhr sich mit den Fingern durch sein dichtes, krauses braunes Haar und war glücklich. Er war überzeugt, für einen Homosexuellen habe es noch nie einen besseren Ort und eine günstigere Zeit gegeben als hier in dieser schönen Stadt und an diesem herrlichen Tag, an dem sich alle Schwulen, so sehr ihre Meinungen auch sonst auseinandergehen mochten, unter einer Losung vereinigten. *Jetzt brauchen wir uns nicht mehr zu verstecken.*

In der vordersten Reihe hinter dem Transparent der schwulen und lesbischen Delegierten zum Parteitag der Demokraten von 1980 stand Bill Kraus und dachte daran, welchen Weg er bis zu diesem Tage und zu dieser Parade zurückgelegt hatte. Vor allem erinnerte er sich an das Versteckspiel und die namenlose Furcht, die ihn beherrscht hatte, weil er ein Homosexueller war. Jahrelang hatte er nicht über seine Veranlagung sprechen können. Was noch schlimmer war, er hatte es sich sogar selbst nicht eingestanden.

Jetzt fiel es ihm schwer, die Furcht und den Selbsthaß jener hoffnungslosen Jahre auszuloten. Diese ganze Zeit war für ihn nur noch ein Traum, eine Erinnerung, die in seinem heutigen Bewußtsein keinen Platz mehr hatte.

Manchmal überlegte er sich, was er in all jenen Jahren überhaupt gedacht hatte. Wovor hatte er sich so sehr gefürchtet? Es lag nicht nur daran, daß er Katholik war. Die Auswirkungen seiner Erziehung in Cincinnati an kirchlichen Schulen verflüchtigten sich schon

35

wenige Monate nach seinem Eintritt in die Staatliche Universität von Ohio im Jahr 1968. Hier ließ er sich das Haar lang wachsen und folgte dem Aufruf jenes Liedes von Bob Dylan, das er immer wieder auf seinem Stereogerät abspielte. »Die Ersten werden die Letzten sein«, hatte Dylan gesagt. Die Zeiten änderten sich. Er hatte diese Botschaft nie verstanden, nicht in den Jahren der Protestmärsche gegen den Vietnamkrieg und des verstärkten gesellschaftlichen Engagements. Dies hatte sich erst geändert, als Bill vor zehn Jahren nach Berkeley gegangen war und die Castro Street und den Anbruch eines neuen Zeitalters erlebt hatte.

Dort hatte Bill Harvey Milk, einen älteren Mann, der ein Fotogeschäft führte, kennengelernt, und dieser hatte ihn gelehrt, wie man einen politischen Kampf führt. Bill hatte gelernt, mit der Bevölkerung Kontakt aufzunehmen, Kandidatenlisten zu studieren und Koalitionen zu bilden. Er hatte gesehen, welche Macht jeder einzelne hat, daß jeder seinen Einfluß geltend machen kann, wenn er nur an seine Sache glaubt und ihr selbst eine Chance gibt. Der Satz »Wir können es ändern« wurde zum ersten Artikel in seinem politischen Katechismus. Jetzt wiederholte Bill diesen Satz in jeder Rede, und an diesem Tag der Freiheit für die Schwulen war er mehr denn je von seiner Richtigkeit überzeugt. So vieles war in den vergangenen drei Jahren geschehen – die Wahl von Harvey Milk zum Kreisverwaltungsvorstand, mit der zum ersten Mal in den Vereinigten Staaten ein Mann Beamter wurde, der sich offiziell zur Homosexualität bekannte, die politischen Morde und die Empörung darüber, die Protestaktionen, die das Selbstbewußtsein der Schwulenbewegung stärkten, die parlamentarischen und außerparlamentarischen Erfolge. Noch vor wenigen Jahren hatten die Bewohner der Castro Street nicht durchsetzen können, daß ihre Kanalisation gereinigt wurde. Heute waren die Homosexuellen die wichtigste Wählergruppe in der Stadt. Sie stellten ein Viertel aller Wahlberechtigten. Bill Kraus war jetzt Präsident der mächtigsten Basisorganisation in San Francisco, des *Harvey Milk Gay Democratic Club*.

Die Organisation, an deren Aufbau er mitgewirkt hatte, war so mächtig, daß noch heute nach der Ermordung von Harvey Milk im Jahr 1978 ein Homosexueller einen Sitz im Kreisverwaltungsrat hatte: der ehemalige methodistische Pfarrer Harry Britt, ein Freund von Milk. Bill Kraus hatte die Nachfolge von Britt als Präsident des *Milk Club* angetreten und arbeitete jetzt für ihn im Rathaus. 1979 hatte er für Britt den Wahlkampf geleitet und seinen Teil dazu beigetragen, daß

36

er nun als führender Aktivist der Homosexuellenbewegung in San Francisco galt.

Die Homosexuellen in San Francisco hatten jetzt einen politischen Einfluß, der weit über das hinausging, was sie mit ihren etwa siebzigtausend Stimmen in einer Stadt mit sechshundertfünfzigtausend Einwohnern erwarten durften. Während der vergangenen drei Monate hatten Beauftragte von Präsidentschaftskandidaten im Bezirk der Castro Street um Stimmen geworben. Andere Städte folgten dem Beispiel von San Francisco, und auf diese Weise entstand eine geschlossene politische Kraft im ganzen Land. In zwei Wochen sollten Bill Kraus und Harry Britt als Delegierte von Ted Kennedy zum Demokratischen Nationalkonvent nach New York gehen. Mit siebzig Delegierten bildeten die Homosexuellen auf diesem Konvent eine größere Gruppe als die Delegierten von zwanzig Staaten. Es war in der Tat das Jahr, in dem sich alles ändern sollte.

Die Parade der Homosexuellen hatte in den letzten Jahren so gewaltige Ausmaße angenommen, daß man einen großen Teil des Stadtzentrums von San Francisco brauchte, um die ungezählten nicht organisierten Teilnehmer, die einzelnen Kontingente und die Musikkapellen in die Marschkolonne einzuordnen.

Gwenn Craig lächelte, als sie beobachtete, wie sich die jungen Männer um Bill Kraus drängten und jeder von ihnen einen Vorwand suchte, um den berühmten jungen Aktivisten anzusprechen. Erst vor wenigen Tagen war Bill wegen seines dreiunddreißigsten Geburtstags von seinen Freunden geneckt worden. Irgend jemand hatte gesagt, er sei jetzt so alt wie Christus. Bill war nicht mehr der ungepflegte Rebell, mit dem Gwenn so viele gemütliche Nachmittage in den Cafés an der Castro Street zugebracht hatte. Sein damals struppiges Haar war jetzt ordentlich geschnitten, und anstelle der dicken Brille trug er Kontaktlinsen. Er starrte einen nicht mehr an wie eine Eule, sondern jetzt kamen seine erstaunlich schönen blauen Augen zum Vorschein. Er war gut gebaut, und aus seiner ganzen Haltung sprach das wiedergewonnene Selbstbewußtsein. Darin kam auch die Haltung der Gruppe zum Ausdruck, deren Ideen er verkündete.

Bill Kraus versuchte nun sogar, sich auf nationaler Ebene einen Namen zu machen. Erst vor zwei Wochen hatte er sich leidenschaftlich dafür eingesetzt, die Rechte der Homosexuellen in die Wahlplattform der Demokratischen Partei aufzunehmen, die der Öffentlichkeit auf dem Parteikonvent im Juli vorgelegt werden sollte. Bill hatte seine

Rede in Form eines Manifests für die Rechte der Homosexuellen gehalten und dabei die Ziele dieser neuen politischen Kraft erläutert. Die homosexuelle Presse im ganzen Land hatte die Rede in den Ausgaben der Zeitungen abgedruckt, die an dem Wochenende erscheinen sollten, an dem die Parade der Homosexuellen stattfand.

»Wir Homosexuellen verlangen nicht, daß man uns irgendwelche Vorrechte einräumt«, hatte Bill Kraus gesagt. »Wir verlangen auch nicht, daß irgend jemand uns mag. Wir bitten die Demokratische Partei nicht einmal darum, für uns den Rechtsschutz zu erwirken, auf den alle anderen Amerikaner Anspruch zu haben glauben.

Liebe Kollegen in dem für die Wahlplattform zuständigen Ausschuß, dieser Zusatzantrag wird zu einer Zeit gestellt, in der wir von prominenten Mitgliedern der Demokratischen Partei so viel über die Menschenrechte hören. Unser Anliegen ist es, daß die Demokratische Partei endlich einmal öffentlich anerkennt, daß wir, die Homosexuellen in diesem Land, auch Menschen sind.«

Die *San Francisco Gay Freedom Day Marching Band* intonierte »California Here I Come«, und die Parade begann ihren drei Kilometer langen Marsch über die Market Street zum Rathaus. Mehr als dreißigtausend Teilnehmer, aufgeteilt in zweihundertvierzig verschiedene Gruppen, marschierten an etwa zweihunderttausend Zuschauern vorbei. Es war die größte Show, die die Stadt je gesehen hatte, eine Zurschaustellung aller Aspekte des homosexuellen Lebens. Homosexuelle Katholiken und Episkopale, Mormonen und Atheisten, die sich in den vergangenen Jahren in verschiedenen Organisationen zusammengeschlossen hatten, folgten stolz ihren Bannern. Zu den in Berufsgruppen zusammengeschlossenen Homosexuellen gehörten Rechtsanwälte und Beamte der Arbeitsämter, Zahnärzte und Ärzte, Buchhalter und Angestellte der Telefongesellschaft. Weitere Blocks bildeten die Lesbierinnen, die älteren Homosexuellen, die schwulen Jugendlichen mit ihren heterosexuellen Eltern, die schwulen Schwarzen, die Latinos, die Amerikaner asiatischer Herkunft und die Indianer. Auch sie bekannten sich auf ihren Transparenten stolz zur Homosexualität. Schwule Studenten hatten sich zu einer eigenen Gruppe zusammengeschlossen. Lesbierinnen, die sich als Nonnen verkleidet hatten und sich »Schwestern der ewigen Wollust« nannten, zeigten sich an diesem Tag zum ersten Mal in der Öffentlichkeit.

Schwule Touristen aus der ganzen Welt waren an diesem hohen Feiertag aus der ganzen Welt in San Francisco, dem Mekka der

Homophilen, zusammengeströmt. Schwule Landstreicher aus Phoenix und Denver marschierten hinter homosexuellen Cowboys vom *Reno Gay Rodeo*, die auf ihren Pferden die Market Street hinunterritten und neben Flaggen von Nevada und Kalifornien auch die Regenbogenflagge schwenkten, das Wahrzeichen der Schwulen in Kalifornien.

Obwohl der Marschweg nur drei Kilometer lang war, brauchte die Kolonne vier Stunden, bis sie ihr Ziel erreicht hatte. Nach einer Stunde trafen die ersten Kontingente auf der weiten Civic Center Plaza ein. Hier hatte man vor der prächtigen Fassade des Rathauses eine Bühne errichtet.

Radikale Verfechter der Liberalisierung der Homosexualität waren mit dem karnevalistischen Aspekt dieses Aufmarsches nicht einverstanden. Die Organisatoren der Parade hatten gemeint, in den vergangenen Jahren sei dieses Ereignis »zu politisch« geworden. Deshalb hatte man darauf verzichtet, die Redner zu Wort kommen zu lassen, die ihre Zuhörer mit politischen Schlagworten zu überzeugen versuchten, und sich entschlossen, der Veranstaltung einen eher festlichen Charakter zu geben.

»Wir sind entschieden der Ansicht, daß jetzt nicht die Zeit zum Feiern ist«, beklagte sich Alberta Maged gegenüber einem Zeitungsreporter. Sie hatte sich einem Verband aus radikalen Gruppen angeschlossen. Zu ihnen gehörten die *Lavender Left*, die *Stonewall Brigade* und die *Commie Queers*. »Wir können nicht feiern, solange wir noch unterdrückt werden. Hier in San Francisco haben wir die Illusion der Freiheit, die uns das Leben leichtmacht, aber der rechte Flügel wird zunehmend stärker. Es ist gut und richtig, daß wir stolz auf unsere Homosexualität sind.«

Viele überzeugte Radikale, die sich noch an die Zeiten erinnerten, als die Liberalisierung der Homosexualität noch wenig populär gewesen war, teilten diese Ansicht. Schließlich sollte mit dieser Veranstaltung der Unruhen gedacht werden, in deren Verlauf Lesbierinnen in Greenwich Village Polizisten angegriffen hatten, die routinemäßig eine Razzia in dem Homosexuellenlokal *Stonewall Inn* durchführten und die Gäste dort schikanierten. Nach diesem Vorfall am letzten Wochenende des Juni 1969 entstand die Befreiungsbewegung der Homosexuellen, getragen von empörten Frauen und Männern, die erkannten, daß ihr Kampf gegen Krieg und Ungerechtigkeit auch einen ganz persönlichen Aspekt hatte. Der Befreiungsbewegung der Homosexuellen *(Gay Liberation Movement)* hatte es Anfang der siebziger Jahre ein besonderes Vergnügen bereitet, das gutbürgerliche Amerika nach dem Vorbild anderer Befreiungsbewegungen außer Fassung zu bringen und zu erschrecken.

Doch 1980 war die Bewegung zum Opfer ihres eigenen Erfolgs geworden. Besonders in San Francisco verschwanden die Tabus gegen die Homosexualität ohne große Schwierigkeiten im Rahmen der allgemeinen sexuellen Revolution. Die Aussichten auf sexuelle Freiheit hatten dazu geführt, daß San Francisco den größten Exodus von Zuwanderern seit den Zeiten des Goldrausches erlebte. In den Jahren 1969 bis 1973 ließen sich mindestens neuntausend homosexuelle Männer in San Francisco nieder, und von 1974 bis 1978 folgten ihnen weitere zwanzigtausend. 1980 war es dann soweit, daß jährlich etwa fünftausend homosexuelle Männer in diese Stadt umzogen. Das hatte zur Folge, daß sich in San Francisco zwei von fünf erwachsenen Männern offen zur Homosexualität bekannten. Diese schwulen Zuwanderer bildeten jetzt eine der geschlossensten liberalen Wählergruppen in Amerika. Dies war jedoch vor allem darauf zurückzuführen, daß die liberalen Kandidaten im Wahlkampf versprochen hatten, die Homosexuellen in Frieden zu lassen. Damals hatte man sich mit einer solchen Zusage begnügt. Ein Umdenken der Gesellschaft im Hinblick auf die Sexualität konnte später folgen; man hoffte, es würde von selbst geschehen.

Für die Aktivisten der ersten Stunde war die Parade von 1980 ein Wendepunkt, weil sich hier zeigte, daß ihr Traum nun öffentlich akzeptiert wurde. Es hatte den Anschein, daß der Erfolg die homosexuelle Befreiungsbewegung spaltete. Gouverneur Edmund G. Brown jr. hatte in einer öffentlichen Erklärung die Bedeutung der »Freiheitswoche der Homosexuellen« im ganzen Staat anerkannt. Abgeordnete in der Legislative von Kalifornien ergriffen ebenso wie städtische Beamte auf der Massenversammlung der Homosexuellen das Wort. Den Homosexuellen selbst kam es darauf an zu zeigen, daß sie die öffentliche Anerkennung verdienten. Die öffentliche Blutbank wußte zum Beispiel schon seit einiger Zeit, daß es sich lohnte, ihre mobilen Einheiten zu Veranstaltungen zu schicken, an denen viele Homosexuelle teilnahmen. Diese Leute waren sich ihrer Bürgerpflichten durchaus bewußt. 1980 spendeten sie nach offiziellen Schätzungen in San Francisco fünf bis sieben Prozent des für Konserven bestimmten Blutes.

Die Gondel des Riesenrades hielt an, und Cleve Jones sah aus luftiger Höhe auf die zweihunderttausend Menschen hinunter, die sich auf dem weiten Platz vor dem Rathaus versammelt hatten. Das war die

Gemeinschaft, die Cleve liebte. Zehntausende der Seinen demonstrierten ihre Macht. Marschmusik und laute, leidenschaftliche Reden, hier und da eine nach oben gereckte geballte Faust – es war ein hinreißender Anblick.

»Das ist meine ganz private Party.« Er grinste. »Nur ich und ein paar tausend meiner engsten Freunde.«

Seit er als Vierzehnjähriger die *Scottsdale High School* besucht hatte, war es Cleve Jones' größter Wunsch gewesen, sich an einem Aufmarsch der Homosexuellen in San Francisco zu beteiligen. Als Schüler hatte er ständig darunter gelitten, daß seine Mitschüler ihn als Weichling behandelt und herumgestoßen hatten. Aber bei der ersten Gelegenheit war er nach San Francisco getrampt und hatte sich 1973 an der Schwulenparade beteiligt. Für den Rest seines Lebens würde er wissen, daß er zur rechten Zeit an den richtigen Ort gekommen war.

In den siebziger Jahren war San Francisco eine Stadt, in der sich die Kämpfe zwischen Progressiven und reaktionären Kräften zuspitzten und wo es zu Auseinandersetzungen von historischer Bedeutung kam. Nach dem Aufmarsch ging Cleve zum Fotoladen von Harvey Milk, um sich als freiwilliger Helfer für den Wahlkampf zur Verfügung zu stellen, und damit hatte er sein Leben endgültig mit dieser dramatischen historischen Entwicklung verknüpft. Politische Strategen wie Bill Kraus dachten an gewonnene Wahlen, wenn sie sich an die siebziger Jahre erinnerten. Für den romantischer veranlagten Cleve Jones war es einfach eine Zeit gewesen, in der sich Großartiges abgespielt hatte – ein Traum war Wirklichkeit geworden.

Cleve dachte an das Jahr 1978, als er ganz in Weiß in der vordersten Reihe der Parade mitmarschiert war. Dabei hatte er die Hand einer ebenfalls weißgekleideten Lesbierin in die Höhe gehalten, und hinter ihm hatte ein Transparent das Wahrzeichen des Regenbogens gezeigt, der aus Stacheldraht bestand. In jenem Jahr hatten Motive aus den Todeslagern die Szene beherrscht, weil der Senator John Briggs vom *Orange County* im Wahlkampf dafür geworben hatte, die Anstellung homosexueller Lehrer an den öffentlichen Schulen in Kalifornien zu verbieten. Mit dieser Initiative gerieten die Auswirkungen der von Anita Bryand 1977 begonnenen Anti-Homosexuellen-Kampagne auf Kalifornien wie auch die Schwulenparade von 1978 in das internationale Scheinwerferlicht. Dreihundertfünfundsiebzigtausend Menschen hatten sich an der Parade beteiligt, und Harvey Milk war trotz der gegen ihn gerichteten Morddrohungen im offenen Wagen die Strecke entlanggefahren, bevor er ans Rednerpult ging und seine »Hoffnungsrede« hielt. Er forderte die Menschen auf, sich zu ihrer Homosexualität zu bekennen – denn dies sei der Beitrag, den jeder einzelne im Kampf um eine bessere Zukunft leisten könne.

Cleve Jones wußte, daß ein solches öffentliches Bekenntnis schon seit jeher der zentrale Glaubensartikel der schwulen Befreiungsbewegung gewesen war. Nur so ließ sich politisch etwas erreichen, denn die Homosexualität war im Grunde eine von außen nicht erkennbare Veranlagung. Die größte Schwäche der Schwulenbewegung war die Tatsache, daß Homosexuelle ihre Veranlagung verbergen konnten. Es war aber zugleich auch ihre größte potentielle Stärke. Man meinte, Schwule, die sich nicht zu ihrer Veranlagung bekannten, würden stets nur herumgestoßen werden, weil sie sich als einzelne nicht durchsetzen könnten. Ihre politische Macht war niemals so deutlich zum Ausdruck gekommen wie an jenem Tag des Jahres 1978. Als die Wähler in Kalifornien Monate später die Initiative von Briggs mit einer Stimmenmehrheit von zwei zu eins ablehnten, feierten die Homosexuellen dies als eine historische Entscheidung.

Doch drei Wochen nach den Wahlen hatte der städtische Beamte Dan White, der einzige Politiker in San Francisco, der die Schwulen bekämpfte, seine *Smith and Wesson* ins Rathaus mitgenommen und Harvey Milk und den liberalen Bürgermeister George Moscone niedergeschossen. Cleve war an der Organisation der Kerzenprozession beteiligt, die an jenem Abend zum Gedenken an Harvey und George durchgeführt wurde. Als ein Geschworenengericht sechs Monate später Dan White zu nur sechs Jahren Gefängnis verurteilte, organisierte Cleve wieder einen Marsch zum Rathaus, der zu einem Aufruhr ausartete. Diese gewalttätigen Auseinandersetzungen bewiesen, daß diese Generation von Homosexuellen nicht aus Weichlingen bestand, die sich widerstandslos herumstoßen ließen. Dutzende von Polizisten wurden verletzt, und die Fassade des Rathauses wurde beschädigt. Führende Homosexuelle im ganzen Land freuten sich, als sie im Fernsehen die brennenden Polizeifahrzeuge sahen, die von wütenden Homosexuellen angesteckt worden waren.

Diese Geschichte war mittlerweile zu einer Legende geworden, was nicht zuletzt auf Cleves öffentlichkeitswirksame Aktivitäten zurückzuführen war. Cleve galt mittlerweile als der geschickteste Propagandist seit Harvey Milk. Den Reportern gefielen die militanten Erklärungen, die Cleve Jones stets zu formulieren wußte.

In den letzten Monaten hatte Cleve seine Bluejeans und Turnschuhe gegen einen eleganten Straßenanzug eingetauscht, da er jetzt für den Sprecher des Repräsentantenhauses von Kalifornien arbeitete. Die Außenseiter, die zunächst mit ihren Demonstrationen gegen die Regierungspolitik protestierten, hatten sich zu aktiven Politikern gewandelt und lernten, die gewonnene Macht zu gebrauchen. Cleve hatte den größten Teil des Frühjahrs damit zugebracht, den Wahlkampf der Demokraten für das Repräsentantenhaus zu organisieren. Dabei reiste er ständig zwischen Sacramento und San Francisco hin und her, wo er Freundschaft mit dem Rechtsanwalt Felix Velarde-Munoz schloß. Beide kannten die politische Szene von San Francisco, beide sprachen gern über Politik und die Befreiungsbewegungen, und beide fanden Vergnügen daran, einander zu lieben.

Das war der Lebensinhalt von Cleve Jones im Sommer 1980. Die Gemeinschaft der Schwulen war erfüllt von kreativer Energie, die von San Francisco ausging und in die ganzen Vereinigten Staaten ausstrahlte. Die Homosexuellen hatten die Herausforderungen angenommen, die von Initiativen zur Beeinflussung der Wähler bis zum politischen Mord reichten. Jetzt durften sie mit noch größeren Erfolgen rechnen.

Aber wie viele schwule Aktivisten hatte auch Cleve Vorbehalte gegen die Veranstaltungen auf der Civic Center Plaza, die an einen Vergnügungspark erinnerten. Er wußte, die Revolution der Homosexuellen hatte bestenfalls nur die Hälfte ihrer Ziele erreicht. Ihre ersten zaghaften Erfolge konnten durch irgendeine andere starke organisierte Gegenkraft zunichte gemacht werden. Er wußte, daß diese Stadt einem Schwulen, der aus Des Moines hierher geflohen war, einen Freiraum bot, der in seiner Heimat unvorstellbar war. Er wußte aber auch, daß die Möglichkeit, eine Bar für Schwule zu besuchen, noch keine echte Freiheit war.

Befanden sie sich auf dem richtigen Weg? Das war die Frage, die sich Cleve immer wieder stellte. Die Homosexuellenbewegung, die mit Selbsterforschung begonnen hatte, war an die Öffentlichkeit getreten und kämpfte um politische Positionen. An die Stelle von Gruppen, welche in der Stärkung des Selbstbewußtseins das Symbol der Befreiung sahen, waren Leute getreten, die sich um die Wählerliste kümmerten. Manchmal überlegte sich Cleve, ob die neuen Männer, die die Castro Street bevölkerten, sich schon anderswo ihres persönlichen Wertes bewußt geworden waren. Oder hatten sie darauf verzichtet, weil es in San Francisco so leicht war, homosexuell zu sein, daß man

43

nicht zuerst in die Tiefen der Seele eindringen mußte, um sich für diesen Lebensstil einzusetzen?

Zu viele Fragen. Und heute war nicht der Tag, sich eingehend damit zu beschäftigen. Wenn Cleve an die wunderbare Parade von 1978 dachte und an alles, was seither geschehen war, glaubte auch er, einen Grund zum Feiern zu haben. Aus seiner Gondel auf dem Riesenrad überblickte er noch einmal die vielen tausend Menschen auf dem Platz vor dem Rathaus, wo die Homosexuellen einmal marschiert waren und sich an Gewaltdemonstrationen beteiligt hatten und wo sie jetzt so viel Macht ausübten. Das Riesenrad setzte sich wieder in Bewegung, und Cleve kehrte in seiner Gondel wieder zum Erdboden und zu der dort versammelten Menge zurück.

Eine neue Krankheit.

Offiziell war diese Krankheit noch nie ein Gesprächsthema gewesen, aber an jenem Wochenende, als sich homosexuelle Ärzte aus dem ganzen Land in San Francisco versammelten, sprach man auf den Fluren und beim Abendessen gelegentlich darüber. Was würde geschehen, wenn irgendeine neue ansteckende Krankheit die Körper nur weniger Männer in dieser Gemeinschaft befiel? Dieser Gedanke ängstigte Dr. David Ostrow. Er versuchte, diese Vorstellung aus seinem Kopf zu verbannen, während er mit zwei anderen Ärzten, Dan William aus Manhattan und Robert Bolan aus San Francisco, zwischen den Karussells und Achterbahnen durch die Menge wanderte.

Ostrow verzog das Gesicht, als eine »Schwester der ewigen Wollust« vorbeitänzelte. Der Anblick reizte die Empfindsamkeit dieses Mannes aus dem Mittleren Westen. Für ihn war das alles zu ausgeflippt. Die Medien würden sich über das Zurschaustellen der Sexualität aufregen, und wieder würde man aufdringliche Lesbierinnen und halbnackte Muskelknaben als Embleme der homosexuellen Kultur präsentieren. Menschen wie Ostrow, die langdauernde, stetige Beziehungen bevorzugten, würden niemals das Interesse der Presse auf sich ziehen. Es schien, als würde das Bizarre immer die positiven Dinge überschatten, die es in der Welt der Homosexuellen gab, wie zum Beispiel diese Tagung der Ärzte. Die Mediziner fielen zu wenig auf, um in die Schlagzeilen zu gelangen. Auch in den Homosexuellen-Zeitungen wurden sie kaum erwähnt. Sie konnten sich glücklich schätzen, wenn ein kurzer Bericht über sie eine Seite vor dem neuesten Klatsch über die heißeste Lederbar abgedruckt wurde.

Während Strategen wie Bill Kraus die Zukunft der Homosexuellen

44

in den Wählerlisten zu finden glaubten und Aktivisten der Straße wie Cleve Jones begeisterte Reden darüber hielten, hatten die homosexuellen Ärzte das Wochenende damit zugebracht, die Prognose für das Schicksal der Gemeinschaft aus medizinischen Statistiken abzulesen. Wie viele seiner Kollegen machte sich Ostrow ernste Sorgen, als er die Konferenz verließ, die sich bis zum Ende der Feierlichkeiten vertagt hatte.

Der Kampf gegen die Geschlechtskrankheiten erwies sich als eine Sisyphusarbeit. Ostrow war Direktor der *Howard Brown Memorial Clinic*, die für homosexuelle Männer eine Art Zuflucht war, die sich nicht den spöttischen Bemerkungen der Ärzte an den staatlichen Kliniken aussetzen wollten. Erhebungen in der Klinik von Ostrow hatten gezeigt, daß einer von zehn Patienten mit Hepatitis B infiziert war. Mindestens die Hälfte der in der Klinik untersuchten homosexuellen Männer zeigten Symptome, aus denen sich entnehmen ließ, daß sie mindestens schon einmal an Hepatitis B erkrankt gewesen waren. In San Francisco hatten zwei Drittel der homosexuellen Männer diese an den Körperkräften zehrende Krankheit durchgemacht. Es ließ sich jetzt statistisch nachweisen, daß für einen Homosexuellen, der in einem typischen großstädtischen Homosexuellenbezirk aus dem Bus gestiegen war, die Chance von eins zu fünf bestand, sich innerhalb der nächsten zwölf Monate mit dem Hepatitis-B-Virus zu infizieren. Im Verlauf von fünf Jahren war also eine Infektion praktisch unvermeidlich.

Ein weiteres Problem waren die Darmkrankheiten wie Amöbiasis und Lambliasis. Sie werden durch Organismen verursacht, die sich mit alarmierender Häufigkeit im Darmtrakt homosexueller Männer ansiedeln. Am *New York Gay Men's Health Project*, wo Dan William medizinischer Direktor war, litten dreißig Prozent der Patienten unter Parasiten im Magen-Darmkanal. In San Francisco hatte sich das Auftreten des »*Gay-Bowel-Syndroms*«, wie es in medizinischen Fachzeitschriften genannt wurde, nach 1973 um achttausend Prozent erhöht. Die Infektion mit diesen Parasiten war wahrscheinlich die Folge des Analverkehrs, bei dem der Mann mit den Fäkalien seines Partners in Berührung kam. Eine solche Ansteckung ließ sich angesichts der damals üblichen Praxis des sogenannten »Rimming« nicht vermeiden. In den medizinischen Fachzeitschriften wurde das Rimming dezent als eine Kombination von Oral- und Analverkehr bezeichnet.

Das Besorgniserregende an dieser Entwicklung war die Tatsache, daß sich die meisten Homosexuellen durch diese Infektionswelle kaum beunruhigt fühlten. Seit Dan William bei der New Yorker Gesundheitsbehörde arbeitete, veranstaltete er Vorlesungen über die Gefahren nicht diagnostizierter Geschlechtskrankheiten und die Risiken von Praktiken wie dem »Rimming«. Aber trotzdem hatte er seine »Stammkunden«, die sich immer wieder infizierten und nur zu ihm kamen, um sich durch ein paar Injektionen wieder einsatzfähig machen zu lassen. William fühlte sich allmählich wie ein Vater, der seine leichtsinnigen Söhne ermahnen mußte: »Ich muß euch sagen, daß ihr eure Gesundheit aufs äußerste gefährdet.«

Die Promiskuität stand jedoch im Mittelpunkt der Homosexuellenbewegung in den siebziger Jahren, und seine guten Ratschläge waren, wie der Texaner in seiner sehr ungeschminkten Ausdrucksweise erklärte, an die Wand gepißt. Er riet seinen Patienten, sich doch wenigstens Elizabeth Taylor zum Vorbild zu nehmen und sich mit jeweils nur einem Geschlechtspartner zu begnügen. Dabei könne es durchaus eine ganze Reihe von Affären geben, die vielleicht nicht ewig dauerten, bei denen man jedoch wußte, in welchem Bett man morgens aufwachte.

Die Menge jubelte, als der Festwagen mit den *Bulldog Baths* auf den Platz rollte. Die jungen Muskelmänner in schwarzen Ledergeschirren, die besten und schönsten, sprangen aus den Käfigen, in denen sie zu den Klängen von Discomusik die Market Street heruntergefahren waren. Am Abend würden sie an der großen Zellenblockparty im Badehaus teilnehmen, wo die blühende Sexindustrie von San Francisco für diesen Tag eine großartige Feier vorbereitet hatte.

Diese Kommerzialisierung des schwulen Sex gehörte zur Szene. Sie war ein Aspekt des homosexuellen Lebensstils und trug wesentlich zur Verbreitung von Geschlechtskrankheiten, Hepatitis und Darminfektionen bei. Die Befreiungsbewegung der Homosexuellen in den 1970er Jahren hatte dazu geführt, daß Dampfbäder und Sexclubs wie Pilze aus der Erde geschossen waren. Die vielen hundert Etablissements dieser Art setzten in ganz Amerika und Kanada Hunderte von Millionen Dollar um, und die Besitzer dieser Saunen waren häufig auch homosexuelle Politiker, die die gewöhnlich an Geldmangel leidenden homosexuellen Gruppen finanziell unterstützten. Dieser Geschäftszweig half, wie die schwulen Aktivisten sich einzureden suchten, Männern, die lange unterdrückt gewesen waren und jetzt vielleicht bei der Ausnutzung ihrer neugewonnenen Freiheit etwas zu weit gingen. Mit der Zeit würde das alles wieder ins Gleichgewicht kommen, aber zunächst mußte man sich damit abfinden, daß der Sex ein unverzichtbarer Bestandteil der politischen Befreiung war. Der populäre Bestseller *The Joy of Gay Sex* nannte das »Rimming« zum Beispiel »das köstlichste Vergnügen beim Sex«, und eine linke Zeitung in Toronto brachte einen Artikel über »Rimming als revolutionärer Akt«.

Das waren interessante politische Ideen, dachte David Ostrow. Doch vom rein medizinischen Standpunkt waren die Saunen eine gefährliche Brutstätte für alle möglichen Infektionskrankheiten. Die Besucher solcher Bäder infizierten sich natürlich sehr viel leichter als andere Homosexuelle. Eine wissenschaftliche Untersuchung in Seattle ergab zum Beispiel, daß neunundsechzig Prozent der an Shigellose erkrankten homosexuellen Männer ihre Partner in solchen Bädern kennengelernt hatten. Eine in Denver durchgeführte Untersuchung ergab, daß ein Besucher einer Sauna durchschnittlich 2,7 Sexualkontakte in der Nacht hatte und daß dreiunddreißig Prozent dieser Leute damit rechnen mußten, sich mit Tripper oder Syphilis zu infizieren – denn jeder achte Gast zeigte untypische Symptome dieser Infektionskrankheiten.

Ärzte wie David Ostrow und Dan William hielten sich nicht für prüde, sie sorgten sich jedoch um die gesundheitlichen Schäden, mit denen man als Folge der Kommerzialisierung des Sex rechnen mußte. 1980 erklärte William in einem Interview mit dem New Yorker Homosexuellen-Magazin *Christopher Street*: »Eine Folge der Liberalisierung der Homosexualität ist die Institutionalisierung des Sex. Noch vor zwanzig Jahren haben vielleicht eintausend Männer in den New Yorker Saunen oder Parks sexuelle Kontakte gehabt. Heute sind es zehn- oder zwanzigtausend – in den Dampfbädern, den Hinterzimmern der Bars, in den Buchhandlungen, den Pornokinos, den Vorortzügen und an vielen anderen Orten. Das Übermaß an Gelegenheiten erzeugt Gefahren für die öffentliche Gesundheit, die mit der Eröffnung eines jeden neuen Dampfbades in der Stadt zunehmen.«

Solche Kommentare waren natürlich politisch unerwünscht, und William mußte es sich gefallen lassen, als »Monogamist« kritisiert zu werden. Die Selbstkritik gehörte nicht zu den Stärken einer gesellschaftlichen Gruppe, die nach Jahrhunderten der Unterdrückung begann, ein neues Selbstbewußtsein zu entwickeln.

Im allgemeinen waren die homosexuellen Männer dieser Generation in guter körperlicher Verfassung. Es war eine Freude, Homosexuelle ärztlich zu betreuen, sagte sich William immer wieder. Körperlich fit zu sein gehörte zum Image des Schwulen, und Hunderttausende Homosexueller trainierten ihre Muskeln in den Fitness-Centers. William hatte nur wenige Patienten, die er im Krankenhaus besuchen mußte, denn es kam nur selten vor, daß einer von ihnen schwer erkrankte.

Auch David Ostrow hatte schlimme Vorahnungen, nachdem er die Parade gesehen hatte. Dank der Dampfbäder lag es eigentlich auf der Hand, daß sich jede neue ansteckende Krankheit sehr schnell in diesem Teil der Bevölkerung ausbreiten würde. Die Wahrscheinlichkeit war allerdings gering. Die moderne Wissenschaft durfte sich beglückwünschen, daß sie die Infektionskrankheiten als Bedrohung der Menschheit in den Griff bekommen hatte. Aber die Möglichkeit beunruhigte Ostrow doch, wenn er überlegte, wieviele Infektionskrankheiten durch den Geschlechtsverkehr übertragen werden konnten. Auf die Dauer konnte das nicht so weitergehen. Er hatte bereits festgestellt, daß einige Homosexuelle in Chicago Probleme mit ihrem Immunsystem hatten. Dan William hatte bei Patienten, die sehr oft ihre Partner wechselten, seltsame Entzündungen der Lymphknoten festgestellt. Es gab keine Erklärungen für die Schwellungen, denn augenscheinlich handelte es sich nicht um Reaktionen auf bestimmte Infektionen. Sie traten vielmehr überall auf. Vielleicht waren sie die Folge der Überbeanspruchung des Immunsystems durch immer wieder auftretende Geschlechtskrankheiten.

Jahre später erinnerte sich Dan Williams an einen Mann mittleren Alters, der Anfang der 1980er Jahre an einer schweren Hepatitis B erkrankt war. Nachdem er die Krankheit überwunden hatte, zeigten sich an seinen Armen und auf seiner Brust eigenartige purpurfarbene Läsionen. William hatte ihn in das *Memorial Sloan-Kettering Cancer Center* eingewiesen. Dort stellte sich heraus, daß er an einem seltenen Hautkrebs, dem Kaposi-Sarkom, litt. William mußte ein medizinisches Lehrbuch zu Rate ziehen, denn er hatte bis dahin noch nie etwas von dieser Krankheit gehört. Nach dem Buch bestanden für den Patienten glücklicherweise gute Heilungschancen. Das Kaposi-Sarkom war bisher bei älteren jüdischen oder italienischen Männern festgestellt worden, die meist zwanzig Jahre nach Auftreten der Krankheit an Altersschwäche gestorben waren. Der Hautkrebs selbst schien jedoch gutartig zu sein.

48

Mervyn Silverman sah sich die Frauen an, die mit nackten Brüsten, in ledernen Strumpfhaltern und durch die Brustwarzen gezogenen Ringen an ihm vorbeizogen. In solchen Augenblicken wurde ihm bewußt, wie weit er von Kansas entfernt war. In den zwanzig Jahren, die er nun schon im öffentlichen Gesundheitsdienst arbeitete, hatte er die ganze Welt bereist und in Bangkok und Südamerika gelebt. Während er das Menschengewimmel der *Gay Freedom Day Parade* beobachtete, verstärkte sich in ihm die Überzeugung, daß er noch nie in einer so aufregenden Stadt wie San Francisco gelebt hatte und auch nie wieder an einem anderen Ort würde leben wollen.

Mit seinem vollen, frühzeitig ergrauten Haar wurde Silverman von vielen anderen Zuschauern erkannt; sie schüttelten ihm die Hand und stellten ihm ihre Partner vor. Es gab nur wenige städtische Beamte, die so beliebt waren wie der Direktor der städtischen Gesundheitsbehörde, Silverman, und nur wenige hatten den Homosexuellen in der Stadt so viel Verständnis entgegengebracht. Schon nach den ersten Wochen, die seiner Ernennung zum Direktor der Gesundheitsbehörde durch Bürgermeister George Moscone folgten, hatte Mervyn Silverman begriffen, daß dieses Amt in San Francisco mehr bedeutete als in irgendeiner anderen Stadt. Jede Organisation und jede Interessengruppe hatte ihr eigenes Beratungsgremium bei der Gesundheitsbehörde. Im ganzen waren es vierunddreißig. Und es hatte den Anschein, daß jede einzelne Entscheidung, die ihm vorgelegt wurde, einen politischen Hintergrund hatte. Schon der Beschluß, ein benachbartes Gesundheitszentrum zu schließen, hatte zu Demonstrationen vor Silvermans geräumiger viktorianischer Villa an der Frederick Street im Stadtteil Upper Ashbury geführt.

Doch Silverman empfand die gespannte politische Atmosphäre als überaus anregend. Er stellte sich gern jeder Herausforderung, unterhielt gute Beziehungen zur Presse und genoß überall in der Stadt hohes Ansehen. Silverman genoß es, ein beliebter Beamter zu sein. Er hatte es nach Möglichkeit vermieden, sich Feinde zu machen, indem er seine Entscheidungen nach Möglichkeit mit Zustimmung der Betroffenen traf. Er hörte auf die Argumente aller Seiten und fand meist einen Mittelweg. Nach seiner Ansicht waren alle Probleme des öffentlichen Gesundheitswesens politischer Natur, und da ihm viel an der Zustimmung der Öffentlichkeit lag, war er ein guter Politiker. Das war seine Stärke als Beamter im öffentlichen Dienst.

49

»Ich bin der Schönste.«

So lautete sein Standardspruch. Wenn Gaetan Dugas eine Schwulenbar betrat, sah er sich unter den Leuten um, wandte sich an seine Freunde und rief: »Ich bin der Schönste.« Gewöhnlich mußten seine Freunde ihm recht geben; er war es wirklich.

Jeder fühlte sich zu Gaetan hingezogen. Das sandfarbene Haar fiel ihm knabenhaft in die Stirn. Sein Mund verzog sich leicht zu einem einladenden Lächeln, und mit seinem Lachen brachte er Leben in jeden noch so düsteren Raum. Seine Anzüge kamen aus den modischsten Geschäften in Paris und London. Den Urlaub pflegte er in Mexico und an den Stränden der Karibik zu verbringen. Die Amerikaner flogen auf seinen weichen Quebecer Akzent und seine sinnliche Ausstrahlung. Aber nirgends schaute sich der achtundzwanzigjährige Air-Canada-Steward lieber nach seinen Partnern um als in San Francisco.

Der Nebel wehte über die Berge zum Castro-Bezirk herüber und hüllte die Menschen ein, die sich zu dem Massentreffen der Schwulen und Lesbierinnen von 1980 im *Civic Center* versammelt hatten. In der kühlen Abendbrise lichteten sich die Reihen der Teilnehmer auf den Straßen des Stadtzentrums, aber in der ganzen Stadt drängten sich jetzt Tausende von Homosexuellen auf den großen Discoparties, die den Höhepunkt dieses Festes bildeten, das das ganze Wochenende über andauern sollte. Da gab es die *Heatwave Discoparty* im *Japantown Center* mit einem Eintrittspreis von fünfundzwanzig Dollar, die *Muscle Beach Party*, die schicke *Dreamland Disco* und *Alive*, ein weniger anspruchsvolles Tanzlokal, das nur einige Häuserblocks davon entfernt lag.

Gaetan wußte, am heißesten würde es unter den viertausend Männern zugehen, die jetzt in das elegante *Galleria Design Center* strömten. Als der Steward und sein Freund durch die Tür kamen, hatte die Party gerade begonnen. In der Lobby und in dem fünf Stockwerke hohen Atrium drängte sich die Menge, und alles bewegte sich zu den Rhythmen der Discomusik. Doch die Wirkung der den ganzen Raum erfüllenden Musik ließ sehr bald nach, denn wie auf allen solchen Parties gab es reichlich Kokain und andere Aufputschmittel.

Gaetan drängte sich mit seinem besten Freund, einem Steward aus Toronto, zwischen den schwitzenden Leibern hindurch. Er hatte diesen Mann 1977 auf dem Flughafen von Halifax in Nova Scotia kennengelernt. Sie waren gemeinsam 1978 zur Homosexuellenparade nach San Francisco geflogen und hatten von da an jedes Jahr diese Veranstaltung besucht. San Francisco sollte künftig ihr letzter Zufluchtsort sein. Das letzte Wochenende in jedem Juni war nun für eine Nonstop-Party in den Bars und Saunen des Mekkas der Homosexuellen reserviert.

Hier konnte Gaetan seine Lust an den schönen kalifornischen Männern befriedigen, die er so sehr liebte. Von jedem Streifzug durch die Castro Street kehrte er mit einer Tasche voll Streichholzbriefchen und Papierservietten zurück, auf denen er Adressen und Telefonnummern notiert hatte. Die Namen seiner leidenschaftlichsten Bewunderer trug er in seinem Notizbuch ein. Aber diese Liebhaber waren für ihn nur flüchtige Abenteuer. Für wenige Tage waren sie wunderbar und sexy, aber die Erinnerung an sie verblaßte sehr bald. Manchmal blätterte Gaetan neugierig in seinem Notizbuch und versuchte sich daran zu erinnern, wer dieser oder jener gewesen war.

Als sich Gaetan neben die Tanzfläche stellte, auf der sich die Paare drängten, begrüßten ihn einige Männer begeistert, und er umarmte sie leidenschaftlich, als seien es lange vermißte Brüder. »Wer war das?« fragte sein Freund. »Ich weiß es nicht«, lachte Gaetan und zuckte mit den Schultern, »irgend jemand.«

Während er sich hier im Rhythmus der Musik wiegte und mit den Füßen stampfte, war Gaetan ganz in seinem Element. San Francisco war die Heimatstadt, die er so lange entbehrt hatte. Hier konnte er sein früheres Leben vergessen – jene Zeit, in der er der kleine Schwächling im Arbeiterviertel von Quebec gewesen war. Schwul zu sein bedeutete damals, sich ständig gegen die Neckereien der anderen Jugendlichen wehren zu müssen und gegen die eigenen Schuldgefühle zu kämpfen. Am 29. Juni 1980 war Gaetan das häßliche Entlein, das sich in einen Schwan verwandelt hatte.

Bei der ersten Gelegenheit zog sich Gaetan auf der Tanzfläche sein T-Shirt aus und zog aus der Tasche seiner Bluejeans mit kurzem, geübten Griff eine Flasche Nitritlösung zum Inhalieren heraus. Sein gut proportionierter Oberkörper war mit feinen blonden Härchen bedeckt.

Er fühlte sich stark und vital.

Er hatte durchaus nicht das Gefühl, an Krebs erkrankt zu sein.

Das hatte der Arzt ihm mitgeteilt, nachdem er ihm eine Warze aus dem Gesicht geschnitten hatte. Gaetan wollte diesen kleinen purpurfarbenen Knoten aus Eitelkeit entfernen lassen, aber der Arzt hatte das Gewebe untersuchen wollen. Nach einigen Wochen kam der Befund aus New York City zurück, und der Spezialist in Toronto sagte Gaetan, er habe ein Kaposi-Sarkom, einen sehr seltenen Hautkrebs.

51

Damit ließe sich vielleicht erklären, weshalb seine Lymphknoten schon seit einem Jahr geschwollen waren. Gaetan hatte seinen Freunden erst im Juni nach der Biopsie etwas davon gesagt. Zuerst hatte ihn diese Mitteilung sehr erschreckt, aber er tröstete sich mit dem Gedanken, daß Krebs heilbar war. Er hatte sich ein Leben geschaffen, in dem er alles und jedes haben konnte, wenn er nur wollte. So würde er auch eine Möglichkeit finden, seinen Krebs loszuwerden.

Gaetan spürte die Wirkung der Inhalation im ganzen Körper und glaubte, er werde immer noch high sein, wenn diese Party zu Ende war. Aber es gab ja noch die Sauna. Er überlegte sich, für welche er sich entscheiden sollte. Er kannte sie alle von seinen regelmäßigen Aufenthalten in der Stadt. Die *Club Baths* waren mit Sicherheit gut besucht. Dort trafen sich diese angelsächsischen Männer, die so gut gebaut, so kräftig und so »amerikanisch« waren. Die *Fantasy Rooms* im *Hothouse* waren faszinierend, aber auch in den *Bulldog Baths* konnte man mit einer aufregenden Party rechnen.

Der Sommer hatte eben begonnen. Das Strandleben auf Fire Island und die Parties an den privaten Swimming Pools in Los Angeles lagen noch vor ihm. Später, als die Forscher Gaetan Dugas nur noch als den Patienten Null bezeichneten, rekonstruierten sie die Reiseroute des Stewards während jenes Sommers und blätterten sein Notizbuch durch, um die bizarren Umstände und die einmalige Rolle zu ergründen, die der gutaussehende junge Steward bei der Verbreitung dieser Seuche gespielt hatte.

An jenem Tag im Jahr 1980 tanzte Gaetan, um unter den pulsierenden farbigen Lichtern alles andere zu vergessen. Er fühlte sich wieder ganz wohl und dachte daran, eines Tages nach San Francisco überzusiedeln.

»Es sieht so aus, als hätte der Bursche seinen Arm in den Hintern des andern gesteckt.«

Kico Govantes glaubte, der Mann, der dort zwischen den Beinen des anderen stand, sei vielleicht ein Amputierter. Vielleicht rieb er nur seinen Stumpf am After dieses Burschen.

»Er hat ihm den Arm in den Hintern gesteckt«, sagte Kicos Freund.

Kico fühlte sich angeekelt. Seit er vor fünf Wochen nach San Francisco gekommen war, hatte er schon eine Menge davon gehört, was in den Saunen los war. Die örtlichen Schwulenzeitungen waren voll von Anzeigen mit aggressiven Werbeslogans dieser Branche. Der *Handball Express* warb mit dem Motto »Finde deine Grenzen«. Die

Sauna Glory Holes nahm für sich in Anspruch, »das ungewöhnlichste Sexetablissement der Welt« zu sein. Der *Jaguar Sexclub* in der Castro Street warb mit dem Motto »Deine Phantasie, Dein Vergnügen«, während die von Männern und Frauen besuchten *Sutro Baths* an jedem Wochenende einen »bisexuellen Boogie« veranstalteten. Die Anzeigen der *Cornholes* waren eindeutiger. Sie zeigten einen auf dem Bauch liegenden unbekleideten Mann.

Der gutaussehende Psychologe, den Kico bei der Schwulenparade kennengelernt hatte, wollte ihn in die größte Schwulensauna der Welt, die *Bulldog Baths*, mitnehmen. Die Inneneinrichtung war nach dem Vorbild der Strafanstalt San Quentin gestaltet, und das Etablissement hatte in Schwulenkreisen einen geradezu legendären Ruf. Das Sexmagazin *Drummer* berichtete: Das in der Mitte gelegene »zwei Stock hohe Gefängnis ist so unglaublich echt (richtige Zellen, richtige Gitterstäbe, richtige Toiletten...), daß man bereit ist niederzuknien, wenn man sieht, wie ein Gefängniswärter hinter dem Geländer im ersten Stock steht und auf einen herunterblickt.«

Das ist Wahnsinn, dachte Kico.

Als Kico von Wisconsin nach San Francisco kam, hatte er ganz klare Vorstellungen davon, was es bedeutet, schwul zu sein. Er glaubte, Homosexuelle gingen gemeinsam aus und machten sich den Hof. Er hielt es für ausgeschlossen, mit jemandem ins Bett zu gehen, den man eben kennengelernt hatte. Er wäre durchaus bereit gewesen, die Bekanntschaft mit einem künftigen Partner über Monate in dieser Weise zu pflegen, bevor aus dieser Freundschaft ein eheähnliches Verhältnis wurde. Als Sproß einer aristokratischen kubanischen Familie, die Havanna verlassen hatte, als Kico drei Jahre alt war, hatte der junge Mann ein relativ behütetes Leben geführt. Deshalb verwirrte ihn das, was er hier sah.

Die Zellenblockparty, die nur wenige Häuserblocks von einer Massenversammlung entfernt stattfand, auf der die Redner mit hochtrabenden Worten über die Feinheiten der homosexuellen Liebe sprachen, glich einer Szene aus einem Fellini-Film, faszinierend und fesselnd für das Auge, aber für Kico durchaus abstoßend. Was hier vorging, widerte ihn deshalb noch mehr an, weil es so hübsche Burschen waren, die sich offenbar auch von Kico angezogen fühlten. Er spürte, daß er physisch zu diesen Leuten paßte. Mit seiner guten Figur und dem hübschen Gesicht mit dem dunklen Teint war er genau das, was sie verlangten. Überall lagen in Badetücher gehüllte, sportlich aussehende junge Männer herum. Die Wärter verteilten Freibier, und

53

aus den Lautsprechern dröhnte die Discomusik. Die Luft war stickig, und man roch den herben Duft der Nitritlösungen, die hier inhaliert wurden.

Kico wandte sich an seinen Begleiter. Ein Psychologe mußte doch erkennen, wie ungesund das alles war. Es war eine Verhöhnung der schwulen Liebe, die an diesem Tag gefeiert werden sollte. Der Mann sah ihn an, als wäre er ein naives Kind. Es schien ihm Spaß zu machen, den Zweiundzwanzigjährigen durch dieses Labyrinth zu führen.

»Das sind nur Wichser«, sagte der Psychologe.

»Aha«, sagte Kico verständnislos.

Wo war hier die gegenseitige Zuneigung geblieben? Wo war die Begegnung von Körper und Geist, die eine sinnvolle sexuelle Erfahrung ermöglicht? Es war, als ob diese Leute, die sich aufgrund ihrer Sexualität von der Gesellschaft abgesondert hatten, jetzt auch ihre Sexualität völlig von ihrer eigenen Identität trennten. Ihre Körper waren nur noch Werkzeuge, mit denen sie körperliche Reize empfinden konnten. Die ausschließliche Konzentration auf den physischen Aspekt der Sexualität verlangte von ihnen, ständig neue und extreme Formen des Geschlechtsakts zu erfinden, weil sich solche Erfahrungen nur durch eine ständige Stimulierung durch körperliche Reize erreichen ließen, ohne daß das Gefühlsleben beteiligt wurde.

Kico hielt es für paradox, daß eine Gemeinschaft, die die Liebe als das Fundament ihrer Existenz betrachtete, Institutionen geschaffen hatte, denen jede Intimität fehlte. Er verließ die Sauna erschüttert und desillusioniert. Als er über die menschenleere Civic Center Plaza ging, waren nur noch die Straßenkehrer zu sehen, die den Unrat zusammenfegten, und kräftige Männer, die die Karussells und die Berg- und Talbahnen abbauten. Die Stadt hatte sich in Nebel gehüllt, und Kico fror.

3. Die Strände der Außenseiter

Larry Kramer richtete seinen Blick auf Enno Poersch, der ihm am Tisch gegenübersaß. Der scharfe Unterton in der tiefen Stimme von Enno sagte ihm sehr deutlich, daß sich sein Gesprächspartner schwere Sorgen machte.

Enno sprach wieder einmal von den unerklärlichen Durchfällen, den Schwächezuständen und den hartnäckigen Hautausschlägen, unter denen sein Freund Nick zu leiden hatte. Die Ärzte hatten bei ihren zahllosen Untersuchungen nichts feststellen können, und die strengen Diätvorschriften, denen Nick seit Jahren gewissenhaft gefolgt war, hatten nichts genützt. Larry war ein bekannter Schriftsteller und schien alle wichtigen Leute zu kennen. Deshalb glaubte Enno, er werde ihm irgendwie helfen können.

»Gibt es denn keine Krankenhäuser, die sich darauf spezialisiert haben, ausgefallene Krankheiten zu behandeln?« fragte Enno.

Larry hatte Nick auf einer von Schwulen veranstalteten Kreuzfahrt in der Karibik kennengelernt.

Der geistreiche, gesellige, wie ein Italiener wirkende und gutaussehende Nick hatte zur Mannschaft des Schiffes gehört. Alle Mitreisenden mochten ihn. Doch er interessierte sich nicht für die vielen Parties, sondern schrieb jeden Tag lange Liebesbriefe an Enno, und in jedem Hafen warteten ganze Stöße von Ennos romantischen Ergüssen auf Nick. Larry hatte sich schon immer danach gesehnt, solche zärtlichen Briefe zu bekommen. Die Liebesbeziehung zwischen den beiden schien in den acht Jahren, die vergangen waren, seit sie sich am Strand von Fire Island kennengelernt hatten, nichts von ihrer Intensität verloren zu haben.

Während Enno erzählte, wie er Nick von einem Krankenhaus zum nächsten gebracht hatte, stellte sich Larry den hochgewachsenen, breitschultrigen Enno vor, der den kleinen, schmächtigen Nick die steilen Treppen hinauftrug, um ihm das Leben zu retten. Dieses Bild bewegte ihn sehr, doch leider kannte er keine Krankenhäuser oder Ärzte und hatte auch keine Ahnung, was Nick fehlen könnte.

Nachdem Enno ihn verlassen hatte, dachte Larry darüber nach, wie seltsam die Stimmung in diesem Sommer war. All diese Leute sprachen offenbar nur noch über die Darmparasiten, die ihnen zu schaffen machten. Das Gespräch drehte sich immer wieder um die verschiedenen Behandlungsmethoden, mit denen man diese hartnäckigen kleinen Organismen bekämpfen konnte, und um die Frage, ob Flagyl, das meistempfohlene Mittel gegen diese Parasiten, krebserregend sei oder nicht. Es war so, als belauschte man ein paar ältere Damen, die sich auf einer schattigen Parkbank in Miami über ihre Arthritis unterhielten.

Noch am späten Abend besuchte Larry das *Ice Palace*, wo das nie endende Fire-Island-Sommerfest in vollem Gange war. Als er sich zaghaft zwischen den Menschen hindurchdrängte, die den Eingang versperrten, sah er den *Marlboro Man*, der lässig durch die Disco schlenderte. Larry wußte, daß er es intellektuell mit jedem in New York aufnehmen konnte, aber der Anblick von Paul Popham, der so gut aussah und so selbstsicher wirkte, beeindruckte Larry so stark, daß ihm der Atem stockte wie jemandem, der zum ersten Mal einem leibhaftigen Filmstar begegnet.

Im Club hatte Larry zu Paul gesagt, sein Körper sei von Natur aus so gut gebaut, daß er es nicht nötig habe, ihn zu trainieren. Paul hatte mit einer so gekonnten Bescheidenheit reagiert, daß Larry an Gary Cooper oder Jimmy Stewart denken mußte. Hier im *Ice Palace*, wo man den Pulsschlag des Nachtlebens von Fire Island am deutlichsten spürte, überlegte sich Larry, was es wohl für einen Menschen wie Paul bedeutete, daß ihn alle so selbstverständlich akzeptierten – was Larry, der Außenseiter, nicht von sich sagen konnte. Überall, wo Paul erschien, gehörte er automatisch zu den gutaussehenden Leuten, die sofort auffielen. Hier auf der Insel wohnte er im gleichen Haus wie Enno, Nick und einige andere auffallend schöne Männer, die die Stars auf jeder Party waren.

Larry paßte in diesem Sommer eigentlich nicht hierher. Er hatte auch noch nie daran gedacht, einen Anteil an einem solchen Haus zu kaufen, um gelegentlich ein Wochenende auf der Insel zu verbringen. Der schwule Besitzer eines Lebensmittelgeschäfts hatte Larry einen bösen Blick zugeworfen, als er sich einen Orangensaft kaufte. »Du versuchst, den Leuten die Insel madig zu machen«, sagte er mürrisch. »Wozu bist du überhaupt hierhergekommen?«

Als der Discjockey bei einem Lied von Donna Summer die Lautstärke aufdrehte, sah Larry, wie ein alter Freund und Schriftstellerkollege hereinkam, in seine Richtung blickte, ihm ostentativ den Rücken zuwendete und fortging.

Larry Kramer wußte, daß er diese Antipathie seinem Buch zu verdanken hatte, in dem er über das Leben der Homosexuellen in New York und auf dieser Insel geschrieben hatte. Alles daran, vom Titel *Faggots* (Schwule) bis zu den anschaulichen Schilderungen des Hedonismus im Stadtbezirk Greenwich Village-Cherry Grove hatte die Empörung der schwulen Kritiker und der Leute ausgelöst, deren Milieu Larry hatte darstellen wollen. Die einzige auf Schwulenliteratur spezialisierte Buchhandlung in Manhattan hatte das Buch aus ihren Regalen verbannt, und die schwulen Kritiker hatten geschrieben, daß die Käufer die Liberalisierung der Homosexualität sabotierten.

In *Faggots* wurde jeder dunkle Winkel der Subkultur durchleuchtet, den die Homosexuellen im Zuge der Liberalisierung geschaffen hatten. Hier wurden die von Drogen aufgepeitschte Euphorie in den Discos, die nächtlichen Orgien in den eleganten Lokalen der Upper East Side und das Onanieren im *Toilet Bowl*, einer der vielen Sexbars in Manhattan, beschrieben, wo alle sexuellen Praktiken mit Hingabe praktiziert wurden. Den Höhepunkt der Erzählung bildete ein Wochenende mit Parties und Tanzveranstaltungen auf Fire Island, das mit einer wilden Orgie im *Meat Rack* endete, einem Wäldchen, in dem die wildesten Gestalten auftauchten.

Vor dem Hintergrund dieser gängigen extremen sexuellen Praktiken diskutieren schwule Partner über sexuelle Treue und den Wert einer sinnvollen Beziehung. Als der Held des Buches, ein jüdischer Drehbuchautor und Filmemacher, der in mancher Beziehung Larry Kramer gleicht, seine Hoffnungen auf Liebe schwinden sieht, stellt er in einer langen Tirade viele beunruhigende Fragen.

»Warum müssen Schwule so verdammt viel ficken?« hatte Larry geschrieben. »Als hätten wir nichts anderes zu tun... In unserem Ghetto tun wir nichts anderes als tanzen, Drogen nehmen und ficken... Da draußen wartet eine ganze Welt auf uns!... Sie gehört uns ebenso wie den anderen... Ich habe es satt, ein New Yorker Schwuler zu sein, der sich hier auf der Insel amüsiert, ich habe es satt, meinen Körper als ein gesichtloses Ding dafür zu benutzen, ein anderes gesichtloses Ding zu erregen. Ich möchte einen Menschen lieben! Ich möchte hinausgehen in die Welt und mit diesem Menschen zusammenleben, mit einem Menschen, der auch mich liebt. Und wir sollten uns nicht verpflichtet fühlen, treu zu sein! Wir sollten treu sein *wollen*! ... Keine Beziehung in der Welt könnte mit dem Scheiß, mit dem wir sie belasten, überleben.«

Am Schluß sagt Larrys Romanfigur ihrem ungetreuen Geliebten, alles müsse sich ändern, »bevor du dich zu Tode fickst.«

Das Buch wurde eine Sensation, doch nach seinem Erscheinen war Larry auf der Insel zur persona non grata geworden. Er kehrte nur selten dorthin zurück, um Freunde zu besuchen. Es war schon nach ein Uhr morgens, als er sah, wie Paul Popham seinen hübschen Freund, Jack Nau, auf die Tanzfläche führte. Es war offenbar die Zeit, zu der die Schönen den Eispalast aufsuchten.

Der Tagesablauf auf dieser langgestreckten Sanddüne im Atlantik war stets der gleiche. Die Nachmittage verbrachte man am Strand, dann folgte ein leichtes Abendessen und danach vielleicht eine kurze Ruhepause, bevor man zu irgendeiner ausschweifenden Party ging. Schließlich landete man in der Disco, die in dieser Saison gerade »in« war. Vor zwei Uhr morgens erschien niemand, der etwas auf sich hielt, im *Ice Palace*. Deshalb brauchte man, um wachzubleiben, irgendeine Droge. Da man nun zu aufgeputscht war, ging man anschließend nicht ins Bett, sondern zum *Meat Rack* und kam erst nach Hause, wenn die Sonne über den Sanddünen aufging. Wenn er an dieses ewig gleiche Ritual dachte, hatte Larry das Gefühl, merklich gealtert zu sein. Mit fünfundvierzig Jahren waren diese langen Nächte nichts mehr für ihn, und er fragte sich, wie die anderen solche Wochenenden aushielten, die wesentlich anstrengender waren als das hektische Leben in Manhattan.

Gelegentlich verglich Larry Kramer das Leben der Schwulen in New York mit dem in San Francisco. Die Vorliebe für die kalifornische Stadt irritierte die homosexuelle Intelligenz in Manhattan. Larry war an dem Tag, an dem Harvey Milk und Bürgermeister George Moscone erschossen wurden, in San Francisco gewesen. Er hatte geweint, als in jener Nacht dreißigtausend Kerzen vor dem Rathaus brannten und die Redner mit großen Worten verkündeten, wie sie die Welt verändern wollten. Es hatte ihn überrascht, daß der Gouverneur von Kalifornien, alle Angehörigen des Obersten Gerichts und viele andere Beamte an den Beisetzungsfeierlichkeiten für Milk teilnahmen. Die Homosexuellen in New York hatten es nie geschafft, einen solchen Einfluß zu gewinnen. Denn ihnen war es ein wichtigeres Anliegen, eine noch

58

bessere Disco einzurichten, als eine bessere Gesellschaftsordnung aufzubauen. In New York erschöpfte sich die Homosexualität in Wochenendaktivitäten. An den Werktagen kümmerte sich jeder um seinen Beruf, spielte mit und verbarg seine Sexualität.

Das hieß natürlich nicht, daß Larry ein ausgeflippter und militanter Schwuler war. Für die homosexuellen Aktivisten in New York hatte er nicht viel übrig. Die Radikalen bedienten sich einer Rhetorik, die ihm ebenso passé schien wie der große Vorsitzende Mao. Diejenigen, die auf die Bürgerrechte pochten, schienen nur darauf aus zu sein, den gegenwärtigen Lebensstil der Homosexuellen zu verteidigen. Anstatt für das Recht zu kämpfen, eine Ehe einzugehen, kämpften die Schwulen für das Vorrecht, zu rammeln wie die Kaninchen.

Die Bewegung schien den Kampf verloren zu haben, und manchmal hatte auch Larry das Gefühl, auf verlorenem Posten zu stehen. Er hatte in seinem Leben zwei große Erfolge gehabt, doch diese Zeit lag weit zurück. Nachdem er lange Jahre im Filmgeschäft tätig gewesen war, verfaßte er das Drehbuch zu einem Film nach einem Roman von D. H. Lawrence, den alle Fachleute für völlig ungeeignet hielten. Er hatte den Film selbst produziert, und *Women in Love* wurde zu einem der größten Erfolge des Jahres. Larry wurde für sein Drehbuch mit dem Oskar und die Hauptdarstellerin Glenda Jackson mit dem Academy Award ausgezeichnet. Er hatte noch andere Filme produziert, aber sein nächster Hit war das Buch *Faggots*, auch wenn es nicht überall mit Beifall aufgenommen wurde. Jetzt arbeitete er an einem neuen Roman und verfaßte Drehbücher, aber tief im Innern hatte er das Gefühl, ziellos dahinzutreiben – wie die Bewegung der Homosexuellen.

Paul Popham hatte Larry Kramer im *Ice Palace* gesehen und kurz daran gedacht, daß er sich *Faggots* noch einmal vornehmen sollte. Er hatte bisher nur zwanzig oder dreißig Seiten gelesen, das Buch aber dann gelangweilt beiseite gelegt. Es fiel ihm schwer zu verstehen, wie irgend jemand seine Homosexualität so todernst nehmen sollte. Ja, Paul war schwul, aber für ihn bedeutete es nicht mehr als die Tatsache, daß er Soldat gewesen oder in Oregon aufgewachsen war. Es war nun einmal so, und er sah keinen Grund, viel darüber zu reden. Er hatte nie das Gefühl, diskriminiert zu werden, hatte niemals an Selbstmord gedacht und wegen seiner Homosexualität nie mit irgendwelchen Schuldgefühlen kämpfen müssen. Schwul zu sein hatte ihm schlimmstenfalls gewisse Unbequemlichkeiten gebracht, wenn er diesen Umstand vor anderen verbergen mußte. Paul war der Meinung, daß sein Privatleben niemanden etwas anginge. Wie die Burschen von der Wall

59

Street ließ er sich bei den Wahlen von dem Grundsatz leiten, man müsse der Partei seine Stimme geben, deren Programm für die eigene Brieftasche die größten Gewinne versprach. Aus diesem Grunde war er der Republikanischen Partei beigetreten. Er war kein Anhänger von Reagan, doch Carter war für ihn eine Null. Deshalb hatte Paul beschlossen, seine Stimme im November dem unabhängigen Präsidentschaftskandidaten John Anderson zu geben, einem gemäßigten republikanischen Kongreßabgeordneten aus Illinois.

Paul ließ seine Blicke über die Tanzfläche schweifen und sah sich die Crème der New Yorker Schwulengesellschaft an, die gutgebauten, schnurrbärtigen Männer, die so schön waren, daß man fürchten mußte, sie könnten sich in Nebel auflösen, wenn man sie zu intensiv anstarrte. Paul bedauerte jetzt, daß er seinen Anteil an dem verwahrlosten alten Haus am Ocean Walk nicht besser genutzt hatte. Enno hatte die Wohnung seit Jahren gemietet, und Paul war dieses Jahr eingezogen und hatte das Zimmer von seinem besten Freund Rick Wellikoff übernommen.

Rick hatte im September davon gesprochen, daß er hinter dem Ohr eine seltsame Schwellung habe. Er hatte damit nicht zum Arzt gehen wollen, aber Paul überredete ihn, den berühmten Dermatologen an der New Yorker Universität aufzusuchen, der ihn selbst wegen einer hartnäckigen Schuppenflechte behandelte. Nun waren Paul und Rick wie vor den Kopf geschlagen, als die Ärzte erklärten, Rick habe Krebs, einen wenig bekannten Hautkrebs mit der medizinischen Bezeichnung Kaposi-Sarkom. Noch irritierter waren sie, als sie erfuhren, daß in einem anderen Krankenhaus ein Homosexueller mit dem gleichen Krebs läge. Rick und dieser andere Patient hatten, wie sich herausstellte, sogar einige gemeinsame Freunde.

Rick hatte sich in der letzten Zeit nicht sonderlich schlecht gefühlt; er war nur ständig todmüde gewesen. Paul glaubte, daß er sich bei seiner Arbeit als Lehrer einer fünften Klasse in einer schlechten Gegend von Brooklyn zu sehr aufreibe. Aber Rick war der Meinung, es müsse noch einen anderen Grund geben. Er kündigte seine Stelle und zog sich mit seinem Freund in seine Wohnung an der achtundsiebzigsten Straße West zurück. Da Paul die Woche über sehr viel zu tun hatte und außerdem Rick an seinem Krankenlager besuchen mußte, konnte er sich am Wochenende nur selten freimachen, um nachts das *Ice Palace* und tagsüber den schönen Sandstrand der Insel zu genießen.

Im Haus am Ocean Walk starrte Enno Poersch voller Entsetzen auf seinen schlafenden Freund Nick. Nick war gekommen, um sich während des Sommers am Strand zu erholen und neue Kräfte zu sammeln. Enno war während der ganzen Zeit in der Stadt geblieben und hatte an den Zeichnungen für ein großes Bauprojekt gearbeitet. Er war nicht darauf vorbereitet gewesen, Nick in diesem Zustand wiederzusehen.

Nick war nur noch Haut und Knochen und hatte kaum noch die Kraft, das obere Stockwerk des baufälligen Strandhauses zu verlassen. Es war wirklich eigenartig, daß zwei so gute Freunde wie Rick und Nick gleichzeitig erkrankt waren, dachte Enno manchmal. Er hatte sich mit dem Gedanken getröstet, daß Rick eigentlich ganz gesund aussah. Doch Nicks Zustand hatte Ennos unverwüstlichen Optimismus erschüttert. Er liebte Nick leidenschaftlich.

Enno dachte an ihren gemeinsamen Skiurlaub, den sie zu Anfang des Jahres in Aspen verbracht hatten. Fünf Monate war das jetzt her. Die Leute hatten gemeint, Nicks Müdigkeit sei eine Reaktion auf die dünne Luft in dieser Höhe. Als sie wieder in Manhattan waren, ging Nick zu seinem Muskeltraining, kam aber zwei Stunden später wieder nach Hause. Er war an Grippe erkrankt und hatte Fieber. Am nächsten Tag fühlte er sich besser und ging wieder zur Arbeit. Aber er hielt es nicht lange aus und klagte, als er nach Hause kam, über die gleichen Beschwerden. Seit dieser Zeit hatte er nicht mehr gearbeitet. Doch sein Zustand besserte sich nicht, obwohl er strenge Diät hielt und alles unternahm, um sich fitzuhalten. Auch die Wunderheiler, die er konsultierte, konnten ihm nicht helfen.

Wieder überlegte sich Enno, wie man Nick helfen könnte. Nick warf sich auf dem Bett hin und her, wachte auf und rief irgend etwas. Dann schlief er wieder ein, und seine Umrisse unter dem Laken zeigten, wieviel Gewicht er verloren hatte. Enno wußte, morgen würde Nick behaupten, er habe jemanden schreien hören und sei davon aufgewacht. Vielleicht würde er Enno die Schuld geben und dann wieder in seine Tagträume verfallen, in denen er seit einiger Zeit den größten Teil des Tages dahindämmerte.

»Nick wird sterben, wenn wir nichts dagegen tun«, hatte Nicks bester Freund vor ein paar Monaten gesagt. Damals hatte Enno geantwortet: »Du nimmst die Sache zu tragisch.«

SAMSTAG, 9. AUGUST, NEW YORK CITY

»Wie soll ich Sie anreden?«

Senator Kennedy strich sich wie geistesabwesend durch das schon grauwerdende Haar und erkundigte sich bei Bill Kraus:

»Sagt man nur schwul? Oder sagt man Lesbierinnen und Schwule? Oder schwule Männer und schwule Frauen?«

In zwei Tagen sollten sich die Delegierten der Demokratischen Partei im Madison Square Garden zur Wahl ihres Präsidentschaftskandidaten versammeln. Das Schlüsselproblem war die Empfehlung Kennedys für einen »offenen Parteikonvent«. Wenn Kennedy sich mit der Forderung durchsetzen konnte, daß es den Delegierten erlaubt sein sollte, bei der Stimmabgabe ihrem Gewissen zu folgen und nicht den in den Wahlversammlungen gefaßten Beschlüssen, dann bestand für ihn vielleicht noch eine letzte Chance, sich gegen Präsident Carter durchzusetzen. Auf der von den schwulen und lesbischen Delegierten veranstalteten Cocktailparty herrschte eine freundliche Stimmung, denn zwei Drittel von ihnen hatten sich bereits für den Senator entschieden. Als Mitglied des Wahlkomitees war Bill Kraus der prominenteste Vertreter der Gruppe, die Kennedy unterstützte. Der Senator bemühte sich, für die Begrüßung seiner Zuhörer die richtigen Worte zu finden.

»Oder sollte ich sagen: Lesbierinnen und schwule Männer?«

Bill warf Gwenn Craig einen verzweifelten Blick zu. Gwenn wußte, wie nervös und erregt ihr Freund war. Sie hatte Kennedy nach seinem Eintreffen betreut und die Delegierten aus New York, die Präsident Carter den Vorzug gaben, mit höhnischen Blicken bedacht. Von den Wahlhelfern Carters hatte es nämlich keiner für notwendig gehalten, auf der Homosexuellen-Party zu erscheinen.

Kennedy entschied sich für die Anrede »Lesbierinnen und homosexuelle Männer« und erklärte dann mit großen Worten, wie sehr er sich für die Rechte der Schwulen einsetzen werde. Dabei erinnerte er daran, daß er der erste Präsidentschaftskandidat sei, der dieses Problem in sein Wahlprogramm aufgenommen habe. Bill fragte sich, wie die New Yorker Aktivisten einen Präsidenten unterstützen konnten, der im Gegensatz zu Kennedy nichts für die Homosexuellen getan hatte. Die Haltung dieser Leute war, wie er Gwenn sagte, »der typische New Yorker Schwulenscheiß«.

Sie waren anscheinend der Meinung, daß der Kampf um die Anerkennung ihrer Rechte mit dem Erwerb eines Führerscheins zu vergleichen sei. Für sie waren es Privilegien, die man den sich sträubenden

62

staatlichen Behörden abhandeln konnte. Für Bill Kraus ging es allein darum, das zu fordern, was den Homosexuellen zustand. Es ging um Rechte und nicht um Privilegien! Sehr viel später kam Bill zu der Überzeugung, daß der Parteikonvent von 1980, auf dem die Unterschiede zwischen der Politik der Homosexuellen in San Francisco und in New York so deutlich zum Ausdruck gekommen waren, in vieler Hinsicht die Weichen für das Kommende gestellt hatte.

Es hatte vor einem Monat im Wahlausschuß der Demokratischen Partei in Washington begonnen. Dort hatten die Demokraten eine Grundsatzerklärung entworfen, die maßgebend für ihren Wahlkampf sein sollte. Dabei hatte Bill Kraus die Annahme aller Forderungen der Homosexuellen durchsetzen wollen. Er hatte gesagt, der Präsident könne – durch eine Exekutivanordnung – die Diskriminierung der Homosexuellen durch alle Bundesbehörden »mit einem Federstrich« beenden. Es sei empörend, daß man ausländischen Homosexuellen verbieten könne, den Fuß auf amerikanischen Boden zu setzen, und zwar unter Berufung auf ein in der McCarthy Ära verabschiedetes Gesetz, das sie für »pathologisch« erklärte! Deshalb müßten auch die Einwanderungsgesetze geändert werden.

Diese Vorschläge wurden von den Anhängern Carters mit Entsetzen aufgenommen. Sie befürchteten, die Anhänger des ehemaligen Gouverneurs von Georgia im Süden der Vereinigten Staaten würden ihnen die Unterstützung entziehen. Kennedy dagegen versprach, daß eine ausreichende Zahl von Delegierten dieses Problem in Form eines Minderheitsbeschlusses auf die Tagesordnung des Parteikongresses setzen würde, wenn die homosexuellen Delegierten dies wünschten. Bill freute sich schon auf die Debatte im Plenum des Parteitages. Nach seiner Auffassung lag es durchaus im Interesse der Homosexuellen, daß ihre Forderungen in einer vom Fernsehen übertragenen Diskussion der Öffentlichkeit vorgelegt und damit als ein für die gesamte Gesellschaft relevantes Problem anerkannt wurden.

Die Anhänger von Carter hätten sich am liebsten auf gar keine Diskussion über die Rechte der Homosexuellen eingelassen. Um die Debatte im Plenum zu vermeiden, machten sie den Kompromißvorschlag, man sollte in das Wahlprogramm der Demokratischen Partei die Forderung aufnehmen, daß jede Diskriminierung aufgrund sexueller Neigungen verboten werden müsse. Die homosexuellen Delegierten aus New York unterstützten den Präsidenten. Sie meinten, wenn sie nicht auf diesen Vorschlag eingingen, würde keine ihrer Forderungen berücksichtigt werden. Bill Kraus dagegen wollte sich auf keine

63

Kompromisse einlassen. Er hielt es für besser, das Problem vor fünfzig Millionen Fernsehzuschauern zu diskutieren, als eine verschwommene Erklärung in ein Dokument aufzunehmen, das ohnedies niemand lesen werde. Nachdem sich die gemäßigte Haltung durchgesetzt hatte, warf Bill den New Yorker Delegierten vor, »eine Strategie der fortdauernden Unterwerfung« zu verfolgen. Er rechnete fest damit, daß sich die Mehrheit der Aktivisten von der Westküste auf dem Parteikongreß durchsetzen würde.

»Das Problem liegt nicht darin, daß wir es mit bösen Menschen oder mit Verrat zu tun hätten; es besteht in der Illusion, eine unterdrückte Gruppe könne bekommen, was ihr zusteht, wenn sie es vermeidet, die Mächtigen vor den Kopf zu stoßen«, erklärte Bill in einem Bericht, den er vor dem *Milk Club* nach Zustandekommen des Kompromisses abgab. »Um das wenige, was wir erreicht haben, zu schützen, wagen wir es nicht, für das zu kämpfen, was uns zusteht. Wir glauben, die Politiker hätten uns mit ihren Zugeständnissen einen Gefallen getan, und haben kein Vertrauen in unsere eigene Kraft, die es uns ermöglichen würde, Druck auf die Politiker auszuüben.«

Nach Bills Ansicht lag die defensive Haltung der New Yorker darin begründet, daß sich in Manhattan sehr viele Schwule nicht offen zu ihrer Homosexualität bekannten. Wenn sie sich nicht zu erkennen gaben und als geschlossener Wählerblock auftraten, würde man den Homosexuellen auch weiterhin ihre Rechte vorenthalten. So bliebe ihnen nichts anderes übrig, als bei Parteibossen um irgendwelche Vergünstigungen zu betteln. Dies jedoch war nach Bills Auffassung die falsche Politik. Es kam vielmehr darauf an, das politische System zur Verwirklichung der angestrebten gesellschaftlichen Veränderungen auf lange Sicht zu benutzen.

Die politische Führung der Homosexuellen in New York, an deren Spitze die lesbische Carter-Delegierte Virginia Apuzzo stand, sah das ganz anders. Sie vertrat die Ansicht, die Schwulen in Kalifornien seien viel zu militant, um den amerikanischen Durchschnittsbürger für ihre Sache zu gewinnen. Nicht jeder könne so leben wie die Homosexuellen und Lesbierinnen in San Francisco. Die New Yorker meinten, man müsse sich an die Spielregeln halten, und das bedeutete, daß man die eigenen Möglichkeiten realistisch einschätze. Und Carter sei das kleinere Übel gegenüber einem republikanischen Präsidenten vom Schlag des eben in Detroit nominierten früheren Gouverneurs von Kalifornien, Ronald Reagan.

Die Rede des Senators Kennedy wurde von seinen Zuhörern mit Beifall aufgenommen. Zum Abschied schüttelte er einigen Delegierten die Hand und fuhr anschließend zur nächsten Party. Diese Veranstaltung der Homosexuellen im Olympic Tower war für die Liberalen das wichtigste Ereignis seit langer Zeit. Alle waren überwältigt, wenn sie sich vor Augen führten, wie viel die Homosexuellen seit dem demokratischen Parteikonvent von 1976 erreicht hatten. Während es damals nur vier homosexuelle Delegierte gegeben hatte, waren es heute sechsundzwanzig. Und endlich hatten sie ein seit langer Zeit angesteuertes Ziel erreicht: Ihre Forderungen waren in die Wahlplattform der größten politischen Partei in den Vereinigten Staaten aufgenommen worden. Außerdem hatte sich deutlich gezeigt, daß sich das Zentrum der Homosexuellenbewegung nach Kalifornien verlagert hatte, wo die Hälfte der schwulen Delegierten zu Hause war. Politiker aus den anderen neunzehn Staaten, die in der Homosexuellendelegation vertreten waren, umlagerten die Delegierten aus San Francisco, um sich Geschichten über Harvey Milk und die politischen Erfolge der Schwulenbewegung erzählen zu lassen. Die Sache der Schwulen wurde jetzt von militanten Aktivisten wie Bill Kraus und nicht mehr von den Gemäßigten im Osten der Vereinigten Staaten vertreten. Am folgenden Tag wurde Bill einstimmig zum zweiten Vorsitzenden der Homosexuellen-Delegation gewählt.

Kennedys Niederlagen bei der Abstimmung über seinen Antrag zur Liberalisierung des Wahlverfahrens auf dem Parteikongreß und bei der Nominierung des Präsidentschaftskandidaten war für Bill und seine Gefolgsleute eine bittere Enttäuschung. Mit einem Versager wie Carter als Spitzenkandidaten würden die Demokraten die Präsidentschaftswahlen mit Sicherheit verlieren, jammerte Bill in einem Gespräch mit Gwenn Craig. Obwohl die Homosexuellenbewegung aktiv am Wahlkampf teilgenommen hatte, ignorierten die meisten Medien an der Ostküste das Auftreten dieser neuen politischen Kraft auf dem Parteikonvent. Bill versuchte weiterhin, die Sache der Homosexuellen ins Fernsehen zu bringen. Deshalb schlug er vor, ein Homosexueller solle sich um die Nominierung als demokratischer Kandidat für das Amt des Vizepräsidenten bemühen. In diesem Falle würden die Nominierungsansprachen vom Fernsehen übertragen werden. Da er selbst noch nicht das von der Verfassung geforderte Alter von fünfunddreißig Jahren erreicht hatte, konnte sich Bill nicht persönlich um die Kandidatur bewerben. Aber die homosexuellen Delegierten entwickelten eine fieberhafte Aktivität und sammelten die notwendigen

Unterschriften, um den homosexuellen schwarzen Politiker Mel Boozer aus Washington als Kandidaten nominieren zu lassen. Am letzten Tag des Parteikonvents ging Bill Kraus zur Rednertribüne, um die Nominierungsansprache zu halten.

Er sagte: » Wir vertreten hier unsere Sache mit all unserer Stärke und mit all unserem Stolz. Und ich bin glücklich sagen zu können, daß wir hier Freunde gefunden haben. Viele von Ihnen haben mit uns zusammengearbeitet, um eine Forderung in das Wahlprogramm der Partei aufzunehmen, die zum ersten Mal in der Geschichte unseres Landes verlangt, daß Lesbierinnen und homosexuelle Männer den gleichen Schutz gegenüber Diskriminierung genießen sollen wie alle anderen Amerikaner.«

Auf dem Rückflug nach San Francisco trösteten sich Bill Kraus und Gwenn Craig mit dem Gedanken, daß es für die Schwulen nicht der Weltuntergang wäre, wenn Reagan gewählt würde. Ein demokratischer Kongreß würde wahrscheinlich die von der neuen Rechten geplante anti-homosexuelle Gesetzgebung verhindern können. Wahrscheinlich würde die Durchsetzung anderer Forderungen unter den Ausgabenkürzungen leiden, doch die Homosexuellen kämpften schließlich in erster Linie für ihre gesellschaftliche Anerkennung und nicht für finanzielle Programme. Und die wichtigsten Grundrechte, die bestimmten, daß sie nicht mehr von der Polizei schikaniert und im Berufsleben diskriminiert werden durften, würden sich sowieso nur in den Großstädten durchsetzen lassen, wo die meisten Homosexuellen lebten. Ronald Reagan und Jerry Falwell konnten diesen Menschen ihren politischen Einfluß auf lokaler Ebene nicht streitig machen. Gott sei Dank waren die Homosexuellen nicht auf Sozialprogramme angewiesen.

Bill nippte an seinem Tonic mit Wodka und machte seiner Empörung über die zaghaften New Yorker Luft. Wenn jemals eine Situation entstünde, in der die Homosexuellen mehr bräuchten als die verbale Zusicherung von Toleranz, dann würden die New Yorker ein unsanftes Erwachen erleben.

ENDE AUGUST, VIRGINIA BEACH, VIRGINIA

Der Wunderheiler saß mit stoischem Gesicht da und hörte sich an, was Nick ihm über seinen Zustand erzählte. In Nicks stahlblauen Augen konnte man seine Verzweiflung ablesen. Er war das ganze vergangene Jahr krank gewesen. Gab es eine Möglichkeit, ihm zu helfen?

Enno Poersch hatte seinem jungen Geliebten empfohlen, sich in der Mayoklinik in Minnesota untersuchen zu lassen, aber Nick war stattdessen zu einem Wunderheiler im Shenandoahtal gefahren. Der Heiler schaltete ein Tonbandgerät ein und verfiel in Trance. Nach einiger Zeit sagte er: »Sie leiden an Toxoplasmose.«

Nick hatte keine Ahnung, was das bedeutete.

Der Heiler buchstabierte das Wort, aber auch das half nichts. Wie sich schließlich herausstellte, war Toxoplasmose irgendeine Katzenkrankheit.

Nick kehrte nach New York zurück und zog zu einem Freund, während Enno das Haus am Ocean Walk winterfest machte. Sein Zustand verschlechterte sich rapide. Allein das Aufstehen aus dem Bett erforderte eine riesige geistige und körperliche Anstrengung. Zuvor mußte sich Nick stets eine Zeitlang innerlich auf den Entschluß vorbereiten aufzustehen. Spontane körperliche Bewegungen waren nicht mehr möglich. Wenn er diesen Entschluß gefaßt hatte, mußte er sich auf jede einzelne Bewegung konzentrieren. Im September dauerte es bereits eine Stunde, bis Nick aufgestanden und angezogen war. Wenn Nick gehen wollte, mußte er sich auf jeden einzelnen Schritt konzentrieren und bewußt einen Fuß vor den anderen setzen. Manchmal sah es aus, als werde er zusammenbrechen, wenn man ihn nicht stützte.

Am erschreckendsten waren für Enno die bizarren Veränderungen an Nicks Körper. Sein ganzes Skelett schien sich zusammenzurollen. Wie ein Vogel beugte er den Oberkörper nach vorn, wobei sich die Schultern einander annäherten – so, als zwänge ihn eine unsichtbare Macht, wieder die Stellung des Embryos im Mutterleib einzunehmen.

Enno wußte nun, daß Nicks Freund recht gehabt hatte. Nick würde sterben. Enno spielte noch einmal das Tonband des Wunderheilers ab und hoffte, einen Hinweis zu finden, wie seinem Freund zu helfen sei. Aber er hörte nur dieses eigenartige Wort, das der Heiler langsam buchstabierte: »T-O-X-O-P-L-A-S-M-O-S-E.«

67

4. Das Unheil wirft seine Schatten voraus

SEPTEMBER 1980, KOPENHAGEN

Der sechsunddreißigjährige Patient in dem kleinen, sauberen Zimmer im *Rigshospitalet* rang nach Atem. Seine Handflächen hatten sich wegen des Sauerstoffmangels bläulich verfärbt. Auf der Karte am Fußende seines Bettes hieß es, die Krankheit sei unspezifisch. Die Ärzte hatten keine befriedigende Diagnose stellen können. Inzwischen wußte der behandelnde Arzt des jungen Mannes, Jan Gerstoft, daß sein Patient sterben würde.

Gerstoft wußte, warum der Diplomlandwirt so verzweifelt nach Luft rang. Mikroskopische Protozoen hatten sich in den Lungenbläschen des Mannes angesiedelt. Normalerweise hat der Mensch dreihundert Millionen dieser Lungenbläschen, die den Sauerstoff aus der eingeatmeten Luft zur Regulierung der Körpertemperatur in die Blutbahn lenken. In den Lungenbläschen dieses Patienten herrschte ein feuchtwarmes, tropisches Klima, das den Erregern, den *Pneumocystis carinii,* die idealen Lebensbedingungen bot.

Diese neuentdeckten Protozoen hatte der brasilianische Wissenschaftler Dr. Carini schon 1910 bei Meerschweinchen festgestellt. Drei Jahre später fanden Ärzte am *Pasteur-Institut* in Paris, daß diese Organismen sich auch in den Lungen ganz gewöhnlicher Ratten wohlfühlten. Doch erst 1942 wurde die Mikrobe auch im menschlichen Körper nachgewiesen. Wenige Jahre später wurden aus Europa die ersten Fälle einer durch *Pneumocystis carinii* verursachten Pneumonie in Waisenhäusern gemeldet. Anschließende Untersuchungen zeigten, daß diese heimtückischen Protozoen, die direkt von den primitivsten Einzellern abstammen, aus denen sich alles Leben entwickelt hat, praktisch überall in den von lebenden Wesen bevölkerten Teilen der Erde vorkommen. Dieser Organismus gehört zu den Zehntausenden von Mikroben, die von einem normal funktionie-

68

renden menschlichen Immunsystem ohne weiteres in Schach gehalten werden.

Dem Auftreten der Pneumocystis-Lungenentzündung ging stets eine Immunschwäche voraus, sei es nun bei Kindern, die in beengten Verhältnissen aufwuchsen oder an Unterernährung litten, oder bei Erwachsenen, deren Lymphsystem durch Krebs geschädigt war. Seit es der modernen Medizin gelang, bei Transplantationen das Immunsystem auszuschalten, traten immer wieder Infektionen mit Pneumocystis auf. Denn diese Organismen nehmen jede Gelegenheit wahr, sich in ihrer bevorzugten ökologischen Nische, der Lunge, anzusiedeln. Die Krankheit verschwand jedoch ebenso spontan, sobald die Funktionsfähigkeit des Immunsystems wiederhergestellt worden war. Und die Mikrobe verschwand wieder irgendwo in den medizinischen Lehrbüchern und wurde dort als einer von vielen tausend bösartigen Mikroorganismen aufgeführt. Die Entwicklung des Menschen zu einer Spezies, die auf den verschiedenen Kontinenten und in den unterschiedlichsten klimatischen Zonen überleben kann, ist zu einem großen Teil seiner Fähigkeit zuzuschreiben, die Immunität gegen solche Erreger zu entwickeln.

Doch diese im Lauf der Entwicklungsgeschichte erworbene Immunität war dem Mann verlorengegangen, der in den kühlen Herbsttagen des Jahres 1980 in Kopenhagen langsam erstickte. Irgend etwas hatte sein Immunsystem geschwächt, und auf diese einfache Weise ließ sich erklären, weshalb sich die Pneumocystismikrobe in seinen Lungen angesiedelt und so stark vermehrt hatte.

Was aber war mit dem Immunsystem geschehen? Trotz zahlreicher Untersuchungen ließ sich nicht erklären, weshalb sich die Protozoen in den Lungen des Mannes so stark vermehrt hatten, daß es bei dem Patienten zu Schweißausbrüchen und einem akuten Sauerstoffmangel kam. In seiner Krankengeschichte ließ sich nichts Auffallendes finden. Er arbeitete als Diplomlandwirt in der dänischen Milchindustrie, und 1979 hatte er in New York an einem Lehrgang über die Verwendung moderner Melkmaschinen teilgenommen. Er war homosexuell, aber in Kopenhagen, wo ein liberales Klima gegenüber Schwulen herrscht, war dies nichts Ungewöhnliches. Und auch in medizinischer Hinsicht gab es hier keinen Grund zu Befürchtungen.

Dann jedoch kam Gerstoft zu dem Schluß, daß er diese Tatsache vielleicht doch stärker hätte berücksichtigen sollen. Denn erst vor wenigen Wochen hatte er einen anderen Homosexuellen gesehen, der ohne ersichtlichen Grund körperlich verfiel. Er magerte rapide ab und

69

litt unter einer erschreckend virulenten analen Herpes. Der siebenunddreißigjährige Mann, eine bekannte Persönlichkeit der dänischen Theaterwelt, hatte erzählt, daß auch sein Partner an einer geheimnisvollen Krankheit litt.

Doch solche Überlegungen stellten sich erst sehr viel später ein. Schließlich kommt es trotz der großen Fortschritte der modernen Medizin immer noch häufig vor, daß Menschen krank werden und sterben, ohne daß sich die Todesursache feststellen läßt. Als der Diplomlandwirt im September des Jahres starb, wußte man nur, daß es die gleiche tödlich endende Lungenentzündung war, an der die Ärztin Grethe Rask gelitten hatte.

Diese beiden Todesfälle in Kopenhagen boten den einzig erkennbaren Hinweis auf die Identität einer mörderischen Mikrobe, die im Jahr 1980 die Menschen auf drei Kontinenten überfiel. Bei den ersten Fällen in Europa führte die Spur nach Afrika. Wenige Wochen nachdem Grethe Rask in aller Eile von Südafrika in die Klinik nach Kopenhagen gebracht worden war, flog eine vierunddreißigjährige Sekretärin, die bei einer Luftverkehrsgesellschaft arbeitete, mit ihrer erkrankten Tochter von Zaire nach Belgien. Das dreijährige Mädchen litt an oraler Candidiasis, einer Pilzinfektion im Mund. Ein Kind der Frau war bereits an einer Erkrankung der Atemwege gestorben, die mit einer unerklärlichen Schwäche des Immunsystems zusammenhing. Auch dieses Kind war zunächst an Candidiasis erkrankt. Wenige Wochen nach der Ankunft in Brüssel zeigte sich auch bei der Mutter die Pilzinfektion im Mund. Mitte September waren ihre Lymphknoten angeschwollen, sie magerte rapide ab und erkrankte an einer schweren Infektion mit dem Zytomegalie-Virus. In der Folgezeit wurde die Mutter von einer ganzen Welle der verschiedensten Infektionskrankheiten heimgesucht. Die Ärzte waren ratlos. Im Januar 1978 erkrankte sie schwer an einem Durchfall, der die Folge einer unbehandelbaren Salmonelleninfektion des Magen-Darmtrakts war. Trotz ihres geschwächten Zustandes flog sie zurück nach Kinshasa, wo sie einen Monat später starb.

Wenige Monate nach dem Tod der Frau versuchten medizinische Wissenschaftler in Köln vergeblich festzustellen, wie sich ein erfolgreicher junger Konzertgeiger ein Kaposi-Sarkom zugezogen hatte. Der deutsche Musiker war homosexuell und hatte in den vergangenen zehn Jahren zahlreiche Konzertreisen durch Europa unternommen. Doch das erklärte nicht, weshalb er sich eine Krankheit zugezogen hatte, die bisher nur bei alten Männern aufgetreten war und in Nordeuropa sehr selten vorkam. Ebenso unerklärlich war es, weshalb seine Lymphknoten zwei Monate später explosionsartig anschwollen, als müßten sie irgendeine unsichtbare Infektionskrankheit bekämpfen. Auch in den folgenden Monaten ließ sich keine befriedigende Diagnose stellen, und die Ärzte mußten ohnmächtig zusehen, wie der Körper des Zweiundvierzigjährigen immer wieder von neuen Infektionen heimgesucht wurde, bis er im Januar 1979 starb.

Etwa um die gleiche Zeit kamen die ersten Berichte von belgischen Ärzten in Zaire über das immer häufiger werdende Auftreten des Cryptococcus im *Memo Yemo General Hospital* in Kinshasa. Bis 1980 konnten die Ärzte Krankheitsberichte über fünfzehn Patienten vorlegen, die sich mit diesem Keim angesteckt hatten; den Cryptococcus findet man überall auf der Welt in Vogelkot. Das Problem lag also nicht darin, daß es sich um eine neue, noch unbekannte Art von Kryptokokken gehandelt hätte, sondern in einer Immunschwäche der Patienten, die es diesen Erregern ermöglichte, sich im Gewebe anzusiedeln.

Auch der erste Patient, der in Paris an der unerklärlichen Lungenentzündung erkrankte, war längere Zeit in Afrika gewesen. 1978 suchte ein portugiesischer Taxifahrer wegen plötzlich auftretender schwerer Atembeschwerden seinen Arzt auf. Der kleine dunkelhäutige Mann war erst vor etwa einem Jahr aus Angola zurückgekehrt, wo er während des angolanischen Bürgerkrieges in der portugiesischen Marine gedient hatte. Später war er als Lastwagenfahrer auf den von Angola nach Moçambique führenden Straßen über den schmalen Küstenstreifen des westlichen Zaire eingesetzt worden. Dr. Willy Rozenbaum vom *Claude-Bernard-Hospital* wurde 1979 gebeten, sich den Mann anzusehen, und stellte fest, daß er sich mit dem Parasiten Pneumocystis carinii infiziert hatte. Da Rozenbaum selbst nicht sagen konnte, welches Versagen des Immunsystems die Pneumonie ausgelöst hatte, bat er den Immunologen Jacques Leibowitch, ihm bei der Lösung dieses Problems zu helfen. Leibowitch kannte sich mit den bizarren Infektionskrankheiten aus, die die Menschen bei Reisen in tropische Klimazonen befielen. Er mußte sehr oft Piloten oder Stewards behandeln, die mit irgendeiner obskuren Infektion nach Hause gekommen waren. Zunächst untersuchte er den Patienten auf Lymphknotenkrebs, der in vielen Fällen diese an sich seltene Immunschwäche auslöst. Aber die Tests waren negativ, ebenso auch weitere Blutuntersuchungen. Unterdessen hatten sich dicke weiße Pilzkolonien in Mund

71

und Rachen des Patienten angesiedelt. Am ganzen Körper, besonders an Armen und Beinen, zeigten sich die gewöhnlich gutartigen Papovaviruswarzen.

Die Ärzte waren erschüttert, als sie feststellten, daß das Gehirn des Mannes mit Toxoplasmen infiziert war, einem anderen seltenen Parasiten. Aber sie konnten nichts tun, um dem Patienten zu helfen, und 1980 verließ der Mann die Klinik und kehrte nach Portugal zurück, da er die ihm noch verbleibende Zeit bei seiner Frau und seinen fünf Kindern verbringen wollte. Während er in seiner Heimat mit dem Tode rang, wurden zwei Frauen auf der Intensivstation des *Claude-Bernard Hospital* mit Pneumocystis-carinii-Pneumonie eingeliefert. Eine von ihnen stammte aus Zaire. Wie viele Angehörige der Oberschicht im französisch sprechenden Zentralafrika wollte auch sie sich in einer modern ausgerüsteten Pariser Klinik behandeln lassen, nachdem ihre afrikanischen Ärzte keine wirksamen Behandlungsmethoden gefunden hatten. Die zweite Frau war Französin, aber auch sie hatte seit einiger Zeit in Zaire gelebt.

In Europa wurde es Winter, und als der Winter sich seinem Ende näherte und es Frühling wurde, waren alle drei Patienten an den Protozoen, die ihre Lungen in Besitz genommen hatten, gestorben.

In den Vereinigten Staaten traten die unerklärlichen Erkrankungen an einem unbekannten neuen Syndrom zum ersten Mal im Jahre 1979 auf. An einem milden Septembertag wurde Rick Wellikoff zu Dr. Linda Laubenstein überwiesen. Sie diagnostizierte einen unspezifischen Hautausschlag, der auf keine Behandlung ansprach, und vergrößerte Lymphknoten am ganzen Körper. Nach der Untersuchung vermutete Dr. Laubenstein, daß der Patient an Lymphknotenkrebs erkrankt sei. Aber später erfuhr sie von einem Dermatologen, daß es sich bei dem Ausschlag um einen Hautkrebs mit der Bezeichnung Kaposi-Sarkom handelte.

Sie brauchte nicht lange, um sich mit dem bisherigen Kenntnisstand zu dieser Krankheit vertraut zu machen, denn die medizinische Fachliteratur zu diesem Thema war nicht sehr umfangreich. Diese Krebsart wurde 1871 bei männlichen Bewohnern der Mittelmeerländer und jüdischen Männern entdeckt. In medizinischen Fachbüchern aus dem vergangenen Jahrhundert werden fünfhundert bis achthundert Fälle dokumentiert. Gewöhnlich waren es Italiener und Juden im fünften oder sechsten Lebensjahrzehnt, die an diesem Krebs erkrankten. 1914 wurde das Kaposi-Sarkom (KS) zum ersten Mal in Afrika festgestellt.

72

Weitere Untersuchungen ergaben, daß es bei den Bantus der am häufigsten auftretende Tumor war, daß die Krankheit sich jedoch nur innerhalb bestimmter geographischer Grenzen in der offenen Savanne Zentralafrikas feststellen ließ. Hier litten zehn Prozent aller Krebskranken an diesem Sarkom.

Im Normalfall zeigten sich bei dem Erkrankten schmerzlose purpurfarbene Läsionen. Er starb erst geraume Zeit später, doch die direkte Todesursache war zumeist nicht das KS. In neuerer Zeit gab es Berichte über eine neue, virulentere Form des Sarkoms in Zentralafrika, aber es handelte sich dabei offenbar nicht um den Hautkrebs, an dem Rick Wellikoff litt. Bei ihm breiteten sich die Läsionen nicht so rasch über den ganzen Körper und die inneren Organe aus, wie es von den afrikanischen Patienten berichtet wurde. Außerdem hatte er sich nie in dieser tropischen Klimazone aufgehalten. Das einzige, wodurch sich Rick von dem typischen New Yorker Schullehrer seines Alters unterschied, war seine Homosexualität.

Angesichts dieser untypischen Krankengeschichte beschloß Linda, Ricks Zustand auch weiterhin genau zu beobachten und sich weiterhin mit anderen Ärzten über diesen Fall auszutauschen.

Zwei Wochen nachdem der Lehrer sie zum ersten Mal aufgesucht hatte, wurde sie von einem Kollegen am *Veteran's Administration Hospital* in New York angerufen.

»Sie werden es nicht glauben, aber wir haben hier einen zweiten Fall«, sagte er.

Dr. Laubenstein fuhr sofort zu der Klinik, um sich diesen Kaposi-Patienten anzusehen, dessen Fall sehr ähnlich zu liegen schien wie der von Rick. Der Mann sah sehr viel besser aus, aber schließlich war er ein Fotomodell. Er war siebenunddreißig Jahre alt und homosexuell. Wie es der Zufall wollte, hatten er und Rick gemeinsame Freunde. Einer von ihnen war ein verträumter blonder Steward, der bei einer kanadischen Luftfahrtgesellschaft arbeitete. Dieser Mann hatte einen ungewöhnlichen Namen, den Linda im Gedächtnis behielt –

»Sie sollten mit Gaetan sprechen«, hatten ihr die ersten beiden homosexuellen Männer in New York, bei denen ein Kaposi-Sarkom festgestellt worden war, geraten.

»Sie sollten mit Gaetan sprechen, denn auch er hat diesen Ausschlag.«

73

»Hier werden zu viele Krankheiten übertragen.«

Das war der übliche Schlußsatz bei den Routineberichten von Dr. Selma Dritz über die Erkrankungen des Magen-Darmkanals bei homosexuellen Männern. Sie war überzeugt, daß ihre Analyse auf dieser monatlichen Sitzung der Experten auf dem Gebiet der sexuell übertragenen Infektionskrankheiten an der Universitätsklinik von San Francisco ein besonderes Gewicht hatte. Sie galten als eine der angesehensten medizinischen Fakultäten im ganzen Land. Die Ärzte hier mußten erkennen, daß der Gesundheitszustand dieser homosexuellen Männer durch einen ganz neuen Erreger gefährdet wurde.

Ursprünglich hatte Dr. Dritz nicht vorgehabt, sich in den letzten Jahren ihrer beruflichen Laufbahn mit solchen Fragen zu beschäftigen. Mittlerweile war sie jedoch eine der angesehensten Autoritäten auf dem Gebiet der Erforschung von Mikroorganismen, die sich im Darmtrakt homosexueller Männer ansiedeln.

Ihre Fachausbildung hatte bald nach 1967 begonnen, als sie zur stellvertretenden Direktorin des Büros für Seuchenbekämpfung bei der Gesundheitsbehörde von San Francisco ernannt worden war. Normalerweise waren im Jahr fünf bis zehn Fälle von Amöbenruhr auf ihrem Schreibtisch gelandet, und die Patienten waren fast durchweg Angestellte in Tageszentren oder Restaurants gewesen. Jetzt meldeten die Ärzte allwöchentlich eine ganze Anzahl von Neuerkrankungen. Fast alle Patienten waren junge unverheiratete Männer, und die meisten waren im *Davies Medical Center* an der Castro Street untersucht worden. Sie wandte sich an einen ihrer Kollegen von der Gesundheitsbehörde und erklärte, dies sei ungewöhnlich, da ihr keine Beschwerden über irgendwelche in der Nähe gelegenen Restaurants zu Ohren gekommen seien. Der Kollege nahm sie zur Seite und bemerkte, daß die meisten Patienten Homosexuelle waren. Dr. Dritz blickte ihn verständnislos an.

»Es ist der orale und anale Kontakt«, sagte der Kollege.

»Wie bitte?«

Als Selma 1940 die Universität besuchte, erfuhren die Medizinstudenten noch nichts über solche Dinge. Nun jedoch begann sie sich eingehend über die Hintergründe dieser Darminfektionen zu informieren. Homosexuelle Ärzte wußten schon seit langem, daß von Parasiten verursachte Krankheiten wie Amöbiasis, Lambliasis und Shigellose zu den gesundheitlichen Risiken des Homosexuellen gehören. Diese Probleme nahmen mit der wachsenden Beliebtheit des Analverkehrs Ende der sechziger und Anfang der siebziger Jahre zu, weil es praktisch unmöglich war, dabei den Kontakt mit dem Kot des Partners zu vermeiden. Als die sexuellen Gewohnheiten im Laufe der Zeit noch exotischer wurden und das »Rimming« in Mode kam, breiteten sich diese Krankheiten explosionsartig aus.

Der Aufmerksamkeit der Gesundheitsbehörden war dieses Problem bisher entgangen. Gewissenhafte Beamte hatten sogar das Trinkwasser in Greenwich Village untersuchen lassen, nachdem festgestellt worden war, daß in dieser Gegend ungewöhnlich viele Menschen an dem von Amöben verursachten Durchfall erkrankten.

Doch je mehr Dr. Dritz über die Gesundheitsprobleme der Homosexuellen erfuhr, desto größer wurden ihre Sorgen. Die homosexuellen Männer wurden von immer neuen und gefährlicheren Infektionskrankheiten heimgesucht. Zuerst waren es Syphilis und Tripper. Etwa achtzig Prozent der siebzigtausend Patienten, die jährlich in der Klinik für Geschlechtskrankheiten in San Francisco behandelt wurden, waren homosexuelle Männer. Da sich diese Krankheiten so leicht behandeln ließen, wurden sie von vielen nicht besonders ernst genommen. Viele bewahrten sich die Zettelchen, auf denen ihre Wartenummern eingetragen wurden, wenn sie zur Behandlung kamen, als Souvenirs auf. Für viele war der Klinikaufenthalt eine willkommene Gelegenheit, sich nicht nur eine Injektion verabreichen zu lassen, sondern auch neue Bekanntschaften zu schließen. Doch plötzlich mehrten sich die Fälle von Erkrankungen an Hepatitis A, begleitet vom Befall mit Darmparasiten. Es folgte die Ausbreitung der Hepatitis B, einer ansteckenden Krankheit, die aufgrund der Beliebtheit des Analverkehrs jetzt als Geschlechtskrankheit auftrat, während sie ursprünglich fast nur durch Blutkontakt übertragen worden war.

Dr. Dritz war in jeder Beziehung eine kühle und sachliche Frau. Ihre ruhigen, an die homosexuellen Männer gerichteten Warnungen vor den Gefahren des »Rimming« und dem ungeschützten Analverkehr wurden zwar mit dem nötigen Ernst vorgetragen, doch sie paßten durchaus nicht in die Zeit. Aber mit dem Gewicht ihres Fachwissens erwarb sie sich hohes Ansehen bei den homosexuellen Ärzten. Ihre Kinder neckten sie und sagten, sie sei die »Sexkönigin von San Francisco« und die »Adoptivmutter der Schwulen«. Sie war mittlerweile auf diesem Gebiet eine Kapazität, denn sie hatte seit Ende der siebziger Jahre einen großen Teil ihrer Zeit damit zugebracht, sich mit homosexuellen Ärzten zu unterhalten und medizinische Fachzeitschriften zu studieren. Außerdem hatte sie ganz Nordkalifornien bereist, um in Vorträgen vor den von ihr erkannten Gefahren zu warnen.

Doch jetzt, im Jahr 1980, mußte Dr. Dritz feststellen, daß diese Spezialisten für Geschlechtskrankheiten ihre Informationen sehr zurückhaltend aufnahmen. Die Wissenschaftler wollten nicht glauben, daß sich dank der sexuellen Revolution »Montezumas Rache« und die typische Schwulenkrankheit Hepatitis B in eine die ganze Gesellschaft gefährdende Seuche verwandelt hatten. Dr. Dritz trug ihren Zuhörern noch einmal in aller Ruhe ihre Statistik vor: Von 1976 bis 1980 hatte die Shigellose bei unverheirateten Männern zwischen dreißig und vierzig Jahren um siebenhundert Prozent zugenommen. 1969 waren nur siebzehn Fälle von Amöbiasis gemeldet worden; heute betrug die Zahl der gemeldeten Fälle in San Francisco mehr als eintausend im Jahr. Die Zahl der an Hepatitis B Erkrankten hatte sich bei den Männern im Alter zwischen dreißig und vierzig Jahren in den letzten vier Jahren vervierfacht.

Diese Krankheiten waren besonders schwierig zu bekämpfen, weil es bei jeder von ihnen latente Perioden gibt, in denen sich keine Symptome zeigen. So steckten homosexuelle Männer viele andere an, bevor sie selbst wußten, daß sie sich infiziert hatten. Das waren, wie Dr. Dritz glaubte, die Voraussetzungen für eine Katastrophe, und die Kommerzialisierung der Promiskuität in den Saunen machte alles nur noch schlimmer.

Dr. Dritz stand an ihrem Filmprojektor und sah in die ungläubigen Gesichter ihrer Zuhörer im Konferenzraum. Diese professoralen Typen glaubten nichts, was sie nicht selbst unter ihren Mikroskopen gesehen hatten. Sie hielten das, was sie hier zu hören bekamen, für Gruselgeschichten und verlangten gesicherte Daten. Die Ausführungen über Homosexualität, Oralverkehr und Analverkehr hatten sie unangenehm berührt.

Dr. Dritz versuchte noch einmal, den medizinischen Sachverständigen klarzumachen, daß es hier nicht um diese oder jene Krankheit oder um sexuelle Gymnastik ging.

»Es werden zu viele Infektionskrankheiten übertragen«, sagte sie. »Wir unternehmen zu wenig gegen alle diese Krankheiten. Es gibt so viele Ansteckungsmöglichkeiten, daß die Hölle los sein wird, wenn etwa ein neuer Virus auftauchen sollte.«

31. OKTOBER, NEW YORK CITY

Gespenster huschten durch die gewundenen Straßen von Greenwich Village, gefolgt von klappernden Skeletten, die hinter den häßlichen Geistern der Dunkelheit in der Halloweenparade ihren unheimlichen Totentanz aufführten. Der Tag vor Allerheiligen war schon seit Generationen ein besonderer Feiertag für die Homosexuellen. Soziologen erklärten das damit, daß sie bei diesen Umzügen die Gelegenheit hatten, ihre Identität hinter Masken zu verbergen – eine Haltung, die aufgrund der gesellschaftlichen Konventionen für die Homosexuellen zur Norm geworden war. Dieser Umzug findet traditionell in dem New Yorker Stadtteil statt, der als Hochburg der Homosexuellen gilt. Larry Kramer hielt nicht viel davon, sich zu verkleiden, beteiligte sich aber doch zusammen mit Calvin Trillin und einer großen Gruppe befreundeter Schriftsteller an dem Umzug. Die Männer stellten sich an den Straßenrand und bejubelten laut die an ihnen vorüberziehenden grotesken Masken.

In den Stammlokalen der Homosexuellen wurden an diesem Abend ausgelassene Maskenbälle und Parties gefeiert. Im *Flamingo*, einem der exklusivsten privaten Clubs, wo die bekanntesten Schwulen bis zum frühen Morgen zur lauten Discomusik tanzten, amüsierte sich an diesem Abend auch Jack Nau. Sein Partner Paul Popham war an diesem Tage nicht in der Stadt. Deshalb war die Versuchung um so größer, wenn er ein bekanntes Gesicht sah. Ein blonder Mann erwiderte seinen suchenden Blick mit einem gewinnenden Lächeln, und schon bald waren Jack und Gaetan Dugas zusammen in der Dunkelheit der Nacht verschwunden.

»Er hatte eine Art Anfall.«

In seiner Wohnung an der Columbus Avenue versuchte Enno Poersch verzweifelt, seinen Freund Nick wiederzubeleben. Ein junger Mann, der die Wohnung mit dem Kranken teilte, hatte ihm unter Tränen berichtet, er habe aus Nicks Zimmer einen Aufschrei gehört und ihn bewußtlos vorgefunden. Enno war sofort herübergekommen, kniete jetzt neben dem Bett und versuchte, dem Kranken ein Lebenszeichen zu entlocken.

»Wir müssen ihn in ein Krankenhaus bringen«, schluchzte Enno.

Nick erbrach eine klare, gelbliche Flüssigkeit, und man hörte laute Darmgeräusche.

77

Enno wusch ihn, zog ihn an, nahm ihn vorsichtig auf den Arm und trug ihn die vier Treppen hinunter bis zur Haustür.

»Wir bringen dich hinunter auf die Straße«, rief Enno ihm laut ins Ohr. Vielleicht konnte Nick ihn ja hören und war nur nicht fähig zu antworten.

Die Taxis auf den Straßen der Upper West Side fuhren in schnellem Tempo vorüber. Keines hielt an, als der hochgewachsene Mann mit dem erschlafften Körper in den Armen versuchte, ihnen ein Zeichen zu geben. Es war ja *Halloween*, und die Taxifahrer glaubten wahrscheinlich, sie hätten an irgendeinem Kostümfest teilgenommen und seien betrunken.

Am nächsten Morgen schaute Dr. Michael Lange in Nicks Zimmer im *St. Luke's Roosevelt Hospital*. Ein Neurologe hatte am Gehirn des jungen Mannes drei massive Läsionen festgestellt. Lange war als Spezialist für Infektionskrankheiten zugezogen worden. Nick wurde auf die Seite gedreht. Auf seinen grauen Augen hatte sich ein milchigweißer Film gebildet, und die rechte Gesichtshälfte war völlig erschlafft. Er hatte hohes Fieber. Die Ärzte hatten Lange mitgeteilt, Nick sterbe schon seit einem Jahr im Zeitlupentempo und niemand könne sagen, woran.

Auch als der Anblick solcher vom Tode gezeichneten Gesichter schon längst zu etwas Alltäglichem geworden war und Dr. Lange den Ruf einer internationalen Autorität auf diesem Gebiet genoß, konnte er dieses abgezehrte Gesicht nicht vergessen. Der Augenblick, in dem er die Tür zum Krankenzimmer geöffnet und Nick erblickt hatte, war ein entscheidender Wendepunkt in seinem Leben gewesen. Noch Jahre später konnte sich Lange an das genaue Datum dieses Tages erinnern, das ihm so vertraut war wie sein Hochzeitstag oder die Geburtstage seiner Kinder.

Mit dem 1. November 1980 begann ein Monat, in dem sich die Tragödie in verschiedenen Teilen der Welt deutlich abzuzeichnen begann. Man konnte nicht mehr umhin, sich mit dieser bedrohlichen neuen Krankheit auseinanderzusetzen.

5. Der äußere Rahmen ist immer der gleiche

NOVEMBER 1980, UNIVERSITY OF CALIFORNIA, LOS ANGELES

» Endlich ein interessanter Fall. «

Dr. Michael Gottlieb war nun schon seit vier Monaten Dozent an der UCLA und hatte noch nichts wirklich Aufregendes erlebt. Nach dem Abschluß seines Studiums in Stanford hatte der zweiunddreißigjährige Immunologe seine erste Stelle in einem angesehenen medizinischen Forschungszentrum angetreten und experimentierte mit Mäusen, wie das bei jungen ehrgeizigen Wissenschaftlern üblich ist. Gottlieb hatte seine eigenen Mäuse aus Stanford mitgebracht und wollte nun feststellen, wie ihr Immunsystem auf radioaktive Bestrahlung reagierte. Doch die verdammten Nager starben reihenweise an einer Virusinfektion, die sie sich in Los Angeles zugezogen hatten. Gottlieb war nicht gerade begeistert von dieser Routinearbeit im Labor und bat deshalb seine Kollegen, sich nach einem wirklich interessanten Fall für ihn umzusehen. Vielleicht gab es irgendeinen Patienten, dessen Zustand etwas über die Funktionen des Immunsystems aussagte.

Ein eifriger junger Arzt legte ihm bald darauf die Krankengeschichte eines jungen Mannes vor, der an einer so schweren Pilzinfektion im Kehlkopf litt, daß er kaum noch atmen konnte. Säuglinge, die mit einer Immunschwäche geboren werden, leiden manchmal an dieser floriden Candidiasis, die auch bei Krebspatienten nach einer intensiven Chemotherapie vorkommt. Gottlieb wußte das, aber er hatte so etwas noch nie bei einem einunddreißigjährigen Patienten erlebt, der ansonsten völlig gesund zu sein schien.

Gottlieb und seine Kollegen untersuchten den jungen Mann, kamen aber zu keinem Ergebnis.

Zwei Tage später klagte der Patient, ein Maler, über Atembeschwerden. Außerdem litt er unter einem leichten Hustenreiz. Um einen unbestimmten Verdacht auszuräumen, überredete Gottlieb die Patho-

79

logen, dem Patienten etwas Lungengewebe zu entnehmen, ohne dazu den Brustkorb zu öffnen. Dabei diagnostizierte der junge Arzt eine Reihe von Symptomen, die ihm in dieser Kombination noch nie untergekommen waren. Der Bursche hatte eine *Pneumocystis-carinii-Pneumonie*.

Gottlieb ging mit einem Reagenzglas, das eine Blutprobe enthielt, zu einem Immunologen ins Labor, der ebenfalls an Fällen interessiert war, die nichts mit der täglichen Routine zu tun hatten. Das Spezialgebiet dieses Forschers waren die neuen T-Zellen, die kürzlich entdeckten weißen Blutkörperchen, die im Immunsystem eine Schlüsselrolle übernehmen. Gottlieb bat ihn, die Zahl der T-Zellen im Blut seines Patienten festzustellen. Es gibt unter den T-Lymphozyten zwei besondere Arten. Die T-Helferzellen aktivieren alle für die Infektionsbekämpfung zuständigen Zellen und geben ihnen chemische Instruktionen für die Erzeugung von Antikörpern, die die in den menschlichen Körper eingedrungenen Mikroorganismen zerstören. Zum zweiten gibt es die T-Suppressorzellen, die das Immunsystem informieren, wenn die Gefahr vorüber ist. Der Kollege untersuchte das Blut des Patienten und zählte gewissenhaft die verschiedenen Gruppen von T-Zellen. Das Ergebnis verblüffte ihn. Er konnte keine T-Helferzellen finden. Er glaubte, einen Fehler gemacht zu haben, und machte einen zweiten Bluttest mit dem gleichen Ergebnis.

Was konnte das für eine Krankheit sein, die diese besonderen Lymphozyten aufspürte und abtötete? Gottlieb beriet sich mit seinem Kollegen und diskutierte das Problem mit jedem, der gerade Zeit hatte. Niemand konnte ihm einen nützlichen Hinweis geben. Doch Gottlieb erregte das Problem so sehr, daß er in der Fachliteratur alles las, was er über ungeklärte Erkrankungen des Immunsystems finden konnte. Nirgends fand sich eine Erklärung. Er prüfte auch alle Eintragungen in der Krankengeschichte des Künstlers, der bereits mehrere Geschlechtskrankheiten durchgemacht hatte. Im Gespräch erzählte ihm der Patient auch, daß er homosexuell sei, aber für Gottlieb bedeutete das nicht mehr als die Tatsache, daß der Mann vielleicht einen Ford fuhr.

Wochenlange Nachforschungen brachten Gottlieb um keinen Schritt weiter. Er vermutete, das Fehlen der T-Helferzellen würde irgendwann einmal zu Leukämie führen. In zwei Jahren würde sich wahrscheinlich feststellen lassen, was dem Mann fehlte.

80

»Niemand kann mich zwingen, zur Wahl zu gehen«, sagte die Frau.

Bill Kraus hatte einen Stapel Karten mit Vorschlägen für Wahlkandidaten des *Harvey Milk Gay Democratic Club* in der Hand und versuchte ruhig zu bleiben. Für ihn war die Beteiligung an den Wahlen ebenso notwendig wie das Atmen. Wie konnte jemand auf sein Wahlrecht verzichten? Die Frau ließ ihn nicht zu Wort kommen.

»Eben habe ich Jimmy Carter im Fernsehen gehört«, sagte sie. »Er hat selbst zugegeben, daß er die Wahl verloren hat.«

Das nationale Debakel kam für niemanden überraschend. Ronald Reagan zog die Wähler im ganzen Land auf seine Seite, und zum ersten Mal seit fast dreißig Jahren gewannen die Republikaner die Stimmenmehrheit im Senat. Die Situation der Homosexuellen war in diesem Wahlkampf ein wichtiges Thema gewesen, doch die andere Seite hatte ihren Nutzen daraus gezogen. Allerdings hatten sich die Anhänger von Carter am Schluß bereitgefunden, den Homosexuellen jedes Zugeständnis zu machen, das sie verlangten. Nur so war es möglich, den unabhängigen Kandidaten John Anderson zu schlagen, der den Schwulen noch weiter entgegengekommen war. Doch im Süden hatten die Republikaner eine erfolgreiche Gegenkampagne gestartet.

»Die Schwulen in San Francisco haben einen Bürgermeister gewählt«, verkündete der Fernsehansager feierlich in einer für die Wähler im Süden bestimmten Werbesendung. Neben Fotos von abartig aussehenden Homosexuellen auf einem Protestmarsch sah man eine Aufnahme von Präsident Carter.

Einige Gruppen religiöser Fundamentalisten hatten sich bereits 1977 mit besonderem Eifer auf das Problem der Homosexualität gestürzt und dazu beigetragen, daß die Gesetzesinitiativen zu den Rechten der Homosexuellen in einem Dutzend größerer Städte abgelehnt wurden. Durch ihre Erfolge ermutigt, griffen sie 1980 so aktiv in den Wahlkampf ein wie nie zuvor. Jerry Falwell und seine »moralische Mehrheit« wurden im ganzen Land zu einem feststehenden Begriff, und die Wahlanalytiker behaupteten, die Fundamentalisten seien die bedeutendste neue politische Kraft, die in den letzten Jahrzehnten in den Vereinigten Staaten entstanden sei. Falwell und seine »neue Rechte« wandten sich in jeder Wahlrede mit düsteren Worten gegen die zunehmende Bedrohung von Sitte und Moral durch die Homosexuellen und beriefen sich auf ein Zitat aus der Offenbarung, um darauf hinzuweisen, daß dieser Sittenverfall als Vorzeichen des herannahenden Jüngsten Gerichts schon lange vorausgesagt worden sei.

Im Fernsehen behauptete Falwell, der Erdrutsch zugunsten von Reagan sei ihm zu verdanken und er werde dafür sorgen, daß sein Programm zur Stärkung der Familie und gegen die Homosexualität verwirklicht werde. Doch die meisten Wahlanalytiker führten den erdrutschartigen Wahlsieg der Konservativen auf die Unbeliebtheit des bisherigen Präsidenten Carter und die Tatsache zurück, daß die Menschen bereit seien, Sparprogramme im innenpolitischen Bereich in Kauf zu nehmen.

Cleve Jones kam mit seinem Boss, Leo McCarthy, dem Sprecher des Repräsentantenhauses von Kalifornien, in das Hauptquartier des Homosexuellenverbandes. Bill Kraus, Gwenn Craig und ihre engsten Freunde diskutierten gerade darüber, welchen Einfluß diese übergeschnappten Baptisten auf die künftige amerikanische Administration haben würden. Sie beruhigten sich bei dem Gedanken, daß ein demokratisches Repräsentantenhaus wahrscheinlich die Verabschiedung der Anti-Homosexuellen-Gesetze verhindern werde, die Falwell mit solcher Selbstsicherheit eingebracht hatte. Im übrigen würde eine republikanische Regierung wahrscheinlich vor allem die finanziellen Mittel für Programme kürzen, die für die Homosexuellen keine besondere Bedeutung hatten. Die Aufmerksamkeit der schwulen Politiker galt jetzt in erster Linie den örtlichen Wahlergebnissen. Mit einer kürzlich erfolgten Abstimmung hatten die Wähler entschieden, die städtischen Beamten nicht mehr in den einzelnen Stadtbezirken wählen zu lassen. Die Homosexuellen hatten in den siebziger Jahren für die Bezirkswahlen gekämpft, da es den Anschein hatte, daß kein homosexueller Kandidat die notwendige Stimmenzahl auf sich vereinigen konnte, wenn sich die Wahlberechtigten der ganzen Stadt beteiligten. Damals fehlte ihnen noch die politische Macht, um sich durchzusetzen. Harvey Milk hatte seinen Sitz im Stadtparlament als Abgeordneter eines Bezirks gewonnen, und Bill Kraus hatte monatelang darum gerungen, Harry Britt als Nachfolger von Milk in der Abstimmung durchzubringen, an der sich alle Wahlberechtigten der Stadt beteiligten. Britt wurde mit einer ausreichenden Mehrheit gewählt. Bills Strategie, Koalitionen mit Chinesen, Gewerkschaften und liberalen Gruppen zu bilden, war erfolgreicher gewesen, als er es erwartet hatte. Tim Wolfred, ein ehemaliger Wahlhelfer von Britt und führendes Mitglied des *Milk Club*, war als Sieger aus den allgemeinen Wahlen zum Aufsichtsrat des *San Francisco Community College Board* hervorgegangen.

Darüber hinaus zeigten die Wahlergebnisse, daß sich in den Bezirken, wo die meisten Homosexuellen lebten, auch die meisten Wähler hatten registrieren lassen und die Wahlbeteiligung am höchsten war. Diese Bezirke erwiesen sich auch als die liberalsten in der Stadt, denn hier bekam der amtierende demokratische Senator Alan Cranston neunzig Prozent aller Stimmen. Auch die Wahlergebnisse in den Großstädten bestätigten, daß es richtig war, bei der Wahlwerbung die gleiche altmodische Methode anzuwenden wie Bill Kraus in San Francisco, der die Wähler aufgesucht und persönliche Gespräche mit ihnen geführt hatte. Die meisten Stimmen für Carter kamen in Manhattan, New Orleans und Houston aus den Hochburgen der Homosexuellen. Die Wahlanalysen zeigten, daß zweiundsechzig Prozent der homosexuellen Wähler in den Großstädten sich für Carter entschieden hatten, siebenundzwanzig Prozent für Reagan und elf Prozent für Anderson.

Cleve Jones und Bill Kraus konnten ihre Befriedigung über die Wahlergebnisse nicht verbergen. Diese Administration, die mit den rechten religiösen Fundamentalisten ein Bündnis eingegangen war, würde die Homosexuellen kaum freundlich behandeln, aber darauf kam es nicht an. Die Homosexuellen hatten ihren Einfluß in allen Großstädten wesentlich gefestigt. Jerry Falwell würde in den Stadträten der Gebiete, in denen der Großteil der Homosexuellen lebte, nicht viel zu sagen haben. Und dort wurden schließlich die Entscheidungen getroffen, die sich auf das tägliche Leben der Homosexuellen auswirkten.

Als die meisten Besucher das Hauptquartier verlassen hatten, dachte Bill an die Euphorie in jener Nacht vor drei Jahren zurück, als Harvey Milk die Wahlen gewonnen hatte. Irgendwie beunruhigte ihn dieser Gedanke. Damals hatten alle genau gewußt, wofür sie kämpften. Es gab konkrete Gegner wie Anita Bryant und John Briggs, die eine Anstellung homosexueller Schullehrer verbieten lassen wollten. In den Jahren danach waren schon sehr viele ihrer Forderungen erfüllt worden, zumindest in San Francisco. Zwar konnten sie noch mit einer großen Stimmenzahl rechnen, aber in der Politik der Castro Street fehlte der zündende Funke. Wofür sollte man jetzt kämpfen?

15. NOVEMBER, ST. LUKE'S ROOSEVELT HOSPITAL, NEW YORK CITY

Enno Poersch drückte Nick fest die Hand und hoffte, etwas von seinem eigenen Optimismus würde sich auch auf seinen kranken Freund übertragen.

»Es ist doch großartig«, sagte Enno. »Endlich wissen wir, was dir fehlt. Jetzt werden sie dir helfen können, und du wirst wieder ganz gesund werden.«

Nick war noch so erschöpft von der Operation, daß er kaum die Kraft hatte zu lächeln. Der weiße Verband umhüllte fast seinen ganzen Schädel. Für die genaue Untersuchung war es notwendig gewesen, eine sehr umfangreiche Operation vorzunehmen. Die Ärzte hatten einfach Nicks Schädeldecke entfernt, um festzustellen, was die drei massiven Läsionen verursacht hatte. Jetzt konnten sie wenigstens eine Diagnose stellen. Sie sagten, Nick sei an Toxoplasmose erkrankt und eine Behandlung sei möglich.

»Alles wird wieder gut werden«, sagte Enno.

25. NOVEMBER, SAN FRANCISCO

Ken Horne hatte schon immer davon geträumt, Tänzer zu werden und seine verführerischen Pirouetten, Kreuzsprünge und Arabesken einem begeisterten Publikum vorzuführen. Als unverbesserlicher Optimist vergötterte er alles, was mit dem Theater zusammenhing. Vielleicht würde er auch eines Tages ein Star sein, dem die Menschen zujubelten und über den die Kritiker in den Zeitungen begeisterte Berichte schrieben. Deshalb verließ er im Alter von einundzwanzig Jahren die Arbeitergegend in Oregon, in der er aufgewachsen war, und ging 1965 nach San Francisco, um die dortige Ballettschule zu besuchen. Eine Narbe an seiner Nase gab seinem im übrigen zarten Gesicht das charakteristische Aussehen, und sein Körper war dank des jahrelangen Trainings widerstandsfähig und muskulös. Aus einem häßlichen Kind hatte sich im Lauf der Jahre ein schöner junger Mann entwickelt, und das erleichterte Ken die Aufnahme in die Homosexuellenszene der Stadt. Alle Männer waren in ihn verliebt, und damit ging sein größter Wunsch in Erfüllung, denn er hatte sich schon immer danach gesehnt, geliebt zu werden. Seinen Freunden gestand er, er habe manchmal das Gefühl, Aschenputtel zu sein, das endlich an dem festlichen Ball teilnehmen durfte.

Vielleicht fiel es ihm deshalb auch leichter, Ende der sechziger Jahre

84

auf seine Karriere als Tänzer zu verzichten. Ken erzählte seinen Freunden eine etwas unklare Geschichte, wonach der Direktor des Balletts verlangt habe, daß sich alle Junggesellen zu verheiraten oder zu verloben hätten, wenn sie nicht entlassen werden wollten. Angeblich sei es ihm peinlich gewesen, daß so viele Tänzer bei Polizeirazzien in Schwulenlokalen festgenommen worden seien. Jedenfalls verließ Ken die Ballettschule und erklärte seinen Freunden, er werde erst wieder eintreten, wenn er seine Finanzen in Ordnung gebracht habe. 1969 nahm er eine Stelle bei der *Bay Area Rapid Transit* an, wo er regelmäßig sein Gehalt bekam und nicht mehr von sechs Uhr morgend bis einundzwanzig Uhr arbeiten mußte wie in der Ballettschule. Jetzt hatte er abends mehr Zeit auszugehen. »Das ist gar nicht so schlecht«, sagte er zu einem Freund. »Das Leben ist jetzt viel angenehmer.«

Ken verliebte sich sehr bald in einen deutschen Plakatmaler und verlor den Kontakt zu seinen bisherigen Freunden in San Francisco, die ihn als einen romantischen, reizenden jungen Burschen in Erinnerung behielten. Sie waren überrascht, als sie ihn fünf Jahre später in einer Schwulenbar wiedersahen. Er hatte sich das Haar kurz schneiden lassen und trug einen kurzgeschnittenen Bart, der sein Kinn umrahmte wie der Kinnriemen eines Stahlhelms. Doch er sah jetzt nicht nur wie der Prototyp der in schwarzes Leder gekleideten Rocker aus, die neuerdings in San Francisco ihr Unwesen trieben, sondern wirkte auch müde und verlebt. Sein Haar war ergraut, und er hatte glasige Augen. Er beklagte sich darüber, daß es so schwierig sei, in dieser »Stadt der Ärsche« einen Mann zu finden, der bereit war, mit ihm zu schlafen.

Seine Freunde waren überzeugt, daß Ken in die gleiche Falle geraten war wie so viele andere Schwule. Als junger Mann war es für ihn wichtiger gewesen, den richtigen Partner zu finden, als sich nach der richtigen Arbeit umzusehen. Als sich sein Wunsch nicht erfüllte, gab er sich mit dem Nächstbesten, mit Sex zufrieden, und sehr bald wurde daraus für ihn ein Beruf. Mit Liebe hatte das nichts zu tun, aber es vermittelte ihm wenigstens ein angenehmes Gefühl. Das Aschenputtel durfte zwar auf dem festlichen Ball mittanzen, hatte aber seinen Prinzen nicht gefunden.

Beim Sex wurde die Leidenschaft schließlich zur Technik, und Ken lernte alles, was man tun konnte, um die stärksten Lustgefühle zu wecken. Nur mit immer ausgefeilteren sexuellen Praktiken konnte er verhindern, daß das Leben zu langweilig wurde. In den Hafengegenden von New York und San Francisco schossen in den siebziger Jahren die Bars, in denen Rocker wie Ken Horne verkehrten, wie Pilze aus dem Boden.

Das Leben ist eine Enttäuschung, dachte Ken, als er am Morgen des 25. November 1980 das größte Krankenhaus von San Francisco betrat.

»Mein Leben hat keinen Sinn mehr«, sagte Ken dem behandelnden Arzt, Dr. James Groundwater.

Groundwater war Dermatologe und hörte im Verlauf seiner Arbeit nur selten solche dramatischen Geständnisse. Aber der dreiundvierzigjährige Arzt hatte die väterliche Art eines Mannes, dem man sich gern anvertraut, und während sich Ken das Hemd auszog, hörte der Doktor seine Geschichte.

Seit zwei Jahren litt er unter Erschöpfungszuständen und einem dauernden leichten Brechreiz. Seit 1978 hatte er es immer wieder mit einem eigenartigen Durchfall zu tun, und im vergangenen Monat waren diese komischen Schwellungen aufgetaucht.

Groundwater untersuchte die bläulich verfärbten Stellen. Die eine war an Kens linker Leiste, die andere an seiner rechten Brustwarze.

»Was habe ich mir da geholt?« wollte Ken wissen.

Er ärgerte sich darüber, daß die Ärzte ihm all diese Jahre nicht geholfen hatten. Sie hatten ihm nicht einmal gesagt, was ihm fehlte.

Die Größe von Kens Lymphknoten überraschte Groundwater. Sie hatten mit Sicherheit etwas mit den verfärbten Stellen zu tun.

Während der Arzt ihn untersuchte, redete Ken weiter. Seine Arbeitgeber stellten zu hohe Anforderungen, und deshalb habe er sich im letzten Monat krankschreiben lassen. Er sei sogar zu einem Kurpfuscher gegangen; er würde alles tun, um sein Leben wieder in Ordnung zu bringen.

Groundwater überlegte, was dem siebenunddreißigjährigen Patienten fehlen könnte. Vielleicht war es ein Lymphom. Das würde die geschwollenen Lymphknoten erklären, aber nicht die bläulich verfärbten Stellen. Groundwater nahm eine Blutprobe und eine Gewebeprobe von den Läsionen für eine genauere Untersuchung. Dann würde er eine Diagnose stellen können.

86

27. NOVEMBER, THANKSGIVING, ORANGE COUNTY, KALIFORNIEN

Die kanadischen Winter waren so langweilig, daß Gaetan Dugas überglücklich war, als er zum Thanksgiving-Wochenende nach Südkalifornien eingeladen wurde. Sein neuer Liebhaber, ein Friseur, freute sich über seine neue Eroberung. Das Stammlokal dieses Friseurs war das *Boom-Boom Room* in Laguna Beach. Sein Ausflug in den *8709 Club* in West Hollywood war erst sein zweiter Besuch in einer Sauna gewesen, und dort hatte er diesen prächtigen Steward aufgegabelt, der sich wahrscheinlich auch nach einer neuen Bekanntschaft umgesehen hatte. Jetzt würden sie gemeinsam ein wunderbares Wochenende erleben. Die Sauna war doch keine so schlechte Einrichtung.

Gaetan warf einen kurzen, prüfenden Blick in den Spiegel. Ja, in seinem Gesicht hatten sich ein paar neue Flecken gebildet. Die Ärzte hatten gesagt, dafür gäbe es keine Behandlung, aber das tat nichts. Er fühlte sich wohl, strich sich mit der Hand durch den blonden Haarschopf und lächelte: »Ich bin immer noch der Schönste.«

5. DEZEMBER, SAN FRANCISCO

Aus den tief in ihre Höhlen eingesunkenen Augen von Ken Horne sprachen Resignation und Verzweiflung, als er langsam sein Hemd auszog, um Dr. Groundwater die beiden neuen purpurfarbenen Flecken auf seiner Brust zu zeigen. Nein, nur keine neue Biopsie! Der Arzt sollte ihm endlich sagen, was ihm fehlte.

Die Ergebnisse der Blutuntersuchungen, die das Labor vorgenommen hatte, waren beunruhigend. Mit Kens weißen Blutkörperchen stimmte irgend etwas nicht. Noch besorgniserregender war die Tatsache, daß Kens Körper keine Reaktion auf die Hauttests zeigte, die Groundwater bei seinem letzten Besuch durchgeführt hatte. Die Tests bestanden aus leichten Stichen mit Nadeln, die mit gutartigen Mikroorganismen infiziert waren. Normalerweise schwollen diese Stellen zu harten roten Pickeln an. Das war ein Beweis dafür, daß das Immunsystem Antikörper bildete, die die Mikroorganismen bekämpften. Doch bei Ken blieben die Schwellungen aus. Das Immunsystem hatte nicht auf die Nadelstiche reagiert.

Ken beklagte sich wieder über Brechreiz, Müdigkeit und Durchfall, und der Dermatologe konnte sich keinen Reim darauf machen. Der Mann mußte krank sein, sehr krank sogar, aber nach den Ergebnissen der Labortests konnte ihm eigentlich nichts Ernstes fehlen. Es kam

87

immer wieder vor, daß sich aus den Blutuntersuchungen keine Diagnose ergab, und manchmal schlugen auch die Hauttests nicht an. Aber gewöhnlich waren die Patienten mit einem unregelmäßig arbeitenden Immunsystem nicht so stark geschwächt. So blieb Groundwater nichts anderes übrig, als neue Tests anzuordnen. Er überredete Ken, sich mit der Biopsie eines Lymphknotens einverstanden zu erklären. Das Ergebnis würde zeigen, ob er an einem Krebs seines Lymphsystems erkrankt war. Der Arzt nahm ihm noch einmal eine Blutprobe ab und schickte sie mit der besonderen Anweisung ins Labor, das Serum auf jede nur denkbare Viruserkrankung zu untersuchen.

Es muß eine Lösung dieses Problems geben, dachte Groundwater. Auf jede Frage gibt es eine Antwort.

9. DEZEMBER, LOS ANGELES

» Was tun wir uns nicht alles an?«

Das war die Frage, die sich Dr. Joel Weisman aufdrängte, als er den nervösen dreißigjährigen Werbefachmann untersuchte. Der Mann litt schon seit sechs Wochen unter einem schmerzhaften Hautausschlag, ständigem Durchfall und hohem Fieber. Jetzt war er auf Empfehlung seines Internisten zu Dr. Weisman gekommen. Nachdem Weisman bestimmte Tests angeordnet hatte, schrieb er eine vorläufige Diagnose auf das Krankenblatt: »Der Patient leidet unter Beschwerden, augenscheinlich Sekundärreaktionen auf eine Immunschwäche.«

Weisman wußte, daß es in der medizinischen Praxis immer wieder einzelne Fälle gibt, die schwer zu diagnostizieren sind. Doch dies hier war kein Einzelfall. Im Oktober war ein anderer junger Homosexueller mit ähnlichen Störungen des Immunsystems zu einem Kollegen von Weisman gekommen. Die Gleichartigkeit der Krankheitserscheinungen war alarmierend. Die Nagelbetten des Mannes waren von weißen Pilzen befallen, sein Gaumen war von einer weißlichen Candidiasis bedeckt, und auch er litt unter Hautausschlägen, hohem Fieber, geschwollenen Lymphknoten und einem Mangel an weißen Blutkörperchen. Nach einem stationären Aufenthalt im Krankenhaus besserten sich die Hautausschläge, aber Anfang Dezember hatte der Patient nachts so starke Schweißausbrüche, daß ständig die Laken gewechselt werden mußten. Auch der Hautausschlag verschlimmerte sich. Weismans Kollege glaubte zunächst, das Blut des

Patienten sei von Bakterien und Viren überschwemmt, aber im Dezember lautete auch seine Diagnose »Immunschwäche«.

Es blieb aber nicht bei diesen beiden Fällen. Im gleichen Jahr erschienen noch zwanzig Männer mit eigenartigen Veränderungen an den Lymphknoten in der Praxis von Dr. Weisman. Mit diesen Symptomen hatten auch die Beschwerden der beiden inzwischen schwer erkrankten Patienten begonnen.

Neueste Untersuchungen zeigten, daß dreiundneunzig Prozent aller Homosexuellen mit dem Zytomegalievirus infiziert waren, einem Herpesvirus, das man mit Krebserkrankungen in Verbindung brachte. Die sexuelle Revolution der Homosexuellen hatte außerdem dazu geführt, daß sich fast alle Homosexuellen mit dem Epstein-Barr-Virus infizierten, einem Mikroorganismus, der ebenfalls als krebserregend eingeschätzt wurde. Der Körper war nur imstande, eine bestimmte Zahl von Viren abzuwehren. Wenn sie überschritten wurde, konnte es zur Katastrophe kommen.

Weisman war einer der angesehensten homosexuellen Ärzte in Südkalifornien. Schon seit einiger Zeit beschäftigte ihn die Frage, wie man die homosexuellen Männer davon überzeugen konnte, daß eine Mäßigung im Sexualverhalten notwendig war. Denn auch er wußte, daß die Überbetonung des Sex große gesundheitliche Risiken in sich barg. Doch diese Gruppe von Menschen würde kaum auf ernste Ermahnungen reagieren, besonders wenn es um sexuelle Fragen ging. Es ging ja auch nicht darum, irgend jemanden zu verurteilen: denn schließlich waren die meisten dieser Männer nach Los Angeles und in andere Großstädte gekommen, um solchen Verurteilungen zu entgehen. Und doch hatte die eigenartige Mischung aus Tabus und neugewonnener Freiheit ein soziales Klima geschaffen, das den besten Nährboden für aggressive kleine Viren bildete. Während Dr. Weisman seinem jungen Patienten versicherte, er würde wieder gesund werden, fragte er sich besorgt: »Was haben wir uns nur angetan?« Es war Ende 1980, in dem Jahr, als die Filme *Coal Miner's Daughter* und *The Empire Strikes Back* die besondere Aufmerksamkeit des Publikums erregten. Das beliebteste Schallplattenalbum war *The River* von Bruce Springsteen mit melancholischen Songs über die Wirtschaftskrise und die Fragwürdigkeiten des »american way of life«. Inzwischen hatte ein neues Virus auf drei Kontinenten Fuß gefaßt, war von Afrika nach Europa und dann nach Nordamerika gekommen. Später durchgeführte Erhebungen zeigten, daß man Ende 1980 in den Vereinigten Staaten bei fünfundfünfzig jungen Männern eine Infektion mit diesem

Virus festgestellt hatte. Zehn weitere waren in Europa infiziert worden, während es in Afrika ungezählte Opfer dieser Krankheit gab. Langsam und fast unmerklich breitete sich die mörderische Krankheit immer weiter aus.

23. DEZEMBER, NEW YORK CITY

Die rasche Verschlechterung des Zustandes von Rick Wellikoff stellte seine Ärzte ebenso wie seine Freunde vor ein Rätsel. Das Kaposi-Sarkom nahm gewöhnlich einen anderen Verlauf. Die Ärzte ließen Rick nicht im Zweifel über seine Lage. Seine Lungen füllten sich mit irgendeiner unbekannten Substanz. Sie konnten die Flüssigkeit mit einem Schlauch absaugen, den sie in die Brust eingeführt hatten, und sie konnten ihn mit Hilfe von Apparaten am Leben erhalten. Doch das war alles, was sie für ihn tun konnten.

Rick nahm all seinen Mut zusammen und erklärte, nein, er brauche diese Apparate nicht. Er wolle in seine Wohnung in dem Ziegelgebäude an der Upper West Side entlassen werden. Zwei Tage vor Weihnachten verließ er die New Yorker Universitätsklinik. Paul Popham erklärte sich bereit, zu ihm zu ziehen. Aber am gleichen Abend veranstalteten John und Wes, zwei Männer, mit denen sie sich das Haus am Ocean Walk teilten, ihre Weihnachtsparty. »Geh doch zu der Party«, sagte Rick.

Doch der Freund saß den ganzen Abend an Ricks Bett und horchte auf die immer leiser werdenden Atemzüge des Kranken. In jenen ersten Morgenstunden, in denen die Dänen das Fest der Herzen feiern, starb der siebenunddreißigjährige Volksschullehrer als vierter Amerikaner an der Krankheit, die man später als Acquired Immune Deficiency Syndrome bezeichnet hat.

DRITTER TEIL

Die ersten Reaktionen 1981

Wie bei den meisten Krisen waren die ersten Reaktionen auf das Andromeda-Phänomen eine Mischung aus Vorsorge und Torheit, Unschuld und Unwissenheit. Fast jeder Beteiligte bewies einerseits großen Scharfsinn und auf der anderen Seite unerklärliche Dummheit. Es ist daher unmöglich, die Ereignisse zu schildern, ohne einige der Beteiligten zu kränken.

Ich halte es aber doch für wichtig, die Geschichte zu erzählen. Dieses Land unterhält das größte wissenschaftliche Establishment in der Geschichte der Menschheit. Es werden ständig neue Entdeckungen gemacht, und viele dieser Entdeckungen haben eine große politische oder gesellschaftliche Bedeutung. Wir können schon in naher Zukunft mit weiteren Krisen von der Art des Andromeda-Phänomens rechnen. Ich glaube deshalb, daß es einen Sinn hat, der Öffentlichkeit bewußt zu machen, wie wissenschaftliche Krisen entstehen und wie man mit ihnen umgehen muß.

Michael Crichton
The Andromeda Strain

6. Die kritische Masse

15. JANUAR 1981,
ST. LUKE'S ROOSEVELT HOSPITAL, NEW YORK CITY

Enno Poersch sah, wie zwischen Nicks Lippen der weiße Schaum austrat. Der Schaum drang ihm auch aus Ohren und Nase. Nach der Mitte November gestellten Diagnose hatte es zunächst so ausgesehen, als ob sich der Gesundheitszustand des jungen Barmixers wieder verbesserte. Die Schwellungen in seinem Gehirn gingen zurück. Aber Nick konnte sich nach der Hirnoperation nicht wieder erholen. Er erlitt einen Herzanfall, wurde wiederbelebt und auf die Intensivstation verlegt, wo ihm ein Schlauch in die Luftröhre eingeführt wurde, um ihm das Atmen zu ermöglichen.

Die meiste Zeit schlief er, aber manchmal öffnete er die Augen und sah den großen, kräftigen Enno hilflos neben sich am Bett sitzen. Enno war überzeugt, daß Nick versuchte, ihm etwas mitzuteilen. Doch dann schloß Nick die Augen wieder. Als man den Schlauch entfernte und versuchte, ihm mit einem Kehlkopfschnitt das Atmen zu erleichtern, brachte Nick nicht die Kraft auf, etwas zu sagen. Es folgten zwei weitere Herzanfälle, aber die Pfleger und die Apparate bewahrten ihn vor dem Tod. Die Ärzte sagten, das zur Gruppe der Herpesviren gehörende Zytomegalie-Virus habe seinen ganzen Körper infiziert und jedes Organ überschwemmt. Außerdem habe er eine Lungeninfektion. Aber niemand konnte mit Bestimmtheit sagen, was ihm fehlte.

Am 15. Januar hielten Enno und Nicks Schwester Wache an seinem Bett, als eine der Krankenschwestern sagte: »Man hat das Gefühl, er versucht für einen anderen Menschen am Leben zu bleiben.« Nicks Schwester wandte sich an Enno und sprach den entscheidenden Satz: »Warum schalten wir den Apparat nicht aus?«

Als die Apparaturen abgeschaltet waren, blickte Enno auf den jungen Mann hinunter, den er vor so langer Zeit am Strand von Fire Island kennengelernt hatte. Was für ein gutaussehender und vitaler Mensch er doch gewesen war. Enno starrte immer noch auf das Bett, als das Piepen der Apparate aufhörte und Nicks Brust sich zum letzten Mal hob und senkte.

1. FEBRUAR, CENTERS FOR DISEASE CONTROL, ATLANTA

Sandra Ford, eine technische Assistentin im Nervenzentrum der Gesundheitsbehörden der amerikanischen Bundesregierung, überprüfte zum zweiten Mal die Anforderung für das Medikament Pentamidin. Pentamidin gehörte zu den zwölf Medikamenten, die so selten verwendet wurden, daß die Bundesregierung sie aufgrund einer besonderen Vereinbarung mit der *Food and Drug Administration* unter Verschluß hielt und nur in begründeten Fällen freigab. Darüber hinaus aber hätte die massenhafte Produktion dieser Mittel der pharmazeutischen Industrie kaum Gewinn gebracht, weshalb das Interesse der Firmen gleich Null war. Wenn ein Arzt eines dieser Medikamente brauchte, wendete er sich an Sandy Ford.

Die dreißigjährige Sandy arbeitete schon seit zwei Jahren in einem kleinen Büro des Gebäudes Nummer sechs im Büro für Seuchenbekämpfung (CDC). Ihre Aufgabe war es, die eingehenden Anforderungen für Pentamidin zu überprüfen und die kleinen Flaschen mit dem Mittel in festen Pappkartons per Expreß an die Antragsteller zu verschicken.

Sie nahm ihren Beruf sehr ernst und sah sich deshalb die Anforderung des New Yorker Arztes genau an. Sie las den Vermerk, daß das Medikament für die Behandlung einer Pneumocystis-carinii-Pneumonie gebraucht wurde. Das war nichts Ungewöhnliches, denn dies war die Infektionskrankheit, zu deren Behandlung dieses Mittel am häufigsten verwendet wurde. Unüblich war allerdings, daß der Arzt mit keinem Wort erwähnte, wie sich der Patient diese seltene Form der Pneumonie zugezogen hatte. Sandy Ford wußte, daß die Pneumocystis-carinii-Pneumonie nur auftrat, wenn das Immunsystem des Patienten ungewöhnlich stark geschädigt war. Auf den Anforderungen, die sie bekam, wurde fast immer die Ursache für eine solche Immunschwäche angegeben. Meistens waren es Kinder, die an Leukämie erkrankt waren und chemotherapeutisch behandelt wurden. Häufig wurde dieses Mittel auch Patienten mit Lymphomen oder Drogenabhängigen verschrieben, bei denen verhindert werden sollte, daß ein transplan-

94

tiertes Organ abgestoßen wurde. Sandy merkte sich diese ungewöhnliche Anforderung, nahm sie zu den Akten und füllte den Versandschein aus.

RAYBURN HOUSE OFFICE BUILDING, WASHINGTON, D. C.

»Bist du für oder gegen den Präsidenten?«

Jeder Republikaner auf dem Capitol Hill schien sich in den ersten Februartagen diese Frage zu stellen. Das ganze Land verfolgte mit großer Spannung die ersten Maßnahmen des neuen Präsidenten, dem es gelungen war, die demütigende Geiselaffäre im Iran zu einem Ende zu führen. Kurz zuvor hatte er in seiner freundlichen Art bekanntgegeben, daß er die Ausgaben der Bundesregierung drastisch kürzen werde. Die Demokraten schienen nach dem Verlust der Mehrheit im Senat und der Wahlniederlage des amtierenden Präsidenten stark verunsichert zu sein: Sie hatten in den ersten Monaten des Jahres 1981 augenscheinlich nicht mehr die Kraft, energisch für die Verwirklichung ihrer politischen Ziele zu kämpfen.

Der neue Haushaltsplan war die erste Salve im Kampf der Reagan-Administration gegen die nach ihrer Auffassung falsche Ausgabenpolitik im innenpolitischen Bereich. Das Dokument kam warm aus der Druckerpresse ins Büro von Tim Westmoreland, der als Chefberater des Unterausschusses für Gesundheit und Umwelt im Repräsentantenhaus die von den Demokraten vertretenen Grundsätze in der Gesundheitspolitik verfocht. Westmoreland war dankbar dafür, daß sein Boss, der Abgeordnete Henry Waxman aus Los Angeles, nur selten irgendwelche Zugeständnisse machte, wenn es um die Ausgaben im Gesundheitswesen ging.

Der Haushaltsplan war unmittelbar nach der Amtseinführung des neuen Präsidenten in aller Eile zusammengestellt worden und enthielt zahlreiche handschriftliche Korrekturen und Randbemerkungen. Bereits die Carter-Administration hatte bei den Ausgaben im Gesundheitswesen drastische Einsparungen vorgenommen. Nun mußte Westmoreland feststellen, daß es unter Reagan noch schlimmer werden würde.

Für die Gesundheitsbehörden des Bundes (NIH) sah es nicht einmal so schlecht aus. Gegenüber den Vorschlägen der Carter-Administration, nach denen 3,85 Milliarden Dollar vorgesehen waren, wurde ihr Budget nur um 127 Millionen Dollar gekürzt. Westmoreland seufzte jedoch, als er zum Etat für die Seuchenbekämpfung kam. Von den 327

95

Millionen Dollar, die Carter für die Finanzierung des CDC vorgesehen hatte, sollten 161 Millionen Dollar gestrichen werden.

Das konnte allerdings niemanden überraschen. Präsident Reagan hatte bei seiner Amtsübernahme angekündigt, daß zahlreiche Aufgaben, die bisher Sache des Bundes gewesen waren, nun den einzelnen Staaten übertragen werden sollten. Etwa die Hälfte des Geldes, das im Bereich der Seuchenbekämpfung gestrichen wurde, sollte in Form von Zuschüssen an die einzelnen Bundesstaaten gehen. Dieses Dezentralisierungskonzept barg jedoch große Risiken in sich. Die Möglichkeiten einer bundesweiten Seuchenbekämpfung wurden durch diese Umverteilung drastisch beschnitten. Dabei hatten die *Centers for Disease Control* im Falle eines gesundheitlichen Notstandes entscheidende Aufgaben zu übernehmen. Während der vergangenen zehn Jahre hatte diese Behörde eine bedeutende Rolle bei der Bekämpfung der Legionärskrankheit und des »Toxic Shock Syndrome« gespielt. Bei Fragen des Etats für die CDC ging es nicht um irgendwelche Sonderinteressen engstirniger Bürokraten, sondern um Leben und Tod.

UNIVERSITÄTSKLINIK NEW YORK

Dr. Linda Laubenstein erkannte in Paul Popham sofort einen Freund des Lehrers Rick Wellikoff wieder, jenes Patienten, der am Kaposi-Sarkom erkrankte und im vergangenen Dezember gestorben war. Paul war in die Universitätsklinik gekommen, um wieder einmal seine Schuppenflechte behandeln zu lassen. Die Ärztin sagte ihm, inzwischen gebe es schon sechs Patienten, die unter diesem seltenen Hautkrebs litten. Eigenartigerweise seien es durchwegs homosexuelle Männer.

KLINIK DER UNIVERSITÄT VON KALIFORNIEN, LOS ANGELES

Der Patient berichtete seinem Arzt, Dr. Michael Gottlieb, er leide schon seit längerer Zeit an dieser Pilzerkrankung an den Fingern. Hinzu käme ständiger Durchfall und ein Bläschenausschlag (Herpes); außerdem habe er seit drei Monaten ständig hohes Fieber bis zu vierzig Grad Celsius. In dieser Zeit habe er dreißig Pfund abgenommen. Die Kurzatmigkeit sei jedoch erst in letzter Zeit hinzugekommen.

Dr. Joel Weisman hatte den Patienten zur Universitätsklinik geschickt, da er hoffte, man werde dort feststellen können, welche Krankheit ihm so grausam zusetzte. Als sich Michael Gottlieb die

96

Testergebnisse ansah, fiel ihm auf, wie sehr die Symptome dieses Mannes denen eines anderen jungen Mannes glichen, den er Ende des vergangenen Jahres behandelt hatte. Zufällig war auch der andere Patient homosexuell gewesen. Und doch erstaunte es Gottlieb, als sich bei der Lungenbiopsie herausstellte, daß der Dreißigjährige ebenso wie der Patient im vergangenen Jahr an Pneumocystosis litt. Noch auffälliger war der Mangel an T-Zellen, ein Symptom, das auch bei dem anderen Patienten festgestellt worden war.

Michael Gottlieb spürte, wie besorgt Joel Weisman war. Sie hatten sich mit zwei anderen Spezialisten in Gottliebs Ordinationszimmer in der Universitätsklinik getroffen, um über den Fall des jungen Mannes zu sprechen. Natürlich machte sich Weisman Sorgen. Er hatte Gottlieb noch nicht gesagt, daß er mittlerweile noch einen weiteren Patienten mit der gleichen ungewöhnlichen Konstellation von Symptomen hatte – bis hin zu der selten vorkommenden Pneumonie, die neuerdings gar nicht mehr so selten zu sein schien. Weisman wußte, daß dies ein Alarmsignal war: Man mußte damit rechnen, daß es nicht bei drei gleichgelagerten Fällen bleiben würde.

Weisman meinte, das Immunsystem dieser Männer sei vielleicht von irgendeinem neuen Zytomegalie-Virus (ZMV) oder einer Kombination aus Zytomegalie-Viren und dem Epstein-Barr-Virus geschädigt worden. Dies war eine krebserregende Mikrobe, die im allgemeinen eine Mononucleosis verursachte. Das Blut des neuen Patienten zeigte deutlich einen erhöhten ZMV-Antikörper-Spiegel, der täglich anstieg und sank. Gottlieb erklärte, er würde sich eingehender mit diesem Problem beschäftigen, aber er sei noch nicht davon überzeugt, daß das Zytomegalie-Virus die Krankheit verursachte. Dieses Virus war seit Jahren bekannt und hatte nach vorliegenden Berichten bereits dreiundneunzig Prozent aller homosexuellen Männer infiziert. Ein so häufig vorkommender Mikroorganismus suchte sich nicht einfach einige wenige Opfer aus, um bei ihnen virulent zu werden. Die Ärzte einigten sich darauf, daß man diese Fälle noch gründlicher untersuchen mußte. Bald darauf schickte Weisman seinen zweiten Pneumocystosis-Patienten zu Gottlieb. Es war der dritte Fall dieser Art, der an die Universitätsklinik von Los Angeles überwiesen wurde. Auch Gottlieb war jetzt davon überzeugt, daß man auf etwas sehr Bedeutsames gestoßen war, aber er konnte noch nicht genau sagen, worum es sich wirklich handelte. Er fing an, sich in der medizinischen Fachliteratur über den ZMV, über die Immunprobleme von Patienten mit transplantierten

Organen und alles andere, was er über eine Beeinträchtigung des Immunsystems finden konnte, zu informieren. Und er machte sich an den Entwurf eines wissenschaftlichen Berichts über die kleine Epidemie, die diese seltene Lungenentzündung verursacht hatte.

3. MÄRZ, UNIVERSITÄT VON KALIFORNIEN, SAN FRANCISCO

Die Ärzte hoben den neugeborenen Jungen vorsichtig aus dem Leib der Mutter. Die Geburt hatte sich nicht nur durch den Kaiserschnitt kompliziert – es handelte sich auch noch um ein »Rh-Baby«. Als Folge einer genetischen Komplikation befanden sich im Blut dieses Kindes Antikörper, die seine eigenen Blutkörperchen angriffen. Nur ein vollkommener Blutaustausch konnte ihm das Leben retten.

Eine Woche nach der Geburt des Kindes kam ein siebenundvierzigjähriger Mann zur *Irwin Memorial Blood Bank*, um Blut zu spenden. Er machte einen durchaus gesunden und kräftigen Eindruck. Noch am gleichen Tag wurde sein Blut in einzelne Bestandteile aufgelöst, und am folgenden Tag wurde eine dieser Komponenten – nämlich die Zellen, die die Blutgerinnung fördern – dem kranken Säugling an der Universitätsklinik auf dem Parnasus Hill injiziert.

CASTRO STREET, SAN FRANCISCO

Sehr bald nachdem sie sich im Tanzlokal *The Stud* kennengelernt hatten, erzählte Kico Govantes seinem neuen Freund Bill Kraus von seinem ersten Besuch in einer Schwulen-Sauna. Bill lachte, umarmte Kico und meinte, er sei hoffnungslos naiv.

Vom ersten Augenblick an war Bill von diesem so gesund und kräftig wirkenden Mann fasziniert gewesen. Und Kico hatte sich sofort in Bill verliebt, als er ihn mit seinem Jersey-Polohemd, das seine Brustmuskulatur und seinen flachen Bauch so gut zur Geltung brachte, auf der Tanzfläche erblickt hatte.

»Ich arbeite im Rathaus«, hatte Bill stolz gesagt und das Gespräch sobald wie möglich auf politische Themen gebracht.

»Wo ist das?« fragte Kico.

»Gibt es wirklich jemanden, der nicht weiß, wo das Rathaus ist?« sagte Bill. »Ich arbeite für Harry Britt.«

»Und wer ist das?«

»Das ist der Nachfolger von Harvey Milk«, sagte Bill. Er war überzeugt, daß damit alles erklärt war.

Kico hatte den Namen Harvey Milk noch nie gehört.

»Wir leben in zwei verschiedenen Welten«, sagte Bill. Und das schien ihm sogar zu gefallen.

Bill konnte es nicht glauben, daß Kico schon sechs Monate in San Francisco lebte und in dieser Zeit noch mit niemandem geschlafen hatte. Es erheiterte ihn, als er die Bhagavadgita auf Kicos Nachttisch liegen sah.

»Du bist wie ein kleiner Junge«, meinte Bill, nachdem sie sich geliebt hatten.

»Wie könnte man auch anders sein?« fragte Kico.

Kico war verzaubert von dem seriösen Politiker, der sich augenscheinlich so intensiv damit beschäftigte, den Menschen zu helfen und die Welt zu verändern. Bill hielt Kico lange Vorträge über die politischen Ziele der Homosexuellen und die Bedeutung von Bündnissen. Er erzählte auch von seinen Plänen, die Bestrebungen der Schwulen dadurch zu fördern, daß er einflußreiche Aktivisten in die Büros der verschiedensten politischen Führer vermittelte.

»Du gewinnst keinen politischen Einfluß, wenn du diese Leute nur zu deinen Cocktailparties einlädst«, belehrte Bill seinen Freund. »Du mußt zum inneren Kreis gehören.«

Es schien Bill aber auch einen diebischen Spaß zu machen, seinen jungen Freund zu schockieren, ihn in die Feinheiten des homosexuellen Geschlechtsverkehrs einzuführen und ihm die Praktiken in den Schwulen-Saunen zu erläutern.

»Widerlich«, sagte Kico verächtlich.

»Das ist ein subjektives Werturteil«, erwiderte Bill. »Wenn sich jemand dabei wohlfühlt, ist das nicht widerlich.«

»Was hat man denn davon, wenn einem ein Fremder an den Arsch faßt?« fragte Kico. »Was hat das mit Liebe zu tun?«

»Da sind zum Beispiel diese Leute aus Moline«, erklärte Bill. »Sie sind ihr Leben lang unterdrückt worden, und jetzt wollen sie ein bißchen ausflippen. Später wird sich das wieder geben. Es ist eben wie bei den Matrosen, die lange enthaltsam leben müssen und dann endlich in den Hafen kommen.«

Wenn sich Bill in die Enge getrieben fühlte, fiel es ihm schwer zuzugeben, daß er keine überzeugenden Argumente hatte. Kico fühlte, daß Bill nur ungern über die Kommerzialisierung der Schwulensexualität sprach. Es schien, als versuche er, diese Exzesse vor sich selbst zu rechtfertigen.

Bill hatte offenkundig Schwierigkeiten, das sexuelle Disneyland der

Schwulen mit den politischen Zielen der Bewegung in Einklang zu bringen. Die sexuelle Freizügigkeit hatte sich in einer so kameradschaftlichen Atmosphäre entwickelt. Es war so viel Brüderlichkeit und Wärme dabeigewesen. Als er in Honolulu zum ersten Mal in eine Sauna gegangen war, hatte er sich so frei gefühlt wie nie zuvor. Hier gab es einen Ort, an dem man tun konnte, was man wollte, ohne daß irgend jemand einem vorwarf, man sei pervers. Aber Mitte der siebziger Jahre, als fast jeder sein rotes Taschentuch aus der Brusttasche hängen ließ, beleidigte das die konservative Haltung, die Bill aus dem Mittleren Westen mitgebracht hatte. »Ist das die Botschaft der Schwulenbewegung?« fragte er sich. »Wollen sie damit verkünden, daß sie jemanden brauchen, der mit ihnen onaniert oder der sie anpißt?«

Die sexuellen Gewohnheiten der Schwulen wurden im Lauf der Zeit immer mehr entpersönlicht. Am Anfang schlief man mit irgend jemandem, liebkoste sich die ganze Nacht, führte Gespräche und aß zum Frühstück am nächsten Morgen gemeinsam Spiegeleier. Dann ließ man das Frühstück ausfallen, und später verzichtete man darauf, die ganze Nacht mit seinem Partner zuzubringen. Wenn man in die Sauna ging, brauchte man keine Gespräche zu führen. Dann kamen die Clubs Glory Hole und Cornhole in Mode, wo man sich im Dunkeln liebte, ohne zu wissen, wer der Partner war. Der politisch links eingestellte Bill führte diese Entwicklung auf die Profitgier der Geschäftemacher zurück, denn diese Lokale waren eine sehr einträgliche Geldquelle. Für sich persönlich begrüßte er es jedoch, auf diese Weise seine sexuellen Bedürfnisse befriedigen zu können. Gelegentlich besuchte er die große Sauna an der achten Straße, wenn dort ein »Kameradschaftsabend« veranstaltet wurde. Aber politisch wirkte sich die Entmenschlichung der Sexualität äußerst schädlich aus.

Noch problematischer wurde es, wenn heterosexuell veranlagte Menschen in die Sache hineingezogen wurden. Anfang 1981 gab es eine Kontroverse um die Buchhandlung Jaguar, einen Sexclub im Herzen des Castrobezirks. Hier war der Umsatz beim Verkauf von Büchern viel niedriger als die Einnahmen aus den Mitgliedsbeiträgen. Damit erwarben die Kunden das Recht, die dunklen Hinterzimmer des Geschäfts aufzusuchen. Hier konnte man die Männer zu jeder Tages- und Nachtzeit bei den extremsten sexuellen Praktiken antreffen. Nun hatte das Geschäft auch noch ein drittes Stockwerk im gleichen Gebäude mieten wollen, aber die heterosexuellen Bewohner dieser Gegend sträubten sich dagegen, daß die Homosexualität in ihrem Bezirk überhand nahm. Als Mitarbeiter des Stadtrats Harry Britt hatte

Bill Kraus die Forderungen des Sexclubs unterstützt, und Britt war deshalb in den konservativen Stadtbezirken heftig kritisiert worden. Für Bill war es eine Frage der Behauptung des einmal gewonnenen politischen Einflusses. Wenn die Homosexuellen nicht einmal im Castrobezirk, der einzigen »befreiten Zone«, freie Hand hatten, wo sollten sie dann ihren politischen Einfluß geltend machen?

Die ganze Kontroverse hinterließ bei Bill einen bitteren Nachgeschmack. Besonders ärgerte er sich über die Gewinnsucht der Unternehmer in der schwulen Sexindustrie. Um sich die politische Unterstützung der Homosexuellen zu sichern, hatte sich der Besitzer des Jaguarclubs als Opfer antischwuler Bigotterie geziert, doch nachdem er sein Ziel erreicht hatte, erlosch sein Interesse an den aktuellen politischen Fragen in der Stadt. Für Bill war der Bursche ein Schwein, dem es nur darauf ankam, möglichst viel Geld zu verdienen. Allerdings bedauerte er nicht, daß er sich in dieser Sache engagiert hatte – wenn auch nur deshalb, weil er überzeugt war, daß die heterosexuellen Mitbürger nicht das Recht hatten, sich in das Sexualleben der Schwulen einzumischen. Es hatte zehn Jahre gedauert, die sexuelle Befreiung in San Francisco durchzusetzen, und wenn man jetzt auch nur einen Zoll breit zurückwich, stand alles Erreichte in Gefahr.

Kico hielt diese ganze Argumentation für blödsinnig. »Ich halte das alles immer noch für widerlich«, sagte er.

30. MÄRZ, ST. FRANCIS HOSPITAL, SAN FRANCISCO

Der Schmerz in seinen beiden Augen wurde immer schlimmer. Bei jeder Bewegung verstärkte sich dieses Pochen. Er fühlte sich diesem unerträglichen Pulsieren regelrecht ausgeliefert.

Dr. James Groundwater wußte, daß der Fall sehr ernst war, und wies Ken Horne an einem nebligen Montagmorgen zur stationären Behandlung ins Krankenhaus ein. Groundwater war einer der zahlreichen Spezialisten, denen es bis jetzt nicht gelungen war, die Ursachen des sich zusehends verschlechternden Gesundheitszustandes von Ken zu ergründen. Als erfahrener Hautarzt wußte er, daß die Krankheit, die diese purpurfarbenen Hautflecken bei Ken Korne erzeugte, nicht harmlos sein konnte.

Seit Wochen hatte Ken hohes Fieber und klagte über die sich zunehmend verstärkenden Kopfschmerzen. Heute nun war dieser pochende Schmerz in den Augen dazugekommen. Mit jedem Monat war Ken reizbarer geworden. Er wollte sich keinen Tests mehr unterziehen, sondern endlich wissen, was ihm fehlte. Unaufhaltsam war der körperliche Verfall fortgeschritten. Im Februar hatten sich neue Läsionen in seinem Gesicht und am Gaumen gezeigt, und Anfang März begannen sie sich über den unteren Teil seines Rückens auszubreiten.

Groundwater nahm an, es seien Tumoren der Blutgefäße, und hatte Gewebeproben an ein Laboratorium in Michigan geschickt. Dort jedoch war seine Vermutung nicht bestätigt worden, und auch ein Krebsspezialist hatte nichts Verdächtiges finden können. Wenige Stunden nach Kens Einlieferung im Krankenhaus untersuchte ihn eine Neurologin, um die Ursachen für seine Schwächezustände festzustellen. Sie ordnete eine Lumbalpunktion an. Das Ergebnis dieses Tests war noch verwirrender – der Patient war mit Kryptokokken infiziert.

Groundwater reagierte ungläubig, denn diese Diagnose konnte nur die Kopfschmerzen erklären. Er wußte, der Cryptococcus war ein Pilz, den man im allgemeinen in Vogelkot fand. Seit hundert Jahren gab es in San Francisco jede Menge Tauben, die mit dem Cryptococcus infiziert waren. Weshalb trat dieser Pilz im März 1981 plötzlich bei einem seiner Patienten auf?

Am 9. April 1981 wurde Jim Groundwater zum ersten Mal die Diagnose eines Kaposi-Sarkoms in San Francisco vorgelegt. Sie kam von einem Pathologen an der Universitätsklinik, der ihm mitteilte, Ken Hornes Läsionen »entsprächen« diesem Krankheitsbild. Auch die Lymphknoten von Ken waren von diesem Krebs befallen. Aber es war nicht der harmlose Hautkrebs, mit dem alte Männer jahrzehntelang weiterlebten. Groundwater verglich die Ergebnisse seiner Untersuchungen mit den Erfahrungen aller Pathologen und Fachärzte auf diesem Gebiet, deren er habhaft werden konnte. Bei Ken lag die Ursache anderswo, und er würde sterben, wenn es Groundwater nicht gelang, sie zu finden.

7. Die besten Absichten

4. April 1981, Amt für Seuchenbekämpfung CDC, Atlanta

Dieser Bursche soll noch einmal auf die Universität gehen, wenn er nicht einmal eine einfache Wucherung identifizieren kann, dachte Sandra Ford. Aber in ihrer kühlen professionellen Art fragte sie noch einmal nach und formulierte ihre Frage an den Arzt diesmal ein wenig anders: Was hatte zu der Immunschwäche geführt, die gleich bei zwei Patienten eine Pneumocystis-carinii-Pneumonie ausgelöst hatte?

Der Arzt aus Manhattan versicherte noch einmal, er wisse nicht, weshalb die beiden jungen Männer an PCP erkrankt seien. Es gebe keinen erkennbaren Grund für das völlige Versagen ihres Immunsystems. Er brauche jedoch unbedingt das Pentamidin, weil sie nicht auf die Sulfonamide reagierten, mit denen die Pneumocystosis sonst behandelt würde.

Sandra Ford nahm an, der Arzt sei entweder unfähig oder zu bequem. Wahrscheinlich hatte er die Krankengeschichte der Patienten nicht zur Hand und wollte seinen überbezahlten Arsch nicht aus dem Sessel heben, um sie aus dem Nebenzimmer zu holen. Aber in den vergangenen acht Wochen hatte sie fünf Anforderungen für erwachsene männliche Patienten mit einer unerklärlichen Pneumocystosis bekommen. Bis auf einen lebten alle diese Männer in New York.

University of California, Los Angeles

Im April wurde der vierte Patient mit PCP in der Universitätsklinik von Los Angeles eingeliefert. Diesmal war es ein Schwarzer, der, wie Dr. Michael Gottlieb jetzt mit Sicherheit sagen konnte, die typischen Symptome zeigte: geschwollene Lymphknoten, Fieber, Gewichtsverlust und eine schwer zu behandelnde Candidiasis. Ebenso wie die anderen drei PCP-Patienten zeigte auch dieser Mann einen dramatisch erhöhten Zytomegalie-Virus-Spiegel im Blut. Der Sechsunddreißigjährige Patient war Gottlieb von einem angesehenen Internisten im Westen von Los Angeles überwiesen worden, der gehört hatte, daß Gottlieb sich auf die Untersuchung von Homosexuellen mit derartigen Immunproblemen spezialisiert hatte. Gottlieb staunte, wie rasch sich solche Nachrichten im Homosexuellenmilieu verbreiteten.

Dr. Joel Weisman hatte ihm gesagt, die Miniepidemie ließe sich vielleicht darauf zurückführen, daß ein Stamm des Zytomegalie-Virus virulent geworden war. Möglich sei auch, daß das Zytomegalie-Virus im Zusammenwirken mit einem anderen Virus die Krankheit auslöste. Wie dem auch sein mochte, Gottlieb war jedenfalls der Meinung, daß er sich angesichts der vier Patienten mit gleichen Symptomen nicht mehr den Luxus leisten konnte, noch weitere zwei Jahre Daten zu sammeln, ohne einen ausführlichen Artikel in einer medizinischen Fachzeitschrift zu veröffentlichen. Die Leute mußten jetzt unbedingt über diese Fälle unterrichtet werden.

Dr. Wayne Shandera erkannte Gottlieb sogleich an der Stimme. Die beiden Ärzte hatten sich in Stanford kennengelernt. Im Juli waren sie nach Los Angeles gekommen. Shandera sollte die nächsten zwei Jahre beim *Epidemiological Intelligence Service* arbeiten. Das war eine Abteilung der Behörde für die Seuchenbekämpfung, deren Aufgabe es war, im Außendienst Informationen zu sammeln. Shandera freute sich bei dem Gedanken, daß er in nächster Zeit mit Gottlieb zusammenarbeiten würde. Er hatte schon früher vorgeschlagen, man sollte die Reaktionen des Immunsystems auf Infektionen näher untersuchen.

Gottlieb schilderte ihm die Fälle und erläuterte seine These, daß bei diesen Erkrankungen ein Zusammenhang zwischen der Pneumocystis-carinii-Pneumonie und dem Auftreten des Zytomegalie-Virus bestehen müsse. Für Shandera sah es so aus, als seien die an dieser Pneumonie erkrankten Patienten mit Medikamenten behandelt worden, die das Immunsystem geschädigt hatten. Nach dem Gespräch sprach Shandera mit einer Kollegin über das Problem. Sie sah ihn etwas überrascht an und deutete auf seinen Schreibtisch.

»Da liegt schon ein Bericht über den Tod eines mit dem Zytomegalie-Virus infizierten Patienten«, sagte sie.

Shandera überflog den Bericht. Ein neunundzwanzigjähriger Rechtsanwalt war im vergangenen Monat in Santa Monica an einer Zytomegalie-Virus-Pneumonie gestorben. Die Gesundheitsbehörden hatten einen besonderen Bericht über diesen Fall angefertigt, weil etwas Ähnliches bisher nicht vorgekommen war. Eine ZMV-Infektion führte normalerweise nicht zum Tode. Wayne ging hinauf ins obere Stockwerk, wo Spezialisten im Laboratorium der Gesundheitsbehörde ZMV-Kulturen aus den Lungen des verstorbenen Anwalts züchteten, um festzustellen, ob der Virenstamm irgendwelche ungewöhnliche Merkmale aufwies.

Shandera war sich der Wichtigkeit dieses Problems bewußt. Eben deshalb hatte er sich freiwillig gemeldet, auf diesem Gebiet der Medizin zu arbeiten. Als er seine Feststellungen Gottlieb mitteilte, hatte er das bestimmte Gefühl, einer wichtigen Entwicklung auf der Spur zu sein.

Er ließ sich von der Gesundheitsbehörde eine Vollmacht geben, die es ihm gestattete, in die Krankengeschichte eines jeden Patienten Einblick zu nehmen, und fuhr zu dem Krankenhaus, wo der Anwalt gestorben war. Die Autopsie hatte ergeben, daß die Lungen des Patienten von einem weiteren Mikroorganismus befallen waren, ein Umstand, der auf dem Totenschein nicht vermerkt war. Die Erwähnung der Pneumocystosis hätte den Tod noch rätselhafter erscheinen lassen.

Der Ausbruch einer ungewöhnlichen Krankheit wird in der Sprache der Mediziner als Epidemie bezeichnet. Nachdem in den letzten Monaten fünf Fälle von PCP bei homosexuellen Männern diagnostiziert worden waren, waren bei dem Phänomen, das Gottlieb und Shandera untersuchten, alle Kriterien gegeben, um von einer Epidemie zu sprechen. Und immerhin war einer der Patienten bereits gestorben. Gottlieb hatte das unangenehme Gefühl, daß sich hier so etwas wie eine Katastrophe anbahnte. Fünf Fälle einer bisher unbekannten Krankheit in wenigen Monaten bedeuteten, daß diese Infektion bei Homosexuellen noch häufiger auftreten würde.

Er wollte nun endlich auch einen Bericht darüber in einer medizinischen Fachzeitschrift veröffentlichen, bevor ihm ein anderer zuvorkam. Deshalb rief er in der Redaktion des *New England Journal of Medicine* an und sprach mit einem der Redakteure.

Er sagte: »Ich habe hier etwas, das noch wichtiger als die Legionärskrankheit ist. Wie lange dauert es, bis ein bei Ihnen eingereichter Aufsatz veröffentlicht wird?«

Der Redakteur erklärte, es werde drei Monate dauern, bis ein solcher Aufsatz von den zuständigen Fachlektoren geprüft sei. Aber auch danach würde er sich noch eine Weile gedulden müssen. Er brauche Gottlieb nicht zu sagen, daß es für die Zeitschrift bestimmte unumstößliche Regeln gebe. So müsse jede wissenschaftliche Veröffentlichung bis zu ihrem Erscheinen absolut vertraulich behandelt werden. Wenn irgend etwas über die Forschungsarbeiten in der Tagespresse erscheinen würde, müsse die Zeitschrift auf die Veröffentlichung verzichten.

»Wir würden Ihre Arbeit gern sehen«, sagte der Redakteur zum Schluß. »Es klingt sehr interessant, aber ich kann Ihnen nicht garantieren, daß wir den Aufsatz abdrucken werden.«

Aber die Zeit drängt, dachte Gottlieb, als er den Hörer auflegte. Auf den jungen Arzt, der bald als Entdecker der größten Bedrohung der öffentlichen Gesundheit in diesem Jahrhundert anerkannt sein sollte, wirkte diese Vertröstung als ein böses Vorzeichen. Es ließ sich absehen, daß eine solche Gleichgültigkeit auf längere Sicht den Umgang mit der neuen Krankheit prägen werde.

14. APRIL, AMT FÜR SEUCHENBEKÄMPFUNG, ATLANTA

Sandy Ford war so wütend, daß sie diesen törichten Arzt aus Manhattan am liebsten angeschrien hätte. Zum zweiten Mal in zehn Tagen hatte er Pentamidin für zwei Patienten bestellt, die an der unerklärlichen Pneumocystosis litten. Nicht nur das, es waren dieselben beiden Männer, die schon mit diesem Medikament behandelt worden waren. Sandy bekam jährlich achtzig bis neunzig Anforderungen für Pentamidin, und bisher war es noch nie vorgekommen, daß dieses Präparat zweimal für denselben Patienten bestellt wurde. Bisher hatte es keinen Fall gegeben, in dem die Pneumocystosis nicht durch die einmalige Behandlung mit diesem Mittel geheilt worden war. Außerdem wußte sie, daß die Food and Drug Administration ihre Unterlagen über die Ausgabe von Medikamenten überprüfte. Dieses Antibiotikum durfte nur unter bestimmten Voraussetzungen ausgegeben werden. Wenn ihr Jahresbericht an die FDA zu viele unzureichend begründete Diagnosen enthielt, würde sie Schwierigkeiten bekommen.

17. APRIL, LOS ANGELES

Als sich der Körper des nackten Mannes neben ihm bewegte, dachte Cleve Jones, daß dies das Schönste im Leben eines Homosexuellen war: Man konnte eine neue Bekanntschaft machen und schon nach kurzer Zeit intim werden. Anders als viele seiner Freunde betrachtete Cleve seine sexuellen Abenteuer nie als Eroberungen, sondern als kleine Romanzen, bei denen es nicht nur um sexuelle Befriedigung ging. Der sechsundzwanzigjährige Cleve hatte bisher noch nie eine längere Beziehung erlebt. Sein Leben bestand vielmehr aus solchen Romanzen, die stets so ähnlich abliefen wie die Affären mit Frank, dem gutaussehenden Rechtsanwalt aus Long Beach. Sie hatten sich im vergangenen Jahr auf dem Demokratischen Parteitag in Sacramento kennengelernt. Frank war ein erfolgreicher Anwalt, der sich für die politischen Ziele der Homosexuellen einsetzte. Er war hochintelligent und, was besonders wichtig war, sehr fortschrittlich eingestellt. Cleve arbeitete seit einiger Zeit für den Abgeordneten Art Agnos aus San Francisco und versuchte, die Zustimmung anderer Parteimitglieder zu einem von Agnos 1977 ausgearbeiteten Gesetzentwurf über die Bürgerrechte der Homosexuellen zu gewinnen. Frank kannte Cleve bereits von einer Fernsehsendung her, in der es um die politischen Ziele der Homosexuellen in San Francisco gegangen war. Cleve war durchaus offen für eine neue »Romanze«. Natürlich würde es nicht weit führen, denn Frank hatte einen festen Partner in Long Beach. Aber wenn Cleve in Los Angeles war, hatten sie Zeit füreinander. Und vielleicht konnten sie sich auch noch an einigen Wochenenden in San Francisco oder bei demokratischen Parteiversammlungen treffen.

Cleve erinnerte sich später noch sehr genau an den Tag in Los Angeles, an dem sie sich nach einem gemütlichen Mittagessen geliebt hatten. Es war der 17. April 1981 gewesen, Karfreitag. An diesem Tag hatte sich Frank nicht wohlgefühlt.

22. April, Universitätsklinik, San Francisco

Aus dem sonnigen Morgen wurde ein warmer, schöner Frühlingstag. Von den aus Beton und Glas erbauten Gebäuden der Medizinischen Fakultät hatte man einen schönen Blick auf die Golden Gate Bridge. Dr. Marcus Conant ging zu Fuß zu dem grauen Gebäude hinüber, in dem die ambulante Abteilung der Universitätsklinik untergebracht war. Der Dermatologe mußte immer noch an ein Telefongespräch mit seinem alten Freund Alvin Friedman-Kien denken.

Alvin hatte ihm gesagt, in New York seien in letzter Zeit mehrere Patienten am Kaposi-Sarkom erkrankt. Er habe sich eingehender mit diesem Phänomen beschäftigt, nachdem er im Abstand von wenigen Tagen in seiner Praxis an der New Yorker Universitätsklinik gleich mit zwei KS-Patienten konfrontiert worden sei. Jetzt habe er sich mit anderen Ärzten in Verbindung gesetzt und erfahren, daß auch in anderen Kliniken in Manhattan KS-Fälle behandelt wurden. Es handele sich ausschließlich um Homosexuelle, und viele von ihnen hätten recht ausgefallene sexuelle Praktiken.

Conant mußte sofort an das Jahr 1969 denken, als er sich auf seine dermatologischen Examen vorbereitete. Er hatte sich immer wieder die pathologischen Darstellungen des KS angesehen, weil er befürchtete, daß er dieses seltene Sarkom bei der Prüfung nicht wiedererkennen könnte. Seither war er mit dem Kaposi-Sarkom vielleicht ein halbes Dutzend Mal konfrontiert worden, gewöhnlich auf Symposien oder bei der Vorführung von Patienten im Hörsaal.

Für diese Krebsart interessierten sich die Herpesexperten Marcus Conant und Alvin Friedman-Kien besonders deshalb, weil das afrikanische KS mit dem Zytomegalie-Virus in Verbindung gebracht wurde. Dieses Forschungsgebiet war insofern faszinierend, als hier vielleicht zum ersten Mal eine Beziehung zwischen einem Virus und der Krebserkrankung nachgewiesen werden konnte. Dieses Problem beschäftigte die Wissenschaftler schon seit Jahren.

Conant hatte versprochen, sich am folgenden Tag auf der monatlichen Konferenz der Dermatologen der Universität von Kalifornien weitere Informationen über das KS zu verschaffen. Jim Groundwater war verblüfft, als Conant fragte, ob einer der Anwesenden irgendwelche ungewöhnlichen Fälle des KS gesehen habe.

»Ich habe einen KS-Fall bei einem Homosexuellen im *St. Francis Hospital*«, berichtete er Conant.

Am folgenden Tag rief Groundwater Friedman-Kien an und unterrichtete ihn über seinen Patienten Ken Horne. Groundwater war überrascht, wie ähnlich der Lebensstil von Ken dem der New Yorker Patienten war – besonders, was die sexuellen Praktiken betraf. Am Nachmittag kam ein Brief des bedeutenden New Yorker Dermopathologen, den Groundwater zuvor schon konsultiert hatte.

»Es ist schwer zu sagen, ob die Krankheitserreger etwas mit dem Entstehen dieser Läsion zu tun haben«, schrieb Dr. A. Bernard Ackerman und fügte mit überraschender Weitsicht hinzu: »Wir haben in jüngster Zeit zahlreiche Fälle des Kaposi-Sarkoms bei jungen homosexuellen Männern erlebt. Nach unserer Ansicht können diese Läsionen sehr wohl durch *einen* Krankheitserreger verursacht worden sein.«

24. APRIL

Nach einem Gespräch mit Jim Groundwater beschloß Dr. John Gullett, der als Spezialist für ansteckende Krankheiten im Falle Ken Hornes hinzugezogen worden war, das Amt für Seuchenbekämpfung in Atlanta zu informieren. Doch keiner der Ärzte, mit denen er sprach, schien an seinem Bericht besonders interessiert zu sein. Gullett hatte das Gefühl, daß man ihn nicht ernst nahm. Später erinnerte sich niemand bei dieser Behörde mehr an den Tag, an dem Ken Horne als erstes Opfer einer neuen besorgniserregenden Seuche gemeldet worden war.

FIRE ISLAND, NEW YORK

Paul Popham ging mit ein paar Freunden den Strand entlang. Sie hatten die Insel für sich allein, denn die Touristensaison würde erst im nächsten Monat beginnen. Außer ihnen waren hier nur ein paar Händler und Hausbesitzer, die nachsehen wollten, welche Schäden die Winterstürme angerichtet hatten. Paul sah schweigend zu Bob hinüber, der die Schachtel mit der Asche von Rick Wellikoff unter dem Arm trug. Hier, vor dem Strand der Insel, die er so sehr geliebt hatte, sollte nach dem letzten Willen des Verstorbenen seine Asche ausgestreut werden. Als die Sonne sich dem westlichen Horizont näherte und die Dämmerung einsetzte, schüttete Bob die weiße, krümelige Asche aus, die im kalten, grauen Atlantik versank.

28. APRIL, AMT FÜR DIE SEUCHENBEKÄMPFUNG, ATLANTA

»Was halten Sie von diesen fünf Fällen mit dem Knochensarkom bei Homosexuellen, die jetzt an der Universitätsklinik von New York untersucht werden?« fragte der Arzt, der Sandy Ford in ihrem kleinen Büro angerufen hatte.

Sandy sagte, sie habe von einer solchen Untersuchung noch nichts gehört. Nachdem sie den Hörer aufgelegt hatte, dachte sie beunruhigt nach. Es gab auch in Queens rätselhafte Fälle von erkrankten Homosexuellen. Außerdem waren in den letzten zwei Wochen weitere Anforderungen für Pentamidin gekommen, und stets hatte es sich dabei um Patienten mit einer unerklärlichen Immunschwäche gehandelt. Der Arzt in Manhattan, den Sandy mittlerweile für einen Stümper hielt, hatte ihr in den letzten drei Wochen fünf Anforderungen für

Pentamidin geschickt. Seit Anfang Februar hatte sie neun Versandanweisungen ausgefüllt, und in jedem einzelnen Fall waren die Diagnosen unvollständig gewesen.

Diese Unsicherheiten widersprachen ihrem methodischen Denken und ihrem Pflichtgefühl. Deshalb verfaßte Sandy an jenem Dienstagnachmittag einen kurzen Bericht und adressierte ihn an ihren Vorgesetzten, den stellvertretenden Direktor der Abteilung für Infektionskrankheiten.

SONNTAG, DEN 17. MAI, LOS ANGELES

Michael Gottlieb und Wayne Shandera hatten auf Shanderas Eßzimmertisch Stapel von sauber in Aktendeckel eingeordneten Krankenblättern ausgebreitet. Gottlieb hatte gehört, daß Alvin Friedmann-Kien in New York an einer Studie über das Kaposi-Sarkom arbeitete, und es kam ihm jetzt darauf an, mit seinem wissenschaftlichen Bericht dem Kollegen zuvorzukommen. Nun kam Shandera auf den Gedanken, die Berichte über die Pneumocystis-carinii-Pneumonie in der wöchentlich erscheinenden Broschüre *Morbidity and Mortality Weekly Report* des Amts für Seuchenkontrolle zu veröffentlichen. Diese Broschüre, bei der Ärzteschaft allgemein als *MMWR* bekannt, wurde jeden Freitag an Tausende von Krankenhäusern und Gesundheitsbehörden in der ganzen Welt verschickt. Jeder, der etwas mit der öffentlichen Gesundheitspflege oder der Bekämpfung ansteckender Krankheiten zu tun hatte, las die Berichte, in denen die neuesten Erkenntnisse und Statistiken über die Verhütung ansteckender Krankheiten in den Vereinigten Staaten zusammengetragen waren. Außerdem wurde hier, aufgegliedert nach den einzelnen Bundesstaaten, jedes neue Auftreten einer Infektionskrankheit vermerkt. Zwar genoß diese Veröffentlichung nicht das hohe wissenschaftliche Ansehen des *New England Journal of Medicine*, aber die Beiträge wurden praktisch ohne jede Verzögerung abgedruckt. Anfang Mai hatte sich Shandera mit Dr. Mary Guinan, einer alten Freundin von der Abteilung für Geschlechtskrankheiten bei der bundesstaatlichen Gesundheitsbehörde, in Verbindung gesetzt, und sie hatte ihm zugesichert, sie werde jeden Bericht, den er ihr schickte, sofort in die richtigen Kanäle leiten.

Die Arbeit erforderte die detaillierte Behandlung jedes einzelnen Falles. Gottlieb nahm sich die einzelnen Krankengeschichten vor und diktierte Shandera die Daten, der diese Informationen in den trockenen wissenschaftlichen Stil übertrug, der für diese Broschüre typisch war. Der Bericht erwähnte das gleichzeitige Auftreten von PCP, ZMV und der oralen Candidiasis, das im allgemeinen dem Ausbruch der Pneumonie vorausging. Dann hieß es weiter: »Die Tatsache, daß diese Patienten alle Homosexuelle waren, läßt vermuten, daß zwischen bestimmten homosexuellen Sexualpraktiken und dem Auftreten der Pneumocystis-Pneumonie in dieser Bevölkerungsgruppe ein Zusammenhang besteht.«

Am folgenden Tag gab Shandera den Bericht telefonisch durch. Die Überschrift lautete: »Pneumocystis-Pneumonie bei homosexuellen Männern – Los Angeles«.

AMT FÜR SEUCHENBEKÄMPFUNG, ATLANTA

Dr. Mary Guinan gab den Bericht an ihren Vorgesetzten Dr. James Curran bei der Abteilung für Geschlechtskrankheiten weiter. Er schickte ihr das Papier mit einer kurzen Randbemerkung zurück: »Eine heiße Sache.«

Die Veröffentlichung der wissenschaftlichen Arbeit über die Pneumocystis-Pneumonie durch das Amt für Seuchenbekämpfung wurde zum Hausgesprächsthema in der ganzen Behörde. Wenig später wurde Mary Guinan von einem Mitarbeiter angerufen, der ihr erzählte, daß in New York in letzter Zeit viele Patienten an der Pneumocystis-Pneumonie gestorben seien. Doch offenbar bereiteten die Ärzte dort einen wissenschaftlichen Bericht für eine medizinische Fachzeitschrift vor und wollten vor der Veröffentlichung keine Information über diese neue Krankheit an die Öffentlichkeit dringen lassen. Eine in Manhatten erscheinende Homosexuellen-Zeitung, *New York Native,* hatte in einem Artikel erwähnt, daß homosexuelle Männer in letzter Zeit immer häufiger an einer neuen tödlichen Pneumonie erkrankten. Doch ein Verbindungsmann der bundesstaatlichen Gesundheitsbehörde beim New Yorker Gesundheitsamt hatte die Sache bagatellisiert und erklärt, solche Gerüchte seien »unbegründet«.

Das ist Unsinn, dachte Mary Guinan. Wir müssen der Sache nachgehen.

30. MAI, SAN DIEGO

Wir können uns beglückwünschen, dachte Dr. David Ostrow. Er bereitete sich gerade auf den Vortrag vor, den er anläßlich der Jahreskonferenz des Amts für Seuchenbekämpfung zum Thema der sexuell übertragenen Infektionskrankheiten halten sollte. Die Homosexuellen hatten bei der Entwicklung eines Impfstoffes gegen die Hepatitis B, die international ein großes medizinisches Problem darstellte, eine entscheidende Rolle gespielt. Es war Zeit, daß die medizinische Welt dieses Verdienst anerkannte. Während der vergangenen drei Jahre hatten Tausende homosexueller Männer mit den Wissenschaftlern des Amts für Seuchenbekämpfung zusammengearbeitet, und die Ergebnisse dieser Forschung waren die erste klar umrissene epidemiologische Darstellung der Hepatitis B und schließlich ein wirksamer Impfstoff gegen diese Krankheit, die besonders unter den Kindern in Afrika und Südostasien eine große Zahl von Opfern gefordert hatte. Der Gesundheitsbehörde standen Zehntausende von Blutproben dieser Homosexuellen für weitere Forschungen zur Verfügung. Mit dem neuen Impfstoff konnten auf der ganzen Welt Millionen Menschenleben gerettet werden. Ostrow glaubte weiterhin, daß die Pläne der amerikanischen Gesundheitsbehörden für ein umfassendes Impfprogramm bei homosexuellen Männern eine erfolgreiche Bekämpfung dieser Krankheit in dieser Bevölkerungsgruppe einleiten könnten.

Auf der Konferenz sagte Ostrow im Hinblick auf die bei homosexuellen Praktiken übertragenen Krankheiten, die Lage habe sich wesentlich gebessert und man könne mit einem glücklichen Abschluß dieser Kampagne rechnen. Ostrow hoffte, daß er sich demnächst von der Forschungsarbeit auf dem Gebiet der sexuell übertragenen Infektionskrankheiten zurückziehen könne, da nun die für die Homosexuellen gefährlichste ausgeschaltet worden sei.

Hier meldete sich Dr. Jim Curran zu Wort. Ostrow hatte schon jahrelang mit Curran bei der Erforschung der Hepatitis und der die Homosexuellen bedrohenden Geschlechtskrankheiten zusammengearbeitet. Er berichtete über die fünf Fälle von Pneumocystis carinii-Pneumonie in Los Angeles und erklärte, die Gesundheitsbehörde werde in der folgenden Woche in der *MMWR*-Broschüre einen Bericht über die Pneumocystosis veröffentlichen. Im Anschluß daran werde man eine neue Forschungsgruppe zusammenstellen müssen.

Noch am gleichen Abend trafen sich Ostrow, Curran, der langjährige Mitarbeiter der Gesundheitsbehörde Harold Jaffe und einige homosexuelle Ärzte in Ostrows Hotelzimmer in der Holiday Inn am Hafen. Eine leichte Frühlingsbrise wehte über die sanft in der Dünung schaukelnden Segelboote vor dem Fenster. Ostrow dachte an die Zeit, als er Curran und Dr. Jaffe mit einigen schwulen Sexualpraktiken hatte bekanntmachen müssen. Er hatte zunächst den Eindruck gehabt, daß Curran sich innerlich dagegen sträubte, doch dann hatte sich sein Kollege doch mit großem Engagement an die Arbeit gemacht. Jaffe und Curran waren insofern Ausnahmen, als Bundesbeamte im allgemeinen keinerlei Kontakt zu homosexuellen Kreisen hatten. Und die wenigen, die sich mit diesem Problem beschäftigten, wollten nur selten Näheres über solche Praktiken erfahren.

Nun sprach Ostrow die Vermutung aus, die Pneumonie könne vielleicht durch Drogen ausgelöst worden sein, wie sie die Schwulen zur sexuellen Stimulation benutzten. Möglicherweise waren hier verdorbene Präparate im Umlauf. Curran stimmte ihm zu; er meinte, es könne an verdorbenen Inhalationsmitteln liegen. Falls dies der Grund wäre, würde sich die Gefahrenquelle problemlos ausschalten lassen. Doch es wurde noch eine andere, sehr viel besorgniserregendere Vermutung laut: »Es könnte auch eine ansteckende Krankheit sein.«

Am Freitag, dem 5. Juni 1981, veröffentlichten die *Centers for Disease Control* in ihrer wöchentlich erscheinenden Broschüre *Morbidity and Morality Weekly Report* den ersten wissenschaftlichen Bericht über die Epidemie mit einer Darstellung der in Los Angeles aufgetretenen Fälle von Pneumocystosis, die Dr. Michael Gottlieb und Dr. Joel Weisman in den letzten Monaten beobachtet hatten. In der Woche vor der Veröffentlichung diskutierten einige Beamte der Gesundheitsbehörde darüber, wie man die homosexuellen Aspekte des Berichts behandeln sollte. Einige von ihnen arbeiteten in der Abteilung für Geschlechtskrankheiten und hatten langjährige Erfahrung in der Zusammenarbeit mit homophilen Verbänden. Sie fürchteten, daß damit die Gefühle einer Gruppe verletzt werden könnten, mit der sie in den kommenden Monaten eng zusammenarbeiten mußten. Außerdem konnten in der Öffentlichkeit alte Vorurteile bestätigt werden, wenn man es so darstellte, als werde die Krankheit in erster Linie von Homosexuellen übertragen. Auch die Tatsache, daß das Gelingen des Programms zur Entwicklung und Herstellung des Impfstoffes für Hepatitis in erster Linie den Homosexuellen zu verdanken war, wurde gegenüber dem Kongreß und der Administration heruntergespielt, da man fürchtete, es könne dann neue Einwände gegen das Projekt geben.

Der Bericht erschien daher nicht auf der ersten Seite des *MMWR*, sondern an weniger exponierter Stelle. Der Hinweis auf die Homosexuellen wurde zudem aus dem Titel gestrichen. Die Überschrift lautete jetzt: »Pneumocystis-Pneumonie – Los Angeles.«

Verletze nicht die Gefühle der Schwulen und wecke nicht den Zorn ihrer Gegner. Das waren die beiden Grundsätze, die das Umgehen mit dieser Epidemie vom ersten Tage an belasteten. Dies geschah in bester Absicht, sollte sich jedoch später verhängnisvoll auswirken.

8. Der Schönste

9. JUNI 1981,
MEMORIAL SLOAN-KETTERING CANCER CENTER, NEW YORK CITY

»Was wird aus mir werden?«

Dr. Jim Curran starrte den Patienten an, der so sehr ein Spiegelbild seiner selbst war. Ebenso wie Curran war dieser Mann sechsunddreißig Jahre alt und an den angesehensten Lehranstalten und Universitäten des Landes erzogen worden. Er war in der Nähe von Detroit, Currans Heimatstadt, aufgewachsen und war wie dieser in seinem Beruf sehr erfolgreich: In der Unterhaltungsindustrie von New York nahm er eine angesehene Stellung ein. Aber in einer Beziehung glich er Curran in keiner Weise, denn er war homosexuell und hatte in den vergangenen fünfzehn Jahren in Greenwich Village gelebt.

Curran war verheiratet, hatte zwei Kinder, und in den zehn Jahren, in denen er beim Amt für Seuchenbekämpfung arbeitete, hatte er immer wieder von einer Stadt in die nächste ziehen müssen, bis er in Atlanta gelandet war. Hier hatte er jetzt die Leitung der Abteilung für die Verhütung von Geschlechtskrankheiten übernommen. Deshalb hatte er gestern an der ersten Sitzung einer rasch zusammengestellten Gruppe von Wissenschaftlern teilgenommen, die die Ursachen für das verstärkte Auftreten der Pneumocystosis und des Kaposi-Sarkoms feststellen sollte. Er war am Vormittag nach New York geflogen, um mit Alvin Friedmann-Kien zu sprechen und sich selbst einige Patienten anzusehen. Der Künstler war das erste Opfer dieser unerklärlichen neuen Kombination von Infektionskrankheiten, mit dem Curran konfrontiert wurde.

Curran wußte, daß der Patient in ihm den bedeutenden Fachmann der Staatlichen Gesundheitsbehörde sah, der auf alles eine Antwort wissen mußte. Doch er konnte dem Patienten nicht sagen, was mit ihm geschehen werde. Wie den meisten Ärzten fiel es ihm schwer zuzugeben, daß er nicht allwissend war. Doch heute hatte er keine andere Wahl. Diese Epidemie gab es offiziell immerhin erst seit drei Tagen.

»Ich habe keine Ahnung, was geschehen wird«, sagte Curran.

Es war ihm peinlich, diesen Mann, der bis auf die Unterwäsche ausgezogen vor ihm stand, wie ein Versuchskaninchen im Labor zu untersuchen. Doch als er die Läsionen sah, fühlte er sich schon sicherer. Was es auch sein mochte, dachte Curran, das war nicht das gutartige afrikanische Kaposi-Sarkom, wie es in allen Lehrbüchern beschrieben wurde. Diese Krankheit war viel virulenter.

Es erstaunte Curran auch, wie leicht sich alle diese Patienten als Homosexuelle identifizieren ließen. Nachdem er jahrelang mit Homosexuellen zusammengearbeitet hatte, wußte er, daß man sie nicht sofort als solche erkennen konnte. Diese Patienten legten offenbar großen Wert darauf, sofort als Schwule erkannt zu werden, die in der großstädtischen Subkultur der Homosexuellen lebten.

Die ganze Sache war sehr seltsam, weil ansteckende Krankheiten im allgemeinen nicht nur bei bestimmten gesellschaftlichen Gruppen auftreten. Epidemien beschränken sich gelegentlich auf ein bestimmtes geographisches Gebiet. So hatten sich an der Legionärskrankheit im Jahr 1976 nur die Teilnehmer an einer Konferenz in einem bestimmten Hotel in Philadelphia infiziert. Andere Krankheiten können bei einer Gruppe von Personen auftreten, bei denen es bestimmte physiologische Ähnlichkeiten gibt, zum Beispiel bei Frauen, die auf gewisse Tampons mit einem toxischen Schocksyndrom reagierten. Doch soweit sich Curran erinnern konnte, waren die Opfer einer Epidemie noch nie Angehörige einer Gruppe gewesen, die sich hinsichtlich ihrer gesellschaftlichen Stellung oder sogar ihres Geschlechtslebens identifizieren ließ. Und doch waren diese Identifizierung und die Anfälligkeit für Geschlechtskrankheiten die einzigen Kriterien, die für alle Patienten aus drei Großstädten, New York, Los Angeles und San Francisco, zuzutreffen schienen. Es mußte in diesem Milieu etwas geben, das die Gesundheit dieser Menschen besonders gefährdete.

Curran kehrte nach Atlanta zurück, wo das wissenschaftliche Team zur Erforschung des Kaposi-Sarkoms und opportunistischer Infektionen (KSOI) alle Hinweise mit einer Energie verfolgte, der die CDC ihren weltweiten Ruf als erfolgreichste medizinische Ermittlungsbehörde zu verdanken hatte. Mit den einander überlagernden Infektionen, der unerklärlichen Immunschwäche und den beispiellosen soziologischen Zusammenhängen ließ sich diese Epidemie in keine klar zu definierende Kategorie einordnen. Etwa ein Dutzend Fachleute aus allen Disziplinen, die potentiell etwas mit diesen Krankheiten zu tun hatten, arbeiteten freiwillig in der Gruppe mit. Zu ihnen gehörten Spezialisten für Immunologie, Venerologie, Krebsepidemiologie, Toxikologie und Soziologie. Weil der Ausbruch der Epidemie mit dem Syndrom der Darmerkrankung Homosexueller zusammenhängen konnte, wurden auch Parasitologen hinzugezogen. Da auch Curran, Harold Jaffe und Mary Guinan zu dem Team gehörten, waren die Fachleute für Geschlechtskrankheiten in der Überzahl. Curran wurde zum Vorsitzenden der KSOI-Arbeitsgruppe ernannt – wie er glaubte, vor allem deshalb, weil er als einziger eine so hohe Stellung einnahm, daß ihm eine Sekretärin zustand, die das Protokoll schreiben konnte.

Die Arbeitsgruppe kam täglich zusammen, um die Untersuchungsergebnisse der einzelnen Mitglieder miteinander zu vergleichen. So kam man sehr bald zu dem Ergebnis, daß es zwei Ursachen für den Ausbruch der Epidemie geben konnte. Man hatte in der Umwelt der Patienten offenbar mit irgendeiner besonderen Substanz zu tun, welche die Immunschwäche auslöste. Dabei dachte man zunächst an die sogenannten »Poppers«, die auf Nitratbasis hergestellten Inhalationsmittel, wenngleich es sich auch um andere schädliche Drogen handeln konnte. Die zweite Erklärung war natürlich, daß es sich um eine Infektionskrankheit handelte, die entweder durch ein neues Virus oder eine Kombination schon bekannter Mikroben verursacht wurde, die in einer bisher noch nicht bekannten Weise zusammenwirkten. Obwohl beide Hypothesen eine unübersehbare Zahl von Antworten zuließen, zweifelten die meisten Spezialisten nicht daran, daß sich der Übeltäter finden lassen würde. Sie hatten schon die Ursache für andere Epidemien gefunden, und das würde ihnen auch hier gelingen.

Die Mitglieder des Ärzteteams setzten sich auch mit anderen Ärzten in Verbindung, die Patienten mit diesen Symptomen behandelten. Da in dem ersten *MMWR*-Artikel nur von der Pneumonie die Rede war, sagten ihnen die meisten Kollegen: »Ich habe aber bei den Homosexuellen außer der Pneumocystosis auch das Kaposi-Sarkom festgestellt.« Die PCP-Fälle in Los Angeles wurden immer wieder mit den KS-Patienten in New York in Verbindung gebracht.

Mary Guinan hatte sich in der Bibliothek der *Emory University* ein immunologisches Fachbuch besorgt, um Näheres über die Feststellung von Michael Gottlieb zu erfahren, daß bei den Pneumoniepatienten ein seltsamer Mangel an T-Zellen, den Helferlymphozyten, bestand.

Das Buch enthielt keinerlei Angaben über T-Zellen, denn sie waren erst kürzlich entdeckt worden. Dr. Guinan rief ihre Freundin, Donna Mildvan, am *Beth Israel Medical Center* in New York an. Dr. Mildvan bestätigte ihr, daß auch sie bei den Homosexuellen, die sie seit Juli des vergangenen Jahres behandelte, eine Immunschwäche festgestellt habe. Dr. Mildvan berichtete, daß diese Patienten an schrecklichen Infektionen erkrankt und bald darauf gestorben waren.

Einer Eingebung folgend, rief Dr. Guinan eine pharmazeutische Fabrik an, die Medikamente zur Behandlung von schweren Herpesinfektionen herstellte. Dort sagte man ihr, ein anderer Arzt in New York habe bei Homosexuellen noch viel schwerere Herpeserkrankungen festgestellt. Dieser Arzt sagte Dr. Guinan, er glaube, diese verheerenden Infektionen hätten etwas mit der Pneumocystis-carinii-Pneumonie zu tun. Er hatte jedoch noch mit keinem Kollegen über diese Fälle gesprochen, weil er einen wissenschaftlichen Bericht für eine medizinische Zeitschrift geschrieben habe, der noch geprüft würde.

Dr. Guinan war über diese Information zutiefst erschüttert. Sie hatte bisher mit Geschlechtskrankheiten zu tun gehabt, die mit Injektionen behandelt und geheilt wurden. Aber hier lagen die Dinge ganz anders. Sie wurde die Vorstellung nicht los, daß es hier irgendeinen unbekannten Erreger geben mußte, der diese Patienten tötete. Deshalb hoffte Mary Guinan auch, in der Umwelt der Patienten würden sich Anhaltspunkte finden lassen, um diese Fälle auf einen gemeinsamen Nenner bringen zu können. Wenn es sich tatsächlich um eine neue ansteckende Krankheit handelt, dann gnade uns Gott, dachte sie.

Nach der Veröffentlichung des *MMWR*-Berichts über die Pneumocystosis erschienen in den Nachrichtenmedien etwa ein Dutzend Artikel über diese neue Form der Pneumonie. Die meisten Homosexuellen-Zeitungen brachten ihre Berichte an einer möglichst unauffälligen Stelle. Man hatte den Eindruck, es handle sich hier um irgendeine medizinische Kuriosität, deren Bedeutung von den Gegnern der Homosexualität im wissenschaftlichen Establishment und in den Medien hochgespielt wurde. Doch in der Homosexuellen-Presse wurde der etwas komplizierte Begriff Pneumocystis-carinii-Pneumonie durch einen verständlicheren Ausdruck ersetzt, der besser in die Schlagzeilen paßte. Hier sprach man jetzt einfach von »Schwulenpneumonie«.

12. JUNI, CLAUDE-BERNARD HOSPITAL, PARIS

Der homosexuelle Mann im Untersuchungszimmer von Dr. Willy Rozenbaum klagte über einen erheblichen Gewichtsverlust und Atemnot. Auch bei ihm stellte Rozenbaum eine Pneumocystosis fest, konnte jedoch die Ursache ebensowenig finden wie bei dem portugiesischen Taxifahrer, dem Angestellten der Zairischen Luftfahrtgesellschaft und der Französin, die längere Zeit in Zentralafrika gelebt hatte. Am Nachmittag brachte die Post die *MMWR*-Broschüre aus den Vereinigten Staaten mit dem Bericht über die Pneumoniefälle in Los Angeles. Rozenbaum erkannte sofort die verblüffenden Parallelen zu den Symptomen seines Patienten und wußte, daß es dafür nur eine Erklärung gab. Es konnte nicht an den Umweltbedingungen liegen, denn Los Angeles lag praktisch auf der anderen Seite der Erdkugel. Es mußte sich um einen bisher unbekannten Erreger handeln.

16. JUNI, CENTERS FOR DISEASE CONTROL,
HEPATITIS LABORATORIUM, PHOENIX

Obwohl er erst achtunddreißig Jahre alt war, gehörte Dr. Don Francis zu den bedeutendsten Epidemiologen bei den CDC und war einer der Forscher gewesen, die in den siebziger Jahren die Pocken als lebensbedrohende Seuche erfolgreich bekämpft hatten. In den letzten Jahren hatte er mit den homophilen Verbänden im Rahmen des Projekts zur Entwicklung und Herstellung des Hepatitisimpfstoffs zusammengearbeitet. Diese Arbeit war praktisch beendet.

Don rief sofort Myron Essex, seinen alten Lehrer in Harvard, an, nachdem er erfahren hatte, daß die an PCP und dem Kaposi-Sarkom erkrankten Patienten an einer seltsamen Verringerung der T-Lymphozyten litten. Sie hatten einst gemeinsam die Mechanismen des Leukämievirus bei Katzen untersucht. Diese Arbeit war das Thema seiner Dissertation gewesen.

»Das ist die Katzenleukämie beim Menschen«, sagte Francis.

Essex wußte, daß Francis zu voreiligen Schlüssen neigte, die er in sehr dramatischer Form vortrug. Er wußte auch, daß sein ehemaliger Student sich mit seinen ungewöhnlichen Fähigkeiten international einen Namen gemacht hatte. Nachdem er acht Jahre mit der Erforschung der Katzenleukämie, der häufigsten Todesursache bei Katzen, zugebracht hatte, interessierte sich Essex lebhaft für die Zusammenhänge zwischen dieser Krankheit und ähnlichen Erkrankungen beim

Menschen. Er und Francis gehörten zu den wenigen Wissenschaftlern, die die Meinung vertraten, daß Krebs und andere ernste Erkrankungen beim Menschen durch Viren verursacht würden. Sie hatten gemeinsam acht Artikel über die Katzenleukämie und einige umstrittene Aufsätze veröffentlicht, in denen sie die Vermutung äußerten, menschliche Lymphome, Leukämie und Krebse des Immunsystems ließen sich auf Virusinfektionen zurückführen.

Essex hörte aufmerksam zu, als Francis seine These begründete. Er sprach über den Krebs und das Versagen des Immunsystems. Sowohl die Katzenleukämie als auch diese neue, bei Homosexuellen auftretende Krankheit waren gekennzeichnet durch eine Reihe opportunistischer Infektionen, die augenscheinlich ein durch eine Primärinfektion geschwächtes Immunsystem ausnutzten, um virulent zu werden. Bei Katzen war der Erreger ein Leukämievirus, welches das Immunsystem der Katzen ausschaltete und dadurch das Entstehen verschiedener Krebsarten ermöglichte. Die Parallelen bei den Erkrankungen der Homosexuellen lagen auf der Hand. Auch sie erkrankten an Krebs, weil offensichtlich ein ähnliches Virus das Immunsystem ausgeschaltet hatte. Außerdem hatte die Katzenleukämie eine lange Inkubationszeit, und auch diese neue Infektionskrankheit blieb augenscheinlich lange Zeit latent. Nur so war es zu erklären, daß Patienten in drei Großstädten an der atlantischen und an der pazifischen Küste der Vereinigten Staaten daran erkranken und sterben konnten, bevor irgend jemand überhaupt von der Existenz dieser Krankheit wußte.

Nach jahrelangem Kampf gegen Epidemien in Afrika, Asien und Amerika sah Francis in diesen Viren tückische kleine Lebewesen, die ständig versuchten, die Menschen zu überlisten. Lange Inkubationszeiten gehörten zu den hinterhältigsten Methoden, der Entdeckung und Vernichtung zu entgehen. Francis war ein Gegner der These, daß die Erkrankungen der Homosexuellen durch das Zytomegalie-Virus oder andere bekannte Viren verursacht wurden. Es gab diese Viren schon seit vielen Jahren, und sie hatten niemanden umgebracht. Hier handelte es sich um etwas gänzlich Neues, und Francis meinte, es könne sogar ein Retrovirus sein.

Essex war von diesem Gedanken fasziniert, obwohl er wußte, daß die meisten Wissenschaftler diese Vermutung für abwegig halten würden. Die Retroviren waren als kleine Untergruppe bestenfalls eine obskure Mikrobenart. Im vergangenen Jahr hatte Dr. Robert Gallo, ein Wissenschaftler am Nationalen Krebsinstitut, nachgewiesen, daß eine bestimmte Art von Leukämie, die häufig in Japan auftrat, durch ein Retrovirus verursacht wurde. Zum ersten Mal war hier ein Virus mit einer Krebsart in Verbindung gebracht worden. Die wissenschaftliche Forschung war in diesem Fall jedoch den sonst üblichen Weg in umgekehrter Richtung gegangen. Gallo hatte zuerst das Virus entdeckt und dann überall in der Welt nach einer Krankheit gesucht, die es auslösen konnte. Zufällig beschäftigten sich japanische Wissenschaftler zur gleichen Zeit mit der T-Zell-Leukämie, die sie für eine ansteckende Krebsart hielten. Sie hatten jedoch bis dahin noch nicht das Virus entdeckt, das diesen Krebs verursachte. Die Identifizierung des Human T-cell Leukemia-Virus oder HTLV als Verursacher war ein bedeutender wissenschaftlicher Durchbruch auf dem Gebiet der Virologie gewesen. Besorgnis bereitete den Wissenschaftlern die ungewöhnlich lange Inkubationszeit. Ein solches Virus konnte sich lange Zeit unentdeckt ausbreiten, bevor es zum Ausbruch der Krankheit kam.

Viele Wissenschaftler zweifelten immer noch daran, daß die Erforschung der Retroviren wesentliche Erkenntnisse bringen werde. Viele waren der Ansicht, Retroviren seien Mikroorganismen, von denen lediglich Tiere befallen würden, denn bisher waren nur Hühner, Schweine oder Katzen betroffen gewesen. Essex hielt das für Wunschdenken; nach seiner Auffassung war es notwendig, der Hypothese von Francis weiter nachzugehen.

Francis war von der Richtigkeit seiner Vermutung bereits fest überzeugt. Bei der Staatlichen Gesundheitsbehörde wurde er sehr bald zum führenden Verfechter der Auffassung, daß die Immunschwäche bei homosexuellen Männern durch ein neues Virus verursacht wurde, das durch den Geschlechtsverkehr übertragen werden konnte.

28. Juni, San Francisco

Es war Bill Kraus offensichtlich peinlich, so sehr im Mittelpunkt des Interesses zu stehen, aber es freute ihn doch, daß Kico Govantes eine Party zu seinem vierunddreißigsten Geburtstag organisiert hatte. Cleve Jones und Gwenn Craig sowie alle seine Freunde vom *Harvey Milk Club* waren gekommen. Sie alle erhoben die Champagnergläser und tranken auf das Wohl von Bill, bevor sie sich auf den Straßen von San Francisco an der Homosexuellenparade von 1981 beteiligten.

Die Stimmung war, wie die Teilnehmer früherer Aufmärsche feststellten, gedämpfter als in den vergangenen Jahren. Diesmal hatte man auf dem Civic Center keinen Vergnügungspark aufgebaut. Die Losung lautete: »Die vorderste Front der Freiheit«. Das bezog sich auf die in San Francisco herrschende Vorstellung, daß diese Stadt die »vorderste Front« der Homosexuellenbewegung in den Vereinigten Staaten darstellte und daß man sich auf heftige Kämpfe mit dem religiösen Konservativismus der Reagan-Administration gefaßt machen mußte. An der Parade beteiligten sich zweihundertfünfzigtausend Menschen, was dem Durchschnitt entsprach. In New York marschierten an jenem Nachmittag fünfzigtausend Personen in der Schwulenparade mit. Es war eine der größten Demonstrationen der Homosexuellen, die je in Manhatten veranstaltet worden waren.

Eine Sonderausgabe der in San Francisco erscheinenden Homosexuellenzeitung *The Sentinel* berichtete am gleichen Tag in fünf Spalten über die Homosexuellenpneumonie. Doch auf der ersten Seite behandelte der Leitartikel die Frage, weshalb die Schwulen in San Francisco immer noch in einer seltsamen Verwirrung der Gefühle zwischen Unsicherheit und Selbstvertrauen hin- und herschwankten. »Was sind die Ziele der Homosexuellenbewegung?« fragte der Leitartikel. »Wohin gehen wir?«

1. JULI, SAN FRANCISCO GENERAL HOSPITAL

Wenn Paul Volberding, der Assistenzarzt an der Universitätsklinik von Utah in Salt Lake City, in einsamen Nächten Mühe hatte, wach zu bleiben, sah er manchmal aus dem Fenster und beobachtete die roten Schlußlichter der Wagen, die auf der nach Westen führenden Autostraße in Richtung San Francisco davonfuhren. Er war noch niemals dort gewesen, doch er wußte, er würde nach San Francisco gehen, wenn er seine Ausbildung beendet hatte. Das stand für ihn ebenso fest wie sein schon vor Jahren gefaßter Entschluß, Retrovirologe zu werden. Er war unweit der Mayoklinik auf einer Milchviehfarm im ländlichen Minnesota aufgewachsen und interessierte sich schon seit frühester Jugend für Medizin. In der Oberschule arbeitete er am liebsten im Laboratorium und experimentierte dort mit Pflanzenviren. Auf dem College hatte ihn das Laboratorium so gefesselt, daß er von den revolutionären Ideen der radikalen Studenten an der Universität von Minnesota kaum berührt wurde. Er verbrachte seine Zeit völlig isoliert von den geräuschvollen Ereignissen um ihn her, fasziniert von den unsichtbaren Übertragern genetischer Informationen, die eine so verheerende Wirkung auf den Menschen haben können. Am College hörte er zum ersten Mal etwas über Retroviren und beschloß, sein

Leben der Erforschung dieser geheimnisvollen Mikroorganismen zu widmen.

Paul Volberding würde sich heute nur mit theoretischen Forschungsaufgaben im Labor beschäftigen, wenn er es als Assistenzarzt nicht mit Krebspatienten zu tun gehabt hätte. Er bewunderte ihre Ehrlichkeit, die trotz aller Versuche, ihre Krankheit zu verdrängen, so klar hervortrat. In anderen Lebensbereichen gab es so viele Kommunikationsschwierigkeiten. Das war bei Krebspatienten ganz anders. Im Gespräch mit ihnen gab es keine Trivialitäten. Paul hatte den Eindruck, daß die Viren, die diese Krankheit verursachen, augenscheinlich auch das Beste im Menschen zum Vorschein kommen ließen.

Nachdem er drei Jahre im Retrovirenlabor an der Universität von Kalifornien in San Francisco gearbeitet hatte, bekam Volberding seinen Traumjob als Chef der onkologischen Abteilung am *San Francisco General Hospital*. Er war mit seinen neununddreißig Jahren für eine solche Stellung noch sehr jung. Er wußte nicht, was auf ihn zukam, als ihm der erfahrene Krebsspezialist an seinem ersten Arbeitstag, dem 1. Juli, auf den Rücken klopfte und auf die Tür des Untersuchungszimmers zeigte.

»Da wartet die nächste schwere Krankheit auf Sie«, sagte er. »Ein Patient mit KS.«

Volberding hatte noch nie etwas von »KS« gehört. Er wußte nicht, was sein älterer Kollege meinte. Als er das Untersuchungszimmer betrat, sah Volberding zum ersten Mal einen der Patienten, die ihn veranlassen sollten, sein Interesse für Retroviren und sein Engagement für Krebspatienten miteinander zu verknüpfen.

Mit seinem vertraut klingenden weichen Akzent ließ der Patient erkennen, daß er aus dem Süden den Vereinigten Staaten stammte. Er arbeitete in einer Sauna in San Francisco und war vor einigen Tagen mit Durchfall und einem erheblichen Gewichtsverlust in das Krankenhaus eingeliefert worden. Erst gestern hatte die Diagnose ergeben, daß er am Kaposi-Sarkom erkrankt war. Volberding hatte bei einem so jungen Patienten noch nie einen solchen körperlichen Verfall gesehen. Abgemagert bis auf die Knochen und am ganzen Körper mit Läsionen bedeckt, sah der junge Mann aus wie ein Patient im fortgeschrittenen Stadium eines Magenkrebses. Schlimmer konnte sich dieser Zustand gar nicht darstellen, dachte Volberding. Nach dem äußeren Eindruck war der Mann unrettbar verloren.

Der Patient hatte nicht viele Freunde in San Francisco und wohnte allein in der verwahrlosten Tenderloingegend. Er hatte alle Verbindungen zu seinen Familienangehörigen abgebrochen und war völlig mittellos. Jetzt war er von dieser Krankheit überrascht worden und verstand nicht, weshalb er so stark abgenommen hatte und was die purpurfarbenen Stellen auf seiner Haut bedeuteten. Volberding hat diesen Anblick jahrelang nicht vergessen können.

Nachdem er gehört hatte, daß auch in New York einige Fälle dieser seltsamen Krebserkrankung festgestellt worden waren, rief Volberding seinen Kollegen Michael Lange am St. Luke's Roosevelt Hospital an und sprach mit ihm über mögliche Behandlungsmethoden. Er las alles, was er in der medizinischen Fachliteratur über das Kaposi-Sarkom finden konnte und begann zunächst mit der dort empfohlenen Chemotherapie. Aber keines dieser Mittel wirkte. Volberding wußte nicht, was er tun sollte, und auch alle KS-Experten im Lande konnten ihm nicht helfen. In den folgenden Monaten erlebte Volberding als hilfloser Zuschauer das einsame und qualvolle Sterben dieses jungen Mannes, des ersten Opfers dieser Krankheit am *St. Francisco General Hospital*. Hunderte sollten folgen. Volberdings älterer Kollege hatte recht gehabt: Es war in der Tat die »nächste schwere Krankheit«.

2. JULI, UNIVERSITÄT VON KALIFORNIEN, SAN FRANCISCO

In seinem Büro über der Medizinische Fakultät der Universität von Kalifornien in San Francisco entwarf Marcus Conant einen kurzen Brief für einige andere Spezialisten in der Stadt, die ihm mitgeteilt hatten, sie interessierten sich für die in letzter Zeit aufgetretenen Fälle mit dem Kaposi-Sarkom. Soweit ihm bekannt war, gab es in San Francisco jetzt sechs KS-Fälle. Er rechnete damit, daß sich die Zahl der Erkrankten im Lauf der folgenden Monate noch wesentlich erhöhen werde.

»Wenn Alvin Friedmann-Kien recht hat, werden wir in den folgenden zwölf bis achtzehn Monaten noch weitere vierzig bis fünfzig männliche Patienten mit dem Kaposi-Sarkom haben«, schrieb Conant. »Bei der Hälfte dieser Patienten wird die Erkrankung so virulent sein, daß sie daran sterben werden. Wenngleich die Vorsorge nicht zu den Stärken des amerikanischen Nationalcharakters gehört, würde ich es doch für klug halten, eine multidisziplinäre Arbeitsgruppe zusammenzustellen. Diese sollte entscheiden, wie wir bei der Erforschung der Ursachen dieser Krankheit vorgehen sollen.«

Auf der wenige Tage darauf abgehaltenen Fakultätskonferenz schlug Conant vor, eine KS-Klinik einzurichten. Seine Kollegen stimmten zu. Wenn man alle in der Stadt auftretenden Fälle an einer Stelle zusammenzog, würde das den Ärzten wesentlich helfen, und die Patienten hätten die Garantie, von den besten Fachkräften behandelt zu werden. Schon nach wenigen Wochen war die Klinik eingerichtet, da dies die vernünftigste Methode zu sein schien, ein medizinisches Problem zu lösen. Später gelangte Conant allerdings zu der Ansicht, daß es vielleicht gerade deshalb vier Jahre gedauert hatte, bis andere medizinische Einrichtungen in den Vereinigten Staaten auf den Gedanken kamen, in ihren Kliniken ernsthaft an der Erforschung dieser Krankheit mitzuarbeiten. Kaum jemand hatte in dieser neuen Epidemie mehr gesehen als ein rein medizinisches Problem.

Der erste offizielle Bericht über die Häufung der Kaposi-Sarkom-Fälle wurde am 4. Juli 1981 im *MMWR* veröffentlicht, genau fünf Jahre nach dem Tag, an dem die prächtigen Schiffe von fünfundfünfzig Nationen zur Zweihundertjahrfeier in den New Yorker Hafen eingelaufen waren. Die Überschrift des Berichts lautete: »Das Kaposi-Sarkom und die Pneumocystis-Pneumonie bei homosexuellen Männern – New York City und Kalifornien«.

Der Bericht beschrieb mit dürren Worten die Symptome, die bei allen KS-Patienten auftraten. Zwanzig von ihnen lebten in New York City und sechs in Kalifornien. Vier dieser Patienten hatten sich auch eine Pneumocystosis zugezogen. Andere litten an einem schweren Herpes, an Candidiasis, einer Kryptokokkenmeningitis und an Toxoplasmose. Außerdem erwähnte der Bericht zehn neue Fälle von Pneumocystis-Pneumonie bei homosexuellen Männern, von denen sechs im Raum San Francisco lebten.

»Das Auftreten einer so großen Zahl von KS-Fällen in einem Zeitraum von dreißig Monaten bei jungen homosexuellen Männern wird für sehr ungewöhnlich gehalten«, hieß es weiter. »Bisher ist noch niemals über einen Zusammenhang zwischen KS und sexuellen Gewohnheiten berichtet worden. Der fulminante klinische Verlauf bei vielen dieser Patienten unterscheidet sich von der Entwicklung der Krankheit bei älteren Personen. Da zehn neue Fälle der Pneumocystis-Pneumonie bei homosexuellen Männern diagnostiziert worden sind, läßt sich vermuten, daß die fünf bisher gemeldeten Fälle kein isoliertes Phänomen darstellen. Außerdem liegt den CDC ein Bericht über vier homosexuelle Männer in New York City vor, die sich mit einem schweren, progressiven perianalen Herpes infiziert haben und eine zelluläre Immunschwäche zeigen. Drei von ihnen sind gestorben, einer mit einer systemischen ZMV-Infektion... Es ist nicht klar, ob ein Zusammenhang zwischen dem gemeinsamen Auftreten von KS, Pneumocystosis und anderen schweren Infektionskrankheiten und der Homosexualität der Patienten besteht.«

Wenige Tage vor der Veröffentlichung des Artikels wies der Chef der Abteilung für sexuell übertragene Krankheiten bei den CDC, Dr. Paul Weisner, den Direktor seiner Behörde, Dr. William Foege, zum ersten Mal auf die Notwendigkeit hin, der überbeanspruchten KSOI-Forschungsgruppe einen größeren Geldbetrag zur Verfügung zu stellen. Er sagte: »Ich denke, hier geht es um mehr, als wir zunächst geglaubt haben.« Er würde seine Bitte in der Folgezeit noch oft wiederholen müssen.

Am Tage der Veröffentlichung des Artikels im *MMWR* wurde Jack Nau im *St. Vincent's Hospital* in Greenwich Village mit seltsamen Schmerzen und Krämpfen in den Beinen eingeliefert. Die Ärzte diagnostizierten eine seltene Form des Lymphdrüsenkrebses, die gewöhnlich nur bei Kindern vorkommt.

Am Tage nach der Einlieferung dieses Patienten las Paul Popham in der *New Yorker Times* einen Artikel über das Kaposi-Sarkom. Vor einem Monat hatten er und Jack sich getrennt, doch er empfand immer noch eine starke Zuneigung für ihn. Nun vermutete er sofort einen Zusammenhang zwischen dem seltenen Krebs, an dem Jack erkrankt war, und dem Hautkrebs, an dem sein bester Freund Rick Wellikoff vor sechs Monaten gestorben war. Nach Rick und Nick war Jack der dritte Bewohner des Hauses am Ocean Walk auf Fire Island, bei dem eine ungewöhnliche Krankheit festgestellt worden war.

5. JULI, 1040 ASHBURY STREET, SAN FRANCISCO

Die Ärzte sollen mich am Arsch lecken, dachte Ken Thorne, ich werde nicht zurückgehen.

Er verspürte einen leichten Brechreiz, konnte ihn aber gleich wieder unterdrücken. Vor sieben Tagen war er zum dritten Mal aus dem *St. Francis Hospital* entlassen worden. Man hatte ihm gesagt, er sei an einer eigenartigen Lungenentzündung erkrankt, die ebenso ungewöhnlich wäre wie sein Hautkrebs. Jetzt verlautete gerüchteweise, daß diese Krankheiten auch in Los Angeles und New York aufgetreten seien. Er fühlte sich elend und erwartete, daß sich der Brechreiz wieder melden werde. Aber er wollte Jim Groundwater nicht anrufen, denn er

126

war überzeugt, der Doktor würde ihn wieder ins Krankenhaus einweisen. Dort würde man ihn von neuem mit all diesen Tests quälen und ihm sagen, daß er sehr krank sei, ohne ihm die Gründe zu nennen. Wieder läutete das Telefon, und das lange, schrille Klingeln drang ihm schmerzhaft ins Gehirn. Er stand auf und stolperte, als er den Hörer abnehmen wollte.

Es war fast Miternacht, als Kens Schwester die Wohnungstür öffnete. Sie fand Ken im Schlafzimmer auf dem Fußboden liegend, seine Lippe blutete an der Stelle, an der er sich im Fallen an der Nachttischkante gestoßen hatte. Sie legte ihm die Hand auf die heiße Stirn.

In der Notaufnahme des Krankenhauses weigerte sich Ken, mit den Ärzten zu sprechen, und richtete seinen starren Blick zur Seite, während sie ihm den Puls fühlten und den Blutdruck maßen. Als er schließlich im Bett lag, murmelte er unzusammenhängendes Zeug und schrie hin und wieder laut auf. Die Krankenschwestern huschten geschäftig in seinem Zimmer umher. Dann und wann rührte er sich, jammerte leise vor sich hin und gab dann längere Zeit keinen Laut mehr von sich. »Bitte«, hörten die Krankenschwestern ihn in seinem abgedunkelten Zimmer rufen. »Bitte, bitte, bitte.«

Der *MMWR*-Bericht über das Kaposi-Sarkom fand nur einen Tag die Beachtung der Presse und wurde zur Ausschmückung der entsprechenden Artikel in der *New York Times* und der *Los Angeles Times* verwendet. Doch auf diese Weise gelangte die Geschichte in die Redaktionen aller größeren Tageszeitungen. Die Zeitungen ihrerseits bemühten sich, niemanden zu verletzen und keine Panik auszulösen. Die Vermutung, es könne sich hier um einen neuen Erreger handeln, wurde heruntergespielt. In den meisten Artikeln wurden die Erkrankungen auf Umweltfaktoren – zum Beispiel Inhalationsmittel – oder auf einen neuen Stamm eines bereits bekannten Virus zurückgeführt. Besondere Beachtung fand dabei das Zytomegalie-Virus, über das die *MMWR*-Broschüre bereits sehr detailliert berichtet hatte. Doch die neue Epidemie stand während des ganzen Jahres nur an diesem einen Tag im Scheinwerferlicht des öffentlichen Interesses. Dann verschwand sie wieder aus den Medien.

In San Francisco führte Bill Kraus die Berichte über die neuen Krankheiten auf die Voreingenommenheit der Presse gegenüber den Homosexuellen zurück. Er meinte, die konstruktiven Leistungen der homophilen Verbände würden totgeschwiegen, doch sobald sich irgend jemand mit einem unbekannten Erreger infiziere, würde den Schwulen die Schuld in die Schuhe geschoben.

Cleve Jones schnitt den Artikel aus, der in der Morgenausgabe des *Chronicle* erschienen war, und heftete ihn in seinem Büro an das schwarze Brett. Darüber befestigte er einen Zettel mit den handgeschriebenen Worten: »Ausgerechnet jetzt, wo alles besser zu werden schien«.

TORONTO

Wenn Gaetan Dugas auf irgendein Hindernis stieß, entschied er sich stets für den schnellsten Weg, es zu beseitigen, und ging dabei mit großem Selbstvertrauen ans Werk. Als er beschlossen hatte, den Friseurberuf an den Nagel zu hängen und Steward bei einer Luftfahrtgesellschaft zu werden, hatte er sich sehr genau nach den Einstellungsbedingungen erkundigt und zielstrebig alle notwendigen Schritte eingeleitet. Bei der *Air Canada* mußten alle Besatzungsmitglieder zwei Sprachen beherrschen. Deshalb zog Dugas, der zuvor den Bezirk Quebec, wo ausschließlich französisch gesprochen wurde, nie verlassen hatte, nach Vancouver. In der englischsprachigen Stadt erwarb er sehr bald die notwendigen Sprachkenntnisse, um sich zu bewerben.

Nachdem er den ersten Artikel über das Kaposi-Sarkom gelesen hatte, informierte er sich, in welchen amerikanischen Kliniken die Behandlungsmöglichkeiten am besten waren. Schließlich entschied er sich für die Universitätsklinik in New York, wo Alvin Friedmann-Kien und Linda Laubenstein die meisten KS-Patienten behandelten. Seinen Freunden sagte er, er werde diese Krankheit loswerden. Schon nach wenigen Tagen hatte er einen Termin in der Universitätsklinik von New York.

Paul Popham kam eben aus dem Trilogy Restaurant in Greenwich Village, als er auf der Christopher Street Gaetan Dugas erblickte. Himmel, sieht der Bursche gut aus, dachte Paul. Er konnte Jack Nau gut verstehen, der ihn beim letzten Halloween an Land gezogen hatte. Paul wußte, daß die beiden anschließend noch ein paar Wochenenden zusammengewesen waren.

»Jack liegt im St. Vincent's Hospital«, sagte Paul. »Er wird sich sicher freuen, dich wiederzusehen.«

Gaetan lächelte und redete über Belanglosigkeiten, ohne den Grund seines Aufenthaltes in New York zu erwähnen.

Ein paar Tage nach dieser Begegnung überredete Gaetan einen Freund, gemeinsam mit ihm einen alten Busenfreund im *St. Vincent's Hospital* zu besuchen. Der Freund, der ebenfalls als Steward arbeitete, war aus Toronto nach New York gekommen, um Gaetan über die erste Woche der Chemotherapie hinwegzutrösten. Gaetan war schon in die Unterkunft übergesiedelt, die den ambulanten Patienten der New Yorker Universitätsklinik zur Verfügung stand. Auf dem Weg zum *St. Vincent's Hospital* war er bester Laune. Die beiden jungen Männer hatten keine Ahnung, in welcher Verfassung sie den früher so attraktiven Jack Nau vorfinden würden, und waren zutiefst erschrokken, als sie ihn sahen.

»Vielleicht werde ich schon in einer Woche entlassen«, seufzte Jack. Doch den beiden Besuchern war klar, daß Jack hier nicht mehr herauskommen würde, nicht nach einer Woche und wahrscheinlich nie mehr.

Auf der Rückfahrt zur Universitätsklinik saß Gaetan wortlos und wie versteinert im Taxi. Sein Freund dachte, daß er nun wohl erkannt habe, wie ernst diese Sache wirklich war.

Nach Beendigung der Chemotherapie ging Gaetan wieder nach Montreal. Er hatte sich von der *Air Canada* beurlauben lassen und beschloß, sich ein wenig zu entspannen. Als Angestellter der Luftfahrtgesellschaft verfügte er noch über ein paar Gratisflugkarten, die er für einen Besuch der Pazifikküste benutzen konnte, wo es ihm so gut gefiel. Einmal monatlich mußte er sich bei der Universitätsklinik in New York melden, um sich weiterbehandeln zu lassen. Als ihm das Haar auszufallen begann, rasierte er sich einfach den Kopf, damit niemand etwas merkte. Diese Yul-Brynner-Frisur stand ihm eigentlich ganz gut. Während er zwischen San Francisco, Los Angeles, Vancouver, Toronto und New York hin- und herreiste, stellte er fest, daß ihn in den Saunen, in denen immer gedämpftes Licht herrschte, niemand nach diesen verräterischen purpurfarbenen Hautflecken fragte. Er war immer noch der Schönste.

9. Sind es die Aufputschmittel?

JULI 1981, CENTERS FOR DISEASE CONTROL, ATLANTA

Endlich wurde Jim Curran von der Staatlichen Gesundheitsbehörde mit den Forschungsarbeiten über das Kaposi-Sarkom und die Pneumocystis-Pneumonie beauftragt. Von nun an würde er sich ausschließlich mit dieser Epidemie beschäftigen können. Allerdings waren die Rahmenbedingungen für seine Arbeit alles andere als günstig. Das lag nicht daran, daß seine Vorgesetzten kein Interesse zeigten. Er traf sich wöchentlich mit dem Direktor der *Centers for Disease Control*. Auch der höchste Beamte im staatlichen Gesundheitswesen, Dr. Edward Brandt, der für das Gesundheitswesen zuständige Abteilungsleiter im amerikanischen Ministerium für Gesundheit und Sozialfürsorge, ließ sich immer wieder über den neuesten Stand der Forschungen unterrichten. Aber ebenso wie andere hohe Verwaltungsbeamte befürwortete auch Brandt die Streichung im Budget der CDC, weil er glaubte, die einzelnen Staaten seien eher in der Lage, die anstehenden Probleme in den Griff zu bekommen.

Curran wußte, daß seine Arbeitsmöglichkeiten durch die Streichung wesentlich eingeschränkt werden würden. Die Mitarbeiter an dem KS- und PCP-Programm mußten jederzeit damit rechnen, entlassen zu werden. Zu ihnen gehörten auch einige hervorragende Fachleute, auf deren Mitarbeit man kaum verzichten konnte. Harold Jaffe war zum Beispiel ein erfahrener Fachmann auf dem Gebiet der beim homosexuellen Geschlechtsverkehr übertragenen Infektionskrankheiten und bewährte sich jetzt als Koordinator der von den Epidemiologen geleisteten Arbeit über KS. Aber als er vor einem Jahr zum *Fellow* der Universität von Chicago ernannt worden war, hatte er seinen hohen Rang in der Beamtenhierarchie verloren, und Curran mußte alle seine Beziehungen spielen lassen, um Jaffe als Mitarbeiter behalten zu können.

Unter diesen Umständen war es Curran auch nicht möglich, neue

Mitarbeiter einzustellen. Er mußte versuchen, Fachleute aus anderen staatlichen Behörden abzuwerben. Doch zum Glück war das Interesse der jungen und begeisterungsfähigen Mitarbeiter der CDC immer sehr groß, wenn es um ungelöste Fragen ging. Und schließlich gab es nur wenige Probleme, die den Beamten der CDC so rätselhaft erschienen wie das Auftreten dieser merkwürdigen Infektionen an so weit auseinanderliegenden Orten.

Man mußte zunächst einmal klären, welche Hypothesen bereits im Vorfeld eingehender Untersuchungen ausschieden. War das Auftreten der Pneumocystosis wirklich etwas ganz Neues, oder handelte es sich nur um ein Phänomen, das man bisher übersehen hatte? Nach den ersten Untersuchungen über die Ursachen des Ausbruchs der Legionärskrankheit im Jahre 1976 hatte es sich zum Beispiel gezeigt, daß diese Art von Lungenentzündung bereits seit Jahren existierte. Man hatte sie nur nicht beachtet, bis sie plötzlich nach dem Kongreß der *American Legion* in Philadelphia in so dramatischer Weise auftrat und neunundzwanzig Menschenleben forderte.

Die medizinisch-technische Assistentin Sandra Ford durchsuchte ihre ganzen alten Pentamidin-Akten, um festzustellen, wann und wo es schon früher PCP-Fälle gegeben hatte, die einen ähnlichen klinischen Verlauf genommen hatten wie die jetzt aufgetretenen. Dabei fand sie neun Anforderungen für das Medikament, die mit den gleichen Symptomen begründet wurden, die bei den neuen PCP-Patienten aufgetreten waren. Dabei handelte es sich durchweg um Fälle aus den letzten sechs Monaten des Jahres 1980. In der Zeit vor 1979 hatte es dagegen anscheinend keine homosexuellen Patienten gegeben. Dies war ein deutlicher Hinweis darauf, daß es sich hier um etwas ganz Neues handelte.

Die Forscher wollten auch feststellen, ob die Krankheit nur in geographisch begrenzten Räumen auftrat, wie etwa in den drei von Homosexuellen bevorzugten Stadtbezirken. Ergab sich aus dem Auftreten der Krankheit in diesen Stadtbezirken die Vermutung, daß es sich bei den Patienten um Schwule handelte, die zur Promiskuität neigten, denn der Lebensstil dieser Homosexuellen förderte offensichtlich die Promiskuität? Infizierten sich Homosexuelle überall in den Vereinigten Staaten mit dieser Krankheit, ohne daß sie besonders registriert worden waren, weil es sich nur um sehr wenige handelte? Die Arbeitsgruppe beschloß, sich auch über die Verhältnisse in Städten mit einer niedrigen, mittleren und hohen Anzahl nachgewiesener Infektionen mit Geschlechtskrankheiten bei Homosexuellen zu unterrichten, um die einzelnen Daten vergleichen zu können. Los Angeles und New York lagen bei diesem Vergleich am oberen Ende des Spektrums, Atlanta und Rochester, N. Y., etwa in der Mitte und Oklahoma City und Albany, N. Y., am unteren Ende der Skala. Beamte der Abteilung für epidemiologische Ermittlungen bei der CDC, der EIS, sprachen mit Dermatologen, Onkologen sowie mit Spezialisten für Infektionskrankheiten und ließen sich die Krankenblätter der Kliniken in den Städten vorlegen, wo solche Fälle unter Umständen nicht gemeldet worden waren. Die Nachforschungen brachten das erwartete Ergebnis. In Los Angeles und besonders in New York City stellten sie Dutzende von neuen Fällen fest, während in den Städten, die in der Mitte oder am unteren Ende der Skala lagen, nur wenige hinzukamen.

Die CDC brauchte auch eine Standarddefinition des Gegenstandes ihrer Forschung. Nach langen Diskussionen einigten sich die Mitglieder der Forschungsgruppe darauf, daß das noch nicht näher bezeichnete Syndrom alle Patienten berücksichtigen sollte, die am Kaposi-Sarkom oder an der Pneumocystis-Pneumonie erkrankt waren und bei denen das Immunsystem noch nicht durch eine Chemotherapie geschwächt war. Diese Patienten mußten älter als fünfzehn Jahre sein, damit nicht versehentlich Fälle mitgerechnet wurden, bei denen die Krankheit auf Vererbung zurückgeführt werden konnte. Sie sollten aber auch jünger als sechzig Jahre sein. Damit wollte man die klassischen KS-Fälle bei älteren Männern ausschließen.

Wie die meisten Mitglieder der Gruppe hoffte Curran, die Untersuchungen würden ergeben, daß nur solche Personen an diesem Syndrom erkrankten, die Aufputschmittel inhalierten. Immerhin war es möglich, daß ein verdorbenes Inhalationsmittel die Immunschwäche auslöste. Das würde erklären, weshalb die Krankheit nur in drei Großstädten auftrat. Die kontaminierten Flaschen konnten ohne weiteres den Weg nach Los Angeles, San Francisco und New York gefunden haben, wenn man berücksichtigte, daß einige wohlhabende Homosexuelle häufig zwischen diesen Städten hin- und herreisten. Alle bisher erkrankten Patienten schienen diese Schnüffeldroge zu benutzen. Sollte sich tatsächlich herausstellen, daß diese Droge die Krankheit ausgelöst hatte, dann würde die Gesundheitsbehörde den Verkauf solcher Inhalationsmittel vebieten müssen. Die noch vorhandenen Vorräte müßten vernichtet werden, und damit wäre die Epidemie erfolgreich bekämpft.

Doch andererseits hatte Curran auch begründete Zweifel an der Richtigkeit dieser Hypothese. Schließlich wurden allein im Jahr 1980 etwa fünf Millionen Flaschen auf Nitratbasis hergestellter Inhalationsmittel in den Vereinigten Staaten verkauft. In der Schwulenszene wurden sie fast von jedem benutzt, und so konnte es nicht überraschen, daß dies auch bei den Erkrankten der Fall war. Curran ahnte schon jetzt, daß die Theorie mit den Aufputschmitteln zu einfach war. Es sah nicht so aus, als ob man so leicht mit dieser Epidemie fertig werden würde.

Die Mitglieder der Arbeitsgruppe waren sich darin einig, daß sie genaue Vergleichsstudien brauchten. Sie mußten die KS- und die PCP-Fälle mit den Befunden von Kontrollpersonen vergleichen, die nicht an diesen Krankheiten litten. Die Unterschiede zwischen den erkrankten und gesunden Personen würden Hinweise auf die Ursachen der Epidemie geben. Harold Jaffe setzte sich mit den Epidemiologen am *National Cancer Institut* in Verbindung und bat sie um ihren Rat für die Organisation einer solchen vergleichenden Untersuchung. Man erklärte ihm, alles sei ganz einfach: Man würde ein Jahr brauchen, um den Fragebogen auszuarbeiten und die Kriterien zu bestimmen, nach denen die Kontrollpersonen ausgesucht werden sollten. Im zweiten Jahr würden dann die Befragungen beginnen, und im dritten Jahr könnte man die Daten auswerten und das Ergebnis in einer medizinischen Fachzeitschrift veröffentlichen.

»Innerhalb von drei Jahren könnten wir Ihnen eine ausgezeichnete Studie zu diesem Thema liefern«, meinten die Experten des *National Cancer Institute.*

Machten sich diese Leute in ihren schönen Laboratorien eigentlich klar, daß es hier um Menschenleben ging? fragte sich Jaffe. Ein solches Verfahren eignete sich vielleicht für die Erforschung des Brustkrebses oder des Melanoms, doch im Falle der neuen Epidemie mußte man schließlich damit rechnen, daß es sich um eine ansteckende Krankheit handelte. »Wir müssen diese Untersuchung in drei Monaten und nicht erst in drei Jahren abgeschlossen haben«, erklärte er.

Er wußte jedoch, daß es Wochen dauern würde, den Fragebogen und das Protokoll für eine solche Vergleichsstudie auszuarbeiten. Acht der einundvierzig bisher gemeldeten Patienten waren bereits gestorben – und viele der noch lebenden würden ihnen folgen, wenn man nicht schnellstens etwas unternahm. Das Forscherteam stand also unter extremem Zeitdruck. Curran und seine Mitarbeiter faßten in der zweiten Juliwoche den Beschluß, daß die Experten mit jedem einzelnen Patienten in den Vereinigten Staaten sprechen mußten, dessen sie habhaft werden konnten. So packte Harold Jaffe, der aus Kalifornien stammte, seine Koffer und flog nach San Francisco, während sich Mary Guinan nach New York begab. Sie stammte nämlich aus Brooklyn.

Auch diesen Tag hatte Mary Guinan damit zugebracht, mit erkrankten Homosexuellen zu sprechen. Sie war um sechs Uhr morgens aufgestanden und hatte mit homosexuellen Ärzten und einigen Führern homophiler Verbände gefrühstückt. Dabei hatte sie diese Leute mit Fragen überschüttet.

Dann hatte sie Patienten in den Krankenhäusern von Manhatten aufgesucht und war schließlich um neunzehn Uhr dreißig in ihr Hotelzimmer zurückgekehrt. Gewöhnlich führte sie am Ende eines solchen Tages mehrere Telefongespräche, die weitere vier Stunden in Anspruch nahmen. Aber an diesem Abend hatte sie sich mit ihrem Mann zum Essen verabredet, der extra nach New York gekommen war, um mit seiner Frau ihren Hochzeitstag zu feiern.

Bei einem Glas Champagner gestand ihm Mary Guinan, daß diese Aufgabe sie emotional stärker belastete als jede andere, die sie bisher im Rahmen ihrer Arbeit für die Gesundheitsbehörde übernommen hatte. Mit ihrer guten Figur und dem langen blonden Haar sah Mary Guinan viel jünger aus als zweiundvierzig. Hinter ihrem harten Brooklynakzent und ihrer sehr direkten Art verbarg sich eine mütterliche Empfindsamkeit. Ihre Kollegen glaubten, daß sie gerade deshalb so gut für den Außendienst geeignet war. Einerseits konnte diese innerlich gefestigte Frau die ungeschminkte Wahrheit ertragen, auf der anderen Seite aber war sie sensibel genug, um jedem das Gefühl zu geben, daß sie seine Probleme ernst nahm.

Mary Guinan spürte, wie die seelische Belastung mit jedem Gespräch zunahm. Diese Burschen waren jung, intelligent, begabt und unglaublich kooperativ. Sie gaben sich die größte Mühe, sich an jede Einzelheit zu erinnern, die irgendwie nützlich sein könnte. Und am Schluß fragte jeder: »Wie sind meine Aussichten?«

Und Mary Guinan mußte immer wieder zugeben, daß sie darauf keine Antwort wußte. Wie viele Krebspatienten waren auch viele dieser Männer überzeugt, es gebe bestimmt irgendein Heilmittel, und man habe es ihnen nur vorenthalten. Wenn sie es bekämen, würden sie mit diesem widerlichen Krankheitserreger schon fertig werden, und die ganze Sache wäre bald nichts weiter als ein böser Traum, den man im Lauf der Zeit vergaß.

Dann, zwei Wochen nach einem solchen Gespräch, teilte man ihr telefonisch mit, daß der Patient gestorben war.

Mary Guinan hatte das Gefühl, diesem Problem hilflos ausgeliefert zu sein. Das war die niederträchtigste Krankheit, die ihr je begegnet war. Sie zermarterte sich das Hirn, um nur kein wesentliches Detail im Leben dieser Menschen zu übersehen. Sie wußte, die CDC mußten jeder nur vorstellbaren Hypothese nachgehen, die sich aus der Vergleichsstudie ergab. War der Patient in Vietnam gewesen? Möglicherweise konnte diese Krankheit ja eine verspätete Nachwirkung des *Agent Orange* sein. Oder war die Sache eine Folge falscher Ernährung?

Wie sich herausstellte, gab es unter den Patienten neben den Homosexuellen auch Drogenabhängige. Zunächst wollte man bei den CDC nicht recht glauben, daß auch Abhängige, die ihre Drogen intravenös spritzten, von dieser Epidemie betroffen werden konnten. Auch die Ärzte in New York meinten, man müsse davon ausgehen, daß ausschließlich Homosexuelle von dieser Krankheit befallen werden könnten. Sie erklärten in solchen Fällen: »Er ist bestimmt homosexuell, auch wenn er das Gegenteil behauptet.«

Auffallend war, daß Drogenabhängige offenbar nicht am Kaposi-Sarkom erkrankten. Aber bei ihnen wurde die Pneumocystosis sehr viel virulenter. Die meisten von ihnen starben, noch bevor ein Bericht über ihren Fall die Gesundheitsbehörde erreicht hatte. Mary Guinan befragte die überlebenden Abhängigen sehr eingehend über ihre sexuellen Gewohnheiten. Dabei bekam sie einen wichtigen Hinweis. Die Aussagen der Drogenabhängigen wurden zum Beispiel in Atlanta nicht sehr ernst genommen, doch Mary Guinan hatte im Lauf ihrer langjährigen Arbeit oft und intensiv mit syphiliskranken Patienten gesprochen und dabei einen sechsten Sinn entwickelt. Sie spürte genau, ob der Befragte log oder die Wahrheit sagte. So hatte sie nicht das Gefühl, daß die erkrankten Drogenabhängigen, die dem Tod so nahe waren, ihr etwas über ihr Sexualleben vormachten. Sie wußte, daß Homosexuelle und Fixer sich häufig mit Hepatitis B infizierten, und war mittlerweile der festen Überzeugung, daß es dabei Parallelen zu der neuen Viruserkrankung gab.

Ihre Analyse klang sehr plausibel. Ein Virus wie der Hepatitis-B-Erreger konnte von schwulen Männern durch den Geschlechtsverkehr und von Fixern durch Blutkontakte übertragen werden. Mary Guinan hatte sich vorgenommen herauszubekommen, ob es Fälle gab, in denen das Blut von Homosexuellen bei Transfusionen verwendet worden war. Auch das Hepatitis-B-Virus war schließlich durch Blutkonserven übertragen worden.

Es gab aber noch einen anderen Punkt, der Mary Guinan aufgefallen war. Sie war ganz zufällig auf einen ihrer Gesprächspartner gestoßen, als er gerade aus dem Badezimmer seiner Unterkunft in der New Yorker Universitätsklinik kam, wo er als ambulant behandelter Patient untergebracht war. Mary Guinan war diese Begegnung zunächst etwas peinlich gewesen, aber der Mann mit dem weichen französischen Akzent hatte so charmant reagiert, daß sie nicht länger zögerte und ihm einige Fragen stellte.

Mit einem gewissen Stolz gab er zu, daß er sexuell stets sehr aktiv gewesen war. Der Patient, ein Steward bei einer kanadischen Luftfahrtgesellschaft, hatte ein ähnlich bewegtes Sexualleben geführt wie viele andere Homosexuelle, mit denen Mary Guinan gesprochen hatte. Er schätzte, daß er, die Kontakte in den Saunen mitgerechnet, jährlich mit etwa zweihundertfünfzig Partnern Geschlechtsverkehr gehabt hatte. Im Verlauf der zehn Jahre, seit seinem Coming out, hatte er sicher zweitausendfünfhundert Sexualpartner gehabt. Gaetan Dugas berichtete unter anderem, einer seiner früheren Liebhaber läge gegenwärtig mit einer sehr eigenartigen Krankheit in einer New Yorker Klinik.

Frau Guinan erwähnte dieses Gespräch später gegenüber ihren Kollegen in der Forschungsgruppe, die ihm jedoch keine besondere Bedeutung beimaßen. Dabei wurde durch Gaetans Erzählung zum ersten Mal bekannt, daß zwei Opfer der neuen Epidemie sexuelle Beziehungen miteinander gehabt hatten. Da Gaetan Kanadier war – der erste Bürger seines Landes, bei dem das AIDS-Syndrom diagnostiziert wurde –, wurde seine Krankengeschichte von den CDC nicht weiterverfolgt. Die Untersuchungen beschränkten sich auf Bürger der Vereinigten Staaten.

29. JULI, UNIVERSITÄTSKLINIK, NEW YORK CITY

Larry Kramer war überrascht, als er David Jackson im Wartezimmer von Dr. Alvin Friedman-Kien traf. David, ein Antiquitätenhändler, war ein freundlicher, unscheinbarer Mann Ende der Dreißig, der in einem Laden an der Bleecker Street mit allerlei Krimskrams handelte. Larry war in die Praxis von Friedman-Kien gekommen, weil er mit dem Arzt über die neue Krebsart sprechen wollte, von der er durch die *New York Times* erfahren hatte. Friedman-Kien war der Mediziner, der für die CDC die erste epidemiologische Studie über das Kaposi-Sarkom angefertigt hatte. Larry interessierte sich auch aus persönlichen Gründen für dieses Thema. Wie viele der KS-Opfer, von denen die

136

Zeitung berichtete, waren auch er und die meisten seiner Bekannten häufig geschlechtskrank gewesen. Larry befürchtete deshalb, es könne sich bei dieser neuen Krankheit um etwas sehr Gefährliches handeln. Doch der Schriftsteller hatte nicht damit gerechnet, im Wartezimmer dieses angesehenen Spezialisten einen Bekannten zu treffen. David fing sofort an zu reden. Es schien, als ob er ein Selbstgespräch führte und dabei versuchte, sich über seine gegenwärtige Situation klarzuwerden.

»Ich ging am Strand von Fire Island spazieren und beschloß, ein ganz neues Leben zu beginnen«, begann er. »Ich nahm mir vor, mich von nun an vernünftig zu ernähren und genau auf meine Diät zu achten.«

Seine Stimme wurde immer leiser, als er Larry erzählte, wie er zum ersten Mal diese seltsamen purpurfarbenen Flecken auf seiner Haut entdeckt hatte.

»Ich habe keine Freunde«, sagte David. »Ich schäme mich, irgend jemandem etwas davon zu erzählen. Wirst du mich trotzdem besuchen?«

Auf Larrys bestürzte Fragen erklärte Friedman-Kien, dies sei erst die Spitze des Eisbergs. Man müsse sofort beginnen, das Problem genau zu untersuchen. »Ich glaube nicht, daß irgend jemand etwas unternehmen wird«, sagte der Arzt. »Wir sind auf Ihre Hilfe angewiesen. Ich brauche dringend Geld für die Forschung, aber es kann zwei Jahre dauern, bis staatliche Mittel bewilligt werden.«

Larry hatte gehört, daß auch einige seiner Freunde auf Fire Island an dieser rätselhaften Krankheit litten. Er versprach Friedman-Kien, er werde mit diesen Freunden sprechen und versuchen, das notwendige Geld zusammenzubringen.

»Was kann ich tun, um nicht auch krank zu werden?« fragte er und versuchte, sich seine hypochondrischen Ängste nicht anmerken zu lassen.

»Ich wüßte, was ich täte, wenn ich homosexuell wäre«, sagte Friedman-Kien.

Larry war überrascht, daß ein Arzt so etwas sagte. Aber vielleicht wußte der Arzt ja wirklich eine Antwort, die alle Probleme löste?

»Ich würde auf den Sex verzichten.«

137

Als er das Wartezimmer verließ, erschrak Larry, denn vor ihm stand Donald Krintzman, der sich seit längerer Zeit um die Finanzierung des Joffrey-Balletts bemühte und mit einem guten Freund von Larry ein Liebesverhältnis unterhielt. Er war der nächste Patient.

»Du hast dich doch nicht auch angesteckt?« fragte Donald.

»Nein«, erwiderte Larry etwas verunsichert.

»Aber ich«, sagte Donald ganz ruhig. Er war zu einem Bluttest bestellt worden.

An einem der folgenden Tage rief Larry seine Freunde an: Donald Krintzman, den Arzt Larry Mass, der für den *New York Native*, die größte New Yorker Homosexuellenzeitung, medizinische Artikel schrieb, und Paul Popham, dessen bester Freund im vergangenen Jahr an KS gestorben war. Er lud sie ein, um mit ihnen zu besprechen, wie man die nötigen Mittel für die Forschung beschaffen konnte.

NATIONAL CANCER INSTITUTE, BETHESDA, MARYLAND

Als das neue Zellensortiergerät, der Fluorescent Activated Cell Sorter, FACS, vor einem Jahr eingeführt worden war, hatten die meisten Immunologen gespottet, es sei das teuerste Spielzeug, das je erfunden worden sei. Dieser Sortierer tat mit Hilfe eines Computers alles das, was bisher in mühseliger Handarbeit erledigt werden mußte. So trennte er die T-Helfer-Lymphozyten von den T-Suppressorzellen und stellte dann ihre Anzahl fest. So erhielt man Aufschluß darüber, ob das zahlenmäßige Verhältnis stimmte. Im Blut eines gesunden Menschen kamen etwa zwei Helferzellen auf eine Suppressorzelle. Aber nicht das machte den unschätzbaren Wert dieses Gerätes aus. Erst in jüngster Zeit hatte man entdeckt, daß es verschiedene Arten von T-Lymphozyten gab, und die Wissenschaftler wußten noch nicht genau über die Bedeutung dieser Blutkörperchen und des Zahlenverhältnisses Bescheid. In den Laboratorien meinte man, es werde noch fünf bis zehn Jahre dauern, bis man diese schwierigen Fragen beantworten konnte. Erst dann würde der teure weiße Elefant des Zellensortiergeräts einen praktischen Wert haben.

Doch jetzt war Dr. James Goedert froh, daß das Nationale Krebsinstitut die halbe Million Dollar investiert hatte, um eines der ersten FACS-Geräte zu kaufen, denn er hatte einen neuen Patienten mit dem gleichen seltenen Hautkrebs, mit dem er zum ersten Mal im Dezember konfrontiert worden war. Dank Goedert wurde nun das neue FACS-Gerät eingeweiht: Er ließ damit das Blut von zwei KS-Patienten untersuchen, die er behandelte. Das Zahlenverhältnis zwischen Helfer- und Suppressorzellen war so weit von der Norm entfernt, daß die Labortechniker an der Richtigkeit des Ergebnisses zweifelten.

Einer Eingebung folgend, ließ Goedert nun das Blut von fünfzehn augenscheinlich gesunden homosexuellen Männern aus dem Raum Washington untersuchen. Dabei stellte sich heraus, daß das Immunsystem bei der Hälfte von ihnen die gleichen von der Norm abweichenden Werte zeigte. Dies löste bei dem Arzt jenes Gefühl aus, das einen befällt, wenn man im Fernsehen sieht, wie ein Flugzeug kurz vor der Notlandung diesen typischen sanften Bogen beschreibt. Jetzt wußte Goedert, daß der Faktor, der diese Immunschwäche verursachte, sehr verbreitet war. Er neigte zu der Auffassung, daß es sich um irgendeine toxische Substanz handeln könnte. Vielleicht waren es die Inhalationsmittel. Um sich Klarheit zu verschaffen, traf er die Vorbereitungen für eine Reihenuntersuchung homosexueller Männer.

SOUTH-OF-MARKET DISTRICT, SAN FRANCISCO

Dr. Harold Jaffe schaute sich nervös nach dem Eingang zur Bar um. Trotz der steifen Sommerbrise war die Luft geschwängert von einem scharfen Geruch, der an eine Mischung aus Batteriesäure und Speiseöl erinnerte. Das *Ambush* machte einen so schmutzigen und verwahrlosten Eindruck, wie Jaffe es sich nach den Erzählungen vorgestellt hatte. Man hatte das Gefühl, die Schuhsohlen könnten an dem dreckigen Fußboden festkleben. Hier besorgten sich die Schwulen in San Francisco ihre Aufputschmittel. Das *Ambush* verkaufte seine eigene Marke, von der man angeblich keine Kopfschmerzen bekam, in dem über der Bar gelegenen Ledergeschäft. Fast alle mit AIDS infizierten Patienten hatten berichtet, daß sie hier ihre Inhalationslösung kauften. Daher hatten Jaffe und Carlos Rendon, ein Ermittlungsbeamter des Städtischen Gesundheitsamtes, beschlossen, diese schmutzige Lederbar an der Harrison Street aufzusuchen.

»Ich weiß nicht recht, soll ich wirklich hineingehen«, meinte Jaffe.

»Ich gehe hinein«, erwiderte Rendon ganz sachlich. »Wonach soll ich fragen?«

»Sie nennen es *den echten Stoff*«, sagte Jaffe. »Fragen Sie nach dem *echten Stoff*.«

Rendon kam mit einer Flasche aus dunkelgetöntem Glas ohne Etikett wieder heraus, und Jaffe steckte sie in die Tasche, um den Inhalt in Atlanta analysieren zu lassen. Ebenso wie Mary Guinan war es

Jaffes Aufgabe, den beiden folgenden Hypothesen über die Ursache der Krankheit nachzugehen: Entweder wurde das Syndrom durch eine toxische Substanz hervorgerufen – oder durch einen neuen Krankheitserreger. Jaffe jedoch glaubte nicht, daß die Aufputschmittel die Ursache der Erkrankungen waren.

Aus der Schwere der Krankheit und der Häufigkeit ihres Auftretens schloß er, daß es sich hier nicht um ein auf einen kleinen Personenkreis beschränktes Phänomen handelte wie bei der Legionärskrankheit. Diese neue Epidemie würde nicht so schnell wieder von der Bildfläche verschwinden.

Aus allen mit Betroffenen geführten Gesprächen ergaben sich bisher nur zwei konkrete Anhaltspunkte. Das waren die im Ambush erhältlichen Aufputschmittel und natürlich die große Zahl der Geschlechtspartner. Die typischen KS- oder PCP-Patienten hatten mit Hunderten von Partnern verkehrt und sie in den meisten Fällen in den von Homosexuellen frequentierten Saunen und Sexclubs kennengelernt, deren Geschäft nur deshalb hohe Gewinne abwarf, weil sich hier unbegrenzte sexuelle Möglichkeiten boten. Die Analyse des Aufputschmittels konnte vielleicht gewisse Hinweise über den Ausbruch der Epidemie geben. Wenn man jedoch das außerordentlich aktive Sexualleben der ersten Opfer berücksichtigte, erschien es wahrscheinlicher, daß ein sexuell übertragener Erreger hinter den anders nicht zu erklärenden Krebs- und Pneumonieerkrankungen stand.

Auf dem Rückflug nach Atlanta hatte Mary Guinan furchtbare Kopfschmerzen. In ihrer Maschine verbreitete sich ein entsetzlicher Gestank, und sie hatte das Gefühl, er würde ihre Schläfen zum Bersten bringen. Nach der Landung zog sie ihre Handtasche unter dem Sitz hervor, in der sie die kleinen Glasflaschen transportierte. Auf dem Weg durch das Abfertigungsgebäude der Eastern Airline folgte ihr dieser Gestank. Es waren die Aufputschmittel. Sie hatte in New York jeden Pornoladen besucht und überall die dort angebotenen Inhalationsmittel gekauft. Sie hatte es persönlich tun müssen, weil die Männer von der New Yorker Gesundheitsbehörde sich geweigert hatten, diese Läden zu betreten.

Einer ihrer homosexuellen Gesprächspartner hatte Mary Guinan erklärt, die Krankheit könne durch eine Mischung aus Aufputschmitteln und Crisco verursacht werden, einem Gleitmittel, das beim gemeinsamen Onanieren verwendet wurde. Daraufhin bat Mary einen ihrer schwulen Bekannten, ihr Proben dieses Crisco und der Schnüffeldroge von Homosexuellen in Greenwich Village zu besorgen. Sie wollte diese Mittel später bei den CDC analysieren lassen. Man mußte einfach jeder möglichen Spur nachgehen.

Bei ihrer Rückkehr wurden Jaffe und Mary Guinan mit der besorgniserregenden Nachricht empfangen, daß sich das Kaposi-Sarkom und die Pneumocystosis weiter ausgebreitet hatten. In den vier Wochen nach Erscheinen des *Morbidity and Mortality Weekly Report* über das KS waren den CDC weitere siebenundsechzig Fälle von Hautkrebs beziehungsweise Pneumonie gemeldet worden. Jetzt gab es in den Vereinigten Staaten im ganzen einhundertacht Fälle. Dreiundvierzig dieser Patienten waren bereits gestorben.

Von den zweiundachtzig Fällen, bei denen man das Datum der Diagnose kannte, waren 1980 zwanzig erkrankt. In den ersten sieben Monaten des Jahres 1981 waren dagegen bereits fünfundfünfzig neue Erkrankungen gemeldet worden. Curran arbeitete bereits an einer Aktualisierung des letzten *MMWR*-Artikels zu diesem Thema.

Nun machte sich die Forschungsgruppe an die Auswertung der Reiseberichte von Jaffe und Mary Guinan. Mary war mittlerweile überzeugt, daß es sich um eine neue Infektionskrankheit handelte. Einige ihrer Gesprächspartner hatten erklärt, daß sie keine Schnüffeldrogen inhalierten. Und ein Heroinsüchtiger hatte es mit Sicherheit nicht nötig, sich mit relativ harmlosen Inhalationsmitteln abzugeben. Jaffe leitete die Laboruntersuchungen der *Ambush*-Lösungen. Er fand heraus, daß sie deshalb so beliebt waren, weil sie nicht das gewöhnlich von Homosexuellen verwendete Isobutylnitrit, sondern Amylnitrit enthielten, das man nur auf Rezept bekam – es sei denn, man kannte die einschlägigen Lokale in San Francisco. Jaffe wußte, daß Amylnitrit schon seit hundert Jahren verwendet wurde, ohne daß es irgend jemanden umgebracht hätte.

Bill Darrow war zutiefst beunruhigt über die Informationen, die Jaffe und Mary Guinan zusammengetragen hatten. Darrow arbeitete schon seit zwanzig Jahren in der für die Bekämpfung von Geschlechtskrankheiten zuständigen Abteilung, war einer der angesehensten Soziologen in der Gesundheitsbehörde und kannte sich in der Homosexuellenszene so gut aus wie keiner seiner Kollegen. Mit zweiundvierzig Jahren war er der Senior unter den Beamten der CDC, von denen die meisten knapp dreißig Jahre alt waren. Die Kollegen schätzten seine ruhige, fast professorale Art. Deshalb waren sie erschüttert über das Fazit, das er aus den Aussagen der einunddreißig in New York und Kalifornien befragten Patienten zog.

»Diese Krankheit wird mit größerer Wahrscheinlichkeit durch sexuelle Kontakte übertragen als die Syphilis«, erklärte er ganz unverhohlen.

Die Hepatitis und die Amöbiasis konnten auch auf andere Weise als durch den Geschlechtsverkehr übertragen werden, etwa durch verdorbene Lebensmittel oder, und das war besonders bei der Hepatitis der Fall, durch gemeinsam benutzte Injektionsnadeln oder Bluttransfusionen. Die epidemiologischen Aspekte bei diesen Opfern ließen sich sehr viel einfacher erkennen, sagte Darrow. Das einzige, worauf es hier ankam, war augenscheinlich die Anzahl der Sexualpartner, und das war – nicht zufällig – das einzige Kriterium, an dem sich das Infektionsrisiko für jede sexuell übertragbare Krankheit abschätzen ließ, die noch nicht weit verbreitet war.

Anfang August 1981 machten sich Bill Darrow und vielleicht sechs oder sieben Beamte der Gesundheitsbehörde in Atlanta ernste Sorgen. In den Vereinigten Staaten gab es vielleicht ein weiteres Dutzend Kliniker und homosexuelle Ärzte, die erkannt hatten, welche Folgen diese Epidemie haben konnte. Nun mußte man die übrigen zweihundertvierzig Millionen Amerikaner davon überzeugen, daß es hier ein Problem gab, das auch sie anging.

AUGUST 1981, CASTRO STREET, SAN FRANCISCO

Gary Walsh und der homosexuelle Psychologe Joe Brewer, mit dem er sein Büro teilte, verließen gemeinsam den Badlands Saloon in einer Nebenstraße der Castro Street. Als sie durch die Drehtür kamen, erklärte Gary mit der für ihn charakteristischen Entschiedenheit: »Ich werde dir zeigen, wie man einen Mann aufreißt. Das kann jeder.«

Joe hatte den ganzen Frühsommer damit zugebracht, seinem Freund nachzutrauern, mit dem er sieben Jahre lang ein Liebesverhältnis gehabt hatte, und der temperamentvolle Gary konnte die ewigen Depressionen seines Freundes nicht mehr ertragen.

»Siehst du den prächtigen Burschen da drüben?« sagte Gary und deutete auf einen blonden jungen Mann in knallengen Jeans. »Zuerst wird jemand ihn ansprechen und versuchen, mit ihm eine Unterhaltung anzufangen. Er wird nicht viel sagen. Du darfst nie der erste sein, der einen anspricht.«

Gary sah Joe fragend an, um sicher zu sein, daß er ihn richtig verstanden hatte.

»Die nehmen nie den ersten, der sie anspricht, mit nach Hause. Das würde aussehen, als hätten sie es dringend nötig«, erklärte der sechsunddreißigjährige Psychotherapeut. »Es ist immer der Zweite.«

Joe lehnte sich an die Hausmauer, um zu beobachten, ob Gary recht hatte. Doch Gary zupfte ihn am Ärmel.

»Nein, nicht so. Lehne dich nie an eine Wand. Stell dich immer ein Stück vor die Wand, damit die Menschen auf dich aufmerksam werden.«

Joe hatte stets langdauernde Beziehungen bevorzugt, während Gary der größte Aufreißer war, den er kannte. Die beiden waren in vieler Beziehung ganz verschieden. Vielleicht waren sie deshalb so gute Freunde geworden.

Gary Walsh sah in Joe Brewer, der in Georgia aufgewachsen war, den typischen Gentleman aus dem Süden, der die Feinheiten des Lebens kannte. Joe wiederum gefiel Garys direkte und unkomplizierte Art, die er aus dem Mittleren Westen mitgebracht hatte – das Erbe einer katholischen Arbeiterfamilie in Iowa, das ihn von frühester Kindheit an geprägt hatte. Dagegen waren Joes Eltern Methodisten aus dem amerikanischen Süden gewesen, wo ganz andere Verhältnisse herrschen. Gary schien Joe um seine Fähigkeiten zu beneiden, langdauernde, glühende Liebesbeziehungen zu unterhalten. Und Joe konnte es nicht begreifen, wie Gary es fertigbrachte, auch jetzt noch seinem unersättlichen Sexualtrieb freien Lauf zu lassen, nachdem er einen wunderbaren Geliebten gefunden hatte. Beruflich arbeiteten die beiden sehr harmonisch zusammen. Sie gehörten zu den Pionieren der homosexuellen Psychiatrie in San Francisco, und sie waren praktisch die Schöpfer einer auf homosexuelle Paare abgestimmten Therapie.

Gary konnte kaum ein boshaftes Lächeln unterdrücken, als er Joe einige Posen vorführte, die ihm garantieren sollten, daß er von einem Freier angesprochen wurde. Joe dachte daran, wie ironisch es war, daß er und Gary sich darum bemühten, schwulen Paaren durch die Schwierigkeiten zu helfen, die sich in dem sexuellen Süßwarenladen San Francisco ergaben – während sie selbst in ihrem Liebesleben mit solchen Problemen zu kämpfen hatten. Joe hatte gegenwärtig keinen Partner und sehnte sich sehr nach einer neuen Beziehung. Gary wiederum hatte Meinungsverschiedenheiten mit seinem Freund Matt Krieger über Fragen wie Monogamie und das Recht eines jeden, seinen eigenen Weg zu gehen. Matt verlangte nach einer festen, eheähnlichen Bindung, aber Gary wollte herumvögeln, und so vögelte auch Matt herum, nur um es Gary zu zeigen. Als Psychologe hielt Joe das für einen typisch männlichen Konkurrenzkampf. Aber schließlich war das Sexualverhalten in der Schwulenszene grundsätzlich mehr durch das Geschlecht als durch die sexuelle Veranlagung geprägt.

Wenn Joe Brewer an seine ersten Erlebnisse in der Castro Street zurückdachte, dann kamen ihm immer die romantischen Schaumbäder nach der Liebe in den Sinn. Schon sehr bald nachdem er seine Homosexualität entdeckt hatte, war er nach San Francisco gekommen. Einige Zeit zuvor noch hatte er einen Psychiater angefleht, er solle ihm helfen, diese Veranlagung loszuwerden, um ein normales Geschlechtsleben zu führen. Es war ein befreiendes Erlebnis gewesen, seine Schuldgefühle in den ersten übermütigen Tagen der großen Zeit der Castro Street abzuschütteln. Damals war Sex noch so brüderlich gewesen. Doch die persönliche Beziehung zum Partner in der sexuellen Begegnung verlor immer mehr an Bedeutung. Die Intimität verschwand, und sehr bald demonstrierten die Leute ihre Haltung zur Sexualität durch äußere Zeichen, durch farbige Tücher und Schlüssel, mit denen sie sich schmückten, um schneller den Partner *für dieses eine Mal* zu finden. Die Saunen wurden praktisch zu Selbstbedienungsläden für den schnellen Analverkehr.

Etwa dreitausend homosexuelle Männer strömten wöchentlich in das riesige Dampfbad Ecke Howard Street, in die *Club Baths*, die jederzeit achthundert Kunden gleichzeitig bedienen konnten. Joe glaubte, die Anziehungskraft der Promiskuität und Entpersönlichung des Sex sei auf eine gewisse Furcht vor der Intimität zurückzuführen. Dies war ein typisches Männerproblem. Man hatte es hier eben mit einer Subkultur der männlichen Homosexualität zu tun; daher gab es hier kein Gegenelement zu den typisch männlichen Wertvorstellungen, die hier mehr vergöttert wurden, als es sich ein heterosexueller Macho vorstellen konnte. Es herrschte eine zügellose Promiskuität, denn es gab niemanden, der nein sagte – niemand übernahm die Rolle der spröden Frau im heterosexuellen Milieu. Es gab sogar heterosexuelle Männer, die insgeheim zugaben, daß ihnen die Vorstellung des sofort verfügbaren und sogar anonymen Sex, wie es ihn in den Saunen gab, außerordentlich gefiel – es fehlten ihnen nur die Frauen dazu.

Von jedem menschlichen Gefühl entblößt, verlangte der Sex immer stärkere körperliche Reize durch zunehmend ausgefallenere Praktiken. Joe dachte an die Schaumbäder zurück und sehnte sich danach, wieder verliebt zu sein.

Gary Walsh war, was die schwule Sexualität betraf, weniger empfindsam. Als leidenschaftlicher Verfechter der sexuellen Befreiung glaubte er, die Promiskuität sei ein Mittel, die Schuldgefühle und die

Selbstentfremdung loszuwerden, unter denen alle homosexuellen Männer litten, weil sie in einer heterosexuellen Gesellschaft verachtet wurden, für die noch die überholten monogamen Wertvorstellungen galten. Für Gary waren Leute, die ein aktives Sexualleben ablehnten, einfach langweilig. Er belehrte Joe, das Leben sei ein Lernprozeß, und der Sex sei ein legitimes Lehrmittel wie jedes andere.

Beim Mittagessen verabredeten die beiden, das Wochenende in einem von Homosexuellen bevorzugten Erholungsgebiet am Russian River zu verbringen, das eine Autostunde nördlich von San Francisco entfernt lag. Es überraschte Joe nicht, als Gary am nächsten Tag absagte, weil er eine unangenehme Pilzinfektion im Mund hatte. Gary hatte ständig irgend etwas.

7. AUGUST, SAN FRANCISCO

Anfang August gab es im Raum der Bucht von San Francisco achtzehn homosexuelle Männer, die an der unerklärlichen Immunschwäche litten. Zwei waren daran gestorben.

»Bisher kennt noch niemand das Ausmaß dieser potentiellen Gefahr, aber es kann nichts schaden, in den kommenden Wochen etwas vorsichtiger zu sein«, hieß es in einem Leitartikel der örtlichen Homosexuellenzeitung The Sentinel. »Erst vor wenigen Jahren hat die Regierung in die Erforschung der Legionärskrankheit, von der nur verhältnismäßig wenige Menschen betroffen waren, Millionen Dollar gesteckt. Für die Erforschung des Kaposi-Sarkoms dagegen ist bisher viel weniger Geld ausgegeben worden, obwohl es eine rasch zum Tode führende Krebsart ist, die in kurzer Zeit viel mehr Opfer gefordert hat als die Legionärskrankheit.«

11. AUGUST, 2 FIFTH AVENUE, NEW YORK CITY

Auch in der Abenddämmerung kühlte sich die feuchtwarme Luft nicht ab, als achtzig Männer in die Wohnung von Larry Kramer am Washington Square strömten. Auch Paul Popham und sein Hausgenosse auf Fire Island, der an KS erkrankte Donald Krintzmann, waren gekommen. Die Männer, die sich in der Wohnung drängten, tauschten die letzten Gerüchte darüber aus, wer angeblich krank geworden war und wer nicht gesund aussah. Larry stellte erleichtert fest, daß nicht einer von diesen verrückten Politikern gekommen war. Hier hatte sich vielmehr die Crème des schwulen Nachtlebens in New York versammelt, die heißesten Burschen, die man entweder auf der Insel oder in den modischen Discos traf. Das Gerede endete abrupt, als Larry einen kleinen Mann mit schütterem Haar vorstellte, der an das Rednerpult in der Mitte des eleganten Wohnzimmers gegangen war.

»Wir sehen nur die Spitze des Eisbergs«, sagte Dr. Alvin Friedman-Kien, und mit dieser Feststellung schloß er sich der Auffassung an, die während der nächsten Jahre als einzig mögliche Prognose für die AIDS-Epidemie angesehen wurde.

Zwar kannte er nicht die Ursache dieser Seuche, doch er wußte, daß die Erkrankten zahlreiche Sexualpartner hatten und häufig geschlechtskrank gewesen waren. (Larry stellte fest, daß viele bei der Erwähnung dieser Tatsache unruhig auf ihren Stühlen hin- und herrutschten.) Friedman-Kien ermahnte seine Zuhörer, die Sache ernst zu nehmen, und riet ihnen dringend, ihre Freunde und Bekannten entsprechend zu informieren. Der Arzt fügte hinzu, er brauche Geld, um die Forschung voranzutreiben – und zwar sofort.

Das kurze Schweigen, das dem Vortrag von Friedman-Kien folgte, bezeichnete den Augenblick, der das *Vorher* von dem *Nachher* trennte. Für die meisten begann jetzt eine neue Zeit, in der jeder Tag ihres Lebens zählte. Enno Poersch war sich in diesem Augenblick der Tatsache bewußt geworden, daß das qualvolle Sterben von Nick vor sieben Monaten etwas mit der Krankheit zu tun haben konnte, an der Jack Nau und Rick Wellikoff litten.

Als Larry fragte, wer sich freiwillig an einer Geldsammlung beteiligen wollte, meldeten sich sowohl Enno als auch Paul Popham. Paul hatte es bisher verächtlich abgelehnt, sich an irgendwelchen politischen Machenschaften der Homosexuellen zu beteiligen, aber jetzt ging es um etwas ganz anderes. Zwei seiner besten Freunde waren tot, und einer lag im Sterben. Etwa fünfunddreißig weitere Gäste erklärten sich bereit, am Labour-Day-Wochenende auf Fire Island eine Spendensammlung zu organisieren. Dann ließ Larry die Sammelbüchse herumgehen, und die Anwesenden spendeten für die Forschungsarbeit von Friedman-Kien an der Medizinischen Fakultät der New Yorker Universität 6635 Dollar. Das war alles, was in diesem Jahr von privater Seite für den Kampf gegen die neue Epidemie gespendet wurde.

Es gab Leute, die mit den Ausführungen von Friedman-Kien durchaus nicht einverstanden waren und wütend nach Hause gingen. Als Friedman-Kien von einem der Männer gefragt wurde, wie man sich vor diesem Schwulenkrebs schützen könne, sagte der Arzt noch einmal, er würde ihm raten, auf sexuelle Kontakte zu verzichten. Ein anderer erwiderte wutschnaubend, die Schwulen hätten es nicht nötig, sich von einem ärztlichen Moralapostel sagen zu lassen, wie sie ihr Sexualleben zu gestalten hätten. Andere glaubten, Larry habe das Treffen nur veranstaltet, um seine bekannt ablehnende Haltung gegenüber der Promiskuität zum Ausdruck zu bringen.

Larry selbst war der Ansicht, er habe sein Vorhaben auf einen guten Weg gebracht und einen großartigen Anfangserfolg erzielt. Während der nächsten Tage schrieb er an alle möglichen einflußreichen Leute, um sie für die Mithilfe bei der Bekämpfung der Epidemie zu gewinnen. In einem Brief an Calvin Klein bat er um eine Spende für die Forschung; in einem anderen wandte er sich an einen homosexuellen Reporter bei der *New York Times*, der sich allerdings nicht zu seiner Veranlagung bekannte, und bat ihn, einen Bericht zu diesem Thema zu schreiben. Seit dem Erscheinen des ersten Artikels in der *New York Times* vor einigen Monaten hatten sich die AIDS-Fälle mehr als verdoppelt. Die Presse jedoch hatte, soweit Larry es wußte, bisher mit keinem Wort darauf reagiert.

4. SEPTEMBER, LABOR DAY, FIRE ISLAND, NEW YORK

»Bist du verrückt?«

Paul Popham sah, daß dieser Bursche nichts begriff.

»Du machst aus einer Mücke einen Elefanten«, meinte der Mann, warf Paul einen bösen Blick zu und ging ostentativ zum Eingang des *Ice Palace*, aus dem man die Stimme der Popsängerin Donna Summer hörte.

Wie kann man *jetzt* noch so tun, als sei nichts geschehen, dachte Paul. Mehr als hundert Homosexuelle litten inzwischen an dieser Krankheit, viele von ihnen waren schon gestorben – doch diese Besucher des *Ice Palace* taten so, als arrangierte Paul irgendeine große Werbekampagne für einen Sportverein, um den Leuten die Zeit zu stehlen. Das ärgerte ihn. Wenn er die Leute bat, ein paar Dollar in die Sammelbüchse zu stecken, begegnete er häufig nicht nur Desinteresse, sondern unverhüllter Feindseligkeit. Einige sagten ihm, er sei hysterisch oder beteilige sich an irgendeinem heterosexuellen Komplott, um die Schwulenszene zu unterminieren.

Das Wochenende war von Anfang an eine Katastrophe gewesen. Larry Kramer, Enno Poersch, Paul Popham und ein paar andere hatten ein Transparent über einem Büchertisch aufgehängt, den sie an der Zufahrt zu der Schwulensiedlung *The Pines* aufgestellt hatten. Das

Transparent trug die Aufschrift: »Spendet für die Bekämpfung des Schwulenkrebses!« Außerdem hatten sie mit einem Teil des Geldes, das Larry in seiner Wohnung gesammelt hatte, einige tausend Kopien eines im *New York Native* erschienenen Artikels von Dr. Larry Mass nachdrucken lassen und ihn als Flugblatt in den beiden Schwulensiedlungen auf der Insel verteilt. An jedes Flugblatt hatten sie einen Zettel geheftet, auf dem erläutert wurde, was man zur Unterstützung der Forschungsarbeit von Friedman-Kien tun konnte. Die kleine Gruppe, die diese Spendenaktion organisierte, hatte damit gerechnet, daß die etwa fünfzehntausend Homosexuellen, die sich zu der letzten großen Party der Saison von 1981 auf der Insel versammelten, einige tausend Dollar spenden würden.

Sie hatten sich geirrt. »Laß mich in Frieden«, war die typische Reaktion. »Das wird ein Flop«, meinten andere. »Wovon redest du überhaupt?« war noch die netteste Antwort, die sie bekamen.

Enno konnte sich über diese schnippischen Antworten nur wundern, und Larry war zutiefst enttäuscht. Das also sind die Leute, mit denen ich mich identifiziere, dachte er. Er kannte diese Gesichter schon seit Jahren. Er hatte diese Leute in *The Saint* tanzen sehen, er war ihnen in den *St. Mark's Baths* begegnet und hatte sie am Strand in der Sonne liegen sehen. Sie bezahlten zehn Dollar Eintritt für den *Ice Palace* und fünfzig Dollar für die Drogen, mit denen sie sich bis zum Morgengrauen wachhielten, gar nicht zu reden von den viertausend Dollar, die man in diesem Sommer als Mietanteil für ein Sommerhaus auf Fire Island ausgeben mußte. Da fielen ein paar Dollar für ein wissenschaftliches Forschungsprojekt nicht ins Gewicht.

Die Spendenaktion an diesem Wochenende brachte ganze einhundertvierundzwanzig Dollar ein. Paul hätte nie gedacht, daß Menschen so indolent sein konnten. Er überlegte sich, wie sie reagieren würden, wenn die Epidemie noch mehr Menschenleben forderte.

Wenige Tage nach dem Fiasko am Labour Day starb Jack Nau im St. Vincent's Hospital. Er hatte die Klinik seit seiner Einlieferung am Unabhängigkeitstag nicht mehr verlassen, und sein qualvoller Tod hatte den Ärzten in dramatischer Weise vor Augen geführt, was für eine furchtbare Krankheit dieses Homosexuellensyndrom war.

Paul Popham war zutiefst erschüttert, als er erfuhr, daß Jack gestorben war. Jack war einmal sein Geliebter gewesen.

Nach ein paar Tagen kam es Paul in den Sinn, er müßte mit Gaetan Dugas über Nick sprechen, wenn er ihn das nächste Mal traf.

10. Golfplätze der Wissenschaft

15. SEPTEMBER 1981,
NATIONAL INSTITUTES OF HEALTH, BETHESDA, MARYLAND

Die *National Institutes of Health* (die Forschungseinrichtungen der bundesstaatlichen Gesundheitsbehörde) in den Bergen von Maryland, sechzehn Kilometer nordwestlich von Washington entfernt, nehmen eine Fläche von etwa 12,4 Hektar ein. Das starke öffentliche Interesse an der Seuchenbekämpfung und mehrere vom Kongreß ausgehende Initiativen sorgten dafür, daß diese Einrichtung seit 1981 einen Jahresetat von vier Millionen Dollar erhielt. Die angesehenste Forschungseinrichtung ist das *National Cancer Institute* (das Nationale Krebsforschungsinstitut). Anders als die anderen Abteilungen arbeitet das NCI weitgehend unabhängig vom Direktor der NIH. Die leitenden Wissenschaftler sind dem Staatssekretär für die Gesundheitspflege im Gesundheitsministerium direkt unterstellt. Mit einem Jahresetat von einer Milliarde Dollar verfügt das NCI über einen höheren Betrag als jede andere medizinische Forschungseinrichtung in der westlichen Welt.

Die herrschaftlichen Landhäuser, in denen der Direktor der NIH und die Direktoren der wichtigsten Institute residieren, stehen im grünen Hügelland und erinnern an die prächtigen Villen der Präsidenten angesehener amerikanischer Universitäten. Das Gelände, auf dem die Wohn- und Dienstgebäude errichtet sind, wird ebenso wie bei den Universitäten als Campus bezeichnet. Ohne auf irgendwelche kommerziellen Gesichtspunkte Rücksicht nehmen zu müssen, genießen die hier arbeitenden Wissenschaftler die Freiheit, bei der Forschung allein ihrer eigenen Initiative zu folgen. Niemand kann ihnen vorschreiben, was sie tun sollen, sie verfolgen die von ihnen selbst gesetzten Ziele, und man hofft, daß sie dabei Entdeckungen machen, die der Menschheit nützen werden.

Sie verrichten eine rein akademische Arbeit, aber die sanften grünen Hügel, auf denen die grauhaarigen Gelehrten in aller Ruhe und Gelassenheit ihre Spaziergänge unternehmen, verleihen den NIH die Atmosphäre eines riesigen Golfplatzes. Das Ganze wirkt wie ein großer, vornehmer Club, in den nur die wissenschaftliche Elite aufgenommen wird.

Das Auffälligste bei der am *National Cancer Institute* für den 15. September anberaumten Konferenz über das Kaposi-Sarkom und opportunistische Infektionen war die Tatsache, daß niemand es eilig zu haben schien, eine Lösung der hier anstehenden Probleme zu finden. Etwa fünfzig führende Kliniker, die solche Krebspatienten behandelten – Leute wie Michael Gottlieb von der Universität von Kalifornien in Los Angeles, Linda Laubenstein von der Universität New York und Marc Conant von der Universität von Kalifornien in San Francisco –, waren mit hohen Erwartungen nach Washington geflogen. Endlich hatten sich die »big Boys« entschlossen, etwas zu unternehmen. Es war ermutigend, daß sich die CDC eingeschaltet hatten, aber jeder wußte, die CDC stellten in solchen Fällen nur die in vorderster Front kämpfenden Stoßtrupps dar. Sie waren rasch einsatzbereit, konnten bei einer Krise sofort eingreifen und einen Brückenkopf bilden, während das *National Cancer Institute* mit seinen erfahreneren Fachleuten und den beträchtlichen finanziellen Mitteln für die schwere Artillerie sorgen mußte.

Inzwischen waren in den Vereinigten Staaten mehr als einhundertzwanzig Fälle gemeldet, und es gab immer noch keine Erklärung für die bei all diesen Patienten festgestellte Immunschwäche. Deshalb wurde den in Bethesda versammelten Klinikern immer deutlicher bewußt, daß eine Erforschung dieses neuen Phänomens lange Zeit in Anspruch nehmen und einen hohen finanziellen Aufwand bedeuten würde. Gerüchte besagten, daß die Konferenz nur ein Vorspiel für das erste außerhalb der Grenzen der NIH zu finanzierende Programm der Krebsforschung sei. Als Schlüsselfiguren unter den wenigen Medizinern, die in den Vereinigten Staaten an diesem Problem arbeiteten, wußten die Teilnehmer, daß sie wahrscheinlich mit einer beschleunigten außeretatmäßigen finanziellen Unterstützung rechnen konnten.

Alvin Friedman-Kien legte seine epidemiologische Arbeit vor, die schon für die Veröffentlichung bestimmt war, und berichtete über alles, was er in den nervenaufreibenden letzten fünf Monaten über die neue tödliche Krankheit erfahren hatte. Anschließend meldeten sich die Vertreter des NCI zu Wort. Man hatte den Klinikern, die an dieser

Konferenz teilnehmen durften, schon vorher zu verstehen gegeben, daß dies kein Diskussionsforum sei. Es verblüffte sie aber doch, als sie sich anhören mußten, wie ihnen die Fachleute des NCI Vorträge über das Kaposi-Sarkom in Afrika hielten.

Die Experten klärten sie über alle Einzelheiten der in Afrika auftretenden Krankheit auf und belehrten sie über die wirksamsten Behandlungsmethoden. Das Immunsystem wurde kaum erwähnt, für die Zusammenhänge zwischen KS und der Pneumocystosis interessierte sich niemand, und über die Möglichkeit, daß es sich um eine Virusinfektion handeln könnte, wurde ebensowenig gesprochen wie über andere mögliche Ursachen. Das einzige Thema blieb das Kaposi-Sarkom in Afrika und seine Behandlung. Die Spezialisten vom Krebsinsitut empfahlen eine Strahlenbehandlung oder eine aggressive Chemotherapie. Es schien sie auch nicht besonders zu interessieren, daß sich nach Auffassung eines New Yorker Klinikers Probleme ergeben könnten, Patienten mit einem geschwächten Immunsystem mit Therapien zu behandeln, die, wie man wußte, das Immunsystem schädigen. Als die Fachleute vom NCI ihre Vorlesungen gehalten hatten, erklärten sie die Konferenz für erfolgreich beendet.

Michael Gottlieb hatte das ganze Gerede über KS bei den Bantus völlig außer Fassung gebracht. Es war so, als habe niemand diesen bedeutenden Forschern vom NCI gesagt, daß das vergleichsweise gutartige Kaposi-Sarkom in Afrika kaum mit dem bösartigen Hautkrebs zu vergleichen war, an dem amerikanische Patienten sterben konnten. Gottlieb hatte gehofft, daß hier ein Plan für die Zusammenarbeit der verschiedenen Fachgebiete bei der Erforschung der neuen Krankheit entwickelt werden würde und daß man die Pharmaindustrie und die Fachärzte im ganzen Land veranlassen werde, gemeinsam wirksame Behandlungsmethoden zu entwickeln. Stattdessen war das einzige konkrete Ergebnis der Konferenz die vage Zusicherung des NCI, das Institut werde zu einem späteren Zeitpunkt bereit sein, Vorschläge für die Finanzierung der Forschung aus Bundesmitteln entgegenzunehmen.

Da Gottlieb wußte, wie lange es dauern konnte, bis solche Mittel bewilligt wurden, verließ er die Konferenz enttäuscht und entmutigt. Die Wissenschaft war offenbar nicht bereit, alle Kräfte zu mobilisieren, um eine Seuche zu bekämpfen, die sich nach seiner Überzeugung über die ganzen Vereinigten Staaten ausbreiten konnte. Er hatte einen großen Teil des Sommers damit zugebracht, für das *New England Journal of Medicine* eine sorgfältig recherchierte wissenschaftliche

Arbeit über die Pneumocystis-carinii-Pneumonie zu verfassen. Doch die Zeitschrift schien kein besonderes Interesse daran zu haben, den Aufsatz möglichst rasch in Druck zu geben, sondern schickte das Manuskript an Gottlieb mit der Bitte zurück, noch diese oder jene Kleinigkeit zu korrigieren. Der Artikel, in dem die bei Homosexuellen auftretende Pneumonie zum ersten Mal ausführlich behandelt wurde, sollte nicht vor Dezember erscheinen, mehr als sechs Monate nach dem ersten Bericht Gottliebs im *MMWR*.

Nach der Konferenz beim NCI verstärkte sich Gottliebs Verdacht, man interessiere sich deshalb so wenig für diese Krankheit, weil eben nur Homosexuelle daran starben. Zwar hatte noch niemand offen erklärt, er habe nichts gegen die Dezimierung der Schwulen einzuwenden, aber augenscheinlich verdienten die Homosexuellen nicht die intensive Fürsorge, die bei anderen Opfern eine Selbstverständlichkeit gewesen wäre. Außerdem schienen die Wissenschaftler der Ansicht zu sein, daß sie bei der Erforschung dieses Syndroms weder mit Ruhm und Ansehen noch mit größeren Forschungsmitteln rechnen könnten, da die Zeitungen diese Epidemie bisher ignorierten. Und man wußte ja aus Erfahrung, daß die Presse nur ungern über die Probleme der Homosexuellen berichtete. Angesichts dieser allgemeinen Gleichgültigkeit blieb Michael Gottlieb nichts anderes übrig, als nach Los Angeles zurückzukehren und hilflos zuzusehen, wie die Seuche immer mehr Opfer forderte.

Jim Curran hatte das alles nicht so sehr überrascht wie seine Kollegen. Er hatte damit gerechnet, daß die Leute beim NCI über Krebs reden würden und nicht über das Grundproblem der Immunschwäche, die offensichtlich der entscheidende Faktor bei dieser Epidemie war. Er wußte, daß viele Krebsforscher bei der Bundesbehörde den Praktikern der CDC nicht glauben würden, wenn sie behaupteten, zwischen dem neuen Auftreten des Kaposi-Sarkoms und der Pneumocystosis bestünde ein Zusammenhang. Mit den Fallstudien, die Curran an das NCI geschickt hatte, hatte er eine besondere Statistik vorgelegt, die das verdeutlichen sollte. Er hatte die Fälle mit KS und mit PCP voneinander getrennt und darüber hinaus nachgewiesen, daß die Zahl der Patienten mit KS und PCP ständig zunahm.

Curran wußte auch, daß die Mediziner bei der Bundesgesundheitsbehörde NIH gegenüber ihren jüngeren Kollegen bei den CDC eine recht herablassende Haltung einnahmen. Trotzdem begab er sich nach Bethesda, da er hoffte, daß vielleicht doch einige Experten den Ernst der Lage begreifen würden. Vielleicht würden sich die Leute durch die Vergleichsstudien überzeugen lassen.

UNIVERSITÄT VON KALIFORNIEN, SAN FRANCISCO

Die jungen Eltern waren verzweifelt. Ihr erstes Kind war ganz normal, aber was fehlte dem neugeborenen kleinen Jungen? Sicher, in seinen ersten Lebensmonaten waren Schwierigkeiten aufgetreten, nachdem er einige Bluttransfusionen bekommen hatte, um Probleme mit seinem Rhesusfaktor in den Griff zu bekommen. Aber jetzt war er sieben Monate alt und wurde immer noch ständig krank. Er litt an einer Candidiasis und einer Infektion im Ohr, die nicht auf Antibiotika ansprach. Die Immunologen hatten festgestellt, daß das Immunsystem des Kindes nicht richtig arbeitete, aber das Krankheitsbild entsprach nicht dem eines Säuglings mit einer angeborenen Immunschwäche.

Zur gleichen Zeit wurde in einer anderen ärztlichen Praxis ein siebenundvierzigjähriger Mann mit geschwollenen Lymphknoten behandelt. Er klagte über dauernde Müdigkeit, litt an Appetitlosigkeit und nahm ständig ab. Vor allem aber sorgte er sich um den Zustand seiner Augen. Seine Retina hatte sich ohne ersichtlichen Grund verschleiert. Seine Ärzte stellten fest, daß er bis dahin immer gesund gewesen war. Er hatte sogar regelmäßig Blut gespendet. Noch im März war sein Blut für die Transfusion bei einem Säugling verwendet worden, der in der Universitätsklinik stationär behandelt worden war.

OKTOBER 1981, AMERICANIA MOTOR LODGE, SAN FRANCISCO

Der homosexuelle Portier wurde zusehends neugieriger, als sich ein gutaussehender junger Mann nach dem anderen nach der Zimmernummer von Mary Guinan erkundigte. Diese Neugier wurde auch nicht befriedigt, als ein Zimmermädchen ihm sagte, sie habe im Schlafzimmer der hübschen Ärztin aus Atlanta ein blutverschmiertes Bettlaken gefunden.

Die Tatsache, daß die Regierung für Reisespesen nur fünfundsiebzig Dollar am Tag bewilligte, zwang Dr. Guinan und Harold Jaffe, während ihres Aufenthalts in San Francisco mit einem drittklassigen Hotel in dem Stadtteil mit der höchsten Verbrechensrate vorliebzunehmen. Der Portier schien beruhigt zu sein, als die Ärztin ihm sagte, sie und Harold Jaffe sammelten Material für eine Studie über Krebserkrankungen bei Homosexuellen.

Die Anfertigung der Studie wurde zu einer Geduldsprobe für alle Beteiligten. Die Ärztin und ihr Kollege arbeiteten während dieser Zeit sechzehn Stunden am Tage und interviewten dabei fünfundsiebzig Prozent der in den Vereinigten Staaten lebenden KS-Patienten. Die Forschungsgruppe hatte während des Sommers einen Katalog mit zweiundsechzig Fragen ausgearbeitet, der auf jedes nur vorstellbare Verhalten und alle denkbaren Ansteckungsmöglichkeiten einging, die etwas mit der Epidemie zu tun haben konnten – bis hin zu den Pflanzen, Haustieren, Reinigungsmitteln und Fotochemikalien in den Wohnungen der Betroffenen. In dem Bemühen, jeden Aspekt im Leben der Patienten zu überprüfen, wurden die Gewohnheiten eines jeden einzelnen denen von vier Vergleichspersonen gegenübergestellt: ein Heterosexueller der gleichen Altersstufe und Herkunft, dann ein Homosexueller, der wegen einer Geschlechtskrankheit stationär behandelt wurde und ein vergleichsweise aktives Sexualleben führte, ein weiterer homosexueller Mann aus der Privatpraxis eines Arztes und ein dritter Homosexueller, der mit dem Patienten befreundet war, aber keine sexuellen Beziehungen zu ihm unterhielt. Personen, die zu dieser letzten Kategorie gehörten, waren am schwierigsten zu finden, denn es hatte den Anschein, daß jeder Freund eines Patienten auch Geschlechtsverkehr mit ihm gehabt hatte, gewöhnlich als Auftakt zu einer rein freundschaftlichen Beziehung. Das war in der Schwulenszene von San Francisco und New York offenbar die übliche Art, Bekanntschaften zu machen.

Mary Guinan und Harold Jaffe konnten die homosexuellen und heterosexuellen Kontrollpersonen daran unterscheiden, wie sie auf die intimsten Fragen über ihr Sexualleben reagierten. Den Heterosexuellen war es peinlich, über ihre sexuellen Praktiken zu sprechen, während die Schwulen ungehemmt davon erzählen konnten. Ein Homosexueller wollte sogar mit Hilfe eines Taschenrechners feststellen, wieviele sexuelle Kontakte er bisher in seinem Leben gehabt hatte.

Die Unbekümmertheit, mit der die beiden Ärzte die Blutproben behandelten, die sie den Befragten abnahmen, ließ sie später schaudern. Niemand zog damals zu einer Blutabnahme Gummihandschuhe an. Da die Epidemie durch einen besonderen Erreger ausgelöst wurde, war schließlich nur eine Hypothese. Doch mit jedem Tag festigte sich die Überzeugung der CDC-Ärzte, daß die Ursache für dieses Syndrom nicht einfach durch umfangreiche Fragenkataloge zu finden war. Die einzigen Faktoren, welche die akuten Fälle von den Kontrollpersonen unterschieden, waren die Anzahl der Sexualpartner, die Häufigkeit der schon durchgemachten Geschlechtskrankheiten und der Besuch schwuler Saunen, der eine so große Zahl sexueller Kontakte überhaupt erst möglich machte. Vielleicht würde die Auswertung der Antworten durch den Computer weiterhelfen. Für Forscher wie Mary Guinan waren jedoch die Indizien, die für eine neue tödlich verlaufende Viruserkrankung sprachen, nicht mehr zu widerlegen.

Eines Abends beim Essen sprach sie mit Marc Conant über ihre Befürchtungen und war überrascht, ein so offenes Ohr bei ihm zu finden. Gewöhnlich warf man ihr Hysterie vor, wenn sie über die Möglichkeiten einer Virusinfektion und einer auf große Gebiete des Landes übergreifenden Epidemie sprach.

»Wenn wir nicht rasch etwas unternehmen«, erklärte Conant, »dann werden allein in dieser Stadt Tausende von Menschen sterben.« Die Patienten, mit denen sie sprachen, stünden gewissermaßen auf der schnellen Fahrspur der Autobahn, sie würden also als erste überfahren werden. Wenn das Virus jedoch tatsächlich eine lange Inkubationszeit hatte und schon viele Menschen infiziert waren, dann war es auch schon auf die weniger befahrenen Fahrspuren der homosexuellen Szene übergesprungen.

Nach Atlanta zurückgekehrt, erhielt Mary Guinan den Auftrag, alle (angeblich) heterosexuellen Fälle zu untersuchen. Das war das problematischste Element der ganzen Vergleichsstudie. Einige Patienten waren augenscheinlich nicht homosexuell, gaben jedoch zu, heroinabhängig zu sein. Zum Unglück waren die meisten dieser Abhängigen schon tot, als die Forschungsgruppe anfing, sich mit ihnen zu beschäftigen, denn sie erkrankten im allgemeinen seltener am Kaposi-Sarkom als an der Pneumocystosis, die einen viel rascheren tödlichen Verlauf nahm. Die Aussagen von Familienmitgliedern, welche die Heterosexualität eines Opfers bestätigten, waren meist unzuverlässig. Deshalb ließ sich nicht mit Sicherheit sagen, ob das Fixen wirklich ein so hohes Risiko darstellte, bevor diese Hypothese nicht durch weitere Befragung gestützt wurde.

Obwohl die Mitglieder der Forschungsgruppe, die sich mit dem Kaposi-Sarkom und dem Problem der opportunistisch-pathogenen Erreger befaßte, wegen der zunehmenden Hinweise auf eine neue Infektionskrankheit beunruhigt waren, nahmen nicht alle Mitarbeiter der CDC das häufige Auftreten von Hautkrebs und Pneumocystosis gleichermaßen ernst. Viele ältere Mitarbeiter waren überzeugt, daß diese Patienten irgendeiner toxischen Chemikalie ausgesetzt gewesen seien. Sie glaubten, so etwas werde sich nicht wiederholen, und die Epidemie werde ebenso allmählich verlöschen, wie sie aufgetreten war. In fünf Jahren würde es vielleicht möglich sein festzustellen, was wirklich geschehen war. Zunächst handele es sich um ein interessantes, wenn auch ungewöhnliches Phänomen, dem man jedoch schließlich keine zu große Bedeutung beimessen dürfe.

UNIVERSITÄT VON KALIFORNIEN, SAN FRANCISCO

Marc Conant bemühte sich ständig darum, andere Spezialisten von der Medizinischen Fakultät der Universität von Kalifornien für die »Schwulenpest« zu interessieren, wie die homosexuelle Presse die Krankheit nannte. Als er an der Melanomklinik zufällig mit Paul Volberding, dem neuen Chef der Krebsstation am *San Francisco General Hospital*, zusammentraf, erkannte er in ihm gleich einen Kollegen, auf den man in den zu erwartenden schwierigen Zeiten nicht verzichten konnte. Dieser Arzt war kein in seinen Auffassungen erstarrter Spezialist, und er war jung genug, um nicht von Vorurteilen gegen Homosexuelle belastet zu sein, die seine wissenschaftliche und medizinische Urteilsfähigkeit hätten behindern können. Als Volberding sagte, er halte das Kaposi-Sarkom für einen besonders interessanten Tumor, machte Conant den Vorschlag, sie sollten gemeinsam einen Patienten an der Universitätsklinik besuchen, an dem sich vielleicht erkennen ließ, wie sich die Epidemie weiterentwickeln könnte.

Simon Guzman versuchte zu lächeln, als der gutaussehende junge Arzt mit dem ihm schon bekannten Marc Conant in sein Zimmer kam. Simon war Mexikaner und sprach nicht gut Englisch, aber Volberding sah sofort, daß auch er einer dieser netten jungen Schwulen war, die offenbar einem raschen und qualvollen Tod entgegengingen. Die typischen Läsionen des Kaposi-Sarkoms, aber auch der chronische Durchfall und der Herpes zehrten an den Kräften des jungen Patienten. Wahrscheinlich gab es auch noch andere Infektionen, die noch nicht diagnostiziert worden waren.

Volberding erinnerte sich an den hilflosen jungen Menschen, den er an seinem ersten Tag im *San Francisco General Hospital* gesehen hatte, und versprach Conant, sich in der Klinik, die Conant einrichten wollte, an der Bekämpfung dieser seltsamen neuen Krankheit zu beteiligen. Conant war froh, daß er die Einrichtungen des größten Krankenhauses der Stadt nutzen und außerdem mit der Unterstützung durch die Universitätsklinik rechnen konnte. Schon nach wenigen Wochen standen ihm einige Zimmer zur Verfügung, die bis dahin als Unterkunft für junge auszubildende Ärzte gedient hatten, und damit war ihm die Gründung der ersten amerikanischen Spezialklinik gelungen, in der ausschließlich KS-Patienten behandelt wurden. Ärzte aus ganz Nordkalifornien begannen, ihre Fälle an Conant zu überweisen, wo sie mit der bestmöglichen Behandlung rechnen durften und ihre Krankheit gründlich und gewissenhaft erforscht wurde. Conant übernahm die Leitung der dermatologischen Studien und die Zusammenarbeit mit den akademischen Fachleuten, während Volberding die in das Krankenhaus eingelieferten Patienten behandelte.

Donald Abrams, ein Dozent an der Medizinischen Fakultät der Universität von Kalifornien in San Francisco, erklärte sich ebenfalls zur Mitarbeit bereit. Seit seiner Tätigkeit als Oberarzt in verschiedenen kalifornischen Krankenhäusern Ende der siebziger Jahre beschäftigte er sich mit den seltsamen Schwellungen der Lymphknoten bei homosexuellen Patienten. Bei einem dieser Patienten, mit dem er persönlich befreundet war, hatte sich bereits ein Lymphkrebs entwickelt, ein zweiter litt an einer eigenartigen Meningitis. Abrams war überzeugt, daß diese Lymphknotenprobleme mit den neuerdings auftretenden Erkrankungen zusammenhingen. Mit Abrams fand Conant einen weiteren Arzt, der bereit war, eine Zeitlang auf das Verfassen von wissenschaftlichen Artikeln und die rein akademische Arbeit zu verzichten, um sich an der Bekämpfung dieser neuen Krankheit zu beteiligen.

Diese ersten Arbeiten wurden in der Freizeit der Spezialisten geleistet, die ihre regulären Aufgaben an der Universität erfüllen mußten. Finanziert wurden sie zum großen Teil mit dem Geld, das Conant in seiner dermatologischen Praxis verdiente. Aber er tröstete sich damit, daß er demnächst mit staatlichen Zuschüssen rechnen könne. Man hatte sie ihm im September in Bethesda zugesagt. Wenn die Gesundheitsbehörden den Ernst der Lage erkannt haben, würden sie ihm sicherlich die notwendigen Mittel zur Verfügung stellen.

NOVEMBER 1981, NATIONAL CANCER INSTITUTE, BETHESDA

In einem Gespräch mit Dr. Bob Biggar, einem Mitarbeiter in der Abteilung für umweltbedingte Erkrankungen des *National Cancer Institute*, kam Jim Goedert auch auf seine Untersuchungen über die als Aufputschmittel inhalierten Nitritlösungen zu sprechen. Diese Abteilung war in einem bescheidenen Gebäude einige Kilometer abseits der Hauptgebäude des NCI auf dem Campus der *National Institutes of Health* untergebracht. Die beiden KS-Patienten von Goedert hatten das Interesse Biggars für die neue Epidemie geweckt. Biggar hatte mehrere Jahre in Afrika zugebracht und wußte, daß das Kaposi-Sarkom eine der am weitesten verbreiteten Krebsarten auf dem afrikanischen Kontinent war. Er zweifelte jedoch daran, daß Inhalationsmittel die Krankheit auslösen konnten. In der Schwulenszene war die Verwendung von Aufputschmitteln auf Nitritbasis nichts Neues. Außerdem vollzog sich die Entwicklung einer durch ein soziales Phänomen verursachten Krankheit in einer langsam steigenden Kurve. Das entsprach dem Verhalten der Betroffenen, deren Zahl allmählich zunahm, wenn eine bestimmte Gewohnheit in Mode kam. Nach den neuesten Berichten über das KS und die PCP, die bei der Gesundheitsbehörde eintrafen, zeigte diese Entwicklung jedoch eine Exponentialkurve. Das deutete auf die Ausbreitung einer Infektionskrankheit hin, die sich dramatisch ausbreitete, wenn sich der Erreger in einer bestimmten Population vermehrte. Doch Biggar glaubte, es gäbe auch noch eine andere Möglichkeit, an dieses Phänomen heranzugehen.

Nachdem er vier Jahre die Zusammenhänge zwischen dem Epstein-Barr-Virus und dem Burkitt-Lymphom im Urwald von Ghana im Auftrag der Abteilung für umweltbedingte Epidemiologie des NCI untersucht hatte, war er überzeugt, daß Krebs auch durch Krankheitserreger verursacht werden konnte. Doch jeder Versuch, dieser Hypothese durch Untersuchungen in der Homosexuellenszene einer amerikanischen Großstadt nachzugehen, würde dadurch erschwert werden, daß einige Homosexuelle bereits mit dem Krankheitserreger infiziert waren und man die infizierten Personen kaum von den nichtinfizierten unterscheiden konnte. Biggar beschloß daher, mit den Forschungen in einem Gebiet zu beginnen, wo es zahlreiche Homosexuelle gab, die Krankheit aber noch nicht aufgetreten war.

Zunächst schien Rochester im Staat New York die geeignete Stadt zu sein. Doch Rochester lag in der Nähe von New York City, dem Epizentrum der Epidemie, und schied daher aus. Nach längeren Recherchen glaubte Biggar jedoch, den richtigen Ort gefunden zu haben, und bat seine Vorgesetzten, ihm eine Flugkarte nach Dänemark zu besorgen. In Aarhus, der größten Stadt in Jütland nördlich des Fjords, gab es relativ viele Homosexuelle, die wahrscheinlich bereit sein würden, mit ihm zusammenzuarbeiten. Biggar nahm an, daß Aarhus weit genug von den amerikanischen Großstädten entfernt war, in denen die Homosexuellen in zunehmendem Maß vom Kaposi-Sarkom bedroht wurden. Außerdem gab es dort ein gutausgestattetes großes Krankenhaus. Die Aufgabenbedingungen waren also sehr günstig, um der Lösung des Rätsels einen Schritt näherzukommen. Zudem würde das Institut durch diese Arbeit kaum finanziell belastet werden, es mußte nur für die Reisespesen aufkommen und Biggar sein normales Gehalt bezahlen.

Biggar arbeitete schon an dem genauen Plan für die beabsichtigten Untersuchungen, als seine Vorgesetzten beim NCI ihm mitteilten, daß das Institut die Flugkarte nicht bezahlen werde. Man sagte ihm, dafür stünden keine Mittel zur Verfügung. Die Erforschung des »Schwulenkrebses« sei keine vorrangige Aufgabe.

ST. FRANCIS HOSPITAL, SAN FRANCISCO

Als er Ken Horne zum letzten Mal besuchte, mußte Jim Groundwater unwillkürlich an den zornigen jungen Mann denken, der vor genau einem Jahr in seine Praxis gekommen war. Der Ken Horne, der jetzt apathisch in seinem Krankenbett im *St. Francis Hospital* lag, hatte offenbar alle Lebenskraft verloren, die ihm bisher geholfen hatte, mit der Pneumocystosis, der Kryptokokkenmeningitis und der Infektion durch Zytomegalie-Viren fertig zu werden, die sich mittlerweile über seinen ganzen Körper ausgebreitet hatte. Obwohl Ken ein schwieriger Patient gewesen war, empfand Groundwater größte Hochachtung für die Energie, mit der er gegen die schwere Erkrankung angekämpft hatte – überzeugt, daß er geheilt werden könne.

Jetzt hatte Kens Stimme jedoch den kämpferischen Ton verloren. Er schien sich damit abgefunden zu haben, daß er sterben müßte. Sein muskulöser Körper war bis auf einhundertzweiundzwanzig Pfund abgemagert, und er hatte ständig achtunddreißig Grad Fieber. Die durch eine Infektion mit dem Zytomegalie-Virus hervorgerufene Erkrankung hatte sein Nervensystem zerstört und zur völligen Erblindung geführt. Auch seine Geisteskräfte schienen angegriffen, und er wirkte wie ein seniler alter Mann. Aber natürlich gibt es bei jungen Menschen keine Senilität. Die behandelnden Ärzte glaubten, das Nachlassen seiner Geisteskräfte sei auf die starke Dosierung der Medikamente oder einfach auf den physischen Streß zurückzuführen, der sich zwangsläufig einstellen mußte, wenn ein Organismus ein Jahr lang gegen all diese Infektionen ankämpfte.

Nie zuvor hatte Groundwater einen Patienten gesehen, den eine

Krankheit so zugerichtet hatte. An diesem trüben Novembermorgen versuchte er, Ken Horne aufzumuntern wie er es immer tat, aber als er Kens Zimmer verließ, wußte er, daß der Tod für diesen gequälten Körper eine Erlösung sein würde.

Als das Beatmungsgerät am 26. November ausgeschaltet wurde, trat bei Ken der Atemstillstand ein. Nach der Reanimation wurde er wieder an den leise summenden Apparat angeschlossen, der das Atmen für Patienten übernimmt, die selbst nicht mehr in der Lage sind, ihre Lungen mit Sauerstoff zu versorgen.

Am 30. November 1981 um ein Uhr nachts tat George Kenneth Horne jr. seinen letzten mühsamen Atemzug.

Jim Groundwater war nicht überrascht, als er hörte, daß Ken Horne gestorben war. Die Autopsie zeigte, daß Kens Körper durch und durch infiziert war. Als primäre Todesursache wurde eine Pneumomykose festgestellt, und zwar als Folge des Kaposi-Sarkoms und der Pneumo-cystis-carinii-Pneumonie. Doch das waren nur die zunächst deutlich erkennbaren Erkrankungen. Es zeigte sich, daß die KS-Läsionen nicht nur seine Haut, sondern auch die Lungen, die Bronchien, die Milz, die Blase, die Lymphknoten, die Mundschleimhaut und die Nebennieren befallen hatten. Seine Augen waren nicht nur mit Zytomegalie-Viren, sondern auch mit Kryptokokken und Pneumocystis-Protozoen infiziert. Soweit sich die Pathologen erinnern konnten, war dies der erste Patient, an dessen Augen eine Protozoeninfektion festgestellt wurde.

Am Tage nach seinem Tod ließ Kens Mutter seine Leiche aus dem Krankenhaus abholen. Am Nachmittag wurden die sterblichen Überreste von Ken eingeäschert und in einer Urne verschlossen.

Sein Fall hatte zur Folge, daß in San Francisco der Beginn einer Epidemie konstatiert wurde, die man später als das *Aquired Immune Deficiency Syndrome* (Erworbenes Immunmangelsyndrom) bezeichnete. Er war der erste KS-Patient in den Vereinigten Staaten gewesen, dessen Fall vor nur acht Monaten den Gesundheitsbehörden gemeldet worden war. Dort hatte man diese Meldung jedoch mit großer Skepsis aufgenommen.

Mittlerweile aber war er einer von achtzehn gleichartigen Fällen in San Francisco. Der vierte Einwohner dieser Stadt, der an dieser Krankheit gestorben war – doch das vierundsiebzigste Todesopfer in den Vereinigten Staaten, dem noch viele folgen sollten.

1. DEZEMBER, CENTERS FOR DISEASE CONTROL, ATLANTA

Am Tag der Feuerbestattung von Ken Horne diktierte Jim Curran eine
Notiz für William Foege, den Direktor der CDC. Curran hatte genug
politischen Verstand, um zu wissen, daß es jetzt nicht der richtige
Zeitpunkt war, um mehr Geld zu fordern, denn die Regierung hatte
beschlossen, die Mittel für die Gesundheitsbehörden im ganzen Land
drastisch zu kürzen. Doch er war auch überzeugt, daß sich die neue
Epidemie zu einer ernsten Bedrohung für die Gesundheit der Bevölkerung im ganzen Land entwickeln würde, wenn man nicht sofort etwas
dagegen unternahm.

Alle Mitglieder der Forschungsgruppe »Kaposi's Sarcoma and
Opportunistic Infections Task Force« hatten damit gerechnet, daß
sich die Zeitungsreporter jetzt auf dieses Thema stürzen würden. Die
Legionärskrankheit und das toxische Schocksyndrom waren, als die
betreffenden Epidemien dieses Stadium erreicht hatten, fast täglich auf
den ersten Seiten der Zeitungen behandelt worden. Damit war wiederum das Interesse von Kongreßmitgliedern geweckt worden, die
dafür gesorgt hatten, daß der Forschung größere Beträge zur Verfügung gestellt wurden. Aber die neue Epidemie wurde in den Zeitungen
und Fernsehsendungen weiterhin nur selten behandelt. Stattdessen
sahen sich die Forscher gezwungen, mit internen Denkschriften um
das notwendige Geld zu bitten. Im November wurde den leitenden
Beamten der CDC das Protokoll einer Sitzung der Forschungsgruppe
vorgelegt, in dem es hieß, daß immer wieder »über die Auswirkungen
der Etatkürzungen... auf die Arbeit der Gruppe gesprochen« würde.
Man versuche »Mittel und Wege zu finden, den für die Forschung
entstehenden Schaden möglichst gering zu halten, wenn die notwendigen Mittel nicht zur Verfügung gestellt werden sollten«.

Jim Curran hatte indessen seinen bescheidenen Etatvorschlag in
Höhe von 833 800 Dollar für die Arbeit der Forschungsgruppe im
nächsten Jahr fertiggestellt. Foege hatte versprochen, sich für die
Gewährung dieser zusätzlichen Mittel einzusetzen, die nur den Bruchteil eines Prozents des Etats der öffentlichen Gesundheitsbehörde
darstellten. Curan wartete ungeduldig auf die Befürwortung seines
Antrags.

Und er wartete vergebens.

11. Der Mond geht über einer düsteren Landschaft auf

DEZEMBER 1981, PARIS

Der temperamentvoll veranlagte Dr. Jacques Leibowitch geriet in Erregung, bevor er noch den von Michael Gottlieb verfaßten Artikel im *New England Journal of Medicine* über die bei Homosexuellen aufgetretene Pneumocystis-carinii-Pneumonie und die Arbeit von Alvin Friedman-Kien über das Kaposi-Sarkom in der gleichen Zeitschrift zu Ende gelesen hatte. Er erinnerte sich sofort an den untersetzten portugiesischen Taxifahrer, den Dr. Willy Rozenbaum ihm vor drei Jahren geschickt hatte. Auch er hatte an der gleichen Pneumonie gelitten, und auch er war vor einem Jahr gestorben. Leibowitch und Rozenbaum verstanden sich nicht besonders gut. Ein neutraler Beobachter hätte gesagt, sie seien sich zu ähnlich, um wirklich befreundet zu sein. Beide waren gut gewachsen, sahen aus wie Filmstars und zeigten eine Begeisterung für ihren Beruf, wie sie bei den würdigen Vertretern der Medizinischen Fakultät nur selten vorkam. Dennoch konnte Leibowitch es sich nicht versagen, Rozenbaum anzurufen und ihn auf den Artikel von Gottlieb aufmerksam zu machen.

»Die Epidemie – der Taxifaher«, rief der neununddreißigjährige Immunologe begeistert. »Es gibt sie schon seit drei Jahren!«

»Ich habe in meinem Krankenhaus bereits drei Patienten«, berichtete Rozenbaum. Er erzählte, daß in den letzten Monaten zwei homosexuelle Männer mit diesen Symptomen zu ihm gekommen seien, und erwähnte dann die beiden Frauen, die Schwarze aus Zaire und die Französin, die längere Zeit in Afrika gelebt hatte. Daraus ergab sich, daß diese Krankheiten nicht nur bei homosexuellen Männern auftraten und daß offensichtlich irgendeine Verbindung mit Afrika bestehen mußte.

Als Spezialist für Infektionskrankheiten wollte Rozenbaum eine epidemiologische Studie über die erkrankten homosexuellen Männer

162

erstellen, um sich eine klarere Vorstellung von dem Krankheitsbild machen zu können. Er wußte zwar nicht, was die Verwaltung seines Krankenhauses zu einer Studie über Homosexuelle sagen würde, hatte aber das Gefühl, daß es sich hier um eine ganz wichtige Sache handelte.

Einer Eingebung folgend, rief Leibowitch seine Schwester an, die als Professorin für Dermatologie in einem anderen Pariser Krankenhaus arbeitete. Es stellte sich heraus, daß auch sie zwei homosexuelle Männer mit dem Kaposi-Sarkom behandelte. Leibowitch sprach mit den beiden Patienten und bemühte sich um Informationsmaterial aus den Vereinigten Staaten. Er wunderte sich darüber, daß sich dort die Tagespresse kaum zu diesem Thema geäußert hatte, obwohl schon viele Menschen an der mysteriösen Seuche erkrankt oder bereits gestorben waren. Ebenso unverständlich war ihm die Tatsache, daß die Krankheit als *Homosexuellenseuche* bezeichnet wurde.

Typisch amerikanisch, eine Krankheit als homosexuell oder heterosexuell zu bezeichnen, dachte er. Sie tun so, als seien Viren intelligente Wesen, die zwischen verschiedenen menschlichen Verhaltensweisen unterscheiden können. Er zweifelte nicht daran, daß es sich hier um ein Virus handelte. Der beste Beweis dafür war die Verbindung zu Afrika, denn dort herrschten die besten Voraussetzungen für die Entstehung neuer Infektionskrankheiten. Von Schnüffeldrogen hatte er noch nie etwas gehört, und der portugiesische Taxifahrer kannte sie mit Sicherheit ebensowenig wie diese beiden Frauen aus Zaire. Wenn die Krankheit bereits in den Vereinigten Staaten, Frankreich und Afrika aufgetreten war, dann mußte dieses Phänomen auf die Dauer globale Auswirkungen haben.

ALBERT EINSTEIN COLLEGE OF MEDICINE, BRONX, NEW YORK

Dr. Arye Rubinsteins sanfte Stimme mit dem deutlichen israelischen Akzent wirkte exotisch und vertrauenserweckend zugleich auf die mittellosen schwarzen Jugendlichen aus der Bronx, die das Gros seiner Patienten in der immunologischen Abteilung ausmachten. Das war nicht das schwere, gutturale Englisch, das die Bewohner der schäbigen Mietshäuser in dieser Gegend sprachen, die schon seit Jahren als Symbol der Armut in den USA galten. Rubinsteins Stimme hörte sich ganz einfach so einfühlsam an, wie man es bei einem Arzt erwartete. Als Chef der Abteilung für Pädiatrie, Mikrobiologie und Immunologie im *Albert Einstein College* hatte Rubinstein bei diesen von der Armut gezeichneten jungen Menschen alle möglichen Formen der Immunschwäche kennengelernt. Seit zwei Jahren jedoch war etwas Neues aufgetreten, und mittlerweile zweifelte Rubinstein nicht mehr daran, daß diese Jugendlichen aus der Bronx unter der gleichen Immunschwäche litten, wie die modischen homosexuellen Männer im schicken Manhattan.

Es hatte schon 1979 begonnen, als ihm eine besorgte Mutter ihr drei Monate altes Kind gebracht hatte. Die Blutuntersuchung zeigte, daß es sich bei diesem Kind um eine andere Art von Immunschwäche handelte als bei den Patienten, die Rubinstein behandelte. Charakteristisch für diese Unterschiede war die auffallende Abnahme der T-Helferzellen; hinzu kamen andere Anomalien beim Blutbild, die bei angeborenen Fällen von Immunschwäche nicht auftraten. Während der folgenden zwei Jahre wurde Rubinstein mehrfach von irritierten Klinikern der großen Krankenhäuser in der Bronx konsultiert, die von Jugendlichen mit geschwollenen Lymphknoten berichteten. Das Immunsystem dieser Patienten konnte offenbar auch mit den häufigsten, sonst gutartigen Infektionen nicht fertig werden. Die Ärzte hatten festgestellt, daß die Mütter einiger dieser Kinder drogensüchtig waren.

Der Junge, dessen Fall den Stein ins Rollen brachte, kam Ende 1981 in die Praxis von Rubinstein. Die Mutter, eine der vielen tausend Drogenabhängigen, die im nahegelegenen *Jacoby Hospital* behandelt wurden, hatte geschwollene Lymphknoten und litt immer wieder an hartnäckigen Infektionen, ein deutlicher Hinweis auf eine Immunschwäche. Jetzt zeigte ihr Kind die gleichen Symptome, die jedoch untypisch für eine vererbte Immunschwäche waren. Rubinstein beschäftigte sich nun eingehend mit der einschlägigen Literatur. Er nahm zunächst an, daß es sich um eine Infektion mit dem Zytomegalie-Virus und dem Epstein-Barr-Virus handelte, mußte dann aber feststellen, daß der Krankheitsverlauf bei solchen Infektionen anders war. Nach einigem Zögern notierte er auf den Krankenblättern die Diagnose, die mit Sicherheit zutraf: Immunschwäche.

Die behandelnden Ärzte strichen jedoch Rubinsteins Diagnose auf den Krankenblättern aus.

Obwohl Rubinstein ein angesehener pädiatrischer Immunologe war, konnte er niemanden von der Richtigkeit seiner Analyse überzeugen. Er brachte diese Fälle nun auch bei den regelmäßig stattfindenden Zusammenkünften der Immunologen in San Francisco zur Sprache. Er erklärte, es sei dringend notwendig, diesem Problem besondere Beachtung zu schenken. Doch die anderen Ärzte versuchten ihn davon zu überzeugen, daß es sich dabei nur um eine neue Art einer angeborenen

Zytomegalie-Virus-Infektion handelte. Auf einer Immunologenkonferenz in Cold Spring Harbor legte Rubinstein weitere Daten vor und konnte nachweisen, daß die von ihm untersuchten Fälle nicht auf eine Infektion mit dem ZMV zurückzuführen seien. Doch die Wissenschaftler weigerten sich weiterhin, einen Zusammenhang zwischen der »Schwulenpest« und den Erkrankungen der Kinder aus der Bronx anzuerkennen. Sie verwiesen darauf, daß die Lungenentzündung und der Homosexuellenkrebs nur bei homosexuellen Männern aufgetreten seien.

Im Dezember verfaßte Rubinstein einen kurzen Bericht für die bevorstehende Konferenz der *American Academy of Pediatrics*. Unter seinen Patienten waren mittlerweile fünf schwarze Kinder, deren Zustand das Schlimmste befürchten ließ. Einige von ihnen litten an der Pneumocystis-Pneumonie; und alle zeigten den gleichen T-Zellenschwund, der bei den Opfern der Homosexuellenpneumonie zu beobachten war. Die Eltern von mindesten drei dieser Kinder waren Drogenabhängige mit häufig wechselnden Sexualpartnern.

Vor diesem Hintergrund hielt Rubinstein es für dringend notwendig, die Öffentlichkeit aufzuklären und zu warnen. Die Tatsache, daß auch Kinder erkrankten, war ein Beweis dafür, daß die Krankheit nicht durch Schnüffeldrogen oder durch die Lebensgewohnheiten Homosexueller verursacht wurde. Alles sprach vielmehr dafür, daß sie von einem neuen Virus ausgelöst wurde, der von den Müttern auf die Kinder übertragen werden konnte – wahrscheinlich über die Plazenta.

Aber solche Folgerungen waren für die etablierten Wissenschaftler zu weit hergeholt, die, wenn sie sich überhaupt über den »Schwulenkrebs« und die »Schwulenpneumonie« Gedanken machten, ganz zufrieden waren, die Sache als reines Homosexuellenproblem abtun zu können. Die Akademie untersagte es Rubinstein, seine Arbeit auf der Konferenz vorzulegen. Unter den Immunologen sprach man hinter vorgehaltener Hand davon, der israelische Forscher sei nicht mehr ganz richtig im Kopf.

In den letzten Wochen des Jahres 1981 kam man in mehreren Arztpraxen in New York und San Francisco zu weiteren beunruhigenden Erkenntnissen, deren Tragweite allerdings erst sehr viel später deutlich wurde. An der Spezialklinik für die Behandlung des Kaposi-Sarkoms der Universität von San Francisco hatte Dr. Donald Abrams damit begonnen, die Patienten mit geschwollenen Lymphknoten, deren Zahl sich ständig erhöhte, genauer zu untersuchen. Diese Lymphadenopathie stand nach seiner Auffassung im Zusammenhang mit dem Homo-sexuellenkrebs. Es konnte sich hier um ein Frühstadium oder vielleicht um eine mildere Form der Immunschwäche handeln. Er begann auch, die ständigen Sexualpartner der Patienten mit dem Homosexuellen-krebs und der Pneumonie zu untersuchen, weil er glaubte, auf diese Weise feststellen zu können, ob es sich um eine Infektionskrankheit handelte. Wenn dies zutraf, mußte man herausfinden, wie lange die Inkubationszeit war. Für diese Studien standen ihm zwar keine Mittel zur Verfügung, es gelang ihm aber doch, hier und dort etwas Geld aufzutreiben und trotz seiner zahlreichen anderen Verpflichtungen die für diese Arbeit notwendige Zeit zu erübrigen. Das Nationale Krebsin-stitut hatte zwar versprochen, die für die Forschung notwendigen Mittel bereitzustellen, aber so lange konnte er nicht warten.

CENTERS FOR DISEASE CONTROL, ATLANTA

Dr. Jim Curran hatte bereits befürchtet, daß man bei den Befragungen von fünfundsiebzig Prozent der noch lebenden Opfer der »Schwulen-pest« auch auf Berichte stoßen würde, die, was die Frage nach der Ursache der Epidemie betraf, das Schlimmste befürchten ließen: In einer kleinen abgelegenen Stadt lebt ein Mann zufrieden mit seinem langjährigen Geliebten zusammen. Sein Leben wird nicht von der Hektik bestimmt, die das Leben der Homosexuellen in den großen Städten kennzeichnet. Er verwendet keine Aufputschmittel, aber er stirbt. Nun stellt sich heraus, daß sein Liebhaber Handelsvertreter ist, der ihm im allgemeinen die Treue hält, sich aber, wenn er nach New York kommt, an den sexuellen Exzessen in den Schwulensaunen beteiligt. Bald nachdem sein monogamer Partner erkrankt ist, wird auch der Handelsvertreter krank.

Curran wußte, daß die von Robert Koch beschriebenen Vorausset-zungen erfüllt sein mußten, wenn man eine Infektionskrankheit nach-weisen wollte. Nach diesem hundert Jahre alten Muster mußte man einen Erreger von einem infizierten Tier auf ein gesundes Tier übertra-gen, das daraufhin erkranken würde. Dann mußte man den Erreger diesem zweiten Tier entnehmen und ihn einem dritten Versuchstier injizieren. Wenn nun bei diesem dritten Tier die gleiche Krankheit festgestellt wurde, galt das als Beweis, daß es sich wirklich um eine Infektionskrankheit handelt. Die Geschichte von dem Handelsvertre-ter und seinem treuen Geliebten erfüllte nicht die von Koch aufgestell-ten Forderungen, doch sie erhärte die These der CDC-Forschungsgruppe, daß der Schwulenkrebs und die Schwulenpneumonie Manifestationen einer neuen Infektionskrankheit waren.

Im Dezember gab es nach den offiziellen Statistiken einhundertzweiundfünfzig Fälle in fünfzehn Staaten. Einschließlich der Fälle, in denen nur ein Verdacht bestand und gründlichere Untersuchungen noch im Gange waren, lag die Zahl etwa bei einhundertachtzig. Nur in einem der einhundertzweiundfünfzig Fälle handelte es sich um eine Frau, eine Drogenabhängige, die sich das Heroin intravenös spritzte.

Diese Drogenabhängigen waren jedoch in den meisten Fällen schon tot, wenn sie den CDC gemeldet wurden. Daher gingen die Beamten der Gesundheitsbehörden außerhalb der Forschungsgruppe weiterhin davon aus, daß es sich bei diesen Opfern um Homosexuelle handelte. Sie klammerten sich bezeichnenderweise an die Auffassung, daß es hier um eine Schwulenkrankheit ging, und behaupteten, es werde sich in all diesen Fällen schon noch herausstellen, daß diese Fixer schwul waren.

Doch Mary Guinan ließ sich davon nicht überzeugen. Wenn die Krankheiten durch gemeinsam benutzte Injektionsnadeln übertragen werden konnten, dann handelte es sich um ein Problem, das nicht nur in den Vereinigten Staaten, sondern weltweit zu einer großen Gefahr werden konnte. Dr. Guinan glaubte, wenn Drogensüchtige erkrankten, dann sei davon auszugehen, daß hier eine Infektion vorlag, die über den Blutweg und damit auch durch Bluttransfusionen übertragen werden konnte. Die Parallelen zum Übertragungsweg der Hepatitis B waren also offensichtlich. Damit waren die öffentlichen Gesundheitsbehörden gefordert, Richtlinien herauszugeben, damit homosexuelle Männer sich vor dieser außerordentlich gefährlichen Krankheit schützen konnten.

Wie alle anderen Mitglieder der Forschungsgruppe hoffte auch Mary Guinan, die endgültige Auswertung der in der Vergleichsstudie beantworteten komplizierten Fragen werde einige konkrete Antworten ergeben. Mittlerweile waren jedoch die Finanzierungsschwierigkeiten zu einem ernsten Problem geworden. Es war der Forschungsgruppe gelungen, während der vergangenen sechs Monate rasch voranzukommen, weil sie sich die notwendigen Mittel aus den Etats anderer Abteilungen besorgt und Mitarbeiter aus anderen Forschungsbereichen abgeworben hatte. Aber der ständige Geldmangel hatte schließlich doch zur Folge, daß die Forschungsarbeiten im entscheidenden Augenblick ins Stocken gerieten.

Der Direktor der CDC, Dr. Bill Foege, hatte sich persönlich an

Edward Brandt, den Abteilungsleiter im Gesundheitsministerium, gewandt und eindringlich auf die Wichtigkeit des Projekts verwiesen. Brandt bestätigte ihm, daß dieses Forschungsvorhaben wichtig genug sei, um auch weiter mit staatlichen Mitteln finanziert zu werden. Da die Administration jedoch für alle Ausgaben mit Ausnahme des Verteidigungsetats strenge Grenzen festgelegt habe, werde er versuchen müssen, das Geld aus dem umfangreicheren Etat der *National Institutes of Health* abzuzweigen.

Die von Jim Curran geforderte Summe von 833 800 Dollar machte zwar nur ein Fünftausendstel des Jahresetats der NIH aus, doch selbst dieser Betrag schien als unverhältnismäßig hoch erachtet zu werden. Eine Reaktion der NIH blieb aus.

Eine intensivere Überwachung und weitere epidemiologische Studien verzögerten sich. Jede dieser Studien konnte den entscheidenden Hinweis auf die Ursache der Epidemie bringen. Die besorgten Beamten der CDC wußten das, aber der Beginn neuer Forschungsarbeiten mußte auf einen späteren Zeitpunkt verschoben werden.

Eine vorläufige Prüfung der noch nicht vollständig ausgewerteten Befragungen zeigte einen entscheidenden Unterschied im Verhalten der Opfer dieser Homosexuellenpest und der Vergleichspersonen: Die Opfer der Seuche führten im allgemeinen ein sehr reges Sexualleben. Es erhärtete sich also der Verdacht, daß diese Krankheiten sexuell übertragen wurden. Man mußte also davon ausgehen, daß sich die Seuche auch weiter ausbreiten würde.

Diese Annahmen gründeten sich jedoch nur auf eine vorläufige Auswertung der ermittelten Daten. Bevor die sorgfältig erarbeitete Vergleichsstudie nicht unter Berücksichtigung aller wissenschaftlich relevanten Vergleichszahlen gründlich analysiert worden war, würden die daraus gezogenen Schlußfolgerungen von einem wissenschaftlichen Prüfungsgremium nicht anerkannt werden. Die Veröffentlichung vorläufiger Ergebnisse würde zudem die Glaubwürdigkeit der CDC erschüttern.

Deshalb beschränkten sich die CDC auf nichtssagende Verlautbarungen. Es hieß, niemand müsse in Panik geraten. Damit wollte man den Gegnern der Homosexualität den Wind aus den Segeln nehmen. Man betonte, es gebe noch keine konkreten Beweise dafür, daß es sich um eine Infektionskrankheit handelte. Die Homosexuellen nahmen dies beruhigt zur Kenntnis. Während des ganzen Verlaufs der Epidemie hielten sich die Gesundheitsbehörden an die Maxime, man dürfe im Zweifelsfall die Pferde nicht scheu machen.

»Es ist eine Kombination aus Katzenleukämie und Hepatitis B«, sagte Don Francis seinem Mentor in Harvard, Dr. Myron »Max« Essex, bei einem ihrer endlosen Telefongespräche über den Schwulenkrebs.

Von Anfang an war Francis davon überzeugt gewesen, daß die Immunschwäche, welche die Opfer des Schwulenkrebses so empfänglich für alle diese Krankheiten machte, durch irgendeinen infektiösen Erreger verursacht würde.

Er hatte Jahre damit zugebracht, Epidemien in der Dritten Welt zu bekämpfen, und dabei gelernt, wie man einer neuen Infektionskrankheit Einhalt gebietet. Zunächst muß man den Infektionsherd finden, ihn eindämmen und dann dafür sorgen, daß sich die Infektion nicht ausbreitete. So drängte er jetzt darauf, daß die CDC eine Strategie entwickeln sollten, um die Seuche unter Kontrolle zu bringen. Zumindest mußten die Blutbanken alarmiert werden. Wenn sich die Krankheit ebenso ausbreiten sollte wie die Hepatitis, dann würde sie mit Sicherheit auch durch Bluttransfusionen übertragen werden.

10. DEZEMBER, SAN FRANCISCO

»Ich bin Bobbi Campbell, und ich habe den ›Schwulenkrebs‹. Doch trotzdem behaupte ich, der glücklichste Mensch auf der Welt zu sein.«

Mit diesen in einem Bericht der Schwulenzeitung *The Sentinel* zitierten Worten bekannte sich ein Krankenpfleger als erster Patient mit dem Kaposi-Sarkom öffentlich zu seiner Krankheit. Damit wurde in San Francisco eine lange und schwierige Kampagne eröffnet, durch die die Homosexuellenszene über die bedrohlichen Immunschwächekrankheiten aufgeklärt werden sollte. Bis zum Herbst des vergangenen Jahres hatte der in Tacoma geborene Bobbi in dem Schwulenparadies ein durchaus normales Leben geführt. Er hatte auch, nachdem er mit seinem Liebhaber in den Castrobezirk gezogen war, die Saunen besucht und das schwule Nachtleben genossen. Ende September nach einem Tagesausflug am Big Sur stellte er an seinen Füßen einige purpurfarbene Flecken fest. Zunächst glaubte er, es seien Blutblasen, und beachtete sie nicht. Als sie sich jedoch vergrößerten, suchte er Dr. Marc Conant auf, der dann bei ihm das Kaposi-Sarkom diagnostizierte.

Die größte Homosexuellenzeitung in New York, der *New York Native*, brachte laufend Berichte über die neuen Krankheiten mit detaillierten medizinischen Erläuterungen des Arztes Dr. Larry Mass.

In San Francisco jedoch ignorierten die meisten Homosexuellenzeitungen die Epidemie, deshalb beschloß Bobbi Campbell, der als sechzehnter in San Francisco an diesem Krebs erkrankt war, seinen persönlichen Kreuzzug zu beginnen, um seine potentiellen Leidensgenossen auf diese Gefahren aufmerksam zu machen. Daher erklärte er sich zum »KS Poster Boy«.

»Es ist die Absicht des Poster Boy, das allgemeine Interesse auf eine wichtige Sache zu lenken und für Spenden zur Erforschung dieser Krankheit zu werben«, hieß es in dem Artikel. »Ich schreibe, weil ich am Leben bleiben will. Und das willst du doch auch – nicht wahr?«

Ein alter politischer Freund machte Cleve Jones mit Bobbi Campbell bekannt. Cleve interessierte sich sehr für die Artikel, die Bobbi im *Sentinel* schrieb. Bobbi zeigte Cleve die Läsionen an seinen Füßen und erzählte ihm von seinen Plänen, eine Hilfsorganisation für homosexuelle Krebspatienten ins Leben zu rufen. Außerdem wolle er dafür sorgen, daß die Stadt diese Menschen in angemessener Weise unterstützte. Cleve bot ihm seine Hilfe an, wenngleich er daran zweifelte, ob es je so viele Krebspatienten geben würde, daß sich dieses Projekt lohnte. Es war sogar das erste Mal, daß Cleve einen homosexuellen Krebspatienten kennenlernte. Erst jetzt war er davon überzeugt, daß es diese Krankheit wirklich gab und sie nicht nur in der Einbildung verrückt gewordener Artikelschreiber existierte.

Einige Wochen später hatte Bobbi den Besitzer des Drugstore im Herzen des Castrobezirks dazu bewegt, ein Plakat, das über die Gefahren des Kaposi-Sarkoms aufklärte, in sein Schaufenster zu stellen. Bill Kraus blieb lange vor dem Schaufenster stehen und starrte auf die purpurfarbenen Hautflecken. Er hatte bisher geglaubt, dieses Syndrom käme nur bei irgendwelchen schleimigen Wichsern in New York vor und die Sache würde von den, den Homosexuellen feindlich gesinnten, Medien hochgespielt. Das Plakat jedoch verunsicherte ihn gewaltig. Er konnte diesen Anblick nicht vergessen und stellte kurze Zeit später seine Besuche in der Sauna ein, ohne sich selbst den Grund für diese Zurückhaltung einzugestehen.

Larry Kramer behauptete, die Schwulen hätten von Anfang an genau gewußt, was sie tun – oder unterlassen – mußten, um sich vor einer Infektion mit dem neuen tödlichen Syndrom zu schützen. Ende Dezember 1981 geriet er in eine Kontroverse, bei der er wegen seiner Warnung vor den Gefahren des Kaposi-Sarkoms angegriffen wurde.

»Im Grunde will uns Kramer erzählen, daß wir homosexuellen

Männer uns das Kaposi-Sarkom durch unsere Sexualpraktiken holen«, schrieb Robert Chesley, ein Schriftsteller aus Manhatten, in einem von mehreren offenen Briefen, die er im *New York Native* veröffentlichte. »...Schwarzmalerei ist gefährlich. Die Experten haben uns gesagt, es sei falsch und noch zu früh, über die Ursache des Kaposi-Sarkoms zu spekulieren. Hier jedoch geht es um etwas ganz anderes. Es ist immer lehrreich, auf die Emotionen zu achten, mit denen bestimmte Thesen verfochten werden. Oft steckt dahinter eine verborgene Botschaft. Bei Kramer ist es der Triumph eines Schuldkomplexes, der Gedanke, daß Homosexuelle es *verdienen*, für ihre Promiskuität zu sterben... Man muß das, was Kramer schreibt, sehr genau lesen. Ich glaube, zwischen den Zeilen steht immer: Der Lohn der homosexuellen Sünde ist der Tod... Ich will die Gefährlichkeit des Kaposi-Sarkoms nicht herunterspielen. Aber hier haben wir es mit Dingen zu tun, die wir ebenfalls ernst nehmen müssen: mit schwuler Homophobie und Antierotik.«

Nachdem Larry Kramer mit seinem Therapeuten über diese Attacke gesprochen hatte, entschloß er sich, gleiches mit gleichem zu vergelten, und schrieb in seiner Erwiderung, Chesley sei ein abgewiesener Liebhaber, der sich darüber ärgere, daß sich Larry nach ihrem ersten Stelldichein nicht mehr mit ihm habe treffen wollen. Aber dann kam Larry zur Sache:

»...Durch irgend etwas, das das Immunsystem im Körper zusammenbrechen läßt, bringen wir die Zeitbombe zum Ticken. Wenn wir auch noch nicht wissen, um was es sich dabei handelt, sollten wir doch besser vorsichtiger sein, bis bestimmte Verdachtsmomente ausgeschlossen sind, anstatt diese möglichen Ursachen leichtfertig zu ignorieren. Es steht jedem frei, zu rauchen oder auf das Rauchen zu verzichten... Aber ist es nicht töricht, diejenigen zu beschimpfen, die uns vor den Gefahren des Rauchens warnen?«

Die Kontroverse zwischen Larry und seinen Gegnern, die in der Leserbriefspalte des *Native* ausgetragen wurde, dehnte sich über eine so lange Zeit aus, daß ein Korrespondent in einem sarkastischen Artikel das Gerücht dementierte, Bette Davies sei verpflichtet worden, in dem Film »Briefe an die Redaktion« die Rolle von Larry Kramer zu übernehmen.

Im übrigen war Larry verzweifelt, daß offiziell nichts gegen die Epidemie unternommen wurde. Die Hälfte der Opfer lebten in New York City, aber die *New York Times* reagierte nicht auf seine Bitte, ausführlicher darüber zu berichten. Sogar *The Village Voice*, eine

Zeitung, die dafür bekannt war, daß sie jedes aktuelle Ereignis in Manhatten aufgriff, hatte bisher noch keinen einzigen Artikel über das Homosexuellensyndrom veröffentlicht. Als Larry sich bei dem Verbindungsmann des Bürgermeisters zur Homosexuellenszene erkundigte, was die Gesundheitsbehörden zur Bekämpfung der Epidemie unternähmen, versprach ihm der Beamte, ihn am nächsten Tage anzurufen, ließ jedoch nichts mehr von sich hören. Die seit vier Monaten laufende Spendenaktion hatte bisher nur 11 806 Dollar gebracht.

»Wöchentlich werden in New York zwei neue KS-Fälle diagnostiziert. In den Vereinigten Staaten wird *jeden Tag* ein neuer Fall registriert. Und die Homosexuellenszene unternimmt nichts, um die heterosexuellen Bürger, die über die Steuergelder verfügen, davon zu überzeugen, daß sie uns helfen müssen«, schrieb Larry in einem seiner langen Leserbriefe an die Zeitung *Native*. »Wenn das Kaposi-Sarkom eine Krebsart wäre, die auch heterosexuell veranlagte Menschen bedroht, dann würden die Medien ständig darüber berichten, und die für die Finanzierung der Krebsforschung zuständigen Institutionen würden von allen Seiten so unter Druck gesetzt werden, daß die Forschung wirklich energisch vorangetrieben werden könnte.«

DIE STUDIOS DER FERNSEHGESELLSCHAFT ABC, NEW YORK CITY

Trotz aller Erkundungsreisen, Fragebögen und Konferenzen war es nicht gelungen, die Ursache für dieses Syndrom zu finden. Im großen und ganzen konnte Jim Curran jedoch mit den Ergebnissen der Arbeit der CDC-Gruppe nach Ablauf der ersten sechs Monate zufrieden sein. Nach Bekanntwerden der ersten Fälle des toxischen Schocksyndroms hatte es achtzehn Monate gedauert, bis der erste *MMWR*-Bericht erschienen war, und es war ein weiterer Monat vergangen, bevor eine Forschungsgruppe beauftragt wurde, eine vergleichende Fallstudie zu erarbeiten. Nachdem Michael Gottlieb den CDC den ersten Fall der Homosexuellenpneumonie gemeldet hatte, war der erste Bericht des *MMWR* dagegen schon einen Monat später erschienen, und nach drei Monaten konnte die Forschungsgruppe mit der Arbeit an ihrer Vergleichsstudie beginnen. Nach dem Ausbruch der Legionärskrankheit waren jedoch sehr viel schneller wirksame Maßnahmen ergriffen worden. Damals hatte Atlanta sofort alle verfügbaren Hilfsmittel und das notwendige Personal zur Verfügung gestellt, und als die Epidemie eine vergleichbare Phase erreicht hatte, hatten die Wissenschaftler bereits das Rätsel gelöst und den Krankheitserreger gefunden.

Curran wußte, daß der entscheidende Faktor das Interesse der Medien war. Sobald das toxische Schocksyndrom in den Schlagzeilen der Zeitungen aufgetaucht war, hatte damals eine fieberhafte Suche nach der Ursache dieser Krankheit begonnen. Schon wenige Monate nach dem ersten *MMWR*-Bericht wurde festgestellt, daß es einen Zusammenhang zwischen Tampons und dieser neuen Krankheit gab. 1976 waren in allen Zeitungen Fotos erschienen, die die mit amerikanischen Flaggen bedeckten Särge der verstorbenen Angehörigen der *American Legion* zeigten.

Jetzt hingegen schwieg sich die Presse aus. Die *New York Times* brachte nur zwei Artikel über die Epidemie. Diese Haltung war repräsentativ für die gesamte amerikanische Presse. Die Nachrichtenmagazine *Time* und *Newsweek* berichteten erst Ende Dezember 1981 ausführlicher über die Epidemie. Es gab nur einen einzigen Grund dafür, daß die Medien so wenig Interesse zeigten, und alle Mitglieder der Forschungsgruppe kannten ihn: Die Opfer waren Homosexuelle. Curran hatte von einigen Reportern erfahren, daß die Redakteure ihre Berichte ablehnten, weil sie keine Artikel über Schwule und ihre sexuellen Praktiken abdrucken wollten.

Auf der Taxifahrt zu den Studios der Fernsehgesellschaft ABC überlegte sich Curran noch einmal, was er bei seinem Interview in der Sendung »Good Morning America« sagen sollte. Angesichts der Tatsache, daß ihm für die Forschung nicht die notwendigen Geldmittel zur Verfügung gestellt wurden, hielt es Curran für dringend notwendig, daß die Öffentlichkeit durch Fernsehsendungen auf die Epidemie aufmerksam gemacht wurde. Er hoffte, daß er auf diesem Wege auch die notwendigen Geldbeträge zusammenbekommen könnte.

So erstaunlich es klingen mag: Dies war das erste Mal, daß die Epidemie in einer Nachrichtensendung erwähnt wurde, die alle Fernsehzuschauer in den Vereinigten Staaten erreichte.

Eigentlich hätte das Interview neun Minuten dauern sollen, doch es wurde wegen der Unruhen im Libanon auf einhundertfünfzig Sekunden zusammengestrichen. Curran konnte kaum ein Stöhnen unterdrücken, als sein Interviewer, Frank Gifford, die erschreckende Statistik über die Todesfälle und die rasche Ausbreitung der Krankheit vorlas, um ihm dann eine Frage zu stellen, auf die es eigentlich keine diplomatische Antwort gab.

»Das ist ja ein erschreckendes Problem«, sagte Gifford. »Wie kommt es, daß sich niemand dafür interessiert?«

SAN FRANCISCO

Als Matt Krieger hörte, daß Dr. Marc Conant auf der Konferenz der American Academy of Dermatology in San Francisco eine Broschüre über das Kaposi-Sarkom verteilen werde, wollte er sogleich eine Pressekonferenz für ihn arrangieren. Matt, der seine Stelle beim Pressebüro der Universität von Kalifornien in San Francisco gekündigt hatte, um als freier Journalist zu arbeiten, war mittlerweile davon überzeugt, daß der Homosexuellenkrebs eine große Gefahr bedeutete, auch wenn er nicht genau sagen konnte, warum. Marc Conant und Jim Groundwater hatten auf eigene Kosten im Farbdruck eine Broschüre über das Kaposi-Sarkom herstellen lassen, in der auch die Läsionen von Ken Horne abgebildet waren. Am Morgen vor der letzten Sitzung der Konferenz legten sie ein Exemplar dieser Schrift auf jeden Stuhl in dem großen neuen *Moscone Convention Center*.

Auf dem Weg nach Hause sah sich Matt die Abbildungen von Ken Hornes Läsionen an und mußte dabei an seinen Geliebten Gary Walsh denken. Es fiel ihm nicht leicht, aber schließlich mußte er sich mit der erschreckenden Vorstellung vertraut machen, daß die eigenartigen kleinen rötlichen Bläschen und die wunde Stelle an seinem Ellbogen, die nicht heilen wollte, Symptome des Schwulenkrebses sein konnten.

Matt stürmte in heller Aufregung in die Wohnung an der Dolores Street.

»Ich fürchte, du wirst sterben«, sagte er Gary.

Gary sah ihn mit großen Augen an.

»Mach dich nicht lächerlich.«

DEZEMBER, AARHUS, DÄNEMARK

Das Klima in Washington hatte nichts zu bieten, was sich mit dem eisigen Wind vergleichen ließ, der von der Nordsee her über Aarhus hinwegfegte. In den am Abend hellerleuchteten Geschäftsstraßen hüpften die über den Ladentüren aufgehängten roten Herzen in der winterlichen Brise lustig auf und ab, und hinter den für das *Fest der Herzen* bunt dekorierten Schaufenstern drängten sich die Kunden in den Geschäften. Dr. Bob Biggar wäre lieber in einer wärmeren Jahreszeit nach Skandinavien gekommen, aber er hatte das Gefühl, daß er seine Forschungsarbeiten nicht länger hinausschieben durfte – auch wenn das *National Cancer Institute* der Bekämpfung dieser Epidemie keine besondere Priorität einräumen wollte. Biggar hatte die Reisekosten nach Dänemark aus eigener Tasche bezahlt, und nun standen ihm für seine Studien zweihundertneunundfünfzig dänische Homosexuelle zur Verfügung.

Doch schon zu Beginn seiner Forschungsarbeiten mußte er eine beunruhigende Feststellung machen. Er war nach Aarhus gekommen, um mit nicht infizierten Versuchspersonen arbeiten zu können, und nun teilten ihm die dänischen Behörden mit, daß in Kopenhagen schon fünf Fälle der mysteriösen Homosexuellenkrankheit registriert waren! Gewisse Einzelheiten bestätigten den Verdacht von Biggar, daß es sich um eine Infektionskrankheit handelte. Jeder Infizierte hatte mit einem anderen Infizierten geschlafen. Ein Opfer der Krankheit war ein älterer Mann, der in Dänemark ein zurückgezogenes Leben führte, aber einmal im Jahr für einen Monat nach New York ging, um dort möglichst viele schwarze Homosexuelle als Sexualpartner zu finden. Solche Verbindungen zwischen Dänemark und New York waren der überzeugendste Hinweis darauf, daß es sich um eine durch Viren übertragene Krankheit handelte.

Nach Abschluß der ersten Phase seiner Studien in Dänemark begann Biggar, die bis dahin gewonnenen Erkenntnisse in einem wissenschaftlichen Aufsatz zusammenzufassen, in dem er die Hypothese aufstellte, daß die Epidemie von einem Virus verursacht wurde. Dieser Aufsatz mit dem Titel »The Evidence for a Transmissible Agent« (Die Hinweise auf einen übertragbaren Erreger) war seine bis dahin bedeutendste wissenschaftliche Arbeit, aber zugleich die am wenigsten beachtete.

LOS ANGELES

Der deutlichste Hinweis darauf, daß es sich um eine Infektionskrankheit handelte, ergab sich ganz beiläufig aus einem Gespräch, das Dr. Joel Weisman in seiner elegant eingerichteten Praxis in Sherman Oaks führte. Es war Ende 1981 oder in den ersten Wochen des Jahres 1982 – das genaue Datum ließ sich später nicht mehr feststellen –, als eines der aufschlußreichsten Gespräche über diese Epidemie geführt wurde, für die es zu diesem Zeitpunkt noch keine offizielle Bezeichnung gab.

Ein langjähriger Patient und Freund von Weisman war an der Pneumocystis-Pneumonie gestorben. Anschließend unterhielt sich der Arzt mit dem Liebhaber dieses Mannes, einem gesprächigen Burschen, der ebenfalls mit Weisman befreundet war. Er scheute sich daher nicht, mit ihm über gewisse Beziehungen zu sprechen, die er in den vergangenen Wochen angeknüpft hatte. Es waren fünf oder sechs inzwischen erkrankte Schwule, die gemeinsam die einschlägigen Parties besucht hatten. Sie hatten alle Geschlechtsverkehr miteinander gehabt, und nun waren sie entweder tot oder lagen im Sterben.

Weisman starrte auf die grauen Wände seines Sprechzimmers, während der Mann weitersprach. Plötzlich begriff er, was das alles bedeutete. Weisman kannte jeden einzelnen dieser Burschen, und nun sah er vor seinem geistigen Auge alle diese Querverbindungen, als wären es kleine Kreise, die durch Pfeile miteinander verbunden waren.

»Oh mein Gott«, seufzte er. »Was Sie mir hier sagen, habe ich schon lange vermutet. Es ist also eine Infektionskrankheit.«

VIERTER TEIL

Dunkle Wolken ziehen sich zusammen 1982

Am übernächsten Tag... konnte man kleine, weiße Anschläge lesen, die die Präfektur eilig in den verstohlensten Winkeln der Stadt hatte anbringen lassen. Es war schwierig, in dieser Bekanntmachung den Beweis dafür zu sehen, daß die Behörden den Ernst der Lage erkannt hatten. Es gab keine drakonischen Maßnahmen, und man schien dem Wunsch, die öffentliche Meinung nicht zu beunruhigen, große Opfer gebracht zu haben.

Albert Camus
Die Pest

12. Die Zeit ist unser Feind

JANUAR 1982, CENTERS FOR DISEASE CONTROL, ATLANTA

Bruce Evatt hatte Freude an seiner Arbeit als Spezialist für die Bluter-krankheit. Er hatte sich ein Leben lang mit der Erforschung der Hämophilie beschäftigt und war daher unter den Mitarbeitern der CDC die Kapazität auf diesem Gebiet. Diese Blutgerinnungsstörung, unter der die Mitglieder europäischer Fürstenhäuser schon seit Gene-rationen litten, wird durch die genetische Information für nur ein einziges Molekül hervorgerufen. Die Anweisung für die Zusammen-setzung dieses Moleküls wird über einen genetischen Kode von der Mutter an den Sohn weitergegeben. Es liegt an diesem Molekül, ob das Blut bei einer Verletzung gerinnt, um die Blutung zu stillen. Bei Söhnen, die an der Bluterkrankheit leiden, gerinnt das Blut nicht. Deshalb bezeichnet man die Krankheit als Hämophilie oder »Blut-liebe«. Evatt war nicht nur fasziniert von diesem eigenartigen Mole-kül, sondern auch von seinen Patienten. Es waren im allgemeinen intelligente und gebildete Menschen, und man hatte vor einigen Jahren einen wissenschaftlichen Durchbruch erlebt, der ihre Lebenserwar-tung um Jahrzehnte verlängerte.

Die Entdeckung des antihämophilen Globulins A, des Faktors VIII, war für die zwanzigtausend Bluter in den Vereinigten Staaten von existentieller Bedeutung gewesen. Bis dahin hatte ein Bluter eine Lebenserwartung von zwanzig oder vielleicht dreißig Jahren gehabt, in denen er sich immer wieder massiven Bluttransfusionen unterziehen mußte. Doch mit diesen Transfusionen ließ sich nicht mehr erreichen, als daß verlorenes Blut ersetzt wurde. Dagegen enthielt der Faktor VIII eine Substanz, in welcher der Gerinnungsfaktor Tausender von Blut-spendern konzentriert war, die Bestandteile, die die Blutgerinnung ermöglichten. Die Entdeckung gab den Patienten neuen Lebensmut, denn nun durften sie mit einer relativ normalen Lebensdauer rechnen.

Für Bruce Evatt war es eine große Freude zu sehen, mit welchem Optimismus seine Patienten reagierten. Sie gründeten einen Interessenverband, bemühten sich um eine staatliche Finanzierung der Forschung und taten alles, um das Los ihrer Leidensgenossen zu erleichtern. Darin unterschieden sie sich von vielen anderen, die an Krebs oder anderen chronischen Krankheiten litten und die in ihrer Verzweiflung resignierten und starben.

Um so mehr war Evatt über einen Anruf aus Florida beunruhigt, der ihn in den ersten Januartagen des Jahres 1982 erreichte. Ein Arzt aus Miami berichtete ihm, ein älterer Bluter, den er behandelt habe, sei vor ein paar Monaten infolge von Injektionen mit dem Faktor VIII an einer Pneumocystis-Pneumonie gestorben. Er erkundigte sich, ob die Pneumocystis Protozoen mit der Blutgerinnungssubstanz übertragen werden konnten.

Evatt versicherte dem Arzt, das Filtrieren der Injektionsflüssigkeit bei der Herstellung verhindere die Übertragung von Bakterien oder Protozoen. Kleinere Mikroben wie Viren könnten allerdings trotz des Filters hineingelangen. So könnten die Bluter unter Umständen mit einer ungewöhnlich hohen Zahl von Hepatitis-B-Viren infiziert werden. Aber der Pneumocystosis-Erreger sei so groß, daß er im Filter hängenbleiben müsse. Evatts ausführliche Erläuterungen klangen so beruhigend und freundlich, daß es kaum möglich war, ihm nicht zu glauben.

Doch als er den Hörer aufgelegt hatte, verfinsterte sich sein Gesicht. Schließlich hatten andere Mitarbeiter der CDC wie Mary Guinan und Don Francis bereits vorausgesagt, daß auch Bluter und andere Empfänger von Bluttransfusionen mit dem Pneumocystosis-Erreger infiziert werden würden. Dieser Fall war vielleicht ein weiterer Beweis dafür, daß die Immunschwäche bei Homosexuellen von einem Virus verursacht wurde. Evatt rief die *Food and Drug Administration* an, die für die Überwachung der Herstellung von Blutkonserven zuständige Behörde, und erkundigte sich, ob man dort schon etwas von ähnlichen Problemen gehört habe. Außerdem setzte er sich mit den Interessenverbänden der Hämophilen in Verbindung, um festzustellen, ob dort schon ähnliche Fälle bekannt geworden seien. Das war nicht der Fall. Auch in den Unterlagen von Sandra Ford fanden sich keine Anforderungen für Pentamidine zur Behandlung von hämophilen Patienten.

Der in Florida aufgetretene Fall erwies sich als problematisch. Obwohl eine Biopsie die Pneumocystosis bestätigt hatte, hatte der Tod des Mannes eine Diagnose seines Immunsystems verhindert. Auch eine

Autopsie war nicht vorgenommen worden. Das ließ die Möglichkeit offen, daß ein nicht diagnostizierter Tumor oder Lymphkrebs das Immunsystem so weit geschwächt hatte, daß sich die Erreger der Pneumonie ungehindert vermehren konnten.

Harold Jaffe, der dem Wissenschaftlerteam zur Erforschung des Kaposi-Sarkoms und opportunistischer Infektionen angehörte, erläuterte das Problem dem Direktor der CDC, Bill Foege. Als erfahrener Epidemiologe erkannte Foege, daß es sich hier um einen bedeutsamen Fall handelte – nicht nur im Hinblick auf eine Gefährdung von Blutern und Empfängern von Bluttransfusionen, sondern auch deshalb, weil sich damit vielleicht eine Möglichkeit eröffnete, die Ursache der Epidemie zu finden. Er wußte aber auch, daß es noch viele andere Lösungsmöglichkeiten gab.

»Wenn unser Verdacht zutrifft, dann wird es auch einen zweiten Fall geben«, sagte er Jaffe. »Dies wäre dann der Beweis, daß ein Virus die Ursache ist.«

Evatt bat Sandy Ford, darauf zu achten, ob bei einer Anforderung für Pentamidine eine Hämophilie als medizinischer Befund angegeben würde. Damit begannen Monate beklemmenden Wartens.

KOPENHAGEN

Es war jetzt mehr als vier Jahre her, daß Dr. Ib Bygbjerg aus Zaire nach Dänemark zurückgekommen war, um seiner Freundin Grethe Rask in ihren letzten Stunden beizustehen. Zu Beginn des Jahres 1982 waren die Krankheiten, die neuerdings bei homosexuellen Männern auftraten, das Tagesgespräch in dem Krankenhaus, an dem er arbeitete. Ein amerikanischer Fachmann vom *National Cancer Institute* war nach Dänemark gekommen, um Forschungsarbeit zu betreiben. Dänische Wissenschaftler bemühten sich um eine rasche Veröffentlichung ihrer ersten Arbeiten über dieses Problem, um nach Möglichkeit den amerikanischen Publikationen über die Studien in Aarhus zuvorzukommen.

Als Spezialist für Tropenkrankheiten war Bygbjerg Ende des vergangenen Jahres zur Behandlung des ersten Falles dieser Art zugezogen worden. Doch schon bald beteiligte er sich an der Behandlung aller dieser Patienten, weil die immunologische Abteilung des *Rigshospitalet* einen sehr guten Ruf genoß. Bei der Untersuchung seines dritten dänischen Patienten, der an dem eigenartigen Homosexuellensyndrom erkrankt war, hatte Bygbjerg das Gefühl, die gleichen Symptome schon einmal gesehen zu haben. Bei diesem Patienten wurde der

Magen-Darm-Kanal von einem hartnäckigen Amöbenbefall ausgetrocknet. Dieses Krankheitsbild hatte er schon bei afrikanischen Buschmännern beobachtet. Dazu kam noch dieses Kaposi-Sarkom, und auch diese Krankheit war ihm bisher nur in Afrika begegnet. Als die beiden Patienten an Pneumocystosis starben, wurde ihm die Sache unheimlich. Gerade mit dieser Pneumonie hatte er sich nach dem Tod seiner Freundin Grethe eingehender beschäftigen wollen, aber seine Professoren hatten es ihm mit der Begründung ausgeredet, daß es sich nicht lohne, eine so seltene Krankheit zu erforschen.

Stattdessen hatte sich Bygbjerg auf das Studium der Lymphozyten verlegt. Dies kam ihm jetzt zugute, denn die jetzt an KS und PCP erkrankten jungen Männer hatten mit Sicherheit Probleme mit ihren Lymphozyten.

Doch er konnte den Gedanken nicht loswerden, daß diese Männer vielleicht an der gleichen Krankheit wie Grethe Rask starben. Die Pneumocystosis war dabei das Bindeglied.

Daher bat Bygbjerg den Chef seiner Abteilung um die Erlaubnis, in einer medizinischen Zeitschrift einen Bericht über den Tod von Grethe Rask zu veröffentlichen. Vielleicht würde er damit einem anderen Forscher eine entscheidende Anregung geben können.

Bygbjergs Vorgesetzte lächelten über den eifrigen jungen Wissenschaftler, dem so viel daran gelegen war, etwas zu veröffentlichen. Sie hielten es für ausgeschlossen, daß eine Krankheit, die sich unter homosexuellen Männern mit Hunderten von Sexualpartnern ausbreitete, etwas mit der tödlichen Erkrankung zu tun haben könnte, die sich Grethe Rask in Afrika geholt hatte.

Bygbjerg hatte mittlerweile durch einen Freund erfahren, daß die angesehene Ärztin Rask eine Lesbierin gewesen war und aus ihren sexuellen Neigungen nie ein Geheimnis gemacht hatte.

PARIS

Die französische Forschungsgruppe, die Jacques Leibowitch und Willy Rozenbaum zu Beginn des Jahres 1982 zusammenstellten, hatte sich ursprünglich nicht das Ziel gesetzt, die Ursache der mysteriösen und noch nicht näher bezeichneten Epidemie zu entdecken. Sie wollten nur feststellen, warum die Krankheiten plötzlich in mehreren Pariser Krankenhäusern aufgetaucht waren. Rozenbaum hatte bereits mit einigen homosexuellen Ärzten in Paris gesprochen, die das ganze Gerede von einer neuen Epidemie jedoch lediglich für einen Versuch hielten, sie in den Untergrund zu vertreiben. »Lassen Sie uns doch sterben«, meinten sie. Nun beschloß Rozenbaum, im Claude-Bernard-Krankenhaus am Stadtrand von Paris mit eigenen epidemiologischen Studien zu beginnen. Er ließ seine Verbindungen spielen und sprach täglich mit so vielen Patienten, wie es seine Zeit erlaubte. Jean Baptiste-Brunet, ein stellungsloser Epidemiologe, der sich nach einer Beschäftigung umsah, erklärte sich bereit, die aus Afrika stammenden Patienten in Paris ausfindig zu machen.

Leibowitch und Rozenbaum glaubten, auf diese Weise könnte man dem Problem näherkommen, ohne daß die Arbeit durch die in Amerika herrschenden Vorurteile belastet würde, hier handelte es sich um eine »Schwulenpest«. Amerikanische Wissenschaftler hielten es für abwegig zu glauben, die neue Epidemie sei aus Afrika eingeschleppt worden. Die Franzosen hingegen hielten es für falsch, von einer Homosexuellenkrankheit zu sprechen. In Paris waren die ersten Fälle schon drei Jahre früher registriert worden als in den Vereinigten Staaten – was die These erhärtete, daß die Krankheit aus Afrika eingeschleppt worden war. Auch belgische Ärzte hatten schon seit vier Jahren Pneumocystosis-Fälle aus Ländern wie Zaire und Uganda behandelt.

6. JANUAR, CENTERS FOR DISEASE CONTROL,
HEPATITIS-LABORATORIEN, PHOENIX

Niemand wußte, woher das verheerende Fieber in die Grenzregion zwischen Zaire und dem Sudan eingeschleppt worden war, von dem die Menschen 1976 in der tropischen Klimazone am Fluß Ebola heimgesucht wurden. Der Erreger dieser tödlichen Krankheit war ein im Blut angesiedeltes Virus, das sowohl durch Samenflüssigkeit der Infizierten als auch durch die Verwendung nicht desinfizierter Injektionsnadeln in den primitiven Buschkrankenhäusern übertragen wurde. Da moderne Hygienemaßnahmen zum Schutz des Krankenhauspersonals fehlten, grassierte die Krankheit unter Ärzten, Krankenschwestern und Pflegern.

Die dänischen Ärzte in den abgelegenen Krankenhäusern von Zaire, Menschen wie Ib Bygbjerg und Grethe Rask, waren von der Tatkraft des Teams der Weltgesundheitsorganisation (WHO) beeindruckt gewesen, das es sich zur Aufgabe gemacht hatte, das »Ebolafieber« erfolgreich zu bekämpfen. Als sich herausstellte, daß sich die Menschen bei Autopsien und beim rituellen Kontakt mit den Leichen bei den Beisetzungsfeierlichkeiten ansteckten, hatte Dr. Don Francis, der Vertreter der CDC bei der Weltgesundheitsorganisation, diese Bestattungsrituale verboten und die Leichen ohne jedes Zeremoniell verbrennen lassen. Wenn Don Francis heute darüber nachdachte, wie man gegen die epidemisch auftretende Immunschwäche vorgehen konnte, mußte er stets an den Ausbruch dieses furchtbaren Ebolafiebers denken. Diese Erinnerung wurde besonders lebendig, als er einen Anruf von seinem Kollegen Dr. Guy de The aus Paris erhielt, der ebenfalls Experte auf dem Gebiet der Bekämpfung von Epidemien im afrikanischen Busch war.

Dr. de The hatte in den letzten Forschungsberichten aus Afrika gelesen, daß einige junge Männer im westlichen Nilbezirk von Uganda nicht an dem typischen, harmlos verlaufenden Kaposi-Sarkom, sondern an seiner bösartigen Variante erkrankt waren, die auch die Homosexuellen in den Vereinigten Staaten heimsuchte. Auch diese Afrikaner litten an der Lymphadenopathie, die in den ersten Stadien der amerikanischen Krankheit auftrat. Hier mußte es eine Verbindung geben.

Natürlich, dachte Francis. Ein neues Virus aus Afrika. Von dort kam, wie Bob Gallo vom *National Cancer Institute* vermutete, auch das neue Retrovirus, das die menschliche T-Zellenleukämie verursachte. Dieses HTLV war schließlich nur in den Teilen Japans aufgetreten, wo sich portugiesische Händler niedergelassen hatten, die diese Mikrobe offensichtlich schon vor fünfhundert Jahren aus Afrika mitgebracht hatten. Diese Hinweise auf den afrikanischen Ursprung der Krankheit stützten die Hypothese von Francis, daß die Epidemie von einem übertragbaren Erreger verursacht wurde.

Dieses Gespräch bestärkte ihn in seiner Auffassung, daß die Zeit drängte. Schon jetzt flog er alle paar Wochen nach Atlanta, um sich mit den Mitgliedern des Wissenschaftlerteams zur Erforschung des Kaposi-Sarkoms und opportunistischer Infektionen zu beraten, deren Arbeit jetzt nur noch mühsam vorankam. Jetzt war auch ihre wichtigste Arbeit, die Vergleichsstudie, hoffnungslos ins Stocken geraten, weil sie aus Mangel an Personal und Geldmitteln die Ergebnisse ihrer Befragungen nicht tabellarisch darstellen konnten. Das *National Cancer Institute* schien sich nicht besonders für diese Krankheit zu interessieren. Dort hatte man sich lediglich mit den Aufputschmitteln und der Spermatheorie beschäftigt – der Hypothese, daß das beim Geschlechtsverkehr eingebrachte Sperma die Immunschwäche verursachte. Zwar wußte man, daß die auf Nitritbasis hergestellten und inhalierten Aufputschmittel den Körper belasteten, aber die Forschungsgruppe war schließlich doch zu der Auffassung gelangt, daß diese Mittel nicht die Ursache des Syndroms sein konnten. Schließlich wurden diese Mittel schon lange verwendet. Die Spermatheorie, von der das Krebsinstitut so fasziniert war, erschien Francis geradezu lächerlich. Homosexuelle Männer hatten schon seit Jahrhunderten Sperma in sich aufgenommen, ohne an einem Kaposi-Sarkom zu erkranken, gar nicht zu reden von der nachgewiesenen Verträglichkeit der Insemination bei heterosexuellen Frauen.

Bei der Bekämpfung jeder Epidemie ist die Zeit der gefährlichste Feind, dachte Francis. Es blieb keine Zeit, darauf zu hoffen, daß sich das Nationale Krebsinstitut oder das Institut für Allergien und Infektionskrankheiten eines Tages doch für diese neuen Krankheiten interessieren würden. Francis beschloß, eigene Laboratorien einzurichten, um die Aufgaben zu übernehmen, die eigentlich Sache des Krebsinstituts waren. Er mußte nur noch einen Weg finden, die nötigen Geldmittel aufzutreiben.

Aber auch wenn es ihm gelingen sollte, die Ursache der Epidemie zu finden, waren nicht alle Probleme gelöst. Wieder mußte Don Francis an die zornigen Reaktionen im Sudan denken, als er das Verbot der traditionellen Bestattungsrituale verfügt hatte. Auch im Falle dieser neuen Epidemie würden Gewohnheiten und Rituale angetastet werden. Und Don Francis hatte bei seiner Arbeit zur Bekämpfung der Hepatitis in der Schwulenszene festgestellt, daß es fast unmöglich war, irgend jemanden zum Verzicht auf bestimmte sexuelle Gewohnheiten zu bewegen.

Ungefähr zur gleichen Zeit schrieb Dr. Edward Brandt, der als Leiter der Abteilung für Gesundheit im Ministerium für Gesundheit und Umwelt der höchste für das Gesundheitswesen in den Vereinigten Staaten zuständige Bundesbeamte war, an die Direktoren des *National Cancer Institute*, des *National Institute for Allergy and Infectious Diseases* und des *National Institute on Drug Abuse*. Er teilte diesen Behörden mit, daß es den *Centers for Disease Control* an den notwendigen Geldmitteln für die Erforschung des Kaposi-Sarkoms und opportunistischer Infektionen fehle, und bat diese finanziell besser ausgestatteten Behörden, einen Teil der Forschungsarbeit zu übernehmen.

Der Brief war in Form einer Anfrage und nicht einer Anordnung abgefaßt. Doch während der folgenden Wochen wurde er von den

Chefs der *National Institutes of Health* in den komfortablen Büros des Parkgeländes von Bethesda einfach ignoriert.

Indessen warteten Forscher im ganzen Land vergeblich auf die Anweisung der Gelder, die ihnen auf der Konferenz im September vom Nationalen Krebsinstitut versprochen worden waren. Das Institut hatte nicht einmal die Einreichung der Vorschläge angefordert, die solche Anträge auf Gewährung bundesstaatlicher Zuschüsse begleiten müssen.

12. JANUAR, 2 FIFTH AVENUE, NEW YORK CITY

Bei der Besprechung in der Wohnung von Larry Kramer war man übereingekommen, Paul Popham zum Präsidenten der *Gay Men's Health Crisis* zu ernennen. Die Aufgabe dieser Organisation sollte es zunächst sein, die für die Erforschung des Homosexuellenkrebses erforderlichen Geldmittel zu beschaffen. Paul verkörperte den Typ des beruflich erfolgreichen Homosexuellen aus der Oberschicht, der auf Fire Island zu Hause war und nichts mit der unübersichtlichen politischen Szene in Manhattan zu tun hatte. Wenn er sich am Kampf gegen diese Seuche beteiligte, war dies ein Signal, daß es hier um mehr ging, als um einen der üblichen Feldzüge für die gesellschaftliche Anerkennung der Homosexuellen. Paul war auch äußerlich eine attraktive Erscheinung, was sich bei der Anwerbung von Freiwilligen sicherlich positiv auswirken würde. Dagegen wäre Larry Kramer mit seiner oft sehr kritischen Haltung kaum für diesen Posten geeignet gewesen, obwohl er bei der Gründung der Gruppe eine führende Rolle gespielt hatte. Schon sein Name wirkte wie ein rotes Tuch auf zahlreiche Leute, die gewonnen werden mußten, wenn man die notwendigen Beträge zusammenbringen wollte. Im übrigen hatte Larry eine Schwäche für den gutaussehenden Paul, und deshalb gab auch er ihm seine Stimme.

In den Aufsichtsrat der neuen Organisation wurden dann auch Larry Kramer und Pauls Freund Enno Poersch gewählt.

Die Gruppe hatte den Inhaber der *Paradise Garage*, einer der weniger bekannten Discos, dazu bewogen, im April eine Wohltätigkeitsveranstaltung zu organisieren. Man rechnete damit, daß dabei das für die Forschung benötigte Geld gesammelt werden könnte und sich die Gruppe anschließend wieder auflösen würde. Paul hatte im übrigen seine Freunde darum gebeten, seine Funktion in dieser Organisation nicht an die große Glocke zu hängen. An seinem Arbeitsplatz wußte niemand, daß er schwul war, und dabei sollte es auch bleiben.

Larry wollte Paul zwar keine Vorwürfe wegen dieser Haltung machen, doch es erschien ihm absurd, daß ausgerechnet der Präsident einer Homosexuellenorganisation nicht zugeben wollte, daß er selbst schwul war.

14. JANUAR, UNIVERSITÄT VON KALIFORNIEN, SAN FRANCISCO

Bei einem Abendessen mit Marc Conant hörte Cleve Jones zum ersten Mal, wie sich jemand in der medizinischen Fachsprache zu dem Thema äußerte. Einige Wissenschaftler hatten eine neue Bezeichnung für das Syndrom gefunden. Sie nannten es *Gay-Related Immune Deficiency* (homosexuell bedingte Immunschwäche) oder GRID. Doch Conant wollte sich nicht darauf festlegen, wie lange diese Immunschwäche nur bei Homosexuellen auftreten würde. Viren hielten sich im allgemeinen nicht an solche künstlich vorgenommenen Einteilungen der Menschen in bestimmte Gruppen.

»Es wird eine weltweite Katastrophe werden«, sagte Marc Conant. »Und niemand kümmert sich darum.«

Cleve Jones' Gedanken schweiften ab, während er Conants beängstigende Schilderung mit den in der Schwulenszene üblichen sexuellen Praktiken in Verbindung brachte – und dabei auch an seine eigenen sexuellen Exzesse dachte. Er wurde bleich im Gesicht und bestellte sich noch einen Drink.

»Wir sind alle zum Tode verurteilt«, sagte Cleve.

Conant überhörte es. Natürlich hatte auch er sich ähnliche Gedanken gemacht, aber die Gemeinschaft der Homosexuellen konnte es sich nicht leisten, ihre Zeit mit solchen verzweifelten Vorstellungen zu vergeuden. Er hatte einen Plan, und dazu benötigte er Cleves Hilfe.

Es mußte irgendeine Stiftung gegründet werden, etwas Ähnliches wie die *American Cancer Society*, die eine Aufklärungskampagne unter den Homosexuellen organisierte und die Regierung unter Druck setzte, die notwendigen Geldmittel zu bewilligen. In New York versuchten die Homosexuellen, die Forschung selbst zu finanzieren, berichtete Conant. Das war töricht, denn keine Privatinitiative konnte auch nur annähernd so viel Geld zusammenbringen, wie die Regierung mit einem einzigen Federstrich zur Verfügung stellen konnte. Aber noch war kein Geld aus Washington gekommen. Dort ging alles weiter im alten Trott, während die Zahl der Infizierten in besorgniserregender Weise zunahm.

»Bis die Regierung etwas Entscheidendes unternimmt, muß unsere Gemeinschaft selbst etwas tun, um zu überleben«, sagte Conant.

Zugleich bekannte er, daß nach seinem Eindruck bisher nur wenige in der Homosexuellenszene zur Zusammenarbeit bereit waren. Er hatte schon die Verantwortlichen der Kirchen, die von Homosexuellen besucht wurden, gebeten, bei der Verteilung von Broschüren zu helfen. Sie hatten es abgelehnt und erklärt, sie wollten unter ihren Gemeindemitgliedern keine Panik auslösen. Die Verbände, in denen sich homosexuelle Geschäftsleute zusammengeschlossen hatten, zeigten keine Bereitschaft, seine Bemühungen um die Aufklärung der Öffentlichkeit finanziell zu unterstützen. Dort war man der Ansicht, die Gefahren dieser Epidemie würden hochgespielt.

Cleve wußte jetzt, worauf sein Gesprächspartner hinauswollte, und deshalb kam Conant nun zur Sache. Cleve war wahrscheinlich der einzige prominente Homosexuelle, der über eine persönliche politische Anhängerschaft verfügte, ohne ein offizielles Amt in einem Club oder in einer Gruppierung zu bekleiden. Er wußte auch, wie man auf das politische System einwirken mußte, um finanzielle Unterstützung zu erhalten und sich Einfluß zu verschaffen. Cleve nahm einen letzten Schluck von seinem Wodka mit Tonic und hatte das unbestimmte Gefühl, daß ihm das Engagement in dieser Sache wohl mehr abverlangen würde als ein paar Abende für Konferenzen. Dann dachte er wieder an den zum Skelett abgemagerten, durch Läsionen verunstalteten Patienten, mit dem ihn Conant zuvor bekanntgemacht hatte. Schließlich sagte er mit leiser Stimme: »Ihr könnt auf mich zählen.«

Marc Conant bat seinen Rechtsanwalt, die amtliche Eintragung der *Kaposi's Sarcoma Education and Research Foundation* als gemeinnützigen Verband schriftlich zu beantragen, während Cleve Jones sich mit führenden Politikern in Verbindung setzte. Er hatte fest damit gerechnet, daß Pat Norman das Vorhaben begeistert unterstützen würde. Als Leiterin des Büros für die medizinische Betreuung von Lesbierinnen und Homosexuellen bei der Gesundheitsbehörde war sie für alle die Homosexuellen betreffenden gesundheitspolitischen Maßnahmen zuständig. Wider Erwarten jedoch reagierte sie zurückhaltend und meinte, man müsse unter allen Umständen vermeiden, daß es zu einer Panik unter den Homosexuellen käme. Darüber hinaus befürchtete sie, die ganze Sache könne von der Öffentlichkeit falsch verstanden werden und eine gegen die Homosexuellen gerichtete Stimmung erzeugen. Sie würde dafür sorgen, daß die Betroffenen zum geeigneten

Zeitpunkt in der richtigen Weise informiert würden, sobald sie mit den Führern der homophilen Verbände gesprochen habe und man sich darüber einig geworden sei, in welcher Form eine solche Aufklärung erfolgen müsse. Cleve war sich klar darüber, daß dies – sechs Monate nach Ausbruch der Epidemie – das gleiche bedeutete wie ein Verzicht auf jede Aufklärung.

Cleve verstand Pat Normans Bedenken, doch angesichts dessen, was er über die Gefährlichkeit der Epidemie erfahren hatte, hielt er es geradezu für notwendig, in der Schwulenszene ein wenig Panik zu verbreiten.

Bobbi Campbell und Jim Geary, der im Rahmen des sogenannten *Shanti Project* in Berkeley unheilbar Kranke und Sterbende betreute, trafen sich an jedem Mittwochabend mit einer Gruppe von KS-Patienten. Das seit sieben Jahren bestehende *Shanti Project* arbeitete nach den von Elisabeth Kübler-Ross entwickelten Grundsätzen. Dieser Jour fixe und Conants KS-Klinik waren die einzigen Einrichtungen, die es sich zur Aufgabe gemacht hatten, die Opfer dieser neuen schrecklichen Krankheiten psychologisch und medizinisch zu betreuen. Bobbi Campbell und Cleve Jones waren sich darüber einig, daß es angesichts der wachsenden Zahl der Infizierten notwendig war, weitere Hilfsorganisationen ins Leben zu rufen, um diese Patienten zu Hause und in Spezialkliniken zu versorgen und die Aufklärung der Gefährdeten über die homophilen Verbände voranzutreiben.

Cleve mußte sich nun zwei Aufgaben widmen: der Betreuung der KS-Patienten und der politischen Arbeit mit dem Ziel, in Kalifornien ein neues Gesetz über die bürgerlichen Rechte der Homosexuellen durchzubringen, das von seinem Boss Art Agnos, dem Abgeordneten in der gesetzgebenden Versammlung von Kalifornien, eingebracht werden sollte. An seinen freien Wochenenden widmete er sich entweder seinem Geliebten Felix Velarde-Munoz oder seinem Freund Frank, den er in Long Beach kennengelernt hatte. Einige Male mußte Frank die Verabredung mit ihm absagen, weil er sich nicht wohlfühlte. Und Felix war irritiert, daß Cleve neuerdings immer wieder das Gespräch auf den Schwulenkrebs brachte und auch sonst nicht ganz o.k. wirkte. Weshalb das alles so war, erkannte Cleve erst sehr viel später. In den ersten Monaten des Jahres 1982 war es jedoch nur ein Hintergrundgeräusch in seinem Leben – so wie das Rattern einer vor dem Fenster vorüberfahrenden Straßenbahn, das man wohl hört, aber nicht bewußt registriert.

FEBRUAR, LOS ANGELES

Als sich Dr. Joel Weisman mit Dave Auerbach, dem für den Außendienst der Gesundheitsbehörde des Bezirks zuständigen Beamten, in Verbindung setzte, hatte das Gesundheitsamt in West Hollywood bereits gemeldet, daß es bei den ersten GRID-Fällen in Los Angeles offenbar einen Zusammenhang mit dem von vielen Homosexuellen aufgesuchten Badeort Laguna Beach im benachbarten Orange County gab.

Daraufhin begann Auerbach, alle GRID-Patienten im Bezirk von Los Angeles zu befragen. Im Verlauf dieser Gespräche hörte er zum ersten Mal den Namen des Stewards der *Air Canada*. Es gab eine ganze Reihe von Luftstewards, deren Namen im Verlauf der Ermittlungen genannt wurden. Aber Auerbach war später dankbar dafür, daß dieser Steward einen besonders ausgefallenen Namen hatte, an den er sich noch lange erinnerte. Es war nicht leicht, einen Namen wie Gaetan Dugas zu vergessen.

ST. LUKE'S ROOSEVELT HOSPITAL, NEW YORK CITY

Die Labortests ergaben alle den gleichen Befund. Dr. Michael Lange hatte sich seine Versuchspersonen bei der *Gay Men's Health Crisis*, dem *Columbia Student Health Service* und der homosexuellen Studentengruppe an der Columbia University ausgesucht, weil er glaubte, er könne so ein einigermaßen zuverlässiges Bild von der Verbreitung des Zytomegalie-Virus bei sexuell aktiven Homosexuellen bekommen und vielleicht feststellen, ob das Zytomegalie-Virus etwas mit dem GRID-Syndrom zu tun hatte. Bei den ersten Labortests zeigte es sich, daß der Zusammenhang mit dem Zytomegalie-Virus nicht annähernd so auffällig war wie die erstaunliche Immunschwäche, die sich bei allen diesen Männern zeigte. Vier von fünf untersuchten Homosexuellen litten unter einem auffallenden Mangel an T-Helfer-Lymphozyten. Dies war auch bei Versuchspersonen der Fall, bei denen sich noch nicht die äußerlich erkennbaren Symptome des Homosexuellenkrebses zeigten.

Von überallher trafen beunruhigende Nachrichten ein. In den Krankenhäusern von Brooklyn wurden Patienten aus Haiti mit Toxoplasmose eingeliefert, der gleichen Hirninfektion, an der der Geliebte von Enno Poersch, Nick, vor einem Jahr so qualvoll gestorben war. Einige dieser Patienten litten auch an Pneumocystosis, was auf einen Zusammenhang mit dem GRID-Syndrom schließen ließ. Die Patienten aus Haiti behaupteten jedoch mit aller Entschiedenheit, sie seien heterosexuell.

Im Lauf der Zeit erkrankten auch immer mehr Fixer an PCP. Am *Albert Einstein College of Medicine* versuchte Dr. Arye Rubinstein vergeblich, seine Kollegen davon zu überzeugen, daß auch die von ihm behandelten Säuglinge Opfer des GRID-Syndroms seien. Rubinstein hatte seinen Forschungsbericht an das *New England Journal of Medicine* geschickt, aber keine Antwort bekommen. Er wußte, daß es bei dieser Zeitschrift immer sehr lange dauerte, bis eine wissenschaftliche Arbeit veröffentlicht wurde, und wunderte sich deshalb nicht über die Verzögerung.

Immer wieder jedoch mußte Rubinstein von seinen Kollegen hören, er befände sich auf einem Irrweg und solle wieder an seine Forschungsarbeit gehen.

Von Lange hieß es, er gefährde seine wissenschaftliche Karriere mit diesen Ungereimtheiten.

Doch der junge Arzt arbeitete zielstrebig weiter und hoffte, daß das *National Cancer Institute* oder die CDC ihm bald die versprochenen Mittel zur Verfügung stellen würden. Er wußte, daß jedes wissenschaftliche Forschungsvorhaben an Ansehen gewann, sobald es finanziell unterstützt wurde.

22. FEBRUAR, CENTERS FOR DISEASE CONTROL,
HEPATITIS-LABORATORIEN, PHOENIX

Während der ersten Monate des Jahres 1982 hatte sich Francis darum bemüht, das notwendige Geld für die Laboratoriumsarbeit bei der GRID-Forschung zusammenzubringen, denn er wollte Injektionen bei Primaten vornehmen, um zu sehen, ob sich auf diese Weise ein Virus finden ließ. Er war auf Schimpansen verfallen, weil das Immunsystem dieser Tiere dem des Menschen am meisten ähnelt. Diese Affen waren jedoch die teuersten Versuchstiere: Ein Schimpanse kostete etwa $ 50000.

»Wir haben kein Geld«, erklärte Dr. Walter Dowdle, der als Chef des *Center for Infectious Disease* für die Finanzierung der GRID-Forschung bei den CDC zuständig war.

Trotzdem ließ Francis den für die Verwaltung der Gebäude und technischen Einrichtungen zuständigen Mann kommen. Es mußten Wände herausgerissen und neue Laboratorien eingerichtet werden. Irgendwie würde sich das Geld schon auftreiben lassen, hoffte der Arzt. Selbst wenn es ihn seinen Job kosten sollte, die Forschungsarbeit mußte weitergehen.

Bei den Mitarbeitern der KSOI-Forschungsgruppe in Atlanta meldeten sich täglich Außendienstbeamte der Gesundheitsbehörde, die sich nach den Ergebnissen der Vergleichsstudie erkundigten. In der Welt der Wissenschaft herrscht ein ausgesprochener Konkurrenzneid, und deshalb glaubten manche, die CDC wollten ihre Forschungsergebnisse einfach nicht vor ihrer Veröffentlichung preisgeben. Das Prestige, das mit der Veröffentlichung von Forschungsberichten in Zeitschriften wie dem *New England Journal of Medicine* verbunden war, konnte unter Umständen den Ausschlag dafür geben, daß für weitere Forschungen Zuschüsse in Millionenhöhe genehmigt wurden. Doch den CDC war es fast angenehmer, daß solche Gerüchte kursierten, als daß die Wahrheit bekannt wurde – daß nämlich die Ergebnisse nicht bekanntgegeben werden konnten, weil die Dollars fehlten, um einen Statistiker zu bezahlen. Mitarbeiter der Gesundheitsbehörde wie Selma Dritz warteten verzweifelt auf die Ergebnisse der Vergleichsstudie, weil sie endlich wissen wollten, ob es irgendeine Möglichkeit gab, die weitere Ausbreitung der Epidemie zu verhindern. Doch die Ärzte bei der Forschungsgruppe konnten die Anrufer nur vertrösten.

Die Wissenschaftler mußten aus Geldmangel auf aussichtsreiche Untersuchungen verzichten. Auf dem Schreibtisch eines Mitarbeiters der CDC lag beispielsweise ein Vorschlag von Paul O'Malley, einem tüchtigen Beamten der Gesundheitsbehörde in San Francisco, der dort im Auftrage der CDC die Hepatitis-Forschung leitete. Als er vor einigen Monaten diese Arbeit abschließen wollte, stieß er wie durch Zufall auf ein interessantes Phänomen. Unter den siebentausend homosexuellen Männern, die sich an der Hepatitis-Studie beteiligt hatten, befanden sich unverhältnismäßig viele GRID-Opfer. Von den ersten vierundzwanzig GRID-Fällen in San Francisco hatten sich elf an der Hepatitis-B-Studie beteiligt. O'Malley wußte auch, daß die CDC gefrorene Blutproben von diesen siebentausend Männern im Hepatitis-Laboratorium von Phoenix aufbewahrten.

Diese Männer, die sich zur Erforschung der Hepatitis zur Verfügung gestellt hatten, waren, wie O'Malley glaubte, wahrscheinlich die am besten geeignete Gruppe für die Erforschung des GRID-Syndroms. Die Gesundheitsbehörden verfügten nicht nur über konkrete Untersuchungsergebnisse (die Blutproben); diese Männer hatten auch Fragebögen ausgefüllt, die alle Details über ihr Geschlechtsleben enthielten. Die meisten von ihnen lebten in San Francisco. Man konnte ihren Gesundheitszustand in den folgenden Jahren überwachen und feststellen, ob diese Krankheit bei ihnen zum Ausbruch kam. Und war es nicht möglich, diese Blutproben aus den Jahren 1978 und 1979 noch einmal zu untersuchen? Ließ sich dabei nicht vielleicht feststellen, wann diese Sache angefangen und wie sich die Krankheit ausgebreitet hatte?

Anfang 1982 sprach O'Malley mit Harold Jaffe von der CDC-Forschungsgruppe und erzählte ihm begeistert von den Möglichkeiten, die sich hier ergaben. Jaffe sagte ihm zu, er werde versuchen, das für eine Studie benötigte Geld aufzutreiben.

Zwei Jahre später war das Geld dann da.

Ende Februar meldeten die CDC, daß zweihunderteinundfünfzig Amerikaner im ganzen Land an dem GRID-Syndrom erkrankt waren. Neunundsechzig von ihnen waren bereits tot.

25. FEBRUAR

Die Entstehungsgeschichte des ersten Artikels über die Epidemie im *Wall Street Journal* galt später bei kritischen Bewertungen der journalistischen Arbeit als typisches Beispiel dafür, wie die Medien in den ersten Jahren nach dem Ausbruch der Epidemie mit dem Thema AIDS umgingen. Der Reporter hatte die verantwortlichen Redakteure schon lange gedrängt, einen Bericht über die neue Krankheit zu bringen. Bereits 1981 hatte er einen Artikel zu diesem Thema angeboten, doch die Redaktion der Zeitung hatte ihn abgelehnt. Schließlich war es dem Reporter gelungen, das Material für einen Bericht über die dreiundzwanzig heterosexuellen GRID-Patienten zusammenzutragen. Dabei handelte es sich in den meisten Fällen um Drogenabhängige. Nachdem der Inhalt des Berichts von »glaubwürdigen« heterosexuellen Personen bestätigt worden war, konnte der Artikel endlich in der auflagenstärksten amerikanischen Tageszeitung erscheinen. Er verbarg sich mit seinen sechzehn Absätzen irgendwo in der Mitte des Blattes und trug die Überschrift: »Die bei Homosexuellen oft tödlich verlaufende Krankheit tritt auch bei Frauen und heterosexuellen Männern auf.«

Man nahm also von der »Schwulenpest« nur deshalb Kenntnis, weil jetzt auch Menschen an ihr erkrankten, die etwas galten – also nicht homosexuell waren.

UNIVERSITÄT VON KALIFORNIEN, SAN FRANCISCO

An der KS-Klinik mühten sich die Ärzte verzweifelt darum, Leben zu retten und Behandlungsmethoden für Krankheiten zu entwickeln, die in keinem Lehrbuch zu finden waren. Donald Abrams, mit einunddreißig Jahren der jüngste Arzt im GRID-Team, vertrat entschieden die Auffassung, daß die Kliniker bei diesen KS-Patienten auf die bisher bewährte Chemotherapie verzichten müßten. Auch wenn die Experten diese Methode empfahlen, müsse man bedenken, daß die Lehrbücher vor Ausbruch der GRID-Epidemie geschrieben worden seien.

Die Wirkung der Chemotherapie besteht darin, daß sie die Zellteilung verhindert. Da sich Krebszellen besonders schnell teilen, verlangsamt diese Therapie den Krankheitsverlauf bei Krebs. Aber sie verzögert auch die Teilung der normalen Zellen, zum Beispiel im Mund, im Magen-Darm-Kanal und vor allem im Blut. Abrams schloß daraus, die Chemotherapie könne zwar unter Umständen einen Krebs heilen, sie behindere jedoch das Wachstum der Lymphozyten und könnte daher zum Tod des Patienten führen. In anderen Städten, besonders in New York, interessierten sich die Fachleute nicht dafür, was irgendein einunddreißigjähriger Besserwisser aus San Francisco zu sagen hatte. So wurde die Chemotherapie dort weiterhin angewendet – bis die Patienten gestorben waren. Die Ärzte an der Spezialklinik in San Francisco machten hingegen rasche Fortschritte bei den Behandlungsmethoden. So begann man in dieser Klinik auch mit der Erprobung von anderen Medikamenten.

Schon in den ersten Monaten war die Arbeit hier zum Alptraum geworden. Zu ihrem Entsetzen mußten die Ärzte erleben, wie sich das Krankheitsbild bei ihren Patienten in erschreckender Weise veränderte, bis sie schließlich eines qualvollen Todes starben. Aber bei keinem Patienten waren Marc Conant, Paul Volberding und Don Abrams über den Krankheitsverlauf so erschüttert wie bei Simon Guzman. Bei Simon hatte sich augenscheinlich ein Krebs im Gehirn gebildet. Er war der erste GRID-Patient, bei dem die Ärzte diese Krankheit feststellten. Doch auch das Kaposi-Sarkom nahm bei ihm einen verheerenden Verlauf. Sein einst so schönes Gesicht war durch die Kaposi-Läsionen völlig entstellt und sein Körper als Folge der hohen Dosierung verschiedener Medikamente unförmig angeschwollen. Er bot das Bild eines schwer an der Elephantiasis erkrankten Mannes. Abrams fotografierte sein Gesicht einmal im Monat, um das Fortschreiten der Krankheit zu dokumentieren.

Außerdem litt Simon an einer schweren chronischen Diarrhö. Die Testergebnisse lösten bei den Fachleuten an der Universitätsklinik in San Francisco großes Erstaunen aus: Simon hatte sich mit dem Cryptosporidium infiziert, einem opportunistischen Parasiten, der normalerweise die Eingeweide von Schafen befällt. Soweit bekannt, wurde hier zum ersten Mal eine Kryptosporidien-Infektion bei einem Menschen diagnostiziert.

Einer der behandelnden Ärzte von Simon Guzman setzte sich mit dem erfahrensten Fachmann für Kryptosporidien-Erkrankungen an der Landwirtschaftlichen Fakultät der Universität von Iowa in Verbindung. Der Professor in Iowa bestätigte, daß ihm die Kryptosporidien-Parasiten sehr gut bekannt seien. Der Arzt in San Francisco war erleichtert. Vielleicht gab es eine wirksame Therapie.

»Was tun Sie, wenn sich Schafe damit infizieren?« fragte er.

»Da gibt es keine Behandlung«, sagte der Professor. »Wir erschießen sie.«

13. Der Patient Nummer null

3. MÄRZ 1982, CENTERS FOR DISEASE CONTROL, ATLANTA

Don Francis betrachtete sein Leben als eine Anhäufung von Zufallsentscheidungen, die ihn zur rechten Zeit an den richtigen Ort gebracht hatten. Als er seiner ersten Frau nach Los Angeles folgte, hatte er das Glück, daß das *Medical Center Hospital* der Universität von Südkalifornien in der Nähe ihres Hauses lag. Er bewarb sich sofort um eine Stelle als Assistenzarzt, weil er hier unter Dr. Paul Wehrle arbeiten konnte, der ihm als ehemaliger Angehöriger der CDC empfahl, seinen Zivildienst als Kriegsdienstverweigerer beim epidemiologischen Außendienst der CDC abzuleisten. Der Zufall wollte es, daß Francis von der Gesundheitsbehörde in den Sudan geschickt wurde. Dort beteiligte er sich an der Bekämpfung der Pocken und sammelte im Alter von dreiunddreißig Jahren Erfahrungen, die nach seiner Ansicht durch nichts aufzuwiegen waren. Nach seiner Rückkehr aus Afrika folgte er einer neuen Freundin nach Boston und beschäftigte sich an der *Harvard School of Public Health* mit der Katzenleukämie. Doch schon sehr bald beauftragten ihn die CDC, sich mit dem Ebola-Virus, dem Erreger des Ebolafiebers, zu beschäftigen. Nachdem er seine Doktorarbeit über Retroviren fertiggestellt hatte, ging Francis im Auftrage der CDC nach Phoenix, wo er als Direktor des Laboratoriums der Gesundheitsbehörde mit Unterstützung der organisierten Homosexuellen an der Erforschung der Hepatitis arbeitete.

Die Retrovirologie, die Katzenleukämie, die Erfahrungen bei der Bekämpfung von Epidemien in Afrika und die längere Zusammenarbeit mit den Homosexuellen – das alles hatte ihm zu einer wichtigen Erkenntnis verholfen.

Auf der ersten Konferenz des öffentlichen Gesundheitsdienstes über das GRID-Syndrom hielt er den ersten Vortrag, in dem er seine Thesen erläuterte. Der neununddreißigjährige Forscher legte seinen Zuhörern zwei graphische Darstellungen vor. Die erste zeigte den Verlauf seiner epidemiologischen Arbeit bei der Erforschung der Katzenleukämie in Harvard. Für diese Studie hatte er einhundertvierunddreißig Katzen benötigt. Dreiundsiebzig von ihnen waren mit dem Katzenleukämie-Virus infiziert. Dreiundsechzig davon erkrankten an Lymphomen, an Krebs oder an verschiedenen Blutkrankheiten. Nur eine Katze blieb gesund und überlebte. Von den einundsechzig nichtinfizierten Katzen entwickelten nur zwei einen Lymphkrebs, und einundzwanzig erkrankten aus anderen Gründen, während die meisten gesund blieben und überlebten. Die Infektion mit nur einem Virus, in diesem Fall einem Retrovirus, konnte eine Immunschwäche bewirken, die zu verschiedenen Krebserkrankungen und einer langen Liste anderer Krankheiten führte.

Dann zeigte Francis auf die zweite Tabelle, auf der die von der Hepatitis B bedrohten Risikogruppen verzeichnet waren, in erster Linie Homosexuelle und drogenabhängige Fixer. Die vorläufigen Ergebnisse der Vergleichsstudie zeigten, daß die Risikofaktoren bei GRID und Hepatitis praktisch identisch seien, erklärte Francis. Die Zahl der Sexualpartner, der Besuch von Saunen für Homosexuelle und der passive Analverkehr schienen ebenso wie bei der Hepatitis das Infektionsrisiko zu erhöhen.

»Kombinieren Sie diese beiden Krankheiten, die Katzenleukämie und die Hepatitis, und sie haben die Immunschwäche«, schloß Francis.

Dann ging er auf die Konsequenzen ein, die sich aus dem Gesagten ergaben. Wahrscheinlich würde man jetzt auch feststellen können, daß Blutkonserven kontaminiert waren. Nur mit umfangreichen Laboruntersuchungen werde es gelingen, das schuldige Virus nachzuweisen, um dann die richtigen Behandlungsmethoden und Vakzine zu entwickeln. Darüber hinaus sollte die Gesundheitsbehörde eine Aufklärungskampagne für die Homosexuellen organisieren, um eine weitere Ausbreitung der Seuche zu verhindern.

Während die meisten Mitarbeiter der CDC-Forschungsgruppe Francis' Argumentation sehr schlüssig und überzeugend fanden, war die Reaktion der Experten an den *National Institutes of Health* alles andere als begeistert. Don hatte das Gefühl, man unterstellte ihm, er wolle für die CDC eine Vorrangstellung auf dem Gebiet der GRID-Forschung sichern und erreichen, daß Gelder, die den NIH für die Forschung zur Verfügung standen, an die CDC abgezweigt wurden. Selbstverständlich wollten die Ärzte an den NIH bei der Bekämpfung der Epidemie ihren eigenen Weg gehen. Nur widerwillig räumten sie ein, daß die Ideen von Francis interessant seien.

Als er seine Tabellen zusammenrollte, dachte er, er hätte ebensogut vor leeren Wänden sprechen können. Die Arroganz dieser Leute würde Menschenleben kosten, und er konnte nichts dagegen tun.

CHINA TOWN, LOS ANGELES

Bill Darrow und Dave Auerbach hatten einen anstrengenden Tag hinter sich. Sie hatten in zahlreichen Gesprächen festzustellen versucht, welche Beziehungen zwischen den ersten GRID-Patienten in Los Angeles bestanden. Auerbach war froh, daß Darrow von Atlanta nach Los Angeles gekommen war, denn als Soziologe hatte Darrow ein sehr gutes Gedächtnis und konnte sich noch nach Jahren an Namen und Beziehungen von Personen erinnern. Seine freundliche und sachliche Art erleichterte ihm auch die ausführlichen Gespräche mit Homosexuellen, in denen sie angeben sollten, mit wem sie in den letzten Jahren Geschlechtsverkehr gehabt hatten.

Auerbach war heute dreimal auf den Namen dieses Stewards bei der *Air Canada* gestoßen. Aber die Berichte über ihn kamen alle von Liebhabern verstorbener Patienten und nicht von Leuten, die selbst mit Gaetan Dugas geschlafen hatten. Gaetan war allerdings nur einer von drei Luftstewards in dieser Gruppe. Es bestanden also »Luftbrükken« zwischen Los Angeles, New York und San Francisco, die dafür gesorgt hatten, daß sich dieses Virus mit halsbrecherischer Geschwindigkeit im ganzen Land ausgebreitet hatte.

Auerbach und Darrow kamen fünfundvierzig Minuten zu spät zu ihrer Verabredung im Orange County. Der kranke Friseur, mit dem sie sprechen wollten, führte sie durch sein elegant möbliertes Wohnzimmer in die Küche und bat sie, dort Platz zu nehmen. Der Mann war am Kaposi-Sarkom erkrankt. Er kam sofort zur Sache.

»Ich möchte wetten, ich weiß, von wem ich das habe«, sagte er. »Ich hatte Verkehr mit diesem attraktiven Burschen, den ich in einer Sauna kennengelernt habe. Er besuchte mich, und wir blieben über das Wochenende zusammen. Er kam dann noch für ein paar Wochenenden nach Los Angeles und blieb sogar zu Thanksgiving bei mir, aber seither habe ich ihn nicht wiedergesehen. Er hat mich mit Hepatitis angesteckt, und ich möchte wetten, ich habe auch diese neue Krankheit von ihm.«

Der Mann machte eine Pause und sagte dann: »Ich muß zugeben, ich bin noch immer verrückt nach ihm.«

Dann blätterte er in seinem Notizbuch.

»Gaetan Dugas. Er ist Steward bei einer Luftfahrtgesellschaft. Hier steht, wie Sie ihn erreichen können.«

Bill Darrow ließ seinen Bleistift fallen.

Auerbach warf ihm einen Blick zu. Endlich hatten sie einen lebenden Zeugen gefunden, der mit diesem Steward geschlafen hatte. Dies war, wie Darrow später sagte, einer der wichtigsten Augenblicke bei der Erforschung der Ursachen dieser Epidemie.

Die Zusammenhänge ließen sich immer deutlicher erkennen. Vier der ersten neunzehn GRID-Patienten in Los Angeles hatten Geschlechtsverkehr mit Gaetan Dugas gehabt. Weitere vier hatten mit Leuten geschlafen, die vorher mit Dugas ins Bett gegangen waren. Das hieß, zwischen neun der neunzehn Erkrankten in Los Angeles hatte es sexuelle Kontakte gegeben. Diese Erkenntnisse bestätigten darüber hinaus die Befürchtungen von Don Francis, daß das Virus möglicherweise eine sehr lange Latenzperiode haben konnte. So hatten sich bei dem Friseur die ersten Symptome nicht vor dem August 1981 gezeigt – zehn Monate, nachdem Gaetan am Thanksgiving-Wochenende 1980 zum letzten Mal mit ihm zusammengewesen war. Ein anderer Mann aus Los Angeles hatte die ersten KS-Läsionen erst dreizehn Monate nach seiner Begegnung mit dem Kanadier entdeckt.

Darrow wollte nun versuchen, den Spuren von Gaetan Dugas in Manhattan nachzugehen.

Am 19. März 1982 meldeten die *Centers for Disease Control* zweihundertfünfundachtzig GRID-Patienten in siebzehn Staaten. Fünfzig Prozent dieser Patienten lebten in New York City, etwa ein Viertel in Kalifornien. Aber auch aus fünf europäischen Ländern wurde das Auftreten der neuen Krankheit gemeldet.

CENTERS FOR DISEASE CONTROL, ATLANTA

Bill Darrow kam jeden Tag zu Harold Jaffe, um ihn über die Ergebnisse seiner Nachforschungen auf dem laufenden zu halten. Und jeder Tag brachte irgendeine Neuigkeit. Im Lauf der Zeit gewann Jaffe einen immer klareren Einblick in das komplexe Geflecht von Beziehungen, in das die einzelnen Opfer verwoben waren. So ergaben sich Verbindungen zwischen einem großen Wohltätigkeitsessen, das 1979 in Los Angeles stattgefunden hatte, und den Aktivitäten vergnügungssüchtiger Leute, die nur zu ihrem Amüsement die Kontinente bereisten. Das Ganze wirkte wie eine transkontinentale homosexuelle Fernsehserie.

Als die Ergebnisse der Nachforschungen von Darrow bei der Gesundheitsbehörde vorlagen, waren auch die mit Hilfe von Computern erarbeiteten Tabellen über die Vergleichsstudie der CDC fertiggestellt. Die Forschungsgruppe der CDC hatte in diesem Jahr, in dem sich die Katastrophe immer deutlicher abzeichnete, unter schwierigsten Verhältnissen arbeiten müssen. Kaum war ein Problem gelöst, entwickelte sich auch schon eine größere und noch beunruhigendere Krisis, und was man eben noch aufgeklärt zu haben glaubte, erwies sich als noch verwirrender und undurchsichtiger.

Diese Erfahrung wiederholte sich beim Vergleich von Darrows Ergebnissen mit den Resultaten der CDC-Vergleichsstudie. Aus dem lange erwarteten Vergleich der GRID-Fälle mit den nicht infizierten Versuchspersonen hatte sich genau das ergeben, was die Mitglieder der Forschungsgruppe schon bei ihren ersten Gesprächen mit den Patienten im Juli des vergangenen Jahres festgestellt hatten. Die Patienten hatten im allgemeinen zweimal so viele Sexualkontakte wie die Vergleichspersonen, und ihre Partner waren andere homosexuelle Männer mit ständig wechselnden Sexualpartnern, denn sie gehörten zu dem Personenkreis, der die Schwulensaunen besuchte. Der typische GRID-Patient hatte im Lauf seines Lebens sexuelle Beziehungen zu eintausendeinhundert Männern gehabt. Bei einigen ließ sich feststellen, daß sie bis zu zwanzigtausend Sexualkontakte gehabt hatten. Daneben gab es auch Fälle, bei denen die Patienten Syphilis und andere Geschlechtskrankheiten gehabt hatten oder drogenabhängig waren, doch dies schien nicht in direktem Zusammenhang mit einer Anfälligkeit für die rätselhafte Immunschwäche zu stehen. Die Studie schloß auch die Möglichkeit aus, daß das GRID-Syndrom etwas mit Aufputschmitteln oder anderen Umweltfaktoren zu tun hatte, denn sowohl infizierte als auch nichtinfizierte Versuchspersonen verwendeten solche Inhalationsmittel und waren praktisch den gleichen Umwelteinflüssen ausgesetzt.

Während diese Feststellungen die meisten Wissenschaftler bei den CDC davon überzeugten, daß das GRID-Syndrom eine auf sexuellem Wege übertragene Krankheit sei, verlieh das in Los Angeles herausgearbeitete Beziehungsgeflecht der Epidemie in ihren Augen eine neue Dimension. Hier wurde nicht nur bewiesen, daß bei dieser Krankheit eine lange Inkubationsperiode zwischen der Infektion mit dem Virus und dem Auftreten der Symptome bestand. Fest stand nun auch, daß Infizierte die Krankheit während dieser Periode auf andere übertragen konnten. Eine drei bis sechs Monate dauernde Latenzzeit hatte es ermöglicht, daß sich die Hepatitis B bei den Homosexuellen in den Großstädten mit rasender Geschwindigkeit verbreitet hatte. Die Latenzperiode, in der das GRID-Syndrom übertragen werden konnte, war viel länger und erlaubte es daher potentiellen Überträgern, eine sehr viel größere Zahl von Opfern zu infizieren.

»Wir müssen über Spermadeponenten sprechen«, sagte Mary Guinan.

Das war das Anliegen, für das sich Mary Guinan im Frühjahr 1982 bei der Gesundheitsbehörde einsetzte. Und das war die logische Folgerung aus den Erkenntnissen, die Mary Guinan aus ihrer Forschungsarbeit gewonnen hatte.

Unmittelbar nachdem sie die CDC davon überzeugt hatte, daß nicht nur homosexuelle Männer, sondern auch drogenabhängige Fixer von der Immunschwäche bedroht waren, berichteten ihre Mitarbeiter im Außendienst über die ersten GRID-Fälle bei Strafgefangenen und Prostituierten. Dr. Guinan hatte den größten Teil des Frühjahrs damit zugebracht, männliche Heroinabhängige und ihre Freundinnen in Methadon-Kliniken zu befragen. Sie wollte nachweisen, daß GRID von Fixern über das Blut durch gemeinsam benutzte Injektionsnadeln übertragen wurde. Die Drogenabhängigen wiederum infizierten ihre Freundinnen durch den Geschlechtsverkehr. Doch die ersten Berichte über infizierte Strafgefangene veranlaßten die attraktive blonde Forscherin, auch die kleinen Besuchszimmer in den Hochsicherheitsgefängnissen aufzusuchen.

Die Gefängniswärter wollten Frau Guinan zunächst nur ungern mit den Häftlingen allein lassen, doch sie verlangte entschieden, unter vier Augen mit den Strafgefangenen sprechen zu dürfen. Nur im vertraulichen Gespräch würde es möglich sein, Genaueres über das Sexualleben der Infizierten im Gefängnis zu erfahren.

»Sind Sie je vergewaltigt worden?« war meist die erste Frage, die Mary Guinan ihrem Gesprächspartner stellte.

»Ich habe hier viele Freunde«, sagte einer der Strafgefangenen ganz sachlich. »Sie wissen, daß ich jeden umbringen würde, der mich anrührt.«

Mary glaubte ihm.

Die verständnislosen Blicke, mit denen diese Leute auf Frau Guinans

Fragen nach Aufputschmitteln und gemeinschaftlichem Onanieren reagierten, zeigten, daß diese beiden bei Homosexuellen üblichen Praktiken diesen heterosexuell veranlagten Männern gänzlich unbekannt waren. Darüber hinaus zeigten die Blutproben der Fixer, daß zwar viele von ihnen mit dem Zytomegalie-Virus infiziert waren, daß es sich jedoch um ganz andere Virusstämme handelte. Das war ein deutlicher Hinweis darauf, daß dieses Herpesvirus, das von vielen Wissenschaftlern als mutmaßlicher Erreger angesehen wurde, noch keine neuen virulenten Stämme entwickelt hatte. Die Tatsache, daß kein einziger neuer Stamm nachgewiesen werden konnte, erhärtete die Hypothese von Don Francis, daß es sich hier um ein neues Virus und nicht um ein ZMV handelte.

Doch die klinischen Manifestationen des GRID-Syndroms bei Fixern warfen neue Fragen auf. Auch bei ihnen war eine starke Abnahme der T_4-Lymphozyten festzustellen, doch sie erkrankten nicht am Kaposi-Sarkom, wohl aber an der PCP oder einer anderen opportunistischen Infektion. Nur die Homosexuellen schienen anfällig für den Hautkrebs zu sein. Das führte zu der Vermutung, daß hinter dem Auftreten des KS eine andere Ursache stand. Vielleicht war es irgendein nur bei Homosexuellen relevanter Faktor wie die Schnüffeldrogen, der hier wirksam wurde, nachdem ein anderes Virus die Immunschwäche hervorgerufen hatte.

Die Lösung der medizinischen Rätsel wurde durch schwer zu deutende Umstände im menschlichen Bereich noch erschwert. So erkrankte zum Beispiel erstmals eine ansonsten gesunde Frau am Kaposi-Sarkom. Sie war Krankenschwester, lehnte aber ein persönliches Gespräch mit Mary Guinan ab. Doch Mary bestand darauf, mit ihr zu sprechen. Da hier zum ersten Mal eine Angehörige des medizinischen Pflegepersonals infiziert worden war, hatte dieser Fall für die ganze Forschung eine große Bedeutung. Wie im Falle der Hepatitis B gehörten auch Krankenschwestern und Pfleger zu der Risikogruppe, weil sie durch Verletzungen mit infizierten Injektionsnadeln mit den Erregern in Kontakt kommen konnten. Wie würde es sich auf die Pflege der GRID-Patienten auswirken, wenn ihre Ärzte und das Pflegepersonal glaubten, sie könnten sich die Immunschwäche ebenso leicht holen wie die Hepatitis B?

Wie sich zeigte, hatte die Krankenschwester das Gespräch abgelehnt, weil sie sich unmittelbar vorher in einem für sie sehr unangenehmen Prozeß von ihrem Mann hatte scheiden lassen. In diesem Zusammenhang gab es bestimmte persönliche Probleme, über die sie nicht sprechen wollte. Mary Guinan begriff allmählich diese Scheu, als sie die Arbeitspapiere der Krankenschwester prüfte und feststellte, daß sie in einem Gefängnis gearbeitet hatte. Es gab Hinweise auf eine Ansteckung durch sexuelle Kontakte.

Im März hatten sich bereits zehn Frauen mit dem GRID-Syndrom infiziert, und die Nachforschungen von Frau Guinan ergaben, daß sie fast alle Geschlechtsverkehr mit Männern gehabt hatten, die einer Risikogruppe angehörten. Es waren entweder bisexuelle Männer oder Drogenabhängige. Diese und ähnliche Fälle veranlaßten Mary, das Gespräch immer wieder auf »Spermadeponenten« zu bringen. Sie erklärte, dies sei der Schlüssel zum Verständnis dieser Epidemie. Diese Krankheit werde sexuell durch infiziertes Sperma übertragen. Bei homosexuellen Männern seien es in den meisten Fällen die Spermaablagerungen im Rectum, die mit dem Blutkreislauf in Berührung kämen; vaginale Ablagerungen konnten offensichtlich heterosexuelle Frauen infizieren. Homosexuelle Männer würden nur deshalb häufiger infiziert, weil sie sexuell aktiver seien und es Einrichtungen wie die Saunen gäbe. Männer konnten also auch Frauen infizieren. Konnte sich die Krankheit aber auch von Frauen auf Männer übertragen, obwohl Frauen kein Sperma produzierten? War also eine rasche Ausbreitung der Krankheit auch unter Heterosexuellen möglich?

14. MÄRZ, NEW YORK CITY

Jim Curran war von Atlanta nach New York geflogen, um auf einer Konferenz der *New York Physicians of Human Rights*, einer in Manhattan gegründeten Organisation homosexueller Ärzte, einen Vortrag zu halten.

Bevor Curran mit seinen Ausführungen begann, ließ er seine Blicke einen kurzen Augenblick über die Versammlung schweifen. Die meisten Ärzte, die hier zusammengekommen waren, gehörten seiner Generation an, waren also Mitte Dreißig oder sogar jünger. Sicher hatten sie alle ihre individuellen Pläne...

Curran begann mit seiner Standardmetapher von der Spitze des Eisbergs. Das Kaposi-Sarkom und die Pneumocystosis seien diese Spitze, die Patienten mit geschwollenen Lymphknoten bildeten die Mitte, und im übrigen gab es wahrscheinlich eine unübersehbare Zahl von Infizierten, die noch keine Symptome zeigten. Curran hatte das alles schon häufiger gesagt, in der sachlichen, trockenen Art, die für die Bewohner von Michigan so charakteristisch ist. Aber seine Stimme wurde etwas leiser, als er seine Zuhörer aus der Vergangenheit in die Zukunft zu führen begann.

»Wir werden diese Krankheit nicht loswerden. Auch wenn wir ein Virus oder irgendeinen anderen Erreger finden sollten, wird es wahrscheinlich viele Jahre dauern, bis wir einen Impfstoff oder eine Strategie entwickeln können, um diese Seuche auszurotten. Vor uns liegt ein langer Weg.«

Curran sah sich die Gesichter der Menschen an, die schweigend vor ihm saßen.

»Wahrscheinlich werden wir einen großen Teil unseres Berufslebens dem Kampf gegen diese Krankheit opfern müssen«, sagte er, »vielleicht sogar den größten Teil unseres Lebens.«

Nach dem Vortrag meinten viele dieser jungen Ärzte, Curran sei ein wenig hysterisch.

In der kürzlich gegründeten Organisation *Gay Men's Health Crisis* kam es immer wieder zu Streitigkeiten zwischen Paul Popham und Larry Kramer. So auch an dem Abend, als die zehntausend Einladungen zu der für April geplanten Discoveranstaltung »Showers« geliefert wurden, auf der Geld für die Bekämpfung der neuen Krankheit gesammelt werden sollte. Paul Popham, der neugewählte Präsident der Organisation, ärgerte sich darüber, daß der Absender auf der Einladung die Worte »Gay Men's Health Crisis« enthielt.

»Wir können diese Einladungen nicht verschicken«, sagte Paul.

Niemand konnte verstehen, was ihn erregte.

»Hier steht das Wort ›gay‹«, sagte er wütend. »Man kann den Leuten doch nichts schicken, wenn das Wort ›gay‹ darauf steht. Wie wirkt denn das auf jemanden, der seine Vorurteile noch nicht losgeworden ist?«

Larry Kramer hatte kein Verständnis für solche Bedenken. Außerdem war es höchste Zeit, die Einladungen zu verschicken.

»Wir können das Wort mit einem Filzstift ausstreichen«, meinte Paul.

»Auf zehntausend Einladungen?« fragte Larry.

»Was wird mein Postbote dazu sagen«, platzte Paul schließlich heraus, »wenn er erfährt, daß ich schwul bin.«

Kramer war fassungslos.

»Und was ist mit deinem Portier?« konterte er schließlich. »Du nimmst doch jeden Abend einen anderen Liebhaber mit in deine

Wohnung. Glaubst du denn nicht, daß sich der Portier etwas dabei denkt? Wieso ist dir das so unangenehm?«

Die Einladungen wurden verschickt, aber Kramer fragte sich, wie man in dieser Sache mit Leuten zusammenarbeiten sollte, die Angst hatten, der Postbote könne von ihrem Schwulsein erfahren.

CENTERS FOR DISEASE CONTROL, ATLANTA

In den letzten Märzwochen des Jahres 1982 beschleunigte sich das Arbeitstempo im Labyrinth der Korridore des roten Ziegelgebäudes 6 der CDC in Atlanta. Die zehn Mitglieder des Forschungsteams hatten kaum Zeit, ihre schriftlichen Berichte über eine neue Entwicklung zu schreiben, denn immer wieder nahm die Epidemie eine neue unerwartete Wendung, die sie zwang, in einer anderen Richtung weiterzuarbeiten. Zuletzt hatten Berichte der Abteilung für parasitäre Krankheiten der CDC über das Auftreten der Toxoplasmose bei aus Haiti stammenden Personen für Aufregung gesorgt. Solche Fälle waren zuerst in Miami und dann in New York City festgestellt worden. Zunächst hatten die Parasitologen geglaubt, dieses Problem beträfe nur die unterernährten Flüchtlinge aus dem ärmsten Land in der westlichen Hemisphäre. Doch andere erinnerten sich an Berichte über eigenartige Toxoplasmose-Fälle bei Homosexuellen, die zu Beginn der Epidemie aufgetreten waren.

Dr. Harry Haverkos von der KSOI-Forschungsgruppe flog von Atlanta nach Miami und ließ sich die Krankenblätter der aus Haiti stammenden Patienten vorlegen. Diese Flüchtlinge litten nicht nur an Toxoplasmose, sondern auch an Pneumocystosis und schwerer generalisierter Tuberkulose. Das Kaposi-Sarkom kam bei ihnen seltener vor als bei Homosexuellen, aber bei einigen Biopsien hatte es sich einwandfrei feststellen lassen. Die meisten dieser Patienten starben viel schneller als die Homosexuellen, und der körperliche Verfall war bei ihnen noch dramatischer. Als Haverkos nach Atlanta zurückkam, war er überzeugt: Die Leute aus Haiti hatten GRID.

Diese neue Risikogruppe gab der Forschungsgruppe neue Rätsel auf. Man sprach von Woodooritualen, bei denen es zu Blutkontakten kommen könne. Die Nachforschungen wurden durch Sprachbarrieren erschwert, aber auch durch das Mißtrauen der Haitianer gegenüber allen Anfragen, die von der Regierung kamen – eine verständliche Haltung bei Menschen, die gerade einer der grausamsten Diktaturen entkommen waren, die je von der amerikanischen Regierung finanziert worden ist. In ihrem lebhaften Kreolisch erzählten die Patienten den Dolmetschern, daß Haverkos, der aus Ohio stammte und eine besondere Vorliebe für auffallende karierte Jacken hatte, ein Agent der CIA sei. Für Haverkos war es fast unmöglich festzustellen, wer mit wem verwandt oder befreundet war, weil diese Flüchtlinge alle illegal nach Amerika gekommen waren und nur wenige Patienten riskieren wollten, daß ihre Freunde deportiert wurden.

Waren diese Leute wirklich homosexuell und hatten sich bei New Yorkern, die ihren Urlaub auf Haiti verbracht hatten, angesteckt? Oder hatten sich die Leute aus Manhattan die Immunschwäche auf Haiti geholt? Wurde die Krankheit dadurch verbreitet, daß sich die Leute bei ihren Ritualen die Haut aufritzten und es dabei zu Blutkontakten kam?

Haverkos arbeitete bereits mit Mary Guinan bei der Auswertung ihrer Gespräche mit den Strafgefangenen zusammen und behielt auch die unter Umständen durch Bluttransfusionen infizierten Bluter im Auge. Nun entwarf er in aller Eile noch die Unterlagen für eine Vergleichsstudie, die von der Gesundheitsbehörde mit den Haitianern durchgeführt werden konnte. Wenn sich im Lauf der Untersuchungen herausstellen sollte, daß es zwischen ihnen, den Homosexuellen und den Drogensüchtigen Gemeinsamkeiten gab, dann konnte das wesentlich zur Lösung des Rätsels dieser Epidemie beitragen.

Doch wie es in diesem Jahr der versäumten Gelegenheiten so oft geschehen war: der Vorschlag von Haverkos blieb neben vielen anderen Projekten unbearbeitet liegen, weil die CDC nicht über die notwendigen Geldmittel verfügten. Als die Studie schließlich zwei Jahre später in Angriff genommen wurde, kannte jeder bereits die Ursachen dieser Epidemie, und die Forschung wurde zu einem rein akademischen Unternehmen, das interessante, aber keine bahnbrechenden Erkenntnisse brachte.

NEW YORK UNIVERSITY, MEDICAL CENTER, NEW YORK CITY

Gaetan Dugas machte einen durchaus selbstzufriedenen Eindruck, als er Bill Darrow ausführlich von seinen sexuellen Abenteuern berichtete. Darrow hatte Gaetan mit Hilfe von Alvin Friedman-Kien ausfindig gemacht. Stolz berichtete der Luftsteward von all seinen schönen Liebhabern. Dann machte er eine kleine Pause, bevor er, wie es Darrow schien, in einem etwas zu naiven Ton fragte:

»Warum interessieren Sie sich für alle diese Leute?«

»Bei einigen von ihnen haben wir diese Immunschwäche festgestellt, bei anderen nicht. Wir wollen herausfinden, warum sich nicht alle angesteckt haben.«

Gaetan schien betroffen zu sein, als sei er ganz plötzlich auf einen schrecklichen Gedanken gekommen.

»Sie glauben, ich hätte sie angesteckt?« fragte er.

»Ja«, sagte Darrow. Er war fassungslos darüber, daß Gaetan anscheinend noch nicht selbst auf diesen Gedanken gekommen war.

25. MÄRZ, SAN FRANCISCO

Nach seinem letzten Herzanfall mußte Simon P. Guzman noch drei Minuten mit dem Tode ringen, bis kurz nach elf Uhr das unvermeidliche Ende kam. Er war das elfte Opfer der GRID-Epidemie in San Francisco. Er war der erste Mensch, auf dessen Totenschein die Cryptosporidiosis, eine Krankheit, die bisher nur bei Schafen diagnostiziert worden war, als Todesursache eingetragen wurde.

30. MÄRZ, ATLANTA

Das Fernsehen brachte an diesem Tag eine Übertragung der Ausscheidungsspiele im Basketball, aber Harold Jaffe interessierte sich nicht so sehr für dieses sportliche Ereignis, als er Paul Weisner einlud, das entscheidende Spiel bei ihm anzusehen. Als Leiter der Abteilung für Geschlechtskrankheiten der CDC war er nicht nur Vorgesetzter von Jaffe, sondern auch von den meisten Mitgliedern der Forschungsgruppe für das Kaposi-Sarkom und opportunistische Infektionen. Jaffe hoffte, sie würden während dieser Sendung die Möglichkeit haben, ungestört miteinander zu sprechen, ohne durch ständige Telefonanrufe unterbrochen zu werden. Jaffe erläuterte seinem Chef die sich mehrenden Hinweise darauf, daß das GRID-Syndrom eine auf sexuellem Wege übertragene Krankheit war. Weisner erkannte sofort, was das epidemiologisch zu bedeuten hatte.

»Wir werden uns sehr lange mit dieser Sache beschäftigen müssen«, sagte Jaffe. »Wir können diese Aufgabe auf die Dauer nicht nur mit geborgtem Geld bewältigen. Die Epidemie wird nicht so bald zum Stillstand kommen, sondern wird sich immer weiter ausbreiten.«

Weisner ließ sich Jaffes Argumente durch den Kopf gehen und sagte dann: »Sie können mit meiner Hilfe rechnen.«

Erleichtert lehnte sich Jaffe in seinem Sessel zurück und verfolgte das

Spiel auf dem Bildschirm. Zum ersten Mal hatte ihm ein hochrangiger Beamter der Gesundheitsbehörde die bindende Zusage gemacht, das Forschungsprogramm finanziell zu unterstützen. In der Beamtenhierarchie war Weisner allerdings nur ein Verwaltungsbeamter der mittleren Ebene, aber er hatte mehr Einfluß als jedes andere Mitglied der Forschungsgruppe. Jaffe war überzeugt, daß die hohen Tiere an der Spitze der staatlichen Gesundheitsbehörden auf ihn hören würden. In dieser Situation war jede Hilfe willkommen.

1. April, Universität von Kalifornien, San Francisco

Mit seinem charmanten französischen Akzent wirkte der junge Mann wie die Verkörperung der Liebenswürdigkeit selbst. Marcus Conant wollte es kaum glauben, daß der Luftsteward schon vor zwei Jahren am Kaposi-Sarkom erkrankt war. Er sah immer noch gesund aus und hatte eine starke erotische Ausstrahlung.

Gaetan Dugas war stolz darauf, daß sein Krebs augenscheinlich zum Stillstand gekommen war. Er behauptete, er werde diese Krankheit besiegen. Er sei nur zu einer Routineuntersuchung gekommen, und Conant sollte bestätigen, daß alles in Ordnung sei.

Conant jedoch riet ihm eindringlich, auf sexuelle Kontakte zu verzichten.

»Wahrscheinlich ist es irgendein Virus«, sagte er. »Wenn Sie auf den Sex nicht verzichten können, vermeiden Sie wenigstens jedes Eindringen in die Körperöffnungen Ihres Partners und jeden Kontakt mit Körperflüssigkeiten.«

Gaetan machte ein beleidigtes Gesicht, aber seine Stimme verriet innere Erregung und Verbitterung.

»Selbstverständlich werde ich nicht auf Sex verzichten«, erklärte er. »Mir hat noch niemand bewiesen, daß Krebs ansteckend ist.«

2. April, Atlanta

Mittlerweile gab es eine Vielzahl von Bezeichnungen für eine Epidemie, die die Fachleute schon seit zehn Monaten beunruhigte, aber noch immer keinen offiziellen Namen hatte. Anstelle von GRID bevorzugten einige Ärzte das Akronym ACIDS (Acquired Community Immune Deficiency Syndrome). Andere entschieden sich für CAIDS (Community Acquired Immune Deficiency Syndrome). Die CDC lehnten die Bezeichnung GRID ab und entschieden sich für »die epidemische

Immunschwäche«. Das Wort »Community« (Gemeinschaft) war eine taktvolle Umschreibung des Wortes »homosexuell«. Die Ärzte zogen es vor, die Krankheit nach dem durch sie gefährdeten Personenkreis zu benennen, anstatt eine Bezeichnung zu wählen, die etwas über ihre Wirkung aussagte.

Ob man es nun CAIDS, ACIDS oder GRID nannte – bis zum 2. April 1982 war das Syndrom bei dreihundert Amerikanern diagnostiziert worden, und einhundertneunzehn waren daran gestorben. In den vergangenen zwei Wochen hatte sich die Seuche auf zwei weitere amerikanische Bundesstaaten und zwei europäische Länder ausgebreitet, die bisher von ihr verschont geblieben waren. Damit war die Krankheit jetzt in neunzehn Bundesstaaten und sieben Ländern festgestellt worden. Unter den dreihundert Patienten in den Vereinigten Staaten gab es zweihundertzweiundvierzig homosexuelle oder bisexuelle Männer, dreißig heterosexuelle Männer, zehn heterosexuelle Frauen und achtzehn Männer, deren sexuelle Gewohnheiten unbekannt waren. Da die Übertragungsmöglichkeit durch intravenöse Drogeninjektionen noch nicht wissenschaftlich nachgewiesen war, hatten die vorsichtigen Statistiker der CDC die Drogenabhängigen noch nicht als besondere Risikogruppe in ihre Tabellen aufgenommen.

Soweit die statistischen Fakten zu einer epidemisch auftretenden Krankheit, die noch immer keine offizielle Bezeichnung hatte.

8. APRIL, PARADISE GARAGE, MANHATTAN

Kaum ein Tag eignete sich so schlecht für eine Wohltätigkeitsveranstaltung zugunsten der Opfer dieser Epidemie wie der Gründonnerstag. Die *Gay Men's Health Crisis* hatte die Eintrittskarten in den Geschäften der ganzen Stadt, in den Saunen und den homosexuellen Buchläden verteilt. Aber bis Gründonnerstag waren nur fünfhundert verkauft worden. Larry Kramer, Paul Popham, Enno Poersch und die anderen Organisatoren der *Gay Men's Health Crisis* warteten ungeduldig auf das Erscheinen der Gäste. Viele ihrer Freunde hatten ihnen gesagt, diese ganze Sache mit dem Schwulenkrebs sei von vorneherein zum Scheitern verurteilt.

Im Organisationsausschuß war es zu Spannungen gekommen. Larry Kramer hatte verlangt, das Amt des Pressesprechers zu übernehmen. Paul Popham war das ganz recht, denn er fürchtete, seinen Arbeitsplatz zu verlieren, wenn bekannt wurde, daß er schwul war. Aber andere Ausschußmitglieder hatten Bedenken, denn sie hielten die

Ausdrucksweise von Kramer für zu aggressiv. Er übte schon seit längerer Zeit scharfe Kritik an dem New Yorker Bürgermeister Ed Koch, weil dieser sich geweigert hatte, persönlichen Kontakt mit der homosexuellen Gruppe aufzunehmen. Außerdem hatte er den Leiter der Städtischen Gesundheitsbehörde, David Sencer, angegriffen, weil dieser nicht bereit gewesen war, Aufklärungsmaterial über die Epidemie zu veröffentlichen.

In den letzten Wochen hatte der Ausschuß erkannt, daß sich die Aufgaben der Organisation nicht darin erschöpfen konnten, die für die Forschung notwendigen Mittel aufzubringen. Da die Stadtverwaltung nichts gegen die Epidemie unternahm, mußte irgend jemand die Bevölkerung aufklären und die Betreuung der GRID-Opfer durch freiwillige Helfer organisieren, da die Erkrankten in vielen Fällen ihre Wohnungen nicht mehr verlassen konnten und somit von der Außenwelt isoliert waren. Kramer war der Auffassung, daß der Ausschuß erheblichen Druck auf die Stadtverwaltung ausüben mußte, damit die Behörden ihre Vorhaben unterstützten. Doch die meisten Ausschußmitglieder wollten nichts mit politischen Aktivitäten zu tun haben, wie man sie bei manchen führenden Persönlichkeiten in der Schwulenszene beobachten konnte. Außerdem wurde die Frage einer wirksamen medizinischen Betreuung zu einem zunehmend dringenderen Problem. Dr. Michael Lange hatte erst kürzlich vor dem Ausschuß erläutert, mit welcher Katastrophe man unter Umständen rechnen mußte. Er hatte gesagt, es bliebe noch viel zu tun und die organisierten Homosexuellen müßten einen großen Teil dieser Arbeit selbst übernehmen.

Schon eine Stunde vor Beginn der Veranstaltung standen die Leute am Eingang der *Paradise Garage* Schlange. Jeder, der etwas auf sich hielt, war erschienen, und viele hatten Schecks über beträchtliche Summen mitgebracht. Schon nach wenigen Stunden konnte der Ausschuß verkünden, daß zweiundfünfzigtausend Dollar zusammengekommen waren. Enno Poersch überraschte dieses Ergebnis. Das hier waren schließlich keine politisch interessierten Leute. Es waren dieselben, mit denen er auf Fire Island Feste gefeiert hatte. Endlich interessierten sie sich für etwas anderes als Drogen, Sex, Discos und gutes Essen.

Als Paul Popham das Wort ergriff, um die Gäste in seinem breiten, herzlich klingenden Oregondialekt zu begrüßen, erntete er rauschenden Beifall.

»Es könnte sein, daß uns Hoffnung und Furcht in gleichem Maß hier zusammengeführt haben. Jedenfalls ist es großartig, daß ihr so zahlreich erschienen seid«, sagte Paul. »Die meisten von euch kennen irgend jemanden, der dieser Epidemie zum Opfer gefallen ist. Ich selbst habe zwei Freunde verloren ... Wir müssen uns dagegen wehren. Wir müssen uns selbst und einer feindlichen Welt beweisen, daß wir mehr haben als gutes Aussehen, Intelligenz, Talent und Geld. Wir haben auch Mut und sehr viel Herz.«

14. Erinnerungen an die Zweihundertjahrfeier

APRIL 1982, DAVIES MEDICAL CENTER, SAN FRANCISCO

Michael Maletta reagierte wütend, als Bill Darrow ihn in seinem Bett im Krankenhaus anrief. Schon seit zwei Jahren hatte er mit dieser bizarren Krankheit zu kämpfen, und kein Arzt hatte ihm helfen können. Bis vor kurzem hatte man ihm nicht einmal gesagt, was ihm fehlte. Nun war irgendein aufdringlicher Arzt von der Gesundheitsbehörde am Telefon und stellte ihm alle möglichen persönlichen Fragen über einen Steward von der *Air Canada*, mit dem er irgendwann einmal im Bett gewesen war. Und dann all diese Fragen über sein Leben in Greenwich Village. Himmel, das mußte schon fünf oder sechs Jahre her sein.

Nach seinem Gespräch mit Gaetan Dugas in New York hatte er begonnen, nach den Sexualpartnern des jungen Stewards zu fahnden. Gaetan hatte sich dafür entschuldigt, daß er sein kleines, in Plastikfolie gebundenes Adressenbüchlein erst kürzlich auf den neuesten Stand gebracht habe. Viele Namen seien verlorengegangen, seufzte er, aber man könne sie sich nicht alle merken. Es seien viel zu viele. Aber immerhin waren hier noch dreiundsiebzig Namen und Telefonnummern seiner jüngsten und aussichtsreichsten Eroberungen verzeichnet. Auf diese Weise erfuhr Darrow etwas über Jack Nau und Paul Popham und das Haus am Ocean Walk, wo so viele der ersten GRID-Opfer aus New York City gelebt hatten.

Es gab auch noch ein zweites Haus auf Fire Island, das eine ähnlich große Gruppe von Männern beherbergt hatte, die mittlerweile tödlich erkrankt oder bereits verstorben waren. Es war das Haus des ehemaligen Liebhabers von Paul Popham, wo Paul den Sommer zugebracht hatte, bevor er zu Nick, Enno Poersch und Rick Wellikoff gezogen war.

Die Beziehungen, die Gaetan zu Michael Maletta, einem der ersten

KS-Patienten in San Francisco, und Nick, einem der ersten Toxoplasmose-Opfer in den Vereinigten Staaten, unterhalten hatte, führten Darrow auf eine heiße Spur. Es zeigte sich, daß Nick, Enno und Michael in den siebziger Jahren zum gleichen Freundeskreis gehört hatten. Es stellte sich sogar heraus, daß eine ganze Gruppe von Leuten, die alle zu den frühesten KS-Patienten in Amerika gehörten, Tür an Tür in der West Village südlich des Washington Square gelebt hatten. Sie hatten die gleichen Parties besucht, gemeinsam zu Abend gegessen und, wie ihre Freunde behaupteten, auch miteinander geschlafen. Ende der siebziger Jahre schlossen sich diesem Freundeskreis einige neue Gesichter an, und andere verließen ihn, doch es hatte nur einen einzigen Sommer gegeben, in dem alle bei Beginn der Epidemie infizierten Männer gleichzeitig in New York gewesen waren. Leider konnte niemand Darrow sagen, welcher Sommer das gewesen war.

Es schien mehr als ein Zufall zu sein, daß Leute, die zu einer bestimmten Zeit und an einem bestimmten Ort in einer Gruppe zusammengelebt hatten, später an den verschiedensten Orten in den Vereinigten Staaten die gleiche Krankheit bekamen. Sie mußten, als sie noch zusammen waren, alle mit dem gleichen Erreger in Berührung gekommen sein. Aber wann war das gewesen?

Michael Maletta ärgerte sich über diese bohrenden Fragen. Ja, er war im Jahr... nun, es mußte vor Ende 1977 gewesen sein, nach San Francisco gegangen. Es gab da allerdings einen Fotografen, mit dem jeder von ihnen in jenem Sommer in Manhattan etwas gehabt hatte, erinnerte sich Michael.

Bill Darrow fand den Mann in einem Krankenhaus in Los Angeles.

LOS ANGELES

Der Fotograf schwelgte in den alten Erinnerungen: »Ja, wir waren die ganze Zeit zusammen. Wir haben *alles* miteinander gemacht.«

Der Mann dachte angestrengt nach und erinnerte sich an die hohen weißen Segel vor dem dunklen Nachthimmel im Hafen von New York.

»Ich weiß nur noch, daß alle diese Schiffe im Hafen waren«, sagte er. »Alle die großen Schiffe.«

Darrow wußte sofort, welcher Tag das gewesen war. Wer hätte den Anblick der prächtigen Schiffe und das großartige Feuerwerk vergessen können, das hinter der Fackel der Freiheitsstatue den ganzen Himmel erleuchtete?

»Die Zweihundertjahrfeier«, sagte Darrow laut. »Natürlich, die Zweihundertjahrfeier.«

Der 4. Juli 1976, es war ein internationales Fest zur Feier des zweihundertsten Geburtstages der Vereinigten Staaten gewesen, und Schiffe aus fünfundfünfzig Nationen waren dazu nach New York gekommen.

Plötzlich kam ihm die Erleuchtung. Vor 1976 war nichts geschehen, aber 1978 und 1979 hatte es die ersten Erkrankungen gegeben. Seine Untersuchungen hatten gezeigt, daß die Krankheit eine lange Latenzperiode hatte. Die ursprünglich Infizierten hatten die Epidemie in den Jahren 1977 und 1978 über das ganze Land verbreitet, und das erklärte, weshalb so viele Fälle gleichzeitig in so vielen verschiedenen Regionen des Landes aufgetreten waren.

13. APRIL,
GAY AND LESBIAN COMMUNITY SERVICES CENTER, HOLLYWOOD

Das *Gay and Lesbian Community Services Center* (das Büro des Verbandes zur Wahrnehmung der Interessen lesbischer Frauen und homosexueller Männer) lag mitten im Wahlbezirk des Kongreßabgeordneten Henry Waxman. Hier hatte Tim Westmoreland als Berater des *Waxman's Subcommittee on Health and the Environment* die erste offizielle Untersuchung über die sich rasch ausbreitende GRID-Epidemie durch den Kongreß eingeleitet.

Westmoreland nahm an, eine solche Anhörung werde endlich die Aufmerksamkeit der Medien auf den »Homosexuellenkrebs« lenken und einige hohe Bundesbeamte zu Stellungnahmen veranlassen, was die Reagan-Administration gegen diese Seuche unternehmen wollte. Die Anhörung kam zur rechten Zeit, denn die Administration hatte erst kürzlich neue Kürzungsvorschläge für den Etat der Gesundheitsbehörden vorgelegt. Die für den Haushaltsplan Reagans verantwortlichen Beamten wollten tausend Zuschüsse für die Bundesgesundheitsbehörde streichen und die Mittel für die epidemiologische Forschung wesentlich kürzen. Die fünf Millionen Dollar, um die der Etat der CDC aufgestockt worden war, glichen kaum die durch die Inflation entstandenen Verluste aus und gestatteten es der Behörde nicht, die Erforschung der neuen Epidemie zu finanzieren. Darüber hinaus hatten die Beamten der Bundesgesundheitsbehörde bisher noch keine Leitlinien für die Bekämpfung des GRID-Syndroms erarbeitet. Man erwartete vielmehr von der medizinischen Forschung, daß sie das notwendige Geld irgendwie von anderen Forschungsprogrammen abzweige.

Zur Eröffnung der Anhörung hatte Westmoreland für Waxman eine Erklärung entworfen, die als erste Salve im Kampf gegen die Gleichgültigkeit der Regierung gegenüber der Epidemie gedacht war.

»Ich möchte ganz unverblümt über die politischen Aspekte des Kaposi-Sarkoms sprechen«, sagte Waxman. »Von dieser schrecklichen Krankheit werden die Angehörigen einer Minderheit heimgesucht, die in besonderem Maß unter Vorurteilen und Diskriminierung leidet. Die Opfer sind keine typischen amerikanischen Bürger. Es sind Homosexuelle, hauptsächlich aus New York, Los Angeles und San Francisco.

Ich bin überzeugt, wenn die gleiche Krankheit bei Amerikanern norwegischer Herkunft oder bei Tennisspielern aufgetreten wäre und nicht bei homosexuellen Männern, dann hätten die Regierung und das medizinische Establishment ganz anders reagiert.

Die Legionärskrankheit trat bei einer Gruppe vorwiegend weißer, heterosexueller Männer mittleren Alters auf, die der *American Legion* angehörten. Das hohe gesellschaftliche Ansehen der Opfer bewirkte, daß die Anteilnahme der Öffentlichkeit sehr viel größer war und für die Erforschung der Krankheit und die Behandlung der Patienten sehr viel mehr Geld aufgewendet wurde als im Falle des Kaposi-Sarkoms.

Ich muß auf diesen Gegensatz auch deshalb hinweisen, weil an der so schnell bekanntgewordenen Legionärskrankheit sehr viel weniger Menschen erkrankt sind. Überdies stellte sich heraus, daß sie in weit geringerem Maße lebensbedrohend war. Das Urteil der Gesellschaft wurde nicht von der Schwere der Krankheit, sondern von der sozialen Stellung der Betroffenen bestimmt... Ich wehre mich gegen eine Politik, die gesundheitspolitische Entscheidungen aufgrund persönlicher Vorurteile gegenüber den sexuellen Gewohnheiten oder dem Lebensstil anderer Menschen trifft.«

Persönlich begrüßte Jim Curran, der bei der Anhörung als Vertreter der *Centers for Disease Control* als Zeuge vernommen werden sollte, die Erklärung von Waxman. Als Angestellter der Bundesregierung hatte er es nicht leicht, persönlich aufrichtig und gleichzeitig loyal gegenüber seinen Vorgesetzten aufzutreten. Er durfte sich nicht offen für eine Bewilligung größerer Geldsummen aussprechen, sondern konnte die Tatsachen nur so darstellen, daß bestimmte Schlußfolgerungen daraus gezogen werden mußten. So sprach er abermals von der berühmten Spitze des Eisbergs und erwähnte zum ersten Mal, daß Zehntausende von der Epidemie erfaßt werden würden und nicht nur die wenigen Hundert, die in den GRID-Statistiken erfaßt waren.

»Die Epidemie wird sich unter Umständen viel weiter ausbreiten, als wir es heute übersehen können. Sie wird zu neuen Krebserkrankungen führen und bei Tausenden oder Zehntausenden von Personen eine Immunschwäche erzeugen«, erklärte Curran.

Angesichts der Tatsache, daß die Sterblichkeitsrate bei diesem Syndrom innerhalb von zwei Jahren auf fünfundsiebzig Prozent angestiegen sei, bestehe die Gefahr, daß schließlich hundert Prozent der Erkrankten daran sterben würden, fügte er hinzu. Darüber hinaus verursache jeder dieser Patienten enorme Kosten. Curran nannte drei Fälle, bei denen die medizinische Behandlung bis zum Tode jeweils mindestens fünfzigtausend Dollar gekostet hatte.

Waxman stellte Curran sehr präzise Fragen über die Möglichkeiten, die Kosten für Forschung und Behandlung dieser Patienten zu senken. Auf Einzelheiten wollte Curran nicht eingehen, sagte aber, daß praktisch alle für die KS-Forschung erforderlichen Mittel von anderen Forschungsvorhaben abgezogen worden seien. Er verpflichtete sich, »persönlich dafür zu kämpfen, daß die Forschungsgruppe in ihrer Arbeit nicht behindert wird«, vergaß aber nicht, ausdrücklich seine Vorgesetzten zu loben, »die trotz der drohenden Personalkürzungen bei den CDC, die für einen Berufswissenschaftler eine ernste Gefährdung seiner Laufbahn sein können, dafür gesorgt haben, daß die Arbeit an der Erforschung des Kaposi-Sarkoms nur wenig behindert wurde und wir trotzdem vorangekommen sind«.

Dr. Bruce Chabner von der Abteilung für Krebsbehandlung am Nationalen Krebsinstitut tat sich dagegen sichtlich schwer, etwas über die Leistungen seines Instituts zu sagen. Er bezeichnete zwar das Seminar, das im September in Bethesda veranstaltet worden war, als einen wesentlichen Beitrag des Krebsinstituts, erklärte dann jedoch, er könne nicht genau sagen, was das Nationale Krebsinstitut zur Bekämpfung der Epidemie täte. Er nehme jedoch an, daß einige Empfänger von Zuschüssen beim Nationalen Krebsinstitut Gelder, die für andere Forschungsvorhaben vorgesehen seien, für die Erforschung der neuen Krankheit ausgäben. »Angesichts der Zahl der wissenschaftlichen Veröffentlichungen gehen wir davon aus, daß es beträchtliche Summen gewesen sind«, vermutete er.

Zum Schluß erklärte Chabner, das Nationale Krebsinstitut werde eine Million Dollar für die KS-Forschung freigeben. Ein Viertel davon solle für die Entwicklung neuer Behandlungsmethoden verwendet werden, der Rest für die Grundlagenforschung. Chabner sagte, das Nationale Krebsinstitut hoffe, das Geld bis Oktober zur Verfügung stellen zu können.

Westmoreland verzog das Gesicht, als Chabner den vorgesehenen Betrag nannte. Für ein einziges Forschungsvorhaben wurden oft mehr als zehn Millionen Dollar ausgegeben. Er hielt es für lächerlich, wenn eine Bundesbehörde eine Million Dollar für ein Projekt zur Verfügung stellen wollte, an dem Forscher im ganzen Land arbeiten sollten.

Glücklicherweise war auch der Präsident der *American Public Health Association* zur Stelle, um auf solche Ungereimtheiten einzugehen. Stan Match fand deutliche Worte an den Kongreß.

Er lobte die Arbeit der CDC, fügte aber hinzu: »Hier gibt es große Probleme. Wir wissen nicht, wie weit sie ihre Mittel erschöpft haben bei dem Bemühen, die durch die neue Epidemie entstandene Gefahr abzuwenden. Wir glauben, daß sie allein mit dem Kaposi-Sarkom und dem zugleich auftretenden Syndrom nicht fertig werden. Wir glauben, sie werden bei ihrer Arbeit so sehr behindert, daß die Gesundheit der ganzen Nation gefährdet ist... Die gegenwärtige Arbeit ist, wie ich fürchte, nur ein auf höchster Ebene sanktionierter Notbehelf. Dr. Curran hat uns versprochen, er werde persönlich dafür kämpfen, daß die Arbeit weitergeht. Leider kann Dr. Curran nur über seinen persönlichen Einsatz als Fachmann und Wissenschaftler sprechen. Die Lösung des Problems entzieht sich seinem Einfluß, und das Problem ist die Frage der Finanzierung...«

Nachdem die Ärzte Marc Conant und Michael Gottlieb bei der Anhörung ihre Aussagen gemacht hatten, fuhren sie zur Universität, wo sich das Gespräch sehr bald den Schwierigkeiten zuwendete, mit denen es behandelnde Ärzte bei dieser Epidemie zu tun hatten. Beide gehörten zu einer Gruppe von Ärzten in Los Angeles, New York und San Francisco, die sich zu einem lockeren Verband zusammengeschlossen hatten, weil sie befürchteten, auch sie könnten durch den Umgang mit den Infizierten bald zu einer Risikogruppe in dieser Epidemie werden, deren Übertragungsmechanismus so auffällige Parallelen zu dem der Hepatitis B zeigte. Marc Conant hatte sich schon mit dem Gedanken beschäftigt, sich zur Ruhe zu setzen, sich ein Haus in den Bergen der Sierra Nevada zu bauen und mit einem Jahreseinkommen von dreißigtausend Dollar ein bescheidenes Leben zu führen. Gottliebs Frau wollte mit ihrem Mann nach Bora Bora ziehen. Conant war erleichtert festzustellen, daß Gottlieb als verheirateter, heterosexueller Jude, der so ganz anders war als er selbst, dennoch die gleichen Sorgen und Ängste hatte. Natürlich wußten beide, daß es unmöglich war, sich jetzt zurückzuziehen.

»Am Ende werden wir nicht etwa die Helden dieser Epidemie sein«, seufzte Gottlieb, »sondern die Schurken.«

Conant wußte sofort, was er meinte.

»Diese Leute werden sagen, wir hätten sie nicht ausreichend informiert und es sei unsere Schuld, daß sie den Ernst der Lage nicht erkannt hätten«, sagte Gottlieb.

Doch die Menschen hörten nicht auf sie. Nichts war frustrierender als ein solches Scheitern, besonders für Ärzte, für Menschen, die sich bisher jeder Herausforderung gestellt hatten.

Gottliebs Frau glaubte, wenn ihr Mann nur eine Ruhepause von zwei Jahren einlegte, könnte er, wenn alles vorüber sei, zurückkommen und weiterarbeiten.

Conant hielt das für übertrieben optimistisch. Man würde dieser Epidemie nicht ausweichen können, wenn man sich nur für zwei Jahre zurückzog. Wenn man wirklich nichts mehr damit zu tun haben wollte, dann mußte man seinen Beruf aufgeben.

Als Tim Westmoreland am Abend nach Washington zurückflog, freute er sich, daß die Anhörung so günstig verlaufen war. Es war deutlich zum Ausdruck gekommen, was man für die Zukunft zu erwarten hatte: Zehntausende würden an diesem Syndrom erkranken, und allein für die Pflege der Patienten in den Krankenhäusern würde die Gesellschaft Zehntausende Dollar ausgeben müssen. Daß das Nationale Krebsinstitut im kommenden Jahr nur die lächerliche Summe von einer Million Dollar für die Forschung ausgeben wollte, sollte jedem Wissenschaftsjournalisten klarmachen, mit welch zynischer Interesselosigkeit die Bundesgesundheitsbehörde das Problem behandelte, dachte Westmoreland.

Nun wartete er auf die Reaktion der Medien – und er wartete vergeblich.

Das bundesweite Fernsehnetz und auch die Lokalsender dachten nicht daran, die Anhörung auch nur zu erwähnen. Westmoreland hatte gehofft, daß wenigstens die medizinischen Fachzeitschriften und Nachrichtenblätter ihre Reporter schicken würden, aber auch die Fachpresse ignorierte die Anhörung. Die Los Angeles Times brachte einen ihrer ersten Berichte über die Epidemie und erwähnte darin die bei der Anhörung gemachten Aussagen, aber das Hauptthema des Berichts war nicht die Kritik der Zeugen am Verhalten der Behörden und Politiker, sondern der einzige Aspekt der GRID-Epidemie, der die Redakteure der Zeitungen zu interessieren schien, war: »Homosexuellenepidemie jetzt auch bei Heterosexuellen festgestellt«, lautete die Überschrift.

18. APRIL, CENTERS FOR DISEASE CONTROL, HEPATITIS-LABORATORIEN, PHOENIX

Don Francis war gerade damit beschäftigt, sein Virus-Laboratorium einzurichten, als Jim Curran ihn anrief, um ihn in einer Konferenzschaltung mit Bill Darrow zu verbinden. Darrow berichtete Francis, was er über Gaetan Dugas und die Beziehungen zwischen zwanzig der ersten GRID-Patienten, von denen die meisten in Los Angeles lebten, erfahren hatte. Er hatte seine Ermittlungen zwar noch nicht ganz abgeschlossen, war aber überzeugt, daß er jetzt die Informationen hatte, um nachzuweisen, daß es sich bei GRID um eine Infektionskrankheit handelte.

Beim Abschluß seiner Ermittlungen hatte Bill Darrow sexuelle Beziehungen zwischen vierzig Patienten in zehn Städten festgestellt. Im Mittelpunkt des Diagramms, auf dem alle Querverbindungen graphisch dargestellt waren, stand der Name Gaetan Dugas, den Darrow als *Patient Nummer null* der GRID-Epidemie bezeichnete. Er hatte in der Tat eine bemerkenswerte Rolle gespielt. Wenigstens vierzig der ersten zweihundertachtundvierzig homosexuellen Männer in den Vereinigten Staaten, bei denen bis zum 12. April 1982 das GRID-Syndrom diagnostiziert worden war, hatten Geschlechtsverkehr mit Gaetan Dugas oder einem seiner Sexualpartner gehabt. In einigen Fällen reichten die Verbindungen über viele Generationen sexueller Kontakte. Das zeigte mit erschreckender Deutlichkeit, wie rasch sich die Epidemie ausgebreitet hatte, bevor noch irgend jemand etwas von dieser Krankheit wußte. Bevor einer der Freunde von Gaetan in Los Angeles an Pneumocystosis erkrankte, hatte er zum Beispiel Geschlechtsverkehr mit einem gewissen Angelino gehabt, bei dem anschließend ein Kaposi-Sarkom diagnostiziert wurde, sowie mit einem Mann aus Florida, der sowohl an KS als auch an einer Pneumocystosis erkrankte. Der Mann aus Los Angeles wiederum hatte Verkehr mit zwei anderen Männern in Los Angeles gehabt, bei denen das Kaposi-

Sarkom festgestellt wurde. Einer von ihnen hatte sexuelle Kontakte zu einem weiteren Mann aus Südkalifornien, bei dem seinerseits ein Kaposi-Sarkom auftrat. Der Mann aus Florida hatte in der Zwischenzeit Geschlechtsverkehr mit einem Texaner, der am KS erkrankte, einem zweiten Mann aus Florida, der sich mit Pneumocystosis infizierte, und mit zwei Männern aus Georgia. Einer von ihnen infizierte sich mit Pneumocystosis, und bei dem zweiten entwickelten sich sehr bald die Hautläsionen des KS. Doch bevor diese Läsionen auftraten, hatte der Mann aus Georgia Geschlechtsverkehr mit einem Mann aus Pennsylvania gehabt, der anschließend an Pneumocystosis und KS erkrankte.

Als Folge eines einzigen Sexualkontakts mit Gaetan hatten sich also elf Männer mit GRID infiziert. Insgesamt ließ sich Gaetan mit neun der ersten neunzehn GRID-Fälle in Los Angeles, zweiundzwanzig in New York City und neun Patienten in acht anderen nordamerikanischen Städten in Verbindung bringen. Die »Los-Angeles-Gruppenstudie«, wie sie später bezeichnet wurde, erbrachte den überzeugenden Nachweis, daß GRID nicht nur eine Infektionskrankheit war, sondern daß das Syndrom von nur einem Erreger verursacht wurde.

Darüber hinaus bestätigte die Studie den Verdacht auf den am meisten gefürchteten Aspekt der Krankheit – die lange asymptomatische Latenzperiode des Überträgers. Anhand der Untersuchung von zehn Patientenpaaren, die mit nur einem nachgewiesenermaßen infizierten Patienten Sexualkontakt gehabt hatten, hatte Darrow die durchschnittliche Inkubationsperiode der Krankheit für diese Männer auf wenigstens 10,5 Monate berechnet. So hatte Gaetan zum Beispiel mindestens einen Mann angesteckt, bevor bei ihm selbst irgendwelche GRID-Symptome aufgetreten waren. Weitere zwei hatten sich bei Gaetan infiziert, während bei ihm nur ein Lymphadenopathie festzustellen war. Als Gaetan den Friseur im Orange County am Thanksgiving-Wochenende besuchte, zeigten sich bei ihm die ersten Läsionen.

LUNDYS LANE, SAN FRANCISCO

Er hätte das Ende vorausahnen müssen, dachte Matt Krieger, als er anfing, in dem Sommerhaus auf einem sanften Hügel oberhalb des Mission District die Kisten und Kartons auszupacken. Er und Gary Walsh hatten gemeinsam in das kleine weißgetünchte Haus mit dem weiß angestrichenen Lattenzaun ziehen wollen. Jetzt erkannte Matt, daß der Kauf dieses Hauses für sie das gleiche war wie die Hoffnung eines Ehepaares, durch Kinder eine gefährdete Ehe zu retten. Gary hatte sich in den vergangenen Monaten zu einem Einzelgänger entwickkelt, zog sich in sein Zimmer zurück, schrieb Gedichte, malte mit Fingerfarben oder tanzte allein zur Musik seiner Lieblings-Beatles-Platten. Er hatte sich in sich selbst zurückgezogen, als müsse er sich auf etwas ganz Wichtiges vorbereiten. Nun zog Matt allein in das Traumhaus.

Matt gehörte zu den führenden Leuten einer Gruppe, die es sich zur Aufgabe gemacht hatte, homosexuelle Männer davon zu überzeugen, daß sie sich gegen Hepatitis impfen lassen mußten. Die Regierung hatte keine Mittel für die Herstellung des Impfstoffs zur Verfügung gestellt, und die pharmazeutische Industrie hatte den Preis für eine Impfung auf einhundertfünfzig Dollar erhöht, um aus einem Forschungsunternehmen, das viele Millionen Dollar verschlungen hatte und sonst mit Sicherheit zum Verlustgeschäft geworden wäre, noch einen gewissen Gewinn herauszuholen.

Gary hatte sich indessen wieder seinem alten Freund und Kollegen Joe Brewer zugewandt, der ebenfalls keinen festen Freund hatte. Die beiden beschlossen, alles miteinander zu teilen, wie es bei Liebenden üblich ist, aber nicht miteinander zu schlafen. Das Schlimmste am Alleinsein war für beide, daß man auch allein in den Urlaub fahren mußte. So machten sie Pläne für einen gemeinsamen Weihnachtsurlaub in Mexiko und mieteten in einem Feriengebiet am Russian River nördlich von San Francisco eine Unterkunft.

Doch in letzter Minute mußte Gary absagen. Er war zu erschöpft, konnte aber nicht genau sagen, warum.

15. Nachtschweiß

4. MAI 1982, SAN FRANCISCO

Während Cleve Jones mit Michael telefonierte, sah er den gutaussehenden jungen Burschen deutlich vor sich. Sein roter Haarschopf war
nach der letzten Mode frisiert, genauso wie es die Herrenzeitschrift
Gentleman's Quarterly vorschrieb. Und er hatte seine langen Beine
zweifellos in einer jener unnachahmlich eleganten Posen von sich
gestreckt, in denen er so oft im *Blueboy* und *Torso* abgebildet war. Im
allgemeinen gab Cleve den ernsthaften jungen Idealisten von der
Castro Street gegenüber den Intellektuellen in Manhattan den Vorzug,
aber die aristokratische Schönheit, die von den homosexuellen Männern in New York gepflegt wurde, hatte doch auch etwas ungeheuer
Verführerisches. Cleve freute sich darüber, daß er in ihrem Kreis
akzeptiert wurde, wenn auch nur als kometenhaft auftauchender
Kurzurlauber, den es immer wieder zu einer Stippvisite nach New
York zog. Deshalb kannte er auch all diese Leute, die, wie Michael
berichtete, in letzter Zeit an diesem schrecklichen Schwulenkrebs
erkrankt waren.

»Viele sind krank geworden«, sagte Michael mit besorgter Stimme.
»Jeder scheint es zu bekommen.«

Michael erzählte Cleve von der Neujahrsparty 1980. Alle diese
wunderbaren Leute hatten daran teilgenommen, und jetzt waren viele
von ihnen schon tot.

»Jeder, der auf dieser Party war, hat es bekommen – außer mir«,
sagte er.

Cleve schwieg bedrückt.

»Ich glaube, die Regierung hat uns das angetan«, erklärte Michael.
Er hörte sich irgendwie erleichtert an, als er diese These erläuterte.

Es gab inzwischen viele Theorien über die Entstehung der Epidemie.
In New York schien sich die Krankheit ausgerechnet die schönsten und

elegantesten jungen Männer ausgesucht zu haben. Man nannte es die »Saint's-Krankheit«, weil alle ihre Opfer zu den Nachtschwärmern zu gehören schienen, die in einer einschlägigen Disco dieses Namens verkehrten. Vielleicht tat man ihnen dort irgendein Mittel in die Drinks. In San Francisco kamen die ersten Kranken aus der »Leder-szene«. Manche verdächtigten die Zerstäuber, die den Zigaretten-rauch in den Bars mit ionisierter Luft vertreiben sollten. Vielleicht sprühten diese Geräte irgendeine tödliche Substanz in die Gegend. Es gab ungezählte Theorien dieser Art, denn es war irgendwie beruhigend zu glauben, daß die Homosexuellen »von außen« bedroht wurden und die Ursache dieser Krankheit nicht bei ihnen selbst zu suchen war.

Nichts war unmöglich, dachte Cleve. Aber jeder machte sich Sor-gen. Manchmal lag Cleve in der kühlen Dunkelheit des Frühjahrs in San Francisco schweißgebadet in seinem Bett und dachte angsterfüllt an eine ungewisse Zukunft.

MANHATTAN

»Unser Pflegepersonal ist beunruhigt«, sagte der Chefarzt des Kran-kenhauses, und man spürte deutlich, daß ihm das irgendwie peinlich war. »Wir haben zu viele solche Patienten. Die Verwaltung will mir nicht mehr gestatten, sie aufzunehmen.«

Rodger McFarlane wußte, was der Arzt am anderen Ende der Leitung ausdrücken wollte, auch wenn er es nicht aussprach. Kein Krankenhaus in New York City wollte als Spezialklinik für diese Homosexuellenkrankheit gelten. Außerdem beunruhigte es Ärzte und Krankenschwestern, daß behauptet wurde, die Krankheit werde in ähnlicher Weise übertragen wie die Hepatitis B. Das Pflegepersonal gehörte schon seit langem zu der am stärksten durch die Hepatitis gefährdeten Gruppe, und nun wollte sich niemand einer Infektion mit einer tödlichen, unheilbaren Krankheit aussetzen.

Als freiwilliger Helfer der *Gay Men's Health Crisis* hatte Rodger versucht, für einen seiner Schützlinge ein Krankenbett zu bekommen. Es war ein typischer Abend im Büro der GMHC. Vor ihm saß ein völlig verängstigter Patient, der kaum noch atmen konnte, weil die Pneumo-cystis-Protozoen seine Lungen zerstört hatten. Und wieder läutete das Nottelefon. Rodger bedauerte fast, daß er sich überhaupt auf diese Sache eingelassen hatte.

Der Gedanke, einen solchen Telefondienst einzurichten, war Rod-ger McFarlane unmittelbar nach der Wohltätigkeitsveranstaltung der

223

Organisation gekommen. Schon am ersten Tag bekam er hundert Anrufe. Die homosexuellen Männer in Manhattan waren in Panik geraten, und es gab keine andere Stelle, an die sie sich hätten wenden können. Der siebenundzwanzigjährige Rodger hatte sich in seinem ganzen Leben als Homosexueller noch nie diskriminiert gefühlt und konnte die radikale Haltung der Aktivisten nicht verstehen. Doch jetzt wurde ihm bewußt, daß hier etwas nicht stimmte. Da waren Menschen, die an einer gefährlichen Krankheit litten, und die Stadt war nicht bereit, etwas für sie zu tun. Fünfzig Prozent aller GRID-Patienten lebten in New York City, doch sie waren darauf angewiesen, sich selbst zu helfen oder in Schande, Furcht und Isolation zu sterben.

Als Rodger endlich nach Hause fuhr, piepte der Telefonalarm in seiner Tasche. Diesmal sollte er das Krankenhaus *Beekman Downtown* anrufen. Dort wartete die Mutter eines Patienten auf ihn. Sie war vollkommen verängstigt, denn die Ärzte hatten ihr gesagt, ihr Sohn sei geistesgestört und habe Halluzinationen. Niemand wolle ihm helfen. Rodger ließ den Arzt ans Telefon bitten und hoffte, die Angelegenheit mit einem Gespräch in Ordnung bringen zu können. Aber der Arzt weigerte sich, mit dem Vertreter einer Schwulenorganisation zu sprechen.

Als Rodger ins Krankenhaus kam, wirkte der Patient ganz ruhig. Es stellte sich heraus, daß der junge Mann, der an einer Pneumocystosis litt, die Psychose nur simuliert hatte, um aus dem Krankenhaus entlassen und in eine psychiatrische Klinik eingewiesen zu werden. Dort hoffte er auf eine Gelegenheit, sich das Leben zu nehmen. Rodger versuchte, ihn und seine Mutter zu beruhigen, und fuhr dann zurück in seine Wohnung, wo er völlig erschöpft ins Bett fiel.

Nach einigen Tagen hörte er, daß der junge Mann gestorben war. Er hatte sich nicht das Leben genommen, sondern war im *Beekman Downtown* seiner Pneumocystosis erlegen.

6. MAI, CENTERS FOR DISEASE CONTROL,
HEPATITIS-LABORATORIEN, PHOENIX

Don Francis war erleichtert, als ihn ein Anruf aus dem Laboratorium von Dr. Robert Gallo im Nationalen Krebsinstitut erreichte. Ein Mitarbeiter von Gallo sagte, er habe begonnen, Lymphozyten von einem GRID-Patienten in einem besonderen Signalstoff mit dem Namen Interleukin-2 zu entwickeln. Das IL-2 war, wie Francis wußte, die ideale Basis für die Züchtung von Lymphozyten. Damit war Gallo auf diesem Forschungsgebiet ein bedeutender Durchbruch gelungen. Das Verhalten bestimmter Viren hatte sich bis dahin nicht beobachten lassen, weil die Wissenschaftler keine Möglichkeit gehabt hatten, ihre Wirtszellen zu vermehren.

Don Francis, Max Essex in Harvard und das Laboratorium von Gallo arbeiteten seit einiger Zeit bei der Erforschung des GRID-Syndroms eng zusammen. Auf einer wissenschaftlichen Konferenz in der Außenstelle des Nationalen Krebsinstituts in Cold Spring Harbor hatte Essex die Hypothese aufgestellt, das GRID-Syndrom werde von einem neuen Erreger verursacht und dabei könne es sich um ein dem Erreger der Katzenleukämie ähnliches Retrovirus handeln. Die anderen Ärzte hatten auf diese Theorie zurückhaltend reagiert, doch Gallo hatte Essex gedrängt, in dieser Richtung weiterzuforschen, und sich auch in seinem eigenen Laboratorium um die Lösung dieses Problems bemüht.

Francis hatte im Lauf des Frühjahrs auch versucht, die Virologen an der Abteilung für Infektionskrankheiten der CDC dafür zu interessieren. Dort hatte man jedoch seine These, daß ein Retrovirus das Syndrom verursachen könnte, für abwegig gehalten. Außerdem wollte sich niemand an neuen Projekten beteiligen, solange das vorhandene Personal für die Routinearbeit nicht ausreichte. In Harvard arbeitete Max Essex in der Zeit, die er dafür erübrigen konnte, am GRID-Syndrom, obwohl er überzeugt war, daß die CDC mit diesem Problem ebenso rasch wie bei der Legionärskrankheit hätten fertig werden können. Das Laboratorium von Bob Gallo konnte diesem Projekt nur sehr wenig Zeit widmen. Francis war dankbar für jede Hilfe, die ihm das schwerfällige Nationale Krebsinstitut gewährte, aber ein oder zwei Laboratorien waren nicht genug. Wenn man nicht in mehreren Laboratorien gleichzeitg forschen konnte, bestand die Gefahr, daß man in eine Sackgasse geriet und nur langsam vorankam – während die Epidemie sich scheinbar unaufhaltsam ausbreitete.

12. MAI, CENTERS FOR DISEASE CONTROL, ATLANTA

Die Ergebnisse der Forschungsarbeiten von Donna Mildvan und Dan William veröffentlichte Atlanta im *Morbidity and Mortality Weekly Report*. Die beiden Ärzte berichteten, daß einige der erkrankten Opfer der Epidemie an Lymphadenopathie litten. Natürlich wußte niemand, was mit diesen Lymphadenopathie-Patienten geschehen würde, aber in dem Bericht hieß es, daß diese Symptome schon bei vierundvierzig

Prozent der KS-Patienten und bei dreiundzwanzig Prozent der an Pneumocystosis Erkrankten aufgetreten seien, und zwar vom Juni 1981 bis zum Januar 1982. Das war ein schlechtes Zeichen.

»Die Ursachen für die persistierende Lymphadenopathie bei den oben erwähnten Patienten wurden gesucht, ließen sich aber nicht feststellen«, hieß es in dem Bericht. Am Schluß des Artikels wurde den Ärzten empfohlen, auf die Symptome zu achten, vor allem auf Erschöpfungszustände, hohe Temperaturen, unerklärlichen Gewichtsverlust und natürlich auch auf Nachtschweiß.

WEST 57TH STREET, NEW YORK CITY

Dr. Dan William war überrascht zu sehen, wie verschieden homosexuelle Männer reagierten, wenn sie zum ersten Mal in ihrem Leben mit dem Problem des Todes konfrontiert wurden. Einige lebten scheinbar unbeschwert weiter und ignorierten die Krankheit, was angesichts der sehr ausführlichen Berichterstattung in der Homosexuellenzeitung *New York Native* sicher nicht einfach war. Andere lebten in ständiger Angst und kamen schon mit dem harmlosesten Schnupfen oder Durchfall in Williams Praxis an der Upper West Side. Allerdings hatten viele von ihnen gute Gründe, sich Sorgen zu machen. Die Zahl der an Lymphadenopathie erkrankten Homosexuellen nahm in erschreckender Weise zu. Sie litten nachts unter heftigen Schweißausbrüchen, die sie durchweicht und erschöpft aus dem Bett taumeln ließen. Dieser Nachtschweiß war offenbar eine besonders teuflische Quälerei.

Doch die Immunschwäche manifestierte sich in so vielen neuen Symptomen, daß William sie kaum noch alle registrieren konnte. Die orale Candidamykose ging in den meisten Fällen der schweren Erkrankung am GRID-Syndrom voraus und sprach, wie William feststellen konnte, auf keine Behandlung an. Seit einem halben Jahr stellte er immer häufiger den außerordentlich schmerzhaften Herpes zoster fest. Dieser in Form von Bläschen auftretende Hautausschlag zeigte sich in den meisten Fällen zunächst im Gesicht und an den Schultern und verbreitete sich dann rasch über den ganzen Körper. Dabei verursachte jedes der winzigen Bläschen bei der Berührung einen stechenden Schmerz. Dieser Herpes zoster trat offenbar am häufigsten bei Patienten mit Lymphadenopathie auf, und Ende 1981 hatte William begonnen, mit dem Computer in seiner Praxis diese Patienten zu registrieren. Er wollte den weiteren Verlauf der Krankheit dokumentieren und erforschen. Im Dezember 1981 waren es elf Fälle und im Juni 1982 siebzehn. Etwa Mitte Juni kam einer der ersten Herpes-Patienten zu William und zeigte ihm eine verdächtige purpurfarbene Stelle auf der Haut. Es war das Kaposi-Sarkom.

Um diese Zeit begann er, das Schlimmste zu befürchten. Nach achtzehn Monaten, in denen William ständig neue besorgniserregende Entdeckungen gemacht hatte, zeichnete sich nun eine ganz neue gefährliche Entwicklung ab. Vielleicht würden alle diese Leute mit den geschwollenen Lymphknoten sterben müssen. Auf Nachtschweiß und Erschöpfung folgte eine Pilzinfektion im Mund und später etwa ein schwerer Herpes, der unter Umständen wieder verschwand. Aber schließlich kam wahrscheinlich für jeden der Augenblick, in dem er wirklich ernstlich erkrankte und sterben mußte.

Wie sie es schon in den ersten Phasen der Epidemie getan hatten, verdrängten die meisten Ärzte die Furcht, daß sich diese pessimistischen Prognosen als richtig erweisen könnten. Dr. Fred Siegal vom *Mt. Sinai Hospital*, der zunächst den größten Teil der immunologischen Erforschung des GRID-Syndroms übernommen hatte, äußerte sich in einem Artikel über den *MMWR*-Lymphadenopathiebericht im *New York Native* optimistisch: »Ich vermute, die meisten dieser Patienten werden nicht das vollständige Immunschwächesyndrom entwickeln«, schrieb er. »Sollten wir uns aber irren, dann wäre es eine Katastrophe.«

William sah diese Katastrophe kommen und lud den Besitzer der *St. Mark's Baths*, eines über vier Stockwerke reichenden Etablissements, das sich als das größte Dampfbad der Welt bezeichnete, in seine Wohnung zum Essen ein. Dort machte er seinem Gast einen Vorschlag. Er sagte, er sei überzeugt, GRID werde durch ein bisher unbekanntes Virus verursacht, das durch Geschlechtsverkehr übertragen werde. Die überwiegende Mehrzahl seiner Patienten seien Männer, die solche Dampfbäder besuchten. Der einzige Zweck dieser Saunen sei es offenbar, ihren Kunden die Gelegenheit für möglichst viele Sexualkontakte zu geben. Niemand verlange, daß sie geschlossen werden sollten, erklärte William. Es gebe die Möglichkeit, in den Räumen dieser Saunen ganz neuartige Homosexuellenclubs einzurichten.

William war ganz begeistert von dieser Idee. Die Türen zu den Hinterzimmern würde man entfernen, und alle Räume sollten hell erleuchtet werden, damit keine Orgien mehr stattfinden könnten. Anstelle der sexuellen Kontakte sollte Videoerotik geboten werden, wobei die Schwulen gemeinschaftlich onanieren könnten, ohne sich durch das Sperma mit der neuen Krankheit zu infizieren.

William war überrascht, als der Besitzer der Sauna ihn wie einen Vollidioten ansah.

»Die Leute können tun, was sie wollen«, sagte der Mann. »Ich habe nicht das Recht, ihnen irgend etwas vorzuschreiben.«

»Aber die Leute werden sterben, sie werden eines qualvollen Todes sterben«, entgegnete William.

Doch der Mann blieb uneinsichtig: In seinen Saunen werde sich nichts verändern.

Erst später mußte William einsehen, was die Verwirklichung seines Vorschlags wirtschaftlich bedeutet hätte. Natürlich konnten die Betreiber der Saunen ihre Kunden nicht darüber informieren, daß eine sexuell übertragbare Seuche ausgebrochen sei, an der sie sterben würden. Damit würden sie ihr Geschäft gefährden. William mußte einsehen, daß er es zu lange nur mit Ärzten zu tun gehabt hatte. Für ihn war es unvorstellbar, daß es Leute gab, denen materielle Interessen mehr bedeuteten als Menschenleben.

William war froh, daß er seit einiger Zeit dem medizinischen Beraterteam der *Gay Men's Health Crisis* angehörte. Er hoffte, diese neue Gruppe werde die Saunabesitzer unter Druck setzen können. Eine Umstellung in diesen Betrieben, wie er sie vorgeschlagen hatte, mußte seiner Meinung nach über kurz oder lang vorgenommen werden.

BÜRO ZUR ÜBERWACHUNG VON INFEKTIONSKRANKHEITEN, SAN FRANCISCO

Auf ihrer Wandtafel mit all den Pfeilen und Kreisen konnte Dr. Selma Dritz jetzt die Querverbindungen zwischen vierundvierzig GRID-Fällen in New York, San Francisco, Südkalifornien und Kanada erkennen. Mit ihrer Detektivarbeit hatte sie nachgewiesen, daß allein in San Francisco sechs homosexuelle Paare an der Krankheit litten. Wenn sie auf ihre Tafel sah, mußte sie immer wieder an die Saunen denken. Sie hatten ihr noch nie recht gefallen wollen. Aber dahinter standen keine moralischen Bedenken. Im Grunde war es ihr gleichgültig, was die Menschen mit ihrem Leben taten, aber diese Dampfbäder waren biologische Kloaken und daher die schlimmsten Ansteckungsherde.

»Wenn man den althergebrachten gesundheitspolitischen Grundsätzen folgt, könnte man natürlich hingehen und diese Lokale schließen«, sagte Selma Dritz zu einem Reporter des *Chronicle.* »Allerdings würden manche Leute behaupten, dies sei ein Eingriff in die bürgerlichen Freiheiten.«

Doch diese kritischen Äußerungen blieben unbeachtet und wurden weder in den Berichten der Reporter erwähnt noch von den führenden Persönlichkeiten in den Homosexuellenverbänden weitergegeben, mit denen Selma Dritz sprach. Daß diesen Lokalen die Konzession entzogen werden könnte, war so unvorstellbar, daß dieser Vorschlag nicht weiter diskutiert wurde. Ein paar Dutzend Fälle irgendeiner mysteriösen Krankheit rechtfertigten doch nicht eine so drastische Maßnahme.

Auch Selma Dritz drängte nicht weiter. Das wäre ein Verstoß gegen das Berufsethos gewesen. Stattdessen versuchte sie, die Gesundheitsbehörden und die Ärzteschaft über die sich am Horizont abzeichnende Gefahr aufzuklären. Wenn sie sich die Tabellen und graphischen Darstellungen ansah, hatte sie die künftige Entwicklung sehr deutlich vor Augen.

Mit erschreckender Klarheit ließ sich erkennen, mit welchem Verlauf der Epidemie man rechnen mußte. Selma Dritz hatte zum Beispiel eine graphische Darstellung von der Entwicklung der GRID-Epidemie in New York City während der ersten beiden Jahre von 1980 bis 1982 angefertigt und verglich diese Daten mit den für den Raum San Francisco geltenden. Mit nahezu vollkommener Parallelität folgten die Kurven und die Zahlen in San Francisco mit einjähriger Verzögerung denen von Manhattan. Die Zunahme um einhundertfünfzig Fälle, die gegenwärtig in New York zu verzeichnen war, würde nach ihren Berechnungen ein Jahr später in San Francisco eingetreten sein, und es würden zweifellos Hunderte, wenn nicht Tausende folgen.

Diese Gedanken bereiteten Selma in ihrem schönen Strandhaus in der Nähe von San Francisco oft schlaflose Nächte. Auf ihrem Nachttisch lag ein kleines Diktiergerät für den Fall, daß sie plötzlich den rettenden Einfall hatte, wie man diese jungen Männer vor dem qualvollen Tod bewahren könnte, der ihnen bevorstand.

CASTRO DISTRICT, SAN FRANCISCO

Marc Conant schreckte aus dem Schlaf auf. Seine Stirn war schweißbedeckt. Wieder hatte ihn diese entsetzliche Angst überwältigt, das Gefühl, unrettbar verloren zu sein. In letzter Zeit hatte er immer wieder denselben Alptraum: Er betrachtete seine Haut und sah, wie sich die großen purpurfarbenen Flecken des Kaposi-Sarkoms über den ganzen Körper ausbreiteten – wie bei den Patienten, die jeden Tag in seine Praxis kamen, diesen so gräßlich entstellten jungen Männern.

Und dann wachte er plötzlich schweißbedeckt auf mit der Zwangsvorstellung, fortlaufen zu müssen. Du bist ein Idiot, wenn du noch länger hierbleibst, obwohl du weißt, daß sie alle sterben müssen, dachte er.

Wie die meisten amerikanischen Ärzte, die GRID-Patienten behandelten, ließ auch Conant regelmäßig sein Blut untersuchen, um sicher zu sein, daß das Zahlenverhältnis zwischen seinen T-Helferzellen und T-Suppressor-Zellen noch der Norm entsprach. Das war bis dahin der einzige einigermaßen zuverlässige GRID-Test. Er wußte, seine Lymphozyten waren ganz in Ordnung. Er hatte keinen Homosexuellenkrebs, aber es gab so viele andere beängstigende Dinge.

Er hatte den Patienten Nummer null sofort wiedererkannt. Es war dieser gutaussehende Luftsteward aus Quebec, der einen Monat zuvor in seine Praxis gekommen war. Er hatte gehört, der junge Luftsteward gehöre zu den beliebtesten Partnern, die man sich in den *Club Baths* an der Ecke der Achten und der Howard Street angeln konnte. Vielleicht war er gerade in diesem Augenblick auch in der Sauna, und andere holten sich die Seuche von ihm.

Aber das waren nicht seine einzigen Sorgen. Conant hatte die *American Cancer Society* zur Finanzierung seiner KS-Klinik um einen Zuschuß in Höhe von insgesamt fünfzigtausend Dollar gebeten. Das genügte gerade, um eine zusätzliche Sekretärin anzustellen, die angesichts der ständig wachsenden Zahl der Patienten dringend benötigt wurde. Ihre Aufgaben beschränkten sich aber schließlich nicht auf die reine Büroarbeit, sondern sie wurde zusätzlich als Sozialarbeiterin eingesetzt, die die Patienten und ihre Angehörigen beraten mußte. Ansonsten stand für diese Aufgaben niemand zur Verfügung.

Seit der Konferenz im *National Cancer Institute* in Bethesda waren neun Monate vergangen, und noch immer hatte sich das Institut nicht wegen der versprochenen Mittel gemeldet. Conant hatte nicht abwarten wollen, bis er offiziell aufgefordert wurde, detaillierte Vorschläge für die Verwendung dieser Gelder einzureichen; daher hatte er ein eigenes Forschungsprogramm zur Entwicklung einer KS-Therapie entworfen und es dem NCI vorgelegt. Dann hatte er sich schriftlich an den Abteilungsleiter im Gesundheitsministerium, Dr. Ed Brandt, gewandt und ihn gebeten, die Anweisung der versprochenen Mittel zu beschleunigen. In dem höflichen, nichtssagenden Antwortschreiben hieß es, die

Regierung der Vereinigten Staaten habe mit großer Sorge von dem Problem Kenntnis genommen und sowohl die CDC als auch die National Institutes of Health unternähmen alles, was in ihrer Macht stünde, um die Epidemie erfolgreich zu bekämpfen.

Conant ging zurück ins Haus und legte sich wieder ins Bett. Er hoffte, daß er wenigstens in dieser Nacht den Alptraum nicht noch einmal erleben würde.

Ende Mai nahmen Marc Conant und Paul Volberding am Dermatologischen Weltkongreß in Tokio teil und legten dort die von ihnen ermittelten Daten über das Kaposi-Sarkom vor. Ihre japanischen Gastgeber interessierten sich lebhaft für das neue Phänomen.

»Furchtbar, daß Sie dieses Problem in San Francisco haben«, sagte ein prominenter japanischer Wissenschaftler. »Das liegt daran, daß es bei Ihnen Homosexuelle gibt.« Er machte eine kleine Pause und erklärte dann: »Wir haben hier allerdings keine Homosexuellen.«

NATIONAL CANCER INSTITUTE, BETHESDA

Alle bedeutenden wissenschaftlichen Zeitschriften in den Vereinigten Staaten hatten es indessen abgelehnt, den Aufsatz von Robert Biggar abzudrucken, in dem er die Hypothese vertrat, das GRID-Syndrom sei eine von einem Erreger verursachte Infektionskrankheit. Diese Auffassung stand zu sehr im Widerspruch zu den gängigen Meinungen. So injizierten manche Ärzte Mäusen große Mengen von Sperma, um zu beweisen, daß die Überbelastung mit männlichem Samen die Immunschwäche auslöste. Die Laborassistenten besorgten die Aufputschmittel »Rush« und »Bolt« in pornographischen Buchhandlungen, um durch Versuche an Ratten die Wirkung des Inhalierens konzentrierter Butyllösungen festzustellen. Die Herpes-Spezialisten schienen begeistert, als sich die Mediziner wieder eingehender mit dem Zytomegalie-Virus beschäftigten. Andere behaupteten, das Versagen des Immunsystems der GRID-Patienten sei die Folge einer Überbelastung durch die verschiedensten Infektionen. In vielen Besprechungen wissenschaftlicher Theorien wurde die Hypothese, daß das GRID-Syndrom nur durch einen Erreger verursacht werde, als zu unwahrscheinlich abgelehnt.

Auch Biggars Kollege Jim Goedert vertrat die Ansicht, daß die Aufputschmittel die Immunschwäche verursachten. Gemeinsam mit Biggar hatte er, unterstützt durch eine große Gruppe homosexueller

Männer aus New York City und Washington, eine Langzeitstudie begonnen. Biggar war verärgert, weil seine Hypothese von vornerein abgelehnt worden war, er wußte aber auch, daß die Arbeit weitergehen mußte. Er hatte bei der Seuchenbekämpfung in Afrika wichtige Erfahrungen gesammelt und kannte die Vorliebe amerikanischer Wissenschaftler dafür, möglichst rasch möglichst einfache Theorien zu entwickeln. Die Vorstellung, die Belastung durch Sperma oder das Inhalieren von Aufputschmitteln könnten die Ursache sein, war nach seiner Meinung typisch für eine solche Naivität. Die Menschen mochten noch so wohlhabend und zivilisiert sein – sie konnten sich trotzdem leicht mit Viren unbekannter Herkunft infizieren. In heutiger Zeit war es sogar viel wahrscheinlicher als früher, daß plötzlich ein unbekanntes Virus auftauchte.

Vor gar nicht so langer Zeit waren große Bevölkerungsverschiebungen die Voraussetzung für die Ausbreitung von Epidemien gewesen. Die große Epidemie von 1918, in deren Verlauf zwanzig Millionen Menschen an der Spanischen Grippe erkrankten und zweihunderttausend Amerikaner starben, war eine unmittelbare Folge der massiven Bevölkerungsbewegungen während des Ersten Weltkrieges. Das Zusammentreffen von Amerikanern aus den verschiedenen Regionen des Landes während der Mobilmachung vor dem Zweiten Weltkrieg führte dazu, daß sich Menschen aus allen Teilen der Vereinigten Staaten mit dem Poliomyelitis-Virus infizierten. Zu Anfang der fünfziger Jahre grassierte dann die Kinderlähmung im ganzen Land. Mit der gewaltigen Zunahme des Luftverkehrs ist eine Zeit gekommen, in der es nicht mehr so dramatischer Weltereignisse bedarf, um die heimtückischen Krankheitserreger über die Kontinente zu verstreuen. Ein einziger Mensch reichte aus, um das geeignete Virus in die geeignete Population einzuschleppen, und die Seuche nahm ihren Lauf.

CENTERS FOR DISEASE CONTROL, ATLANTA

Dr. Harry Haverkos vom KSOI-Forscherteam war auf die Idee gekommen, Gaetan Dugas nach Atlanta zu holen. Man konnte schließlich damit rechnen, daß das Blut des Luftstewards eine ganze Menge Viren beherbergte. Haverkos ließ ihn an ein Plasmapherese-Gerät anschließen, um ihm einen halben Liter Plasma für Laboruntersuchungen zu entnehmen.

Im Gebäude Nr. 6 waren der Patient null und die Studie über das Beziehungsnetz das Tagesgespräch. Die Studie sollte im nächsten

Monat veröffentlicht werden. Bill Darrow und Harold Jaffe brauchten Fotos von möglichst vielen GRID-Opfern, um sie neuen Patienten zeigen zu können. Sie waren überzeugt, daß sie noch weitere Querverbindungen ausfindig machen konnten. Doch die Leitung der Gesundheitsbehörde fürchtete, in der Homosexuellenszene werde man das als Verletzung der ärztlichen Schweigepflicht ansehen, und legte ihr Veto ein.

Gaetan Dugas beschwerte sich anschließend bei seinen Freunden darüber, daß ihn die Wissenschaftler wie eine Laboratoriumsratte behandelt hätten. Immer wieder seien neue Ärzte ins Zimmer gekommen, um ihn anzustarren. Er litte nun schon zwei Jahre an seinem Hautkrebs, und er habe es satt, von Ärzten, die keine Ahnung hätten, was sie mit ihm anfangen sollten, wie ein Versuchskaninchen behandelt zu werden.

16. Zu viel Blut

11. JUNI 1982, CENTERS FOR DISEASE CONTROL, ATLANTA

Unmittelbar nach Eintreffen der Anforderung rief Sandy Ford den Spezialisten für die Bluterkrankheit bei den CDC, Dr. Bruce Evatt, an. Sandy war die erste gewesen, die die CDC im vergangenen Jahr auf die GRID-Epidemie aufmerksam gemacht hatte. Heute mußte sie Evatt eine weitere schlimme Mitteilung machen.

Nun war es doch geschehen, sagte sie ihm. Sie hatte aus Denver eine Anforderung für Pentamidin bekommen – für einen Pneumocystosis-Patienten, der ein Bluter war.

Noch am gleichen Abend flog Evatts Mitarbeiter in der Abteilung für Wirtsorganismen, Dr. Dale Lawrence, zum Stapelton International Airport in Denver.

14. JUNI, DENVER

Nein, ihr Mann sei weder homosexuell noch drogenabhängig, versicherte die Frau des Patienten, der in der Intensivstation der Universitätsklinik von Colorado nach Atem rang.

Für Dr. Dale Lawrence gab es keinen Grund, ihre Aussagen zu bezweifeln.

Anschließend suchte der Arzt die örtliche Blutbank auf. Für die Beamten dort war sein unvermutetes Erscheinen offenbar eine peinliche Überraschung. Lawrence konnte sich denken, warum sie so bestürzt reagierten. Wenn nachgewiesen würde, daß ein oder zwei Bluter tatsächlich an dem gefürchteten GRID-Syndrom erkrankt waren, dann würde das für die Herstellerfirmen der Blutkonserven sehr unangenehme Folgen haben.

Mit Hilfe einer Rasterblende untersuchte Lawrence sorgfältig Proben aus allen Lieferungen des Blutplasmas mit dem Gerinnungsfaktor

234

VIII, das Dutzenden anderer Bluter injiziert worden war, die im selben Hämophilie-Behandlungszentrum im Raum Denver versorgt wurden. Vielleicht war eine dieser Partien verdorben und wurde von den Empfängern nicht vertragen, und das Auftreten der Pneumocystosis war nur ein unglücklicher Zufall. Doch bei der Überprüfung aller in den letzten drei Jahren erfolgten Lieferungen konnte er keinen Anhaltspunkt dafür finden.

Daher suchte Lawrence noch ein zweites Mal die Frau des Patienten auf. Sie erzählte ihm die ganze Leidensgeschichte der mit ihrem Mann gemeinsam verbrachten Jahre. Er hatte bis vor kurzem als Hausmeister gearbeitet und sein ganzes Leben mit dieser Krankheit fertig werden müssen. Er hatte die von den Ärzten prognostizierte Lebenserwartung inzwischen um Jahrzehnte überschritten. Durch die nicht zu stillenden Blutungen in seinen Gelenken war er halb gelähmt, konnte aber doch mit großer Mühe den Lebensunterhalt für sich und seine Frau verdienen. Die Entdeckung des Faktors VIII war für ihn ein Gottesgeschenk gewesen – und jetzt lag er im Sterben. Konnte man denn nichts mehr für ihn tun?

Am Ende des Gesprächs war Lawrence überzeugt, daß hier das GRID-Syndrom durch das Blutplasma mit dem Gerinnungsfaktor VIII übertragen worden war. Sein Vorgesetzter, Bruce Evatt, hatte schon vor Monaten, als der erste Bluter in Florida an Pneumocystosis gestorben war, mit dieser Möglichkeit gerechnet. Der neue Fall in Colorado überzeugte ihn endgültig. Weil Bakterien, Protozoen und einzellige Mikroben bei der Herstellung des Plasmas ohne weiteres herausgefiltert wurden, konnte das GRID-Syndrom nur durch ein Virus verursacht werden, den einzigen Organismus, der klein genug war, um die Filter passieren zu können.

Lawrence und Evatt waren überzeugt, daß es bald neue GRID-Patienten unter den Blutern geben werde. Und dann würde die Krankheit auch auf Empfänger von Bluttransfusionen übergreifen. Weil die Bluter das Blutplasma von sehr vielen Spendern bekamen, waren sie als erste betroffen.

AM GLEICHEN NACHMITTAG, CASTRO STREET, SAN FRANCISCO

Während Dale Lawrence in Denver seine Ermittlungen über den ersten in den Vereinigten Staaten nachgewiesenen GRID-Fall bei einem Bluter abschloß, ging Cleve Jones mit schnellen Schritten auf den Eingang des Hauses in der Castro Street zu, in dem die neue KS-Beratungsstelle –

der *Kaposi's Sarcoma Education and Research Foundation* – untergebracht war. Marc Conant und einige befreundete Ärzte hatten das Geld für die Miete zusammengelegt. Dies war das Büro der ersten Stiftung, die gegründet worden war, um etwas gegen die epidemische Immunschwäche zu unternehmen, und seine ganze Einrichtung bestand zunächst aus einer alten Schreibmaschine, die von einem homosexuellen Barmixer gestiftet worden war, Büromaterial, das Angestellte von ihrer Arbeitsstelle hatten mitgehen lassen, und einem Telefon, das eine Stunde, nachdem es angeschlossen worden war, zu läuten anfing.

Von da an rissen die Anrufe nicht mehr ab.

FEDERAL BUILDING, SAN FRANCISCO

Bill Kraus hatte große Achtung vor dem Kongreßabgeordneten Phillip Burton aus San Francisco. Harvey Milk hatte ihm den stattlichen Politiker einst auf einer Parteiversammlung gezeigt und ihn als »Il Patrón« des liberalen demokratischen Establishments der Stadt bezeichnet. Der Abgeordnete hatte eine einflußreiche Gruppe liberaler Männer um sich versammelt, die schon seit zwei Jahrzehnten die Lokalpolitik beherrschte. Dies hatte er vor allem seiner außerordentlich geschickten Taktik und der Tatsache zu verdanken, daß er die Schwarzen, die Gewerkschaften und die Homosexuellen auf seine Seite gebracht hatte. So war es Burton auch gelungen, die Wahl des inzwischen verstorbenen George Moscone zum Bürgermeister durchzusetzen, der in Kalifornien als mächtigster Politiker nach dem Gouverneur galt. Burtons jüngerer Bruder John war ebenfalls Kongreßabgeordneter. Phil Burton selbst war Mitglied des Repräsentantenhauses, und bei der Wahl des Mehrheitsführers im Jahr 1976 hatte ihm nur eine Stimme gefehlt.

Doch sein großer Ehrgeiz, im politischen Ränkespiel der Hauptstadt Washington eine entscheidende Rolle zu spielen, hatte ihn an der Basis Wählerstimmen gekostet, so daß er 1982 um seine Wiederwahl bangen mußte. Die Republikaner hatten den Senator Milton Marks nominiert, den einzigen Politiker ihrer Partei, der sich in jüngster Zeit auf der Ebene der Lokalpolitik einen Namen gemacht hatte. Seine Erfolge bei schwierigen Wahlen hatte er der Tatsache zu verdanken, daß er sich seit Jahren um die homosexuelle Wählerschaft bemühte. Obwohl der liberale Marks der immer mehr zum Konservativismus neigenden Partei in Kalifornien ein Dorn im Auge war, tolerierten sie ihn, da seine Kandidatur die Möglichkeit eröffnete, den Störenfried

Burton loszuwerden. Deshalb wurde Marks im Wahlkampf mit ansehnlichen Spenden republikanischer Aktionskomitees unterstützt.

Burton hatte Bill Kraus um ein Gespräch gebeten. Er brauchte einen Verbindungsmann zur Schwulenszene.

»Was ist gegenwärtig Ihr dringendstes Problem?« fragte er Bill Kraus.

»Der Homosexuellenkrebs«, sagte Bill.

Daß diese Antwort so spontan kam, verblüffte sogar Bill selbst. Er hatte die GRID-Epidemie in den vergangenen Monaten nicht besonders ernst genommen. Wie die meisten anderen betrachtete er seinen Hautausschlag mit einigem Mißtrauen, aber im Grunde hielt er den Homosexuellenkrebs für eine Krankheit, die nur für leichtsinnige Leute mit Tausenden von Sexualkontakten gefährlich werden konnte. Das hatte er jedenfalls in der Zeitung gelesen.

Trotzdem gab es Grund zur Besorgnis. Bill erklärte, es sei unverständlich, daß die Regierung die Öffentlichkeit nicht alarmiere und nicht große Geldsummen für die Bekämpfung der Seuche zur Verfügung stelle. Er vermute, man rede nicht über die Epidemie, weil man kein Geld ausgeben wolle. Die Regierung brauche das Geld wahrscheinlich, um die Todesschwadronen in Mittelamerika zu finanzieren.

Burton beeilte sich zu erklären, natürlich werde er Bills Forderungen unterstützen und dafür sorgen, daß die geeigneten Maßnahmen gegen den Homosexuellenkrebs ergriffen würden. Er erinnerte seinen Gesprächspartner aber sehr deutlich daran, daß man zuerst die Wahlen gewinnen müsse.

Bill Kraus war entzückt von seiner neuen Aufgabe als Verbindungsmann zu dem Kongreßabgeordneten. Seine Beziehungen zu Kico Govantes hatten sich in letzter Zeit abgekühlt. Er hatte Kico die ganze Schwulenszene vorgeführt und die nach seiner Meinung befreiende Sexualität so überschwenglich verteidigt, daß Kico nun doch begonnen hatte, seine eigenen Erfahrungen auf diesem Gebiet zu machen. In der Hoffnung, die allmählich schwindende Leidenschaft neu zu beleben, hatte Bill seinen Freund in der letzten Zeit bei seinen Ausflügen in die Saunen begleitet.

Kico fühlte sich dort noch immer nicht recht wohl, denn dieser Betrieb kam ihm irgendwie schmutzig, ja geradezu sündhaft vor. Außerdem hatte er eine Beziehung zu einem gutaussehenden älteren Architekten angeknüpft und mußte seine Triebe deshalb nicht an-

237

derswo befriedigen. Bill war schrecklich eifersüchtig, und die neue politische Aufgabe war für ihn etwas wie ein Ventil, innere Spannungen abzubauen. Er war nie ein großer Freund von Alkohol oder Drogen gewesen. Zwar hatte er gelegentlich Kokain geschnupft, aber er zog es vor, sich durch Arbeit von persönlichen Problemen ablenken zu lassen. Seine neue Aufgabe erlaubte es ihm, sich an der Arbeit im Kongreß zu beteiligen, und das war nach seiner Ansicht die einzige politische Tätigkeit, mit der sich etwas bewirken ließ.

HARVARD SCHOOL OF PUBLIC HEALTH,
CAMBRIDGE, MASSACHUSETTS

Endlich waren die mit Spannung erwarteten Blutproben aus einer japanischen Klinik für Infektionskrankheiten eingetroffen, und Dr. Max Essex brachte sie sofort in sein Laboratorium. Die Experimente zur Feststellung von Antikörpern gegen das Human T-cell Leukemia-Virus, HTLV, ließen sich ohne Schwierigkeiten mit den Reagenzien aus dem Laboratorium von Dr. Bob Gallo an der Abteilung für Tumorzell-Biologie im NCI durchführen. Sie brachten die erwarteten Ergebnisse. Patienten dieser Klinik, die an von Bakterien verursachten Infektionskrankheiten oder infektiösen Pneumonien litten, wurden dreimal häufiger mit HTLV infiziert als nicht an Infektionskrankheiten leidende Personen. Dies war der Beweis dafür, daß ein übertragbarer Erreger, besonders ein Retrovirus, Krankheiten hervorrufen konnte, indem es das menschliche Immunsystem schwächte. Essex vermutete, daß bestimmte Stämme dieses Virus eher eine Immunschwäche verursachten als andere. Vielleicht war es sogar das HTLV selbst, welches das GRID-Syndrom verursachte.

Essex beschloß, sich in diesem Sommer intensiv mit der Untersuchung des Blutes von GRID-Patienten zu beschäftigen, um festzustellen, ob es mit HTLV infiziert war.

18. JUNI, CENTERS FOR DISEASE CONTROL, ATLANTA

Fast jeder Wissenschaftler bei den CDC war überzeugt, daß die Vergleichsstudie den Nachweis erbrachte, daß GRID eine Infektionskrankheit war. Doch die Veröffentlichung der Studie wurde von einer Flut von Einschränkungen und Vermutungen seitens der Beamten der CDC begleitet.

Merkwürdigerweise waren es gerade Jim Curran und das CDC-

Forscherteam, die die Gefahren herunterspielten. Um die Öffentlichkeit nicht zu beunruhigen, versicherten Curran und Harold Jaffe den Reportern, es gebe keinen Beweis dafür, daß GRID eine Infektionskrankheit sei. So erregte die Studie nur für kurze Zeit die Aufmerksamkeit der Medien und geriet bald in Vergessenheit.

Gaetan Dugas gestand nur wenigen Freunden, daß er die »Orange County Connection« war. Unter dieser inoffiziellen Bezeichnung wurde die Studie bekannt, denn Gaetan stand im Mittelpunkt des Beziehungsgeflechts zwischen den GRID-Patienten in New York, Los Angeles und dem Orange County. Obwohl die *Air Canada* ihn beurlaubt hatte, verfügte der dreißigjährige Steward immer noch über die Freiflugscheine, die es ihm erlaubten, kostenlos die ganze Welt zu bereisen. Er reiste gern, hatte aber jetzt beschlossen, sich in San Francisco niederzulassen. Hier ließ er sich in der GRID-Klinik mit Interferon behandeln.

In der Schwulenszene sprach man damals viel von diesem eigenartigen jungen Burschen, der Stammgast in der Sauna an der Ecke der Achten und der Howard Street war. Wenn er mit einem Partner Geschlechtsverkehr gehabt hatte, schaltete er das Licht in der abgedunkelten Kabine ein und zeigte ihm seine Kaposi-Läsionen.

»Ich habe den Schwulenkrebs«, sagte er dann. »Ich werde sterben, und auch du wirst sterben müssen.«

6. JULI, CASTRO STREET, SAN FRANCISCO

Cleve Jones hatte den ganzen Nachmittag auf der Castro Street Flugblätter verteilt, die zur ersten öffentlichen Podiumsdiskussion der *Kaposi's Sarcoma Foundation* am folgenden Abend einluden. Als er in die Wohnung seines Freundes Felix Velarde-Munoz kam, stand er immer noch unter dem Eindruck der vielen Diskussionen über das GRID-Problem und die neue Organisation. Es war ihm unverständlich, wie die anderen führenden Homosexuellen dieser Sache so gleichgültig gegenüberstehen konnten. Er hatte Pat Norman um eine Liste von Ärzten gebeten, an die er die ungezählten besorgten Anrufer verweisen könnte. Pat sagte, sie müsse sich erst einmal überlegen, wie man diese Informationen am besten unter die Leute bringen könne.

Die Menschen starben, und die homosexuellen Bürokraten zerbrachen sich wegen Verfahrensfragen den Kopf. Die homosexuellen Ärzte hatten sich noch nicht dazu entschließen können, Richtlinien für eine

239

Verminderung der Ansteckungsgefahr zu entwerfen. Cleve hatte den halben Tag herumtelefoniert und homosexuelle Anwälte gebeten, sich seiner Organisation anzuschließen, um der Stiftung durch ihre Mitarbeit mehr Glaubwürdigkeit zu verleihen. Aber keiner schien sich besonders dafür zu interessieren. Sie erklärten, sie seien schon anderweitig politisch engagiert.

Cleve nahm einen großen Schluck von seinem Wodka mit Tonic, zündete sich eine neue Marlboro an und stellte fest, daß Felix kaum ein Wort sagte. Cleve hatte bisher die ganze Zeit von sich erzählt. Jetzt fragte er seinen Freund, was er in letzter Zeit erlebt habe. Felix hatte sich als Anwalt auf Bürgerrechtsfragen spezialisiert. Bei den Prozessen, mit denen er zu tun hatte, ging es meistens um Grundsatzurteile, die vor dem Obersten Gericht des Staates Kalifornien verhandelt wurden. Der gutaussehende Jurist wußte jedoch nicht viel zu erzählen. Er klagte darüber, daß er in letzter Zeit oft völlig erschöpft sei und abends, wenn er von der Arbeit nach Hause käme, meist sofort zu Bett ginge. Cleve kam das eigenartig vor. Sie hatten im Sommer 1980 einen romantischen Urlaub zusammen verbracht und an den heißen Nachmittagen stundenlang miteinander getanzt. Damals hatte Felix nie über Müdigkeit geklagt.

Cleves Gedanken wandten sich wieder der morgigen Forumsdiskussion zu. Er dachte an die neuen Worte, die er lernen mußte: Ausdrücke wie Intubation und Interferon. Plötzlich entschuldigte sich Felix, stand auf, lief zur Tür hinaus ins Freie und übergab sich. Cleve verabschiedete sich höflich und suchte eine Bar auf.

Felix sprach mit niemanden darüber – nicht einmal mit seinen besten Freunden. Ihm war es ebenso gegangen wie Hunderten seiner Leidensgenossen in San Francisco; sein Arzt hatte vor einigen Tagen ein ernstes Gespräch mit ihm geführt. Er hatte ihm gesagt, die Pilzinfektion in seinem Mund, die Erschöpfungszustände und der Nachtschweiß könnten Anzeichen dafür sein, daß auch er an GRID erkrankt war. Sein Gesundheitszustand müsse sorgfältig überwacht werden, denn es sei durchaus möglich, daß er sich verschlimmerte. Nun versuchte Felix, diese Befürchtungen zu verdrängen.

Rodger McFarlane und andere Mitarbeiter der Organisation *Gay Men's Health Crisis* waren eifrig damit beschäftigt, freiwillige Helfer für den Dienst am Notruftelefon auszubilden. Die freiwilligen Helfer mußten eine Menge wissen, von den komplexen Funktionen des Immunsystems bis zum psychologisch einfühlsamen Umgang mit gesunden Männern, die nachts nicht schlafen konnten, weil sie glaubten, irgendein Lymphknoten hätte sich vergrößert. Andere Helfer wurden gebraucht, um verzweifelten Anrufern den unwahrscheinlich schwierigen Behördenweg zu erleichtern, wenn sie sich ihre Arbeitsunfähigkeit bescheinigen lassen wollten oder Sozialhilfe beantragen mußten. Bei jeder Behörde gab es ein paar wenige Sozialarbeiter, die Verständnis für die Erkrankten zeigten, und man mußte diese Leute kennen, um nicht von irgendwelchen verständnislosen Bürokraten abgewiesen zu werden.

McFarlane hatte sich vorgenommen, Vorschläge für eine langfristige Planung dieser Arbeit auszuarbeiten. Doch dafür war keine Zeit — immer wieder mußte er selbst bei Notfällen eingreifen, mußte irgendwo einem Kranken die Laken wechseln, damit dieser nicht die ganze Nacht im eigenen Dreck lag. Und dann wollte der arme Kerl sich mit ihm aussprechen, weil er den Besuch seiner Familienangehörigen erwartete, die nicht wußten, daß er schwul war, geschweige denn, daß er sich mit dem Homosexuellenkrebs infiziert hatte. Ein solches Gespräch dauerte nicht unter zwei Stunden.

Die Meinungsverschiedenheiten zwischen Larry Kramer und Paul Popham über Ziele und Aufgaben der GMHC führten zu erheblichen Spannungen. Paul hielt es für notwendig, für die Dauer der Epidemie ein ganzes Netz sozialer Dienste für in Not geratene Homosexuelle zu schaffen. Es hatte sich gezeigt, daß die Stadt nicht bereit war, viel für eine Minderheit zu tun, die in einer so großen Stadt kaum einen politischen Einfluß hatte. Larry Kramer hingegen wollte darauf hinarbeiten, daß die Schwulen selbst aktiv wurden und für die ihnen zustehende soziale Unterstützung kämpften.

Ein weiterer Streitpunkt war die Frage, was man den Homosexuellen raten sollte. Nach Auffassung von Larry sollte die GMHC den Homosexuellen unbedingt den gleichen Rat geben wie die Ärzte: sie sollten auf den Geschlechtsverkehr verzichten oder zumindest die Sexualpraktiken aufgeben, bei denen Sperma in den Körper des Partners gelangte. Die meisten leitenden Mitglieder der Organisation waren gerade von einem heißen Sommerurlaub auf Fire Island zurück-gekehrt und hatten anschließend aufregende Nächte in den Saunen von Manhattan durchlebt. Es fiel ihnen daher schwer, jetzt von einem Lebensstil Abschied zu nehmen, der ihnen in den vergangenen zehn Jahren zur Gewohnheit geworden war. Wer dieses Leben verurteilte, lief Gefahr, als prüder Keuschheitsapostel zu gelten. In der Juliausgabe des Nachrichtenblatts der GMHC, der ersten nichtwissenschaftlichen Veröffentlichung eines Interessenverbandes über die vor einem Jahr zum Ausbruch gekommene Epidemie, wurden verschiedene Vor-schläge für die Verringerung der Risiken gemacht.

»Zahlreiche Ärzte – und unter ihnen viele, die selbst homosexuell sind – haben ihren schwulen Patienten geraten, sich bei ihren sexuellen Aktivitäten auf weniger Partner zu beschränken und darauf zu achten, daß diese Partner gesund sind«, hieß es. »Die *Zahl* der Sexualpartner erhöht das Risiko – nicht der Sex als solcher.«

Doch der Soziologe Marty Levine hielt solche Vorstellungen für »Selbstbetrug« und meinte, Empfehlungen dieser Art würden nur »eine Panik auslösen«. Weiter behauptete er: »Zweihundertachtund-siebzig von möglichen elf Millionen Fällen (so viele Homosexuelle gibt es in Amerika) – das kann man unmöglich als Epidemie bezeichnen.«

Die GMHC vertrat die Auffassung, daß es ihre Aufgabe sei, die homosexuellen Männer über den neuesten Stand der Kenntnisse auf dem laufenden zu halten, ihnen jedoch selbst die Entscheidung zu überlassen, wie sie sich verhalten wollten. Auch über diese Frage kam es zu einer heißen Debatte zwischen Larry Kramer und den anderen Mitgliedern im Führungsgremium der Organisation. »Es ist nicht unsere Sache, anderen Leuten zu sagen, was sie im Bett tun sollen«, hielten die anderen Larry vor. Larry jedoch war der Ansicht, genau das müsse man tun, um die Menschen davor zu bewahren, daß sie einer sexuell übertragenen Infektionskrankheit zum Opfer fielen. Er wurde zwar überstimmt, war aber dennoch überzeugt, daß seine Gegner ihre Meinung ändern würden. Es fragte sich nur, wie viele Menschen bis dahin noch sterben mußten.

13. JULI, MT. SINAI HOSPITAL, NEW YORK CITY

Schon bevor Dr. Jim Curran von den CDC das Wort ergriffen hatte, war es unter den Tagungsteilnehmern zu erregten Diskussionen über die vor wenigen Tagen erschienene jüngste Ausgabe des *MMWR* gekommen. Der darin abgedruckte Bericht bestätigte endlich, was die

Ärzte in New York City und Miami schon seit dem vergangenen Jahr wußten – daß in allen Flüchtlingsgruppen aus Haiti, die in ihren Städten Zuflucht gesucht hatten, mehrere Personen an dem sogenannten Schwulenkrebs erkrankt waren. Der *MMWR* dokumentierte bei den Haitianern vierunddreißig Fälle mit opportunistischen Infektionen, wie sie auch bei Homosexuellen und bei drogensüchtigen Fixern aufgetreten waren. Die meisten Haitianer litten entweder an Pneumocystosis oder an Toxoplasmose. Einige hatten sich allerdings auch eine tödliche Hirninfektion mit dem Cryptococcus oder eine über den ganzen Organismus verbreitete Tuberkulose zugezogen. Anders als die homosexuellen Männer schienen nur wenige Haitianer das Kaposi-Sarkom zu bekommen. Ihr Blut zeigte jedoch den gleichen Mangel an T-Helfer-Lymphozyten, der bei allen Risikogruppen festzustellen war.

»Das Auftreten opportunistischer Infektionen bei erwachsenen Haitianern ohne eine vorangegangene, das Immunsystem schwächende Therapie oder Krankheit wurde bisher noch nicht gemeldet«, hieß es in dem Bericht. Mit anderen Worten, die CDC erklärten, so etwas sei noch nie vorgekommen und man könne sich nicht vorstellen, weshalb es jetzt plötzlich geschah. Die Haitianer stellten die Wissenschaft sozusagen vor ein neues Rätsel. Doch die schlimmste Nachricht stand noch aus.

Als Curran zu sprechen begann, kühlte sich die Atmosphäre im Versammlungsraum merklich ab. Er sagte, es gebe jetzt noch eine weitere Risikogruppe. Noch diese Woche würden die CDC die Krankengeschichten von drei Blutern veröffentlichen, die sich offenbar durch den Faktor VIII mit einer Immunschwäche infiziert hatten. Die drei Patienten waren, wie Curran wußte, die Bluter in Canton und Denver, deren Krankengeschichte Dale Lawrence kürzlich überprüft hatte, und ein älterer Mann aus Florida, dessen Erkrankung den CDC im Januar gemeldet worden war. Die Zuhörer quittierten Currans Bericht mit entsetztem Schweigen.

Nach dem Vortrag flüsterte irgend jemand Curran etwas über einen GRID-Fall in Montreal zu, der angeblich durch eine Bluttransfusion verursacht worden war.

Die Ärzte standen in kleinen Gruppen zusammen und sprachen darüber, welche Folgerungen daraus zu ziehen seien, daß die Immunschwäche nun auch bei Blutern auftrat. Zuerst waren es nur die Homosexuellen gewesen, dann die Fixer und jetzt die Bluter. Das waren auch die am stärksten durch die Hepatitis B gefährdeten Risikogruppen. Sie wußten auch, daß es bei der Hepatitis B noch eine Risikogruppe gab. Zu ihr gehörten Ärzte, Krankenschwestern und Angestellte im Gesundheitsdienst. In den Krankenhäusern wurde jetzt das gesamte Pflegepersonal mit der neuen Hepatitis-B-Vakzine geimpft. Dies war ein erster Versuch, diesen Personenkreis wirksam vor der gefürchteten Krankheit zu schützen. Würde sich bei GRID das gleiche wiederholen? Viele Ärzte fragten sich, ob nicht sie selbst in der nächsten Ausgabe des *MMWR* als nächste Risikogruppe genannt werden würden.

Bis zum 15. Juli waren den Centers for Disease Control vierhunderteinundsiebzig GRID-Fälle gemeldet worden. Einhundertvierundachtzig Patienten waren gestorben. Die Opfer lebten in vierundzwanzig Staaten, und die Diagnosen häuften sich. Allein in den vergangenen zwölf Wochen war ein Drittel der Fälle gemeldet worden. Im Februar wurden täglich 1,5 neue Fälle diagnostiziert. Im Juli waren es 2,5. Jetzt endlich entschlossen sich die CDC dazu, öffentlich vom Ausbruch einer Immunschwäche-Epidemie zu sprechen.

In einem Interview mit der *Washington Post*, das am 18. Juli abgedruckt wurde, sagte Jim Curran: »Jetzt stehen wir unter Druck und müssen die Ursache finden. Vielleicht gibt es noch weitere gefährdete Gruppen ... Wir müssen die Lösung des Problems finden.«

17. Die Epidemie läßt sich nicht eindämmen

JULI 1982, PARIS

Im Sommer 1982 hatte die Verwaltung des Claude-Bernard-Hospitals am Stadtrand von Paris endlich genug von dem unverbesserlichen Dr. Willy Rozenbaum. Ein Jahr lang bevölkerten nun schon homosexuelle Patienten die dermatologische Abteilung, an denen Rozenbaum epidemiologische Untersuchungen vornahm, die von offizieller Seite weder genehmigt waren noch unterstützt wurden. Das Krankenhaus galt inzwischen als Spezialklinik für diese Homosexuellenkrankheit, was die Verwaltung mit Argwohn zur Kenntnis nahm. Anständige Menschen sollten mit dieser Sache nichts zu tun haben, hieß es. Dr. Rozenbaum bekam diese Ansicht deutlich zu spüren. Man stellte dem sechsunddreißigjährigen Spezialisten für Infektionskrankheiten ein Ultimatum: Entweder er gab das Studium dieser Krankheit auf und kehrte in den »legitimen« Bereich der medizinischen Forschung zurück, oder er packte seine Sachen und ging.

Die Verantwortlichen atmeten auf, als Rozenbaum im Sommer eine neue Stellung am Pitie-Salpetriere-Hospital annahm, wo er seine Studien fortsetzen durfte, wenn er dabei auch nicht mit der begeisterten Unterstützung seiner Vorgesetzten rechnen konnte. Rozenbaum wußte, daß er seine Karriere mit der GRID-Forschung gefährdete, doch er ging unbeirrt seinen Weg und wurde so in Europa zum führenden Fachmann auf diesem Gebiet.

Später sollte gerade die Krankenhausverwaltung, die ihm solche Schwierigkeiten gemacht hatte, verzweifelt nach Fachleuten suchen und sich darum bemühen, in diesem Bereich als führende Pariser Klinik anerkannt zu werden.

Als Willy Rozenbaum seine Stelle am Claude-Bernard-Hospital verlor, hatte sich die epidemische Immunschwäche bereits auf elf europäische Länder ausgebreitet: Belgien, die Tschechoslowakei, Dänemark, die Bundesrepublik, die Niederlande, Italien, Norwegen, Spanien, die Schweiz, Großbritannien und Frankreich.

27. JULI, WASHINGTON, D. C.

Wer sich nicht an die Grundsätze der Wissenschaft hält, fordert das Chaos heraus.

In der Welt, in der Dale Lawrence lebte und arbeitete, war dies ein fundamentaler Glaubenssatz. Und gerade daran mußte er denken, als er sich auf den Weg zu einer Konferenz begab, an der auch sein Chef, Dr. Bruce Evatt, und Don Francis teilnehmen würden. Außerdem waren führende Hersteller von Blutkonserven, Vertreter von Bluter-Organisationen, Aktivisten der Homosexuellenbewegung und Beamte der NIH und der *Food and Drug Administration* eingeladen. Die CDC hatten gehofft, die auf freiwillige Spenden angewiesenen Blutbanken und die gewinnorientierten Hersteller von Blutkonserven würden nach den jüngsten alarmierenden Meldungen sofort entscheidende Maßnahmen ergreifen, um eine Kontamination der Blutkonserven zu verhindern.

Inoffiziell wurde bei den CDC die Auffassung vertreten, es müßten sofort Richtlinien für die Auswahl der Spender erarbeitet werden. Man mußte Personen, die zu den Risikogruppen gehörten – also homosexuelle Männer, Haitianer und drogenabhängige Fixer–, ersuchen, sich nicht mehr als Blutspender zur Verfügung zu stellen. Die wissenschaftliche Logik sprach dafür – doch wie immer, wenn es um einen politischen Aspekt dieser Epidemie ging, konnte sich auch diesmal die wissenschaftliche Logik nicht durchsetzen.

Die Vertreter der organisierten Bluter bezweifelten sofort die Richtigkeit der Daten, die zu dem Verdacht geführt hatten, die Immunschwäche bei den erkrankten Blutern sei auf eine Kontamination des Faktors VIII zurückzuführen. Sie verwiesen auf die Aussagen von Wissenschaftlern, die behaupteten, die Immunschwäche bei homosexuellen Männern sei die Folge einer Überbelastung des Patienten durch mehrere Infektionskrankheiten. Vielleicht träfe dies auch bei den erkrankten Blutern zu, die mehr als andere einer Infektion mit im Blut lebenden Viren ausgesetzt seien und deshalb mit ähnlichen Belastungen des Immunsystems fertig werden müßten wie die Homosexuellen. Sie erklärten, es sei zu früh, hier eine Behauptung als wissenschaftlich gesichert hinzustellen. Auch die *National Hemophilia Foundation* wehrte sich dagegen, daß der Faktor VIII

246

für die Übertragung der Immunschwäche verantwortlich gemacht wurde, denn gerade dieses im Blutplasma enthaltende Globulin hatte in den vergangenen Jahren entscheidend zur Verbesserung der Überlebenschancen für Bluter beigetragen. Wollten die CDC wirklich von diesen zwanzigtausend betroffenen Amerikanern verlangen, daß sie wieder zu den veralteten Techniken zurückkehrten und sich der Gefahr aussetzten zu verbluten, weil ihrem Blut der Gerinnungsfaktor fehlte?

Die Mitarbeiter der CDC hingegen fragten sich, ob es den Blutern vielleicht unangenehm sei, mit den Homosexuellen in Verbindung gebracht zu werden.

Die Vertreter der Homosexuellenverbände reagierten noch empfindlicher als die Bluter. Ein homosexueller Arzt aus New York City, Dr. Roger Enlow, versuchte die Versammlung davon zu überzeugen, daß es noch viel zu früh sei, Richtlinien zu erlassen. Solche Maßnahmen hätten Auswirkungen auf die Bürgerrechte von Millionen Amerikanern, erklärten die Vertreter der Homosexuellen. Nur Dr. Dan William meinte, der Verzicht auf homosexuelle Blutspender sei unter Umständen ein Schritt in die richtige Richtung und könne manchem Patienten das Leben retten. Diese Bemerkung hat Williams Ansehen in der Schwulenszene erheblich geschadet.

Die einzige Behörde, die ermächtigt war, Richtlinien für den Blutspendedienst zu erlassen, war die *Food and Drug Administration*. Diese Behörde war sich schon zu Beginn der Konferenz der Gefahr bewußt, daß es dabei zu Kompetenzstreitigkeiten kommen konnte. Einige ihrer Beamten ärgerten sich darüber, daß sich die CDC mit den Herstellern von Blutkonserven in Verbindung gesetzt und damit in ihren Zuständigkeitsbereich eingegriffen hatten. Außerdem zweifelten viele Mitarbeiter der *Food and Drug Administration* schlichtweg an der Existenz dieser epidemischen Immunschwäche. Im persönlichen Gespräch mit Beamten der CDC erklärten Vertreter der FDA, sie glaubten, die CDC hätten einige Krankheiten, zwischen denen keinerlei Zusammenhang bestünde, willkürlich zu einem Syndrom zusammengefaßt, um die Öffentlichkeit auf sich aufmerksam zu machen und den Staat zu veranlassen, die CDC reichlicher mit Geldmitteln auszustatten. Bürokraten hätten schon fragwürdigere Methoden angewendet, wenn es um ihr Budget ging. Angesichts der von der Reagan-Administration vorgenommenen Etatkürzungen wäre dies nicht einmal eine besonders ausgefallene Reaktion.

Am Schluß einigte man sich darauf, nichts zu unternehmen und die weitere Entwicklung abzuwarten. Man glaubte, die Lage werde sich bald klären und dann könne man die notwendigen Maßnahmen ergreifen. Nur weil drei Bluter erkrankt waren, dürfe man von der Regierung nicht politische Entscheidungen verlangen, die sich auf mehr als zweihundertzwanzig Millionen Amerikaner auswirken würden.

Die Konferenz brachte aber dennoch ein wichtiges Ergebnis. Vor mehr als einem Jahr hatten Michael Gottlieb und Alvin Friedman-Kien die ersten Fälle von Pneumocystosis und Hautkrebs gemeldet, und die Epidemie hatte immer noch keine international anerkannte Bezeichnung. Die Wissenschaftler verwendeten verschiedene Akronyme, wodurch sich der Umgang mit dieser seltsamen neuen Krankheit unbekannten Ursprungs noch verworrener gestaltete. Die Mitarbeiter der CDC lehnten das Akronym GRID ab und weigerten sich, es zu verwenden. Nachdem nun auch Bluter an dieser Immunschwäche erkrankt waren, schlug Jim Curran vor, künftig auf das Wort »gay« (schwul) im Zusammenhang mit dieser Krankheit zu verzichten und stattdessen einen neutralen Begriff zu verwenden. Das Akronym ACIDS hielt er für ein wenig grotesk.

Schließlich kam jemand auf die Bezeichnung »Acquired Immune Deficiency Syndrome« (Erworbenes Immunmangelsyndrom), und dabei ist es geblieben. Das neue einprägsame Akronym AIDS war darüberhinaus sexuell neutral. Mit dem Wort »acquired« (erworben) wurde angezeigt, daß es sich bei diesem Syndrom nicht um eine angeborene oder auf chemischem Wege verursachte Immunschwäche handelte, sondern daß sie durch irgendeinen anderen, wenn auch bisher unbekannten Faktor ausgelöst wurde.

Doch dieser Beschluß konnte nicht die Befürchtungen von Dale Lawrence zerstreuen, AIDS könne durch Bluttransfusionen übertragen werden. Die Theorie von der Überlastung des Immunsystems wurde nicht durch die Tatsachen gestützt. Bluter waren seit Jahrzehnten mit Transfusionen behandelt worden, und erst jetzt hatten sich drei von ihnen innerhalb weniger Monate mit der Pneumocystosis infiziert und zeigten die gleichen immunologischen Befunde wie die homosexuellen AIDS-Patienten.

Die Schwulen fürchteten sich davor, wieder in die Schlagzeilen zu kommen, und die Bluter wollten auf keinen Fall mit den Homosexuellen in einen Topf geworfen werden. Die Food and Drug Administration fühlte sich in ihrer Zuständigkeit übergangen und verschloß die Augen davor, daß es sich hier wirklich um eine Epidemie handelte und daß die Forderung der CDC nach einer Aufstockung ihres Etats völlig gerechtfertigt war.

Auf der Konferenz war aber auch noch eine andere Tatsache zur Sprache gekommen, die Dale Lawrence beunruhigte. Jim Curran und andere hatten darüber berichtet, daß in Gefängnissen AIDS-Fälle festgestellt worden waren, und ein kommerzieller Plasmahersteller hatte zugegeben, daß zahlreiche Strafgefangene Blut gespendet hatten. Er bezeichnete sie sogar als besonders zuverlässige Blutspender. Lawrence konnte nur stöhnen: »Mein Gott!«

Mitte 1982 gab es eine Menge Dinge zu ignorieren: Die Epidemie breitete sich schneller aus, als man den offiziellen Erklärungen entnehmen konnte. Mit der wissenschaftlichen Arbeit stand es nicht zum besten. Die Forscher nahmen neue Informationen vorurteilslos zur Kenntnis und leiteten entsprechende Untersuchungen ein. Die wenigen Wissenschaftler, die die Empfehlungen älterer Kollegen ignorierten und sich mit der neugetauften AIDS-Epidemie beschäftigten, mußten feststellen, daß sie nicht nur gegen eine rätselhafte Krankheit kämpften, sondern auch gegen die Gleichgültigkeit der Wissenschaft, der Regierung, der Massenmedien, der meisten homosexuellen Aktivisten und der Beamten in den Gesundheitsbehörden.

In der Bronx behandelte Dr. Arye Rubinstein jetzt sieben Säuglinge mit AIDS, aber nur wenige seiner Kollegen wollten seiner Diagnose glauben. Nachdem die Zeitschrift New England Journal of Medicine seinen Aufsatz über diese Säuglinge sechs Monate zurückgehalten hatte, schickte sie ihn an Rubinstein zurück – mit der Begründung, diese Kinder seien mit Sicherheit nicht an der Homosexuellenseuche AIDS erkrankt. Die Ärzte bei den CDC fanden seine Erkenntnisse zwar interessant, doch sie äußerten sich nur sehr vorsichtig dazu. Die anderen Bundesgesundheitsbehörden beobachteten die CDC voller Mißtrauen und Eifersucht, weil sie fürchteten, daß diese die Epidemie dazu benutzen würden, um ihnen etwas von ihren ohnehin knappen Geldmitteln wegzunehmen. Daher mußte jede von den CDC gemeldete neue Entwicklung zuvor gründlich geprüft werden, damit man ihren Gegnern in der Regierung keinen Vorwand lieferte, sie in Mißkredit zu bringen.

Rubinstein hatte die schlimmsten Befürchtungen. Er mußte erreichen, daß die Leute ihm glaubten. Die unausrottbare Vorstellung der Angehörigen des wissenschaftlichen Establishments, die meisten AIDS-Opfer seien homosexuell, machte sie blind gegenüber den schrecklichen Gefahren, die anderen Bevölkerungsteilen in Amerika drohten. Wenn man sich darüber klar wurde, was diese neuen AIDS-Fälle wirklich bedeuteten, dann konnte man nicht mehr daran zweifeln, daß noch viele kranke Kinder von infizierten Müttern geboren werden würden. Viele dieser Mütter würden sterben. Wer sollte sich dann um ihre Kinder kümmern? Wie würde sich die Gesellschaft gegenüber Menschen verhalten, die augenscheinlich nur geboren waren, um an einer so furchtbaren Krankheit zu sterben?

2. AUGUST, NEW YORK CITY

Dan Rather setzte eine feierliche Miene auf, als er zu Beginn der Abendnachrichten der Fernsehanstalt CBS in die Kamera blickte.

»Beamte der Bundesgesundheitsbehörden halten es für eine Epidemie. Und doch hat man bisher nur wenig darüber gehört. Zuerst schien nur ein bestimmter Teil der Bevölkerung davon betroffen zu sein. Jetzt ist das, wie wir von Barry Peterson erfahren, nicht mehr der Fall.«

Die Geschichte, die hier erzählt wurde – es war einer der ersten Fernsehberichte über AIDS –, enthielt alle Elemente, die notwendig waren, um die Fernsehzuschauer zu fesseln: Bobbi Campbell sprach davon, wie sehr er am Leben hing; Larry Kramer erklärte, die Regierung habe die Forschung nicht energisch genug vorangetrieben, weil man die Krankheit für eine Homosexuellenseuche gehalten habe; Jim Curran steuerte die optimistische Note bei, als er erklärte, wenn es gelänge, das AIDS-Problem zu lösen, dann könne möglicherweise eine wirksame Behandlungsmethode für jeden Krebs gefunden werden.

»Aber bisher wurde kaum Geld dafür bereitgestellt«, schloß der Reporter Peterson. »Für Bobbi Campbell ist es ein Wettlauf mit der Zeit. Wie lange wird es dauern, bis er und alle anderen, die an dieser Krankheit leiden, endlich auf Heilung hoffen dürfen?«

Ein Satz, den Dan Rather in seiner Einführung gesagt hatte, faßte ungewollt das zentrale Dilemma des AIDS-Problems zusammen: »Man hat bisher nur wenig darüber gehört«. Drei Jahre später sollten Fernsehkommentatoren AIDS immer noch als eine Krankheit bezeichnen, von der man nur wenig hörte – so, als seien sie die hilflosen Zuschauer und nicht diejenigen, die für das Schweigen in den öffentlichen Medien mitverantwortlich waren.

Weil man nicht viel von dieser Krankheit gehört hatte, hat 1982 auch niemand außer ein paar heldenhaften Einzelgängern etwas dagegen unternommen. Doch es waren zu wenige, als daß sie etwas hätten bewirken können. Und deshalb stand von vorneherein fest, daß Bobbi Campbell ebenso wie Tausende anderer Amerikaner den Wettlauf gegen die Zeit verlieren mußte.

AUGUST, NATIONAL INSTITUTES OF HEALTH, BETHESDA

Seit Ausbruch der Epidemie war mehr als ein Jahr vergangen, und die *National Institutes of Health* hatten immer noch keinen umfassenden Plan für die gegen AIDS zu ergreifenden Maßnahmen. Die Initiativen beschränkten sich auf die Vergabe befristeter Aufträge an einzelne Ärzte, die sich zufällig für die erste epidemische Immunschwäche der Welt interessierten. In den über das ganze Land verteilten Krankenhäusern der NIH kämpften wenige Ärzte tapfer mit Hilfe aller nur denkbaren medizinischen Techniken um das Leben der AIDS-Patienten, und mußten sich schließlich doch geschlagen geben. In Bob Gallos Laboratorium in der Abteilung für Tumorzell-Biologie am Nationalen Krebsinstitut bestanden etwa zehn Prozent der geleisteten Arbeit darin, die geschädigten Lymphozyten von AIDS-Patienten zu untersuchen. Jim Goedert bemühte sich in seinem Laboratorium am NCI verzweifelt darum, alle greifbaren Fachleute darauf anzusetzen, das AIDS-Virus zu finden, doch seine Versuche scheiterten immer wieder daran, daß ihm die notwendigen Mittel fehlten. Sein Dilemma würde einem Außenseiter kaum verständlich zu machen sein, dachte er. Das Geld war im Budget eingeplant. Es war dem Kongreß gelungen, sich gegen die Absichten der Reagan-Administration durchzusetzen und die für den Etat der Gesundheitsbehörden vorgesehenen Kürzungen zum größten Teil zu verhindern. Aber die Administration revanchierte sich damit, daß sie es leitenden Beamten wie Goedert verbot, neues Personal einzustellen. Goedert hatte genug Geld, um Labortests zu bezahlen, den Einsatz von Computern zu finanzieren und das notwendige Material zu kaufen, aber er durfte keine neuen Fachleute beschäftigen. Deshalb verfügte er auch nicht über die Wissenschaftler, die er zur Überwachung der Forschungsvorhaben, für die Analyse der Daten und für die Erstellung der Forschungsberichte brauchte.

In anderen Laboratorien war es unter Umständen möglich, Gelder der NIH für die Forschung abzuzweigen, aber dort wurden keine wesentlichen Forschungen betrieben. Mittlerweile waren schon fast elf Monate vergangen, seit das Nationale Krebsinstitut das Symposium über das Kaposi-Sarkom in Bethesda abgehalten hatte, und noch immer hatte das Institut nicht den Antrag für die Finanzierungsvorschläge vorgelegt oder etwas unternommen, um für die AIDS-Forscher außerhalb von Bethesda Geldmittel freizumachen. Die Wissenschaftler außerhalb der staatlichen Institutionen waren darauf angewiesen, ihre Forschungsvorhaben selbst zu finanzieren.

CENTER FOR HUMAN TUMOR VIRUS RESEARCH,
UNIVERSITÄT VON KALIFORNIEN, SAN FRANCISCO

Das Auftreten der Immunschwäche bei Blutern hatte Dr. Jay Levy davon überzeugt, daß er die Beschäftigung mit dem Kaposi-Sarkom aufgeben und das Blut von AIDS-Patienten untersuchen müsse, um festzustellen, welche Mikrobe ihre T_4-Zellen zerstörte. Während die Wissenschaftler an der Ostküste noch über die Krankheitsursache debattierten, vertraten die Forscher an der Westküste mittlerweile fast einstimmig die Überzeugung, daß hier ein infektiöser Erreger am Werk war. Die Hypothese, daß es sich nur um einen einzigen Erreger handelte, stellte Levy vor ein neues Dilemma. Sein kleines Labor im zwölften Stockwerk des Gebäudes der Medizinischen Wissenschaften hatte sich zwar sehr gut für die Untersuchung der Hautkrebszellen des KS geeignet, doch nun behauptete die Universität, es verfüge nicht über die notwendigen Sicherheitsvorkehrungen für die Erforschung von Infektionskrankheiten. Um den von der Universität geforderten Sicherheitsstandard zu gewährleisten, brauchte Levy für seinen Durchflußzytometer einen Filter, der ⑯ 1500 kostete.

Wieder war Levy am Ende seines Lateins. Es ging ihm genauso wie vielen Laboratorien im ganzen Land, die sich mit der Erforschung von Tumor-Viren im menschlichen Organismus beschäftigten. Als Folge der von der Administration verordneten Etatkürzungen und der Tatsache, daß sich die Wissenschaft in letzter Zeit weniger für die Krebsvirus-Forschung interessierte, litten alle diese Einrichtungen an akutem Geldmangel. Viele von Levys Kollegen verließen die Universitäten und gingen zur Pharmaindustrie, und einige gaben die wissenschaftliche Forschung ganz auf. Levy wußte, schon nach wenigen Jahren würde in Amerika ein akuter Mangel an Retrovirologen herrschen, weil die Regierung nicht bereit war, die für ihre Arbeit notwendigen Mittel zur Verfügung zu stellen. 1985 würde man dann mit einer Katastrophe rechnen müssen. In dieser Lage wandte sich Jay Levy im April an einen reichen Freund und bat ihn um finanzielle Unterstützung, um seine beiden einzigen Mitarbeiter bezahlen zu können – eine technische Assistentin und eine Sekretärin, die ohnedies nur halbtags für ihn arbeiteten. Die Universität hatte ihm mitgeteilt, sie werde ihm kündigen müssen, wenn es ihm nicht gelänge, staatliche Zuschüsse für sein Laboratorium zu bekommen. Nun, da er am Beginn eines Forschungsvorhabens stand, bei dem er sich gute Chancen ausrechnete, den AIDS-Erreger zu finden, sollte alles daran scheitern, weil die $ 1500 für einen Filter fehlten!

Levy bat die Verwaltung der Universität um die Bewilligung dieses Betrags, aber seine Bitte wurde abgelehnt mit der Begründung, daß die Satzungen eine solche Sonderanweisung nicht zuließen.

Enttäuscht und verbittert wandte sich Levy an Marcus Conant, dessen Aufgabe es war, die Arbeit der Mediziner an der Universität von Kalifornien in San Francisco zu koordinieren. Conant hatte kein Verständnis für bürokratische Spitzfindigkeiten und traf sofort eine Entscheidung. »Wir werden uns an die Legislative wenden.« Conant hatte gute Beziehungen zu einigen homosexuellen Politikern und bat den Sprecher des Abgeordnetenhauses von Kalifornien um die $ 1500 für Levys Laboratorium.

Diese Eigenmächtigkeit des Retrovirologen erzürnte die Bürokraten an der Universität. Trotz der herrschenden Geldknappheit lehnten diese Beamten jede Einmischung durch die Politiker ab; sie glaubten, die schmutzige Tagespolitik dürfe keinen Einfluß auf die hehren wissenschaftlichen Arbeiten nehmen. Nichts war ihnen mehr zuwider, als daß irgendwelche Abgeordnete dieses oder jenes Forschungsprojekt finanziell unterstützten und damit in die Richtlinienkompetenz der Universitätsverwaltung eingriffen.

Aber Levy bekam sein Geld trotzdem. Ein Anruf des Sprechers des Abgeordnetenhauses beim Kanzler der Universität genügte. Aber die Überweisung erfolgte erst im Januar 1983 – sechs Monate später.

Sechs Monate, die über Leben und Tod entschieden. Später, als sein Laboratorium als eine von den drei Forschungseinrichtungen bekannt wurde, denen es gelungen war, den Erreger des Syndroms zu isolieren, mußte jeder erkennen, daß sich die Ausgabe von $ 1500 gelohnt hatte.

Das Desinteresse der akademischen Welt gegenüber dieser Homosexuellenkrankheit beschränkte sich nicht auf die Retrovirologie – und auch nicht auf San Francisco oder Paris. Auch in Los Angeles, wo Dr. Michael Gottlieb eine Klinik für die gründliche Untersuchung der immer zahlreicher werdenden AIDS-Patienten gefordert hatte, behinderte die Verzögerungstaktik des Beamtenapparats die Arbeit des Wissenschaftlers. Die Universität wollte nicht zu einem Zentrum für die Erforschung einer Homosexuellenkrankheit werden. Wahrscheinlich spielte hier auch die Eifersucht einiger Kollegen eine Rolle, denn der junge Arzt hatte mit seinen Forschungen im Lauf des vergangenen Jahres einiges Aufsehen erregt.

Bei den CDC bemühte sich Dr. Curran mit mäßigem Erfolg darum, namhafte Virologen und Forscher für das AIDS-Syndrom zu interessieren.

Die Universität von Kalifornien in San Francisco weigerte sich weiterhin standhaft, die einzige AIDS-Klinik in den Vereinigten Staaten einzurichten. Schließlich verfielen Marc Conant und Paul Volberding auf den Gedanken, die Klinik in das *San Francisco General Hospital* zu verlegen, das der Universität als Lehrkrankenhaus angegliedert war. Im Juli genehmigte die Stadtverwaltung die Bereitstellung der notwendigen Geldmittel für den Umbau einer Krebsklinik im Bezirkskrankenhaus zu einer ambulanten AIDS-Klinik, die Anfang 1983 ihre Arbeit aufnehmen sollte. Volberding rechtfertigte seinen Antrag auf die Gewährung eines Zuschusses aus dem Etat der Stadt San Francisco (die damit als erste Großstadt der Welt einen Geldbetrag für die Bekämpfung der AIDS-Epidemie zur Verfügung stellte), indem er darauf verwies, daß er vom 1. Juli 1981 bis zum 1. Juli 1982 zehn Patienten mit dem Kaposi-Sarkom hatte behandeln müssen. Die Berechnungsgrundlage für die bewilligten vierzigtausend Dollar war Volberdings Prognose, daß es im folgenden Jahr weitere zwanzig AIDS-Fälle geben werde. Das war allerdings eine hoffnungslos naive Prognose, aber in den Sommermonaten des Jahres 1982, als die Namen aller AIDS-Patienten in San Francisco noch Platz auf einer Wandtafel hatten, konnte man sich noch keine Vorstellung von der drohenden Katastrophe machen.

RAYBURN HOUSE OFFICE BUILDING, WASHINGTON, D.C.

In Washington hatte auch Tim Westmoreland den ganzen Sommer versucht, von den maßgebenden Leuten im amerikanischen Gesundheitsministerium eine klare Auskunft über die für die AIDS-Forschung vorgesehenen Mittel zu bekommen. Im Juli schlug das *National Cancer Institute* vor, im nächsten Rechnungsjahr $ 1,25 Millionen bereitzustellen, um damit die wissenschaftliche Forschung außerhalb der staatlichen Institutionen während der folgenden drei Jahre zu unterstützen. Westmoreland wußte nicht wie ihm geschah. Die Regierung wollte erst nach drei Monaten die Vorschläge für die zu finanzierenden Forschungsvorhaben entgegennehmen, und dann würden wahrscheinlich weitere neun Monate vergehen, bis das Geld zur Verfügung gestellt werden konnte. Für das jetzt zu Ende gehende Rechnungsjahr hatte das NCI insgesamt $ 450000 zur Unterstützung der privaten Forschung ausgegeben. Im folgenden Jahr sollten es $ 520000 sein. Aus seinem Etat von einer Milliarde Dollar hatte das NCI für die von ihm durchgeführten Studien über das Kaposi-Sarkom ganze $ 291000 ausgegeben – also ein vierzigstel Prozent des ihm zur Verfügung stehenden Geldes. Im gleichen Zeitraum hatten die *Centers for Disease Control* von ihrem Etat in Höhe von insgesamt zweihundertzwei Millionen Dollar etwa zwei Millionen Dollar für die AIDS-Forschung ausgegeben.

In einem Schreiben vom 5. August erläuterten die *National Institutes of Health* Bill Kraus im einzelnen, was die staatlichen Gesundheitsbehörden auf diesem Gebiet unternommen hatten. Die mit dem Riesenetat von vier Milliarden Dollar ausgestatteten NIH hatten insgesamt zwölf Experimente vom *National Cancer Institute* und dem *National Institute for Allergy and Infectious Diseases* durchführen lassen. Ein Bericht über das ganze AIDS-Forschungsprogramm füllte gerade drei Schreibmaschinenseiten. Von zukünftigen Forschungsvorhaben war nicht die Rede.

FIFE'S RESORT, RUSSIAN RIVER, KALIFORNIEN

Gary Walsh schien endlich sein Einsiedlerleben aufgeben zu wollen. Er ist wieder so bezaubernd wie früher, dachte Joe Brewer. Joe lag im Schatten der hohen Redwoods neben dem Schwimmbecken von Fife's, eines von vielen Homosexuellen besuchten Kurorts, und dachte über sein Verhältnis zu Gary nach. Ihr Entschluß, bei diesem Liebesverhältnis auf sexuelle Begegnungen zu verzichten, war richtig gewesen. Gary war kürzlich in eine prächtige Wohnung oberhalb des Castrobezirks mit einem herrlichen Blick auf San Francisco gezogen. Matt Krieger hatte sich in das etwa anderthalb Kilometer von hier entfernte komische Häuschen zurückgezogen, das er und Gary vor einiger Zeit gekauft hatten. Auch Joe hatte gegenwärtig keinen Partner, und so konnten er und Gary sich gegenseitig bemitleiden. Sie unterhielten sich über die Schwierigkeiten bei der Suche nach einem geeigneten Liebhaber, genossen das sonnige Wetter und machten Pläne für ihren Weihnachtsurlaub in Mexiko.

Gary Walsh hatte sich in das im Country-Stil gebaute Blockhaus zurückgezogen und bestrich den schuppigen roten Ausschlag über seinen buschigen Augenbrauen mit einer Hautcreme. Er haßte diese Cremes und ärgerte sich darüber, daß sein Gesicht durch diesen häßlichen Ausschlag verunstaltet wurde, der sich durch nichts vertreiben ließ. Im tiefsten Innern fürchtete sich der achtunddreißigjährige Mann davor, zu erfahren, was dieser Hautausschlag wirklich bedeutete – das erste sichtbare Zeichen für das Versagen seines Immunsystems. Bisher hatte noch kein Arzt offen mit ihm darüber gesprochen.

An diesem heißen Wochenende im August hatte er dieses Thema aus seinen Gedanken verbannt. Auch mit Matt oder Joe hatte er nie darüber gesprochen. Aber Gary wußte, die Krankheit würde bei ihm mit Sicherheit ausbrechen. Er konnte nichts anderes tun als warten ...

Gary betupfte sich die Stirn noch einmal mit der Hydrokortison-Salbe und überprüfte sein Lächeln im Spiegel, bevor er das Blockhaus verließ und zu Joe an das Schwimmbecken zurückkehrte.

BELLEVUE HOSPITAL, NEW YORK CITY

Der Patient, ein Familienvater spanischer Abstammung, litt an einer schweren Pneumocystosis und hatte hohes Fieber. Er phantasierte und war kaum ansprechbar. Da Englisch nicht seine Muttersprache war, gab es Schwierigkeiten bei der Verständigung. Seine Ärzte hatten sich schon danach erkundigt, ob der Mann homosexuell war oder sich intravenös irgendwelche Drogen gespritzt habe. Seine Frau behauptete jedoch, er sei weder schwul noch drogenabhängig. Es gab auch eine viel wahrscheinlichere Ursache für die Erkrankung des Mannes.

Im Januar 1981 hatte er bei einer aortokoronaren Bypass-Operation am Bellevue Hospital eine massive Bluttransfusion bekommen. Das Blut von zwölf amerikanischen und acht europäischen Spendern war während des Eingriffs in die Gefäße des Mannes gepumpt worden.

Keiner der amerikanischen Spender stand auf der von den CDC geführten Liste der bekannten AIDS-Patienten. Dr. Dale Lawrence mußte sich also jetzt mit den zwölf Blutspendern aus New York in Verbindung setzen und feststellen, ob einer von ihnen die Frühsymptome des Syndroms zeigte oder zu einer Risikogruppe gehörte.

Lawrence war enttäuscht, als die Beamten am *New York Blood Center*, der größten Blutbank in den Vereinigten Staaten, sich weigerten, ihm die Adressen der Spender zu geben. Die Beamten behaupteten, es gebe keine Beweise dafür, daß AIDS durch Bluttransfusionen übertragen werden könne. Der durch das Gesetz garantierte Schutz der

Identität des Spenders verbiete die Preisgabe seines Namens, es sei denn, die Übertragbarkeit von AIDS durch Bluttransfusionen könne aufgrund konkreter Fälle nachgewiesen werden. Die Blutbank habe den CDC zwar erlaubt, die Namen der Spender mit denen auf ihrer AIDS-Liste zu vergleichen, könne aber einen direkten Kontakt mit den Spendern nicht zulassen. Schließlich erklärten sich die Beamten bereit, selbst die Spender anzurufen und zu befragen, ob sie zu einer Risikogruppe gehörten. Wie nicht anders zu erwarten, bekam Lawrence den Bescheid, daß alle Spender gesund seien und keiner von ihnen zu einer AIDS-Risikogruppe gehöre.

Der Chef von Dale Lawrence, Bruce Evatt, war im Sommer einige Male in Washington gewesen, um die Hersteller von Blutkonserven zu veranlassen, keine Angehörigen von Risikogruppen als Spender zu akzeptieren. Doch die Blutbanken und die kommerziellen Hersteller von Blutprodukten wie dem Faktor VIII sahen keinen Grund zur Besorgnis. Als Evatt die Hersteller von Blutkonserven nicht mit moralischen Argumenten überzeugen konnte, bat er sie, darüber nachzudenken, mit welchen finanziellen Folgen sie rechnen mußten. Sie konnten auf Schadenersatz verklagt werden, weil sie den Hinweisen der CDC nicht gefolgt seien und deshalb zur Ausbreitung von AIDS beigetragen hätten. Aber auch damit waren diese Leute nicht zu beeindrucken.

Lawrence setzte seine Nachforschungen fort. Er erkundigte sich, wer mit im Operationssaal gewesen war, denn auch ein Angehöriger des Pflegepersonals hätte den Mann anstecken können. Dann überprüfte er, welche anderen Patienten an dasselbe Beatmungsgerät angeschlossen waren, in welchem Bett der Mann gelegen hatte und von wo die Heizungsluft in das Krankenzimmer geleitet worden war. Aber alle diese Nachforschungen führten zu nichts.

Es gab aber noch eine weitere Merkwürdigkeit bei diesem Fall. Bei der Überprüfung der Krankengeschichte des Patienten stellte Lawrence fest, daß die ersten Anzeichen für die Erkrankung nicht die typischen Symptome wie Nachtschweiß, geschwollene Lymphknoten oder Erschöpfungszustände gewesen waren. Stattdessen hatte der Mann drei Monate nach der Transfusion über Nervenschmerzen im Bein geklagt. Eine Zeitlang brauchte er beim Gehen einen Stock. Doch dann wurde er zunehmend vergeßlicher, hatte Schwierigkeiten, sich zu orientieren, und machte fast den Eindruck, als sei er senil geworden. »Es war, als habe Daddy angefangen, den Verstand zu verlieren«, sagte eines der Kinder des Patienten zu Lawrence.

18. Leerlauf

6. AUGUST 1982, ST. FRANCIS HOSPITAL, SAN FRANCISCO

In dem Nachruf der Familie hieß es, der internationale Wirtschaftsberater sei »nach langer Krankheit gestorben«. Natürlich wendete sich diese Todesanzeige für den achtundvierzigjährigen Wirtschaftsfachmann an die gesellschaftliche Prominenz und nicht an die Ärzteschaft, obwohl dieser Mann einer der ersten AIDS-Patienten in San Francisco war, die an Encephalitis starben.

In den ersten Jahren nach Ausbruch der Epidemie versuchte man in den Nachrufen die Tatsache zu verschleiern, daß nicht nur Angehörige von Randgruppen, sondern auch ehrbare Bürger dieser Krankheit zum Opfer fallen konnten. Da war stets von irgendwelchen langen Krankheiten die Rede, oder es hieß, der erst knapp über dreißig Jahre alte Verstorbene sei einer Lungenentzündung oder einem Hautkrebs erlegen. Anständige Menschen und besonders wohlhabende Leute starben nicht an einer Homosexuellenkrankheit. Die Hinterbliebenen, die solche Anzeigen unterzeichneten, waren niemals Ehefrauen oder Kinder. Es waren Brüder und Tanten, Nichten und Neffen und oft auch nur der Vater oder die Mutter, die die ungewöhnliche Aufgabe übernehmen mußten, die Beisetzung des eigenen Kindes zu arrangieren.

Alle Zeitungen berichteten über den Tod des Wirtschaftsexperten. Auch die Geschichte seiner Familie wurde vor der Öffentlichkeit ausgebreitet – einschließlich der Tatsache, daß seine Urgroßmutter ein jetzt bekanntes örtliches Krankenhaus gestiftet hatte. Er hatte zur vierten Generation der Oberschicht in San Francisco gehört und war Mitglied des angesehenen Pacific Union Club und aller teuren Tennisclubs gewesen. Die Beisetzungsfeierlichkeiten fanden in der prächtigsten Episkopalkirche statt, und die Angehörigen baten um Spenden für die Harvard Universität und andere wohltätige Einrichtungen, die alle nichts mit Homosexuellenkrankheiten zu tun hatten.

Der Tod dieses Säuglings wäre sicher kaum beachtet worden, wenn nicht ein angesehener Pädiater und Immunologe an der Universität von Kalifornien auf seine akute Immunschwäche aufmerksam geworden wäre. Dr. Mort Cowan hatte bei dem siebzehn Monate alten Baby die verschiedensten Infektionen behandeln müssen, darunter eine Candidiasis, eine schwere Hepatitis, eine geschwollene Milz und schließlich eine Infektion mit dem gefährlichen Mycobacterium avium intracellulare. Es handelte sich um eine bizarre opportunistische Infektion, die in den Vereinigten Staaten nur ganz selten vorkam.

In diesem Stadium zeigte Cowan das Kind einem der bedeutendsten pädiatrischen Immunologen in den Vereinigten Staaten, Dr. Art Ammann. Ammann sah sich die Krankenblätter und die Ergebnisse der Blutuntersuchungen an und kam sehr bald zu einer überraschenden Diagnose: »Mir scheint, dieses Baby hat AIDS«, sagte er Cowan.

Ammann war sich durchaus bewußt, daß er damit eine heftige Kontroverse auslösen würde. Soweit ihm bekannt war, hatte er als einziger Arzt eine solche Diagnose bei einem Kind gestellt. Da alle angesehenen Fachzeitschriften für Pädiatrie und Immunologie die Thesen von Ärzten wie Dr. Arye Rubinstein in der Bronx zurückgewiesen hatten, hatte der fünftausend Kilometer westlich von New York lebende Ammann keine Ahnung, daß andere Ärzte in letzter Zeit zu dem gleichen Ergebnis gekommen waren.

13. AUGUST, DALLAS, TEXAS

Auf der ersten *National Lesbian and Gay Leadership Conference* unterhielten sich die Teilnehmer angeregt über die Frage, wer sich wohl an dem gemeinsamen Programm zur AIDS-Bekämpfung beteiligen würde und wer nicht. Die meisten führenden Persönlichkeiten in den Homosexuellenverbänden ignorierten die Sitzung der etwa fünfzig Organisatoren, die sich in einem kleinen Konferenzraum neben dem Saal versammelt hatten, in dem das erste nationale AIDS-Forum stattfinden sollte.

Cleve Jones hatte sich in San Francisco so isoliert gefühlt, daß er nun begeistert war, jetzt mit all den Menschen zusammenzutreffen, die ebenso wie er selbst den Ernst der Lage erkannt hatten. Dieses Forum war für ihn wichtiger als die zur gleichen Zeit im selben Hotel abgehaltene Konferenz führender Homosexueller. Besonders beeindruckt war er von Paul Popham, dem Vorsitzenden der *Gay Men's Health Crisis*. Ihm gefiel auch die direkte Art von Larry Kramer, der sich wahrscheinlich in San Francisco sehr viel wohler fühlen würde als unter all diesen feinen Pinkeln in New York.

Larry selbst fühlte sich wie neugeboren. Die GMHC hatte in letzter Zeit viele neue Mitglieder werben können. Mehr als dreihundert freiwillige Helfer hatten sich zur Verfügung gestellt. Im nächsten Monat würde die Organisation neue Räumlichkeiten beziehen und im Rahmen ihres »Kameradschaftsprogramms« zahlreiche Freiwillige ausbilden, die den AIDS-Kranken persönliche Hilfe leisten sollten. Die Helfer würden jetzt nicht mehr darauf angewiesen sein, ihre Arbeit nur in den Krankenhäusern zu verrichten, sondern konnten die AIDS-Kranken und ihre Freunde und Partner von dem neuen Hauptquartier aus versorgen. Die GMHC hatten ein ganz neues Netz für soziale Hilfsdienste geschaffen, und die Organisatoren waren stolz darauf, daß sie es auch ohne die eingebildeten Obergurus geschafft hatten, die sich auf den Konferenzen der führenden Homosexuellen stets in den Vordergrund drängten. Für Larry gab es derzeit kein anderes Homosexuellenproblem, für das sich der persönliche Einsatz lohnte. Nachdem der politische Einfluß der Homosexuellenverbände in den Großstädten infolge der Epidemie immer geringer wurde, mußten neue Prioritäten gesetzt werden. In der gegenwärtigen Situation scheiterten alle Versuche der homosexuellen Politiker, in den Vereinigten Staaten wieder eine große und einflußreiche Homosexuellenbewegung ins Leben zu rufen.

Jack Campbell sah etwas besorgt aus, als er Cleve einen Scheck für die *San Francisco Kaposi's Sarcoma Education and Research Foundation* überreichte. Cleve Jones kannte den Grund. Campbell hatte vor Jahren mit einer einzigen Sauna in Cleveland begonnen und besaß heute die legendäre Club-Baths-Kette, ein Unternehmen, zu dem Saunen in allen Teilen der Vereinigten Staaten und Kanadas gehörten. Da sich die Besitzer solcher Saunen gegenüber den unter chronischem Geldmangel leidenden homosexuellen Politikern stets sehr großzügig gezeigt hatten, verfügten sie in New York, Los Angeles, Miami, Chicago und in geringerem Ausmaß auch in San Francisco über einen erheblichen politischen Einfluß in der Homosexuellenszene. Als ehemaliger Vorsitzender des Aufsichtsrats der *National Gay Task Force* galt Campbell unter den organisierten Homosexuellen in Florida als anerkannter Führer. Florida war der amerikanische Staat, in dem die Seuche prozentual die meisten Opfer gefordert hatte.

Während er sich mit Cleve unterhielt, brachte Campbell das Gespräch sehr bald auf die Frage, was AIDS für sein Geschäft bedeuten könnte.

»Ich glaube, es ist eine sexuell übertragbare, von einem Virus verursachte Krankheit«, sagte Cleve vorsichtig, faltete den Scheck zusammen und legte ihn in seine Brieftasche. »Niemand hat verlangt, die Saunen zu schließen, aber ich glaube, es müssen gewisse Veränderungen vorgenommen werden.«

Cleves Privatmeinung war, daß man vor den Saunen Posten aufstellen sollte, um die Kunden zu informieren, daß sie beim Besuch solcher Sexlokale ihr Leben riskierten. Aber schon die Andeutung solcher Maßnahmen stieß auf den erbitterten Widerstand derer, die in den Saunen die Symbole der sexuellen Befreiung sahen, für die die Homosexuellen so lange gekämpft hatten. Und viele waren noch immer nicht überzeugt, daß AIDS eine Geschlechtskrankheit war. Würden sie nicht das Geschäft derer betreiben, die sie so lange unterdrückt hatten, wenn sie solche Unternehmen zur Aufgabe zwangen und es sich dann vielleicht herausstellte, daß die Krankheit von Schnüffeldrogen verursacht wurde?

Die Schließung der Saunen war sehr bald kein politisches Thema mehr. Selbst diejenigen, die sich aktiv am Feldzug gegen AIDS beteiligten und ihre ersten politischen Erfahrungen im Kampf für die Bürgerrechte gemacht hatten, lehnten diese Vorstellung ab. Indessen bedachten Saunenbesitzer wie Jack Campbell und Bruce Mailman, der Inhaber der großen *St. Mark's Baths* in New York, die AIDS-Gruppen mit großzügigen Spenden – denn diese würden wahrscheinlich die ersten sein, die eine Schließung der Saunen verlangten. So wurde überall das Schlagwort verbreitet: »Wir sitzen alle in einem Boot.«

MANHATTAN

Die Aktivisten der *Gay Men's Health Crisis* wiesen immer wieder darauf hin, wie dringend notwendig es war, daß die Stadtverwaltung von New York etwas für die immer zahlreicher werdenden AIDS-Opfer unternahm. Wenn die Krankheit ein bestimmtes Stadium erreicht hatte, waren die Patienten nicht mehr in der Lage, ihre Wohnung zu verlassen, und vollständig auf fremde Hilfe angewiesen. Sie brauchten mehr als die gelegentlichen Besuche der Freiwilligen vom sogenannten »Kameradschaftsdienst«. Sie mußten rund um die Uhr versorgt werden. Außerdem war es notwendig, die Bevölkerung und das Pflegepersonal aufzuklären. Das Personal in den Krankenhäusern war beunruhigt, weil es hieß, AIDS sei ebenso ansteckend wie die Hepatitis B. Die Befürchtungen dieser Leute mußten zerstreut werden.

Die Bemühungen um eine Aussprache mit Bürgermeister Ed Koch blieben erfolglos. Es war nicht schwer zu erraten, warum. Koch hatte eben den erbittert geführten Wahlkampf um die Kandidatur für den Posten des Gouverneurs von New York gegen den Demokraten Mario Cuomo aus Queens verloren. Dabei war die Tatsache, daß Koch Junggeselle war, von den Konservativen, die Cuomo unterstützten, in übelster Weise ausgeschlachtet worden. Im Wahlkreis von Archie Bunker in Queens konnte man auf einigen Wahlplakaten lesen: »Wählt Cuomo und nicht den Homo.« Auch die meisten führenden Homosexuellen hatten sich bei den Vorwahlen auf die Seite von Cuomo gestellt. Daher konnte man nicht damit rechnen, daß Koch für die Bekämpfung einer Homosexuellenkrankheit Geld zur Verfügung stellen würde.

Larry Kramer drängte seine Freunde, eine Protestkampagne gegen Koch zu starten. Doch die kühleren Köpfe im Vorstand der GMHC behielten die Oberhand und erklärten, ein solches Vorgehen würde den Bürgermeister nur noch mehr verärgern.

Doch die Empörung der meisten Homosexuellen richtete sich mehr gegen den prominenten homosexuellen Arzt Dan William als gegen irgendein Mitglied der Stadtverwaltung unter Koch. In einem langen Artikel des *New York Native* hatte er es gewagt vorzuschlagen, die Saunen müßten in ihren Räumen Plakate anbringen, auf denen vor der Epidemie und der sexuellen Promiskuität gewarnt wurde. Wenn die Saunen nicht auf diese Weise zu einer Veränderung des Sexualverhaltens beitrügen, würden sie schließlich zu Einrichtungen werden, in denen die Kunden aufgefordert wurden, »russisches Roulette« zu spielen.

Der Vorschlag, die in einem Jahrzehnt erkämpfte sexuelle Befreiung rückgängig zu machen, löste einen Sturm der Entrüstung aus. Das führende linksgerichtete Schwulenmagazin *Body Politic* brandmarkte William als »Monogamisten«, der »Panik und eine Epidemie der Angst« verbreite. William war überrascht über die Heftigkeit der Vorwürfe, hatte aber Verständnis dafür, daß es allen Betroffenen schwerfiel, sich auf die tödliche Bedrohung einzustellen. Anfang 1981 hatte man ihm mitgeteilt, er litte an einer degenerativen Blutkrankheit und hätte nur noch eine Lebenserwartung von fünf, bestenfalls zehn Jahren. Sein Leiden hatte nichts mit der AIDS-Epidemie zu tun, aber es hatte William gelehrt, in welche innere Verzweiflung man geraten konnte, wenn man sich einer ausweglosen Situation gegenübersah. Oft wollte man es einfach nicht wahrhaben.

Jetzt erlebte William bei Patienten oft eine Trotzhaltung, wenn er ihnen sagte, daß mit ihren weißen Blutkörperchen irgendetwas nicht in Ordnung war und sie ihren Gesundheitszustand aufmerksam beobachten sollten. Mit zorniger Stimme verbaten sie sich seine Ermahnungen. Auch das war eine Verdrängung der Wahrheit auf sozialer und auf politischer Ebene. Die Homosexuellen würden diese Phase überwinden können, wie auch er sie überwunden hatte. Das eigentliche Problem war jedoch, daß diese Verdrängung der Gefahr einen Zeitverlust für die Homosexuellen bedeutete. Sie hätten während dieser Zeit lernen können, die AIDS-Epidemie ernst zu nehmen und Mittel und Wege zu finden, um sich vor dieser Gefahr zu schützen. Zeitgewinn bedeutete angesichts dieser Seuche immer die Rettung von Menschenleben.

Doch im Lauf des Sommers wurde die ganze Homosexuellenszene von dem unbestimmten Gefühl beherrscht, daß sich irgend etwas Furchtbares am Horizont abzeichnete. Während die Politiker untätig blieben, erkannten Geschäftemacher die Chance ihres Lebens. In den Homosexuellenzeitungen wurde in einer großangelegten Anzeigenkampagne für sündhaft teuere Vitaminpräparate mit der Bezeichnung HIM geworben – *Health and Immunity for Men* (Gesundheit und Immunität für Männer). Die Präparate enthielten »natürliche Vitamine, Mineralien und Kräuter für den sexuell aktiven Mann«. Die einzigartige Zusammensetzung von HIM helfe, »die Leistung des Immunsystems auf ein Höchstmaß zu bringen, um Infektionen zu bekämpfen und die sexuelle Vitalität und Potenz zu erhalten«. Die Anzeigen sagten nicht: »Nimm diese Vitamine, und du wirst keines elenden Todes sterben.« Doch zwischen den Zeilen der geschickt formulierten Werbetexte stand natürlich dieser Gedanke, und die Hersteller des Vitaminpräparats machten in den von den Homosexuellen bevorzugten Wohngegenden der großen Städte in den Vereinigten Staaten einen Riesenumsatz. Durch die Abwasserkanäle in Manhattan und San Francisco floß der vitaminreichste Urin des ganzes Landes, während die Schwulen weiterhin die Saunen bevölkerten. Sie waren der festen Überzeugung, wenn hier wirklich irgendwelche Gefahren auf sie lauerten, würden ihre Führer es ihnen schon sagen. Schließlich saßen sie alle in einem Boot.

263

Die Konferenz in Dallas war kaum von der Presse beachtet worden. Wenige Tage später reagierten die Bürokraten in Washington wie üblich mit einer Presseverlautbarung.

»Der Abteilungsleiter im Gesundheitsministerium, Dr. Edward N. Brandt jr., hat heute die Behörden des öffentlichen Gesundheitsdienstes angewiesen, ihre Anstrengungen zur Bekämpfung des *Acquired Immune Deficiency Syndrome* zu intensivieren, eines noch kaum erforschten Syndroms, an dem in letzter Zeit immer mehr Personen in den Vereinigten Staaten erkranken.«

Zu den von Brandt geforderten Maßnahmen gehörten die verstärkte Überwachung von Blutern, die Entwicklung von Techniken, die es erlaubten, Infektionen durch den Faktor VIII zu verhindern, die Teilnahme aller an der Bekämpfung der Epidemie arbeitenden Gruppen an künftigen AIDS-Konferenzen und die an das Nationale Krebsinstitut gerichtete Aufforderung, »so rasch wie möglich« $ 2,2 Millionen für die Finanzierung der privaten und staatlichen AIDS-Forschung im kommenden Rechnungsjahr zur Verfügung zu stellen.

Ebenso wie die *Food and Drug Administration* glaubte auch Brandt, daß von den vorhandenen Vorräten an Blutkonserven keine Gefahr ausginge, und erklärte: »Die Lungeninfektion bei drei Hämophilie-Patienten ist besorgniserregend. Wir können gegenwärtig jedoch nicht mit Sicherheit sagen, daß zwischen den von diesen Patienten verwendeten Blutprodukten und AIDS ein Zusammenhang besteht.«

Die Anweisung Brandts an das Nationale Krebsinstitut, »so rasch wie möglich« die notwendigen Geldmittel zur Verfügung zu stellen, wurde von vielen AIDS-Forschungseinrichtungen im ganzen Lande mit Zurückhaltung aufgenommen. Schließlich war seit der ersten festen Zusage dieser Art mehr als ein Jahr vergangen, und bis zum Beginn des Genehmigungsverfahrens würde es noch einen weiteren Monat dauern. Die ersten Gelder würden daher frühestens Mitte 1983 zur Verfügung stehen.

Nachdem die amtlichen Stellen zum ersten Mal ein gewisses Interesse für das Syndrom gezeigt hatten, begannen auch die Medien, sich in der üblichen Weise mit diesem Thema zu beschäftigen. Das Nachrichtenmagazin *Newsweek*, stets darauf bedacht, alles zu vermeiden, was etwas mit Homosexuellen oder Drogenabhängigen zu tun hatte, brachte einen kurzen Bericht über die inzwischen bekanntgewordenen

Fälle der an Immunschwäche erkrankten Bluter: »Homosexuellenpest fordert neue Opfer.« Es war wichtig, die Öffentlichkeit davon zu unterrichten, daß auch »normale« Bürger an AIDS erkranken konnten. So hieß es im zweiten Satz des Artikels: »Die ›Homosexuellenpest‹ hat nun auch auf die übrige Bevölkerung übergegriffen.« Aus zwölf überforderten Wissenschaftlern, die mit der rasanten Entwicklung der Epidemie kaum Schritt halten konnten, machte *Newsweek* ein »aus fünfundsiebzig Mitgliedern bestehendes Forscherteam der CDC«. Dabei wurde wahrscheinlich jeder Mitarbeiter der CDC mitgerechnet, der je an einer Sitzung des AIDS-Forscherteams teilgenommen hatte. Zwei Wochen später erhöhte ein Artikel im Nachrichtenmagazin *Time* die Zahl der Mitglieder des Forscherteams auf einhundertzwanzig.

Diese völlig aus der Luft gegriffenen Zahlen waren symptomatisch für die journalistische Praxis bei der Auseinandersetzung mit AIDS. Erstens waren die Reporter bereit, unbesehen alles zu glauben, was ihnen in einer Presseverlautbarung mitgeteilt wurde. Eigentlich war diese Art von Journalismus längst aus der Mode gekommen, denn seit dem Watergate-Skandal hatte sich ein Stil der Berichterstattung durchgesetzt, bei dem die Journalisten sich allein auf ihre eigenen Ermittlungen stützten. Bei der Auseinandersetzung mit AIDS war man nun jedoch wieder zu alten Methoden zurückgekehrt. Die zweite Tendenz, die sich beim AIDS-Journalismus bemerkbar machte, war die Neigung der Journalisten, ihren Berichten über tragische Ereignisse am Schluß doch noch eine tröstliche, optimistische Note zu verleihen. Wenn zum Beispiel gesagt wurde, daß sich zahlreiche Wissenschaftler mit der AIDS-Forschung beschäftigten, dann durfte man erwarten, daß das Problem bald gelöst werden würde. Alle vier bis fünf Wochen erschien daher in den meisten Zeitungen ein kurzer Artikel über diesen oder jenen Durchbruch bei der AIDS-Forschung. In der Überschrift hieß es dann zum Beispiel: »Neue Entdeckung bei der KS-Forschung bringt Hoffnungsschimmer.«

Indessen wurden in zwei weiteren Staaten die ersten AIDS-Fälle gemeldet. Die Epidemie hatte jetzt sechsundzwanzig Bundesstaaten und zwölf Länder erfaßt.

19. Zwangsernährung

SEPTEMBER 1982,
BUREAU OF COMMUNICABLE DISEASE CONTROL, SAN FRANCISCO

Dr. Selma Dritz saß an ihrem Schreibtisch im Amt zur Bekämpfung von Infektionskrankheiten und telefonierte mit Atlanta. Bei den homosexuellen Männern war in letzter Zeit eine neue Krankheit festgestellt worden, und sie war überzeugt, daß diese Krankheit etwas mit AIDS zu tun hatte. Die CDC jedoch sträubten sich zunächst dagegen, die an der neuen Krankheit leidenden Patienten in die AIDS-Statistik aufzunehmen.

Die ersten Patienten waren mit geschwollenen Lymphknoten, die so groß waren wie Golfbälle, zu ihren Ärzten gekommen. Hier handelte es sich nicht um die gängige Lymphadenopathie. Nach gründlicher Diagnose erwies sich die Krankheit als Burkitt-Lymphom. Dieser Lymphkrebs gehörte zu den ersten beim Menschen auftretenden Krebsarten, die augenscheinlich von einem Virus verursacht wurden. Einige Wissenschaftler aus San Francisco hatten sich vor nicht langer Zeit an einem Forschungsunternehmen in Afrika beteiligt, in dessen Verlauf festgestellt worden war, daß es Zusammenhänge zwischen dem Burkitt-Lymphom und dem Epstein-Barr-Virus gab. Diese Mikrobe war dafür bekannt, daß sie in den Vereinigten Staaten die Mononucleosis infectiosa, das sogenannte Pfeiffersche Drüsenfieber, verursachte. Diese Entdeckung interessierte Dr. Dritz vor allem deshalb, weil hier abermals ein von einem Virus verursachter Tumor bei homosexuellen Männern mit Immunschwäche auftrat. Auch das Kaposi-Sarkom war in Afrika in Verbindung mit einer Zytomegalie-Virus-Infektion aufgetreten. Offenbar erlaubte es die Immunschwäche diesen Viren, sich unkontrolliert zu vermehren und die Tumorbildung zu begünstigen. Die Entdeckung dieses Phänomens hatte eine wissenschaftliche Bedeutung, die weit über den Rahmen der AIDS-Forschung hinausging. Hier ergaben sich unter Umständen neue Erkenntnisse über die Beziehungen zwischen Krebs und Viren.

Dr. Dritz hatte zunächst nur im Gespräch mit befreundeten Ärzten vom Auftreten dieser neuen Krankheit erfahren. Sie setzte sich jedoch sofort mit dem *California Tumor Registry* in Sacramento in Verbindung, wo alle Krebsfälle in Kalifornien erfaßt werden. Dabei stellte sie fest, daß die Statistiker in diesem Staat nur mit zwei oder drei Fällen dieser seltenen Krebsart innerhalb von zwei Jahren rechneten. Ihr waren jedoch innerhalb von neun Monaten acht Fälle gemeldet worden, und zwar ausschließlich bei homosexuellen Männern in San Francisco.

»Das Burkitt-Lymphom ist eine Komplikation von AIDS«, erklärte Selma Dritz ihrem Gesprächspartner in Atlanta ganz sachlich. »Wir sollten diese Fälle registrieren und die Leute warnen.«

Doch bei den CDC wollte man ihr nicht recht glauben, denn außer ihr hatte noch niemand etwas über ein vermehrtes Auftreten des Pfeifferschen Drüsenfiebers gemeldet. Natürlich, dachte Frau Dritz, denn nirgends sind die Gesundheitsbehörden so gut organisiert wie in San Francisco. In anderen Städten standen die Beamten nicht in ständiger telefonischer Verbindung mit den Ärzten, um sich über die Entwicklung dieser fürchterlichen Seuche auf dem laufenden zu halten, von der ja doch nur homosexuelle Männer bedroht wurden. Daß es in San Francisco anders war, lag daran, daß sich die Homosexuellen hier besser organisiert hatten. Selma Dritz war ihnen dafür dankbar.

Dr. Dritz hatte nicht die Angewohnheit, ihre Vorgesetzten durch Nörgeleien zu reizen, aber nach diesem Telefongespräch waren die Ärzte bei den CDC überzeugt, sie werde jetzt ihre eigenen Statistiken aufstellen. In der einen Statistik würde sie alle AIDS-Fälle zusammenfassen, die den von den CDC anerkannten Kriterien entsprachen, und in einer zweiten würde sie die »anderen« Fälle registrieren. Mit dieser Vermutung hatten sie recht. Doch die beiden Listen von Selma Dritz erleichterten die Arbeit ungemein, als die CDC der gewissenhaften Frau schließlich recht geben mußten und das Burkitt-Lymphom in die immer länger werdende Liste der AIDS-Komplikationen aufnahmen.

Mittlerweile gehörten zu diesen Komplikationen Pilzinfektionen, die sonst nur bei Vögeln, Schafen, Katzen und Hirschen auftraten, und Krebse, die Tumoren am ganzen Körper entstehen ließen: auf der Haut, auf der Zunge, im Rectum und – was am erschreckendsten war – im Gehirn.

»Wieviel brauchen Sie?« fragte der korpulente Kongreßabgeordnete kurz und bündig.

Bill Kraus hatte sich auf eine ausführliche Begründung vorbereitet und wollte seinem Gesprächspartner genau auseinandersetzen, weshalb die komplexe Lymphozytenforschung so kostspielig war, wenn sie zum Beispiel im Nationalen Institut für Allergien und Infektionskrankheiten vorgenommen wurde, und weshalb eine sorgfältige CDC-Studie über Drogenabhängige noch größere Kosten verursachen würde.

Und nun fragte der Abgeordnete Phil Burton nur nach der Summe, die benötigt wurde. Kraus zögerte.

»Um ehrlich zu sein, wir wissen es nicht«, sagte er verlegen. »Man kann nie im voraus sagen, wieviel Geld für ein medizinisches Forschungsvorhaben gebraucht werden wird. Da gibt es keine festen Daten, von denen man ausgehen kann.«

Die einzigen statistischen Unterlagen, die Kraus zur Verfügung standen, hatte er einem für den Kongreß angefertigten Forschungsbericht entnommen. Nach diesem Bericht hatten die *National Institutes of Health* bei der Erforschung der Legionärskrankheit im vergangenen Rechnungsjahr für jeden Todesfall $ 34.841 ausgegeben. Im Gegensatz dazu hatten die Gesundheitsbehörden für jeden AIDS-Toten im Rechnungsjahr 1981 $ 3.225 und im Rechnungsjahr 1982 $ 8.991 ausgegeben. Nach den Vorausberechnungen des Etats der NIH war das Leben eines Homosexuellen nur ein Viertel so viel wert wie das eines Angehörigen der Amerikanischen Legion.

Kraus war empört über die Trägheit und offensichtliche Gleichgültigkeit der NIH. Das Nationale Krebsinstitut hatte immer noch nicht die Anträge für die Bewilligung der zwei Millionen Dollar gestellt, die der Forschung im vergangenen Monat so großzügig zugesagt worden waren. Die grundsätzliche Zusage, daß das Nationale Krebsinstitut die Forschung finanziell unterstützen werde, war allerdings schon vor mehr als einem Jahr gemacht worden. Das Nationale Herz-, Lungen- und Blutinstitut, das sich mit der Erforschung von Blutkrankheiten beschäftigt, hatte im Rechnungsjahr 1982 ganze fünftausend Dollar für die AIDS-Forschung ausgegeben. Selbst nach der Entdeckung von AIDS-Viren im kontaminierten Faktor VIII blieb der Etat des Instituts für die AIDS-Forschung im folgenden Jahr auf $ 250000 beschränkt. In den Etatentwürfen für die NIH und die CDC waren die Beträge für die AIDS-Forschung nicht erhöht worden, obwohl die Zahl der AIDS-Fälle von Monat zu Monat in erschreckender Weise zunahm. In Homosexuellenkreisen erzählte man sich den Witz, die Buchstaben NIH bedeuteten *Not Interested in Homosexuals* (»Kein Interesse für Homosexuelle«).

Während Phil Burton ungeduldig auf einen Vorschlag wartete, rang sich Bill Kraus schließlich dazu durch, ein paar beeindruckende runde Summen zu nennen.

»Wir sollten für die CDC fünf Millionen Dollar und für die NIH fünf Millionen Dollar verlangen«, sagte er.

»Zum Teufel«, rief Burton, »lassen Sie uns fünf Millionen und zehn Millionen verlangen.«

Plötzlich wurde Kraus klar, daß solche Summen für Burton gar nichts bedeuteten. Der Abgeordnete hatte es schließlich mit einem Bundeshaushalt zu tun, der Hunderte von Milliarden Dollar umfaßte. Aber dieser Vorschlag bedeutete eine Erhöhung der für die AIDS-Forschung vorgesehenen Mittel um dreitausend Prozent. Schon bald nach diesem Gespräch wurde der Antrag dem Repräsentantenhaus vorgelegt.

In Washington erklärte sich Tim Westmoreland als Vorsitzender des Unterausschusses für das Gesundheitswesen bereit, diesen Antrag in Form eines Gesetzesvorschlags im Kongreß einzubringen, was am 28. September geschah. Der Journalist Larry Bush bezeichnete ihn als »erste Inanspruchnahme von Staatsgeldern durch Homosexuelle«. Für eine Bewegung, die kaum in der Lage war, einige zehntausend Dollar zur Finanzierung einer landesweiten Organisation aufzubringen, war dies eine gewaltige Summe.

Die Forschungsarbeit, die die Bundesgesundheitsbehörden in den folgenden zwei Jahren leisteten, wurde mit diesen Mitteln finanziert. Burton und Henry Waxmann war es zu verdanken, daß der Kongreß dem Gesetz zustimmte. Diese beiden Männer waren ihrerseits von den beiden einzigen Mitarbeitern im Kongreß, die sich offen zu ihrer Homosexualität bekannten – dem in Yale als Jurist ausgebildeten Tim Westmoreland und dem ehemaligen radikalen Aktivisten Bill Kraus –, für die Sache der AIDS-infizierten Homosexuellen gewonnen worden. Man kann über die Reaktion der Homosexuellen auf die Epidemie sagen was man will – fest steht jedenfalls, daß die Finanzierung einer erfolgreichen AIDS-Forschung zunächst fast ausschließlich diesen beiden homosexuellen Männern zu verdanken war.

Das Verfahren, mit dem das Gesetz über die zusätzliche Finanzierung der Forschung im Gesundheitswesen verabschiedet wurde, war beispielhaft für die Art und Weise, wie der Kongreß und die Reagan-Administration in den folgenden drei Jahren mit dem AIDS-Problem umgingen. Die Administration weigerte sich natürlich, zusätzliche Mittel zur Verfügung zu stellen, und veranlaßte die leitenden Beamten in den Gesundheitsbehörden zu der Erklärung, sie benötigten keine weiteren Mittel. Doch schließlich wurde das Geld trotz aller Widerstände zur Verfügung gestellt; allerdings kam es dabei immer wieder zu Verzögerungen, die die Arbeit der Wissenschaftler aufhielten. Das ganze Ritual erinnerte in seiner Gewaltsamkeit an Zwangsernährung.

Für Bill Kraus war es ein besonderer Genuß, diesen Erfolg für sich verbuchen zu können. Er mußte Henry Kissinger in einem Punkt rechtgeben: Die Macht hatte gewisse aphrodisierende Qualitäten. Der Erfolg kam zu einem Zeitpunkt, als er dringend einer Aufmunterung bedurfte. Kico Govantes hatte ihn verlassen und war mit seinem Architekten auf und davon. Bill war also wieder allein. An flüchtigen Begegnungen fehlte es zwar nicht, aber irgendwie konnte ihn der Sex allein nicht befriedigen. Er hatte auch ein unangenehmes Gefühl, wenn er daran dachte, welches Leben er Ende der siebziger Jahre geführt hatte. Nun stellten seine Freunde und Kollegen fest, daß er bis spät in die Nacht in seinem Büro arbeitete und über nichts anderes mehr sprechen konnte als über die neue Epidemie. Die Freunde warfen sich vielsagende Blicke zu, denn sie hatten Verständnis dafür, daß sich Bill nach dem Bruch mit Kico so sehr in seine Arbeit stürzte.

27. SEPTEMBER,
SITZUNGSZIMMER DES STÄDTISCHEN VERWALTUNGSRATS,
RATHAUS VON SAN FRANCISCO

Kein Mitglied des Verwaltungsrates hatte etwas dagegen einzuwenden, daß für die Bekämpfung der AIDS-Epidemie zusätzliche Mittel zur Verfügung gestellt werden sollten. Bill Kraus und Dana Van Gorder hatten die Abstimmung genau zum richtigen Zeitpunkt angesetzt. Die Hälfte der Mitglieder des Verwaltungsrats mußten sich in fünf Wochen zur Wiederwahl stellen. Daher würde es niemand wagen, gegen eine Verwendung öffentlicher Gelder im Gesundheitswesen zu stimmen, besonders angesichts der Tatsache, daß jeder vierte Wähler in der Stadt ein Homosexueller war. Die Bürgermeisterin Feinstein war zwar der Ansicht, das Geld sollte aus einem anderen Teil des Etats der Gesundheitsbehörden abgezweigt werden, aber Bill Kraus wußte, daß auch ihr die Hände gebunden waren: Sie mußte sich im kommenden Jahr zur Wahl stellen. Nur wahltaktische Überlegungen waren es also, die die Verwaltung von San Francisco dazu brachten, $ 450 000 für AIDS auszugeben – eine Summe, mit der dann die erste AIDS-Klinik der Welt, die Beratungsdienste und die Pflege der AIDS-Patienten durch das *Shanti Project* und die erste in San Francisco organisierte Aufklärungskampagne durch die *Kaposi's Sarcoma Foundation* auskommen mußten. Fast zwanzig Prozent aller Mittel, die für die Bekämpfung der AIDS-Epidemie in den Vereinigten Staaten vorgesehen waren, wurden jetzt von der Stadt und dem Bezirk San Francisco aufgebracht.

OKTOBER, ALBERT EINSTEIN COLLEGE OF MEDICINE, BRONX, NEW YORK

Harold Jaffe wußte, daß die meisten Kinderärzte die Vorstellung, Neugeborene könnten mit AIDS infiziert sein, für lächerlich hielten. Einige Wissenschaftler wie Arye Rubinstein ernteten Hohn und Spott, weil sie ihre Überzeugung, daß auch Kleinkinder zu den Opfern der Epidemie gehörten, so leidenschaftlich verteidigten. Alle pädiatrischen Immunologen hatten Jaffe versichert, es handele sich um eine angeborene Immunschwäche, die fälschlicherweise als AIDS diagnostiziert worden sei. Sie behaupteten nach wie vor, das Immunmangelsyndrom sei eine Homosexuellenkrankheit.

Doch als Rubinstein ihm die ersten kranken Säuglinge zeigte, erkannte Jaffe sofort, daß sie nicht an einer angeborenen Krankheit litten – sie hatten tatsächlich AIDS. Nun arbeitete er an einem Aufsatz über AIDS bei Säuglingen, der im *MMWR* veröffentlicht werden sollte.

Diese Diagnose bestätigte die These, daß ein bestimmter Erreger, der in diesen Fällen durch die Plazenta übertragen wurde, die rätselhafte Krankheit verursachte. Man mußte jetzt aber auch damit rechnen, daß der Erreger durch Bluttransfusionen übertragen werden konnte – was die CDC verzweifelt zu beweisen versuchten, um die industriellen Hersteller von Blutkonserven endlich davon zu überzeugen, daß sie Vorsichtsmaßnahmen treffen mußten.

Eines wußte Harold Jaffe im Oktober 1982 genau: die Zahl der AIDS-Opfer in allen Risikogruppen würde weiter ansteigen. Täglich trafen Berichte über die weitere Verbreitung der Epidemie ein. Im Gebäude Nr. 6 sprach man von einer »Exponentialbeschleunigung«.

Während seines Aufenthalts in New York erfuhr Jaffe von einem seiner Gesprächspartner, daß im Krankenhaus der Universität von Kalifornien in San Francisco drei Kinder einer Prostituierten behandelt wurden, die an Immunschwäche litten. Jaffe wollte ohnedies Ende des Monats an einer AIDS-Konferenz in San Francisco teilnehmen. Er schrieb in sein Notizbuch: »Sie haben verschiedene Väter. Deshalb sieht es nicht nach einer angeborenen Immunschwäche aus.«

CENTERS FOR DISEASE CONTROL, ATLANTA

Am 1. Oktober, dem Beginn des neuen Rechnungsjahrs der Bundesregierung, wußte das AIDS-Forscherteam immer noch nicht, wo es das für seine Arbeit notwendige Geld herbekommen sollte. Die für den Etat der CDC Verantwortlichen mußten für die AIDS-Forschung drei Budgets ausarbeiten, bevor sie eines vorlegen konnten, das die Ausgaben so weit senkte, daß die Administration dem Vorschlag zustimmte. Als Wilmon Rushing, der für AIDS verantwortliche Verwaltungsbeamte, der Leitung der CDC den Entwurf vorlegte, warnte er: »Wie Sie wissen, reicht die geforderte Summe nicht aus, um die Überwachung von AIDS und die epidemiologische AIDS-Forschung zu finanzieren. Wir werden jedoch mit der Bearbeitung der vordringlichsten Probleme fortfahren, bis weitere Mittel zur Verfügung stehen.«

Als sich das Nationale Krebsinstitut im Oktober bereit erklärte, Anträge auf die Gewährung eines Zuschusses in Höhe von $ 1,5 Millionen für die klinische Forschung entgegenzunehmen, durfte man hoffen, daß sich die Regierung endlich an der Finanzierung des Kampfes gegen die AIDS-Epidemie beteiligen werde. Inzwischen war mehr als ein Jahr vergangen, seit Beamte des Nationalen Krebsinstituts versprochen hatten, die für diesen Zweck notwendigen Geldmittel freizumachen. Doch jetzt schienen die in finanzielle Bedrängnis geratenen Kliniker – wie Paul Volberding an der Kaposi-Sarkom-Klinik der Universität von Kalifornien – zum ersten Mal aufatmen zu können.

Dann jedoch las Volberding das Kleingedruckte in dem Schreiben des Nationalen Krebsinstituts. Die 1,5 Millionen Dollar sollten über einen Zeitraum von drei Jahren in Teilbeträgen von jeweils fünfhunderttausend Dollar ausgezahlt werden. Außerdem sollte nicht nur ein Krankenhaus über diese Summe verfügen dürfen, sie sollte vielmehr auf eine ganze Reihe von städtischen AIDS-Zentren verteilt werden. Schweren Herzens versuchte Volberding einen Antrag zu formulieren, der den Bedingungen des Nationalen Krebsinstituts entsprach. Er hatte zehn wissenschaftliche Mitarbeiter, darunter angesehene Retrovirologen und Immunologen, die andere wichtige Arbeiten zurückgestellt hatten, um sich an der Erforschung dieser bedrohlichen Krankheit zu beteiligen. Nun mußte er einen Weg finden, fünfhunderttausend Dollar gerecht unter ihnen zu verteilen. Das war natürlich nur möglich, wenn ihm die ganze Summe zur Verfügung gestellt wurde – eine Hoffnung, die sich kaum erfüllen würde.

Volberding wußte natürlich sehr bald, wo er Abstriche machen mußte, denn die Prioritäten lagen bei der Entwicklung neuer klinischer Behandlungsmethoden und bei der immunologischen Forschung. Für die Epidemiologie würde deshalb kein Geld zur Verfügung stehen, obwohl die gutorganisierten Homophilenverbände in San Francisco zur Zusammenarbeit mit den Wissenschaftlern bereit waren und daher die günstigsten Voraussetzungen bestanden, um die Ausbreitung dieser Krankheit zu studieren. Ohne das notwendige Geld für die epidemiologischen Studien würde es mit Sicherheit nicht möglich sein festzustellen, welche sexuellen Praktiken die Verbreitung von AIDS am meisten begünstigten und wie man der Ausbreitung der Krankheit durch öffentliche Aufklärung am besten begegnen konnte.

In Los Angeles bemühte sich Michael Gottlieb verzweifelt, seine Vorschläge für die Verwendung der Zuschüsse den vorgegebenen Bedingungen anzupassen. Wie Volberding mußte auch er bei der Auswertung des Zahlenmaterials den Computer der Universität benutzen und die kritischen Bemerkungen seiner Kollegen über sich ergehen lassen, die ihn ständig drängten, seine Zeit nicht mit der AIDS-Forschung zu verschwenden, sondern sich mit einem »legitimeren« Forschungsgebiet zu beschäftigen.

In Santa Monica hatte sich ein homosexueller Mann bereit erklärt, die Arbeit am Computer ohne Bezahlung zu übernehmen.

Gottlieb wußte, daß mit den Zahlungen kaum vor Mitte 1983 zu rechnen war, und das Geld würde kaum genügen, um ein einigermaßen erfolgversprechendes Forschungsprogramm zu beginnen. Er verlor Zeit, und Zeitverlust bedeutete auch Verlust an Menschenleben. Er fragte sich, wieviele AIDS-Opfer denn noch sterben mußten, bevor die Regierung die Epidemie ernst nahm.

Sehr viel später stellte er sich noch einmal die gleiche Frage – der Homosexuelle, der für ihn die Arbeit am Computer übernommen hatte, war an der Seuche gestorben.

In den Oktoberwochen des Jahres 1982 wurde die Öffentlichkeit durch die Nachricht aufgeschreckt, daß in dem in Kapseln verpackten Schmerzmittel Tylenol Cyanid gefunden worden war. Die vergifteten Kapseln waren im Umkreis von Chicago gefunden worden. Während des ganzen Monats brachte die *New York Times* jeden Tag eine Meldung über die Gefahren der Tylenol-Katastrophe und in den folgenden zwei Monaten dreiundzwanzig weitere Artikel und Berichte zum gleichen Thema. Von diesen Artikeln wurden vier auf der Titelseite abgedruckt. Da die anderen Medien im Land ähnlich massiv reagierten, sah sich die Regierung dazu veranlaßt, weitreichende und ungeheuer kostspielige Maßnahmen zu ergreifen. Schon wenige Tage nach der Entdeckung dieser, wie sich später herausstellte, einzigen mit Cyanid vergifteten Kapseln veranlaßte die *Food and Drug Administration*, daß der Verkauf der Medikamente überall in den Vereinigten Staaten verboten wurde. Die Bundesbehörden dehnten ihre Maßnahmen auch auf Staaten aus, die Tausende von Meilen von dem Ort entfernt lagen, an dem die vergifteten Kapseln aufgetaucht waren. Sie erklärten, man dürfe keine Kosten scheuen, wenn es darum ginge, Leben zu retten. Ungezählte Ermittlungsbeamte kamen nach Chicago, um das Rätsel zu lösen. Mehr als hundert Beauftragte der Bundesregierung, der Verwaltungen in den einzelnen Staaten und der örtlichen Behörden waren allein in Illinois mit der Aufklärung des Falles beschäftigt. Ihre Tätigkeitsberichte umfaßten schließlich sechsundzwanzig Bände mit elftausendfünfhundert Seiten. Mehr als eintausendeinhundert Angestellte der *Food and Drug Administration* prüften 1,5 Millionen ähnlicher Kapseln und gingen jedem Fall nach, bei dem es sich unter Umständen um eine Vergiftung handeln könnte. Über die ganze Aktion wurde laufend ausführlich in allen Medien berichtet. Die Herstellerfirma des Tylenols, Johnson & Johnson, schätzte, daß einhundert Millionen Dollar für die Ermittlungen ausgegeben wurden. Schon nach fünf Wochen erließ das amerikanische Gesundheitsministerium neue Richtlinien für die Verpackung von Medikamenten, die sicherstellen sollten, daß kein Unbefugter an den Inhalt herankam und sich eine solche Tragödie nicht wiederholte.

Am Schluß war das einzige Ergebnis der von den CDC mit einem Kostenaufwand von vielen Millionen Dollar angestellten Überprüfungen nicht mehr als der Verdacht, daß irgendein Verrückter ein paar Packungen des Schmerzmittels mit Cyanid vergiftet hatte. Außer den wenigen ersten im Oktober gemeldeten Fällen kamen in der Folgezeit keine ähnlichen Vergiftungen mehr vor. Aber die Krise zeigte, daß die

Regierung sehr wohl in der Lage war, in einem Notfall sofort einzugreifen, die Bevölkerung zu warnen, Vorschriften zu ändern und sehr viel Geld auszugeben, wenn sie glaubte, daß das Leben amerikanischer Bürger bedroht sei.

Insgesamt starben sieben Personen an den mit Cyanid vergifteten Kapseln. Noch ein weiterer Mann in Yuba City, Kalifornien, wurde als erkrankt gemeldet, doch dann stellte sich heraus, daß er die Vergiftung nur simuliert hatte, um die Firma Johnson & Johnson auf Schadenersatz verklagen zu können.

Dagegen waren bis zum 5. Oktober 1982 sechshundertvierunddreißig Amerikaner an AIDS erkrankt. Zweihundertsechzig von ihnen waren gestorben. Doch hier beeilte sich niemand, für die Bekämpfung der Epidemie Geld zur Verfügung zu stellen, die Gesundheitsbehörden zu alarmieren oder Vorschriften zu erlassen, um die Seuche einzudämmen und Menschenleben zu retten.

In New York City, wo die Hälfte aller AIDS-Patienten in den Vereinigten Staaten lebte, hatte die *New York Times* 1981 und 1982 nur drei Artikel über die Epidemie gebracht. Kein einziger Bericht erschien auf der Titelseite – obwohl die Ärzte bei den Gesundheitsbehörden der Regierung mittlerweile davon sprachen, daß die Seuche wahrscheinlich Zehntausende von Menschenleben fordern werde.

28. OKTOBER, CITY HALL, NEW YORK CITY

Ein Polizist führte Larry Kramer, Paul Popham und die anderen Mitglieder der Delegation der *Gay Men's Health Crisis* in ein düsteres, kaltes Zimmer im Kellergeschoß des Rathauses der Stadt New York. Als sich die Männer in dem kleinen Raum umsahen, dessen ganzes Mobiliar aus einem alten Tisch und wenigen harten Stühlen bestand, bemerkte der Polizist, er könne sich nicht erinnern, wann dieses Zimmer zum letzten Mal benutzt worden sei. Es war wenige Minuten vor elf Uhr vormittags. Für diese Zeit hatte sich die Delegation mit Herb Rickman verabredet, dem homosexuellen Verbindungsmann von Bürgermeister Ed Koch.

Kramer hatte sich gut auf diese immer wieder verschobene Besprechung mit Rickman vorbereitet. Er bezweifelte zwar, daß Koch der GMHC irgendwelche bindenden Zusagen machen würde, denn es hatte mehr als ein Jahr gedauert, bis dieses Gespräch mit einem Beamten der unteren Ebene zustande kam. Doch jetzt hatte die

Gruppe zumindest die Gelegenheit, eine Liste von Problemen vorzulegen, zu deren Lösung die Stadt beitragen mußte.

Kramer hoffte, er werde sich wenigstens in den wichtigsten Punkten durchsetzen können. In der vergangenen Woche hatte die Organisation erklärt, sie könne den an AIDS erkrankten Patienten künftig soziale Dienste anbieten. Da es sich dabei praktisch nur um Dienstleistungen handelte, die im Aufgabenbereich der öffentlichen Gesundheitsbehörden lagen, hoffte Kramer, die Stadt werde sich wenigstens an der Finanzierung der von der GMHC geleisteten Hilfe beteiligen. Aber noch wichtiger war es, daß die Homosexuellen über die notwendigen Vorbeugungsmaßnahmen aufgeklärt wurden. Diese Aufgabe fiel in die Zuständigkeit der Gesundheitsbehörden.

Der Abgesandte des Bürgermeisters begrüßte seine Gesprächspartner mit strahlendem Lächeln und überschäumender Freundlichkeit. Er entschuldigte sich für die neunzigminütige Verspätung und stimmte sofort allen Vorschlägen zu. Wenn San Francisco den Homosexuellen Geld für die Bekämpfung von AIDS zur Verfügung stellte, dann werde New York die gleiche Summe aufbringen, sagte er. Ja, er werde den Leiter der Gesundheitsbehörde David Sencer sofort auf die Epidemie ansetzen, und auch der Bürgermeister werde natürlich zu einer Woche der AIDS-Aufklärung im Frühjahr aufrufen. Rickman versprach, der Immobilienausschuß des Stadtparlaments werde der GMHC ein Gebäude zur Verfügung stellen, und der Verbindungsmann des Bürgermeisters in Washington werde das Weiße Haus auf dieses Problem aufmerksam machen.

Selbst der ungeduldige Larry Kramer war nach dieser Besprechung bester Laune. Die Stadtverwaltung von New York City hatte zum ersten Mal offiziell von der Epidemie Kenntnis genommen. »Endlich haben wir den Fuß in der Tür«, meinten die Delegierten.

»Wenn man bedenkt, wie langsam sich die Räder in der Regierungsmaschinerie drehen, dann kann man doch sagen, wir sind ein Stück vorangekommen«, erklärte Paul Popham in einem Interview mit der Homosexuellenzeitung *New York Native*. Nach einem Jahr vergeblichen Wartens schien das Ergebnis dieser Besprechung zu schön, um wahr zu sein. Und das war es dann auch.

Dr. Françoise Brun-Vezinet und Dr. David Klatzmann hatten im September an einem Symposium der New Yorker Universität über AIDS teilgenommen, um ihre Daten zu dem Thema »AIDS in Frankreich – die afrikanische Hypothese« vorzulegen. Nach ihrer Ansicht war AIDS aus Afrika eingeschleppt worden, denn viele der ersten Patienten waren Afrikaner oder Europäer, die kurz vor ihrer Erkrankung in Zentralafrika gewesen waren. Die europäischen AIDS-Forscher sprachen alle von der »afrikanischen Connection«. Noch vor wenigen Monaten hatte man Dr. Ib Bygbjerg aus Kopenhagen, der den qualvollen Tod seiner Freundin Grethe Rask nicht vergessen konnte, belächelt, weil er AIDS für eine tropische Infektionskrankheit hielt. Und nun rissen sich die Wissenschaftler in Brüssel und Paris darum, als erste etwas über die Ende der siebziger Jahre aufgetretenen Fälle von Pneumocystosis und des virulenten Kaposi-Sarkoms zu veröffentlichen.

Europa wurde von zwei deutlich voneinander zu unterscheidenden Wellen der AIDS-Epidemie heimgesucht. Die erste Welle hatte vor wenigstens fünf Jahren in Afrika ihren Anfang genommen, während die zweite in neuerer Zeit durch Homosexuelle ausgelöst worden war, die in der Schwulen-Szene von New York City verkehrt hatten.

Was jedoch Françoise Brun-Vezinet und David Klatzmann in Aufregung versetzte, war die Tatsache, daß einige Wissenschaftler glaubten, ein HTLV (Human T-cell Leukemia-Virus) sei der Erreger von AIDS. Dr. Robert Gallo vom amerikanischen Nationalen Krebsinstitut hatte schon seit längerer Zeit die Hypothese aufgestellt, daß das HTLV afrikanischen Ursprungs sei; Portugiesen, die Ende des fünfzehnten Jahrhunderts bei der Umseglung von Kap Horn in Afrika zwischengelandet waren, hätten es dann nach Japan eingeschleppt. Das HTLV kam auch in der Karibik häufig vor, wo besonders die Bewohner Haitis von dieser Krankheit heimgesucht wurden. Frau Brun war von dieser Theorie fasziniert, denn sie hatte sich am Pasteur-Institut unter der Leitung von Dr. Luc Montagnier intensiv mit dem HTLV beschäftigt. Klatzmann hatte einen großen Teil des vergangenen Jahres damit zugebracht, die AIDS-Patienten von Willy Rozenbaum immunologisch zu untersuchen.

Françoise Brun und David Klatzmann gehörten dann auch zu der AIDS-Arbeitsgruppe, die Dr. Willy Rozenbaum und Jacques Leibowitch Anfang des Jahres zusammengestellt hatten. Nach ihrer Rückkehr aus New York beschlossen die beiden Forscher, Retrovirologen zur genaueren Untersuchung dieser Hypothese anzuregen. Sie hofften, daß sich Wissenschaftler des Pasteur-Instituts, der angesehensten wissenschaftlichen Institution in Frankreich, an dieser Arbeit beteiligen würden.

Während der langen und ausführlichen Diskussionen in den folgenden Wochen kamen Dr. Brun und Dr. Klatzmann auf den Gedanken, daß man sich bei der Suche nach einem solchen Virus weniger auf das Blut von AIDS-Patienten, als auf die Lymphknoten von Patienten konzentrieren sollte, die an Lymphadenopathie erkrankt waren. Das Auffallende am Blut von AIDS-Patienten sei, wie Klatzmann sagte, das fast vollständige Fehlen von T4-Lymphozyten. Das Virus schien so tödlich zu wirken, daß es die Gastzellen vernichtete. Deshalb habe man bisher im Blut vergeblich nach diesem Virus gesucht. Angesichts der Tatsache, daß die Lymphadenopathie augenscheinlich eine Art Frühsymptom von AIDS war, schien es aussichtsreicher zu sein, dort nach dem Erreger zu suchen, wo er sich noch vermehrte.

Diese Fragestellung hat sich als eine der entscheidendsten in der wissenschaftlichen Geschichte der AIDS-Epidemie erwiesen. Damals lagen allerdings noch keine endgültigen Forschungsergebnisse vor. Die französischen Ärzte hatten jedoch endlich ein konkretes Ziel vor Augen. Sie benötigten jetzt vor allem ein großes Retrovirus-Laboratorium, um ihre Hypothese überprüfen zu können. Am 28. Oktober meldeten die CDC, daß sich bisher sechshunderteinundneunzig Amerikaner in den Vereinigten Staaten nachgewiesenermaßen mit AIDS infiziert hatten und daß von diesen zweihundertachtundsiebzig gestorben waren. Fast ein Fünftel aller Fälle waren im September oder im Oktober gemeldet worden. Die Epidemie hatte sich in den vergangenen zwei Monaten auf vier weitere Staaten ausgebreitet, und es waren die ersten Fälle aus Alabama, Kentucky, Vermont und Washington gemeldet worden. Zwanzig Staaten, vor allem die im Süden und im Gebiet der Rocky Mountains gelegenen, waren bisher verschont geblieben. Während derselben zwei Monate meldeten auch drei weitere Länder ihre ersten AIDS-Fälle. Insgesamt waren nunmehr aus fünfzehn (größtenteils in Westeuropa gelegenen) Ländern zweiundfünfzig Fälle gemeldet worden.

278

30. OKTOBER, UNIVERSITÄT VON KALIFORNIEN, SAN FRANCISCO

Dr. Marc Conant hatte zu einer der ersten nationalen AIDS-Konferenzen eingeladen, zu der auch die Krankenschwester Catherine Cusic
gekommen war. Seit einem Jahr pflegte sie AIDS-Patienten auf der
Intensivstation, führte ihnen den Schlauch des Beatmungsgeräts in die
Luftröhre ein und saß nächtelang neben den Krankenbetten, während
die Erkrankten keuchend nach Atem rangen. Als aktives Mitglied des
Harvey Milk Gay Democratic Club hatte Mrs. Cusic schon oft mit Bill
Kraus darüber gesprochen, daß es unbedingt notwendig sei, die Bevölkerung über die Gefahren der AIDS-Epidemie aufzuklären. Nun hoffte
sie, die neuesten epidemiologischen Erkenntnisse würden Kraus veranlassen, sich weniger mit bundespolitischen Fragen zu beschäftigen
und sich mehr auf die Probleme der Gesundheitsfürsorge in San
Francisco zu konzentrieren.

Der Vortrag des pädiatrischen Immunologen Art Ammann über die
von ihm behandelten AIDS-kranken Säuglinge bestärkte Frau Cusic in
ihrer Überzeugung, daß AIDS eine Infektionskrankheit war. Am Rednerpult stand der Epidemiologe Michael Gormann und erläuterte
Statistiken über mit Sicherheit diagnostizierte AIDS-Fälle, als Frau
Cusic durch eine seiner statistischen Angaben aufgeschreckt wurde.

»In einem zentral gelegenen Teil der Stadt ist bei einem Prozent der
homosexuellen Männer AIDS festgestellt worden«, sagte Groman
vorsichtig.

Frau Cusic unterbrach ihn: »In welchem Stadtteil?«

Gorman blickte verwirrt auf.

»In einem zentral gelegenen Teil der Stadt«, wiederholte er.

Frau Cusic wußte sofort, um welchen Stadtteil es sich handelte.
Natürlich meinte Gorman den Castro-Bezirk. Ein Prozent der dort
lebenden Männer war also infiziert, und niemand hatte es ihnen
gesagt. Jeder zweite, mit dem sie gesprochen hatte, glaubte immer
noch, AIDS sei ein von den Medien erfundenes Hirngespinst. Die
Ergebnisse der epidemiologischen Untersuchungen würden die Homosexuellen sicherlich davon überzeugen, daß es sich um eine ernste
Sache handelte.

»Was werden Sie mit Ihrer Studie machen?« fragte Frau Cusic. »Das
ist ein erschreckend hoher Prozentsatz.«

Der Bericht über die Studie sollte in einer englischen Fachzeitschrift
veröffentlicht werden, erklärte Gorman. Vorher könne der Inhalt
nicht bekanntgegeben werden. Die statistischen Angaben standen

279

allerdings den Konferenzteilnehmern zur Verfügung und erregten natürlich auch die Aufmerksamkeit der führenden Persönlichkeiten in den Homosexuellenverbänden.

Catherine Cusic drängte nun Bill Kraus, für die Veröffentlichung der Untersuchungsergebnisse in den Zeitungen zu sorgen, damit die Leute erfuhren, wie ernst die Lage war. Es müsse dringend etwas geschehen, sagte sie. Kraus streckte seine Fühler aus und mußte feststellen, daß die meisten führenden Homosexuellen kein Interesse an der Veröffentlichung der Untersuchungsergebnisse hatten. »Das könnte das Ende des Castro-Bezirks bedeuten«, meinten sie.

Nachdem er seinen Vortrag auf der AIDS-Konferenz in San Francisco gehalten hatte, setzte sich Harold Jaffe mit Dr. Art Ammann zusammen, um weitere Berichte über an AIDS erkrankte Kinder zu prüfen. Die CDC bereiteten einen Artikel über die AIDS-Babies in New York und New Jersey vor. Jaffe war überzeugt, daß das Ansehen, das Ammann bei seinen Kollegen genoß, dem Bericht mehr Glaubwürdigkeit verleihen werde. Während des Gesprächs über die erkrankten Kinder der Prostituierten erwähnte Ammann noch einen weiteren Fall. Beide Eltern des kranken Babys waren nicht drogensüchtig und gehörten keiner AIDS-Risikogruppe an. Aber das Kind hatte unmittelbar nach seiner Geburt mehrere Bluttransfusionen benötigt. Jaffe hörte Ammanns Bericht voller Spannung zu. Dies war vielleicht der erste Fall, bei dem sich nachweisen ließ, daß der Erreger durch eine Bluttransfusion übertragen worden war.

Unmittelbar nach diesem Gespräch rief Ammann Selma Dritz an und unterrichtete sie detailliert über den Zustand des erkrankten Kindes. Mrs. Dritz setzte sich mit der *Irwin Memorial Blood Bank* in Verbindung, die das für das Kind benötigte Blut geliefert hatte.

Anfang November hatte die Blutbank bei der Durchsicht ihrer Unterlagen festgestellt, daß das Baby im März 1981 Blut von dreizehn verschiedenen Spendern bekommen hatte. Mrs. Dritz wurde stutzig, als sie den Namen eines dieser Spender las. Es war der des international angesehenen Wirtschaftsberaters, der im August an Encephalitis gestorben war und bis zuletzt leidenschaftlich bestritten hatte, homosexuell zu sein.

Dies war der Beweis. Sie rief sofort Jaffe in Atlanta an.

20. Schmutzige Geheimnisse

November 1982, Club Baths, San Francisco

Gaetan Dugas betrachtete sich sehr genau in dem vom Wasserdampf beschlagenen Spiegel der beliebtesten Sauna von San Francisco. Er war sein ganzes Leben auf der Suche nach einem Menschen gewesen, der ihn verstand. Als Kind hatte er stets Sehnsucht nach seiner wirklichen Mutter gehabt. Seit er begriffen hatte, daß er ein Adoptivkind war, das es in die französisch-kanadische Arbeiterklasse verschlagen hatte, hatte er von dem Tag geträumt, an dem er seine leibliche Mutter kennenlernen würde. Er war fest davon überzeugt, daß er eigentlich für ein besseres Leben bestimmt sei, in dem er sich nicht gegen diese rohen Burschen wehren mußte, die ihn dauernd hänselten und ihm im bitterkalten kanadischen Winter das Gesicht mit Schnee einrieben.

Wenn er nun sein Gesicht betrachtete, dann wußte er, daß er etwas Besseres war als sie. Er liebte seine Adoptiveltern und besonders seine ältere Schwester, aber sie waren dunkelhaarig und sahen gewöhnlich aus, während er ein feingeschnittenes Gesicht und schöne hellblonde Haare hatte. Er kam sich vor wie ein verstoßener Prinz, der in einer Bauernfamilie aufwachsen mußte. Schließlich hatte er seine leibliche Mutter kennengelernt. Sie wollte ihm nicht sagen, wer sein Vater war, und sie sah auch nicht aus wie eine Prinzessin. Später hatte Gaetan nie mehr über seine Eltern gesprochen. Er hatte ja auch seinen Platz unter den Schönen der Schwulenszene gefunden und galt als Star im homosexuellen Jet-set.

Als er sich nun im Spiegel betrachtete, dachte er daran, daß er jetzt nach etwas ganz anderem suchte. Wer hatte ihm das angetan? Irgend jemand mußte es gewesen sein. Irgend jemand hatte ihn mit diesem Virus infiziert, an dem er sterben würde, und immer wieder fragte er sich, wer es gewesen sein könnte. Es war so wie damals, als er

281

verzweifelt versucht hatte, sich vorzustellen, wie seine leibliche Mutter aussah.

Gaetan trat einen Schritt zurück und warf noch einmal einen Blick auf seinen wohlgeformten Körper. Er war jetzt dreißig Jahre alt. Eigentlich hatte er nicht geglaubt, daß er noch so alt werden würde. Doch er hatte es geschafft. Er lebte in San Francisco, wo er schon immer hatte leben wollen. Er hatte die Ärzte mit ihren Prognosen Lügen gestraft und fühlte sich ganz wohl. Ja, es waren jetzt zweieinhalb Jahre vergangen, seitdem sie ihm gesagt hatten, die kleinen purpurfarbenen Flecken neben seinem Ohr bedeuteten, daß er am Kaposi-Sarkom erkrankt war. Sicher, er war in letzter Zeit manchmal sehr müde, und auch das Atmen fiel ihm oft schwer. Aber er würde die Krankheit überstehen, und er würde den heutigen Abend in der Sauna genießen.

Diese Arschlöcher von den CDC würden ihm doch nicht verbieten können hierherzukommen. Er hatte ihnen gesagt, sie sollten sich zum Teufel scheren. Und dann belästigten sie noch seine alten Freunde mit telefonischen Anrufen und stellten ihnen blödsinnige Fragen. Auch die anderen Ärzte sollten das Maul halten und ihm nicht einreden, er könne andere mit dieser Seuche anstecken. Jedes Kind wußte doch, daß Krebs nicht ansteckend war. Er wollte Beweise sehen. Außerdem hatte Gaetan den Ärzten trotzig erklärt, dann müsse ja auch er es von irgend jemandem haben.

Gaetan blickte den langen Korridor hinunter. Die Türen einiger Umkleidekabinen standen offen. In den Kabinen lagen die Männer auf dem Bauch, und neben den meisten stand eine Dose Crisco und eine kleine Flasche mit der beliebten Schnüffeldroge. Gaetan sah sich das Angebot an und traf seine Wahl. Er schlüpfte in eine der kleinen Kabinen und wartete auf das übliche Kopfnicken als Zeichen des Einverständnisses. Dabei wurde kein einziges Wort gesprochen, aber alles war klar. Gaetan schloß die Tür hinter sich.

UPPER ASHBURY, SAN FRANCISCO

Paul Volberding betrachtete seine langen, knochigen Finger. Sein kräftiger, durch die schwere körperliche Arbeit auf der Viehfarm seiner Eltern in Minnesota gestählter Körper war jetzt zum Skelett abgemagert. Jetzt sah er so aus wie alle die anderen.

Er lag in seiner Wohnung in Upper Ashbury oberhalb des Castro Bezirks, wo so viele seiner Freunde gelebt hatten und gestorben waren, und das Atmen fiel ihm schwer. Hatte er dieses Kind angesteckt? Was würde aus seiner Frau werden?

In den letzten Monaten des Jahres 1982 hatte er immer wieder den gleichen Traum, und deshalb fürchtete er sich jeden Abend vor dem Einschlafen, denn er wußte nie, ob sich der Alptraum wiederholen werde. Als er im Juli 1981 zu seinem ersten Arbeitstag in das *General Hospital* von San Francisco gekommen war, hatte ihm dieser erfahrene Onkologe gesagt, dort warte »die nächste schwere Krankheit« auf ihn. AIDS hatte für Volberding damals nicht mehr bedeutet als eine medizinische Kuriosität. In der ersten Hälfte des Jahres 1982 war es für ihn noch ein faszinierendes Phänomen gewesen. Jetzt mußte Volberding erkennen, daß es eine Katastrophe war.

Noch vor wenigen Monaten hatte er sich regelmäßig mit Marc Conant, Selma Dritz, Don Abrams und einigen anderen Ärzten getroffen, um sich über die neuesten Entwicklungen bei der Bekämpfung der Epidemie auf dem laufenden zu halten. Jetzt nahm die Zahl der Fälle in einem so erschreckenden Tempo zu, wie es Conant in seinen pessimistischsten Prognosen nicht erwartet hätte. Volberdings ambulante AIDS-Klinik sollte im Januar eröffnet werden. Er hatte nicht mit einer so rapiden Zunahme der Erkrankungen gerechnet und fragte sich, ob die dafür vorgesehene Geldsumme ausreichen werde.

Auch er war mittlerweile davon überzeugt, daß der Erreger ein Virus war und die Krankheit ebenso übertragen werden konnte wie die Hepatitis B. Einige Krankenschwestern sprachen schon mit einem gewissen Galgenhumor davon, daß auch sie zu einer Risikogruppe gehörten. Bisher gab es die sogenannten »vier H« – die Homosexuellen, die Heroinsüchtigen, die Hämophilen und die Haitianer. Die fünfte »H-Gruppe« wären dann die Hausangestellten, also das Pflegepersonal. Aus New York war zu hören, daß sich einige Krankenschwestern und Pfleger weigerten, mit AIDS-Patienten umzugehen. Sie stellten die Tabletts mit dem Essen auf den Gängen vor den Krankenzimmern ab und ließen die Kranken unversorgt in ihrem mit Fäkalien beschmutzten Bettzeug liegen.

Bei Volberding hatte sich der Nachtschweiß in den letzten Herbstwochen eingestellt. Es hatte wie bei allen Virus-Infektionen mit hohem Fieber und den starken nächtlichen Schweißausbrüchen angefangen. Volberding wußte, daß AIDS eine lange Inkubationszeit hatte. Brütete sein Körper jetzt diese Krankheit aus? Und hatte er schon diesen kleinen Jungen angesteckt? Auf seinem Körper hatte sich schon ein rötlicher Fleck gebildet. Marc Conant hatte ihm versichert, daß es keine KS-Läsion sei, aber zeigte sich auf seinem Rücken nicht bereits ein zweiter purpurfarbener Fleck, den er selbst nicht sehen konnte?

Paul wußte, er war nicht der einzige, der unter solchen Ängsten litt. Sein stellvertretender Direktor, Don Abrams, hatte einen Spritzer flüssigen Stickstoff auf die Hand bekommen und geglaubt, der große purpurfarbene Fleck, der dort entstanden war, sei sein Todesurteil – obwohl sich problemlos nachweisen ließ, daß die Chemikalie ihn verursacht hatte. Neulich hatte ein prominenter Kliniker aus Harvard Volberding angerufen und ihm mitgeteilt, er habe hohes Fieber und litte unter Kurzatmigkeit. »Habe ich eine Pneumocystosis?« hatte er gefragt.

CLUB BATHS, SAN FRANCISCO

Das Stöhnen in der Kabine hörte auf, der junge Mann drehte sich um, legte sich auf den Rücken und tastete nach einer Zigarette. Gaetan Dugas faßte nach dem Dimmer und ließ das elektrische Licht nur allmählich heller werden, damit sich die Augen seines Partners daran gewöhnen konnten. Dann blickte er betont auffällig auf die purpurfarbenen Läsionen, die seine Brust bedeckten. »Schwulenkrebs«, sagte er fast wie im Selbstgespräch. »Vielleicht wirst du ihn auch bekommen.«

CASTRO-BEZIRK, SAN FRANCISCO

Das große graue, im viktorianischen Stil erbaute Haus an der Castro Street mit seiner beeindruckenden Fassade verlieh der ganzen Straße ein vornehmes Flair. Gary Walsh hatte schon immer eine besondere Vorliebe für diese Häuser aus den achtziger Jahren des letzten Jahrhunderts gehabt und war entzückt, daß es ihm und der lesbischen Psychotherapeutin Lu Chaikin gelungen war, ihre Praxen in einem so repräsentativen Gebäude an der Castro Street einzurichten.

»Es ist fast so, als seien wir beruflich verheiratet«, neckte Gary die siebenundfünfzigjährige Lu Chaikin, und seine grünen Augen leuchteten vor Vergnügen.

Lu gab ihm einen freundschaftlichen Rippenstoß und meinte, sie seien wirklich ein seltsames Paar, die in die Jahre gekommene Lesbierin und der gutaussehende, jugendliche Psychotherapeut, der das Leben noch vor sich hatte. Insgeheim machte sich Lu Gedanken darüber, daß es eigentlich eine sehr ungleiche Partnerschaft war. Gary schien mit seiner fürsorglichen Art die traditionell weibliche Rolle übernommen zu haben, während Lu, das einst jungenhaft übermütige junge Mädchen aus Flatbush, den Part des Mannes spielen mußte.

Im November richteten Lu und Gary ihre neuen Praxisräume und das gemeinsame Wartezimmer ein. Die Einkäufe dafür waren Gary irgendwie lästig, und er klagte oft über Müdigkeit, aber er freute sich schon auf die Arbeit in der neuen Umgebung und auf den Weihnachtsurlaub, den er mit Joe Brewer in Yucatan verbringen wollte. Doch Gary fühlte sich auch nach den Feiertagen weiterhin matt und abgespannt, und eines Tages gestand er Lu, daß er »große Sorgen« habe.

Lu wußte, daß Gary vor einiger Zeit an einer Salmonelleninfektion erkrankt war und einige Tage stationär hatte behandelt werden müssen. Sie fand das nicht ungewöhnlich, denn die meisten ihrer Patienten waren Homosexuelle, die alle gelegentlich unter Parasiten litten. Gary reagierte ungeduldig auf die Ahnungslosigkeit von Lu.

»AIDS«, sagte er. Damit sprach er zum ersten Mal aus, was ihn seit langem bedrückte. »Das alles sind Symptome von AIDS.«

Lu wies diesen Gedanken weit von sich. AIDS war irgendeine ausgefallene Krankheit und hatte für sie keinerlei Bedeutung.

»Wenn du AIDS bekommst«, sagte sie lachend, »werde ich dich umbringen.«

IRWIN MEMORIAL BLOOD BANK, SAN FRANCISCO

Dr. Herbert Perkins sah aus wie jemand, dessen Hündchen von einem Lastwagen überfahren worden ist. Selma Dritz verstand seine Verzweiflung. Er war der medizinische Direktor der größten Blutbank in Kalifornien – und eben diese Blutbank hatte die Blutkonserven geliefert, die dem kranken Baby an der Universitätsklinik in San Francisco verabreicht worden waren. Natürlich wußte Selma Dritz, daß die Bekanntgabe des ersten durch eine Bluttransfusion verursachten AIDS-Falles in den Vereinigten Staaten für die Hersteller von Blutkonserven einen schweren Schlag bedeuten würde. Nun würden auch Stimmen laut werden, die verlangten, daß Homosexuelle als Blutspender nicht mehr zugelassen werden dürften. Das widersprach der Grundeinstellung beider Ärzte, aber Perkins hatte auch noch aus einem anderen Grund Einwände gegen eine solche Regelung. Wenn Homosexuelle nicht mehr als Blutspender in Frage kamen, dann würde bei den ohnedies knappen Blutreserven ein akuter Mangel entstehen, der sich katastrophal auswirken konnte. Fünf bis neun

Prozent der Blutspender seiner Blutbank waren homosexuell, sagte er und seufzte: »Und es sind sehr gute Blutspender.«

Bei diesem Fall gab es jedoch noch einen anderen beunruhigenden Aspekt. Der Spender, ein angesehener Bürger, der im August gestorben war, hatte bis zum Schluß behauptet, er sei heterosexuell. Es mußte also eindeutig nachgewiesen werden, daß AIDS durch Bluttransfusionen übertragen werden konnte. Nur dann würden die Gesundheitsbehörden Maßnahmen ergreifen, um Patienten, die solche Transfusionen brauchten, vor Infektionen zu schützen. Daß man über die sexuellen Gewohnheiten dieses Mannes nichts Genaues wußte, machte die Angelegenheit noch komplizierter. Mit Sicherheit war er kein gewöhnlicher Fixer, der in irgendeiner dunklen Seitenstraße seine Injektionsnadel mit anderen teilte. Wahrscheinlich war er doch homosexuell gewesen wie achtundneunzig Prozent aller AIDS-Patienten in der Stadt. Dr. Dritz mußte unbedingt mit seinen Familienangehörigen sprechen und versuchen, die Wahrheit zu erfahren. Dazu gab ihr Perkins alle Informationen, die ihm zur Verfügung standen.

Dr. Dave Auerbach, einer der Ermittlungsbeamten der epidemiologischen Abteilung der CDC, suchte den Bruder des Spenders auf. Ebenso wie Selma Dritz hatte Auerbach schon früher mit AIDS-Patienten gesprochen, die zunächst entschieden bestritten hatten, homosexuell zu sein. Der Bruder zeigte sich zugänglicher und vertraute Auerbach an, er habe den Nachlaß des Verstorbenen nach dessen Tod im August durchgesehen. Dabei habe er ein kleines schwarzes Adressenbuch gefunden, das er nun Auerbach zeigte.

Selma Dritz blätterte das Büchlein in ihrem Büro durch. Unter dem Buchstaben B fand sie schließlich einen ihr bekannten Namen.

Dr. Bud Boucher praktizierte im *Davies Medical Center* an der Castro Street. Er war einer der ersten Ärzte in San Francisco, die sich auf die Behandlung von homosexuellen Patienten spezialisiert hatten. Wie alle anderen Homosexuellenärzte kannte Boucher Mrs. Dritz bereits seit vielen Jahren. Er zog sofort das Krankenblatt des Patienten aus seiner Kartei. Dieser Mann war zu Boucher gekommen, um peinliche kleine Beschwerden behandeln zu lassen, die er seinem in der Gesellschaft angesehenen Hausarzt verschwieg. Unter anderem hatte er sich 1980 eine Rektalgonorrhö zugezogen. Das war des Rätsels Lösung.

286

Gaetan Dugas sah Selma Dritz mit blitzenden Augen an, aber diesmal ohne sein charmantes Lächeln, denn sie hatte ihm soeben kategorisch erklärt, daß er auf seine Besuche in den Saunen verzichten müsse. Der telefonische Notdienst der *Kaposi's Sarcoma Foundation* wurde immer wieder von Leuten angerufen, die sich über einen Mann mit französischem Akzent beschwerten, der in den Schwulensaunen Leute aufriß und ihnen danach in aller Ruhe sagte, er habe den Schwulenkrebs.

»Das geht Sie einen Dreck an«, sagte Gaetan. »Ich kann mit meinem Körper tun, was ich will.«

»Sie haben nicht das Recht, wissentlich andere Menschen zu infizieren«, erwiderte Mrs. Dritz und bemühte sich, ruhig zu bleiben. »Damit verfügen Sie auch über die Körper anderer Menschen, nicht nur über ihren eigenen.«

»Diese Leute sind selbst für ihren Schutz verantwortlich«, sagte der Luftsteward. »Sie wissen, was da geboten wird. Und sie wissen auch über diese Krankheit Bescheid.«

Dr. Dritz versuchte, den Mann zur Vernunft zu bringen, aber ohne Erfolg.

»Ich habe es«, sagte Gaetan böse, »und sie können es auch bekommen.«

Gaetan Dugas war nicht der einzige AIDS-Patient in den Saunen. Auch Bobbi Campbell, der die etwas zweifelhafte Rolle des KS-Pin-up-Boy übernommen hatte, besuchte die Saunen, bestritt allerdings, daß er dort sexuelle Kontakte habe. Homosexuelle Ärzte hatten Frau Dritz erzählt, daß auch mehrere andere Patienten diese Lokalitäten besuchten. Mrs. Dritz war empört. Diese Leute gehörten eingesperrt, besonders Gaetan. Sie erkundigte sich bei einigen Anwälten, ob es gesetzliche Bestimmungen gab, die ein solches Vorgehen ermöglichten.

Im November wurden in zwei weiteren Bundesstaaten die ersten AIDS-Fälle gemeldet. Seit Ausbruch der Seuche im Juni 1981 waren bei den CDC insgesamt siebenhundertachtundachtzig AIDS-Fälle in dreiunddreißig Staaten registriert worden. Etwa vierhundert dieser Fälle waren aus der Gegend von New York City gemeldet worden. Das waren mehr als fünfzig Prozent aller AIDS-Diagnosen in den Vereinigten Staaten. Zehn Prozent aller AIDS-Patienten lebten in San Francisco, der Stadt, die nach New York am schwersten von der Seuche heimgesucht war. In den ersten elf Monaten des Jahres 1982 hatte sich die Zahl der AIDS-Toten vervierfacht. Das war genau ein Jahr nach dem Tode von Ken Horne, des ersten den CDC gemeldeten AIDS-Patienten. Mittlerweile waren in den Vereinigten Staaten fast dreihundert Menschen der Seuche erlegen.

1. DEZEMBER, NATIONAL CANCER INSTITUTE, BETHESDA

Eigentlich hätte Robert Gallo der Star des Tages sein sollen, aber wegen des starken Interesses für AIDS wies das *National Cancer Advisory Board* Jim Curran das erste Referat auf der an jedem Mittwoch stattfindenden Sitzung zu. Das war auch nicht weiter schlimm, denn Gallo, der zu dieser Veranstaltung meist zu Fuß kam, verspätete sich. Er kam in das Sitzungszimmer, während Jim mitten in seinem dreißig Minuten dauernden Vortrag über die Spitze des Eisbergs und die zahlreichen asymptomatischen Überträger war, die wahrscheinlich die Krankheit weitergaben, ohne etwas davon zu wissen. Gegen Ende der Sitzung ging Gallo schließlich ans Rednerpult und genoß sichtlich den Applaus seiner Kollegen. Er freute sich über diese Anerkennung seiner Arbeit. Nach dem Skandal Ende der 1970er Jahre, als der Wert seiner Arbeit in der Krebsforschung von namhaften Kollegen angezweifelt worden war, war es still um ihn geworden. Aber er hatte den einmal eingeschlagenen Weg unbeirrt weiter verfolgt, das Human T-cell Leukemia-Virus entdeckt und war kürzlich mit dem angesehenen Lasker Award ausgezeichnet worden. Damit gehörte er zweifellos zu den anerkanntesten Retrovirologen in den Vereinigten Staaten.

Curran hatte während des vergangenen Jahres mit nur geringem Erfolg versucht, prominente Wissenschaftler wie Gallo zur Mitarbeit an der AIDS-Forschung zu bewegen. Er teilte Don Francis' Meinung, AIDS könne ebenso wie die Katzenleukämie durchaus von einem Retrovirus verursacht werden. Als der Applaus abebbte und Gallo sich dem Rednerpult näherte, ergriff Curran die Gelegenheit und sagte laut: »Sie haben eine Auszeichnung bekommen. Sie sollten wiederkommen, nachdem Sie ein zweites Mal für Ihre Mitarbeit an der AIDS-Forschung ausgezeichnet worden sind.«

Gallo lächelte freundlich und schüttelte Curran die Hand. Dieser hatte schon gefürchtet, daß er zu weit gegangen sei. In der Hierarchie der regierungsamtlichen Forschungseinrichtungen rangierten die CDC an zweiter Stelle hinter dem Nationalen Krebsinstitut; daher konnte sein Zwischenruf als ungebührlich aufgefaßt werden.

Gallo jedoch wollte mit dieser verdammten Krankheit nichts mehr zu tun haben. Auf Drängen von Max Essex, der im Serum von zwei AIDS-Patienten HTLV-Antikörper gefunden hatte, hatte das Laboratorium von Gallo das Blut von AIDS-Patienten gründlich untersucht in der Hoffnung, ein Retrovirus zu finden. Nach Gallos Schätzung hatte sein Laboratorium 1982 zehn Prozent der Arbeitszeit für die Erforschung dieser rätselhaften Krankheit aufgewendet. Das war seiner Meinung nach genug. Im übrigen war Gallo, der aus einer streng katholischen italienischen Einwandererfamilie stammte, die Beschäftigung mit AIDS von Anfang an irgendwie unangenehm gewesen. Dieses ganze Gerede von den tausendeinhundert Sexualpartnern, dem Onanieren und all den ausgefallenen Sexualpraktiken wollte ihm nicht gefallen, und es war ihm peinlich, auch nur davon zu sprechen.

Er war bei seiner Laborarbeit aber auf einen interessanten Hinweis gestoßen. Weil Retroviren aus Ribonucleinsäure und nicht, wie andere Viren, aus Desoxyribonucleinsäure (DNS) aufgebaut sind, erzeugen sie bei ihrer Vermehrung ein besonderes Enzym. Diese reverse Transkriptase zieht die DNS-Moleküle an die RNA-Struktur des Retrovirus und veranlaßt es, sich zu teilen. Nun hatte Gallos Laboratorium im November an den infizierten Lymphozyten von AIDS-Patienten Spuren von reverser Transkriptase gefunden. Dieses Enzym hatte also an all diesen Lymphozyten die Spuren eines Retrovirus hinterlassen. Es war jedoch unmöglich gewesen, dieses verdammte Retrovirus selbst zu finden.

Das war der Haken. Gallos Mitarbeiter konnten die Lymphozyten nicht lange genug am Leben erhalten, um irgendwelche Retroviren zu finden. Überdies wußte Gallo, daß jedes Leukämie-Virus eine Zellvermehrung bewirkt und nicht das Absterben von Zellen. Menschen, die an Leukämie erkrankt waren, starben, weil sie zu viele weiße Blutkörperchen hatten. Doch als die Mitarbeiter von Gallo die Lymphozyten in das Blut von AIDS-Patienten einbrachten, starben diese Zellen ab und vermehrten sich nicht. Das war ungeheuer frustrierend gewesen, und deshalb hatte Gallo im November die wahrscheinlich wichtigste Entscheidung seines Lebens getroffen: Er hatte sich geschlagen gegeben. Zwar würde sein Name unter einem Forschungsbericht stehen, der im Frühjahr veröffentlicht werden sollte und auf eine Beziehung zwischen HTLV und AIDS einging. Aber seine Forschungsarbeit hatte kein endgültiges Ergebnis gebracht. Im November nahmen seine Mitarbeiter die AIDS-Kulturen, die sie untersucht hatten, und deponierten sie im Tiefgefrierfach des Laboratoriums für Tumorzell-Biologie. Damit war die AIDS-Forschung zunächst für ihn erledigt.

»Gibt es einen Retrovirologen im Haus?«

Die Zuhörer stöhnten. Viele der hier versammelten Ärzte hatten bereits gehört, daß Dr. Willy Rozenbaum seine Stelle hatte wechseln müssen, weil er sich weigerte, seine Forschungsarbeiten auf dem Gebiet dieser seltsamen neuen Krankheit einzustellen. Er galt in diesem Bereich mittlerweile als größte klinische Autorität in Europa; aber sein geradezu besessenes Engagement erregte immer wieder die Heiterkeit der Kollegen. So hatte er es sich auch nicht verkneifen können, die scherzhaft gemeinte, aber provozierende Frage nach einem Retrovirologen zu stellen, als er im altehrwürdigen Pasteur-Institut einen Vortrag über SIDA hielt, wie AIDS in Frankreich genannt wird.

Gegen Ende seines Vortrags erklärte er schließlich, was er mit diesem Scherz hatte ausdrücken wollen. Einige amerikanische Forscher hatten die Hypothese aufgestellt, AIDS werde von einem Retrovirus verursacht. Nun suchte seine Arbeitsgruppe, die sich mit AIDS beschäftigte, einen Spezialisten auf diesem Gebiet.

Françoise Brun-Vezinet machte Rozenbaum einen Vorschlag. Sie hatte bei Dr. Jean-Claude Chermann, einem bekannten französischen Retrovirologen, studiert. Ihn würde sie um Unterstützung bitten.

Sie setzte sich sofort mit Chermann in Verbindung. Wie es der Zufall wollte, wandten sich jedoch zur gleichen Zeit Beamte der französischen Gesundheitsbehörden an den führenden Virologen am Pasteur-Institut, Dr. Luc Montagnier. Im pharmazeutischen Betrieb des Pasteur-Instituts, der einen großen Teil des Geldes verdiente, mit dem das privat geführte Institut finanziert wurde, herrschte große Aufregung wegen bestimmter Gerüchte über den Hepatitis-Impfstoff. Der Betrieb des Pasteur-Instituts hatte die Lizenz, die Vakzine in Frankreich zu produzieren. Der Impfstoff wurde aus dem Plasma homosexueller Männer hergestellt, und nun machte man sich angesichts der bei Blutern aufgetretenen AIDS-Infektionen Sorgen, ob AIDS vielleicht auch durch Hepatitis-Impfungen übertragen werden könnte. Montagnier hatte zwar erfahren, daß der amerikanische Forscher Dr. Don Francis die Vakzine bereits untersucht und keine Verbindung zwischen AIDS und den Impfungen festgestellt hatte, doch er erklärte sich trotzdem bereit, sich um die Angelegenheit zu kümmern.

Françoise Brun-Vezinet hatte Erfolg mit ihrer Anfrage; Montagnier und Chermann wollten der Forschung die Retrovirus-Laboratorien des Pasteur-Instituts zur Verfügung stellen.

21. Tanz im Dunklen

9. DEZEMBER 1982, CITY HALL, SAN FRANCISCO

Die Reporter gingen eilig den langen, eichengetäfelten Korridor hinunter, an dessen Ende das Büro der Bürgermeisterin Dianne Feinstein lag. Sie hatte an diesem Tag zu einer Pressekonferenz eingeladen, weil die Stadtverordnetenversammlung von San Francisco eine außergewöhnliche Verfügung erlassen hatte, mit der sich auch die Bürgermeisterin nicht recht befreunden konnte. Es ging um die von dem Stadtrat Harry Britt eingebrachte Verordnung über die Rechte zusammenlebender unverheirateter Partner. Diese neue gesetzliche Bestimmung legitimierte nun solche Beziehungen, wobei in erster Linie an homosexuelle Partner gedacht worden war. Die Partner städtischer Beamter sollten die gleichen Rechte genießen wie die Ehemänner oder Ehefrauen von verheirateten Angestellten. Die Bestimmung regelte auch das Verfahren, mit dem unverheiratete Paare ihre Beziehung offiziell beim städtischen Standesamt registrieren lassen konnten. Die Vorlage von Britt enthielt auch eine Bestimmung, die unverheirateten Partnern das Recht einräumte, sich im Krankheitsfall in den städtischen Krankenhäusern zu besuchen und, wenn der andere Partner starb, zu dessen Beerdigung einen Sonderurlaub zu beanspruchen. Die Bürgermeisterin Feinstein war jedoch entschlossen, gegen diese Verfügung ihr Veto einzulegen.

»Ich persönlich habe gegen diese Verfügung schwere Bedenken«, erklärte sie den Reportern. »Ich wäre durchaus bereit, eine neue gesetzliche Bestimmung zu unterschreiben, die die Bedürfnisse unverheirateter Personen berücksichtigt, aber solche Bestimmungen dürfen unser Gemeinwesen nicht spalten.«

Damit bezog sie sich auf die Tatsache, daß die Vorlage erregte Debatten unter den verschiedenen Bevölkerungsgruppen ausgelöst hatte. Erst gestern hatte der katholische Erzbischof John Quinn, der es im allgemeinen vermied, sich in die Lokalpolitik einzumischen, Frau Feinstein öffentlich aufgefordert, ihr Veto gegen diese Verfügung einzulegen. »Es ist eine Beleidigung für jeden vernünftigen Menschen und eine Verhöhnung unseres rechtlichen, kulturellen, moralischen und gesellschaftlichen Erbes, wenn das heilige Sakrament der Ehe und die Würde der Familie mit einer ›häuslichen Gemeinschaft‹ auf eine Stufe gestellt werden.« Der Vorschlag sei, wie Quinn sagte, »eine radikale Abwendung von fundamentalen Werten und Institutionen«.

Auch die anderen religiösen Führer wehrten sich gegen diese Maßnahme. Der Bischof der Episkopalkirche sprach davon, daß »die Ehe als Institution jetzt stark unter Druck gesetzt« würde, und der Verband der Rabbis in Nordkalifornien drängte die Bürgermeisterin ebenfalls, ihr Veto einzulegen. Als Sprecher der schwarzen Kirchen äußerte sich der politisch einflußreichste schwarze Geistliche in San Francisco, der Reverend Amos Brown, im Sinne der von der Mehrheit der schwarzen Bevölkerung geltenden Grundsätze: »Wir als Schwarze kennen besonders die Bedeutung der Großfamilie. Nur in diesem Rahmen haben wir uns behaupten können.«

In der Begründung ihres Vetos kritisierte Frau Feinstein, die Verordnung sei schlecht und unscharf formuliert. In Wirklichkeit ginge es, wie jeder wisse, darum, daß homosexuelle Beziehungen heterosexuellen Beziehungen gleichgestellt werden sollten. Für Bill Kraus, der sich für die Vorlage stark gemacht hatte, war dies der einzige Zweck der Verordnung. Mit ihr sollte eine Hauptforderung der Homosexuellenbewegung erfüllt und gesetzlich verankert werden – daß die Homosexualität eine ebenso legitime Form des Zusammenlebens sei wie die Heterosexualität. Das Veto war daher nichts anderes als ein neuerlicher Beweis, daß Homosexuelle für die Kirchen und den Staat diese Gleichberechtigung eben noch nicht besaßen.

Noch am gleichen Abend versammelten sich fünfhundert Menschen zu einer spontanen Demonstration auf der Castro Street und zogen mit dem Ruf »Werft Dianne hinaus« vor das Rathaus. Die von Frau Feinstein für die verschiedenen Ausschüsse im Stadtrat benannten Kandidaten spielten sogar kurze Zeit mit dem Gedanken, geschlossen auf die Kandidatur zu verzichten. Doch es handelte sich dabei zum größten Teil um gemäßigte homosexuelle Demokraten, die im Grunde solche dramatischen Auftritte, wie sie von den Mitgliedern des *Harvey Milk Club* veranstaltet wurden, verabscheuten.

Die homosexuellen Aktivisten im ganzen Land waren natürlich empört über das Veto. Oft artete die Kritik in persönliche Angriffe

292

gegen Mrs. Feinstein aus. Ihre Gegner warfen ihr abscheuerregende Bigotterie vor. Diese Kritiker übersahen, daß sich Mrs. Feinstein unter allen bekannten Politikern der Demokratischen Partei zweifellos am entschiedensten für die Rechte der Homosexuellen einsetzte. Zwei lesbische Freundinnen hatten sogar in ihrem Garten eine Art Hochzeitszeremonie gefeiert, was konservative Wähler empört hatte. Als Stadträtin hatte sie 1972 die ersten Bestimmungen über die Rechte der Homosexuellen durchgebracht, und zwar lange bevor ein anderer prominenter Politiker es wagte, auch nur das Wort homosexuell in den Mund zu nehmen.

»In den vergangenen zwölf Jahren haben wir eine Menge erlebt«, sagte Frau Feinstein in einem Interview, das sie nach ihrer umstrittenen Entscheidung gab. »Aber San Francisco bleibt eine offene und tolerante Stadt, und was die Rechte der Homosexuellen betrifft, so ist es wahrscheinlich die aufgeklärteste Stadt, die es gibt.«

Das konnte niemand bestreiten. Doch obwohl die Schwulen hier eher toleriert wurden als anderswo, wurde die Homosexualität auch in der Stadt, die sie als ihr Mekka bezeichneten, noch immer nicht als eine Lebensweise akzeptiert, die moralisch auf der gleichen Stufe stand wie die Heterosexualität. Die herrschende Moral betrachtete die Homosexuellen als Hedonisten, die ohnehin unfähig zu einer dauerhaften Beziehung seien.

Im Dezember 1982, als es mehr denn je notwendig gewesen wäre, die Homosexuellen zu solchen Dauerbeziehungen zu ermutigen, gab man ihnen somit zu verstehen, ihre Partnerschaften seien minderwertig. Später fragten sich dann dieselben politischen Kräfte verwundert, weshalb die Schwulen nicht in Zweierbeziehungen zusammenlebten – wo es für sie doch ums Überleben ginge.

10. DEZEMBER

Dr. Dale Lawrence befand sich in Washington, als er von seinem Chef, Bruce Evatt von der Abteilung für Parasitologie der CDC, einen Anruf erhielt. Bei diesem Gespräch waren die Ärzte Dr. Harold Jaffe und Dr. Walt Dowdel zugeschaltet. Lawrence wußte sofort, wenn Dowdel als Chef des Center for Infectious Diseases zugezogen wurde, mußte es sich um etwas sehr Wichtiges handeln. Evatt bat Lawrence, sofort nach New York zu fliegen und mit den Blutspendern des Patienten zu sprechen, der im Sommer im Bellevue Hospital behandelt worden war.

Lawrence mußte daran denken, wie kategorisch sich die Blutbank in

New York, die größte in den Vereinigten Staaten, geweigert hatte, Lawrence die Namen der Spender zu nennen und ihm den persönlichen Kontakt mit ihnen zu ermöglichen.

»Warum diese plötzliche Kehrtwendung?« fragte Lawrence. Die Kollegen klärten ihn auf, daß am heutigen Nachmittag ein Bericht über den ersten AIDS-Fall im Zusammenhang mit einer Bluttransfusion veröffentlicht würde. In San Francisco hätten die Gesundheitsbehörden eine Pressekonferenz vorbereitet, um die Öffentlichkeit zu warnen. Die CDC würden noch am gleichen Tage dem *MMWR* einen Bericht zustellen, der in der nächsten Nummer abgedruckt werden sollte. Jetzt sei es notwendig, die Hersteller von Blutkonserven unter Druck zu setzen. Evatt habe sich am vergangenen Samstag in Bethesda an den Beratungsausschuß der *Food and Drug Administration* gewandt, der sich vor allem aus Vertretern der Blutkonservenindustrie zusammensetzte, und über das an der Universitätsklinik in San Francisco eingelieferte AIDS-kranke Baby berichtet. Wie schon im Sommer hatten die Beamten der FDA und die Vertreter der Blutbanken erklärt, sie brauchten schlüssigere Beweise dafür, daß AIDS durch Bluttransfusionen übertragen werden könne. Jetzt wollte Evatt beweisen, daß es sich hier um eine ganz konkrete Übertragungsmöglichkeit handelte.

Die Hersteller von Blutkonserven im Osten der Vereinigten Staaten reagierten empört auf den *MMWR*-Bericht, in dem von der Möglichkeit gesprochen wurde, daß AIDS durch Bluttransfusionen übertragen werden könne. Es war die Absicht der CDC gewesen, die Hersteller von Blutkonserven gleich mit einem Doppelschlag wachzurütteln, denn hier wurde nicht nur über den ersten durch eine Bluttransfusion verursachten AIDS-Fall berichtet, sondern auch über fünf neue AIDS-Fälle bei Blutern. Doch trotz dieser starken Verdachtsmomente erklärte Dr. Joseph Bove, der Vorsitzende des Beratungsausschusses der FDA und Vertreter der *American Association of Blood Banks*, im Fernsehen, es gebe es immer noch keine Beweise dafür, daß AIDS durch Bluttransfusionen übertragen werden könne. Einige Hersteller von Blutkonserven glaubten sogar, die CDC würden diese Gefahr hochspielen, weil sie ihren Forderungen nach einer großzügigeren Finanzierung ihrer Forschungsarbeit Nachdruck verleihen wollten. Es gab sogar Hersteller von Blutkonserven und einige Beamte bei der FDA, die immer noch nicht glauben wollten, daß das AIDS-Syndrom überhaupt existierte.

Weniger große Beachtung fand ein Bericht, der am gleichen Tag im *Journal of the American Medical Association* erschien. Dieser Bericht beschäftigte sich mit eigenartigen Störungen der Hirnfunktionen, die neuerdings bei AIDS-Patienten festgestellt worden waren. In vielen Fällen waren neurologische Störungen die ersten und einzigen Frühre-aktionen auf eine AIDS-Infektion. Das hatten Wissenschaftler auf einem Symposium der *American Neurological Association* berichtet. Bei genaueren Untersuchungen hatte man festgestellt, daß sich bei drei von vier AIDS-Patienten Anzeichen für eine Schädigung der Hirnfunk-tionen erkennen ließen. Doch oft übersahen die Ärzte die am Zentral-nervensystem eingetretenen Schäden und erklärten die oft nur undeut-lich auftretenden Symptome einer Demenz mit Streß oder allgemeinen Depressionen. Einige Patienten starben jedoch direkt an massiven Hirnschäden. Bei der Autopsie wurde in diesen Fällen festgestellt, daß sich die Hirnsubstanz in eine »sumpfige Masse« verwandelt hatte.

Ein Arzt an der Klinik der New Yorker Universität, der einen ausführlichen Bericht über die von ihm festgestellte Infektion des Zentralnervensystems verfaßt hatte, weigerte sich, dem Reporter des *Journal of the American Medical Association* Näheres über seine Arbeit mitzuteilen, weil er den Aufsatz bereits zur Veröffentlichung an eine neurologische Zeitschrift geschickt hatte. Er fürchtete, die Zeit-schrift könne ihre Zusage rückgängig machen, wenn er seine Ergeb-nisse zuvor der Presse mitteilte. Dies würde seinem Ansehen in der Fachwelt schaden. So nahm auch die Geschichte dieser Entdeckung den üblichen Verlauf. Das *Journal of the American Medical Associa-tion* würde noch ein halbes Jahr warten müssen, bis der Aufsatz in der neurologischen Fachzeitschrift veröffentlicht war.

11. DEZEMBER, CASTRO STREET, SAN FRANCISCO

Die Demonstranten tauchten schon am frühen Morgen auf. Ihr strup-piges langes Haar und ihr ganzes ungepflegtes Äußeres paßte so gar nicht zum Stil der Schwulen, die so viel Wert auf ein gepflegtes Äußeres legten. Doch diese Leute hatten ein Transparent mitgebracht, dessen Aufschrift »Werft Dianne hinaus« den meisten homosexuellen Pas-santen doch ein verständnisvolles Lächeln entlockte, und sie zögerten nicht, eine Petition zu unterschreiben, die die Entlassung der Bürger-meisterin Dianne Feinstein verlangte.

Seit sechs Monaten waren die Mitglieder des Ortsvereins der »Wei-ßen Panther« unterwegs, um die Anzahl von Unterschriften zusam-

295

menzubringen, die notwendig waren, um eine Abstimmung über die Abberufung von Mrs. Feinstein zu erzwingen. Diese Gruppe hatte jedoch andere Gründe für ihre Abneigung gegen Mrs. Feinstein als die Schwulen: die Bürgermeisterin hatte sich dafür eingesetzt, den Besitz von Handfeuerwaffen in der Stadt zu verbieten. Die Verordnung war zunächst in Kraft getreten, dann aber – nach einem Einspruch beim Bundesappellationsgericht – wieder aufgehoben worden. Das hinderte zwar die wenigen noch aktiven Mitglieder dieser in den sechziger Jahren entstandenen radikalen Gruppe, die durch gelegentliche Schüsse auf Polizeibeamte Aufsehen erregt hatte, ihre Forderungen in dieser Weise vorzubringen. Dennoch gelang es ihnen, unter den Stimmberechtigten im Castro-Bezirk zahlreiche Unterschriften zu sammeln.

Der Fremde stellte sich Gaetan Dugas in den Weg, als er am Schaufenster des *All American Boy* vorüberging, einem Modegeschäft, in dem man sich im »Castro-Look« ausstaffieren konnte und wo selbst die Schaufensterpuppen die Idealfigur des schönen Schwulen verkörperten. Der Mann faßte nach Gaetans Arm und hielt ihn fest, als dieser versuchte, sich loszureißen.

»Ich weiß, wer du bist und was du tust«, sagte der Mann. »Wenn du weißt, was gut für dich ist, dann solltest du die Stadt verlassen.«

Gaetan riß sich von dem Mann los, der ihn zornig anblickte, und bummelte weiter die Castro Street entlang. Diese Leute sind ja hysterisch, dachte er.

Etwa um diese Zeit erklärte er jedoch kanadischen Freunden, daß er mit dem Gedanken spiele, nach Vancouver zurückzugehen.

12. DEZEMBER

Dana Van Gorder, eine Mitarbeiterin des Stadtrats Harry Britt, rief Bill Kraus in seinem Büro im Kongreß an und teilte ihm mit, daß Mark Feldman, mit dem der Aktivist vor einiger Zeit ein flüchtiges Verhältnis gehabt hatte, am Kaposi-Sarkom und an der Pneumocystosis erkrankt sei. Bill war wie vom Donner gerührt. Zwar war er mit Mark nicht besonders eng befreundet gewesen, aber dieser junge Mann war ihm in vielem so ähnlich. Er war beruflich erfolgreich, sah gut aus und war politisch so weit engagiert, daß er, schon wenige Tage nachdem die Ärzte das KS und die PCP bei ihm festgestellt hatten, diese Diagnose öffentlich bekanntgab. Er sagte, er wolle die Aufmerksamkeit der

Öffentlichkeit auf die Gefahren dieser Epidemie lenken. Wie Bill Kraus war auch Mark Feldman jung, gesund und kräftig. Sie hatten sogar an der gleichen Sportschule trainiert. Jetzt hatte Mark plötzlich rapide abgenommen und sah aus, als sei er in kürzester Zeit um Jahre gealtert. Bill hatte stets versucht, den Gedanken weit von sich zu weisen, daß sich nur eine bestimmte Sorte von Leuten, irgendwelche schmutzigen Wichser, mit dieser Krankheit infizieren könnten. Durch den Schock, den ihm die Nachricht über Mark Feldman versetzte, wurde er sich jedoch bewußt, wie sehr er AIDS als ein Problem angesehen hatte, das nur andere Leute betraf. Die Möglichkeit, daß er selbst eines Tages mit diesem Problem konfrontiert werden könnte, hatte er in die dunkelste Ecke seines Bewußtseins verdrängt.

In den folgenden Tagen dachte Bill Kraus immer wieder an seine Zukunft, und dabei verstärkte sich die Angst, irgendwann könne ein Arzt auch ihm mitteilen, er sei dazu verurteilt, an AIDS zu sterben. Immer wieder betrachtete er die Stelle, die ihm aufgefallen war, als er sich unter der Dusche die Schulter abrieb. Er konnte den Tag nicht vergessen, an dem zum ersten Mal diese Furcht in ihm aufgestiegen war. Es war der 12. Dezember 1982 gewesen. Damals hatte er zum letzten Mal einen Sexualkontakt gehabt, bei dem es zum Austausch von Körperflüssigkeit gekommen war.

Für viele Ärzte in San Francisco bedeutete das Ende des Jahres 1982 eine Art Demarkationslinie für ihre Patienten. Es gab keine offiziellen Untersuchungen darüber, aber die Ärzte konnten feststellen, daß homosexuelle Patienten, die es Ende 1982 vermieden, mit dem Sperma ihrer Partner in Berührung zu kommen, sich im allgemeinen nicht mit dem AIDS-Virus infizierten. Die Infizierten waren diejenigen, die ihre Gewohnheiten bis 1983 und darüberhinaus nicht änderten. Das war natürlich nur eine Faustregel, denn spätere Untersuchungen zeigten, daß wenigstens zwanzig Prozent aller Homosexuellen in San Francisco wahrscheinlich schon vor Ende 1982 mit dem AIDS-Virus infiziert waren. Die in jüngster Zeit Infizierten würden erst die Statistiken von 1986 und 1987 mit einer vermehrten Zahl akuter AIDS-Fälle belasten. Aus diesen Zahlen ergab sich jedoch, daß man 1983 bei einem Geschlechtsverkehr mit Insemination damit rechnen mußte, infiziert zu werden.

In New York, wo das Virus offenbar zum ersten Mal aufgetreten und am weitesten verbreitet war, hatte es schon in den letzten Wochen des Jahres 1982 eine leidenschaftliche Diskussion in der Schwulenszene gegeben, bei der es um die Zusammenhänge zwischen Promiskuität und AIDS gegangen war. Zwei mit AIDS infizierte Personen, der Rocksänger Michael Callen und der ehemalige Strichjunge Richard Berkowitz, hatten in einem Artikel im *New York Native* die erste Salve abgefeuert. Der Artikel verurteilte das ganze Gerede darüber, wie sehr es dem Ansehen der Homosexuellen schade, wenn öffentlich über ihr Sexualleben und den Schwulenkrebs diskutiert würde. Als sich Callen bereit erklärte, in den Medien darüber zu sprechen, daß er an AIDS erkrankt war, riet ihm die Organisation *Gay Men's Health Crisis*, keine Auskunft darüber zu geben, wo er sich die Krankheit geholt hatte. Callen wußte genau, wie er sich infiziert hatte. Er hatte in jedem Sexclub und in jeder Sauna zwischen dem East River und dem Pazifischen Ozean verkehrt.

Einige »AIDS-Aktivisten« behaupteten, wenn man die Promiskuität der Homosexuellen zu sehr in den Vordergrund rücke, erzeuge man eine »Mentalität des schuldigen Opfers«. Michael Callen erklärte, es gebe einen deutlichen Unterschied zwischen Schuldzuweisungen und Appellen an das Verantwortungsbewußtsein. Es sei an der Zeit, offen über diese Krankheit zu sprechen, wenn die homosexuellen Männer überleben wollten. Und es genüge nicht, sich in seinem Sexualleben eine gewisse Zurückhaltung aufzuerlegen, wie es die meisten Ärzte und Beamten der Gesundheitsbehörden empfahlen. Man müsse vielmehr mit strengen Maßnahmen durchgreifen, also auch über eine Schließung der Saunen nachdenken. »Wenn der Besuch der Saunen tatsächlich einem russischen Roulette gleichkommt, dann muß man den Revolver fortwerfen und darf sich nicht darauf beschränken, nur weniger oft mitzuspielen.«

Callen und Berkowitz wurden sofort als »sexuelle Spielverderber« kritisiert, und der *Native* erhielt Berge von empörten Leserbriefen. Der Schriftsteller Charles Jurrist verfaßte als Erwiderung einen Artikel mit der Überschrift »Rechtfertigung der Promiskuität«, der ebenfalls im *New York Native* erschien. Darin vertrat er das oft gehörte Argument, für einen homosexuellen Mann sei das Risiko, bei einem Verkehrsunfall umzukommen, größer als die Gefahr, an AIDS zu sterben. Jurrist schrieb, es sei schließlich nur eine Hypothese, daß AIDS durch einen infektiösen Erreger übertragen werde. »Aber das ist noch lange nicht wissenschaftlich nachgewiesen. Deshalb erscheint es ein wenig verfrüht, im Namen der physischen Gesundheit den Verzicht auf die sexuelle Freiheit zu fordern.«

Die Auseinandersetzungen über das Sexualverhalten belasteten auch die führenden Männer in der *Gay Men's Health Crisis*. Viele von ihnen waren empört über die »Prüderie« von Callen und Berkowitz. Obwohl sie sich nach Kräften darum bemühten, die Homosexuellen über AIDS aufzuklären, und selbst auf risikoreiche sexuelle Praktiken verzichteten, waren sie doch der Ansicht, der Vorschlag, die Saunen zu schließen, bedeute eine Einschränkung der bürgerlichen Freiheiten. Wenn man erst einmal anfinge, diese Lokale zu schließen – was würde dann als nächstes folgen?

Larry Kramer stellte indessen noch radikalere Forderungen auf und erklärte, die GMHC müsse sich endlich den unangenehmen Tatsachen im Hinblick auf AIDS stellen und deutlich sagen, wenn diese Leute überleben wollten, müßten sie auf den Sex verzichten. Auch er war der Ansicht, daß die Saunen geschlossen werden mußten.

Die Sitzungen des Führungsgremiums der GMHC arteten oft in hitzige Wortgefechte zwischen Larry Kramer und den anderen Teilnehmern aus. Sie meinten, Kramer setze hier nur seine persönliche Vendetta gegen die schwulen Strichjungen fort, die er vor Jahren mit der Veröffentlichung seines Buches *Faggots* begonnen hatte. Andere befürchteten, Kramer werde die gegenwärtigen Auseinandersetzungen zum Thema eines neuen Buches machen. Jeder wußte, daß Kramer einige seiner Freunde in *Faggots* porträtiert hatte, Menschen, die seither kein Wort mehr mit ihm sprachen. Die Vorstellung, daß nun sie selbst in *Faggots II* dargestellt werden könnten, trug nicht gerade dazu bei, die Spannungen abzubauen.

13. DEZEMBER

Aus den Unterlagen der New Yorker Blutbank über eine ältere Frau aus New York, die im August an AIDS erkrankt war, ließ sich entnehmen, daß ein drogenabhängiger Fixer Blut gespendet hatte. Dr. Dale Lawrence suchte den Spender auf. Der Mann sagte, vielleicht hätte er besser kein Blut spenden sollen, doch die Angestellten seiner Firma seien alle aufgerufen worden, sich zu beteiligen, und er habe seinem Chef nicht sagen wollen, daß er eine Methadonbehandlung hinter sich hatte. Nein, er selbst habe keine AIDS-Symptome, aber einer seiner Freunde, mit dem er dieselben Nadeln benutzt habe, leide an einer seltsamen Blutkrankheit.

Lawrence fand den Namen dieses anderen Mannes auf der Liste der AIDS-Patienten in Atlanta. Damit war es zum zweiten Mal gelungen, die Übertragung von AIDS durch eine Bluttransfusion nachzuweisen.

Andere Ermittlungsbeamte überprüften weitere Berichte, und auf Veranlassung der CDC lud der staatliche Gesundheitsdienst Vertreter der Herstellerfirmen für Blutkonserven und der AIDS-Risikogruppen zu einer Konferenz im Januar ein. Die Virologen der CDC versuchten fieberhaft festzustellen, ob es bereits ein Verfahren für Bluttests gab, mit dem AIDS-infizierte Spender ausgesondert werden könnten. Mit Unterstützung der Hersteller von Blutkonserven, die von der *Food and Drug Administration* überwacht wurden, mußte es möglich sein, hier etwas zu unternehmen.

15. DEZEMBER, CASTRO DISTRICT, SAN FRANCISCO

Als Gary Walsh ihn anrief und sagte, er müßte sich mit ihm zum Mittagessen treffen, wußte Joe Brewer sofort, daß irgend etwas nicht in Ordnung war.

»Der Doktor sagt, ich dürfe nicht nach Mexiko fahren«, erklärte Gary mürrisch und vermied es, seinen Freund anzusehen.

»Warum?«

»Er fürchtet, ich könnte mir irgendwelche Darmparasiten holen«, sagte Gary und starrte viel zu lange auf den Fußboden. »Er macht sich Sorgen, weil er glaubt, ich hätte die ersten Symptome von AIDS, und fürchtet, es könnte mir etwas passieren. Dort gibt es keine guten Krankenhäuser...« Gary verstummte.

Joe war wie benommen, doch plötzlich dachte er an all die eindeutigen Anzeichen, die er nicht hatte beachten wollen. Er hätte es erkennen müssen. Gary hatte AIDS und würde sterben.

Als sie am Abend in Garys schöner Wohnung an der Alpine Terrace zusammensaßen, erzählte er Joe schließlich von dem Hautausschlag, den er schon seit einiger Zeit an sich beobachtet hatte. Dann öffnete er den Mund und zeigte seinem Freund die weißen Flecken. »Candidamycosis«, hatte der Arzt gesagt. Jetzt begriff Joe, wie krank Gary schon die ganze Zeit gewesen war.

Jetzt mußten sie die Zeit nutzen, die ihnen noch blieb, dachte Joe. Er machte seinem Freund einen neuen Vorschlag. Sie könnten nach Key West gehen. Auch dort herrschte ein subtropisches Klima, aber es gab alle modernen medizinischen Einrichtungen. Schon eine Stunde später hatte Joe die beiden letzten Flugkarten nach Key West besorgt und die beiden letzten freien Zimmer in einem bei Homosexuellen beliebten Gästehaus gebucht. So würden sie doch nicht auf die gemeinsame Reise verzichten müssen. Das Leben war noch nicht zu Ende.

17. DEZEMBER, CENTERS FOR DISEASE CONTROL, ATLANTA

Zum zweiten Mal in vierzehn Tagen stand im *Morbidity and Mortality Weekly Report* ein Bericht, der wie eine Bombe einschlagen mußte. Die Überschrift lautete »Ungeklärte Immunschwäche und opportunistische Infektionen bei Kleinkindern – New York, New Jersey, Kalifornien«. Sogar im trockenen Stil des *MMWR* wirkte die Schilderung eines jeden Falles wie eine Gruselgeschichte.

Da war zum Beispiel dieses im Dezember 1980 geborene, aus Lateinamerika stammende schwarze Baby, das in seinen ersten neun Lebensmonaten nur langsam gewachsen war und dann ganz aufgehört hatte zu wachsen. Im Alter von siebzehn Monaten wurden Mundsoor, verschiedene Staphylokokkeninfektionen und eine schwere Hirnverkalkung festgestellt. Das Knochenmark des Kindes war überschwemmt von dem Mycobacterium avium intracellulare. Das war eine äußerst gefährliche Infektion, die normalerweise hauptsächlich bei Vögeln vorkommt. Die Mutter des Kindes war drogensüchtig und schien zur Zeit der Geburt des Babys ganz gesund zu sein. Doch im Oktober 1981 erkrankte sie an Candidiasis, ihre T-Zellen verringerten sich drastisch, und einen Monat später starb sie an Pneumocystosis. Doch auch ihr Kind rang jetzt mit dem Tode. Ein anderes Baby, dessen Mutter Haitianerin war, hatte sich im Alter von nur zehn Monaten eine Pneumocystosis zugezogen und mit dem Cryptococcus, dem Zytomegalie-Virus und zahlreichen anderen Krankheitserregern infiziert, bevor es an einer Ateminsuffizienz starb. Dem CDC lagen jetzt Berichte über zweiundzwanzig Säuglinge vor, deren Immunschwäche in keine der bisher bekannten Kategorien paßte. Doch ihre Eltern gehörten alle einer Risikogruppe an: sie waren entweder drogenabhängige Fixer oder Haitianer.

Die Beamten der CDC hofften, dieser Bericht werde endlich das wissenschaftliche Establishment wachrütteln können.

Da jetzt auch heterosexuelle AIDS-Opfer zu beklagen waren, berichteten die Presse und die Medien ausführlich über den unerwarteten Verlauf der Epidemie. Das Wort AIDS tauchte plötzlich sogar in den Nachrichtenmagazinen *Time* und *Newsweek* auf, und die Fernsehgesellschaften und Depeschendienste nahmen sich dieses Themas an.

Inhaltlich änderte sich jedoch nichts Wesentliches an der AIDS-Berichterstattung. Die Journalisten konzentrierten sich auf die Männer in den weißen Kitteln, von denen man wußte, daß sie die Gefahr verharmlosen würden. Viele Artikel beurteilten die Lage optimistisch und erklärten, man dürfe demnächst mit einem entscheidenden Durchbruch in der Forschung und der Entwicklung eines wirksamen Impfstoffs rechnen. Auf jeden Fall hatte die Epidemie nur dann einen Nachrichtenwert, wenn ihr keine Homosexuellen zum Opfer fielen.

Diese Haltung war das Ergebnis des ganzen Geredes über »GRID« und den »Schwulenkrebs« in den ersten Monaten des Jahres 1982. AIDS war und blieb in den Augen der Öffentlichkeit eine Schwulenkrankheit, gleichgültig, wer dieser Epidemie sonst noch zum Opfer fiel. Sogar unter den Homosexuellen selbst wurde AIDS zumeist als Homosexuellenphänomen angesehen.

So ging das Jahr 1982 zu Ende, in dem ein Film über das liebenswerte Weltraumgeschöpf E. T. zum größten Kassenschlager aller Zeiten wurde und zwei Filme über Transvestiten, *Tootsie* und *Victor/Victoria*, Überraschungserfolge erzielten. Der beste Film des Jahres über ein ernstes Thema war ein Film über Mahatma Gandhi. Darin ging es um Rassenvorurteile und Brüderlichkeit, die Kraft der Liebe und das Gesicht des Hasses. Obwohl sich die amerikanische Kulturszene 1982 intensiv mit Zwitterwesen, Homosexualität und Vorurteilen beschäftigte, begann, wie viele Kommentatoren später feststellten, gerade um diese Zeit eine neue Periode des amerikanischen Sendungsbewußtseins. Der altmodische rot-weiß-blaue Patriotismus war wieder in Mode gekommen. So beachtete natürlich kaum jemand eine Epidemie, von der Homosexuelle und Haitianer heimgesucht wurden, auch wenn gegen Ende des Jahres die *Centers for Disease Control* meldeten, daß die Zahl der in den Vereinigten Staaten registrierten AIDS-Fälle auf fast neunhundert angestiegen war.

Ende 1982 gab es in den Vereinigten Staaten höchstens zweitausend Menschen, die wirklich begriffen hatten, welche Katastrophe sich am Horizont abzeichnete. Ihnen stand ein unruhiges Neues Jahr bevor.

31. DEZEMBER, THE EVERGLADES, FLORIDA

Gary Walsh und Joe Brewer hatten beschlossen, Key West zu verlassen und einen Ausflug in die Everglades, das große Sumpfgebiet in Florida, zu unternehmen. Sie waren noch nie dort gewesen und freuten sich auf dieses Abenteuer. Doch am Silvesterabend wollte Gary nicht bis Mitternacht aufbleiben, weil er zu müde sei. Zum ersten Mal sah Joe, wie geschwächt Gary war. Die Energie, mit der es ihm immer wieder gelungen war, gegen seine Schwäche anzukämpfen, hatte ihn verlassen.

Es war heiß und stickig, als Gary zu Bett ging, während sich Joe in trüber Stimmung einen Martini mixte und aus dem Fenster starrte. In der Ferne hörte man die Stimmen der anderen Gäste, die das Neue Jahr begrüßten. Joe hob sein Glas und trank dem schlafenden Gary zu, der mit jeder Stunde immer weiter von ihm abrückte. »Ein glückliches Neues Jahr«, flüsterte Joe.

»Ein glückliches Neues Jahr, Joseph.«

CASTRO DISTRICT, SAN FRANCISCO

Cleve Jones klatschte begeistert in die Hände, als der »KS-Poster-Boy« Bobbi Campbell in einem fessellangen Kleid aus Silberlamé und einem mit künstlichen Steinen besetzten Diadem das Zimmer betrat. Er war dem Club der »Schwestern der ewigen Wollust« beigetreten und hatte den Namen *Sister Florence Nightmare* (Schwester Florence Alptraum) angenommen. Er sah hinreißend aus, dachte Cleve, auch wenn das runde Abzeichen mit der Aufschrift »Ich werde überleben« nicht ganz zu dieser Aufmachung paßte.

Cleve strahlte. Alle seine Freunde waren gekommen, Dutzende Freiwillige von der *KS Foundation* und jeder, der in der Schwulenszene etwas auf sich hielt, aber auch einige Heterosexuelle, meist Persönlichkeiten des öffentlichen Lebens. In Cleves Schlafzimmer saß ein Stadtrat aus San Francisco und schnupfte Kokain. Der Stadtrat Harry Britt hatte Bill Kraus mitgebracht, der herzlich dazu beglückwünscht wurde, daß er eine größere Summe für die AIDS-Hilfe zusammengebracht hatte.

Bill Kraus war an diesem Abend auffallend still. Einmal sagte er Cleve, er müsse sich in den nächsten Tagen mit ihm unterhalten – über AIDS. Dann mischte er sich wieder unter die Gäste.

Die laute Discomusik dröhnte durch die Räume und ließ das ganze Haus zittern. Aus den Lautsprechern tönte der Schlager des Jahres, Laura Branigans »Gloria«. Kurz vor Mitternacht schenkte sich Cleve ein Glas Champagner ein. Er hatte den ganzen Abend nichts getrunken, denn er wußte, wenn er einmal anfing, konnte er nicht mehr aufhören und würde sich vor all diesen Politikern blamieren. Aber der Champagner schien ihn zu beruhigen. Cleve fühlte sich nicht eigentlich unglücklich; er hatte nur irgendwie das Gefühl, daß er mit diesen Leuten nichts zu schaffen hatte.

303

Während er all diese Menschen beobachtete, wurde ihm klar, daß er sich in den letzten Jahren eine einflußreiche Stellung erobert hatte. Als Mitarbeiter des Stadtverordneten Art Agnos standen ihm alle Wege für eine glänzende politische Karriere offen. Außerdem konnte er in dieser Funktion seine Zeit fast ausschließlich der Arbeit für die *KS Foundation* widmen. Das alles freute Cleve, aber er war trotzdem nicht in der rechten Stimmung für eine ausgelassene Party. Es gab etwas, das größer war als er selbst und sein Ehrgeiz. Es war eine Schreckensvision, und er konnte das Gefühl nicht loswerden, daß es keine Möglichkeit mehr gab, die Katastrophe aufzuhalten.

Der mitternächtliche Glockenschlag kündigte den Beginn des Neuen Jahres 1983 an, aber die vielen Freunde, das Tanzen, die Musik und sogar der Champagner konnten Cleve nicht heiterer stimmen. Wenn er Bobbi Campbell beobachtete, dann sah er mehr als das Aufblitzen seines Diadems. Bobbi würde sterben, und Tausende würden ihm folgen. Es war eine großartige Party gewesen, aber jetzt ging sie zu Ende.

FÜNFTER TEIL

Die Fronten lassen sich deutlicher erkennen
Januar bis Juni 1983

In dieser Hinsicht waren unsere Mitbürger wie die meisten Menschen; jeder war mit sich selbst beschäftigt. Mit anderen Worten, sie waren Menschen und glaubten nicht an Seuchen. Eine Seuche läßt sich nicht mit menschlichen Maßen messen. Deshalb reden wir uns ein, daß Seuchen Sinnestäuschungen seien, ein böser Traum, der vorübergeht. Aber der Traum geht nicht immer vorüber, und von einem bösen Traum zum anderen sind es die Menschen, die gehen müssen ...

Albert Camus
Die Pest

22. Laßt es bluten

3. JANUAR 1983, PITIE-SALPETRIERE HOSPITAL, PARIS

Man würde nicht viel von dem Lymphknoten brauchen, sagte Dr. Willy Rozenbaum dem homosexuellen Modedesigner, der an einer leichten Lymphknotenschwellung litt. Eine kleine Probe, so groß wie die Nagelspitze am kleinen Finger, würde ausreichen. Er wollte hier eine Kultur ansetzen, mit deren Hilfe sich feststellen ließ, was die *SIDA* verursacht hatte. Dies war das französische Akronym für AIDS. Rozenbaum würde die Exzision nicht selbst vornehmen, wollte aber sicherheitshalber dabeisein. Auch Dr. Françoise Barre vom Pasteur-Institut hatte das Gefühl, daß es sich hier um eine wichtige Untersuchung handelte. Die Exzision war in wenigen Minuten beendet. Françoise Barre verpackte die kleine Probe des Lymphknotengewebes in Eis und verließ das Krankenhaus. Im Pasteur-Institut legte Dr. Luc Montagnier das Gewebe in eine Kultur von T-Lymphozyten und wies Dr. Barre an, das Zellwachstum während der nächsten Wochen zu überwachen.

Dr. Barre und Dr. Montagnier vermuteten, sie würden in der Probe ein Retrovirus finden, ähnlich dem Human T-cell Leukemia-Virus oder HTLV. Der akademische Lehrer von Frau Barre war der Retrovirologe Robert Gallo vom NCI gewesen, der kürzlich die Hypothese aufgestellt hatte, AIDS könne von einem HTLV verursacht werden. Wenn sich das Virus im Lymphknoten verhielt wie ein HTLV, dann müßten sich die Lymphozyten in der Gewebekultur jetzt vermehren. Obwohl es im allgemeinen mehrere Wochen dauerte, bis sich die Wachstumsstimulation durch solche Viren bemerkbar machte, beschloß Frau Barre, die Kultur alle drei Tage zu untersuchen, um keine Veränderung zu übersehen. Schließlich handelte es sich hier um eine noch unerforschte Krankheit, und man konnte nie wissen, was dieser Test in einem solchen Falle ergeben würde.

Don Francis schlug mit der Faust auf den Tisch. Die anderen Beamten der *Centers of Disease Control* tauschten leicht entsetzte Blicke aus. Die Vertreter der Blutbanken waren sichtlich verärgert.

»Wie viele Menschen sollen denn noch sterben?« schrie Francis und schlug zum zweiten Mal auf den Tisch. »Wie viele Todesfälle brauchen Sie? Sagen Sie uns die Mindestzahl der Toten, die Sie brauchen, um zu glauben, daß es so ist. Dann werden wir wieder zusammenkommen und etwas dagegen unternehmen.«

Das Verhalten der führenden Vertreter der Blutkonservenindustrie ließ sich nach Francis' Ansicht bestenfalls als fahrlässige Tötung bezeichnen. Wenn er sich privat über dieses Thema unterhielt, strich er allerdings das Wort »fahrlässig«. Diese Leute weigerten sich zu glauben, daß AIDS durch Bluttransfusionen übertragen werden könne. Und weil sie das nicht glaubten, würden immer mehr Menschen sterben müssen. So einfach war das.

Im Grunde glaubten die meisten Beamten der CDC, daß Don Francis recht hatte, doch es war ihnen peinlich, daß er sich so gehenließ.

An der Sitzung dieses Sonderausschusses zur Beratung der bundesstaatlichen Gesundheitsbehörden der Vereinigten Staaten nahmen Vertreter aller Institutionen teil, die ein Interesse an der Bekämpfung der sich rasch ausbreitenden AIDS-Epidemie hatten. Die CDC hatten gehofft, diese Versammlung werde Maßnahmen beschließen, um eine Verseuchung der Vorräte an Blutkonserven mit dem Erreger des neuen Syndroms zu verhindern. Doch schon vor Beginn der Sitzung zeigte es sich, daß jede Gruppe mit einer eigenen Dringlichkeitsliste gekommen war – und bei den meisten ging es erst in zweiter Linie darum, die Ausbreitung der AIDS-Epidemie zu verhindern. Einige Beamte der FDA wollten sogar immer noch nicht glauben, daß das AIDS-Syndrom überhaupt existierte.

Homosexuelle Gruppen hatten sich schon vor einiger Zeit gegen jeden Versuch gewendet, bestimmte Personengruppen nicht als Blutspender zuzulassen, weil damit Homosexuelle zu »Sündenböcken« gemacht würden. Das *San Francisco Coordinating Committee of Gay and Lesbian Services*, dessen Vorsitzende Pat Norman war, hatte eine Grundsatzerklärung veröffentlicht, in der es hieß, ein solches Verfahren erinnere »an die rassistischen Gesetze, die einen Unterschied zwischen dem Blut von Schwarzen und Weißen machen«.

Tim Westmoreland hatte bereits zu Anfang der Sitzung gespürt, daß dies keine übliche Zusammenkunft von Wissenschaftlern sein werde, auf der jeder Teilnehmer in höflicher Form versuchte, seinen Standpunkt zu rechtfertigen. Hier sollten kommerzielle Interessen vertreten und Einflußgebiete geschützt werden. Die meisten Teilnehmer bezeichneten diese Veranstaltung später nur als »diese fürchterliche Konferenz«.

Jim Curran erläuterte die möglichen Vorgehensweisen für die Blutbanken. Sie konnten entweder Richtlinien erlassen, nach denen es Personen aus den Risikogruppen verboten wurde, Blut zu spenden, oder sie konnten obligatorische Bluttests einführen, um mögliche AIDS-Überträger auszuschalten.

Der Immunologe Thomas Spira, einer der hervorragendsten Virologen der CDC, schlug schließlich eine Untersuchung aller Blutprodukte vor. Die Mitglieder der AIDS-Forschungsgruppe hofften, daß die Blutbanken diese Maßnahme ergreifen würden. Zwar gab es damals noch keinen »AIDS-Test«, aber Spira hatte in den vergangenen Wochen das Blut zahlreicher AIDS-Patienten auf andere Markierungen hin untersucht. Was das Blut von AIDS-Kranken von dem anderer Personen unterschied, ließ sich ohne Schwierigkeiten feststellen, denn praktisch jeder Angehörige einer AIDS-Risikogruppe – Homosexuelle, Fixer und Bluter – hatte irgendwann eine Hepatitis B durchgemacht. Obwohl das Hepatitis-Virus gewöhnlich nach der Genesung verschwand, enthielt das Blut immer noch Antikörper gegen den Core, die innerste Hülle des Virus. Spira hatte festgestellt, daß dies für achtundachtzig Prozent des Blutes homosexueller AIDS-Patienten zutraf und bei drogenabhängigen AIDS-Patienten sogar in allen Fällen. Bei den Lymphadenopathie-Patienten waren es achtzig Prozent. Durch diesen Test ließen sich zwar nicht alle AIDS-Überträger aussondern, Spira meinte jedoch, daß er die Gefahr einer AIDS-Übertragung durch Bluttransfusionen wesentlich verringern werde.

Die Reaktion der Vertreter der Blutbanken und der kommerziellen Hersteller von Blutprodukten war wenig konstruktiv. Es kam zu einer hitzigen Debatte über die Frage, ob AIDS wirklich durch Bluttransfusionen übertragen werden könne. Der Präsident des *New York Blood Center*, Dr. Aaron Kellner, wandte außerdem ein, die vorgeschlagenen Blutuntersuchungen würden sein Center mit fünf Millionen Dollar belasten. Fehlerhafte Testergebnisse könnten die unnötige Vernichtung von Blutkonserven zur Folge haben, die nicht mit AIDS infiziert seien. »Wir müssen uns vor Überreaktionen schützen«, sagte er. »Die Beweise sind nicht überzeugend.«

Dr. Bruce Evatt von den CDC versuchte, seine Meinung anhand der Daten für die Bluter noch einmal zu verdeutlichen. Vor 1982 waren in dieser Personengruppe noch keine AIDS-Fälle aufgetreten. Doch allein im vergangenen Jahr waren sechs von hundert Blutern in Ohio an AIDS gestorben, und drei weitere litten an schweren Blutkrankheiten, die für dieses Syndrom bezeichnend seien. Fast zehn Prozent zeigten bereits Symptome einer AIDS-Infektion, sagte Evatt. Welche Beweise brauchten denn die Blutbanken noch?

Die Vertreter der organisierten Homosexuellen stimmten den CDC insofern zu, als sie sich für die vorgeschlagenen Bluttests aussprachen. Doch sie wandten sich entschieden dagegen, Personen, die einer Risikogruppe angehörten, das Blutspenden zu verbieten. Diese Maßnahme sei nach ihrer Auffassung eine ernstzunehmende Beeinträchtigung der Bürgerrechte.

Die Vertreter der Bluter-Organisationen konnten die Haltung der Homosexuellen nicht verstehen. Wie steht es denn mit dem Recht der Bluter auf Leben, fragten sie.

Nach der Mittagspause sprachen sich die Vertreter der Blutbanken entschieden gegen die Bluttests aus, und zwar vor allem aus finanziellen Gründen. Obwohl die Blutbanken zum großen Teil in den Händen gemeinnütziger Institutionen wie etwa des Roten Kreuzes waren, ging es hier um sehr viel Geld. Der Jahresumsatz betrug etwa eine Milliarde Dollar. Jetzt bestünde die Gefahr, daß der Jahresbedarf an Spenderblut für 3,5 Millionen Transfusionen nicht mehr gedeckt werden konnte. Als Folge der hohen Kosten war ein neuer Markt für Eigenbluttransfusionen entstanden. Die Vertreter der Blutbanken wußten, daß die Preise marktgerecht sein mußten. Aeron Kellner vom *New York Blood Center* meinte, die Blutuntersuchungen auf Hepatitis-Antikörper würden für das ganze Gebiet der Vereinigten Staaten jährlich einhundert Millionen Dollar kosten. Das sei ganz einfach zu viel. Stattdessen sollten vielleicht einige Pilotstudien in New York, Los Angeles und San Francisco durchgeführt werden.

Der Zweck der Konferenz war es gewesen, einstimmige Empfehlungen für den Leiter der Abteilung *Public Health Service* im Amerikanischen Gesundheitsministerium, Dr. Edward Brandt, zu verabschieden. Es zeigte sich jedoch bald, daß es hier keine beschlußfähigen Mehrheiten gab. So ging die Konferenz zu Ende, ohne daß man sich darauf einigen konnte, bestimmte Maßnahmen zu empfehlen.

Zwei Tage nach der gescheiterten Konferenz im Auditorium A versammelten sich in Washington auf Einladung der *American Association of Blood Banks* Vertreter der großen Blutbanken des Amerikanischen Roten Kreuzes, des Verbandes der Homosexuellen *(National Gay Task Force)* und der Bluter-Organisation *National Hemophilia Foundation*. Auf Drängen der Vertreter des Homosexuellenverbandes gaben diese Gruppen eine gemeinsame Erklärung ab, in der sie sich der Auffassung der Blutbanken anschlossen, daß eine generelle Überprüfung der Spender abzulehnen sei. In dieser Erklärung hieß es: »Direkte oder indirekte Fragen über die sexuellen Gewohnheiten eines Spenders sind unangemessen.« Dr. Roger Enlow, ein homosexueller Arzt aus New York City und einflußreiches Mitglied der *American Association of Physicians for Human Rights*, begrüßte diese Haltung: »Wir haben nicht nur die Rechte der Homosexuellen gewahrt, sondern auch das Recht jedes einzelnen auf die Unantastbarkeit der Privatsphäre und die Freiheit persönlicher Entscheidungen.«

7. JANUAR

Der *Morbidity and Mortality Weekly Report* brachte einen Bericht über weibliche Sexualpartner von an AIDS erkrankten Männern. Mary Guinan hatte schon seit mehr als einem Jahr mit großem Nachdruck auf die Möglichkeit hingewiesen, daß AIDS durch Sperma übertragen werden könnte. Doch nun zeigte die Veröffentlichung der Krankengeschichten von zwei in New York an AIDS erkrankten Frauen, daß es auch eine Kategorie »heterosexueller Kontakte« gab und eine weitere Personengruppe in die Liste der AIDS-Risikogruppen der CDC aufgenommen werden mußte. Der MMWR berichtete über eine siebenunddreißigjährige Frau, die an Pneumocystosis erkrankt war. Sie hatte fünf Jahre mit einem Drogenabhängigen zusammengelebt, der sich Heroin gespritzt hatte und im November gestorben war. Eine dreiundzwanzigjährige Lateinamerikanerin mit einer Lymphadenopathie gehörte nur deshalb zum gefährdeten Personenkreis, weil sie während der vergangenen achtzehn Monate mit einem bisexuellen Mann zusammengelebt hatte, der im Juni 1982 am Kaposi-Sarkom und an der Pneumocystosis erkrankt war. Weiter hieß es in dem Bericht, den CDC lägen Meldungen über dreiundvierzig andere im übrigen gesunde Frauen vor, die entweder an Pneumocystosis oder anderen AIDS-typischen opportunistischen Infektionen erkrankt waren, in den meisten Fällen nach sexuellen Kontakten mit drogenabhängigen Fixern.

Obwohl keiner dieser Männer an AIDS erkrankt sei, kam der Bericht der CDC zu folgendem Schluß: »Offenbar sind diese männlichen Drogenabhängigen Träger eines infektiösen Erregers, der zwar nicht bei ihnen selbst, aber bei ihren infizierten weiblichen Sexualpartnern zu Erkrankungen geführt hat.«

In einem anderen Bericht dieser Ausgabe des MMWR wurde über ein Problem informiert, dessen Bedeutung bisher übersehen worden war. Zum ersten Mal wurde offiziell das Auftreten von AIDS in Gefängnissen gemeldet. Die meisten der zehn erkrankten Strafgefangenen in New York, über die hier berichtet wurde, waren Fixer, ebenso auch alle Strafgefangenen in New Jersey, bei denen AIDS diagnostiziert worden war. Von den insgesamt achtundvierzig in New Jersey festgestellten AIDS-Fällen waren sechs Insassen staatlicher Gefängnisse.

In den Wochen nach der Konferenz in Atlanta wurden die Hersteller von Blutkonserven zunehmend unter Druck gesetzt, etwas zum Schutz »unschuldiger Opfer« zu tun. Die *National Hemophilia Foundation* erregte den Zorn homosexueller Aktivisten, als sie dazu aufrief, »ernste Anstrengungen« zu unternehmen, um die Homosexuellen am Blutspenden zu hindern. Die kommerziellen Hersteller von Blutprodukten kamen sehr bald der Forderung der organisierten Bluter nach, da sie diese Zielgruppe nicht verärgern wollten. Aber die gemeinnützigen Blutbanken lehnten solche Forderungen als »übereilt« ab. Indessen schlossen sich homosexuelle Gruppen im ganzen Land zusammen, um eine »Quarantäne« für das Blut von Homosexuellen zu verhindern.

Die Hersteller von Blutkonserven schlossen sich sehr bald der Argumentation der Homosexuellen an.

Kurze Zeit später richteten Dr. Marcus Conant und andere AIDS-Experten der Universität von Kalifornien einen öffentlichen Appell an die Hersteller von Blutprodukten in New York, Los Angeles und San Francisco, die Hepatitis-Core-Antikörper-Tests einzuführen. Doch die Blutbanken ignorierten diesen Vorstoß.

23. Mitternächtliche Geständnisse

13. JANUAR, SAN FRANCISCO CITY HALL

Die »Weißen Panther«, die in ihrer abenteuerlichen Aufmachung ins Rathaus gekommen waren, grinsten hämisch, als sie dem Beamten beim Personenstandsregister die Kartons mit ihrer Unterschriftensammlung auf den Tisch stellten. Die Politiker bei der Stadtverwaltung waren verblüfft über den Erfolg der Aktion, denn sie hatten die »Panther« schon längst als eine unbedeutende Randgruppe abgeschrieben. Nun mußte der Beamte jedoch bestätigen, daß sie fünfunddreißigtausend Unterschriften gesammelt hatten, vor allem aus der Umgebung der Castro Street, wo zahlreiche wahlberechtigte Bürger lebten. Das waren sehr viel mehr als die neunzehntausend Unterschriften, die notwendig waren, um die Bürger in einer Abstimmung über die Abberufung der Bürgermeisterin Feinstein entscheiden zu lassen.

Als Mrs. Feinstein erfuhr, daß sie das erste Stadtoberhaupt von San Francisco sein werde, über dessen vorzeitige Abberufung die Wähler entscheiden sollten, brach sie in Tränen aus. In einer öffentlichen Erklärung sagte sie zwar, das ganze sei »ein Guerillaangriff gegen unser System«, organisiert von einer »kleinen exzentrischen Randgruppe«, aber sie zweifelte nicht daran, von welchem Bevölkerungsteil diese Leute unterstützt wurden. Schließlich hatte sie gerade in der Zeit der Unterschriftensammlung ihr Veto gegen die neue Verordnung über die Legalisierung des Zusammenlebens unverheirateter Partner eingelegt. Als sich die Vertreter der Homosexuellenverbände am gleichen Nachmittag zu ihrer wöchentlich stattfindenden Besprechung bei Mrs. Feinstein versammelten, sagte sie in vorwurfsvollem Ton: »Nun, jetzt habt ihr eure Rache gehabt.«

Nur wenige konnten sich vorstellen, daß sich die Abstimmung über die Abberufung von Mrs. Feinstein später auf das Leben und Sterben von vielen tausend Bürgern San Franciscos auswirken würde.

18. JANUAR, PASTEUR-INSTITUT, PARIS

Françoise Barre überprüfte die Kulturen, die vor fünfzehn Tagen mit der Gewebeprobe des Lymphknotens des homosexuellen Lymphadenopathie-Patienten angesetzt worden waren. Zunächst konnte sie nicht begreifen, was geschehen war, aber es hatte den Anschein, als würden die Lymphozyten absterben. Es geschah also genau das Gegenteil von dem, was die Wissenschaftler erwartet hatten. Wenn Lymphozyten mit dem HTLV infiziert wurden, verursachte das Virus eine starke Vermehrung der weißen Blutzellen und damit auch der Lymphozyten. Dieses Syndrom bezeichnet man als Leukämie. Mme. Barre reicherte die Lösung mit weiteren Lymphozyten an, um die Kultur am Leben zu erhalten. Vielleicht war ihr ja ein Fehler unterlaufen.

AM GLEICHEN NACHMITTAG,
UNIVERSITÄT VON KALIFORNIEN, SAN FRANCISCO

Als Marcus Conant die ersten Läsionen sah, wußte er sofort, daß Gary Walsh das Kaposi-Sarkom hatte. Erst vor wenigen Wochen, unmittelbar vor seiner Abreise nach Key West, hatte er Gary gründlich untersucht. Conant hatte sich jeden Quadratzentimeter der Haut seines Patienten genau angesehen. Die drei kleinen Flecken, zwei auf der rechten und einer auf der linken Wade, waren noch nicht dagewesen.

»Ich will Ihnen nichts vormachen«, sagte Conant. »Ich glaube, es ist KS. Wir werden eine Probeexzision machen. Es wird etwa zehn Tage dauern, bis das Ergebnis vorliegt. So lange müssen Sie noch Geduld haben.«

23. JANUAR, ATLANTA

Als Präsident der größten Hilfsorganisation für an AIDS erkrankte Homosexuelle besuchte Paul Popham auf einer Rundreise die überall in den Vereinigten Staaten neu entstandenen AIDS-Hilfe-Gruppen, um sie über die neuesten Erkenntnisse zu unterrichten und ihnen Hinweise für die Betreuung der Opfer zu geben.

Überall gab es leidenschaftliche Debatten über den bürgerrechtlichen Aspekt des Blutspendens. Paul Popham und Jim Curran von den CDC kamen auf dieses Thema zu sprechen, als sie sich auf der Gründungsversammlung der neuen Organisation *AIDS Atlanta* trafen.

Paul äußerte die gleichen Bedenken, die Curran in der letzten Zeit so häufig gehört hatte. Er meinte, daß AIDS als medizinischer Vorwand dienen könne, Homosexuelle namentlich zu erfassen und in Konzentrationslager zu sperren.

»Ich weiß, ich werde mich nicht mit AIDS infizieren, und ich habe keine Lust, den Rest meines Lebens in irgendeinem Lager zu verbringen«, erklärte er.

Curran hielt diese Vorstellungen für abwegig. Bisher hatte noch niemand vorgeschlagen oder auch nur angedeutet, daß Homosexuelle wegen AIDS in Quarantäne genommen werden sollten. Die wenigen unverbesserlichen Rechtsradikalen, von denen man den Vorschlag für eine solche »Endlösung« erwarten konnte, interessierten sich zu wenig für die Krankheit, um deshalb ein zweites Dachau zu fordern. Aber viele Homosexuelle hatten die seltsame Zwangsvorstellung, daß sie irgendwie einmal in Konzentrationslagern enden würden.

Solches Gerede hatte es schon einmal gegeben, und zwar lange bevor irgend jemand etwas über AIDS wußte: damals, als Anita Bryant und der Senator John Briggs aus Kalifornien ihren Feldzug zum Schutz amerikanischer Kinder vor homosexuellen Lehrern begannen.

PASTEUR-INSTITUT, PARIS

Alle drei Tage kehrte Françoise Barre zu ihrer Lymphozytenkultur zurück, um festzustellen, was aus dem Lymphknotengewebe wurde. An diesem späten Sonntagnachmittag hatte sie endlich Zeit genug für den Test, bei dem mit Hilfe der Radioaktivität das Vorhandensein von reverser Transkriptase nachgewiesen werden konnte, eines Stoffes, den Retroviren ausscheiden, um sich vermehren zu können. Die Radioaktivität zeigte siebentausend Counts in der Minute. Das war in gewisser Weise signifikant, aber noch kein Beweis dafür, daß sich ein Retrovirus in der Kultur vermehrte. Drei Tage später war der Nachweis gelungen. Das radioaktive Nachweisverfahren zeigte für die reverse Transkriptase dreiundzwanzigtausend Counts pro Minute.

Es handelte sich also um ein Retrovirus. Allerdings schien es nicht das Human T-cell Leukemia-Retrovirus zu sein. Obwohl die Reproduktion des Retrovirus sich zu beschleunigen schien, wurden die Wirtszellen des Virus abgetötet. Hätte Frau Barre nicht neue Lymphozyten in die Kultur eingebracht, dann hätte sie das Virus nicht entdecken können, weil alle Wirtszellen durch das ungewöhnlich aggressive Virus abgetötet worden wären. Wie sie später erfuhr, war gerade dies in den Laboratorien der amerikanischen *Centers for Disease Control* und des Nationalen Krebsinstituts geschehen. Die Viren hatten die Wirtszellen immer wieder abgetötet.

Mme. Barre berichtete Luc Montagnier und Jean-Claude Chermann über ihre Entdeckung. Sie sagte, sie habe ein menschenpathogenes Retrovirus gefunden, das sich jedoch anders verhalte als das HTLV.

In letzter Zeit waren viele neue menschenpathogene Viren entdeckt worden. Die Wissenschaftler wußten daher, daß sie sehr erschöpfende Beweise vorlegen mußten, um eine Neuentdeckung glaubwürdig nachzuweisen. Außerdem würde es weiterer Beweismittel bedürfen, bis man mit Sicherheit sagen konnte, daß man das entscheidende Virus gefunden hatte. Es mußten also noch eine ganze Reihe neuer Tests durchgeführt werden, um die Ergebnisse der ersten zu bestätigen. Dazu brauchte man die Antikörper des HTLV von Robert Gallo, um sicherzustellen, daß dies nicht das schon vorher entdeckte Virus war. Schließlich würden die Forscher das Virus durch ein Elektronenmikroskop fotografieren und seine genetischen Eigenschaften charakterisieren müssen.

25. Januar, Universität von Kalifornien, San Francisco

Gary Walsh war sichtlich erregt, als er Marc Conants Behandlungszimmer betrat. Conant mußte dem jungen Mann eröffnen, daß es wirklich das Kaposi-Sarkom war. Dann sprachen er und Gary über mögliche Behandlungsmethoden.

Gary Walsh war der hundertzweiunddreißigste Patient in San Francisco, bei dem das AIDS-Syndrom diagnostiziert worden war.

1. Februar, Centers for Disease Control, Hepatitis-Laboratorien, Phoenix

Don Francis war zutiefst enttäuscht über die Passivität der *Centers for Disease Control*. In seinem Büro in Phoenix fing er an, seine eigenen Pläne zu entwickeln, um die Seuche im Lauf der Zeit in den Griff zu bekommen.

Gründlichere Laboratoriumsuntersuchungen waren dringend notwendig. Die vor Monaten vorgeschlagene Einrichtung eines neuen Laboratoriums genügte nicht mehr. Die CDC mußten in San Francisco und New York neue Mitarbeiter einstellen, um Proben zu sammeln, die analysiert werden konnten. Francis hielt es auch für erforderlich, eine aus Immunologen und Retrovirologen bestehende Gruppe von Beratern hinzuzuziehen, die nicht den CDC angehörten. In einer Denkschrift an Dr. Walter Dowdle, den Direktor des *Center for Infectious Diseases*, stellte Francis so klar wie möglich die Schwierigkeiten dar, die sich aus der ungenügenden Finanzierung der AIDS-Forschung ergeben könnten.

»... Angesichts der Schwere der Krankheit ist es nach meiner Ansicht gerechtfertigt, beträchtliche Summen dafür auszugeben«, schrieb Francis. »In letzter Zeit sind sogar viele wichtige, andere Krankheiten betreffende Forschungsvorhaben der CDC eingeschränkt worden, um die Fortsetzung der Arbeit an der AIDS-Forschung zu ermöglichen. Damit nicht noch weitere wichtige Forschungsvorhaben behindert werden müssen, wäre es sicher angebracht, unsere Bemühungen durch die Einstellung zusätzlichen Personals und die Ausstattung mit den notwendigen Geldmitteln zu unterstützen... Die Gesamtkosten würden $ 250000 bis $ 300000 jährlich betragen. Das ist vielleicht angesichts des knappen Etats viel Geld, aber wenn die Zahl der Erkrankungen und der Druck der Öffentlichkeit zunehmen, dann werden wir bei der Finanzierung weniger Schwierigkeiten haben als bei der Begründung der Tatsache, daß wir bei der Bekämpfung dieser Krankheit bisher noch keinen Erfolg gehabt haben.«

In seiner zweiten Denkschrift erläuterte Francis die wichtigste Komponente seines Langzeitplans für die Eindämmung der Epidemie. Obwohl AIDS den CDC noch viele Rätsel aufgab, wußte man genug über das Syndrom, um eine große Aufklärungskampagne zu beginnen, besonders unter den Homosexuellen, denn die meisten von ihnen waren intelligente Leute, die die Warnungen der Regierung wahrscheinlich eher ernst nehmen würden als die Angehörigen anderer Risikogruppen.

Don Francis hat auf diese Denkschriften vom 1. Februar 1983 nie eine Antwort bekommen.

24. Neue Schwierigkeiten

7. FEBRUAR 1983, CAPITOL, WASHINGTON, D. C.

Bill Kraus war sich nicht darüber im klaren gewesen, wie schwierig es sein würde, im Kongreß für eine wirksamere Bekämpfung von AIDS zu werben. Er erfuhr es an diesem winterlichen Montagvormittag, als sich die wenigen homosexuellen Assistenten von Kongreßabgeordneten und die Führer der beiden amerikanischen Homosexuellenorganisationen zu einer Besprechung trafen. Bisher hatten sich drei Persönlichkeiten am intensivsten um eine ausreichende Finanzierung der AIDS-Forschung bemüht: Bill Kraus, Michael Housh, ein Milk-Club-Aktivist, der im Büro von Barbara Boxer, der zweiten Abgeordneten aus San Francisco, arbeitete, und Tim Westmoreland, der als Berater des gesundheitspolitischen Unterausschusses eine einflußreiche Stellung innehatte. Die vor sieben Jahren gegründete *Gay Rights National Lobby* (GRNL), eine Gruppe, die sich für die Bürgerrechte der Homosexuellen einsetzte, hatte noch immer nicht begriffen, welche Bedrohung die Epidemie für die Gesundheit der ganzen amerikanischen Bevölkerung darstellte. Sie weigerte sich, den Kampf um die Bürgerrechte zugunsten eines Engagements für eine entschiedene AIDS-Bekämpfung zurückzustellen.

Bill hatte die deprimierenden Fakten zur AIDS-Finanzierung zusammengetragen und legte sie nun der Gruppe vor. Der neue Haushalt des Präsidenten verlangte eine siebenprozentige Kürzung des Etats der CDC unter Berücksichtigung der Inflation. Nach dem Haushaltsplan für das Rechnungsjahr, das im September 1984 zu Ende gehen würde, sollten sämtliche Gesundheitsbehörden nur $ 9,4 Millionen für AIDS ausgeben. Das war etwa ein fünftel Prozent des Gesamtetats dieser Behörden.

Für noch verhängnisvoller hielt Bill die Verzögerung der vom

318

Nationalen Krebsinstitut zugesagten Zuschüsse, auf die die Forscher schon seit September 1981 warteten. Beamte der NIH hatten Bill erklärt, die Vorschläge für die Verwendung dieser Gelder entsprächen nicht den dafür geltenden Richtlinien. Immer wieder wurde ihm erklärt, sie seien nicht »zielgerichtet«. Bisher hatte das Nationale Krebsinstitut für Forschungsvorhaben außerhalb staatlicher Institutionen nur $ 340000 freigegeben. Die Wissenschaftler beschwerten sich bei Bill und sagten ihm, dies sei ein deutliches Zeichen dafür, daß diese Behörde die AIDS-Epidemie nicht ernst nahm. Außerdem sei es nicht möglich, »zielgerichtete« Anträge für Forschungsvorhaben zu stellen, wenn es sich um eine Krankheit handelte, die noch vor wenigen Monaten unbekannt gewesen war. Jede Spezifizierung wäre nichts anderes als Selbsttäuschung, solange niemand wisse, was die Krankheit verursache oder worauf man sich bei den Forschungsarbeiten konzentrieren müsse. Jedes Forschungsvorhaben sei in diesem Fall zunächst ein Schuß ins Dunkle. Die Beamten der NIH begegneten all diesen Argumenten mit der Behauptung, diese Forscher seien Dilettanten – kaum einer von ihnen sei älter als fünfunddreißig Jahre –, und man könne von der Bundesregierung nicht erwarten, daß sie unter solchen Umständen größere Summen verschwendete.

Aber das war noch nicht alles. Bill Kraus hatte von einem Gerücht gehört, nach dem es innerhalb der NIH erhebliche interne Streitigkeiten gab. Die seit jeher bestehende Rivalität zwischen dem Nationalen Krebsinstitut und dem Nationalen Institut für Allergien und Infektionskrankheiten hatte sich offenbar am Thema AIDS neu entzündet. Nachdem jetzt feststand, daß AIDS eine Infektionskrankheit war, verlangte das Nationale Insitut für Allergien und Infektionskrankheiten auf diesem Forschungsgebiet ein größeres Mitspracherecht. Das Nationale Krebsinstitut wehrte sich dagegen mit der Behauptung, es habe sich bereits zu einer Zeit mit dieser Krankheit beschäftigt, als das Nationale Institut für Allergien und Infektionskrankheiten die Epidemie noch ignorierte. Als Folge dieses Streits gab es praktisch keinen Meinungsaustausch zwischen diesen beiden Behörden. Damit wurde eine konzentrierte AIDS-Bekämpfung durch die vorgesetzte Nationale Gesundheitsbehörde praktisch unmöglich gemacht.

Bill Kraus hätte jetzt am liebsten Krach geschlagen und auf zornigen Pressekonferenzen eine ausreichende Finanzierung der Forschung gefordert. Tim Westmoreland war von der draufgängerischen Art Bills beeindruckt, hielt aber diese Methode im Umgang mit dem Kongreß für eine »stumpfe Waffe«. Mit moralischer Entrüstung konnte man den Abgeordneten keine Zugeständnisse entlocken. So etwas erforderte taktisches Geschick, sagte Tim Westmoreland, und dazu brauchte man Zeit. Bill atmete auf, als die Sitzung vorüber war. Himmel, wie er es hasse, diplomatisch zu sein, erklärte er Michael Housh, vor allem im Umgang mit diesen Narren, die nicht begreifen wollten, daß AIDS im Forderungskatalog der Homosexuellen an erster Stelle stand. Was nützten ihnen alle Bürgerrechte, wenn sie tot waren?

Washington lag unter einer dichten Schneedecke, und der Verkehr war durch einen Schneesturm praktisch zum Stillstand gekommen. Bill wohnte während seines Besuchs in der Hauptstadt bei Michael Housh und seinem Liebhaber Rick Pacurar. Die drei Männer spielten wie kleine Kinder im Schnee, bauten Schneemänner und lieferten sich eine Schneeballschlacht. Aber am Abend verfiel Bill in Schwermut; er dachte daran, wie sein Vater vor genau fünfundzwanzig Jahren gestorben war und der Schnee über das offene Grab geweht hatte.

Michael Housh kannte schon diese düsteren Stimmungen, in die Bill Kraus manchmal verfiel. Sie äußerten sich nicht nur in seinem zynischen Humor, sondern auch in einer gewissen Niedergeschlagenheit, wenn er sich fragte, ob es nicht seine Unfähigkeit war, daß keine seiner Liebesbeziehungen länger anhielt, oder sich über die vergeblichen Versuche ärgerte, genügend Geld für die AIDS-Forschung aufzutreiben. Erst jetzt erfuhr Michael, daß es in Bills Leben ein Ereignis gegeben hatte, das sein Gemüt vielleicht noch heute belastete und diese düsteren Stimmungen auslöste.

Der Tod seines Vaters war, wie Bill ihm erzählte, ein sehr schmerzliches Erlebnis für ihn gewesen. Er war damals erst zehn Jahre alt gewesen und hatte sich sehr einsam gefühlt. Dieses Gefühl verstärkte sich, als die Familie das ländliche Fort Mitchell in Kentucky verließ, um nach Cincinnati zu ziehen. Und dann konnte er dieses bedrückende Bild nicht vergessen, das ihn bis in seine Träume verfolgte – die Grabstelle der Familie Kraus auf dem verschneiten Friedhof in Milwaukee am Tag der Beerdigung seines Vaters, die eisige Kälte und der steinhart gefrorene Boden, in den der Sarg gesenkt wurde. Jener furchtbare Tag im Februar vor fünfundzwanig Jahren war das Ende seiner Kindheit gewesen.

Er hatte sich nie besonders gut mit seiner Mutter verstanden, erzählte Bill weiter, und war niemals wirklich glücklich gewesen, bis er das Elternhaus verließ, um die Universtiät von Ohio zu besuchen.

320

Er schwieg und betrachtete die holzgetäfelten Wände des Wohnzimmers von Rick und Michael.

»Ich glaube, ich werde es auch bekommen«, sagte Bill.

Michael wußte nicht, wovon er sprach.

»Ich werde AIDS bekommen«, sagte Bill. »Ich weiß es schon seit einiger Zeit.«

»In letzter Zeit fürchten viele, AIDS zu bekommen«, sagte Michael. »Du redest dir das ein. Du bist vollkommen gesund.«

Bill schüttelte den Kopf. »Ich weiß es ganz genau. Bevor das alles vorüber ist, werde ich es haben.«

PASTEUR-INSTITUT, PARIS

Willy Rozenbaum war furchtbar aufgeregt. Vor einigen Tagen hatte ihm Professor Luc Montagnier mitgeteilt: »Wir haben etwas gefunden. Können Sie herüberkommen?«

Rozenbaum, Montagnier, Françoise Barre, Françoise Brun-Vezinet und Jean-Claude Chermann waren im Büro von Montagnier im Pasteur-Institut zusammengekommen. Montagnier verkündete, es sei ein neues menschenpathogenes Retrovirus entdeckt worden. Er sagte, sie würden das neue Virus testen, um festzustellen, ob es das HTLV sei. Es handle sich aber anscheinend nicht um ein Leukämie-Virus, denn es sei zytopathisch und töte die T-Lymphozyten ab.

Obwohl der wissenschaftliche Nachweis noch nicht erbracht war, hatte Rozenbaum keinen Zweifel mehr daran, daß die Forschergruppe am Pasteur-Institut den Erreger von SIDA gefunden hatte. Ein Retrovirus – das paßte genau ins Bild.

Die Gruppe beschloß, einen wissenschaftlichen Bericht über das neue menschenpathogene Retrovirus zur Veröffentlichung in medizinischen Fachzeitschriften zu erarbeiten.

Auf der nächsten Sitzung der Arbeitsgruppe, die Willy Rozenbaum und Jacques Leibowitch vor einem Jahr zusammengestellt hatten, berichtete Rozenbaum begeistert über das Ergebnis der Forschungen am Pasteur-Institut. Leibowitch äußerte sofort seine Zweifel und meinte, die Leute dort hätten wahrscheinlich nichts anderes gefunden als ein HTLV. Allerdings wußte jeder, daß er nicht gut auf das Pasteur-Institut zu sprechen war. Im vergangenen Herbst hatte sich Leibowitch um eine Anstellung als Immunologe am Herstellungsbetrieb des Instituts beworben und war abgelehnt worden. Das ärgerte ihn noch immer.

Die Wissenschaftler der Studiengruppe debattierten erregt über den Wert der Entdeckung. Rozenbaum war überzeugt, das Pasteur-Institut habe den AIDS-Erreger gefunden. Leibowitch hielt es für ausgeschlossen, daß das Pasteur-Institut einen wesentlichen Beitrag zur AIDS-Forschung leisten könne. Er behauptete, das amerikanische Nationale Krebsinstitut sei allen anderen medizinischen Forschungseinrichtungen weit überlegen und Rozenbaum sei naiv.

Im Streit um die Frage, ob AIDS durch Blutkontakte übertragen werden könnte, entstanden auch im Lager der organisierten Homosexuellen zwei Fronten. Die Vereinigung homosexueller Ärzte im Raum von San Francisco, die *Bay Area Physicians for Human Rights*, und die Gruppe, aus der diese Organisation hervorgegangen war, die *American Association of Physicians for Human Rights* (AAPHR), vertraten ebenfalls gegensätzliche Standpunkte, nachdem führende Homosexuelle in San Francisco erklärt hatten, sie würden den homosexuellen Männern dringend empfehlen, auf das Blutspenden zu verzichten. Die *Irwin Memorial Blood Bank* erklärte, sie wollten sich bei potentiellen Spendern lediglich erkundigen, ob sie geschwollene Lymphknoten hätten oder an anderen Symptomen der Immunschwäche litten.

Auf ihrem Kongreß, an dem Delegierte aus allen Teilen der Vereinigten Staaten teilnahmen, legte die AAPHR ihre Haltung zu dieser Frage fest. Blutspender wurden aufgerufen, sich auf Hepatitis-B-Antikörper testen zu lassen, aber ein für alle Homosexuellen geltendes Verbot, Blut zu spenden, wurde abgelehnt. Auf das Blutspenden sollten nur Personen verzichten, »die glauben, daß bei ihnen ein erhöhtes Risiko bestehe, mit AIDS infiziert zu sein«. In der Erklärung der AAPHR hieß es: »Wir wenden uns entschieden gegen die Praktiken einiger Hersteller von Blutprodukten und der Blutbanken, homosexuelle Männer mit Hilfe von Fragebogen zu identifizieren und als Blutspender abzulehnen. Dies ist ein unnötiger Eingriff in die Privatsphäre des einzelnen und eine grobe Irreführung der amerikanischen Bevölkerung im Hinblick auf die hier anstehenden Probleme.« In Washington gelang es den führenden Homosexuellen, die Vertreter des Roten Kreuzes zu bewegen, auf Fragen nach den sexuellen Gewohnheiten der Blutspender zu verzichten. Die Behörde erklärte sich bereit, mit den homosexuellen Aktivisten zusammenzuarbeiten, um Grundsätze für die Zulassung von Blutspendern zu entwickeln, denen die Homosexuellen zustimmen könnten. Der langjährige Vorkämpfer für die politischen

Rechte der Homosexuellen, Frank Kameny, erklärte, er würde »allen Homosexuellen empfehlen zu lügen«, wenn die Vertreter der örtlichen Blutbanken weiterhin Homosexuelle diskriminierten.

In New York versammelten sich auf Veranlassung der *National Gay Task Force* praktisch alle führenden Homosexuellen in Manhattan vor dem Eingang des *New York Blood Center* zu einer Pressekonferenz, auf der sie sich entschieden gegen die Ablehnung homosexueller Spender wendeten. Auch Michael Callen, ein Gründungsmitglied des kürzlich ins Leben gerufenen *New York Chapter of People With AIDS*, war anwesend. Er erkannte sehr deutlich die Ironie dieser Pressekonferenz. Er wußte genau, daß praktisch jeder der hier versammelten Homosexuellen eine Hepatitis B durchgemacht hatte und die meisten von ihnen aufgrund ihrer sexuellen Gewohnheiten zu der am stärksten durch AIDS bedrohten Bevölkerungsgruppe gehörten. Kein einziger konnte mit gutem Gewissen Blut spenden, dachte Callen. Doch da standen sie nun und demonstrierten selbstgerechte Empörung.

Noch problematischer war es, für die Homosexuellen zu entscheiden, welche Richtlinien zur Verminderung der Ansteckungsgefahr gelten sollten. Auf ihrem bundesweiten Kongreß legte die AAPHR ihre lauen Vorschläge für eine »gesunde homosexuelle männliche Sexualität« vor. Die darin enthaltenen Richtlinien sollten nicht den Eindruck der Sexfeindlichkeit erwecken. Deshalb hieß es ausdrücklich, daß jeder Schwule das Recht habe, sich sexuell zu betätigen. Er solle sich aber vergewissern, daß sein Partner keine KS-Läsionen, geschwollene Lymphdrüsen oder andere erkennbare AIDS-Symptome habe. Empfehlenswert sei es vielleicht auch, sich auf eine geringere Zahl von Sexualpartnern zu beschränken. Die *Gay Men's Health Crisis* in New York hatte die weisen Ratschläge homosexueller Ärzte in folgendem Satz zusammengefaßt: »Habe soviel Sex, wie du willst, aber mit weniger Partnern und mit *gesunden* Partnern.« Auf komplizierte Fragen wie die Ansteckungsgefahr durch asymptomatische Träger, die völlig gesund wirkten, ihre Partner jedoch trotzdem mit dem AIDS-Erreger infizieren konnten, gingen diese Richtlinien nicht ein, obwohl diese Gefahr in der medizinischen Literatur ausführlich behandelt wurde.

Der Verband homosexueller Ärzte in San Francisco *(Bay Area Physicians for Human Rights)* rang auf seinen Sitzungen immer noch um die Formulierung von Richtlinien über die Verringerung der Ansteckungsgefahr. Einige Ärzte scheuten sich davor, den Menschen zu sagen, wie sie sich im Bett verhalten sollten. Die anderen hielten es für das Beste abzuwarten, um den Menschen nichts Falsches zu raten. Indessen wurde die *KS-Foundation* mit Telefonanrufen von Leuten bombardiert, die wissen wollten, wie sie sich schützen könnten. Die *Foundation* konnte ihnen nur raten, noch einmal anzurufen, wenn die homosexuellen Ärzte ihre Beratungen abgeschlossen hatten.

In Washington mußte sich Tim Westmoreland von seinen Freunden vorwerfen lassen, er verderbe ihnen mit seinem ständigen Gerede über die AIDS-Gefahr die Laune. Die Krankheit sei ein Problem der Homosexuellen in New York und San Francisco. Westmoreland fühlte sich wie jemand, der auf einem Flughafen, wo es von Fluggästen wimmelt, einen Vortrag über die Flugsicherheit halten will. In einem Leitartikel der örtlichen Homosexuellenzeitung *Washington Blade* erläuterte er ausführlich, welche Auswirkungen die Epidemie in den nächsten Jahren haben werde. Man müsse damit rechnen, daß sich die Versicherungsgesellschaften eines Tages weigern würden, Homosexuelle zu versichern; oder sie würden versuchen, den Versicherungsschutz bei AIDS auszuschließen. Wegen solcher Äußerungen beschuldigten andere Homosexuelle Westmoreland der Panikmache.

INTERNATIONALER FLUGHAFEN ORLY, PARIS

Der Luftsteward blickte mißtrauisch auf den Thermosbehälter, den der junge Wissenschaftler mit an seinen Platz nahm, und die anderen Fluggäste verrenkten sich die Hälse, um zu sehen, woher der Dampf kam. Jacques Leibowitch sagte dem Obersteward, er sei Wissenschaftler und müsse Gewebeproben zum Nationalen Krebsinstitut nach Bethesda bringen. Es handele sich dabei um ein wichtiges Forschungsvorhaben. Der Dampf sei nichts anderes als flüssiger Stickstoff. Nein, er könne den Behälter nicht öffnen. Der Charme des jungen Wissenschaftlers siegte, er setzte sich auf seinen Platz und stellte den dampfenden Thermosbehälter neben sich auf den Boden.

Das Pasteur-Institut hatte die Flugkarte nach Bethesda bezahlt, aber nicht, weil er diese Gewebekultur dorthin bringen sollte. Leibowitch lächelte zufrieden. Er sollte nur die HTLV-Antikörper für Luc Montagnier und Jean-Claude Chermann abholen. Außerdem hatte man ihm einen Brief von Montagnier mitgegeben, in dem dieser über die Entdeckung des Pasteur-Instituts berichtete.

Jacques Leibowitch wollte unbedingt beweisen, daß das Institut sich irrte. Er war bereit, alles zu tun, um Dr. Robert Gallo den Nachweis zu ermöglichen, daß sein Virus, das HTLV, der AIDS-Erreger war. Um nichts dem Zufall zu überlassen, hatte er sogar Biopsien von Lymphknoten eines aus Zaire stammenden AIDS-Patienten gemacht und wollte Gallo die Gewebeproben persönlich übergeben. Er freute sich schon darauf, den eingebildeten Affen am Pasteur-Institut eins auszuwischen.

TIJUANA, MEXIKO

Die Ganzheitstherapie mit Aminosäuren und DMSO würde die Krankheit heilen, hatten diese Heilpraktiker Gary Walsh gesagt. Sie behaupteten, schon andere AIDS-Patienten geheilt zu haben, und auch die Schulmedizin wisse, daß dies eine wirksame Behandlungsmethode sei. Deshalb sei sie auch in den Vereinigten Staaten nicht zugelasssen. Die Ärzte würden nichts mehr zu tun haben, wenn sie ihr Geschäft Menschen überließen, die solche Krankheiten wirklich heilen könnten.

Die Argumentation überzeugte Gary, der instinktiv alle konservativen Methoden ablehnte. Am Tag vor seiner Abreise nach San Diego machte er sich große Hoffnungen.

Er redete sich ein, nicht an einer tödlichen Krankheit zu leiden. Das war alles Unsinn, dachte er, als er die Klinik betrat, in der er zehn Tage behandelt werden sollte.

Schon am ersten Tag fühlte sich Gary viel besser. Die Heilpraktiker sagten ihm, unterstützt durch die Injektionen mit Aminosäuren würden seine gesunden Zellen die KS-Läsionen zum Verschwinden bringen.

25. FEBRUAR, SAN FRANCISCO

Marc Conant war nicht überrascht über den Inhalt des Briefes, den er von Gary Walsh bekam. Er hatte das alles bereits erlebt.

»Meine KS-Läsionen verschwinden«, schrieb Gary. »Ich fühle mich sehr viel besser. Die gesunden Zellen lösen die Krebszellen auf.«

Gary schrieb, wenn es so weiterginge, brauche er Conant vielleicht gar nicht mehr aufzusuchen. Er rechne fest damit, wieder gesund zu werden.

Gary Walsh war nicht Conants erster Patient, der nach Mexiko gegangen war, um sich von einem Wunderheiler behandeln zu lassen. Die Kliniken, die dort mit Aminosäure arbeiteten, machten ein großartiges Geschäft mit verzweifelten AIDS-Opfern, die hofften, daß ihr Todesurteil aufgehoben werden könnte. Daß diese Menschen glaubten, sie müßten ins Ausland reisen, um sich dort einer Therapie zu unterziehen, die die Schulmedizin ablehnte, machte alles noch schlimmer.

Sogar Conants Psychologe Paul Dague hatte sich mit Aminosäure behandeln lassen und war in dieselbe Klinik gegangen, die dafür bekanntgeworden war, daß sie Krebs auf diese Weise behandelte. Paul hatte auch Gary die Therapie mit Aminosäure empfohlen. Andere Patienten, die sich meist in Mexiko von Heilpraktikern hatten behandeln lassen, erzählten begeistert, wie ihre Läsionen zurückgingen, obwohl Conant objektiv feststellen konnte, daß die Tumore wuchsen. Das war typisch für Patienten mit einer tödlichen Krankheit. Conant wußte das. Zuerst verdrängten sie, was sie nicht akzeptieren konnten.

Für Paul Dague, der sich als eine der ersten in der Homosexuellenszene bekannten Persönlichkeiten mit AIDS infiziert hatte, nahm die Suche nach einer wirksamen Therapie am Schluß eine tragische Wendung. Kurz vor seinem Tod flog er auf die Philippinen, um sich dort einer »psychischen Operation« zu unterziehen. Marc Conant besuchte ihn wenige Tage vor seinem Abflug. Obwohl er bereits vom Tode gezeichnet war, empfing er Conant in einem Lehnstuhl sitzend. Er mußte aufrecht sitzen, weil eine KS-Läsion von der Größe eines Pingpong-Balls vor seiner Luftröhre hing. Wenn er sich hinlegte, rutschte die Geschwulst in die Luftröhre, und er konnte nicht mehr atmen.

»Ich unternehme diese Reise nicht, weil ich mich dort behandeln lassen will«, sagte Paul zum Abschied. »Ich gehe dorthin, weil ich auf ein Wunder hoffe.«

25. Zorn

3. MÄRZ 1983, MINISTERIUM FÜR GESUNDHEIT
UND SOZIALE DIENSTE, WASHINGTON, D. C.

Während des ganzen Monats Februar war die Bundesregierung zunehmend unter Druck gesetzt worden, konkrete Maßnahmen zum Schutz der Empfänger von Blutkonserven zu treffen. In den neun Monaten seit Bekanntwerden der ersten Fälle, in denen Bluter mit AIDS infiziert worden waren, hatte die Regierung nichts unternommen. Das durfte so nicht weitergehen. Praktisch alle privaten pharmazeutischen Fabriken hatten Verständnis für die Forderungen der Bluter gezeigt und gemäß den Richtlinien der *National Hemophilia Foundation* beschlossen, Homosexuelle und Personen aus anderen Risikogruppen nicht mehr als Blutspender zuzulassen. Doch die Bundesregierung mußte bei ihren Beschlüssen das Zuständigkeitsgerangel zwischen den CDC und der FDA sowie die Haltung der Blutbanken, die Empfindlichkeiten der Homosexuellen und die verschiedensten Interessen der Kongreßabgeordneten berücksichtigen.

Die *Centers for Disease Control* nahmen mit den von ihnen vorgeschlagenen Richtlinien eine harte Haltung ein. Sie verlangten sowohl die sorgfältige Untersuchung des gespendeten Bluts als auch den obligatorischen Ausschluß aller Personen, die zu den AIDS-Risikogruppen gehörten – also nicht nur den freiwilligen Verzicht Gefährdeter, mit dem sich die Blutbanken zufriedengeben wollten. Die *Food and Drug Administration* schloß sich der Auffassung der kommerziellen Hersteller von Blutkonserven an und sprach sich für weniger strenge Restriktionen aus. Die Blutbanken fürchteten, daß ihnen nicht mehr genug Blut zur Verfügung stehen werde und sie wirtschaftliche Einbußen hinnehmen müßten, wenn die Restriktionen für alle Homosexuellen galten. Außerdem wollten sie sich nicht dem Vorwurf aussetzen, sie seien gegenüber den Homosexuellen voreingenommen.

327

Die Regierung fand mit den von ihr vorgelegten Empfehlungen einen Kompromiß, der nach Möglichkeit alle Beteiligten befriedigen sollte. Die Richtlinien wurden im Namen der Gesundheitsbehörden der Vereinigten Staaten, des *U. S. Public Health Service*, herausgegeben. »Als vorläufige Maßnahme wird empfohlen, daß Personen, die besonders durch AIDS gefährdet sind, darauf verzichten sollten, Plasma und/oder Blut zu spenden«, hieß es in dem Schriftstück. Zu den gefährdeten Personen gehörten aber nach diesen Richtlinien nicht alle Homosexuellen, sondern nur diejenigen, die sexuell aktiv waren, deutlich erkennbare Symptome der Immunschwäche zeigten oder sexuelle Beziehungen mit Personen unterhalten hatten, bei denen solche Symptome festgestellt worden waren. Die von den CDC gewünschten Blutuntersuchungen zur Feststellung von Hepatitis-Antikörpern sollten nicht vorgenommen werden. Stattdessen empfahlen die Richtlinien weitere Studien zur Auswertung von Auswahlverfahren.

Da diese Empfehlungen von der höchsten staatlichen Gesundheitsbehörde ausgearbeitet worden waren, mußten das amerikanische Rote Kreuz, der Verband der amerikanischen Blutbanken und das Beratungsgremium für die örtlichen Blutzentren diese Empfehlungen akzeptieren.

Die zuständige staatliche Gesundheitsbehörde *Public Health Service* erließ ihre Richtlinien zur Verhütung der Kontamination von Blutprodukten erst zwei Monate nach der »schrecklichen Sitzung« in Atlanta. Vom 4. Januar, dem Tag, an dem die Sitzung stattfand, bis zur Veröffentlichung der Richtlinien am 4. März im *MMWR* wurden in den Vereinigten Staaten fast eine Million Transfusionen vorgenommen.

Die Empfehlungen des PHS zur Bekämpfung von AIDS enthielten auch die ersten von der Bundesregierung herausgegebenen Richtlinien über die Verringerung der Ansteckungsgefahr. Zu diesem Thema hatte das PHS nur zwei Sätze zu sagen, obwohl in der noch nicht veröffentlichten Studie über die bisher untersuchten Fälle sehr viele Daten zusammengetragen worden waren. Das PHS schrieb: »Sexualkontakte mit Personen, die an AIDS erkrankt sind oder bei denen dieser Verdacht besteht, sollten vermieden werden. Angehörige der Risikogruppen sollten sich der Tatsache bewußt sein, daß sich die Wahrscheinlichkeit, mit AIDS infiziert zu werden, mit der Zahl der Sexualpartner erhöht.«

In dieser Aussage erschöpfte sich der Versuch der Bundesregierung,

328

im März 1983, mehr als zwanzig Monate nach Ausbruch der Epidemie, die Ausbreitung von AIDS unter homosexuellen Männern einzudämmen.

CASTRO STREET, SAN FRANCISCO

Gary Walsh hatte keinen rechten Appetit. Er saß mit Joe Brewer im *Village Deli* an der Castro Street, stocherte lustlos in seinen italienischen Nudeln herum und beobachtete durch das große Fenster die Männer, die draußen vorübergingen. In seinem einst vollen, glatten Gesicht traten jetzt die Backenknochen deutlich hervor. Aus seinen Augen leuchtete manchmal noch die alte Fröhlichkeit, doch sie lagen jetzt tiefer in den Höhlen.

Gary wickelte die grünen Spinatnudeln um die Gabel, und während er auf den vollen Teller starrte, sagte er schließlich, was er schon lange hatte sagen wollen:

»Was hältst du von Selbstmord, wenn man unheilbar krank ist?«

»Ich glaube, das wäre falsch«, sagte Joe und war selbst überrascht, wie automatisch diese Antwort kam. »Es ist ein Mangel an Ehrfurcht vor der Lebenskraft, wenn man das Leben fortwirft.«

»Ich weiß nicht«, sagte Gary. Dieses Argument konnte ihn nicht überzeugen.

Nach dem Essen fuhren sie zu Garys Wohnung an der Alpine Terrace zurück. Während Gary in der Küche den Kaffee aufbrühte, stand Joe am Fenster und blickte hinunter auf die Häuser der Stadt. Er spürte natürlich, wie sehr Gary der Mißerfolg der Aminosäure-Therapie in Mexiko deprimierte. Eine Woche hatte er sich besser gefühlt, aber schon nach wenigen Tagen waren Müdigkeit und Schmerzen zurückgekehrt, und er hatte wütend die Überweisung der letzten tausend Dollar für die Kur streichen lassen. Zunächst hatte er auch seine Freunde nicht mehr sehen wollen. Nachdem es ihm nicht gelungen war, die Wahrheit zu verdrängen, war er in tiefe Verzweiflung über die Ausweglosigkeit seiner Situation verfallen.

Gary setzte sich auf die Couch und dachte über sein bisheriges Leben nach. Seit er im Alter von sieben Jahren von einem Auto angefahren worden war, hatte er eigentlich immer unter Schmerzen gelitten. Erst vor wenigen Jahren hatte ihm eine korrektive Rückgratoperation Linderung verschafft. Aber nach der Operation hatte er noch drei Monate lang liegen müssen, und auch während dieser Zeit war er von chronischen Schmerzen gequält worden.

»Ich weiß nur zu gut, wie es ist, wenn man Schmerzen hat«, sagte Gary, »und vielleicht bin ich nicht bereit, das bis an mein Lebensende zu ertragen.«

Joe erinnerte sich noch sehr gut an die schlimme Zeit nach der Operation und konnte Gary verstehen. Außerdem war es seine Entscheidung. »Ich werde alles tun, um dir zu helfen«, sagte Joe schließlich.

7. MÄRZ, NEW YORK CITY

»Wenn dich dieser Artikel nicht vor Angst in die Hosen scheißen läßt, dann steht es schlecht um uns. Wenn dieser Artikel dich nicht zornig macht und du nicht wütend wirst, daß du etwas unternimmst, dann haben die homosexuellen Männer vielleicht keine Zukunft mehr auf dieser Erde. Unser Weiterleben hängt auch von deiner Wut im Bauch ab... Wenn wir nicht um unser Leben kämpfen, dann werden wir sterben. Wir Homosexuellen sind unserer Vernichtung noch nie so nahe gewesen. Viele von uns liegen schon im Sterben oder sind bereits tot.« Mit diesen Worten hatte Larry Kramer eine Handgranate in das Klima der Verdrängung geworfen. Der Artikel auf der ersten Seite des *New York Native* trug die Überschrift »1112, und es wird weitergezählt«. Damit wendete sich Kramer gegen alle führenden Homosexuellen und die Organisatoren der GMHC, die sich scheuten, unter den Homosexuellen eine Panik auszulösen. Aber Kramer war überzeugt, die Homosexuellen brauchten ein wenig Panik und eine reichliche Portion Zorn.

Kramers Bericht stützte sich auf die beunruhigenden Statistiken und die Befürchtungen der Ärzte, die nicht mehr wußten, wie sie es schaffen sollten, die ständig wachsende Zahl von AIDS-Patienten zu behandeln. Und es gab mittlerweile auch schon die ersten Gerüchte über Selbstmorde von Homosexuellen, die die Furcht vor der Seuche nicht mehr ertragen hatten.

Mit scharfen Worten verurteilte Larry die *National Institutes of Health* dafür, daß sie nicht rechtzeitig die für die Bekämpfung von AIDS notwendigen Mittel zur Verfügung gestellt hatten. Den CDC warf er vor, sie hätten es versäumt, die notwendigen epidemiologischen Daten zu sammeln. »Es gibt jetzt schon so viele AIDS-Opfer, daß die CDC sie nicht mehr alle registrieren können. So haben sie sich denn geschlagen gegeben«, schrieb Kramer. »Das sind schlimme Versäumnisse, die angesichts der alarmierenden Zunahme von Erkrankungen und der Ratlosigkeit der Ärzte verheerende Folgen für uns haben werden. Wie wird AIDS übertragen? Durch welche Körperflüssigkeiten, durch welche sexuellen Kontakte, in welchem sozialen Umfeld? Schon vor Monaten hat man die CDC aufgefordert, ein umfassendes Forschungsprogramm in die Wege zu leiten. Doch die CDC sind überfordert, und ein akuter Geldmangel hindert sie daran, den an sie gestellten Ansprüchen zu genügen.«

Larry Kramer griff auch die *New York Times* scharf an und warf der Zeitung vor, zu wenig über AIDS berichtet zu haben. Der Leiter der New Yorker Gesundheitsbehörde, David Sencer, habe kläglich versagt. Aber die schärfsten Angriffe Kramers richteten sich gegen Bürgermeister Ed Koch, »der anscheinend bei den heterosexuellen Bürgern dieser Stadt den Eindruck zu erwecken beschlossen hat, er sei nicht bereit, uns in dieser Notlage zu helfen. Wiederholte Bitten, sich mit unseren Vertretern zu treffen, sind abgelehnt worden. Seine Mitarbeiter weigerten sich, die dringend notwendigen öffentlichen Erklärungen über diese Krise und die Gefährdung der öffentlichen Gesundheit abzugeben... Mit seinem Schweigen über AIDS macht sich der Bürgermeister von New York zum Mitschuldigen an unserem Tod.«

Aber auch die organisierten Homosexuellen wurden nicht geschont. Kramer schrieb, die homosexuellen Ärzte in New York hätten »nichts, aber auch gar nichts unternommen. Man kann die Namen unserer Ärzte, die sich wirklich für uns eingesetzt haben, an den Fingern einer Hand abzählen.« Und das einzige homosexuelle Nachrichtenmagazin in den Vereinigten Staaten, *Advocate*, habe es »bis jetzt versäumt, von diesen besorgniserregenden Ereignissen Kenntnis zu nehmen«.

»Ich kann diese larmoyanten Burschen nicht mehr ertragen, die behaupten, der Verzicht auf den sorglosen Sex bis zur erfolgreichen Eindämmung der Epidemie sei schlimmer als der Tod«, schrieb Kramer. »Wie können sie das Leben so geringschätzen und ihre Schwänze und Ärsche für so wichtig halten?«

Am Schluß seines Artikels nannte Larry Kramer die Namen von Freunden, die gestorben waren: von Leuten wie Nick, Rick Wellikoff, Jack Nau, Michael Maletta und den beiden Männern, die er an jenem ersten Tag in der Praxis von Alvin Friedman-Kien gesehen hatte, David Jackson und Donald Krintzman. Kramer hatte einundzwanzig Männer gekannt, die mittlerweile an AIDS gestorben waren – »und ich kenne noch einen, der nicht mehr am Leben sein wird, wenn diese Worte in den Druck gehen. Wenn wir nicht jetzt etwas unternehmen, dann sind wir endgültig verloren.«

Der Artikel von Larry Kramer hatte zur Folge, daß das AIDS-Problem von den Homosexuellen, aber auch von der übrigen Bevölkerung in einem ganz neuen Licht gesehen wurde. Er löste eine Kontroverse aus, welche die führenden Persönlichkeiten in der Homosexuellenszene in zwei Lager spaltete. Die Zeitung *Native* wurde mit Leserbriefen bombardiert, in denen Kramer als »Panikmacher« verurteilt wurde, der den Sex als fanatischer Moralapostel abwerte und dem AIDS nur als Vorwand diene, seine bigotte Haltung zu rechtfertigen.

Die in New York zur Bekämpfung von AIDS eingerichtete Fernsehstation hatte die Bekanntgabe ihrer Forderungen an Bürgermeister Koch und die Stadtverwaltung zeitlich auf das Erscheinen des Artikels von Kramer abgestimmt. In dieser Erklärung hieß es: »Gleich zu Anfang muß deutlich gesagt werden, daß die Homosexuellen in unserer Stadt zunehmend beunruhigt, besorgt und empört sind. Sollte uns der direkte Zugang zu Bürgermeister Ed Koch und den Mitgliedern des Bewilligungsausschusses nicht gewährt werden, dann müssen wir fürchten, daß sich die Empörung in einer Weise manifestieren wird, wie man sie bisher bei den organisierten und nichtorganisierten Homosexuellen noch nicht erlebt hat.«

Um deutlich zu zeigen, worauf es jetzt ankam, forderte die Zeitung *Native* dreitausend Freiwillige auf, Aktionen wie »Sit-ins« und Verkehrsbehinderungen durchzuführen, um die Stadtverwaltung unter Druck zu setzen.

Schon nach zwei Tagen, am 9. März, gaben Bürgermeister Ed Koch und David Sencer, der Leiter der städtischen Gesundheitsbehörde, die Einrichtung eines Büros zur Beratung homosexueller Männner und lesbischer Frauen in gesundheitlichen Fragen bekannt. Die Leitung dieses Büros sollte Dr. Roger Enlow übernehmen – ein Mann also, der stets behauptet hatte, zum Schutz der Homosexuellen vor AIDS seien keine besonderen Maßnahmen erforderlich.

Am gleichen Tag legte in Washington eine neue Gesundheitsministerin ihren Amtseid ab. Wie ihr Vorgänger Richard Schweiker war auch Margaret Heckler eine eher liberale Politikerin. Es gab jedoch Beobachter der innenpolitschen Szene, die behaupteten, die Ernennung von Frau Heckler sei der Versuch der Reagan-Administration, ihr Ansehen auf dem Felde der Sozialpolitik aufzupolieren, nachdem die Ausgaben für die Armen in den vergangenen zwei Jahren rücksichtslos zusammengestrichen worden waren.

Im *Rayburn House Office Building* stellte der Abgeordnete Henry Waxman mit einiger Besorgnis fest, daß der Präsident eine Frau zur Gesundheitsministerin ernannt hatte, die in ihrer Zeit als Kongreßabgeordnete für Massachusetts niemals großes Interesse für Fragen der öffentlichen Gesundheit oder der sozialen Dienste gezeigt hatte. Darüber hinaus galt Frau Heckler nicht gerade als übermäßig intelligent. Man durfte nicht von ihr erwarten, daß sie sich den Absichten einer Administration widersetzen würde, die sich den finanziellen Kahlschlag im Gesundheitswesen zur Aufgabe gemacht hatte.

An dem Tag, an dem Frau Heckler ihren Amtseid ablegte, gaben die CDC die neuesten Zahlen über die Ausbreitung der AIDS-Epidemie bekannt. Bisher waren eintausendeinhundertfünfundvierzig Amerikaner an der Seuche erkrankt, und vierhundertachtundzwanzig von ihnen waren daran gestorben. Jeder fünfte AIDS-Fall in den Vereinigten Staaten war in der Zeit von Januar bis März registriert worden.

12. MÄRZ, VANCOUVER, BRITISH COLUMBIA

Paul Popham hatte eine Einladung des Organisationskomitees von AIDS/Vancouver angenommen, weil er bei dieser Gelegenheit den Nordwesten besuchen konnte. Er war erstaunt, als er nach seinem Vortrag einen alten Bekannten erblickte, der an das Mikrophon trat, um sich an der Diskussion zu beteiligen.

»Die Leute sagen, es ließe sich durch Sex übertragen«, sagte Gaetan Dugas. »Gibt es denn Untersuchungen, die tatsächlich beweisen, daß es ansteckend ist? Wie können die Leute behaupten, es ließe sich weitergeben, wenn sie nicht einmal wissen, wodurch diese Krankheit verursacht wird?«

Paul Popham hatte den sonst so umgänglichen Gaetan Dugas noch nie so wütend erlebt. Die meisten seiner Fragen konnten die Ärzte nicht beantworten, und nach diesem von Gaetan veranstalteten Verwirrspiel wußte niemand, wer besser über AIDS informiert war, Gaetan oder die Ärzte. Gaetan hatte in den vergangenen zwei Jahren alles gelesen, was er über diese eigenartige Krankheit auftreiben konnte, die vor drei Jahren bei ihm diagnostiziert worden war. Und er sagte, er habe nichts gefunden, was ihn überzeugt hätte, daß er auf den Sex verzichten müsse.

Es meldeten sich natürlich auch noch andere Versammlungsteilnehmer zu Wort, die Paul Popham und die Ärzte auf dem Podium mit unbequemen Fragen bedrängten. Linksorientierte homosexuelle Radikale behaupteten, wenn man dieser Krankheit zu viel Beachtung schenke, fördere man damit nur die Homosexuellenfeindlichkeit. Die Besitzer der von Homosexuellen bevorzugten Saunen ärgerten sich darüber, daß auf einer ganzen Seite in jeder Ausgabe der in Vancouver erscheinenden Homosexuellenzeitung ausschließlich Gesundheitsprobleme behandelt wurden. Sie erklärten, eine so intensive Beschäftigung mit ein paar Kranken in den Vereinigten Staaten sei geschäftsschädigend. Es war jedoch vor allem der streitbare junge Mann aus Quebec in dem enganliegenden Anzug aus schwarzem Leder, der die Aufmerksamkeit von Bob Tivey, dem Organisator dieser Podiumsdiskussion, erregte. Dieser Mann kam ihm irgendwie bekannt vor. Erst gegen Ende des Abends erinnerte sich Tivey, daß er Gaetan schon vor zehn Jahren in den heißen Discos in Toronto gesehen hatte.

Als sich Bob Tivey nach Schluß der Diskussion die Namen von Teilnehmern notierte, die Hilfe brauchten oder bereit waren, irgendwelche Aufgaben als Sozialarbeiter zu übernehmen, erneuerte er auch seine Bekanntschaft mit Gaetan. Der junge Steward gestand ihm, er sei einer der ersten gewesen, bei denen das Kaposi-Sarkom diagnostiziert worden war. Er sei dankbar für jede Hilfe – aber AIDS habe er nicht. Er habe Hautkrebs. Und er fing wieder an, auf die Ärzte zu schimpfen, die von ihm verlangten, auf den Sex zu verzichten. Seit wann sei Krebs ansteckend? Tivey erkannte sofort, daß es sich bei Gaetan um einen typischen Fall von Verdrängung handelte. Er glaubte, man werde ihm mit einer verständnisvollen Beratung sicher helfen können.

Eine Homosexuellenzeitung in Edmonton hatte vor einiger Zeit schon einen Bericht über einen Steward gebracht, der mit AIDS infiziert war, ab und zu in Alberta auftauchte und in den Saunen herumvögelte. Doch davon wußte Bob Tivey nichts – noch nicht.

Paul Popham war erstaunt, wie gut Gaetan aussah, denn er war doch schon sehr lange krank. Gaetan sagte ihm, er habe im vergangenen Winter eine Pneumocystosis durchgemacht und sei nach Quebec City gegangen, um sich dort behandeln zu lassen. Seine Freunde an der Westküste hätten alle geglaubt, sie würden ihn nicht wiedersehen. Jetzt fühle er sich großartig. Nach Absetzen der Chemotherapie sei ihm auch das Haar wieder gewachsen. Paul erzählte Gaetan von dem tollen Zirkus, den die GMHC im folgenden Monat im Madison Square Garden veranstalten wollte, um dabei Geld für die AIDS-Hilfe zu sammeln. Er erwähnte auch, daß Jack Nau vor etwa anderthalb Jahren gestorben war.

334

Während des ganzen Gesprächs spürte er aber, daß Gaetan innerlich immer noch vor Wut kochte. Plötzlich platzte er heraus: »Warum mußte ausgerechnet mir das passieren?«

Im März 1983 wurde der erste AIDS-Fall in Australien diagnostiziert. Es war ein amerikanischer Tourist. Nun warteten die australischen Gesundheitsbehörden auf den ersten australischen AIDS-Patienten, denn man wußte, daß Zehntausende von Männern die Gelegenheit wahrgenommen hatten, Anfang der 1980er Jahre mit den verbilligten »Skytrain«-Flügen nach San Francisco zu reisen. Der französische AIDS-Forscher Jacques Leibowitch bezeichnete AIDS schon seit einiger Zeit als »Charterkrankheit«, weil so viele der ersten an AIDS erkrankten homosexuellen Europäer mit den verbilligten Charterflügen New York und San Francisco besucht hatte.

17. MÄRZ, UNIVERSITÄT VON NEW YORK, MANHATTAN

Marc Conant kaufte an einem Zeitungsstand die neueste Ausgabe des *Native* mit dem Artikel von Larry Kramer und zeigte ihn Paul Volberding in einer Sitzungspause der von der New Yorker Universität veranstalteten AIDS-Konferenz, zu der die beiden Ärzte aus San Francisco gekommen waren. Sie standen auf der Terrasse vor dem Sitzungssaal, und Conant sah durch das Fenster, wie die vielen Ärzte angeregt darüber debattierten, welche Chemotherapie bei der Behandlung des Kaposi-Sarkoms am wirksamsten sei. »Kramer hat recht«, sagte Conant. »Wir haben es hier mit Menschen zu tun, die schon krank sind, für die es bereits zu spät ist. Wir müssen es den Homosexuellen ins Gesicht schreien, daß wir alle sterben werden, wenn sie ihr Verhalten nicht ändern.« Die beiden Männer beschlossen, nach ihrer Rückkehr in San Francisco eine Versammlung aller führenden Homosexuellen einzuberufen. Es war Zeit, Alarm zu schlagen.

Auf einer Sitzung dieser Konferenz hatte Volberding bemerkt, daß das *General Hospital* in San Francisco im Sommer eine besondere Station für AIDS-Patienten einrichten wollte. Bei diesem Entschluß war man von den gleichen Überlegungen ausgegangen wie bei der Einrichtung der AIDS-Klinik. Es handelte sich bei AIDS um ein sehr komplexes Syndrom; deshalb war es notwendig, für seine Behandlung neue Spezialisten auszubilden. Man brauchte Ärzte, die wußten, wie ein Patient mit Pneumocystosis behandelt werden mußte, der gleichzeitig an einem Herpes im Rectum und KS-Läsionen an der Magenschleimhaut litt. Der Umgang mit den hier erforderlichen Medikamenten und den verschiedenen Symptomen stellte den Arzt vor die schwierigsten klinischen Probleme in der Geschichte der Medizin, denn hier war praktisch jedes medizinische Spezialgebiet beteiligt. Am *General Hospital* in San Francisco war man damit beschäftigt, ein neues Lehrbuch für die Behandlung von AIDS zu verfassen.

Paul Volberding war überrascht, mit welcher Vehemenz Dr. Roger Enlow, der neue Koordinator des Büros für die gesundheitliche Betreuung homosexueller Männer und lesbischer Frauen in der Stadtverwaltung von New York, die Einrichtung einer AIDS-Station ablehnte. Enlow behauptete, das sei nichts anderes als eine Leprakolonie. AIDS-Patienten dürften nicht getrennt von den anderen behandelt werden; das wolle man in New York unter allen Umständen vermeiden.

Am gleichen Nachmittag legte der Kongreßabgeordnete Phillip Burton dem Kongreß einen Resolutionsentwurf vor, der für die Finanzierung der AIDS-Forschung bei den *Centers for Disease Control* zusätzliche zehn Millionen Dollar forderte. Die Abgeordnete Barbara Boxer, die ebenfalls aus San Francisco kam, beantragte parallel dazu die Gewährung von zwanzig Millionen Dollar für die AIDS-Forschung bei den *National Institutes of Health.* Diese Gesetzesvorlagen waren von den drei prominentesten homosexuellen Mitarbeitern von Kongreßabgeordneten, Bill Kraus, Tim Westmoreland und Michael Housh, verfaßt worden. Die Reagan-Administration behauptete allerdings immer noch allen Ernstes, die Gesundheitsbehörden brauchten keine zusätzlichen finanziellen Mittel für die AIDS-Forschung. Doch für die drei homosexuellen Mitarbeiter der Abgeordneten war diese Vorlage nur die erste Salve in der Schlacht um die ausreichende Finanzierung der AIDS-Forschung. Westmoreland beabsichtigte schon jetzt, im Mai vor dem Unterausschuß für das Gesundheitswesen eine Anhörung über AIDS zu veranstalten. Und der Abgeordnete Ted Weiss aus Manhattan, der Vorsitzende des Ausschusses, der die von der Regierung getroffenen Maßnahmen überprüfte, plante eine umfassende Anhörung aller Beteiligten, bei der die Regierung Farbe bekennnen sollte.

Endlich sind wir soweit, daß sich etwas bewegt, dachte Bill Kraus.

Die drei Tage dauernde Konferenz über AIDS an der Universität von New York bot der in Bedrängnis geratenen Blutkonservenindustrie die Gelegenheit, ihre Argumente gegen eine Verschärfung der Bestimmungen über Bluttransfusionen vorzutragen. Dr. Joseph Bove war jetzt der

336

führende Sprecher der Hersteller von Blutkonserven, denn er besaß dank seiner Funktion als Vorsitzender des Beratungsgremiums der *Food and Drug Administration* für den Blutspenderdienst, als Chef der Blutbank am *Yale-New Haven Hospital* und als Vorsitzender der *American Association of Blood Banks Committee on Transfusion-Transmitted Disease* eine einflußreiche Position. Nicht ganz zwei Wochen nach der Bekanntgabe der Richtlinien des *Public Health Service* für den Umgang mit Blutprodukten beklagte sich Bove lautstark darüber, daß die »aggressiven CDC« von den Blutbanken verlangten, sie müßten mehr für die Sicherheit der Empfänger von Transfusionen tun. Bove mokierte sich über die Behauptung der CDC, daß AIDS durch Blutkontakte übertragen werden könne, und erklärte, weitere Vorsichtsmaßnahmen seien so lange nicht erforderlich, wie die CDC nicht exakt nachgewiesen hätten, daß AIDS durch einen infektiösen Erreger verursacht würde. »Darüber gibt es nur unbewiesene Vermutungen«, sagte Bove, der an der Yale-Universität Professor für Labormedizin war. »Ich wünschte, wir hätten konkretere Beweise.«

Im übrigen könnten die CDC nur in einem einzigen AIDS-Fall nachweisen, daß der Patient eine Transfusion mit dem Blut eines tatsächlich an AIDS Erkrankten bekommen habe. In den anderen sechs Fällen, die noch überprüft würden, gehörten die Spender Risikogruppen an und zeigten Frühsymptome von AIDS, aber bei keinem von ihnen sei eine Krankheit nachzuweisen, die nach den bei den CDC geltenden Regeln bei einem AIDS-Fall vorliegen müssen. Weiter erklärte Dr. Bove, der im *MMWR* erschienene Bericht über den Säugling in San Francisco sei nicht nach den für medizinische Fachzeitschriften geltenden Normen wissenschaftlich überprüft worden. Dabei berücksichtigte Bove allerdings nicht, daß eine solche Überprüfung sechs bis neun Monate dauert. »In der wissenschaftlich überprüften medizinischen Literatur gibt es nichts Derartiges – nicht einen einzigen Fall!« sagte Bove. »... Für eine solche Übertragungsmöglichkeit (durch das Blut) gibt es keine Beweise.«

Als sich nach Jahren herausstellte, daß Hunderte von Menschen gestorben waren, weil die Blutkonservenindustrie und die verantwortlichen Beamten bei der FDA auf Leute wie Joseph Bove gehört hatten, legte dieser seinen Kritikern das Manuskript seines Vortrags vor, den er 1983 an der Universität von New York gehalten hatte. »Ich habe geschrieben, ›es gibt nur minimale Beweise‹«, behauptete Bove. »Ich bin in der Wahl meiner Worte sehr vorsichtig gewesen. Ich wollte mich

337

in keiner Richtung festlegen. Ich war klug genug, nicht zu behaupten, es gebe keine Ansteckungsgefahr. Man kann mir nicht vorwerfen, daß ich etwas Falsches gesagt habe.«

Am gleichen Tag, an dem die Konferenz an der New Yorker Universität begann, veröffentlichte die Homosexuellenzeitung *Bay Area Reporter* in San Francisco Larry Kramers zornigen Artikel. Der Leitartikel in der gleichen Ausgabe enthielt einige erstaunliche Eingeständnisse des Chefredakteurs Paul Lorch. »In dieser Zeitung ist nur wenig über das berichtet worden, was wir heute als AIDS bezeichnen«, schrieb Lorch. »Wir wollten mit unserer Haltung zum Ausdruck bringen, daß jeder über seinen Körper verfügt und auch das Recht hat, über seine Zukunft zu bestimmen. Und jeder hat das Vorrecht zu bestimmen, wie er sterben will ... Jetzt haben wir unsere Haltung geändert.«

CASTRO STREET, SAN FRANCISCO

Gary Walsh und Joe Brewer waren hingerissen von Larry Kramers Artikel. Gary konnte nicht aufhören, die ganze Litanei der Anklagen zu wiederholen, die Larry erhoben hatte. Alle taten so, als ginge es sie nichts an. Wo blieb der empörte Aufschrei der Öffentlichkeit?

Es freute Joe, zu sehen, wie Gary tobte. Seit die Diagnose feststand, hatte Gary noch keinen seiner charakteristischen Wutanfälle gehabt.

»Wir müssen etwas unternehmen – etwas Dramatisches«, sagte Gary.

Kerzen, dachte Gary plötzlich. Eine Kerzenprozession.

Das war genau das richtige. Der Fackelzug von der Castro Street zum Rathaus am Abend der Ermordung des Stadtrats Harvey Milk und des Bürgermeisters George Moscone im Jahre 1978 war einer der dramatischsten Augenblicke in ihrem Leben gewesen. Gary war damals voller Begeisterung zur nächsten Telefonzelle gelaufen, hatte seine Eltern angerufen und ihnen gesagt, daß er schwul war. Seine Mutter hatte gejammert, jetzt werde Gary nicht in den Himmel kommen ...

Ein langes Band brennender Kerzen die ganze Market Street entlang, dachte Gary. Eine gewaltfreie, aber spektakuläre Aktion. Auch die Medien würden nicht umhin können, über die Homosexuellen mit den Kerzen in den Händen zu berichten. Das mußte Eindruck machen.

In den nächsten Tagen konnte Gary viele mit AIDS infizierte Homosexuelle für seine Idee gewinnen. Es sollte *ihre* Demonstration sein. Die

338

Öffentlichkeit mußte auf die Notlage derjenigen aufmerksam gemacht werden, die am unmittelbarsten am Kampf gegen diese schreckliche neue Krankheit beteiligt waren. Von Selbstmord war jetzt keine Rede mehr, denn Gary war zu sehr mit seinem neuen Projekt beschäftigt. Er sammelte alle Informationen über AIDS, die er bekommen konnte, um sich auf seine Auftritte in den Medien vorzubereiten und für die Gespräche mit den Politikern gewappnet zu sein, die er für den Kampf gegen AIDS gewinnen wollte.

Währenddessen stellte Joe Brewer das Material für eine Artikelserie in der örtlichen Homosexuellenpresse zusammen, mit der er die homosexuellen Männer davon überzeugen wollte, daß sie ihre sexuellen Gewohnheiten ändern mußten. Er hatte zu spät eingesehen, daß AIDS eine akute Bedrohung war – zu diesem Zeitpunkt war die Krankheit bereits bei Gary festgestellt worden.

VANCOUVER, BRITISH COLUMBIA

Als Gaetan Dugas' bester Freund von Toronto nach Vancouver kam, mußte er feststellen, daß Gaetan überall als »Orange County Connection« bekannt war, als der Mann, der alle einschlägigen Lokale besuchte und mit jedem Sex hatte, der ihm über den Weg lief. Es hatte sich nichts geändert, seit Gaetan auf dem AIDS-Forum in Vancouver erklärt hatte, es sei noch nicht bewiesen, daß AIDS durch Sexualkontakte übertragen werden könnte. Seine sexuellen Ausschweifungen hatten abenteuerliche Proportionen angenommen, und er versuchte auch gar nicht, seine Krankheit zu verheimlichen. Wenn er zum Beispiel in irgendeinem Pub sein Bier trank, rollte er ungeniert die Ärmel auf, so daß jeder die KS-Läsionen an seinen Unterarmen sehen konnte.

Man erzählte sich die Geschichte, daß einmal ein Zufallspartner nachträglich von seiner Erkrankung erfahren hatte. Der Mann war darüber so empört gewesen, daß er den ehemaligen Luftsteward aufsuchte und zur Rede stellte. Bei diesem Gespräch jedoch habe Gaetan den Mann mit seinem Charme so weit gebracht, daß er wieder bei ihm im Bett landete.

Der Freund aus Toronto setzte sich mit Gaetan zusammen, um ihm ins Gewissen zu reden. Sie kannten einander schon seit Jahren, denn sie hatten beide bei der Fluggesellschaft *Air Canada* in Halifax zusammengearbeitet und waren gemeinsam zu den großen Schwulenparaden und Parties nach San Francisco geflogen. Er liebte Gaetan aufrichtig, denn er kannte ihn als einen guten und zuverlässigen Freund und nicht nur als irgendeinen Leichtfuß, mit dem man sich gut amüsieren konnte. Wenn einer seiner Freunde krank war, dann konnte sich Gaetan regelrecht für ihn aufopfern, und es gab nichts, was er nicht für die Menschen getan hätte, die ihm nahestanden. Aber dieser Freund hatte trotzdem den Verdacht, daß die Gerüchte wahr sein könnten. Er wußte, von Gaetan zu verlangen, er solle auf den Sex verzichten, wäre das gleiche, als wollte man Bruce Springsteen zumuten, das Gitarrespielen aufzugeben. Die Sexualität war sein Lebenselixier.

»Niemand kann mir einreden, daß es durch Sex übertragen wird«, sagte Gaetan. »Dafür gibt es noch keine Beweise.«

»Ja«, erwiderte der Freund, »aber wenn auch nur die geringste Möglichkeit besteht, solltest du es nicht tun.«

Gaetan zuckte mit den Schultern: »Ja, vielleicht hast du recht.«

Der Freund glaubte nicht, daß es ihm gelungen war, Gaetan zu überzeugen. Er erinnerte sich an ein Gespräch, das er vor vielen Jahren in Halifax mit ihm geführt hatte. Sie hatten sich an diesem Tag ein Antibiotikum gegen Gonorrhö spritzen lassen und überlegten nun, ob sie noch einen Bummel durch die Bars unternehmen sollten. Der Arzt hatte ihnen geraten, ein paar Tage zu warten, aber Gaetan meinte, da er sich den Tripper von irgend jemandem geholt habe, dürfe er ihn auch weitergeben.

Doch diesmal ließ sein Freund nicht locker: »Hier geht es nicht um Tripper. Diese Krankheit ist unheilbar. Es wäre unglaublich unfair, es weiterzugeben.«

Ja, meinte Gaetan, es wäre unfair.

26. Schwuler Sex – ein Lotteriespiel

20. MÄRZ 1983, 79 URANUS STREET, SAN FRANCISCO

Der Regen trommelte auf das hölzerne Vordach über der gläsernen Schiebetür. Um den Küchentisch hatten sich die homosexuellen Politiker versammelt, die Harvey Milk am nächsten gestanden hatten. Auf der Tischplatte lag eine Zeitung mit dem Artikel von Larry Kramer, damit sich jeder, der ihn noch nicht gelesen hatte, mit seinem Inhalt vertraut machen konnte. Unter den Anwesenden waren auch Bill Kraus, Cleve Jones und Dick Pabich, der an jenem düsteren Novembertag vor fünf Jahren in Milks Büro gestürmt war und dort den Mentor dieser Gruppe in einer Blutlache auf dem Boden liegend vorgefunden hatte.

Dana Van Gorder, eine persönliche Mitarbeiterin des Stadtverordneten Harry Britt, erläuterte das Problem im Bereich der Stadtverwaltung. Die städtischen Gesundheitsbehörden hatten es bisher versäumt, eine Aufklärungsschrift über AIDS zu veröffentlichen. In endlosen Ausschußsitzungen hatte man sich über Formfragen gestritten. Auch die einfachsten Empfehlungen – wie der Vorschlag von Dana Van Gorder, in den städtischen Omnibussen Plakate anzubringen – waren nur zerredet worden, ohne daß etwas geschah.

Auch die epidemiologische Studie mußte fertiggestellt und ausgewertet werden. Schon im Oktober hatten Wissenschaftler der Universität Kalifornien vorgeschlagen, daß die Zahl der diagnostizierten AIDS-Fälle mit der Anzahl der in der Stadt lebenden unverheirateten Männer verglichen werden müsse. Ende Dezember war bei jeweils einem von dreihundertdreiunddreißig unverheirateten Männern über fünfzehn Jahren im Castro Bezirk AIDS festgestellt worden. Wenn man die heterosexuellen unverheirateten Männer unberücksichtigt ließ und die Verzögerung berücksichtigte, die bei der Meldung neuer Fälle naturgemäß eintrat, dann bedeutete dies, daß etwa jeder hundertste homosexuelle Mann in diesem Stadtteil mit AIDS infiziert war. Bei einem Mann, der innerhalb eines Jahres zwanzig Sexualkontakte hatte, bestand eine Chance von eins zu zehn, daß er auch mit einem an AIDS erkrankten Partner zusammenkam. Die Wahrscheinlichkeit einer Infektion erhöhte sich geradezu astronomisch mit der Zunahme der infizierten homosexuellen Männer, bei denen noch keine Symptome auftraten.

Die Forscher Dr. Andrew Moss und Dr. Michael Gorman hatten eine Inzidenzstudie den *Bay Area Physicians for Human Rights* und homosexuellen Politikern im Januar vorgelegt. Sie erwarteten, daß diese die Statistiken veröffentlichen und die Homosexuellenszene alarmieren würden. Doch diese homosexuellen Ärzte und Aktivisten hatten nichts unternommen. Sie waren sich immer noch nicht schlüssig darüber, wie sie die vorliegenden Erkenntnisse in der geeigneten Form weitergeben sollten. Sie fürchteten, die Ergebnisse der Studie könnten im Castro-Bezirk verheerende Auswirkungen haben. Mit diesem Argument versuchten sie die Forscher zu beschwichtigen. Die Epidemiologen wiederum fürchteten, die Homosexuellen könnten die Zusammenarbeit mit ihnen aufgeben und ihnen damit die Grundlage für ihre Forschungen entziehen. Daher erklärten sie sich bereit, die Ergebnisse erst im April bekanntzugeben, da sie zu diesem Zeitpunkt in der britischen Fachzeitschrift *Lancet* veröffentlicht würden.

Der Direktor der Städtischen Gesundheitsbehörde, Dr. Mervyn Silverman, war in einem Gespräch mit dem Stadtverordneten Harry Britt von dem Inhalt der Studie informiert worden. Doch er hatte sich nicht dazu entschließen können, seine Kenntnisse weiterzugeben. Offenbar war er der Meinung, daß man diese Aufklärungsarbeit den Homosexuellen selbst überlassen müsse. Das war seiner Ansicht nach die liberalste Methode – zumindest die politisch ungefährlichste, denn auf diese Weise trat man keinem homosexuellen Politiker zu nahe. Bill Kraus ergänzte sarkastisch, dieses Verfahren sei für die Gesundheitsbehörde auch das billigste.

»Okay«, sagte Bill, »wir müssen diese Leute irgendwie zu ihrem Glück zwingen. Wir werden es ebenso machen wie in einem Wahlkampf. Wir werden den *Safer Sex* propagieren und unsere Empfehlungen so lange wiederholen, bis wir die Leute überzeugt haben – mit Postwurfsendungen und Flugschriften, deren Inhalt die Menschen überzeugt. Darin haben wir ja Erfahrung.«

Während der folgenden zwei Stunden entwarf die Versammlung einen Plan für eine Aufklärungskampagne. Da die Gesundheitsbehörden nicht bereit waren, das notwendige Material zu drucken und zu verteilen, wollte Bill Kraus Phil Burton und Barbara Boxer bitten, ihre eigenen Broschüren zu verschicken und dabei die Möglichkeit nutzen, daß sie als Abgeordnete ihre Post portofrei versenden durften. Die Adressaten ließen sich mit dem Computer ermitteln. Es sollten unverheiratete männliche Wähler in den von Homosexuellen bevorzugten Stadtvierteln sein. Der *Harvey Milk Club* sollte indessen ein eigenes Flugblatt entwerfen, das direkter auf intime Fragen eingehen konnte als eine offizielle Aufklärungsschrift. Die Homosexuellen brauchten klare Empfehlungen für ihr Sexualverhalten, wenn sie überleben wollten.

Nachdem jeder seine besondere Aufgabe übernommen hatte, zog sich Bill mit Cleve in ein Gästezimmer zurück. Er sagte, er habe eine Sache am Bein, die ihn beunruhige. Er krempelte das Hosenbein auf, Cleve untersuchte die verfärbte Stelle und erklärte, es sei ein ganz gewöhnlicher Leberfleck.

»Alle älteren Männer bekommen so etwas«, scherzte er.

Aber Bill schien der Sache nicht ganz zu trauen. Cleve fragte sich, ob sie von nun an alle ständig in der Furcht vor dieser Krankheit leben müßten. Seine Lymphknoten waren schon seit Monaten leicht geschwollen, und wenn er morgens unter der Brause stand, suchte er seinen ganzen Körper sorgfältig nach Flecken ab.

22. MÄRZ, 901 MISSION STREET, SAN FRANCISCO

Das Gebäude des *San Francisco Chronicle* liegt in der Nähe des Bankenviertels der Stadt. Hier wimmelte es von Betrunkenen und Stadtstreichern, die die vorüberkommenden Journalisten anbettelten. Ein junger Reporter, der das Spießrutenlaufen an diesem Vormittag schon hinter sich hatte, sprach einen Zeitungsredakteur an und zeigte ihm die Kopie einer Studie, die ihm aus Kongreßkreisen zugespielt worden war. Der dicke Stempel »Vertraulich« erregte die Neugier des Redakteurs, ebenso auch die Behauptung des Reporters, ein hoher Beamter im Gesundheitsministerium habe die Richtigkeit der Studie bestätigt. Im Lauf des Gesprächs fiel ein weiblicher Vorname, der den Redakteur auf den richtigen Gedanken brachte: Dieser hohe Beamte war die resolute Selma Dritz, die bei Presseleuten als absolut zuverlässig bekannt war. Reporter sind nicht verpflichtet, ihren Redakteuren alle Quellen zu nennen, doch wenn man einen Artikel unterbringen will, können solche Andeutungen nicht schaden.

»Wir wollen diese Daten nicht veröffentlichen«, sagte Dr. Michael Gorman, der an der Studie mitgearbeitet hatte, als die Zeitungsredaktion ihn anrief. »Sie haben kein Recht dazu, das zu tun. Die Studie ist als vertraulich eingestuft.«

Pat Norman von der Städtischen Gesundheitsbehörde in San Francisco war empört, als sie hörte, daß der *Chronicle* die Studie veröffentlichen werde. »Ich selbst kenne sie erst seit zwei Wochen«, behauptete sie. Sie hatte kürzlich beschlossen, für den Stadtrat zu kandidieren, und wollte sichtlich alles vermeiden, was den Eindruck erweckte, sie sei an irgendeiner Intrige beteiligt. Offenbar wußte sie nicht, daß der Reporter den Brief kannte, in dem Dr. Andrew Moss vor zwei Wochen angedeutet hatte, daß Pat Norman sich gegen die Veröffentlichung dieser Daten ausgesprochen habe.

Pat Norman erklärte, sie sei nicht dafür zuständig, medizinische Studien zur Veröffentlichung freizugeben. Das gehöre in den Zuständigkeitsbereich des Direktors der Abteilung für Infektionskrankheiten, und auch dieser habe diese Informationen bisher nicht weitergegeben. »Es hat auch niemand verlangt, daß wir diese Informationen veröffentlichen«, fügte sie hinzu. »Wir wollten das in einer angemessenen Weise tun, und zwar so, daß keine Panik entsteht.«

Der Reporter hatte schon zwei Absätze seines Artikels geschrieben, als das Telefon läutete. Es war Randy Stallings, der Präsident des *Alice B. Toklas Memorial Democratic Club*, der mit Pat Norman dem Vorstand der *Coalition for Human Rights*, der Dachorganisation aller Homosexuellenverbände in San Francisco, angehörte.

Er erklärte, es gebe viele Gründe dafür, diese Informationen nicht bekanntwerden zu lassen.

»Man wird den Castro Bezirk mit Stacheldraht einzäunen«, meinte er. »Es wird eine Panik entstehen. Die Leute werden die von Homosexuellen geführten Geschäfte im Castro Bezirk meiden. Die Konservativen werden diesen Bericht ausschlachten, um das Gesetz über die Rechte der Homosexuellen in Sacramento zu Fall zu bringen.«

Nachdem der Reporter drei weitere Abschnitte geschrieben hatte, rief Dr. Moss aus London an und bat ihn dringend, die Studie nicht zu veröffentlichen. Er fürchtete, die Homosexuellen würden dann künftig nicht mehr bereit sein, mit ihm zusammenzuarbeiten.

»Die Sache ist schon an die zuständigen Stellen weitergeleitet worden«, sagte Moss und erwähnte dabei führende homosexuelle Politiker sowie die Gruppe *Bay Area Physicians for Human Rights*. Er bat den Reporter noch einmal, er möge es sich »sehr genau überlegen«, ob es richtig sei, die Forschungsergebnisse *in dieser Form* zu veröffentlichen.

Nach zwei weiteren Abschnitten rief Selma Dritz den Reporter an und erzählte ihm amüsiert, daß Pat Norman sie in ihrem Büro aufgesucht habe. Mrs. Norman hatte ausgerechnet sie aufgefordert, das Erscheinen des Artikels im *Chronicle* zu verhindern. »Ich weiß nicht, was sie daran so beunruhigt«, sagte Selma Dritz. Sie versicherte dem Reporter noch einmal ausdrücklich, daß er sich auf die Korrektheit der in der Studie gemachten Aussagen verlassen könne.

NEWARK, KALIFORNIEN

In der Erinnerung von Rick Walsh war Onkel Gary seit jeher der großartigste Geschichtenerzähler. Im Haus der Familie Walsh in Sioux City konnte Gary stundenlang erzählen, und es waren immer neue, selbst erfundene Geschichten. Seit jener Zeit war Gary Ricks Lieblingsonkel. Er hatte seinen Neffen Rick nie von oben herab, sondern stets wie einen Erwachsenen behandelt. Während der vier Jahre, in denen Gary die Beziehungen zu seinen Eltern abgebrochen hatte – die Mutter hatte ihm unter anderem erklärt, er werde nicht in den Himmel kommen –, war Rick derjenige gewesen, der ihn mit Familiennachrichten versorgte. Die freundschaftlichen Beziehungen zwischen Rick und Gary hatten Bestand, auch nachdem Rick geheiratet und sich am Rande von Newark, Kalifornien, niedergelassen hatte.

An jenem Märzabend freute sich Rick, Garys Stimme zu hören. Die Stimme seines Onkels klang diesmal allerdings sehr ernst.

»Hast du schon etwas von AIDS gehört?« fragte Gary.

»Ich glaube schon«, sagte Rick, dem dieses Thema nicht gefallen wollte.

»Ich habe es«, sagte Gary. »Vielleicht werde ich in zwei Jahren oder sogar noch früher sterben. Bisher ist noch niemand geheilt worden.«

Rick konnte es nicht glauben, daß sein Onkel an einer so schweren Krankheit litt. Er wußte nicht, was er sagen sollte. Nach einer langen Pause platzte er heraus:

»Ich weiß nicht, was ich sagen soll, außer daß ich dich liebe.«

Mit Garys Eltern in Sioux City war es eine andere Sache.

»Natürlich, das hast du davon«, sagte seine Mutter. »Warum verläßt du diese Stadt nicht?«

Gary sagte ihr, er werde zur Beichte gehen, und legte den Hörer auf.

25. MÄRZ, FEDERAL BUILDING, SAN FRANCISCO

Vor einigen Monaten hatte sich die Schwester eines AIDS-Patienten an Bill Kraus gewandt und ihm erzählt, die Beamten bei der Sozialversicherungsbehörde hätten sich geweigert, die Zahlungen zu leisten, die ihrem Bruder wegen seiner Arbeitsunfähigkeit zustanden. Sie meinten, er sehe trotz seiner Pneumocystose so gesund aus, daß er arbeiten könne. Er hatte gegen diese Entscheidung Einspruch eingelegt, war jedoch abgewiesen worden.

Bill Kraus hatte schon seit Monaten versucht, die zuständigen Bürokraten von der Dringlichkeit dieses Falles zu überzeugen. Er war froh, daß er im Büro von Phil Burton arbeitete, der ihm jeden Brief unterschrieb, wenn es um das Thema AIDS ging. Bill wußte, Burton war der einzige Kongreßabgeordnete, der sich nicht durch die Homosexuellenwitze beeindrucken ließ, die jeder zu hören bekam, wenn er das Gespräch auf die Epidemie brachte. Auf Bitten von Bill schrieb er an die leitenden Beamten der Sozialversicherung und verlangte, daß eine AIDS-Diagnose als Nachweis für die Arbeitsunfähigkeit anerkannt werden sollte. Die Bürokraten lehnten dieses Ersuchen zwar nicht grundsätzlich ab, doch die Entscheidung ließ längere Zeit auf sich warten.

Monate später war die Arbeitsunfähigkeit des Mannes endlich anerkannt worden.

Als Bill die Schwester anrief, sagte sie mit tonloser Stimme: »Danke, aber mein Bruder ist gestern abend gestorben.«

Schließlich erreichte Bill mit seinen ständigen Eingaben, daß eine überall in den Vereinigten Staaten geltende Bestimmung erlassen wurde, nach der die Sozialversicherung die Arbeitsunfähigkeit von AIDS-Kranken anerkennen mußte. Aber noch Jahre später konnte Bill die Geschichte von dem Mann und seiner Schwester nicht erzählen, ohne daß ihm die Tränen kamen. Sie war bezeichnend für das Jahr 1983.

31. MÄRZ, PACIFIC HEIGHTS, SAN FRANCISCO

»Sie alle vertreten verschiedene Wählergruppen in der Homosexuellenszene«, sagte Marcus Conant und sah sich in dem Raum um, in dem die bekanntesten homosexuellen Politiker der Stadt versammelt waren. »Vieles muß sich entscheidend verändern, und zwar sofort, sonst werden Sie bald keine Wähler mehr haben.«

Die Politiker rutschten unruhig auf ihren Sitzen hin und her. Diesen Ton waren sie nicht gewöhnt. Gewöhnlich diskutierten sie über Diskriminierung und sexuelle Befreiung, über gleichgeschlechtliche Sexualität und die Unterdrückung der Homosexuellen durch die Heterosexuellen. Jetzt tauchten plötzlich ganz neue und verwirrende Begriffe auf wie Zytomegalie-Virus, Beziehungsnetze, Inkubationsperioden, Hepatitis-B-Modell. Wenn das Thema AIDS zur Sprache kam, zogen es die meisten homosexuellen Politiker vor, ihr gewohntes politisches Raster anzuwenden. Es war so einfach, die Regierung für alles verantwortlich zu machen. Dabei verwendete man die bekannten Schlagworte Diskriminierung und Vorurteile. Doch jetzt hatten die Ärzte den führenden Homosexuellen den schwarzen Peter zugeschoben, und die meisten Aktivisten wußten nicht mehr weiter. Genauer gesagt, sie wußten nicht, welches der politisch richtige Weg war.

Lia Belli, die Frau des prominentesten Rechtsanwaltes in San Francisco, hatte für diese Veranstaltung den größten Raum in ihrer prächtigen Villa auf den Pacific Heights zur Verfügung gestellt. Das Zimmer nahm das ganze oberste Stockwerk des palastartigen Gebäudes ein. Viele der homosexuellen Aktivisten waren eigentlich nur aus Neugier gekommen. Sie wollten dieses in der ganzen Stadt berühmte luxuriöse Haus einmal von innen sehen. Als Lia Belli das Wort ergriff und Marc Conant als Sprecher des Abends vorstellte, sagte sie, jetzt sei die Homosexuellenszene aufgerufen, sofort etwas gegen die Epidemie zu unternehmen, denn es ginge hier um »ein Problem jenseits aller politischen Differenzen«. Conant hatte alle bedeutenden AIDS-Forscher in der Stadt um ihr Erscheinen gebeten. Sie sollten der Versammlung klarmachen, mit welcher Katastrophe man für die kommenden Jahre rechnen müsse.

Conant erklärte, nach den bisherigen Erfahrungen könne die Inkubationsperiode bis zu achtzehn Monaten dauern. Das bedeute, daß die AIDS-Fälle von morgen schon heute das Virus ausstreuten. »Die AIDS-Opfer von 1984 haben sich bereits mit der Krankheit infiziert«, sagte er. »Selbst wenn wir heute über die Vakzine verfügten, könnten wir die Infizierten nicht vor dem Ausbruch der Krankheit schützen.«

Selma Dritz legte die neuesten Statistiken vor und sagte, gegenwärtig seien im Bezirk von San Francisco zweihundertsieben AIDS-Fälle registriert. Gegen Ende des Jahres würden es wahrscheinlich einige Hundert mehr sein. Andrew Moss erläuterte die Situation anhand einer nach Stadtbezirken aufgegliederten Tabelle. Danach bildete die Castro Street das Zentrum der Epidemie. Die Graphik zeigte eine fast

347

vertikal verlaufende Kurve, die, wie er erklärte, nicht abflachen werde, bevor die homosexuellen Männer nicht ihre sexuellen Praktiken geändert hätten.

Paul Volberding berichtete über die in Los Angeles angefertigte epidemiologische Studie und den Patienten null. Er sagte, die Studie zeige, daß man heute nicht mehr eintausendeinhundert Sexualkontakte brauche, um sich mit AIDS zu infizieren. Der homosexuelle Sex sei ein reines Lotteriespiel. »Zu Beginn der Epidemie erhöhte sich die Wahrscheinlichkeit einer Infektion mit der Zahl der Sexualkontakte, denn damals gab es noch nicht so viele Infizierte. Das hat sich heute geändert.«

Eine der am häufigsten gestellten Fragen lautete: Wissen die Ärzte *wirklich*, wie AIDS übertragen wird? Die Wissenschaftler erklärten, nach den Erfahrungen mit der Hepatitis B könne man vermuten, daß der Analverkehr eines der größten Probleme sei. Offenbar sei das Sperma der AIDS-Kranken mit dem Virus infiziert und könne durch Analfissuren in die Blutbahn gelangen. Doch niemand schien sich für den Vorschlag Conants begeistern zu können, daß Homosexuelle Kondome benutzen sollten. In der von den CDC erarbeiteten Fallstudie war die Promiskuität entschieden verurteilt worden. Nach der Auffassung führender Homosexueller jedoch bewies allein die Verwendung dieses Wortes die Voreingenommenheit der Wissenschaftler gegenüber der Homosexualität. Die Ärzte wiederum konnten wenig darüber aussagen, bei welchen sexuellen Praktiken die Krankheit am leichtesten übertragen werden könne. Da die Bundesregierung der Forschung nicht die notwendigen finanziellen Mittel zur Verfügung gestellt hatte, war es nicht möglich gewesen, weitere epidemiologische Studien vorzunehmen, um dieses Problem näher zu untersuchen. Dabei ging es gerade hier um die Fragen, deren Beantwortung am unmittelbarsten dazu beitragen konnte, Leben zu retten. Nun mußten die behandelnden Ärzte als Folge dieses Versäumnisses die undankbare Aufgabe übernehmen, die Homosexuellen davon zu überzeugen, daß sie unbedingt ihr Sexualverhalten ändern mußten.

Dr. Robert Boland von den *Bay Area Physicians for Human Rights* meinte, jeder Kontakt mit »Körperflüssigkeiten« erhöhe das Infektionsrisiko.

Damit hörten die Homosexuellen zum ersten Mal diesen Ausdruck – es sollte aber nicht das letzte Mal sein.

»Sie müssen den Kontakt mit Körperflüssigkeiten vermeiden«, erklärte Boland. »Dazu gehören Sperma, Urin, Speichel und Blut. Und

348

ich meine es ganz wörtlich, wenn ich sage: *Jeder* Kontakt mit diesen Flüssigkeiten muß vermieden werden.«

Carol Ruth Silver, eine Beamtin bei der Stadtverwaltung von San Francisco und engagierte Fürsprecherin der Homosexuellen, machte darauf den folgenden Vorschlag: »Wenn Sie sagen, daß die Krankheit durch sexuelle Kontakte übertragen werden kann, dann sollte die Städtische Gesundheitsbehörde meiner Ansicht nach eine einstweilige gerichtliche Verfügung erwirken, um die Schwulensaunen zu schließen. Mit einer solchen Maßnahme könnte man Leben retten.«

Doch auf diese Empfehlung reagierte die Versammlung mit Buhrufen und heftigen Protesten. Die führenden Homosexuellen waren vielleicht bereit, AIDS als eine gefährliche Kombination verschiedener Infektionen anzusehen, doch sie weigerten sich entschieden, deshalb auf ihre sexuellen Gewohnheiten zu verzichten. Ihre Proteste ließen Mrs. Silver nicht mehr zu Wort kommen.

Am Schluß der Veranstaltung ernteten Marc Conant und Paul Volberding anerkennende Worte von allen Teilnehmern, die sich bei ihnen für ihre aufopfernde Arbeit bedankten. Conant war tief enttäuscht, als er die elegant geschwungene Treppe zum Ausgang hinunterging. Er hatte gehofft, die homosexuellen Politiker würden seine Kampfansage gegen die AIDS-Epidemie mit Begeisterung aufnehmen und sich mit den vorgeschlagenen Maßnahmen einverstanden erklären. Stattdessen schienen sie sich nur darüber Gedanken zu machen, was politisch vertretbar sei. Conant fürchtete, diese Verständnislosigkeit werde noch vielen Menschen das Leben kosten.

Bill Kraus hatte gehofft, man werde im Hause Belli zu einstimmigen Beschlüssen über die zu ergreifenden Maßnahmen kommen, aber die ohnedies bestehenden Meinungsverschiedenheiten zeichneten sich jetzt nur noch schärfer ab. AIDS konnte nicht erfolgreich bekämpft werden, wenn die Homosexuellen nicht bereit waren umzudenken, dachte Bill. Die alten in der Homosexuellenbewegung geltenden Vorstellungen mußten überwunden werden. Für das Überleben zu kämpfen bedeutete nicht, gegen die Homosexualität zu sein. Bill Kraus setzte sich hin, um sein Manifest zu schreiben.

»Wir glauben, es ist Zeit, der Wahrheit ins Auge zu sehen. Der ungeschützte Sex wird uns im wahrsten Sinne des Wortes umbringen... Der ungeschützte Sex mit einer Vielzahl von Partnern bringt heute in San Francisco das hohe Risiko mit sich, AIDS zu bekommen und daran zu sterben. Das gleiche gilt für den ungeschützten Sex mit anderen, die mit einer Vielzahl von Partnern ungeschützten Sex treiben. Aus diesem Grund ist der ungeschützte Sex in den Saunen und Sexclubs besonders gefährlich ...

Die Homosexuellenbewegung besitzt heutzutage nur dann eine moralische Glaubwürdigkeit, wenn Selbstachtung und die Achtung vor der Persönlichkeit des anderen zu ihren selbstverständlichen Wertvorstellungen zählen. In dieser Situation, in der wir unsere sexuelle Freiheit mit Tausenden von Menschenleben erkaufen würden, gebietet uns die Selbstachtung den Verzicht auf ungeschützten Sex, bis die Gefahr vorüber ist ...«

Cleve Jones und Ron Huberman – der beste Freund von Bill Kraus und Vizepräsident des *Milk Club* – unterzeichneten zusammen mit Bill diesen Aufruf. Als Huberman den Text zum *Bay Area Reporter* brachte, sagte ihm der Herausgeber Bob Ross lachend, vielen seiner Inserenten werde der Ton dieses Manifests sicher nicht gefallen. Sechs Wochen später wurde es in der Zeitung abgedruckt.

Indessen faßten drei im Castro-Bezirk arbeitende Psychologen, Leon McKusick, Thomas Coates und William Horstman, die Ergebnisse einer Mitte März durchgeführten Befragung von sechshundert homosexuellen Männern über ihr Sexualverhalten tabellarisch zusammen.

Die Fragebögen waren zum größten Teil in den Schwulensaunen und Sexclubs verteilt worden. Weitere zweihundert Fragebögen waren von jeweils zwei homosexuellen Partnern ausgefüllt worden, denen man sie mit der Post zugeschickt hatte. Die Antworten zeigten, daß die Gesundheitsbehörde vor schwierigen Aufgaben stand.

Nur fünfzehn Prozent der Befragten sagten aus, sie hätten auf den passiven Analverkehr verzichtet. Ein Drittel erklärte, an ihrem Verhalten habe sich nichts geändert, und achtundzwanzig Prozent gaben an, sie hätten ihre Sexualkontakte eingeschränkt. Etwa zwanzig Prozent sagten aus, sie betrieben das sogenannte »Rimming« in letzter Zeit weniger häufig, während jeder neunte erklärte, er habe sich in dieser Hinsicht überhaupt nicht eingeschränkt. Achtundzwanzig Prozent hingegen hatten das »Rimming« ganz aufgegeben. Wie sich zeigte, war es am schwierigsten zu erreichen, daß die Homosexuellen auf den Oralverkehr verzichteten. Zwar behauptete jeder dritte, er täte es jetzt weniger häufig. Doch nur fünf Prozent hatten ganz darauf verzichtet, während fünfundfünfzig Prozent angaben, sie hätten ihre Gewohnheiten auf diesem Gebiet unverändert beibehalten.

Noch bedenklicher war die Tatsache, daß die Saunen und Sexclubs immer noch den Mittelpunkt für die sexuelle Aktivität der Homosexuellen bildeten. Jeder vierte homosexuelle Mann besuchte wenigstens einmal wöchentlich eine Sauna. Angesichts der Tatsache, daß die homosexuellen Männer im allgemeinen sehr genau wußten, wie sehr sie ihre Gesundheit dabei gefährdeten, war es erstaunlich festzustellen, wie beliebt diese Etablissements immer noch waren. Zwei Drittel aller Befragten hatten in den zehn Wochen vor der Befragung einen Arzt aufgesucht. Nur jeder zwölfte war im vergangenen Jahr nicht bei einem Arzt gewesen.

Jeder sechste homosexuelle Mann erklärte, die folgende Aussage träfe auf ihn zu: »Seit ich über AIDS Bescheid weiß, beunruhigt es mich manchmal sehr, daß ich mich sexuell in einer Weise betätige, wie ich es eigentlich nicht sollte.«

Insgesamt ergaben sich aus der Studie einige alarmierende Erkenntnisse. Erstens zeigte sie, daß die homosexuellen Männer genau über die Risiken bestimmter Sexualpraktiken Bescheid wußten. Doch zweiundsechzig Prozent von ihnen hatten weiterhin die gleiche Anzahl ungeschützter Sexualkontakte wie zuvor. Nur dreißig Prozent hatten ihr Sexualverhalten aufgrund der bekanntgewordenen Risiken modifiziert, wenngleich auch nicht alle auf die Praktiken verzichteten, mit denen sie sich der Infektionsgefahr aussetzten. Zweitens ergab sich aus der Studie, welche verhängnisvolle Rolle die Saunen bei der Ausbreitung der Seuche spielten. Männer, die diese Einrichtungen besuchten, waren viel weniger geneigt, ihr Sexualverhalten zu ändern, als die anderen in der Studie erfaßten Gruppen. Die Ärzte schlossen daraus, daß eine viel drastischere Aufklärungsarbeit geleistet werden müsse, wenn man verhindern wollte, daß die Zahl der AIDS-Toten weiterhin anstieg.

31. MÄRZ

Die Analyse der AIDS-Statistik im ersten Vierteljahr für San Francisco zeigte, daß sich das Infektionsrisiko wesentlich erhöht hatte. Der Bericht über die Ende März registrierten AIDS-Fälle ergab, daß einer von zweihundertfünfzig unverheirateten Männern in der Altersgruppe zwischen fünfunddreißig und fünfundvierzig Jahren im Castro-Bezirk an AIDS erkrankt war. Im benachbarten Duboce Triangle war es in der gleichen Altersgruppe einer von hundertfünfzig. Dr. Andrew Moss kam zu dem Schluß, daß »bei einigen homosexuellen Gruppen in San

Francisco ein bis zwei Prozent der Männer in der Altersgruppe von dreißig bis fünfzig Jahren mit AIDS infiziert sind«.

Erst später zeigte es sich, daß zu diesem Zeitpunkt im Jahr 1983 für die zweiundsechzig Prozent homosexueller Männer, die ihr Sexualverhalten nicht geändert hatten, eine mindestens fünfundzwanzigprozentige Wahrscheinlichkeit bestand, mit einem Partner intim zu werden, der mit dem neuen Virus infiziert war – ein teuflisches Risiko in dieser Lotterie des Todes.

Ende März 1983 war es deutlich zu erkennen, daß die Epidemie im Verlauf ihrer Ausbreitung über das ganze Land ihre Opfer in ganz anderen gesellschaftlichen Gruppen fand. In New Jersey stellten die Epidemiologen zum Beispiel fest, daß homosexuelle oder bisexuelle Männer nur eine Minderheit unter den AIDS-Fällen bildeten, die bis zum 28. März den staatlichen Behörden gemeldet worden waren. Unter den in diesem Staat registrierten AIDS-Opfern waren 44,2 Prozent drogenabhängige Fixer. Weitere vier Prozent waren Haitianer. AIDS wurde in zunehmendem Maß eine Krankheit der Armen und der Farbigen in den ausgedehnten Ghettos am Stadtrand von New York. Achtundsechzig Prozent der AIDS-Fälle in New Jersey waren Schwarze oder Lateinamerikaner spanischer Abstammung. Die Forscher zeichneten die Ausbreitung von AIDS auf ihren Tabellen in der Form konzentrischer Kreise auf, in deren Mittelpunkt Manhattan lag. Das Verbreitungsgebiet umfaßte immer weitere Gebiete, wobei in erster Linie die Bewohner der Armenviertel am Rande von New York City betroffen waren. Damit begann praktisch die zweite AIDS-Epidemie in den Vereinigten Staaten, und sie unterschied sich deutlich von der ersten, deren Opfer vor allem homosexuelle Männer gewesen waren.

Auch in Europa gab es jetzt zwei AIDS-Epidemien. Die eine hatte ihren Ursprung in Afrika, und die zweite wurde von Homosexuellen nach Europa eingeschleppt, die sich in den Vereinigten Staaten infiziert hatten. In Belgien war die Krankheit zu dieser Zeit ausschließlich bei Zentralafrikanern, die größtenteils aus Zaire stammten, oder bei Personen, die den afrikanischen Kontinent besucht hatten, aufgetreten. Alle bis zum 31. März 1983 in der Bundesrepublik Deutschland gemeldeten vierundvierzig AIDS-Kranken waren Personen, die nach Haiti oder Afrika gereist waren, oder homosexuelle Männer, die in letzter Zeit ihren Urlaub in Florida, in Kalifornien oder – und das waren die meisten – in New York verlebt hatten.

Bis zum 31. März hatten die *Centers for Disease Control* in den Vereinigten Staaten 1279 AIDS-Fälle registriert. 485 von ihnen waren bis zu diesem Tage gestorben.

4. APRIL, VANCOUVER, BRITISH COLUMBIA

Der Vorstand des Verbandes »AIDS Vancouver« war sich darüber im klaren, daß man rechtlich nichts unternehmen konnte. Jeder sprach über die »Orange County Connection«, doch Gaetan Dugas machte weiterhin die Homosexuellenbars in Vancouver unsicher. Und es gab keine gesetzliche Handhabe, gegen ihn vorzugehen. Schließlich beschloß der Vorstand jedoch, einen Arzt, der dem Verband angehörte, zu bitten, er möge mit Gaetan sprechen. Nach der Sitzung fragten sich die Mitglieder: Was konnte einen Menschen veranlassen, sich so zu verhalten wie Gaetan?

27. Wendepunkte

APRIL 1983, PITIE-SALPETRIERE HOSPITAL, PARIS

Dr. Willy Rozenbaum war nicht Arzt geworden, um Menschen sterben zu sehen. Er eignete sich nicht dafür, sterbenskranke Patienten zu betreuen. Onkologen oder Krebsspezialisten waren oft Fatalisten, die sich mit dem Tod ihrer Patienten abfinden konnten. Doch das Wort *Resignation* paßte nicht in das Vokabular eines Spezialisten für Infektionskrankheiten, besonders nicht im letzten Viertel des zwanzigsten Jahrhunderts. Rozenbaum war optimistisch und aktiv, und er glaubte, eine solche Haltung sei die notwendige Voraussetzung für den Erfolg in seinem Beruf. Ärzte, die Patienten mit Infektionskrankheiten behandelten, taten alles, um Menschenleben zu retten. Im Lauf dieses Jahrhunderts waren schon viele Infektionskrankheiten besiegt worden; der Erfolg gab den Ärzten also recht. Außerdem waren es, wie Rozenbaum glaubte, nicht rationale Überlegungen, die einen Arzt veranlaßten, sich einem bestimmten Spezialgebiet zuzuwenden, sondern es war eine Sache des Temperaments. So veranlaßte ihn auch sein unverbesserlicher Optimismus, Dr. Jean-Claude Chermann im Pasteur-Institut ständig in den Ohren zu liegen.

»Meine Patienten sterben. Ich brauche eine wirksame Therapie.«

Dr. Françoise Barre arbeitete bereits daran, ein zweites Isolat des Retrovirus zu kultivieren, das sie Ende Januar entdeckt hatte. Diesmal arbeitete sie mit dem Blut eines Bluters. Dr. Luc Montagnier hatte noch Zweifel, ob sie wirklich den AIDS-Erreger gefunden hatten. Sie mußten noch beweisen, daß das Virus nicht nur eine neue opportunistische Infektion verursachte, die als Folge des geschwächten Immunsystems bei dem Lymphadenopathie-Patienten auftrat.

Doch Willy Rozenbaum war überzeugt, daß es der AIDS-Erreger war. Es kam nicht oft vor, daß ein neues menschenpathogenes Virus gefunden wurde. Das konnte kein Zufall sein. Und ihm kam es in erster

354

Linie darauf an, Menschenleben zu retten. Er hatte genug davon, ständig die verschiedenen opportunistischen Infektionen zu behandeln, die bei den AIDS-Patienten auftraten. Das war so, als legte man auf der einen Seite des Dammes einen Stein auf den anderen, obwohl man genau wußte, daß der Damm auf der anderen Seite schon nach wenigen Minuten zusammenstürzen würde. Er brauchte jetzt ein Medikament, das gegen dieses Virus wirkte, vielleicht eine Substanz, die die Wirkung des Enzyms aufhob, mit dessen Hilfe sich das Retrovirus vermehrte, die reverse Transkriptase.

An einem der nächsten Nachmittage konnte sich Willy Rozenbaum in seiner Erregung kaum noch beherrschen, als Dr. Jean-Claude Chermann ihm von einem Medikament erzählte, an dessen Entwicklung er Anfang der siebziger Jahre beteiligt gewesen war. Sein wissenschaftlicher Name war Tungstoantimoniat, aber Chermann nannte es HPA-23. Bei längeren Versuchen mit Retroviren in Mäusen hatte er festgestellt, daß das Medikament den durch die reverse Transkriptase gesteuerten Prozeß des Mäuse-Leukämie-Retrovirus ausschaltete. Bei anderen Experimenten hatte man bereits feststellen können, welche Dosis dieses Medikaments für den Menschen verträglich war.

Jetzt müsse natürlich ein neues Protokoll für AIDS-Patienten erarbeitet werden. Doch man könne es ja versuchen, sagte Chermann.

Rozenbaum erinnerte ihn daran, daß AIDS-Patienten nichts zu verlieren hatten.

Am Pasteur-Institut redigierte Dr. Luc Montagnier den wissenschaftlichen Bericht über die Entdeckung des Retrovirus, der im nächsten Monat in der Zeitschrift *Science* veröffentlicht werden sollte. Zwar war die Viruskultur, die er von Dr. Robert Gallo vom amerikanischen Nationalen Krebsinstitut bekommen hatte, bei ihrem Eintreffen schon fast abgestorben, aber Montagnier hatte sogleich eine Reihe von Tests durchgeführt, um zu sehen, ob sein Virus das gleiche war wie das von Gallo entdeckte HTLV. Nach den Reaktionen der Viruskultur hatte es den Anschein, daß es nicht das gleiche Virus war. Montagnier beschloß, sein Virus nicht HTLV zu nennen; er wählte stattdessen die Bezeichnung RUB. Das war eine Umstellung der Initialen des Flugzeugstewards, aus dessen Lymphknoten die Gewebeproben für die Viruskultur entnommen worden waren.

Bevor er seinen Bericht der Zeitschrift *Science* vorlegte, hatte Montagnier das Manuskript an Dr. Gallo nach Bethesda, Maryland, geschickt. Er und Gallo waren sehr verschiedene Menschen, doch

355

Montagnier schätzte Gallo als bedeutenden Retrovirologen. Außerdem hatte Gallo in Fachkreisen genügend Einfluß, um, wenn er wollte, zu verhindern, daß die Entdeckungen der Franzosen in den Vereinigten Staaten anerkannt wurden. Dies aber war eine unabdingbare Voraussetzung für den Erfolg als Wissenschaftler.

Wie Gallo später berichtete, hielt der Redakteur der Zeitschrift *Science* das Akronym RUB für eine ungeeignete Bezeichnung. So gelang es Gallo, Montagnier zu dem Zugeständnis zu bewegen, sein Retrovirus gehöre zur HTLV-Familie, die Gallo im übrigen selbst entdeckt hatte.

Später erklärte Montagnier, die Änderung des Akronyms sei einer der größten Fehler in seiner wissenschaftlichen Karriere gewesen, der erste Schritt in den »langen und dunklen Tunnel«, der noch vor ihm lag.

10. APRIL, SAN FRANCISCO

Frost und Schneetreiben.

Das Telefon läutete, als Bill Kraus unter der Dusche stand.

Die Sekretärin des Kongreßabgeordneten Phillip Burton weinte. Sie brachte kaum ein Wort heraus. Der Abgeordnete war am frühen Morgen zusammengebrochen, schluchzte sie. Er hatte schon die ganze vergangene Woche darüber geklagt, daß er sich nicht wohlfühlte.

»Er ist tot, Bill«, schluchzte sie. »Phil ist tot.«

Schon nach wenigen Tagen wußte Bill Kraus, daß er seine Stellung als Mitarbeiter eines Kongreßabgeordneten behalten würde. Phil Burtons Witwe Sala würde sich bei den vorgezogenen Wahlen im kommenden Monat um den Abgeordnetensitz ihres verstorbenen Mannes bewerben und sicher auch gewählt werden. Sie hatte Bill schon im Vertrauen gesagt, daß er seine Arbeit im Kampf gegen AIDS und für die Rechte der Homosexuellen fortführen könne. Allerdings würde sich manches ändern. Als neugewählte Abgeordnete würde es Sala Burton nicht leicht haben. Im amerikanischen Repräsentantenhaus spielte das Dienstalter eine entscheidende Rolle. Fast ebenso wichtig war es, daß man die richtigen Leute kannte und wußte, wie man mit ihnen umgehen mußte.

Phils Tod bedeutete für Bill noch wochenlang eine schwere Belastung. Nur einige Freunde konnten Bills Kummer verstehen. Mit ihnen hatte er häufig über den Winter 1958 gesprochen, als sein Vater gestorben war und ihn allein gelassen hatte.

356

AM GLEICHEN NACHMITTAG,
LENOX HILL HOSPITAL, NEW YORK CITY

Es regnete in Strömen, aber das störte Larry Kramer nicht. Endlich zeichnete sich ein Erfolg seiner Bemühungen ab. Der New Yorker Bürgermeister Ed Koch schien bereit, sich dem AIDS-Problem zu stellen.

Den ganzen Vormittag hatten Larry und eine kleine Gruppe von Demonstranten draußen auf der Straße gestanden und auf das Erscheinen von Koch gewartet, der an einem Podiumsgespräch über AIDS teilnehmen sollte. Anderthalb Jahre war Koch erfolgreich einem Zusammentreffen mit führenden Homosexuellen ausgewichen, die mit ihm über die Epidemie und die dagegen zu ergreifenden Maßnahmen sprechen wollten.

Als Koch schließlich erschien, hatte sich bei Larry eine solche Wut angesammelt, daß er den Bürgermeister anschrie: »Wann werden Sie endlich etwas gegen AIDS unternehmen? Wieviele Menschen sollen denn noch sterben?« Diese Szene wurde sogar von den bereitstehenden Fernsehkameras registriert.

Die Veranstalter der Konferenz hatten gefürchtet, die Demonstranten würden Koch davon abhalten, sich an dem Gespräch über AIDS zu beteiligen. Er hatte von Anfang an keine große Begeisterung für dieses Treffen gezeigt, aber es war so geschickt vorbereitet worden, daß er praktisch gezwungen war zu erscheinen.

Der Organisator der Konferenz war Dr. Kevin Cahill, einer der prominentesten Ärzte in den Vereinigten Staaten, der besonders unter den Iren in New York hohes Ansehen genoß. Als der Papst 1981 bei einem Attentat verwundet wurde, war Kevin Cahill von New York nach Rom geflogen, um die Behandlung zu übernehmen. Auch der sandinistische Präsident von Nicaragua, Daniel Ortega, hatte seine ärztliche Hilfe in Anspruch genommen. Unter dem ehemaligen Gouverneur des Staates New York, High Carey, war Cahill Direktor der Staatlichen Gesundheitsbehörde gewesen. Seine Integrität war unbestritten, und er genoß den Ruf eines gottesfürchtigen katholischen Iren. Sein besonderes Interesse für AIDS war, wie Kenner der Szene glaubten, Ausdruck seiner ethischen Haltung als überzeugter Katholik. In seiner Praxis an der Fifth Avenue hatte er erlebt, welches Unheil die Seuche anrichtete, und es war ihm unverständlich, daß keine wirksamen Maßnahmen zur Bekämpfung der Epidemie eingeleitet wurden.

Deshalb beschloß Kevin Cahill eine Konferenz einzuberufen, an der sich alle maßgebenden AIDS-Forscher beteiligen sollten, um über die neuesten Ergebnisse ihrer Arbeit zu berichten. Zugleich sorgte er dafür, daß die auf der Konferenz vorgelegten Forschungsberichte sofort anschließend in Buchform veröffentlicht würden. Die Senatoren Edward Kennedy und Daniel Moynihan hatten versprochen, die in diesem Buch enthaltenen Informationen als Grundlage der ersten Anhörung über das AIDS-Syndrom im amerikanischen Senat zu verwenden.

Und es gab noch einen weiteren Anreiz für eine Beteiligung an dieser Konferenz: Jeder Referent war anschließend zu einer Cocktailparty bei Leonard Bernstein eingeladen. Selbst wenn die Forscher kein besonderes Interesse hätten, sich schon wieder an einer AIDS-Konferenz zu beteiligen – ihre Ehefrauen würden bestimmt nicht zulassen, daß sie eine Einladung bei Leonard Bernstein ausschlugen.

Diese Vermutung erwies sich als richtig. Es gelang Cahill, die prominentesten Fachleute für sein Vorhaben zu gewinnen, unter ihnen Dr. Don Francis vom AIDS-Forscherteam der CDC, Dr. William Voege, den Direktor der CDC, Dr. Sheldon Landesman, den Spezialisten für das AIDS-Syndrom bei Haitianern, David Sencer, den Direktor der Städtischen Gesundheitsbehörde von New York, und, um der Veranstaltung auch das notwendige politische Gewicht zu verleihen, Ted Weiss, den Kongreßabgeordneten für Manhattan. Auf Drängen von Cahill erklärte sich Kardinal Cook bereit, das Eröffnungsgebet zu sprechen – sehr zum Entsetzen seiner Mitarbeiter in der Erzdiözese.

Die Teilnahme des Kardinals machte es Ed Koch praktisch unmöglich, Cahill die Bitte abzuschlagen, er möge als Bürgermeister von New York die Begrüßungsansprache halten. Wie später bekannt wurde, rief Koch in den Tagen vor der Konferenz mehrmals im Büro des Kardinals an, um sich zu vergewissern, ob der Kirchenfürst auch wirklich erscheinen würde. Das Büro des Bürgermeisters war so verunsichert, daß seine Mitarbeiter es nicht wagten, Kochs Teilnahme in die Liste seiner öffentlichen Auftritte aufzunehmen, die den Nachrichtenmedien routinemäßig zugestellt wurde.

Dr. Cahill eröffnete die Konferenz mit dem gegen die medizinische Forschung und die Regierung gerichteten Vorwurf, nicht angemessen auf die Epidemie reagiert zu haben. Auf dieses Thema ging Don Francis in seinem Vortrag sehr ausführlich ein.

»Die AIDS-Epidemie begann zu einer denkbar ungünstigen Zeit«, sagte Francis und sprach von den »sich verheerend auswirkenden« Etatkürzungen, welche die Arbeit der CDC in verhängnisvoller Weise behindert hätten. Insbesondere erwähnte er, daß weder für die Anschaffung dringend benötigter Geräte noch für die Finanzierung notwendiger Reisen die erforderlichen Mittel zur Verfügung gestanden hätten.

Don Francis äußerte die Hoffnung, irgend jemand würde seine Klagen zum Anlaß nehmen, der Bundesregierung die richtigen Fragen zu stellen. Dabei lieferte er den versammelten Forschern die überzeugendsten Argumente, aber sie quittierten seine Worte nur mit höflichem Applaus.

Am Abend fand in der luxuriösen Wohnung von Leonard Bernstein die von allen erwartete Cocktailparty statt. Aber wie nicht anders zu erwarten, verabschiedeten sich die heterosexuellen Gäste schon nach wenigen Stunden. Sie entschuldigten sich damit, daß sie ihre Kinder zu Bett bringen müßten oder andere häusliche Pflichten zu erfüllen hätten. Und wie es bei solchen schicken Parties in Manhattan üblich war, waren am Ende nur noch die homosexuellen Männer übriggeblieben – und Don Francis.

Er war in letzter Zeit kaum noch dazu gekommen, sich zu entspannen. Die CDC hatten ihn kürzlich überredet, nach Atlanta zu gehen, um den Posten des Direktors des *AIDS Activities Office* zu übernehmen. Das war die neue Bezeichnung für das AIDS-Forscherteam. Diese Ernennung hatte Francis in seinem Beschluß bestärkt, bei den CDC ein Retrovirus-Laboratorium einzurichten. An dem Morgen vor der Konferenz hatte Francis eine Denkschrift verfaßt und sie dem Direktor des *Center for Infectious Diseases*, Dr. Walt Dowdle, zugeschickt. Darin erklärte er, daß »die CDC zur Feststellung der Ursache von AIDS ein Laboratorium brauchen, das sich für die Retrovirus-Diagnostik eignet«. In diesem Laboratorium müsse es möglich sein, Viruskulturen anzulegen, einen Antikörpertest zu entwickeln, um das Vorhandensein eines AIDS-Virus nachzuweisen, und festzustellen, welche Rolle Viren als mögliche Erreger dieses Syndroms spielten und ob es in den verschiedenen AIDS-Risikogruppen die Neigung für eine bestimmte Virusinfektion gab. Don Francis und Jim Curran sollten die Leitung der AIDS-Forschung bei den CDC übernehmen. Man wußte allerdings, daß Francis, der sich bei der Bekämpfung der Pocken international einen Namen gemacht hatte, Curran in dieser Beziehung weit überlegen war. Deshalb rechnete man damit, daß Francis bei dieser Arbeit

359

die Führung übernehmen würde, denn sonst müßte es zu einem Machtkampf kommen.

Doch an diesem Abend konnte sich Don Francis nach langer Zeit wieder richtig entspannen, während Leonard Bernstein am Flügel Chopin spielte. Die anderen Gäste fragten sich, ob Francis schwul sei. Mit seinen einundvierzig Jahren sah er noch sehr jugendlich aus, und offenbar hatte er auch keine Vorbehalte gegen Homosexualität. Doch seine äußere Erscheinung sprach dagegen: Er trug das Haar ein wenig zu lang, als könne er seine Jugendjahre als Hippie im heimatlichen Nordkalifornien nicht vergessen.

Larry Kramer war immer noch begeistert davon, daß die Medien seinen Protest aufgegriffen hatten, und konnte es sich jetzt nicht verkneifen, Don Francis ein wenig auf den Zahn zu fühlen. Francis gefiel ihm, und außerdem hatte er den Eindruck, daß sie beide im Grunde die gleichen Ansichten hatten. Man mußte dieser Seuche Einhalt gebieten, und es genügte nicht, sie nur unter dem Mikroskop zu untersuchen. Larry hatte auch das Gefühl, daß Don Francis durchaus bereit war, mehr zu tun, daß er aber von den Bürokraten daran gehindert wurde, die ihn entlassen würden, wenn er noch deutlicher seine Meinung sagte – und er hatte schon mehr gesagt als alle seine Kollegen.

Der Regen schlug gegen die Fensterscheiben, aber Francis fühlte sich wohl in dieser Gruppe von Menschen, die diese Epidemie ernst nahmen und bereit waren, etwas dagegen zu unternehmen. Wenn so bekannte Persönlichkeiten wie Leonard Bernstein sich dafür einsetzten, dann würde auch die Öffentlichkeit endlich aufhorchen, und er würde die Arbeit in Angriff nehmen können, die getan werden mußte.

MONTAG, 11. APRIL

Mit dem Erscheinen der neuesten Ausgabe des Nachrichtenmagazins *Newsweek*, die an diesem Montag überall in den Vereinigten Staaten ausgeliefert wurde, erlebte die AIDS-Epidemie die bisher stärkste Beachtung durch eines der großen Nachrichtenmedien in den Vereinigten Staaten. Das Titelbild zeigte eine Hand, die ein mit Blut gefülltes Reagenzglas hielt. Der Aufkleber auf dem Glasröhrchen trug die Inschrift »Vorsicht KS/AIDS«. Die Überschrift lautete: »EPIDEMIE: Die geheimnisvolle und tödliche Krankheit AIDS könnte die größte Bedrohung der öffentlichen Gesundheit in diesem Jahrhundert sein. Wie hat es begonnen? Ist die Krankheit heilbar?« Wie üblich waren die

Fragen auf dem Titelbild besser als die Antworten, die das Magazin in seinem Artikel geben konnte. Aber nachdem AIDS endlich die längst fällige Beachtung in den Nachrichtenmedien gefunden hatte, ergoß sich eine ganze Lawine von Berichten über dieses Thema über das Land. Entscheidend war hier die Nachricht, daß AIDS auch durch Bluttransfusionen übertragen werden konnte. In den ersten drei Monaten des Jahres 1983 hatten die großen amerikanischen Zeitungen und Nachrichtenmagazine einhundertneunundsechzig Artikel über die Epidemie gebracht, mehr als das Vielfache der in den letzten drei Monaten des Jahres 1982 erschienen Berichte. Von April bis Juni veröffentlichten die gleichen großen Nachrichtenmedien die erstaunliche Zahl von sechshundertachtzig Artikeln und Berichten. Diese blitzkriegartige Pressekampagne dauerte bis zum Hochsommer und stellte das Problem – wenn auch nur für kurze Zeit – in den Mittelpunkt des öffentlichen Interesses.

Jede Zeitung behandelte das Thema aus einem anderen Gesichtswinkel, obwohl die meisten Tageszeitungen und Nachrichtenmagazine ihre Berichte von ihren wissenschaftlichen Mitarbeitern schreiben ließen, die die Leistungen ihrer Kollegen in den weißen Kitteln in den Vordergrund stellten. Gelegentlich wurden auch die Leiden der AIDS-Patienten erwähnt, aber in einem reißerischen journalistischen Stil, der für die Sensationslust der Leser bestimmt war. In San Francisco, New York und Los Angeles wurden die bedauernswerten Homosexuellen mit ihren richtigen Namen genannt. In kleineren Städten waren die Reporter höflich genug, Pseudonyme zu verwenden.

Auch die Boulevardpresse blieb ihren Gewohnheiten treu. Der *Globe* brachte zum Beispiel einen ausführlichen Bericht, in dem behauptet wurde, AIDS sei der Fluch des Pharao Tutenchamun. Die Krankheit sei den Schätzen aus dem Grab des Pharao in die Vereinigten Staaten gefolgt. »Entweder ist Tutenchamun selbst an dieser Krankheit gestorben, oder der Erreger wurde in die Grabkammer eingebracht, um die zu bestrafen, die später einmal das Grab entweihen sollten«, behauptete ein ehemaliger Leichenbeschauer und Amateurarchäologe aus San Diego.

Bezeichnenderweise wurde nirgends erwähnt, daß der Staat für die AIDS-Forschung zu wenig Geld zur Verfügung gestellt hatte. Wenn sich ein homosexueller Arzt über das Fehlen solcher Mittel beklagte, wurde dies sofort leidenschaftlich von einem Beamten der CDC oder der Bundesgesundheitsbehörde bestritten. Damit war diese Angelegenheit erledigt. Kein Journalist sah sich veranlaßt, dieser Frage nachzugehen. Die offiziellen Presseverlautbarungen der Regierung genügten den Presseorganen als Unterlagen für ihre Berichte. In anderen Fällen, in denen es zu einer Gefährdung der öffentlichen Gesundheit kam, war man dagegen nicht so zurückhaltend. Als es zum Beispiel um toxische Abfälle oder auch nur um Tylenol ging, kam es zu umfangreichen Ermittlungen und sogar zu Gerichtsverfahren wegen Verletzung des Gesetzes über die Freiheit der Berichterstattung. Doch beim Thema AIDS gab es Peinlichkeiten, die schamhaft verschwiegen oder unterdrückt werden mußten. So wurde stets nur von »Körperflüssigkeiten« gesprochen; Begriffe wie Sperma oder Analverkehr suchte man in diesen Berichten vergeblich.

Die Berichterstattung glich dem Mississippi in jenem Jahr: Sie war sehr breit, aber auch sehr seicht. Damit ermöglichte sie es den Regierungsbehörden auf lokaler und auf Bundesebene, mit der AIDS-Epidemie ganz nach Belieben umzugehen.

AM SPÄTNACHMITTAG DESSELBEN TAGES,
NATIONALES KREBSINSTITUT, BETHESDA

Francis Anton Gallo war der Sohn italienischer Einwanderer aus Turin und ein typischer kühler, intelligenter Norditaliener. Diese Eigenschaften verhalfen dem jungen Mann zu einem raschen beruflichen Aufstieg in dem amerikanischen Staat Connecticut. Er arbeitete zunächst als Schweißer, stieg aber bald zum Vorarbeiter auf und wurde schließlich Direktor des Unternehmens, in dem er als einfacher Arbeiter begonnen hatte. Seine Frau stammte aus Süditalien und besaß das warmherzige, extrovertierte Temperament und den starken Familiensinn der Süditalienerin. Der Sohn Robert hatte das Charisma seiner Mutter und den Fleiß seines Vaters geerbt.

Von diesem Fleiß war in der frühen Jugend von Robert Gallo noch nicht viel zu spüren gewesen. Aber 1949, als Robert dreizehn war, erkrankte seine jüngere Schwester an Leukämie. Dieses Ereignis markierte einen Wendepunkt in seinem Leben. Als er die Schwester in der Universitätsklinik von Harvard besuchte, lernte er den bekannten Krebsspezialisten Sydney Faber kennen. Und er erlebte die Wissenschaftler, die in ihren Laboratorien darum kämpften, den an dieser furchtbaren Krankheit leidenden Kindern das Leben zu retten. Bald darauf starb seine Schwester. Bob Gallo behielt das Interesse für die biologische Forschung, die ihn von Anfang an fasziniert hatte. Ein Onkel, der an der Universität von Connecticut Zoologie lehrte, ermutigte ihn, seine Studien zu vertiefen, und der erste Lehrer, der ihn nachhaltig beeinflußte, war ein Pathologe an einem örtlichen katholischen Krankenhaus. Schon vor Abschluß der Oberschule durfte er sich an Autopsien beteiligen und vervollständigte mit großem Eifer seine Kenntnisse auf dem Spezialgebiet, das ihn so sehr interessierte. Mit achtzehn Jahren wußte Bob Gallo, daß sein Leben der medizinischen Forschung gehören würde.

Allerdings war Bob kein besonders guter Schüler. Er vernachlässigte seine Hausaufgaben, denn er verbrachte seine Zeit lieber auf dem Sportplatz beim Basketball-Training und verbummelte die Nächte in lustiger Gesellschaft. Wenn er sich nicht bei einem Basketball-Spiel einen Rückenwirbel gebrochen hätte und wegen dieser Verletzung fast ein Jahr lang ans Bett gefesselt gewesen wäre, wäre er vielleicht niemals über das Mittelmaß hinausgekommen. Doch während seiner langen Genesungszeit las er alle biologischen Fachbücher, die er sich beschaffen konnte. Nach seinem Eintritt ins College experimentierte er mit Mäusen in einem behelfsmäßigen Laboratorium, das er sich in der Garage seiner Mutter eingerichtet hatte. Auf der Universität von Chicago festigte sich Gallos Entschluß, bei der wissenschaftlichen Forschung zu bleiben, als er den ersten Auftrag vom Nationalen Krebsinstitut erhielt. Ein makabrer Zufall wollte es, daß er in einem Krankenhaus der *National Institutes of Health* auf der Station für an Leukämie erkrankte Kinder arbeiten mußte. Was er hier erlebte, erschütterte ihn so sehr, daß er beschloß, er wolle nie wieder in direktem Kontakt mit sterbenskranken Patienten arbeiten.

1966 hatte Gallo mit der wissenschaftlichen Forschung begonnen, und 1970 begann er mit der Arbeit, die ihm schließlich Ruhm und Ansehen brachte. Damals war die Theorie, daß Leukämie und vielleicht sogar gewisse Krebsarten durch Viren verursacht werden könnten, durchaus umstritten. Gallo spezialisierte sich auf Retroviren und gehörte Mitte der siebziger Jahre zu den Wissenschaftlern, die das Enzym reverse Trankriptase beschrieben haben, die Substanz, die von Retroviren ausgeschieden wird und es ihnen ermöglicht, sich in den von ihnen befallenen Zellen zu vermehren. Diese Entdeckung verschaffte der Wissenschaft die Möglichkeit, Infektionen durch Retroviren festzustellen. Das allein bedeutete schon einen wesentlichen Fortschritt für die Retrovirologie, aber zunächst interessierten sich nur sehr wenige Wissenschaftler dafür. Man glaubte damals noch, Retroviren seien Mikroorganismen, von denen praktisch nur Hühner, Mäuse, Katzen und andere Tiere befallen würden.

363

Bob Gallo war hier anderer Ansicht. Wenn diese Tiere mit einem Retrovirus infiziert waren, dann ließ sich das ohne weiteres feststellen, weil sich die Viren sehr stark vermehrten. Das gleiche Virus konnte auch bei Menschen auftreten, war dort aber schwieriger nachzuweisen. Deshalb brauchte Gallo eine Methode, Blutzellen in solchen Mengen zu kultivieren, daß sich die Wahrscheinlichkeit erhöhte, die Viren in diesen Präparaten zu finden. Diese Überlegungen führten zur Entdeckung der ersten kontinuierlichen Zellinie für Blutzellen durch Gallo. Es gelang ihm, kontinuierliche T-Zell-Kulturen am Leben zu erhalten, und dabei entdeckte er das Interleukin-2, einen Signalstoff des Immunsystems, der später im Kampf gegen den Krebs eine große Bedeutung erlangen sollte.

Diese Entdeckungen verhalfen Gallo zu hohem Ansehen bei seinen Kollegen – bis zu dem falschen Alarm im Jahr 1976. Damals vermutete er, er habe ein neues Virus entdeckt, und verkündete stolz diesen vermeintlichen Erfolg. Als sich jedoch herausstellte, daß nur eine tierpathogene Mikrobe seine Zellkultur kontaminiert hatte, war die wissenschaftliche Glaubwürdigkeit Gallos schwer erschüttert. Er ließ sich aber nicht beirren, sondern arbeitete unverdrossen weiter. 1978 entdeckte er ein neues Retrovirus, das HTLV. Da er jedoch fürchtete, man werde seine Leistung nach dem vorangegangenen Skandal nicht anerkennen, setzte er seine Versuche so lange fort, bis er den unwiderlegbaren Nachweis für die Richtigkeit seiner Entdeckung bringen konnte. Nachdem er seine Feststellungen 1980 veröffentlicht hatte, wurde ihm in Anerkennung seiner Leistungen der *Albert Lasker Award* verliehen. Jetzt war er der anerkannte Senior der Retrovirologie. Im Frühjahr 1983 entdeckte ein anderer Wissenschaftler eine zweite Variante des HTLV, das HTLV II.

Doch trotz aller Ehrungen blieb Bob Gallo im Kreis seiner Kollegen eine umstrittene Persönlichkeit. Seine Kritiker hielten ihn für aufgeblasen und arrogant. Sie behaupteten, er sei rücksichtslos gegen Kollegen und der Skandal von 1976 sei ein Beweis dafür, daß er es mit der wissenschaftlichen Ethik nicht allzu ernst nähme. Gallo selbst räumte ein, daß sich diese Kritik gegen die Schattenseiten seines Charakters richtete. Ja, er sei arrogant und stolz, aber die wenigen Wissenschaftler, die den Mut aufbrachten, der Natur ihre Geheimnisse abzuringen, müßten so sein. Doch er wußte auch, daß diese Stärke zugleich seine Schwäche war. In den kommenden Jahren würde er immer wieder mit den daraus erwachsenden Problemen zu kämpfen haben.

An diesem Montagnachmittag in Bethesda war Dr. Robert Gallo

364

unruhig und besorgt. Er hatte sich wieder der Krankheit zugewandt, bei deren Erforschung er im vergangenen Jahr in eine Sackgasse geraten war, als er im Blut von AIDS-Patienten nach einem Retrovirus gesucht hatte. Jim Curran versuchte nun, Gallo dazu zu bringen, daß er sich auch weiterhin an der AIDS-Forschung beteiligte. Jacques Leibowitch rief ihn immer wieder von Paris aus an. Trotz seiner ausgesprochenen Abneigung gegenüber AIDS konnte er deutlich erkennen, daß sich die Situation auf diesem Forschungsgebiet beträchtlich geändert hatte. Man brauchte nur das letzte Titelblatt des Nachrichtenmagazins *Newsweek* anzusehen.

Auch die Beamten am Nationalen Krebsinstitut waren nervös geworden. Da die Ergebnisse der jüngsten Forschung in Frankreich und die Berichte von Max Essex in Harvard über das HTLV demnächst veröffentlicht werden sollten, mußte das Institut sich endlich ernsthaft mit dem AIDS-Problem beschäftigen. Der stellvertretende Direktor Peter Fishinger hatte im Konferenzzimmer des Direktors des Nationalen Krebsinstituts eine Sitzung anberaumt. Fishinger hatte inzwischen begriffen, daß das Nationale Krebsinstitut nicht angemessen auf die Epidemie reagiert hatte, aber nach seiner Auffassung waren die Schwierigkeiten zum Teil systembedingt, die Gesundheitsbehörden verfügten nicht über die Mittel, die Arbeit junger, ungeduldiger Ärzte mit größeren Summen zu finanzieren – doch diese waren praktisch die einzigen, die sich bisher intensiv mit der Epidemie beschäftigt hatten. Für die Gewährung der ersten Zuschüsse hatte das Institut seine Anforderungen für die Qualität wissenschaftlicher Forschungsarbeit bereits weit unter die übliche Norm heruntergeschraubt. Doch jetzt, da sich die Presse intensiv mit dem Problem zu beschäftigen anfing, mußte sich vieles ändern.

»Diese Sitzung ist das erste Zusammentreffen des AIDS-Forscherteams des Nationalen Krebsinstituts«, erklärte Fishinger, als sich die Teilnehmer versammelt hatten. Zu ihnen gehörten Dr. Bill Blattner von der Abteilung für Krebsepidemiologie sowie James Goedert und Bob Biggar, zwei der wenigen Ärzte des Instituts, die sich von Anfang an mit AIDS beschäftigt hatten. Das Nationale Institut für Allergien und Infektionskrankheiten hatte als seinen Vertreter Anthony Faucy geschickt, der dort die AIDS-Forschung organisierte.

Als einer der ersten ergriff Robert Gallo das Wort und berichtete über die Arbeit der Franzosen. Sie hatten ihm sogar aus Paris einen Lymphknoten geschickt und ihn gebeten, ihn zu untersuchen.

»Ich glaube, wir haben es hier mit einem Retrovirus zu tun. Im Lauf eines Jahres werden wir feststellen, ob diese Vermutung zutrifft oder nicht«, sagte Gallo.

Fishinger sicherte Gallo zu, das Nationale Krebsinstitut werde ihm die gesamte Einrichtung des Elitelaboratoriums in Frederick, Maryland, zur Verfügung stellen. Er werde dafür sorgen, daß das gesamte Personal des Laboratoriums Gallo bei seiner Arbeit unterstütze. Dr. Sam Broder, der klinische Direktor des Nationalen Krebsinstituts, versprach, Gallo werde bei der Zuteilung von Gewebeproben, die AIDS-Patienten in dem großen Krankenhaus der *National Institutes of Health* entnommen würden, »die absolute Priorität« haben. Endlich konnte der Feldzug gegen diese Krankheit beginnen.

Die Beamten des Nationalen Krebsinstituts haben den 11. April 1983 später als einen Wendepunkt bezeichnet. Denn zu diesem Zeitpunkt habe das Institut ernsthaft damit begonnen, die Ursache der erworbenen Immuninsuffizienz AIDS zu finden. Es waren genau ein Jahr, zehn Monate und sieben Tage vergangen, seit der *MMWR* die ersten sechsundzwanzig KS-Fälle bei homosexuellen Männern und die achtzehn anderen rätselhaften Fälle von Pneumocystosis und anderen unerklärlichen opportunistischen Infektionen gemeldet hatte. Bis zu diesem 11. April waren eintausendzweihundertfünfundneunzig Amerikaner mit AIDS infiziert worden, und vierhundertzweiundneunzig von ihnen waren gestorben. Später erklärten die *Centers for Disease Control*, nach ihren Berechnungen habe sich die Zahl der infizierten Personen in jenen zweiundzwanzig Monaten um Zehntausende, wenn nicht sogar um Hunderttausende erhöht.

Obwohl die Laborarbeit von Robert Gallo nach dieser Sitzung mit neuem Schwung wieder aufgenommen werden konnte, kam die AIDS-Forschung an den *National Institutes of Health* aus Geldmangel nur sehr langsam voran. Als Jim Goedert und Bob Biggar 1982 begonnen hatten, zahlreiche Homosexuelle in Washington und New York City zu untersuchen, hatten sie gehofft, sie könnten feststellen, welche Faktoren dazu führten, daß sich einige Homosexuelle mit AIDS infizierten, andere jedoch gesund blieben. Eine solche Langzeitstudie war nicht nur notwendig, um die Ursache oder die Ursachen des Syndroms zu finden. Nur mit Hilfe einer solchen Untersuchung konnte man feststellen, wo der natürliche Ursprung dieser Krankheit lag. Doch 1983 hatte Goedert nicht einmal das Geld, eine Krankenschwester für die einfachsten Arbeiten zu bezahlen. Der Forscher mußte auf alle Vorhaben in Washington verzichten, denn allein für das Sammeln von

Blutproben und die medizinischen Untersuchungen von Homosexuellen in New York brauchte er sechs Wochen. Anschließend verfügte Goedert über eine unübersehbare Menge von Daten, die jedoch nicht analysiert werden konnten, weil ihm das notwendige Personal fehlte.

Die Gespräche mit Jim Curran hatten Jim Goedert davon überzeugt, daß das Syndrom von einem infektiösen Erreger verursacht würde. Bei den medizinischen Untersuchungen in New York hatte er darüber hinaus festgestellt, daß die Krankheit viele Gesichter hatte. Bei einigen zeigten sich alle bekannten AIDS-Symptome, bei anderen lediglich eine Lymphadenopathie oder weniger bedenkliche Symptome.

Erst kürzlich hatte Goedert festgestellt, daß das Laboratorium des Nationalen Krebsinstituts, wo seine Blutproben von infizierten Patienten untersucht wurden, nicht über die Vorrichtungen verfügte, mit denen sich die reverse Transkriptase feststellen ließ, die sicherste Methode für den Nachweis einer Retrovirus-Infektion. Deshalb konnten solche Tests nicht vorgenommen werden. Wie er später selbst sagte, war das Leben eines AIDS-Forschers am Nationalen Krebsinstitut eine »chronische Frustration«.

Dr. Anthony Fauci vom Nationalen Institut für Allergien und Infektionskrankheiten war mit seinen Arbeitsbedingungen ebenso unzufrieden wie Goedert. Man brauchte eine Menge Geld, um andere Forscher für diese Arbeit zu interessieren, doch die Verwaltung war nicht bereit, die notwendigen Summen zur Verfügung zu stellen. Anders als das Nationale Krebsinstitut hielt das Nationale Institut für Allergien und Infektionskrankheiten eine Beschleunigung der AIDS-Forschung nicht für geboten.

CENTER FOR HUMAN TUMOR VIRUS RESEARCH,
UNIVERSITÄT VON KALIFORNIEN, SAN FRANCISCO

Was er durch die französischen und amerikanischen Veröffentlichungen über die Entdeckung des HTLV erfahren hatte, veranlaßte Dr. Jay Levy, noch intensiver nach einem Retrovirus zu suchen. Aber die Tatsache, daß die AIDS-Epidemie in letzter Zeit so sehr ins Licht der Öffentlichkeit gerückt war, brachte auch neue Schwierigkeiten mit sich. Kein Laboratorium wollte Levy seine Ultrazentrifuge für Experimente mit dem Blut von AIDS-Patienten zur Verfügung stellen. Die Wissenschaftler fürchteten, sie könnten ihre Laboratorien mit dem Erreger dieser fürchterlichen Krankheit kontaminieren. Die Arbeiten von Levy hatten sich erst kürzlich um sechs Monate verzögert, weil ihm das Geld für die Beschaffung eines gewöhnlichen Durchlauferhitzers fehlte, den er für sein Laboratorium brauchte. Jetzt gab es eine neue Verzögerung, weil er keine Ultrazentrifuge hatte.

12. APRIL, CAPITOL, WASHINGTON, D. C.

»Bei der Bekämpfung von AIDS hat das Gesundheitsministerium große Anstrengungen unternommen«, sagte die Gesundheitsministerin Margaret Heckler bei einer Anhörung vor einem Unterausschuß des Repräsentantenhauses für die Bewilligung von Steuergeldern. »Ich habe persönlich einige Male mit dem Chef der CDC darüber gesprochen, und es wird alles unternommen, um die richtigen Antworten zu finden. Es handelt sich hier um ein ernstes, ja um ein sehr ernstes Problem, und alle Forschungseinrichtungen des Ministeriums arbeiten an seiner Lösung... Der öffentliche Gesundheitsdienst wird jeden Dollar zur Verfügung stellen, den wir brauchen, um eine Antwort zu finden, denn die Sterblichkeitsrate bei dieser Krankheit ist so erschreckend hoch, daß unsere ganze Gesellschaft davon bedroht wird... Ich glaube jedoch, wir könnten mit der Bewilligung weiterer Mittel auch nicht mehr erreichen, denn es wird bereits alles getan, um eine Antwort zu finden.«

Am gleichen Nachmittag verfaßte Don Francis einen weiteren kurzen Bericht und schickte ihn Dr. Walt Dowdle. Darin beurteilte er die Reaktion der Bundesregierung auf die AIDS-Epidemie ganz anders.
»Unsere Regierung hat gegen diese Epidemie viel zu wenig unternommen«, schrieb Francis. »Das liegt zum großen Teil daran, daß die Kurve, welche die Ausbreitung der Epidemie anzeigt, nur allmählich ansteigt und daß sich diese Entwicklung über Jahre und nicht über Tage erstreckt. Wir sind es nicht gewöhnt, mit Infektionskrankheiten umzugehen, die lange Latenzperioden haben. Doch in dieser Situation ist besondere Eile geboten, weil wir auch nach der Entdeckung der Ursache mit unseren Gegenmaßnahmen weit ins Hintertreffen geraten und es immer schwieriger werden wird, die Sache in den Griff zu bekommen...«

Die Idee von Gary Walsh, Protestmärsche mit Kerzen zu veranstalten, war Mitte April überall in den USA positiv aufgenommen worden. AIDS-Kranke in Dutzenden von Städten organisierten solche Demonstrationen, die auch von den Medien aufmerksam beobachtet wurden. Die Planungssitzung für den Protestmarsch in San Francisco war ein einziger Aufschrei. Gary und andere AIDS-Opfer tauschten dabei aber auch die neuesten makabren AIDS-Witze aus. Zum Beispiel: Ein KS-Patient erscheint mit einem Taschentuch in der Brusttasche, das mit purpurfarbenen Flecken bedruckt ist. Er will nämlich zeigen, daß er sich für den »Sex mit anderen AIDS-Opfern« interessiere.

Gary führte der Versammlung vor, wie er als Lobbyist in Sacramento bei den Abgeordneten der staatlichen Legislative für ein Gesetz geworben hatte, nach dem eine besondere Kommission für eine angemessene Finanzierung der AIDS-Hilfe gebildet werden sollte. »Ich sterbe an dieser Krankheit«, hatte er angeblich gesagt. »Wie können Sie dagegenstimmen?« Gary schien ein besonderes Vergnügen an dieser melodramatischen Argumentation zu haben.

Die AIDS-Patienten erzählten sich, wie ihre Bekannten möglichst unauffällig versuchten, die KS-Läsionen an ihnen zu entdecken. Gary hatte solchen Leuten sofort seine Flecken gezeigt, die sich dadurch natürlich provoziert fühlten. Sie hatten geglaubt, besonders taktvoll gewesen zu sein.

Es gab aber auch andere Dinge, über die sich die Kranken ärgerten. So wehrten sie sich dagegen, als AIDS-Opfer bezeichnet zu werden. Damit würde der Eindruck erweckt, daß sie passiv und hilflos seien, während sie in Wirklichkeit bereit waren, aktiv für ihre Genesung zu kämpfen. Aber auch die Bezeichnung »AIDS-Patient« gefiel ihnen nicht, weil die meisten von ihnen nicht in stationärer Behandlung waren und man einen Kranken nur dann als Patienten bezeichnete, wenn er in einem Krankenhaus lag. Sie wollten nur »people with AIDS« (PWAs) genannt werden. Wegen solcher an sich nebensächlicher Fragen kam es zu einem häßlichen Streit zwischen den PWAs und dem *Bay Area Reporter*, der Homosexuellen-Wochenzeitschrift mit der größten Auflage. Der Chefredakteur Paul Lorch hatte die verschiedenen AIDS-Programme scharf kritisiert und behauptet, das *Shanti Projekt* und die *KS Foundation* würden von Radikalen beherrscht, von »Wölfen« und »AIDS-Pimps«, denen es nur darauf ankäme, mit der Notlage der Homosexuellen ein Geschäft zu machen.

In einem Leserbrief, den mehrere PWAs, darunter auch Gary Walsh, unterschrieben hatten, wurde Paul Lorch des Sensationsjournalismus beschuldigt, der »nur die Furcht, die Schuldgefühle und die Homosexuellenfeindlichkeit schürt und die PWAs zusätzlich belastet«. In dem Leserbrief wurde der Herausgeber des *Reporter*, Bob Ross, aufgefordert, entweder Lorch zu entlassen oder als Mitglied des Aufsichtsrats der *KS Foundation* zurückzutreten. Ross ließ sich dadurch jedoch nicht beeindrucken, und Lorch verfaßte eine sehr unfreundliche Erwiderung.

»Hätte ich von Anfang an deutlicher gesprochen, dann wären einige von euch heute vielleicht nicht mit dieser Krankheit gezeichnet«, schrieb Lorch. »Außerdem habe ich das Gefühl, daß ihr an euren Erfahrungen nicht gewachsen seid. Im Gegenteil, ihr seid kleinlich und zänkisch geworden. Wie könnt ihr in einer solchen Situation die Haltung verlieren? Wie könnt ihr mit so törichtem Geschwätz winselnd zugrunde gehen...? Die meisten Unterzeichner dieses Briefes haben die Homosexualität mit ihrer kläglichen Haltung nur in den Schmutz gezogen.«

Mit dieser Erwiderung verschärfte sich die Kontroverse. Paul Lorch beschloß, sich auf seine Weise zu rächen. Er nahm den Brief, der seine Entlassung verlangte, an sich und strich die Namen der Unterzeichner einen nach dem anderen aus, sobald der Betreffende gestorben war.

14. APRIL, NEW YORK CITY

Larry Kramer hatte sich zur Sitzung der Vertreter der AIDS-Hilfsorganisationen verspätet. Schon wenige Tage nach Larrys lautstarkem Protest auf der AIDS-Konferenz hatte sich Bürgermeister Ed Koch bereit erklärt, am 20. April mit einer Gruppe von höchstens zehn Personen zusammenzutreffen. Jede Organisation sollte zwei Vertreter schicken. Larry hatte damit gerechnet, daß er und Paul Popham die *Gay Men's Health Crisis* vertreten würden. Doch als Larry kam, mußte er feststellen, daß man sich schon auf die zehn Vertreter geeinigt und auf seine Teilnahme verzichtet hatte. Stattdessen sollte die GMHC von Paul Popham und dem Leiter der Gruppe, Mel Rosen, vertreten werden.

Larry Kramer war überrascht und wütend. Die Besprechung mit dem Bürgermeister war schließlich seine Idee gewesen. Er hatte Koch mit seinem Protest so stark unter Druck gesetzt, daß dieser sich endlich bereit erklärt hatte, an einer solchen Konferenz teilzunehmen.

Paul hielt die Wahl von Mel Rosen für durchaus gerechtfertigt. Die Organisation müsse von ihrem Präsidenten und dem amtierenden Direktor vertreten werden. Und es schauderte ihn bei dem Gedanken, den leicht erregbaren Larry zu einer Konferenz mit Koch mitzunehmen. Larry würde wahrscheinlich laut werden und damit den Bürgermeister in die Defensive treiben. Das konnte das ganze Vorhaben zum Scheitern bringen.

Nun drohte Larry damit, seinen Posten im Vorstand der Gruppe zur Verfügung zu stellen, wenn er an der Besprechung mit Koch nicht teilnehmen dürfe.

Paul sagte, das sei ganz in Ordnung. Die anderen Mitglieder des Vorstandes stimmten ihm zu. Sie waren des Streitens überdrüssig, und eine Beteiligung von Larry Kramer bedeutete nichts anderes als Streit.

Larry war tief getroffen. Die GMHC war für ihn wie eine Familie gewesen. Das ganze vergangene Jahr hatte er nur für diese Leute gearbeitet, und jetzt lehnten sie ihn ab. Da seine Liebe zu Paul Popham immer noch lebendig war, empfand er die Zurückweisung noch schmerzlicher. Jetzt war er allein.

19. APRIL, CENTERS FOR DISEASE CONTROL,
HEPATITIS-LABORATORIEN, PHOENIX

Don Francis hatte den Text seines Vortrags in New York auf der Maschine geschrieben und am 12. April an Kevin Cahill als Beitrag zu dem Buch über die AIDS-Konferenz geschickt. Nach den bei den CDC geltenden Regeln mußte das Manuskript jedoch von seinen Vorgesetzten bei den CDC genehmigt werden. Jim Curran schickte es mit handschriftlichen Randbemerkungen an Don Francis zurück.

»Ich würde vorschlagen, Seite 10 und Teile der Seiten 9, 11, 15 und 16 zu streichen, soweit der Mangel an Geldmitteln für die CDC erwähnt wird. Ich glaube zwar, daß Don zumindest teilweise recht hat, doch es wird uns kaum etwas nützen, wenn wir das veröffentlichen – besonders nicht in einem ›politischen‹ Buch.«

20. APRIL,
BÜRO DES BÜRGERMEISTERS, RATHAUS VON NEW YORK CITY

Die Vertreter der AIDS-Hilfsorganisationen von New York hatten beschlossen, dem Bürgermeister Ed Koch bei dieser ersten und einzigen Besprechung mit ihm zwei Kategorien von Forderungen vorzulegen. Die erste Kategorie von Forderungen war mit Kosten verbunden, die zweite dagegen nicht. Koch war durchaus bereit, auf die Forderungen einzugehen, die die Stadt nichts kosteten. Ja, er werde eine »Woche der AIDS-Hilfe« organisieren und den von der GMHC organisierten Umzug mit Kerzen sowie eine öffentliche Geldsammlung genehmigen. Selbstverständlich werde er sich auch der von Dianne Feinstein ins Leben gerufenenen Gruppe amerikanischer Bürgermeister anschließen, die sich aktiv am Kampf gegen die AIDS-Epidemie beteiligen wollten. Außerdem sprach er sich für die Anonymität der AIDS-Patienten aus und stimmte der Auffassung zu, daß die Bundesregierung für die AIDS-Forschung mehr Geld zur Verfügung stellen sollte.

Doch dann gab es noch die anderen, für ihn recht peinlichen Forderungen. Nein, die Stadt werde keine Unterkünfte für obdachlose AIDS-Patienten bereitstellen, denn dadurch würde der Eindruck entstehen, es gebe eine »Sonderbehandlung« für Homosexuelle. Die Obdachlosen seien ohnedies ein kaum zu bewältigendes Problem für die Stadt. Deshalb sei es unmöglich, einer Bevölkerungsgruppe irgendwelche Vorrechte einzuräumen. Koch versprach jedoch, daß die Stadt New York für die AIDS-Bekämpfung ebensoviel Geld ausgeben werde wie San Francisco, doch er sagte nicht, wofür dieses Geld im einzelnen verwendet werden sollte.

Nach dieser Besprechung gaben die AIDS-Hilfsorganisationen eine Presseverlautbarung heraus, in der jedoch nur die Forderungen genannt wurden, denen Koch zugestimmt hatte. Seine Absagen wurden dagegen mit keinem Wort erwähnt. Man argumentierte damit, es habe keinen Sinn, den Bürgermeister zu verärgern, nachdem die Homosexuellen endlich einen Fuß in seiner Tür hätten. Doch selbst der stets optimistische Paul Popham war enttäuscht von den Ergebnissen der Besprechung.

Im April 1983 verlagerte sich der Schwerpunkt im Kampf gegen AIDS von New York City nach San Francisco. Das Ergebnis der Besprechung im Rathaus von New York City war bezeichnend für diese Entwicklung. Während der folgenden zwei Jahre bestand der Kampf gegen AIDS in New York praktisch nur aus einer Liste von Forderungen, die nicht erfüllt wurden, und aus Programmen, die nicht verwirklicht wurden. Diese Verlagerung des Schwerpunkts war im Grunde eine Ironie, wenn man bedenkt, daß New York City biologisch und psychologisch das Epizentrum der Epidemie war. Als Folge der sehr ausführlichen Berichterstattung des *New York Native* waren die

Homosexuellen in dieser Stadt in den Jahren 1981 und 1982 viel besser über AIDS informiert als in San Francisco. In New York gab es die besten Voraussetzungen für einen erfolgreichen Kampf gegen die Epidemie. Doch es fehlten die geeigneten Führerpersönlichkeiten. In San Francisco hatten führende Homosexuelle eine Atmosphäre geschaffen, in der alle Fragen der AIDS-Politik mit brutaler Offenheit diskutiert wurden. Doch nachdem Larry Kramer ausgeschaltet worden war, gab es in New York City niemanden mehr, der bereit war, unpopuläre Positionen zu vertreten – ob es sich nun um die Schließung von Saunen oder um die Opposition gegen einen beliebten Bürgermeister handelte. Die führenden Homosexuellen in New York verfolgten eine zaghafte Politik der konstruktiven Zusammenarbeit mit einem Bürgermeister, der offensichtlich nicht bereit war, sich öffentlich für ein Homosexuellenproblem einzusetzen. Der Kampf gegen AIDS blieb wenigen engagierten Ärzten und überforderten Homosexuellen-Organisationen überlassen. Viele Opfer dieser Epidemie mußten sterben, weil AIDS als ein Phänomen angesehen wurde, das ausschließlich die Homosexuellen in San Francisco betraf.

23. APRIL

Auf der Suche nach den Ursprüngen der AIDS-Epidemie hatte die Wissenschaft ihre Aufmerksamkeit zunächst dem afrikanischen Kontinent zugewandt. Die medizinischen Fachzeitschriften druckten im Frühjahr 1983 zahlreiche Briefe und Berichte über die ersten AIDS-Fälle ab, bei denen sich eine Beziehung zu Afrika nachweisen ließ. Die Belgier berichteten im *New England Journal of Medicine* über AIDS-Fälle aus Zaire, die schon 1977 in ihrem Land diagnostiziert worden waren. Andere belgische Spezialisten für Tropenkrankheiten waren nach Ruanda und Kinshasa gereist und berichteten von dort über das neuerliche Auftreten von AIDS. Die Erkrankten waren ausschließlich heterosexuelle Personen. Über den ersten dokumentierten AIDS-Fall veröffentlichte die Zeitschrift *Lancet* am 23. April einen Leserbrief. Der Absender war der dänische Spezialist für Infektionskrankheiten, Ib Bygbjerg. Er berichtete über eine zunächst vollkommen gesunde dänische Ärztin, die von 1972 bis 1975 in einem primitiven Urwaldkrankenhaus im nördlichen Zaire gearbeitet hatte. Sie war im Dezember 1977 an Pneumocystosis gestorben. Bygbjerg schrieb: »Sie konnte sich erinnern, bei ihrer Arbeit im nördlichen Zaire wenigstens einen KS-Fall behandelt zu haben. Sie muß bei ihrer chirurgischen Arbeit unter den dort herrschenden primitiven Verhältnissen sehr oft mit dem Blut und den Exkrementen afrikanischer Patienten in Berührung gekommen sein.«

Am Schluß seines Briefes schrieb Bygbjerg, er sei während seines Aufenthaltes in Zaire sehr beeindruckt von der Arbeit der CDC-Teams aus den Vereinigten Staaten gewesen, dem es so rasch gelungen sei, das Ebola-Fieber-Virus zu identifizieren. »Vielleicht sollten solche Teams auch jetzt nach einem afrikanischen Virus suchen«, meinte er.

28. Nur die Guten

26. APRIL 1983, RATHAUS VON SAN FRANCISCO

In den Anfangszeiten der Schwulenbewegung gab es unter den homosexuellen Politikern in San Francisco zwei bedeutende Persönlichkeiten: Jim Foster und Harvey Milk. Jim Foster hatte seit 1964 daran gearbeitet, das Fundament für die Beteiligung der Homosexuellen an der politischen Macht zu legen. Seine beachtlichste Leistung war die Gründung des *Alice B. Toklas Memorial Democratic Club* im Jahr 1972. Im gleichen Jahr tauchte auch Harvey Milk in San Francisco auf. Schon nach wenigen Monaten kam er zu der Überzeugung, daß es notwendig sei, anstelle der wohlerzogenen liberalen Heterosexuellen, denen der *Toklas Club* den Vorzug gab, einen Homosexuellen in den Stadtrat von San Francisco zu wählen. Die führenden Mitglieder des *Clubs* fürchteten, wenn sie zu rücksichtslos vorgingen, könnten die Homosexuellen alles verlieren, was sie bisher erreicht hatten. Harvey Milk hielt das für feige und meinte, die Homosexuellen hätten gar nichts erreicht, wenn sie es nicht einmal schafften, ihre eigenen Vertreter in den Stadtrat zu wählen.

Als Harvey Milk beschlossen hatte, bei den Stadtratswahlen von 1973 zu kandidieren, bat er Jim Foster, ihn im Wahlkampf zu unterstützen. Foster jedoch hielt das für eine Zumutung. Wer war dieser Niemand, der es wagte, sich um einen solchen Posten zu bewerben? Foster sagte Milk: »Bei uns geht es zu wie in der katholischen Kirche. Wir nehmen Konvertiten auf, machen sie aber nicht schon am ersten Tag zum Papst.«

Harvey Milk hat Jim Foster diesen Ausspruch nie verzeihen können. Was ihn dabei vor allem kränkte, war die persönliche Zurückweisung. Der *Toklas Club* hat Harvey Milk niemals politisch unterstützt. 1976 gründete Milk seinen eigenen Club, den *San Francisco Gay Democratic Club*, dessen Mitglieder seine pragmatische Einstellung gegenüber der politischen Macht teilten. Der Einfluß des *Club* nahm zu, als Milk 1977 zum Stadtrat gewählt wurde. Nach der Ermordung seines Gründers im November 1978 wurde er in *Harvey Milk Gay Democratic Club* umbenannt. Fünf Jahre später war auch Foster von der politischen Bühne verschwunden. Er beschäftigte sich jetzt nur noch damit, seinen an AIDS erkrankten Freund zu pflegen. Aber die Gegensätze von damals blieben bestehen und hatten einen entscheidenden Einfluß auf die Politik der Homosexuellen in San Francisco. Die Mitglieder der beiden Clubs waren einander spinnefeind, wobei die Antipathie auf der Seite des *Toklas Club* wahrscheinlich wesentlich stärker war, denn' er war in den letzten Jahren vom *Milk Club* in den Hintergrund gedrängt worden.

Doch an diesem Abend sollte sich das alles ändern.

Journalisten, Meinungsforscher und politisch interessierte Leute nahmen voller Erstaunen die Ergebnisse der Stimmenauszählung nach der Abstimmung über die Abberufung der Bürgermeisterin Dianne Feinstein zur Kenntnis. Das erste weibliche Stadtoberhaupt von San Francisco hatte bei dieser Wahl sogar in erstaunlicher Weise hinzugewonnen. Einundachtzig Prozent der Wähler hatten sich für sie entschieden. Wie nicht anders zu erwarten, war das Wahlergebnis im Castro-Bezirk das schlechteste für Mrs. Feinstein. Doch auch dort hatten achtundfünfzig Prozent für sie gestimmt.

Die Abstimmung zeigte, daß die große Mehrheit der Wähler in San Francisco mit dem Verhalten ihrer Bürgermeisterin zufrieden war, und das bedeutete für Mrs. Feinstein einen großen politischen Triumph.

Das Ganze wäre nur eine weitere Ausschmückung unseres Berichts, wenn die Abstimmung um die Abberufung der Bürgermeisterin nicht einen bedauerlichen politischen Mechanismus in Gang gesetzt hätte, der verhängnisvolle Auswirkungen auf den Kampf gegen die weitere Ausbreitung des tödlichen Virus in San Francisco haben sollte. Die Gegner und Anhänger von Frau Feinstein hatten sich in zwei Lager aufgespalten, die auch für die Bekämpfung der AIDS-Epidemie entgegengesetzte Auffassungen vertraten. Auf der einen Seite standen Bill Kraus und der *Harvey Milk Gay Democratic Club*, der eine aggressive Aufklärungskampagne befürwortete, mit der die Homosexuellen vor den Gefahren der Seuche gewarnt werden sollten. Nur so konnten ihrer Ansicht nach die Homosexuellen überleben. Der *Club* war eine der wenigen bedeutenden politischen Organisationen in San Francisco, welche die Abberufung von Mrs. Feinstein verlangt hatten, vor allem aus Verärgerung über die von ihr abgelehnte Verordnung zur

376

Regelung der eheähnlichen Partnerschaft von Homosexuellen. Auf der anderen Seite standen die Führer des *Alice B. Toklas Memorial Democratic Club* und kleinere Gruppen wie die *Coalition for Human Rights*. Sie befürworteten einen behutsamen Umgang mit der Epidemie, weil sie fürchteten, die Heterosexuellen könnten in Panik geraten und vielleicht sogar veranlaßt werden, eine Massenquarantäne für Homosexuelle zu verlangen. Auch sie begründeten ihre Haltung mit der Sorge um das Überleben der Homosexuellen als einer in sich geschlossenen Bevölkerungsgruppe. Deshalb waren die Mitglieder des *Toklas Club* die entschiedensten Anhänger von Mrs. Feinstein bei der Abstimmung über ihre Abberufung als Bürgermeisterin gewesen.

Die Politik kennt nur zwei einander entgegengesetzte Haltungen, Loyalität oder Feindschaft bis aufs Messer. Diese beiden Grundhaltungen sollten an jenem Abend darüber entscheiden, wer künftig in San Francisco den stärksten politischen Einfluß haben würde. Der *Milk Club* war den beiden Vertretern von San Francisco im amerikanischen Repräsentantenhaus und einigen Abgeordneten der Legislative von Kalifornien vielleicht sympathischer, aber der *Toklas Club* hatte in der Stadt und im Bezirk von San Francisco einen stärkeren politischen Einfluß, und zwar auch auf dem Felde der Gesundheitspolitik. Es entbehrte nicht einer gewissen Ironie, daß Mrs. Feinstein als Tochter eines Arztes und auch rein instinktiv eher dazu geneigt hätte, der aggressiveren politischen Linie des *Milk Club* zu folgen. Doch ein guter Politiker muß die Wünsche seiner Anhänger berücksichtigen, und die Bürgermeisterin war eine außerordentlich geschickte Politikerin. Ihr Bündnis mit dem *Toklas Club* sollte die politischen Entscheidungen in San Francisco im kommenden Jahr erheblich beeinflussen.

Die Auseinandersetzungen zwischen diesen beiden verfeindeten Parteien sollten sich noch verhängnisvoll auf den Umgang mit dem AIDS-Problem in San Francisco auswirken. Zahlreiche Bürger sollten sich mit dieser tödlichen Mikrobe infizieren, nur weil Jim Foster und Harvey Milk im Jahre 1973 beschlossen hatten, in Feindschaft zu leben.

29. APRIL, LOS ANGELES, KALIFORNIEN

Michael Gottlieb wußte, daß es ein Risiko bedeutete, wenn er sich der Gruppe von AIDS-Forschern der Universität von Kalifornien anschloß, die sich im Büro des Sprechers der kalifornischen Legislative, Willie Brown, in Los Angeles versammelt hatten. Aber es lohnte sich, etwas zu riskieren. Die hageren Gesichter der Männer, die er in der Universitätsklinik behandelte, erinnerten Gottlieb täglich daran, wie notwendig es war, in der Forschung weiterzukommen. Sie starben, während das System versagte. Die ersten bundesstaatlichen Beihilfen für die AIDS-Forschung außerhalb staatlicher Forschungseinrichtungen sollten in den nächsten Tagen ausgezahlt werden. Doch sie würden kaum genügen, um die Beträge zurückzuzahlen, die man sich während der vergangenen zwei Jahre für die AIDS-Forschung anderswo geliehen hatte. Eine Finanzierung der in den kommenden Monaten notwendigen Arbeiten mit diesen Mitteln würde auf keinen Fall möglich sein. Auch die Universitäten hatten noch immer nicht auf die Krise reagiert. Gottlieb mußte erkennen, daß die Forscher bei der Bekämpfung dieser Epidemie jede Chance nutzen mußten. An seinen freien Abenden besuchte er die Sitzungen des Aufsichtsrats des *AIDS Project Los Angeles*. Jetzt würde er sich noch auf das Gebiet der Politik wagen müssen, auf dem sich ein Wissenschaftler traditionell wenig zu Hause fühlt.

Achtundzwanzig AIDS-Forscher von den verschiedenen medizinischen Instituten der Universität von Kalifornien waren zusammengekommen. Sie waren entschlossen, sich wegen der notwendigen Mittel unter Umgehung des üblichen Dienstweges über die Hierarchie der Universität direkt an die Legislative zu wenden. Die Verwaltung der Universität betrachtete die Einmischung der Legislative in die Finanzierung wissenschaftlicher Vorhaben lediglich als notwendiges Übel. Doch sie lehnte grundsätzlich jeden Versuch der Legislative ab, auf die von der Universität für den Forschungsbetrieb festgelegten Prioritäten Einfluß zu nehmen. Nur wenige Universitätslehrer wagten es, die Verwaltung zu übergehen und mit ihren Forderungen direkt an die Legislative heranzutreten. Für einfache Assistenten wie Michael Gottlieb oder Paul Volberding war ein solches Verhalten eigentlich undenkbar. Gottlieb war sich klar darüber, daß ein Verstoß gegen die an der Universität geltenden ungeschriebenen Regeln unangenehme Folgen haben konnte.

Marc Conant hatte die Teilnehmer kurzfristig zu dieser Besprechung gebeten. Hier sollte ein Gesamtplan entworfen werden, um die an der Universität von Kalifornien laufenden AIDS-Forschungsvorhaben zu koordinieren. Man stellte eine Wunschliste der AIDS-Spezialisten zusammen, in dem Wissen, daß es kaum möglich sein würde, jeden einzelnen Wunsch zu berücksichtigen, denn den Forschern standen insgesamt nur $ 2,9 Millionen zur Verfügung. Dieses Geld sollte nun so schnell wie möglich unter die am stärksten vom Geldmangel betroffenen Laboratorien aufgeteilt werden.

Unmittelbar nach der Konferenz in Los Angeles bekam Marc Conant einen Vorgeschmack von Schwierigkeiten, die ihm bevorstanden. Er erhielt einen Anruf von einem prominenten Retrovirologen der Universität in Los Angeles. Dieser Wissenschaftler hatte sich bedeckt gehalten und war nicht auf der Konferenz erschienen. Stattdessen hatte er seinen Assistenten als Beobachter hingeschickt, dem es gelungen war, seinem Laboratorium eine bescheidene Summe zu sichern. Doch als die Vorschläge nun der Legislative zur Entscheidung vorgelegt wurden, verlangte der Retrovirologe für sein Laboratorium eine größere Summe. Es wurmte ihn, daß er für die retrovirologische Forschung weniger Geld bekommen sollte als Dr. Jay Levy.

»Ich werde das ganze Vorhaben sabotieren, wenn ich nicht ebensoviel bekomme wie Jay Levy«, sagte der angesehene Wissenschaftler.

Conant wußte, daß der Professor einflußreiche Freunde in der Universitätsverwaltung hatte. An seinem Widerstand konnte das ganze Unternehmen scheitern. Es irritierte Conant jedoch, daß der Wissenschaftler einen bestimmten Beitrag verlangte, ohne anzugeben, wofür er dieses Geld verwenden wollte. Denn bisher hatte er kaum Interesse für die AIDS-Forschung gezeigt.

»Wir reden hier über ein wissenschaftliches Vorhaben und nicht über eine paritätische Aufteilung der zu bewilligenden Gelder«, wandte Conant ein.

Doch der Forscher wiederholte seine Drohung, und schließlich gelang es Conant, ihm einen Betrag zuzusichern, der ihn befriedigte. Doch das war erst der Beginn der Schwierigkeiten, mit denen die AIDS-Forschung an der Universität von Kalifornien in jenem Jahr zu kämpfen hatte.

SAMSTAG, 30. APRIL, MADISON SQUARE GARDEN, NEW YORK CITY

Paul Popham hatte sich schon den ganzen Tag Sorgen gemacht. Allerdings nicht um den Erfolg der großen Wohltätigkeitsveranstaltung – der war bereits gesichert. Schon seit einer Woche waren die Karten für die siebzehntausend Sitze im Madison Square Garden verkauft. So etwas war noch nie vorgekommen. Neben den großen Demonstrationen war dies die größte Veranstaltung in der Geschichte der Schwulenbewegung, und die *Gay Men's Health Crisis* hatte dabei $ 250000 an Spendengeldern eingenommen.

Doch Paul fürchtete sich immer noch davor, daß sein Gesicht auf den Fernsehschirmen erscheinen und sein Name in den Zeitungen genannt werden würde. Paul behauptete zwar stets, er habe gar nicht die Absicht, wieder eine Stelle anzunehmen; er schäme sich auch nicht, schwul zu sein. Insgeheim aber hatte er Hemmungen, sich offen zu seinem Schwulsein zu bekennen. Wie würden die Leute darauf reagieren? Er glaubte, niemand sei verpflichtet, sich offen zu seiner Homosexualität zu bekennen, und hatte immer wieder mit Larry Kramer über diese Frage diskutiert. Jetzt war Larry ausgebootet worden, und Paul stand mit dieser Frage allein da.

Auf der Pressekonferenz vor Beginn der Veranstaltung erkannte Paul dann, daß seine Sorgen umsonst gewesen waren. Er hätte es wissen können. Die *normalen* Medien in New York brachten keine Berichte über AIDS oder Homosexuelle, und sie waren auch nicht bereit, über eine Veranstaltung für die AIDS-Hilfe zu berichten. Paul war erleichtert bei dem Gedanken, daß sein Geheimnis gewahrt bleiben würde. Erst jetzt konnte er sich wirklich darüber freuen, daß es den Homosexuellen gelungen war, eine solche Massendemonstration zu organisieren.

Das ganze Spektrum der Homosexuellenszene von Manhattan war im Madison Square Garden erschienen. Das Programm hatte Enno Poersch zusammengestellt. Die beeindruckenden Erfolge, die die GMHC in den zwanzig Monaten ihres Bestehens erzielt hatte, wurden ausgiebig herausgestrichen. Die Gruppe hatte eine Viertelmillion Exemplare ihres Flugblattes mit »Empfehlungen für ein gesundes Leben« verteilt, und Hunderte von freiwilligen »Freunden« arbeiteten als Berater und Betreuer AIDS-kranker Männer. Mehr als hundert von ihnen hatten sich als Krankenpfleger ausbilden lassen. In San Francisco hatten verschiedene Gruppen die einzelnen Aufgaben wie Aufklärung, Beratung und Betreuung übernommen, doch in New York gab es diesen Luxus nicht. Die GMHC hatte alle diese Dienste übernommen und stellte jetzt die größte Homosexuellenorganisation in den Vereinigten Staaten dar.

Das Programm enthielt auch den offiziellen Aufruf des Bürgermeisters Koch, die AIDS-Woche zu unterstützen. Auf jeder Seite der Flugschrift waren die Namen der an AIDS Verstorbenen abgedruckt. Es waren die Namen und Gesichter hinter den Statistiken, die wöchentlich von den CDC veröffentlicht wurden.

»Ich glaube, ich habe in den vergangenen anderthalb Jahren niemals ein solches Zusammengehörigkeitsgefühl dieser Männer erlebt«, schrieb Paul Popham im Vorwort zu diesem Programm. »Wir erkennen, was wir leisten können, wenn wir in eine Notlage geraten. Und wir stellen fest, daß man uns nicht allein gelassen hat. Wir sind nicht mehr allein, sondern bilden eine lebendige Gemeinschaft. Wir werden diese Krise überwinden. Und obwohl wir einen erschreckend hohen Preis bezahlen müssen, entdecken wir jetzt eine Kraft in uns, von der wir bisher nur geträumt haben.«

Als das Orchester unter der Leitung von Leonard Bernstein die Nationalhymne spielte, fühlte sich Larry Kramer hin- und hergerissen zwischen dem Stolz auf den großen Erfolg der Veranstaltung und dem schmerzlichen Gefühl, aus dieser Gemeinschaft ausgeschlossen zu sein. Nachdem ihm die GMHC den Laufpaß gegeben hatte, war er tagelang völlig verbittert gewesen. Nun war er überrascht, daß sich Paul Popham auch in dieser Situation als Gentleman erwies und ihn dem Publikum als Gründer der GMHC vorstellte. Sein Rücktritt war ein unüberlegter Schritt gewesen, dachte er, andererseits empfand er deutlich, daß man ihn ja dazu gezwungen hatte. Wenn ihnen wirklich etwas an ihm gelegen wäre, dann hätten seine Freunde das nicht zugelassen. Aber schließlich würden sie den Streit begraben und ihn zurückholen, dachte Larry.

1. MAI, STATION 86, SAN FRANCISCO, GENERAL HOSPITAL

Als Paul Volberding die offizielle Mitteilung erhielt, daß er für die AIDS-Forschung eine Beihilfe in Höhe von $ 419 463 bekommen würde, hätte er eigentlich beglückt sein müssen. Dies war die größte Summe, die einem einzelnen Forscher vom Nationalen Krebsinstitut bewilligt wurde. Michael Gottlieb von der UCLA hatte nur $ 200 000 bekommen, obwohl er es gewesen war, der die Epidemie entdeckt hatte. Zu diesem Zeitpunkt hatte sich noch kein Institut der Nationalen Gesundheitsbehörde bereit erklärt, weitere Gelder für die AIDS-Forschung zur Verfügung zu stellen.

Doch Volberding war eher bedrückt, als er diese Zusage erhielt. Denn wenn er an seine Vorhaben dachte, wirkte auch diese relativ hohe Summe äußerst bescheiden.

Jay Levy dagegen hatte nur $ 80 000 erhalten. Da nur $ 13 000 für die Ausstattung des Laboratoriums verwendet werden durften, reichte das Geld nicht, um die Ultrazentrifuge zu kaufen, die er für seine Forschungsarbeiten so dringend brauchte. Er mußte also darauf warten, daß die Legislative von Kalifornien ihm einen weiteren Betrag aus Steuergeldern zur Verfügung stellte. Den anderen Laboratorien an der Medizinischen Fakultät der Universität von Kalifornien, die sich mit der AIDS-Forschung beschäftigten, ging es ebenso.

AM FRÜHEN ABEND DES 2. MAI, CASTRO STREET, SAN FRANCISCO

Der Tod eines jungen Menschen hat für die meisten Amerikaner immer etwas Tragisch-Romantisches. Schließlich war es mehr als alles andere dieser emotionale Faktor, der die Homosexuellen davor bewahrte, von der Öffentlichkeit so verteufelt zu werden, wie sie befürchtet hatten. Diese sanftere Seite des amerikanischen Volkscharakters setzte sich gegenüber den Demagogen durch, die von einer Strafe Gottes sprachen. Aber auch die Homosexuellen selbst fingen an, den vorzeitigen Tod in einem romantischen Licht zu sehen. Im Rahmen des *Shanti Project* arbeiteten zahlreiche Homosexuelle als seelische Betreuer von AIDS-Kranken, und die erfahreneren unter ihnen bezeichneten das Sterben als ein »Hinüberwechseln auf die andere Seite«, als sei AIDS eine Art Eintrittskarte für ein *Shangri-la* des Friedens und der seligen Heiterkeit. Solche sentimentalen Vorstellungen garantierten den Erfolg der Kerzenprozessionen, die jeden Abend veranstaltet wurden.

Als Gary Walsh von seinem Haus zu dem in einer kleinen Senke gelegenen Castro Bezirk hinunterging, wußte er, daß die Prozession ein großer Erfolg werden würde. Gewöhnlich hatten die Aufmärsche der Homosexuellen in San Francisco etwas von übermütigen Cocktailparties. Diesmal jedoch war es ganz anders. Einige hatten Fotos von Freunden mitgebracht, die an AIDS gestorben waren, und andere trugen Transparente mit Aufschriften wie: »Zum liebenden Andenken an Jim Daye, 2. Juli 1982.« Die Stimmung war düster. Gary war tief erschüttert. Während all dieser Monate hatte er sich sehr einsam gefühlt. Aber all diese Menschen vermittelten ein starkes Zusammengehörigkeitsgefühl. Garys Neffe Rick Walsh und seine Frau, die am Stadtrand von San Francisco lebten, waren auch gekommen. Angie Walsh hatte so etwas noch nie gesehen – als Nonnen verkleidete Männer und Schwule, die in aller Öffentlichkeit Hand in Hand nebeneinander hergingen. Angie griff nach der Hand ihres Mannes. In der Druckerei, in der Angie arbeitete, gab es Leute, die erklärten, AIDS sei die Strafe Gottes für die Homosexuellen.

382

An der Ecke der Market- und der Castro Street begegnete Gary Walsh seinem früheren Geliebten Matthew Krieger, der ihm die Blumen schenkte, die er eben gekauft hatte. Matt war noch nie so stolz auf Gary gewesen, dem es gelungen war, eine so riesige Versammlung zu organisieren.

Als die Gruppe auf die Market Street einschwenkte, um zum Rathaus zu marschieren, richteten sich die Fernsehkameras auf sie, um eine Gruppe von AIDS-Kranken aufzunehmen, die ein Banner mit der Aufschrift »Wir kämpfen für unser Leben« trugen. Der medienbewußte Cleve Jones hatte es übernommen, einige Politiker und kamerahungrige Homosexuelle zur Seite zu bitten, damit die Menschen an den Fernsehschirmen diese Opfer der Epidemie zu Gesicht bekamen.

Die äußeren Umstände hatten dafür gesorgt, daß die Veranstaltung in der Öffentlichkeit große Beachtung fand. Die Berichterstattung der Nachrichtenmagazine hatte die Sache der Homosexuellen zu einem Thema für die Medien gemacht. Eine wahre Flut von Berichten überschwemmte das Land. Das Städtische Gesundheitsamt hatte bekanntgegeben, daß neue Möglichkeiten für AIDS-Tests geschaffen worden seien. Die Bürgermeisterin Dianne Feinstein hatte eine Abordnung von AIDS-Kranken in ihrem Büro empfangen. Sie hatte diese Menschen umarmt und ihnen zugesichert, die Stadt werde eine AIDS-Woche veranstalten. Außerdem hatte sie den Kongreß öffentlich aufgefordert, mehr Geld für die Bekämpfung der Epidemie zur Verfügung zu stellen.

In gewisser Weise brauchten die Fernsehkameras und die Zeitungsreporter Ereignisse wie die Kerzenprozession ebenso dringend wie die Demonstranten die Reporter. In der modernen Presseberichterstattung werden die Ereignisse oft in schamloser Weise künstlich hochgespielt, und an diesen Manipulationen beteiligen sich Tausende von Werbefachleuten. Aber diese Demonstration verlieh dem AIDS-Problem eine echte Glaubwürdigkeit, auch wenn sie ursprünglich organisiert worden war, um die Medien auf die Epidemie aufmerksam zu machen. Ihr Verlauf bewies, daß hinter allem Spektakel ein aufrichtiges Anliegen stand.

Als der Demonstrationszug sich dem Rathaus näherte, flackerten die Kerzen auf dem ganzen anderthalb Kilometer langen Weg und beleuchteten in der Abenddämmerung Tausende von Gesichtern. Der Anblick ließ Cleve Jones daran denken, wie er sich ein ganzes Jahr darum bemüht hatte, die Homosexuellen auf die Gefahren von AIDS aufmerksam zu machen. Seine Arbeit hatte Erfolg gehabt. Die KS-

Stiftung hieß jetzt AIDS-Stiftung, und ihre Verwaltung wurde zielgerichtet organisiert. Er wurde dabei nicht mehr benötigt.

Eigentlich hätte sich Cleve beim Anblick der langen Prozession freuen sollen, aber die schmerzlichen Gefühle überwogen. Die Zahl seiner Freunde, bei denen AIDS diagnostiziert wurde, nahm ständig zu. Das Wort »Diagnose« wirkte auf Cleve wie ein Signal, das ihm bewußt machte, wie sehr sich sein Leben verändert hatte. Man sprach jetzt nur noch davon, daß dieser oder jener »diagnostiziert« worden sei. Für die Homosexuellen war »diagnostizieren« zu einem Verb geworden, das kein Objekt mehr brauchte.

Sechstausend Menschen hatten sich auf der United Nations Plaza vor der Kuppel des Rathauses versammelt und hörten schweigend die Reden der AIDS-Kranken an. Die meisten dieser Redner hatten so stark abgenommen, daß ihnen ihre Anzüge nicht mehr paßten. Noch vor wenigen Monaten waren es kräftige, vitale junge Männer gewesen, doch jetzt konnten sie kaum noch aufrecht gehen. Mit ihren steifen Gelenken standen sie verkrümmt da wie Vogelscheuchen.

»Unser Präsident scheint gar nicht zu wissen, daß es so etwas wie AIDS gibt«, erklärte einer von ihnen. »Für die Farbe, mit der die amerikanische Flagge auf die Atomraketen gemalt wird, gibt er mehr Geld aus als für AIDS. Das ist Wahnsinn.«

Bill Kraus war begeistert, als er den Platz vor dem Rathaus verließ. Endlich wurde AIDS in der Schwulenszene ernst genommen. Die Journalisten nahmen die Epidemie zur Kenntnis, und ihre ausführlichen Berichte würden die Reagan-Administration zwingen, die Forschung ausreichend zu finanzieren. Jetzt würde alles anders werden.

Cleves Wunsch hatte sich erfüllt. Die Fernsehzuschauer der ganzen Welt hatten die Bilder von Gary Walsh und den anderen AIDS-Kranken mit dem Transparent »Wir kämpfen um unser Leben« gesehen. Die Aufmärsche in Houston, Chicago, Dallas, Boston und anderen Großstädten hatten einige örtliche Zeitungen veranlaßt, die Epidemie zum ersten Mal zur Kenntnis zu nehmen. In New York verhielt sich die Presse allerdings sehr zurückhaltend. Die New York Times ließ sich nie durch Emotionen beeinflussen und beschränkte sich auf wenige Zeilen. Sie ging nicht einmal darauf ein, daß es vor allem die Homosexuellen gewesen waren, die ihre Ängste zum Ausdruck gebracht hatten. Es hieß nur, die meisten Teilnehmer an dieser Veranstaltung seien »männlich« gewesen.

Vor vier Monaten hatten die Ärzte bei Gary Walsh »die Diagnose« gestellt. Damals hatte die Zahl der in den Vereinigten Staaten registrierten AIDS-Fälle gerade das erste Tausend überschritten. Nach der Statistik, die die CDC am 2. Mai 1983 – dem Tag der Kerzenprozession – veröffentlicht hatten, hatte die Zahl der neuen in den Vereinigten Staaten diagnostizierten AIDS-Fälle um sechsunddreißig Prozent zugenommen und war auf eintausenddreihundertsechsundsechzig gestiegen. Nach dieser Statistik waren fünfhundertzwanzig Erkrankte, also etwa achtunddreißig Prozent der AIDS-Patienten, gestorben. Diese Zahlen entsprachen jedoch nicht der Wirklichkeit. Mindestens fünfundsiebzig Prozent der AIDS-Patienten, die länger als zwei Jahre an der Krankheit litten, waren bereits tot. Fast die Hälfte der AIDS-Opfer waren Männer im Alter zwischen dreißig und neununddreißig Jahren. Zweiundzwanzig Prozent waren Männer zwischen zwanzig und dreißig Jahren. Von allen AIDS-Patienten waren siebenundzwanzig Prozent am Kaposi-Sarkom, einundfünfzig Prozent an der Pneumocystosis, acht Prozent am Kaposi-Sarkom und an der Pneumocystosis und weitere vierzehn Prozent an anderen opportunistischen Infektionen erkrankt wie zum Beispiel an der Cryptococcosis, der Toxoplasmose oder der Cryptosporidiosis. Etwa vierundvierzig Prozent der AIDS-Patienten in den Vereinigten Staaten lebten in New York City, die meisten von ihnen in Manhattan. In San Francisco hatten sich einhundertneunundsechzig Personen mit AIDS infiziert. Siebenundvierzig von ihnen waren gestorben. Die nach New York City und San Francisco am stärksten von der Epidemie betroffenen amerikanischen Städte waren Los Angeles, Miami und Newark.

Die Epidemie gab der Forschung noch viele Rätsel auf. Homosexuelle Männer – und aus diesem Personenkreis kamen einundsiebzig Prozent der AIDS-Opfer – waren praktisch die einzigen, die am Kaposi-Sarkom erkrankten. Drogensüchtige Fixer dagegen infizierten sich fast ausschließlich mit Pneumocystosis. Einige Beamte der CDC vermuteten, daß die Verwendung von Schnüffeldrogen, dem sogenannten »Poppers«, dazu beitragen könnte, daß die Homosexuellen am Kaposi-Sarkom erkrankten. Dies ließ sich allerdings nicht mit Sicherheit nachweisen, weil die CDC aus Geldmangel keine weiteren epidemiologischen Studien durchführen konnten.

Die CDC hatten die Befragung von AIDS-Kranken gänzlich einstellen müssen, weil ihnen das dafür benötigte Personal fehlte. Von den örtlichen Gesundheitsämtern hatte die bundesstaatliche Gesundheitsbehörde allerdings erfahren, daß die in letzter Zeit gemeldeten AIDS-Fälle nicht mehr in erster Linie aus der Homosexuellen- oder Drogenszene kamen. Das war verständlich, denn die Zahl der Infizierten hatte sich gewaltig erhöht. Jetzt waren nicht mehr tausendeinhundert Sexualkontakte nötig, um auf einen AIDS-infizierten Partner zu stoßen.

Viele Beamte der CDC hofften ebenso wie Bill Kraus, daß sich vieles ändern werde, weil die Medien endlich ausführlich über die Epidemie berichteten. Ihre Hoffnungen sollten enttäuscht werden.

»AIDS à la Américaine«, dachte Dr. Jacques Leibowitch, als er im Fernsehen die AIDS-Patienten in San Francisco mit ihrem Transparent sah. Auch die Medien in Paris beschäftigten sich jetzt eingehend mit AIDS – vor allem deshalb, weil das Blut, das in Frankreich bei Transfusionen verwendet wurde, zu einem großen Teil aus den Vereinigten Staaten kam. Aber nur in Amerika war es möglich, daß sich die Menschen so für eine Sache einsetzten und dafür in Massen auf die Straße gingen. In Paris würde es so etwas nicht geben, dachte Leibowitch.

Die ersten Tage nach der Kerzenprozession glaubte Gary Walsh auf einer rosa Wolke zu schweben. Doch dieses Gefühl verging sehr rasch, als er immer deutlicher spürte, wie seine Kräfte nachließen und er von schweren Depressionen heimgesucht wurde. Eine Woche nach dem Aufmarsch hatte Marc Conant bei ihm drei neue Läsionen festgestellt. Außerdem nahm er rapide ab.

29. Prioritäten

MAI 1983, CENTERS FOR DISEASE CONTROL, ATLANTA

Überall hatte man Don Francis erzählt, es sei gar nicht so schlecht in Atlanta. Doch er wurde bald eines Besseren belehrt.

Es gab ständige Auseinandersetzungen zwischen den Beamten der CDC und den für die Gewährung von Zuschüssen zuständigen Leuten in der Administration. Im Mittelpunkt stand dabei die Frage, ob die für die AIDS-Forschung benötigten Gelder besonders zugeteilt oder von anderen Vorhaben abgezogen werden sollten. Die Beamten der Gesundheitsbehörden wurden veranlaßt, öffentlich zu erklären, sie verfügten über die notwendigen Mittel zur Bekämpfung von AIDS, denn sie könnten diese Beträge von anderen Forschungsprogrammen abzweigen. Nach Auffassung des *Office of Management and Budget* genügten die acht Milliarden Dollar im Etat des öffentlichen Gesundheitsdienstes vollauf, um diese Beträge zur Verfügung zu stellen. Als Don Francis jedoch versuchte, bei den CDC das erste AIDS-Laboratorium einzurichten, erlebte er die erstaunlichsten Dinge.

Er wollte seinen Augen nicht trauen, als er die dafür vorgesehenen Laboratorien sah. Er hatte den Eindruck, die vorhandene Einrichtung mit ihren Brutschränken aus Kupfer und Asbest sei für einen Film über Louis Pasteur zusammengestellt worden. Bis jetzt hatten die Wissenschaftler ihre Laboratorien nur provisorisch eingerichtet. Ein Virologe hatte zum Beispiel mit einem Schraubenzieher ein Loch in die Wand eines Behälters mit einer Bakterienkultur gebohrt, um einen Schlauch einzuführen und Kohlendioxyd in den Behälter zu leiten. Francis fragte sich, ob man so etwas als moderne Forschungseinrichtungen bezeichnen durfte.

Schon nach einigen Wochen schlug Don Francis vor, die CDC sollten ganz einfach anfangen, Geld auszugeben, auch wenn es ihnen noch nicht zugeteilt worden war. Er war überzeugt, der Kongreß werde schon dafür sorgen, daß die so entstandenen Schulden bezahlt wurden. Es sei keine Katastrophe, wenn die Behörde zunächst in die roten Zahlen gerate. Die braven Bürokraten waren natürlich entsetzt über diesen Vorschlag.

Andere AIDS-Forscher standen vor ähnlichen Problemen. Das *AIDS Activities Office* geriet praktisch von einer Krise in die andere. Niemand hatte Zeit, die Berichte über die Forschungsergebnisse zu schreiben, die dann in der Fachpresse veröffentlicht werden sollten. Man hatte nicht genügend Personal zur Verfügung, um die Gewebekulturen zu überwachen. Und es gab keine Möglichkeit, sich mit den zahlreichen komplexen Aspekten der Epidemie zu beschäftigen, etwa mit der Bedeutung des Zusammenwirkens verschiedener Faktoren beim Entstehen und bei der Ausbreitung der Epidemie. Die CDC standen noch vor der Aufgabe, eine vollständige Studie über die Frage anzufertigen, welches Sexualverhalten für die Ausbreitung von AIDS verantwortlich war. Als Don Francis ein Fachbuch über Retroviren anforderte, bekam er eine Absage. Die CDC konnten es sich nicht leisten, $ 150 für ein medizinisches Fachbuch auszugeben.

Der Direktor der CDC, Dr. William Foege, wußte, daß der *Morbidity and Mortality Weekly Report* in den nächsten Tagen einen Bericht über die Zusammenhänge zwischen dem menschenpathogenen T-cell Leukemia-Virus und AIDS veröffentlichen würde. Die von den Ärzten Robert Gallo, Max Essex und Luc Montagnier ermittelten Daten stellten die ersten konkreten Beweise dafür dar, daß es sich hier um ein spezifisches Virus handelte. Gallo wollte es HTLV-I nennen, während die Franzosen seit einigen Wochen der Auffassung waren, daß es sich bei der von ihnen isolierten Mikrobe um ein völlig neues Virus handelte. Wie die Dinge auch liegen mochten, Foege konnte die Verzögerungen bei der Finanzierung der CDC-Forschung nicht länger verantworten. Am 6. Mai begann er mit der Abfassung eines langen schriftlichen Berichts an seinen Vorgesetzten, den Abteilungsleiter im Gesundheitsministerium Edward Brandt.

Diesem Schreiben waren als Anlage vierzehn Seiten beigefügt, auf denen die Forschungsvorhaben verzeichnet waren, die die CDC durchführen wollte, wenn der AIDS-Forschung die notwendigen Mittel zur Verfügung gestellt würden. Außerdem wurde aufgeführt, welche Vorhaben gestrichen werden müßten, wenn die entsprechenden Mittel ausblieben. Zu diesen Vorhaben gehörten das von Don Francis geforderte Laboratorium, Reihenuntersuchungen von Haitianern und Blutspendern, eine internationale AIDS-Konferenz und eine Intensivierung der Beobachtung der Epidemie in New York, Los Angeles und San Francisco. Die Denkschrift leitete insofern eine neue Phase der Bekämpfung der Epidemie ein, als die Frage der Finanzierung jetzt auf ministerieller Ebene behandelt wurde.

Aber deshalb änderte sich nicht viel. Als die Denkschrift aufgrund einer Anfrage gemäß dem Gesetz über die Informationsfreiheit veröffentlicht wurde, fand sich auf der ersten Seite das dickunterstrichene Wort »Ablehnen«.

MONTAG, 9. MAI, ANHÖRUNG VOR DEM UNTERAUSSCHUSS DES REPRÄSENTANTENHAUSES FÜR GESUNDHEIT UND UMWELT, CAPITOL, WASHINGTON, D. C.

Mr. Henry Waxman: Ich würde mich gern noch ein paar Minuten dazu äußern, wie unsere Regierung auf die AIDS-Krise reagiert hat ... Nun, mit der ersten Krise haben sich die *Centers for Disease Control* beschäftigt. Sie mußten einen Teil der Kräfte, die sich gewöhnlich mit der Hepatitis, den Geschlechtskrankheiten und anderen Gesundheitsproblemen beschäftigten, abziehen, um sie für die Bekämpfung der AIDS-Epidemie einzusetzen, mit der sie plötzlich konfrontiert wurden.

Der Kongreß hatte Verständnis dafür und bewilligte weitere zwei Millionen Dollar. Die *Centers for Disease Control* haben für die AIDS-Bekämpfung im vergangenen Jahr viereinhalb Millionen Dollar ausgegeben. Trifft das zu?

Dr. Edward Brandt: Ja, Sir, das ist richtig.

Mr. Waxman: Als die Reagan-Administration nun ihren Haushaltsvorschlag für 1984 vorlegte, wurden für die Bewältigung der gegenwärtigen Gesundheitskrise nicht viereinhalb Millionen Dollar veranschlagt, sondern nur zwei Millionen Dollar.

Sie haben vor wenigen Minuten erklärt, daß dies ein komplexes medizinisches Problem ist. Wir haben es mit einer Epidemie zu tun. Die Maßnahmen der Administration beweisen, daß Sie das Problem vernachlässigt haben. Wie können Sie die Mittel, die den CDC zur Bewältigung dieser öffentlichen Gesundheitskrise zur Verfügung gestellt werden sollen, kürzen, solange ein Ende der Krise nicht absehbar ist?

Dr. Brandt: Ich glaube, wir haben stets angemessen auf die aktuellen Entwicklungen reagiert, Herr Vorsitzender. Zunächst sah es wie ein Drogenproblem aus, und man hat mit großer Sorgfalt versucht festzustellen, ob der Gebrauch gewisser Drogen – und ich spreche nicht von

389

unerlaubten Drogen – zu einer Immunschwäche führen könnte oder nicht... Deshalb gingen die Untersuchungen des Nationalen Gesundheitsinstituts zunächst in diese Richtung.

Als dieses Konzept verworfen wurde – zum großen Teil auch aufgrund von Tierversuchen des Nationalen Gesundheitsinstituts –, haben wir uns der These zugewandt, daß es sich um eine übertragbare Krankheit handelt. Wir haben in den vergangenen Monaten ein besseres Verständnis für die Komplexität der Krankheit gewonnen.

Mr. Waxman: Wieso schlagen Sie dann vor, daß die Mittel für die *Centers for Disease Control* gekürzt werden?

Dr. Brandt: Das werde ich überprüfen müssen. Diese Tatsache war mir nicht bekannt. Im übrigen habe ich soeben die Mitteilung erhalten, daß der Betrag 1984 erhöht werden soll...

Mr. Waxman: Ich möchte abschließend erklären, daß ich von der Reaktion der Administration auf das AIDS-Problem sehr enttäuscht bin.

Nach der Anhörung begaben sich Waxmans Mitarbeiter Tim Westmoreland, Susan Steinmetz, die Sekretärin des Abgeordneten Ted Weiss, und Michael Housh, der Mitarbeiter der Abgeordneten Barbara Boxer, in Susans Büro, stärkten sich mit belegten Broten und versuchten, sich auf das weitere Vorgehen zu einigen. Die Anhörung hatte ihre Befürchtungen bestätigt. Die Administration war nicht bereit gewesen, ihre Versäumnisse einzugestehen und der AIDS-Forschung die notwendigen Mittel zur Verfügung zu stellen. Mehr noch, sie hatte die Beamten der staatlichen Gesundheitsbehörden veranlaßt, über die finanzielle Lage der für die AIDS-Bekämpfung zuständigen Stellen die Unwahrheit zu sagen. Jetzt mußte man die richtigen Zahlen auf den Tisch legen, um eine ausreichende Finanzierung der AIDS-Forschung sicherzustellen, und zwar möglichst bald. Um die zusätzlichen Mittel für das im Oktober zu Ende gehende Rechnungsjahr 1983 zu bekommen, mußte der Kongreß diese Gelder innerhalb der folgenden drei Wochen bewilligen. Dafür war der Nachweis erforderlich, daß die AIDS-Forschung nicht über die notwendigen Mittel verfügte.

Susan Steinmetz sollte in der nächsten Woche nach Atlanta gehen, um auf Anordnung eines von Ted Weiss geleiteten Prüfungsausschusses die Unterlagen der CDC zu prüfen. Mitarbeiter der CDC hatten ihr gesagt, sie werde dort einige aufschlußreiche Denkschriften finden, die Angehörige dieser Behörde an ihre Vorgesetzten gerichtet hätten.

Der Direktor der CDC, William Foege, wollte von Anfang an zwei Dinge klarstellen. Susan Steinmetz konnte tun, was sie wollte, aber man würde ihr keine Einsicht in die Akten der CDC gewähren. Weiterhin würde sie mit den Wissenschaftlern der CDC nur in Anwesenheit eines Verwaltungsbeamten sprechen dürfen. Außerdem verlangte die Behörde, daß ihr eine Liste vorgelegt wurde, in der alle Dokumente und Akten aufgeführt waren, die Susan Steinmetz sehen wollte.

Susan war empört. Der Prüfungsausschuß war berechtigt, die Akten von Regierungsbehörden durchzusehen, um festzustellen, ob die Aussagen bestimmter Beamter der Wahrheit entsprachen. Außerdem war er ermächtigt, mit den Mitarbeitern dieser Behörden Gespräche unter vier Augen zu führen. Susan hatte sich bereits mit einigen Wissenschaftlern wie Jim Curran, Harold Jaffe und Don Francis verabredet. Außerdem wollte sie feststellen, ob es in den Akten der CDC Denkschriften gab, die ihren Verdacht bestätigten, daß die AIDS-Forscher entgegen den Behauptungen der Regierung nicht über die notwendigen Mittel verfügten. Eine Liste dieser Denkschriften konnte sie natürlich nicht vorlegen, bevor sie nachgewiesen hatte, daß sie existierten.

William Foege wollte das auf jeden Fall verhindern und begründete seine Weigerung damit, daß alle diese Dokumente die Namen von AIDS-Patienten enthielten. Wenn die CDC Susan Steinmetz Einsicht in diese Akten gewährten, würden sie damit die Persönlichkeitsrechte der namentlich erwähnten Patienten verletzen.

Susan Steinmetz erklärte noch einmal, sie interessiere sich ausschließlich für Verfahrensfragen im Rahmen der AIDS-Bekämpfung, also für die Planung von Forschungsvorhaben, die dafür benötigten Mittel und die Höhe der den einzelnen Behörden bewilligten Etats. Sie sagte, sie könne nicht verstehen, weshalb eine Behörde, die so großen Wert auf Vertraulichkeit legte, die Namen solcher Personen in diesen Akten erwähnte, wo sie im Grunde gar nicht hingehörten.

In den folgenden beiden Tagen kam es zu komplizierten Verhandlungen. Susan Steinmetz mußte immer wieder in Washington anrufen und sich von dem Abgeordneten Ted Weiss Anweisungen geben lassen, der natürlich äußerst verärgert auf diese Behinderungen reagierte.

Den Beamten der CDC paßte es nicht, daß Susan Steinmetz auf ihren

Rechten bestand. Sie wollten die Akten zunächst selbst prüfen, bevor sie sie Susan vorlegten. Doch Weiss war nicht bereit, irgendwelche Zugeständnisse zu machen. Er fürchtete, es könnten wichtige Beweisstücke verschwinden. Schließlich einigten sich Susan und die CDC auf einen Kompromiß. Zunächst sollten die Beamten der CDC die Akten durchsehen und die darin enthaltenen Namen unleserlich machen. Auf diese Weise konnte Susan Einblick in die Dokumente nehmen und hatte gleichzeitig die Garantie, daß die CDC die Unterlagen nicht verfälschten.

Darüber hinaus verlangten die CDC, daß Susan Steinmetz vor jedem Gespräch mit einem Angehörigen der Behörde seinem Vorgesetzten die Fragen vorlegte, die sie dem Betreffenden stellen wollte.

Frau Steinmetz kam dieses Verfahren sehr eigenartig vor. Als sie anderen Ausschußmitgliedern in Washington telefonisch von ihrer Arbeit in Atlanta berichtete, meinten diese, sie hätten es noch nie erlebt, daß eine Behörde einem Kongreßausschuß solche Schwierigkeiten machte – besonders in einem Fall wie diesem, bei dem die Überprüfung die Bewilligung zusätzlicher Gelder zur Folge haben würde.

Am zweiten Tag ihres Aufenthalts in Atlanta erklärte der CDC-Beamte Elvin Hilyer, der den Auftrag hatte, Susan bei ihrer Arbeit zu unterstützen, die CDC erteilten Mrs. Steinmetz Hausverbot. Außerdem sei an alle Angehörigen der Behörde die strikte Anweisung ergangen, nicht mehr mit ihr zu sprechen.

Susan Steinmetz wußte nicht, was sie dazu sagen sollte. Ted Weiss tobte. In einem Schreiben an die Gesundheitsministerin Margaret Heckler forderte er sie zur Zusammenarbeit auf. Mrs. Heckler ihrerseits verlangte von Weiss, er solle sich an die sonst üblichen Gepflogenheiten halten. Sie werde die Beamten der Gesundheitsbehörden anweisen, ihm zu helfen, sobald er eine Liste seiner Fragen vorgelegt habe. Nun blieb Weiss nichts anderes übrig, als Mrs. Steinmetz nach Washington zurückzurufen.

An den *National Institutes of Health* hatte Frau Steinmetz ähnliche Schwierigkeiten. Die Beamten des Nationalen Krebsinstituts verlangten, daß der Verbindungsmann der Behörde zum Kongreß bei allen Gesprächen mit den Forschern zugegen sein sollte. Das Nationale Institut für Allergien und Infektionskrankheiten war zunächst zur Zusammenarbeit bereit, machte aber dann – nachdem offenbar Druck von oben ausgeübt worden war – ebenfalls Schwierigkeiten und weigerte sich, dem Ausschuß uneingeschränkten Einblick in seine Akten zu gewähren.

392

12. MAI, CAPITOL, WASHINGTON, D. C.

An der Anhörung vor dem Unterausschuß des Repräsentantenhauses für die Bewilligung von Geldern in den Zuständigkeitsbereichen Arbeit, Gesundheit und Sozialfürsorge nahmen die höchsten Beamten der Bundesgesundheitsbehörden teil. Zu ihnen gehörten die Direktoren der *National Institutes of Health* (NIH), der *Centers for Disease Control* (CDC), des *National Cancer Institute* (NCI) und des *National Institute of Allergy and Infectious Diseases* (NIAID). Schon vor einem Monat hatte die Gesundheitsministerin Margaret Heckler vor dem Kongreß deutliche Worte für ihre Sicht des Problems gefunden und damit den ihr unterstellten Gesundheitsbehörden zu verstehen gegeben, welche Stellungnahme sie von ihnen erwartete: »Ich glaube nicht, daß es notwendig ist, noch einen einzigen Dollar auszugeben, weil alles getan wird, eine Antwort zu finden.« Als die Direktoren der einzelnen Behörden befragt wurden, ob die ihnen zur Verfügung stehenden Finanzmittel ausreichten, versicherte daher jeder, daß die Forscher über genügend Geld verfügten.

»Wie wir es schon bei anderen Notstandssituationen im Gesundheitswesen getan haben, mobilisieren wir einfach die notwendigen Mittel aus anderen Bereichen unserer Behörde... Wenn es dazu kommt, daß dies nicht mehr möglich ist, werden wir natürlich um die Bewilligung zusätzlicher Mittel bitten, aber im Augenblick verfahren wir noch nach der eben geschilderten Methode«, erklärte William Foege, der sich erst sechs Tage zuvor in einem Privatbrief an Edward Brandt gewandt und weitere Mittel für die CDC gefordert hatte.

Später räumten einige der Direktoren im privaten Gespräch ein, es sei falsch gewesen, daß sie die Unwahrheit gesagt hätten. Aber sie trösteten sich mit dem Gedanken, daß sie es nicht hätten riskieren dürfen, entlassen zu werden, weil dann Leute an ihre Stelle getreten wären, unter denen sich die Situation noch weiter verschlechtert hätte. »Wenn ich gehen müßte, wer würde meinen Platz einnehmen?« fragten sie. »Solange es im Weißen Haus so aussieht...«

393

AM NÄCHSTEN TAG, HUBERT H. HUMPHREY BUILDING,
GESUNDHEITSMINISTERIUM, WASHINGTON, D. C.

Ed Brandt hatte eigentlich nur zwei Jahre auf seinem Posten bleiben
wollen. Er war stellvertretender Rektor und Dekan der Medizinischen
Fakultät an der Universität von Texas gewesen, bevor er in die
Reagan-Administration eingetreten war. Er war ein Anhänger des
Gedankens, daß die Regierung eines Staates möglichst wenig in das
Leben seiner Bürger eingreifen solle.

Zunächst hatte Brandt die AIDS-Epidemie für kein besonders kom-
pliziertes Problem gehalten. Seine Experten hatten gemeint, die Ursache der Immunschwäche seien die Schnüffeldrogen. Deshalb hatte er
sich nicht weiter darum gekümmert. Doch die AIDS-Fälle, die durch
Bluttransfusionen verursacht worden waren, hatten ihn eines Besseren
belehrt.

Brandt war zwar ein baptistischer Laienprediger, aber er hielt nichts
davon, anderen Leuten moralische Vorhaltungen zu machen. Außerdem war er ein zu guter Arzt, um in AIDS eine Art Strafe des
Allmächtigen zu sehen. Doch schon erklärten einige konservative,
fundamentalistisch-religiöse Ärzte, die mit Reagan in die Administration gekommen waren, daß AIDS eine Strafe Gottes sei, und warfen die
Frage auf, ob nicht zuviel Geld in die AIDS-Forschung gesteckt würde.
Außerdem bekam er auch viele Briefe wie den folgenden: »Warum
bekommen diese Homosexuellen so viel Geld für die Forschung, und
meine Mutter mit Multipler Sklerose geht leer aus?«

Ed Brandt fühlte sich verpflichtet, bei der Behandlung dieses Problems einen klaren Kopf zu behalten. Es gab im Weißen Haus gewisse
Leute, die das AIDS-Problem mit drastischen Maßnahmen lösen wollten. Sie hatten Gesetzentwürfe verfaßt, nach denen sich jeder AIDS-
Kranke strafbar machte, der Blut spendete. Es war Dr. Brandt gelungen, diese Versuche zu unterbinden. Nichts deutete seiner Meinung
nach darauf hin, daß AIDS-Patienten in großer Zahl zu den Blutbanken
strömten. Außerdem war dieser Vorschlag Ausdruck einer schäbigen
Haltung, die die Gefühle des anständigen Arztes aus dem Mittleren
Westen verletzte.

Aber Brandt war ein loyaler Anhänger des Präsidenten Reagan, den
er sehr schätzte. Deshalb hatte er während der vergangenen Monate
getan, was man von ihm verlangte: Er hatte dafür gesorgt, daß die
Gesundheitsbehörden nicht zuviel Geld ausgaben. Dies entsprach
auch seiner persönlichen Überzeugung.

Jetzt würde sich das ändern müssen. Brandt hatte erkannt, daß AIDS ein zu wichtiges Problem war, als daß man die Forschung nur mit Geldern finanzieren durfte, die von diesem oder jenem Vorhaben abgezweigt wurden. Deshalb wandte er sich mit einer Denkschrift an den Direktor der Abteilung für Management und Haushalt im Gesundheitsministerium, in der er sich für die Bewilligung weiterer Mittel für die Forschungsarbeit der CDC aussprach. Dr. Brandt verfaßte dieses Schreiben vier Tage nachdem er vor einem Unterausschuß des Repräsentantenhauses erklärt hatte, daß »die bestehenden Verfahren für die Bewilligung von Haushaltsmitteln zur Finanzierung dieser Aktivitäten ausreichen« würden.

18. MAI, CAPITOL, WASHINGTON, D. C.

Die Denkschrift von Dr. Brandt erreichte seinen Adressaten wenige Minuten vor der Schlußsitzung des Bewilligungsausschusses des Repräsentantenhauses, auf der das letzte Gesetz über die Genehmigung zusätzlicher Ausgaben für das laufende Rechnungsjahr geprüft werden sollte. Schon vor Eintreffen des Schreibens wußte jeder auf dem Capitol Hill, daß der Ausschuß sich für eine Erhöhung der für die AIDS-Forschung bestimmten Gelder aussprechen werde. Es fragte sich nur, wie hoch dieser Betrag sein würde. Die Befürworter einer intensiveren Forschung nannten phantastische Summen. Brandt löste das Problem mit folgendem Vorschlag:

»Bei jeder Situation, die so dynamisch und kritisch ist wie die durch AIDS entstandene, kann sich der finanzielle Bedarf sehr rasch ändern. In der Anlage finden Sie eine Aufzählung weiterer Vorhaben, die jetzt und in den kommenden Monaten in Angriff genommen werden könnten. Der Kongreß sollte dem Gesundheitsminister das Recht einräumen, der AIDS-Forschung bis zu zwölf Millionen Dollar zur Verfügung zu stellen, und zwar über den Etat des Gesundheitsministeriums.«

Diese Stellungnahme erstaunte die Vertreter der Administration, die den Aussagen der Beamten der Gesundheitsbehörden geglaubt hatten. Die Bitte um Zuweisung weiterer Gelder wegen irgendwelcher »dynamischer« oder »kritischer« neuer Entwicklungen bei der AIDS-Epidemie erschien ihnen daher äußerst suspekt. So »rasch« konnte sich die Situation doch nicht verändert haben.

Der Bewilligungsausschuß lehnte die Bitte Brandts ab, weitere Gelder von anderen Programmen abzuziehen. Er stimmte jedoch sofort einer Gesetzesvorlage für zwölf Millionen Dollar zu, die den NIH und den CDC zusätzlich zur Verfügung gestellt werden sollten. Zahlreiche Abgeordnete auf dem Capitol Hill fühlten sich wegen der Unwahrheiten, die sie sich hatten anhören müssen, auf den Arm genommen. Die Sache war noch längst nicht vorüber. Das Repräsentantenhaus würde in der folgenden Woche über die Anlage zum Haushaltsgesetz abstimmen, und die Berater der Abgeordneten waren sich darin einig, daß die ganze traurige Geschichte im Plenum zur Sprache kommen würde.

Im Senat gab es im Zusammenhang mit AIDS noch ein weiteres Problem. Hier mußten Senatoren der Ultrarechten, die 1980 bei dem erdrutschartigen Wahlsieg der Reagan-Partei gewählt worden waren, durch geschickte Manöver daran gehindert werden, ihre Auffasssungen über AIDS zum besten zu geben. Der Vorsitzende des Senatsausschusses für Arbeitnehmerfragen war Senator Orrin Hatch, ein konservativer Mormone aus Utah, der in dieser Frage jedoch eine gemäßigte Haltung einnahm. Doch zu diesem Ausschuß gehörten einige der militantesten Gegner der Homosexualität wie Jeremiah Denton aus Alabama und John East aus North Carolina. Als daher der von Henry Waxman eingebrachte Gesetzesvorschlag über die Gefährdung der öffentlichen Gesundheit dem Ausschuß vorgelegt wurde, gab Hatch den Text erst unmittelbar vor der Abstimmung im Plenum bekannt. Er hielt es für besser, auf eine Anhörung zu verzichten und damit eine Debatte über Fragen der öffentlichen Gesundheit zu vermeiden, bei der politische Randgruppen die Gelegenheit bekommen würden, diese Probleme mit ihren Moralvorstellungen zu belasten.

Solche und ähnliche Manöver sollten in den kommenden Jahren bei der Behandlung von AIDS durch die Legislative immer wieder notwendig werden.

24. MAI

Einen Tag vor der Abstimmung über die Finanzierung der AIDS-Forschung im Plenum des Repräsentantenhauses versammelte Dr. Edward Brandt die höchsten Beamten der CDC und der NIH zu einer Pressekonferenz. Dort wurde viel über die Möglichkeit gesprochen, daß AIDS von einem HTLV verursacht wurde, und die Beamten versicherten immer wieder, daß es keinen Grund gebe, wegen etwaiger Risiken bei Bluttransfusionen in Panik zu geraten. Doch nur in einem einzigen Satz wurde die Lage so dargestellt, wie sie wirklich war.

»AIDS steht auf unserer Prioritätsliste an erster Stelle«, sagte Brandt, »und für mich persönlich ist es ein außerordentlich dringendes Problem.«

An dem Tag, an dem Dr. Edward Brandt erklärt hatte, AIDS habe in der Gesundheitspolitik der Administration den absoluten Vorrang, hatten sich eintausendvierhundertfünfzig Amerikaner mit der Krankheit infiziert. Fünfhundertachtundfünfzig waren bereits daran gestorben.

DER NÄCHSTE TAG,
U. S. REPRÄSENTANTENHAUS, CAPITOL, WASHINGTON, D. C.

Der Kongreßabgeordnete William Natcher brauchte die Zustimmung aller Abgeordneten des Repräsentantenhauses für seine in letzter Minute erfolgte Vorlage einer Ergänzung zum Haushaltsgesetz, in der es um die zwölf Millionen Dollar für die AIDS-Forschung ging. Tim Westmoreland und Michael Housh, die als persönliche Berater ihrer Abgeordneten auf der Galerie saßen, hielten den Atem an und hofften, daß nicht irgendein primitiver Südstaatler die Vorlage ablehnen und damit das ganze Vorhaben zum Scheitern bringen werde. Doch ihre Sorgen waren unberechtigt.

Das Repräsentantenhaus stimmte dem Zusatzantrag über die Gewährung der für die Forschung bestimmten Gelder einstimmig zu.

Der Abgeordnete Henry Waxman war entsetzt, als er die Presseberichte über das Gesundheitsproblem las, das auf der Prioritätsliste der Administration an erster Stelle stand. Er fragte sich, was mit den Problemen geschehen würde, die an zweiter und dritter Stelle standen, wenn das dringendste Problem so behandelt wurde, wie es bei AIDS geschah.

30. Zwischenbilanz

JAMA PRESSEVERLAUTBARUNG, ZUR VERÖFFENTLICHUNG
AM FREITAG, DEN 6. MAI 1983

ES GIBT HINWEISE, DASS AIDS AUCH DURCH KONTAKTE BEIM
ZUSAMMENLEBEN MIT INFIZIERTEN ÜBERTRAGEN WERDEN
KANN

CHICAGO – Ein Artikel in der letzten Ausgabe des *Journal of the American Medical Association* (JAMA) berichtet von dem begründeten Verdacht, daß das *Acquired Immune Deficiency Syndrome* (AIDS) durch normale Kontakte beim Zusammenleben von Personen in der gleichen Wohnung übertragen werden kann.

James Oleske berichtet von dem anders nicht erklärbaren Auftreten des Immunmangelsyndroms bei acht Kindern aus dem Stadtbezirk von Newark, N.J., deren Familien zu den AIDS-Risikogruppen gehören. In dem Bericht heißt es: »Vier dieser Kinder sind gestorben. Für die Übertragung der Krankheit in diesen Fällen sind Sexualkontakte, Drogenmißbrauch oder Bluttransfusionen keine notwendigen Voraussetzungen.«

DAS AIDS-SYNDROM KÖNNTE DIE GESAMTE BEVÖLKERUNG
GEFÄHRDEN

CHICAGO (AP) – Eine Studie weist nach, daß Kinder von ihren Familienangehörigen mit der tödlichen Immunschwäche AIDS angesteckt werden können. »Dies könnte bedeuten, daß diese Krankheit die gesamte Bevölkerung in einem viel höheren Maße gefährdet, als man bisher geglaubt hat«, heißt es in einer medizinischen Fachzeitschrift.

Wenn persönliche »Routinekontakte« zwischen Familienmitgliedern, die im gleichen Haushalt zusammenleben, genügen, um die Krankheit weiterzugeben, »dann nimmt AIDS eine völlig neue Dimension an«, erklärte Dr. Anthony Fauci von den *National Institutes of Health* in Bethesda, Maryland.

Arye Rubinstein war überrascht, daß Anthony Fauci so töricht sein konnte zu behaupten, AIDS ließe sich durch normale Kontakte im familiären Zusammenleben übertragen. Von Dr. Oleske aus New Jersey hielt er nicht viel. Über das Auftreten von AIDS bei Kindern gingen ihre Ansichten völlig auseinander. Für Rubinstein stand eindeutig fest, daß die Mutter ihr Kind bereits im Mutterleib infiziert hatte. Zwischen dem Foetus und der Mutter bestand ein ebenso unmittelbarer Blutkontakt wie bei den drogensüchtigen Fixern, bei den Blutern oder bei den Empfängern von Bluttransfusionen. Die Tatsache, daß keines der in der Studie von Oleske erwähnten Kinder älter als ein Jahr war, bestätigte diese Auffassung. Wollte man diese Daten so interpretieren, daß AIDS durch »Routinekontakte im gleichen Haushalt« übertragen werden könne, dann brauchte man für die Übertragung von AIDS ein ganz neues Muster. Rubinsteins Arbeit erklärte das alles ganz einfach, aber dem *Journal of the American Medical Association* schien die Analyse von Oleske besser zu gefallen. Die Zeitschrift hatte Rubinsteins Arbeit zunächst sogar zurückgeschickt und den Abschnitt über die Möglichkeit einer Infektion des Foetus im Mutterleib gestrichen. Er war schließlich nur abgedruckt worden, weil Rubinstein ausdrücklich darauf bestanden hatte.

Was war nun Faucis Problem?

Rubinstein war der Sache nachgegangen und hatte schließlich erfahren, daß Anthony Fauci sich gar nicht die Mühe gemacht hatte, seinen Bericht zu lesen, bevor er den Leitartikel schrieb. Er hatte nur die Schlußfolgerungen von Oleske gelesen und sie unkritisch übernommen.

Anthony Fauci hatte sich als AIDS-Kliniker am Krankenhaus der *National Institutes of Health* aufopfernd darum bemüht, seinen Patienten das Leben zu retten. Er war in der Hierarchie der NIAID rasch aufgestiegen und galt zu der Zeit, als der umstrittene Artikel im *Journal of the American Medical Association* veröffentlicht wurde, als führender AIDS-Experte bei den NIH. Nun machte er der Zeitschrift den Vorwurf, seine Äußerungen »aus dem Zusammenhang gerissen« zu haben. Schließlich habe er nur von der *Möglichkeit* gesprochen, daß die Krankheit durch normale Kontakte beim häuslichen Zusammenleben übertragen werden könnte und die Forschung gewisse Folgerungen aus dieser Möglichkeit ziehen müsse. Verantwortlich für den Skandal sei in Wirklichkeit das Pressebüro der *American Medical Association*, das aus den Artikeln in der medizinischen Fachzeitschrift eine Sensation gemacht habe, um einer Zeitschrift zu größerem Ansehen zu verhelfen, die neben *Science* und dem *New England Journal of Medicine* immer nur die zweite Geige gespielt habe.

Aber gleichgültig, wer letzten Endes dafür verantwortlich war – die Presseverlautbarungen über die Möglichkeit, daß »normale Kontakte im häuslichen Zusammenleben« die Ursache für die Übertragung von AIDS sein könnten, bewirkte jedenfalls eine ganze Welle hysterischer Reaktionen, gegen die kein Dementi etwas ausrichten konnte. Die *New York Times* und *USA Today* druckten die unkorrigierte Version der Presseverlautbarung von AP ebenso wie die meisten anderen amerikanischen Zeitungen ungekürzt ab.

Bisher hatten besorgte Beamte der Gesundheitsbehörden und Reporter nur davon gesprochen, daß AIDS durch »Körperflüssigkeiten« übertragen würde. Sie hatten dabei Sperma und Blut gemeint, doch das Wort »Sperma« wurde von wohlerzogenen Menschen vermieden, und die Blutbanken wehrten sich energisch dagegen, daß in diesem Zusammenhang von »Blut« gesprochen wurde. Diese Zurückhaltung der Medien hatte jetzt zur Folge, daß die Öffentlichkeit sich noch mehr beunruhigte. Denn schließlich war auch Speichel eine Körperflüssigkeit. Konnte AIDS vielleicht auch durch Husten übertragen werden? Diese Frage hatte auch Selma Dritz wiederholt gestellt. Jedenfalls löste dieser Bericht eine AIDS-Hysterie aus. Vielleicht gab es ja Übertragungswege, die noch gar nicht erforscht waren?

Die Übertragungswege mochten der Wissenschaft 1982 noch manches Rätsel aufgegeben haben, doch 1983 herrschte auf diesem Gebiet Klarheit. Man kannte alle Übertragungswege von AIDS, und zumindest die Wissenschaftler der CDC wußten genau, wie AIDS übertragen wurde. Doch der Bericht über Routinekontakte im häuslichen Zusammenleben verlieh unbegründeten Befürchtungen eine gewisse wissenschaftliche Glaubwürdigkeit, und der daraus entstandene Schaden für die Gesellschaft sollte sich im Lauf vieler Jahre nicht wieder gutmachen lassen. Die Befürchtungen, die durch diesen einen Bericht ausgelöst worden waren, prägten die AIDS-Diskussion während der folgenden entscheidenden Monate. Die Fotos auf den Titelseiten der Morgenzeitungen eine Woche nach Erscheinen des Berichts im *Journal of the American Medical Association* zeigten nur allzu deutlich, wie sein

Inhalt auf die Öffentlichkeit wirkte. Seit Wochen hatten Polizeibeamte in San Francisco über ihre Gewerkschaft bei der Stadtverwaltung anfragen lassen, was sie mit der blutbeschmierten Bekleidung von Verbrechensopfern tun sollten, bei denen der Verdacht bestand, daß sie homosexuell seien. Einige Gewerkschaftsfunktionäre rieten den Beamten, nach jedem Kontakt mit einem möglichen AIDS-Kranken einen besonderen Bericht zu schreiben. Dieser Bericht sollte für den Fall, daß der Beamte sich mit AIDS infizierte, als Unterlage für seinen Antrag auf Anerkennung der Arbeitsunfähigkeit dienen. Bei der Feuerwehr gab es ähnliche Reaktionen. Schon am folgenden Freitag wurden Gesichtsmasken, Gummihandschuhe und Tonbänder mit einem zehn Minuten dauernden Aufklärungsprogramm über AIDS bei allen Feuerwachen und Polizeirevieren in der Stadt ausgegeben. Zeitungen und Nachrichtenmagazine im ganzen Land brachten das Foto eines Polizisten mit einer Gesichtsmaske. Damit war die zweite Epidemie ausgebrochen – die Epidemie der Furcht.

An dem Tag, als in San Francisco die Gesichtsmasken ausgegeben wurden, traten die Gefangenen des Staatsgefängnisses von New York in Auburn in den Hungerstreik, weil die Bestecke in der Cafeteria auch von einem Insassen benutzt worden waren, der vor einer Woche an AIDS gestorben war. Einige Tage später wurden die Zahnärzte in Kalifornien angewiesen, bei ihrer Arbeit Gummihandschuhe, Atemschutzmasken und Schutzbrillen zu tragen, um sich vor mit AIDS infizierten Patienten zu schützen. Die Leichenbestatter in New York fragten sich, ob man ihnen zumuten dürfe, AIDS-Opfer einzubalsamieren, und die Polizei im ganzen Land verlangte ebenfalls nach Schutzmasken.

16. MAI, LUNDYS LANE, SAN FRANCISCO

Matt Krieger saß in seinem Arbeitszimmer in Bernal Heights, als ihn ein Anruf von Gary Walsh erreichte.

»Ich bin im Krankenhaus«, sagte Gary. »Pneumocystosis.«

Matt fing an zu weinen.

»Ich werde schon damit fertig werden«, sagte Gary. »Ich bin nur recht matt, aber ich werde am Leben bleiben.«

Matt legte bedrückt den Hörer auf. Er und Gary waren sich in letzter Zeit nähergekommen, aber Matt hatte auf Garys Bedürfnis, allein zu sein, Rücksicht genommen. Nun, da Gary im Krankenhaus lag, wollte Matt die alten freundschaftlichen Beziehungen wiederherstellen. Er wollte ganz für Gary dasein. Das war auch der Grund, weshalb er nach San Francisco gezogen war. Er sehnte sich nach einer engen lebenslangen Verbindung, in der er alles mit seinem Partner teilen konnte, das Gute und das Schlechte, die Freude und den Schmerz.

Matt kaufte einen großen bunten Blumenstrauß und begab sich zum *Davies Medical Center* an der Castro Street. Als er ins Krankenzimmer kam, lächelte Gary mühsam. Die beiden spürten sogleich, wie nahe sie sich jetzt waren.

Die folgenden Tage stellten beide auf eine harte Probe. Die starken Antibiotika, mit denen Gary behandelt wurde, um die Pneumocystosis in seinen Lungen zu bekämpfen, schwächten ihn so sehr, daß er fast die ganze Zeit schlief. Wenn er aufwachte, unterhielt er sich mit Matt oder schrieb ein paar Worte an seinen Freund Mark Feldman auf einen Zettel, der auf einer anderen Station des Krankenhauses lag und auch an der virulenten AIDS-Pneumonie litt. »Gib den Kampf nicht auf«, schrieb Gary.

Die Atemnot sei das schlimmste; sie mache ihm Angst, sagte Gary. »Wenn du einen solchen Anfall hast, dann glaubst du nicht mehr daran, daß du am Leben bleiben wirst«, vertraute er Matt an. »Und manchmal sehnst du dich danach zu sterben.«

Doch schon nach einigen Tagen erholte er sich soweit, daß er bereits hoffte, demnächst aus dem Krankenhaus entlassen zu werden. Vielleicht würde er wieder nach Sacramento gehen und sich bei der Legislative von Kalifornien dafür einsetzen, daß ein größerer Geldbetrag für die AIDS-Aufklärung zur Verfügung gestellt wurde. Es erregte ihn, daß die Menschen das AIDS-Problem offenbar nicht ernst genug nahmen. Matt dachte, vielleicht ist es diese Wut, die Gary am Leben erhält.

Die Krankenschwestern freuten sich, als sie sahen, daß Gary neuen Lebensmut geschöpft hatte, und waren erstaunt, als er mit ihnen eine psychotherapeutische Sitzung veranstaltete, weil er an einem Vormittag den Eindruck hatte, sie seien durch ihre Arbeit psychisch zu stark belastet. »Dieser Bursche liegt mit AIDS im Krankenhaus und kümmert sich um meine Sorgen!« meinte eine der Schwestern.

Auch Matt freute sich, daß er noch den nächsten Monat mit Gary zusammensein würde. Er beschloß, über die gemeinsam verbrachte Zeit ein genaues Tagebuch zu führen. Dies würde ein wichtiger Lebensabschnitt für ihn sein, und daher wollte er verhindern, daß die Vorstellungen und Gefühle später verblaßten. Während Gary sich erholte, schrieb Matt: »Es war die Hölle, und ich glaubte, ich würde es nicht überleben.«

Als Gary aus dem Krankenhaus entlassen wurde, hatte er das Gefühl, seinen langjährigen Freund Mark Feldman im Stich zu lassen. Mark hatte jedoch einen Geliebten und viele Freunde, die sich ständig um ihn kümmerten. Als Gary sich von ihm verabschiedete, war er nur noch ein Schatten seiner selbst. Gary hat ihn nicht wiedergesehen.

17. MAI, LONDON

Im ersten Bericht über die Ausbreitung der erworbenen Immunschwäche AIDS in Großbritannien meldeten die Gesundheitsbehörden in London, daß bis Mitte März drei Engländer an AIDS gestorben waren und sechs weitere Fälle in Behandlung seien. Dieser Bericht und die beunruhigende Nachricht, daß die Krankheit in den Vereinigten Staaten auch durch Kontakte innerhalb der häuslichen Gemeinschaft übertragen würde, lösten auch in der britischen Presse eine Panik aus. Die Gesundheitsbehörden dachten sogar an ein Verbot für den Import von Blutplasma aus Amerika. Das wäre die Hälfte der in Großbritannien verwendeten Blutprodukte gewesen.

19. MAI, METROPOLITAN COMMUNITY CHURCH,
CASTRO DISTRICT, SAN FRANCISCO

Der Pfarrer Jim Sandmire war ein hochgewachsener, kräftiger Mann mit tiefer, dröhnender Stimme und einem dichten weißen Haarschopf. Er galt als eine absolut integre Persönlichkeit. Wenn er an den Sonntagnachmittagen nach dem Gottesdienst den Mitgliedern seiner großen homosexuellen Gemeinde die Hände schüttelte, dachten die meisten, dieser Pfarrer sehe wirklich so aus, wie man sich einen Geistlichen vorstelle. Doch manche berichteten auch mit verständnisvollem Blinzeln, sie hätten den Pfarrer am vergangenen Abend in der typischen Lederjacke die Folsom Street entlangschlendern sehen. Sandmire glaubte, Gott sei auf allen Straßen zu Hause, und fühlte sich in allen Bereichen der Homosexuellenszene durchaus wohl. Deshalb hatte ihn Dana Van Gorder gebeten, an einer Zusammenkunft von homosexuellen Politikern, AIDS-Spezialisten und Saunenbesitzern teilzunehmen. Er sollte dabei die Gesprächsleitung übernehmen.

»Sie sind der einzige, der das Vertrauen aller Beteiligten besitzt«, sagte Dana.

Jim mußte mit einer schweren Gürtelrose das Bett hüten. Es war nicht das erste Mal, daß er gebeten wurde, bei Meinungsverschiedenheiten zu vermitteln, die zwischen den einzelnen Gruppen in der Homosexuellenszene sehr häufig vorkamen. Diesmal jedoch wollte er sich entschuldigen, da er bei jeder Bewegung starke Schmerzen hatte. Als er schließlich den Gemeindesaal der Metropolitan Community Church an der Castro Street betrat, dachte er, er hätte doch lieber absagen sollen. Es würde nicht leicht sein, bei dieser Diskussion den Vermittler zu spielen.

Die Einladungen waren in der vergangenen Woche von Harry Britts Büro verschickt worden. Unterschrieben waren sie von zahlreichen führenden Homosexuellen wie Cleve Jones, Catherine Cusic, von zwei Pfarrern und den Führern aller demokratischen und republikanischen Homosexuellenclubs wie auch von den gewöhnlich sehr vorsichtigen *Bay Area Physicians for Human Rights* (BAPHR). Auch der Anwalt der städtischen Polizeibehörde, Lawrence Wilson, der dem Exekutivausschuß des *Toklas Club* angehörte, hatte den Brief unterzeichnet.

In dem Schreiben hieß es: »Bei diesem Treffen werden wir eine Reihe von Maßnahmen vorschlagen, die unseres Erachtens sehr wichtig sind. Regelmäßig kommen viele männliche Homosexuelle nach San Francisco, die sich hier mit AIDS infizieren könnten. Dies würde dazu führen, daß sich die Krankheit nach ihrer Rückkehr auch in ihren Heimatstädten ausbreitet. Daher sollten diese Männer darüber aufgeklärt werden, mit welcher Art von Sexualkontakten das Infektionsrisiko und die Gefahr, die Krankheit weiterzugeben, verringert werden. Im allgemeinen verfügen die Männer, die nach San Francisco kommen und bestimmte Lokale besuchen, nicht über die nötigen Informationen.«

Weiter hieß es in dem Brief, man werde darüber sprechen, wie die Saunen sauber gehalten werden könnten. Jeder Kunde müßte mit Aufklärungsmaterial über AIDS versorgt werden, und es sollten auch Plakate aufgehängt werden, die vor AIDS warnten. Die von den BAPHR ausgearbeiteten Richtlinien für den Safer Sex waren als Anlage zu dem Brief verschickt worden.

Vor Beginn der Sitzung hatte Randy Stallings, der Präsident des *Toklas Club*, den Saunenbesitzern gegenüber angedeutet, Bill Kraus und sein *Milk Club* hätten die Absicht, ihre Etablissements schließen zu lassen. Wenn diese Leute davon sprächen, daß die Homosexuellen ihre Gewohnheiten ändern müßten, dann sei dies logischerweise der nächste Schritt. Einige Saunenbesitzer ärgerten sich darüber, daß man überhaupt eine solche Besprechung anberaumt hatte. Die Besitzer einer besonders verrufenen Sauna mit dem Namen *Animals* verteilten eine Erklärung unter den Anwesenden: »Wir haben nicht die Absicht, uns vor ein Tribunal zerren zu lassen. Es gibt, soweit wir wissen, keinen wissenschaftlichen Nachweis dafür, daß die Saunen ihre Besucher gefährden.«

Als der Reporter einer Homosexuellenzeitung das Zimmer betrat, schickte ihn Rick Crane, der Direktor der *KS Foundation*, wieder hinaus: Eine öffentliche Diskussion über die Zustände in den Saunen sei unangebracht.

Einige Saunenbesitzer waren bereit, sich die Vorschläge anzuhören. Der Besitzer des Sexclubs *The Caldron* mußte zugeben, daß das Geschäft in letzter Zeit nachgelassen habe. Er hatte für seine Kunden eigene »Richtlinien« entworfen und für bestimmte Abende Sonderveranstaltungen organisiert, bei denen sich die homosexuellen Männer darauf beschränken sollten, einander »hilfreich zur Hand zu gehen«. Die einzige bisexuelle Sauna in San Francisco, die Sutro Baths, hatte ebenfalls eigene Empfehlungen für den Safer Sex herausgegeben. Das hatte allerdings die Befürchtungen der heterosexuellen Kunden nicht zerstreuen können. Viele von ihnen verzichteten in letzter Zeit auf einen Besuch dieses Etablissements.

Andere Saunenbesitzer wollten nicht einsehen, daß sie es ihren Kunden schuldig seien, mit Plakaten vor der Ansteckungsgefahr zu warnen. Der Besitzer der Buchhandlung *Jaguar*, um dessen Lizenz sich einst Bill Kraus so eifrig bemüht hatte, hatte dem *Bay Area Reporter* in einem Interview erklärt: »Ich möchte nicht, daß diese Broschüren an die Leute verteilt werden. Sie kommen hierher, um abzuschalten.« Der Besitzer der *Liberty Baths* brachte die Haltung seiner Kollegen gegenüber dem AIDS-Problem am besten zum Ausdruck: »Ich wünsche mir, daß dieses ganze Problem möglichst bald vom Tisch ist.«

Doch Bill Kraus wußte, das Problem würde sich nicht von selbst erledigen. Es waren die homosexuellen Männer, die erledigt wurden und die starben, während die Saunenbesitzer nichts dagegen unternahmen. Als Bill und Catherine Cusic den Versammlungsraum betraten, war die Atmosphäre bereits äußerst angespannt. Stallings und seine Verbündeten protestierten lautstark gegen die »Sexualfaschisten«, die »die Sexualität ersticken« wollten. Sie behaupteten, in Wirklichkeit wisse niemand, wie AIDS übertragen werde. Niemand könne beweisen, daß es wirklich ein Virus sei. Außerdem könne man sich ebensogut bei einem Partner anstecken, den man in einer normalen Bar kennengelernt habe.

Doch in einer Bar liegt niemand nackt auf dem Bauch mit einer Schachtel Crisco neben sich und wartet nur darauf, daß der nächste kommt, dachte Catherine Cusic.

Aber auch die homosexuellen Politiker taten so, als wüßten sie nicht, wie es in den Saunen zuging. Es überraschte Mrs. Cusic, wie schnell die Diskussion sich verhärtete. Sie hatte geglaubt, die Saunenbesitzer würden klug genug sein, einen Kompromiß zu suchen. Niemand würde die Schließung der Saunen beantragen, wenn sie sich rechtzeitig vor der großen Parade mit den vorgeschlagenen Vorsichtsmaßregeln einverstanden erklärten.

Schließlich artete die Diskussion in einen heftigen Streit aus. Als er mit Catherine Cusic nach Hause ging, sagte Bill Kraus ganz ruhig: »Die Saunen sollten wirklich geschlossen werden. Es ist diesen Leuten ganz gleichgültig, ob sie Menschen umbringen, so geldgierig sind sie. Jede einzelne Sauna sollte geschlossen werden.«

Wenige Tage nach diesem Treffen erschien der Besitzer der *Sutro Baths* in der Praxis von Selma Dritz. Er hatte gehört, daß die Spezialistin für Infektionskrankheiten die Ansicht geäußert hatte, die Saunen seien die gefährlichsten Ansteckungsherde für AIDS.

»Wenn Sie versuchen sollten, die Saunen schließen zu lassen, werde ich dafür sorgen, daß Sie schon am nächsten Tag vor Gericht stehen und das Gericht eine einstweilige Verfügung gegen Sie erläßt«, schrie er.

Selma Dritz fürchtete, daß er seine Drohung wahrmachen würde. Sie hatte sich bereits beim juristischen Berater der Stadtverwaltung erkundigt, ob es eine Rechtsgrundlage für die Schließung der Saunen gäbe. Die Stellungnahme des Juristen lag jedoch noch nicht vor. Sie wußte aber, daß es schwierig sein würde, einen Gerichtsbeschluß zur Schließung der Saunen herbeizuführen, solange es der Wissenschaft noch nicht gelungen war, das AIDS-Virus zu isolieren. Die epidemiologischen Daten konnten bestenfalls als Indizien gelten. Würden sie dem Gericht genügen?

Doch Selma Dritz hatte keine Zweifel daran, welche Rolle die Saunen bei der Ausbreitung der Epidemie spielten.

Don Francis hatte den »kommerzialisierten Schwulensex« als »Amplifikationssystem« für die Krankheit bezeichnet. Sicherlich wären die Vereinigten Staaten im Lauf der Zeit auch ohne die Saunen von dieser

Seuche heimgesucht worden, aber solche Brennpunkte der sexuellen Aktivität fachten den Flächenbrand der Infektion stärker an als irgendein anderer Faktor.

Auch in anderen Teilen der Vereinigten Staaten wurden die Saunen zu einem Problem. Eine Woche nach der oben geschilderten Besprechung in San Francisco stellte eine Schwulensauna in Washington, D. C., die finanzielle Unterstützung für die AIDS-Hilfe ein, weil eine örtliche Organisation in einer Aufklärungsbroschüre vor Besuchen in diesen Etablissements gewarnt hatte.

Die führenden Homosexuellen in der Stadt kamen dem Saunenbesitzer bereitwillig zu Hilfe und erklärten, die Unternehmen von Homosexuellen dürften nicht von den Behörden schikaniert werden.

Jack Campbell, der Besitzer der *Club Baths*, einer Kette von zweiundvierzig Saunen, behauptete, die meisten AIDS-Patienten in seiner Heimat Florida seien Haitianer, und die Krankheit sei kein Problem der Homosexuellen. Campbell galt in der Schwulenszene als Autorität, und dies war einer der Gründe, weshalb die Führer der Homosexuellen nicht bereit waren, konsequent gegen die Saunen vorzugehen. Campbell gehörte zum Beispiel zu den Führungsgremien von fünf großen, überall in den Vereinigten Staaten vertretenen Schwulenorganisationen. Kein führender Homosexueller in Miami und kein liberaler Politiker, der es sich nicht mit den zahlreichen homosexuellen Wählern in Florida verderben wollte, wagte es, dieses Problem auch nur zu erwähnen.

Die Verhältnisse in Los Angeles waren ganz ähnlich. Dort war der Pate der homosexuellen Lokalpolitik Sheldon Andelson, der Besitzer eines Gebäudekomplexes, in dem sich auch die beliebteste Sauna der Stadt, der *8709 Club*, befand. In Chicago war der Saunenbesitzer Chuck Renslow Herausgeber der dort erscheinenden Homosexuellenzeitung und hatte einen erheblichen Einfluß auf die Politik der Demokratischen Partei, wenn es um die Rechte der Homosexuellen ging. Der Besitzer der *St. Mark's Baths* in New York City hatte sich dadurch unentbehrlich gemacht, daß er seine Disco *The Saint* für Geldsammlungen zugunsten der Homosexuellen zur Verfügung stellte. Außerdem verdienten die meisten Homosexuellenzeitungen in den Vereinigten Staaten ganz erheblich an den Anzeigen der Saunen und Sexlokale. Diese geschäftlichen und politischen Interessen sorgten dafür, daß nur sehr wenige führende Homosexuelle bereit waren, gegen die Saunen vorzugehen, und daß die Homosexuellenzeitungen ihre Anzeigenkunden unterstützten. An eine Schließung der Saunen war unter solchen Umständen nicht zu denken.

Nach der Besprechung mit den Saunenbesitzern in San Francisco gaben sich diese Leute auch dort nicht zufrieden, sondern gingen zum Gegenangriff über. »Wenn AIDS tatsächlich auf sexuellem Wege übertragen wird, warum gibt es dann nur so *wenige* AIDS-Fälle?« hieß es in einer Anzeige der *Liberty Baths*. »Warum haben wir uns angesichts der ganzen Aufregung über das Sexualverhalten der Homosexuellen nicht schon alle mit AIDS infiziert, und warum sind es nur eintausendzweihundertneunundsiebzig von uns gewesen?«

BLUTBANK DER STANFORD UNIVERSITÄT

Die Hersteller von Blutkonserven versicherten immer wieder, für die Empfänger von Transfusionen bestünde eine Chance von eins zu einer Million, mit AIDS infiziert zu werden.

Dr. Edgar Engleman von der Blutbank der Stanford Universität hielt diese Behauptung für eine grobe Irreführung der amerikanischen Öffentlichkeit. Der hochgewachsene, schlanke Engleman war schon seit fünf Jahren medizinischer Direktor der Blutbank des Universitätskrankenhauses von Stanford, der Klinik, in der mehr Bluttransfusionen vorgenommen wurden als in jeder anderen medizinischen Einrichtung in den Vereinigten Staaten. Als Immunologe hatte er die Entwicklung der Epidemie aufmerksam beobachtet. Nachdem Mitte 1982 die ersten AIDS-Fälle bei Blutern gemeldet worden waren, war es für ihn keine Frage mehr, daß die Krankheit auch durch Bluttransfusionen übertragen werden konnte. Anfang 1983 wurden in der Universitätsklinik von Stanford drei AIDS-Patienten behandelt. Das einzige »Risikoverhalten« dieser drei bestand darin, daß sie in San Francisco eine Bluttransfusion bekommen hatten.

Die Vertreter der Herstellerfirma von Blutprodukten behaupteten nun, weil es nur bei einem oder zwei erkrankten Empfängern von Bluttransfusionen nachzuweisen sei, daß die Spender AIDS gehabt hätten, sei die Wahrscheinlichkeit, sich auf diese Weise mit der Seuche zu infizieren, eins zu einer Million. Schließlich erhielten jährlich drei Millionen Amerikaner Bluttransfusionen. Die Berechnung von Dr. Engleman jedoch sah ganz anders aus. Erstens berücksichtigten die Hersteller von Blutprodukten nicht die wachsende Zahl von erkrankten Transfusionsempfängern, bei denen das Blut von Spendern stammte, die an Lymphadenopathie oder anderen Symptomen litten, mit denen sich die Erkrankung an AIDS ankündigte. Darüber hinaus mochten jedes Jahr zwar drei Millionen Bluteinheiten gespendet werden, doch ein typischer Patient bekam bei einer Transfusion nicht nur eine, sondern drei Einheiten, was das Risiko wesentlich erhöht. Es war auch falsch, bei dieser Berechnung Gebiete zu berücksichtigen, in denen noch keine AIDS-Fälle registriert worden seien. Ehrlicherweise mußte man die Berechnungen für die Großstadtbezirke vornehmen, in denen das AIDS-Virus am häufigsten festgestellt worden sei. Die *Irvin Memorial Blood Bank* in San Francisco erklärte zum Beispiel, da die homosexuellen Blutspender ausblieben, verlöre sie sieben bis fünfzehn Prozent ihres bisherigen Umsatzes an Blutkonserven. Wenn diese Leute in den Jahren 1981 und 1982 Blut gespendet hatten, mußte ein großer Teil der Konserven mit dem AIDS-Virus infiziert sein, denn damals wußte noch niemand, daß es diese Krankheit gab.

Das ganze Gerede von der geringen Chance, durch Bluttransfusionen infiziert zu werden, hielt Engleman für verantwortungslosen Unsinn. Nach seiner Auffassung bestand für einen Patienten, der in San Francisco eine Bluttransfusion bekam, eher die Wahrscheinlichkeit von eins zu zehntausend oder sogar eins zu fünftausend, mit AIDS infiziert zu werden. Für Engleman bedeutete das ein zu hohes Risiko.

Er hatte die staatlichen Richtlinien, nach denen die Spender nur über ihren Gesundheitszustand befragt werden sollten, von Anfang an für unzureichend gehalten. Noch drei Monate nach ihrem Inkrafttreten hatte Engleman erlebt, daß immer noch Personen, die zu den Risikogruppen gehörten, Blut spendeten. Manche von ihnen machten sich nicht einmal die Mühe, das Merkblatt zu lesen, das ihnen bei der Anmeldung ausgehändigt wurde. Die Blutbanken wurden für manche homosexuellen Männer zu der Bühne, auf der sie das Psychodrama ihrer Verdrängung auslebten. Engleman hielt es daher für notwendig, alle Spender einem Bluttest zu unterziehen. Als Spezialist auf dem neuen Gebiet der Helfer- und Suppressor-Lymphozyten beschloß Engleman, bei dem gespendeten Blut mit dem neuen Fluoreszenz-Zellensortiergerät eine quantitative Bestimmung der T-Helfer- und der T-Suppressorzellen vorzunehmen. Diese kostspieligen Untersuchungen erhöhten den Preis jeder Blutkonserveneinheit um sechs Dollar oder zehn Prozent. Doch was durfte man als »kostspielig« bezeichnen, wenn es darum ging, Menschenleben zu retten?

Ende Mai war die Universitätsklinik von Stanford das einzige große Krankenhaus in den Vereinigten Staaten, das Bluttests eingeführt hatte, um Infektionen mit AIDS auszuschließen. Die anderen Hersteller von Blutkonserven waren entsetzt, als sie erfuhren, daß Engleman entschlossen war, die Untersuchungen vorzunehmen, die sie abgelehnt hatten. Einige behaupteten sogar, das sei ein Trick, mit dem Stanford ängstliche Patienten veranlassen wollte, sich aus den Krankenhäusern in San Francisco nach Stanford verlegen zu lassen.

Doch Engleman bemerkte schon damals, daß die Empörung tiefer ging. Er hatte den Eindruck, daß die Hersteller von Blutkonserven selbst in das Netz der Verdrängungspsychose geraten seien. Sie verlangten den Nachweis der Existenz des AIDS-Virus und konkrete Beweise dafür, daß AIDS durch Transfusionen übertragen werden könnte. Doch im Grunde wollten sie es bloß nicht wahrhaben, daß sie etwas mit einer so fürchterlichen Sache zu tun haben könnten.

Engleman verstand durchaus die psychologischen Hintergründe dieser Haltung. Die Hersteller von Blutkonserven waren sicherlich anständige Leute. Sie waren nur nicht bereit, in dieser Sache ihr logisches Denkvermögen einzusetzen. Als Stanford mit den Tests begann, geschah das in aller Stille, und die Universität gab keine Presseverlautbarung heraus. Doch Engleman war in einem Punkt unerbittlich. In seinem Krankenhaus durfte kein ungetestetes Blut mehr verwendet werden. Bei einer Besprechung mit den Vertretern der *Peninsula Blood Bank*, die der Universitätsklinik von Stanford Blutkonserven lieferte, verlangte Engleman, das gelieferte Blut innerhalb von dreißig Tagen zu testen. Andernfalls werde Stanford keine Blutkonserven mehr von dieser Firma kaufen. Die Vertreter der Blutbank erklärten sich widerwillig bereit, dieser Bitte nachzukommen. Doch die *Irwin Memorial Blood Bank* weigerte sich, die Tests vorzunehmen. In einer Presseverlautbarung erklärte sie, sie habe ihre eigenen Richtlinien und es bestünde nur eine Chance von eins zu einer Million, daß der Empfänger einer Bluttransfusion mit AIDS infiziert würde.

CENTERS FOR DISEASE CONTROL, ATLANTA

Dale Lawrence traf sich Anfang Mai wieder mit den Vertretern der Blutbanken und legte ihnen zehn weitere AIDS-Fälle vor, die nach Bluttransfusionen aufgetreten waren. Er wollte sie davon überzeugen, daß es sich hier um ein ganz konkretes Problem handelte und sie etwas unternehmen müßten. Vergeblich: sie wollten jede einzelne Fallstudie zerpflücken und über alle möglichen Einzelheiten sprechen, aber die Tragweite dieser Resultate nicht begreifen.

Das Problem der verseuchten Blutkonserven stand in der Folgezeit im Mittelpunkt der Arbeit des *AIDS Activities Office*. Dr. James Allen hatte die Leitung der für die Bluttransfusionen verantwortlichen Abteilung übernommen. Er war mittlerweile überzeugt, daß es katastrophale Folgen haben werde, wenn man den Erlaß von Richtlinien für die Verwendung von Spenderblut weiter hinauszögerte. Die Besorgnisse der CDC ließen sich auch nicht zerstreuen, als ein übereifriger Anwalt homosexueller Rechte in Texas den Vorschlag machte, die Schwulen sollten zum »Blut-Terrorismus« übergehen und erklären, sie würden massenweise Blut spenden, wenn die Regierung sich nicht bereit erkläre, die AIDS-Forschung wesentlich zu intensivieren. Darüber hinaus führte das Problem auch zu internationalen Komplikationen. Mitte Mai hatte Frankreich den Import amerikanischer Blutkonserven verboten. Die holländischen und britischen Gesundheitsbehörden überlegten, ob sie das gleiche tun sollten.

Im Idealfall hätten die CDC das ganze Problem aus der Welt schaffen können, wenn es gelungen wäre, jeden AIDS-Patienten ausfindig zu machen, der durch eine Transfusion infiziert worden war. Dale Lawrence hatte eine solche Untersuchung vorgeschlagen, aber die Durchführung scheiterte am chronischen Geldmangel der Gesundheitsbehörden.

23. MAI, UNCLE CHARLIE'S BAR, NEW YORK CITY

»Ist er denn vollkommen verrückt geworden?« dachte Paul Popham, als Larry Kramer das Wort ergriff. Paul hatte die freiwilligen Helfer der *Gay Men's Health Crisis* zu dieser Party in der beliebten Bar eingeladen. Man sprach immer noch davon, wie sehr sich Larry darüber ärgerte, daß man ihn aus dem Führungsgremium der Organisation ausgeschlossen hatte. Doch mit einer solchen Reaktion hatte Paul nicht gerechnet.

»Ich bin Larry Kramer«, rief Larry Kramer ins Mikrophon. »Wir sind an einem entscheidenden Punkt angekommen. Diese Organisation ist gegründet worden, um für etwas zu kämpfen. Doch ich meine, die leitenden Persönlichkeiten dieser Organisation sind sehr, sehr ängstlich.«

Diesmal geht er aber wirklich zu weit, dachte Paul.

Doch Larry hatte das Gefühl, daß man ihn dazu gezwungen hatte, so zu handeln. Seit der Besprechung mit dem Bürgermeister waren Wochen vergangen, doch es hatte sich nichts geändert. Vor kurzem hatte der Direktor der Städtischen Gesundheitsbehörde von New York City,

Dr. David Sencer, bei einer Anhörung über AIDS behauptet, die Krankheit gefährde die Bevölkerung von New York City nicht so sehr, daß besondere Maßnahmen zu ihrer Bekämpfung getroffen werden müßten. Die Stadt brauche kein Programm für die Aufklärung der Öffentlichkeit, denn die Homosexuellen hätten für ihre eigene Aufklärung genug getan. Es sei auch nicht erforderlich, die Situation der Erkrankten weiter zu verbessern, indem man zum Beispiel dafür sorgte, daß genügend Krankenhausbetten zur Verfügung standen. Der für die Gesundheitsprobleme der Homosexuellen zuständige Amtsarzt, Dr. Roger Enlow, hatte ebenfalls eine von der Stadtverwaltung organisierte Aufklärungskampagne abgelehnt, und zwar mit dem Argument, man müsse die Freiheit des Individuums bewahren. Er hatte gesagt: »Die Stadt kann den Leuten nicht vorschreiben, wie sie ihr Sexualverhalten gestalten sollen.«

Städtische und staatliche Behörden reagierten auf die zunehmende Besorgnis in der Bevölkerung mit Sondersitzungen. David Sencer hatte das mit dem törichten Witz kommentiert, aus der AIDS-Epidemie sei inzwischen eine Epidemie der Konferenzen geworden. Vor einer Woche hatte Gouverneur Mario Cuomo auf einem Wohltätigkeitsessen im Plaza Hotel zugunsten homosexueller AIDS-Kranker erklärt, er werde ein Team von Spezialisten mit der Bekämpfung der Seuche beauftragen. Schon am nächsten Tag bewilligte der Staat New York der Organisation GMHC für ihre Aufklärungsarbeit eine Beihilfe in Höhe von einhunderttausend Dollar. Bis heute weiß niemand, ob dahinter die ernste Sorge des Gouverneurs um die Gefährdung der öffentlichen Gesundheit stand oder die schon seit langem bestehende Rivalität zwischen ihm und dem Bürgermeister von New York City. Mario Cuomo ließ nur selten eine Gelegenheit aus, seinen Intimfeind Ed Koch in Verlegenheit zu bringen, und die Bereitstellung dieses verhältnismäßig geringen Betrages bewirkte kaum mehr, als daß die Öffentlichkeit noch einmal darauf hingewiesen wurde, wie wenig die Stadt New York für die Lösung des Problems unternahm.

Aber auch die Stadt hatte ein eigenes Spezialistenteam für die AIDS-Bekämpfung, das David Sencer unterstand. Auf praktisch jeder Sitzung dieser Gruppe wurde darüber gesprochen, daß es notwendig sei, die Bevölkerung aufzuklären, Krankenhausbetten zur Verfügung zu stellen, Krankenpfleger zur Betreuung AIDS-Kranker in den eigenen Wohnungen anzustellen und dafür zu sorgen, daß in den Krankenhäusern die notwendigen Vorbereitungen für die Aufnahme einer größeren Zahl von AIDS-Patienten getroffen wurden. Einzelne städtische

Beamte versprachen dann, sich um diese Probleme kümmern zu wollen. Bei der nächsten Besprechung redeten sie sich damit heraus, daß sie auf diese oder jene Hindernisse gestoßen seien. Sie würden auf der nächsten Sitzung mehr darüber sagen können. Auf der nächsten Sitzung gab es dann neue Hindernisse, aber keine konkreten Beschlüsse. Jede Sitzung brachte nur eine Aufzählung von Problemen und zeigte, daß den Beamten die Hände gebunden waren. Die Stadt New York hatte noch keinen müden Dollar für die AIDS-Aufklärung oder die Betreuung von AIDS-Patienten ausgegeben, obwohl fünfundvierzig Prozent aller amerikanischen AIDS-Opfer Bürger von New York City waren.

Das war es, was Larry Kramer zur Verzweiflung brachte.

»Wir brauchen Kämpfer«, rief er der Versammlung in *Uncle Charlie's Bar* zu. »Wir brauchen eine Führung, die keine Konfrontation scheut und bereit ist, für unsere Sache in den Ring zu steigen.«

Als sich Larry nach seiner spontanen Ansprache wieder unter die anderen Gäste mischte, dachte Paul Popham, daß man den Leuten eben ihr Sexualverhalten nicht vorschreiben konnte. Doch genau das war es, was Larry von der GMHC verlangte. Paul hatte genug davon, sich ständig Larrys Sticheleien gegen Bürgermeister Koch und die *New York Times* anzuhören. Wenn Larry nicht damit einverstanden war, was die GMHC tat, dann stand es ihm frei, eine eigene Organisation zu gründen. Aber die homosexuellen Männer in New York hatten eben kein Verständnis für Larrys Haltung, sonst hätten sie längst einen *Larry Kramer Club* gegründet. Sie hatten sich für die GMHC entschieden, und deshalb waren sie auch hier.

Enno Poersch sagte es sehr viel deutlicher: »Der Kerl ist total verblödet.«

Larry freute sich, daß einige Gäste nach seiner kurzen Ansprache applaudiert hatten. Sie kamen anschließend zu ihm und sagten, sein Artikel »*1112 and Counting*« habe sie veranlaßt, sich freiwillig zu melden. Larry sah Paul auf der anderen Seite der Tanzfläche und hoffte im stillen, Paul werde herüberkommen und ihn bitten, wieder im Vorstand der Organisation mitzuarbeiten. Aber Paul tat nichts dergleichen.

An dem Abend, als Larry Kramer die GMHC aufrief, die Konfrontation mit der Stadtverwaltung von New York zu suchen, bewilligte der Stadtrat von San Francisco $ 2,1 Millionen für die Finanzierung der immer zahlreicher werdenden AIDS-Programme. Eine Million Dollar wurde für die Einrichtung der Ambulanz und der geplanten Abteilung für stationär zu behandelnde AIDS-Patienten im *San Francisco General Hospital* bestimmt. Außerdem stellte der Stadtrat einen Betrag für die Unterbringung von achtundvierzig obdachlosen AIDS-Patienten im Rahmen des *Shanti Project* zur Verfügung. Mit weiteren Geldern sollte die Arbeit eines großen Netzes von Freiwilligen beim *Shanti Project* und bei der *KS Foundation* finanziert werden. Rechnete man die eine Million Dollar hinzu, die San Francisco 1982 für die AIDS-Bekämpfung zur Verfügung gestellt hatte, dann hatte die Stadt jetzt mehr für den Kampf gegen diese Seuche ausgegeben, als die Regierung der Vereinigten Staaten für die AIDS-Forschung außerhalb der staatlichen Institutionen zur Verfügung gestellt hatte.

24. MAI

»Die sexuelle Revolution hat begonnen, ihre Kinder zu verschlingen. Und bei der revolutionären Vorhut, den für die Rechte der Homosexuellen kämpfenden Aktivisten, ist die Sterblichkeitsrate am höchsten.«

Dieser Kommentar, der am 24. Mai von Zeitungen überall in den Vereinigten Staaten abgedruckt wurde, war die Reaktion der Konservativen, auf die viele homosexuelle Politiker schon lange gewartet hatten. Der Redenschreiber des ehemaligen Präsidenten Nixon, Patrick J. Buchanan, der dem rechten Flügel der Republikanischen Partei angehörte, hatte in den vergangenen Jahren stets Leitartikel für Zeitungen geschrieben, deren Redakteure ständig auf der Suche nach konservativen Kolumnisten waren, um den liberalen Tendenzen der Medien etwas entgegenzusetzen. Es hieß, Buchanan habe sehr gute Beziehungen zu den konservativen Mitarbeitern im Weißen Haus, und deshalb fand sein erster Artikel über AIDS das besondere Interesse der Öffentlichkeit. Wie würde Präsident Reagan reagieren, dem es gelungen war, sich seit Ausbruch der Epidemie vor zwei Jahren mit keinem einzigen Wort dazu zu äußern? Die Konservativen hatten es bisher vermieden, sich zu dieser Krankheit zu äußern. Doch jetzt, da AIDS Schlagzeilen machte, neigte sich diese Zeit ihrem Ende zu, und der Artikel von Buchanan war das erste Anzeichen dafür, daß auf diesem Gebiet eine entscheidende Wende eingetreten war.

»Die armen Homosexuellen – sie haben der Natur den Krieg erklärt, und jetzt rächt sich die Natur in grausamer Weise an ihnen«, schrieb Buchanan.

Wie die meisten Ultrarechten bemühte sich Buchanan nicht darum, besonders schlüssig zu argumentieren. Er bediente sich der Behauptung Kevin Cahills, bei den Ärzten gebe es im Hinblick auf AIDS eine »Verschwörung des Schweigens«, um den Liberalen zu unterstellen, sie versuchten die furchtbare Bedrohung der amerikanischen Bevölkerung durch AIDS-kranke Homosexuelle zu verschleiern. Er erinnerte seine Leser an die Polizeibeamten mit den Gesichtsmasken und Gummihandschuhen. Schließlich forderte Buchanan, man müsse den Homosexuellen verbieten, Lebensmittel zu verkaufen. Weiter erklärte er, die Entscheidung der Demokratischen Partei, ihren nächsten Parteitag in San Francisco abzuhalten, werde die Frauen und Kinder der Delegierten infizierten Homosexuellen ausliefern.

Schon nach wenigen Tagen verfaßte Buchanan einen zweiten Artikel, in dem er aus dem unseligen Bericht der New York Times über die »Kontakte im häuslichen Zusammenleben« zitierte. Die Homosexuellen seien nicht nur für den Tod von Blutern und Empfängern von Bluttransfusionen verantwortlich — jetzt bedrohten sie auch die Kinder. Denn: Viele Schwule arbeiten als Kinderärzte und Erzieher in den Kindergärten.

26. MAI, CASTRO STREET, SAN FRANCISCO

»Du bist ein homosexueller Nazi.«

Bill Kraus mußte sich immer wieder solche und ähnliche Beschimpfungen anhören, als er an jenem Nachmittag auf der Castro Street erschien. Der Aufsatz, in dem er die homosexuellen Männer aufforderte, ihre Gewohnheiten zu ändern und die sexuelle Befreiung der Schwulen aus einer neuen Perspektive zu sehen, war in der letzten Ausgabe des Bay Area Reporter abgedruckt worden. Bill hatte in diesem Artikel erklärt: »Wir homosexuellen Männer können über diese Epidemie einen Sieg erfechten, auf den wir stolz sein dürfen.«

Doch nun schlug ihm der blanke Haß entgegen. Man bezeichnete Bill als »sexfeindliches« Braunhemd, als jemanden, der mit seinem Gerede über den Verzicht auf den Besuch der Saunen das Zusammengehörigkeitsgefühl der Homosexuellen untergraben wolle. Bills Kritiker im Toklas Club waren überglücklich, daß er ihnen die richtige Munition für den Kampf gegen den Milk Club geliefert hatte.

Jetzt ging es um die Promiskuität und den Besuch der Saunen. Anstatt sich zu überlegen, was sie zu ihrem eigenen Schutz tun sollten, verteidigten viele Homosexuelle ihr Recht auf diese liebgewordenen Gewohnheiten, als hinge davon ihr Überleben ab. Bill hatte nur

415

gewisse Schwächen in den Lebensgewohnheiten der Homosexuellen aufgedeckt, doch nun warfen ihm seine Kritiker vor, ins feindliche Lager übergelaufen zu sein. Sie versuchten ihn mit der schlimmsten Beleidigung zu treffen, die es für einen Homosexuellen geben konnte: Sie behaupteten, seine Haltung sei Ausdruck eines Selbsthasses, weil er schwul sei; er leide an einer »verdrängten Homophobie«.

Bill Kraus war tief betroffen von dieser Kritik, besonders weil sie zu einer Zeit kam, in der er seine ganze Arbeitskraft für die Bekämpfung von AIDS einsetzte. Er arbeitete sechzig Stunden in der Woche an den notwendigen Gesetzesvorlagen und bemühte sich darum, die Finanzierung der AIDS-Forschung sicherzustellen. Vor wenigen Tagen war er in das Führungsgremium der nationalen KS-AIDS-Stiftung gewählt worden, die Marc Conant als amerikanische AIDS-Hilfe nach dem Vorbild der Krebsgesellschaft ins Leben gerufen hatte. Gemeinsam mit Dana Van Gorder versuchte er, eine Aufklärungskampagne zur Verringerung des AIDS-Risikos zu organisieren, um damit die Bemühungen der Gesundheitsbehörden von San Francisco zu unterstützen.

»Wollen diese Leute denn nicht einsehen, daß ich ihnen das Leben retten will?« stöhnte Bill in einem Gespräch mit Kico Govantes.

Die beiden Männer hatten zwar kein Liebesverhältnis, aber Kico war immer noch Bills Vertrauter. Kico strich Bill mit den Fingern durch das dichte, krause Haar und drückte ihn an sich. Er konnte nicht begreifen, daß homosexuelle Politiker, Menschen, die behaupteten, im Dienst der Liebe zu stehen, einander so grausam behandeln konnten.

»Wenn ich AIDS bekomme«, sagte Bill, »dann werde ich es diesen Leuten zu verdanken haben.«

31. Ein neues AIDS-Vokabular

In San Francisco hat sich die Politik der Seuche angenommen. Anstatt ihr mit gemeinsamen Anstrengungen und vernünftigen Plänen zum Schutz der Bevölkerung entgegenzutreten, hatten sich die Politiker in zwei Lager gespalten, die sich um die Frage stritten, ob es sich überhaupt um eine Seuche handele. Die Bevölkerung begegnete der Arbeit der Sanitätsdienste mit Feindschaft, und die Gesundheitsbehörden der Stadt, des Staates und des Bundes bekämpften einander... Eine Zeitlang waren die Menschen in großer Gefahr, und es schien unmöglich, sie in angemessener Weise vor den Gefahren zu warnen, die sie bedrohten.

Der Kampf gegen die Beulenpest in San Francisco, 1907
Bericht des *Citizens' Health Committee.*

2. JUNI 1983, SAN FRANCISCO, DEPARTMENT OF PUBLIC HEALTH

»Dr. Silverman, auf diesem Plakat steht, die Leute sollten weniger Sexualpartner haben. Wenn jemand im vergangenen Jahr zehn Sexualpartner in der Woche hatte, muß er sich jetzt also auf fünf Sexualpartner wöchentlich beschränken, um nicht mit AIDS infiziert zu werden?«

Merv Silverman machte ein unglückliches Gesicht. Er hatte Barbara Taylor, eine Reporterin für die Nachrichtensendungen der Fernsehgesellschaft CBS, und einen Journalisten vom *Chronicle* eingeladen, um ihnen stolz das AIDS-Plakat der Städtischen Gesundheitsbehörde zu zeigen, das jetzt Tagesgespräch in der Stadt war.

»Wir versuchen, die Öffentlichkeit auf dieses Problem aufmerksam zu machen«, sagte Silverman.

Merv Silverman war schon seit fünf Jahren Direktor des Städtischen Gesundheitsamtes. Die Medien mochten ihn, und die Homosexuellen waren begeistert von ihm. Er war solche bohrenden Fragen nicht gewöhnt. Doch Barbara Taylor, die seit sieben Jahren Politiker interviewte, ließ nicht locker.

»Dr. Silverman, auf dem Plakat heißt es, daß die Leute die Verwendung von Aufputschmitteln einschränken sollten. Soll das heißen, daß jemand, der sich bisher dreimal wöchentlich *high* gemacht hat, kein AIDS bekommen wird, wenn er es künftig nur noch einmal im Monat tut? Sie empfehlen nicht den Verzicht auf Aufputschmittel; Sie sagen nur, man solle sich dabei einschränken.«

»Wir wollen die Leute nicht bevormunden«, erwiderte Silverman. »Es hat keinen Sinn, den Menschen etwas zu sagen, worauf sie nicht hören.«

»Ich hatte geglaubt, man müsse den Menschen sagen, wie sie es vermeiden können, sich zu infizieren«, sagte Frau Taylor.

Merv Silverman dachte, welch altmodische, dogmatische Vorstellung Barbara Taylor vom Umgang mit Gesundheitsproblemen hatte. Der Direktor des Gesundheitsamts hatte Verständnis dafür. Schließlich hatte er sein Staatsexamen in Harvard abgelegt. Der grauhaarige, fünfundvierzigjährige Mann hatte sein ganzes Leben auf diesem Gebiet gearbeitet. Aber AIDS war kein klassisches Problem der öffentlichen Gesundheitspflege. Hier mußten bestimmte Empfindlichkeiten berücksichtigt werden. Die Aufklärungsarbeit mußte ... angemessen sein.

Mrs. Taylor hielt das Plakat für ausgesprochen schlecht und glaubte nicht, daß es etwas nützen würde. Nach ihrer Ansicht nahm Silverman zu viel Rücksicht auf die Gefühle der Homosexuellen, weil er fürchtete, die schwulen Aktivisten könnten ihn der Homophobie bezichtigen. Das hatte es in letzter Zeit schon häufiger gegeben.

Die Wahrheit lag in der Mitte zwischen den guten Absichten von Silverman und der eher zynischen politischen Analyse von Mrs. Taylor. Die erste Reaktion auf das Plakat war eine öffentliche Demonstration von *AIDSpeak*, eines neuen Vokabulars, das von Beamten der Gesundheitsbehörden, besorgten homosexuellen Politikern und den sogenannten »AIDS-Aktivisten« geschaffen worden war. Diese neuen Wortschöpfungen sollten bestimmte Dinge so umschreiben, daß niemand vor den Kopf gestoßen wurde.

Nach den für *AIDSpeak* geltenden Regeln durften AIDS-Opfer zum Beispiel nicht mehr als Opfer bezeichnet werden. Man sagte stattdessen »People With AIDS« oder PWAs und tat so, als ob diese entsetzliche Krankheit nicht wirklich Opfer forderte. Aus »Promiskuität« wurde »sexueller Aktivismus«, weil homosexuelle Politiker erklärt hatten,

418

das Wort »Promiskuität« beinhalte ein Vorurteil und sei im Sprachgebrauch der Homosexuellen ein Schimpfwort. Eine der am häufigsten gebrauchten Umschreibungen des *AIDSpeak* war das Wort »Körperflüssigkeiten«. Damit vermied man die Verwendung des anstößigen Begriffs »Sperma«.

Vor allem aber erlaubte dieser neue Jargon den homosexuellen Politikern, sich in den kommenden Jahren mit den Beamten der Gesundheitsbehörden zu verständigen. Denn auch diese beherrschten sehr bald den *AIDSpeak*, der im Grunde ein politischer Dialekt war. Während nun die Politiker die gleiche Sprache verwendeten wie die Beamten der Gesundheitsbehörden und diese sich verhielten wie die Politiker, konnte praktisch jeder es vermeiden, der sich stetig ausbreitenden Epidemie mit medizinischen Fachausdrücken zu begegnen.

Das Vokabular von *AIDSpeak* wirkte verschleiernd. Seine Begriffe wurden nur selten dazu verwendet, ein aktives Eingreifen zu motivieren. Diese Worte dienten vielmehr in den meisten Fällen der Rechtfertigung der Untätigkeit. Dahinter stand nie eine böse Absicht, im Gegenteil. Der *AIDSpeak* war Ausdruck des Bemühens, jedermann zufriedenzustellen. Er war die Sprache der guten Absichten – *AIDSpeak* war eine Sprache des Todes.

Als Direktor des Gesundheitsamts der einzigen Großstadt in den Vereinigten Staaten, deren Verwaltung sich aufrichtig um die Bekämpfung der Epidemie bemühte, wurde Mervyn Silverman zum Chefdolmetscher des *AIDSpeak* für die übrige Bevölkerung. Vor Übernahme dieses Amtes hatte er in der Verwaltung des Friedenskorps gearbeitet und war deshalb bestens für diese Rolle geeignet; die Schwulen durften in jeder Lage mit seinem Verständnis rechnen. Das hatte sein Verhalten in den letzten Tagen deutlich gezeigt.

Die ganze Aufregung war dadurch entstanden, daß der *Chronicle* vor einigen Tagen in einem Artikel das Fehlen von AIDS-Aufklärungsplakaten in den Saunen und Sexlokalen der Stadt bemängelt hatte. Hier hieß es, zur *Gay Freedom Day Parade* müsse San Francisco mit wenigstens zweihunderttausend homosexuellen Touristen rechnen. Viele homosexuelle Männer besuchten die Stadt auch deshalb, weil sie sich in den berühmten Sexlokalen amüsieren wollten. Die meisten hielten AIDS immer noch für ein von den Medien hochgejubeltes, aber in keiner Weise beunruhigendes Phänomen. Das seien die besten Voraussetzungen für eine rasche Ausbreitung der Epidemie.

Bill Kraus hatte einem Beamten der Gesundheitsbehörde einen Bericht über das erfolglose Gespräch mit den Saunabesitzern zugespielt. Dieser Mann (es war nicht Mervyn Silverman) hatte gegenüber der Zeitung erklärt, nach seiner Meinung sei es das beste, wenn diese Etablissements geschlossen würden. Wenn das jedoch nicht möglich sei, dann sollten in ihren Räumen Plakate ausgehängt werden, die die Besucher vor der Ansteckungsgefahr mit AIDS warnten.

Silverman hatte gegenüber einem Reporter geäußert: »Ich kann die Saunenbesitzer nicht zwingen, solche Plakate anzubringen.«

Theoretisch war das richtig. Silverman hatte nur die Möglichkeit, Lokale schließen zu lassen, in denen die öffentliche Gesundheit gefährdet wurde. Doch er hatte nicht die Absicht, dies zu tun. Auf die Anfrage eines Bürgers erklärte Silverman, es sei illegal, wenn er alle Saunen und ähnliche Lokale schließen würde, in denen es zu anonymen Sexualkontakten mit mehreren Partnern käme. »Dies wäre eine Beleidigung der Intelligenz vieler unserer Bürger und ein unerlaubter Eingriff in ihre Privatsphäre.«

Silverman war auch nicht bereit, die Inhaber solcher Etablissements zu zwingen, ihre Kunden über die tödlichen Gefahren aufzuklären, die der Besuch einer Sauna in sich barg. »Eine Aufklärung kann nur Erfolg haben, wenn sie aus den eigenen Reihen kommt«, meinte er. »Die Warnungen werden nur beachtet werden, wenn sie von den Homosexuellen selbst ausgesprochen werden.«

Das war der typische *AIDSpeak*. Was hier gesagt wurde, klang durchaus vernünftig. Allerdings wurde damit nicht die Frage beantwortet, was denn nun eigentlich die Aufgabe der Gesundheitsbehörden sei. Wenn die Seuchenbekämpfung den Betroffenen überlassen blieb, wozu brauchte man dann noch die staatlichen Gesundheitsämter?

Die homosexuellen Politiker hatten Dr. Silverman ihre Argumente gegen eine Schließung der Saunen mit großer Eindringlichkeit vorgetragen. »Wenn wir die Saunen schließen, werden die Leute ganz einfach woanders hingehen und dort ihren ungeschützten Sex haben«, erklärte er.

Zehn Jahre lang hatten die Sprecher der Bewegung für die Rechte der Homosexuellen zahllose Pressekonferenzen abgehalten, um sich gegen die Klischeevorstellung zu wehren, daß Homosexuelle an nichts anderes dächten als an die Befriedigung ihres Geschlechtstriebs. Aber nachdem der *AIDSpeak* in Mode gekommen war, erklärten viele dieser Sprecher, die Saunen müßten geöffnet bleiben, denn Homosexuelle seien solche Sexfanatiker, daß sie ihren Trieb sonst hinter jedem Busch befriedigen würden.

Nachdem der *Chronicle* berichtet hatte, daß sich die Saunenbesitzer weigerten, Informationsplakate in ihren Lokalen anzubringen, erklärte die Bürgermeisterin Dianne Feinstein empört: »Nach den für die Gesundheitsbehörden geltenden Bestimmungen könnte Dr. Silverman diese Leute schriftlich auffordern, solche Plakate anzubringen. Ich hielte das für äußerst ratsam.«

Eine Mehrheit im Stadtrat sprach sich dafür aus, daß der Direktor des Städtischen Gesundheitsamts die widerspenstigen Saunenbesitzer zwingen sollte, die Plakate aufzuhängen. Schon am nächsten Tag verkündete Dr. Silverman, er werde verlangen, daß solche Warnplakate in den Saunen angebracht würden. Wenn die Besitzer sich weigern sollten, würde er diese Lokale schließen lassen.

Am Donnerstag, dem 2. Juni, bat Silverman die Saunenbesitzer am Vormittag zu einer Besprechung zu sich. Sie erklärten plötzlich, sie freuten sich darauf, diese Plakate anbringen zu dürfen. Der Direktor des Städtischen Gesundheitsamts versprach, er wolle die »intensivste« Aufklärungskampagne auf dem Gebiet der Gesundheitsfürsorge organisieren, die die Stadt jemals gesehen habe. Nach dieser Erklärung, die er auf einer Pressekonferenz abgab, zeigte er Barbara Taylor sein AIDS-Plakat. Es enthielt vier Empfehlungen: »Verwende Kondome, vermeide jeden Austausch von Körperflüssigkeit, schränke die Verwendung von Aufputschmitteln ein und bringe mehr Zeit mit weniger Partnern zu.« Das Plakat unterrichtete die Homosexuellen davon, daß es eine gefährliche Krankheit gab, die tödlich verlaufen könne. Doch sie müßten nur die Zahl der Partner verringern und den Gebrauch von Aufputschmitteln einschränken. Die brutalen Tatsachen – daß ein Partner oder eine kontaminierte Nadel genügte, um sich mit dieser tödlichen Krankheit zu infizieren – wurden verschwiegen.

Die führenden Mitglieder des *Alice B. Toklas Democratic Club* hatten von Anfang an den Verdacht, daß die Kontroverse um die Saunen von Bill Kraus und seinen Verbündeten im *Milk Club* ausgelöst worden sei. Randy Stallings, der Präsident des *Toklas Club*, ging sofort zu einem mit großer Gehässigkeit geführten Gegenangriff über. Kraus habe die ungeschriebene Vereinbarung verletzt, daß die Vorgänge in den Saunen nicht in die Öffentlichkeit getragen werden dürften.

Der *Toklas Club* begann diese Propagandaschlacht schon einen Tag nach der Besprechung Silvermans mit den Saunenbesitzern. Seine Sprecher behaupteten, die Verfügung, mit der die Anbringung der Plakate angeordnet worden war, sei »ein direkter Angriff gegen die gesellschaftliche und wirtschaftliche Lebensfähigkeit einer gesellschaftlichen Gruppe. Es läßt sich nicht nachweisen, daß die Saunen oder die privaten Clubs etwas mit der Verbreitung dieser Krankheit zu tun haben. Wenn man jedoch bestimmte, von Homosexuellen geführte Geschäfte für diese Epidemie ›verantwortlich‹ zu machen sucht, dann ist das der Beginn der Zerstörung unserer Gemeinschaft.«

Zu Kraus' Artikel im *Bay Area Reporter* erklärte der *Toklas Club*: »Es ist der Gipfel der Arroganz, zu meinen, nur eine kleine Gruppe ›besorgter Einzelner‹ sei sich der Bedeutung dieser Epidemie bewußt und daher berechtigt, uns anderen unser Sexualverhalten vorzuschreiben. Es gibt in unserer Gemeinschaft gewisse Elemente, die dazu neigen, die Sexualität zu verteufeln und eine Panik zu erzeugen, und zwar zu einer Zeit, in der wir zusammenhalten sollten, um einen Lebensstil zu verteidigen, der uns sehr viel bedeutet und für den wir hart haben kämpfen müssen.«

Der rabiateste Verfechter der sexuellen Befreiung war Konstantin Berlandt, der zweite Vorsitzende des Organisationsausschusses der Homosexuellenparade. Er erklärte: »Ich bin nicht homosexuell geworden, um Kondome zu benutzen. Natürlich machen wir uns Sorgen um eine weitere Ausbreitung dieser Krankheit. Aber was sollen wir tun? Sollen wir unsere Körperflüssigkeit in Fässern abfüllen?«

Für Kraus war es unverständlich, daß jemand die Ziele der Homosexuellenbewegung auf die Ablehnung von Kondomen reduzieren konnte.

Auch dieser Anfang Juni 1983 ausgefochtene Streit um die Saunen zeigte, welche Bedeutung den Medien zukam, wenn es um AIDS ging. Zu diesem Streit war es nur gekommen, weil eine Zeitung einen Bericht über dieses Problem veröffentlicht hatte, mit dem sie Regierungsbeamte zwang, zu diesem Thema Stellung zu nehmen. In Los Angeles und New York beschäftigten sich die Zeitungen nicht mit solchen unappetitlichen Themen, und deshalb kam es dort auch nicht zu irgendwelchen Kontroversen.

Die Beamten der Gesundheitsbehörden in diesen beiden Städten hatten besorgten Homosexuellen im übrigen unaufgefordert zugesichert, sie würden die Saunen unter gar keinen Umständen schließen. In San Francisco waren es nur die drohenden Schließungen, die die Saunenbesitzer veranlaßten, Plakate anzubringen und Aufklärungsbroschüren zu verteilen. Die Saunenbesitzer in New York und Los Angeles verpflichteten sich gegenüber ihren Kunden, so etwas nicht zuzulassen, denn hier zwang sie niemand, sich an der AIDS-Aufklärung zu beteiligen. Die wenigen führenden Homosexuellen, die es für notwendig hielten, Aufklärungsmaterial zu verteilen, hatten keine Möglichkeit, die Geschäftsinhaber irgendwie unter Druck zu setzen.

Selma Dritz hielt das Anbringen von Plakaten für einen Schlag ins Wasser. Man konnte die Verfassung der Vereinigten Staaten so auslegen, daß sie dem einzelnen das Recht zugestand, sich das Leben zu nehmen, aber das Verhalten der homosexuellen Besucher von Saunen war schwieriger zu beurteilen. Die Verfassung gibt niemandem das Recht, andere mit in den Tod zu nehmen. An dem Tag, an dem sich Silverman zu dem Problem der Saunen geäußert hatte, erklärte der juristische Berater der Stadtverwaltung dem Direktor des Städtischen Gesundheitsamts, daß er nach den geltenden rechtlichen Bestimmungen »die sofortige Schließung der öffentlichen Saunen anordnen« könne.

In der Woche nach der Pressekonferenz von Dr. Silverman wurden die Plakate und Broschüren an die Saunen verteilt. Ein paar gewissenhafte Saunenbesitzer brachten die Plakate so an, daß sie jedem Besucher ins Auge fielen. Die meisten jedoch versteckten sie in den dunkelsten Ecken, wenn sie sich überhaupt die Mühe machten, sie aufzuhängen. Tatsächlich war das ganze Unternehmen »ein Schlag ins Wasser«. Dr. Silverman beauftragte niemanden, in die Saunen zu gehen und nachzuprüfen, ob seine Anordnung befolgt worden war. Tausende von Homosexuellen besuchten weiterhin diese Lokalitäten, und Tausende mußten später mit dem Leben dafür bezahlen.

3. JUNI

Doch es gab auch sehr mutige Menschen.

Gary Walshs Freund Mark Feldman starb, einen Monat nachdem er sich mit anderen AIDS-Patienten an der Kerzenprozession beteiligt hatte. Gary ging mit seiner Freundin Lu Chaikin zur Beerdigung. Mark war das erste Opfer aus der Gruppe jener frühen AIDS-Patienten, die den Mut gehabt hatten, in ihrer verzweifelten Lage an die Öffentlichkeit zu gehen. Schon vom Tode gezeichnet, hatten sie sich den hysterischen Reaktionen der Öffentlichkeit ausgesetzt und sogar die Ablehnung ihrer Freunde in Kauf genommen, um die Menschen vor den Gefahren der Seuche zu warnen.

Marks Tod war besonders qualvoll. Die Schleimhaut in seiner Mundhöhle war wochenlang so stark vom Herpes befallen, daß er nichts mehr essen konnte. Gleichzeitig hatten sich die KS-Läsionen über den ganzen Magen-Darm-Trakt ausgebreitet, und die Pneumocystosis-Protozoen verstopften seine Lungen. Er konnte deshalb nur noch intravenös ernährt werden. Auf der Beerdigung war Gary zutiefst niedergeschlagen. Auch Lu war sehr bedrückt, denn sie mußte ständig daran denken, daß sie wahrscheinlich eines Tages an einer ähnlichen Beisetzungszeremonie für Gary würde teilnehmen müssen.

Die Verzweiflung ließ Gary auch in den folgenden Tagen nicht los. Er rief die Gesundheitsministerin Margaret Heckler an und forderte, bevor sie öffentlich erkläre, die Regierung stelle der AIDS-Forschung ausreichend finanzielle Mittel zur Verfügung, solle sie doch zuerst einmal mit einem Menschen reden, der durch diese Krankheit einen Freund verloren habe. Außerdem versuchte Gary, einen Gesprächstermin bei Gouverneur Deukmejian zu bekommen, der sich bisher mit keinem einzigen Wort zu der Epidemie geäußert hatte. Diesmal jedoch ließen sich seine Wut, seine Verzweiflung und seine Ängste nicht durch eine solche Aggressivität besänftigen.

Einige Wochen später sagte Gary in einem Gespräch mit Lu, er glaube nicht, daß er noch einmal zu einer solchen Beerdigung gehen würde.

Für Bill Kraus war diese Beisetzungsfeierlichkeit die erste, an der er teilnahm. Bill war mit seinem Freund Ron Huberman hingegangen, der vor Feldmans Erkrankung mit diesem eine Beziehung unterhalten hatte. Als ihm nach dieser Zeremonie Bills Niedergeschlagenheit auffiel, hatte Ron den Eindruck, Marks Tod habe wahrscheinlich die letzten Illusionen zerstört, die sich sein Freund noch über die Auswirkungen der Epidemie auf die Gemeinschaft von Homosexuellen gemacht hatte. Hier zeigte sich deutlich, daß die Opfer nicht nur irgendwelche Außenseiter wie die Wichser von der Folsom Street waren – diese Seuche bedrohte alle, auch sie selbst. Doch Bills Besorgnisse gingen noch weiter.

Er sagte: »Anita Bryant hat unsere Gemeinschaft nicht zerstören können. Auch dem FBI ist das nicht gelungen. Die Polizei konnte es nicht, Dan White konnte es nicht, und auch die Regierung konnte es nicht. Doch AIDS wird es vielleicht schaffen. Alle unsere Erfolge im Kampf für unsere Rechte werden durch ein Virus zunichte gemacht.«

Mark Feldman war einer der Unterzeichner des Briefes gewesen, in dem der Herausgeber des *Bay Area Reporter* aufgefordert worden war, den Redakteur Paul Lorch zu entlassen. Als Lorch erfuhr, daß

Feldman gestorben war, holte er die Liste dieser AIDS-Patienten aus seiner Schreibtischschublade und strich den Namen von Feldman durch.

PASTEUR-INSTITUT, PARIS

Luc Montagnier wußte jetzt, daß das neue AIDS-Retrovirus kein Leukämie-Virus war. Er bezeichnete es daher nicht mehr als RUB oder HTLV. Da er es aus dem Lymphknoten eines Lymphadenopathie-Patienten isoliert hatte, nannte er es jetzt LAV oder *lymphadenopathy associated virus*. Es verwunderte Montagnier, daß die Wissenschaft nicht mit größerem Interesse auf die Entdeckung eines neuen Retrovirus durch das Pasteur-Institut reagierte. Die meisten Wissenschaftler wollten erst dazu Stellung nehmen, wenn das Laboratorium von Robert Gallo am Nationalen Krebsinstitut die Entdeckung nach intensiveren Forschungsarbeiten bestätigt hatte. Gallo genoß als Retrovirologe schließlich das höhere Ansehen, und er sprach immer noch von einem HTLV.

Montagnier jedoch glaubte, dem Ziel der Forschungsarbeiten näher zu sein. In den letzten Wochen hatten Forscher am Pasteur-Institut das LAV im Blut einiger Bluter festgestellt. Deshalb war Montagnier mehr denn je davon überzeugt, daß das Pasteur-Institut tatsächlich das entscheidende Virus entdeckt hatte. Er konnte aber immer noch nicht mit Sicherheit sagen, zu welcher Gruppe von Viren das LAV gehörte. Wenn es kein HTLV war, wo sollte man es dann einstufen?

Die Zufallsbegegnung mit einem anderen Virologen am Pasteur-Institut führte dazu, daß Montagnier schließlich das letzte noch fehlende Steinchen in diesem Puzzlespiel fand. Der Kollege erwähnte bei diesem Gespräch die Familie der sogenannten Lentiviren, die im allgemeinen nur bei Tieren auftreten. *Lentus* bedeutet langsam. Diese Viren dringen in die Zellen ein, ruhen dort eine Zeitlang und werden dann explosionsartig aktiv. Montagnier hatte bisher noch nie etwas von dieser Virusfamilie gehört. In der folgenden Nacht vertiefte er sich in die Lektüre über pferdepathogene Viren und war erstaunt über die vielen Ähnlichkeiten. Das LAV hatte die gleiche Morphologie, die gleichen Proteine und sah auf den durch das Elektronenmikroskop gemachten Aufnahmen ebenso aus. Auf der Routinesitzung am folgenden Samstag teilte Montagnier den an der AIDS-Forschung beteiligten Ärzten im Vertrauen mit, daß sie tatsächlich ein neues Virus entdeckt hatten, das kein HTLV war.

Diese Entdeckung war ein Wendepunkt auf dem Wege der wissenschaftlichen Erforschung der AIDS-Epidemie. Im Leben der französischen Forscher war es der Beginn einer Reihe großer Enttäuschungen. Sie hatten dieser rätselhaften Krankheit ihr größtes Geheimnis entlockt, aber niemand wollte es glauben.

13. JUNI, NEW YORK CITY

An jedem Zeitungsstand in der City von New York fiel einem die fettgedruckte Schlagzeile in die Augen. Die *New York Post* war auf ein Ereignis gestoßen, das ihre Auflage in die Höhe schnellen ließ: »Großmutter aus Long Island an AIDS gestorben.« Die Blutbank wollte es natürlich nicht wahrhaben, denn die Blutbanken gaben noch immer nicht zu, daß AIDS durch Transfusionen übertragen werden könne. Aber für diese Großmutter hatte es offenbar kein anderes Risiko gegeben als die Bluttransfusion, die sie vor drei Jahren während einer Herzoperation bekommen hatte. Wie die meisten 1983 diagnostizierten AIDS-Fälle, die nach Bluttransfusionen aufgetreten waren, hatte auch Lorraine De Santis die Transfusion 1980 bekommen, lange bevor die Epidemie festgestellt worden war.

Plötzlich hieß es, jedermann sei durch AIDS bedroht, und die Welle der Hysterie, deren Anfänge schon vor Monaten spürbar gewesen waren, erreichte Ende Juni und Anfang Juli ihren Höhepunkt.

Was man sich jetzt hinter vorgehaltener Hand erzählte, wurde in dem gleichen Jargon formuliert, den man in der Schwulenszene als *AIDSpeak* bezeichnete. »Die Wissenschaftler wissen es auch nicht...« hieß es. Für die Schwulen bedeutete das, die Wissenschaftler könnten nicht beweisen, daß AIDS durch Sexualkontakte übertragen wurde. Deshalb sei es auch gar nicht notwendig, irgendwelche Vorsichtsmaßnahmen zu ergreifen. Aber für den heterosexuellen Bevölkerungsteil hatte die gleiche Erkenntnis eine ganz andere Bedeutung: Wenn die Wissenschaftler nicht nachweisen konnten, daß AIDS nicht auch durch flüchtige Kontakte übertragen wurde, müßten die Menschen alles tun, um sich und die Gesellschaft zu schützen. Beide Argumentationen gründeten sich auf gleichermaßen paranoide Vorstellungen, wenngleich sie zu diametral entgegengesetzten Schlußfolgerungen führten.

Während dieser Welle der AIDS-Hysterie im Jahr 1983 wurde die Situation der Heterosexuellen in der Presse am stärksten beachtet. Dabei äußerte sich die Furcht vor einer Infektion mit AIDS überall in besonderer Weise. Weil die *New York Post* die Kunst, diese Ängste mit umsatzfördernden Schlagzeilen zu schüren, so perfekt beherrschte, kam es gerade in ihrem Verbreitungsgebiet zu den erstaunlichsten Begebenheiten.

Am Tag nach dem Erscheinen des Berichts über die Großmutter aus Long Island brachte die *Post* eine weitere furchterregende Meldung: »Drogensüchtiges AIDS-Opfer war Hausangestellter im *Bellevue*.« Der Artikel war geschickt neben einer Meldung mit der Überschrift »Ein Bambi findet ein Zuhause in Westchester« placiert. Er erzählte von einem einunddreißigjährigen Drogensüchtigen, der im Bellevue die Betten gemacht und die Laken gewechselt hatte. Die Polizisten, die ihn dem Untersuchungsrichter zur Vernehmung vorführten, trugen Gummihandschuhe und Gesichtsmasken.

Schon am nächsten Tag erschienen die Wärter im Bezirksgefängnis von Westchester in Schutzanzügen und Gesichtsmasken zum Dienst. In diesem Gefängnis gab es einen einzigen AIDS-kranken Strafgefangenen, aber er war achthundert Meter vom Hauptgebäude entfernt untergebracht, wo die Wachen gefütterte Nylon-Overalls mit Schutzhauben trugen. »Wir sehen einer grausigen Zukunft entgegen. Jetzt müssen bereits die Wärter im Bezirksgefängnis von Westchester Schutzkleidung tragen, wenn sie es mit AIDS-kranken Gefangenen zu tun haben«, lautete die Bildunterschrift.

Zur gleichen Zeit nahm die AIDS-Hysterie auch in San Francisco groteske Formen an. Am Tage nachdem die *Post* den Artikel über die AIDS-kranke Großmutter gebracht hatte, sollten zwei AIDS-Opfer in einer Fernsehshow auftreten, die in der Absicht gesendet werden sollte, AIDS zu »entmystifizieren« und die Furcht abzubauen. Aber die beiden Patienten konnten nicht auftreten, weil die Techniker im Studio sich weigerten, ihnen die Mikrophone zur Verfügung zu stellen. Auch die Kameraleute erklärten, sie würden die Show nicht aufnehmen, wenn sie dazu auf der gleichen Bühne stehen müßten wie diese beiden homosexuellen Männer. Die Patienten mußten deshalb ihre Aussagen von einem besonderen Zimmer aus durch das Telefon machen. So waren also in der »entmystifizierenden« Show nur ihre körperlosen Stimmen zu hören.

Während sich dieses Drama in den Studios der Fernsehgesellschaften ABC abspielte, wurde einem Richter am Obersten Gericht von San Francisco folgender Zettel überreicht: »Wir, die Unterzeichneten, protestieren dagegen, daß wir mit dem Opfer einer tödlichen Krankheit, von der niemand weiß, wie sie übertragen wird, im gleichen Raum sitzen müssen.«

Das »Opfer«, der dreißigjährige Andrew Small, war erschüttert. Er wußte, daß er sich aus Gesundheitsgründen von den Pflichten eines Geschworenen entbinden lassen konnte, doch er glaubte, er sei es seinem Land als verantwortungsbewußter Bürger schuldig, dieser Pflicht zu genügen. Als die Geschworenen von der Sache erfuhren, verlangte der Ehemann einer zu diesem Gremium gehörenden Frau, daß das Gericht auf ihre Teilnahme verzichtete. Auch die anderen Geschworenen hatten Bedenken. Nachdem der Richter den Zettel gelesen hatte, bat er den vorsitzenden Richter und Dr. Marcus Conant um ihren Rat. Conant erklärte, AIDS sei nicht so leicht übertragbar, und der Richter war nicht bereit, das Verfahren durch solche unbegründeten Ängste stören zu lassen. Doch schließlich verzichtete Andrew Small freiwillig auf die Teilnahme.

Am gleichen Tag brachten die Zeitungen einen Bericht über zwei Krankenschwestern in San Jose, die entlassen worden waren, nachdem sie sich geweigert hatten, einen AIDS-Patienten zu pflegen. Eine der Schwestern erklärte: »Keine von uns will dieses Zimmer betreten.« Auch in Manhattan wurde bekannt, daß sich Krankenschwestern geweigert hatten, AIDS-Patienten zu pflegen. Allerdings nahmen die Krankenhäuser in New York das Problem nicht so ernst, daß sie es für notwendig hielten, diese Krankenschwestern zu entlassen.

Selbst im Tode fanden die AIDS-Opfer keine Ruhe. Aus Furcht vor der Ansteckung wurden sie wie Geächtete behandelt. Der Verband der Leichenbestatter im Staat New York empfahl noch in derselben Woche seinen elftausend Mitgliedern, die an AIDS Verstorbenen nicht einzubalsamieren.

Auch die Ärzte waren nicht immun gegen die allgemeine Hysterie. Der Direktor der AIDS-Klinik des *General Hospital* in San Francisco, Dr. Paul Volberding, mußte feststellen, daß seine Kollegen es vermieden, ihm die Hand zu geben. Er spürte deutlich, daß sie seine Nähe scheuten. Die Journalisten und Techniker beim Fernsehen verhielten sich ganz ähnlich.

In San Antonio verlangte das Pflegepersonal im Krankenhaus eine besondere Schutzkleidung, die aus einem Kittel, einer Haube, einer Gesichtsmaske und Schuhüberzügen bestand. In einem Vorort von San Diego sagten die Behörden einen Erste-Hilfe-Kurs ab, weil niemand die Puppe berühren wollte, die zu Demonstrationszwecken verwendet wurde. Die Teilnehmer fürchteten, sie könnten sich dabei mit AIDS infizieren. Aus Haiti stammende Amerikaner wurden von der übrigen Bevölkerung gemieden. Wer in Florida wie ein Haitianer aussah und in einem Schuhgeschäft ein Paar Schuhe anprobieren wollte, konnte die peinlichsten Erfahrungen machen – das Verkaufspersonal wollte solchen Leuten nicht erlauben, die neuen Schuhe anzufassen. Führende Haitianer verlangten von den CDC, daß ihre Landsleute aus der Liste der Risikogruppen gestrichen würden, denn sie seien die einzige ethnische Gruppe, die man kollektiv so eingestuft habe. In New York behaupteten einzelne Haitianer, wenn sie sich um eine Anstellung bemühten, sie stammten nicht aus Haiti, sondern von der karibischen Insel Martinique, wo ebenfalls französisch gesprochen wurde.

Einige Soziologen meinten, die AIDS-Hysterie sei deshalb so ausgeprägt, weil die Immunschwäche zuerst bei Homosexuellen aufgetreten sei, bei einer Bevölkerungsgruppe also, die schon immer eine Außenseiterrolle gespielt habe. Die Epidemie gab alten Vorurteilen neue Nahrung. Die Wissenschaftler trugen selbst zur Verbreitung dieser Angstpsychose bei, weil sie jede Aussage über die Gefährlichkeit der Krankheit mit einem »wenn und aber« belasteten. Das zweideutige Gerede über »Körperflüssigkeiten« machte die Sache nur noch schlimmer.

Wo die alten Vorurteile gegenüber den Homosexuellen neue Nahrung erhalten hatten, konnte die »Moralische Mehrheit« nicht fern sein. Zwar hatte diese Organisation Ende Juni noch nicht offiziell zu der Epidemie Stellung genommen, aber ihre Führer starteten bereits die ersten Versuchsballons, um festzustellen, wie ihre Haltung bei der Bevölkerung aufgenommen wurde. »Wir haben das tiefste Mitgefühl für die AIDS-Opfer, es beunruhigt mich aber, daß die Regierung nicht mehr Geld zum Schutz der Öffentlichkeit vor dieser Homosexuellenpest ausgibt«, sagte Ronald Goodwin, der amtierende Vizepräsident der Gruppe. »Anscheinend ist man bereit, unsere Steuergelder für die Forschung auszugeben, um es den kranken Homosexuellen zu ermöglichen, ihre perversen Praktiken in verantwortungsloser Weise fortzusetzen.« Ein anderer Sprecher der »Moralischen Mehrheit« äußerte sich erheblich aggressiver: »Wenn wir den Homosexuellen nicht Einhalt gebieten«, erklärte Pfarrer Greg Dixon, »dann werden sie im Lauf der Zeit die ganze Bevölkerung infizieren und Amerika vernichten.«

In Houston forderten fundamentalistische Geistliche die Gesundheitsbehörden auf, die Homosexuellenbars zu schließen. Der Verein *Dallas Doctors Against AIDS* stellte den Antrag auf eine einstweilige gerichtliche Verfügung, mit der ein früher ergangenes Urteil aufgehoben werden sollte, das Sexualkontakte zwischen homosexuellen Erwachsenen in Texas nicht mehr unter Strafe stellte, sofern solche Kontakte mit der Zustimmung beider Partner erfolgten.

In ihren Artikeln über die AIDS-Hysterie priesen die meisten Zeitungen zugleich neue Wunderkuren an und berichteten über sensationelle Erkenntnisse der Forschung. Offenbar konnten die Redakteure der großen amerikanischen Tageszeitungen in jenem Jahr nicht zu Bett gehen, bevor sie irgendwo einen Arzt gefunden hatten, der behauptete, diese oder jene Entdeckung sei »ein erster Schritt auf dem langen Weg zu einer Therapie oder zur Entwicklung eines wirksamen Impfstoffs gegen AIDS«. Zeitungen im ganzen Land druckten eine Serie des *Philadelphia Inquirer* ab, in der über die heroischen Bemühungen von Anthony Fauci am Krankenhaus der *National Institutes of Health* berichtet wurde. Fauci habe einen Homosexuellen mit Interleukin-2 behandelt und ihm das Lymphozyten produzierende Knochenmark seines Zwillingsbruders transplantiert. Überall in den Vereinigten Staaten brachten die Zeitungen aufsehenerregende Artikel darüber, wie diese Behandlungsmethode zu einer wirksamen AIDS-Therapie weiterentwickelt werden könne. Allerdings mußte der Leser am Ende der Serie feststellen, daß der AIDS-Patient am Schluß erblindet und gestorben war. Im Juni setzte man große Hoffnung auf eine neue Therapie mit dem Thymus-Serum-Faktor, einem Thymushormon, das die Stimulierbarkeit der T-Lymphozyten erhöht. Firmen, die sich mit der Gentechnik beschäftigten, glaubten, AIDS mit Hilfe der Klonierung bekämpfen zu können. Bei der *AIDS Foundation* bezeichnete man solche Berichte ironisch als »Therapie der Woche«.

Geschichten dieser Art bildeten auch weiterhin den Schwerpunkt der Berichterstattung über die AIDS-Forschung. Das Thema AIDS wurde inzwischen fast ausschließlich von den Wissenschaftsreportern behandelt. Einzelne freie Journalisten verfaßten gelegentlich Berichte über die gesellschaftlichen Aspekte der Epidemie, aber die Krankheit als solche wurde in fast allen amerikanischen Zeitungen nur noch in den wissenschaftlichen Spalten erwähnt. Deshalb waren die meisten dieser Artikel im Stil des Dr. Allwissend verfaßt und vermieden es, die Frage nach den geeigneten Maßnahmen der staatlichen Behörden zu stellen. Doch Anfang Juni kam es zu einem kurzen Zwischenspiel, als der verärgerte Kongreßabgeordnete Ted Weiss sich an die Öffentlichkeit wandte und über die Schwierigkeiten, die man Susan Steinmetz bei der CDC gemacht hatte, berichtete.

»Hier wird behauptet, wir hätten irgendetwas zu verbergen«, war die Reaktion von Elvin Hilyer von den CDC, »aber das stimmt nicht.«

Zu dieser Zeit, als sich die Medien so lebhaft für alles interessierten, was mit AIDS zu tun hatte, nahm ein Mitarbeiter der CDC eine Papierserviette aus der Cafeteria mit, die er mit folgender Aufschrift an einer Bürotür befestigte: »In diesem Büro hat Sandra Ford im April 1981 die Epidemie entdeckt, die später unter der Bezeichnung *Acquired Immune Deficiency Syndrome* bekanntgeworden ist.«

32. Das AIDS-Problem im Licht der Öffentlichkeit

14. Juni 1983, Denver

Der Abteilungsleiter im Gesundheitsministerium, Ed Brandt, glaubte, es sei jetzt an der Zeit, daß sich die Gesundheitsministerin Margaret Heckler klar und eindeutig zu den durch die AIDS-Epidemie entstandenen Problemen äußerte. Die Homosexuellenfeindlichkeit, die sich hinter der Furcht vor einer AIDS-Infektion verbarg, ärgerte ihn. Der im Grunde konservative Brandt hatte ein sehr ausgeprägtes Rechtsempfinden. Er verlangte eine klare Stellungnahme, die es unmöglich machte, AIDS zum Anlaß für die Diskriminierung Homosexueller zu nehmen. Außerdem war er der Ansicht, daß die Homosexuellen die Anerkennung der Öffentlichkeit verdienten, denn sie seien schließlich selbst aktiv geworden und hätten eine Aufklärungskampagne sowie die Betreuung der AIDS-Kranken durch freiwillige Helfer organisiert. Und genau dies entsprach ja dem Leitgedanken der Reagan-Revolution: Die Menschen sollten lernen, sich selbst zu helfen, und nicht nur auf die Initiativen ihrer Regierung warten.

Frau Heckler erklärte sich einverstanden. Sie wußte jedoch, daß sie sich mit einer Ansprache auf der Konferenz der amerikanischen Bürgermeister auf ein heikles Terrain wagte. Die Bürgermeister der am meisten betroffenen Großstädte hatten von der Regierung der Vereinigten Staaten weitere fünfzig Millionen Dollar für die AIDS-Forschung gefordert. Außerdem hatten sie die Zusage der Unterschrift des Präsidenten unter dem vom Kongreß bereits gebilligten Zusatz zum Haushaltsgesetz über die Gewährung von zwölf Millionen Dollar verlangt. Doch schon jetzt erklärten Beamte des *Office of Management and Budget* (OMB), Präsident Reagan werde gegen die Gewährung der zusätzlichen zwölf Millionen Dollar sein Veto einlegen. Nach seinen Vorstellungen sollte die AIDS-Forschung mit Geldern finanziert werden, die von anderen Vorhaben des Gesundheitsministeriums abgezweigt werden könnten. Daß sich das OMB mit den weiteren fünfzig Millionen Dollar einverstanden erklären werde, war kaum vorstellbar. Frau Heckler entschied sich für die in der Administration allgemein übliche Taktik. Sie wollte erklären, alles sei in schönster Ordnung und ihr Ministerium könne auf die Gewährung zusätzlicher Mittel verzichten.

Die auf der Schlußsitzung der Bürgermeisterkonferenz in Denver gehaltene, siebzehn Seiten lange Rede der Ministerin war die erste offizielle Erklärung eines Kabinettsmitglieds dieser Administration zum Thema AIDS.

»Ich versichere Ihnen hiermit, daß AIDS für das Gesundheitsministerium den absoluten Vorrang hat«, sagte Frau Heckler. »Wir stehen Ihnen im Kampf gegen AIDS zur Seite.«

Nachdem sie ihren Zuhörern ausdrücklich versichert hatte, daß AIDS nicht durch flüchtige Kontakte übertragen werden könne, lobte Frau Heckler die »sofortige« Reaktion der *National Institutes of Health* und die »ständigen Bemühungen der Regierung, die Ursache von AIDS festzustellen«.

Die interessanteste Aussage in ihrer Rede wurde von den Medien allerdings am wenigsten beachtet: »Jede Aussage über den Austausch von Informationen wäre unvollständig, wollten wir nicht die ausgezeichnete Arbeit anerkennen, die von den Homosexuellenorganisationen im ganzen Land geleistet worden ist. Sie haben mit umfassenden Hilfsmaßnahmen für die AIDS-Opfer und einer wirksamen Aufklärungskampagne über die AIDS-Risiken auf die Krise reagiert. Ich weiß, daß viele von Ihnen, die mir heute zuhören, eng mit diesen Gruppen zusammengearbeitet haben, und ich freue mich über Ihre Hilfsbereitschaft.«

Der Zufall wollte es, daß die Bürgermeisterkonferenz zur gleichen Zeit stattfand wie das zweite Nationale AIDS-Forum. In der außerordentlich gespannten Atmosphäre ergaben sich bei der Erörterung eines jeden Problems deutliche Meinungsverschiedenheiten und heftige Debatten.

Am heftigsten wurde um den Inhalt der Broschüren über die AIDS-Verhütung gestritten, welche die Delegation aus San Francisco der Konferenz vorgelegt hatte. Die Gesundheitsbehörden von San Francisco hatten in aller Eile das von ihnen herausgegebene schriftliche Material auf einer Art Flugblatt zusammengestellt, das in einem ihrer Büros auf der Schreibmaschine geschrieben und vervielfältigt worden war. Bill Kraus hielt es für beschönigend und verharmlosend. Es war

433

darin weder von Körperflüssigkeiten noch vom Verzicht auf bestimmte Sexualpraktiken wie dem Analverkehr die Rede. Stattdessen empfahl das Flugblatt den Homosexuellen, die Zahl ihrer Partner zu verringern, sich nur gesunde Partner zu suchen und »Sexualpraktiken zu vermeiden, die Blutungen hervorrufen könnten«. Dieses Flugblatt und das neue, von den Gesundheitsbehörden entworfene Plakat sollten die anderen Städte dazu anregen, die Bevölkerung in ähnlicher Weise aufzuklären. Allerdings waren es die einzigen Empfehlungen zur AIDS-Verhütung, die bis dahin von einer amerikanischen Gesundheitsbehörde herausgegeben worden waren.

Bill Kraus und Catherine Cusic, die zweite Vorsitzende des AIDS-Ausschusses beim *Harvey Milk Club*, hatten zu dem Forum einige Kartons mit einer sehr freimütigen, im Dreifarbendruck hergestellten Broschüre des *Milk Club* mitgebracht. Mit Zeichnungen und witzigen Unterschriften sagte die Aufklärungsschrift den homosexuellen Männern sehr deutlich, wie sie sich vor Ansteckung schützen könnten und welche Praktiken sie vermeiden müßten. Die einzelnen Abschnitte trugen sehr drastische Überschriften wie »Lutschen« und »Ficken«. Dabei wurde ganz detailliert auf das Verhalten des jeweils aktiven oder passiven Partners eingegangen. Kraus hatte Verständnis dafür, daß die Gesundheitsbehörden keine so freimütigen Schriften herausgeben konnten; er meinte doch, die Behörde sollte sich schämen, ihren Namen für ein so primitives Machwerk hergegeben zu haben, wie es jetzt auf der Konferenz verteilt wurde.

Die New Yorker Delegierten – die meisten von ihnen kamen von der *Gay Men's Health Crisis* – brachten einen detaillierten Aktionsplan mit. Zu den sauber ausgearbeiteten Dokumenten gehörten Tabellen und eine genau Darstellung der Aufgaben, welche die einzelnen Mitarbeiter übernehmen sollten. Das gehörte, wie der Präsident Paul Popham sagte, zu jeder guten Organisation. Die Broschüre, in der diese Dokumente zusammengefaßt waren, bewies, daß sich die GMHC nach Larry Kramers Ausscheiden aus dem Vorstand von keinerlei politischen Gesichtspunkten mehr leiten ließ. Das hier dargestellte Aufklärungsprogramm sah AIDS-Symposien vor, bei denen bekannte Wissenschaftler und Forscher zu den einzelnen Problemen Stellung nehmen sollten. Doch leider pflegten sich an solchen Symposien immer wieder die gleichen gutinformierten fünfhundert Personen zu beteiligen. Die Vorträge erreichten also nicht diejenigen, die am meisten der Aufklärung bedurften – die Homosexuellen, die noch nicht begriffen hatten, daß auch ihr Leben durch AIDS bedroht war. Diesem Vorwurf begegneten die AIDS-Aktivisten der GMHC mit einem Begriff aus ihrem eigenen *AIDSpeak*-Vokabular: »Entscheidungsfreiheit für den informierten Einzelnen.«

Das Argument lautete: »Man kann niemandem sein Sexualverhalten vorschreiben. Man informiert die Leute darüber, wie AIDS übertragen wird, und überläßt ihnen selbst die Entscheidung.«

Diese Strategie entsprach der Vorstellung der New Yorker, daß die bürgerlichen Freiheiten auf jeden Fall unangetastet bleiben müßten. Eine Gesundheitspolitik, die sich nicht mit den Bürgerrechten vereinbaren ließ, war für sie ganz undenkbar. Die »Entscheidungsfreiheit des informierten Einzelnen« war ein Glaubensartikel, und zwar nicht nur für die GMHC, sondern auch für die New Yorker Gesundheitsbehörden, die nicht geneigt waren, das für die medizinische Aufklärung benötigte Geld zur Verfügung zu stellen. Selbst die schamhaften Versuche der Gesundheitsbehörden in San Francisco gingen den New Yorkern zu weit. Als Pat Norman der Versammlung das für die Saunen in San Francisco bestimmte Plakat vorlegte, reagierten einige New Yorker mit Buhrufen.

Den New Yorkern ging es in erster Linie nicht um die Aufklärung, sondern um die Vertraulichkeit. Dies war ein sehr wichtiger Begriff im *AIDSpeak* von Manhattan. Denn die *Centers for Disease Control* hatten sich mit den Blutbanken in New York in Verbindung gesetzt, weil sie feststellen wollten, wieviele AIDS-Fälle auf Transfusionen mit kontaminierten Blutkonserven zurückzuführen waren. Die CDC hatten die Blutbank um eine Liste der Spender gebeten. Unter Berufung auf die Vertraulichkeit hatte die Blutbank sich geweigert, die Namen zu nennen. Wenn die CDC ihr jedoch eine Liste aller AIDS-Patienten im Staat New York übergäbe, würden die Beamten der Blutbank diese Namen mit denen ihrer Spender vergleichen. Die CDC waren dann auch naiv genug, auf diesen Vorschlag einzugehen. Schon vorher hatten homosexuelle Ärzte in New York erbost reagiert, weil die CDC 1982 in ihrer Studie über das Beziehungsnetz ihren Ermittlungsbeamten erlaubt hatten, anderen Patienten die Namen der ersten AIDS-Kranken zu nennen, um festzustellen, ob sie mit diesen Personen Sexualkontakte gehabt hatten. Diese Ermittlungen hatten es unter anderem ermöglicht nachzuweisen, daß AIDS eine ansteckende Krankheit war. Das jedoch konnte die Kritiker der CDC nicht beeindrucken. Jetzt weigerten sich viele homosexuelle Ärzte in New York City, neue AIDS-Fälle zu melden, weil sie fürchteten, die CDC könnten auch diese Namen preisgeben.

Wie die meisten führenden Homosexuellen an der amerikanischen Westküste machte sich Bill Kraus keine besonderen Sorgen wegen der möglichen Verletzung der Privatsphäre des einzelnen. Für ihn handelte es sich dabei um eine für den Osten der Vereinigten Staaten typische Geheimniskrämerei. Zwar war es nach seiner Meinung idiotisch, wenn die Beamten der CDC irgend jemandem ihre Listen zeigten, aber er glaubte nicht, daß den Betroffenen daraus Nachteile erwachsen könnten. Schließlich waren die Leute auf den Listen Todeskandidaten; sie würden also nicht jahrelang unter diesem Makel leiden müssen. Doch für die Beamten der Gesundheitsbehörden in New York war die *Vertraulichkeit* oberstes Gebot. Der Direktor des Städtischen Gesundheitsamts, David Sencer, erklärte sogar, für die Stadtverwaltung habe die *Vertraulichkeit* bei allen Überlegungen den absoluten Vorrang. Das gefiel den AIDS-Aktivisten in Manhattan natürlich. Ihre Verärgerung über die Versäumnisse der Stadt bei der Betreuung der AIDS-Kranken und bei der Aufklärung der Bevölkerung wurde so ein wenig gemildert. Nur wenige Zyniker meinten, die *Vertraulichkeit* sei ebenso wie die von Homosexuellen besuchten Saunen ein Problem, für das sich David Sencer nur allzu gern einsetzte, weil es nämlich die Behörden keinen Penny koste.

Der Ausschuß für Öffentlichkeitsarbeit zum Beispiel wies darauf hin, »daß wir gewillt sind, für die Rechte des Individuums einzutreten, und uns energisch gegen jeden Versuch wehren werden, die Moral gesetzlich zu reglementieren. Wir werden uns also jedem Versuch der Legislative widersetzen, sexuelle Aktivitäten einzuschränken oder private Clubs oder Saunen zu schließen«.

Da jetzt immer mehr Wissenschaftler glaubten, AIDS werde von einem Virus verursacht, äußerte sich die Arbeitsgruppe über die von den Politikern zu treffenden Maßnahmen äußerst vorsichtig: »Wir möchten ausdrücklich darauf hinweisen, daß die Virus-Theorie nicht mehr und nicht weniger ist als eben eine Theorie. Wir glauben, daß es für Homosexuelle und Lesbierinnen im Hinblick auf die Bürgerrechte verheerende Auswirkungen haben würde, wenn man bei der Bekämpfung von AIDS einer bestimmten Theorie folgen wollte, bevor der wissenschaftliche Nachweis erbracht ist, daß sie zutrifft.«

Der Ausschuß, der sich mit der Frage beschäftigen sollte, wie das Infektionsrisiko zu verringern sei, und über »positive Veränderungen im Sexualverhalten« nachdenken wollte, hätte die Gelegenheit gehabt, durch konstruktive Vorschläge einen wesentlichen Beitrag zu dieser

Konferenz zu leisten und damit Leben zu retten. Aber in seinem Schlußbericht hieß es nur: »Bei dem Versuch, anstelle der bisher herausgegebenen Richtlinien für die Verringerung des Ansteckungsrisikos neue und wirksamere Empfehlungen zu erarbeiten, konnte keine Übereinstimmung erreicht werden. Die Teilnehmer einigten sich darauf, daß weitere Beratungen notwendig seien.«

»... daß weitere Beratungen notwendig seien.« Bill Kraus las Catherine Cusic diesen letzten Satz vor und zerknüllte das Papier. »Die Homosexuellen werden alle sterben – bis auf die beiden politischen Dinosaurier, die sich auch dann noch darüber streiten werden, ob es politisch richtig sei, den Leuten zu sagen, sie müßten auf den Analverkehr verzichten.«

Mervyn Silverman hatte seit seiner frühen Jugend Arzt werden wollen. Sein Vater war Zahnarzt gewesen, und so war es ganz natürlich, daß er sein Studium an der Medizinischen Fakultät der *Washington and Lee University* begann. Doch während seiner praktischen Ausbildung an einem Krankenhaus in Los Angeles kam Silverman zu der Überzeugung, daß der Arztberuf nicht das richtige für ihn sei. Deshalb ging er zum *Peace Corps* und arbeitete zwei Jahre in Thailand. Als medizinischer Direktor des *Peace Corps* für Südostasien erkannte Silverman den Wert der Präventivmedizin und machte sie zu seinem Spezialgebiet. An der *Harvard University* legte er sein Magisterexamen im Fach öffentliche Gesundheit ab und nahm eine Stelle bei der *Food and Drug Administration* an. Dort wurde er Direktor der Abteilung für Verbraucherfragen. Um mehr persönliche Verantwortung übernehmen zu können, übernahm er anschließend den Posten des Direktors beim Gesundheitsamt von Wichita, Kansas. Im konservativen Mittleren Westen war ein städtischer Beamter mit langem Haar und einem starken, buschigen Schnurrbart natürlich eine auffallende Erscheinung.

Als Bürgermeister George Moscone ihn 1977 fragte, ob er Direktor des Gesundheitsamts von San Francisco werden wolle, war sich Merv Silverman klar darüber, daß er in dieser Stellung mit zahlreichen politischen Problemen konfrontiert sein würde. Anders als im homogenen Wichita gab es in San Francisco eine Vielzahl von Wählergruppen, und die meisten von ihnen waren es gewohnt, lautstark für ihre politischen Ziele einzutreten. Nicht weniger als vierunddreißig Beratungsausschüsse vertraten dort die Interessen einzelner Gruppen. So erkannte er sehr bald, daß das Gesundheitswesen und die Politik in San Francisco mehr als irgendwo sonst in den Vereinigten Staaten miteinander verknüpft waren.

Daran mußte Silverman auch zurückdenken, als die Bürgermeisterin Dianne Feinstein ihn zur Seite nahm, um mit ihm über die Saunen zu sprechen. Sie hatte dieses Thema Ende 1982 zum ersten Mal zur Sprache gebracht. Ihr Vater und ihr zweiter Mann waren Ärzte, und so hatte sie in medizinischen Fragen eindeutige Vorstellungen.

Sie konnte nicht begreifen, weshalb Merv Silverman nichts gegen die Saunen unternahm. Silverman erklärte, das Sexualverhalten der Homosexuellen müsse sich drastisch verändern, wenn man jedoch die Saunen schlösse, würde man sie nur veranlassen, das gleiche an anderer Stelle zu tun.

Mrs. Feinstein überzeugte dieses Argument nicht. Sie hatte jedoch nicht die Befugnis, ihm Befehle zu erteilen, denn er war nicht ihr, sondern einem höheren Beamten der Stadtverwaltung unterstellt.

16. JUNI, CAPITOL, WASHINGTON, D. C.

Der amerikanische Senat sprach sich mit überwältigender Mehrheit für den Zusatz zum Haushaltsgesetz über die Gewährung von zwölf Millionen Dollar für die AIDS-Forschung aus. Obwohl das Weiße Haus drohte, sein Veto gegen diese Vorlage einzulegen, wurde der Betrag schließlich doch bereitgestellt, weil sich beide Parteien im Kongreß mit großer Entschiedenheit dafür einsetzten. Angesichts eines Bundeshaushalts von nahezu einer Billion Dollar handelte es sich schließlich um eine lächerlich geringe Summe.

Die religiösen Fundamentalisten jedoch protestierten lautstark. Die rechtsorientierte Zeitschrift Human Events mißbilligte das Abstimmungsergebnis im Senat entschieden und bezeichnete es in einem Leitartikel als »Reaktion auf den massiven Druck einer militanten Homosexuellenlobby«.

Was nun die Finanzierung der AIDS-Forschung durch die Regierung in Washington betraf, so geschah immer wieder das gleiche: Kaum war ein Antrag endlich durchgekommen, waren die wissenschaftlichen Erkenntnisse, auf die er sich stützte, bereits überholt. Schon war bei den Gesundheitsbehörden eine vertrauliche Denkschrift im Umlauf, in der nachgewiesen wurde, daß die $ 17,6 Millionen, die die Reagan-Administration in dem im Oktober 1983 beginnenden Rechnungsjahr für die AIDS-Forschung ausgeben wollte, für die Finanzierung der bei den CDC, den NIH und der FDA geplanten Vorhaben bei weitem nicht ausreichten. Um die bei der AIDS-Bekämpfung immer zahlreicher werdenden Probleme wirklich bewältigen zu können, würden die Gesundheitsbehörden den dafür vorgesehenen Betrag verdreifachen müssen. Aber obwohl die medizinischen Forschungseinrichtungen der Bundesregierung einen entsprechenden Antrag gestellt hatten, unternahm die Reagan-Administration nichts für die ausreichende Finanzierung der dringendsten Forschungsaufgaben, sondern behauptete, die Wissenschaftler verfügten bereits über alles für die AIDS-Forschung benötigte Geld.

In einem Sonderbericht über den gegenwärtigen Stand der AIDS-Epidemie, den die *Centers for Disease Control* für den wöchentlich erscheinenden *MMWR* zusammengestellt hatten, hieß es, daß bis zum 20. Juni 1983 eintausendsechshunderteinundvierzig Amerikaner an AIDS erkrankt und sechshundertvierundvierzig von ihnen gestorben waren. Fünfundvierzig Prozent der Fälle waren aus New York City gemeldet, zehn Prozent aus San Francisco und sechs Prozent aus Los Angeles. Die CDC meldeten, daß weitere einundzwanzig Säuglinge und Kleinkinder in den Vereinigten Staaten augenscheinlich an AIDS erkrankt waren. Sie waren allerdings noch nicht in der offiziellen Krankenbestandsmeldung der CDC enthalten, weil die Behörde zunächst untersuchen wollte, ob die bei ihnen festgestellte Immunschwäche nicht andere Ursachen hatte. Die Zahl der mit der tödlichen Krankheit infizierten Personen hatte sich während der vergangenen sechs Monate genau verdoppelt. Die CDC sagten voraus, die Zahl der Toten und unheilbar Kranken werde sich in den letzten sechs Monaten des Jahres 1983 noch einmal verdoppeln, und das gleiche werde im folgenden Halbjahr geschehen.

21. JUNI, WASHINGTON, D. C.

Marc Conant saß an dem großen ovalen Eichentisch im *Hubert H. Humphrey Building*, in dem das amerikanische Gesundheitsministerium untergebracht war. Er hatte seinen Platz so gewählt, daß er Thomas Donnelly genau gegenübersaß und ihm in die Augen blicken konnte. Donnelly war der Leiter der Abteilung für legislative Angelegenheiten des Ministeriums. An ihn mußten sich die Chefs der einzelnen Institute wenden, wenn sie Geld für die Finanzierung der AIDS-Forschung brauchten. Er erklärte ihnen dann, sie könnten nicht damit

439

rechnen, daß die Administration die Bereitstellung weiterer Beträge billigen werde. Deshalb müßten sie das benötigte Geld aus den Etats anderer Forschungsvorhaben abzweigen. Auch Judy Buckalew vom Weißen Haus war zu dieser Besprechung gekommen. Aber sie war nur eine Vertreterin des *Office of Public Liaison*, eines verhältnismäßig unwichtigen Büros, dessen Aufgabe es war, mit Leuten zu sprechen, mit denen das Weiße Haus eigentlich nichts zu tun haben wollte. Das Weiße Haus hatte sich bereits von dieser Konferenz distanziert, indem es sie nicht, wie zunächst vorgesehen, im alten Exekutivgebäude unmittelbar neben dem Weißen Haus, sondern im Gesundheitsministerium stattfinden ließ. Und Mrs. Buckalew hätte ihre Teilnahme an der Konferenz beinahe abgesagt, als die Führer der *National Gay Task Force*, die diese Besprechung organisiert hatten, erwähnten, daß auch Marc Conant und Michael Callen, der Führer der New Yorker Gruppe »People With AIDS«, anwesend sein würden.

Um allen Beteiligten das Ausmaß der Krise bewußt zu machen, hatte Conant eine kurze Erklärung verfaßt, die er zu Beginn der Besprechung verlas. Im letzten Absatz hieß es: »Die westliche Zivilisation ist im zwanzigsten Jahrhundert noch nie mit einer Epidemie diesen Ausmaßes konfrontiert worden. Vielleicht hat unsere Regierung deshalb so lange gezögert, auf diese Herausforderung zu reagieren. Zum Glück verfügen wir über das Wissen und die Mittel, um eine Infektionskrankheit erfolgreich zu bekämpfen. Um diese Mittel zum Einsatz zu bringen, ist es notwendig, sofort zu handeln, um die Ausbreitung dieser Epidemie zu verlangsamen und eine Katastrophe zu verhindern, deren Ausmaß sich noch nicht abschätzen läßt.«

Judy Buckalew hielt dem entgegen, mit AIDS werde es ebenso gehen wie mit dem Krebs. Es würde Jahre dauern, bis man mit diesem Problem fertig würde. Rasche Lösungen gebe es eben nicht.

Conant erwiderte, AIDS sei eine Infektionskrankheit, und deshalb werde es viel leichter sein, die Ursache zu finden. Außerdem könne man schon jetzt Programme entwickeln, um die Ausbreitung der Epidemie zu verhindern.

»Wenn die homosexuellen Männer erkannt haben, daß es eine tödliche Krankheit ist, werden sie ihr Verhalten ändern, und die Epidemie wird sich nicht weiter ausbreiten«, wandte Donnelly ein.

»Die Menschen werden ihr Verhalten nicht ändern«, entgegnete Conant, »und die Menschen sterben. Die Administration muß sich beeilen.«

Einige Abgeordnete hatten verlangt, die Bundesregierung solle einen

AIDS-Koordinator ernennen. Conant stimmte dieser Forderung zu. Er erklärte, die Arbeit der NIH, der CDC und der FDA müsse besser organisiert werden und es sei notwendig, klare Zielvorstellungen zu entwickeln und Prioritäten festzulegen. »Unsere Regierung sollte ebenso reagieren wie auf eine Invasion feindlicher Streitkräfte«, sagte er. »Wenn wir nicht sofort etwas unternehmen, werden wir erst in fünf oder zehn Jahren eine Lösung finden.«

Doch Conant stieß mit diesen Vorschlägen auf taube Ohren.

Nach der Sitzung gab die *National Gay Task Force* eine Presseerklärung ab, in der es hieß, man sei »ermutigt durch die Zusage der Administration, den Dialog mit den am meisten von AIDS betroffenen Personen fortzusetzen«.

Als Marc Conant auf dem Flughafen von Washington seine Maschine bestieg, war er alles andere als ermutigt. Auf dem Rückflug nach San Francisco schrieb er einen Brief an Präsident Reagan. Darin erklärte er, das Land müsse eine Gruppe von Fachleuten mit der Prüfung der Frage beauftragen, welche Forschungsvorhaben jetzt am vordringlichsten seien, und einen AIDS-Koordinator ernennen, der einen Gesamtplan für diese Forschungen entwerfen könne. Diese Epidemie könne schließlich die ehrgeizigen Pläne des Präsidenten für die Zukunft Amerikas ernsthaft gefährden. Ronald Reagan würde dann als der Präsident in die Geschichte eingehen, der tatenlos zugesehen habe, wie Tausende starben.

23. JUNI

Die Stimmung auf der Wohltätigkeitsveranstaltung zugunsten der *National KS/AIDS Foundation* war so ausgelassen und übermütig wie bei den meisten gesellschaftlichen Ereignissen dieser Art in San Francisco. Als die Gastgeberin Debbie Reynolds den Überraschungsgast, die Schauspielerin Shirley MacLaine, vorstellte und dabei die schönen Beine von Shirley erwähnte, zog diese das Oberteil ihres trägerlosen Kleids herunter und bewies, daß sie auch noch mehr vorzuzeigen hatte. Die Menge jubelte vor Begeisterung: »Wir lieben dich, Shirley!« Doch Debbie Reynolds wollte sich nicht geschlagen geben, hob ihren an der Rückseite geschlitzten Rock auf und zeigte ihre kurzen schwarzen Höschen.

»Debbies Image als Unschuldsengel ist für alle Zeiten hin«, seufzte ein Grundstücksmakler im Publikum.

»Wartet nur, bis ich euch was zeige«, scherzte die Sängerin Morgana King im nächsten Augenblick. Aber dann überlegte sie es sich doch noch einmal, ging ans Mikrophon und sang: »My Funny Valentine.«

Als in anderen Teilen der Vereinigten Staaten bekannt wurde, wie diese Veranstaltung verlaufen war, rümpfte mancher die Nase. In San Francisco jedoch war man solche Reaktionen bereits gewohnt. Sehr viel bedeutsamer war es, daß sich an diesem Abend zum ersten Mal bekannte Persönlichkeiten an einer Wohltätigkeitsveranstaltung zugunsten der AIDS-Hilfe beteiligt hatten. Diese Teilnehmer, zu denen auch der durch das Fernsehen bekannt gewordene Schauspieler Robert »Benson« Guillaume gehörte, waren die einzigen internationalen Stars, die es bis dahin gewagt hatten, sich mit AIDS in Verbindung bringen zu lassen. Die meisten anderen – unter ihnen auch viele, die ihren Erfolg zum großen Teil ihren homosexuellen Fans zu verdanken hatten – wollten nichts mit einer Krankheit zu tun haben, die irgendwie anrüchig war.

AIDS war damals noch kein Problem, mit dem sich ein Filmstar beschäftigen durfte. Sogar bei den Homosexuellen wurde die Epidemie noch nicht als ein Problem angesehen, mit dem sich Leute beschäftigen durften, die etwas auf sich hielten. Zwar nahmen die Organisatoren der Wohltätigkeitsveranstaltung schließlich eine Menge Geld ein, aber zunächst hatten sie viele Freikarten ausgeben müssen, um sicherzustellen, daß alle Plätze in dem großen Konzertsaal besetzt waren.

In den vergangenen Monaten hatten die Medien zu ausführlich über AIDS berichtet, und die Menschen hatten genug von diesem Thema. Nachdem die Plakate in den Saunen aufgehängt worden waren, hatte sich der Besucherstrom zunächst ein wenig gelichtet. Jetzt aber füllten sich diese Lokale wieder.

DER TAG DANACH, SAN FRANCISCO MEDICAL SOCIETY

Im Sommer 1983 sprach Dr. James Curran gern von dem »Willie-Sutton-Gesetz«, wenn er seine Auffassung begründen wollte, daß ein Retrovirus der AIDS-Erreger sei. Der berüchtigte Bankräuber Willie Sutton hatte auf die Frage, warum er Banken ausraube, geantwortet: »Weil dort das Geld liegt.«

»Wo sollten wir von den CDC unser Geld anlegen?« fragte Curran. »Wohin würde Willie Sutton gehen? Ich glaube, heute würde er dorthin gehen, wo die Retroviren sind.«

Mit diesem Scherz hatte Jim Curran zumeist die Lacher auf seiner

Seite. Er war inzwischen zum AIDS-Botschafter der Regierung geworden und bereiste in dieser Funktion das ganze Land. An diesem Tag hielt er einen Vortrag vor der Ärztevereinigung *Bay Area Physicians for Human Rights*, einer Gruppe wohlerzogener homosexueller Ärzte, die sich in Gegenwart eines so bedeutenden Mannes leicht verunsichert fühlten. Bei seinen Vorträgen pflegte Curran kleine Anekdoten zu erzählen, die beweisen sollten, wie ernst die Reagan-Administration die AIDS-Epidemie nahm.

»Neulich wurde ich in meinem Hotelzimmer angerufen. Die Vermittlung sagte, die Ministerin sei am Apparat«, sagte Jim Curran, der jetzt schon seit zwei Jahren den Posten des AIDS-Koordinators der CDC innehatte. »Und wer war wirklich am Apparat? Es war *die* Ministerin Heckler. Damit hatte ich nicht gerechnet.«

Seine Zuhörer lachten höflich. Dann fuhr Curran fort: »Aber man kann sagen, was man will, die Ministerin unterstützt uns bei unseren Bemühungen.«

Die wohlerzogenen Ärzte erbleichten, als sie sahen, wie ein Reporter des *Chronicle* Curran verfolgte, als er den Vortragsraum verließ. Er ging ihm bis in die Herrentoilette nach und stellte impertinente Fragen über die Finanzierung der AIDS-Forschung. Die Ärzte hatten solche Fragen nicht gestellt, vielleicht aus Höflichkeit gegenüber einem geachteten Kollegen.

»Wir haben alles, was wir brauchen«, behauptete Curran.

Das hatte er auf seinen Vortragsreisen in diesem Sommer überall gesagt.

Drei Jahre später fragte ihn derselbe Reporter, der ihn in der Herrentoilette zur Rede gestellt hatte, wie er jetzt zu dieser Aussage stünde. Die Presse hatte mittlerweile feststellen können, daß es bei den CDC durchaus nicht so rosig aussah, und Curran wußte das. Auch damals, als er versucht hatte, die homosexuellen Ärzte in San Francisco zu beruhigen, hatte er Denkschriften an seine Vorgesetzten geschrieben und sie um mehr Geld gebeten.

Curran überlegte sich sehr genau, was er darauf antworten sollte. Schließlich erklärte er:

»Es ist schwierig, das Leuten außerhalb des *Systems* zu erklären. Innerhalb des *Systems* für ein bestimmtes Ziel zu arbeiten und außerhalb des *Systems* mit den Menschen über dieses Ziel zu sprechen – das sind zwei ganz verschiedene Dinge. Man hat in meiner Stellung zwei Möglichkeiten. Man kann seinen Posten verlassen und versuchen, von außen für das gleiche Ziel zu arbeiten. Und schließlich kann man loyal

443

sein und innerhalb des *Systems* weiterarbeiten. Der Außenstehende kann den Eindruck haben, daß man lügt oder die Wahrheit zu verschleiern sucht, aber das stimmt nicht.«

Im übrigen habe es kaum jemanden gegeben, der bereit gewesen sei, sich irgendwelche Beschwerden anzuhören. Die Nachrichtenmedien hätten keine Berichte über seine Öffentlichkeitsarbeit gebracht. Keine Zeitung und keine Fernsehgesellschaft habe sich für solche Informationen interessiert, selbst wenn Curran bereit gewesen wäre, sie zu liefern. »Es gab nur zwei Dinge, die das AIDS-Programm am Leben erhielten – Druck von innen und Druck von den organisierten Homosexuellen«, sagte er. »Und das war alles.«

Ende Juni gaben das Amerikanische Rote Kreuz, der Verband der amerikanischen Blutbanken und der Rat der örtlichen Blutzentren eine gemeinsame Erklärung heraus, mit der die Furcht vor kontaminiertem Blut als unbegründet hingestellt wurde. Wenn es dieses Problem überhaupt gäbe, dann müsse man »bei einer Million Patienten, die Bluttransfusionen bekommen, nur mit einem AIDS-Fall« rechnen. In dem Bemühen, in dieser Frage einen Konsens zu erreichen, empfahl der Abteilungsleiter im Gesundheitsministerium, Edward Brandt, noch einmal den Erlaß von Richtlinien, die es erlaubten, die Spender zu untersuchen, dabei aber keine Bluttests vorschrieben.

25. JUNI, NEAPEL, ITALIEN

An der ersten Arbeitstagung der europäischen Studiengruppe über die AIDS-Epidemie und das Kaposi-Sarkom nahm nicht die erste Garnitur der auf diesem Gebiet arbeitenden Wissenschaftler teil. Die Konferenz fand jedoch an einem außerordentlich romantischen Tagungsort statt, im Castel del Ovo, einer Burg aus dem fünfzehnten Jahrhundert an der Bucht von Neapel. Einer der Teilnehmer war Dr. Michael Gottlieb aus Los Angeles, der vor diesem Gremium seine neueste Theorie erläutern wollte, nach der das Kaposi-Sarkom von zwei Viren verursacht wurde. Diese Krebsart hatte Gottlieb vor ein besonders schwer zu lösendes Problem gestellt, denn sie trat augenscheinlich nur bei homosexuellen Männern auf. In Afrika hatte man die Krankheit schon seit langem mit dem Zytomegalie- oder Herpesvirus in Verbindung gebracht, und das führte Gottlieb zu der Annahme, daß vielleicht ein zweites Virus mit einem noch nicht entdeckten AIDS-Virus zusammenwirkte und dabei das Kaposi-Sarkom verursachte. Er hatte die Vorstellung, der Patient müsse zunächst mit einem Virus infiziert werden, das die Lymphozyten schädige (lymphotropes Virus), während ein zweites Virus das Auftreten der spezifischen KS-Symptome bewirkte. Er glaubte, das lymphotrope Virus allein verursache AIDS und damit lasse sich auch erklären, weshalb drogensüchtige Fixer und Empfänger von Bluttransfusionen nur sehr selten an dem Hautkrebs erkrankten. Das KS-spezifische Virus war nach Gottliebs Theorie das ZMV. Für den lymphotropen Erreger hatte er noch keine Bezeichnung.

Michael Gottlieb hatte den Artikel des Pasteur-Instituts über die Entdeckung eines neuen, menschenpathogenen Virus in der Zeitschrift *Science* gelesen. Wie die meisten seiner Kollegen verlangte er jedoch überzeugendere Beweise. Als Dr. Jean-Claude Chermann vom Pasteur-Institut die neuesten Entdeckungen bekanntgab, die dort über dieses Virus gemacht worden waren, horchte Gottlieb auf. Dieses Virus, das LAV, war unglaublich zytopathogen. Wie Chermann berichtete, zerstörte es die Zellen, die es infizierte. Gottlieb dachte sofort an die durch Viren geschädigten Immunsysteme, die er als Kliniker an der Universität von Kalifornien in Los Angeles gesehen hatte. Er hatte den Eindruck, daß Chermann auf dem richtigen Wege war. Als die Konferenzteilnehmer aufgefordert wurden, Fragen zu stellen, hob er die Hand.

»Ist dieses Virus das HTLV-I?« fragte Gottlieb.

»Oh«, sagte Chermann, den diese Frage interessierte, »wenn Sie mich fragen, ob es ein HTLV ist, dann sage ich ja. Es ist ein menschenpathogenes, lymphotropes T-Zell-Virus. Wenn Sie mich aber fragen, ob es das HTLV-I ist, dann sage ich nein.«

Der französische Wissenschaftler erläuterte die Unterschiede, was die Core-Proteine und andere Charakteristika des Virus betraf. Dann berichtete ein zweiter Immunologe des Pasteur-Instituts, David Klatzmann, über die Ergebnisse von Blutuntersuchungen bei verschiedenen AIDS-Patienten, die deutlich darauf hinweisen, daß es sich um ein LAV handelte.

Michael Gottlieb war überzeugt: Der Franzose hatte das lymphotrope Virus entdeckt, das AIDS verursachte.

Ein anderer amerikanischer AIDS-Forscher, den der Bericht von Dr. Jean-Claude Chermann sichtlich beeindruckt hatte, war Dr. Harry Haverkos von den CDC. Beim Abendessen beglückwünschten sich Haverkos, seine Frau, Chermann und andere Wissenschaftler des Pasteur-Instituts bei einer Flasche Wein zur Entdeckung des Virus.

Haverkos wollte sofort nach Paris fliegen, um eine Viruskultur zur näheren Untersuchung nach Atlanta mitzunehmen. Doch die CDC konnten ihm das Geld für die Flugkarte nicht zur Verfügung stellen, und daher mußte das Pasteur-Institut die Viruskultur in Trockeneis verpackt an die CDC schicken. Als sie in Atlanta eintraf, waren die Viren abgestorben. Das Institut mußte eine zweite Sendung auf den Weg bringen, und die Tests der CDC mit dem LAV verzögerten sich um Monate.

26. JUNI, SAN FRANCISCO

Eine Gruppe von AIDS-Kranken führte 1983 die *Gay Freedom Day Parade* an. Bei der Polizei waren zuvor jedoch so viele Morddrohungen eingegangen, daß sich Beamte in Zivil in die Marschkolonne einreihen mußten, um die Demonstranten zu schützen. Einige uniformierte Beamte, die den Verkehr umleiteten, trugen Gummihandschuhe. Als städtische Angestellte nach dem Aufmarsch die Straßen reinigen mußten, erschienen vier von ihnen mit Gesichtsmasken und Schutzanzügen aus Papier. Sie fürchteten, sie könnten sich an dem herumliegenden Abfall mit AIDS infizieren.

Die Veranstaltung fiel auf den sechsunddreißigsten Geburtstag von Bill Kraus. Am Abend gaben ihm seine Freunde eine kleine Party in seinem Haus oberhalb des Castro-Bezirks. Bill war gedrückter Stimmung. Die harte Kritik an seinen Bemühungen, der Homosexuellenbewegung eine neue Richtung zu geben, kränkte ihn zutiefst.

Auf der Party eröffnete ihm Cleve Jones, er werde das Land für eine gewisse Zeit verlassen. Die Gründung der *KS/AIDS Foundation* habe zu viel Kraft gekostet, und die Beschimpfungen und Vorwürfe, die er seit einigen Wochen hinnehmen mußte, seien nicht mehr zu ertragen.

Alte Freunde, die mit ihm zusammengearbeitet hatten, um ihre radikalen Vorstellungen von der sexuellen Befreiung zu verwirklichen, nannten ihn jetzt einen Sexualfaschisten und Feind der Homosexualität. Cleve wußte nicht, wie er mit dieser Kritik fertig werden sollte. Auch der Kampf gegen die Krankheit zehrte an ihm. Das war keine politische Kampagne, die man gewinnen konnte. Jeder Tag war eine Schlacht, und die Krankheit war so unbarmherzig, daß ein Sieg aussichtslos erschien. Deshalb wollte Cleve nicht länger in San Francisco bleiben.

Bill und Cleve waren sich einig: Die Menschen hier schienen verrückt geworden zu sein.

446

Auch Bürgermeister Ed Koch in New York City hatte zum Schutz der Homosexuellendemonstration ein größeres Aufgebot an Polizei eingesetzt. Er fürchtete gewalttätige Ausschreitungen. In den Tagen vor dem Aufmarsch hatte Patrick Buchanan einen neuen homosexuellenfeindlichen Artikel veröffentlicht, in dem Bürgermeister Koch und Gouverneur Mario Cuomo aufgefordert wurden, die Veranstaltung zu verbieten. In seinem Artikel zitierte er aus Anthony Faucis längst widerlegtem Bericht über die Möglichkeit, sich im häuslichen Zusammenleben mit AIDS zu infizieren. Auch zwei Ärzte, die auf den Stufen des Gebäudes, in dem das Städtische Gesundheitsamt untergebracht war, eine Pressekonferenz abhielten und ein Verbot des Aufmarsches sowie die Schließung aller Homosexuellenbars und Saunen verlangten, beriefen sich auf diesen Bericht. Sie gehörten einer Gruppe an, die sich »Moralisches Aktionskomitee« nannte. Sie verlangten unter anderem AIDS-Tests für Personen, die mit Lebensmitteln umgingen, und einen luftdichten Verschluß für die Särge von AIDS-Opfern.

Ebenso wie in San Francisco und New York beteiligten sich in diesem Jahr auch in Washington mehr Homosexuelle als je zuvor an dem Freiheitsmarsch. Am Abend nahmen etwa sechshundertfünfzig Personen an einer Kerzenprozession zum Lafayette Square gegenüber dem Weißen Haus teil. Ein leichter Regen fiel, als die Redner das Schweigen des Präsidenten zu der AIDS-Epidemie und die Trägheit der Bundesregierung verurteilten.

Der an AIDS erkrankte Arthur Bennett wies mit der Hand auf das Weiße Haus und sagte: »Ich glaube, zu Beginn dieser Epidemie haben die dort drüben und viele andere gesagt: ›Laßt doch diese Dreckschweine sterben. Wir können auf sie verzichten.‹ Ich frage mich, was geschehen wäre, wenn die Opfer tausendfünfhundert Pfadfinder gewesen wären.«

Am folgenden Tag meldeten die Centers for Disease Control, daß bisher eintausendsechshundertsechsundsiebzig Menschen in den Vereinigten Staaten an AIDS erkrankt und siebenhundertfünfzig von ihnen gestorben seien.

SECHSTER TEIL

Rituale
Juli bis Dezember 1983

Das Böse in der Welt rührt fast immer von der Unwissenheit her, und der gute Wille kann so viel Schaden anrichten wie die Bosheit, wenn er nicht aufgeklärt ist. Die Menschen sind eher gut als böse, und in Wahrheit dreht es sich gar nicht um diese Frage. Aber sie sind mehr oder weniger unwissend, und das nennt man dann Tugend oder Laster. Das trostloseste Laster ist die Unwissenheit, die alles zu wissen glaubt und sich deshalb das Recht anmaßt zu töten. Die Seele des Mörders ist blind, und es gibt keine wahre Güte noch Liebe ohne die größtmögliche Hellsichtigkeit.

Albert Camus
Die Pest

33. Wettlauf mit der Zeit

JULI 1983, ALBERT EINSTEIN COLLEGE OF MEDICINE,
THE BRONX, NEW YORK CITY

Der Säugling Diana wurde in die immunologische Kinderklinik von
Arye Rubinstein mit allen klassischen Symptomen des kindlichen
AIDS-Syndroms eingeliefert. Obwohl Diana erst wenige Monate alt
war, war sie nicht wie ein normaler Säugling in den ersten Wochen
gewachsen und zeigte auch keinerlei Gewichtszunahme. Beide Eltern
waren drogenabhängige Fixer. Die Mutter hatte ein gestörtes Immunsystem, was sich an den geschwollenen Lymphknoten zeigte. Diana
hatte einen älteren Bruder mit den gleichen verdächtigen Symptomen.
Dr. Rubinstein nahm das Kind auf, um es im *Jacobi Hospital* genauer
untersuchen zu lassen. In der ersten Zeit besuchte die Mutter Diana
und ihren Bruder gelegentlich. Dann ließ sie sich nicht mehr blicken
und überließ die Kinder der Fürsorge der Schwestern und Ärzte. Das
aus rotem Backstein erbaute Krankenhaus in der Bronx, dem New
Yorker Elendsviertel, war jetzt Dianas Zuhause.

Die gleiche Geschichte wiederholte sich im Frühsommer 1983
immer wieder. Die Kinder von Frauen, die sich selbst als Drogensüchtige oder durch Sexualkontakte mit drogensüchtigen Männern infiziert hatten, waren eine neue Gruppe von AIDS-Opfern. Oft wurden
sie von ihren Eltern verlassen, oder die Eltern starben. Die einzige
Unterbringungsmöglichkeit waren die städtischen Krankenhäuser.

Arye Rubinstein war verzweifelt, doch schließlich entwarf er einen
Plan, um den kleinen Patienten so etwas wie ein Zuhause zu verschaffen, ohne daß die Pflegekosten zu hoch wurden. Zwar gab es Leute, die
bereit gewesen wären, diese Kinder zu adoptieren, aber sie gehörten im
allgemeinen der Arbeiterklasse an und hatten keine Möglichkeit,
tagsüber für ihre Pfleglinge zu sorgen. Rubinstein meinte jedoch, mit
einer kleinen Tagesstätte, wo die Patienten medizinisch betreut wür-

451

den, ließe sich das Problem lösen. Damit würde die Stadt die täglichen Pflegekosten von fast fünfhundert Dollar für jedes Kind sparen können.

Der Plan schien sowohl menschlich vertretbar als auch kostengünstig zu sein, und so trug ihn Rubinstein den zuständigen Beamten bei der Stadtverwaltung vor. Jeder zeigte sich verständnisvoll und lobte ihn für seine Bemühungen, aber niemand war bereit, das Vorhaben zu finanzieren. Rubinstein erlebte jetzt, was führende Homosexuelle schon seit zwei Jahren erfuhren. Die Stadtverwaltung von New York City wollte für die Bekämpfung der Epidemie auf keinen Fall mehr Geld ausgeben, als aus politischen Gründen unbedingt erforderlich war. Rubinstein erklärte den Beamten, man müsse in nächster Zeit mit so vielen neuen AIDS-Fällen bei Säuglingen rechnen, daß die Säuglingsstationen in den städtischen Krankenhäusern bald nicht mehr ausreichen würden, wenn keine Vorsorge getroffen würde. Aber niemand wollte ihm glauben. Rubinstein wurde von einer Behörde zur nächsten geschickt, und jeder Beamte fand neue Ausflüchte.

Die Stadtverwaltung von New York City hatte offensichtlich keine konkreten Vorstellungen, wie sie der Epidemie begegnen sollte. Die Beamten der Stadt und des Staates New York versuchten die Bedeutung der Krankheit herunterzuspielen, um ihre Untätigkeit zu rechtfertigen. Ende Juni behauptete der Direktor des Städtischen Gesundheitsamts, Dr. David Sencer, die Lage beginne sich zu normalisieren. Er meinte, die Homosexuellen hätten gegen die Krankheit vielleicht eine gewisse Immunität entwickelt und AIDS sei unter Umständen »gar nicht so ansteckend, wie wir zunächst geglaubt haben«. Der Vorsitzende des städtischen Ausschusses für die Menschenrechte, Isaiah Robinson, behauptete sogar gegenüber einem Reporter der Daily News, es gäbe gar keine Epidemie. Eintausendsechshundert AIDS-Fälle in einer Bevölkerung von zweihundert Millionen bedeuteten, daß nur einer von hunderttausend Amerikanern erkrankt sei. »Ein zehntausendstel Prozent ist keine Epidemie«, sagte er.

Gouverneur Mario Cuomo in Albany bewies mit seiner Haltung, daß in beiden politischen Parteien das gleiche Desinteresse an AIDS herrschte. Der liberale Demokrat hatte sich aus finanziellen Gründen entschieden gegen das Verlagen des von den Republikanern beherrschten Senats ausgesprochen, für die AIDS-Forschung viereinhalb Millionen Dollar und für die Aufklärung siebenhunderttausend Dollar auszugeben. Der Senat des Staates New York hatte geschlossen für die Bereitstellung dieser Gelder gestimmt, aber Cuomo drohte damit, sein

Veto einzulegen. Er sagte: »Wenn wir diese fünf Millionen hätten, wäre es ein sehr gutes Gesetz, aber ich habe die fünf Millionen nicht.« Vor einem Untersuchungsausschuß der Legislative, der die Maßnahmen zur Bekämpfung der Epidemie prüfen sollte, wandte sich der Leiter der Staatlichen Gesundheitsbehörde entschieden gegen jede Kritik an der Gesundheitspolitik des Gouverneurs und behauptete, das Streß-Syndrom sei im Staat New York ein viel größeres Gesundheitsproblem als AIDS.

Die Gleichgültigkeit der Stadtverwaltung von New York empörte Dr. Mathilde Krim. Sie hatte sich bei den städtischen Behörden für eine bessere Betreuung der AIDS-Kranken eingesetzt und war auf taube Ohren gestoßen. Im Juni hatten Frau Krim und einige homosexuelle Ärzte die *AIDS Medical Foundation* gegründet. Ihre Absicht war es, bei der Ärzteschaft ein stärkeres Interesse für die Epidemie zu wecken. Doch schon bald bestand die Hauptbeschäftigung von Mathilde Krim darin, die städtischen Gesundheitsbehörden zu drängen, sich intensiver der in ihrem Bereich auftretenden Probleme anzunehmen.

Die sechsundfünfzigjährige Krebsforscherin hatte 1981 begonnen, sich mit AIDS zu beschäftigen. Sie war durch ihre Arbeit am *Memorial Sloan-Kettering Cancer Center* dazu angeregt worden, wo die Kollegen ihr den Spitznamen »interferon queen« gegeben hatten. Sie hatte nach einem Hautkrebs gesucht, an dem sie die Wirksamkeit einer Interferontherapie bei Krebs testen wollte. Das Auftreten des rätselhaften Kaposi-Sarkoms hatte sie fasziniert. Hauttumore konnten gemessen werden, und daraus ergab sich eine sehr viel exaktere Möglichkeit, die Wirksamkeit von Interferon bei der Krebsbehandlung festzustellen.

Als Mathilde Krim Anfang 1983 anfing, sich intensiver mit der AIDS-Forschung zu beschäftigen, war sie überrascht festzustellen, wie schlecht die Betreuung der Betroffenen in New York City organisiert war. Die Krankenhäuser scheuten sich, im Kampf gegen die Epidemie eine führende Rolle zu übernehmen. Insbesondere die städtischen Krankenhäuser fürchteten, als »AIDS-Kliniken« abgestempelt zu werden. Angesichts der herrschenden AIDS-Hysterie würden sie dann bald ihre Patienten verlieren. Deshalb wurden in keinem New Yorker Krankenhaus die notwendigen Vorkehrungen für die Behandlung von AIDS-Patienten getroffen. Einzelne homosexuelle Ärzte legten Karteien an und sammelten Daten, doch es gab in New York keine AIDS-Kliniken oder -Stationen, und solche Einrichtungen waren auch nicht

453

geplant. In San Francisco, wo die Forschung von der Medizinischen Fakultät der Universität von Kalifornien und den großen Krankenhäusern koordiniert wurde, hatte man bei KS-Patienten gewisse Erfolge mit Interferon erzielt, doch in New York konnte Frau Dr. Krim bei ihren Patienten keine Besserung feststellen. Denn die KS-Patienten, die zufällig von ihrer Forschungsarbeit am *Sloan-Kettering* erfahren hatten und zu ihr kamen, waren meist schon in einem so fortgeschrittenen Stadium, daß das Medikament bei ihnen kaum mehr wirkte. Wenn diese Leute ihre Praxis aufsuchten, waren sie schon halb tot.

Die Forscherin mußte auch daran denken, welche Folgen sich auf längere Sicht daraus ergeben würden, daß die Behörden so wenig Interesse für die AIDS-Epidemie zeigten. Weil die Stadt über keine Einrichtungen verfügte, wo die AIDS-Patienten ambulant behandelt werden konnten, wurden sie mit Beschwerden in die Krankenhäuser eingeliefert, bei denen ambulante Behandlung vollauf genügt hätte. Der Mangel an Personal für die Betreuung der Kranken im eigenen Heim und die zu geringe Zahl von Krankenhausbetten würden außerdem dazu führen, daß die stationäre Behandlung der AIDS-Patienten noch schwieriger wurde. Da viele Patienten nach dem Verlust ihres Arbeitsplatzes auch den Versicherungsschutz verloren, würden die öffentlichen Krankenhäuser sie aufnehmen müssen. Angesichts der ständig wachsenden Zahl der AIDS-Fälle mußte die Stadt damit rechnen, sehr viel Geld für die Behandlung dieser Kranken ausgeben zu müssen. Weil es zudem keine Aufklärungsprogramme gab, würde dieses Virus mit seiner langen Inkubationsperiode dafür sorgen, daß die Zahl der Kranken in den nächsten Jahren ständig anstieg.

Frau Krim hatte von den heftigen Auseinandersetzungen zwischen Larry Kramer und der Stadtverwaltung gehört. Larrys Empörung war nach ihrer Ansicht durchaus gerechtfertigt. Das Verhalten der Stadt New York war unverantwortlich.

Zum Glück hatte Mathilde Krim bessere Beziehungen zu einflußreichen Leuten als der erboste Schriftsteller Larry Kramer, der nach dem Streit mit den organisierten Homosexuellen von der Bildfläche verschwunden war. Die in Österreich geborene Mathilde Krim war mit dem Vorsitzenden des Aufsichtsrats der Orion Pictures, Arthur Krim, verheiratet, der die besten Beziehungen zu den Kreisen der Hochfinanz in New York und Los Angeles hatte. Mit ihrer gesellschaftlichen Stellung und ihrem Ansehen als Wissenschaftlerin war Frau Krim für alle, die entschlossen waren, die Epidemie tatkräftig zu bekämpfen, ein Geschenk Gottes. Bisher hatte sich nämlich noch keine bedeutende und einflußreiche Persönlichkeit bereitgefunden, diesen Kampf zu unterstützen.

Frau Krim mußte jedoch sehr bald feststellen, daß ihre guten Beziehungen nicht viel nützten.

Sie setzte sich mit einer Reihe persönlicher Freunde in Verbindung, die angesehene medizinische und wissenschaftliche Stiftungen leiteten.

Die Antwort, die sie immer wieder hörte, lautete jedoch: »AIDS ist ein lokales Problem. Wir arbeiten nur im größeren Rahmen.«

Als sie sich bei den städtischen Behörden darüber beklagte, daß die sozialen Dienste versagten, hieß es immer wieder: »Wir müssen erst abwarten, wie sich die Sache entwickelt.«

Auch bei dem Leiter des Städtischen Gesundheitsamts, David Sencer, konnte sie nichts erreichen. Deshalb bat sie Bürgermeister Koch, sie zu empfangen. Angesichts ihrer gesellschaftlichen Stellung gab es dabei keine Probleme. Sie stellten sich erst im Gespräch mit Koch.

»Was soll ich tun?« fragte er. »Die Homosexuellen mögen mich nicht. Jeder behauptet, ich selbst sei schwul, aber ich bin es nicht. Ich weiß nicht, was diese Leute von mir erwarten.«

Frau Krim erläuterte ihre Vorstellungen über die Einrichtung von Ambulanzen und einem Hospiz, über den Einsatz von Sozialarbeitern für die Betreuung der Kranken in der eigenen Wohnung und wies darauf hin, daß die Stadt auf diese Weise viel Geld sparen könnte.

»Für so etwas brauchen wir einen schriftlichen Vorschlag mit Zahlen, die beweisen, daß Sie recht haben«, sagte Koch.

Als Mathilde Krim sagte, sie könne ohne weiteres ein solches Papier vorlegen, schien der Bürgermeister einlenken zu wollen.

»Okay, Mathilde«, sagte er. »Ich werde Sie mit der Leitung meiner Kampfgruppe gegen AIDS beauftragen.«

Frau Krim verließ das Büro des Bürgermeisters mit dem Gefühl, endlich etwas erreicht zu haben. Doch Bürgermeister Koch ließ nie wieder etwas von sich hören. Spätere Berechnungen zeigten, daß die Zahl der AIDS-Patienten in New York im Juli 1983 auf mehr als eintausend angestiegen war. Am 30. Juli waren eintausendunddrei New Yorker mit der tödlichen Krankheit infiziert – mehr als noch vor ein paar Monaten in den ganzen Vereinigten Staaten.

Am 8. Juli wurde am *Prince Henry Hospital* in Melbourne der erste australische AIDS-Tote registriert. Der dreiundvierzigjährige Mann, der in den Vereinigten Staaten gelebt hatte, war, wie die Ärzte berichteten, während eines Besuchs in seiner Heimat erkrankt. Nach Auskunft der Behörden gab es zu diesem Zeitpunkt vier weitere AIDS-Fälle in Australien, und darüber hinaus standen fünfzehn Patienten unter Beobachtung. Diese zwanzig Männer hatten alle zugegeben, in den letzten Jahren Geschlechtsverkehr mit amerikanischen Männern gehabt zu haben.

Dieser Todesfall löste die erste Welle der AIDS-Hysterie auf dem australischen Kontinent aus. Techniker, die in den Laboratorien der Krankenhäuser von Sydney arbeiteten, forderten ein Verbot für die Untersuchung des Blutes von AIDS-Patienten, weil sie fürchteten, sich dabei zu infizieren. Eine konservative religiöse Gruppe schlug vor, alle Homosexuellenbars zu schließen und alle Schwulen, die nach einem Besuch der Vereinigten Staaten zurückkehrten, in Quarantäne zu nehmen. Die Zeitschrift *Medical Journal of Australia* schrieb: »Vielleicht war es notwendig, daß wir in eine solche Situation gerieten, um zu erkennen, was wir schon immer gewußt haben – der Sittenverfall hat tödliche Folgen.«

Am gleichen Tag, als der erste australische AIDS-Patient starb, meldeten die Gesundheitsbehörden in Kapstadt, daß fünf homosexuelle Männer in Südafrika an AIDS erkrankt seien. Nachdem in Westeuropa einhundertsechzig AIDS-Fälle diagnostiziert worden waren, forderten die sozialistischen Politiker im Europaparlament die Gesundheitsbehörden auf, die Einfuhr amerikanischer Blutprodukte zu verbieten. In Frankreich folgten die Behörden dem amerikanischen Vorbild. Sie überprüften das Sexualverhalten aller Blutspender und versuchten festzustellen, ob sie drogenabhängig seien. Angesichts des vermehrten Auftretens von AIDS in Europa berief die Weltgesundheitsorganisation für November eine internationale Konferenz ein, auf der geeignete Maßnahmen zur Bekämpfung der Epidemie erörtert werden sollten.

In San Francisco erklärte Dr. Selma Dritz, AIDS sei jetzt die häufigste Todesursache bei unverheirateten Männern zwischen dreißig und vierzig Jahren.

17. JULI, MIAMI

Wenn im Rahmen der AIDS-Forschung eine neue Entdeckung gemacht wurde und man sich fragte, ob sie Anlaß zur Hoffnung gäbe oder die Lage als noch ausweisloser erscheinen ließe, dann war es in den meisten Fällen so, daß alles noch viel schlimmer aussah, als man befürchtet hatte.

Die pessimistischsten Prognosen hatten sich bisher meist immer noch als zu optimistisch erwiesen, und deshalb war Dr. Dale Lawrence von den CDC nicht überrascht, als er nach Miami kam, um den ersten Fall zu untersuchen, bei dem die Frau eines AIDS-kranken Bluters infiziert worden war.

Die siebzigjährige, an einer Pneumocystosis erkrankte Frau hatte gerade einen Erstickungsanfall überwunden und atmete noch schwer. Ihr Mann war vor zwei Monaten an der gleichen Krankheit gestorben. Dale erkundigte sich sehr detailliert nach allen möglichen Infektionsrisiken. Hatte sie zusammen mit ihrem Mann Gemüse geputzt? Waren bei ihm vielleicht rektale Blutungen aufgetreten, und war sie auf der Toilette mit diesem Blut in Berührung gekommen? Hatten beide die gleiche Zahnbürste benutzt? Doch sie sagte, es habe nur ein einziges Infektionsrisiko gegeben. Da das Ehepaar nur noch sehr selten Geschlechtsverkehr gehabt hatte, konnte Dale mit einiger Sicherheit sagen, wann sich die Frau infiziert hatte. Aus dem Krankenblatt des Verstorbenen konnte Dale sehr bald erkennen, daß er sich schon sehr viel früher mit dem Virus infiziert hatte als seine Frau. Doch bei beiden war die Krankheit praktisch zur gleichen Zeit ausgebrochen.

Die Inkubationsperiode konnte also entweder sehr lang oder sehr kurz sein. Dies hing wahrscheinlich von der Konstitution des Patienten ab. Nach den Berechnungen von Lawrence konnte die durchschnittliche Inkubationsperiode für AIDS vier Jahre dauern – also sehr viel länger als die sechs Monate oder die zwei Jahre, mit denen die meisten Forscher rechneten.

Lawrence hatte jetzt ein Jahr damit zugebracht, AIDS bei Blutern und bei Empfängern von Bluttransfusionen zu untersuchen. Seine besondere Sorge hatte dabei dem Infektionsrisiko gegolten, dem sich die Ehefrauen oder Sexualpartner von Blutern aussetzten. Die CDC hatten wegen des chronischen Geldmangels noch nicht die Möglichkeit gehabt, sich eingehender mit dieser Frage zu beschäftigen.

Je intensiver sich Lawrence mit diesen beiden AIDS-Fällen in Miami beschäftigte, desto deutlicher erkannte er, daß die Epidemie sich in zwei Wellen ausbreitete, genauer gesagt, es war wie ein Wettrennen, bei dem die Teilnehmer zu verschiedenen Zeiten starteten. Die Homosexuellen hatten das erste Rennen bestritten. Die Empfänger von Bluttransfusionen waren sehr viel später an den Start gegangen, aber die ersten von ihnen hatten die Ziellinie schon 1982 erreicht und lagen daher nicht sehr weit hinter den Teilnehmern am ersten Rennen. Die Frau des Bluters, bei der die Krankheit unmittelbar nach der Infektion ausgebrochen war, beteiligte sich gewissermaßen an einem dritten Wettlauf, aber sie erreichte die Ziellinie gleichzeitig mit ihrem Mann, obwohl er sehr viel früher gestartet war als sie. Sie hatte für die gleiche Strecke viel weniger Zeit gebraucht. Die ersten AIDS-Fälle in irgendeinem entfernten Land waren nur die vordersten Läufer der ersten Welle, und die »Gewinner« der zweiten Welle waren zwar noch nicht zu sehen, würden aber sehr bald das Ziel erreichen. Aber die meisten Teilnehmer an dem Wettlauf lagen noch weit zurück und würden erst sehr viel später die Ziellinie erreichen.

Die Wissenschaftler der CDC standen mit der Stoppuhr in der Hand am Ziel. Bei den durch Bluttransfusionen infizierten AIDS-Patienten, bei denen der Zeitpunkt der Infektion mit Hilfe schriftlicher Unterlagen genau festgestellt werden konnte, ermittelten die CDC nur die Durchschnittszeiten der schnellsten Läufer, die zwei, vier oder sechs Monate nach der Transfusion an AIDS erkrankten. Infizierte, bei denen die Inkubationsphase bereits zwei, drei oder vier Jahre dauerte, würden erst später in Erscheinung treten.

In einer älteren Ausgabe der Zeitschrift *Lancet* fand Dale Lawrence den Bericht über eine Studie, die in San Francisco über die Infektionsrate mit gastrointestinalen Parasiten bei homosexuellen Männern durchgeführt worden war. Der Studie war eine graphische Darstellung beigefügt, die zeigte, daß die parasitären Infektionen Ende der siebziger und Anfang der achtziger Jahre in einer steilen Kurve angestiegen waren. Es waren die gleichen Kurven, die Selma Dritz schon vor Jahren Sorgen bereitet hatten. Nun fertigte Lawrence eine ähnliche Tabelle über die Zahl der AIDS-Fälle in San Francisco an und verglich die Kurve mit der im *Lancet* abgedruckten Kurve für die parasitären Infektionen. Beide Kurven waren praktisch identisch – nur daß die Ereignisse, die sie darstellten, fünf Jahre auseinanderlagen. Bei AIDS hatte die steilste Strecke auf dieser Kurve allerdings erst begonnen. Angesichts der von ihm ermittelten Inkubationsperiode zweifelte Lawrence nicht daran, daß die AIDS-Epidemie einen ebenso dramatischen Verlauf nehmen würde wie die Darmparasiten-Pandemie.

Indessen ging der Streit zwischen den CDC und den Herstellern von Blutprodukten weiter, die immer noch nicht glauben wollten, daß AIDS durch kontaminierte Blutkonserven übertragen werden könne. Doch eine pharmazeutische Fabrik hatte eine Lizenz für die Herstellung und den Vertrieb des mit Hitze behandelten Faktors VIII erhalten. Mit diesem Produkt sollte der Gefahr begegnet werden, daß sich die Empfänger des Gerinnungsfaktors mit Hepatitis infizierten, und die Ärzte bei den CDC glaubten, daß die Hitze, mit der dieses Produkt sterilisiert wurde, auch das AIDS-Virus abtöten werde. Doch die pharmazeutische Fabrik wollte für den mit Hitze behandelten Faktor VIII das Doppelte von dem verlangen, was das unbehandelte Produkt gekostet hatte. Dr. Bruce Evatt, der bei den CDC als Spezialist für die Bluterkrankheit arbeitete, schätzte, daß eine Behandlung mit dem sterilisierten Material einen Bluter jährlich sechzehntausend bis vierundzwanzigtausend Dollar kosten würde. Dieser Preis war nach Auffassung von Evatt bei weitem zu hoch. Doch er konnte noch nicht verlangen, daß das neue Produkt zur AIDS-Prävention in größeren Mengen hergestellt werden müsse, denn die CDC hatten die Existenz eines AIDS-Virus noch nicht endgültig nachweisen können, und es war ihnen auch noch nicht gelungen, den Erreger zu isolieren. Deshalb konnte die Behörde der pharmazeutischen Industrie auf diesem Gebiet keine Vorschriften machen.

Bei der Bundesregierung und den Gesundheitsbehörden der einzelnen Staaten fanden die CDC bei ihren Bemühungen um eine Versorgung der Bevölkerung mit einwandfreien Blutprodukten kaum Unterstützung. Die höchsten Beamten im staatlichen Gesundheitswesen, vor allem die Gesundheitsministerin Margaret Heckler und ihr Abteilungsleiter Dr. Edward Brandt, stellten sich auf den gleichen Standpunkt wie die Blutbanken und behaupteten, es gebe, wenn überhaupt, nur eine äußerst geringe Möglichkeit, sich durch Blutkonserven mit dem AIDS-Erreger zu infizieren.

»Ich möchte dem amerikanischen Volk versichern, daß unsere Blutvorräte hundertprozentig sicher sind«, sagte Frau Heckler Anfang Juli, als sie zum Roten Kreuz in Washington ging, um selbst Blut zu spenden. Um ihren Mitbürgern ein Beispiel zu geben, nahm sich Frau Heckler eine halbe Stunde Zeit, um den medizinischen Fragebogen auszufüllen und darauf hinzuweisen, wie wirksam diese Selbstauskunft der Spender sei.

In den letzten Wochen, als das AIDS-Problem immer stärker in den Mittelpunkt des öffentlichen Bewußtseins gerückt war, ging die Zahl der Personen, die noch bereit waren, Blut zu spenden, in Washington ebenso deutlich zurück wie bei den Blutbanken im ganzen Land. Im Juni verzeichnete man einen Rückgang um sechzehn Prozent, im Juli waren es bei zahlreichen Blutbanken dreißig Prozent weniger als im vergangenen Jahr. In einigen Großstadtbezirken kam es zu einem akuten Mangel an Spenderblut, und viele Krankenhäuser verlangten die Zulassung von »designierten« Spendern. Personen, denen eine Operation bevorstand, sollten Freunde oder Verwandte benennen, die bereit waren, für sie persönlich Blut zu spenden. Die organisierten Blutbanken andererseits verlangten ein Verbot solcher Praktiken, weil sie fürchteten, daß dies für die Hersteller von Blutkonserven verheerende Folgen haben würde.

»Wir wollen eine Panik vermeiden helfen«, sagte Dr. Herbert Perkins, der medizinische Direktor der *Irwin Memorial Blood Bank* in San Francisco, als er erklärte, seine Blutbank werde keine designierten Spender zulassen. »Die Wahrscheinlichkeit, sich durch eine Transfusion mit AIDS zu infizieren, ist eins zu einer Million.«

Viele angesehene Bürger unterstützten in bester Absicht die Forderung der Blutbanken. Schließlich durfte man es nicht zulassen, daß die AIDS-Hysterie eine Einrichtung gefährdete, die zweifellos ein Eckpfeiler der amerikanischen Medizin war.

Als in Los Angeles bekannt wurde, daß drei Kinder an AIDS gestorben waren, die sich wahrscheinlich durch eine Transfusion angesteckt hatten, wurde das von den Beamten der Städtischen Gesundheitsbehörde entschieden bestritten. »Wenn sich keine direkten Kontakte zwischen einer an AIDS erkrankten Person und dem Kind nachweisen lassen, dann läßt sich schwer beweisen, es habe sich um AIDS gehandelt«, sagte Dr. Shirley Fanin, die stellvertretende Leiterin des Gesundheitsamts. Mrs. Fanin erklärte, bei diesen Fällen handele es sich wahrscheinlich um eine angeborene Immunschwäche. Die behandelnden Ärzte widersprachen ihr und sagten, die Kinder hätten die Symptome von AIDS-Patienten gezeigt und nicht die von Patienten mit einer angeborenen Immunschwäche. Doch sie konnten sich mit ihrer Diagnose nicht durchsetzen.

Wie so oft übernahmen die Medien auch hier eine entscheidende Rolle. Die wissenschaftlichen Berichterstatter und die Reporter, die Artikel über die Epidemie schrieben, betrachteten sich als Verfechter des gesunden Menschenverstandes und sahen es als ihre Aufgabe an, jeder Panik entgegenzuwirken. Deshalb vermieden sie es, den Vertretern der Blutbanken unangenehme Fragen zu stellen. Obwohl genügend Beweise dafür vorlagen, daß die Inkubationsphase bei dieser Krankheit sehr lang sein konnte, akzeptierten die Medien die Behauptung der Vertreter der Blutbanken, daß die Übertragung von AIDS durch Transfusionen nur nachgewiesen werden könne, wenn ein an

AIDS erkrankter Spender das Blut für eine Person geliefert habe, bei der die Krankheit anschließend ebenfalls diagnostiziert würde. Deshalb wurden nach den geltenden Richtlinien *nur* Personen mit erkennbaren AIDS-Symptomen als Blutspender zurückgewiesen. Dies blieb der einzige Schutz für die amerikanische Bevölkerung vor einer Übertragung der Krankheit durch Bluttransfusionen.

Dr. Ed Engleman von der Blutbank des Krankenhauses der Universität Stanford hatte größere Zweifel als die meisten Kollegen, daß die Richtlinien für die Auswahl der Spender ausreichen. Die Blutbank in Stanford war eine der wenigen in den Vereinigten Staaten, die das gespendete Blut untersuchten. Hier mußte eine von jeweils fünfzig Spenden vernichtet werden, weil darin Unregelmäßigkeiten im Immunsystem festgestellt wurden. Im Juli 1983 ließ sich ein Mann seine »lebenerhaltende Spende« an seinem Arbeitsplatz abzapfen. Aber sein Blut konnte nicht verwendet werden, weil sich bei dem in Stanford vorgenommenen Test herausstellte, daß das Verhältnis zwischen T-Helferzellen und T-Suppressorlymphozyten 0,29 zu 1 war und damit weit unter dem durchschnittlichen Verhältnis von 2 zu 1 lag. Entweder war dem Laboratorium ein Fehler unterlaufen, oder der Spender litt an einer weit fortgeschrittenen Immunschwäche. Wie in solchen Fällen üblich, bat die Blutbank den Spender, einen neununddreißigjährigen Mann, sich bei der Blutbank noch einmal genauer untersuchen zu lassen.

Der Mann erklärte sich dazu bereit, erschien aber nicht. Acht Monate später wurde bei ihm das Kaposi-Sarkom diagnostiziert. Bis dahin hatte er für alle größeren Blutbanken in der Umgebung von San Francisco Blut gespendet, darunter auch für die beiden größten, die *Irwin Memorial Blood Bank* und für das Rote Kreuz in San Jose. Sein Blut enthielt Antikörper gegen den Core des Hepatitis-B-Virus und wäre als untauglich vernichtet worden, wenn die Blutbanken die von den CDC im Januar 1983 verlangten Tests vorgenommen hätten. Doch damals zeigte der Spender keine sichtbaren AIDS-Symptome und gehörte auch nicht zu einer der Kategorien von Spendern, die nach den Richtlinien der *Food and Drug Administration* nicht zugelassen werden durften. Nach wiederholten Befragungen gab der Mann endlich zu, er habe während der vergangenen Jahre mit drei bis fünf Männern Sexualkontakte gehabt.

Das Blut dieses Mannes wurde nur in Stanford, wo die Bluttests vorgenommen wurden, aus dem Verkehr gezogen. Elf Empfänger von

Transfusionen, die von anderen Blutbanken geliefert worden waren, hatten Übertragungen mit dem kontaminierten Blut dieses Mannes bekommen.

SAN FRANCISCO

Gary Walsh erblickte auf dem Fernsehmonitor plötzlich das Gesicht des Reverend Jerry Falwell, der über Satellit aus Lynchburg, Virginia, zu dieser Sendung zugeschaltet worden war. Das Studio der Fernsehgesellschaft ABC in San Francisco veranstaltete eine einstündige Sendung über das Thema »AIDS: Die Anatomie einer Krise«.

Der fundamentalistische Pfarrer beteiligte sich schon seit einiger Zeit an der AIDS-Debatte. Er behauptete, er hasse nicht die Homosexuellen, sondern nur ihren »perversen Lebensstil«. Er verlangte die Schließung homosexueller Saunen als Stätten »tierischen, untermenschlichen Verhaltens« und schlug vor, daß alle Blutspender einen Fragebogen über ihre sexuellen Neigungen ausfüllen sollten. »Wenn die Reagan-Administration nicht alles in ihrer Macht Stehende gegen diese Homosexuellenpest unternimmt, dann wird sich Präsident Ronald Reagan in einem Jahr sagen lassen müssen, er habe zugelassen, daß die unschuldige amerikanische Bevölkerung von dieser furchtbaren Epidemie heimgesucht wird.«

Falwell begann das vom Fernsehen übertragene Gespräch mit Dr. Merv Silverman und Gary Walsh mit einem Zitat aus dem Galaterbrief: »Offenbar aber sind die Werke des Fleisches... Unzucht, Unkeuschheit, Ausschweifungen, Schwelgerei und was dem ähnlich ist... und die, welche solche Dinge verüben, werden das Reich Gottes nicht ererben.«

»Mein Gott ist kein rachsüchtiger Gott«, erwiderte Gary Walsh. »Als in den fünfziger Jahren die Kinder an Polio starben, war das auch keine Strafe Gottes. Es gibt nichts Schlimmeres, als wenn die Religion dazu mißbraucht wird, den Haß gegen unsere Mitmenschen zu schüren.«

Falwell lächelte gütig und erklärte: »Gary, Ihnen gehören mein Mitgefühl, meine Liebe und meine Gebete.«

»Für Ihre Gebete bin ich Ihnen dankbar«, antwortete Gary. »Ich bin ein recht sensibler Mensch. Es fällt mir jedoch schwer zu glauben, daß Sie für mich als Homosexuellen Mitgefühl, Verständnis und Liebe empfinden. Das scheint mir Ihre Haltung nicht zu vermitteln. Ich spüre bei Ihnen Zorn, Hysterie, aber kein Mitgefühl.«

»Ich habe wirklich Mitleid mit Ihnen«, erwiderte Falwell, »aber es wäre unehrlich, wenn ich sagen wollte, daß der homosexuelle Lebensstil für mich akzeptabel sei.«

Dann sagte Falwell, in seiner Kirche gebe es sieben Psychiater und Psychologen, die sich bereit erklärt hätten, Homosexuelle zu behandeln und zu heilen. Gary erwiderte, seine Homosexualität sei nicht das, wovon er geheilt werden wolle.

»Ich möchte Jerry Falwell in aller Öffentlickeit und persönlich einladen, nach San Francisco zu fliegen und einen Tag mit mir zusammenzusein. Ich würde ihm gern mein Herz öffnen. Vielleicht könnten wir voneinander lernen. Ich wäre sogar bereit, Ihre Reisekosten zu übernehmen.«

Der Pfarrer verzog keine Miene. »Das würde ich gern tun« sagte er. »Gary brauchte mir die Reise nicht zu bezahlen. Ich werde gern nach San Francisco kommen, mit ihm beten und das Evangelium lesen und ihm meine Liebe zeigen.«

Dann wechselte Falwell das Thema. Er wollte gerade mit den Bluttransfusionen anfangen, aber Gary unterbrach ihn.

»Wann werden Sie kommen?«

Doch Falwell beantwortete seine Frage nicht, sondern sprach über Bluttransfusionen.

»Ich möchte wissen, wann Sie kommen könnten«, beharrte Gary. »Lassen Sie uns einen Termin festsetzen.«

»Gary«, sagte Falwell, »ich komme gern. Schreiben Sie nur an Jerry Falwell, Lynchburg, Virginia. Schreiben Sie das Wort ›persönlich‹ auf den Umschlag. Ich werde mich dann mit Ihnen in Verbindung setzen und alles tun, um Ihnen zu helfen.«

Damit war das Gespräch beendet. Gary schrieb tatsächlich an Falwell und erinnerte den Pfarrer an sein Versprechen. Es überraschte ihn nicht, daß Falwell seinen Brief unbeantwortet ließ.

VANCOUVER

Gaetan Dugas hatte eine besondere Freude daran, ab und zu die marineblaue Uniform des Luftstewards der Fluggesellschaft *Air Canada* anzuziehen. Obwohl seine Kräfte nachgelassen hatten und sein Gesundheitszustand sich zu verschlechtern schien, mußte er seine Arbeit wiederaufnehmen, um die Freiflugscheine zu bekommen, die den Angestellten der Gesellschaft zustanden. Sein Kollegen ärgerten sich darüber, daß sie mit einem AIDS-Kranken zusammenarbeiten mußten, und beschwerten sich bei der Leitung des Unternehmens. Doch die *Air Canada* war eine staatliche Fluggesellschaft und weigerte sich, irgend jemanden zu diskriminieren. Gaetan wurde nur auf kurzen Flügen eingesetzt, gewöhnlich zwischen Vancouver in British Columbia und Calgary in Alberta. Doch bereits das bedeutete oft eine große Anstrengung für ihn. Nachts wurde er häufig von furchtbaren Ängsten gepeinigt. Dann besuchte er irgendwelche Freunde und schlief bei ihnen auf der Couch, um nicht allein sein zu müssen.

Eines Abends besuchte ihn ein Kollege und sah sich die Nachrichten im Fernsehen an. Die Sendung brachte auch ein Interview mit Jerry Falwell, der sich lautstark über AIDS und den Zorn Gottes äußerte. Gaetan hörte sich das in gedrückter Stimmung an. Sein Freund war überrascht, daß er keine bissigen Kommentare abgab.

»Vielleicht hat Falwell recht«, sagte Gaetan. »Vielleicht werden wir wirklich bestraft.«

34. Ein Tag wie jeder andere

Am 26. Juli 1983 meldeten die CDC, daß eintausendneunhundertzwei-undzwanzig Amerikaner an AIDS erkrankt seien. Die Epidemie hatte jetzt neununddreißig amerikanische Staaten und zwanzig Nationen erfaßt. Das Durchschnittsalter des typischen AIDS-Opfers war fünf-unddreißig Jahre. Obwohl nur neununddreißig Prozent aller gemelde-ten Patienten gestorben waren, ließen die neuen Zahlen keine günstige Prognose zu. Von allen Personen, bei denen am 26. Juli 1982 oder davor AIDS diagnostiziert worden war, waren mindestens zwei Drittel tot. Von denen, die vor zwei Jahren erkrankt waren, lebten nur noch sehr wenige.

Dennoch war die AIDS-Forschung auch weiterhin belastet von wissenschaftlichen Rivalitäten, akademischen Intrigen und Geldman-gel. Doch alles das schien die Presse nicht zu interessieren. Die AIDS-Hysterie flammte wie ein Buschfeuer auf und beruhigte sich eine Zeitlang; dann wurden die Menschen aufs neue von ihr ergriffen. Die Computer berechneten die Sterblichkeitsrate, und die Ärzte fragten sich, wann die Öffentlichkeit endlich den Ernst der Lage begreifen würde, während Tausende von Amerikanern erleben mußten, wie die grausame Krankheit an ihren Kräften zehrte. In der Geschichte der AIDS-Epidemie war es ein Tag wie jeder andere.

CENTERS FOR DISEASE CONTROL, ATLANTA

Don Francis hatte schon von dem legendären Temperament Robert Gallos gehört, aber bei der Besprechung an diesem Vormittag erlebte er zum ersten Mal, wie grob der berühmte Wissenschaftler werden konnte. Die Sitzung war einberufen worden, um die Suche nach dem AIDS-Erreger, der vermutlich ein Retrovirus war, zu koordinieren. Die CDC hatten die vergangenen zwei Jahre damit zugebracht, Zellkultu-ren zu sammeln, die bei AIDS-Kranken und im Verlauf von Kontrolluntersuchungen gewonnen worden waren. Das Nationale Krebsinstitut verfügte über die Technologie und die Fachkenntnisse, um diese Kulturen genauestens zu untersuchen und so eine Antwort auf die Frage nach der Ursache der Epidemie zu finden. Doch zu diesem Zeitpunkt wußte keines der an der AIDS-Forschung beteiligten wissenschaftlichen Zentren, was die anderen taten. Daher war es dringend notwendig, die Zusammenarbeit zu organisieren.

Don Francis hatte sich schon seit mehr als einem Jahr darum bemüht, für die AIDS-Forschung ein größeres retrovirologisches Laboratorium einzurichten. Angesichts der Schwierigkeiten, die ein solches Vorhaben für die CDC mit sich brachte, war Francis erleichtert, als das Nationale Krebsinstitut jetzt Interesse zeigte, sich an der Erforschung der Immunschwäche-Epidemie zu beteiligen.

Zu der Konferenz mit Gallo hatten sich die wichtigsten an den AIDS-Forschungen der CDC beteiligten Persönlichkeiten im Büro des Direktors Walter Dowdle im *Center for Infectious Diseases* versammelt. Neben dem Assistenten von Dowdle, John Bennett, waren Curran und Bruce Evatt erschienen. Von der Universität Harvard waren der Wissenschaftler Dr. Max Essex und einer seiner Mitarbeiter aus Boston nach Atlanta gekommen.

Die Diskussion geriet in eine Sackgasse, als der Assistent von Dr. Essex ihre Arbeit an der Zell-Linie CT-1114 erwähnte. Aus irgendeinem Grund war es in dieser Zell-Linie, die mit dem Blut eines AIDS-Patienten infiziert worden war, zu einer lebhaften Virus-Aktivität gekommen. Die CDC hatten das Blut dem Laboratorium von Essex zur Verfügung gestellt, damit der Forscher in Harvard es auf das Vorhandensein von HTLV-I oder HTLV-II untersuchen konnte. Vielleicht fand sich ein Hinweis darauf, daß diese Viren AIDS verursachten. Bei seinen Tests verwendete Essex monoklonale Antikörper.

An dieser Stelle unterbrach Gallo die Diskussion und fragte in scharfem Ton, woher diese Antikörper gekommen seien.

Der jüngere Assistent von Essex sagte, man habe sie Präparaten entnommen, die Gallo dem Laboratorium vor einiger Zeit geschickt habe. Gallo explodierte.

»Wie können Sie mit mir zusammenarbeiten, wenn Sie so etwas hinter meinem Rücken tun?« brüllte er. »Wenn Sie mein Material bei irgend etwas verwenden, dann müssen Sie mich vorher darüber informieren. Sie brauchen meine Zustimmung!«

Während der folgenden fünfundvierzig Minuten machte Gallo Essex und seinem Kollegen die heftigsten Vorwürfe. Die Forscher der

CDC waren sprachlos. War dieser Bursche hierher nach Atlanta gekommen, um seine Zeit damit zu verschwenden, daß er irgendwelche jüngeren Kollegen beschimpfte? Die Mitarbeiter der CDC, die zivilisiertere Umgangsformen gewohnt waren, hatten den Eindruck, daß sich die Forscher am Nationalen Krebsinstitut in erster Linie für ihr persönliches Ansehen interessierten. Die Wissenschaftler am NCI wiederum betrachteten die Forscher der CDC als naive Musterknaben, die, wenn es zu einer Krise kam, den wirklich bedeutenden Wissenschaftlern das Feld räumen mußten. Dieser Zwischenfall bestätigte die schlimmsten Vermutungen der CDC über das Arbeitsklima beim Nationalen Krebsinstitut, und die Beamten der CDC waren peinlich berührt.

Robert Gallo selbst schien diese Szene ebenfalls sehr peinlich zu sein, und er brachte dies auch zum Ausdruck, als Don Francis ihn nach der Konferenz auf der Fahrt zum Flughafen begleitete.

»Ich habe mich von meinem italienischen Temperament hinreißen lassen«, gestand er.

Francis war durchaus bereit, ihm zu verzeihen. Er begriff, was auch Gallo selbst wußte: daß seine größte Stärke zugleich seine größte Schwäche war. Sein Temperament und seine Arroganz machten Gallo zum gefährlichsten Feind dieser Krankheit.

Seit einem halben Jahr nahm das Interesse der Medien an der AIDS-Epidemie ständig zu und erreichte Ende Juli einen Höhepunkt. Ein Kamerateam nach dem anderen erschien in einem nur für diesen Zweck eingerichteten Scheinlaboratorium in einer Ecke des Bürogebäudes der CDC. Mit diesem Täuschungsmanöver sollte erreicht werden, daß die Arbeit in den echten Laboratorien der CDC möglichst wenig gestört wurde. Die Reporter waren natürlich begeistert, zu hören, daß die CDC dem tödlichen Virus auf der Spur waren und dieser oder jener »Durchbruch« auf ein baldiges Ende der Epidemie hoffen ließ. Anfang Juli brachte das Nachrichtenmagazin *Time* ein Titelbild mit der Unterschrift »Seuchendetektive auf der Spur der tödlichen Mikrobe«, und am 26. Juli kamen Reporter des Magazins *Newsweek* zu der CDC, um die Unterlagen für einen Bericht zu sammeln, der zwei Wochen später erscheinen sollte. Von Juli bis September veröffentlichte die amerikanische Presse siebenhundertsechsundzwanzig Berichte und Artikel über AIDS, mehr als in jedem anderen Vierteljahr während der folgenden zwei Jahre. In Washington gab der öffentliche Gesundheitsdienst in regelmäßigen Abständen Presseverlautbarungen

467

heraus, in denen erklärt wurde, die NIH hätten der AIDS-Forschung bereits »große Summen zur Verfügung gestellt« und die CDC hätten »mit intensiven Laboruntersuchungen begonnen, um den AIDS-Erreger zu finden«. Die Presseabteilung der CDC stellte den Medien Videofilme zur Verfügung, auf denen die Wissenschaftler bei der Arbeit gezeigt wurden.

Doch trotz der optimistischen Presseberichte waren diese Monate für die Forscherteams der CDC die frustrierendsten während der ganzen Epidemie. Die Ausbreitung der Seuche wurde mit Hilfe von Computern genau überwacht. Vor zwei Monaten hatten die CDC die Meldepflicht für alle AIDS-Fälle eingeführt. Die Gesundheitsbehörden aller amerikanischen Staaten und Territorien waren danach verpflichtet, jeden einzelnen AIDS-Fall zu registrieren und nach Atlanta zu melden. Die Gesundheitsbehörden der Einzelstaaten hatten die gleiche Anordnung für die ihnen unterstellten Gesundheitsämter erlassen. Nun stellte sich heraus, daß sich die düstersten Prognosen bewahrheiteten. Die Zahl der Neuerkrankungen stieg in besorgniserregender Weise an. In den ersten sechs Monaten des Jahres 1983 gab es ebenso viele neue AIDS-Fälle, wie für die Jahre 1981 und 1982 zusammen gemeldet worden waren. Ein Sechstel aller AIDS-Fälle in den Vereinigten Staaten waren in den vergangenen sechs Wochen aufgetreten. Bei der rapiden Zunahme der AIDS-Fälle zeigten sich jedoch bei den Opfern keine Veränderungen im Krankheitsverlauf: Die Therapie machte keine Fortschritte. Man hatte den Eindruck, daß alle AIDS-gefährdeten Personen, die seit mehr als einem Jahr als Angehörige von Risikogruppen identifiziert worden waren, der Seuche zum Opfer fallen würden.

Indessen wurde die Presse mit übertriebenen Angaben über die Zahl der Forscher gefüttert, die sich an der Bekämpfung von AIDS beteiligten, während es in Wirklichkeit nur fünfundzwanzig bis dreißig sogenannte »Seuchendetektive« gab, die so mit Arbeit überlastet waren, daß die meisten Forschungsprogramme nicht in der dafür vorgesehenen Zeit durchgeführt werden konnten. Jeder neue Hinweis hatte zur Folge, daß ein bereits begonnenes Vorhaben abgebrochen werden mußte. Die interessantesten Hinweise ergaben sich in diesem Sommer aus Berichten, die verschiedene europäische medizinische Fachzeitschriften über AIDS in Zaire brachten. Deshalb schickten die CDC ein Forscherteam in das afrikanische Land mit dem Auftrag, sich an Ort und Stelle von der Richtigkeit dieser Informationen zu überzeugen.

Den Forschern, die ständig vor neue Aufgaben gestellt wurden, fehlte deshalb die Zeit, die Richtigkeit der Ergebnisse ihrer bisherigen Untersuchungen zu überprüfen. Erst im August – also fast zwei Jahre nachdem sie in Angriff genommen worden war – sollte die erste Fallstudie in der Fachzeitschrift *Annals of Internal Medicine* veröffentlicht werden. Die Schwierigkeiten, die für die analytischen Statistiken notwendige Computerzeit zu bekommen, führten dazu, daß sich die Veröffentlichung dieser wichtigen Informationen so lange verzögerte.

Zudem hatte es den Anschein, daß die Wissenschaftler der CDC den größten Teil ihrer Zeit damit zubrachten, miteinander oder mit irgendwelchen Beamten der Gesundheitsbehörden zu telefonieren oder die Journalisten mit den immer gleichen beschwichtigenden Darstellungen über ihre erfolgversprechende Arbeit zu versorgen. Entmutigte AIDS-Forscher der CDC haben sich später darüber beklagt, daß im Juli 1983 der Kampf gegen die AIDS-Hysterie so viel Zeit in Anspruch genommen habe, die ihnen dann bei der Bekämpfung der Seuche gefehlt habe.

Am 26. Juli 1983 waren es nur noch wenige Tage bis zum Beginn des *National Gay Rodeo*, Nevada. Die *Pro-Family Christian Coalition* unternahm alles, um diese Veranstaltung zu verhindern, an der sich alljährlich etwa fünfzigtausend Homosexuelle beteiligten. Die Mitglieder der Organisation fürchteten nämlich, diese Homosexuellen würden ganz Nevada mit AIDS infizieren. Sie ließen deshalb ganzseitige Anzeigen in der Lokalpresse drucken und drängten die Bezirksverwaltung, den Vertrag zu kündigen, der es den Homosexuellenorganisationen gestattete, das Veranstaltungsgelände von Washoe County für das Rodeo zu benutzen. Um ihren Argumenten den nötigen Nachdruck zu verleihen, wandte sich die Gruppe an Dr. Paul Cameron, einen überzeugten Feind der Homosexualität aus Nebraska, der die Schwulen als eine Klasse von Menschen bezeichnete, »die in einem von Krankheitserregern verseuchten Sumpf lebt und atmet«. Cameron hatte auch erklärt: »Wir haben es hier mit einer Unterklasse von Menschen zu tun, die als Funktion ihrer Sexualität medizinisch gesehen große Mengen von Fäkalien konsumieren. Jedes Gemeinwesen, das es zuläßt, daß sich Tausende dieser Leute zusammenrotten, geht daher ein erhebliches Risiko ein und wird nicht nur von AIDS, sondern auch von anderen Krankheiten wie der Virus-Hepatitis bedroht.«

Der Reverend Walter Alexander von der First Baptist Church in Reno ging noch einen Schritt weiter, als er auf einer Pressekonferenz erklärte: »Ich glaube, wir sollten uns an die Bibel halten und ihnen (den Homosexuellen) die Kehlen durchschneiden.« Der Mann, der die Anzeigen gegen das Rodeo in den Lokalzeitungen aufgegeben hatte, meinte, er wolle nicht, daß irgend jemand aufgrund dieser Anzeigen wirklich umgebracht würde. Er könne jedoch die Aussage von Alexander nicht kritisieren, weil der Pfarrer schließlich für »biblische« Angelegenheiten zuständig sei.

Die AIDS-Hysterie erfaßte beinahe das ganze Land. In New York machte sich ein Bankräuber die AIDS-Angst zunutze und überreichte der Kassiererin einen Zettel, auf dem stand: »Ich habe AIDS und keine dreißig Tage mehr zu leben.« Er hatte Erfolg mit dieser Taktik. Die Bankangestellte räumte später ein, sie hätte sich möglicherweise dukken und um Hilfe rufen können, doch sie habe solche Angst gehabt, mit dem Zettel in Berührung zu kommen und sich mit AIDS zu infizieren. Daher hätte sie dem Mann widerspruchslos die zweitausendfünfhundert Dollar zugeschoben, die sie in der Kasse hatte. In einer anderen Bank brach die Kassiererin in schallendes Gelächter aus, als sie diesen Zettel las. Sie zeigte ihn ihren Kolleginnen und lachte immer noch, als der enttäuschte Bankräuber mit leeren Händen zur Tür hinausging. Als die Polizei den Mann Mitte August festnahm, hatte er mit dieser Taktik zehn Banken um achtzehntausend Dollar erleichtert. Wie sich herausstellte, war er völlig gesund.

Um diese Zeit kursierten immer wieder Gerüchte, diese oder jene bekannte Persönlichkeit habe AIDS. Oft wurden sie von homosexuellen Aktivisten in die Welt gesetzt, die glaubten, die Regierung werde erst dann wirklich etwas gegen die Epidemie unternehmen, wenn irgendeine Berühmtheit an AIDS erkrankt sei. In New York gab Calvin Klein ein Interview und dementierte das seit einiger Zeit kursierende Gerücht, er habe AIDS. Er behauptete, »total gesund« zu sein.

Die *Alert Citizens of Texas* schürten die AIDS-Angst mit ihrer Broschüre »Die Schwulenpest«, in der die Vorgänge und sexuellen Praktiken in den Saunen detailliert beschrieben wurden. Die über das ganze Land verbreitete, farbig illustrierte Schrift *Moral Majority Report* ging ebenfalls detailliert auf jeden Aspekt des schwulen Sexualverhaltens ein. Und der Reverend Jerry Falwell verkündete seinen besorgten amerikanischen Mitbürgern, sie könnten sich am Kampf gegen die weitere Ausbreitung von AIDS beteiligen, indem sie ihm Geld schickten.

In Seattle äußerte sich die Ablehnung der Homosexuellen sehr viel handgreiflicher. Gruppen von Jugendlichen durchstreiften den Volunteer Park, einen bekannten Treffpunkt der Homosexuellen. Sie verprügelten Schwule mit Baseballschlägern und beschimpften sie dabei mit Ausdrücken wie »verseuchte Scheißkerle« und »AIDS-kranke Säue«. Einige dieser Rowdys vergewaltigten zwei Männer mit einer Brechstange. Nach seiner Festnahme durch die Polizei erklärte einer von ihnen: »Wenn wir diese Dreckskerle nicht umbringen, dann werden sie uns mit ihrer beschissenen AIDS-Krankheit erledigen.«

Im allgemeinen war die Reaktion in den Vereinigten Staaten nicht so heftig. Nach einer Gallup-Umfrage Ende Juni hatten siebenundsiebzig Prozent aller Amerikaner von AIDS gehört oder gelesen. Eine zweite Umfrage, bei der am 20. und 21. Juli nur Erwachsene befragt worden waren, ergab, daß einundneunzig Prozent etwas über AIDS gehört oder gelesen hatten. Von ihnen glaubten fünfundzwanzig Prozent, sie könnten sich bei einem flüchtigen Kontakt mit einem AIDS-Kranken infizieren. Von dem Viertel der Befragten, die sagten, sie hätten homosexuelle Freunde, erklärten nur einundzwanzig Prozent, sie fühlten sich in der Gesellschaft eines Homosexuellen nicht mehr wohl. Es zeigte sich, daß fünfundsechzig Prozent der amerikanischen Bürger der Auffassung waren, Homosexuelle sollten die gleichen beruflichen Chancen haben wie jeder andere. Die Befürworter der Gleichberechtigung der Homosexuellen hatten danach seit 1982 um sechs Prozent zugenommen.

Neben den Berichten, die der Hysterie Nahrung gaben, gab es auch solche, die falsche Hoffnungen weckten. In jenem Sommer behaupteten gewisse Leute, die mit Schlangenöl handelten, und zu ihnen gehörte auch Swami Shri Mataji Mirmala Devi aus Indien, sie könnten AIDS heilen. Ein Diätetiker aus San Francisco hielt vor besorgten Homosexuellen Vorträge über das Thema »Sperma und Gesundheit«. Nach seiner Theorie ließ sich der Gesundheitszustand eines Mannes nach der Konsistenz seiner Samenflüssigkeit beurteilen. In einer Presseerklärung behauptete er sogar, er könne sagen, »mit welcher Diät sich der Zustand der Samenflüssigkeit verbessern« ließe. Die amerikanische Post brachte eine Firma vor Gericht, die AIDS-Opfern für $ 1900 eine Injektionsbehandlung anbot, mit der sich die tödliche Krankheit heilen ließe.

Das amerikanische Gesundheitsministerium versuchte die AIDS-Hysterie zu steuern, indem es einen gebührenfreien Telefondienst einrichtete, der täglich zehntausend bis dreizehntausend Anrufe bekam. Allein im Monat Juli konnten neunzigtausend Anrufe nicht beantwortet werden.

Wie die meisten durch die AIDS-Hysterie verursachten Episoden trug der öffentliche Streit um das Homosexuellenrodeo in Reno nur dazu bei, die Bevölkerung zu beunruhigen, anstatt sie über die wirklichen Gefahren aufzuklären. Am Abend des 26. Juli drängten sich Reporter, Fundamentalisten und besorgte Homosexuelle aus San Francisco in den Zuschauerrängen bei der vom Bezirk veranstalteten Anhörung. Der Rat des Washoe County hörte sich die Befürchtungen der Fundamentalisten und die sachlichen Auskünfte der Forscher an und kam zu dem Schluß, daß er gegenüber der *National Gay Rodeo Association* nicht vertragsbrüchig werden könne. Schließlich wurden fünfundvierzigtausend Eintrittskarten für das Rodeo verkauft, und anschließend wurde in diesem Bezirk keine Zunahme der AIDS- oder Hepatitisfälle verzeichnet.

Aber damit war die Kontroverse noch nicht ausgestanden. Die *Organisation Action for Animals*, eine Tierschützergruppe aus Berkeley in Kalifornien, schrieb empörte Leserbriefe an die Homosexuellenzeitungen in San Francisco. Die Schwulen sollten sich schämen, hieß es in diesen Zuschriften, daß sie einen Sport betrieben, bei dem »Tiere ausgebeutet und gequält werden«.

Auf dem Capitol Hill bereitete sich der Abgeordnete Ted Weiss auf die in den nächsten Tagen vor einem Unterausschuß des Kongresses vorgesehene Anhörung über die AIDS-Finanzierung vor. Dabei bemühte er sich immer noch darum, die Erlaubnis des Gesundheitsministeriums für die Überprüfung des Etats der CDC durch die dem Unterausschuß angehörenden Kongreßabgeordneten zu bekommen. Doch die Behörde hatte ihm bereits viele einschlägige Aktennotizen übergeben, darunter zwei, die Weiss besonders interessierten. Bei einer von ihnen handelte es sich um eine Anweisung des Nationalen Krebsinstituts an die für das Institut arbeitenden Wissenschaftler, die besagte, daß sie vor Gesprächen mit Kongreßabgeordneten die Behörde unterrichten und höhere Verwaltungsbeamte zur Teilnahme »einladen« sollten. So also sah eine objektive Untersuchung aus, dachte Weiss.

In einem zweiten Schreiben, das der Direktor der CDC, William Foege, an die Leiter der ihm unterstellten Institute gerichtet hatte, hieß es schlicht: »Alles Material, das dem Kongreß vorgelegt wird, muß beweisen, daß sich das Ministerium an die von der Administration festgelegten Richtlinien hält.«

Während Don Francis mit Robert Gallo zum Flughafen von Atlanta fuhr, wurde in San Francisco eine Gruppe von Journalisten durch die Korridore einer kürzlich renovierten Krankenhausstation geführt, deren Räume bisher den im Schichtdienst arbeitenden jungen Ärzten als Schlafzimmer zur Verfügung gestanden hatten. Die Station 5B im *San Francisco General Hospital* war jetzt als AIDS-Station eingerichtet worden.

Das Pflegepersonal bestand nur aus Freiwilligen. Etwa die Hälfte waren homosexuelle Männer, die anderen Frauen. Sie waren vorher in ausführlichen Gesprächen über ihre Einstellung zum Tod und zum Sterben befragt worden. Cliff Morrison, ein homosexueller Krankenpfleger, hatte die Station ganz nach seinen Vorstellungen organisiert und eingerichtet, denn die maßgebenden Leute in der Krankenhausverwaltung schienen gewisse Vorbehalte gegen dieses Projekt zu haben. Der zweiunddreißigjährige Morrison war ein überzeugter Idealist, der das hierarchische Verhältnis zwischen Ärzten, Pflegepersonal und Patienten ablehnte, das üblicherweise das Leben im Krankenhaus beherrschte. Die Ärzte sollten bei der Verwaltung dieser Station kein Weisungsrecht haben. Er selbst verzichtete darauf, die Stellung eines leitenden Pflegers zu beanspruchen, und bezeichnete sich als »Koordinator«. Die Patienten sollten ein größeres Mitspracherecht haben, weil sie gewöhnlich mehr über die Wirkung der schon öfter an ihnen erprobten Medikamente wußten als ihre Ärzte.

Angehörige von Hilfsorganisationen wie die des *Shanti Project*, das erst kürzlich die ersten von der Stadt finanzierten Wohnungen für obdachlose AIDS-Patienten eingeweiht hatte, durften die Station 5B jederzeit besuchen. Mitglieder der verschiedensten AIDS-Organisationen und homosexueller religiöser Gruppen waren ständige Gäste. Wenn ein Patient aufgenommen wurde, entwickelte ein Sozialarbeiter mit ihm einen Plan für sein Leben nach der Entlassung aus dem Krankenhaus. Morrison sprach sich auch gegen festgelegte Besuchszeiten aus, weil das nur der Entlastung des Pflegepersonals und nicht den Bedürfnissen der Patienten diene. Er gestattete den Besuchern sogar, im Krankenhaus zu übernachten, wenn sie dies wünschten.

Mit jedem Patienten wurde ausführlich über mögliche Behandlungsmethoden gesprochen. Wenn ein Patient zum Beispiel an einer Pneumocystosis erkrankt war, konnte er darum bitten, daß alles unternommen würde, ihn am Leben zu erhalten. Das bedeutete gewöhnlich die Anwendung eines Beatmungsgeräts. Doch die Ärzte hatten mittlerweile die Erfahrung gemacht, daß fünfundachtzig Prozent der Pneumocystosis-Patienten, wenn sie einmal an das Gerät angeschlossen waren, nicht mehr darauf verzichten konnten. Sie starben mit einem Schlauch in der Luftröhre eines qualvollen Todes. Die meisten Patienten auf der Station 5B verzichteten auf das Beatmungsgerät und baten darum, daß bei ihnen keine besonderen lebenerhaltenden Maßnahmen getroffen wurden. In den folgenden Monaten trafen auf der Station 5B mehr Patienten diese Entscheidung als auf allen anderen Stationen des Krankenhauses zusammen.

Die Krankenhäuser in anderen Städten, besonders in New York City, machten hingegen keine Anstalten, solche Stationen einzurichten. Für die Patienten und die Ärzte, die immer noch um das richtige Verständnis für die zahlreichen schlimmen AIDS-Komplikationen rangen, wäre das eine große Hilfe gewesen. Der *MMWR* berichtete in jeder Ausgabe über irgendeine neue Krankheit, die bei AIDS-Patienten festgestellt worden war.

Die jüngsten Forschungsergebnisse zeigten, daß das Virus, das die T-Lymphozyten der AIDS-Patienten abtötete, auch Funktionsstörungen der B-Lymphozyten verursachte, die eine wichtige Funktion im Immunsystem übernehmen. Außerdem nahm auch die Häufigkeit der neurologischen Symptome zu. Darüber hinaus wurden in letzter Zeit so viele Fälle von Lymphadenopathie festgestellt, daß die CDC für dieses Phänomen eine neue Bezeichnung einführte: Man sprach jetzt von *AIDS-Related Complex* oder ARC.

Bei einem Telefongespräch über eine Konferenzschaltung mit mehreren AIDS-Forschern, zu denen auch Dr. Don Abrams, der zweite Direktor der AIDS-Klinik gehörte, kamen die CDC zu einer Definition dieses Phänomens, die Abrams als »chinesisches Menü« bezeichnete. Ein Patient litt an dem ARC, wenn er zwei klinische Voraussetzungen erfüllte oder die Labortests bestimmte Ergebnisse brachten, die in einer von den CDC erarbeiteten Liste verzeichnet waren. Zwei in der Spalte A und zwei in der Spalte B verzeichnete Voraussetzungen ergaben zusammen den ARC. Die wichtigste Frage war, ob das Vorhandensein des ARC in jedem Fall auf eine AIDS-Infektion schließen ließ oder nur auf harmlosere Infektionen. In seiner über zwei Jahre angestellten Studie mit dreihundert Lymphadenopathie-Patienten hoffte Abrams zu zeigen, daß der ARC eine gesunde Reaktion auf die Infektion mit einem AIDS-Virus war. Die Patienten hatten geschwollene Lymphknoten und einige relativ harmlose Infektionen, zum Beispiel Mundsoor, während sie, wie Abrams vermutete, noch eine ausreichende Zahl von Lymphozyten besaßen, um die für AIDS typischen tödlichen Krankheiten abzuwehren. Der Optimismus von Abrams stützte sich auf die Beobachtung, daß nur wenige Lymphadenopathie-Patienten bisher wirklich an AIDS erkrankt waren. Abrams wußte aber nicht recht, was die seltsamen Störungen des Zentralnervensystems bedeuteten, die er bei diesen Patienten festgestellt hatte.

Jeder Arbeitstag stellte Don Abrams, Paul Volberding und die anderen Ärzte an der AIDS-Klinik vor neue Rätsel. Volberding betrachtete es als seine besondere Aufgabe, sich eingehend mit dem persönlichen Schicksal eines jeden Patienten zu beschäftigen. Er suchte die Bekanntschaft des jeweiligen Liebhabers, half dem Patienten bei der Lösung von Problemen mit seinen Familienangehörigen und nahm an dem Schicksal des Patienten bis zu seinem letzten qualvollen Atemzug teil. Während die Zahl der AIDS-Fälle in San Francisco in erschreckendem Maß zunahm, füllte sich das Wartezimmer der AIDS-Klinik mit verzweifelten Männern in den ersten Stadien der AIDS-Infektion. Das veranlaßte Volberding, noch einmal über die Finanzierung der AIDS-Forschung durch die Bundesregierung nachzudenken.

Wie die meisten AIDS-Kliniker hatte auch er sich auf das ihm fremde Gebiet der Politik begeben müssen, um die Verantwortlichen auf die Gefährlichkeit der Epidemie aufmerksam zu machen und sie zu veranlassen, für eine ausreichende Finanzierung der Forschung zu sorgen. Bei den Sitzungen des Aufsichtsrats der *National KS/AIDS-Foundation* war Volberding oft der einzige Heterosexuelle. Bisher hatte er geglaubt, die organisierten Homosexuellen bildeten einen in sich geschlossenen Block. Nun war er überrascht zu sehen, wie viele verschiedene weltanschauliche und politische Gruppen es dort gab. Anstatt diese Menschen zu einem gemeinsamen Vorgehen zu veranlassen, führte die AIDS-Epidemie nur zu einer weiteren Vertiefung der Gegensätze.

Andererseits erlebte Volberding bei seinen AIDS-Patienten das, woran er schon immer geglaubt hatte: Die Viren, die die Menschen krank machten, ließen zugleich ihre besten Eigenschaften zum Ausdruck kommen. Das war bei AIDS nicht anders. Täglich konnte man in den Krankenzimmern und an den Sterbebetten die schönsten Beweise für menschliche Tapferkeit und Versöhnungsbereitschaft erleben. Behauptungen, daß die Liebhaber ihre AIDS-kranken Partner verließen, entsprachen nicht der Wahrheit. In Wirklichkeit bewiesen diese Menschen eine unvergleichliche Treue und Anhänglichkeit. Einige Familien ließen ihre »aussätzigen« Kinder im Stich, aber die meisten Mütter und Väter, Schwestern und Brüder versammelten sich am Bett des

Kranken. Viele erfuhren zum ersten Mal von der homosexuellen Veranlagung des Sohnes oder des Bruders. Doch das berührte die meisten kaum. Volberding erlebte, daß Angehörige sich nur sehr selten endgültig von dem Kranken abwendeten.

Bemerkenswert war auch die Tapferkeit, mit der diese Männer dem vorzeitigen Tod ins Auge sahen. Und sie gestatteten Volberding und den anderen Ärzten an der AIDS-Klinik, sie bei der vergeblichen Suche nach der Ursache der Krankheit mit allen möglichen unangenehmen Tests und Untersuchungen zu quälen. Obwohl sie wußten, daß jede wissenschaftliche Entdeckung ihnen selbst nicht mehr helfen konnte, äußerten die meisten die Hoffnung, daß vielleicht die letzte Blutprobe, die ihnen unter Schmerzen entnommen wurde, anderen diese Leiden ersparen könnte.

Am 26. Juli, an dem Tag, als das Spezialistenteam für die AIDS-Behandlung seine Arbeit in der Station 5B aufnahm, waren bereits zehn von den zwölf vorhandenen Betten besetzt. Und schon wenige Tage später lag in jedem Bett der Station ein AIDS-Patient.

Nachdem Gary Walsh die Todesanzeige eines Mannes gefunden hatte, mit dem er vor zwei Jahren ins Bett gegangen war, suchte er in den Nachrufen, die im *Bay Area Reporter* veröffentlicht wurden, nicht mehr nach dem Partner, bei dem er sich infiziert haben könnte. Seine Magenwände waren inzwischen mit Läsionen bedeckt, so daß er kaum noch essen konnte. Er litt jetzt auch an Gleichgewichtsstörungen, und seine Ärzte versuchten mit Spezialtests festzustellen, ob er sich eine Kryptokokken-Infektion zugezogen hatte. Das Gehen verursachte ihm starke Schmerzen, denn er hatte sich ohne ersichtlichen Grund mit einem Fußpilz infiziert. Niemand konnte sagen, warum er so starke Gelenkschmerzen hatte. Aber er glaubte immer noch, er werde die Krankheit überstehen. Die Presse berichtete immer wieder von neuen vielversprechenden Erkenntnissen. Vielleicht gab es noch eine Zukunft für ihn.

Die AIDS-Forscher an der Universität von Kalifornien hatten sich über die geltenden Regeln hinweggesetzt und versucht, ihre Arbeit direkt von der Legislative finanzieren zu lassen. Ende Juli zeigte sich, daß sie für ihre Unbotmäßigkeit einen hohen Preis würden bezahlen müssen.

Die Regierung des Staates Kalifornien beschloß schon nach erstaunlich kurzer Zeit, die Beihilfen für die AIDS-Forschung auszuzahlen, für deren Gewährung Marc Conant sich im April eingesetzt hatte. Die

Legislative beschloß ohne nennenswerten Widerstand die Bewilligung von $ 2,9 Millionen. Ende Juli hatte der Gouverneur seine Zustimmung gegeben. Aber leider war man mit der Gewährung einer so großen Summe in ein Wespennest der Eifersucht bei anderen Forschern gestoßen. Plötzlich meldeten sich Ärzte, die bis dahin kein Interesse für die Epidemie gezeigt hatten, bei der Verwaltung der Universität und machten Vorschläge für die AIDS-Forschung. Die Universitätsbeamten erklärten, sie würden das Geld den AIDS-Forschern nicht direkt zur Verfügung stellen. Die Ärzte seien vielmehr verpflichtet, detaillierte Vorschläge für die Verwendung dieser Mittel vorzulegen, die in einem langwierigen Verfahren geprüft werden mußten, wie dies an der Universität bei jedem Finanzierungsantrag Vorschrift war. Ebenso langsam, wie die Universität auf die Epidemie reagiert hatte, wurden die Anträge nun von den verschiedensten Ausschüssen geprüft, und schließlich nannte die Universität den Antragstellern einen Termin im Oktober. Die erste Sitzung des Prüfungsausschusses wurde für den 15. Oktober anberaumt. Wenn alles gut ging, konnte die Universität im Dezember mit der Freigabe der Gelder beginnen.

Marc Conant konnte es nicht glauben. Schließlich war er diesen Weg nur gegangen, weil es bei der National Institutes of Health die gleichen Verzögerungen gegeben hatte. Die Universität gab dem Drängen der Ärzte insofern nach, als sie die Summe von $ 819 000 in kleinen Beträgen auf die einzelnen Forscher verteilte. Die Einzelbeträge waren so klein, daß einige Forscher sie nicht annehmen wollten, weil sie nicht einmal ausreichten, die benötigten Apparate zu bezahlen, geschweige denn für die Finanzierung ernsthafter Forschungsvorhaben. Außerdem stellte die Universität für die klinischen Forschungszentren $ 740 000 zur Verfügung, die Paul Volberding in San Francisco und Michael Gottlieb in Los Angeles leiten sollten. Aber der größte Teil des Geldes, der für die rein wissenschaftliche Forschung bestimmt war, durfte nicht angetastet werden.

In der Universität verbreitete sich das Gerücht, die Verwaltung benachteilige die Forscher, die es gewagt hätten, ihre Arbeit gegen den Willen der Hierarchie direkt von der Legislative finanzieren zu lassen. Als sich der Druck auf die Verwaltungsbeamten der Universität verstärkte, reagierten diese mit noch entschiedenerer Unnachgiebigkeit. Es zeigte sich, daß Ärzte, die sich über diese Verzögerungen beschwerten, dafür bezahlen mußten.

477

Larry Kramer war einen Monat in Europa gewesen. Ende Juni war er in München und hatte praktisch nichts zu tun. Im Sommer vor drei Jahren hatte er auf Fire Island mit Enno Poersch über die rätselhafte Krankheit gesprochen, an der dessen Geliebter Nick litt. Vor knapp zwei Jahren hatte er in seiner Wohnung die erste Geldsammlung für den Kampf gegen AIDS veranstaltet und die *Gay Men's Health Crisis* gegründet. Heute kam es ihm vor, als seien mittlerweile Jahrzehnte vergangen. Das alles war in einem anderen Leben vor der großen Zäsur geschehen.

In München sah Larry ein Straßenschild mit der Aufschrift »Dachau«. Er fuhr mit der S-Bahn hinaus und stieg in einen Omnibus um, der ihn zu dem berüchtigten Konzentrationslager brachte.

In dem Museum las er: »Dachau wurde 1933 eingerichtet.«

Er konnte es kaum glauben. Er hatte nicht gewußt, daß es schon zu einer so frühen Zeit Konzentrationslager gegeben hatte, nur wenige Monate nach der Machtergreifung durch Hitler. Für die Vereinigten Staaten hatte der Zweite Weltkrieg erst 1941 begonnen, dachte Larry.

»Wo, zum Teufel, sind wir in diesen acht Jahren gewesen?« hätte er am liebsten geschrien. »Sie haben schon acht Jahre lang Juden, Kommunisten, Katholiken und Homosexuelle umgebracht, und niemand hat einen Finger gerührt.«

Im nächsten Augenblick blitzte ein Gedanke in ihm auf. Er wußte jetzt, weshalb die Nazis acht Jahre lang morden konnten, ohne daß irgend jemand etwas dagegen unternahm. Niemand hatte ein Interesse an den Opfern gehabt. Und genau das geschah auch jetzt mit AIDS. Die Menschen starben, aber niemand kümmerte sich darum.

Larry wußte nun, was er zu tun hatte. Noch am gleichen Abend bestieg er ein Flugzeug nach Boston. Von dort fuhr er nach Cape Cod und verbrachte die erste Nacht in den Vereinigten Staaten im Holiday Inn von Hyannisport. In wenigen Tagen hatte er alles geregelt. Er mietete ein Sommerhaus am Meer und setzte sich hin, um ein Theaterstück zu schreiben, das die Menschen aufrütteln und veranlassen sollte, endlich etwas zu unternehmen.

35. Politik

MONTAG, 1. AUGUST 1983,
ZIMMER 2154, RAYBURN HOUSE OFFICE BUILDING,
WASHINGTON, D. C.

Die Probleme, mit denen es der Kongreßabgeordnete Ted Weiss bei seinen Nachforschungen über die Tätigkeit der CDC immer wieder zu tun gehabt hatte, wurden unmittelbar vor Beginn der Anhörungen vor dem auf seine Initiative hin eingesetzten AIDS-Unterausschuß sehr rasch gelöst. Offenbar wollte die Administration vermeiden, daß ihre Versäumnisse in einem öffentlichen Verfahren vor dem Kongreß in allen Einzelheiten erörtert wurden. Sie hatten jedoch mit Hilfe einer Verzögerungstaktik erreicht, daß das von den Demokraten beherrschte Repräsentantenhaus die Informationen über den tatsächlichen Finanzbedarf der Gesundheitsbehörden erst zu einem Zeitpunkt erhielt, als es bereits zu spät war, einen konzentrierten AIDS-Haushaltsplan für das Rechnungsjahr 1984 aufzustellen. Nach dem Haushaltsplan des Präsidenten sollten die für die AIDS-Forschung bei den CDC vorgesehenen Gelder im kommenden Jahr um dreihunderttausend Dollar gekürzt werden. Die Gesamtausgaben der Bundesregierung für die AIDS-Bekämpfung sollten sich nur um etwa zwanzig Prozent von $ 14,5 auf 17,6 Millionen erhöhen. Und es gab noch keine von der Bundesregierung finanzierte Kampagne zur Vorbeugung gegen AIDS und keinen koordinierten Plan für die Bekämpfung dieser Krankheit. Die Statements der Wissenschaftler am ersten Tag der Anhörungen waren praktisch eine Aufzählung aller bisherigen Versäumnisse.

Dr. Marcus Conant, der als erster Wissenschaftler aufgerufen wurde, erklärte: »Das Fehlen jeder Reaktion auf diese Epidemie ist ein nationaler Skandal.«

Er wies besonders auf die »nicht zu verantwortende« Verschleppung der Geldzuweisungen durch die *National Institutes of Health* hin: »Die Trägheit dieser Behörde hat Menschenleben gekostet.« Weiterhin verlangte er die sofortige Einberufung eines Ausschusses, der die Priorität beim Kampf gegen AIDS festlegen und den finanziellen Bedarf ermitteln sollte, damit die Finanzierung nicht länger durch die schwerfälligen bürokratischen Verfahren des *Office of Management and Budget* verschleppt würde.

Dr. Mathilde Krim vom *Sloan-Kettering* in New York schlug vor, die Bundesregierung solle für die AIDS-Bekämpfung zweihundert Millionen Dollar zur Verfügung stellen und einen AIDS-Sonderausschuß einsetzen. Außerdem stellte sie fest, daß es noch keinen Gesamtplan gebe, bei dem die AIDS-Epidemiologie, die Behandungsmethoden und die Grundlagenforschung aufeinander abgestimmt seien. Dazu meldete sie Zweifel an der Behauptung der Bundesregierung an, sie habe allein für die AIDS-Forschung fünfundzwanzig Millionen ausgegeben. »Diese fünfundzwanzig Millionen Dollar, die 1983 ausgegeben worden sind, stellen mich vor ein Rätsel«, sagte sie höflich. »Bei meinen Kollegen habe ich nichts davon entdecken können. Ich weiß nur von wenigen hunderttausend Dollar, die ihnen zur Verfügung standen.«

Dr. Mervyn Silverman, der Leiter der Städtischen Gesundheitsbehörde in San Francisco, erklärte, in den Vereinigten Staaten würden allein für die Krankenhausrechnungen von AIDS-Patienten hundert Millionen Dollar ausgegeben. Er setzte sich auch für eine von der Regierung organisierte Aufklärungskampagne ein und zitierte einen Ausspruch, den Thomas Adams vor dreihundert Jahren getan hatte: »Vorbeugen ist besser als heilen, denn es erspart uns die Mühe, krank zu sein.«

Im Verlauf des Tages ließ sich immer deutlicher erkennen, wie die Parteien in der Debatte über die Finanzierung der AIDS-Bekämpfung Stellung nehmen würden. Die Republikaner, die augenscheinlich ihre Anweisungen von der Administration bekommen hatten, machten den Experten den Vorwurf, sie würden für AIDS »das Geld zum Fenster hinauswerfen«. »Wir sollten diese Leute nicht auf den Gedanken bringen, noch mehr Geld zu fordern – so, als seien die Dollars ein Allheilmittel«, meinte der republikanische Abgeordnete aus Pennsylvania, Robert Walker.

Es waren die AIDS-Kranken, die an dem ersten Tag der Anhörungen für die bittersten Augenblicke sorgten. Das war nicht weiter verwunderlich, denn sie brauchten sich an keine Parteilinie zu halten. Für sie ging es um die eigene Haut. Der an AIDS erkrankte Anthony Ferrara aus Washington, D.C., schilderte, wie erschüttert er gewesen war, als man im März das Kaposi-Sarkom bei ihm festgestellt hatte. Der an einer Pneumocystosis leidende Roger Lyon aus San Francisco beschwor die Abgeordneten, etwas zu unternehmen: »Ich bin in der Hoffnung hierhergekommen, daß diese Administration alles in ihren Kräften Stehende tun und alle notwendigen Mittel zur Verfügung stellen würde. Es gibt keinen Grund anzunehmen, daß sich gegen diese Krankheit kein Heilmittel finden lassen wird. Wir sollten uns nicht gegenseitig beschuldigen. Dies ist kein politisches Problem. Es ist auch kein Problem der Homosexuellen. Es ist ein menschliches Problem. Und ich habe nicht die Absicht, mich von dieser Krankheit besiegen zu lassen. Ich bin heute hierhergekommen in der Hoffnung, daß die Inschrift auf meinem Grabstein nicht lauten wird: ›Hier ruht ein Opfer der bürokratischen Pedanterie.‹«

Dr. Edward Brandt, der am nächsten Tag als Zeuge aufgerufen wurde, behauptete, die Administration habe den NIH und den CDC alle für die AIDS-Bekämpfung notwendigen Mittel zur Verfügung gestellt.

»Ich weiß wirklich nicht, was wir gegenwärtig noch unternehmen sollen«, erklärte Brandt, der erst vor wenigen Tagen zur Begründung einer Anforderung von fünfunddreißig Millionen Dollar eine ganze Liste notwendiger Maßnahmen vorgelegt hatte.

Für die Hersteller von Blutprodukten bot sich wieder einmal die Gelegenheit, heftig zu bestreiten, daß die AIDS-Epidemie irgend etwas mit ihren Erzeugnissen zu tun habe. Dr. Joseph Bove, der Vorsitzende des Beratungsausschusses der *Food and Drug Administration* für Blutprodukte und eines ähnlichen Ausschusses der *American Association of Blood Banks*, machte die »Überreaktion der Presse« für die Besorgnisse im Hinblick auf eine mögliche Übertragung von AIDS durch Bluttransfusionen verantwortlich. Mit graphischen Darstellungen und Tabellen versuchte er zu beweisen, daß für jeden Durchschnittsamerikaner eine doppelt so hohe Wahrscheinlichkeit bestand, bei einer Überschwemmung zu sterben als an einer durch Bluttransfusion übertragenen AIDS-Infektion.

3. August, Irwin Memorial Blood Bank, San Francisco

Einen Tag nach Dr. Joseph Boves anschaulichen Demonstrationen kam ein Blutspender zur *Irwin Memorial Blood Bank*. Die Krankenschwester sah sich seinen Spenderausweis nur flüchtig an und bemerkte daher nicht, daß er die Frage, ob er Hepatitis gehabt habe, nicht beantwortet hatte. Der Mann sagte, er gehöre keiner AIDS-Risikogruppe an. Der halbe Liter Blut, den er spendete, wurde ordnungsgemäß eingefroren und wartete nun neben den anderen Blutkonserven auf den Abruf durch ein Krankenhaus.

Am folgenden Tag, Dublin Street, San Francisco

Frances und Bob Borchelt erkundigten sich bei dem Arzt, ob vielleicht eine Operation die Lösung sei. Die Röntgenaufnahmen zeigten einen degenerativen Verschleiß des rechten Hüftgelenks von Frances Borchelt. Der Arzt meinte, mit einer Hüftpfannenplastik würden sich die chronischen Schmerzen beheben lassen. Frances und Bob baten um ein paar Tage Bedenkzeit. Vier Tage später kamen sie wieder, und Frances erklärte, sie wolle sich operieren lassen. Einer ihrer Söhne wollte im Oktober heiraten, und Frances wollte bis dahin so weit wiederhergestellt sein, daß sie auf der Hochzeit tanzen konnte. Die Operation sollte in der folgenden Woche stattfinden.

Über eine mögliche Bluttransfusion wurde während dieser Konsultationen nicht gesprochen.

13. August, Castro Street

Gary Walsh hatte sich so schlecht gefühlt, daß er seinen neununddreißigsten Geburtstag nicht feiern konnte. Deshalb freute sich Matt Krieger ganz besonders, als sich Garys Zustand wenige Tage später so weit gebessert hatte, daß die beiden sich einen vergnügten Abend auf der Castro Street machen konnten. Vor einer Woche war im *San Francisco Chronicle* ein ausführlicher Artikel über Gary erschienen. Die Abbildungen zeigten ihn in seiner Wohnung, in der Praxis seines Arztes und mit seinem Freund Matt.

Als einer der ersten AIDS-Patienten hatte sich Gary bereit erklärt, der Öffentlichkeit Einblick in sein persönliches Schicksal zu gewähren. Er hatte Interviews gegeben und war im Fernsehen aufgetreten. Doch die penetranten Fragen der Reporter, wieviele Sexualkontakte er in seinem Leben gehabt habe, und die weinerlichen Reaktionen in der Schwulenszene regten ihn auf.

Am Tag zuvor hatte Garys Arzt acht neue Läsionen bei ihm gefunden. Er empfand das Leben jetzt als eine einzige große Qual. Immer wieder wurden ihm Blutproben entnommen, und jedesmal mußte er fünf Tage auf die Ergebnisse der Tests warten, um zu erfahren, ob wieder irgendeine tödliche Krankheit festgestellt worden war, von der er noch nie etwas gehört hatte.

Matt bewunderte Garys Mut. Nachdem er Gary nach Hause gebracht hatte, rief Matt seine Schwester Susan an. Eigentlich hatte er mit ihr nicht über Gary oder über AIDS sprechen wollen. Seine Schwester fragte ihn jedoch nach seinen Urlaubsplänen, und so erzählte er ihr, daß er mit Gary zu Weihnachten nach Hawaii fliegen wolle. Er wisse aber nicht, ob Garys Gesundheitszustand das zulassen würde.

»Was fehlt ihm denn?« fragte sie.

Matt hatte seiner Mutter und seiner zweiten Schwester Mary erzählt, daß Gary AIDS hatte, doch sie hatten es offenbar nicht für notwendig gehalten, Susan davon zu unterrichten. Jetzt zitterte Matt vor Wut, als er ihr schilderte, was Gary durchmachen mußte.

»Vorige Woche war er im Krankenhaus, weil die Ärzte glaubten, er habe sich mit einer Kryptokokken-Meningitis infiziert, aber das Testergebnis war negativ«, sagte Matt.

»Das ist unmöglich!« sagte Susan.

»Er wird sterben«, sagte er.

»Das kann nicht sein!« rief sie.

»Wir stehen uns sehr nahe«, fuhr Matt fort und hoffte, daß seine Schwester etwas mehr Verständnis zeigen würde. »Wir sind noch nie so eng miteinander verbunden gewesen. Das hat aber nichts mit Sexualität oder einem romantischen Liebesverhältnis zu tun. Wir versuchen, das alles gemeinsam zu bewältigen. Wir sprechen sehr oft über alles. Ich kann es nicht glauben, daß Mutter und Mary dir nichts davon erzählt haben.«

»Vielleicht wissen sie es noch nicht so lange«, meinte Susan.

»Sie wissen es seit Monaten.«

»Aber vielleicht haben sie es nicht so ernst genommen.«

»Sie wissen sehr genau, wie ernst es ist«, sagte er. »Sie wollen damit nur zeigen, daß sie nichts von dieser Beziehung halten. Hätte es sich um eine Freundin oder sogar nur um eine ehemalige Freundin gehandelt, dann hättest du es erfahren.«

483

»Es tut mir leid«, sagte Susan. »Es tut mir wirklich leid. Ich hatte keine Ahnung.«

14. AUGUST, PERTH, AUSTRALIEN

Die Aufnahmen, die Cleve Jones in Florenz, auf der Insel Mykonos, in Athen und Bangkok von den homosexuellen Männern gemacht hatte, mit denen er intim geworden war, paßten kaum noch in seine Fototasche. Auf dem Flug von Bali nach Perth hatte Cleve eine Gruppe schwuler Männer aus Australien kennengelernt. Vor sechs Wochen war er von San Francisco abgeflogen, und schon plante er, sie beim Aufbau einer AIDS-Hilfsorganisation nach dem Muster der von ihm in San Francisco entwickelten zu unterstützen. Er glaubte, sie hätten die Möglichkeit, es von Anfang an richtig zu machen. Doch er war sich seiner Sache nicht mehr so sicher, als er auf dem Flughafen von Perth in der Herrentoilette über dem Pissoir die Worte las: »Schwule, habt ihr schon AIDS, ihr Dreckskerle?«

17. AUGUST, CABRINI MEDICAL CENTER, NEW YORK CITY

Um gegen die AIDS-Hysterie ein Zeichen zu setzen, wollte die Gesundheitsministerin Margaret Heckler einem AIDS-Kranken öffentlich die Hand geben. Wochenlang versuchten Angestellte des Ministeriums in New York City ein Krankenhaus zu finden, in dem sich diese Szene gut fotografieren ließ. Ein Dutzend Krankenhäuser lehnten es ab, sich an einer solchen Aktion zu beteiligen. Sie betrachteten die daran anschließende geplante Pressekonferenz als einen zynischen Versuch, den Eindruck zu erwecken, die bisher untätig gebliebene Bundesregierung beteiligte sich aktiv am Kampf gegen die Epidemie. Das *Bellevue Hospital*, das die meisten AIDS-Patienten im ganzen Lande beherbergte, wäre am besten dafür geeignet gewesen. Doch die Krankenhausverwaltung bestand darauf, daß Frau Heckler, bevor sie das Zimmer eines AIDS-Patienten betrat, eine Schutzmaske anlegte und einen weißen Kittel anzog.

Endlich jedoch fand sich im *Cabrini Medical Center* der für diese Demonstration geeignete Patient.

Frau Heckler nahm den Besuch im Krankenhaus zum Anlaß, bekanntzugeben, daß Präsident Reagan den Kongreß auffordern werde, weitere zweiundzwanzig Millionen Dollar für die AIDS-Bekämpfung zur Verfügung zu stellen und damit den im laufenden Haushalt dafür

484

vorgesehenen Betrag von siebzehn Millionen Dollar mehr als zu verdoppeln. Trotz dringender Appelle des Abteilungsleiters im Gesundheitsministerium, Ed Brandt, wurde die im Haushaltsgesetz für das Gesundheitswesen vorgesehene Summe nicht um diesen Betrag erhöht, sondern von den Etats des *National Health Service Corps* und des *Rural Development Fund* des Office of Community Services abgezweigt.

In Washington verfolgte Tim Westmoreland den Auftritt von Frau Heckler im Fernsehen und meinte, sie habe es ausgezeichnet verstanden, für die Administration Reklame zu machen, auch wenn sie keine besonders tüchtige Verwaltungsbeamtin sei.

Ebenso wie einige andere gutunterrichtete Persönlichkeiten in Washington wußte auch Westmoreland, was in Wirklichkeit hinter diesem Vorschlag stand, der in Wirklichkeit nichts mit den Wünschen der AIDS-Forscher zu tun hatte. Ein Unterausschuß des Bewilligungsausschusses des Repräsentantenhauses hatte bereits in geheimer Sitzung vierzig Millionen Dollar für die AIDS-Forschung vorgesehen, die im nächsten Rechnungsjahr zur Verfügung gestellt werden sollten. Angesichts der gegenwärtig im Kongreß herrschenden Stimmung bezweifelte niemand, daß der Antrag die Zustimmung der Mehrheit des Hauses finden werde. Sogar den Republikanern wollte die Pfennigfuchserei des *Office of Management and Budget* bei der Finanzierung der AIDS-Forschung nicht gefallen. Diese Vorentscheidung sollte so lange geheimgehalten werden, bis der ganze Haushalt dem Bewilligungsausschuß vorgelegt wurde. Doch die Reagan-Anhänger im Kongreß hatten das Weiße Haus verständigt, das die unvermeidlichen Mehrausgaben in einen propagandistischen Handstreich der Gesundheitsministerin ummünzte. Dies waren die Methoden, mit denen im Sommer 1983 AIDS-Politik gemacht wurde.

Was kaum jemand außerhalb des öffentlichen Gesundheitsdienstes wußte, war die Tatsache, daß Frau Heckler immer noch dreizehn Millionen Dollar weniger beantragt hatte als Dr. Brandt. Den Antrag, den er vor ein paar Wochen gestellt hatte, hatten die für den Haushalt zuständigen Leute jedoch sofort in der Versenkung verschwinden lassen.

AM GLEICHEN TAG, SETON MEDICAL CENTER, DALY CITY, KALIFORNIEN

Etwa um die gleiche Zeit, als die Gesundheitsministerin Margaret Heckler nach der Pressekonferenz im *Cabrini Medical Center* in ihre Limousine stieg, kam ein Arzt in das Wartezimmer des Krankenhauses am Stadtrand von San Francisco, wo Bob Borchelt und seine vier Kinder auf ihn warteten, um zu hören, wie die Hüftoperation bei Frances verlaufen war. Der Arzt erklärte, die Operation sei gelungen. Die Angehörigen waren erleichtert. Sie konnten sich nicht erinnern, daß Frances jemals krank gewesen war, aber sie war jetzt einundsiebzig Jahre alt, und in diesem Alter bedeutete jeder chirurgische Eingriff ein gewisses Risiko. Nach wenigen Tagen hatte sich Frances Borchelt ganz erholt und war wieder so leicht erregbar wie eh und je, denn sie geriet sofort in einen heftigen Streit mit ihrer Nichte. Ein Arzt hatte ihr eine Bluttransfusion geben wollen, beschwerte sie sich.

»Ich habe ihnen gesagt, daß ich das nicht wollte«, sagte sie.

Die Nichte erwiderte, die Ärzte wüßten schon, was für sie das beste sei, und sie sollte ihren Ratschlägen folgen. Doch wie üblich blieb Frances bei ihrer Meinung und wollte sich nicht überzeugen lassen.

»Ich werde ihnen nicht erlauben, mir eine Transfusion zu geben, und dabei bleibt es«, sagte sie. »Sie können mir Eisenpillen geben, wenn sie mein Blut auffrischen wollen.«

Ihre Familie glaubte, diese Weigerung sei Ausdruck ihres lebenslangen Reinlichkeitsfanatismus. Sie selbst gab zu, sie könne sich nicht an den Gedanken gewöhnen, mit dem Blut eines anderen Menschen zu leben. Sie wisse doch nicht einmal, woher es käme.

Frances wußte nicht, daß der starke Blutverlust bei der Operation eine Transfusion notwendig gemacht hatte. Eigentlich hatte sie nur zwei Einheiten gebraucht, aber um sicherzugehen, hatten die Ärzte ihr noch eine dritte geben lassen. Diese letzte Einheit war vor zwei Wochen von dem jungen Mann gespendet worden, der seinen Spenderausweis nicht vollständig ausgefüllt hatte.

36. Die Wissenschaft

25. AUGUST 1983, CENTERS FOR DISEASE CONTROL, ATLANTA

In dem Bemühen, bei den CDC ein erstklassiges Retrovirus-Laboratorium einzurichten, bot Dr. Don Francis dem Retrovirologen von Robert Gallos Laboratorium am Nationalen Krebsinstitut, Dr. V. S. Kalyanaraman, seine Mitarbeit an. Kaly, wie jeder ihn nannte, hatte kürzlich das HTLV-II entdeckt. Das war die zweite Variante des menschlichen T-cell Leukemia-Virus, das Gallo 1980 entdeckt hatte. Kaly, den die Arbeit in Gallos Laboratorium schon lange nicht mehr befriedigte, freute sich auf die Arbeit mit einem kleineren Team, bei der er mehr Verantwortung übernehmen konnte. Er hoffte auch, Bethesda mit dem Segen seines Mentors verlassen zu können, denn wenn es ihm gelingen sollte, bei den CDC das AIDS-Virus zu isolieren, dann würde das, wie er glaubte, dem Ansehen von Bob Gallo nur nützen.

Doch Dr. Gallo sah die Dinge ganz anders: Er wollte Kaly nicht gehen lassen. Als seine Überredungskünste nichts fruchteten, verlegte er sich auf Drohungen: Er werde nicht zulassen, daß Kaly irgendwelche Retrovirus-Präparate aus dem Laboratorium des Nationalen Krebsinstituts zu den CDC mitnehme. Kaly müsse dort seine eigenen Virus- und Antikörperkulturen anlegen, erklärte Gallo. Anfang August erfuhr Don Francis, daß Gallo höhere Beamte am Nationalen Krebsinstitut gebeten hatte, dafür zu sorgen, daß die CDC den jungen Forscher nicht anstellten. Als er damit keinen Erfolg hatte, rief er Don Francis persönlich an und behauptete, die AIDS-Forschung stünde »an einem Scheideweg«. Deshalb sei es nicht nötig, daß die CDC ein eigenes Retrovirus-Forschungsprogramm entwickelten, da dies nur »eine Verdopplung der Ausgabe von Steuergeldern« bedeute.

Als er mit dieser Taktik nicht weiterkam, wurde Gallo deutlicher.

»Wir werden auf keinen Fall mit Ihnen zusammenarbeiten«, sagte er. Er könne bei den CDC »keinen guten Willen« gegenüber dem Nationalen Krebsinstitut erkennen, und er werde dem neuen Laboratorium daher auch keine Präparate mit HTLV-Antikörpern zur Verfügung stellen.

»Kaly wird nichts bekommen«, sagte er, »nicht *ein* Retrovirus-Präparat.«

Die Kontroverse mit Bob Gallo war für Don Francis ein peinliches Zwischenspiel, aber keine Überraschung. Gallo hatte schon lange den Verdacht, daß die CDC ihm nicht ihre besten Präparate zur Analyse schickten. Gegenüber einigen Kollegen hatte er die Befürchtung geäußert, die CDC seien darauf aus, den AIDS-Erreger allein zu finden und ihn nicht an dieser Arbeit zu beteiligen.

Auch die Streitigkeiten zwischen dem Nationalen Krebsinstitut und dem Nationalen Institut für Allergien und Infektionskrankheiten nahmen erstaunliche Ausmaße an. Das Nationale Krebsinstitut beanspruchte den Vorrang bei der AIDS-Forschung, weil es das Territorium bereits zu einer Zeit abgesteckt habe, als AIDS im allgemeinen nur in der Form eines Hautkrebses auftrat. Obwohl das Nationale Institut für Allergien und Infektionskrankheiten erst in jüngster Zeit wirkliches Interesse für die Epidemie gezeigt hatte, hatte man ihm jetzt die führende Rolle bei der AIDS-Forschung zugestanden, weil das Syndrom eine Infektionskrankheit war.

Bob Gallo hatte sich auch mit den französischen Retrovirologen am Pasteur-Institut angelegt, die das LAV entdeckt hatten. »Die europäische Presse ist voll davon, daß die Franzosen die Ursache entdeckt hätten«, hatte sich Gallo bei Don Francis beklagt. Er fürchtete, wenn sich das als Irrtum erweisen sollte, würde es auch seinem Ruf schaden, denn er hatte den ersten wissenschaftlichen Bericht über das LAV, der im Mai 1983 in der Zeitschrift *Science* erschienen war, rezensiert.

Andererseits sorgte er sich aber auch darum, daß die Franzosen den AIDS-Erreger vor ihm entdeckt haben könnten und ihm deshalb die Anerkennung für diese Leistung versagt bleiben würde. So verbreitete er das Gerücht, das von den Franzosen entdeckte Virus sei gar kein menschenpathogenes Virus, sondern irgendeine Mikrobe, die ihre Präparate im Laboratorium kontaminiert habe. In mehreren Telefongesprächen hatte er Francis aufgefordert, nicht mit anderen Forschern, vor allem aber nicht mit den Franzosen zusammenzuarbeiten.

Don Francis hatte den ganzen Sommer über versucht, das Virus in allen möglichen Kulturen zu züchten. Dazu hatte er zum Beispiel das

Gewebe der Nabelschnur von Neugeborenen, Lungengewebe von Fledermäusen, Affennieren und Hunde-Thymusdrüsen benutzt. In Paris hatte er Proben des dort entdeckten LAV bestellt, die jedoch noch nicht angekommen waren. Gallo glaubte immer noch, das HTLV-I sei der AIDS-Erreger, und begründete diese Auffassung Anfang August in einer ausführlichen Denkschrift an seine Vorgesetzten beim Nationalen Krebsinstitut. Doch Francis ließ sich durch seine Argumente nicht überzeugen. Das AIDS-Virus veranlaßte die infizierten Lymphozyten nicht, sich zu vermehren, sondern zerstörte sie. Es verhielt sich also anders als ein Leukämie-Virus. Im übrigen war die Arbeit mit den HTLV außerordentlich zeitraubend. Es dauerte drei Monate, bis die Lymphozyten in einer Kultur infiziert wurden, und alle diese Kulturen brachten den Forschern keine neuen Erkenntnisse. Der Chef des *Center for Infectious Diseases*, Dr. Walter Dowdle, fürchtete, die CDC konzentrierten sich zu sehr auf die Retrovirus-Hypothese und verfolgten damit eine falsche Spur. Francis rechnete damit, daß Kalys Fachwissen über Retroviren und das HTLV die Arbeit entscheidend voranbringen und dazu beitragen werde, daß sich die Investitionen für das neue Laboratorium auszahlten.

Kaly war äußerst bedrückt, daß sich die persönlichen Beziehungen zu Gallo nach siebenjähriger Zusammenarbeit so verschlechtert hatten. Die Übernahme seines neuen Postens war für ihn so etwas wie eine Heirat, aber Gallo gehörte seiner Meinung nach auch zur Familie.

Kaly war 1945 am Tag des alliierten Sieges in Europa als Sohn armer Eltern in Indien geboren worden. Er war als Stipendiat in die Vereinigten Staaten gekommen und hatte sich in den siebziger Jahren im Rahmen des großangelegten Kampfs gegen den Krebs an der Suche nach krebserregenden Viren beteiligt. Seit 1976 hatte er im Laboratorium von Gallo gearbeitet. In letzter Zeit war AIDS sein Arbeitsgebiet gewesen. Ebenso wie Gallo fand auch er es enttäuschend, daß es bisher nicht gelungen war, das Virus zu züchten. Er verlor dabei aber nicht das Interesse für die AIDS-Forschung und betrachtete die Zeit, die er mit Gallo zusammengearbeitet hatte, als Grundlage für seine weitere berufliche Tätigkeit. Doch jetzt hatte er das Gefühl, daß Gallo seine Mitarbeiter als Leibeigene betrachtete. Wenn sie einmal bei ihm waren, ließ er sie nicht wieder gehen. Auch als bereits feststand, daß Kaly die neue Stelle annehmen würde, versuchte Gallo, ihn einzuschüchtern und von seinem Vorhaben abzubringen.

»Ich werde Sie vernichten«, drohte er.

Am gleichen Tag, als Bob Gallo in Atlanta anrief und Don Francis drohte, das Nationale Krebsinstitut werde bei der AIDS-Forschung künftig nicht mehr mit den CDC zusammenarbeiten, brachte der *San Francisco Chronicle* einen Bericht über die Weigerung der Universität von Kalifornien, ihren Wissenschaftlern das für die AIDS-Forschung benötigte Geld zur Verfügung zu stellen. Dr. Art Ammann, ein bedeutender pädiatrischer Immunologe, brachte als einer der wenigen Ärzte den Mut auf, öffentlich zu erklären, daß die AIDS-Forscher für ein »bürokratisches Vergehen« gegen die Hierarchie der Universität bestraft würden. Dr. Marc Conant zog sich den Zorn der Universitätsbeamten zu, weil er die Denkschrift weitergegeben hatte, in der dargestellt wurde, welche ernsten Folgen eine weitere Verzögerung der Finanzierung dieser Forschung für das Ansehen der Universität haben werde. Alle AIDS-Forscher an der Universität von Kalifornien sahen sich als Folge des akuten Geldmangels in ihrer Arbeit behindert. Dr. Jay Levy hatte die Ultrazentrifuge, die er dringend für sein Retrovirus-Laboratorium brauchte, noch immer nicht anschaffen können und war deshalb nicht in der Lage, seine Suche nach dem AIDS-Erreger fortzusetzen.

Zu seiner Rechtfertigung erklärte der Dekan der Medizinischen Fakultät den Reportern, er habe jetzt erkannt, daß die Bereitstellung des für die AIDS-Forschung benötigten Geldes beschleunigt werden müsse, und sei entschlossen, das Geld freizubekommen. Doch kaum waren die Journalisten gegangen, als er gegenüber seinen Kollegen behauptete, er sei falsch zitiert worden. Die Freigabe der Gelder werde nicht beschleunigt werden.

Die Universität verzögerte die Auszahlung der Gelder noch weitere drei Monate und teilte sie dann zum größten Teil den Wissenschaftlern zu, für die sie ursprünglich bestimmt waren. Allerdings gab es eine Ausnahme: Der für Dr. Art Ammann bestimmte Betrag wurde gestrichen. Ammann war es gewesen, der im Dezember 1982 als erster die Öffentlichkeit darauf aufmerksam gemacht hatte, daß AIDS durch Bluttransfusionen übertragen werden könne. Damit hatte er wahrscheinlich vielen Menschen das Leben gerettet, doch dieser Aspekt gehörte nicht zu den Kriterien, nach denen die Universitätsbeamten ihre Entscheidungen trafen. Dr. Ammann entschloß sich, die Universität zu verlassen und als unabhängiger Forscher weiterzuarbeiten.

So sah es im August 1983 im Bereich der universitären AIDS-Forschung aus.

27. AUGUST, 35 ALPINE TERRACE, SAN FRANCISCO

Matt Krieger unterhielt sich mit Gary Walsh über das Buch *Family Portrait*, das sein Freund schreiben wollte. Es sollte das Thema der Wahlverwandtschaften behandeln und dieses Konzept den Beziehungen in der biologischen Familie gegenüberstellen. Vielen Homosexuellen bedeuteten ihre Freunde mehr als die eigenen Geschwister, und Gary wollte seine neue Familientheorie am Beispiel seines engsten Freundeskreises erläutern, zu dem Matt, Lu Chaikin und sein Neffe Rick Walsh gehörten.

»Bist du immer noch so begeistert von dieser Idee?« fragte Matt.

Nach einer langen Pause hörte Matt aus dem Schlafzimmer ein schwaches Ja.

Matt ging hinüber, setzte sich auf den Bettrand, umarmte Gary und drückte seinen mageren Körper fest an sich.

»Es ist nur so, daß ich es nicht mehr erleben werde«, sagte Gary. »Wenn es veröffentlicht wird, werde ich nicht mehr hier sein.«

»Ich spüre es in meinem Körper«, fügte er hinzu. »Ich fühle, wie ich immer schwächer werde. Es ist fast so, als spürte ich, wie die Zellen absterben ... Heute morgen war es so schrecklich, daß ich glaubte, ich würde heute sterben müssen.«

Nach der am 29. August 1983 von den CDC veröffentlichten Statistik waren bis zu diesem Tage zweitausendzweihundertvierundzwanzig Amerikaner an AIDS erkrankt, und achthunderteinundneunzig von ihnen waren gestorben.

Am 30. August wurde Frances Borchelt aus dem *Seton Medical Center* in Daly City, einem Vorort von San Francisco, entlassen. Die Ärzte behaupteten zwar, die Operation sei gelungen, doch Frances hatte sich noch immer nicht ganz erholt. Sie fühlte sich sehr schwach und hatte ständig erhöhte Temperatur, was sich die Ärzte nicht erklären konnten. Bei der Entlassung aus dem Krankenhaus zeigte das Thermometer 37,8 Grad. Sie war zu erschöpft, um die vorgeschriebenen Übungen zur Stärkung der Hüfte durchzuführen.

Der Hausarzt wies Bob Borchelt an, er solle seine Frau während der nächsten Tage genau beobachten und ihm über ihren Zustand berichten.

Während dieser Zeit kam auch die Krankenhausrechnung. Da die Versicherung nicht für Bluttransfusionen aufkam, waren die Kosten für die drei Bluteinheiten von der *Irwin Memorial Blood Bank* auf der Rechnung vermerkt. Auf diese Weise erfuhren die Borchelts, daß Frances eine Bluttransfusion bekommen hatte.

Am 9. September 1983 starb in Oslo der erste an AIDS erkrankte Norweger. Er war das erste AIDS-Opfer in diesem Land. Drei Wochen später war auch in Schweden das erste AIDS-Opfer gestorben. Die Gesundheitsbehörden in Mexiko meldeten inzwischen offiziell die ersten AIDS-Fälle. Die Behörden auf Haiti reagierten auf die Presseberichte über den möglichen Ursprung der Krankheit in ihrem armen Land mit einer Polizeirazzia in der einzigen Homosexuellenbar von Port-au-Prince. Das Personal und alle Gäste kamen ins Gefängnis.

Obwohl der sechs Monate andauernde Medienrummel in den Vereinigten Staaten im Herbst etwas abgeflaut war, hatte die Nervosität der Europäer im Hinblick auf die neue Krankheit zugenommen. Anfang September veröffentlichten die britischen Gesundheitsbehörden Flugblätter, in denen alle Angehörigen von Risikogruppen aufgefordert wurden, sich nicht mehr als Blutspender zur Verfügung zu stellen. Die Anzeichen dafür, daß AIDS durch Bluttransfusionen übertragen werden konnte, mehrten sich. Den CDC waren jetzt zwanzig Fälle bekannt, bei denen der Verdacht bestand, daß die Krankheit durch Bluttransfusionen übertragen worden war. Aber nur bei einem Fall war auch der Spender selbst an AIDS erkrankt. Dies veranlaßte die Beamten der CDC, eine noch genauere Überprüfung der Spender zu verlangen, denn es hatte sich deutlich gezeigt, daß Blutspender ohne AIDS-Symptome mit ihrem Blut eine tödliche Menge von AIDS-Erregern abgeben konnten. Doch die Blutbanken behaupteten, die für die Überprüfung der Spender geltenden Richtlinien reichten aus, und alle neuen AIDS-Fälle, die jetzt noch aufträten, seien durch Transfusionen übertragen worden, die man vor dem Inkrafttreten dieser Richtlinien vorgenommen habe. Dr. Edward Brandt versicherte außerdem den organisierten Homosexuellen, daß eine schärfere Überprüfung der Spender nicht notwendig sei. Er hatte sich mit führenden Homosexuellen getroffen, nachdem bekanntgeworden war, daß Mitarbeiter des Weißen Hauses mit führenden Persönlichkeiten von Jerry Falwells Moralischer Mehrheit über den Entwurf eines Gesetzes diskutiert hatten, das Homosexuellen das Blutspenden untersagte. Man erzählte sich, Brandt habe getobt, weil sich das Weiße Haus nicht mit Beamten der Gesundheitsbehörden in Verbindung gesetzt habe, sondern sich stattdessen an die Moralische Mehrheit gewandt habe.

Am 15. September stimmte der Bewilligungsausschuß des Repräsentantenhauses dem Antrag zu, für das AIDS-Budget im kommenden Rechnungsjahr einundvierzig Millionen Dollar zur Verfügung zu stellen. Der Ausschuß erklärte in seinem Bericht, er werde die Entwicklung der AIDS-Programme in den kommenden Monaten beobachten und, falls notwendig, auf die Zuweisung weiterer Mittel drängen. In einer besonderen Direktive stellte der Ausschuß fest, daß die Administration noch kein Programm für die Aufklärung der Öffentlichkeit und die AIDS-Vorbeugung entwickelt hatte, und wies die Gesundheitsministerin Margaret Heckler an, »die vorhandenen Möglichkeiten des öffentlichen Gesundheitsdienstes zu mobilisieren und die CDC bei der Durchführung einer angemessenen und wirksamen Kampagne zur Aufklärung der Öffentlichkeit zu unterstützen.«

Am gleichen Tag gaben sieben Senatoren eine gemeinsame Erklärung ab, in der sie vom Vorsitzenden des Unterausschusses, der für den Etat des Gesundheitsministeriums verantwortlich war, die Einrichtung eines Sonderfonds forderten, der den Gesundheitsbehörden in Notfällen zur Verfügung stehen sollte.

Diese Erklärung hatte eine ganz spezifische politische Bedeutung, denn sie wurde unmittelbar vor Beginn des Jahres 1984 abgegeben, in dem die Präsidentschaftswahlen stattfinden sollten. Erfahrene politische Beobachter erkannten, daß das AIDS-Problem bei diesen Wahlen durchaus eine Rolle spielen konnte, besonders da zu den Unterzeichnern der Erklärung auch Anwärter auf die Präsidentschaftskandidatur wie Alan Cranston, John Glenn und Edward Kennedy gehörten.

17. September, Pasteur-Institut, Paris

Dr. Luc Montagnier war verärgert, als er die Konferenz der AIDS-Forscher in Cold Spring Harbor, Long Island, verließ. Er war bei seinen Aussagen sehr vorsichtig gewesen, hatte jedoch ausführlich geschildert, was die Franzosen in neun Monaten intensiver Forschung über das AIDS-Virus festgestellt hatten. Gegenwärtig untersuchten die Franzosen das Blut von AIDS-Patienten am Claude-Bernard-Krankenhaus, und diese Untersuchungen hatten interessante Ergebnisse gebracht. Zwar ließen sich nicht bei jedem Patienten LAV-Antikörper finden, aber bei ihnen war der LAV-Antikörper-Spiegel höher als bei den von Robert Gallo durchgeführten Tests mit dem HTLV-I. Darüber hinaus bezweifelten die Franzosen die Zuverlässigkeit der Testergebnisse von Gallo, weil er dabei auch die HTLV-Antikörper berücksich-

493

tigt hatte, die im Blut von AIDS-Patienten aus Haiti gefunden worden waren. Das HTLV war in der Karibik endemisch, und man mußte damit rechnen, es auch bei Personen zu finden, die nicht mit AIDS infiziert waren.

Eine Woche vor der Konferenz in Cold Spring Harbor hatten die Forscher am Pasteur-Institut ihre ersten eigenen Tests abgeschlossen. Don Francis von den CDC hatte ihnen Blutproben von homosexuellen Männern aus San Francisco geschickt, die sich an der Hepatitis-B-Studie beteiligt hatten. Zwei dieser Blutproben waren den Versuchspersonen zu Beginn der Testreihe entnommen worden, wahrscheinlich bevor sich die Männer mit dem AIDS-Virus infiziert hatten. Die Entnahme der beiden anderen Proben von denselben Männern war erfolgt, nachdem sie schon AIDS-Symptome zeigten. Nun hatte Francis die Franzosen gebeten, ihm zu sagen, welche Proben aus welcher Zeit stammten. In beiden Fällen hatten die Ärzte am Pasteur-Institut in dem Serum, das aus einer früheren Zeit stammte, keine LAV-Antikörper festgestellt, wohl aber in dem Blut, das den Versuchspersonen erst zu einem späteren Zeitpunkt abgenommen worden war. Francis war beeindruckt, und Montagnier hoffte, auch die anderen amerikanischen Forscher würden sich überzeugen lassen.

Wie Montagnier berichtete, war die Konferenz in Cold Spring Harbor eine reine »HTLV-Veranstaltung« gewesen. Die Wissenschaftler hatten immer nur davon gesprochen, daß das von Dr. Gallo entdeckte Leukämie-Virus der AIDS-Erreger sein könne. Bis zum Schluß der Konferenz blieb der Forschungsbericht von Montagnier praktisch unbeachtet. Einige amerikanische Kollegen lachten sogar laut, als Montagnier behauptete, das LAV habe nichts mit dem HTLV zu tun, sondern gliche eher dem pferdepathogenen Anämievirus.

Gallo selbst stellte Montagnier inquisitorische Fragen und kritisierte in sehr verletzendem Ton die Vorstellung, das LAV könne mit einem bei Pferden vorkommenden Lentivirus verwandt sein. Hinter den Kulissen munkelte man, die Franzosen hätten wahrscheinlich mit kontaminierten Präparaten gearbeitet. Mit einem entscheidenden Durchbruch sei daher nur im Laboratorium von Gallo zu rechnen.

Was Montagnier über die Konferenz zu berichten hatte, enttäuschte die anderen Forscher, die sich zu der wöchentlichen Besprechung in seinem Büro versammelt hatten. Praktisch alle angesehenen medizinischen Fachzeitschriften erschienen in Amerika, und kaum eine von ihnen schien sich für die Veröffentlichung französischer Forschungsberichte zu interessieren. Die Ablehnung wurde in den meisten Fällen

494

mit der Erklärung begründet: »Wir wollen zunächst abwarten, was Gallo auf diesem Gebiet erreicht.« Sogar in Paris waren die Wissenschaftler bei der Beurteilung der Forschungsarbeiten im Pasteur-Institut geteilter Meinung. Jacques Leibowitch, der sich immer noch darüber ärgerte, daß seine Bewerbung um eine Anstellung am Pasteur-Institut abgelehnt worden war, stellte sich jetzt auch auf die Seite von Gallo und bezeichnete die französischen Forscher als Dilettanten.

Aber die Pariser »Dilettanten« hatten in den vergangenen Monaten dramatische Fortschritte zu verzeichnen. Sie hatten einen eigenen Bluttest entwickelt, und die immunologische Arbeit von Dr. David Klatzmann hatte gezeigt, wie das Virus die T-Helfer-Lymphozyten angriff. Darüber hinaus zeigten die Versuche von Willy Rozenbaum mit dem für die Behandlung von Viruserkrankungen entwickelten Medikament HPA-23 gewisse Erfolge bei der AIDS-Therapie.

Eines der größten Probleme war jedoch, daß alle diese Untersuchungen sehr viel Zeit in Anspruch nahmen. Man brauchte Zeit, um die Medikamente zur Bekämpfung von Viruserkrankungen auf ihre Wirksamkeit bei AIDS zu testen. Man mußte einen überall durchführbaren Antikörper-Test entwickeln, Blutuntersuchungen vornehmen und wirksame Kontrollmaßnahmen treffen. Und hinzu kamen jetzt noch solche kleinlichen Streitigkeiten wie die Auseinandersetzung mit Gallo und den NIH.

Für Willy Rozenbaum stand hinter dem ganzen Problem nichts anderes als der »wissenschaftliche Imperialismus« der Amerikaner.

Die wenigen französischen Forscher, die mit einem Bruchteil der finanziellen Mittel arbeiten mußten, die den Amerikanern zur Verfügung standen, würden also auch in Zukunft ohne großzügige finanzielle Unterstützung und internationale Anerkennung weiterarbeiten müssen. »Wir sind noch mitten im Tunnel«, sagte Rozenbaum, »und da ist es eben stockfinster.«

SAN FRANCISCO

Es war Ende September, und Bob Borchelt machte sich große Sorgen um den Gesundheitszustand seiner Frau Frances, der sich in der letzten Zeit erheblich verschlechtert hatte. Am 10. September war sie wieder ins Krankenhaus aufgenommen worden, und die Ärzte hatten eine Hepatitis festgestellt. So unangenehm es ihnen war, sie mußten zugeben, daß die Patientin mit der Bluttransfusion infiziert worden war. Aber bei Frances zeigten sich sehr viel quälendere Symptome als bei den meisten Hepatitis-Patienten. Sie litt unter einem starken Husten mit einem unangenehmen weißen Auswurf. Nichts wollte ihr schmekken, und deshalb konnte sie kaum etwas essen. Während ihres siebzehntägigen Krankenhausaufenthalts nahm sie zwanzig Pfund ab. Die Ärzte erklärten den Gewichtsverlust mit »Appetitlosigkeit«. Der Hausarzt bereitete Bob Borchelt schon darauf vor, daß Frances sterben werde. Doch irgendwie gelang es der vitalen Großmutter, die Krise zu überwinden. Später meinten Bob und die Kinder, es wäre wahrscheinlich besser für sie gewesen, wenn sie schon im September gestorben wäre. Dann wären ihr die furchtbaren Qualen erspart geblieben, die ihr jetzt noch bevorstanden.

22. SEPTEMBER, AUS: MATT KRIEGERS TAGEBUCH

Was ich heute abend in Garys Stimme höre, ist die reine Verzweiflung... Er hat Grund, verzweifelt zu sein. Er ist heute dreimal hingefallen, weil ihm die Beine den Dienst versagten. Zuerst hatte er nur eine Infektion an einem Auge, jetzt ist auch das andere Auge infiziert. Bei einer Routineuntersuchung hat der Zahnarzt festgestellt, daß er an einer Infektion leidet und wahrscheinlich eine Wurzelbehandlung notwendig sein wird. Außerdem leidet er an einer Prostataentzündung. Sein Arzt hat ihm gesagt, vielleicht könne er den Druck und die Schmerzen durch Onanieren lindern. Aber diese Zeiten liegen längst hinter ihm, und er hat nicht das Bedürfnis, es zu tun.

Ich sage ihm immer wieder: »Du wirst es vielleicht nicht glauben, aber diese Depressionen werden vorübergehen. Du bist schon einmal so weit gewesen und wirst es auch diesmal überwinden. Ich wünschte nur, ich könnte deine Depressionen verjagen.«

Es ist mir rätselhaft, wie er alle diese schrecklichen Krankheiten ertragen kann. Irgendwo in einem dunklen Winkel meines Bewußtseins habe ich den Wunsch, das alles möge endlich vorbei sein. Dann könnte ich über Gary und seine Krankheiten so sprechen, als seien es Dinge und Ereignisse, die der Vergangenheit angehören.

Oft spiele ich in Gedanken dieses Spiel. Manchmal denke ich, es ist alles vorüber. Gary ist tot. Damals in den achtziger Jahren hatte ich einen wunderbaren Freund, den ich wirklich geliebt habe. Er erkrankte und starb an dieser schrecklichen Epidemie, die sich unter den Homosexuellen im ganzen Land ausbreitete. Er starb an einer Krankheit, an die wir uns heute kaum noch erinnern können. Man nannte sie AIDS.

37. Das öffentliche Gesundheitswesen

4. OKTOBER 1983, SAN FRANCISCO AIDS-FOUNDATION

Die Sanitäter hoben einen jungen Mann aus dem Krankenwagen und legten ihn in aller Eile auf eine Tragbahre. Dann trugen sie ihn in den ersten Stock und stellten die Tragbahre im Flur vor dem Büro der *AIDS-Foundation* auf den Boden. Eine Krankenschwester, die mit ihnen nach oben gekommen war, legte ein paar Plastikbeutel mit seinen persönlichen Sachen neben die Bahre. Dann gingen sie wieder, ohne sich weiter um den jungen Mann zu kümmern.

Den verblüfften Mitarbeitern der Stiftung gelang es schließlich mit einiger Mühe herauszubekommen, weshalb der Patient hier abgeliefert worden war. Morgan MacDonald war seit Juli im *Shands Hospital* in Gainesville, Florida, wegen einer schweren Cryptosporidiosis, einer Sekundärinfektion von AIDS, behandelt worden. Als die Krankenversicherung ihre Zahlungen einstellte, forderte das privat geführte *Shands Hospital* MacDonald auf, sein Zimmer bis zum 7. Oktober zu räumen. Doch der siebenundzwanzigjährige Patient konnte keine andere Unterbringungsmöglichkeit finden. Obwohl es in keinem anderen amerikanischen Staat so viele AIDS-Kranke gab wie in Florida, hatten die Staatlichen Gesundheitsbehörden neben den in Miami und Key West bestehenden und auf freiwilliger Grundlage arbeitenden Gruppen keinerlei Einrichtungen für die Betreuung von AIDS-Patienten geschaffen.

Die Ärzte des *Shands Hospital* riefen im *General Hospital* in San Francisco an und erkundigten sich, ob MacDonald dort untergebracht werden könnte. Doch die Krankenhausverwaltung erklärte, sie könnten keine akuten AIDS-Fälle aufnehmen, die von anderen Krankenhäusern nach San Francisco überwiesen würden. Es sei wahrscheinlich das beste, den Patienten irgendwo in Florida unterzubringen. Doch die Verwaltung des *Shands Hospital* wandte sich nun an die *AIDS-*

Foundation in San Francisco und erkundigte sich, ob ein AIDS-Patient, der nach San Francisco ziehen wollte, dort ambulant behandelt werden könne.

Am frühen Dienstagvormittag verluden Angestellte des *Shands Hospital* MacDonald mit einem Arzt und einer Krankenschwester in ein Krankentransportflugzeug. Der Charterflug, der $ 14 000 kostete, kam die Klinik wesentlich billiger als die durchschnittlichen Krankenhauskosten für einen AIDS-Patienten, die bei $ 100 000 lagen. Man steckte MacDonald außerdem noch dreihundert Dollar in die Tasche, die von den organisierten Homosexuellen in Florida für ihn gespendet worden waren.

MacDonald, der so schwach war, daß er nicht einmal den Kopf heben konnte, wurde von der *AIDS-Foundation* sofort zur AIDS-Station des *General Hospital* von San Francisco gebracht, wo sich sein Zustand sofort verschlechterte. Der Direktor des Gesundheitsamts von San Francisco, Dr. Mervyn Silverman, erhob schwere Vorwürfe gegen das *Shands Hospital* in Florida, weil es einen Schwerkranken ohne Rücksicht auf seinen Zustand nach San Francisco »abgeschoben« habe. Das Krankenhaus erklärte, es habe MacDonald »aus humanitären Gründen« nach San Francisco geschickt. Außerdem habe er, als er Florida verließ, nur an Appetitlosigkeit gelitten und sei daher als ambulanter Fall anzusehen. Die Tatsache, daß MacDonald unmittelbar nach seiner Entlassung aus dem *Shands Hospital* schwer erkrankt war, erklärte der Sprecher dieses Krankenhauses damit, daß sich bei AIDS »der Zustand des Patienten sehr rasch verändern kann«.

Die Bürgermeisterin von San Francisco, Dianne Feinstein, bezeichnete die Verlegung von MacDonald als »empörend und unmenschlich« und forderte den Gouverneur von Florida auf, die Angelegenheit zu untersuchen. Die beiden in San Francisco erscheinenden Tageszeitungen sprachen in ihren Berichten von einem »verantwortungslosen Verhalten«. Ein Sprecher des Gouverneurs von Florida räumte einige Tage später ein: »Wir haben hier in Florida gewisse Schwierigkeiten. Die medizinischen Fachleute scheuen sich, solche Patienten zu behandeln, da sie zu wenig über AIDS wissen. Wir müssen es immer wieder erleben, daß diese Leute alles tun, was im Rahmen der geltenden Gesetze möglich ist, um solche Fälle nicht behandeln zu müssen.«

Dr. Selma Dritz sah erschöpft aus, als sie in dem engen Büro im Gebäude des Städtischen Gesundheitsamts von ihrem Schreibtisch aufblickte. In der rechten oberen Ecke ihrer Wandtafel hatte sie die Zahl der bis zu diesem Tag in San Francisco gemeldeten AIDS-Fälle notiert. Es waren zweihundertzweiundneunzig. Die Liste war aufgegliedert nach den Patienten, die am Kaposi-Sarkom, der Pneumocystosis und anderen opportunistischen Infektionen erkrankt waren. Selma Dritz führte Buch über alle AIDS-Kranken im Bezirk von San Francisco und markierte ihre Namen mit roter Tinte, sobald sie gestorben waren. Ein Epidemiologe von der AIDS-Klinik des *General Hospital* in San Francisco hatte die systematischen Aufzeichnungen von Frau Dritz kürzlich dazu benutzt, die Überlebensquoten bei den verschiedenen Krankheitsgruppen zu berechnen. Von den Patienten, die an Pneumocystosis oder anderen opportunistischen Infektionen erkrankt waren, lebte einundzwanzig Monate nach der Diagnose keiner mehr. Die Patienten mit dem Kaposi-Sarkom und der Pneumocystosis waren alle schon innerhalb von fünfzehn Monaten tot. Die günstigste Prognose ergab sich für Männer, die nur am Kaposi-Sarkom erkrankt waren. Der Hälfte dieser Patienten blieben nach der Diagnose noch einundzwanzig Monate.

Als man den freundlichen Bill Cunningham bat, die Leitung des *AIDS Activities Office* im Gesundheitsamt von San Francisco zu übernehmen, gab man ihm folgenden Rat: »Beteiligen Sie die verschiedenen Homosexuellengruppen an Ihren Planungen, sonst werden sie alle Ihre Vorhaben bekämpfen.« Bereits in den ersten Monaten nach Übernahme dieses politisch sensiblen Postens lernte der ehemalige stellvertretende Direktor des Gesundheitsamts, wie man geschickt alle Empfindlichkeiten und Widersprüchlichkeiten bei den homosexuellen Gruppierungen berücksichtigte und bei niemandem Anstoß erregte. Das gelang nur, weil Cunningham sich an das wichtigste Ritual hielt, das die Gesundheitsbehörden bei der Behandlung aller die AIDS-Epidemie betreffenden Fragen beachten mußten: Er veranstaltete Ausschußsitzungen. Es wurde keine Maßnahme ergriffen, bevor sie nicht von jedem als notwendig anerkannt worden war. Das bezeichnete man dann als Konsens. Dies hieß jedoch, daß man monatelang gar nichts unternehmen konnte, weil sich in kaum einer Frage die absolute Übereinstimmung erreichen ließ. Dagegen war auch insofern nichts einzuwenden, als die AIDS-Rituale in Washington ebenso wie in San Francisco nur selten ein aktives Handeln verlangten. Es ging vielmehr in erster Linie um die Rhetorik.

Cunninghams Problem bestand darin, daß der Stadtrat Harry Britt, Bill Kraus und der *Harvey Milk Club* das Gesundheitsamt gedrängt hatten, für San Francisco zum Thema AIDS eine Aufklärungskampagne zu organisieren, die den Bedürfnissen aller Bevölkerungsteile gerecht wurde. Zunächst mußte Cunningham den AIDS-Koordinierungsausschuß konsultieren, eine aus homosexuellen Aktivisten bestehende nebulöse Gruppe, der jeder angehörte, der sich an den Ausschußsitzungen beteiligte. Dann ernannte dieser Ausschuß einen aus fünfundzwanzig Mitgliedern bestehenden Unterausschuß für die AIDS-Planung. Die fünfundzwanzig Mitglieder waren Vertreter aller homosexuellen politischen Clubs und aller Organisationen, die von der Stadtverwaltung finanzielle Unterstützung erwarteten. Nur drei von ihnen hatten beruflich etwas mit dem öffentlichen Gesundheitswesen zu tun. Dieser Unterausschuß war in mehrere weitere Unterausschüsse aufgegliedert, die Monate damit zubrachten, Sitzungen abzuhalten.

Das Ergebnis war ein nichtssagender »Plan«, der kaum mehr enthielt als das, was die Stadt schon längst für die AIDS-Aufklärung unternommen hatte. Und auch dieser Ende September entworfene Plan wurde erst einen Monat später endgültig angenommen, weil man vorher die Reaktion der Öffentlichkeit abwarten wollte. Cunningham selbst räumte ein, daß er eigentlich kaum etwas Neues gebracht habe, erklärte jedoch, die Stadt habe sich für dieses Verfahren entscheiden müssen, um die homosexuellen Aktivisten nicht zu verärgern.

Auf die Frage eines Reporters, was die Stadt mit den Hunderttausenden von Dollar getan habe, die für die AIDS-Aufklärung ausgegeben worden seien, antwortete Stadtrat Britt sarkastisch: »Die Gesundheitsbehörden behandeln dieses Problem wie ein vermehrtes Auftreten der Schuppenflechte und nicht wie eine Epidemie, die das Leben der Menschen bedroht.«

Das Fehlen einer koordinierten Aufklärungskampagne hatte zur Folge, daß sich die Einstellung der Homosexuellen zu AIDS veränderte. Sicherlich strömten ganze Scharen zu Vorträgen über Safer Sex und nahmen an der von vielen Psychologen angebotenen Gruppentherapie gegen die AIDS-Angst teil. Sie ließen sich über alles unterrichten, was mit dem Immunsystem zusammenhing, und brachten mit ihren Fragen nach der Bedeutung der T-Zellen, der B-Zellen und der Makrophagen häufig Ärzte, die auf diesem Gebiet keine Spezialisten waren, in Verlegenheit.

Die kollektive Zukunftsangst der Homosexuellen führte bei vielen zu Verhaltensänderungen. Gesellschaftliche Veranstaltungen, die nichts mit Sexualität zu tun hatten, wurden immer beliebter. Der einen halben Häuserblock abseits der Castro Street gelegene *Castro Country Club* war ein beliebter Treffpunkt für homosexuelle Männer, die dort bei alkoholfreien Getränken Canasta und andere Gesellschaftsspiele spielten und der schwülen Atmosphäre in den Homosexuellenbars zu entgehen suchten. In den von Homosexuellen bevorzugten Wohngegenden bildeten sich Gruppen von Anonymen Alkoholikern, die sich in kirchlichen Räumen trafen. Einmal wöchentlich wurde in der Most Holy Redeemer Church, zwei Blocks abseits der Castro Street, Bingo gespielt, und jeden Mittwochabend drängten sich die Homosexuellen im Untergeschoß der Kirche, um an diesem Vergnügen teilzunehmen. Einige private Sexclubs veranstalteten Abende, an denen die Partner aufgefordert wurden, sich an ihre romantische Jugend und an den »Pfadfindersex« des gemeinsamen Onanierens zu erinnern. Auch die modernen Videocassetten boten neue Möglichkeiten, und der Geschäftszweig des Partnerservice blühte auf.

Die meisten homosexuellen Männer, die noch in den Bars verkehrten, behaupteten, einen festen Freund zu haben. Oft wurde der Partnerservice auch telefonisch angeboten. Die Analgonorrhö, ein Indikator für die Häufigkeit des passiven Analverkehrs, nahm deutlich ab. Dieser zur Mäßigung tendierende neuen Lebensstil der Homosexuellen kam Anfang 1983 in Mode. Gegen Ende des Jahres war ein Trend daraus geworden, und im folgenden Jahr war diese Haltung ein deutlich erkennbares soziologisches Phänomen.

Doch weiterhin gab es in der Homosexuellenszene die verschiedensten Strömungen. Obwohl sehr viele homosexuelle Männer ihr Verhalten grundsätzlich geändert hatten, gab es auch solche, die weiterlebten wie die Zecher in Edgar Allan Poes »Maske des Roten Todes«, die sich nicht darum kümmerten, daß um sie her die Pest wütete. Als der intensive Medienrummel des Sommers abflaute, mehrte sich wieder die Zahl der Saunenbesucher, und an den Wochenenden standen die Leute Schlange vor den Sexbars.

Die schlimmen biologischen Realitäten der tödlichen Epidemie begünstigten das Paradox. Auf einer Abendgesellschaft wurde Cliff Morrison, der Leiter des Pflegepersonals der AIDS-Station am *General*

Hospital, einem Mann vorgestellt, der sich später bei seinem Gastgeber beschwerte: »Sie hätten mir sagen sollen, wer das war. Wenn ich gewußt hätte, wo er arbeitet, hätte ich ihm nie die Hand gegeben.« Nach dem Essen verabschiedete sich der Gast und besuchte eine Homosexuellensauna. Die *Club Baths*, eine Sauna an der Ecke der Achten und der Howard Street, hießen bei ihren Kunden nur noch »AIDS and Howard«. Sie scheuten sich auch nicht, laut über diesen makabren Scherz zu lachen, wenn sie am Kassenschalter ihre Mitgliedskarten und das Eintrittsgeld aus der Brieftasche nahmen.

In einer Lokalzeitung für Homosexuelle schilderte der Schriftsteller Paul Reed in wenigen Worten, wie verschieden die Homosexuellen auf die Epidemie reagierten. Da gab es die Typen, die erstaunt fragten: »Welche Krise meinst du überhaupt?« Anders als die vor Angst gelähmten »nervösen Nellies« bestritten sie die Existenz einer Epidemie. Die »Ozzies and Harriets« beschränkten sich auf monogame Beziehungen, während der »Superman« sich durch nichts beirren ließ und so tat, als sei er immun gegen AIDS. Die »Doris-Day-Typen« suchten die Krise mit einer fatalistischen Haltung zu bewältigen und sangen »Que sera, sera, what ever will be, will be«. Reed selbst ordnete sich in die letzte Kategorie ein. Das waren »die total Verwirrten«.

Psychologen, die das Verhalten der Homosexuellen untersuchten, verglichen die Widersprüchlichkeiten in ihrem Verhalten mit den Reaktionen von Männern am Beginn der Wechseljahre. Psychologisch sind die Wechseljahre die kritische Periode im Leben des Mannes, in der er seiner Existenz einen neuen Sinn geben muß. Die ersten Freunde sterben, und damit schärft sich plötzlich das Bewußtsein der eigenen Sterblichkeit. Es stellt sich das Gefühl ein, etwas verloren zu haben, und man fragt sich: »Ist mein Leben wirklich schon zur Hälfte vorüber?« Es gibt Männer, die dann ein Verhältnis mit ihrer viel jüngeren Sekretärin anfangen, um noch einmal die Freuden einer verlorenen Jugend zu erleben. Andere machen aus der Not eine Tugend und finden zu einer reiferen Einstellung gegenüber allen Lebensproblemen. Die verworrene Reaktion der Homosexuellen bezeichnete den Beginn einer kollektiven Neuorientierung. Dies sollte in den kommenden Jahren trotz aller anfänglichen Torheiten zu einer der entscheidensten Auswirkungen der AIDS-Epidemie werden.

In San Francisco gab es mehr Homosexuellenzeitungen als in irgendeiner anderen Stadt der Vereinigten Staaten, aber anstatt die Herausforderungen, vor denen die Homosexuellen jetzt standen, deutlicher zum Ausdruck zu bringen, verzettelten sie sich in den Auseinandersetzungen zwischen den homosexuellen Gruppierungen. Der Leitartikler des *Bay Area Reporter*, Konstantin Berlandt, hatte in letzter Zeit scharfe Angriffe gegen den *Harvey Milk Club* geführt und die leitenden Persönlichkeiten als »unsere schlimmsten Feinde« bezeichnet, weil sie eine angeblich »sexfeindliche« Broschüre über Safer Sex herausgegeben hatten. Berlandt schrieb: »Hinweise zum Schutz vor Ansteckung beim Geschlechtsverkehr mögen subjektiv gut gemeint sein. Sie spielen jedoch in Wirklichkeit unseren Todfeinden in die Hände, die uns die Schuld an der Ausbreitung der Epidemie zuschieben wollen. Der Mythos vom Safer Sex ist Wasser auf die Mühlen derjenigen, die mit den Fingern auf uns zeigen und sagen: ›Seht ihr, wir haben es schon immer gesagt. Wir haben uns das selbst angetan.‹« Über den Safer Sex schrieb er: »Ich behaupte nicht, daß man sein Verhalten nicht ändern könne, wenn es absolut notwendig ist – aber ist es das auch?«

Bei der medizinischen Berichterstattung im *Bay Area Reporter* kam am häufigsten ein Arzt aus San Mateo zu Wort, der behauptete, er könne das Syndrom mit großen Dosen von Vitamin C heilen. Ein homosexueller Psychologe verfaßte eine Artikelreihe über die »Psychoinkubation« von AIDS und behauptete, alle AIDS-Kranken hätten in ihrer Kindheit an emotionalen Störungen gelitten, die ihnen das Gefühl des Verlassenseins gegeben hätten. Deshalb sei eine Änderung der psychischen Einstellung zur Umwelt die beste Vorbeugungsmaßnahme gegen diese Krankheit.

Die zweitgrößte Homosexuellenzeitung in San Francisco, der *Sentinel*, brachte eine lange Artikelreihe mit heftigen Angriffen gegen die von Marc Conant gegründete *National KS/AIDS Foundation*. Der vorgeschobene Grund für diese Angriffe war der Vorwurf, die *Foundation* hätte an AIDS-Patienten Freikarten für die Wohltätigkeitsveranstaltung mit Debbie Reynolds verteilt. Der wirkliche Grund für diese Feindseligkeiten war ein ganz anderer: Der Eigentümer des *Sentinel* war der schärfste Konkurrent des Herausgebers der Zeitung *BAR*, Bob Ross. Ross jedoch war zugleich Kassenwart der *Foundation*. Der Angriff gegen die *Foundation* war also in Wirklichkeit ein Angriff gegen einen geschäftlichen Konkurrenten.

Diese Kritik hat der *National Foundation* erheblich geschadet. Eine zweite Veranstaltung mit Debbie Reynolds in Los Angeles, die für Ende August in Los Angeles vorgesehen war, mußte abgesagt werden, weil die dortigen AIDS-Gruppen ihre Mitarbeit verweigerten. Sie waren durch die ständige Kritik führender Homosexueller verunsi-

503

chert. So gaben die Organisatoren der Veranstaltung sich schließlich geschlagen. Ein Anwalt meinte in einem Gespräch mit Marc Conant verärgert: »Laßt sie doch sterben, wenn sie es unbedingt wollen.«

NEW YORK CITY

In San Francisco gab es zwar viele ungelöste Probleme, doch es war immerhin die einzige Stadt an der amerikanischen Westküste, die ein Programm zur Bekämpfung von AIDS entwickelt hatte – auch wenn dieses Programm nur sehr langsam in Schwung kam. In New York City kamen einmal monatlich Vertreter verschiedener Behörden zusammen, um die Möglichkeiten für die Bekämpfung der Epidemie zu erörtern, aber diese Sitzungen dienten vor allem dazu, die Versäumnisse der Stadtverwaltung bei der AIDS-Bekämpfung aufzuzählen.

Daß die Behörden nichts unternahmen, lag nicht an ihrer Nachlässigkeit; es gab politische Gründe dafür. Der aus Vertretern der verschiedenen Behörden zusammengesetzte Ausschuß erklärte, er habe nicht den Auftrag, irgendwelche Maßnahmen »zu leiten, sondern sei nur ein neutrales Diskussionsforum«. Der Gesundheitsbeauftragte Dr. David Sencer vertrat im Grunde die Auffassung, die Gesundheitsbehörden seien nur dazu da, um Lücken zu füllen, nicht aber, um selbst bei der AIDS-Bekämpfung die Initiative zu ergreifen.

Damit machte sich Dr. Sencer das Leben sehr leicht, denn er behauptete, in New York City gebe es kaum irgendwelche Lücken. Er war auch nicht bereit, besondere AIDS-Stationen einzurichten wie im *General Hospital* von San Francisco. Ebenso wenig konnte er sich für Aufklärungs- und Vorbeugeprogramme begeistern. Ein republikanischer Abgeordneter forderte Sencer bei den Anhörungen des Weiss-Unterausschusses auf, er sollte sich deutlicher zu den Vorbeugungsmaßnahmen äußern. Sencer jedoch erwiderte: »Ich glaube, es gibt Möglichkeiten, dieses Problem zu bewältigen, ohne viel darüber zu reden. Ich bin überzeugt, die Informationen werden eher akzeptiert werden, und die zu ergreifenden Maßnahmen werden eine bessere Unterstützung finden, wenn die Betroffenen selbst die Aufklärung der Bevölkerung übernehmen.« Sencer behauptete, er arbeitete mit »den Homosexuellenzeitungen« zusammen, und fügte hinzu: »Öffentliche Warnungen haben schließlich auch bei der Ausbreitung von Geschlechtskrankheiten nicht Einhalt gebieten können.«

Es mutete schon eigenartig an, daß ein hoher Beamter der Gesundheitsbehörden die Aufklärung der Öffentlichkeit über ein Gesundheitsproblem den Homosexuellenzeitungen überlassen wollte. In New York City gab es nur eine Homosexuellenzeitung, den *New York Native*. Die Zeitung hatte eine Auflage von etwa zwanzigtausend Exemplaren in einer Großstadt, in der schätzungsweise eine Million Homosexuelle lebten. Das bedeutete, daß neunundvierzig von fünfzig homosexuellen Männern das Presseorgan nicht lasen, das nach Auffassung der Stadtverwaltung die ganze AIDS-Aufklärung übernehmen sollte.

Ende 1983 hatte die Verwaltung von New York City für die AIDS-Bekämpfung insgesamt nur $ 24 500 aufgebracht. Dieses Geld war dem Roten Kreuz zur Verfügung gestellt worden, um AIDS-Patienten ambulant zu betreuen. Doch auch die Verwirklichung dieses Programms verzögerte sich um drei Monate, weil niemand daran gedacht hatte, die Patienten mit Telefonanschlüssen zu versorgen, damit sie notfalls eine Dienststelle des Roten Kreuzes anrufen konnten. Ursprünglich hatte man geplant, zweihundert AIDS-Patienten auf diese Weise zu betreuen. In den fünfzehn Monaten bis zur Kündigung des Vertrags wurden jedoch nur achtzig Patienten erfaßt, weil sich die bürokratischen Hindernisse nicht überwinden ließen.

Die *Gay Men's Health Crisis* verfügte zur Erledigung ihrer umfangreichen Aufgaben nur über fünf kleine Zimmer in einer Pension. Die Gruppe hatte zweihundert Freiwillige für den Pflegedienst gewinnen können und veranstaltete monatlich zwanzig Vorlesungen und praktische Übungen für Ärzte und Krankenpfleger, die sich in der Versorgung AIDS-Kranker weiterbilden wollten. Jeden Monat beendeten fünfzig neue Freiwillige diese Lehrgänge. Die GMHC hätte dringend weitere Räume gebraucht, aber die meisten Hausbesitzer weigerten sich, in ihren Häusern »Leprazentralen« einrichten zu lassen. Dr. Joseph Sonnabend, einer der führenden AIDS-Ärzte in Manhattan, beantragte eine gerichtliche Verfügung gegen eine Hausbesitzervereinigung, die ihm seine Praxis gekündigt hatte, weil sie von so vielen AIDS-Kranken besucht wurde. Als die GMHC die Stadtverwaltung bat, ihr ein leerstehendes ehemaliges Schulgebäude als AIDS-Servicecenter zur Verfügung zu stellen, verlangte die Stadt eine Kaution von zwei Millionen Dollar. Die Administration des Bürgermeisters Koch sei nicht bereit, einer Homosexuellenorganisation Almosen zu geben.

Nach einer Besprechung mit Bürgermeister Koch setzte sich Dr. Mathilde Krim mit Joseph Sonnabend und dem Direktor der GMHC, Rodger McFarlane, zusammen, um einen Vorschlag für ein koordiniertes Programm der Stadtverwaltung bei der AIDS-Bekämpfung zu entwerfen. Nach dem Vorbild der in San Francisco getroffenen Maß-nahmen erarbeiteten sie eine Reihe von Alternativvorschlägen. Dazu gehörten die Bereitstellung von Krankenhausbetten, die Einrichtung von AIDS-Stationen und Spezialkliniken. Doch als Frau Krim ihre Vorschläge den zuständigen Beamten vortrug, stieß sie auf wenig Interesse. Der Präsident des New Yorker Stadtrats, Carol Bellamy, wollte sie nicht einmal empfangen. Der Stadtverordnete von Man-hattan, Andrew Stein, unterhielt sich freundlich mit ihr, lehnte es aber ab, irgend etwas zu unternehmen. Mathilde Krim faßte die Haltung der städtischen Beamten in einem kurzen Satz zusammen: »Es küm-mert sie einen Dreck!«

Als Larry Kramer von einem Ausflug nach Cape Cod zurückkam und seine Post durchsah, fand er fünf Briefe vor. Vier dieser Briefe kamen von Ärzten, die sich darum sorgten, daß viele Homosexuelle wieder zu ihrem alten Lebensstil zurückgekehrt waren, nachdem AIDS aus den Schlagzeilen verschwunden war. Außerdem beklagten sie, daß die führenden homosexuellen Politiker den Bürgermeister und die Ge-sundheitsbehörden nicht veranlaßt hatten, energischere Maßnahmen zur AIDS-Bekämpfung einzuleiten. Der fünfte Brief war die Todesan-zeige eines kürzlich an AIDS gestorbenen Freundes. Es war der zwei-unddreißigste Freund von Larry, der dieser Krankheit zum Opfer gefallen war.

Die GMHC hatte Schwierigkeiten, die Karten für die nächste Wohl-tätigkeitsveranstaltung auf dem Madison Square Garden zu verkau-fen. Deshalb setzte ein privater Spender eine ganzseitige Anzeige in die Village Voice und bat Larry, den Text für den Spendenaufruf zu schreiben. In der Überschrift hieß es: »2339, und wir zählen weiter.« In seinem Entwurf wandte sich Larry mit scharfen Worten gegen die beiden Institutionen, die nach seiner Ansicht für die bedauernswerten Zustände in New York City verantwortlich waren – gegen den Bürgermeister Koch und gegen die New York Times, die es noch immer nicht für notwendig hielt, über die lokalpolitischen Aspekte der AIDS-Epidemie zu berichten.

Nachdem er den Text verfaßt hatte, fuhr Larry nach Little Washing-ton in Virginia, wo er an seinem Theaterstück arbeiten wollte. Er wußte noch nicht, wie er es nennen sollte. Der erste Titel, der ihm einfiel, war »City of Death«. Aber das klang ihm jetzt zu pessimistisch. Als er eines Abends in einem Gedichtband von W. H. Auden blätterte, fand er in dem klassischen Gedicht »September 1939« den passenden

506

Titel. Sein Stück sollte »The Normal Heart« heißen. Audens Gedicht lautete:

> Was Nijinsky in seinem Wahn
> über Diaghilev schrieb, trifft zu auf das gewöhnliche Herz;
> denn jede Frau und jeder Mann
> betrügt sich selbst mit jener tiefen Sehnsucht,
> die sich nie erfüllen wird:
> Keine allumfassende Liebe,
> sondern allein geliebt zu werden...
> und niemand ist allein;
> der Hunger läßt uns keine Wahl,
> weder dem Bürger noch dem Polizisten...
> Wir alle müssen lieben oder sterben.

Ende 1983 war in San Francisco das einzige einigermaßen den Bedürfnissen der Öffentlichkeit angemessene Programm zur Bekämpfung der Epidemie in den Vereinigten Staaten angelaufen. Obwohl die Stadtverwaltung von New York City nichts für die Betreuung der AIDS-Kranken unternommen hatte, die allein auf die Hilfsdienste der überforderten Homosexuellenorganisationen angewiesen waren, durften die Patienten zumindest mit einer gewissenhaften ärztlichen Versorgung in den städtischen Krankenhäusern rechnen. In anderen Teilen des Landes waren das öffentliche Gesundheitswesen und die Ärzteschaft so schlecht auf die Bekämpfung der Epidemie vorbereitet, daß die Kranken nicht einmal diese Gewißheit haben konnten.

In dem Bericht an den Gouverneur von Florida, Bob Graham, hieß es über den Fall Morgan MacDonald, die Krankenhausverwaltung habe »in bester Absicht gehandelt«, als sie den jungen Mann mit einem Flugzeug nach San Francisco schickte. Die staatlichen Gesundheitsbehörden erklärten, das Krankenhaus habe den Patienten nur in eine Stadt verlegen wollen, in der es die für seine Behandlung notwendigen Einrichtungen gebe. Allerdings hätte sich die Verlegung vermeiden lassen, wenn es in Florida möglich gewesen wäre, einen Patienten, der nicht mehr stationär behandelt werden mußte, ambulant zu versorgen. Doch solche Möglichkeiten gäbe es außerhalb von San Francisco nicht. Die Aufregung um den Fall MacDonald war einer der Gründe, weshalb die *American Hospital Association* Richtlinien herausgab, in denen allen gesunden Angehörigen des Pflegepersonals empfohlen wurde, sich an der Betreuung der AIDS-Opfer zu beteiligen. Dieser

Beschluß gründete sich auf eine Erklärung der Universität von Kalifornien im September, in der es hieß: »Es gibt keine wissenschaftlichen Erkenntnisse, die es gesunden Angehörigen des Pflegepersonals verbieten würden, Patienten mit AIDS zu betreuen.«

Am 20. Oktober 1983 starb Morgan MacDonald auf der Station 5B des *General Hospital* von San Francisco »eines stillen Todes«. Der Direktor des Städtischen Gesundheitsamts, Mervyn Silverman, schickte dem *Shands Hospital* in Gainesville eine Rechnung über $ 6500 für die Behandlung des Mannes und beschuldigte das Krankenhaus, den Tod MacDonalds mit seinen Maßnahmen »beschleunigt« zu haben. In einer Stellungnahme zu diesem Ereignis erklärte die Bürgermeisterin Dianne Feinstein: »Es ist traurig, daß dieser junge Mann seine letzten Tage als medizinisch Geächteter hat zubringen müssen.«

Am Tag des Todes von Morgan MacDonald ging Gary Walsh die Union Street entlang. Er hatte noch seine Lieblingsschlager aus den sechziger Jahren im Ohr, die er eben in einer Vorstellung des neuen Films *The Big Chill* gehört hatte. Plötzlich wurde ihm schwindlig. Er winkte mit seinem Krückstock nach einem Taxi. Später konnte er sich nur noch daran erinnern, daß man ihn in einen Krankenwagen gelegt und er den Sanitätern gesagt hatte: »Ich habe AIDS. Bringen Sie mich ins *Franklin Hospital*.«

Gary war überzeugt, daß er nun sterben würde; wenn nicht jetzt, dann wußte er nicht, wie lange er dieses Dasein als lebender Leichnam noch würde ertragen können. Er hatte schon eine Woche darüber nachgedacht und begonnen, sich auf das Ende vorzubereiten. Als ihn Lu Chaikin und Matt Krieger an jenem Abend besuchten, hatte er vorher mit einem befreundeten Arzt über seine Absichten gesprochen. Widerstrebend hatte dieser endlich gesagt, er werde ihm geben, was er brauchte.

Am folgenden Tag rief Gary bei Matt an und sagte ihm, er habe vor, sich das Leben zu nehmen, wenn er die Krise überstehen sollte. Vor einigen Wochen hatte es zwischen den beiden einen heftigen Streit gegeben, denn Matt lehnte Selbstmord entschieden ab. Da er wußte, welche moralischen Bedenken Matt hatte, war Gary überrascht, als Matt ihm jetzt sagte: »Ich stehe zu deiner Entscheidung und respektiere sie.«

»Wirklich?« fragte Gary.

»Du bist so lange unglaublich mutig und tapfer gewesen«, sagte

Matt. »Du hast eine großartige Haltung gezeigt. Auch daß du gestern ins Kino gegangen bist, war sehr tapfer. Ich bewundere dich und habe dich sehr lieb.«

Dann sprachen sie über Garys Befürchtungen, »daß die Katholiken recht haben und ich in die Hölle komme, wenn ich mir das Leben nehme – oder daß es nicht klappen wird.«

Nach einigen Tagen gaben die Ärzte Gary Morphium. Nachdem seine Schmerzen einigermaßen gelindert waren, gab Gary die Absicht auf, Selbstmord zu begehen. Er sagte Matt, er sei froh, sich die Sache noch einmal überlegt zu haben, aber er werde sich diese Entscheidung »als eine Option« für den Fall offenhalten, daß die Schmerzen wieder-kämen.

Am 31. Oktober 1983 meldeten die *Centers for Disease Control* zweitausendsechshundertvierzig AIDS-Fälle in den Vereinigten Staa-ten. Eintausendzweiundneunzig von ihnen waren gestorben. Eintau-senzweiundvierzig AIDS-Kranke waren aus New York City und drei-hundertzwanzig aus dem Bezirk San Francisco gemeldet. Als sich die Epidemie über das ganze Land ausbreitete, begann sich der geographi-sche Schwerpunkt zu verschieben. Im Oktober 1982 hatten etwa drei Viertel aller amerikanischen AIDS-Kranken in einer der am schwersten betroffenen Großstädte gelebt, in New York, San Francisco, Los Angeles und Miami. Doch jetzt lebten weniger als zwei Drittel der an AIDS Erkrankten in diesen Städten.

Gary Walsh lag wach in seinem Bett, als sie ihm erschien mit langem weißen Haar und ausgebreiteten Armen. Er erkannte die Frau als die Mutter eines guten Freundes. Sie war vor wenigen Monaten gestorben. Jetzt war sie überwältigend schön, lächelte ihn strahlend an und beruhigte ihn: »Mach dir keine Sorgen, mein Liebling. Ich werde dir helfen, diese Grenze zu überschreiten. Und hier ist es gar nicht so schlecht.«

38. Die Presse

4. NOVEMBER 1983, SAN FRANCISCO PRESS CLUB

Der *Press Club* hatte Bill Curtis, den zweiten Sprecher der *CBS Morning News*, gebeten, die Begrüßungsansprache beim Essen anläßlich der jährlichen Preisverleihung durch den Club zu halten. Wie stets bei solchen Gelegenheiten leitete Curtis seine Ansprache vor den versammelten Journalisten mit einem kleinen Scherz ein.

»Gestern war ich in Nebraska, und als ich sagte, ich würde morgen nach San Francisco fliegen, fingen die Leute an, über AIDS zu sprechen«, sagte Curtis grinsend. »Irgend jemand fragte: ›Was ist das Schlimmste für einen Menschen, der AIDS hat?‹«

Curtis machte eine kleine Pause und sagte dann: »Der Versuch, die Gattin davon zu überzeugen, daß er Haitianer ist.«

Die Zuhörer lachten gezwungen. Die meisten fanden das gar nicht komisch. Einige Reporter nickten einander zu, als wollten sie sagen: »Das ist es, was man von jemandem erwarten kann, der in New York lebt.«

Curtis hatte seine Kollegen falsch eingeschätzt. Aber in diesem Scherz drückte sich die Haltung der großen Nachrichtenmedien aus, deren Hauptbüros alle in Manhattan lagen. AIDS war für sie so etwas wie ein schmutziger Witz. Außerdem konnte man in Journalistenkreisen ruhig dumme Witze darüber machen, weil man mit Sicherheit annehmen durfte, daß keiner dieser Leute, die die politischen Artikel schrieben und die Texte der Abendnachrichten im Fernsehen formulierten, an AIDS erkrankt war. Homosexuelle Reporter, besonders in New York, wußten genau, was sie sich erlauben konnten und wann sie den Mund halten mußten, wenn sie in diesem Geschäft überleben wollten.

Zeitungen wie die *New York Times* und die *Washington Post* erklärten feierlich, daß sie keinen Mitarbeiter wegen seiner sexuellen

Neigungen diskriminierten. Die Praxis jedoch sah anders aus. Diese Zeitungen hatten noch nie jemanden angestellt, der sich offen zu seiner Homosexualität bekannte. Homosexuelle Reporter, die bei solchen Zeitungen arbeiteten, erklärten in Gesprächen unter vier Augen, ihre berufliche Laufbahn wäre gefährdet, wenn etwas über ihr Sexualverhalten bekannt würde. Homosexuelle wurden als Theaterkritiker und Feuilletonisten akzeptiert, doch in der für die politischen Nachrichten zuständigen Abteilung hatten es schon weibliche Reporter schwer, sich durchzusetzen, von Homosexuellen ganz zu schweigen.

In New York beklagten sich die Zeitungsredakteure darüber, daß nichts Neues über die Epidemie zu berichten sei. Tatsächlich war im Hinblick auf die Fragen, welche die Öffentlichkeit besonders interessierten, nichts geschehen. Weder die Entdeckung einer allgemein anerkannten Ursache der Krankheit noch ein entscheidender Durchbruch auf dem Wege zu einer wirksamen Behandlung waren zu vermelden. Doch die Zahl der Neuerkrankungen nahm in besorgniserregender Weise zu, und die Journalisten hätten hier ohne besondere Anstrengungen genügend Stoff für weitere Berichte finden können.

Ende November gelang es dem *San Francisco Chronicle*, unter Berufung auf das Gesetz über die Informationsfreiheit Einblick in Aktenmaterial zu bekommen, das einige hundert Seiten internen Schriftverkehr über den Geldmangel bei den *Centers for Disease Control* enthielt. Der Vergleich des Inhalts der zur Überprüfung freigegebenen Akten mit den Aussagen der Verantwortlichen vor Kongreßausschüssen belegte die Unaufrichtigkeit von vielen hohen Beamten der staatlichen Gesundheitsbehörden. Die Administration in Washington machte sich darauf gefaßt, daß die Journalisten sie mit einer Flut unangenehmer Fragen überschütten würden, nachdem der *Chronicle* auf der Titelseite über seine Enthüllungen berichtet hatte. Doch nichts dergleichen geschah. Für andere Nachrichtenmedien war AIDS lediglich ein medizinisch-wissenschaftliches Thema, oder sie interessierten sich nur für das persönliche Schicksal der Opfer. Der politische Aspekt hingegen interessierte anscheinend niemanden. Die Administration mußte sich also keine Sorgen machen, daß neugierige Reporter die von ihr gegen die Epidemie ergriffenen Maßnahmen kritisch unter die Lupe nehmen würden.

Das Fehlen einer ausführlichen Berichterstattung wirkte sich natürlich auch auf lokalpolitischer Ebene aus. Das Institut für Gesundheitspolitik an der Universität von Kalifornien in San Francisco veröffentlichte später eine vergleichende Studie über die Reaktionen der Stadtverwaltungen in New York City und San Francisco. Diese Studie kam zu dem Schluß, daß das unterschiedliche Verhalten der großen Zeitungen in den beiden Städten hier eine wichtige Rolle spielte. Von Juni 1982 bis Juni 1985 brachte der *San Francisco Chronicle* vierhundertzweiundvierzig Artikel über AIDS, von denen siebenundsechzig auf der Titelseite abgedruckt wurden. Im gleichen Zeitraum erschienen in der *New York Times* zweihundertsechsundzwanzig Artikel, und nur sieben von ihnen standen auf der ersten Seite. Seit Mitte 1983 hatte sich der *Chronicle* auf die gesundheitspolitischen Aspekte der Epidemie konzentriert, während die *New York Times* AIDS fast nur als ein medizinisches Problem behandelte und kaum auf die gesellschaftspolitischen Aspekte einging. Die von der Universität angefertigte Studie schloß mit den Worten: »Die ausführliche Berichterstattung des *Chronicle* hat wesentlich zur Aufklärung der Öffentlichkeit beigetragen, darüber hinaus aber auch dafür gesorgt, daß die örtlichen Behörden unter politischen Druck gerieten und die Beamten im Gesundheitswesen sich gezwungen sahen, auf die AIDS-Krise zu reagieren.«

Auch in den anderen Regionen der Vereinigten Staaten lag das Problem vor allem darin, daß die Presse bestimmte Aspekte der Epidemie tabuisierte. Während der ganzen Dauer der Epidemie bemühten sich wohlmeinende Journalisten nach Kräften darum, die Hysterie abzubauen. Besonders nach dem Fiasko mit den »normalen Kontakten im häuslichen Zusammenleben« wurde praktisch in jedem Artikel betont, daß AIDS nicht durch flüchtige Kontakte übertragen werden könne und keine Gefahr für »das Gros der Bevölkerung« darstelle. Als der Journalismus später anfing, selbstkritischer zu werden, wurden bestimmte Nachrichtenmedien beschuldigt, nichts über die spezifischen Sexualpraktiken wie den Analverkehr gesagt zu haben, die zur Infektion mit AIDS führen konnten. Diese Kritik war berechtigt, betraf aber nur einen Nebenaspekt. Die Tatsache, daß dies der einzige Punkt war, an dem die Selbstkritik ansetzte, zeigte, wie sehr die Epidemie immer noch verharmlost wurde, sogar zu einer Zeit, als sich die ganze amerikanische Presse sehr eingehend mit diesem Thema beschäftigte.

Es war nicht so, daß die Medien während dieser Zeit nicht über AIDS nachgedacht hätten. Jeder sprach davon; jeder machte seine Witze darüber. Die Vorbereitungen für die Berichterstattung über den Demokratischen Nationalkonvent von 1984 in San Francisco zeigten, welche Sorgen kluge Journalisten aus Manhattan hatten, die nun die Stadt besuchen mußten, die ihrer Ansicht nach das amerikanische

AIDS-Zentrum war. Die *NBC News* erkundigten sich zum Beispiel in einigen Restaurants, ob Homosexuelle das Essen servieren würden, wenn Mitarbeiter von NBC das Lokal besuchten. Wie sich herausstellte, wünschte die Nachrichtenagentur nicht, daß ihre Mitarbeiter von Homosexuellen bedient würden – sie fürchteten, sie würden mit AIDS infiziert werden.

NATIONALES KREBSINSTITUT, BETHESDA

Das Laboratorium für Tumorzell-Biologie nimmt alle Räume des Korridors B im sechsten Stock eines roten Backsteingebäudes ein, das zum Nationalen Krebsinstitut gehört. Hinter den grauen Türen, die luftdicht verschlossen sind, um zu verhindern, daß tödliche Retroviren nach außen entweichen, hört man das Summen der Zentrifugen. Sechs Monate lang war der Korridor B das Hauptquartier im amerikanischen Laboratoriumskrieg gegen AIDS, und der Oberbefehlshaber war Dr. Robert Gallo.

Im September hatte das Pasteur-Institut Gallo Proben seiner LAV-Kulturen geschickt, um den Nachweis zu erhärten, daß das LAV nicht mit dem HTLV I verwandt sei, sondern einer eigenen Virusgruppe angehöre. Der Zeitpunkt des Eintreffens dieser Viruskulturen in Bethesda sollte sich später als sehr wichtig erweisen.

Kurze Zeit nachdem er die Viruskultur erhalten hatte, bereitete sich Dr. Gallo auf einen entscheidenen Durchbruch in seiner Forschungsarbeit vor. Seit mehr als einem Jahr waren seine Arbeiten an einem entscheidenen Punkt behindert worden. Es gelang den Mitarbeitern in seinem Laboratorium nicht, den AIDS-Erreger zu züchten. Immer wieder tötete das Virus die Zellen in den Kulturen ab. Gallo war überzeugt, daß es sich um irgendein Retrovirus handelte. Seit Monaten hatte er die Aktivität der reversen Transkriptase beobachtet, aber das nützte ihm nicht viel, denn er mußte das spezifische Virus isolieren, für dessen Vermehrung sorgen und nachweisen, daß es der AIDS-Erreger war. Dabei konnte Gallo den Verdacht nicht loswerden, daß das Retrovirus, das er beobachtete, nichts anderes war als eine weitere opportunistische Infektion.

Gallo wurde allmählich ungeduldig. Im Herbst hatte er einem AIDS-Reporter der Homosexuellenzeitung *Advocate* im Vertrauen mitgeteilt, wenn seine HTLV-Studien nicht bald ein Ergebnis brächten, werde er sich der Erforschung anderer Krankheiten zuwenden, die ihm bessere Erfolgschancen böte. Doch im November waren seine Zweifel geschwunden. Gallo sprach zwar nur mit wenigen Kollegen darüber, war aber fest davon überzeugt, er habe jetzt das Virus isoliert, das die Immunschwäche verursachte.

Indessen wurde die AIDS-Forschung an den *National Institutes of Health* immer wieder durch die Rivalitäten zwischen einzelnen Wissenschaftlern behindert. Robert Gallo hatte sich mit seinem unbeherrschten Temperament viele Feinde bei den NIH gemacht. Einige Ärzte hatten es ihren Laborassistenten sogar verboten, Gallo Gewebekulturen zur Verfügung zu stellen. Dr. Sam Broder, der mit AIDS-Patienten am *NIH*-Krankenhaus zusammenarbeitete, nahm zum Beispiel die diesen Patienten entnommenen Proben persönlich von der Klinik in das Laborgebäude 31 mit.

Auch der Kleinkrieg zwischen dem Nationalen Krebsinstitut und dem Nationalen Institut für Allergien und Infektionskrankheiten ging weiter. Zu dem unsinnigsten Streit kam es im Oktober, als Dr. Ken Sell und andere Forscher beim Institut für Allergien und Infektionskrankheiten bekanntgaben, sie hätten einen Pilz entdeckt, der das Immunschwäche-Syndrom verursachen könnte. Sie behaupteten, dieser Pilz bewirke eine ähnliche Schwächung des Immunsystems wie bestimmte Medikamente, die zur künstlichen Verlangsamung der Immunreaktion verwendet werden. Die Forscher beim Nationalen Krebsinstitut hatten den Verdacht, Sell habe diese Vermutung nur geäußert, um Gallo in Verlegenheit zu bringen und seine Theorien über ein Retrovirus als AIDS-Erreger unglaubwürdig erscheinen zu lassen. Die Wissenschaftler bei den *Centers for Disease Control* hielten das Ganze für ein Täuschungsmanöver. Nur wenige glaubten, daß mehr dahintersteckte als das alte Kompetenzgerangel zwischen dem Institut für Allergien und Infektionskrankheiten und dem Nationalen Krebsinstitut.

Wissenschaftler, die nicht bei den NIH arbeiteten, brachten ihre Skepsis gegenüber der HTLV-I-Hypothese noch deutlicher zum Ausdruck. Bei keiner Reihenuntersuchung hatte man in mehr als fünfundzwanzig Prozent der AIDS-Patienten ein HTLV nachweisen können. Die Präparate, in denen es gefunden worden war, kamen meist von Haitianern, die aus einer Gegend stammten, wo dieses Leukämie-Virus endemisch war. Im Oktober schrieb Dr. Paul Black von der Medizinischen Fakultät der Universität Boston im *New England Journal of Medicine*, man habe das HTLV I so sehr in den Vordergrund des Interesses gerückt, »daß ich befürchte, das Interesse an anderen Viren wird darunter leiden ... Ich glaube, man schenkt dieser einen Hypothese zu große Beachtung.« Zur Begründung seiner »ernsten Zweifel«

an der HTLV-I-Theorie erklärte Black, dieses Virus mache die Zellen »unsterblich« und veranlasse sie, sich maßlos zu vermehren, während das AIDS-Virus die entgegengesetzte Wirkung habe und die Lymphozyten abtöte.

Die Forschung in den Laboratorien anderer staatlicher Institutionen kam wegen des chronischen Geldmangels nicht voran. Dr. Bill Blattner, der Direktor der Abteilung für Umwelteinflüsse und Epidemiologie im Nationalen Krebsinstitut, wo die AIDS-Forschung im Juni 1981 begonnen hatte, mußte die für seine Forschung benötigten Mittel immer noch von anderen Projekten abzweigen. Obwohl jetzt bestimmte Summen für die AIDS-Forschung freigegeben worden waren, hinderte Blattner der immer noch geltende Einstellungsstop daran, seinen Mitarbeiterstab durch wissenschaftliche Fachkräfte zu erweitern. Und er durfte wegen dieser Bestimmungen auch niemanden einstellen, wenn ein Mitarbeiter seine Abteilung verließ.

Bei den CDC kam die Laboratoriumsarbeit nicht voran, weil Dr. Gallo seine Drohung wahrgemacht hatte, er werde Dr. V. S. Kalyanaraman keine HTLV-Präparate zur Verfügung stellen, wenn dieser das Nationale Krebsinstitut verlassen sollte. So mußte Dr. Kaly sein Retrovirus-Laboratorium selbst mit dem Notwendigsten versorgen und auf eigene Faust nach Versuchspersonen suchen, die mit dem HTLV I und dem HTLV II infiziert waren, um eigene Retrovirus- und Antikörperkulturen anzulegen. Don Francis begann seine Laboratoriumsberichte bei den wöchentlich stattfindenden Besprechungen der AIDS-Forscher der CDC in Atlanta mit einer Aufzählung der Probleme, die entstanden waren, weil es an den notwendigen Räumen, wissenschaftlichen Mitarbeitern und den für die Finanzierung der Forschung erforderlichen Mitteln fehlte. Nachdem der Kongreß eine gewisse Aufstockung der Forschungsetats genehmigt hatte, verfügten die Wissenschaftler jetzt über geringe Beträge. Doch wie dies bei der AIDS-Forschung bisher immer der Fall gewesen war, kam das Geld meist zu spät und reichte nicht für die Finanzierung der einzelnen Vorhaben.

Als der *San Francisco Chronicle* Dr. James Curran im Anschluß an die Enthüllungen über die vertraulichen CDC-Denkschriften fragte, ob die AIDS-Forschung jetzt finanziell gesichert sei, räumte dieser ein, das AIDS-Forscherteam habe anfänglich mit gewissen Schwierigkeiten zu kämpfen gehabt. Jetzt jedoch sei alles in Ordnung. »Sie schimpfen auf die Dunkelheit, nachdem doch bereits die Kerzen angezündet worden sind«, sagte Curran. »Sie dürfen nicht die Regierung allein verantwortlich machen; wir alle haben zu spät erkannt, wie ernst die Lage ist. Die Medien haben sich vor zwei Jahren nicht dafür interessiert, und das gilt auch für die Kongreßabgeordneten, die heute so viel davon reden.«

Doch die Beunruhigung bei den NIH und den CDC nahm zu. Anfang 1983 hatte man praktisch überall fest damit gerechnet, daß das AIDS-Virus bis zum Ende des Jahres gefunden sein werde.

Vor mehr als sechs Monaten hatten Wissenschaftler in Paris Aufsätze über das Virus veröffentlicht, das sie als den AIDS-Erreger ansahen. Doch kaum jemand hatte auf sie gehört. Der Herbst 1983 blieb den Forschern am Pasteur-Institut als die Zeit »des langen Marsches durch die Wüste« im Gedächtnis.

Die französischen Wissenschaftler waren überzeugt, ausreichende Beweise dafür zu haben, daß sie das Virus isoliert hatten, das die Epidemie ausgelöst hatte. Sie hatten das Blut der an ihren Versuchen beteiligten zehn Lymphadenopathie-Patienten verwendet, um Virus-kulturen zu züchten oder LAV-Antikörper aufzuspüren, und arbeiteten an der Entwicklung eines Standardtests zur Feststellung von LAV-Antikörpern für die Blutbanken. Sie hatten das Virus sowohl an die CDC als auch an das Max-von-Pettenkofer-Institut nach München geschickt, wo die Viren auf Schimpansen übertragen werden sollten. Bei langwierigen immunologischen Untersuchungen hatte sich herausgestellt, daß das Virus selektiv die T4-Lymphozyten befiel, die Zellen, die bei den AIDS-Kranken verschwanden. Dieser Vorgang leitete den Zusammenbruch des gesamten Immunsystems ein. Bei sechzig französischen AIDS-Patienten hatte man Versuche mit dem gegen Viren wirksamen Medikament HPA begonnen, um den Grad der Toxizität dieses Mittels festzustellen.

Trotz aller Beweise, die die Pariser Ärzte vorlegen konnten, mußten sie feststellen, daß das wissenschaftliche Establishment in den Vereinigten Staaten nicht bereit war, ihre Arbeit ernst zu nehmen. Bei der Überprüfung der französischen Forschungsberichte gab es immer wieder Verzögerungen. Ein amerikanischer Rezensent, der den Abdruck einer dieser Arbeiten abgelehnt hatte, war taktlos genug, das LAV als »das französische Virus« zu bezeichnen. Hinter den Kulissen ließ Robert Gallo vom Nationalen Krebsinstitut verbreiten, das LAV sei nichts anderes als eine Mikrobe, mit der das Laboratorium kontaminiert worden sei. Immer wieder mußten die Forscher am Pasteur-Institut von ihren amerikanischen Kollegen hören, ihre Arbeit sei zwar interessant, aber man müsse zunächst die Forschungsergebnisse von Gallo abwarten.

Im November traf Françoise Barre, die Forscherin am Pasteur-Institut, die im Januar das LAV entdeckt hatte, auf dem internationalen Flughafen von Tokio zufällig mit Bob Gallo zusammen. Beide waren auf dem Weg zur gleichen wissenschaftlichen Konferenz und teilten sich deshalb das Taxi in die Stadt. Auf der Fahrt eröffnete Gallo seiner Kollegin, daß er endlich das Retrovirus entdeckt habe, das AIDS verursache. Vielleicht habe es sogar eine gewisse Ähnlichkeit mit dem LAV, sagte er.

Die Forscher am Pasteur-Institut in Paris zweifelten nicht daran, daß das von Gallo entdeckte AIDS-Virus mit dem LAV identisch sei. Vielleicht würden sie nun doch die lange verdiente Anerkennung finden.

Dr. Jay Levy von der Medizinischen Fakultät der Universität von Kalifornien in San Francisco hatte ein Jahr am Pasteur-Institut mit Dr. Jean-Claude Chermann zusammengearbeitet und war in der Folgezeit mit dem Institut in Verbindung geblieben. Als Levy im September Paris besuchte, war er von den Forschungsarbeiten am Pasteur-Institut beeindruckt, lehnte es jedoch ab, eine LAV-Kultur nach San Francisco mitzunehmen. Er wollte das AIDS-Retrovirus selbst finden und vermeiden, daß Skeptiker später behaupteten, die von ihm angesetzten Kulturen seien im Laboratorium kontaminiert worden. Einen Monat nach seiner Rückkehr hatte Levy in sechs aus dem Blut von AIDS-Patienten in San Francisco angelegten Kulturen ein Retrovirus festgestellt. Er beschloß, dieses Forschungsergebnis nicht zu publizieren, bevor er nicht mit größerer Sicherheit nachweisen konnte, daß dieses Retrovirus tatsächlich der AIDS-Erreger und nicht der Auslöser einer opportunistischen Infektion war.

Im November 1983 war die Wissenschaft endlich dem Virus auf die Spur gekommen, das den Tod so vieler Menschen überall auf der Welt herbeigeführt hatte. Aber leider hatte das wissenschaftliche Intrigenspiel, das diese Entdeckung begleiten sollte, gerade erst begonnen.

7. NOVEMBER, MATT KRIEGERS TAGEBUCH

Zum dritten Mal in vier Wochen ist Gary ins Krankenhaus eingeliefert worden – diesmal mit einer Pneumonie. Es ist nicht die Pneumocystosis, sondern eine gewöhnliche Lungenentzündung.

Pneumonie, Kaposi-Sarkom, Schuppenflechte, Herpes, eine Anal-fissur, ein kranker Zahn, der wurzelbehandelt werden muß (was jedoch wegen des Infektionsrisikos und wegen der Befürchtung, daß er die Behandlung nicht überstehen wird, nicht geschehen kann) ... wahrscheinlich sind es auch noch andere Infektionen, die mir im Moment nicht einfallen.

Er ist vor allem in den letzten drei oder vier Tagen zu schwach gewesen, zu essen, sich zu waschen, die Zahnpasta aus der Tube zu drücken oder sich zu rasieren.

Drei der vier letzten Nächte bin ich bei ihm geblieben ... Die ganze Zeit spricht er davon, daß er die Schmerzen nicht mehr aushalten könne. »So kann man nicht weiterleben. Ich habe meinen Kampfgeist verloren. Ich weiß nicht, wie lange ich das noch aushalten kann.«

Zwei oder drei Nächte habe ich in seinem Bett geschlafen. Jeder schläft für sich auf einer Seite des großen, flachen Bettes. Ich habe immer noch das sexuelle Verlangen nach ihm. Allerdings haben meine sexuellen Gefühle in letzter Zeit nachgelassen ...

Heute morgen hat mich ein Gespräch mit der Krankenschwester sehr betroffen gemacht. Sie erzählte mir von Larry, einem AIDS-Kranken auf demselben Korridor. Larry und Gary haben sich nie gesehen, aber sie tragen den Ärzten Grüße füreinander auf. Alle erzählten, Larry sei ein freundlicher, sympathischer, großartiger, fröh-licher und verständnisvoller Mensch gewesen. Jetzt soll er verrückt geworden sein, senil und psychotisch. Manchmal bildet er sich ein, vergewaltigt zu werden. Dann wieder glaubt er, er sei gestorben. Oft meint er auch, er sei zu Hause, bekommt Wutanfälle und ist zornig auf Menschen, die er liebt. Er erkennt die Menschen nicht mehr. Mittler-weile hat er den Kampf aufgegeben und ist geistig am Ende. Er wird sehr bald sterben.

Was muß es für Gary bedeuten, das zu hören? Es muß schrecklich sein.

Als ich Garys Zimmer verließ, begegnete ich der Krankenschwester Angelina. Sie bestätigte, was ich über Larry gehört hatte.

»Ich habe Angst um Gary«, sagte sie. »Larry hatte vor einigen Wochen die gleichen furchtbaren Kopfschmerzen.«

Ich hatte mir noch Hoffnungen gemacht, als ich ins Krankenhaus kam. Als ich fortging, war mir übel.

Was wird die Zukunft bringen? Gary wird es nicht durchstehen, das weiß ich ... Nach meinem Besuch im Krankenhaus ging ich in Garys Wohnung, um etwas zum Anziehen und meinen Kassettenrecorder zu holen, den ich über das Wochenende dortgelassen hatte. Ich traf den Mann, der Gary mit Videokassetten versorgt. Er wollte einige dieser Kassetten abholen, und ich gab sie ihm.

»Wie geht es Gary?« fragte er.

»Nicht so gut«, sagte ich.

»Mein bester Freund ist heute morgen in Los Angeles an AIDS gestorben«, sagte er. »Er hat vor drei oder vier Tagen eine Entzündung der Atmungswege bekommen, und dann war es plötzlich aus.«

Ich habe das Gefühl, von diesem unausweichlichen, qualvollen Sterben umgeben zu sein.

Gary hatte wach im Bett gelegen, als er wieder eine Erscheinung hatte. Der Freund, den er erblickte, war Schriftsteller gewesen und hatte Schauspieler werden wollen. Im September war er an Leukämie gestorben.

»Es gibt einen Korridor, da mußt du hindurch«, sagte er Gary. »Ich werde dir helfen. Es wird dir hier gefallen.«

Gary bat ihn wiederzukommen, und einige Tage später erblickte er ihn abermals.

»Ich fürchte mich«, sagte Gary.

»Ich habe dir doch gesagt, du brauchst dir keine Sorgen zu machen«, sagte sein Freund ungeduldig. »Belästige mich jetzt nicht mehr. Ich habe jetzt zu schreiben.«

Die Gemeindewahlen vom 8. November waren ein großer Erfolg für die Homosexuellenbewegung, die schon lange dafür gekämpft hatte, ihre politische Basis überall in den Vereinigten Staaten zu festigen und auszuweiten. Männer, die sich offen zu ihrer Homosexualität bekannten, wurden in die Stadträte von Boston und Minneapolis gewählt, und ein homosexueller Kunsthändler wurde Bürgermeister von Key West. Praktisch alle Bewerber der Demokratischen Partei um die Präsidentschaftskandidatur hatten sich für die Bürgerrechte der Homosexuellen ausgesprochen. Innerhalb weniger Tage vor und nach den Wahlen beantragten fünfzehn Senatoren, unter ihnen Alan Cranston, John Glenn und Ernest Hollings, die sich alle um die Präsidentschaftskandidatur beworben hatten, für den Herbst eine AIDS-Anhörung im Senat. Dianne Feinstein wurde mit der größten Stimmenmehrheit, die es bisher in der Geschichte von San Francisco gegeben hatte, zum zweiten Mal zur Bürgermeisterin gewählt. Für Heiterkeit sorgte ihr obskurer Gegner Brian Lantz, der den Wahlkampf für einen ebenso obskuren extremistischen Präsidentschaftskandidaten mit Namen Lyndon LaRouche in Nordkalifornien organisiert hatte. In seinem eigenen Wahlkampf in San Francisco verlangte Lantz, die Stadt solle ihre homosexuellenfreundliche Politik aufgeben, denn er könne nachweisen, daß die Homosexualität nur ein vorübergehender Zustand sei, der mit den richtigen Behandlungsmethoden »geheilt« werden könne.

Mitte November wurde bekannt, daß Dr. Selma Dritz ein Rechtsgutachten zu der Frage erbeten hatte, ob sie ein Verbot für AIDS-Kranke erlassen dürfe, die Homosexuellensaunen in San Francisco zu besuchen. Damit sahen sich einige führende Homosexuelle in ihren Befürchtungen bestätigt, die Stadt werde demnächst allen Homosexuellen den Besuch solcher Lokalitäten verbieten. Mrs. Dritz hatte mit ihrem Vorstoß auf Berichte reagiert, daß bestimmte infizierte Personen regelmäßig die Sexlokale besuchten. Mittlerweile hatten diese Etablissements wieder verstärkten Zulauf; deshalb war Mrs. Dritz doppelt besorgt.

Der stellvertretende Rechtsberater der Stadtverwaltung erklärte in seinem Gutachten, daß die von Frau Dritz ins Auge gefaßte Maßnahme juristisch schwer zu begründen sei, weil die Wissenschaftler den Erreger der Immunschwäche noch nicht entdeckt und daher auch noch nicht nachgewiesen hätten, daß AIDS eine ansteckende Krankheit sei.

Frau Dritz spielte dem *San Francisco Chronicle* einen Bericht über diesen Vorgang zu. Sie hoffte, die Homosexuellen damit auf das Risiko hinweisen zu können, das sie beim Besuch der Saunen eingingen. Zugleich wurden in der Abteilung für Infektionskrankheiten der Staatlichen Gesundheitsbehörde in Berkeley Besprechungen abgehalten, bei denen darüber beraten wurde, was die staatlichen Behörden gegen AIDS-Patienten unternehmen könnten, die sich weigerten, den Richtlinien zur Verringerung des Infektionsrisikos zu folgen. Für das Vorgehen der Gesundheitsbehörden gab es eine ganze Reihe von Optionen. Sie reichten von der offiziellen Verurteilung eines solchen Verhaltens bis zur Quarantäne von Personen, die sich uneinsichtig zeigten. Wie nicht anders zu erwarten war, stießen diese Vorschläge auf den entschiedenen Widerstand führender Homosexueller und der für ihre Bürgerrechte kämpfenden Juristen. Einige phantasiebegabte Homosexuelle behaupteten sogar, die öffentliche Erörterung dieses Problems sei das Vorspiel für die Internierung aller Homosexuellen.

Über die Bürgerrechte der Menschen, die von den AIDS-Kranken mit der tödlichen Krankheit infiziert werden konnten, wurde kaum gesprochen.

Der Gesundheitszustand von Gaetan Dugas in Vancouver hatte sich mittlerweile verschlechtert. Im Juni 1980 hatten die Ärzte das Kaposi-Sarkom festgestellt. Daß er jetzt, nach mehr als drei Jahren, immer noch lebte, war fast ein Wunder. Doch jetzt verließen ihn seine Kräfte, und er gestand seinen Freunden, daß er des Kämpfens müde sei.

Am 21. November 1983 meldeten die *Centers for Disease Control*, daß zweitausendachthundertdrei Amerikaner an der Immunschwäche AIDS erkrankt seien. Eintausendeinhundertsechsundvierzig von ihnen waren gestorben.

22. NOVEMBER, GENF, SCHWEIZ

Als sich achtunddreißig AIDS-Experten aus der ganzen Welt zur ersten Konferenz über die internationalen Auswirkungen der AIDS-Epidemie im Gebäude der Weltgesundheitsorganisation in Genf versammelten, war die Krankheit bereits aus dreiunddreißig Ländern auf fünf Kontinenten gemeldet worden.

In Kanada hatten die Gesundheitsbehörden fünfzig Fälle registriert. Sechs Fälle waren im vergangenen Jahr aus Israel gemeldet worden, vier aus Australien, und am Vorabend der Konferenz hatte Japan über seine ersten beiden AIDS-Fälle berichtet. Damit war Japan das erste asiatische Land, das von der Epidemie heimgesucht wurde. Die Bordelle und Sexlokale im berühmten Yushiwara-Distrikt von Tokio verweigerten ausländischen Gästen den Zutritt, weil sie fürchteten, sie könnten den AIDS-Erreger einschleppen.

Ende 1982 hatten die Gesundheitsbehörden in den europäischen Ländern siebenundsechzig AIDS-Fälle gemeldet. Als sich die Teilnehmer an der AIDS-Konferenz in dem aus Aluminium und Glas errichteten Gebäude der Weltgesundheitsorganisation versammelten, gab es in fünfzehn westeuropäischen Ländern zweihundertsiebenundsechzig AIDS-Fälle. Westdeutsche Epidemiologen veröffentlichten zum ersten Mal die Ergebnisse einer Studie über das sexuelle Beziehungsnetz zwischen den an AIDS erkrankten Personen in der BRD. Zunächst konnten praktisch allen AIDS-Patienten in der Bundesrepublik Deutschland sexuelle Aktivitäten in den Vereinigten Staaten nachgewiesen werden, doch Ende 1983 gab es bereits eine eigene Gruppe infizierter Männer, welche die Krankheit weitergaben. In Dänemark hatten die staatlichen Gesundheitsbehörden Spezialkliniken und Untersuchungszentren eingerichtet, in denen AIDS-Tests vorgenommen werden konnten. In Großbritannien waren siebenundzwanzig AIDS-Fälle gemeldet worden, und die Ärzte bedrängten die konservative Premierministerin, der Forschung die notwendigen Mittel zur Verfügung zu stellen. Doch Mrs. Thatcher hatte die Epidemie noch nicht als vorrangig zu behandelndes Gesundheitsproblem auf ihre Prioritätenliste gesetzt.

Frankreich meldete mit vierundneunzig AIDS-Patienten die meisten Fälle auf dem europäischen Kontinent. Mehr als die Hälfte der in Belgien registrierten AIDS-Kanken waren entweder Personen, die in den fünf afrikanischen Ländern Zaire, Kongo, Mali, Gabun und Ruanda geboren waren oder sie als Touristen besucht hatten.

Die von Franzosen und Belgiern in diesen zentralafrikanischen Ländern und besonders in Zaire eingeleiteten Forschungen hatten kürzlich amerikanische Wissenschaftler der NIH und der CDC veranlaßt, nach Kinshasa zu fliegen. Unmittelbar vor Beginn der Konferenz in Genf hatte Dr. John McCormick den AIDS-Forschern der CDC auf einer Konferenz in Atlanta die Ergebnisse seiner Untersuchungen vorgelegt. In nur zwei Wochen hatte McCormick an zwei Krankenhäusern in Kinshasa siebenunddreißig AIDS-Fälle festgestellt. Die Wissenschaftler der CDC waren überrascht, daß McCormick in nur zwei Kliniken und in so kurzer Zeit auf so viele AIDS-Fälle gestoßen war. Augenscheinlich war die Krankheit in Afrika weit verbreitet. Wahrscheinlich hatte man diese Tatsache bisher deshalb übersehen, weil es in diesen Ländern keine modernen medizinischen Einrichtungen gab. Bei der Durchsicht der Krankenhausunterlagen und der Totenscheine machten die Epidemiologen eine noch beunruhigendere Entdeckung. An der Krankheit waren fast ebenso viele Frauen wie Männer gestorben. Daraus folgerten die Wissenschaftler, daß AIDS in diesen armen zentralafrikanischen Ländern durch Heterosexuelle übertragen wurde. Die typische AIDS-Patientin war eine junge unverheiratete Prostituierte. Bei den männlichen Patienten handelte es sich meist um ältere unverheiratete, die mit Prostituierten Geschlechtsverkehr gehabt hatten. Neun Fälle ließen sich zwei verschiedenen Beziehungsnetzen zuordnen. Die epidemiologische Untersuchung ergab, daß hier – anders als in den Vereinigten Staaten, wo bei den meisten heterosexuell übertragenen Fällen die

Frauen von den Männern angesteckt worden waren – AIDS in beiden Richtungen übertragen wurde.

Diese Feststellungen entsprachen den Forschungsergebnissen in Haiti: hier war ein Drittel der zweihundertzwei gemeldeten AIDS-Fälle bei Frauen aufgetreten. Auch dies war ein Hinweis auf eine heterosexuelle Übertragung. Welchen Weg die Epidemie zu Beginn genommen hatte, ergab sich aus den Beziehungen zwischen Haiti und Zaire Anfang der 1970er Jahre. Damals waren viele gebildete Haitianer nach Zaire gegangen, die als französischsprechende Schwarze die Aufgaben der ausgewiesenen belgischen Kolonialbeamten übernehmen konnten. Angesichts der Tatsache, daß AIDS in Afrika schon sehr viel früher vorgekommen war, hatte es den Anschein, daß die Haitianer die Krankheit aus Afrika auf die Insel Hispaniola eingeschleppt hatten, und zwar um die gleiche Zeit, als die ersten AIDS-Fälle, die sich praktisch alle mit Zentralafrika in Verbindung bringen ließen, in Europa aufgetreten waren.

Aus dem Fenster des Konferenzsaals der Weltgesundheitsorganisation überblickte man den Genfer See und das weite Panorama der Schweizer Landschaft. Die Delegierten saßen an T-förmigen Tischen. Don Francis hatte neben Marc Conant Platz genommen, der sich ebenso wie er selbst schwere Sorgen um die weitere Entwicklung der Epidemie machte.

Die Frage der Übertragungsmöglichkeiten durch Bluttransfusionen spielte bei der Diskussion eine große Rolle. Alle Delegierten waren sich darin einig, daß man auf diesem Gebiet der weiteren Ausbreitung der Epidemie Einhalt gebieten könnte. Neun europäische Bluter hatten sich bei der Behandlung mit dem in den Vereinigten Staaten hergestellten Faktor VIII mit AIDS infiziert. Zu ihnen gehörten drei der ersten vier an AIDS erkrankten Spanier. Am lebhaftesten wurde die Frage diskutiert, ob man auf die Einfuhr von Blutkonserven aus den Vereinigten Staaten verzichten sollte, eine Maßnahme, die von einigen europäischen Nationen bereits ergriffen worden war. In den Niederlanden verzichtete das Rote Kreuz auf eine gründliche Untersuchung der Spender angesichts des entschiedenen Widerstands der Homosexuellen. Das britische Gesundheitsministerium teilte die Auffassung der amerikanischen Blutbanken, es gebe keine »schlüssigen Beweise« dafür, daß die Krankheit durch Bluttransfusionen übertragen werden könne.

39. Die Menschen

DEZEMBER 1983, STATION 5B, GENERAL HOSPITAL, SAN FRANCISCO

Die Chansonsängerin Sharon McKnight warf ihre schwarz-weiße Federboa über das Gewirr durchsichtiger Plastikschläuche, an die mehrere Patienten angeschlossen waren, während sie sich den hellblauen, vom Krankenhaus gelieferten Morgenmantel ansah.

»Der gefällt mir«, gurrte die beliebte Cabaretsängerin. »Er sieht aus wie ein Modell.«

»Sehen Sie nur hin, hier ist das Dior-Etikett«, parierte der Patient und drapierte den Mantel um seine Schultern wie einen wertvollen Nerzpelz.

»San Francisco General Hospital«, flüsterte die Sängerin begeistert und betastete den Stoff mit den Fingerspitzen. »Ja, ja. Dies ist der einzige Ort, an dem ich nicht gern vor ausverkauftem Haus auftrete.«

Alles lachte – bis auf den Mann mit den Narben an den Stellen, wo man ihm Anfang der Woche zwei Löcher in die Schädeldecke gebohrt hatte. Die Ärzte hatten versucht festzustellen, welche rätselhafte Infektion ihn praktisch um seinen Verstand gebracht hatte. Der Patient starrte ausdruckslos ins Leere und zuckte nur kurz zusammen, wenn die Federboa von Sharon McKnight sein Bein streifte. Die zwölf anderen Patienten tranken Champagner und lächelten den Ärzten und Krankenschwestern zu, die sich im größten Zimmer der AIDS-Station versammelt hatten, um der Sängerin zuzuhören. Im Krankenhaus wußte jeder, daß es auf der unkonventionellen AIDS-Station am lustigsten zuging. Homosexuelle Krankenpfleger kamen in ihren Freistunden hierher, scherzten mit den Patienten oder hielten ihnen manchmal nur ganz still die Hand. Zur Zeit der Universitätsferien kamen viele Freiwillige hierher, um die Patienten zu massieren, ihnen kleine Geschenke zu bringen und besondere Delikatessen zu verteilen. Diese von den organisierten Homosexuellen geleistete Arbeit wurde von der Presse kaum beachtet. Am heutigen kühlen und regnerischen Abend hatte Sharon McKnight ihren eigenen Flügel herbringen lassen, um den Männern, die wahrscheinlich nie mehr ein Nachtlokal besuchen würden, das Lied »Stand By Your Man« vorzusingen.

Auf der Station 5B starben mehr Patienten als auf jeder anderen Station in diesem Krankenhaus. Und täglich wurden neue Kranke mit den gleichen Symptomen auf dieser Station eingeliefert. In nur vier Monaten hatte es mehr als hundert Neuzugänge gegeben. Gegenwärtig war die Station voll belegt, und weitere drei Patienten warteten auf anderen Stationen auf ihre Verlegung in die Station 5B.

Durch die Einrichtung der AIDS-Station war in diesem Bezirkskrankenhaus eine ungewöhnliche Situation entstanden: Wohlhabende, angesehene Homosexuelle drängten sich danach, hier aufgenommen zu werden. Andererseits hatte der Ruf des *General Hospital* gelitten, und zeitweilig bestand sogar die Gefahr, daß ihm sein offizieller Status entzogen werden könnte. Aber die Neuerungen, die der Leiter des Pflegepersonals, Cliff Morrison, eingeführt hatte, hatten das Ansehen des Krankenhauses wieder ein wenig aufpolieren können. Einige Ärzte, die annahmen, Morrison habe bei den Homosexuellenorganisationen einen gewissen politischen Einfluß, fügten sich gern seinen Wünschen und erlaubten es ihm, bei der Betreuung der Kranken seine unorthodoxen Methoden anzuwenden.

Die jüngste von Morrison eingeführte Neuerung betraf die Regelung der Besuchsmöglichkeiten bei Patienten, die im Sterben lagen. Normalerweise durften die Familienangehörigen des Patienten entscheiden, wer ihn in seiner letzten Lebensphase besuchen durfte. Doch vor einiger Zeit war es zu einem peinlichen Konflikt gekommen, als die Mutter eines Patienten in das Zimmer ihres sterbenden Sohnes gekommen war und seinen langjährigen Geliebten hinausgeschickt hatte. »Ich bin seine Mutter und dulde keine Schwulen in diesem Zimmer«, hatte sie kategorisch erklärt. »Und ich will hier auch keine schwulen Krankenpfleger sehen. Sie haben ihm das angetan.«

Der Patient bekam einen Weinkrampf, doch er konnte nicht sprechen, weil er an das Beatmungsgerät angeschlossen war. Wenige Tage darauf starb er, ohne seinen Geliebten wiedergesehen zu haben.

Nun hatte Morrison die neuen Besuchsregeln bekanntgegeben: Alle Patienten sollten die Personen benennen, die ihnen am nächsten standen und auf deren Besuch sie Wert legten. Damit hatte sich die Definition des Familienbegriffs grundlegend geändert. Hier sollte jeder Patient das Recht haben zu sagen, wer seine nächsten Angehörigen waren, und das Krankenhaus durfte ihm dieses Recht nicht streitig machen.

Im Lauf der Zeit entwickelte die Station 5B ihre eigenen Rituale. Tagsüber schoben die Patienten die Karren mit den Infusionsflaschen und Schläuchen durch die Korridore und unterhielten sich darüber, wann sie entlassen werden würden – so wie Gefangene, die auf den Tag warteten, an dem sich die Gefängnistore für sie öffnen würden. Ständig aber hörte man hinter den verschlossenen Türen der Krankenzimmer das langgezogene, keuchende Husten der vielen Pneumocystosis-Patienten. Nachts erfüllte das summende Geräusch der Kühlaggregate die Luft, mit denen die Decken dieser Kranken auf einer niedrigen Temperatur gehalten wurden, damit das von der Pneumocystosis verursachte Fieber nicht über 39,5 Grad Celsius anstieg.

Daneben waren nur noch das schwere Atmen und gelegentlich das von Alpträumen verursachte Stöhnen zu hören.

Bruce Schneider, einer der Patienten auf der Station 5B, hatte immer wieder den gleichen Alptraum, bei dem er die Vorstellung hatte, er löse sich allmählich vollständig in Luft auf. Irgendwoher drangen die Stimmen seiner Freunde, die ihn fragten: »Bruce, weshalb löst du dich auf?« Doch wenn er zu antworten versuchte, konnten sie ihn nicht hören, und die Auflösung ging unaufhörlich weiter.

Bis zum August hatte Bruce im Castro Bezirk gelebt und als Angestellter der Telefongesellschaft gearbeitet. An den Wochenenden hatte er sich als Koch noch ein paar Dollar dazuverdient. Doch plötzlich hatte er ein Gefühl gehabt, als würde sein Brustkasten durch Stahlbänder zusammengepreßt. Er hatte kaum noch atmen können. Die Ärzte sagten ihm, er habe eine Pneumocystosis. Nun lag er am Ende des Korridors in einem Bett, und seine einzige Beschäftigung war das Fernsehen. Doch vieles, was er sah, interessierte ihn nicht – zum Beispiel all diese Werbesendungen über die Altersversorgung und die Rentenversicherung.

Ein normaler dreißigjähriger unverheirateter Mann wie Bruce konnte damit rechnen, noch 43,2 Jahre zu leben. So stand es in den Statistiken der Versicherungsgesellschaften. Aber jetzt wußte er, daß er, wenn seine Krankheit einen normalen Verlauf nahm, nur noch zehn Monate zu leben hatte. Er kam sich vor wie ein zum Tode verurteilter Strafgefangener, der auf seine Hinrichtung wartet.

Im selben Korridor, drei Zimmer weiter, lag Deotis McMather und warf sich, von Alpträumen gepeinigt, unruhig in seinem Bett hin und her. Deotis stammte aus dem südlichen Virginia und hatte in der letzten Zeit im Tenderloin-Bezirk von San Francisco gelebt. Er war drogenabhängig und hatte das notwendige Geld als Strichjunge verdient. Im April stellte er blutunterlaufene Flecken am ganzen Körper fest. Er wußte nicht, daß sein Körper keine Thrombozyten mehr produzierte, die Blutplättchen, die bei der Blutgerinnung eine wesentliche Funktion haben. Da sein Blut nicht mehr gerinnen konnte, entstanden überall dort, wo er sich stieß, diese blutunterlaufenen Stellen. Im Oktober sagte ihm ein Sexualpartner, er habe purpurfarbene Flecken auf dem Rücken. Als Deotis im *General Hospital* von San Francisco einen AIDS-Test vornehmen ließ, schickte sein Zimmernachbar seine persönlichen Sachen einem Freund und teilte diesem mit, Deotis werde nicht mehr nach Hause kommen. Er sollte recht behalten; Deotis hat das Krankenhaus nicht mehr verlassen.

Eine Woche nach seiner Aufnahme im Krankenhaus stellten die Ärzte fest, daß Deotis an einer idiopathischen thrombozytopenischen Purpura (ITP) litt, was eine Verminderung der Plättchenzahl zur Folge hatte. Da ein großer Teil seiner Verdauungsorgane entzündet war, wurden Deotis mit einem chirurgischen Eingriff die Milz, ein Teil der Leber und ein Teil des Magens entfernt. Als ein Zeitungsreporter ihn besuchte, um ihn zu interviewen, zeigte ihm Deotis die lange, mit Klammern zusammengehaltene Operationsnarbe. Da sich der Leib des Patienten mit Wasser gefüllt hatte, sah die Narbe aus wie ein Reißverschluß, der die aufgeblähte Bauchhaut zusammenhielt. Deotis lächelte, als ein Fotograf eine Aufnahme von ihm machte, während er das Nachthemd aufhob. Das Foto kam jedoch nicht in die Zeitung, denn schon dem zuständigen Redakteur wurde übel, als er es sah.

Die Alpträume von Deotis begannen schon unmittelbar nach der Operation. Dabei rannte er atemlos durch die Straßenschluchten zwischen den hohen, kalten Betonwolkenkratzern im Stadtkern von San Francisco. Die Straßen waren menschenleer. Er war allein, nur einige Polizisten verfolgten ihn und traten ihm in den Bauch. »Sehen Sie denn nicht, daß ich krank bin?« fragte Deotis. »Hören Sie auf!«

Aber sie hörten nicht auf, ihn zu treten. Er mußte erbrechen. Ganze Klumpen brauner Maden und ekelhafter Würmer quollen aus seinem Mund. Als er aufwachte, hustete er braunen Schleim.

Etwa zwei Wochen nach der Operation geriet der ohnedies melancholisch veranlagte Deotis in schwere Depressionen. Er sagte den Schwestern, er wolle niemandem mehr zur Last fallen. Sein Zustand verschlimmerte sich, als sich seine Lungen mit Flüssigkeit füllten. Er wurde an ein Beatmungsgerät angeschlossen, bat jedoch schon nach wenigen Tagen, man möge es abschalten. Eine Stunde später war der siebenundzwanzigjährige Deotis McMather tot. Er war einer von drei Patienten, die an diesem Tag auf der Station 5B starben.

Diese Fälle überzeugten das Pflegepersonal auf der AIDS-Station, daß wahrscheinlich der Lebenswille des einzelnen entscheidend dafür war, wie lange er überlebte. Wenn ein Patient überzeugt davon war, daß er sterben mußte, dann starb er oft schon nach kurzer Zeit. Die jungen Männer, die gegen ihre Krankheit ankämpften, lebten meist länger. Im Dezember 1983 erklärte Bruce Schneider häufig, daß er mit seiner Krankheit schon fertig werden würde. Vielleicht werde ihm »der Gouverneur« noch eine Schonfrist gewähren. Er meinte, in allernächster Zeit werde irgend etwas Entscheidendes geschehen. Er hatte in der Zeitung gelesen, daß die Reagan-Administration AIDS an die erste Stelle ihrer gesundheitspolitischen Prioritätsliste gesetzt hatte. So hoffte er, daß bald alles vorüber sein werde und er wieder Ausflüge an die kalifornische Küste unternehmen könnte, die er so sehr liebte.

6. Dezember, Capitol, Washington, D.C.

PRESSEVERLAUTBARUNG
BERICHT DES REPRÄSENTANTENHAUSES DOKUMENTIERT
UNZUREICHENDE REAKTION AUF AIDS

Das Gesundheitsministerium hat es versäumt, die Bekämpfung des Erworbenen Immunmangelsyndroms (AIDS) durch die zuständigen Gesundheitsbehörden des Bundes ausreichend zu finanzieren. Das ergibt sich aus einem Bericht des *Intergovernmental Relations and Human Resources Subcommittee* unter dem Vorsitz des Abgeordneten Ted Weiss (D-NY).

...Die Untersuchung des Unterausschusses ergab, daß trotz der Behauptung der Administration, es seien für die Bekämpfung von AIDS ausreichende Mittel zur Verfügung gestellt worden, wichtige Untersuchungen, epidemiologische Studien und Forschungsarbeiten in den Laboratorien der CDC und der NIH erheblich behindert worden sind, weil das dafür benötigte Geld fehlte.

»Tragischerweise ist die Höhe der für die AIDS-Forschung zur Verfügung gestellten Beträge von politischen Gesichtspunkten abhängig gemacht worden. Sie richtete sich also nicht nach dem Urteil der Fachwissenschaftler und der Beamten in den Gesundheitsbehörden, die den Kampf gegen die Epidemie führen«, sagte Weiss. »Die Versäumnisse bei der Finanzierung und die dadurch entstandenen Verzögerungen bei der Forschungsarbeit veranlassen mich zu fragen, ob die Bundesregierung darauf vorbereitet ist, solchen Gefährdungen der öffentlichen Gesundheit zu begegnen, und ob diese Administration wirklich gewillt ist, die für die Bewilligung der AIDS-Krise dringend erforderlichen Maßnahmen zu treffen.«

Dem sechsunddreißig Seiten umfassenden Bericht des Unterausschusses mit der Überschrift »Die Reaktion der Bundesregierung auf AIDS« war eine kürzere Presseerklärung über die Untersuchungsergebnisse beigegeben. Niemand weiß heute, wie viele Reporter mehr gelesen haben als diese Presseerklärung, denn nur wenige Presseorgane zeigten ein besonderes Interesse an dieser Information. In der *New York Times* erschienen ein Artikel und der kurze Bericht eines Depeschendienstes, in dem die Presseverlautbarung und die pflichtgemäßen Dementis der Administration zitiert wurden.

Daß dieser Sache so wenig Beachtung geschenkt wurde, war bedauerlich, denn der Bericht war das Ergebnis der einzigen umfassenden Untersuchung, der die AIDS-Politik der Bundesregierung bislang unterzogen worden war. Die monatelange gründliche Durchsicht der CDC-Akten hatte dazu geführt, daß alle Probleme der CDC, der NIH und der außerhalb staatlicher Institutionen arbeitenden Forscher bis ins einzelne offengelegt wurden. Der Bericht enthielt viele der von Don Francis und anderen hohen Beamten bei den staatlichen Gesundheitsbehörden im Verlauf der Epidemie verfaßten Denkschriften.

Die wahrscheinlich erstaunlichste Entdeckung war, daß es bis Ende 1983 zu keiner Zeit einen koordinierten Plan zur Bekämpfung der AIDS-Epidemie gegeben hatte. Nachdem das Gesundheitsministerium monatelang unter Druck gesetzt worden war, hatte es dem Unterausschuß Ende Oktober ein sechsseitiges Dokument vorgelegt. Der von dem Kongreßausschuß verfaßte Bericht entlarvte dies als durchsichtiges Täuschungsmanöver.

»Der sogenannte ›Operationsplan‹ ist, wie sich deutlich zeigt, ein Dokument, das für den Unterausschuß verfaßt wurde. Es beweist lediglich das Fehlen jeder umfassenden Planung und jeder Vorsorge für die Finanzierung geeigneter Maßnahmen zur Bekämpfung der AIDS-Epidemie durch die staatlichen Gesundheitsbehörden.«

Um zu vermeiden, daß bei anderen gesundheitspolitischen Notständen ähnliche Schwierigkeiten auftreten könnten, empfahl der Bericht die Bereitstellung eines Sonderfonds. Außerdem empfahl der Unterausschuß, das Bewilligungsverfahren für die Bereitstellung von Geldern der NIH in dringenden Fällen zu beschleunigen. Außerdem solle die Bundesregierung einen unabhängigen Ausschuß damit beauftragen, eine umfassende Strategie für die Bekämpfung von AIDS zu entwickeln und festzustellen, welche Beträge für diesen Kampf benötigt würden.

Wie es bisher bei allen AIDS betreffenden Fragen üblich gewesen war, erfolgte die Reaktion auf diesen ungewöhnlich scharfen Bericht je nach der Parteizugehörigkeit seiner Kritiker zustimmend oder ablehnend. Zehn der vierzehn republikanischen Mitglieder des Unterausschusses fügten dem Bericht ihre abweichenden Auffassungen bei, bezeichneten ihn als »irreführend« und erklärten es für »notwendig«, einen unabhängigen Ausschuß mit der Entwicklung einer AIDS-Strategie zu beauftragen.

Dr. Edward Brandt gab vor der Presse die zutreffende Erklärung ab, daß der Präsident gegen eine Bewilligung zusätzlicher Gelder für die Bekämpfung der AIDS-Epidemie durch den Kongreß noch nie sein Veto eingelegt habe. »Wenn ich einen Antrag vorlege und er durch alle Instanzen gegangen ist, bewilligt der Kongreß das Geld«, sagte er. »Die Administration hat sich noch in keinem Fall gegen einen Antrag des Kongresses auf die Bewilligung weiterer Gelder ausgesprochen. Und wir haben alle uns bewilligten Dollars ausgegeben.« Was die Verzögerung der Auszahlung jener Mittel betraf, die für die Forschung außerhalb der staatlichen Institutionen zur Verfügung gestellt werden sollten, mußte Brandt zugeben: »Ich möchte nicht behaupten, wir seien vollkommen und hätten keine Fehler gemacht. Wir haben uns jedoch bemüht, umfassend und verantwortungsbewußt zu handeln.« Die Kritik an den anfänglichen Verzögerungen sei, wie er meinte, eine nachträgliche Besserwisserei, die zu nichts führen könne.

In San Francisco wartete Bill Kraus darauf, daß jetzt endlich etwas geschehen werde. Wie andere homosexuelle Mitarbeiter von Kongreßabgeordneten war Bill überzeugt, der Bericht werde dazu führen, daß sich die Presse intensiv mit der AIDS-Politik der Bundesregierung beschäftigte. Noch nie waren so viele Informationen über ein heißes Thema so übersichtlich zusammengestellt und den Reportern mundgerecht serviert worden wie in diesem Bericht.

Aber Bill wartete vergebens. Ende Dezember war nicht mehr daran zu zweifeln, daß der Bericht des Unterausschusses zu den Akten gelegt werden würde, ohne den geringsten Einfluß auf die Bundesregierung ausgeübt zu haben. Auf den üblichen Parties in den Weihnachtsfeiertagen beklagte sich Bill bei seinen Freunden immer wieder darüber, daß die Fernsehanstalten und die Nachrichtenmagazine so schonend mit der Administration umgingen.

»Sie werden gar nichts unternehmen«, sagte er. »Sie werden uns alle sterben lassen, weil wir schwul sind.«

In Atlanta war kaum jemand vom Inhalt des Berichts überrascht. Obwohl den CDC weitere Beträge für die AIDS-Forschung bewilligt worden waren, reichten diese Gelder bei weitem noch nicht für die ausreichende Finanzierung der notwendigen Forschungsvorhaben.

In der folgenden Woche bat Dr. Walt Dowdle den neuen Direktor der CDC, Dr. James Mason, um weitere drei Millionen Dollar und, was noch wichtiger war, um die Genehmigung von sechsundvierzig neuen Planstellen für die AIDS-Forschung. Wie Ed Brandt war Mason ein Verbündeter der AIDS-Forscher, mit dem sie eigentlich nicht gerechnet hätten. Bis vor kurzem war er Direktor der Staatlichen Gesundheitsbehörde in Utah gewesen. Seine Freundschaft mit dem konservativen Senator Orrin Hatch aus Utah, dem Vorsitzenden des für das Gesundheitsministerium zuständigen Senatsausschusses, hatte ihm den Posten als Direktor der CDC eingebracht. Führende Homosexuelle begegneten Mason zunächst mit Mißtrauen, nachdem sie festgestellt hatten, daß er das Wort »gay« nicht über die Lippen brachte, als er am Tag nach seiner Amtsübernahme eine Delegation von Homosexuellen empfing. Doch ebenso wie Brandt hatte Mason einen ausgesprochenen Sinn für Fairneß und konnte es nicht mit ansehen, wie sich diese tödliche Epidemie ausbreitete, auch wenn er persönlich die sexuellen Praktiken der Leute ablehnte, die am häufigsten von dieser Krankheit heimgesucht wurden.

Mason wußte zunächst nicht recht, wie er sich zu dem Finanzierungsproblem stellen sollte. Oft wurde er von Kongreßabgeordneten angerufen, die ihn fragten, welche Mittel er für die AIDS-Forschung brauchte, aber Mason fühlte sich der Administration verpflichtet. Er hatte Verständnis für das Bestreben des Präsidenten, im innenpolitischen Bereich zu sparen, und war grundsätzlich mit der Finanzpolitik der Administration einverstanden. Einige Wochen nachdem der Antrag von Walt Dowdle bei ihm eingegangen war, entschloß sich Mason zu einer Maßnahme, die er für fiskalisch vernünftig und moralisch verantwortbar hielt, und beauftragte einen Sonderausschuß, für den internen Gebrauch in seiner Behörde einen ausführlichen Bericht über alle mit AIDS im Zusammenhang stehenden Vorhaben der CDC zu erstellen. Dieser Bericht sollte die Grundlage für künftige Anforderungen von Geldmitteln sein. Während die Arbeit an dem von Dr. Mason in Auftrag gegebenen Bericht noch andauerte, starb Bruce Schneider im General Hospital von San Francisco. Bis zuletzt hatte er vergeblich auf die Aufhebung seines Todesurteils gewartet.

NEW YORK CITY

Die Tragödie der an AIDS erkrankten Kinder aus den Slums im New Yorker Stadtteil Bronx belastete Dr. Arye Rubinstein und seine Mitarbeiter am *Albert Einstein College of Medicine* schwer. Vor achtzehn Monaten hatte er sieben AIDS-kranke Säuglinge in seiner Praxis gehabt. Vor einem Jahr waren es schon dreizehn gewesen, und Ende 1983 behandelte er fünfzehn solche Kinder. Eine staatliche Beihilfe in Höhe von siebenundzwanzigtausend Dollar ermöglichte es ihm, einen Mitarbeiter anzustellen, der die AIDS-Patienten in den Slums der Bronx betreute. Rubinstein mußte damit rechnen, daß es bald einer wachsenden Anzahl von Kindern so ergehen würde wie der kleinen Diana, die jetzt schon den größten Teil ihres Leben im *Jacobi Hospital* zugebracht hatte. Ihr Bruder, der als AIDS-Patient schon seit längerer Zeit an den verschiedensten opportunistischen Infektionen litt, war jetzt an Pneumocystosis erkrankt und lag im Sterben, aber immer noch hatte die Stadt nichts unternommen, um Rubinstein bei der Einrichtung der von ihm geplanten ambulanten Tagesstätte zur Behandlung solcher Kinder zu helfen.

Die Beamten der staatlichen und städtischen Gesundheitsbehörden bagatellisierten auch weiterhin das AIDS-Problem, um den Eindruck zu erwecken, sie hätten bei der Bekämpfung der Epidemie alles Notwendige getan. Der Leiter der Staatlichen Gesundheitsbehörden, Dr. David Axelrod, und der Leiter des Städtischen Gesundheitsamts, Dr. David Sencer, hatten verkündet, in den letzten Monaten des Jahres 1983 sei ein deutlicher Rückgang der neudiagnostizierten AIDS-Fälle zu verzeichnen. Ihre Prognose stützte sich darauf, daß die Zunahme sich jetzt nicht mehr, wie während der vergangenen zwei Jahre, verdoppelte, sondern um dreißig Prozent zurückgegangen war. Deshalb gab es jetzt nicht etwa weniger AIDS-Kranke, es bedeutete nur, daß sich die Zahl der AIDS-Fälle in New York City nicht mehr in sechs

Monaten, sondern erst in neun Monaten verdoppeln würde. Axelrod führte diese günstige Entwicklung auf eine »Veränderung in den Lebensgewohnheiten« bei den homosexuellen Männern zurück. Sencer behauptete, diese Entwicklung beweise, daß das moderate Aufklärungsprogramm seiner Behörde von den Betroffenen angenommen würde. Dr. Herbert Dickerman vom New Yorker AIDS-Institut, einer neuen, vom Staat finanzierten Einrichtung, stellte die Zahl der AIDS-Fälle der geschätzten Zahl von drei bis sieben Millionen Homosexuellen in den Vereinigten Staaten gegenüber und behauptete, daraus ergäbe sich, daß nur jeder tausendste Homosexuelle an AIDS erkrankt sei. »Das würde ich nicht als Epidemie bezeichnen«, sagte er.

Diese selbstgefällige Haltung der Beamten bei den staatlichen und städtischen Gesundheitsbehörden konnte die CDC nicht beeindrukken, denn jeder wußte, daß die homosexuellen Ärzte in Manhattan viele der von ihnen behandelten AIDS-Fälle nicht meldeten, weil sie glaubten, die CDC verletzten die Persönlichkeitsrechte dieser Patienten. Dr. Richard Selik vom *AIDS Activities Office* ordnete, nachdem New York eine Abnahme der Neuzugänge von AIDS-Kranken gemeldet hatte, eine Untersuchung der dortigen Meldepraktiken an. Dabei stellte sich heraus, daß die Zahl der Neuzugänge in New York ebenso rasch zunahm wie in allen anderen Teilen der Vereinigten Staaten. Das hinderte die Beamten der staatlichen und städtischen Gesundheitsbehörden jedoch nicht daran, auch weiterhin bei jeder Gelegenheit zu behaupten, die Kurve auf der Tabelle der Neuerkrankungen habe sich »abgeflacht«.

Das einzige Aufklärungsprogramm in New York City war immer noch das der *Gay Men's Health Crisis*. Die Zeit, die die Freiwilligen für die Betreuung von AIDS-Kranken zur Verfügung gestellt hatten, hätte in einem normalen Arbeitsverhältnis mit einer Summe von drei Millionen Dollar honoriert werden müssen. Dabei war der Etat der Organisation auf $ 120 000 beschränkt.

In der gleichen Woche, als die Beamten der Gesundheitsbehörden in New York eine Verlangsamung bei der Ausbreitung der Epidemie feststellten, genehmigte die Bürgermeisterin Dianne Feinstein in San Francisco eine zusätzliche Million Dollar für die AIDS-Bekämpfung. Damit erhöhten sich die Ausgaben der Stadt San Francisco für das AIDS-Programm im Kalenderjahr 1983 auf insgesamt vier Millionen Dollar.

In den letzten Wochen des Jahres 1983 brachten alle Zeitungen ausführliche Berichte, in denen sie die wichtigsten Ereignisse des vergangenen Jahres Revue passieren ließen. Die Redakteure der *Associated Press* veröffentlichten eine Zusammenfassung der wichtigsten Meldungen des Jahres. An erster Stelle wurde dabei der Bericht über den Bombenanschlag auf das Hauptquartier der Mariners in Beirut genannt, bei dem zweihundertvierzig Angehörige der amerikanischen Streitkräfte ums Leben kamen. Es folgten der Abschuß einer südkoreanischen Verkehrsmaschine durch sowjetische Jagdflugzeuge und die amerikanische Invasion von Grenada. Die erfolgreichsten Filme des Jahres waren *Silkwood* und *The Big Chill*. In aller Munde war auch Michael Jacksons *Moonwalking* und die Neuauflage seines Plattenalbums mit dem Titel *Thriller*. Obwohl zu Beginn des Jahres viel über AIDS berichtet worden war, hatte das Interesse stark nachgelassen, und niemand hielt es für notwendig, die Ausbreitung der Epidemie in die Liste der wichtigsten Ereignisse des Jahres 1983 aufzunehmen.

Deshalb erschien ein Bericht aus Atlanta auch nur auf einer der letzten Seiten der Zeitungen. Hier hieß es, die CDC hätten am 19. Dezember 1983 gemeldet, daß inzwischen dreitausend Amerikaner an AIDS erkrankt seien. Eintausendzweihundertdreiundachtzig von ihnen waren gestorben. Zweiundvierzig Prozent aller Fälle wurden aus New York City gemeldet, zwölf Prozent aus San Francisco, acht Prozent aus Los Angeles und drei Prozent aus Newark.

Zu Weihnachten hatte Dr. Robert Gallo dem Direktor des Nationalen Krebsinstituts erklärt, er habe das Retrovirus entdeckt, das AIDS verursache.

26. DEZEMBER, MATT KRIEGERS TAGEBUCH

Heute morgen wurde ich von einer furchtbaren Wut gepackt, die sich nicht besänftigen ließ.

Gary wachte nach mir auf. Er war sehr geschwächt und hatte Schmerzen. Er konnte nur mühsam humpeln, so sehr schmerzte ihm das Bein... Ich machte ihm den Tee und packte – wie es mir schien zum tausendsten Mal in diesen fünf Tagen – irgendwelche Sachen in meinen roten mexikanischen Einkaufsbeutel, um sie zu mir nach Hause zu bringen. Ich hatte mich schon verspätet, und Gary bat mich, hinunterzulaufen und ihm Zigaretten zu besorgen. Irgendwie brachte diese Bitte das Faß zum Überlaufen.

534

Als ich im Wagen saß, um die Zigaretten zu holen, fing ich laut an zu fluchen: »Mein ganzes verdammtes Leben dreht sich nur noch um Gary. Jede gottverdammte Minute. Ich halte es nicht mehr aus. Ich brauche einen Geliebten, mit dem ich etwas erleben kann. Ich brauche einen Geliebten, der gesund ist!«

Es war eine ganz unvernünftige Wut, und ich darf sie nicht an Gary auslassen. Er gibt sich solche Mühe. Aber ich habe das Gefühl, daß ich gar kein eigenes Leben mehr führe. Ich kann mich auch nicht mehr in meine Wohnung zurückziehen. Ich bin ständig zwischen seiner und meiner Wohnung unterwegs, und er kann in jedem Augenblick über mich verfügen.

Ich habe Angst, denn ich sehe, daß er schwächer und viel weniger aktiv ist als noch vor einer Woche. Hat das Weihnachtsfest ihn zu sehr angestrengt? Verschlechtert sich sein Gesundheitszustand wieder? War die letzte Besserung nur die Vorfreude auf die Feiertage...? Ich habe furchtbare Angst davor, daß er wieder einen Anfall bekommen könnte. Ich weiß nicht, wie ich die langen, schrecklichen Stunden ertragen soll, in denen er sich vor Schmerzen krümmt und ich mit ansehen muß, wie er leidet und sich auf das Sterben vorbereitet. Ich weiß nicht, wie ich den heutigen Tag angesichts der Nähe des Todes durchstehen soll. Es ist sehr schmerzlich, und ich bin völlig erschöpft...

Gary ist sehr, sehr krank. Er ist schwach und auf meine Hilfe angewiesen. Sein ganzer Körper ist immer noch mit purpurfarbenen Läsionen bedeckt. Ich vergesse diese Läsionen, wenn ich ihn nachts in den Armen halte, für seine Gesundheit bete und buchstäblich versuche, die Kräfte von meinem Körper auf seinen Körper zu übertragen.

Ich weiß, ich sollte für diese Zeit dankbar sein, so schwer sie auch für mich sein mag. Für Gary ist es noch viel schlimmer. Wenn ich Angst habe, dann muß Gary vor Furcht vergehen.

30. DEZEMBER, CENTERS FOR DISEASE CONTROL, ATLANTA

Die Frage nach der Länge der Inkubationsperiode bei AIDS hatte Dr. Dale Lawrence schon seit Juli beunruhigt, als er die Epidemie mit einem Wettlauf verglichen hatte, bei dem Tausende dem gleichen Ziel zustrebten – dem Tod. Die CDC hatten jetzt die Krankengeschichten von einundzwanzig AIDS-Patienten dokumentiert, bei denen die Krankheit als Folge von Bluttransfusionen aufgetreten war. Weitere zehn Fälle wurden noch untersucht. Sie waren insofern einzigartig, als

535

sie den Forschern ein bestimmtes Datum für den Zeitpunkt der Infektion an die Hand gaben. Anfang Dezember übergab Lawrence alle diese Daten einem Statistiker. Obwohl diese Transfusionsfälle bei Personen mit kürzeren Inkubationsperioden aufgetreten waren, glaubte Lawrence, daß sich die Zeit zwischen der Infektion und dem Auftreten der Krankheit mit Hilfe einer mathematischen Kurve berechnen ließ.

Bisher gab es keine genauen Schätzungen über die Inkubationszeit bei AIDS. Die meisten Wissenschaftler rechneten mit zwei Jahren, obwohl die Infektion bei einigen Transfusionsfällen vier Jahre zurücklag. Lawrence glaubte, mit einer mathematischen Kurve werde es möglich sein, die kürzeste und die längste Inkubationsperiode für diese Krankheit mit wissenschaftlicher Zuverlässigkeit zu bestimmen. Die Statistiker der CDC brauchten für die Berechnung der Überlebenschancen siebzehn mit komplizierten mathematischen Formeln beschriebene Seiten.

Als Lawrence von seinem Büro zu den AIDS-Laboratorien ging, traf er im Korridor Jim Curran im Gespräch mit Harold Jaffe und Bill Darrow.

»Die Inkubationsperiode dauert bis zu fünf Jahren«, sagte Lawrence.

Er erläuterte die Kurven, und Jim Curran begriff sofort, was sie bedeuteten.

»Das klingt plausibel«, sagte Curran.

Und gerade das war es, was Lawrence gefürchtet hatte. Er hatte geglaubt, Zehntausende würden im Verlauf der AIDS-Epidemie sterben. Aber diese lange Inkubationsperiode sagte ihm, daß die genetisch bedingten Eigenschaften des noch unbekannten Virus ihm erlaubt hatten, jahrelang zu ruhen, bevor irgend jemand etwas von seiner Existenz wußte und vermuten konnte, daß es sich ausbreitete. Wegen dieser langen Inkubationsperiode hatte es sein dramatisches Potential noch nicht offenbart. Die jetzt gemeldeten dreitausend AIDS-Fälle bezeichneten erst den Beginn der Katastrophe, zu der diese Epidemie führen würde. Die Zukunft, mit der man nach dieser Prognose rechnen mußte, sah viel düsterer aus, als man es sich je hatte vorstellen können.

SIEBTER TEIL

Hoffnungen und Enttäuschungen 1984

So lernten sie auch den durch nichts zu stillenden Schmerz aller Gefangenen und Verbannten kennen, der darin besteht, daß man mit einer Erinnerung leben muß, die nichts mehr bedeutet. Selbst die Vergangenheit, an die sie unaufhörlich dachten, hatte nur den schalen Geschmack des Bedauerns. Denn sie hätten sich gewünscht, noch all das tun zu können, das unterlassen zu haben sie nun bereuten. Und so gab es in ihrem Leben immer etwas, das ihnen fehlte. Feindselig gegenüber der Vergangenheit, ungeduldig mit der Gegenwart und betrogen um die Zukunft, glichen wir jenen, die von der menschlichen Gerechtigkeit oder dem Haß ihrer Mitmenschen gezwungen werden, hinter Gefängnisgittern zu leben.

Albert Camus
Die Pest

40. Die Gefangenen

3. JANUAR 1984, NATIONAL INSTITUTES OF HEALTH, BETHESDA

Larry Kramer hatte den größten Teil des vergangenen Monats damit zugebracht, die Bundesbehörden aufzusuchen, die für die Bekämpfung der AIDS-Epidemie verantwortlich waren. Sein Agent las indessen den ersten Entwurf seines Theaterstücks »The Normal Heart«. Nachdem er sich neun Monate nicht mehr mit dem Thema AIDS beschäftigt hatte, wollte Larry jetzt feststellen, was die Regierung nun gegen die Epidemie unternahm. Als er im Dezember nach Atlanta kam, überraschte es ihn nicht, als er sah, daß die *Centers for Disease Control* immer noch unter Geldmangel litten und mit Arbeit überlastet waren. Als ihn jedoch ein prominenter Mitarbeiter im *AIDS Activities Office* geradeheraus fragte: »Warum heiratet ihr eigentlich nicht?«, wußte er zunächst nicht, was er sagen sollte. Doch als er schließlich erklären wollte, daß es in den meisten amerikanischen Staaten Gesetze gab, nach denen die Ehe zwischen gleichgeschlechtlichen Personen verboten sei, wurde der CDC-Arzt ungeduldig. »Ich meine doch nicht, daß ihr Männer heiraten sollt«, sagte er. »Ich meine Frauen. Wenn ihr Frauen geheiratet hättet, dann wäre das alles niemals geschehen.« Es war einer der bedeutendsten AIDS-Forscher, der ihm diese Frage gestellt hatte. Larry begriff nun, warum die CDC drei Jahre nach Ausbruch der Epidemie noch keinen homosexuellen AIDS-Forscher eingestellt hatte, der sich offen zu seiner Veranlagung bekannte.

Während seines Aufenthalts in Atlanta hörte er immer wieder von der Rivalität zwischen den CDC und dem Nationalen Krebsinstitut. Ein Beamter der CDC gab sogar ganz offen zu: »Wir reden nicht einmal mit ihnen.«

Anfang Januar sorgte Tim Westmoreland dafür, daß Larry Kramer eine Einladung in das Haus des Direktors eines der größten und angesehensten Institute der NIH erhielt. Wie die meisten seiner Kolle-

539

gen bewohnte dieser Institutschef eine prächtige Villa auf dem Campus von Bethesda. Das Haus war mit schönen antiken Möbeln eingerichtet und wurde von einer ganzen Schar Dienstboten in Ordnung gehalten.

Nach dem Mittagessen entschuldigte sich Larry, um die Toilette aufzusuchen. Als er in den ersten Stock hinaufging, fiel ihm ein Bücherregal auf, das er durch eine offene Schlafzimmertür erblickte. Da er überzeugt war, daß die Lektüre eines Menschen viel über seinen Charakter aussagen kann, ging Larry hinein. In den Regalen stellte er ein ziemliches Durcheinander fest – Romane, philosophische und wissenschaftliche Bücher. Doch auf einem Bücherbrett standen in teueren Rahmen Fotos gutaussehender Männer in Badeanzügen, die einander mit angespannten Muskeln zärtlich umarmten. Eine dieser Aufnahmen zeigte einen prominenten Beamten der NIH in herausfordernder Muskelmann-Pose.

Als Larry ins Eßzimmer zurückkam, sagte der Institutsdirektor, er müsse jetzt leider wieder in sein Büro zurückfahren. Dann versuchte er ihn noch einmal zu überzeugen, daß sein Institut die größten Anstrengungen unternommen habe, die Epidemie einzudämmen. Doch Larry wußte, daß gerade dieses Institut sehr langsam auf die Herausforderung durch AIDS reagiert hatte. Er hatte den Verdacht, daß der tüchtige Direktor seine Energie vor allem im Streit mit dem Nationalen Krebsinstitut verbrauchte, das von allen den NIH angegliederten Behörden ausersehen war, die wichtigsten Aufgaben im Kampf gegen AIDS zu übernehmen.

Nachdem der Gastgeber gegangen war, räumte ein Hausangestellter das Geschirr ab, um es in die Küche zu bringen. Dieser Mann wandte sich voller Vertrauen an Larry und sagte zu ihm: »Meinem Freund und mir hat Ihr Roman *Faggots* sehr gut gefallen. Sie würden uns eine große Freude machen, wenn wir Sie bei Ihrem nächsten Besuch in der Stadt zum Essen einladen dürften.«

Larry war wie vor den Kopf geschlagen.

»Liegt es daran, daß dieses Institut so wenig gegen AIDS unternommen hat?« fragte er. »Weil der Direktor schwul ist?«

Der Angestellte sah Larry entgeistert an und sagte kein Wort.

Larry war sich durchaus bewußt, was das bedeutete, und es schmerzte ihn. Wer in der Homosexuellenbewegung aktiv mitarbeitete, wußte, daß die gefährlichsten Gegner der Homosexuellen nicht etwa bigotte Heterosexuelle waren, sondern Schwule, die es nicht wagten, sich zu ihrer Veranlagung zu bekennen. Die Homophobie

540

unter den einflußreichsten Persönlichkeiten in den Vereinigten Staaten war vor allem dadurch zum Schweigen gebracht worden, daß die Homosexuellenfeindlichkeit nach den geltenden Moralvorstellungen nicht zu rechtfertigen sei. Viele Homosexuelle konnten, wenn sie durch ihre Sexualität nicht in private Schwierigkeiten geraten waren, die Sache der Homosexuellengemeinschaft aufgrund ihrer persönlichen Integrität durchaus öffentlich vertreten. Aber der Homosexuelle, der sich nicht zu seiner Veranlagung bekannte, hatte seine Integrität verloren. Diese Leute konnten dem Establishment sehr nützlich sein. In einflußreichen Ämtern unterstützten sie mit Sicherheit die subtilsten Nuancen aller gegen die Homosexualität gerichteten Vorurteile. Ein Homosexueller, der seine Veranlagung zu verbergen sucht, kennt diese Nuancen sehr genau, denn sein Leben wird von solchen Vorurteilen bestimmt. Er wird viel weniger dazu geneigt sein, für seinesgleichen eine faire und gerechte Behandlung zu verlangen, denn damit würde er nur die Aufmerksamkeit der Öffentlichkeit auf sich lenken.

Überall und immer wieder mußte man beobachten, daß sich dieser tragische Selbsthaß lähmend auf den Kampf gegen die AIDS-Epidemie auswirkte.

In Washington war ein hoher Beamter im Gesundheitsministerium ein Homosexueller, der sich nicht offen zu seiner Veranlagung bekannte. Dr. Marcus Conant hatte gehofft, gerade dieser Mann, der bei der Zuteilung der dem Ministerium zur Verfügung stehenden Gelder ein entscheidendes Wort mitzureden hatte, könnte sich als wertvoller Verbündeter bei den Bemühungen um eine ausreichende Finanzierung des Kampfes gegen AIDS erweisen. Stattdessen zeigte er sich bei allen Konferenzen mit führenden Homosexuellen und AIDS-Forschern als arroganter Verteidiger der Finanzpolitik der Administration. Ein hoher Beamter, der auf dem Gebiet des Gesundheitswesens in der Administration des konservativen republikanischen Gouverneurs von Kalifornien, George Deukmejian, tätig war, war ebenfalls ein versteckter Homosexueller. Doch sein Posten verlangte von ihm, daß er sich vor den zuständigen Ausschüssen der Legislative mit aller Leidenschaft gegen die Zuweisung staatlicher Mittel für die AIDS-Aufklärung bei den Homosexuellen wendete, und er genügte dieser Pflicht mit sichtlichem Behagen. Auch der Leiter des Gesundheitsamtes in einer der vier amerikanischen Großstädte, die am schwersten von der AIDS-Epidemie betroffen waren, war ein homosexueller Arzt, der seine Homosexualität zu verbergen suchte. Er zeichnete sich dadurch aus, daß das von ihm geleitete Gesundheitsamt im Kampf gegen AIDS noch weniger unternahm als die Verwaltung von New York City. Führende Persönlichkeiten in den AIDS-Gruppen jener Stadt äußerten unter vier Augen die Ansicht, daß er es deshalb ablehnte, bei der Bezirksverwaltung Geld für die AIDS-Aufklärung zu beantragen, weil er die Aufmerksamkeit der Öffentlichkeit nicht auf sich und sein Geheimnis lenken wollte. Doch in Homosexuellenkreisen gehörte dieser Direktor zu denen, die den *AIDSpeak* am besten beherrschten. Er sprach überzeugend davon, wie notwendig es sei, die Vertraulichkeit zu wahren. Niemals hätte er etwas Negatives über die Saunen gesagt. Dankbare Homosexuelle wählten ihn zum Vorsitzenden der größten AIDS-Gruppe in der Stadt.

Als Larry Kramer seinen schweren Wintermantel anzog und das Haus des Institutsdirektors in Bethesda verließ, fragte er sich, wann dieses Versteckspiel enden werde. Erst vor wenigen Tagen hatte er auf einer Cocktailparty in Washington einen der einflußreichsten versteckten Homosexuellen des Landes kennengelernt. Larry hatte Terry Dolan sofort erkannt. Die Millionen, die Dolan für sein konservatives politisches Aktionskomitee hatte zusammenbringen können, hatten ganz allein dafür gesorgt, daß die Senatoren der Neuen Rechten gewählt worden waren, mit denen die Republikaner 1980 die Stimmenmehrheit im Senat gewannen. Und im Präsidentschaftswahlkampf des gleichen Jahres hatte er für Ronald Reagan zehn Millionen Dollar gesammelt. Dolans Bruder arbeitete jetzt als Redenschreiber im Weißen Haus.

Die von dem Komitee finanzierte Werbung machte den Demokraten gelegentlich den Vorwurf, sie verhätschelten die Homosexuellen. Doch Larry wußte, daß Terry Dolan erst kürzlich eine Affäre mit einem Epidemiologen des Gesundheitsamts von New York City gehabt hatte und begeistert an allen Homosexuellenveranstaltungen teilnahm, die er mit dem von ihm gesammelten Geld zu bekämpfen suchte. Larry konnte es sich nicht verkneifen, Dolan seinen Drink ins Gesicht zu schütten.

»Wie können Sie es wagen, hierherzukommen?« schrie Larry ihn an. »Sie genießen das Beste, was wir zu bieten haben, und dann unternehmen Sie alle diese Abscheulichkeiten gegen uns. Sie sollten sich schämen.«

7. Januar, Union Square, San Francisco

Cleve Jones hatte an diesem Morgen große Mühe beim Aufstehen, doch die heutige Demonstration durfte er auf keinen Fall versäumen. Dan White sollte aus dem Soledad-Gefängnis entlassen werden, nachdem er fünf Jahre, einen Monat und dreizehn Tage seiner Gefängnisstrafe verbüßt hatte. Cleve dachte an den Tag, als er gesehen hatte, wie die Leiche von Harvey Milk umgedreht und in einen schwarzen Plastiksack gesteckt worden war. Jetzt mußte er sich an dem Protest gegen die Entlassung des Mörders beteiligen.

Die Redner riefen die Menge, die sich auf dem Union Square versammelt hatte, auf, sich für die Überwindung der gesellschaftlichen Vorurteile einzusetzen, die dazu geführt hatten, daß White den Mord an einem Homosexuellen für vertretbar gehalten hatte. Doch die Menge wollte von einer solchen kühlen und objektiven Analyse nichts wissen. Sie schrie die Redner nieder und brüllte immer wieder: »Tötet Dan White!« Einige Demonstranten trugen Abzeichen im Knopfloch mit der Aufschrift *Dan White Hit Squad* (Exekutionskommando Dan White).

Auf dem Wege durch das Bankenviertel von San Francisco hatten sich dem Demonstrationszug etwa fünftausend Personen angeschlossen, darunter viele im dunklen Straßenanzug. Abends auf der Castro Street protestierten neuntausend Demonstranten gegen die Entlassung, und immer wieder hörte man den Ruf: »Tötet Dan White! Tötet Dan White!« Aber dieser Wutausbruch war eine fragwürdige Sache. Wahrscheinlich hatte der Zorn der Massen kaum noch etwas mit der Ermordung von Harvey Milk und Bürgermeister George Moscone vor fünf Jahren zu tun, sondern war eher Ausdruck der hilflosen Verzweiflung angesichts der nicht einzudämmenden AIDS-Epidemie.

Cleve marschierte mit und stimmte in das Gebrüll ein. Er war begeistert, daß die Gemeinschaft der Homosexuellen zu ihrem alten Kampfgeist zurückgefunden hatte. Doch als es Abend wurde, verließ er den Demonstrationszug und ging nach Hause. Er war vollkommen erschöpft. Er litt schon seit Monaten unter diesen Schwächezuständen. Und nachts hatte er manchmal diese unerklärlichen Schweißausbrüche.

Vorurteile lassen die Hasser und die Gehaßten zu Gefangenen werden. Das bewahrheitete sich knapp zwei Jahre später, als Dan White sich in der geschlossenen Garage in seinen Wagen setzte, den Motor startete und sich mit den Abgasen das Leben nahm. Er war auch nach seiner Entlassung aus dem Gefängnis ein Gefangener geblieben und starb als ein Gefangener.

26. JANUAR

Im allgemeinen ging Dr. Marcus Conant nicht zu den Beisetzungsfeierlichkeiten seiner Patienten, aber Paul Dague war nicht nur sein Patient gewesen. Im August 1981 hatte Conant Paul als Sozialarbeiter eingestellt und ihm den Auftrag erteilt, die neuen KS-Patienten an seiner Spezialklinik im Universitätskrankenhaus von San Francisco psychologisch zu betreuen. Es war Paul gewesen, der in Berkeley eine Gruppe von Freiwilligen, das sogenannte *Shanti Project*, gegründet hatte, welche die schwere Aufgabe übernahmen, den Opfern der AIDS-Epidemie als persönliche Betreuer beizustehen. In den folgenden Jahren hatten sich Marc Conant und die anderen Ärzte der AIDS-Klinik immer häufiger an Paul Dague gewendet und ihn gebeten, ihnen bei der schweren Aufgabe zu helfen, den oft kaum dreißig Jahre alten Patienten in der richtigen Weise mitzuteilen, daß sie sterben mußten.

Während Marc Conant den Grabreden zuhörte, mußte er daran denken, wie schwer es ihm gefallen war, Paul Dague zu sagen, die purpurfarbenen Flecken auf seiner Haut bedeuteten, daß auch er am Kaposi-Sarkom erkrankt sei.

Conant konnte seine innere Unruhe während der Beisetzungsfeierlichkeiten nicht loswerden. Als er sich unter den vielen Trauergästen umsah, erkannte er Gary Walsh. Neben ihm saß mit traurigem Gesicht seine Freundin Lu Chaikin. Vor einem Jahr hatte Conant mit Gary gesprochen und ihm gesagt, daß er am Kaposi-Sarkom erkrankt sei. Das war jetzt genau ein Jahr und einen Tag her, und heute hatte Conant den Eindruck, daß Gary nicht mehr lange zu leben hatte.

Auch Gary Walsh vermied es im allgemeinen, an solchen Beisetzungsfeierlichkeiten teilzunehmen, aber er hatte Paul Dague viele Jahre gekannt und fühlte sich verpflichtet, ihm die letzte Ehre zu erweisen. Lu, die auf einem unbequemen Klappstuhl neben ihm saß, dachte darüber nach, daß sich ihr ganzes Leben während des vergangenen Jahres fast ausschließlich um Gary Walsh gedreht hatte, weil sie ihn liebte. Und sie erschrak, weil sie feststellen mußte, daß sie schon angefangen hatte, um den Tod von Gary zu trauern. Während die Grabreden gehalten wurden, mußte sie ständig daran denken, daß sie sehr bald an einem ähnlichen Gottesdienst für ihren besten Freund würde teilnehmen müssen.

Die Psychotherapeutin Lu Chaikin erkannte deutlich, wieviel sie in diesem einen Jahr über die Gefühle der Menschen gelernt hatte. Zu Beginn der Freundschaft mit Gary war sie der stärkere Partner gewesen, und Gary als der schwächere hatte ihre Hilfe gebraucht. Doch als sich sein Zustand verschlimmerte, hatten Garys innere Kräfte zugenommen, und es war ihm immer besser gelungen, mit der grausamen Prognose fertig zu werden. Lu hatte erfahren, was Verwundbarkeit bedeutete; sie hatte sich gegenüber Gary, ohne einen Augenblick zu zögern, rückhaltslos geöffnet, weil sie nur noch so wenig Zeit hatte. Und jetzt, da diese gemeinsam durchlebte Zeit zu Ende ging, erkannte Lu, daß sie im vergangenen Jahr von Gary viel darüber gelernt hatte, was es hieß, eine Frau zu sein. Und Gary hatte durch sie eine klare Vorstellung von der Wesensart des Mannes gewonnen.

Solche Erkenntnisse verstärkten die Trauer, die Lu empfand, denn erst jetzt wußte sie, wie sehr sie Gary vermissen würde. Als die Feier zu Ende war, fühlte sich Lu so schwach, daß sie Gary um seinen Spazierstock bat, um sich beim Hinausgehen darauf zu stützen.

CENTERS FOR DISEASE CONTROL, ATLANTA

Am gleichen Tag, als Marc Conant, Gary Walsh und Lu Chaikin an der Beerdigung von Paul Dague teilgenommen hatten, wandte sich Dr. Max Essex von der Universität Harvard an Don Francis und eröffnete ihm, Robert Gallo habe jetzt zwanzig verschiedene Isolate des Retrovirus, das AIDS verursache. In derselben Woche teilte Gallo auch Jim Curran bei den CDC mit, er habe den schwer faßbaren AIDS-Erreger isoliert. Jetzt versuchte Gallo, möglichst viele verschiedene Isolate des AIDS-Virus zu kultivieren. Bevor er seinen Erfolg öffentlich bekanntgab, brauchte er überzeugende Beweise, die jeden Zweifel an der Ursache von AIDS ausräumen mußten. Gallo war überzeugt, das neue Retrovirus sei die dritte Variante aus der Familie der menschenpathogenen T-cell Leukemia-Viren, die er 1980 entdeckt hatte. Deshalb nannte er dieses Retrovirus HTLV III.

Vier Tage später lieferten die Forscher des Pasteur-Instituts Don Francis den überzeugenden Beweis, daß das von ihnen entdeckte Virus LAV der AIDS-Erreger war. Im Oktober hatte Francis den französischen Wissenschaftlern dreißig Blutproben geschickt: zehn von homosexuellen Männern aus San Francisco, die an AIDS und gleichzeitig an der Hepatitis B erkrankt waren, zehn von homosexuellen Männern mit einer Lymphadenopathie und zehn von heterosexuellen Personen, die keiner AIDS-Risikogruppe angehörten. Die Blutproben waren nur mit Codenummern gekennzeichnet, so daß die Empfänger nicht wußten, von wem sie kamen. Die französischen Forscher teilten Don Francis die folgenden Ergebnisse ihrer Untersuchungen mit: Zwanzig Proben enthielten LAV-Antikörper, und bei zehn Proben waren die Tests negativ. Beim Vergleich der Codenummern konnte Francis feststellen, daß die Franzosen alle Proben der mit dem AIDS-Retrovirus infizierten Patienten und jener mit Lymphadenopathie gefunden und festgestellt hatten, welche Patienten nicht infiziert waren. Er war begeistert über diesen Erfolg. Nun, da der AIDS-Erreger identifiziert worden war, konnten die Wissenschaftler etwas gegen die weitere Ausbreitung der Epidemie unternehmen und einen Impfstoff entwickeln.

STANFORD UNIVERSITY, STANFORD, KALIFORNIEN

Der Anruf, den Dr. Ed Engleman von der Blutbank der *Stanford University* Anfang Februar erhielt, bestätigte seine schlimmsten Befürchtungen. Eine Blutbank in Davis, Kalifornien, hatte Engleman angerufen, weil ein Spender Stanford als eine von dreizehn Blutbanken angegeben hatte, für die er in den letzten Jahren Blut gespendet habe. Die Blutbank in Davis hatte das von ihm gespendete Blut ausgesondert und nicht für Transfusionen freigegeben, weil es auffallende Abweichungen bei den für das Immunsystem wichtigen Bestandteilen zeigte. Auch in Stanford war das Blut jenes Blutspenders, der sich zu der Frage nach einer Hepatitis-B-Erkrankung ausgeschwiegen hatte, im August ausgesondert worden. Aber alle anderen Blutbanken, bei denen derselbe Mann Blut gespendet hatte, hatten das von ihm gespendete Blut weitergegeben, und elf Personen hatten, wie sich unschwer feststellen ließ, mittlerweile Transfusionen mit diesem Blut bekommen.

Augenscheinlich konnte nichts die Herstellung von Blutprodukten oder die für ihre Überwachung verantwortlichen Personen bei der *Food and Drug Administration* von den Gefahren einer AIDS-Infektion durch Bluttransfusionen überzeugen. Während des ganzen Jahres 1983 war Engleman der einzige gewesen, der immer wieder verlangt hatte, alles Spenderblut gründlich untersuchen zu lassen. Damit hatte er sich heftigen Angriffen durch die Vertreter der Blutbanken ausgesetzt. Ende 1983 hatte einer der führenden Hersteller von Blutprodukten gegenüber dem *Wall Street Journal* behauptet, die in Stanford durchgeführten Bluttests seien lediglich ein kommerzieller Trick, um die Patienten in der Umgebung von San Francisco von den anderen Krankenhäusern fortzulocken.

Doch Anfang 1984 nahm die allgemeine Besorgnis zu. Die Presse berichtete immer wieder davon, daß Faktor-VIII-Präparate ausgesondert werden mußten. In einem Fall wurden drei Prozent des gesamten in den Vereinigten Staaten vorhandenen Bestands vom Markt genommen, nachdem ein aufmerksamer Mitarbeiter an einer Blutbank in Austin (Texas) einen Zeitungsartikel über den ersten AIDS-Fall gelesen hatte und feststellen mußte, daß der Erkrankte zu den regelmäßigen Blutspendern eines örtlichen Plasmaherstellers gehörte. Bei der daraufhin eingeleiteten Aktion wurden sechzigtausend Einheiten des Faktors VIII an die Hersteller zurückgeschickt. Bis zu diesem Zeitpunkt hatten sich sechzehn Bluter mit AIDS infiziert. Innerhalb von nur zwei Jahren war AIDS in den Vereinigten Staaten zur häufigsten Todesursache bei Blutern geworden.

Die Hersteller von Blutprodukten weigerten sich auch weiterhin, die Ansteckungsgefahr ernst zu nehmen. Eine im *New England Journal of Medicine* veröffentlichte Studie der CDC warnte eindringlich vor dieser Gefahr, doch die Vertreter der Blutbanken behaupteten, sie stütze sich auf falsche Forschungsmethoden. Die heftigste Kritik kam vom Sprecher des Amerikanischen Roten Kreuzes, Dr. Gerald Sandler, der erklärte: »Die meisten der in der Studie genannten sieben Personen waren Kranke, die weit mehr Transfusionseinheiten brauchten als die für den durchschnittlichen Patienten benötigten drei Einheiten.« Das Amerikanische Rote Kreuz behauptete also, nur Personen, die Transfusionen mit größeren Mengen Blut brauchten, risikierten dabei eine Infektion mit AIDS. Im Januar veröffentlichte das *New England Journal of Medicine* einen Aufsatz des Sprechers der Blutkonservenindustrie, Dr. Joseph Bove, in dem es hieß: »Ob die Krankheit von einem durch Bluttransfusionen übertragenen infektiösen Erreger verursacht wird, ist noch nicht erwiesen. Das wird auch so bleiben, bis weitere Daten vorliegen und der Erreger isoliert worden ist ... Man sollte die Patienten beruhigen und ihnen sagen, daß die Blutbanken alles tun, um jedes Risiko bei Transfusionen auszuschalten.«

Doch Dennis Donohue, der Direktor des Laboratoriums bei der FDA, war äußerst beunruhigt. Im Dezember drängte er die Blutindustrie, den Hepatitis-Core-Antikörper-Test einzuführen, den die CDC vor einem Jahr auf der ergebnislos verlaufenen Konferenz mit den Vertretern der Blutbanken in Atlanta empfohlen hatten. Anfang Januar diskutierte der Abteilungsleiter im Gesundheitsministerium, Ed Brandt, mit Vertretern der Blutbank und Beamten der CDC über das AIDS-Problem. Doch auch nach diesem Gespräch änderte die FDA nicht ihre Haltung. Die Vertreter der Blutbanken erklärten sich nur bereit, eine Gruppe von Fachleuten mit der Untersuchung dieser Frage zu beauftragen. Diese Gruppe reagierte so rasch, wie es bei den Regierungsbehörden bisher stets üblich gewesen war, wenn es um die AIDS-Epidemie ging: Die Experten beschlossen, ihre erste Sitzung in drei Monaten abzuhalten.

DUBLIN STREET, SAN FRANCISCO

Sechs Monate waren vergangen, seit Frances Borchelt die Transfusion mit anderthalb Litern Blut bekommen hatte. In dieser Zeit war sie zusehends schwächer geworden. Die für sie charakteristische Lebhaftigkeit war verschwunden, und sie hatte all die vielen kleinen Pflichten aufgeben müssen, die ihr so viel bedeuteten. Sie fühlte sich wie eine Gefangene in dem kleinen Haus im Excelsior District von San Francisco, das sie mit ihrem Mann bewohnte.

Doch Anfang Februar wurde das Leben zu einem Alptraum für sie. Es begann mit einer Schuppenflechte an den Armen, und schon bald darauf war ihr ganzer Körper von dem stark juckenden roten Ausschlag bedeckt. Bob Borchelt ging mit seiner Frau zu den verschiedensten Spezialisten, zu Dermatologen und Gynäkologen. Jeder stellte eine andere Diagnose, aber keiner konnte ihr helfen. Ihre Tochter Cathy befürchtete das Schlimmste. Sie hatte in letzter Zeit sehr aufmerksam die Presseberichte über eine Krankheit verfolgt, von der sie zunächst angenommen hatte, sie persönlich werde niemals etwas damit zu tun haben: die erworbene Immuninsuffizienz AIDS.

2. FEBRUAR, ALPINE TERRACE, SAN FRANCISCO

Seit die Ärzte vor einem Jahr festgestellt hatten, daß Gary Walsh an AIDS erkrankt war, hatte er sich damit beschäftigt, seine Wohnung im Castro Bezirk zu renovieren und neu einzurichten. Dieses Unternehmen war immer wieder Anlaß zu Neckereien zwischen Gary, Lu Chaikin und Matt Krieger gewesen, denn Gary fiel immer wieder etwas Neues ein, das er kaufen müsse, um die Einrichtung seiner

Wohnung zu vervollständigen. Wahrscheinlich würde er niemals damit fertig werden. Doch an diesem Donnerstagmorgen schien die Arbeit endlich beendet zu sein, nachdem der Möbelhändler eine neue Couch abgeliefert hatte.

In der vorangegangenen Nacht hatte Gary kaum schlafen können. Er litt unter ständigen Schmerzen und Atemnot. Sein Arzt wollte ihn ins Krankenhaus einweisen, aber Gary bestand darauf, daß der Doktor ihn zuerst in seiner Praxis untersuchte. Gerade an diesem Tag wollte er nicht stundenlang in irgendeinem sterilen Zimmer im Krankenhaus herumsitzen, wenn es nicht unbedingt notwendig war. Nach einer kurzen Untersuchung bestätigte sich der Verdacht des Arztes. Die Pneumocystosis war erneut ausgebrochen. Matt Krieger holte ihn in der Arztpraxis ab, um ihn ins Krankenhaus zu bringen.

»Hast du Angst?« fragte Matt. Als sie die Treppe zu Garys Wohnung hinaufgingen, um noch einige Sachen für den Krankenhausaufenthalt zu holen, mußte er Gary stützen.

»Ja«, gestand Gary.

»Wir werden dich auch diesmal durchbringen«, sagte Matt.

Als Gary und Matt das Haus verließen, stand der Lieferwagen mit der Couch, die die Einrichtung der Wohnung vervollständigen sollte, vor der Tür.

Im *Davies Medical Center* kam Matt sich vor wie in einem großen Zirkus. Krankenschwestern, medizinisch-technische Assistenten, die Gary Blut abnehmen wollten, Röntgentechniker und Krankenpfleger machten sich in dem Krankenzimmer zu schaffen und stellten die verschiedensten Geräte auf, um Garys Diagnose vorzubereiten. In diesem ganzen Durcheinander mußte Gary irgendwelche Papiere unterschreiben und seine Versicherungspolice erneuern, um seine Versehrtenrente nicht zu verlieren, die es ihm ermöglicht hatte, ein Jahr lang ein einigermaßen bequemes Leben zu führen. Die Versicherungsgesellschaft hatte bereits den Vertrag gekündigt, mit dem Gary und die anderen Psychotherapeuten, die die Praxis im Castro Bezirk mit ihm teilten, als ganze Gruppe versichert gewesen waren. Wegen der hohen Kosten seiner Behandlung war die monatliche Prämie für ihn mittlerweile auf dreihundert Dollar erhöht worden. Da diese Kosten bereits die astronomische Summe von fünfundsiebzigtausend Dollar erreicht hatten, war das sogar ein gutes Geschäft.

Aus den Röntgenaufnahmen seiner Lunge ergab sich kein eindeutiger Befund. Nach Ansicht des Arztes hatte Gary entweder nur eine gewöhnliche Lungenentzündung oder eine Pneumocystis-carinii-

Pneumonie. Man habe den Erreger jedoch so rechtzeitig gefunden, daß es möglich sein werde, ein weiteres Fortschreiten der Krankheit zu verhindern.

Am Abend schrieb Matt in sein Tagebuch: »Der Tag war sehr anstrengend für mich. Aber ich habe keine Angst mehr um Gary. Irgendwie habe ich das Gefühl, daß er schon in wenigen Tagen wieder zu Hause sein wird. Meine Zuversicht, daß er im Kampf gegen AIDS siegen wird, ist gewachsen. Ich kann es fast spüren, daß die Entschlossenheit, mit der wir uns beide dagegen wehren, den Erfolg bringen muß. In den vor uns liegenden Jahren werden wir noch vieles gemeinsam unternehmen.«

QUEBEC CITY, QUEBEC

Gaetan Dugas lag in seinem Bett im katholischen Krankenhaus, und sein Freund hatte den Eindruck, daß er ihn noch nie so verängstigt gesehen hatte. Der Freund war ebenfalls Steward bei einer Luftfahrtgesellschaft und war zwischen zwei Flügen ins Krankenhaus gekommen, um Gaetan zu besuchen. Dieser dritte Ausbruch der Pneumocystosis hatte Gaetan veranlaßt, nach Quebec zu gehen, weil seine nächsten Angehörigen ihn hier besuchen konnten. Gaetan war so stark abgemagert, daß man ihn kaum wiedererkennen konnte. Außerdem hatte er ständig Fieber.

»Ich werde in einem Verließ gefangengehalten, wo die Wachen weiße Kittel tragen«, jammerte er. »Bitte befreie mich.«

41. Kuhhandel

FEBRUAR 1984, UNIVERSITÄT VON KALIFORNIEN, SAN FRANCISCO

Dr. Marcus Conant beendete seine Untersuchung und wunderte sich wieder einmal darüber, welche seltsamen Erscheinungsformen dieses so überaus exzentrische Syndrom annehmen konnte. Der Patient litt an einer idiopathischen thrombozytopenischen Purpura. Das bedeutete, daß sein Körper keine Blutplättchen mehr produzierte, die für die Blutgerinnung notwendig sind. Die Krankheit hatte bereits seine Milz fast vollständig zerstört, und er würde sicherlich bald sterben. Doch trotzdem zeigte der Mann außer ein paar dermatologischen Unregelmäßigkeiten keine äußeren Symptome einer Erkrankung. Er war immer noch der typische gutaussehende junge Mann von der Castro Street. Bevor er das Behandlungszimmer verließ, wandte er sich noch einmal um und sagte zu Conant: »Na schön, ich gehe jetzt in die Sauna.«

Ganz offensichtlich hatte er das nur gesagt, um zu sehen, wie Conant darauf reagierte.

»Und werden Sie dort Geschlechtsverkehr haben?« fragte Conant.

»Natürlich«, erwiderte der Patient.

»Und werden Sie Ihrem Partner sagen, daß Sie AIDS haben?«

»Natürlich nicht.«

Conant erinnerte sich sofort an den Steward der *Air Canada*, den er vor zwei Jahren erlebt hatte. Mit ihm hatte die ganze Kontroverse um die AIDS-Patienten begonnen, die die Saunen besuchten. Doch soweit Conant das beurteilen konnte, war Gaetan Dugas ein Psychopath, getrieben von Selbsthaß und innerer Unausgewogenheit. Dieser Patient dagegen war, wie Conant wußte, ein intelligenter und angesehener Mann, der im Fach Computerwissenschaft den Doktorgrad erworben hatte.

»Viele Leute halten Sie für einen intelligenten Menschen«, begann

Conant. »Glauben Sie nicht, daß es unverantwortlich ist, andere mit dieser Krankheit zu infizieren? Sie sollten die Leute, mit denen Sie Verkehr haben, zumindest warnen.«

Davon wollte der Patient nichts wissen.

»Wer in die Saunen geht, ist ein verdammter Narr. Er bekommt dort nur, was er verdient«, sagte er.

Conant mußte daran denken, wie er neulich in einem Vergnügungspark in Santa Cruz in einer Berg- und Talbahn mitgefahren war. Zuerst hatte er Bedenken gehabt, sich diesem alten, wackeligen Ding anzuvertrauen. Doch dann hatte er sich gedacht: Wenn diese Bahn nicht den Sicherheitsbestimmungen entspräche, würde sie von den Behörden geschlossen werden. Er dachte an die Burschen, die sich darum reißen würden, mit diesem attraktiven Patienten Sex zu haben, und sah die Parallele. Wahrscheinlich dachten sie, wenn diese Saunen wirklich gefährlich seien, würden die zuständigen Behörden sie verbieten.

Anstatt vor diesen Etablissements zu warnen, übernahm der Direktor des Städtischen Gesundheitsamts, Mervyn Silverman, die Logik des modernen *AIDSpeak* und lobte die Saunen, weil sie sich angeblich hervorragend eigneten, um die Homosexuellen über die Gefahren von AIDS aufzuklären. Schließlich versammelten sich dort gerade diejenigen, die einer solchen Aufklärung bedurften. Obwohl Silverman es persönlich für richtig gehalten hätte, die Saunen zu schließen, wollte er die Beziehungen zwischen seiner Behörde und den Homosexuellen nicht belasten. Er glaubte, diese Beziehungen würden es ihm erleichtern, die Öffentlichkeit über die Gefährdung der öffentlichen Gesundheit aufzuklären.

Marc Conant war alles andere als begeistert darüber, daß dem kommerzialisierten Sex nicht Einhalt geboten werden konnte. Wie die meisten Ärzte wollte er sich jedoch nicht an dem allgemeinen politischen Gerangel beteiligen, besonders wenn es um eine Frage ging, die bei den Homosexuellen so leidenschaftliche Reaktionen auslöste.

Wenige Tage nach seiner Auseinandersetzung mit dem AIDS-Patienten sprach Conant dann doch mit Bill Kraus über das Problem der Saunen. Für Bill waren es regelrechte Mördergruben, und Silverman machte sich nach seiner Ansicht zum Komplizen des Mordes an denen, die sich dort mit der tödlichen Krankheit infizierten. Die Leute aufzufordern, die Saunen zu besuchen, um sich dort über AIDS aufklären zu lassen, war nach Ansicht von Bill Kraus das gleiche, wie wenn man jemandem riet, ein brennendes Haus nicht zu verlassen, weil man dort etwas über Brandschutz lernen könne. Bill war der Ansicht, man müsse dieses Problem wieder auf die Tagesordnung setzen, und bereitete eine Podiumsdiskussion vor, die im Rahmen der für März angesetzten Versammlung des *Harvey Milk Gay Democratic Club* stattfinden sollte.

Marc Conant erklärte, er werde sich an dieser Podiumsdiskussion beteiligen.

Er war jedoch nicht bereit, öffentlich die Schließung der Saunen durch die Behörden zu fordern. Er wollte nur die organisierten Homosexuellen dazu anregen, über eine mögliche Schließung zu diskutieren.

Bill Kraus zweifelte daran, daß er damit bei den Homosexuellen ein offenes Ohr finden würde. Seit der letzten Kontroverse um die Saunen vor neun Monaten war nichts geschehen, und die Epidemie forderte weiter ihre Opfer.

Zudem war Bill über die Daten beunruhigt, die die Psychiater Leon McKusick, William R. Horstman und Thomas Coates bei ihren Untersuchungen über Veränderungen im Sexualverhalten homosexueller Männer in San Francisco zusammengetragen hatten. Fast siebenhundert homosexuelle Männer hatten ihren Fragebogen ausgefüllt, der ihnen beim Verlassen von Homosexuellenbars und Saunen übergeben worden war. Eine dritte Gruppe von Männern mit monogamen Beziehungen hatte sich aufgrund von Zeitungsannoncen gemeldet und erhielt die Fragebögen mit der Post. Beim Vergleich der drei Gruppen – der Barbesucher, der Besucher der Saunen und der monogam lebenden Männer – zeigten sich auffallende Unterschiede im Sexualverhalten.

Obwohl die Angehörigen aller drei Gruppen über das AIDS-Problem informiert waren und wußten, wie sie sich vor einer Infektion mit dieser Krankheit schützen konnten, waren die Besucher von Saunen weit weniger bereit, den Richtlinien für sicheren Sex zu folgen, als Angehörige der beiden anderen Gruppen. Achtundsechzig Prozent der Saunenbesucher erklärten, der anonyme Sex sei für sie eine Methode, Spannungen abzubauen. Zweiundsechzig Prozent von ihnen gaben zu: »Manchmal habe ich ein sehr schlechtes Gewissen dabei.«

Aus den Statistiken des Gesundheitsamtes ging außerdem hervor, daß acht Prozent der Männer, die Saunen besuchten, vergrößerte Lymphknoten hatten. Das bedeutete, daß wahrscheinlich jeder zwölfte Kunde bereits mit AIDS infiziert war und sich im ersten Stadium der Krankheit befand. Für den Kunden einer Sauna, der bei einem Besuch Sexualkontakte mit drei verschiedenen Partnern hatte, bestand eine Wahrscheinlichkeit von eins zu vier, daß es sich bei einem seiner Partner um einen Infizierten handelte. Es durfte daher nicht überraschen, daß die Verfasser der Studie zu der Schlußfolgerung kamen: »Die Bemühungen der Gesundheitsbehörden, das Sexualverhalten in den Saunen zu beeinflussen, haben sich als unwirksam erwiesen.«

Aus der Studie ergab sich auch, daß zwar viele Homosexuelle ihr Sexualverhalten modifiziert hatten, aber nur sehr wenige auf alle riskanten Praktiken verzichteten.

Die Gemeinschaft der Homosexuellen durchlebte eine Phase, in der die Gefahren der Epidemie verdrängt wurden. Dies äußerte sich in Wut und Ablehnung. Auf die Aufforderung zum Safer Sex reagierten viele nur mit dem Verzicht auf die am wenigsten befriedigenden sexuellen Praktiken, während alle anderen beibehalten wurden. So meinten manche zum Beispiel, es genüge, den passiven Analverkehr aufzugeben; schließlich bliebe dann immer noch der Oralverkehr.

Die führenden Homosexuellen versuchten auch auf politischer Ebene Kompromisse auszuhandeln. Sie hatten nichts dagegen einzuwenden, daß mit Plakaten vor der Ansteckungsgefahr gewarnt wurde, wollten aber noch nicht auf die Saunen verzichten – nicht bevor das AIDS-Virus gefunden und nachgewiesen war, wie die Krankheit übertragen wurde. Sobald das Virus entdeckt war und endgültig feststand, auf welchem Weg die Infektion stattfand, würde es natürlich weitergehende Forderungen geben. So war das Problem der Saunen für die Homosexuellen das gleiche wie das Problem der Blutbanken für die Heterosexuellen. Zuerst wurde die Gefahr geleugnet, und dann fing der Kuhhandel an. Die Art, wie man mit dem Problem der Saunen umging, war nicht typisch für die Homosexuellen, sondern Ausdruck allgemeinmenschlicher Schwächen.

Bill Kraus war entschlossen, nicht mehr auf Initiativen der Gesundheitsbehörden und der organisierten Homosexuellen zu warten, sondern selbst aktiv zu werden. Am Donnerstag, dem 2. Februar vormittags, rief er einen Reporter des *San Francisco Chronicle* an und erwähnte während des Gesprächs die statistischen Angaben in der sogenannten McKusick-Studie.

Als der Reporter anschließend Dr. Selma Dritz aufsuchte, bestätigte sie ihm die von Bill Kraus geäußerten Befürchtungen wegen der Saunen. Frau Dritz hatte gerade eine Tabelle über die Häufigkeit des Auftretens der Rektalgonorrhö angefertigt. Zwar hatte die Zahl der

Fälle zunächst abgenommen, doch im letzten Viertel des Jahres 1983 zeigte sich zum ersten Mal seit fünf Jahren wieder eine Zunahme dieser Krankheit. Die Entwicklung war nicht dramatisch, aber Frau Dritz war überrascht, daß die Rektalgonorrhö, die nur durch den ungeschützten passiven Analverkehr übertragen werden konnte, gerade jetzt wieder auftrat. Schließlich versuchte man im Moment, den Homosexuellen klarzumachen, daß der passive Analverkehr das Todesurteil für sie bedeuten könnte.

Selma Dritz wies auf ihre Tabelle und sagte: »Hier zeigt es sich, daß gleichermaßen mit der von uns festgestellten Zunahme des Besucherverkehrs in den Saunen auch die Zahl der Fälle mit Rektalgonorrhö angestiegen ist. Das ist ein deutlicher Hinweis auf das Sexualverhalten der Betroffenen.«

Ein Zeitungsreporter aus San Francisco befragte Dr. James Curran nach seiner Meinung zu diesem Problem. Als Staatsbeamter, der bei seiner Forschung auf die Zusammenarbeit mit den Homosexuellen angewiesen war, wollte Curran nicht so weit gehen, von Dr. Merv Silverman die Schließung der Saunen zu verlangen. Er meinte jedoch: »Ich wünschte, die Gemeinschaft der Homosexuellen würde ihre Besorgnis wegen der Saunen offiziell zum Ausdruck bringen. Ich wäre froh, wenn die Saunen den Betrieb einstellen würden. Ich habe den Saunenbesitzern gesagt, sie sollten sich umstellen und anstelle der Saunen Gymnastikschulen einrichten, um etwas für die Gesundheit ihrer Kunden zu tun. Die Homosexuellen müssen wissen, daß sie, solange sie an der Promiskuität festhalten, eine Lebenserwartung haben wie die Menschen in den Entwicklungsländern.«

Die führenden Homosexuellen bekamen Wutanfälle, als sie den Bericht über diese Interviews im *Chronicle* lasen. Empört behaupteten sie, der Reporter litte an einer verdrängten Homophobie.

Dr. Silverman erklärte erneut, er werde nichts gegen die Saunen unternehmen – auch nicht, um die Befolgung der von ihm getroffenen Anordnung durchzusetzen, daß die Besitzer in ihren Räumen Aufklärungsplakate anbringen sollten.

Am Montag, den 6. Februar, verschärfte sich die Kontroverse, als die Saunenbesitzer eine Erklärung veröffentlichten, in der sie die »skrupellosen Demagogen« angriffen, »die sich dazu hergegeben haben, die Furcht vor AIDS zu schüren, doch dabei ihre eigenen privaten politischen Ziele verfolgen. Sie beabsichtigen offenbar, zuerst die Saunen, dann die Bars und schließlich alle von Homosexuellen betriebenen Unternehmen und Organisationen verbieten zu lassen. Am

Ende steht dann ein Berufsverbot für Homosexuelle.« Der *Bay Area Reporter* brachte einen langen Leitartikel mit scharfen Angriffen gegen den *Chronicle*. Wie üblich wurde das Problem nur aus der Perspektive der Menschenrechte gesehen – ohne daß dabei bedacht wurde, daß es um Menschenleben ging.

Nur wenige Blocks von dem Versammlungsort der Saunenbesitzer entfernt hielt der Vorstand der *National KS/AIDS Foundation* eine Konferenz ab. Bill Kraus bat die Teilnehmer um ihre Zustimmung zum Text eines Handzettels, der an alle Kunden beim Betreten der Saunen verteilt werden sollte. Dieser Handzettel enthielt die Warnung, daß jeder, der sich an riskanten Sexualpraktiken beteiligte, sein Leben riskierte. Wenn die Gegner einer Schließung der Saunen erklärten, jeder gut informierte Homosexuelle habe das Recht, sich frei zu entscheiden, dann müsse auch gewährleistet werden, daß die Besucher der Saunen richtig informiert würden, erklärte Bill Kraus. Die meisten Vorstandsmitglieder erklärten sich mit der Verteilung des Handzettels einverstanden. Doch der Schatzmeister der *Foundation*, Bob Ross, der Herausgeber des *Bay Area Reporter*, der mit der Anzeigenwerbung der Saunen ein gutes Geschäft machte, sträubte sich entschieden dagegen. Da die Vorstandsmitglieder sich nicht den Angriffen dieser Zeitung aussetzen wollten, verschoben sie die Entscheidung über diese Maßnahme.

Marc Conant und Bill Kraus verließen die Konferenz, um an einer Besprechung teilzunehmen, zu der Harry Britt den Direktor des Städtischen Gesundheitsamts, Merv Silverman, eingeladen hatte.

Schon zu Beginn der Besprechung waren die Fronten klar. Die einzigen führenden Homosexuellen, die bereit waren, gegen die Saunen vorzugehen, unterhielten auch enge Beziehungen zum *Milk Club*. Natürlich sprachen sich langjährige Mitarbeiter im öffentlichen Gesundheitswesen wie Selma Dritz und die meisten Ärzte an der AIDS-Klinik für die Schließung der Saunen aus. Die meisten führenden Homosexuellen in San Francisco, die *Bay Area Physicians for Human Rights* und die Homosexuellenzeitungen, die an den Annoncen der Saunen viel Geld verdienten, lehnten alle gegen diese Betriebe gerichteten Maßnahmen ab. Die Saunenbesitzer, die zum Teil den Angehörigen ethnischer Minderheiten den Zutritt zu ihren Etablissements verwehrten, spielten sich jetzt plötzlich als Vorkämpfer für die Bürgerrechte auf.

Dr. Silverman räumte ein, daß seine Behörde die Aufklärungskampagne in den Saunen intensivieren müsse, und lobte deren Besitzer für ihre Bereitschaft zur Zusammenarbeit. Die meisten Teilnehmer dieser Besprechung meinten, damit sei dieses Problem gelöst. Es käme nur noch darauf an, mehr Flugschriften zu verteilen.

Die Gegner des *Milk Club* ließen Bill Kraus ihren Triumph deutlich fühlen. Sie waren fest davon überzeugt, daß er hinter dieser neuen Kampagne gegen die Saunen stand. Aber ebenso wie im vergangenen Jahr hatte er sich nicht durchsetzen können.

Auch in New York kam es im Februar zu einer Kontroverse wegen der Saunen. Ein Reporter des *New York Native* hatte an einem Abend mehrere Saunen besucht, um festzustellen, ob hier wirklich etwas für die AIDS-Aufklärung getan wurde. Doch niemand benutzte Kondome, kaum jemand kümmerte sich um die in den Richtlinien empfohlenen Schutzmaßnahmen, und die meisten Gäste lachten, wenn der Reporter sie fragte, ob es nicht empfehlenswert sei, bei seinem Sexualverhalten an die Gefährdung der eigenen und der Gesundheit des Partners zu denken. Larry Kramer befestigte an den Eingängen der Saunen Aufkleber, die vor AIDS warnten. Doch er erntete dafür nur Spott und Hohn.

Lange Zeit kämpfte Larry Kramer verzweifelt darum, wieder in den Vorstand der *Gay Men's Health Crisis* aufgenommen zu werden. Sein Antrag auf einer Vorstandssitzung im Februar wurde jedoch mit überwältigender Stimmenmehrheit abgelehnt. In seiner Empörung schrieb Larry einen wütenden Brief an den Vorstand und bezeichnete seine Mitglieder als »eine Versammlung von Dummköpfen, Dilettanten und Feiglingen«.

Die Aufzeichnungen der von Bürgermeister Koch eingesetzten *Inter Agency Task Force on AIDS* lasen sich auch weiterhin wie eine Bestandsaufnahme der ungelösten Probleme in New York. Immer noch hatte die Stadt nichts für die Betreuung der AIDS-Kranken oder der Risikogruppen unternommen. Ein Mann war im Februar bei eisiger Kälte buchstäblich auf die Straße geworfen worden, weil man ihm als AIDS-Kranken die Unterkunft in einer städtischen Wohnung verweigerte. Die Zahl der Kranken, die zur GMHC kamen, um sich zur stationären Behandlung in ein Krankenhaus einweisen zu lassen, hatte sich auf achtzig bis hundert in der Woche erhöht. Die Organisation mußte etwa die Hälfte von ihnen abweisen, weil keine Unterbringungsmöglichkeiten bestanden.

Michael Gottlieb hatte noch nie einen so lebhaften wissenschaftlichen Austausch erlebt wie auf der wissenschaftlichen Konferenz, die er im Auftrag der Universität von Kalifornien in Los Angeles organisiert hatte. Die einhundertfünfzig Teilnehmer waren größtenteils prominente Wissenschaftler, die überall in den Vereinigten Staaten als Forscher oder Kliniker an der Bekämpfung der AIDS-Epidemie arbeiteten. Die gewaltigen Fortschritte auf dem Gebiet der Immunologie seit der Zeit, als Gottlieb seinen Bericht über die ersten vier Pneumocystosis-Fälle im *MMWR* veröffentlicht hatte, waren unübersehbar. Trotz aller Finanzierungsprobleme und Rivalitäten hatten die Wissenschaftler sehr viel rascher reagiert als alle anderen, die für das AIDS-Problem zuständig waren. Auf Anregung des Abteilungsleiters im Gesundheitsministerium, Ed Brandt, hatten sich die Fachzeitschriften bereit erklärt, die Veröffentlichung von Berichten über neue Erkenntnisse in der AIDS-Forschung zu beschleunigen. Die Bereitstellung weiterer Beträge aus den Mitteln des Bundes und der einzelnen Staaten hatte dazu geführt, daß sich auch angesehene Fachleute, die bisher nicht zur Mitarbeit bereit gewesen waren, an der Erforschung der Krankheit beteiligten.

Für den zweiten Konferenztag hatte Gottlieb die führenden Experten für lymphotrope Retroviren zu einer Fachdiskussion gebeten. Zu ihnen gehörten Robert Gallo, sein enger Mitarbeiter Max Essex von der *Harvard University* und Jean-Claude Chermann vom Pasteur-Institut. Gallo hielt bekanntermaßen nur sehr wenig von den französischen Forschungsarbeiten, doch Gottlieb dachte an nichts Böses, als Dr. William Haseltine, ein anderer Forscher aus Harvard, der enge Beziehungen zu Gallo unterhielt, darum bat, noch vor Chermann zehn Minuten sprechen zu dürfen. Gottlieb stimmte zu, obwohl die Zeit ohnehin knapp bemessen war. An diesem Dienstag waren die Schneeverhältnisse günstig zum Skilaufen, und ein Anreiz für die Wissenschaftler, an dieser fünf Tage dauernden Konferenz teilzunehmen, war das Versprechen gewesen, daß die wissenschaftlichen Beratungen nur vormittags stattfinden sollten. So konnten sich die Teilnehmer nachmittags auf den Skihängen tummeln.

Dr. Gallo eröffnete die Sitzung mit einem Vortrag über die HTLV-Viren. Zwar deutete er an, daß ihm in jüngster Zeit einige nicht näher bezeichnete Durchbrüche gelungen seien, doch er erwähnte nicht, daß er demnächst die Entdeckung des AIDS-Erregers bekanntgeben werde. Die Zuhörer wurden schon unruhig, als Haseltine aufstand, um über bisher wenig erforschte genetische Vorgänge beim HTLV-I-Virus zu sprechen. Nachdem er eine halbe Stunde geredet hatte, wurde auch Gottlieb unruhig. Er bat einen Kollegen aus Harvard, der die Sitzung leitete, Haseltine zu unterbrechen. Dieser gab dem Moderator zwar ein Zeichen, um anzudeuten, daß er ihn verstanden habe, setzte aber dann seinen Vortrag fort, als ob nichts gewesen wäre.

Währenddessen ging Chermann ungeduldig neben den Stuhlreihen auf und ab. Er machte sich ohnehin Sorgen wegen seines nicht ganz korrekten Englisch, und jetzt schien es so, als werde er möglicherweise überhaupt nicht sprechen können. Gottlieb war empört. Haseltine war als Sprecher gar nicht vorgesehen gewesen, und jetzt beanspruchte er einen großen Teil der wertvollen Zeit. Was ging hier eigentlich vor?

Andere Wissenschaftler, die genau wußten, welche Spannungen zwischen dem Nationalen Krebsinstitut und dem Pasteur-Institut bestanden, erkannten sehr wohl, was hier gespielt wurde. Haseltine versuchte den Kollegen daran zu hindern, über die Forschungsergebnisse der Franzosen und die daraus gewonnenen Erkenntnisse zu berichten. Doch schließlich beendete Haseltine seinen Vortrag, und Chermann begann mit seinen schon ungeduldig erwarteten Ausführungen.

Schon nach einigen Minuten waren seine Zuhörer wie gebannt. In stockendem Englisch beschrieb er das LAV-Virus, erklärte seine besondere Vorliebe für T4-Zellen und legte die mit zahlreichen Bluttests gewonnenen überzeugenden Beweise dafür vor, daß das LAV der AIDS-Erreger war. Seine Kollegen hatten zwar damit gerechnet, interessante Neuigkeiten über das LAV zu hören, aber nur wenige waren darauf vorbereitet, aus dem Munde von Chermann eine so günstige Nachricht zu vernehmen. Das Geheimnis um diese rätselhafte Krankheit war endlich gelüftet.

Bob Gallo war sichtlich blasser geworden.

»Sehen Sie, Bob Gallo ist sprachlos«, flüsterte ein Wissenschaftler aus New York. »Er denkt gerade darüber nach, wie dieser Bursche nach Schweden reisen wird, um den Nobelpreis in Empfang zu nehmen.«

Im Verlauf der anschließenden Diskussion nahm Gallo seinen französischen Kollegen aggressiv ins Verhör und ließ deutlich erkennen, daß er den Wert der wissenschaftlichen Arbeit Chermanns bezweifelte. Außerdem forderte er, die Franzosen sollten das neue Virus nicht als LAV, sondern als HTLV III bezeichnen. Doch Chermann beharrte auf seinem Standpunkt und sagte, das Virus habe keine Ähnlichkeit mit den von Gallo entdeckten HTLV-Mikroben. Im übrigen war der Vorschlag von Gallo im Grunde eine Unverschämtheit, denn nach der in der Wissenschaft geltenden Tradition hat der Entdecker eines Organismus das Vorrecht, ihn zu benennen. Trotz der Einwände von Gallo war die Mehrheit der Wissenschaftler nach Chermanns Vortrag davon überzeugt, daß die Franzosen den AIDS-Erreger entdeckt hatten.

Und dies war schon vor einem Jahr geschehen.

10. FEBRUAR, DAVIES MEDICAL CENTER, SAN FRANCISCO

Am gleichen Tag, als Jean-Claude Chermann die führenden amerikanischen AIDS-Forscher über die Ursache der erworbenen Immuninsuffizienz unterrichtete, zeigte eine Biopsie des Lungengewebes von Gary Walsh, daß sich die Pneumocystosis-Protozoen vermehrt hatten. In den folgenden Tagen stieg Garys Temperatur auf vierzig bis einundvierzig Grad an. Die ganze Woche über hatte er sehr heftig auf das Medikament Bactrim reagiert, das gewöhnlich bei der Behandlung der Pneumonie angewendet wurde: Er schlief sechzehn bis zwanzig Stunden am Tag. Es gelang ihm nicht, länger als fünfundzwanzig Minuten wachzubleiben.

Auf dem Wege zur Biopsie sprach Gary mit Lu Chaikin und Matt Krieger über seine Beisetzung. Am Freitag erinnerte er seine Krankenschwester daran, daß er nicht künstlich am Leben erhalten werden wollte. Matt hörte das Gespräch mit.

»Ich kann es nicht länger ertragen«, erklärte Gary, als sie allein waren. »Die vielen Infektionen hintereinander haben mich völlig erschöpft. Ich weiß wirklich nicht, ob ich so noch weiterleben will.« Drei Tage später teilte Garys Arzt ihm mit, daß das Pentamidin nicht wirkte. Seine Lungen füllten sich immer noch mit den Pneumocystosis-Protozoen. Dann erwähnte der Arzt ein neues Mittel, mit dem er es versuchen wollte.

»Und wenn ich das ablehne, oder wenn es nicht wirkt?« fragte Gary.

»Dann schicken wir Sie nach Hause oder behalten Sie hier und hängen Sie an einen Morphin-Tropf, um Ihnen Ihren Zustand nach Möglichkeit zu erleichtern.«

Gary entschied sich für den Versuch mit dem neuen Mittel.

560

15. FEBRUAR, CENTERS FOR DISEASE CONTROL, ATLANTA

Als Jean-Claude Chermann nach Atlanta kam, um Don Francis einige Kulturen mit dem LAV zu übergeben, wurde er gebeten, im Auditorium der CDC einen Vortrag zu halten. Die meisten Forscher des *AIDS Activities Office* hörten seine Ausführungen aufmerksam an. Fast alle Fachleute waren sich darüber einig, daß die französischen Forscher den AIDS-Erreger gefunden hatten.

Auch Harold Jaffe, der inzwischen die Leitung der epidemiologischen Abteilung des Büros für die AIDS-Forschung übernommen hatte, war begeistert. Er überlegte, welche Konsequenzen die Entdeckungen der Franzosen für seine Arbeit haben konnten. Wenn sich mit einem Antikörper-Test die asymptomatischen Überträger schon im Frühstadium nach der Infektion feststellen ließen, konnten die Wissenschaftler endlich damit beginnen, eine zuverlässige Entwicklungsgeschichte dieser Krankheit aufzuzeichnen. War der bei AIDS auftretende Komplex von Symptomen eine besondere Manifestation der Infektion mit dem AIDS-Virus oder nur ein Prodrom der tödlicheren opportunistischen Infektionen? Wie weit hatte sich das Virus bereits in der Bevölkerung ausgebreitet? Welche Rolle spielte AIDS in der Dritten Welt, besonders in den Ländern Zentralafrikas?

STATION 86, SAN FRANCISCO GENERAL HOSPITAL

Ende Februar waren sich die Ärzte an der AIDS-Klinik darin einig, daß sie die Schließung der Saunen verlangen müßten. Sie ließen sich zwar ungern in politische Streitereien hineinziehen, doch die durch die Saunen entstandenen Probleme ließen sich nicht mehr hinnehmen. Jeden Tag wurde Dr. Don Abrams, der stellvertretende Direktor der Klinik, mit jungen Männern konfrontiert, die mit ihren ersten Läsionen oder einer beängstigenden Kurzatmigkeit ins Krankenhaus kamen. Und jeden Tag erzählten ihm diese jungen Männer von ihren Erfahrungen in den Saunen. Viele von ihnen neigten normalerweise nicht zur Promiskuität und führten irgendwo am Stadtrand von San Francisco ein relativ ruhiges Leben. Aber wenn sie plötzlich ein starkes sexuelles Bedürfnis verspürten, gingen sie doch in die Saunen.

Der Epidemiologe an der AIDS-Klinik, Andrew Moss, meinte, nur ein farbiges Poster mit Fotos eines AIDS-Kranken im fortgeschrittenen Stadium würde die Kunden der Saunen wirksam vor den möglichen Folgen ihres Verhaltens warnen können. Am 21. Februar schrieb er einen Brief an Merv Silverman, in dem er den Direktor des Städtischen Gesundheitsamts dazu drängte, die Bevölkerung in einer massiveren Form aufzuklären und die öffentliche Diskussion über die Zukunft der Saunen neu zu beleben.

Da über die Zukunft der Saunen immer noch keine Entscheidung gefallen war, beschlossen Don Abrams und Paul Volberding, die Besitzer der Saunen in die AIDS-Klinik einzuladen, um mit ihnen über die Krankheit zu diskutieren. Volberding glaubte, der Betrieb in den Saunen ginge auch deshalb ungestört weiter, weil auch ihre Besitzer noch nicht begriffen hatten, wie gefährlich AIDS war. Wenn sie das verstanden hätten, würden sie ihre Etablissements bestimmt freiwillig schließen.

Die Saunenbesitzer, die der Einladung folgten, nahmen von vorneherein eine abweisende Haltung ein. Einige waren nur gekommen, weil sie sich unter Druck gesetzt fühlten und das *San Francisco General Hospital* eine Einrichtung des Städtischen Gesundheitsamts war. Einige hatten nur ihre Anwälte geschickt. Einer von ihnen protestierte, als er sah, daß Volberding einen Diaprojektor hatte aufstellen lassen. Er erklärte, er wolle keine Fotos von AIDS-Kranken sehen. Abrams und Volberding hatten ihnen solche Fotos zeigen wollen, nun aber verzichteten sie darauf.

Nachdem Abrams und Volberding ihre Vorträge gehalten hatten, nahm der Besitzer einer der größten Saunen sie beiseite und versuchte sie umzustimmen. »Es geht uns doch allen um das gleiche«, sagte er, »um Geld. Wir verdienen, wenn sie in die Saunen kommen, und Sie verdienen, wenn sie in die Klinik kommen.«

Paul Volberding war sprachlos. Dieser Bursche sprach nicht von irgendwelchen Bürgerrechten; ihm ging es einfach nur um Geld. Volberding hatte das Gefühl, daß er schrecklich naiv gewesen war.

42. Das Fest der Herzen, Teil II

17. FEBRUAR 1984, ZIMMER 213, STATION 2-NORD,
DAVIES MEDICAL CENTER, SAN FRANCISCO

»Ich habe mich entschlossen, die Therapie abzubrechen«, sagte Gary
Walsh, als Matt Krieger und Lu Chaikin ihn besuchten. »Ich bin
körperlich am Ende. Ich kann die Nebenwirkungen der Medikamente
nicht mehr ertragen. Ich gebe auf.«

Matt und Lu hatten Verständnis für ihn. Die Zeit des Zorns, der
Verdrängung, des Haderns mit dem Schicksal und der Depressionen
war längst vorüber. Jetzt hatte er sich mit seinem Schicksal abgefunden.

»Ich verstehe deinen Entschluß«, sagte Matt, »und ich respektiere
ihn.«

Als er diese Worte sprach, war Matt ganz aufrichtig. Und doch hatte
er das Gefühl, als stünde er auf der Bühne und habe eine bestimmte
Rolle zu spielen. Die Worte und Gedanken hatten mit den Problemen,
die er bisher in seinem Leben hatte bewältigen müssen, nichts mehr zu
tun.

18. FEBRUAR, MATT KRIEGERS TAGEBUCH

Unzusammenhängende Notizen:

»Ich frage mich, ob ich die richtige Entscheidung getroffen habe. Die
anderen haben bis zuletzt gekämpft. Ich mache es mir zu einfach.«

»Gary, deine Entscheidung war sehr tapfer und mutig. Du machst es
dir wirklich nicht leicht. Du lebst dein Leben in der bewundernswerten
Art, wie du es immer getan hast. Du stellst dich dem Tod ganz bewußt.
Das ist unglaublich tapfer und bestimmt nicht einfach.«

»Wirklich?«

»Das Morphium nimmt mir allen Schmerz. Ich fühle mich wohl. Es ist nicht leicht, an meinem Entschluß festzuhalten, wenn ich mich so wohl fühle. Ich muß dann an die Schmerzen denken, die ich habe, wenn ich nicht mehr unter dem Einfluß dieser Opiate stehe.«

Gary sagt seinem Neffen Rick, daß es am Montagabend zu spät sein wird. »Ich sterbe. Komm schon morgen.«

Er hat furchtbare Schweißausbrüche. Manchmal ist es so, als hätte man über seinem Bett einen Eimer Wasser ausgegossen. In diesem Zustand ist er dreimal aufgewacht.

Er ist ganz friedlich und hat keine Schmerzen. Immer wieder schlummert er ein und wacht dann wieder auf. Manchmal ist er hellwach, aufmerksam, komisch, weise und kindlich.

Gelegentlich phantasiert er mit halboffenen Augen und flüstert unzusammenhängende Sätze.

Er ist guter Stimmung und hat erstaunlich viel Interesse für andere.

Eine der Krankenschwestern hat Lu gesagt: »Wir haben nicht das Gefühl, daß wir für Gary da sind. Es ist so, als sei Gary für uns da.«

Eine andere Schwester hat mir gesagt: »Es bedeutet mir sehr viel, für ihn zu sorgen. Er sagt so bewegende Dinge, wenn ich in sein Zimmer komme.«

Ich habe ihn gefragt, ob ich nachts in dem anderen Bett schlafen soll. Aber er sagte, er müsse das alles tapfer durchstehen und nachts allein bleiben.

Er sagt: »Ich habe Angst. Ich fürchte mich vor dem Tod. Wie wäre es, wenn das wirklich alles ist. Und wenn es eine Hölle gibt? Man denkt jetzt an all die schlimmen Dinge, die man in seinem Leben getan hat.«

»Was glaubst du, wohin wirst du gehen?« fragte ich.

»Ich weiß es nicht. Ich weiß es wirklich nicht. Als ich noch weiter davon entfernt war, glaubte ich, das besser zu wissen. Aber jetzt weiß ich es nicht.«

Lu und ich waren den ganzen Tag bei ihm. Wir haben das Zusammensein mit ihm genossen. Es war so wie immer. Wir haben gelacht, gescherzt und gewußt, daß wir uns lieben.

Ich weiß, ich habe es eigentlich noch gar nicht begriffen, daß er sterben wird. Ich weiß auch noch nicht, was das bedeutet. Ich übernachte in seiner Wohnung und habe dabei das Gefühl, er sei wieder einmal im Krankenhaus und werde bald nach Hause kommen.

Aber ich habe ein dumpfes, schmerzliches Gefühl im Magen und im Herzen.

19. FEBRUAR

Im Aufzug des Krankenhauses traf Matt Krieger zufällig mit Garys Neffen Rick Walsh und seiner Frau Angie zusammen. Auch Ricks Vater, der ältere Bruder von Gary, war gekommen. Gary und sein Bruder hatten sich in den letzten Jahren kaum gesehen, aber als der Bruder ins Zimmer kam und Gary im Bett liegen sah, sagte er: »Ich liebe dich.«

»Es ist soweit«, sagte Gary. »Wir sehen uns heute wahrscheinlich zum letzten Mal. Es ist soweit. Ich wollte noch einmal mit dir sprechen, bevor ich gehe. Ich liebe dich, und du wirst mir fehlen.«

Nach dem Besuch warf sich Rick auf dem Flur vor Garys Zimmertür Matt in die Arme und fing an zu weinen. Auch sein Vater weinte. Rick hatte seinen Vater noch nie weinen sehen.

AM GLEICHEN ABEND

Lu Chaikin hatte Gary schon immer geliebt, auch wenn er eigenwillig, egozentrisch und manchmal sehr zurückhaltend war. Sie kannte den Wesenskern von Gary Walsh und wußte, daß er gut war. Aus seiner Charakterveranlagung ließ sich auch erklären, warum Gary einen Beruf ergriffen hatte, in dem er anderen helfen konnte, sich selbst zu akzeptieren und sich in die Gesellschaft zu integrieren, und weshalb sein politisches Credo immer das der Blumenkinder geblieben war, die glaubten, alle Probleme auf dieser Welt ließen sich lösen, wenn die Menschen für ihre Mitmenschen das gleiche empfanden wie für sich selbst. In dem Jahr, das vergangen war, seit sich Gary mit AIDS infiziert hatte, hatte Lu beobachten können, wie die persönliche Not ihren Freund verwandelte. Die Ichbezogenheit war von ihm abgefallen. Sie hatte sich Schicht um Schicht aufgelöst, bis nichts anderes mehr übrig blieb als sein altruistischer Wesenskern. Gary hatte die schmerzlichen Erfahrungen seiner Kindheit in einem katholischen Elternhaus vergessen und dachte nicht mehr daran, wie er als Homosexueller diskriminiert worden war. Seinen Freunden brachte er jetzt eine bedingungslose Liebe entgegen. Lu konnte nicht sagen, ob Gary wußte, welche Wirkung er auf andere ausübte. Sie wußte nicht, ob er begriff, daß er schließlich ganz zu sich selbst gefunden hatte und damit etwas Wunderschönes geschehen war.

Nachdem die Verwandten und Freunde gegangen waren, kehrte Lu in Garys Zimmer zurück, um ihm das zu sagen, was sie ihm schon vorher hatte sagen wollen. Gary lächelte schalkhaft und unterbrach sie. »Ich habe dich schon verstanden, wenn es auch lange gedauert hat«, sagte er. »Ich bin die Liebe und das Licht, und ich verwandele die Menschen nur dadurch, daß ich bin, was ich im Grunde immer gewesen bin.« Gary sprach diese Worte ganz bedachtsam aus wie ein Schulkind, das sich lange darum bemüht hat, eine schwierige Lektion zu lernen. Lu war so bewegt, daß ihr die Tränen kamen.

Gary streckte die Hand aus, nahm eine kleine Bronzefigur von seinem Nachttisch und gab sie Lu. Sie stellte einen Magier dar, der in der einen Hand eine Kristallkugel und in der anderen ein Buch hielt. Gary wußte, daß Lu diese Figur sehr liebte.

»Ich möchte sie dir geben, solange ich noch am Leben bin«, sagte er.

Lu hatte das Gefühl, eine Fackel sei weitergereicht worden. Es war zugleich Höhepunkt und Ende ihrer Beziehung.

AM FOLGENDEN NACHMITTAG, DEN 20. FEBRUAR

»Früher waren es wir und sie«, sagte Gary. »Und jetzt bin ich einer von ihnen.«

»Wer sind sie?« fragte Matt.

»Die Leute mit AIDS«, sagte Gary. »Es sind die Menschen, die an AIDS sterben. Ich sterbe an AIDS. Ich habe eine Leiche oder so etwas gesehen. Das ist Mist. Was ist hier los?«

Gary phantasierte. Matt konnte sehen, daß er unter furchtbaren Schmerzen litt, obwohl er stündlich fünfzig Milligramm Morphin bekam. Am Vormittag war er noch mit dreißig Milligramm ausgekommen. Sein Atem ging kurz und stockend.

»Ich verlasse meinen Körper«, sagte Gary.

»Vielleicht hast du recht«, sagte Matt. »So sehr ich mir auch wünsche, daß du hier bei mir bleibst, möchte ich doch, daß du Frieden findest. Und es wird gut sein, wenn du gehst.« Gary schlief bis zum späten Nachmittag. Dann wachte er kurz auf und sprach mit Lu und Matt.

»Bewußt und natürlich zu sterben ist sehr schwer, schwerer als ich dachte, das schwerste, das ich je habe tun müssen«, sagte er. »Der Tod lauert hinter der nächsten Ecke. Ich weiß das. Ohne euch beide hätte ich es nicht geschafft. Ich hätte mich aufgegeben. Alles, was man über den Tod sagt, klingt so banal. Aber es ist wahr. Ich sehe die Stufen.«

In der Abenddämmerung wachte er wieder auf.

»Ich möchte euch jetzt verlassen«, sagte er. »Ich möchte gehen.«

Gary versuchte, vom Bett aufzustehen. Sein Gesicht und seine Stimme waren vollkommen ausdruckslos. Aus seinen Augen sprach nur die flehentliche Bitte, man möge ihm zur Flucht verhelfen. Lu und Matt versuchten, es ihm auszureden, weil er offensichtlich nicht mehr die Kraft hatte, sich auf die Füße zu stellen. Aber er bestand darauf. Die beiden Freunde und drei Krankenschwestern halfen ihm, sich aufzurichten, und so konnte er sich wenigstens auf die Bettkante setzen. Nachdem sie ihn dort einen Augenblick lang festgehalten hatten, ließ sich Gary wieder auf das Bett legen.

Drei Stunden später wachte er auf und bat wieder darum, das Bett verlassen zu dürfen. Irgendwie schaffte er es, drei Schritte zu gehen, während er den Arm um Matts Hals geschlungen hatte. Doch sobald er wieder im Bett lag, schlief er fest ein.

Während der Nacht füllten sich Garys Lungen mit Flüssigkeit. Matt übernahm es, ihm einen Schlauch durch die Luftröhre einzuführen, um die Flüssigkeit ablaufen zu lassen. Gary fiel ins Koma. Seine Atemzüge wurden immer kürzer, aber er quälte sich nicht mehr so sehr. Lu erinnerte sich an einen alten Hypnosetrick und nahm Garys Hand.

»Wenn du mich hören kannst, hebe deinen Zeigefinger«, sagte sie.

Gary reagierte nicht.

Lu wiederholte die Aufforderung, und Garys Finger bewegte sich.

Bis spät in die Nacht flüsterten Matt und Lu ihrem Freund liebevolle Worte ins Ohr. Lange nach Mitternacht forderte Lu ihn noch einmal auf, den Finger zu bewegen, aber Gary reagierte nicht mehr.

AM NÄCHSTEN MORGEN, 21. FEBRUAR

Ein kalter weißer Nebel hatte den Castro-Bezirk eingehüllt, als Matt und Lu früh am nächsten Morgen aufwachten. Matt legte Gary die Hand auf die Stirn und stellte fest, daß seine Haut kalt und starr war. Gary atmete nur noch unregelmäßig. Zwischen den einzelnen Atemzügen lagen längere Pausen. Gegen acht Uhr dreißig fing Gary an zu röcheln, und dann hörte er auf zu atmen.

Lu und Matt saßen noch fünf Minuten neben der Leiche von Gary und sprachen ein letztes Mal mit ihm. Lu sagte ihm noch einmal, wie sehr sie ihn liebte, daß sie ihn vermissen werde und welche unglaubliche Leere sein Tod in ihrem Leben hinterlasse.

Als Matt mit der Krankenschwester ins Zimmer kam, war alle Farbe aus Garys Gesicht verschwunden. Matt legte die persönlichen Sachen von Gary in eine Einkaufstasche. Lu sagte der Krankenschwester, sie sei Garys Tante, und ordnete an, was mit der Leiche geschehen sollte.

Als Lu und Matt das Krankenhaus verließen, hatte die Sonne den Nebel aufgelöst. Als Lu ihre Wohnung betrat, war sie vollkommen erschöpft und kaum noch bei Bewußtsein. Sie wußte, daß etwas sehr Wichtiges geschehen war, und hatte automatisch das Bedürfnis, mit Gary darüber zu sprechen. Sie hatte Gary immer sofort angerufen, wenn sie etwas Wichtiges erlebt hatte. Doch dann erinnerte sie sich, daß sie Gary nie wieder würde anrufen können, und die Leere, die sie umgab, wurde ihr bewußt. Sie fing an zu weinen.

Als das Telefon im Landhaus von Rick Walsh läutete, wußte er sofort, daß es Matt war. Die Nachricht erschütterte Rick, und Angie setzte sich mit ihrer vierjährigen Tochter zusammen und erklärte ihr, was geschehen war.

»Gary war für deinen Vater einer der liebsten Menschen«, sagte sie. »Aber jetzt ist er weit fortgegangen. Er ist tot.«

»Warum?« fragte das kleine Mädchen.

»Ich weiß es nicht«, sagte Angie Walsh. »Ich weiß es nicht.«

Das kleine Mädchen sah zu seinem Vater hinüber, und zum ersten Mal erlebte sie, daß er weinte.

Nachdem er sich gefangen hatte, rief Rick seine Großeltern in Sioux City an, um ihnen zu sagen, daß ihr jüngster Sohn Gary gestorben war. Garys Eltern hatten voller Sorge auf diesen Anruf gewartet, aber nachdem Rick es ihnen gesagt hatte, äußerten sie sich nicht weiter zu der Todesnachricht; das war nicht ihre Art.

Rick hatte nur seinen besten Freunden erzählt, daß sein Onkel Gary AIDS hatte. Deshalb fühlte er sich jetzt sehr allein gelassen, denn er konnte seinen Kummer mit niemandem teilen, ohne sich auf lange Erklärungen einzulassen. Man konnte nicht einfach hingehen und den Leuten sagen: »Mein Onkel ist an dieser Schwulenkrankheit gestorben.«

Gary Francis Walsh starb neunhundertsiebenundneunzig Tage, nachdem der erste Bericht über die rätselhaften Pneumocystosis-Fälle bei Homosexuellen im MMWR erschienen war. Etwa eine Stunde nach Garys Tod gaben die *Centers for Disease Control* ihren wöchentlichen Bericht über die Zahl der seit Ausbruch der Epidemie

568

an AIDS erkrankten Personen heraus. Bis zum 21. Februar 1984 war die erworbene Immuninsuffizienz bei dreitausendfünfhundertfünfzehn US-Amerikanern festgestellt worden. Eintausendfünfhundertsechs von ihnen waren gestorben. Der neununddreißigjährige Psychotherapeut war das einhundertvierundsechzigste AIDS-Opfer in San Francisco.

Vor einem Jahr hatte Gary Walsh zu den fünfunddreißig AIDS-Kranken gehört, die mit ihrer Unterschrift die Entlassung des Redakteurs beim *Bay Area Reporter*, Paul Lorch, gefordert hatten. Als Lorch hörte, daß Gary gestorben war, suchte er den Brief heraus und strich den Namen von Gary aus.

24. FEBRUAR

Gary hatte sich gewünscht, daß bei seiner Beerdigung Beatles-Songs gespielt würden. Als nun die dreihundert Trauergäste in die Friedhofskapelle kamen, wo das *Shanti Project* seine Beisetzungsfeierlichkeiten abhielt, wurden sie mit der Melodie von »Let It Be« empfangen. Die Beerdigungen von AIDS-Toten waren für die Homosexuellengemeinschaft inzwischen so etwas wie gesellschaftliche Verpflichtungen geworden. Zu den Trauergästen gehörten an diesem Tag auch ehrgeizige homosexuelle Politiker, die Gary vielleicht nicht gekannt hatten, ihr Erscheinen aber für notwendig hielten. Doch die meisten der Anwesenden waren Menschen, die persönlich mit Gary in Berührung gekommen waren – seine ehemaligen Partner, Patienten, Freunde und andere AIDS-Kranke, für die er so viel getan hatte.

Bei den Beisetzungsfeierlichkeiten für die AIDS-Toten bediente man sich in letzter Zeit auch der modernsten elektronischen Geräte. So konnte Gary in einem in Farbe aufgenommenen Videoband zu der Versammlung sprechen. Es war die Wiederholung eines Interviews, das er vor drei Monaten gegeben hatte. Es war ergreifend zu hören, wie er von den Menschen sprach, die sich bereit erklärt hatten, ihm den Weg »auf die andere Seite« zu erleichtern.

Rick und Angie Walsh wußten nicht recht, wie sie sich während der Beisetzungsfeierlichkeiten verhalten sollten. Doch Rick schämte sich seiner Tränen nicht, als Lu Chaikin in ihrem Nachruf sagte:

»Was soll man über einen Stern sagen, der während seines kurzen Aufleuchtens so viel Licht in das Leben so vieler Menschen gebracht hat? Und so sage ich meinem besten und liebsten Freund: Ich wünsche dir, daß du deinen Frieden gefunden hast. Und wie wir es uns so oft versprochen haben: wir werden in Liebe miteinander verbunden bleiben.«

Zum Abschluß der Feier sangen alle das Lied »Amazing Grace«, und als die Trauergäste die Kapelle verließen, spielte Matt Garys Lieblingslied »All You Need Is Love«.

43. Der Druck wird stärker

26. FEBRUAR 1984, CENTERS FOR DISEASE CONTROL, ATLANTA

Das Reagenzglas mit der LAV-Kultur kam kurz nach Mitternacht auf dem Flughafen von Atlanta an. Da die erste in Trockeneis verpackte und mit der Post von Paris nach Atlanta geschickte LAV-Kultur bei ihrer Ankunft abgestorben war, hatte Dr. Cy Cabradilla vom Molekularvirologischen Laboratorium der CDC diesmal ganz sichergehen wollen. Er war selbst nach New York geflogen und hatte die Sendung persönlich durch die Prüfstelle der Quarantänebehörde auf dem *Kennedy*-Airport geschleust. Sofort nach seinem Eintreffen in Atlanta begann er mit seinen Tests, um festzustellen, ob das Virus noch lebte. Am folgenden Morgen hatte er das LAV isoliert und begann nun, es auf dem Gewebe der Nabelschnur eines neugeborenen Kindes zu vermehren. Mit diesem Virus konnten die CDC ihre eigenen Antikörper-Tests vornehmen. Es würde nun möglich sein, das LAV in den Blut- und Gewebeproben nachzuweisen, die das Institut im Verlauf von zweieinhalb Jahren gesammelt hatte.

Gegen Ende der Woche hatte sich die erregende Nachricht überall in dem Gebäudekomplex an der Clifton Road herumgesprochen. Das Virus vermehrte sich rapide. In den Laboratorien wurden die Kulturen getestet. In allen Blutproben wurden die LAV-Antikörper nachgewiesen, und zwar im Blut aller AIDS-Risikogruppen, bei homosexuellen Männern, Haitianern, drogenabhängigen Fixern, Blutern, den weiblichen Geschlechtspartnern der Drogenabhängigen und deren Kindern. Frische Blutproben wurden von Los Angeles und San Francisco nach Atlanta eingeflogen, und die Ergebnisse waren die gleichen. Alle diese Menschen waren mit dem LAV infiziert. Die Franzosen hatten tatsächlich den AIDS-Erreger gefunden.

»Jetzt kennen wir die Ursache von AIDS«, sagte Bob Gallo.

Jim Curran war von Atlanta nach Washington geflogen und hatte die Code-Nummern der zweihundert Blutproben mitgebracht, die AIDS-Kranken und Kontrollpersonen entnommen worden waren und die Gallo im Januar von den *Centers for Disease Control* bekommen hatte. Curran traf sich mit Gallo in einem französischen Restaurant und verglich die Code-Nummern der einzelnen Proben mit den HTLV-III-Antikörper-Tests, die Gallo mit dem gleichen Blut vorgenommen hatte. Die Laboratoriumsarbeit von Gallo hatte die gleichen Ergebnisse gebracht. Curran konnte sehen, daß Gallo das lange gesuchte AIDS-Virus isoliert hatte. Er war überzeugt, daß dieses Retrovirus die gleiche Mikrobe war, welche die Franzosen schon vor einem Jahr entdeckt hatten. Curran war erleichtert festzustellen, daß beide Forschungsgruppen unabhängig voneinander das gleiche Virus entdeckt hatten, und glaubte, der doppelte Nachweis werde die Anerkennung der Entdeckung in der wissenschaftlichen Welt beschleunigen. Gallo wich der Frage Currans aus, wann das Nationale Krebsinstitut seine Erkenntnisse veröffentlichen werde.

Gallos Zurückhaltung ließ sich mit den zwischen den CDC und dem Nationalen Krebsintitut bestehenden Spannungen erklären. Darüber hinaus jedoch war die Entdeckung des HTLV III im Wahljahr ein politisches Problem geworden. Aus diesem Grund konnte Gallo den Zeitpunkt der Veröffentlichung der Forschungsergebnisse nicht selbst bestimmen. Der Direktor des Nationalen Krebsinstituts, Dr. Vincent Devita, hatte die neugewonnenen Erkenntnisse sofort veröffentlichen wollen, aber der Abteilungsleiter im Gesundheitsministerium, Edward Brandt, der im Februar davon unterrichtet worden war, sprach sich dagegen aus. Der Erfolg sollte nicht als große wissenschaftliche Leistung der Forscher beim Nationalen Krebsinstitut oder bei den *National Institutes of Health* dargestellt werden, sondern als ein Verdienst der Reagan-Administration. So sollte die Bekanntgabe die Kritik der Liberalen entkräften, die Regierung habe die AIDS-Forschung behindert und verschleppt. Angesichts der Tatsache, daß die demokratischen Präsidentschaftskandidaten die unzureichende Finanzierung der AIDS-Forschung immer häufiger bemängelten, wollte die Administration unter allen Umständen vermeiden, daß AIDS zu einem politischen Thema im Präsidentschaftswahlkampf werde. Deshalb erklärte Brandt, die Gesundheitsministerin

Heckler werde die Entdeckung zum richtigen Zeitpunkt bekanntgeben.

Dieser Zeitpunkt rückte rasch näher. Gallo hatte der medizinischen Fachzeitschrift *Science* sechs Forschungsberichte vorgelegt, die alle dem Nachweis dienen sollten, daß das HTLV III der AIDS-Erreger war. Die Forscher hatten das Virus schon im Blut von achtundvierzig Patienten isoliert. Das waren sehr viel mehr Isolate als die Franzosen mit ihrem LAV kultiviert hatten. Als Gallo sich mit Curran traf, war auch Frau Heckler schon über das HTLV III unterrichtet worden. Jetzt mußte sie die Entdeckung öffentlich bekanntgeben.

Bob Gallo hatte für sein Verhalten in dieser Sache auch ganz persönliche Gründe. Wie einige andere Forscher beim Nationalen Krebsinstitut sorgte er sich darum, seine konkreten Beweise für die Entdeckung des AIDS-Erregers könnten dazu führen, daß die weitere Bekämpfung der Epidemie dem Nationalen Institut für Allergien und Infektionskrankheiten übertragen würde und das Nationale Krebsinstitut seine zentrale Rolle bei der AIDS-Forschung einbüßte. Außerdem war es für Gallo eine unerträgliche Vorstellung, daß die Forscher am Pasteur-Institut als Entdecker des AIDS-Erregers anerkannt werden könnten. Zudem mißtraute er Curran, denn er wußte, daß die CDC mit den Franzosen zusammenarbeiteten, nachdem Jean-Claude Chermann im Februar die *Centers for Disease Control* besucht und dort einen Vortrag gehalten hatte. Um nicht ins Hintertreffen zu geraten, sagte Gallo nun den CDC so wenig wie möglich über die Forschungsarbeiten beim Nationalen Krebsinstitut. Als er mit Curran über das Virus sprach, erwähnte er auch die sechs Forschungsberichte, die er der Zeitschrift *Science* vorgelegt hatte, und seine achtundvierzig Isolate mit keinem Wort.

CLUB BATHS, SAN FRANCISCO

Larry Littlejohn band sich ein Handtuch um die Taille und begann einen Rundgang durch die größte Homosexuellensauna der Stadt. Früher war er regelmäßig jede Woche einmal in die Sauna gegangen, aber das lag schon Jahre zurück. Inzwischen waren die Sexlokale wie Pilze aus der Erde geschossen, und daran erkannte Littlejohn, was aus der Sexindustrie in San Francisco geworden war, seit er 1962 in die Stadt gekommen war. Sein erstes Zuhause in San Francisco war das *Embarcadero YMCA* gewesen, eines jener Etablissements, aus denen sich später die Homosexuellensaunen entwickelt hatten. 1964 war

Littlejohn eines der Gründungsmitglieder der ersten Homosexuellen-organisation, der *Society of Individual Rights*, gewesen. Dann hatte er einen der ersten privaten Sexclubs in der Stadt eröffnet. Er hatte also zu denen gehört, die eine ganze Generation von Homosexuellen in San Francisco in die Freuden des Orgiensex eingeweiht hatten.

In den folgenden Jahren war Larry Littlejohn zweimal zum Präsidenten der *Society of Individual Rights* gewählt worden und galt allgemein als einer der führenden homosexuellen Aktivisten der Stadt. Er kannte inzwischen jeden Sexclub und jede Sauna in San Francisco und hatte selbst eine Vorliebe für Lokale, in denen Ledertypen verkehrten. AIDS war zunächst kein Problem für ihn gewesen, doch dann hatte er den Artikel von Larry Kramer über die Gefahren der Seuche gelesen. Nach einer oberflächlichen Überprüfung der darin enthaltenen Angaben kam er zu der Überzeugung, daß AIDS eine auf sexuellem Wege übertragene Krankheit war. Er schloß daraus, daß der Betrieb in den Saunen nicht weitergehen konnte, ohne daß Tausende von Homosexuellen in San Francisco an dieser Seuche starben.

Im Verlauf des Jahres 1983 schrieb Larry Littlejohn mehrere Briefe an den Direktor des Städtischen Gesundheitsamts, Mervyn Silverman, den Stadtrat und die AIDS-Organisationen und legte darin die seiner Meinung nach zwingenden Argumente gegen den Sex in den Saunen vor. Er wartete zuversichtlich darauf, daß die notwendigen Maßnahmen ergriffen würden. Schließlich ging es doch um Menschenleben. Eine städtische Gesundheitsbehörde, die jedem Speiserestaurant die Lizenz entzog, wenn darin Küchenschaben festgestellt wurden, würde bestimmt auch eine Sauna schließen lassen, wenn ihr Betrieb mit einer tödlichen Gefahr verbunden war. Doch in den ersten Monaten des Jahres 1984 zeigte sich, daß niemand bereit war, etwas zu unternehmen. Erst kürzlich hatte Dr. Silverman in einem Brief an Littlejohn behauptet, die Saunen seien die geeigneten Orte, um die Homosexuellen über die Gefahren einer AIDS-Infektion aufzuklären. Aus diesem Grund war Littlejohn Anfang März in die größte Sauna der Stadt gegangen. Er wollte feststellen, wie und worüber die Besucher aufgeklärt wurden.

Littlejohn kam aus dem Umkleideraum und ging den Korridor hinunter. Nirgends hing eines der von Silverman vor neun Monaten verteilten Poster über den Safer Sex. Am nur schwach erleuchteten Ende eines zweiten Korridors fand er schließlich ein solches Plakat – es war an dieser Stelle angebracht, weil es hier am wenigsten auffiel. Der lebhafte Betrieb in den Räumen, in denen die Sexorgien gefeiert wurden, und das Stöhnen und Kreischen hinter den geschlossenen Türen der kleinen Privatzimmer bestärkten Littlejohn in der Annahme, daß die Besucher die Richtlinien für den Safer Sex beim Austausch von Körperflüssigkeiten kaum beachteten.

Littlejohn erkannte, daß Silverman ganz einfach davor zurückschreckte, unpopuläre Maßnahmen zum Schutz der öffentlichen Gesundheit zu ergreifen. Und die homosexuellen Politiker setzten ihre fruchtlosen Diskussionen darüber fort, ob die Saunen geschlossen werden sollten oder nicht. Deshalb setzte sich Littlejohn am Tag nach seinem Besuch in der Sauna mit einem Freund in Verbindung, der praktische Erfahrungen in der Formulierung der Wahlprogramme für die Gemeindewahlen im Bezirk von San Francisco hatte. Littlejohn wußte, was die Bürgermeisterin Dianne Feinstein vor einem Jahr hatte erfahren müssen. In San Francisco konnte man praktisch jedes Problem zum Wahlkampfthema bei den Stadtratswahlen machen. In seiner Wohnung, die nur einen Häuserblock von den *Club Baths* entfernt lag, entwarf Littlejohn den Text einer Initiative zum Verbot sexueller Aktivitäten in allen Saunen der Stadt. Er wußte, daß eine solche Initiative jeden Politiker in San Francisco zwingen würde, zur Frage des Sex in den Saunen Stellung zu nehmen. Und Silverman würde sich genötigt sehen, den Wählern zu erklären, warum die Saunen sich so ausgezeichnet für die AIDS-Aufklärung eigneten. Die Debatte über diese Frage dauerte nach Littlejohns Meinung schon viel zu lange. Jetzt mußte sie beantwortet werden.

In der gleichen Woche ging es bei der *Irwin Memorial Blood Bank* in San Francisco um eine andere Frage. Die Frau, die ohne es zu wollen den Stein ins Rollen gebracht hatte, war Mary Richards Johnstone, eine wohlhabende ältere Frau aus dem vornehmen Vorort Belvedere.

Im Dezember 1982 hatte Mary Johnstone bei einer Herzoperation zwanzig Einheiten Blut von der *Irwin Blood Bank* bekommen. Acht Tage nach der Operation zeigte sich, daß sie sich mit einem rätselhaften Lungenvirus infiziert hatte. Sie überlebte die akute Phase der Krankheit mit knapper Mühe, litt jedoch in der Folgezeit immer wieder an erschöpfenden Fieberzuständen und anderen unerklärlichen Krankheiten, zum Beispiel an einer oralen Candidiasis. Die Ärzte konnten nicht sagen, was ihr fehlte.

Erst im Februar 1984 entdeckte Mary Johnstone, als sie ihre Krankengeschichte durchblätterte, den Brief eines Arztes, den dieser am 19. Oktober 1983 an seinen Kollegen beim Universitätskrankenhaus geschrieben hatte, wo sie operiert worden war. In diesem Brief hieß es: »Wir haben festgestellt, daß einer ihrer Blutspender ein AIDS-Patient ist.« Die Ärzte hatten Mary Johnstone diese Tatsache verschwiegen, und wenn sie nicht zufällig auf diesen Brief gestoßen wäre, dann hätte sie es wahrscheinlich nie erfahren. Als ihr Arzt die Diagnose stellte und ihr sagte, sie sei an AIDS erkrankt, verlor die fünfundfünfzigjährige Hausfrau nicht den Humor, sondern sagte: »So habe ich mich also mit AIDS infiziert, und es hat nicht einmal Spaß gemacht.«

Etwa um die gleiche Zeit erkrankte in Los Angeles eine achtunddreißig Jahre alte Krankenschwester, die bei einer Gebärmutteroperation eine Bluttransfusion bekommen hatte, an der Pneumocystosis. Die Gesundheitsbehörden in Los Angeles hatten ihren Zustand aufmerksam beobachtet, seit einer der Spender des Blutes, das sie im November 1982 bekommen hatte, die Frage 44 des Fragebogens mit Ja beantwortet hatte, der allen AIDS-Patienten vorgelegt wurde: »Haben Sie während der vergangenen fünf Jahre Blut oder Blutplasma gespendet?«

Zwei Wochen nach der Transfusion war die Krankenschwester an einer Lymphadenopathie erkrankt. Blutuntersuchungen zeigten, daß ihre T4-Lymphozyten anfingen zu verschwinden.

Dies waren die ersten beiden Fälle, bei denen nachgewiesen werden konnte, daß Erwachsene an AIDS erkrankt waren, nachdem sie Transfusionen mit dem Blut von AIDS-Patienten bekommen hatten. Bei allen anderen AIDS-Fällen, denen nach den Feststellungen der *Centers for Disease Control* Bluttransfusionen vorausgegangen waren, hatten die Spender einer AIDS-Risikogruppe angehört, aber die Krankheit war nicht definitiv bei ihnen festgestellt worden. Der erste nach einer Bluttransfusion eingetretene AIDS-Fall, der im Dezember 1982 an der Universität von Kalifornien in San Francisco diagnostiziert wurde, war ein Baby, und damals hatte man sich nicht darüber einig werden können, ob diese Immunschwäche angeboren oder erworben war.

Die Blutkonservenindustrie hatte bei allen bisher nach Transfusionen aufgetretenen AIDS-Fällen bestritten, daß das gespendete Blut kontaminiert sein könnte. Doch bei den beiden erwachsenen Personen und dem Säugling in San Francisco, die alle drei nach einer Transfusion an AIDS erkrankt waren, ließ sich zum ersten Mal nachweisen, daß sowohl der Spender als auch der Empfänger des Bluts an der Immunschwäche litt. Am 12. März hatten die CDC dreiundsiebzig auf Transfusionen zurückzuführende AIDS-Fälle registriert. Zu ihnen gehörten vierundzwanzig Bluter. Zweiundzwanzig dieser Patienten waren bereits gestorben. Als die Krankengeschichten von Mary Johnstone und der Krankenschwester in Los Angeles im März bekannt wurden, bestätigten die medizinischen Fachjournalisten einstimmig die von den Blutbanken vertretene Meinung, die beiden Frauen seien die ersten Erwachsenen in den Vereinigten Staaten, bei denen eine AIDS-Infektion durch Bluttransfusion festgestellt worden sei.

Trotz der großzügigen Unterstützung durch die Nachrichtenmedien sah sich Brian McDonough, der Präsident der *Irwin Memorial Blood Bank*, angesichts der Diagnose von Mary Johnstone vor ein Dilemma gestellt. In zwei von drei Fällen, bei denen die Blutkonservenindustrie zugegeben hatte, daß sie durch Transfusionen verursacht worden waren, war das Blut von seiner Blutbank geliefert worden. Außerdem wußte McDonough, daß weitere vierzehn AIDS-Patienten in den letzten Jahren für die *Irwin Blood Bank* Blut gespendet hatten. Mary Johnstone war nur eine von einundzwanzig Empfängern, die die Blutbank jetzt überwachte, um festzustellen, ob sich bei ihnen AIDS-Symptome zeigten. Elf dieser Personen hatten bereits Probleme mit ihrem Immunsystem. Besonders bedenklich war jedoch die Tatsache, daß mindestens einer der Spender nach Einführung der Überprüfung aller Spender im vergangenen Jahr Blut gespendet hatte. Als er von der Blutbank gefragt wurde, weshalb er es getan hätte, erklärte er, er habe nie angenommen, zu einer Risikogruppe zu gehören, obwohl er ein sexuell aktiver Schwuler sei. Er gehöre nicht zu jenen Wichsern in Lederjacken, die in den Schwulenbars herumlungerten.

Nachdem der Mann von Mary Johnstone erklärt hatte, er werde die Blutbank vor Gericht verklagen, erkannte McDonough, daß sein Unternehmen die abwartende Haltung aufgeben mußte, die die ganze Blutkonservenindustrie bisher gegenüber dem AIDS-Problem eingenommen hatte. Er wußte, daß er sich den Zorn seiner Kollegen zuziehen würde, wenn er aus der Reihe tanzte, doch dies konnte ihn nicht von seinem Entschluß abbringen, etwas zu unternehmen. Noch bevor die *Irwin Memorial Blood Bank* den Fall Johnstone bekanntgegeben hatte, erklärte er, daß die Blutbank am 1. Mai beginnen werde, das gespendete Blut auf Antikörper gegen den Core des Hepatitis-B-Virus zu testen. Das war der Test, den die *Centers for Disease Control* den Blutbanken bereits im Januar 1983 so dringend empfohlen hatten.

»Der Appell an das Verantwortungsgefühl der Leute hat im Raum San Francisco nicht den erhofften Erfolg gehabt«, sagte McDonough, »weiterhin haben Personen Blut gespendet, die es nicht hätten tun sollen.« Der medizinische Direktor der *Irwin Memorial Blood Bank*, Dr. Herbert Perkins, versuchte mit der Bekanntgabe des Testbeginns im Mai die Besorgnisse einer nervös gewordenen Öffentlichkeit zu zerstreuen und erklärte noch einmal, das Risiko, sich bei Bluttransfusionen mit AIDS zu infizieren, sei außerordentlich gering. Die Wahrscheinlichkeit sei geringer als eins zu fünfhunderttausend.

Andere Blutbanken in der Umgebung von San Francisco folgten, wenn auch widerwillig, dem Beispiel der *Irwin Memorial Blood Bank* und führten ebenfalls die Hepatitis-Antikörper-Tests ein. Als das Rote Kreuz in San Jose bekanntgab, es werde das von ihm für Transfusionen verwendete Blut untersuchen, begründete es diese Maßnahme nicht mit dem Bestreben, die Patienten vor einer AIDS-Infektion zu schützen, sondern mit dem »Konkurrenzdruck anderer Blutbanken in diesem Gebiet«. Mit anderen Worten, das Rote Kreuz fürchtete, Abnehmer für seine Blutprodukte zu verlieren, wenn es nicht auch die Hepatitis-Tests vornahm.

Brian McDonough wurde von seinen Kollegen in der Blutkonserveninindustrie sofort heftig angegriffen. Der Sprecher des Verbandes der Blutbanken, Dr. Joseph Bove, behauptete gegenüber dem *Wall Street Journal*, daß mehr Menschen an Bienenstichen sterben würden als an kontaminiertem Blut.

Das Nachrichtenblatt der *American Association of Blood Banks* brachte als Reaktion auf die Maßnahme von McDonough einen sehr aufschlußreichen Bericht, in dem es hieß: »Dr. Aaron Kellner vom *New York Blood Center* hat erklärt, seine Blutbank habe sich nicht entschlossen, die Anti-Core-Tests vorzunehmen. ›Wir sind nicht davon überzeugt, daß AIDS durch Bluttransfusionen übertragen wird ... Es gibt keine zuverlässigen Beweise dafür‹, sagte Kellner. Kein Mitglied des Prüfungsausschusses hat sich für einen Anti-Core-Test zur Verhütung von AIDS-Infektionen ausgesprochen.«

Dies war der Stand der Dinge, als Dr. Dennis Donohue, der Direktor des Laboratoriums für Blut und Blutprodukte bei der *Food and Drug Administration*, mit den Mitgliedern des AIDS-Unterausschusses des *Blood Products Advisory Committee* der FDA zusammentraf. Der Unterausschuß war einberufen worden, um den Vorschlag Donohues zu überprüfen, die Hepatitis-Core-Antikörper-Tests sollten für alle in den Vereinigten Staaten hergestellten Blutprodukte angeordnet werden. Während die kommerziellen Hersteller von Blutprodukten mit Rücksicht auf die Forderungen der Bluter mit den Tests einverstanden waren, sprachen sich die gemeinnützigen Blutbanken, vor allem die des amerikanischen Roten Kreuzes, dagegen aus. Wie nicht anders zu erwarten, begründeten sie ihren Widerspruch mit den hohen Kosten:

578

Sie behaupteten, der Preis für eine Bluteinheit werde sich um zwölf Dollar erhöhen. Außerdem müßten neue Spender angeworben werden, da sechs Prozent der bisherigen aufgrund der Testergebnisse ausscheiden würden.

Wie Donohue später berichtete, waren alle Versuche, die Tests durchzusetzen, angesichts der Zusammensetzung des Unterausschusses von vornherein zum Scheitern verurteilt. Die Mitglieder kamen entweder aus der Blutkonservenindustrie oder vertraten in erster Linie deren Interessen. Kein einziges Ausschußmitglied sah es als seine Aufgabe an, die Interessen der Empfänger von Bluttransfusionen wahrzunehmen. Die angesehenen Mediziner, die für die bei allen amerikanischen Blutbanken geltenden Regeln verantwortlich waren, verhielten sich nicht anders als die Leiter kommerzieller Unternehmungen. Sowohl der Unterausschuß als auch der Beratungsausschuß der Blutbanken waren Gremien, denen es in erster Linie um die Interessen der Blutbanken ging. So beschlossen beide Ausschüsse im März, den Empfehlungen von Donohue hinsichtlich der Hepatitis-Tests nicht zu folgen. Dies war zugleich das Ende der schwächlichen Bemühungen seitens der *Food and Drug Administration*, die amerikanischen Vorräte an Blutkonserven vor einer Kontamination mit AIDS zu schützen. Als Vertreter der FDA später gefragt wurden, weshalb die Behörde ihrer Verpflichtung nicht nachgekommen sei, für den einwandfreien Zustand amerikanischer Blutkonserven zu sorgen, waren sie nicht bereit, diese Frage zu beantworten.

CENTERS FOR DISEASE CONTROL, ATLANTA

Der Direktor der CDC, James Mason, gab Don Francis am 21. März eine klare Anweisung.

»Sorgen Sie dafür, daß die Sache erledigt wird«, sagte er.

Don Francis schrieb in sein Notizbuch ein einziges Wort – *Pressure* (Druck) – und unterstrich es zweimal. Es war höchste Zeit, das Rätsel zu lösen, das sich hinter der infektiösen Immunschwäche verbarg, und Francis zweifelte nicht daran, daß die unmittelbar bevorstehenden Präsidentschaftswahlen die Administration veranlaßten, die Forscher auf diese ungewöhnliche Weise zur Eile zu mahnen. Trotzdem freute es Francis, daß die Franzosen offenbar das AIDS-Virus entdeckt hatten und die Forschungsarbeiten in den Vereinigten Staaten dies zu bestätigen schienen. Bei allen von den CDC durchgeführten Experimenten hatte man die französischen LAV-Kulturen verwendet, weil Robert

579

Gallo vom Nationalen Krebsintitut sich auch weiterhin weigerte, für diese Experimente Kulturen seines HTLV-III-Virus zur Verfügung zu stellen. Ende März hatte Francis bei Versuchspersonen aus AIDS-Risikogruppen, die noch keine Symptome zeigten, das LAV entdeckt. Die LAV-Antikörper-Tests der CDC waren sogar sensibler als vergleichbare Tests beim Pasteur-Institut oder beim Nationalen Krebsinstitut. Bei fünfundsiebzig Prozent der von den CDC getesteten AIDS-Patienten konnten die LAV-Antikörper nachgewiesen werden. Mit einem komplizierten Verfahren der Virus-Isolation wurde das LAV selbst bei sieben von acht AIDS-Patienten festgestellt.

Don Francis war sich seiner Sache so sicher, daß er den sehr kostspieligen Versuch wagte, die beiden Schimpansen Manvel und Chesley mit dem französischen Virus zu inokulieren. Sein Versuch, Krallenaffen mit AIDS zu infizieren, der sehr viel Zeit in Anspruch genommen hatte, war fehlgeschlagen. Er hatte diese Tiere zunächst aus Ersparnisgründen für dieses Experiment benutzt, aber diese kleinere Affenart war offenbar nicht für AIDS empfänglich. Jetzt konnte er nur hoffen, daß die sehr viel teureren Schimpansen positiv reagierten.

Der entscheidendste Durchbruch für die AIDS-Forschung bei den CDC kam einige Wochen später, als Dr. Kaly im Blut der Krankenschwester aus Los Angeles, die sich durch eine Transfusion mit AIDS infiziert hatte, das LAV isolierte. Der Nachweis des LAV im Blut, das entnommen worden war, bevor die Krankenschwester akut an AIDS erkrankte, erfüllte zum ersten Mal die von Robert Koch für solche Versuche aufgestellten Forderungen und war der erste unwiderlegbare Beweis dafür, daß das LAV tatsächlich der AIDS-Erreger war. Die anschließende Isolierung des LAV im Blut des Spenders bewies darüber hinaus, daß das Virus durch eine Transfusion übertragen worden war – eine weitere Bestätigung dafür, daß eine bestimmte Mikrobe eine Krankheit verursachte.

In der Folgezeit wurde Don Francis immer wieder in das wissenschaftliche Intrigenspiel um die Bekanntgabe der Entdeckung des HTLV III hineingezogen. Am 27. März sprach Francis mit Bob Gallo, um seine Zustimmung zu einer gemeinsamen Erklärung der CDC, des NCI und des Pasteur-Instituts zu gewinnen. Doch Gallo wollte die Abgabe einer solchen Erklärung auf einen späteren Zeitpunkt verschieben. »Wenn wir die Erklärung jetzt veröffentlichen, wird das Nationale Institut für Allergien und Infektionskrankheiten die Zuständigkeit für die AIDS-Forschung für sich beanspruchen«, sagte er. »Deshalb dürfen wir jetzt noch nichts sagen.«

Andererseits fürchtete Gallo, wenn die Amerikaner zu lange warteten, würden die Franzosen ihnen zuvorkommen und die Entdeckung des Virus für sich in Anspruch nehmen. »Wenn sie nicht das gleiche entdeckt haben wie ich, dann müssen sie sich auf einen harten Kampf gefaßt machen«, sagte er zu Francis und erinnerte ihn daran, daß Françoise Barre, die Entdeckerin des LAV, in Gallos Laboratorium ausgebildet worden war. »Ich glaube, die Franzosen haben mir sehr viel zu verdanken«, sagte er.

Es ärgerte Gallo, daß die europäische Presse die französischen Forscher als Entdecker des AIDS-Erregers feierte. »Montagnier steht jeden Tag in der Zeitung«, sagte er. Don Francis wußte, daß Gallo in diesem Punkt außerordentlich empfindlich war. Im Februar hatte er die Wissenschaftler des Pasteur-Instituts »Huren« genannt, weil sie sich angeblich in schamloser Weise um die Gunst der Medien bemühten.

Doch am Ende des Gesprächs erklärte sich Gallo damit einverstanden, die Anerkennung für die Entdeckung des HTLV III mit anderen zu teilen und die Arbeit der CDC anzuerkennen, aufgrund der sie die epidemiologischen Probleme um die Kulturen geklärt hatten, die er mit dem Blut von AIDS-Patienten angelegt hatte. Er sei auch bereit anzuerkennen, daß die Franzosen das Virus als erste entdeckt hätten, wenn man ihn davon überzeugen könne, daß das LAV und das HTLV III identisch seien.

Francis hielt es für sehr wichtig, daß sich die amerikanischen und die französischen Wissenschaftler einigten – denn nur dann würden die von den Franzosen vorgelegten Daten von der Fachwelt akzeptiert werden. Dann konnte man endlich die notwendigen Maßnahmen ergreifen, um einen Impfstoff zu finden, eine wirkungsvolle Therapie zu entwickeln und die Krankheit erfolgreich zu bekämpfen. Francis bemühte sich nun nach Kräften um das Zustandekommen einer Konferenz von Vertretern des NCI, der CDC und des Pasteur-Instituts, auf der man eine Vereinbarung über die gemeinsame Bekanntgabe der Entdeckung treffen konnte.

28. MÄRZ, SAN FRANCISCO

Die Morgenzeitung brachte auf der ersten Seite einen Bericht über die Initiative von Larry Littlejohn zum Verbot sexueller Aktivitäten in den Homosexuellensaunen. Hier zeigte sich, mit welcher politischen Realität es die Homosexuellen künftig zu tun haben würden.

Littlejohn hatte fünf Monate Zeit, um die 7332 Unterschriften zu sammeln, die nötig waren, um eine Abstimmung über seinen Vorschlag zu beantragen. Niemand zweifelte daran, daß ihm dies gelingen würde, und kaum jemand glaubte, daß der Vorschlag nicht die Zustimmung einer großen Mehrheit finden werde. Kein Politiker konnte es sich leisten, in dieser Frage seinen guten Ruf aufs Spiel zu setzen. Außerdem würde die Kontroverse den ganzen Sommer über weitergehen, während die Weltöffentlichkeit die Vorgänge auf dem Demokratischen Nationalkonvent von 1984 in San Francisco aufmerksam beobachtete, und das konnte schlimme Folgen haben. Obwohl die Bürgermeisterin Feinstein sich nicht öffentlich zum Problem der Saunen äußerte, wußten zuverlässige Quellen zu berichten, daß sie während der vergangenen zwei Wochen häufig privat mit Homosexuellen gesprochen hatte. Den Zeitungen gegenüber erklärte sie: »Ich beobachte die Situation so aufmerksam wie möglich.«

Zuerst ärgerte sich Bill Kraus über Littlejohn, weil er glaubte, es werde katastrophale Auswirkungen auf das Leben der Homosexuellen haben, wenn ein so heikles Problem zum Gegenstand einer Abstimmung in San Francisco gemacht würde.

Doch Littlejohn fragte ihn: »Aber stimmst du mir nicht zu, wenn ich sage, daß diese Saunen lebensgefährlich sind?«

Bill Kraus schwieg.

»Ich tue nur das, was getan werden muß«, sagte Littlejohn. »Es kann nicht so weitergehen.«

Der Ärger von Bill Kraus verflog sofort, als er erkannte, daß es noch eine andere Möglichkeit gab, die Vorschläge von Littlejohn durchzusetzen. Er meinte, niemand könne wünschen, daß über eine solche Maßnahme abgestimmt würde – vor allem nicht die liberalen städtischen Beamten. Sie würden in eine Zwickmühle geraten, da sie sich durch eine Schließung der Saunen die Homosexuellen zu Feinden machten, andernfalls jedoch die heterosexuellen Bürger vor den Kopf stoßen würden. Offensichtlich war das Schicksal der Saunen jetzt besiegelt. Es fragte sich nur noch, wer ihnen den Todesstoß versetzen sollte – die heterosexuellen Wähler oder die Homosexuellen selbst. Wie Kraus die Dinge sah, war Dr. Silverman das einzige Hindernis, denn er würde die Saunen nicht schließen, wenn ihn die organisierten Homosexuellen nicht dabei unterstützten.

Kraus überlegt sich nun, wie er Silverman unter Druck setzen könnte. Man würde ihm sagen, daß die führenden Homosexuellen jetzt bereit seien, sich für eine Schließung der Saunen auszusprechen.

Zugleich mußte man den Homosexuellen sagen, Silverman sei entschlossen, die Saunen zu schließen, ob sie ihn nun unterstützten oder nicht. Sie hätten die Wahl, sich als Sieger feiern zu lassen, wenn Silverman die Saunen angeblich auf ihr Betreiben hin schloß, oder die Rolle der Verlierer einzunehmen, wenn diese Lokale ohne ihre Zustimmung geschlossen wurden. Kraus erläuterte Marcus Conant seine Strategie, und der Arzt äußerte sich zustimmend. Die Schließung der Saunen war natürlich kein Fait accompli. Die Bereitschaft, sie zu veranlassen, würde nur dadurch erreicht, daß jede Seite sich von der anderen gedrängt fühlte, etwas zu unternehmen. Bill Kraus hatte auch kein schlechtes Gewissen wegen des von ihm in Szene gesetzten Täuschungsmanövers. Die Fortführung des Betriebs in den Saunen wäre nichts anderes gewesen als amtlich geduldeter Totschlag.

Der Zeitungsbericht über die Initiative von Littlejohn hatte zur Folge, daß ungezählte städtische Beamte und führende Homosexuelle Silverman das Büro einrannten, um ihn zu drängen, die Saunen schließen zu lassen. Die Bürgermeisterin Feinstein wollte sich immer noch nicht öffentlich zu dieser Maßnahme äußern, aber ein Sprecher ihres Büros erklärte, sie sei dafür. Der langjährige Verbündete der Homosexuellen, Stadtrat Richard Hongisto, verlieh seiner Zustimmung mit sehr beredten Worten Ausdruck: »Ich habe zu viele Freunde unter den Homosexuellen gehabt, die an dieser Krankheit gestorben sind oder daran sterben werden. Ich muß zu viele Beisetzungsfeierlichkeiten besuchen. Es wird Zeit, daß die Saunen geschlossen werden.«

Auch der Druck seitens der führenden Homosexuellen nahm zu. Der *Chronicle* brachte in einem Artikel ein angebliches Zitat von Bill Kraus: »Silverman kann dieses Problem jetzt entschärfen und dafür sorgen, daß es gelöst wird, wenn er die Saunen sofort schließen läßt. Wenn zehntausend Reporter zum Demokratischen Parteikonvent nach San Francisco kommen, wollen wir nicht, daß im Mittelpunkt ihrer Berichterstattung über das Leben in unserer Stadt das Recht der Homosexuellen steht, in den Saunen Selbstmord zu begehen.«

Marc Conant rief Merv Silverman an.

»Ich habe das, wonach Sie verlangt haben«, sagte er und erklärte, daß die führenden Homosexuellen bereit seien, sich hinter Silverman zu stellen, wenn er die Saunen schließen lasse.

Am gleichen Abend traf sich Conant mit Bill Kraus und seinem Freund Dick Pabich. Gemeinsam gingen die drei Männer zu Dr. David Kessler, in dessen Haus sich einige Ärzte der *Bay Area Physicians for Human Rights* versammelt hatten. Gemeinsam wollten sie eine Erklä-

583

rung formulieren, in der die Homosexuellen aufgefordert wurden, freiwillig auf den Besuch der Saunen zu verzichten.

Conant eröffnete ihnen, Silverman werde die Saunen demnächst schließen lassen. Dann schlug Pabich vor, die führenden Homosexuellen sollten sich hinter diese Maßnahme stellen, um in der Öffentlichkeit den Eindruck zu erwecken, dieser Schritt ginge auf eine Initiative der organisierten Homosexuellen zurück. Zunächst hatten die Ärzte gewisse Bedenken, aber nach einer längeren Diskussion erklärten sich zehn der zwölf Versammelten bereit, Silverman zu unterstützen. Dann entwarfen sie die folgende Erklärung: »Dies ist eine äußerst schmerzliche und schwierige Entscheidung, die wir nach ernsten Überlegungen und ausführlichen Gesprächen mit vielen Mitgliedern unserer Gemeinschaft getroffen haben. Die Saunen sind für Homosexuelle lange Zeit wichtige Einrichtungen gewesen, doch jetzt ist es noch wichtiger, Menschenleben zu retten... Deshalb wenden wir uns im Interesse der Erhaltung von Menschenleben an den Direktor des Städtischen Gesundheitsamts und bitten ihn, diese Einrichtungen zeitweilig für die Dauer des Fortbestehens dieser Gefährdung der öffentlichen Gesundheit zu schließen.«

David Kessler war einer der beiden Ärzte, der sich weigerte, die Erklärung zu unterschreiben. Er sorgte sich darum, wie die Homosexuellen auf diese Erklärung reagieren würden. Am Schluß der Besprechung stürmte Kesslers junger Geliebter, Steve Del Re, ins Zimmer und brüllte Marc Conant an.

»Sie tun etwas Schreckliches, und dafür werden Sie in der Hölle braten«, schrie er mit zornrotem Gesicht. »Auf den Straßen wird Blut fließen. Ihr habt einen schweren Fehler gemacht.«

Am nächsten Morgen rief Bill Kraus bei Cleve Jones an und bat ihn, an einer Pressekonferenz mit dem Direktor des Gesundheitsamts teilzunehmen und »Mervs Entscheidung« zu unterstützen. Cleve war zunächst nicht sehr begeistert von dieser Maßnahme gewesen, doch er wollte unter allen Umständen vermeiden, daß diese Frage zum Gegenstand einer öffentlichen Abstimmung gemacht wurde. Außerdem hatte er nie geglaubt, die Saunen seien es wert, daß man für ihren Erhalt auf die Straße ging.

»Lassen wir sie also schließen, dann sind wir dieses Problem los«, sagte er.

Ebenso wie Bill Kraus und Dick Pabich hatte Cleve Jones den ganzen Tag herumtelefoniert, um die Zustimmung seiner Freunde zu gewin-

584

nen. Innerhalb weniger Stunden hatte er die elf leitenden Mitglieder seiner Organisation für die Schließung gewonnen. Da er die besten Beziehungen zu den homosexuellen Straßenaktivisten hatten, gelang es Cleve auch, von vielen linken Homosexuellen die Zusicherung zu bekommen, sie würden nichts gegen die Schließung der Saunen unternehmen, auch wenn sie sich nicht dafür aussprechen wollten. Noch am gleichen Tag erhielt Cleve einen Anruf von Merv Silverman.

»Es tut mir leid, daß es soweit gekommen ist«, sagte Silverman.

Cleve wußte nicht, was er meinte.

»Ich weiß, heute ist ein trauriger Tag für Ihre Gemeinschaft«, fuhr Silverman fort.

»Wenn Sie es wirklich für notwendig halten«, sagte Cleve, »dann werde ich Sie unterstützen.«

Doch dann ging ihm ein Licht auf. Cleve rief bei Marc Conant an und fragte: »Habt ihr vielleicht selbst die Initiative ergriffen?«

Später hörte Cleve, daß Angehörige der *San Francisco AIDS Foundation*, die sich gegen die Schließung der Saunen einsetzten, für den Abend eine Besprechung mit Silverman und allen Saunenbesitzern einberufen hatten. Jetzt fragte er sich, ob die Strategie von Bill Kraus erfolgreich sein würde.

Bill machte sich keine großen Sorgen darüber. Bis zum Abend hatte er fünfzig führende Persönlichkeiten aus den verschiedensten Lebensbereichen, Politiker und Freiberufler, dazu gebracht, sich mit der von Silverman beabsichtigten Maßnahme einverstanden zu erklären. Die Juristen in der Rechtsabteilung der Stadtverwaltung hatten indessen die Quarantäneverordnung für die vierzehn Saunen und Sexclubs in San Francisco entworfen.

Am frühen Nachmittag verschickte Silverman Einladungen zu einer Pressekonferenz am nächsten Morgen.

Am Spätnachmittag bekam Selma Dritz in ihrem Büro einen anonymen Anruf. Der Mann sagte: »Wenn Silverman die Saunen schließt, wird er morgen sterben.«

QUEBEC CITY

Am Montag, dem 26. März, brachten die Morgenzeitungen Berichte über eine Studie, die im *Journal of American Medicine* veröffentlicht werden sollte. In der Nachricht wurde eine Person erwähnt, die im Zentrum aller Pfeile und Kreise der komplizierten Diagramme stand – der mittlerweile legendäre »Patient null«. Natürlich wurde Gaetan

Dugas weder in der Studie noch in den Zeitungsartikeln beim Namen genannt, aber der Leser konnte den Berichten entnehmen, daß er noch am Leben war.

Gaetan hatte inzwischen den vierten Ausbruch der Pneumocystosis überlebt und schien auf dem Weg der Besserung zu sein. Ende März telefonierte er immer wieder mit seinen Freunden in Vancouver und erzählte ihnen, wie wenig ihm die Kälte und die Langeweile in Quebec City gefielen und wie sehr er sich wünschte, wieder nach Vancouver zu kommen. Wie gewöhnlich war es Gaetan gelungen, während der letzten Monate seines Aufenthalts in Vancouver eine stürmische Liebesaffäre mit einem gutaussehenden männlichen Modell anzufangen. Ende März überredete er diesen Freund, nach Quebec zu fliegen und ihn auf dem Flug nach British Columbia zu begleiten.

Während der Mann auf dem Flug nach Osten in der Maschine saß, starb Gaetan in Quebec City. Es war der 30. März, ein Monat nach Gaetans einunddreißigstem Geburtstag, und es waren fast vier Jahre vergangen, seit er den Arzt in Toronto aufgesucht hatte, weil ihn der purpurfarbene Fleck hinter seinem Ohr beunruhigte. Schließlich starb Gaetan nicht an einer AIDS-Infektion, sondern seine durch die lange Krankheit geschwächten Nieren versagten.

Ob Gaetan Dugas wirklich die Person war, die AIDS nach Nordamerika eingeschleppt hatte, blieb bis zum Schluß ungewiß, und diese Frage wird sich auch niemals mit Sicherheit beantworten lassen. Die Tatsache, daß sich die ersten Fälle in New York City und Los Angeles mit Gaetan in Verbindung bringen lassen, der selbst zu dem ersten halben Dutzend Patienten auf dem amerikanischen Kontinent gehörte, verleiht dieser Theorie ein gewisses Gewicht. Gaetan war häufig in Frankreich gewesen, in dem westlichen Land, wo die Krankheit vor 1980 am weitesten verbreitet war. Jedenfalls läßt sich nicht bezweifeln, daß Gaetan bei der Verbreitung des neuen Virus über die Vereinigten Staaten eine Schlüsselrolle gespielt hat. Auch die Kontroverse um die Saunen, die sich am Morgen seines Todes in San Francisco so dramatisch zuspitzte, war nicht zuletzt durch Gaetans Abenteuer in jenen Hochburgen des Sex ausgelöst worden – und durch seine Weigerung, sein Verhalten zu ändern. Einst war Gaetan der Traum jedes homosexuellen Mannes gewesen. Als er starb, war er der Inbegriff dessen, was bei jedem Alpträume verursachte.

586

44. Verräter

30. MÄRZ 1984, SAN FRANCISCO

Die ersten Befürchtungen, daß Bill Kraus' Plan fehlschlagen könnte, kamen Marc Conant, als ihn gegen Mitternacht ein Anruf des aufgeregten Merv Silverman erreichte. Silverman kam eben von der Versammlung, die von den Gegnern der Schließung organisiert worden war. Man hatte ihm stundenlang die Hölle heiß gemacht und schwere Vorwürfe gegen ihn erhoben. Conant hatte zunächst auch an dieser Besprechung teilnehmen wollen, sich dann jedoch eines Besseren besonnen. Es war klar, daß diese Leute wieder ihre alten Argumente gegen die Schließung der Saunen vorbringen würden, mit denen diese Maßnahme seit mehr als einem Jahr verhindert worden war.

»Sie haben mich im Stich gelassen«, sagte Silverman. »Wieso sind Sie nicht gekommen?«

»Merv, es gibt Versammlungen, an denen man besser nicht teilnimmt«, sagte Conant.

Es überraschte ihn, daß Silverman erst jetzt festgestellt hatte, daß es unter den Homosexuellen auch Leute gab, die eine Schließung der Saunen ablehnten. Wollte Silverman denn so lange warten, bis jeder einzelne Homosexuelle sein Vorhaben unterstützte?

Zwei führende Mitglieder der *Bay Area Physicians for Human Rights*, die den Antrag von Bill Kraus auf Schließung der Saunen unterschrieben hatten, waren nun zum Direktor des Städtischen Gesundheitsamts gekommen und hatten ihn gebeten, ihre Unterschriften zu streichen. Als ein führender Homosexueller während der Besprechung um das Wort bat, hatte Silverman gehofft, der Mann werde ihn unterstützen. Derselbe Mann war vor zwei Wochen in Silvermans Büro gekommen, hatte von einem an AIDS erkrankten Freund erzählt und Silverman angefleht, die Saunen zu schließen. Doch an diesem Abend sprach er sich plötzlich gegen die Schließung aus. So war gerade das geschehen, was Silverman hatte vermeiden wollen – es kam zu einer Konfrontation zwischen einer Gruppe von Homosexuellen und der Städtischen Gesundheitsbehörde. Er hatte gehofft, die Versammelten alle unter einen Hut bringen zu können, um gemeinsam diese furchtbare Krankheit zu bekämpfen, ohne über die Methoden in einen neuen Streit zu geraten.

Indessen hatten Dutzende von führenden Homosexuellen, die den Antrag unterschrieben hatten, Dick Pabich angerufen und ihn gebeten, ihre Namen aus der Liste der Antragsteller zu streichen. Sie erklärten, sie hätten gehört, daß Silverman sich an diesem Abend bei der Versammlung unschlüssig gezeigt hatte. Sie hätten geglaubt, daß sie mit ihrer Unterschrift einen Beschluß unterstützten, an dem Silverman unter allen Umständen festhalten werde. Doch nun hätte sich gezeigt, daß sie mit ihrer Haltung gegen den Strom schwammen, und sie fürchteten, von der Homosexuellenpresse angegriffen zu werden, die nach der Schließung der Saunen ihre besten Anzeigenkunden verlieren würde. Die meisten von ihnen mußten an ihre politische Karriere denken, und keiner wollte sich vorwerfen lassen, ein »Sexualfaschist« zu sein wie Bill Kraus.

Als einer der letzten rief Cleve Jones bei Dick Pabich an. Die häßlichen Auseinandersetzungen zwischen Silverman und den Homosexuellen hatten ihn so verärgert, daß er sich am liebsten sinnlos betrunken hätte. Schon seit einiger Zeit fühlte er sich nicht besonders. Er litt an einer Staphylokokkeninfektion und einem eigenartigen Hautausschlag an den Beinen. Außerdem fühlte er sich oft so matt, daß er nachmittags aus dem Büro direkt nach Hause ging, um sich hinzulegen. Seine Lymphknoten waren schon seit Monaten geschwollen. Er hatte die ganze Streiterei satt und wollte nicht weiter in die Kontroverse hineingezogen werden. Als er Pabich anrief, sagte er ihm, sein Boß, der Abgeordnete Art Agnos, habe von ihm verlangt, den Antrag nicht zu unterschreiben.

Dick Pabich und Bill Kraus waren fassungslos. Bill erklärte, er werde es Cleve nie vergeben, daß er ihn in diesem entscheidenden Augenblick im Stich gelassen hatte. Aber Cleve wollte das nicht begreifen. Die nun schon zwei Jahre andauernden Streitigkeiten innerhalb der Homosexuellengemeinschaft über das Thema AIDS hatten ihn vollkommen erschöpft. Als er sich nach dem Gespräch mit Pabich auf sein Bett warf, wünschte er sich nur noch, daß dies alles bald vorüber sein würde.

Am nächsten Vormittag saßen Marc Conant und der Leiter der Rechtsabteilung in der Stadtverwaltung, George Agnost, im Büro der Bürgermeisterin Feinstein und warteten auf den Beginn einer Pressekonferenz, als Silverman hereinkam und die Bombe platzen ließ. Nachdem Agnost ihm versichert hatte, er habe das Recht, die Saunen schließen zu lassen, wandte sich Silverman an die Bürgermeisterin.

»Ich habe nichts zu erklären«, sagte er.

Mrs. Feinstein war fassungslos.

»Wir haben keine überzeugenden medizinischen Beweise«, erklärte er.

»Das stimmt doch nicht«, erwiderte sie.

»Wollen Sie mir befehlen, die Saunen zu schließen?« fragte Silverman. Er unterstellte der Bürgermeisterin, sie wolle die Saunen nur wegen des Demokratischen Parteikonvents schließen lassen. Er hingegen wollte diese Anordnung nur treffen, um einer Gefährdung der öffentlichen Gesundheit zu begegnen, nicht aber im Rahmen einer Kampagne zur Säuberung der Stadt. Das wäre, wie er meinte, ein Mißbrauch seiner Vollmachten als Direktor des Städtischen Gesundheitsamts.

Frau Feinstein wich der Herausforderung Silvermans aus. Sie wußte, daß der Wert einer solchen Anordnung als gesundheitspolitisch notwendige Maßnahme verlorengehen werde, wenn bekannt würde, daß sie Silverman befohlen habe, die Saunen zu schließen. Dann würde es eine politische Entscheidung sein.

Im übrigen durfte sie Silverman nach den geltenden Bestimmungen keine Anweisungen geben. Silverman war nur seinem direkten Vorgesetzten Rechenschaft schuldig, und das war der Verwaltungsdirektor der Stadt.

Während der Polizeichef Silverman half, eine kugelsichere Weste anzuziehen, bat Frau Feinstein Marc Conant in ein kleines Beratungszimmer neben ihrem Büro. Conant hatte ein unangenehmes Gefühl, als er das Zimmer betrat, denn hier war der Bürgermeister George Moscone erschossen worden.

»Bitte geben Sie auf Merv acht«, sagte Frau Feinstein. »Ich habe Angst um ihn.«

Auch Conant hatte ganz bestimmte Befürchtungen. Er glaubte, der Druck der Mafia, die enge Beziehungen zu den Saunen in anderen Großstädten unterhielt, stünde hinter seiner plötzlichen Sinnesänderung.

Silvermans ohnedies vorhandene Zweifel hatten sich nach der stür-

589

mischen Konfrontation mit den Vertretern der Homosexuellengemeinschaft noch verstärkt. Würde es dem Schutz der öffentlichen
Gesundheit dienen, wenn man die Saunen in den Mittelpunkt der
Diskussion stellte, anstatt sich intensiver mit der Frage zu beschäftigen, auf welche Weise die Immunschwäche übertragen wurde? Angesichts der Tatsache, daß man noch immer nicht wußte, welche Ursache
die Krankheit hatte, zweifelte er außerdem daran, daß die Schließung
der Saunen in einem möglichen Gerichtsverfahren zu rechtfertigen
war. Silverman brauchte Zeit, um sich die Sache noch einmal gründlich zu überlegen. Er wollte sich nicht zu irgendwelchen voreiligen
Entschlüssen drängen lassen.

Silverman und Conant verließen das Rathaus, um noch vor der
Pressekonferenz an einer Besprechung mit führenden Homosexuellen
teilzunehmen. Auf den Stufen, die zum Eingang des Städtischen Gesundheitsamts hinaufführten, hatten sich nackte Demonstranten versammelt, die sich nur Handtücher um die Hüften geschlungen hatten.
Sie hatten Transparente mitgebracht, auf denen zu lesen war: »Heute
die Bäder, morgen dein Schlafzimmer«, »Aus den Wannen in die
Büsche« und »Aus den Bädern in die Öfen«.

Zur Pressekonferenz hatten sich zahlreiche Fernsehreporter, Zei-
tungskorrespondenten und Vertreter der verschiedenen Nachrichten-
agenturen versammelt. Alle Medien- und Presseorgane in den Vereinigten Staaten, darunter die drei großen Fernsehanstalten und alle
großen Tageszeitungen, hatten ihre Reporter geschickt, um über die
erste entscheidende Maßnahme der Gesundheitsbehörden gegen die
AIDS-Epidemie zu berichten, die – wie konnte es anders sein – in San
Francisco, der »amerikanischen AIDS-Metropole«, getroffen werden
sollte.

Kurz vor Beginn der Besprechung nahm Marc Conant Bill Kraus zur
Seite und eröffnete ihm, daß Silverman sich im letzten Augenblick
entschlossen habe, die Saunen nicht schließen zu lassen.

Kraus wurde rot vor Wut, als Silverman erklärte, er müsse seine
Entscheidung über die Saunen noch einmal überdenken.

»Wir hören diesen Blödsinn nun schon seit Jahren!« rief Kraus.
»Wann werden Sie etwas unternehmen?«

Dick Pabich war wie vom Donner gerührt.

»Ich glaube, das ist das Dämlichste, was ich je gehört habe«, schrie
er Silverman an. »Sie weigern sich, Ihre Pflicht zu tun. Sie fallen all
denen in den Rücken, die Sie unterstützt haben. Ihr Verhalten wird zu
einer politischen Katastrophe führen.«

Dann kam es zu einer heftigen Auseinandersetzung zwischen Dick Pabich und David Kessler, einem der homosexuellen Ärzte, die gekommen waren, um gegen die Schließung der Saunen zu protestieren. Bevor alles auseinanderlief, konnte sich Silverman schließlich Gehör verschaffen.

»Lassen Sie uns abstimmen«, sagte er. »Wer für die Schließung der Saunen ist, möge die Hand heben.«

Kraus war erschüttert, daß Silverman über eine so wichtige, die öffentliche Gesundheit betreffende Frage abstimmen ließ. Die eine Hälfte der Anwesenden stimmte für, die andere gegen die Maßnahme. Nun wiederholte Silverman noch einmal, er müsse die endgültige Entscheidung verschieben.

Als Silverman schließlich mit einer Stunde Verspätung in Begleitung von einigen Polizeibeamten in Zivil im Konferenzsaal des Städtischen Gesundheitsamts erschien, drängten sich dort die Journalisten, Kameraleute und nur mit Handtüchern bekleidete Demonstranten.

»Ich werde jetzt keine Entscheidung darüber treffen, ob die Saunen offengehalten oder geschlossen werden sollen«, sagte Silverman.

»Es gibt sehr, sehr viele komplexe Probleme. Ich bin mir dieser Tatsache zunächst nicht bewußt gewesen und möchte mich dafür entschuldigen, daß ich übereilt gehandelt habe. Ich möchte ausdrücklich erklären, daß dies meine eigene Entscheidung ist. Ich habe sie nicht unter dem Druck irgendwelcher Gruppen getroffen.«

Dann erklärte er, er werde die endgültige Entscheidung in einer Woche bekanntgeben.

Welche Haltung die Mehrzahl der Homosexuellen zu dieser Frage einnahm, zeigte sich sehr deutlich am folgenden Abend. Die Gegner der Schließung der Saunen und Sexclubs hatten zu einem Protestmarsch durch die Castro Street aufgerufen, aber schließlich erschienen nur zweiundzwanzig Demonstranten. Die Zahl der Reporter, die sich in Erwartung dieses Ereignisses versammelt hatten, war erheblich größer. Dennoch nahm das politische Interesse der Homosexuellen für die Frage der Schließung der Saunen in den folgenden Tagen merklich ab.

Gerry Parker, der Präsident des *Stonewall Gay Democratic Club*, einer der Gruppen, die sich gegen die Schließung ausgesprochen hatten, erklärte: »Mir ist klar, daß es hier nicht um eine medizinische Entscheidung geht; es ist ganz sicher eine politische Entscheidung. Wie soll es möglich sein, daß eine medizinische Entscheidung in wenigen Minuten auf den Kopf gestellt wird?«

591

Die Haltung führender Homosexueller in anderen Großstädten kam in einem Leitartikel der überall in den Vereinigten Staaten verbreiteten Homosexuellenzeitung *Advocate* sehr deutlich zum Ausdruck. In dem Artikel hieß es, die Leute, die die Saunen schließen wollten, hätten sich betragen wie »ängstliche Hühner«.

Der Schriftsteller Nathan Fain, der Larry Kramer besonders heftig angegriffen hatte, schrieb im *Advocate*: »Es gibt keinen Beweis dafür, daß auch nur ein einziger der dreitausendsiebenhundertfünfundsiebzig registrierten AIDS-Patienten durch Sexualkontake infiziert worden ist.« Die Tatsache, daß die Schließung der Saunen in San Francisco von Homosexuellen befürwortet werde, zeige, daß führende Homosexuelle bereit seien, »ihre eigenen Leute als Verbrecher abzustempeln«.

Der Verband der nordkalifornischen Saunenbesitzer rief indessen seine Mitglieder zu Spenden auf, um $ 100 000 für die Kosten eines Gerichtsverfahrens zusammenzubringen – für den Fall, daß Silverman einen weiteren Vorstoß unternähme.

Der Leiter der Rechtsabteilung in der Stadtverwaltung von San Francisco hatte sein erstes Rechtsgutachten inzwischen soweit modifiziert, daß er Silverman empfahl, nur bestimmte Sexualpraktiken zu verbieten, mit denen erwiesenermaßen AIDS übertragen werden könnte. Eine solche Maßnahme sei juristisch besser zu begründen als die Schließung der Saunen.

Angesichts der immer undurchsichtiger werdenden Lage nahm die Bürgermeisterin Feinstein zum ersten Mal öffentlich zum Problem der Saunen Stellung. »Meine persönliche Meinung ist, daß die Saunen, wenn es sich hier ausschließlich um ein Problem von Heterosexuellen handelte, schon längst geschlossen wären«, sagte sie. »Schließlich geht es hier in erster Linie um Menschenleben.«

4. APRIL, PARIS

Die Verhandlungen zwischen Robert Gallo vom Nationalen Krebsinstitut, Don Francis von den *Centers for Disease Control* und Jean-Claude Chermann vom Pasteur-Institut fanden in einer Atmosphäre statt, wie sie bei Abrüstungsgesprächen herrscht, wenn die Verhandlungspartner einander grundsätzlich mißtrauen.

So weigerte sich Gallo, in Gegenwart von Francis über die Einzelheiten des Berichts zu sprechen, den er über das HTLV III veröffentlichen wollte. Immer wieder mußte Francis das Zimmer verlassen, wenn Gallo und Chermann unter vier Augen miteinander sprechen wollten.

Natürlich erstaunte es den französischen Forscher, zu sehen, wie eine amerikanische Regierungsbehörde die andere so geringschätzig behandelte.

Don Francis hatte elektronenmikroskopische Aufnahmen nach Europa mitgebracht, die jeden Disput darüber ausschlossen, ob das LAV und das HTLV III verschiedene Viren seien. Es handelte sich in beiden Fällen um extrem ungewöhnliche menschenpathogene Retroviren. Sie waren identisch. Außerdem hatte Dr. Kaly bei seinen Vergleichen zwischen dem HTLV III und den beiden Retroviren HTLV I und HTLV II festgestellt, daß das AIDS-Virus kaum irgendwelche Ähnlichkeiten mit den beiden vorher entdeckten HTLV-Retroviren aufwies; es gab keine Hinweise auf eine Verwandtschaft.

Francis vertrat deshalb die Auffassung, daß die Franzosen als Entdecker des Virus auch die Berechtigung hatten, es zu benennen. Doch bis zum Ende der Verhandlungen konnte man sich über diese Frage nicht einigen. Schließlich gelang es den drei Forschern aber doch, eine gemeinsame Erklärung der drei Institute zu vereinbaren. Sie wollten die Vorabdrucke ihrer Berichte über die Entdeckung des LAV und des HTLV III austauschen und sich anschließend über den Text der gemeinsamen Bekanntgabe dieses Durchbruchs in der AIDS-Forschung einigen.

Als sie am Abend zu dritt einen Nachtclub besuchten, machte Gallo seinem französischen Kollegen auf dem Pissoir einen Vorschlag.

»Wir könnten das gemeinsam machen – nur das Pasteur-Institut und das NCI«, sagte er. »Die CDC brauchen wir doch gar nicht dazu.«

Aber Chermann war dagegen.

Beim Frühstück am nächsten Morgen eröffnete Gallo seinem amerikanischen Kollegen Don Francis im Vertrauen, er rechne nach Bekanntgabe der Entdeckung mit dem Löwenanteil der Anerkennung, denn er könne eine große Anzahl von HTLV-III-Isolaten vorweisen. Dann machte er ihm den gleichen Vorschlag, den Chermann am Abend zuvor abgelehnt hatte.

»Wir brauchen das Pasteur-Institut doch gar nicht«, sagte er. »Die CDC und das Nationale Krebsinstitut können die Entdeckung auch ohne die Franzosen bekanntgeben.«

In der ersten Aprilwoche waren in den Vereinigten Staaten bisher mehr als viertausend AIDS-Fälle registriert worden. Am 4. April wurde aus New Plymouth der erste AIDS-Tote in Neuseeland gemeldet. Vor wenigen Wochen hatten die britischen Gesundheitsbehörden den Tod des ersten AIDS-Opfers in Schottland bekanntgegeben. Die Epidemie hatte sich weltweit auf dreiunddreißig Länder ausgebreitet.

4. APRIL, SAN FRANCISCO

Etwa um die gleiche Zeit, als Don Francis seine Maschine zum Rückflug nach Atlanta bestieg, wurde die letzte Ausgabe des *Bay Area Reporter* mit einem Leitartikel von Paul Lorch in den Homosexuellenbars an der Castro Street ausgeliefert. Er trug die Überschrift: »Killing the Movement« (Mordversuch an der Bewegung).

»Die homosexuelle Befreiungsbewegung in San Francisco wäre am Freitagmorgen um elf Uhr fast eines plötzlichen Todes gestorben. Nein, dieser Ausdruck stimmt nicht. Die homosexuelle Befreiungsbewegung ist am letzten Freitagvormittag beinahe von sechzehn homosexuellen Männern und lesbischen Frauen *umgebracht* worden. Diese Gruppe, deren Mitgliederzahl stündlich schwankte, während die Leute auf die vermeintliche Berg- und Talbahn aufsprangen und sie wieder verließen, unterzeichnete einen Antrag, der der Vernichtung des homosexuellen Lebens grünes Licht geben sollte.«

Diese »Kollaborateure« waren die Leute, die sich für die Schließung der Saunen ausgesprochen hatten.

»Diese sechzehn Menschen hätten die Bewegung umgebracht und sie leichtfertig den Kräften überantwortet, die uns schon seit undenklichen Zeiten brutal unterdrückt haben ... Die Homosexuellengemeinschaft sollte sich diese Namen gut merken und diese Leute ihren Zorn spüren lassen.«

Sehr bald wurde auch die »Liste der Verräter«, wie man sie nannte, überall bekannt. Eigentlich war es das Verzeichnis der bewährten alten Vorkämpfer im politischen Ringen um die Rechte der Homosexuellen. An erster Stelle stand der Name des Stadtrats Harry Britt. Nummer drei war der Stratege der politischen Kampagnen der Homosexuellen, Dick Pabich, der Mann, der vor fünf Jahren die Leiche des ermordeten Harvey Milk gefunden hatte. An sechster Stelle stand Dr. Marcus Conant. Von ihm stammte die Idee für das Modell einer koordinierten Betreuung der AIDS-Patienten in San Francisco. Der Verfasser utopischer Romane, Frank Robinson, der neunte auf der Liste, hatte für Harvey Milk die Wahlreden entworfen, in denen die Ideale der homosexuellen Befreiungsbewegung am besten zum Ausdruck kamen. Robinson stand auf der Liste der Verräter, weil er sich auf einer öffentlichen Versammlung angeblich für die Schließung der Saunen ausgesprochen hatte. Der Vizepräsident des *Milk Club*, Ron Hubermann, war der Verräter Nummer elf. Bill Kraus hatte die Nummer zwölf. Larry Littlejohn, der die erste politische Homosexuellenorganisation gegründet hatte, wurde auf der Liste als »Verräter der Sonderklasse« geführt.

Als Cleve Jones hörte, daß auch sein Name auf die Liste gesetzt werden sollte, ging er zur Redaktion der Homosexuellenzeitung, um das zu verhindern. Schließlich konnte er erreichen, daß man ihm nur den Vorwurf machte, er habe »dummes Zeug gequatscht«, während die anderen der Bewegung den Todesstoß versetzt hätten.

Bill Kraus wurde von seinen Kritikern regelrecht zerfetzt. Zehn Jahre lang hatte er unermüdlich für die Rechte der Homosexuellen gekämpft. Jetzt brandmarkte man ihn als »Verräter«. Er hatte das Gefühl, in der Gemeinschaft der Homosexuellen werde jetzt eine Hexenjagd veranstaltet, die den Kommunistenverfolgungen des Senators McCarthy ähnelten. Die Tatsache, daß jemand homosexuell war, hinderte gewisse Leute nicht daran, ihn der Homosexuellenfeindlichkeit zu bezichtigen. Sie folgten der gleichen Logik wie McCarthy, der vielen amerikanischen Bürgern vorgeworfen hatte, sie seien »unamerikanisch«. McCarthy hatte geglaubt, er könne jedem die politische Haltung vorschreiben, die ihn zum wahren amerikanischen Bürger machte. Der *Bay Area Reporter* und viele führende Homosexuelle glaubten jetzt, alle Homosexuelle, die nicht so dachten wie sie, seien homosexuellenfeindliche Verräter.

Was Bill Kraus noch mehr erregte als die gegen ihn erhobenen Beschuldigungen, war die Tatsache, daß niemand in der Homosexuellenszene es wagte, sich offen gegen diese Demagogie zu wenden. Kein einziger homosexueller Politiker oder Schriftsteller hatte den Mut, sich an die Öffentlichkeit zu wenden und zu erklären: »Das ist Wahnsinn.« Der Wahnsinn feierte Triumphe, weil die normalen Menschen schwiegen. Bill fühlte sich im Stich gelassen und isoliert. An der Öffentlichkeit versuchte er natürlich, das Gesicht zu wahren, und erklärte, es sei eine Ehre für ihn, auf der gleichen Liste zu stehen wie so viele andere hervorragende Persönlichkeiten. Aber privat beklagte er sich bei seiner Freundin Catherine Cusic: »Diese Hundesöhne. Warum habe ich mich eigentlich so für sie abgemüht.«

Am Morgen des 9. April gab Dr. Silverman eine Erklärung ab, die das Problem der Saunen noch weiter komplizierte. Flankiert von zweiundzwanzig homosexuellen Ärzten und führenden Persönlichkeiten aus der Szene, verkündete der Direktor der Städtischen Gesundheitsbehörde, er werde die Saunen nicht schließen, doch er werde sich dafür einsetzen, daß die riskanten Sexualpraktiken verboten würden.

»Wir wünschen, daß diese Lokale weiter geöffnet bleiben, und zwar als Stätten der Begegnung, wo die Besucher Sport treiben und vieles andere tun können. Sie sollen nicht mehr den gleichen Zwecken dienen wie bisher. Wir wollen also verhindern, daß dort weiterhin sexuelle Begegnungen stattfinden«, erklärte er.

Die Erklärung Silvermans konnte niemanden befriedigen. Die Befürworter der Saunen empfanden diesen Vorschlag als Zumutung. So wurde Silverman in der Schwulenszene der Vorwurf gemacht, ein Feind der Homosexuellen zu sein. Die Befürworter der Schließung ärgerten sich, weil sie offenbleiben sollten. Das politische Tauziehen um diese Frage würde also noch monatelang weitergehen. Die Bürgermeisterin Feinstein soll sich furchtbar über diese Entscheidung geärgert haben. Doch mit ihrer Bekanntgabe verlor das Problem an politischer Sprengkraft: Larry Littlejohn erklärte, er werde jetzt nicht mehr auf eine Entscheidung der Wähler dringen, denn er habe praktisch die gleichen Maßnahmen fordern wollen, die von Silverman angeordnet worden seien.

Führende Homosexuelle überall in den Vereinigten Staaten reagierten mit großer Empörung. Am Nachmittag nach der Erklärung von Silverman hinterließ der Herausgeber des *New York Native*, Charles Ortleb, eine Botschaft bei der Sekretärin von Jim Curran, in der er ihn fragte: »Lassen Sie jetzt als nächstes die Viehwagen für den Abtransport bereitstellen?«

Der Leitartikel in der nächsten Ausgabe des *Native* brachte eine an den Haaren herbeigezogene Version einer Geschichte. Irgendwo im Innenteil des *Native* war ein Bericht über die Erklärung eines Regierungsbeamten abgedruckt, der gesagt hatte, der AIDS-Erreger sei entdeckt worden. Dieser Beamte war James Mason von den CDC gewesen. Er hatte dem Reporter mitgeteilt, der Erreger sei ein Virus mit der Bezeichnung LAV, und die Franzosen hätten ihn gefunden.

NATIONALES KREBSINSTITUT, BETHESDA

Am gleichen Tag, als Dr. Silverman sein Sexverbot für die Saunen verkündet hatte, holte ein Arzt des Nationalen Krebsinstituts im Gebäude 31 der *National Institutes of Health* eine Flasche in einem luftdicht verschlossenen Plastikbeutel ab. Mit dieser Flasche fuhr er zu der Forschungsabteilung P3 der außerhalb der Stadt gelegenen *Frederick Cancer Research Facility*. Die Flasche enthielt 100 Millionen HTLV-III-Partikel. In diesem Institut, wo früher das Forschungszentrum für die biologische Kriegsführung untergebracht gewesen war, erzeugte man jetzt die 750 Gallonen Viruskulturen, die monatlich für Blutanalysen gebraucht wurden, um jede Bluteinheit zu testen, die für Transfusionen vorgesehen war. Die *Food and Drug Administration* behauptete zwar immer noch, die Gefahr, durch Transfusionen mit AIDS infiziert zu werden, sei minimal, doch beim Nationalen Krebsinstitut war man mittlerweile der Ansicht, daß die Einführung von Bluttests unbedingt notwendig sei.

Die Beweise dafür, daß das HTLV III der AIDS-Erreger war, mehrten sich. Seit 1981 hatten Dr. Bob Biggar und Dr. James Goedert von der Abteilung für Umwelteinflüsse und Epidemiologie des Nationalen Krebsintituts Blutproben von homosexuellen Männern in Washington und New York gesammelt. Als in den folgenden Jahren die verschiedensten Theorien über mögliche AIDS-Erreger grassierten, wurden diese Blutproben auf zahlreiche Erreger hin getestet. Dazu gehörten ein Virus, welches das afrikanische Schweinefieber verursachte, die Parvoviridae und sogar der jeweilige Interferonspiegel. Im April konnte Biggar die Tests auch mit dem HTLV III vornehmen, und es bestätigte sich der Verdacht, daß das HTLV III der gesuchte Erreger war.

In San Francisco brachte ein AIDS-Forscher den Zeitplan für die Bekanntgabe der Entdeckung des HTLV III durch eine unvorsichtige Bemerkung in einem Rundfunkinterview durcheinander. Wie fast alle an der AIDS-Forschung beteiligten Wissenschaftler hatte Dr. Donald Abrams, der stellvertretende Direktor der AIDS-Klinik, von dem Durchbruch erfahren. Als er am Sonntagnachmittag, dem 15. April, in der Sendung einer örtlichen Rundfunkstation interviewt wurde, erwähnte er beiläufig die Entdeckung des »AIDS-Erregers«.

»Ist das eine Exklusivmeldung?« fragte die Reporterin.

Abrams bereute sofort, daß er die Sache erwähnt hatte. Es verstieß gegen die unter Wissenschaftlern geltenden Anstandsregeln, wenn er

597

die Entdeckung eines anderen vor ihm bekanntgab. Doch die Reporterin in ihrem Snoopy-Sweatshirt machte einen recht naiven Eindruck, und Abrams glaubte, sie habe gar nicht begriffen, was er ihr gesagt hatte.

Jedenfalls beschwichtigte sie ihn sogleich: »Diese Sendung ist nur für die Zuhörer in unserer unmittelbaren Umgebung bestimmt und wird wahrscheinlich erst in einer Woche ins Programm aufgenommen werden.« Dann fragte sie: »Was ist ein Erreger? Ist das ein Virus?«

»Ein Erreger ist alles, was eine Krankheit verursacht«, sagte Abrams. »Aber in diesem Fall ist es tatsächlich ein Virus.«

Abrams dachte kaum noch an das Interview, als er am folgenden Morgen von einem Vetter aus New Jersey angerufen wurde.

»Mazel tov«, begrüßte ihn der Vetter. »Überall hat man heute morgen im Radio gehört, wie du die Entdeckung des AIDS-Virus bekanntgegeben hast.«

Als Abrams im Lauf des Tages von Zeitungsredaktionen und Rundfunkstationen angerufen wurde, lehnte er jeden Kommentar ab. Doch die CBS-Station, die das Interview gesendet hatte, verlangte, er solle entweder seine Behauptung widerrufen oder den Namen des Entdeckers nennen.

Am Nachmittag erhielt Don Francis vom Nachrichtenbüro der CBS einen Anruf in Paris.

»Was hat das zu bedeuten?« fragte der Reporter. »Gallo behauptet, er sei der Entdecker des Erregers.«

Am nächsten Morgen brachte der San Francisco Chronicle einen eigenen Bericht über das HTLV-III.

Auch in England rechnete man in nächster Zeit mit der Bekanntgabe der Entdeckung. Schon vor einigen Wochen hatte ein Korrespondent der BBC die Sekretärin von Bob Gallo überredet, ihm Kopien der Artikel zu überlassen, die Gallo für die Zeitschrift Science geschrieben hatte – allerdings mit der Auflage, die Nachricht nicht vor dem Juli weiterzugeben. Aber dann übergab er die Berichte der Zeitschrift New Scientist, die sofort einen Artikel über die Entdeckung des HTLV-III brachte. Als die Zeitschrift Jean-Claude Chermann um eine Stellungnahme bat, rief der französische Forscher wütend bei Don Francis an.

»Wenn Gallo unsere Vereinbarung nicht einhält, werde ich ihn umbringen«, sagte Chermann.

Die Pressekonferenz, auf der die Bekanntgabe der Entdeckung erfolgen sollte, wurde auf Montag, den 23. April angesetzt. Wenige Tage vor der Bekanntgabe erhielt der Chef der Presseabteilung der

CDC, Don Berreth, eine Kopie der Presseerklärung des Nationalen Krebsinstituts. Darin wurden weder das LAV noch das Pasteur-Institut erwähnt. Obwohl der Abteilungsleiter im Gesundheitsministerium, Edward Brandt, jetzt die Vorabdrucke der Berichte hatte, die in der Zeitschrift *Science* veröffentlicht werden sollten, hatten weder er noch das Nationale Krebsinstitut sie den CDC zugänglich gemacht. James Mason, Jim Curran und Don Francis ließen sich in einer Konferenzschaltung mit Brandt verbinden und baten ihn dringend, die Bekanntgabe zu verschieben, bis ein gemeinsamer Termin mit den Franzosen vereinbart war. Francis erklärte, das HTLV III und das LAV seien das gleiche Virus und es sei keine amerikanische Entdeckung.

Zufällig war der wissenschaftliche Redakteur der *New York Times*, Lawrence Altman, vor einer Woche in Atlanta bei den CDC gewesen. Mason hatte Altman bei dieser Gelegenheit gesagt, die Arbeit des Pasteur-Instituts an dem LAV sei »von außerordentlicher Bedeutung« und es sehe so aus, »als hätten sie das AIDS-Virus«. Freitag, den 20. April am späten Nachmittag rief Altman bei Mason an. Er hatte von dem Durcheinander um die bevorstehende Bekanntgabe der Entdeckung des HTLV III gehört und wollte die Stellungnahme von Mason in der Sonntagsausgabe der *Times* veröffentlichen. Mason wußte, daß damit der Eindruck erweckt werden würde, er wolle der Bekanntgabe durch Frau Heckler zuvorkommen. Daher bat er Altman inständig, auf sein Vorhaben zu verzichten.

»Alles, was Sie sagen, wird mich in Schwierigkeiten bringen«, sagte Mason.

20. APRIL, SAN FRANCISCO DEPARTMENT OF PUBLIC HEALTH

An diesem Freitagnachmittag hatte Dr. Selma Dritz von der bevorstehenden HTLV-III-Pressekonferenz gehört. Damit war nach ihrer Ansicht die Phase der Epidemie zu Ende gegangen, in der Leute wie sie gebraucht wurden. Sie würde ihre Arbeit abschließen. Nachdem die Ursache der Krankheit entdeckt worden war und man wußte, auf welchem Wege sie übertragen wurde, mußte sich die AIDS-Forschung nun auf die Laboratoriumsarbeit konzentrieren, und dort war es Aufgabe der Wissenschaftler, den Impfstoff und die richtigen Behandlungsmethoden zu entwickeln. Was Selma Dritz bei der Bekämpfung der Epidemie geleistet hatte, war in ihrem gewissenhaft geführten Notizbuch verzeichnet. Die Eintragungen begannen an dem Tage, an dem sie erfahren hatte, daß Ken Horne an diesem rätselhaften Kaposi-

Sarkom erkrankt war. Jetzt hatte Frau Dritz das beruhigende Gefühl, daß sie ihre Pflicht getan hatte und mit ihren Leistungen zufrieden sein konnte.

Bei ihrem Abschiedsessen erinnerte sich einer der Gäste an einen Vortrag, den Mrs. Dritz 1980 an der Universität von Kalifornien in San Francisco über Geschlechtskrankheiten bei Homosexuellen gehalten hatte. Sie hatte damals erklärt, daß sich zu viele mit Geschlechtskrankheiten infizierten, und hinzugefügt, wenn in dieser Bevölkerungsgruppe ein neuer, unbekannter Erreger auftreten sollte, werde »die Hölle los sein«. Mit dieser Warnung habe sie einen erstaunlichen Weitblick bewiesen, meinte der Kollege.

45. Politische Wissenschaft

23. APRIL 1984, HUBERT H. HUMPHREY BUILDING,
U. S. DEPARTMENT OF HEALTH AND HUMAN SERVICES,
WASHINGTON, D. C.

Bob Gallo war abgespannt und nervös, als er das Büro der Gesundheitsministerin Margaret Heckler betrat. Er hatte in Italien an einer Retrovirologen-Konferenz teilgenommen und dort den abschließenden Vortrag gehalten. Anschließend war er in der Nacht nach Washington geflogen und direkt vom Flughafen zum Gesundheitsministerium gefahren. Erst gestern hatte ihn die Nachricht erreicht, daß er am nächsten Vormittag an einer Pressekonferenz teilnehmen sollte, auf der Frau Heckler die Entdeckung des HTLV III bekanntgeben werde. Zu seinem großen Ärger hörte er nun, daß die *New York Times* am Tage zuvor auf der Titelseite einen Artikel gebracht hatte, in dem berichtet wurde, Dr. James Mason habe erklärt, dem Pasteur-Institut sei die Entdeckung des AIDS-Erregers gelungen. Gallo wußte, daß der Wissenschaftsredakteur der *Times*, Dr. Lawrence Altman, der den Artikel geschrieben hatte, ein ehemaliger Angehöriger der CDC war. Er nahm daher an, mit dieser Nachricht sollte der Wert der Forschungsarbeiten beim Nationalen Krebsinstitut herabgesetzt werden. Gallo war fest davon überzeugt, daß Don Francis, der mit dem Pasteur-Institut zusammenarbeitete, dahinterstand.

James Mason, der zu der Pressekonferenz nach Washington geflogen war, spürte am Verhalten der Beamten des Gesundheitsministeriums sehr deutlich, daß seine in der New Yorker Zeitung zitierten Aussagen nicht gerade freundlich aufgenommen wurden. Vor Beginn der Pressekonferenz kam es zwischen Bob Gallo und einem der wichtigsten Berater von Frau Heckler zu einer lautstarken Auseinandersetzung. Dieser Beamte hatte es gewagt, Gallo wegen der vorzeitigen Bekanntgabe der Entdeckung Vorwürfe zu machen. Als sich die beiden beruhigt hatten, unterrichteten die Wissenschaftler Frau Heckler über den Stand der Dinge und begaben sich in den großen Konferenzsaal des *Hubert H. Humphrey Building*.

Noch nie hatte Gallo ein solches Aufgebot an Journalisten und Kameraleuten erlebt. Es war ihm sofort klar, daß die Bekanntgabe bei der internationalen Presse starke Beachtung finden werde und die französischen Wissenschaftler wütend auf ihn sein würden. Frau Heckler eröffnete die Pressekonferenz mit der Verlesung einer sechs Seiten langen Erklärung, deren Inhalt einen unüberhörbaren nationalistischen Unterton hatte.

»Heute darf die medizinische Wissenschaft in den Vereinigten Staaten mit einer wunderbaren Entdeckung ihrer ruhmreichen Geschichte ein neues Kapitel hinzufügen. Die heutige Entdeckung stellt den Triumph der Wissenschaft über eine furchtbare Krankheit dar. Diejenigen, die nicht bereit waren, den Wert unserer wissenschaftlichen Arbeit anzuerkennen, und behauptet haben, wir täten nicht genug, haben nicht begriffen, wie vernünftig, wie solide und wie zielstrebig die medizinische Forschung vorgeht. Seit dem Tage, an dem das Immunmangelsyndrom im Jahr 1981 identifiziert wurde, haben die Wissenschaftler des Amerikanischen Gesundheitsministeriums und ihre medizinischen Verbündeten nie aufgehört, nach den Ursachen der rätselhaften Krankheit AIDS zu suchen. Ohne auch nur einen Tag zu zögern, haben wir alle dem öffentlichen Gesundheitsdienst zur Verfügung stehenden Mittel wirksam für diese Aufgabe eingesetzt.«

Die Ärzte, die neben Mrs. Heckler auf dem Podium saßen, erbleichten sichtlich, als sie verkündete, innerhalb der nächsten sechs Monate werde ein Bluttest zur Verfügung stehen und nach zwei Jahren werde es möglich sein, einen Impfstoff zu erproben. Keiner von ihnen glaubte, daß sich diese Voraussage erfüllen werde, und niemand wußte, wie sie auf diese unrealistischen Termine gekommen war.

Auf Drängen der CDC sagte Frau Heckler ein paar anerkennende Worte über die Arbeit des Pasteur-Instituts, wies aber mit besonderem Nachdruck darauf hin, daß allein die Forschungsarbeiten am Nationalen Krebsinstitut den »entscheidenden Durchbruch« gebracht hätten. Sie hob hervor, daß es nur Gallo gelungen sei, das Virus in großen Mengen zu vermehren. Die Franzosen hätten bisher vergeblich versucht, eine dafür geeignete Methode zu finden. Nur mit dem von Gallo entwickelten Verfahren sei es möglich, eine große Zahl von Blutuntersuchungen vorzunehmen. Aber dennoch mußte Frau Heckler erwähnen, daß die Forscher beim Pasteur-Institut »zum Teil mit dem

Nationalen Krebsinstitut zusammengearbeitet haben«. Sie sagte, die Wissenschaftler rechneten damit, daß das LAV und das HTLV III identisch seien.

Nach Jahren vergeblichen Hoffens war die Bekanntgabe der Entdeckung des HTLV III wirklich ein Grund zur Freude. Dieses Gefühl hatte auch Don Francis, als er die Direktübertragung der Pressekonferenz von Frau Heckler im Fernsehstudio der CDC gemeinsam mit anderen Mitgliedern des *AIDS Activities Office* erlebte. Er sah aber doch mit einiger Sorge den unvermeidlichen Konflikten entgegen, die der Wissenschaft noch bevorstanden. Die Franzosen waren um die Anerkennung ihrer Leistung betrogen worden, und die amerikanische Regierung hatte eine recht fragwürdige Haltung eingenommen, als sie den Ruhm für eine Leistung in Anspruch nahm, die schon vor einem Jahr von anderen erbracht worden war. Francis fühlte sich peinlich berührt von dem Vorgehen seiner Regierung, der wahltaktische Erwägungen mehr bedeuteten als die Wahrheit. Außerdem mußte er erkennen, daß das Mißtrauen auf dem Gebiet der AIDS-Forschung in Zukunft eine noch größere Rolle spielen werde. Oft war der Wettbewerb in der Wissenschaft eine gute Sache und regte die Forscher zu größeren Anstrengungen an. Aber jede Unehrlichkeit belastete diese Arbeit, nahm den Forschern die Freude an der Wissenschaft und behinderte die künftige Zusammenarbeit.

Diese Besorgnisse kamen wenig später auch in einem Leitartikel der *New York Times* zum Ausdruck. Hier hieß es: »Was geschieht hier? Auch nach der Entdeckung des Virus wird die Entwicklung einer Vakzine mindestens noch zwei Jahre dauern, und man wird erst in einigen Monaten mit besseren Methoden für die Blutuntersuchung rechnen können. Doch man hört im Moment weniger von Fortschritten im öffentlichen Gesundheitswesen als von einem engstirnigen Konkurrenzkampf – um Anerkennung, Preise und die Bewilligung zusätzlicher Gelder für die Forschung ... Gewisse Fortschritte sind mit Sicherheit zu verzeichnen. Aber mit Sicherheit hat es noch niemand verdient, mit dem Nobelpreis ausgezeichnet zu werden.«

Die Wissenschaftler am Pasteur-Institut in Paris waren bestürzt, als sie sahen, wie die Bedeutung ihrer Arbeit heruntergespielt wurde. Für Willy Rozenbaum war der Auftritt von Frau Heckler nichts weiter als Wahlpropaganda. »Wählt uns, und wir werden euch in sechs Monaten einen Antikörper-Test präsentieren. Wählt uns, und in zwei Jahren werdet ihr über die Vakzine verfügen können«, parodierte er sie verbittert. Drei Tage später erklärte Luc Montagnier einem Reporter der *United Press International*: »Ich behaupte nicht, daß Gallo uns unser Virus weggenommen hat. Er hat selbständig gearbeitet.«

Die Beamten am Nationalen Krebsinstitut scheuten sich nicht, die Entdeckung des AIDS-Erregers für sich in Anspruch zu nehmen. Nach ihrer Auffassung hatte das Nationale Krebsinstitut die entscheidende Arbeit geleistet. Wenn sich das Pasteur-Institut und die CDC jetzt über das Verhalten des Nationalen Krebsinstituts beschwerten, dann seien das »saure Trauben«.

Was läßt sich über die Dauer der Forschungsarbeiten bis zur Entdeckung des AIDS-Virus sagen? Das wissenschaftliche Establishment und die Reagan-Administration wiesen darauf hin, daß das Geheimnis der AIDS-Epidemie sehr viel rascher gelöst wurden, als dies bei irgendeiner anderen Krankheit der Fall gewesen war. Damit haben sie recht. Doch diese Aussage läßt die Tatsache unbeachtet, daß AIDS nicht zur Zeit von Antonie van Leeuwenhoek oder Louis Pasteur aufgetreten ist. Die Epidemie begann zu einer Zeit, als das medizinische und technologische Wissen dramatische Fortschritte gemacht hatte. Anstatt die AIDS-Forschung mit der medizinischen Forschung in vergangenen Perioden zu vergleichen, sollte man sich intensiver mit der Chronologie der AIDS-Forschung selbst beschäftigen.

Wie sich herausstellte, machte es keine besonderen Schwierigkeiten, die Mikrobe zu finden. Die Franzosen brauchten drei Wochen, um das LAV zu entdecken, und hatten ihren ersten wissenschaftlichen Bericht über das Virus schon nach vier Monaten vorgelegt. Diese Veröffentlichung brachte noch nicht den endgültigen Nachweis für die Entdeckung, aber die Franzosen konnten bereits im Sommer 1983 genügend Beweise vorlegen, um zu behaupten, sie hätten den AIDS-Erreger gefunden. Die Forschungsarbeiten hatten bisher nur sieben bis acht Monate gedauert.

Auch das Nationale Krebsinstitut hat für die gleiche Arbeit nicht sehr lange gebraucht. Gallo gab ein Jahr und zwölf Tage nach seinem Versprechen, den Erreger zu finden, bekannt, daß es ihm gelungen war, 48 Isolate des HTLV III herzustellen. An der Universität von Kalifornien in San Francisco brauchte Dr. Jay Levy etwa acht Monate, um 20 Isolate eines Mikroorganismus herzustellen, den er als AIDS-assoziiertes Retrovirus oder ARV bezeichnete. Er war davon überzeugt, daß es mit dem LAV identisch sei. Dabei litten Levys Forschungsarbeiten unter chronischem Geldmangel.

Damit war es im April 1984 dem Pasteur-Institut, dem Nationalen Krebsinstitut, den CDC und der Universität von Kalifornien in San Francisco gelungen, das AIDS-Virus zu isolieren. Diese Arbeiten hatten im wesentlichen nach weniger als einem Jahr abgeschlossen werden können.

Die Verzögerungen beim Nationalen Krebsinstitut waren also nicht darauf zurückzuführen, daß es besonders schwierig gewesen wäre, das Virus zu isolieren. Schuld daran war schlicht das fehlende Interesse der dort arbeitenden Wissenschaftler. Die meisten Forscher bei den CDC waren überzeugt, daß das Virus schon 1982 hätte entdeckt werden können, wenn das Nationale Krebsinstitut 1981 mit intensiven Laborarbeiten begonnen hätte. Obwohl alle Wissenschaftler, die das Virus isolieren konnten, unseren Beifall verdienen – die Zeit, und nicht die Konkurrenz irgendeines Wissenschaftlers, war der entscheidende Gegner in diesem Kampf, in dem es um Tausende von Menschenleben ging. Doch wieder war der Wettlauf gegen die Zeit verlorengegangen.

Am 23. April 1984 waren in den Vereinigten Staaten viertausendeinhundertsiebenundsiebzig Fälle des erworbenen Immunmangelsyndroms registriert, wie die CDC am Nachmittag dieses Tages bekanntgaben. Eintausendeinhunderteins dieser Fälle waren im Jahr 1984 gemeldet worden. Die Krankheit hatte sich mittlerweile auf fünfundvierzig Staaten ausgebreitet. Täglich wurden etwa zwanzig neue Fälle gemeldet. Bisher waren in den Vereinigten Staaten eintausendachthundertsieben AIDS-Patienten gestorben.

4. MAI, UNIVERSITÄT VON KALIFORNIEN, SAN FRANCISCO

Wenige Tage nach der Bekanntgabe der Entdeckung des HTLV III hatte Marc Conant eine Gruppe einflußreicher Persönlichkeiten zu einem Symposium eingeladen. Es waren Experten auf dem Gebiet der Gesundheitsfürsorge, AIDS-Spezialisten und Vertreter der Medien, die ein »Medienprojekt zur AIDS-Vorsorge« entwickeln sollten. Der Stadtrat Britt wollte versuchen, dieses Projekt aus Mitteln der Stadt zu finanzieren.

Die homosexuelle Presse hatte Conant noch nicht verziehen, daß er sich im März an dem Versuch beteiligt hatte, die Saunen schließen zu lassen, und reagierte auf das Projekt mit einer wilden Rufmordkampagne. Dabei wurde die ganze Geschichte mit den Saunen noch einmal durchgehechelt. Die Schlagzeile eines Artikels im *Bay Area Reporter* lautete: »Ärzte empfehlen ›Modifizierung des Sexualverhaltens‹, um die Homosexuellen in eine Falle zu locken.« Die Bemühungen um die AIDS-Verhütung wurden als eine Orwellsche Verschwörung zur Unterdrückung der Gedankenfreiheit hingestellt. Um die homosexuellen Wähler in einem Wahljahr nicht zu verunsichern, konnte sich der Stadtrat nicht entschließen, dem Programm zuzustimmen.

Doch das war nicht die einzige Kontroverse, die der Bürgermeisterin im Mai das Leben schwer machte. Der Versuch, den Betrieb in den Saunen in andere Bahnen zu lenken, scheiterte ebenso wie die Bemühungen um eine wirksame AIDS-Verhütung. Silverman sagte später, er sei enttäuscht über die geringe Wirkung der AIDS-Aufklärungskampagne, die von seiner Behörde und der *San Francisco AIDS Foundation* eingeleitet worden war. Doch er wagte es nicht, seine Kritik öffentlich zu äußern. Er wollte keine der homosexuellen Gruppierungen ausgrenzen, weil er fürchtete, wenn eine dieser Gruppen sich ins Abseits gedrängt sähe, würde sie alle von ihm eingeleiteten Vorhaben sabotieren.

Etwa um die gleiche Zeit kam Steve Del Re, der junge Mann, der Conant so schwere Vorwürfe gemacht hatte, in Conants Praxis. Marc Conant hatte gerüchtweise gehört, daß der Siebenundzwanzigjährige ein Verhältnis mit Rock Hudson habe, aber Steve war nicht zu ihm gekommen, um sich mit ihm über solche Klatschgeschichten zu unterhalten.

»Ich habe einen purpurfarbenen Hautfleck«, sagte er.

Auch führende Homosexuelle in anderen großen Städten wandten sich energisch gegen jeden Versuch der Gesundheitsbehörden, die Saunen zu schließen. Ein Sprecher der Gesundheitsbehörde des Staates New York, David Axelrod, bezeichnete alle Maßnahmen gegen die Saunen als »lächerlich« und berief sich dabei auf das Argument der Sexfanatiker, wenn man den Homosexuellen ihre Saunen nähme, würden sie eben in die Parks gehen. Er und der Gouverneur des Staates New York, Cuomo, überließen dieses Thema dem Beratungsausschuß des AIDS-Instituts, der von Gegnern der Schließung beherrscht wurde. Als Dr. Roger Enlow vom Gesundheitsamt der Stadt New York erklärte, die Stadtverwaltung habe sich gegen jede Reglementierung der Saunen ausgesprochen, erwähnte er mit sichtlicher Genugtuung, daß Robert Bolan seinen Posten bei den *Bay Area Physicians for Human Rights* verloren habe, weil er sich für die Schließung ausgesprochen habe.

Der Eifer, mit dem die städtischen Beamten von New York plötzlich bereit waren, die bürgerlichen Freiheiten zu verteidigen, war allerdings sehr viel größer als ihre Bereitwilligkeit, für die Bekämpfung der AIDS-Epidemie Geld auszugeben. Zur gleichen Zeit, als Gouverneur Cuomo den führenden Homosexuellen versicherte, er werde nie etwas gegen die Saunen unternehmen, weigerte er sich – wie schon im vergangenen Jahr –, für die AIDS-Bekämpfung staatliche Gelder zur Verfügung zu stellen. Nachdem Cuomo im Haushalt des Staates New York keinen Etat für AIDS vorgesehen hatte, stimmte die Legislative dafür, $ 1,2 Millionen für die AIDS-Forschung und $ 400000 für die Aufklärung auszugeben.

Auch in Los Angeles lehnten es die Gesundheitsbehörden ab, gegen die Saunen vorzugehen. Der AIDS-Forscher Michael Gottlieb an der Universität von Kalifornien in Los Angeles vertrat die Auffassung, daß die Homosexuellen selbst etwas gegen diese Einrichtung unternehmen müßten. Doch die führenden Leute in der Homosexuellenszene verteidigten energisch ihre Strategie, die Saunenbesucher zum freiwilligen Verzicht auf bestimmte Praktiken zu bewegen, wie sie in den »Orgienräumen« oder kleinen Kabinen geübt wurden. Im persönlichen Gespräch räumten manche von ihnen ein, daß man es versäumt habe, rechtzeitig etwas gegen die AIDS-Epidemie zu unternehmen. Doch mit der Schließung der Saunen könne man jetzt auch nichts mehr gegen die sich rasant ausbreitende Krankheit bewirken. Gottlieb konnte sich nur wundern, daß diese jeder Logik widersprechenden Argumente ausgerechnet von Leuten verwendet wurden, die öffentlich behaupteten, die Saunen hätten nichts mit der Ausbreitung von AIDS zu tun. Er fragte sich auch, ob die Beamten der Gesundheitsbehörden jetzt vielleicht bald behaupten würden, die Epidemie sei überhaupt nicht mehr einzudämmen.

Zwischen Gottlieb und der Gesundheitsbehörde war es schon zuvor zu Meinungsverschiedenheiten gekommen. Gottlieb war der Auffassung, die Gesundheitsbehörden sollten wie im Falle von Syphilis-Erkrankungen die Personen ausfindig machen, mit denen AIDS-Kranke Sexualkontakte gehabt hatten. Aber die Beamten lehnten dies mit der Begründung ab, daß es gegen AIDS keine wirksame Therapie gebe wie gegen die Syphilis. Solche Nachforschungen würden die Menschen nur verunsichern. Außerdem dürfe man aus bürgerrechtlichen Erwägungen nicht die Privatsphäre dieser Leute verletzen. Das Problem, daß Virusträger ohne ihr Wissen andere mit AIDS infizieren konnten, erschien ihnen demgegenüber offensichtlich als zweitrangig.

AMERIKANISCHES GESUNDHEITSMINISTERIUM,
HUBERT H. HUMPHREY BUILDING, WASHINGTON, D. C.

Nach Bekanntgabe der Entdeckung des HTLV III erkannte Ed Brandt
sehr bald, in welche vier Richtungen die Forschung jetzt gehen müsse.
Die vordringlichste Aufgabe war die Entwicklung eines Bluttests.
Außerdem mußten die Forscher bei den Bundesgesundheitsbehörden
beginnen, nach einer AIDS-Vakzine zu forschen und wirksame Behandlungsmethoden zu entwickeln. Zugleich mußte der unumstößliche Nachweis erbracht werden, daß das HTLV III wirklich der AIDS-
Erreger war. Brandt wußte jetzt auch, welche Beträge nach den
Ermittlungen des vom Direktor der CDC eingesetzten Ausschusses für
die Forschungsvorhaben dieser Behörde gebraucht wurden. Zudem
sah er ein, daß die NIH nach der Entdeckung des AIDS-Virus genügend
Geld bekommen müßten, um alle Möglichkeiten zur Bekämpfung
dieser Epidemie auszuschöpfen. Für diese neuen Initiativen veran-
schlagte Brandt Ausgaben in Höhe von insgesamt $ 55 Millionen,
wobei $ 20 Millionen der AIDS-Forschung sofort für die verbleibenden
vier Monate des laufenden Rechnungsjahrs zur Verfügung gestellt
werden sollten. In einer an die Gesundheitsministerin Heckler gerichteten Denkschrift vom 25. Mai forderte er diese Beträge an.

In einer 21 Seiten umfassenden Anlage erläuterte Brandt im einzelnen, wofür das Geld ausgegeben werden sollte. Damit begann wieder
einmal eine sehr, sehr lange Wartezeit.

Wie Brandt später sagte, stand AIDS zwar auf der Prioritätenliste des
Gesundheitsministeriums an erster Stelle, aber mit Sicherheit nicht auf
der des Office of Management and Budget.

Brandt wurde aber auch noch durch andere Kontroversen von
seiner eigentlichen Arbeit abgelenkt. Anfang Mai hatte er eine Einla-
dung zu dem jährlich stattfindenden Essen des Fund for Human
Dignity angenommen. Dieser Fonds war eine Wohltätigkeitseinrich-
tung der National Gay Task Force. Bei der Veranstaltung, zu der
Brandt eingeladen worden war, sollte das Blood Sister Project of San
Diego ausgezeichnet werden. Diese Gruppe hatte Hunderte von Lesbierinnen dafür gewonnen, Blut zu spenden. Man konnte mit einiger
Sicherheit davon ausgehen, daß ihr Blut nicht infiziert war, weil
Lesbierinnen im allgemeinen nicht an gefährlichen Infektionskrank-
heiten litten. Das Blut konnte dann bei der Behandlung von AIDS-
Patienten im Bezirk von San Diego verwendet werden. Brandt betrach-
tete dieses Vorhaben als ein gutes Beispiel für die freiwillige Selbsthilfe,

608

zu der Präsident Reagan schon wiederholt aufgerufen hatte. Doch einige konservative Gruppierungen, die für den »Schutz der Familie« eintraten, erfuhren von Brandts Vorhaben und überschwemmten das Weiße Haus mit einer Flut Telegrammen, in denen sie für den Fall seiner Teilnahme an dieser Veranstaltung die Entlassung Brandts verlangten.

»Wir sind zutiefst erschüttert und entsetzt. Dr. Brandt hat selbst erklärt, daß AIDS auf der Prioritätenliste des Amerikanischen Gesundheitsdienstes an erster Stelle steht«, sagte Gary Curran von der *American Life Lobby*. »Sein Erscheinen bei dieser Veranstaltung wäre eine moralische und politische Aufwertung für einen Lebensstil, den die große Mehrheit der amerikanischen Bürger verabscheut.« Andere fundamentalistische Gruppen äußerten sich im gleichen Sinn. Diese Organisationen warfen der Gesundheitsministerin Heckler schon seit einiger Zeit vor, daß sie in dieser Frage eine viel zu liberale Haltung einnehmen würde. Als Brandt mit Frau Heckler über diese Proteste sprach, äußerte sie sich besorgt über die möglichen politischen Folgen.

Noch am gleichen Nachmittag erklärte ein Sprecher des Gesundheitsministeriums, Brandt müsse am Abend der Veranstaltung einer wichtigen Konferenz beiwohnen. So leid es ihm täte, er könne nicht zu der Verleihung der Auszeichnung kommen.

Am 31. Mai 1984 war die Zahl der an AIDS gestorbenen Amerikaner auf mehr als zweitausend angestiegen. Aber der Tod dieser zweitausend und die Tatsache, daß weitere zweitausendsechshundertfünfzehn Menschen zum Tod durch diese Krankheit verurteilt waren, hatten die Gesellschaft nicht veranlassen können, alle vorhandenen Mittel zur Bekämpfung der Epidemie zu mobilisieren. Auch die ernsten Mahnungen des Abteilungsleiters im Gesundheitsministerium konnten kaum etwas daran ändern. Es bedurfte erst eines spektakulären Falles, um hier eine Wende herbeizuführen. Am 5. Juni 1984 kam ein Mann in die Praxis seines Arztes, um sich nach dem Ergebnis einer Biopsie zu erkundigen. Die Biopsie war an einem lästigen purpurfarbenen Fleck am Hals des Achtundfünfzigjährigen vorgenommen worden. Der Arzt hatte schon bei der ersten Untersuchung das Schlimmste vermutet. Trotzdem hatte er die Bestätigung seiner Diagnose durch die Biopsie abgewartet, bevor er Rock Hudson sagte, daß er am Kaposi-Sarkom erkrankt war.

46. Der Zug fährt ab

Juni 1984, Centers for Disease Control, Atlanta

Erst jetzt, nachdem man sich darüber geeinigt hatte, daß das LAV beziehungsweise das HTLV III der AIDS-Erreger war, ließ sich das ganze Ausmaß der Katastrophe erkennen. Die Antikörpertests vermittelten den Forschern zum ersten Mal eine Vorstellung davon, wie viele Amerikaner sich mit dem Virus infiziert hatten. Bisher hatte man den Verlauf der Epidemie nur anhand der Fälle feststellen können, bei denen AIDS voll zum Ausbruch gekommen war. Das bedeutete praktisch, daß die Forscher die Wege verfolgten, die das Virus vor einigen Jahren genommen hatte. Durch die Antikörpertests erfuhren die Wissenschaftler nun, welche Wege das Virus jetzt nahm.

Bei den CDC überwachte Don Francis diese deprimierende Arbeit in einem virologischen Labor. Von zweihundertfünfzehn Männern, deren Blut in jüngster Zeit an der Klinik für Geschlechtskrankheiten in San Francisco getestet worden war, wurden bei hundertvierzig – also bei 65 Prozent – LAV-Antikörper festgestellt. Darüber hinaus zeigte eine beunruhigend hohe Zahl dieser Versuchspersonen bereits Symptome einer Immunschwäche, in den meisten Fällen geschwollene Lymphknoten. Als das örtliche Gesundheitsamt Bluttests bei hundertsechsundzwanzig Versuchspersonen vornahm, die noch keine Frühsymptome von AIDS oder einer Lymphadenopathie zeigten, wurde bei 55 Prozent von ihnen festgestellt, daß sie mit dem Virus infiziert waren. Die ungewöhnlich hohe Infektionsrate mit dem AIDS-Virus war ein deutliches Anzeichen dafür, daß die Krankheit in der Homosexuellenszene von San Francisco und wahrscheinlich auch in anderen amerikanischen Großstädten pandemische Ausmaße angenommen hatte. Die in Bob Gallos Labor vorgenommenen Untersuchungen bei homosexuellen Männern an der Ostküste ergaben, daß im Blut von 35 Prozent dieser Personen HTLV-III-Antikörper festge-

610

stellt worden waren. Bei vergleichbaren Untersuchungen in Paris lag die Infektionsrate bei 18 Prozent.

Die Testergebnisse bei Personen, die sich durch Blutkontakte mit dem Virus infiziert hatten – entweder als Drogenabhängige oder durch Transfusionen –, brachten noch deprimierendere Ergebnisse. Von sechsundachtzig drogenabhängigen Fixern, die in einer New Yorker Drogenklinik getestet wurden, waren fünfundsiebzig, also 87 Prozent, mit dem LAV infiziert. Blutuntersuchungen bei fünfundzwanzig Blutern, die noch keine AIDS-Symptome zeigten, ergaben, daß achtzehn von ihnen LAV-Antikörper hatten. Bei Blutern, deren Zustand so ernst war, daß sie häufiger als einmal monatlich den Faktor VIII brauchten, ergab sich eine Infektionsrate von 90 Prozent. Die Ergebnisse von CDC-Untersuchungen waren ähnlich alarmierend. Das ließ eine exponentielle Zunahme bei künftigen Transfusionsfällen bis zu dem Zeitpunkt erwarten, wenn die letzten Teilnehmer an diesem AIDS-Marathon die Ziellinie erreichten.

Die Tests zerstreuten auch die letzten Zweifel daran, daß die Immunschwäche, die man in letzter Zeit immer häufiger bei Kindern von Drogenabhängigen festgestellt hatte, auf eine AIDS-Infektion zurückzuführen war. Die strengen Richtlinien, die für die epidemiologischen Untersuchungen der CDC galten, hatten bisher verhindert, daß diese Kinder in die offizielle AIDS-Statistik aufgenommen wurden. Arye Rubinstein behandelte hundertachtundzwanzig Patienten aus dem Armenviertel Bronx, die nach seiner Diagnose an AIDS erkrankt waren. Doch nur in zehn bis fünfzehn Prozent dieser Fälle waren alle von den CDC geforderten Voraussetzungen für die Klassifizierung als AIDS-Patienten gegeben gewesen. Als Rubinstein nun jedoch die HTLV-III-Antikörpertests bei seinen kleinen Patienten vornahm, stellte er fest, daß sie alle mit dem AIDS-Erreger infiziert waren. Diese Untersuchungsergebnisse veranlaßten viele Ärzte, die CDC aufzufordern, sie sollten ihre Definition von AIDS den neuesten Erkenntnissen anpassen. Doch zunächst weigerten sich die CDC noch, ihre Bestimmungen zu ändern.

Die Antikörpertests vermittelten den Wissenschaftlern die ersten Einsichten über die Verbreitungswege der AIDS-Infektion. Die an homosexuellen Männern in San Francisco angestellten Untersuchungen zur Entwicklung einer Hepatitis-Vakzine in den 1970er Jahren lieferten der AIDS-Forschung jetzt außerordentlich wertvolles Material. Im Juni zog sich Don Francis lange Skihosen und einen Parka als Schutzkleidung an und machte sich an die Arbeit, um die Blutproben zu testen, die er im Rahmen der Forschungsarbeit zur Entwicklung der Vakzine sechstausendachthundert Männern entnommen hatte. Von diesen Proben wählte er hundertzehn aus dem Jahr 1978 und etwa fünfzig aus dem Jahr 1980 aus. Von den 1978 gewonnenen Blutproben enthielt nur eine die LAV-Antikörper, während 25 Prozent der zwei Jahre später untersuchten Personengruppe mit dem AIDS-Virus infiziert waren. Seither hatte sich die Infektionsrate mehr als verdoppelt. Die Ergebnisse der Tests mit den Blutproben aus den vergangenen Jahren stützten die Hypothese, daß das neue Virus 1976 oder 1977 zum ersten Mal bei Homosexuellen in San Francisco aufgetreten war. Es hatte sich also schon lange, bevor Ken Horne 1980 die purpurfarbenen Läsionen auf seiner Brust entdeckte, in der Homosexuellenszene ausgebreitet. Seither hatte sich das Tempo der Verbreitung des Virus noch wesentlich beschleunigt.

Als Dr. Bob Biggar vom Nationalen Krebsinstitut im Juni nach Dänemark reiste, um die homosexuellen Männer zu testen, mit denen er 1981 seine AIDS-Studie begonnen hatte, mußte er erschüttert feststellen, daß sich bei neun Prozent von ihnen die HTLV-III-Antikörper nachweisen ließen. Biggar war besonders beunruhigt, weil es sich hier nicht um Homosexuelle aus einer Großstadt wie Kopenhagen, sondern um Männer aus Aarhus handelte, der im Norden des Landes gelegenen Stadt, in der Grethe Rask seinerzeit Medizin studiert hatte. Seinen Kollegen gegenüber erklärte Biggar, angesichts einer so hohen Infektionsrate müsse man mit erschreckenden Folgen rechnen. Zwar waren bisher nur wenige dieser dänischen Versuchspersonen an AIDS erkrankt, doch aufgrund der epidemiologischen Untersuchungen in San Francisco mußte man damit rechnen, daß es in sehr vielen Fällen noch Jahre dauern würde, bis die Krankheit zum Ausbruch kam.

Aus Biggars Untersuchungen ergaben sich aber auch gewisse Hinweise auf die Infektionswege. In Dänemark hatten zum Beispiel die meisten infizierten Männer New York City besucht. Außerdem konnte Biggar feststellen, daß dänische Bluter, die mit einem in Europa hergestellten Faktor-VIII-Präparat behandelt worden waren, nicht mit dem HTLV III infiziert waren. Die mit dem AIDS-Erreger Infizierten hatten dagegen alle den aus den Vereinigten Staaten importierten Faktor VIII bekommen.

Die vom Pasteur-Institut in Afrika durchgeführten Antikörper-Tests belegten die frühesten AIDS-Übertragungswege. Nach ihren Testergebnissen schätzten die französischen Forscher zum Beispiel, daß in Zaire von einer Million Einwohnern zweihundertfünfzig an AIDS erkrankt waren. In den Vereinigten Staaten, dem westlichen Land mit der höchsten Anzahl von AIDS-Fällen, lag das Verhältnis bei sechzehn zu einer Million. Biggar testete Blutproben, die er im zairischen Busch nördlich von Kinshasa genommen hatte, und stellte fest, daß zwölf Prozent der Bevölkerung dieses Landesteils mit dem HTLV III infiziert waren. Daraus schlossen die Forscher, daß AIDS höchstwahrscheinlich aus Zentralafrika nach Europa eingeschleppt worden war. Allerdings glaubte niemand, daß amerikanische Homosexuelle in jüngster Zeit dieses afrikanische Savannengebiet besucht hatten. Aber diese Vermutungen über den Ursprung von AIDS verunsicherten die Regierungen in den afrikanischen Ländern. Amerikanische und europäische Forscher mußten sich vor der Einreise nach Zaire auf Anordnung der Behörden verpflichten, keine dort ermittelten AIDS-Daten zu veröffentlichen.

Dr. Max Essex nahm sich jedoch die Freiheit, eigene Hypothesen über die Entstehung von AIDS zu entwickeln und öffentlich zur Diskussion zu stellen. Seine Studien über das Auftreten einer AIDS-ähnlichen Krankheit bei Affen, die zu Forschungszwecken in Massachusetts und Kalifornien gehalten wurden, veranlaßten ihn, seine Forschungsarbeiten auf die bei Affen auftretende Variante von AIDS, das sogenannte SAIDS, auszudehnen. Dies führte zur Entdeckung des STLV III oder Simian T-lymphotrophic-Virus. Die Ähnlichkeit bei den Proteinen des STLV III und des HTLV III veranlaßten Essex zu der Annahme, AIDS könne in gewissen Primatenpopulationen Jahrtausende latent vorhanden gewesen sein, bevor es auf den Menschen übertragen wurde.

Angesichts der in den letzten Jahren in Afrika erfolgten plötzlichen Bevölkerungsverschiebungen ließ sich der weitere Verlauf ohne große Schwierigkeiten rekonstruieren. In irgendeinem Stamm, der in einem abgelegenen Gebiet gelebt hatte, konnte das Virus latent vorhanden gewesen sein. Mit der rapiden Urbanisierung dieser Region nach dem Ende der Kolonialzeit konnte das Virus erst in jüngster Zeit in die größeren Städte wie zum Beispiel nach Kinshasa eingeschleppt worden sein. Von Afrika gelangte das Virus nach Europa, wo die ersten AIDS-Fälle Ende der siebziger Jahre festgestellt wurden. Nach Haiti war die Krankheit durch Verwaltungsbeamte eingeschleppt worden, die in den siebziger Jahren in Zaire gearbeitet hatten. Nachdem das Virus nach Europa und Haiti eingeschleppt worden war, trat es sehr bald auch in den Vereinigten Staaten auf und wurde Anfang der achtziger Jahre durch homosexuelle Touristen wieder nach Europa zurückgebracht.

Obwohl die Wissenschaft durch die Antikörper-Tests zu neuen Einsichten gelangte, gab es Mitte 1984 noch viele ungelöste Rätsel. Die wichtigste Frage war, was das Vorhandensein der HTLV-III-Antikörper eigentlich bedeutete. Einige Forscher hofften, die große Zahl der mit dem AIDS-Virus infizierten Menschen könne ein Hinweis darauf sein, daß es weniger tödlich war, als die Wissenschaftler bisher geglaubt hatten. Die ersten Prospektivstudien über Personen mit Lymphadenopathie ergaben zum Beispiel, daß verhältnismäßig wenige von ihnen an AIDS erkrankten. Dies veranlaßte einige Wissenschaftler zu der Annahme, das Lymphadenopathie-Syndrom sei eine milde Form der AIDS-Infektion und die Lymphadenopathie-Patienten könnten es schlimmstenfalls mit verhärteten Lymphknoten und gewissen dermatologischen Problemen zu tun bekommen. Andere Wissenschaftler vertraten die optimistische These, daß einige dieser Antikörper eine Schutzfunktion übernahmen und die Auswirkungen der Infektion mit dem AIDS-Virus neutralisierten. Obwohl das Vorhandensein von AIDS-Antikörpern bei so vielen Patienten darauf hindeutete, daß dies nicht immer der Fall war, wußte man noch zu wenig über die Antikörper, um definitive Aussagen über ihre Bedeutung zu machen.

Die lebhafte Diskussion über die Frage, ob dieses Virus allein oder im Zusammenwirken mit einer anderen Infektion die Krankheit verursachte, ging weiter. Auch dies hätte erklären können, weshalb ein Teil der mit dem AIDS-Virus infizierten Personen alle Symptome der Krankheit zeigte, während andere nur an Lymphadenopathie erkrankten und viele keinerlei Krankheitssymptome zeigten. Das Zytomegalie-Virus und das Epstein-Barr-Virus wurden am häufigsten als die Erreger genannt, die möglicherweise als zweiter Faktor neben dem AIDS-Virus zum Ausbruch der Krankheit führten. Andere Wissenschaftler vermuteten, dieser »zweite Faktor« könnten gastrointestinale Parasiten sein.

Angesichts all dieser Unsicherheiten gewannen die Untersuchungen von Dale Lawrence über die Inkubationszeit bei AIDS eine immer größere Bedeutung. Wenn die durchschnittliche Inkubationsperiode 5,5 Jahre dauerte, dann bedurfte es 1984 nicht sehr vieler AIDS-Fälle, um die Tödlichkeit des AIDS-Virus nachzuweisen. Nach seinen Berechnungen würde die Häufigkeit der AIDS-Fälle erst Ende 1985 wesentlich zunehmen, weil bis 1980 noch nicht sehr viele Amerikaner mit dem Virus infiziert worden waren. Doch während des ganzen Jahres 1984 hielten es die CDC nicht für notwendig, die beunruhigenden Ergebnisse der Untersuchungen von Lawrence zu veröffentlichen.

Lawrence sah darin eine ganz bestimmte Tendenz. Die Behörde hatte schon die ganze Zeit die Bekanntgabe neuer Erkenntnisse immer wieder um mindestens sechs Monate verzögert. So war es unter anderem mit den Ergebnissen epidemiologischer Forschungen über die Infektionswege bei drogenabhängigen Fixern und ihren weiblichen Sexualpartnern geschehen. Führende Forscher der CDC hatten Journalisten versichert, es gebe »keine Hinweise« darauf, daß AIDS eine ansteckende Krankheit sei, obwohl sie damals schon den Bericht über den »Patienten null« und das Netz der Beziehungen zwischen den Erkrankten für die offizielle Veröffentlichung vorbereiteten. Auch Warnungen vor den Gefahren einer möglichen heterosexuellen Übertragung von AIDS wurden nicht rechtzeitig thematisiert. Denn Ed Brandt, der Abteilungsleiter im Gesundheitsministerium, glaubte nicht, daß AIDS auch zu einem Problem für Heterosexuelle werden könne.

Lawrence hatte Verständnis für die vorsichtige Haltung der Behörde. Ihre Glaubwürdigkeit konnte erschüttert werden, wenn der Eindruck entstand, daß sie in wichtigen gesundheitspolitischen Fragen voreilige Schlüsse zog. Doch Lawrence fürchtete, Beamte der Gesundheitsbehörden im ganzen Land könnten sich auf Schätzungen verlassen, nach denen bei AIDS mit einer Inkubationsperiode von nur zwei Jahren zu rechnen sei, und deshalb zu der optimistischen These kommen, die AIDS-Epidemie werde wegen des veränderten Sexualverhaltens der Homosexuellen in Kürze ihren Höhepunkt erreichen. Er wußte, daß man vernünftige Vorbeugungsmaßnahmen nicht auf solche statistischen Angaben stützen durfte.

Don Francis wußte genug über die Unberechenbarkeit der Inkubationsperioden von Retroviren, um nicht voreilige Schlüsse zu ziehen. Aber er erkannte doch, daß homosexuelle Männer in großen Städten am stärksten der Gefahr ausgesetzt waren, an der Epidemie zu sterben. Auch bei den Blutern mußte man mit erheblichen Verlusten rechnen. Die Zahl der AIDS-Opfer unter den drogenabhängigen Fixern würde erschreckend hoch sein, und sie würden ihre Sexualpartner und ihre kleinen Kinder mit in den Tod nehmen. In Zentralafrika würde der AIDS-Tod die Ausmaße eines Holocaust annehmen. Das Licht am Ende des Tunnels war ein sich mit rasender Geschwindigkeit nähernder Gegenzug auf demselben Gleis.

Die Kontroverse zwischen Robert Gallo und dem Pasteur-Institut um die Anerkennung der Entdeckung des AIDS-Virus lief jedoch weiter, als ob es nichts Wichtigeres zu tun gäbe. Seit der Bekanntgabe der Entdeckung des HTLV III hatten sich die Gegensätze weiter verschärft, was die Arbeit von Francis bei den CDC empfindlich behinderte. Da Gallo es den CDC nicht verzeihen konnte, daß sie die Entdeckung des LAV vor der Pressekonferenz von Mrs. Heckler hatten durchsickern lassen, weigerte er sich, den *Centers for Disease Control* eine ausreichende Menge von HTLV-III-Isolaten zur Verfügung zu stellen. Im Mai war aus dem Nationalen Krebsinstitut eine winzige Probe des Virusisolats eingetroffen, aber das Labor der CDC hatte Schwierigkeiten, die Viren zu kultivieren. Deshalb forderte Jim Curran weitere Proben an.

Bei den CDC wußte man, daß das Virus in großen Mengen isoliert worden war. Im gleichen Monat hatte das Nationale Krebsinstitut 25 Liter der mit den Viren versetzten Flüssigkeit an die fünf privaten pharmazeutischen Betriebe geschickt, die das für die Bluttests benötigte Material herstellen sollten. Doch das Nationale Krebsinstitut weigerte sich, den CDC mehr als nur diese winzigen Proben zur Verfügung zu stellen. Erst gegen Ende des Jahres gab das Nationale Krebsinstitut nach und vereinbarte mit den CDC den Verkauf von 100 Litern der mit dem HTLV III versetzten Flüssigkeit.

Gallo war außerdem daran interessiert, daß die CDC keine genetischen Vergleiche zwischen dem HTLV III und dem französischen LAV durchführten. Er hatte zwar versprochen, diese Vergleiche selbst vorzunehmen, aber die CDC warteten vergeblich auf das Ergebnis. Francis wußte, ein solcher Vergleich würde zeigen, ob die beiden Viren identisch waren. Wenn sich diese Vermutung bestätigte, dann war damit auch die Frage beantwortet, wer das AIDS-Virus zuerst entdeckt habe. Dann aber würde sich zeigen, daß Gallo den größten Wettstreit um die Entdeckung eines Virus im 20. Jahrhundert verloren hatte. Francis erwartete daher, daß Gallo jetzt erst einmal eine Menge wissenschaftlicher Berichte über das HTLV III veröffentlichen werde. Erst wenn er international als Entdecker des Virus anerkannt wäre, würde er zugeben, daß es sich bei dem HTLV III und dem LAV um das gleiche Virus handelte. Daß Gallo dies für ein legitimes Verhalten in einem wissenschaftlichen Wettstreit hielt, empfand Francis als unanständig.

Die französischen Forscher am Pasteur-Institut ärgerten sich natürlich darüber, daß man ihnen die Anerkennung vorenthielt. Alle Wissenschaftler, die sich an der AIDS-Forschung beteiligten, waren nun gezwungen, sich entweder auf die Seite der Franzosen oder die der

Amerikaner zu stellen. Eine Woche nach der Bekanntgabe kam es auf einer wissenschaftlichen Konferenz in Frankreich zu einer heftigen Auseinandersetzung zwischen Francis und Dr. William Haseltine, dem Forscher von der *Harvard University*, der eng mit Gallo zusammenarbeitete.

» Wie kommen Sie dazu, sich von den Franzosen und nicht von Gallo mit Virusisolaten versorgen zu lassen?« schrie Haseltine erregt.

Die anderen Wissenschaftler, die Zeugen dieses Auftritts wurden, schwiegen betreten. Don Francis wußte nicht, was er sagen sollte. Der Vorwurf bewies, daß Gallo Haseltine die Briefe gezeigt hatte, in denen er sich bei Beamten der NIH über die CDC beschwert hatte.

»Stecken Sie Ihre Nase nicht in Dinge, von denen Sie nichts wissen«, erwiderte Don Francis in scharfem Ton.

Die Reagan-Administration hatte damit gerechnet, daß Gallo die politische Kontroverse um die AIDS-Epidemie entschärfen werde. Deshalb unterstützen die leitenden Beamten im Gesundheitsministerium und im öffentlichen Gesundheitsdienst das Nationale Krebsinstitut. So untersagten sie es den *Centers for Disease Control*, das Virus in ihren Forschungsberichten als LAV zu bezeichnen, und verlangten, daß künftig nur noch die von Gallo gewählte Bezeichnung HTLV III verwendet würde. Diese Anordnung war lächerlich. Die CDC verwendeten bei ihrer Forschungsarbeit ausschließlich das von den Franzosen gelieferte LAV, wenn auch nur deshalb, weil sie das HTLV III von Gallo nicht bekommen konnten. Schließlich einigten sich die CDC und die hohen Verwaltungsbeamten auf einen Kompromiß: Künftig solle der AIDS-Erreger als LAV/HTLV III bezeichnet werden.

Auch bei der Veröffentlichung von Forschungsberichten gab es Schwierigkeiten. Als es seinerzeit wegen des Überwechselns von Dr. Kaly zu den CDC zu einem Streit gekommen war, hatte Gallo geschworen, er werde zu verhindern wissen, daß Don Francis jemals wieder eine wissenschaftliche Arbeit veröffentlichen könne. Francis hatte dies zunächst als leere Drohung abgetan. Im Sommer 1984 hatte er jedoch große Schwierigkeiten, die wissenschaftlichen Berichte seines Labors in medizinischen Fachzeitschriften unterzubringen.

Während sich der Streit verschärfte, stellte Francis fest, daß sich mancher angesehene Virologe nicht mehr an der AIDS-Forschung beteiligen wollte, um nicht in den Kompetenzstreit der Wissenschaftler hineingezogen zu werden. »Gallo hat die Atmosphäre vergiftet«, schrieb Francis in jenem Sommer in sein Tagebuch. »Das nimmt einem jede Freude an der wissenschaftlichen Arbeit.«

Dieses Intrigenspiel fand immer noch vor dem Hintergrund eines ständigen Geldmangels statt. Im Sommer 1984 standen den Labortechnikern von Francis große Mengen des tödlichen LAV sowie reichliche Gewebeproben von AIDS-Patienten zur Verfügung. Doch in den veralteten Labors fehlten die Hochdrucksterilisatoren zum Sterilisieren der Gefäße und Instrumente. Die Techniker mußten die kontaminierten Schalen und Instrumente durch einen langen Korridor zur Reinigung in ein anderes Labor bringen. Dabei mußten sie diese Gerätschaften vorsichtig in einer Hand balancieren, während sie mit ihren kontaminierten Gummihandschuhen die Türknöpfe drehten. Da Francis fürchtete, daß sich das Virus auf diese Weise weiterverbreiten könnte, bat er die Hausverwaltung, die Labors mit Schwingtüren zu versehen, damit die Techniker sie mit den Schultern öffnen konnten. Aber solche Türen waren teuer, und es würde Monate dauern, bis der Einbau bewilligt wurde. Francis nahm einen weiteren Anlauf und machte den Vorschlag, die Knöpfe durch Klinken zu ersetzen, wie man sie in allen europäischen Krankenhäusern findet. Dann würden die Techniker die Türen mit dem Ellbogen öffnen können, während sie die kontaminierten Gefäße und Instrumente mit beiden Händen festhielten.

Auf diesen Antrag erfolgte keine Reaktion. Francis hakte immer wieder nach und erläuterte dieses Sicherheitsproblem auf jeder internen Konferenz, aber nichts geschah. Es dauerte ganze vier Monate, bis an seinen Labortüren endlich zwei Türgriffe zum Preis von je $ 2.75 angebracht wurden.

Die Beschäftigung mit solchen Finanzierungsproblemen nahm nach seiner Schätzung 90 Prozent seiner Zeit in Anspruch. So hatte er zum Beispiel überall in den Vereinigten Staaten nach einem tüchtigen Virologen gesucht, der einen Teil der umfangreichen Laboratoriumsarbeiten übernehmen konnte. Nachdem der Anstellungsvertrag abgeschlossen war, mußte der Wissenschaftler zwei Monate warten, bis er mit seiner Arbeit beginnen konnte, weil sich in den engen Räumlichkeiten kein Arbeitsplatz für ihn einrichten ließ. Francis hatte deshalb auf sein Büro verzichtet. Doch es dauerte drei Monate, weil den CDC die Arbeitskräfte fehlten, um es als Labor einzurichten.

Francis und seine Wissenschaftler mußten ihre schriftlichen Arbeiten an Schreibtischen erledigen, die auf den Gängen vier Stockwerke über dem Kellergeschoß standen, wo die Labors untergebracht waren. Alle diese Schwierigkeiten zehrten an den Kräften der Techniker. Die meisten arbeiteten täglich bis zwei Uhr morgens. Im Sommer 1984 wurde ein Forscher im Viruslabor mit einem Magengeschwür ins Krankenhaus eingeliefert. Ein zweiter konnte den Streß nicht ertragen und erlitt einen Nervenzusammenbruch. Die einzige Belohnung für seine Arbeit als Regierungsbeamter erblickte Francis in den Resultaten, die sie brachte. Er bekam kein hohes Gehalt, verfügte über kein elegant eingerichtetes Büro und hatte in seiner Stellung nicht die Möglichkeit, nebenher etwas zu verdienen. Aber er konnte etwas bewirken. Bisher war er jedem Virus auf die Spur gekommen, nach dem er gesucht hatte. Er war maßgeblich an dem erfolgreichen Kampf gegen die Pocken und gegen das gefährliche Ebolafieber-Virus beteiligt gewesen. Aber es war ihm nicht möglich, sich im Kampf gegen ein System durchzusetzen, in dem man sich verschworen zu haben schien, diese tödlichen Viren zu unterstützen. Im Sommer 1984 hatte Francis das Gefühl, daß er die Schlacht gegen das AIDS-Virus verloren hatte.

Der Geldmangel belastete jeden Aspekt der AIDS-Forschung. Bis zum Ende des Jahres 1984 hatten nur zwei Wissenschaftler Beihilfen für die Retrovirus- und AIDS-Forschung bekommen: Bob Gallo vom Nationalen Krebsinstitut und Max Essex von der *Harvard University*. Aber auch Gallo durfte keine neuen Mitarbeiter einstellen, um die Laborarbeiten so rasch voranzubringen, wie man es von ihm erwartete.

Noch verheerender wirkte sich der Geldmangel auf die Forschungsarbeiten aus, mit denen sich die Wissenschaftler darum bemühten, eine AIDS-Therapie zu entwickeln. Die Entdeckung des LAV/HTLV III eröffnete die Möglichkeit, mit viruziden Medikamenten zu experimentieren. Einer der Ärzte bei den CDC wollte das Ribavirin testen, ein Medikament, mit dem sich bei der Bekämpfung von Grippeviren gewisse Erfolge gezeigt hatten. Um die Wirksamkeit des Ribavirins zu testen, brauchte der Arzt jedoch Viruskulturen aus dem Blut seiner Versuchspersonen. Nur auf diese Weise konnte er feststellen, ob das Medikament imstande war, den Virus-Spiegel im Blut seiner Versuchspersonen zu senken. Doch Don Francis mußte diesem Arzt beibringen, daß für solche Versuche die Kapazitäten fehlten. Das Labor der CDC konnte nur fünfzehn Viruskulturen in der Woche herstellen, die für noch dringendere Arbeiten gebraucht wurden.

Am Nationalen Krebsinstitut war Dr. Sam Broder für die Entwicklung neuer Therapien verantwortlich, aber auch er fand bei seinen Vorgesetzten nur wenig Verständnis für die Notwendigkeit, ein gegen das AIDS-Virus wirksames Medikament zu entwickeln. Bei den »Wunderdrogen«, die in den vergangenen Jahrzehnten entwickelt worden waren, handelte es sich um Medikamente zur Bekämpfung von Bakterien. Viren und Retroviren jedoch sind im Gegensatz zu Bakterien keine selbständigen Lebensformen, sondern aus genetischem Material bestehende Partikel, die zu Teilen der infizierten Zelle werden. Mit dem Abtöten des Virus wird zugleich auch die Zelle abgetötet. Die Wissenschaft hatte deshalb noch keine geeignete Behandlungsmethode für Viruskrankheiten gefunden. Mit Vakzinen ließen sich Antikörper erzeugen, die die geimpften Personen vor Infektionen schützten. Aber eine Schutzimpfung war keine Therapie. Angesichts der erfolglosen Bemühungen um eine wirksame Therapie bei Viruserkrankungen glaubten einige Wissenschaftler, es werde sich auch für AIDS keine geeignete Behandlungsmethode finden lassen. Doch Broder setzte sich leidenschaftlich dafür ein, alle Möglichkeiten auszuschöpfen.

Auch Ed Brandt hatte mittlerweile erkannt, welche Schwierigkeiten die unzureichende Finanzierung der AIDS-Forschung den Gesundheitsbehörden bereitete. Doch auch ihm waren die Hände gebunden. Sein Vorschlag zur Ausweitung der AIDS-Forschung vom 25. Mai lag immer noch unbeantwortet auf dem Schreibtisch der Gesundheitsministerin Heckler.

SAN FRANCISCO

Die Schuppenbildung hatte an seinem Nacken begonnen, bedeckte nun die ganze Kopfhaut und ging über die Stirn hinunter bis zum rechten Auge. Jetzt bildeten sich die gleichen Schuppen auf Schulter und Brust. Der leiseste Windzug, der ihm durch die Haare fuhr, verursachte unerträgliche Schmerzen. Cleve Jones war verzweifelt, als er ins Sprechzimmer seines Arztes kam.

»Wissen Sie, was das bedeutet?« fragte der Arzt.

»Wieso?«

»Alle jungen Männer, bei denen ich diese Symptome gesehen habe, waren mit AIDS infiziert.«

Cleve schleppte sich zur nächsten Homosexuellenbar, um etwas zu trinken. Noch vor ein paar Tagen war er im Plenum der Legislative von Kalifornien in Sacramento gewesen und hatte am Ende der Sitzung einen ihm bekannten Namen gehört. Es war der des Rechtsanwalts Frank aus Long Beach gewesen, mit dem Cleve 1982 kurze Zeit eine Affäre gehabt hatte. Die Sitzung war zu Ehren von Frank unterbrochen worden, der kürzlich an AIDS gestorben war. Außerdem hatte

Cleve gehört, daß der Bürgerrechtler Felix Velarde-Munoz, mit dem Cleve im Sommer 1980 eine Beziehung gehabt hatte, an Pneumocystosis erkrankt war.

Felix, Frank und Cleve hatten gemeinsam von einer neuen und schöneren Welt für Homosexuelle geträumt, und jetzt war einer von ihnen tot und ein zweiter zum Tode verurteilt. Cleve fragte sich, wann auch er in diesen Alptraum versinken werde. Er schüttete einen zweiten Wodka mit Tonic hinunter, denn um diesen Nachmittag zu überstehen, mußte er sich betrinken. Er hatte jeden Halt verloren und sah keinen Ausweg.

Cleves verzweifelter Zustand war ein Spiegelbild der Verwirrung, die die Gemeinschaft der Homosexuellen nach Ausbruch der Epidemie ergriffen hatte. Die Kontroverse um die Saunen hatte sich nicht beilegen lassen und nahm nur in San Francisco die Form einer politischen Konfrontation an, die immer neue Überraschungen brachte. Anfang Juni wurde bekannt, daß die Bürgermeisterin Feinstein Polizeibeamte beauftragt hatte, die Saunen aufzusuchen, sich als Gäste zu tarnen und schriftlich über die Vorgänge dort zu berichten. Sie hatte diese Aktion im März angeordnet, nachdem die Initiative von Littlejohn gescheitert war. Wahrscheinlich wollte sie einfach mit Fakten aufwarten können, die ihre Position gegenüber dem unschlüssigen Direktor des Gesundheitsamts stärkten. Doch das Bekanntwerden der von ihr angeordneten polizeilichen Ermittlungen ärgerte ihre Freunde und Gegner in gleicher Weise, denn es weckte die Erinnerung an die Zeiten, als die Polizei in den Bars und Saunen Razzien veranstaltete.

Mrs. Feinstein begegnete den Argumenten ihrer Kritiker mit der Forderung, Silverman müsse »den Schneid haben«, die Saunen noch vor der demnächst stattfindenden *Gay Freedom Day Parade* zu schließen. »Dr. Silverman soll endlich eine Entscheidung treffen und dann auch zu ihr stehen – und nicht eine Abstimmung veranstalten, um zu sehen, womit er sich bei den Leuten beliebt machen kann.«

Die Entscheidung über den Vorschlag, die Lizenzen für die Saunen künftig nicht mehr von der Polizeibehörde, sondern vom Städtischen Gesundheitsamt erteilen zu lassen, wurde vom Stadtrat immer wieder hinausgeschoben. Nachdem ein Ausschuß des Stadtrates die Vertreter der *Bay Area Lawyers for Individual Freedom* und der *American Association for Personal Privacy* angehört hatte, die man nicht gerade als Experten auf dem Gebiet des Gesundheitswesens bezeichnen konnte, wurde die Entscheidung aufs neue vertagt. Der Stadtrat, der den Vorschlag gemacht hatte, noch weitere sieben Wochen zu warten, war Richard Hongisto gewesen. Im März hatte er noch erklärt, die Saunen sollten geschlossen werden, weil er an zu vielen Beerdigungen homosexueller Freunde teilnehmen müsse. Doch jetzt dachte er daran, sich 1987 als Kandidat für das Amt des Bürgermeisters aufstellen zu lassen.

Doch während sich immer mehr homosexuelle Politiker für die Saunen stark machten, ging die Zahl der Besucher ständig zurück. Dieser Rückgang des Geschäfts erwies sich für viele Saunen und private Sexclubs als tödlich. Das *Hothouse*, die *Cornholes* und die *Liberty Baths* mußten schließen. Die kleinen Privatzimmer in den *Bulldog Baths* stellten den Betrieb ein, und das *Cauldron* warf nach einer letzten Party das Handtuch.

Die aufwendigste Abschiedsparty wurde in den *Sutro Baths* gefeiert. Dies war die einzige »bisexuelle Sauna« in San Francisco, die von Männern und Frauen mit allen nur denkbaren sexuellen Neigungen besucht wurde. Mehr als 500 Personen nahmen Anfang Juni an der drei Tage dauernden Abschiedsorgie teil, um ein letztes Mal in der Erinnerung an glücklichere Tage zu schwelgen, die jetzt ein für allemal vorüber waren. Das Fest erreichte seinen Höhepunkt, als fünf Angestellte der Sauna, die jetzt ihren Job verloren, auf die Bühne kamen und im Holzkohlenfeuer eines Bratrosts AIDS-Broschüren verbrannten.

»Wenn wir sie nicht mehr verteilen dürfen, dann können wir sie ebensogut auch verbrennen«, meinte der Besitzer des *Sutro*. Doch für viele wurde das öffentliche Verbrennen der Richtlinien für die AIDS-Vorbeugung zum bedrückenden Symbol für die gegenwärtige Situation der Homosexuellen in San Francisco.

Im Frühsommer 1984 nahm das öffentliche Interesse an der Epidemie merklich ab. Von Juli bis September brachten die amerikanischen Printmedien nur 266 Artikel über AIDS. Seit dem ersten Vierteljahr 1983 war der Krankheit nicht mehr so wenig Beachtung geschenkt worden.

Dagegen nahmen die tödlich verlaufenden AIDS-Erkrankungen weiterhin zu. In der letzten Juniwoche 1984 waren in den Vereinigten Staaten mehr als fünftausend AIDS-Fälle registriert. Die Epidemie hatte sich auf sechsundvierzig Staaten ausgebreitet, und fast zweitausenddreihundert Amerikaner waren an AIDS gestorben.

47. Republikaner und Demokraten

JULI 1984, RAYBURNE HOUSE OFFICE BUILDING, WASHINGTON, D. C.

In jedem Interview über die AIDS-Epidemie bestritt Ed Brandt, daß er eine Fotokopie seiner Denkschrift an die Gesundheitsministerin Heckler vom 25. Mai an die Presse weitergegeben habe. Manchmal würzte er sein Dementi sogar mit dem Scherz, er habe seine Denkschrift schon im *San Francisco Chronicle* gelesen, bevor seine Sekretärin die Originalfassung auf der Schreibmaschine geschrieben habe.

Die Denkschrift, in der Brandt weitere $ 55 Millionen für die AIDS-Bekämpfung forderte, hätte in keinem günstigeren Augenblick erscheinen können. Der Kongreß sollte demnächst mit den Beratungen über den Haushalt des kommenden Rechnungsjahrs beginnen, und die Administration behauptete immer noch, die für die AIDS-Bekämpfung vorgesehenen Beträge reichten vollständig aus.

Auch nach der Bekanntgabe der Entdeckung des HTLV III hatten die Beamten in der Reagan-Administration für das nächste Rechnungsjahr keine zusätzlichen Mittel für AIDS beantragt. Der von der Administration offiziell für das am 1. Oktober beginnende Rechnungsjahr beantragte Betrag für die AIDS-Bekämpfung belief sich auf $ 51 Millionen. Damit erhöhte sich der AIDS-Etat gegenüber dem des vergangenen Jahres um nur sechs Prozent. Die Denkschrift von Brandt widerlegte nun eindeutig die Behauptung der Administration, daß die Ärzte über alle Mittel verfügten, die sie brauchten.

Schon nach wenigen Tagen hatte Tim Westmoreland Kopien der Denkschrift an Kongreßmitglieder verteilt, von denen er wußte, daß sie diese Forderungen unterstützen würden. Einige von ihnen erklärten gegenüber Mrs. Heckler, sie hofften, die Administration werde die für die AIDS-Bekämpfung angeforderte Summe noch erhöhen. Doch ihre dringenden Bitten blieben unbeachtet. Darauf spielte Westmoreland der Homosexuellenzeitung *Washington Blade* die schriftlichen Belege über den ganzen Vorgang zu. Er hoffte, daß auch eine andere größere Tageszeitung an der amerikanischen Ostküste diesen Bericht übernehmen und sich für eine ausreichende Finanzierung einsetzen werde. Die Zeitung *Washington Blade* brachte den Bericht auf der Titelseite, aber die Tageszeitungen an der Ostküste veröffentlichten keinen einzigen Artikel über AIDS, so daß die Öffentlichkeit nicht über diesen Vorgang unterrichtet wurde.

13. JULI, UNION SQUARE, SAN FRANCISCO

Sechs als Nonnen verkleidete Männer hatten sich wie zu einem Ritual um einen Tisch versammelt, auf dem eine Frau festgebunden war.

»Wir werden jetzt den Teufel der Lügen und Vorurteile austreiben«, rief »Sister Boom Boom« der tausendköpfigen Menge zu.

Die an den Tisch gefesselte Frau spielte die Rolle von Phyllis Schlafly, der Antifeministin, die nur wenige Häuserblocks weiter auf einem von Jerry Falwell veranstalteten homosexuellenfeindlichen »Familienforum« auftrat.

»Das Herz von Phyllis Schlafly ist von Furcht und Habgier erfüllt«, schrie Boom Boom. »Wir werden dieses Herz voller Lügen und Ängste herausschneiden und an seiner Stelle ein Herz voller Liebe einsetzen.«

Aus den Falten ihres Gewandes holte Boom Boom eine Gummischlange und warf sie in die Luft.

Kurz darauf betrat ein als Jerry Falwell verkleideter Mann die Bühne. Die »Schwestern der ewigen Wollust« zogen ihm die Hosen herunter, unter denen er, wie sich nun zeigte, Netzstrümpfe und ein schwarzes Korsett trug.

»Verjagt die Dämonen der Scham und der Reue«, rief Boom Boom.

In San Francisco hatte der Nationalkonvent der Demokratischen Partei begonnen.

Mehr als 2000 Reporter waren gekommen, um an der in wenigen Tagen beginnenden Versammlung teilzunehmen, und nun erlebten sie ein farbenfrohes San Francisco mit zahlreichen Demonstrationen und politischen Protestversammlungen. Delegierte der *Second International Hookers' Convention* demonstrierten für die Rechte der Prostituierten. Eine Organisation, die für die Legalisierung von Marihuana kämpfte, veranstaltete ein »Smoke-In«. Vor dem Gebäude, in dem das »Familienforum« tagte, kam es zu Zusammenstößen von Angehörigen der *Revolutionary Communist Party* und der *Spartacist League* mit der Polizei. Vor dem Rathaus demonstrierte der Umweltschützer

624

»Ponderosa Pine«, der sich bei solchen Gelegenheiten als Baum kostümierte, mit seinen Anhängern, die sich als Pflanzen, Vögel und Fische verkleidet hatten.

Und auch Jerry Falwell war nach San Francisco gekommen. Er hatte Zeitungsanzeigen aufgegeben, in denen er die Demokraten aufforderte, »zur gesunden Moral zurückzukehren« und den Homosexuellen »keine gesetzlich verankerten Sonderrechte« zu gewähren. Die Tatsache, daß sowohl die katholische Erzdiözese als auch der *San Francisco Council of Churches* ihn offiziell aufgefordert hatten, nicht nach San Francisco zu kommen, hatte ihn nicht davon abhalten können, und so kam es zu den unvermeidlichen Protesten der als Nonnen verkleideten Homosexuellen.

Führenden Republikanern war es ganz recht, daß die Demokraten ihren Parteikonvent ausgerechnet im Mekka der Homosexuellen abhielten. Fundamentalistische Geistliche im ganzen Land verkündeten, die Demokraten seien die Partei der »Drei A« geworden – des Acid (LSD), der Abtreibung und der Schwulenkrankheit AIDS. Die gemäßigten Republikaner waren zurückhaltender, obwohl auch sie in ihren Wahlreden von der »San Francisco Democratic Party« sprachen.

Aus Furcht, daß ihnen gerade dieses Etikett angeheftet werden könnte, scheuten sich einige demokratische Politiker, im Wahlkampf offen für die Rechte der Homosexuellen und den Kampf gegen AIDS einzutreten und damit Bill Kraus in seinem letzten politischen Kampf zu unterstützen. Auch diesmal gehörte Kraus dem für das Wahlprogramm zuständigen Parteiausschuß an. Die Vorsitzende, die Abgeordnete Geraldine Ferraro, wollte in das Programm nur einen Passus aufnehmen, der sich generell gegen jede Diskriminierung von Minderheiten aussprach. Hinter Kraus standen 65 lesbische und homosexuelle Delegierte aus einer ganzen Reihe von Staaten, und nun drohte er, mit ihrer Hilfe vor dem Plenum des Parteikonvents ein Streitgespräch über die Rechte der Homosexuellen vom Zaun zu brechen. Er erklärte, man könne die primitiven Republikaner nicht besiegen, wenn man ins gleiche Horn stieße wie sie. In vertraulichen Gesprächen wies er auch auf die Möglichkeit hin, daß radikale homosexuelle Aktivisten zu recht unkonventionellen Methoden greifen könnten, wenn das demokratische Wahlprogramm sich nicht ausdrücklich für die Rechte der Homosexuellen einsetzte. Schließlich gelang es Kraus, eine Erklärung in das Programm zu lancieren, die sich so deutlich für die Homosexuellen aussprach, wie es bisher noch keine der großen Parteien getan hatte. Das Wahlprogramm versprach zudem, die Partei werde alle gegen Homosexuelle ergriffenen Zwangsmaßnahmen verhindern und dafür sorgen, daß ausreichende Finanzmittel zur Verfügung gestellt würden, um »die Ursache von AIDS zu finden und eine wirksame Behandlungsmethode zu entwickeln«.

Die Tatsache, daß Bill Kraus und führende Homosexuelle in San Francisco das AIDS-Problem so sehr in den Vordergrund rückten, stieß bei zahlreichen homosexuellen Führern in anderen Teilen des Landes auf Ablehnung.

Einige von ihnen, die zum Parteikonvent nach San Francisco gekommen waren, kritisierten, daß AIDS bei den homosexuellen Politikern in Kalifornien zur fixen Idee geworden sei. Die *National Gay Task Force* hatte AIDS nicht einmal als Einzelthema behandeln wollen. Die Krankheit hätte ihrer Meinung nach auch im Rahmen einer generellen Aussage über »Gesundheitsprobleme« erwähnt werden können.

Zwei Tage vor Eröffnung des Parteikonvents formulierten die Saunenbesitzer auf einer Versammlung der *National Coalition of Gay and Lesbian Democratic Clubs* sehr deutlich ihre Forderungen. Während der vergangenen zwei Jahre war die ehemalige Präsidentin des *Milk Club*, Gwenn Craig, zweite Vorsitzende dieser Gruppe gewesen. Doch in Miami und Chicago kontrollierten die Saunenbesitzer die demokratischen Homosexuellenclubs. Noch bevor sie nach San Francisco kamen, hatten sie sich deutlich gegen Frau Craig ausgesprochen, vor allem weil sie sich für die Schließung der Saunen eingesetzt hatte. So war der wichtigste Tagesordnungspunkt auf der Versammlung der *Coalition* die Abwahl von Mrs. Craig. Sie blieb allerdings weiterhin Vorsitzende des Wahlausschusses der Homosexuellen auf diesem Parteikonvent.

Am folgenden Tag versammelten sich 100000 Lesbierinnen und homosexuelle Männer auf der Castro Street und marschierten gemeinsam zum Tagungsort des Konvents. Eine Zeitlang beherrschten sie das Straßenbild. Die Organisatoren der Demonstration versicherten allerdings der Presse immer wieder, dies sei kein Prostestmarsch, sondern ein Bekenntnis der Homosexuellen zu den politischen Zielen der Demokratischen Partei. Und ebenso wie an jenem sonnigen Junitag vor vier Jahren marschierte Bill Kraus auch diesmal in der vordersten Reihe neben anderen Delegierten und Parteiführern.

Wie anders sahen heute die Ziele und die Zukunft der Homosexuellenbewegung aus! Bill stellte sich immer wieder die quälende Frage, wie viele von diesen Menschen noch bei den nächsten Präsidentschaftswahlen am Leben sein würden.

25. JULI, NEW YORK CITY HEALTH DEPARTMENT

Mit der von der Stadt veranstalteten Konferenz über die Bedeutung der HTLV-III-Antikörper-Tests begann ein neues Kapitel in der AIDS-Politik der Vereinigten Staaten. Zum ersten Mal bereiteten sich die Beamten auf die Lösung eines Problems vor, bevor es entstanden war. Dieser ungewöhnliche Versuch, eine vernünftige AIDS-Politik zu entwickeln, kam in der Tat zur rechten Zeit. Kein Vorhaben sollte sich als so kompliziert und schwer durchführbar erweisen wie die AIDS-Tests. Die Fronten, die sich auf dieser Konferenz in New York City bildeten, kennzeichneten über Jahre hinweg die Debatten über dieses Thema.

Die Beamten der Bundesgesundheitsbehörden sahen in dem Test die einzigartige Möglichkeit, festzustellen, wie weit sich das AIDS-Virus schon in den Vereinigten Staaten ausgebreitet hatte. Jetzt würden sie wenigstens einen Teil des »Eisbergs« der AIDS-Infektionen sehen können, der unterhalb der sichtbaren »Spitze« der bisher von den CDC registrierten AIDS-Fälle lag. Die Bekämpfung einer Krankheit begann normalerweise damit, daß die Gesundheitsbehörden feststellten, wer infiziert war, um dann zu verhindern, daß die Infizierten die Krankheit auf die Nichtinfizierten übertrugen. Nun mußte nur noch eine gesetzliche Regelung für die Anwendung des Antikörper-Tests in größerem Umfang gefunden werden.

Don Francis wartete ungeduldig darauf, daß die Möglichkeit geschaffen wurde, freiwillige Tests für eine große Zahl von Homosexuellen einzuführen. Auch Jim Curran betrachtete die Tests als entscheidend für jede Langzeitstrategie zur Bekämpfung von AIDS.

Der Präsident der *Gay Men's Health Crisis*, Paul Popham, war wenig begeistert über diese Perspektive. Diese Untersuchungen würden unter Umständen zur Diskriminierung eines Personenkreises mit bestimmten sexuellen Neigungen oder Veranlagungen führen. Er dachte daran, daß die medizinische Versorgung des typischen AIDS-Patienten nach neuesten Schätzungen $ 100 000 kosten würde. »Die Versicherungsgesellschaften werden alles unternehmen, um sich von der auf sie zukommenden finanziellen Belastung zu befreien«, meinte Popham. Er fürchtete, daß sie es aufgrund solcher Tests ablehnen würden, Homosexuelle in die Krankenversicherung aufzunehmen.

Andere führende Homosexuelle fürchteten, daß Infizierte ihren Arbeitsplatz verlieren könnten, wenn die Tests nicht anonym vorgenommen würden. Wenn die Testergebnisse jedem zugänglich waren, konnten Personen, bei denen Antikörper nachgewiesen wurden, auf die verschiedenste Weise diskriminiert werden. Die Homosexuellenzeitung *New York Native* prophezeite in einem Artikel, daß Personen mit positiven Antikörper-Tests unter Umständen in Quarantänelager eingewiesen werden müßten.

Die *Food and Drug Administration* oder die *National Institutes of Health* hätten solche Besorgnisse ohne weiteres zerstreuen können, wenn sie bereit gewesen wären zu erklären, daß die Testergebnisse vertraulich behandelt werden würden – wie es etwa bei Alkoholismus oder Drogenabhängigkeit der Fall war. Da es bereits gesetzliche Bestimmungen für die vertrauliche Behandlung solcher Erkenntnisse gab, hätte diese Frage auch bei AIDS mit einem Federstrich gelöst werden können.

Doch die Bundesgesundheitsbehörden wollten sich nicht darauf einlassen. Sie fürchteten, man werde ihnen vorwerfen, sie bevorzugten die Homosexuellen, während die Administration im Blick auf die bevorstehenden Wahlen eine ausgesprochen homosexuellenfeindliche Haltung einnahm.

»Weshalb soll man die organisierten Homosexuellen mit diesem Problem belasten?« fragte Rodger McFarlane, der amtierende Direktor der GMHC. »Die Bundesgesundheitsbehörden sollten von allen ihnen unterstellten Institutionen eine gleichlautende Zusicherung verlangen, welche die Vertraulichkeit garantiert.« Er fügte hinzu, andernfalls sollten sich die Homosexuellen weigern, mit der AIDS-Forschung in dieser Frage zusammenzuarbeiten.

Es gab bereits Schwierigkeiten, unter den Homosexuellen Freiwillige zu finden, die an einer Studie des Nationalen Instituts für Allergien und Infektionskrankheiten mitarbeiten wollten, denn diese von Forschern der Universität von Kalifornien durchgeführte Reihenuntersuchung war auch mit Antikörper-Tests verbunden. Die Drohung, die Zusammenarbeit zu verweigern, war das einzige Druckmittel, das den Homosexuellen zur Verfügung stand. Die Beamten der Bundesgesundheitsbehörden waren am Ende der Konferenz in New York City so verunsichert, daß sie sich verpflichteten, die Argumente der organisierten Homosexuellen sorgfältig zu prüfen, bevor sie eine endgültige Entscheidung über das bei den Tests anzuwendende Verfahren trafen.

628

Zwar waren auf der Konferenz keine endgültigen Entscheidungen über Verfahrensfragen getroffen worden, aber das Ergebnis der Beratungen hatte Paul Popham in seinen Befürchtungen bestärkt. Die immer tiefer werdende Kluft zwischen den AIDS-Gruppen und der Bundesregierung belastete sein politisches Gewissen als Republikaner. Einerseits hielt er das Gerede über die Quarantänelager für einen übertriebenen Propagandatrick radikaler Randgruppen, aber sein Vertrauen in die Regierung war durch deren Haltung gegenüber der AIDS-Epidemie schwer erschüttert worden.

Es war ihm mittlerweile klargeworden, daß die Regierung nur wenig für die AIDS-Forschung tun würde, solange vor allem Homosexuelle an dieser Krankheit starben. Dieser Gedanke beunruhigte ihn. Er machte sich jetzt wirklich Sorgen, daß Homosexuelle ihre Arbeitsplätze verlieren und in Quarantänecamps eingewiesen werden könnten. Paul war sein Leben lang ein patriotischer Amerikaner gewesen und hatte als solcher auch in Vietnam gekämpft. Eine der traurigsten Folgen der AIDS-Epidemie war für ihn, daß er den Glauben an die Vereinigten Staaten verloren hatte.

Paul hatte aber auch noch einen anderen Grund, sich um die Antikörper-Tests Sorgen zu machen. 1982 hatte er sich freiwillig an einer der ersten Studien über den Gesundheitszustand Homosexueller beteiligt. Blutproben, die den Versuchspersonen während der vergangenen drei Jahre entnommen worden waren, befanden sich jetzt in den Gefrierschränken des *St. Luke's Roosevelt Hospital* in Manhattan. Vor einigen Wochen hatte Paul von Dr. Michael Lange erfahren, daß er seit Beginn der Studie und wahrscheinlich sogar schon länger mit dem neuen Virus infiziert war. Bei 50 Prozent der sechzig Versuchspersonen, die an der Studie teilgenommen hatten, waren die Antikörper-Tests positiv gewesen. Sie waren jetzt die ersten Homosexuellen in den Vereinigten Staaten, die auf diese Weise erfuhren, daß sie Träger des AIDS-Virus waren.

Die Mitteilung hatte Paul nicht überrascht. Schließlich hatte sein alter Freund Jack Nau zu den ersten zwölf AIDS-Patienten in New York City gehört. Offensichtlich war das auch der Grund dafür, daß seine Lymphknoten schon so lange geschwollen waren.

Die Frage der Vertraulichkeit beherrschte die AIDS-Debatte während des ganzen Sommers. Die Details zeigten die ganze Komplexität dieser Frage und ließen ahnen, womit man im Verlauf der AIDS-Epidemie noch würde rechnen müssen.

Ende Juli verschickte Jim Curran an alle bei staatlichen und territorialen Institutionen arbeitenden Epidemiologen einen Fragebogen. Er wollte ein Meinungsbild zu der Frage erstellen, ob die Behörden eine Liste aller Blutspender anlegen sollten, bei denen sich nach Einführung des Antikörper-Tests herausstellte, daß sie mit dem HTLV III infiziert waren. Die Behörden im ganzen Land führten schon eine ähnliche Liste von Personen, die mit der Hepatitis B oder der Syphilis infiziert waren. Wenn man nun die mit dem HTLV III Infizierten ebenfalls auf die Liste setzte, könnte man vermeiden, daß sich die Geschichte mit dem Mann aus Kalifornien wiederholte, der elf Blutbanken mit infiziertem Blut bedacht hatte.

Jim Currans Vorstoß löste in der Homosexuellenszene Empörung aus. Die Homosexuellen fürchteten, daß eine solche Liste nichts anderes sein würde als ein Register homosexueller Männer, und wiesen darauf hin, daß dieses Verzeichnis in den 25 Staaten, in denen der homosexuelle Geschlechtsverkehr gesetzlich verboten war, zu einer gerichtlichen Verfolgung dieser Personen mißbraucht werden könnte.

Die Mitarbeiter des Gesundheitsamtes in San Francisco, die stets Rücksicht auf die Stimmung in der Schwulenszene nahmen, sahen nach dem Ausscheiden von Selma Dritz die Gelegenheit gekommen, ihre Vorstellungen von der vertraulichen Behandlung der Testergebnisse durchzusetzen. Wie ein pflichtbewußter Soldat hatte Frau Dritz ihrer Behörde die gewissenhaft geführten Notizbücher hinterlassen, in denen sie ihre Beobachtungen während der ersten Jahre der AIDS-Epidemie eingetragen hatte. Sie hatte die Informationen von Amts wegen gesammelt, und deshalb gehörten sie nach ihrer Auffassung in die Akten ihrer ehemaligen Behörde. Im Sommer 1984 traf die Städtische Gesundheitsbehörde von San Francisco die politisch korrekte Entscheidung und ließ die Notizbücher im Reißwolf vernichten.

Am Tage der Konferenz über den Antikörper-Test in New York veröffentliche der *San Francisco Chronicle* den Inhalt der Denkschrift des Abteilungsleiters im Gesundheitsministerium Brandt vom 25. Mai, in der er weitere $ 55 Millionen für die AIDS-Bekämpfung gefordert hatte. Ein Sprecher des *Office of Management and Budget* erklärte auf eine Anfrage, seine Behörde habe nie etwas von dieser Forderung gehört. Es zeigte sich, daß das Schreiben von Brandt zwei Monate unbearbeitet auf dem Schreibtisch der Gesundheitsministerin Heckler gelegen hatte.

Am folgenden Tag nahm der Abgeordnete Ed Roybal aus Los Angeles an einer Beratung des Unterausschusses für den Etat des amerikanischen Gesundheitsministeriums teil und legte seinen Kollegen die Denkschrift von Brandt vor. Der Unterausschuß bewilligte daraufhin sofort zusätzliche $ 8,3 Millionen für die AIDS-Forschung, die in den letzten beiden Monaten des Rechnungsjahrs 1984 ausgegeben werden sollten. Senator Alan Cranston entwarf einen Gesetzesvorschlag, der sich für die Gewährung des gesamten von Brandt geforderten Betrags aussprach. Der Umstand, daß die Denkschrift von Brandt jetzt von vielen Abgeordneten und Senatoren auf dem Capitol Hill zur Kenntnis genommen wurde, sorgte dafür, daß die Republikaner nicht mehr behaupten konnten, die in den staatlichen Institutionen arbeitenden Forscher verfügten über alle Mittel, die sie für den Kampf gegen AIDS brauchten.

Am 8. August beantwortete die Gesundheitsministerin Heckler das Schreiben von Dr. Brandt und lehnte seine Forderung, der AIDS-Forschung weitere Gelder zur Verfügung zu stellen, ab. Stattdessen ermächtigte sie ihn, die benötigten Gelder von anderen Vorhaben der NIH und der CDC abzuzweigen.

Von dem Tage, an dem Brandt seine Denkschrift vorgelegt hatte, bis zu der Beantwortung durch Frau Heckler waren sechshundert Amerikaner an AIDS gestorben. Bei weiteren eintausendzweihundert war eine AIDS-Infektion festgestellt worden.

Während dieser für ihn so schwierigen Wochen faßte Brandt den Entschluß, am Jahresende von seinem Posten als Regierungsbeamter zurückzutreten. Man hatte ihm die Stelle des Rektors an der Universität von Maryland in Baltimore angeboten, und er beschloß, diesen Posten anzunehmen.

Im August 1984 forderte die AIDS-Epidemie in San Francisco viele Opfer, und unter ihnen befanden sich auch zahlreiche bekannte Persönlichkeiten. Der ehemalige Musiklehrer aus Kansas, Jon Sims, der Begründer der San Francisco *Gay Freedom Day Marching Band*, starb an einer Hirninfektion, nachdem er die letzten Wochen in geistiger Umnachtung dahingedämmert hatte. Das prominenteste AIDS-Opfer der Stadt, der »AIDS-Poster-Boy« Bobby Campbell, starb am 15. August an Cryptosporidiosis.

Einige Wochen vor ihm war in Paris der Philosoph Michel Foucault an AIDS gestorben. Doch bis zum Schluß hatte Foucault seine Krankheit geheimgehalten; nicht einmal sein Liebhaber hatte davon gewußt.

Die Homosexuellenzeitung *New York Native* warf der *New York Times* vor, sie habe in ihrem Nachruf verschwiegen, daß Foucault an AIDS gestorben war. Der *Native* selbst jedoch berichtete lediglich, die Todesursache sei »eine Infektion des zentralen Nervensystems gewesen«.

Da sich die meisten prominenten Persönlichkeiten zuzugeben scheuten, daß sie an AIDS erkrankt waren, klangen ihre Nachrufe oft sehr nichtssagend, denn auch die Hinterbliebenen wollten das Geheimnis nicht lüften. Nur sehr scharfsinnige Leser konnten diesen Todesanzeigen entnehmen, daß es sich um Opfer der AIDS-Epidemie handelte. Wenn es zum Beispiel hieß, ein achtunddreißigjähriger Modedesigner sei an »Krebs und Lungenentzündung« gestorben, dann wußte man ebenso genau, welche Krankheit gemeint war, wie bei dem Dreißigjährigen, der keine trauernde Witwe hinterließ und einer »heimtückischen« oder »längeren« Krankheit erlegen war.

18. AUGUST, DALLAS, TEXAS

Larry Bush drängte sich durch eine Versammlung homosexueller Republikaner, die am Vorabend des Nationalkonvents der Republikanischen Partei eine Party gegeben hatten, als er auf der anderen Seite des Zimmers Terry Dolan erkannte. Dolan war das Finanzgenie der Neuen Rechten, dessen *National Conservative Political Action Committee* mehr als $ 10 Millionen an Spenden für die Wiederwahl von Ronald Reagan gesammelt hatte.

In der Öffentlichkeit distanzierte sich Dolan von der Bewegung, die für die Rechte der Homosexuellen kämpfte. Doch wie Bush wußte, genoß Dolan im Privatleben alle Annehmlichkeiten, die das Leben einem Homosexuellen bot, seit die Schwulenbewegung viele ihrer Forderungen durchgesetzt hatte. Dolan besuchte regelmäßig die Homosexuellenbars in Washington und verbrachte seinen Urlaub am Russian River nördlich von San Francisco in einem Erholungsgebiet, das von Homosexuellen bevorzugt wurde. Bush konnte der Versuchung nicht widerstehen, Dolan darauf anzusprechen, wie wenig die Reagan-Administration gegen die AIDS-Epidemie getan hatte.

»Es ist uns gelungen, vielen negativen Tendenzen Einhalt zu gebieten«, erwiderte Dolan. »Es ist erschreckend, was manche Leute für Vorstellungen haben.«

»Meinen Sie die Quarantäne?« fragte Bush. Er spielte damit auf die Gerüchte an, die Administration werde unter Umständen jeden internieren lassen, bei dem AIDS-Antikörper festgestellt würden.

Dolan wurde sichtlich nervös.

»Ich bin nicht berechtigt, über Einzelheiten zu sprechen«, sagte er.

»Reden wir denn über Tabus?«

»Ich darf nicht darüber sprechen«, erklärte Dolan. Dann entschuldigte er sich.

Auch auf dem Parteikonvent der Republikaner war AIDS ein wichtiges Gesprächsthema, wenn auch nicht in der öffentlichen Diskussion vor dem Plenum der Versammlung. Auf einer Grillparty im Garten eines millionenschweren republikanischen Geschäftsmannes hielt ein fundamentalistischer Farmer die Eröffnungsansprache und behauptete, AIDS sei die Strafe Gottes für die Unmoral sündiger Menschen. Die fundamentalistischen Kräfte hatten in der Partei des Präsidenten Lincoln erheblich an Einfluß gewonnen. Ein Indiz dafür war, daß die führenden republikanischen Politiker Jerry Falwell gebeten hatten, bei der Sitzung, auf der Präsident Reagan zum zweiten Mal nominiert werden sollte, das Eröffnungsgebet zu sprechen.

Doch obwohl das Thema AIDS hinter den Kulissen sehr lebhaft diskutiert wurde, wurde es in den Wahlreden kaum erwähnt. Wenn man doch darauf zu sprechen kam, dann nur, um der jeweils anderen Partei ihr Versagen vorzuwerfen. Für die Demokraten zeigte sich am Beispiel von AIDS lediglich, welcher Schaden durch die massiven Ausgabenkürzungen im Haushaltsentwurf der Administration angerichtet wurde. Für die Republikaner war die Epidemie eine Folge der übertriebenen sexuellen Toleranz liberaler Kräfte, die sich nicht religiös gebunden fühlten.

Dabei nahm natürlich kein einziger demokratischer oder republikanischer Wahlredner das Wort AIDS in den Mund. Offensichtlich fürchtete man, mit der Erwähnung dieses Themas das Schamgefühl der breiten Öffentlichkeit zu verletzen. In dieser Hinsicht nahmen Republikaner und Demokraten die gleiche Haltung ein.

STANFORD UNIVERSITY

Für die AIDS-Kliniker war es ungeheuer deprimierend, daß immer noch keine wirksame Therapie gegen diese Krankheit entwickelt worden war. Als Michael Gottlieb von der Universität von Kalifornien in Los Angeles erfuhr, daß das Pasteur-Institut Versuche mit dem gegen Viren wirksamen Medikament HPA-23 anstellte, war er begeistert. Als er hörte, daß Jean-Claude Chermann vom Pasteur-Institut an der *Stanford University* Gastvorlesungen hielt, flog er sofort dorthin.

Chermann zeigte Gottlieb die Fotokopie eines Berichts über die Ergebnisse der Versuche mit dem HPA-23, der demnächst in einer medizinischen Fachzeitschrift veröffentlicht werden sollte. Die Arbeiten am Pasteur-Instiut demonstrierten, daß das HPA-23 die Vermehrung des LAV im Blut der getesteten Patienten hemmte. Die wichtigste Versuchsperson bei den Forschungsarbeiten der Franzosen war ein AIDS-kranker Bluter, dessen Gesundheitszustand sich nach der Behandlung mit dem HPA-23 erheblich gebessert hatte.

»Sie dürfen das niemandem zeigen«, sagte Chermann, denn er fürchtete, er werde seine Arbeit nicht veröffentlichen können, wenn die Daten vorher in der Tagespresse bekanntgegeben wurden.

Doch Gottlieb konnte Chermann wenigstens zu der Zusage überreden, daß er als erster Amerikaner das Medikament zur Behandlung von Patienten in den Vereinigten Staaten bekommen werde. Dieses Medikament mußte allerdings den von der *Food and Drug Administration* vorgeschriebenen Normen entsprechen. Deshalb kamen Gottlieb schwere Bedenken, denn er glaubte nicht, daß es angesichts der geltenden Bestimmungen zunächst möglich sein würde, das Medikament in den Vereinigten Staaten zu erproben. Andererseits stimmte ihn das, was er von Chermann über die Chancen für eine erfolgreiche AIDS-Therapie gehört hatte, sehr optimistisch.

Chermann meinte, da der AIDS-Erreger ein Retrovirus sei, müsse es einen bestimmten chemischen Vorgang auslösen, bevor es sich in einer Zelle vermehren könne. Dazu müsse es die chemische Substanz reverse Transkriptase freisetzen, die es seiner Ribonucleinsäure-Base erlaube, die DNS der Zelle aufzunehmen, um sich vermehren zu können. Das HPA-23 hemme nun die reverse Transkriptase und mache es dem Virus unmöglich, sich zu vermehren. In diesem Sinne sei das HPA-23 kein Heilmittel. Es blockiere lediglich die Vermehrung des Virus und hindere es daran, das Immunsystem zu zerstören.

Das leuchtete Gottlieb ein, und deshalb versuchte er, die amerikanische Pharmaindustrie für die Entwicklung von Hemmstoffen gegen die reverse Transkriptase zu interessieren. Doch ebenso wie Sam Broder vom Nationalen Krebsinstitut mußte Gottlieb feststellen, daß die meisten Hersteller von Medikamenten nichts mit AIDS zu tun haben wollten. Sie glaubten, ein Medikament, das nur für die Behandlung

634

von wenigen tausend AIDS-Fällen gebraucht würde, werde für sie keinen Gewinn abwerfen. Außerdem waren die Chemiker überzeugt, daß nur eine sehr geringe Chance bestünde, ein wirksames Mittel gegen AIDS zu finden.

Gottlieb stellte jedoch fest, daß die pharmazeutischen Unternehmen durchaus bereit waren, AIDS-Patienten mit bereits vorhandenen Medikamenten zu behandeln. Nach Los Angeles zurückgekehrt, suchte Gottlieb in der medizinischen Literatur nach von der *Food and Drug Administration* genehmigten Medikamenten für die Behandlung von Krankheiten, die durch Retroviren verursacht wurden. Er war bereit, alles zu versuchen, was einigermaßen erfolgversprechend erschien. Schon jetzt begannen AIDS-Patienten aus Südkalifornien in Mexiko nach neuen Behandlungsmethoden zu suchen, wo man in jeder Apotheke Medikamente kaufen konnte, die in den Vereinigten Staaten nicht zu bekommen waren.

Auch die Homosexuellenärzte begannen sich für das französische Medikament HPA-23 zu interessieren. Die optimistischen Gerüchte darüber waren bis zu Rock Hudson gedrungen. Ende August kam der Filmstar in das Ordinationszimmer von Gottlieb. Der Arzt stellte fest, daß der Schauspieler bereits stark abgemagert war. Sein Freund aus San Francisco, Steve Del Re, hatte ihm etwas von dem neuen französischen Medikament erzählt. Da er ohnedies zu den Filmfestspielen nach Deauville fliegen wollte, erkundigte er sich bei Gottlieb, ob er irgend jemanden beim Pasteur-Institut kenne.

Gottlieb rief Chermann an, der ihn an Dr. Dominique Dormant verwies, einen Militärarzt, der schon seit einigen Jahren mit dem HPA-23 experimentierte.

Damals wurden im Pasteur-Institut zwei Behandlungsmethoden angewendet. Bei der ersten bekam der Patient über einen Zeitraum von mehreren Wochen große Dosen des Medikaments HPA-23. Bei der zweiten Behandlungsmethode war die Dosierung geringer, aber die Therapie erstreckte sich über eine längere Zeit. Hudson hatte sich verpflichtet, demnächst in die Vereinigten Staaten zurückzukehren, da er in der Fernsehserie »Denver« auftreten sollte. Deshalb entschied er sich für die Therapie mit der kürzeren Behandlungsdauer. Nach Abschluß der Behandlung rief Dormant bei Gottlieb an und sagte ihm, er habe das AIDS-Virus in Hudsons Blut nicht mehr feststellen können.

Später stellte sich heraus, daß die Kurzzeitbehandlung keine befriedigenden Ergebnisse brachte. Das HPA-23 hemmte zwar die Vermehrung des Virus; doch sobald das Medikament abgesetzt wurde, begann das Virus sich von neuem zu vermehren. Das stellte sich aber erst nach mehreren Monaten heraus.

Rock Hudson jedoch war von seiner Heilung überzeugt. Nach seiner Rückkehr in die Vereinigten Staaten nahm Hudson, der sein Leben lang der Republikanischen Partei angehört hatte, an einem Staatsdiner im Weißen Haus teil. Einer alten Freundin, die er einst in Hollywood kennengelernt hatte, fiel auf, daß er stark abgemagert war. Sie erkundigte sich besorgt nach seinem Gesundheitszustand.

»Ich habe bei Filmaufnahmen in Israel irgendein Grippevirus aufgelesen«, versicherte Hudson seiner Freundin Nancy Reagan. »Jetzt geht es mir wieder ausgezeichnet.«

48. Peinlich berührt

SEPTEMBER 1984, DUBLIN STREET, SAN FRANCISCO

Mehr als ein Jahr nach ihrer Hüftoperation hatte sich Frances Borchelt immer noch nicht erholt. Sie litt auch weiterhin unter der schmerzhaften Schuppenflechte. Im August wurde aus einem simplen Schnupfen eine hartnäckige Erkältung, die sie nicht loswerden konnte. Außerdem litt sie ständig unter Schüttelfrost, der von heftigen Schweißausbrüchen abgelöst wurde. Ihre Temperatur stieg jeden Tag auf 39,5 Grad. Sie klagte über Atemnot und Appetitlosigkeit.

Die Ärzte waren ratlos.

Der Verdacht, den ihre Tochter Cathy schon seit langer Zeit gehegt hatte, schien sich zu bestätigen. Vielleicht litt ihre Mutter an derselben Krankheit wie die wohlhabende Mary Richards Johnstone aus dem Vorort Belvedere, die nach einer Bluttransfusion mit Blutkonserven von der *Irwin Memorial Blood Bank* gestorben war. Cathy bestand darauf, daß ihr Vater den Hausarzt fragte, ob ihre Mutter möglicherweise AIDS haben könnte.

Der Arzt beruhigte Bob und erklärte, es bestünde kein solcher Verdacht, aber Cathy ließ sich nicht so leicht überzeugen. Die Frau ihres Chefs war Krankenschwester und hatte kürzlich an einem Seminar über AIDS teilgenommen. Sie gab Cathy einige Broschüren über AIDS, und Cathy fiel sofort auf, wie sehr die Symptome ihrer Mutter den hier beschriebenen glichen.

Jetzt bestritt niemand mehr, daß AIDS durch Bluttransfusionen übertragen werden kann. Anfang September registrierten die *Centers for Disease Control* achtzig Fälle dieser Art. Damit hatte sich ihre Zahl innerhalb von nur acht Monaten vervierfacht. Schon nach wenigen Wochen wurde berichtet, daß zweiundfünfzig Bluter in zweiundzwanzig Staaten nach Feststellung der CDC mit AIDS infiziert waren, während bei weiteren hundertachtundachtzig das Lymphadenopathie-Syndrom diagnostiziert worden war. Kürzlich waren auch die ersten AIDS-Fälle bei Frauen und Kindern von Blutern gemeldet worden. Noch beängstigender waren die Ergebnisse der neuesten Studien, die zeigten, daß bis zu 89 Prozent der am schwersten an der Bluterkrankheit leidenden Patienten mit dem HTLV III infiziert waren. Man mußte also in den nächsten Jahren mit Tausenden neuer AIDS-Fälle rechnen. Die *National Hemophilia Foundation* meldete einen 20- bis 30prozentigen Rückgang bei der Verwendung des Faktors VIII für ihre Mitglieder. Einige Bluter nahmen also lieber das Risiko in Kauf, an unstillbaren Blutungen zu sterben, als sich möglicherweise mit AIDS zu infizieren.

Dr. Joseph Bove, der es bisher abgelehnt hatte, die Blutprodukte auf Anzeichen von AIDS zu untersuchen, war von diesen Statistiken zutiefst erschüttert. Nun war es keine Frage mehr für ihn, daß die *Food and Drug Administration* neue Vorschriften für die obligatorische Untersuchung aller Blutprodukte auf Hepatitis-B-Core-Antikörper erlassen mußte. Doch als der für Blutprodukte zuständige Beirat der FDA diese Frage im Sommer noch einmal erörterte, setzen sich andere Sprecher der Blutkonservenindustrie mit ihrer gegenteiligen Auffassung durch, und der Vorschlag von Bove wurde zurückgewiesen.

Die *Irwin Memorial Blood Bank* und andere Blutbanken in der Umgebung von San Francisco testeten ihre Blutprodukte schon seit Mai auf die Hepatitis-Antikörper. Die *Irwin Memorial Blood Bank* bewahrte außerdem Proben von jeder gespendeten Einheit auf, um sie noch einmal untersuchen zu können, sobald der HTLV-III-Antikörper-Test zur Verfügung stand. Für diese Vorsichtsmaßnahme wurde sie allerdings von anderen Blutbanken immer noch heftig kritisiert. Die Sprecherin des Roten Kreuzes in Los Angeles, Gerri Sohle, behauptete, die Blutbanken in der Umgebung von San Francisco seien durch »politischen Druck« gezwungen worden, die von den CDC empfohlenen Tests vorzunehmen.

So wurden also auch Bemühungen, die Versorgung der Bevölkerung mit einwandfreien Blutprodukten sicherzustellen, noch während des ganzes Jahres 1984 durch jene Argumentation behindert, die im Kampf gegen eine vernünftige AIDS-Politik bereits Tradition hatten. Man versuchte weiterhin, das Vorhandensein der Risiken zu bestreiten, und verzögerte notwendige Entscheidungen. Diese Haltung wurde mit fadenscheinigen Argumeten begründet, während es in Wirklichkeit um rein kommerzielle Interessen ging.

638

Die Ergebnisse der von Dr. Robert Gallo im Sommer 1984 vorgenommenen Untersuchungen über das HTLV III waren alles andere als beruhigend. Zu Beginn seiner Arbeit rechnete er damit, daß eine von hundert mit dem Virus infizierten Personen an AIDS erkranken werde. Schon nach wenigen Monaten berichtigte er diese Schätzung auf 1 zu 25. Im Spätsommer kam er zu dem Ergebnis, daß die Krankheit bei jedem siebenten Infizierten ausbrechen würde. Vielleicht würde die Zahl der Erkrankten sogar noch größer sein.

»Leider ist es das virulenteste Virus, das mir je begegnet ist«, erklärte Gallo gegenüber einem Reporter des *New York Native*.

Es folgte eine noch besorgniserregendere Entdeckung: Gallo fand Hinweise darauf, daß das HTLV III nicht nur T4-Lymphozyten, sondern auch Gehirnzellen infizierte. Mit dieser Erkenntnis wurde ein Rätsel gelöst, das die Klinker schon seit Beginn der Epidemie beunruhigt hatte. Bei vielen AIDS-Patienten zeigten sich neurologische Symptome, die nicht mit einer besonderen Gehirninfektion in Verbindung gebracht werden konnten. Zu Beginn waren diese Symtome nicht besonders alarmierend; sie äußerten sich nur in depressiven Zuständen, Gedächtnisschwäche oder mentalen Störungen, wie sie bei fortschreitender Senilität auftreten. Die Ärzte erklärten solche Erscheinungen zunächst mit psychologischen Ursachen wie Streß. Doch später zeigten sich schwere Störungen des Zentralnervensystems, die im Lauf der Zeit immer häufiger auftraten. Einige Patienten starben sogar an Funktionsstörungen des Gehirns. Als nun festgestellt wurde, daß diese Störungen durch eine Infektion des Gehirns mit dem HTLV III verursacht werden könnten, war das Rätsel gelöst. Zugleich jedoch ergaben sich bei der Suche nach einer wirksamen Behandlungsmethode weitere Schwierigkeiten.

Um das Gehirn infizieren zu können, mußte das Retrovirus die zwischen dem Blutkreislauf und dem Gehirn eingebaute Barriere überwinden – einen metabolischen Filter, der es normalerweise verhindert, daß Mikroben das wichtigste menschliche Organ befallen. Jedes Medikament, mit dem AIDS erfolgreich behandelt werden konnte, mußte deshalb ebenfalls diese zwischen dem Blutkreislauf und dem Gehirn eingebaute Schranke überwinden können. Andernfalls konnte sich das Virus in den Gehirnzellen einnisten und von dort wieder in den Blutkreislauf gelangen.

Doch nur wenige Medikamente waren dazu in der Lage. Daraus

ergab sich, daß eine neue Hürde überwunden werden mußte, bevor eine erfolgreiche Behandlungsmethode entwickelt werden konnte.

Die Untersuchung der genetischen Vorgänge im HTLV III durch Gallo zeigte zudem, daß das Virus bei einzelnen Personen in verschiedenen Varianten auftrat. Solche Mutationen ließen befürchten, daß es der Wissenschaft nicht gelingen werde, eine Vakzine zu entwickeln, denn ein Impfstoff, der gegen eine Variante des HTLV III wirkte, konnte bei der Bekämpfung einer anderen versagen.

Für das Nationale Institut für Allergien und Infektionskrankheiten war dies eine äußerst ungünstige Nachricht. In den letzten Jahren hatte die Wissenschaft ohnedies nur wenig Interesse für die Entwicklung neuer Vakzine gezeigt. Seit am Pasteur-Institut vor 110 Jahren die erste Impfung durchgeführt worden war, hatte die medizinische Forschung nur elf Vakzine gefunden. Im Jahre 1980 hatte der Direktor des Nationalen Instituts für Allergien und Infektionskrankheiten, Dr. Richard Krause, vorgeschlagen, daß die pharmazeutische Industrie in den folgenden Jahren zehn neue Impfstoffe entwickeln solle, aber nur wenige Firmen hatten Interesse für dieses Programm gezeigt. Die Herstellung der Hepatitis-Vakzine hatte zum Beispiel viele Millionen Dollar gekostet, aber der Umsatz war weit hinter den Erwartungen zurückgeblieben. Nach dem Fiasko mit der Hepatitis B waren viele pharmazeutische Unternehmen überzeugt, daß mit der Entwicklung neuer Impfstoffe keine Gewinne zu erzielen seien. Stattdessen mußte man mit hohen Forschungskosten und zahlreichen Schadenersatzklagen vor Gericht rechnen, falls die Vakzine versagten. In dem von Dr. Brandt entwickelten AIDS-Programm für die Entwicklung einer AIDS-Vakzine waren gewisse Geldbeträge vorgesehen gewesen, um die Wissenschaft zu veranlassen, sich intensiv mit dieser Aufgabe zu beschäftigen. Doch die Gesundheitsministerin Heckler hatte seine Vorschläge unter den Tisch fallen lassen.

Trotz aller Behinderungen bedeutete die Entdeckung des HTLV III/ LAV einen gewaltigen Sprung auf dem Wege zum vollen Verständnis der AIDS-Epidemie. Es war immerhin gelungen, bestimmte Aspekte der Krankheit zu klären, über die man während der vergangenen drei Jahre nur hatte spekulieren können.

Im August entwickelten Don Francis' vor fünf Monaten mit dem LAV infizierte Schimpansen Manvel und Chesley geschwollene Lymphknoten und LAV-Antikörper im Blut. Das war ein weiterer Beweis dafür, daß das LAV tatsächlich der AIDS-Erreger war. Die Wissenschaft verfügte nun über ein Modell der Krankheit, das an

Versuchstieren gründlicher erforscht werden konnte. Die Feststellung, daß es möglich war, ein Tier mit AIDS zu infizieren, brachte die Wissenschaft der Entwicklung eines Impfstoffs um einen Schritt näher, denn nun ließ sich die Wirksamkeit dieser Vakzine in Labortests an Tieren überprüfen.

Da nun die Wissenschaftler wußten, wonach sie zu suchen hatten, konnten die Forscher die verschiedenen Körperflüssigkeiten genauer untersuchen. Das HTLV III wurde sowohl im Samen eines an AIDS erkrankten Mannes und in dem eines gesunden homosexuellen Mannes mit HTLV-III-Antikörpern nachgewiesen. Dies war der Beweis dafür, daß auch gesunde Menschen AIDS übertragen konnten. Außerdem wurde das Virus in der Vaginalflüssigkeit einer infizierten Frau gefunden. Damit hatte man einen Nachweis für die heterosexuelle Übertragbarkeit in beiden Richtungen. Auf diese Weise hatte sich die Krankheit in Afrika ausgebreitet. Der Nachweis des Virus im Speichel von Lymphadenopathie-Patienten erwies sich schon als problematischer. Nicht einer der fast 6000 amerikanischen AIDS-Patienten hatte sich mit dem Speichel eines Partners infiziert. Angesichts des geringen Virus-Spiegels im Speichel erklärte Dr. Jay Levy, AIDS ließe sich durch Speichel nur dann übertragen, wenn man einem Menschen literweise Speichel injizieren würde. Doch Dr. Edward Brandt fürchtete, daß das Bekanntwerden dieser Tatsache zu einer Panik in der Bevölkerung führen würde, und versicherte deshalb nach der Veröffentlichung der Untersuchungsergebnisse über den infizierten Speichel auf einer Pressekonferenz, es sei unmöglich, beispielsweise von einem niesenden Homosexuellen mit AIDS angesteckt zu werden.

Anfang Oktober fanden die Wissenschaftler am Nationalen Krebsinstitut ein Medikament, von dem sie sich für die Bekämpfung der Krankheit einiges versprachen. Das Suramin wurde schon seit 1921 gegen die Schlafkrankheit angewendet. Im Reagenzglas wirkte das Medikament auf die reverse Transkriptase und blockierte den Reproduktionsmechanismus des HTLV III. Dr. Paul Volberding beabsichtigte nun, das Medikament in den ersten Monaten des Jahres 1985 in der AIDS-Klinik des *San Francisco General Hospital* zu testen.

Weitere Antikörper-Tests bestätigten, daß die AIDS-Epidemie sich nicht über die bisher betroffenen Bevölkerungsgruppen hinaus ausgebreitet hatte und daher auch nicht die ganze Bevölkerung bedrohte. Das Virus hielt die bisher festgestellten Übertragungswege ein. Vom Nationalen Krebsinstitut durchgeführte Tests bei den Familien von Blutern zeigten, daß die Familienmitglieder nicht mit dem HTLV III infiziert wurden, obwohl sie täglich mit infizierten Blutern in Berührung kamen. In den verschiedensten amerikanischen Laboratorien nahmen Ärzte und Techniker, die schon seit Jahren an der AIDS-Forschung arbeiteten, die Tests an sich selbst vor. Die meisten hielten es für sehr wahrscheinlich, daß sie mit dem HTLV III infiziert waren – schließlich hatten sie ständig mit infiziertem Blut zu tun. Doch alle Tests bewiesen, daß ihre Befürchtungen unbegründet waren. Um AIDS zu bekommen, mußte eine erhebliche Menge von Viren in die Blutbahn gelangt sein, und zwar entweder durch Sexualkontakte oder durch Transfusionen.

Die Tatsache, daß die Wissenschaft ständig neue Erkenntnisse über die Krankheit sammelte, führte jedoch nicht dazu, daß sich die Ärzteschaft als ganze stärker damit auseinandersetzte. Die meisten Forscher arbeiteten im wesentlichen ohne Unterstützung staatlicher und privater Institutionen. Dozenten an den Medizinischen Fakultäten, die zu den international anerkannten Experten in der AIDS-Forschung gehörten, wurden bei Berufungen übergangen, während Ärzte, die sich mit der Erforschung herkömmlicher Krankheiten beschäftigten, Karriere machten. Verwaltungsbeamte an der Universität von Kalifornien in San Francisco äußerten gegenüber einem der bedeutendsten Forscher in den Vereinigten Staaten, es wäre ihnen lieber, wenn AIDS nicht so stark ins Bewußtsein der Öffentlichkeit gerückt würde. Sie fürchteten, daß angesehene Spezialisten die Universität verlassen könnten, weil sich im Lehrkrankenhaus der Universität von Kalifornien, dem *San Francisco General Hospital*, die größte amerikanische AIDS-Klinik befand.

Doch die Forscher waren überzeugt, daß die Weigerung, AIDS als legitimes Forschungsgebiet anzuerkennen, ganz andere Gründe hatte. AIDS wurde eben immer noch vorrangig als eine unappetitliche Angelegenheit betrachtet, die mit Homosexuellen und analem Geschlechtsverkehr zu tun hatte. Und als die Universität von Kalifornien in San Francisco im Sommer ihre AIDS-Klinik einrichtete, bezeichnete sie sie nicht als AIDS-Klinik, sondern als *Center for Adult Immune Deficiency*.

SAN FRANCISCO

Die Männer, die mit einem dünnen Gummischlauch den Korridor der bekannten Homosexuellensauna *Animals* entlanggingen, taten das so selbstverständlich wie irgendein Büroangestellter, der mit einer Aktentasche im Bankenviertel über die Straße geht. Oben angekommen legte einer dieser Männer den Schlauch um den Bizeps seines Besuchers und wartete, bis die Vene heraustrat. Ein tiefer Seufzer zeigte an, daß die Nadel die Vene richtig getroffen hatte und das Methadon auf das Zentralnervensystem des Mannes wirkte. Als der Mann mit der Spritze merkte, daß ihn jemand beobachtete, bot er ihm grinsend auch einen Schuß an. Am anderen Ende des Ganges verschwand der Arm eines Mannes zwischen den Beinen seines Partners. Überall in der Sauna konnte man beobachten, wie sich die Besucher sexuell betätigten – und zwar in einer Weise, die durchaus nicht den Richtlinien für Safer Sex entsprach, die die *Bay Area Physicians for Human Rights* entwickelt hatten.

Ende September hatten die Gesundheitsbehörden von San Francisco Privatdetektive beauftragt, die noch geöffneten Saunen und privaten Sexclubs zu besuchen, um festzustellen, ob in diesen Etablissements noch sexuelle Praktiken geübt wurden, die zur weiteren Ausbreitung von AIDS beitragen konnten. Ihre Berichte sollten als Beweismittel vorgelegt werden, wenn Merv Silverman demnächst die gerichtliche Schließung der Saunen beantragen würde.

Silverman hatte gehofft, daß es nicht zu einer solchen Konfrontation kommen würde. Als er jedoch die Berichte der Detektive las, wurde ihm klar, welche Maßnahmen er ergreifen mußte.

Der als vertraulich eingestufte, 85 Seiten umfassende Bericht bestätigte die Tatsache, daß den Gästen in fast jeder Sauna Kondome und Broschüren über Safer Sex zur Verfügung standen. Aber die meisten kümmerten sich nicht darum. Die Detektive berichteten von allen nur vorstellbaren Sexualpraktiken. Dazu waren die Saunen ja schließlich da.

Noch besorgniserregender waren die Daten, die bei einer Untersuchung des Sexualverhaltens der Homosexuellen in San Francisco ermittelt wurden. Diese Studie zeigte, daß zwölf Prozent der Homosexuellen in der Stadt im August mindestens einmal einen privaten Sexclub besucht hatten. Während der gleichen Zeit hatten zehn Prozent der Homosexuellen eine Sauna besucht.

Die beunruhigten Ärzte verlangten nun mit aller Entschiedenheit, daß Silverman endlich seine abwartende Haltung aufgeben müsse. Sechzig Ärzte hatten einen im *Chronicle* veröffentlichten offenen Brief an die Bürgermeisterin Feinstein unterschrieben, in dem sie die Schließung der Saunen verlangten und erklärten, »es besteht die dringende Notwendigkeit für energische Maßnahmen der Behörden, die keinem politischen Druck nachgeben dürfen«. Am 14. September traf sich Silverman mit der Bürgermeisterin Feinstein, Beamten der Krankenhausverwaltungen und Jim Curran von den CDC, um ihnen die vertrauliche Mitteilung zu machen, er werde die Saunen schließen lassen, sobald die Berichte der Privatdetektive vollständig vorliegen würden.

In der dritten Septemberwoche des Jahres 1984 war die Zahl der AIDS-Fälle in den Vereinigten Staaten auf mehr als sechstausend angestiegen. Die Behandlungskosten für diese ersten sechstausend Patienten betrugen nach in der gleichen Woche vorgenommenen Schätzungen der CDC etwa eine Milliarde Dollar.

ATLANTA

Der Wagen geriet ins Schleudern, und plötzlich war Don Francis wieder hellwach. Im nächsten Augenblick hatte er seinen Volvo wieder unter Kontrolle. Er befand sich auf dem Heimweg. Am letzten Abend war Francis schon um 18 Uhr nach Hause gekommen und um 20.30 Uhr zu Bett gegangen, weil er schon um fünf Uhr morgens wieder im Verwaltungsgebäude der CDC an der Clifton Road sein wollte, um einige Stunden ungestört zu arbeiten, bevor das Telefon anfing zu läuten. Wenn er einen wissenschaftlichen Bericht schreiben mußte, fing Francis sogar schon um zwei Uhr morgens an zu arbeiten. Auf dem Weg ins Büro traf er dann manchmal Jim Curran, der erst um diese Zeit nach Hause ging. Francis hatte sich an ungewöhnliche Arbeitszeiten gewöhnt, als er in Indien gegen die Pockenepidemie kämpfte. Damals hatte er das Gefühl gehabt, die Krankheit werde den Sieg davontragen, wenn er sich auch nur einen Tag Ruhe gönnte.

Aber in Indien war sich Francis auch sicher gewesen, daß er den Kampf gewinnen konnte.

Als er nach einem 16-Stunden-Tag bei den CDC am Lenkrad seines Wagens eingenickt war, hatte er diese Zuversicht im Hinblick auf AIDS verloren. Die Epidemie war vor drei Jahren ausgebrochen, und die CDC verfügten noch immer nicht über das Personal und die Mittel, um das Syndrom in den Griff zu bekommen. Die Vorschläge von Francis ließen sich nicht verwirklichen, weil die für den Bundeshaushalt zuständigen Beamten nicht bereit waren, die notwendigen Mittel zur Verfügung zu stellen. Zudem wurde seine Arbeit durch den Kleinkrieg zwischen den einzelnen Wissenschaftlern behindert. Bob Gallo hatte jetzt in der AIDS-Forschung eine sehr starke Position und sorgte dafür, daß die Kontroverse zwischen dem Nationalen Krebsinstitut und dem Pasteur-Institut zu wachsenden Differenzen zwischen den einzelnen Wissenschaftlern führte.

Wenn er, was selten genug vorkam, am Abend zu Hause war, überlegte sich Francis manchmal, ob sein Leben so weitergehen könne. Seine vier und sechs Jahre alten Söhne kannten ihren Vater kaum. Seit ihrer Geburt kämpfte er seinen fast aussichtslosen Kampf gegen ein Akronym, dessen Bedeutung sie nicht verstanden. Die beiden Jungen wußten nur, daß die Nachbarn ihren Kindern nicht erlauben wollten, mit den Söhnen eines Wissenschaftlers zu spielen, der sich mit der AIDS-Forschung beschäftigte.

Die Frau von Don Francis, Karen, hatte, um ihren Mann nach Atlanta begleiten zu können, ihre Stelle beim *Epidemiological Intelligence Service* aufgeben müssen. Sie war selbst eine angesehene Epidemiologin und hatte die Zusammenhänge zwischen der Anwendung von Aspirin und dem Reye-Syndrom entdeckt. Jetzt war sie arbeitslos, hatte das Haus aufgeben müssen, das ihr und ihrer Familie so viel bedeutete, und mußte praktisch auch auf das Zusammenleben mit ihrem Mann verzichten.

Immer häufiger kam es zu Meinungsverschiedenheiten zwischen Don Francis und Jim Curran. Francis sah es als seine Aufgabe an, etwas gegen die Ausbreitung der Epidemie zu tun. Dazu mußte ein Impfstoff entwickelt werden, um den noch nicht infizierten Bevölkerungsteil vor den Folgen einer AIDS-Infektion zu schützen. Currans Aufgabengebiet war dagegen die Epidemiologie, also die Erforschung der Übertragungswege innerhalb einer Population. Für die Arbeit an der Entwicklung eines Impfstoffs fehlte ihm das wissenschaftliche Rüstzeug. Aber er war Realist. Er befürwortete Forschungsprogramme, wußte aber auch, daß die finanziellen Mittel für solche Vorhaben auch dann nicht ausreichen würden, wenn er selbst die Forschungsprogramme entworfen hätte. Die anderen Mitarbeiter überraschte es nicht, daß es zu Spannungen zwischen Francis und Curran kam. Sie hatten sogar schon früher damit gerechnet. Curran war ein tatkräftiger Administrator, der seine Behörde fest im Griff hatte. So geriet er bei der Zusammenarbeit mit Francis oft in eine peinliche Lage. Einerseits achtete Curran Francis als international anerkannten Wissenschaftler, aber andererseits war er nicht bereit, auf seine Entscheidungsbefugnisse im *AIDS Acitivities Office* zu verzichten. Deshalb war Francis in zunehmendem Maß an die Entscheidungen von Curran gebunden.

Am 21. September traf sich Don Francis mit dem Direktor der Abteilung für Infektionskrankheiten, Walt Dowdle, und beklagte sich darüber, daß zu wenig für die Entwicklung einer Vakzine und die Verminderung der Infektionsgefahr getan würde. Er fühlte sich so sehr in seiner Arbeit behindert, daß er aussteigen wollte. Dowdle warnte ihn vor voreiligen Entschlüssen und riet ihm, einen Arbeitsplan für die nächsten Jahre aufzustellen. Francis erklärte sich einverstanden, obwohl er schon jetzt entschlossen war, Atlanta zu verlassen. Er hatte noch nie eine solche Niederlage einstecken müssen und wollte nicht länger in der Zentrale der CDC arbeiten, um täglich daran erinnert zu werden, daß alle seine Bemühungen umsonst gewesen waren.

23. SEPTEMBER,
GAY COMMUNITY SERVICES CENTER, NEW YORK CITY

Die zweihundert homosexuellen Ärzte warteten ungeduldig auf die Ausführungen von Jim Curran, der sich noch an seinem Diaprojektor zu schaffen machte. Curran war in seinen Äußerungen immer sehr vorsichtig, wenn er es mit Zeitungsreportern zu tun hatte, denn er fürchtete, seine Aussagen über die künftige Entwicklung der AIDS-Epidemie könnten in den Schlagzeilen der Tagespresse zur Sensation aufgebauscht werden. Aber gegenüber den organisierten Homosexuellen hatte er keine solchen Hemmungen. Er hielt es vielmehr für seine Pflicht, seine Zuhörer rückhaltlos über den Ernst der Lage zu unterrichten. Jede neue epidemiologische Studie brachte Erkenntnisse, die ihn mit zunehmend größerer Sorge in die Zukunft blicken ließen. So kam Curran auch diesmal mit schlechten Nachrichten zur Mitgliederversammlung der *New York Physicians for Human Rights.*

»AIDS wird mit Sicherheit während der Lebenszeit der hier Versammelten eine der häufigsten Todesursachen sein. Das wird sich wahrscheinlich auch bis ins 21. Jahrhundert nicht ändern«, sagte Curran. »Trotz aller Anstrengungen der Homosexuellengemeinschaft und der medizinischen Wissenschaft sollten wir nicht damit rechnen, daß uns die wissenschaftliche Technologie in den nächsten Jahren von der Bedrohung durch AIDS befreien wird, auch wenn es uns am Ende vielleicht doch gelingen wird, die Krankheit erfolgreich zu bekämpfen.«

Für einen mehr als 15 Jahre alten unverheirateten Mann in New

York City bestand eine größere Wahrscheinlichkeit, an AIDS zu sterben als an Herzversagen, der bisher häufigsten Todesursache bei Männern, sagte Curran. In San Francisco starben unverheiratete Männer fünfmal häufiger an AIDS als an Herzversagen. Es habe sich herausgestellt, daß die CDC die Bedeutung der Epidemie bei weitem unterschätzt hätten, fügte er hinzu. Curran trug der Versammlung noch einmal die statistischen Daten vor, die von der Hepatitis-Forschungsgruppe in San Francisco zusammengetragen worden waren, und berichtete, wie stark sich die Zahl der mit AIDS infizierten Bluter und drogenabhängigen Fixer erhöht hatte. Die Zahl der mit dem HTLV III/LAV Infizierten lag wahrscheinlich zwischen zweihunderttausend und dreihunderttausend. Curran schätzte, daß mindestens zehn Prozent von ihnen an AIDS erkranken würden. Innerhalb der nächsten fünf Jahre müsse man nach seiner Schätzung mit insgesamt fünfundzwanzigtausend AIDS-Fällen rechnen.

Angesichts der großen Zahl der mit dem AIDS-Virus infizierten Personen genüge es auch nicht, die Zahl der Sexualkontakte zu verringern, um eine Infektion zu vermeiden. Ein Mann, der die Zahl seiner Sexualpartner gegenüber dem vergangenen Jahr auf ein Drittel reduziert habe, gehe heute das gleiche AIDS-Risiko ein wie damals, weil sich die Zahl der mit dem AIDS-Virus infizierten Personen um das Dreifache erhöht hatte. Angesichts der Tatsache, daß die Umstellung im Sexualverhalten nicht mehr mit der raschen Ausbreitung der Krankheit Schritt halten könne, müsse man davon ausgehen, daß der Homosexuelle, der in seinem Sexualverhalten nicht auf bestimmte Praktiken verzichtete, sich mit sehr viel größerer Wahrscheinlichkeit mit dem AIDS-Virus infizieren würde.

Dann sprach Curran ganz offen die politischen Probleme an, die sich aus dieser AIDS-Statistik ergeben konnten. Er sagte, jetzt gehe es nicht mehr darum, *ob* es zu einer neuen Welle der Homosexuellenfeindlichkeit kommen würde, sondern darum, *wann* das geschehen werde. Es könne sehr bald zu einem solchen Stimmungsumschwung kommen.

»Als ich vor zwei Jahren zu Ihnen sprach, habe ich mir die Anwesenden angesehen und mir gedacht, alle diese Burschen sind ebenso alt wie ich. Wir sind ebenso alt wie die Männer, die an AIDS sterben. Das war vor zwei Jahren. Die Männer, die heute an AIDS sterben, sind jünger als wir. Es wird Zeit, daran zu denken, daß wir die junge Generation der Homosexuellen schützen müssen, die in einer mit AIDS verseuchten Welt ihr Sexualleben beginnen.«

Der *New York Native* übte scharfe Kritik an Currans Prognosen.

Die Bundesregierung habe anscheinend gar kein Interesse an einer wirksamen Behandlungsmethode gegen AIDS und behaupte nur deshalb, AIDS werde auch im nächsten Jahrhundert noch nicht geheilt werden können. Dabei hatte Curran mit seiner Prognose das Ausmaß der AIDS-Epidemie bei weitem *unterschätzt*. Die Zahl der AIDS-Fälle erhöhte sich bereits innerhalb von zwei Jahren auf fünfundzwanzigtausend, und man schätzte, daß sich die Zahl der infizierten Amerikaner in diesem Zeitraum verfünffacht habe.

Aber auch die vorsichtigere Prognose von Curran löste bei den meisten der versammelten Ärzte erhebliche Bestürzung aus, besonders weil sie zu einer Zeit kam, zu der die ohnehin miserable Situation der AIDS-Bekämpfung in New York City immer besorgniserregender wurde.

Im August trat Dr. Roger Enlow von seinem Posten als Leiter des *Office of Gay and Lesbian Health Concern* zurück. Zu seiner achtmonatigen Arbeit im Bereich der AIDS-Bekämpfung bei der Stadtverwaltung unter Bürgermeister Koch erklärte er nur: »Ich habe viel Zeit mit Reden zubringen müssen.«

Auf den Sitzungen der *Interagency Task Force on AIDS* kam es zu erregten Diskussionen, bei denen die Teilnehmer einander vorwarfen, keine konkreten Maßnahmen zur Lösung der drängenden Probleme ergriffen zu haben. Arthur Felson, der dieser Gruppe angehörte, legte auf der im September stattfindenden Sitzung einen detaillierten Rechenschaftsbericht darüber vor, was die *Task Force* während ihres zweijährigen Bestehens geleistet hatte. Nach diesem Bericht war das Problem der Unterbringung von AIDS-Patienten sechzehnmal besprochen worden. Die unzureichende Überwachung der Epidemie in der Stadt war vierzehnmal das Beratungsthema gewesen. Über die Notwendigkeit, AIDS-Patienten in der eigenen Wohnung zu betreuen, hatte man achtmal gesprochen. Doch die Stadtverwaltung hatte zur Lösung all dieser Probleme nichts unternommen. Der Leiter der Städtischen Gesundheitsbehörde, David Sencer, mußte zugeben, daß die *Task Force* »besser geeignet ist, Probleme anzusprechen, als sie zu lösen«. Er kündigte an, er werde eine neue *Task Force* einsetzen. Diese neue Gruppe werde, wie er sagte, mehr tun als reden.

Diese traurige Lage veranlaßte Larry Kramer, sich noch einmal um die Aufnahme in das Direktorium der *Gay Men's Health Crisis* zu bemühen. Er hatte jetzt vier Angebote von Regisseuren für »The Normal Heart«, und das Stück würde höchstwahrscheinlich Anfang 1985 aufgeführt werden. Deshalb hatte er jetzt Zeit, sich intensiv mit

648

der AIDS-Bekämpfung zu beschäftigen. Doch abermals stieß er beim Vorstand der GMHC auf Ablehnung. »Nur über meine Leiche«, hatte Paul Popham gesagt.

1. OKTOBER, FITNESS CENTER, SAN FRANCISCO

Bill Kraus hatte eine Reihe von Übungen absolviert und lag nun ausgestreckt auf einer Bank, um sich zu entspannen. Als er den Kopf neigte, um Atem zu schöpfen, sah er an seiner rechten Hüfte einen purpurfarbenen Fleck. Er redete sich ein, es sei eine Blutblase. Zum Abendessen hatte er zwei Freunde eingeladen. Sie lachten, tranken und unterhielten sich über Filme, doch Bill erwähnte nicht den Fleck an seiner rechten Hüfte. Zwei Tage vergingen, bis er sich entschloß, Marc Conant in seiner Praxis aufzusuchen.

Conants Assistent, Mark Illeman, machte die Voruntersuchung.

»Ich kann Ihnen nicht versprechen, daß es nicht KS ist«, sagte Illeman.

Er war überzeugt, daß Bill es bereits wußte.

Marc Conant und Bill Kraus waren einander in den vergangenen Jahren der gemeinsamen Arbeit an der AIDS-Bekämpfung sehr nahegekommen, und als Conant das Untersuchungszimmer betrat, fühlte er sich plötzlich wie gelähmt. Er betastete Bills Hals und stellte fest, daß die Lymphknoten praktisch über Nacht in der für AIDS-Patienten typischen Art angeschwollen waren. Er konnte sofort sehen, daß die fünf Millimeter große Läsion keine Blutblase war, wollte Bill aber keine endgültige Diagnose stellen, bevor er eine Biopsie vorgenommen hatte. Normalerweise dauerten KS-Biopsien zehn Tage, aber Conant sagte, er werde Bill das Ergebnis schon früher mitteilen können.

Während Bill sich anzog, ging Conant hinaus auf den Flur und sagte Illeman, er solle auf dem Krankenblatt von Bill Kraus als Ergebnis der Diagnose das Kaposi-Sarkom eintragen.

»Er hat es«, sagte er mit trauriger Stimme.

49. Depressionen

OKTOBER 1984, SAN FRANCISCO

Jetzt waren schon so viele Menschen an AIDS erkrankt, daß man das alte Public Health Service Hospital als AIDS-Krankenhaus eingerichtet hatte. Bill Nelson war überrascht zu sehen, daß alle seine alten Kollegen von der AIDS-Station des *San Francisco General Hospital* die Verwaltung dieses Krankenhauses übernommen hatten. Nun waren sie wieder vereint wie in der guten alten Zeit auf der Station 5B, als eine AIDS-Station nur zwölf Betten hatte. Doch dann stellte Bill fest, daß die ehemalige Stationsschwester auf der Station 5B, Allyson Moed, an Atemnot litt; sie hatte eine Pneumocystosis. Eine andere Schwester litt an Toxoplasmose, und der Koordinator des Pflegepersonals, Cliff Morrison, hatte Tuberkulose.

Als Bill an einem Spiegel vorbeikam, sah er, daß sein ganzes Gesicht mit den Läsionen des Kaposi-Sarkoms bedeckt war.

»Mit all diesen KS-Läsionen im Gesicht kann ich mich nicht auf die Straße wagen«, sagte Bill. »Ich darf mich nicht in der Öffentlichkeit sehen lassen.«

Bill fuhr aus dem Schlaf und saß aufrecht im Bett. Sein Gesicht war von kaltem Schweiß bedeckt. Er hatte soeben einen Zeitungsartikel gelesen, in dem Marc Conant voraussagte, 1988 werde es in San Francisco so viele AIDS-Fälle geben, daß die Stadt wahrscheinlich ein besonderes AIDS-Krankenhaus brauchen werde. Man solle sich schon jetzt überlegen, in dem ehemaligen und jetzt leerstehenden *Public Health Service Hospital* eine AIDS-Klinik einzurichten. Alle hatten sich über diese verrückten Vorstellungen aufgeregt.

Bill Nelson legte sich wieder hin und deckte sich zu. Am Morgen würde er seine Arbeit als Krankenpfleger auf der AIDS-Station wieder aufnehmen, und der Alptraum würde von neuem beginnen.

Bill Kraus setzte sich ans Lenkrad seines Kabrioletts und fuhr in scharfem Tempo über die Nebenstraßen durch das hügelige Land nördlich von San Francisco, vorbei an den heißen Quellen und Weingärten des Napa Valley bis zu den Redwoods und den Leuchttürmen des Sonoma County. Aus dem Autoradio tönte ein Lied der Beatles.

»Wenn ich in den Spiegel schaue, dann ist es mir, als blickte ich 20 Jahre zurück«, sagte Bill.

Die Musik und das ziellose Sichtreibenlassen an diesem Tag erinnerten Bills Freund Dennis Seely auch an das Jahr 1974, als er Bill kennengelernt hatte und sie beide als arbeitslose Hippies auf der Castro Street herumgelungert hatten. Dennis kannte Bill schon aus der Zeit, bevor er sich am politischen Kampf um die Rechte der Homosexuellen beteiligt hatte. Es war Dennis gewesen, der Bill Harvey Milk vorgestellt hatte. Jetzt, da Bill einen Freund aus der Zeit brauchte, als er noch kein bekannter homosexueller Politiker gewesen war, hatte er sich an Dennis Seely gewendet. Gemeinsam schlugen sie die Zeit tot, bis Bill Marc Conant anrufen und nach dem Ergebnis seiner Biopsie fragen würde.

»Ich weiß nicht, was passieren wird, wenn er es mir sagt«, meinte Bill.

Dennis wollte nicht glauben, daß Bill wirklich AIDS hatte. Schließlich hatte Bill als einer der ersten sein Sexualverhalten geändert. Während des ganzen Jahres 1984 hatte Bill ständig daran denken müssen, daß er im Dezember genau wissen würde, ob er sich infiziert hatte oder nicht, denn dann waren zwei Jahre vergangen, in denen er kein sexuelles Risiko eingegangen war. Bis dahin waren es nur noch sechs Wochen. Es wäre wirklich ein makabrer Scherz, wenn Bill jetzt an AIDS erkrankte, dachte Dennis.

»Woher solltest du es denn haben?« fragte er. »Du hast dich doch so gut wie nie ficken lassen – es sei denn, du hast es mir verschwiegen.«

»Dabei sind es doch nur noch sechs Wochen«, sagte Bill. »Es ist so beschissen. Ausgerechnet ich, der ich auf den Sex verzichtet habe und den man als ›sexfeindlich‹ beschimpft hat. Ich war der Sexualfaschist, und jetzt muß ich es kriegen.«

Als sie wieder in der Wohnung von Dennis waren, wollte Bill nicht bei Conant anrufen. Aber Dennis drängte ihn, es zu tun. Conant würde ihm sagen, daß alles in Ordnung sei. Dann könnte Bill nach

Hause gehen, und Dennis würde seinen Mittagsschlaf halten. Aber die Sprechstundenhilfe von Conant sagte, Bill solle in die Praxis kommen, denn Conant wolle ihm den Verband wechseln. Bill brach in Tränen aus.

»Sie brauchen mir nicht den Verband zu wechseln. Es war nur eine kleine Biopsie«, sagte Bill. »Ich weiß, daß ich es habe.«

»Hör doch auf mit diesem melodramatischen Gerede«, sagte Dennis.

Im Wartezimmer von Conant nahm Bill eine Valiumtablette. Eine Krankenschwester bot ihm eine Tasse Kaffee an.

»Hast du gesehen, wie sie mich angeschaut hat?« fragte Bill und fing wieder an zu weinen.

»Sie hat dich angeschaut wie jemanden, der eine Tasse Kaffee haben will«, sagte Dennis. »Ich habe es«, sagte Bill. »Jetzt weiß ich es ganz genau.«

Sie gingen gemeinsam ins Ordinationszimmer von Conant. Conant legte Bill die Hand auf die Schulter und sah ihn an.

»Ich hatte sie gebeten, es noch einmal zu überprüfen, weil ich es nicht glauben wollte«, sagte er. »Du hast das Kaposi-Sarkom.«

Jetzt fing Dennis an zu weinen. Bill erstarrte. In einem Augenwinkel bildete sich eine Träne. »Du und Kico, ihr werdet mein Haus bekommen«, sagte Bill zu Dennis.

»Ich will nicht mit Kico zusammenleben«, sagte Dennis. Er versuchte zu scherzen, konnte dabei jedoch die Tränen nicht mehr zurückhalten. »Er ist so leichtsinnig und wird sich nie am Haushaltsgeld beteiligen.«

»Ihr werdet zusammenleben müssen«, sagte Bill, »denn ich werde es euch beiden hinterlassen...«

»Einen Augenblick«, unterbrach sie Conant. »Ihr braucht noch nicht darüber zu reden, wer das Haus bekommen soll. Du kannst noch viel tun, Bill. In deiner Position als Mitarbeiter eines Abgeordneten kannst du Druck machen und dazu beitragen, daß die Forschung mehr Geld bekommt. Du kannst in deiner Stellung wirklich einen aktiven Beitrag leisten. Und es gibt Leute, die drei Jahre damit gelebt haben. In drei Jahren kann viel geschehen.«

Bill hörte gar nicht hin. »Ich werde also sterben«, sagte er.

Conant konnte zunächst nichts darauf erwidern.

»Wir alle werden sterben«, sagte er schließlich, und seine Stimme bebte vor Zorn. »Wenn es keinen entscheidenden Durchbruch gibt, sind wir alle verloren.«

652

William James Kraus war der siebenhundertachtundzwanzigste AIDS-Patient in San Francisco.

In Bills Haus hatten sich seine besten Freunde versammelt. Auch seine alte Freundin Gwenn Craig war gekommen. Sie hatten sich sofort zusammengesetzt und die Liste mit den Namen der Personen durchgesehen, die zum Wahlkampf etwas gespendet hatten. Nun überlegten sie, wie sie genug Geld auftreiben konnten, damit es Bill während der schweren Prüfung, die ihm bevorstand, an nichts fehlte. Sie blieben noch die halbe Nacht an Bills Küchentisch sitzen, tranken und tauschten Erinnerungen aus.

»Ich wünschte, ich hätte nicht erst krank werden müssen, um zu sehen, wie viele gute Freunde ich habe«, meinte Bill. Kico Govantes hatte sich verspätet, und als er die Küche betrat, kam es ihm vor, als sei er in eine Trauergemeinde geraten – nur daß derjenige, um den getrauert wurde, mit am Tisch saß. Bill weinte, und Kico hielt ihn in den Armen. Jetzt hatten sie die Rollen getauscht. In den vergangenen Jahren war es Kico gewesen, der immer wieder hilfesuchend zu Bill gekommen war. Jetzt brauchte Bill seine Hilfe.

Als Bill am nächsten Morgen aufwachte, packte ihn ein furchtbares Grauen. Jede körperliche Bewegung fiel ihm unendlich schwer. Seit dem Tod seines Vaters war er nicht mehr so verzweifelt gewesen.

Ist es wirklich wahr? Habe ich das gestern tatsächlich erlebt?

Es war kein Traum gewesen, und nun würde er diesen Tag und jeden Tag seines Lebens in dem Bewußtsein zubringen müssen, daß er jeden Augenblick sterben könnte. Eine Junta aus mikroskopisch kleinen Partikeln hatte in seinem Körper das Kommando übernommen und verfügte über sein Schicksal.

»Du wirst nicht sterben müssen.«

Bills alte Freundin Sharon Johnson sah, wie sich seine Stimmung immer mehr verdüsterte. Sharon hatte schon seit längerer Zeit bemerkt, daß Bill einen Märtyrerkomplex hatte. Wie Bill war sie in einer streng katholischen Familie aufgewachsen und wußte, daß alle Märtyrer das gleiche Schicksal hatten: Sie starben. Nun glaubte sie, er werde sich mit seinem Kummer selbst umbringen. Deshalb brachte sie ihn zu Jocelynn Nielsen, einer geistigen Heilerin.

Schon nach wenigen Minuten begann Mrs. Nielsen über den Tod seines Vaters und den Tod eines anderen Menschen vor etwa 15 Monaten, der so etwas wie ein Vater für ihn gewesen war, zu sprechen.

653

Frau Nielsen hatte die Erfahrung gemacht, daß Menschen, die an einer tödlichen Krankheit litten, etwa 15 Monate vor Ausbruch der Krankheit irgendein traumatisches Erlebnis gehabt hatten.

Bill war verblüfft. Er war überzeugt, daß sie nichts über den Tod seines Vaters vor einem Vierteljahrhundert wußte, und doch hatte sie seine emotionale Reaktion auf den Tod von Phil Burton exakt beschrieben. Nun schüttete Bill Frau Nielsen sein Herz aus. Er erzählte ihr, wie er seit Monaten immer wieder seine eigene Beisetzung mitzuerleben glaubte. Alles hatte sich in einem großen Saal versammelt, um über ihn zu reden, und er war nicht dabei. Dieses Bild ängstigte ihn.

Frau Nielsen forderte Bill auf, zu meditieren und ihr zu sagen, was er sah. Er verfiel in einen Trancezustand, wachte aber sofort angsterfüllt wieder auf.

»Ich sehe Schlangen«, sagte er. »Sie wollen mich angreifen. Sie wollen mich töten.«

»Sie können sich entweder vor ihnen fürchten oder sie beherrschen«, sagte Frau Nielsen. »Gehen Sie auf die Schlangen zu. Haben Sie keine Angst vor ihnen.«

Und dann sagte Mrs. Nielsen ganz ruhig und einfach: »Sie werden nicht sterben müssen.«

Er habe seine Krankheit selbst geschaffen, deshalb könne er sich auch selbst heilen.

Diese Idee begeisterte Bill, und er war sofort bereit, ihre Diätvorschriften zu befolgen und nach ihrer Anleitung zu meditieren. Er schenkte Dennis Seely alle seine schwarzen und grauen Anzüge, nachdem Frau Nielsen gesagt hatte, es sei gesünder, nur erdfarbene Anzüge zu tragen. Er stürzte sich mit einer Begeisterung und einem Schwung in den Versuch, sich selbst das Leben zu retten, wie er es sonst nur bei politischen Kampagnen getan hatte. Er bat alle seine Freunde, sie sollten sich vorstellen, er sei völlig gesund. Niemand durfte in seiner Gegenwart über den Tod sprechen.

»Ich habe diese Krankheit selbst erzeugt«, sagte er zu Kico Govantes, »und ich kann sie auch besiegen.«

Die Reporter drängten sich nach vorn, als Merv Silverman in den Konferenzsaal kam und hinter den Mikrophonen Platz nahm. Vor sechs Monaten hatte er hier vor den gleichen Reportern seine inzwischen berühmt gewordene Pressekonferenz abgehalten und es abgelehnt, eine klare Entscheidung über die Schließung der Saunen zu treffen. Heute sprach er mit ungewohnter Entschiedenheit und bezeichnete die Saunen als Clubs, in denen Russisches Roulette gespielt wurde. Er sagte, vielleicht sei es legal, zu Hause in den eigenen vier Wänden Russisches Roulette zu spielen; man könne jedoch kein Lokal eröffnen und dafür, daß man den Gästen erlaubte, Russisches Roulette zu spielen, auch noch fünf Dollar Eintritt verlangen.

»Heute habe ich die Schließung von vierzehn Gewerbebetrieben angeordnet, in denen die Verbreitung von AIDS, einer sexuell übertragenen tödlichen Krankheit, begünstigt wird«, sagte Silverman. »Diese Betriebe sind mehrfach überprüft worden, und wir haben festgestellt, daß sie in grob fahrlässiger Weise die Gesundheit ihrer Kunden und der Bevölkerung gefährden. Machen wir uns nichts vor: Diese vierzehn Betriebe fördern nicht die Liberalisierung der Homosexualität, sondern Krankheit und Tod.«

Eine Stunde später befestigte der Gesundheitsinspektor Thomas Petty am Eingang der Sauna *The Slot* an der Folsom Street eine schriftliche Verfügung der Gesundheitsbehörde: »Der weitere Betrieb des oben bezeichneten Geschäfts stellt eine Gefährdung und Bedrohung der öffentlichen Gesundheit dar.« In den wenige Häuserblocks entfernten *San Francisco Club Baths* wurden die Gäste über Lautsprecher aufgefordert, ihre Handtücher an der Garderobe abzugeben.

Die von dieser Maßnahme überraschten homosexuellen Organisationen hielten am Nachmittag überall in der Stadt Pressekonferenzen ab und protestierten gegen das Vorgehen der Gesundheitsbehörden. Die *San Francisco AIDS Foundation* erklärte, die Saunen hätten »bei der AIDS-Aufklärung eine führende Rolle« gespielt. Die *Golden Gate Business Association*, ein Verein homosexueller Geschäftsleute, behauptete, die Schließung der Saunen sei eine Verletzung der Rechte des freien Unternehmertums. Die *Bay Area Lawyers for Individual Freedom*, deren prominenteste Mitglieder die Besitzer von Saunen zu ihren Mandanten zählten, erklärten, die Bürgerrechte der Homosexuellen im ganzen Land seien durch die von Silverman angeordnete Maßnahme verletzt worden. Die *Bay Area Physicians for Human Rights* behaupteten, die Schließung werde dazu führen, daß sich die Zahl der AIDS-Fälle erhöhen würde. Die einzige homosexuelle Gruppe, die Silverman unterstützte, war der *Harvey Milk Gay Democratic Club*.

Am gleichen Nachmittag öffneten sechs Saunenbesitzer gegen die von Silverman erlassene Verfügung wieder die Türen ihrer Etablissements. Ihre Anwälte hofften, die Gerichte würden es ihnen erlauben, den Betrieb weiterzuführen, bis in einem Revisionsverfahren die endgültige Entscheidung über die Rechtmäßigkeit der Anordnung von Silverman gefallen war. Doch die Gerichte erließen eine einstweilige Verfügung, nach der die Saunen geschlossen bleiben mußten. Allerdings erlaubten es die Richter einigen pornographischen Filmtheatern, den Betrieb wiederaufzunehmen – unter der Voraussetzung, daß die Räume, in denen Sexorgien gefeiert worden waren, geschlossen blieben. Ironischerweise zeigte es sich in den Wochen nach der Schließung dieser Lokalitäten in San Francisco, daß die meisten Homosexuellen gar nicht daran interessiert waren, etwas dagegen zu unternehmen. Zu einer Protestdemonstration auf der Castro Street, die drei Wochen lang vorbereitet worden war, erschienen nur etwa 300 Demonstranten. Der erwartete empörte Aufschrei der Homosexuellen, vor dem die Gesundheitsbehörden und die Politiker gezittert hatten, blieb aus.

Die Schließung der Saunen in San Francisco löste in den anderen Großstädten erhebliche Nervosität aus. In Los Angeles beauftragten Bürgermeister Tom Bradley und der Bezirksrat Ed Edelman einen Ausschuß mit der Prüfung der Frage, ob auch hier die Saunen geschlossen werden sollten. Beide Politiker waren bei den letzten Wahlen von den organisierten Homosexuellen unterstützt worden; daher war der von ihnen eingesetzte Ausschuß nicht viel mehr als eine bloße Fassade. Den Vorsitz führte Dr. Neil Schram, ein ehemaliger Präsident der *American Association of Physicians for Human Rights*. In den vergangenen zwei Jahren hatte sich Schram immer wieder für die Interessen der Saunen eingesetzt. Deshalb überraschte es niemanden, als der Ausschuß erklärte, die Saunen würden nicht geschlossen werden.

Die stellvertretende Leiterin des Büros für die Bekämpfung ansteckender Krankheiten im Bezirk Los Angeles, Dr. Shirley Fanin, begründete ihre Haltung mit einem Argument, das in der letzten Zeit auch von Beamten der Gesundheitsbehörden in New York und Los Angeles verwendet worden war. »Die Würfel sind wahrscheinlich schon gefallen«, behauptete sie. »Wahrscheinlich sind die meisten Besucher der Saunen, die dort angesteckt werden können, bereits infiziert.« Der

656

Direktor der AIDS-Institute des Staates New York, Mel Rosen, erklärte, die Schließung der Saunen würde die gleiche Wirkung haben, wie wenn man Stalltüren schließen wollte, nachdem die Pferde fortgelaufen sind.

Auf die Anordnung von Dr. Silverman folgte ein monatelanges juristisches Tauziehen. Das wichtigste Ereignis im Rahmen der ganzen Kontroverse war und blieb jedoch Silvermans Pressekonferenz an jenem Vormittag im Oktober. Endlich hatte der verantwortliche Leiter einer örtlichen Gesundheitsbehörde offen ausgesprochen, daß durch die AIDS-Epidemie eine außergewöhnliche Situation entstanden war, der man mit außergewöhnlichen Maßnahmen begegnen mußte. Das politische Gerangel war der biologischen Realität gewichen; es war wichtiger, Leben zu retten, als das Gesicht zu wahren.

Die Gegner dieser Maßnahme lehnten sie mit der Begründung ab, daß sie politisch motiviert sei. Das traf insofern zu, als die Saunen nur aus politischen Gründen offengehalten worden waren.

Ein Jahr nach der von Silverman getroffenen Entscheidung wurden die Saunen auch in New York und Los Angeles geschlossen, und zwar unter einem viel stärkeren politischen Druck als in San Francisco.

Das Schlimme war nur, daß die Schließung der Saunen in San Francisco viel zu spät erfolgt war. 1984 waren die meisten Besucher der Saunen in San Francisco bereits mit dem AIDS-Virus infiziert. So ist mit dieser Maßnahme wahrscheinlich in erster Linie den Tausenden schlecht informierten homosexuellen Touristen das Leben gerettet worden. Doch zwei Drittel der dort lebenden Homosexuellen, bei denen später das LAV/HTLV III festgestellt wurde, waren bereits mit dem Virus infiziert.

Später waren sich alle Betroffenen darin einig, daß die Saunen sehr viel früher hätten geschlossen werden müssen. Sie gaben zu, daß die Aufklärung sehr viel früher hätte einsetzen müssen, und zwar in einer sehr viel direkteren Form. Man stimmte auch darin überein, daß die Blutbanken früher mit den Bluttests hätten beginnen sollen, daß die Suche nach dem AIDS-Virus viel zu spät begonnen habe und die Wissenschaftler die Forschung mit ihren lächerlichen Intrigen nur behindert hätten. Auch die Medien hätten sehr viel früher umfassend über die Epidemie berichten müssen, und die Bundesregierung hätte sehr viel mehr tun und energischer eingreifen sollen. Doch als man endlich zu diesen Einsichten gekommen war, war es zu spät.

Die Menschen starben – und sie starben zu Zehntausenden.

Ende 1984 zeichnete sich diese düstere Zukunft nirgends so deutlich ab wie auf der Castro Street in San Francisco. Als bekannt wurde, daß auch Bill Kraus an AIDS erkrankt war, dachten die Menschen weniger daran, was das für Bill bedeutete, als an die Schlußfolgerungen, die sich daraus für ihr eigenes Leben ergaben.

Bill hatte seine Lebensgewohnheiten als einer der ersten in der Homosexuellenszene geändert. Jetzt mußte man befürchten, daß es auch für diejenigen, die sofort auf die Epidemie reagiert hatten, schon zu spät gewesen war. Die Homosexuellen mußten erkennen, daß es nichts nützte, die Existenz dieses Virus zu leugnen oder die Folgen einer Infektion zu verdrängen. Zu Beginn des Winters 1984 wurde es jedem klar, welche Tragödie sich hier anbahnte, und die Bewohner des Homosexuellenviertels von San Francisco wurden von einer lähmenden Mutlosigkeit erfaßt.

Mindestens zwei Prozent der homosexuellen Männer im Castro District waren an AIDS erkrankt, und die Fachleute schätzten, daß sich ihre Zahl in einem Jahr verdoppeln werde. Eine von den NIH durchgeführte Befragung homosexueller Männer ergab noch beunruhigendere Zahlen.

Fast 40 Prozent der Homosexuellen in diesem Stadtteil waren mit dem HTLV III infiziert. Bei jedem siebenten Homosexuellen zeigten sich die Symptome des Lymphadenopathie-Syndroms. Die beunruhigenden Voraussagen des vergangenen Jahres wurden jetzt zur bedrückenden Realität.

Die Verzweiflung der meisten Homosexuellen steigerte sich noch, weil man nichts gegen das drohende Verhängnis unternehmen konnte. Eine im Oktober durchgeführte Befragung von fünfhundert Homosexuellen ergab, daß zwei Drittel von ihnen ihr Sexualverhalten so weit geändert hatten, daß sie sich nicht mehr mit dem AIDS-Virus infizieren konnten. Ironischerweise waren gerade die Gebildeten unter ihnen, Angehörige selbständiger Berufe im Alter von mehr als 30 Jahren, am wenigsten bereit, ihre alten Gewohnheiten aufzugeben. Ihre sexuellen Gewohnheiten hatten sich in der Blütezeit der Homosexualität im Castro Bezirk entwickelt. Jüngeren Männern, die davon nichts mehr mitbekommen hatten, fiel es weniger schwer, auf riskante Praktiken zu verzichten.

Wenn diese Leute ihre riskanten Sexualpraktiken aufgegeben hatten, gab es für sie nichts mehr, was ihre Zukunftsangst beschwichtigen konnte. Viele wandten sich der Mystik zu. Die örtlichen Reformhäuser machten ein glänzendes Geschäft mit dem Verkauf von Tonbändern, die von Heilern wie Louise Hay besprochen waren. Sie enthielten Anweisungen zur Meditation, bei der man sich auf den Gedanken konzentrieren sollte, man sei vollkommen gesund. Tausende suchten ihre Ängste dadurch loszuwerden, daß sie sich als Freiwillige den AIDS-Gruppen anschlossen. Aber das alles konnte die düstere Stimmung und das Gefühl der Ausweglosigkeit nicht vertreiben, das die Bewohner des Castro Bezirks ergriffen hatte. Die einzige Hoffnung bestand darin, daß das gewaltige wissenschaftliche Potential der von der Regierung betriebenen Forschungseinrichtungen ein Wundermittel finden und dem Sterben ein Ende bereiten würde.

11. Oktober, Capitol, Washington, D. C.

Die Kongreßmitglieder warteten ungeduldig auf den Beginn der Parlamentsferien, um sich noch einen Monat lang am Wahlkampf beteiligen zu können. Deshalb ließen sich die Abgeordneten und Senatoren in den zuständigen Ausschüssen nicht mehr auf lange Verhandlungen ein, sondern einigten sich sehr schnell über den Gesetzesvorschlag über die für die AIDS-Forschung zu bewilligenden Gelder. Am Vorabend der Sitzungspause beschlossen die führenden Abgeordneten im Repräsentantenhaus, die für die AIDS-Forschung vorgesehene Summe um weitere $ 93 Millionen zu erhöhen. Wie sich herausstellte, hatte das Gesundheitsministerium die Denkschrift und die Vorschläge von Brandt nicht an das Capitol weitergegeben, was den Abgeordneten Henry Waxman veranlaßte, eine Anhörung durchzusetzen, in der er den Beamten des Gesundheitsministeriums die Leviten las.

»Jeden Tag müssen Menschen sterben, die mit ihrem Tod Ihrer Verantwortungslosigkeit ein Denkmal setzen«, erklärte Waxman.

Schon wenige Stunden nach der Anhörung wurde das Gesetz über den beantragten Betrag vom Kongreß verabschiedet, mit dem der AIDS-Forschung eine um 60 Prozent höhere Summe zur Verfügung gestellt wurde, als sie von der Reagan-Administration vorgeschlagen worden war. Damit hatte der Kongreß gegen die Einwände der Administration schon im vierten Haushaltsjahr einen besonderen AIDS-Etat geschaffen. Dieser Etat enthielt $ 58 Millionen für die *National Institutes of Health* und $ 23 Millionen für die *Centers for Disease Control.*

Einen Tag nach Bewilligung dieser Gelder durch den Kongreß kündigte Dr. Edward Brandt sein Ausscheiden aus der Administration zum Ende des Jahres an.

Doch schon wenige Tage nach Beginn der Parlamentsferien kam es zu einer neuen Kontroverse zwischen dem Kongreß und der Administration. Zu dem in letzter Minute bewilligten Betrag für die AIDS-Forschung gehörte auch die Summe von $ 8,35 Millionen für die *Food and Drug Administration*. Mit diesem Geld sollte die Entwicklung eines HTLV-III-Antikörper-Tests beschleunigt werden. Die Administration war jedoch nur bereit, $ 475 000 zur Verfügung zu stellen. Der Rest des Geldes sollte an das Schatzamt zurückgehen. Allerdings hatte die Administration ihr im April gegebenes Versprechen nicht einhalten können, die Blutbanken würden innerhalb von sechs Monaten über einen Bluttest verfügen. Daß sie sich nun weigerte, einen größeren Betrag für die Beschleunigung der Entwicklung eines solchen Tests zur Verfügung zu stellen, verblüffte sowohl die republikanischen als auch die demokratischen Senatoren. Doch ihr Protest schien die Medien wenig zu interessieren. Die Administration blieb bei ihrem Beschluß.

25. OKTOBER, CASTRO THEATRE, SAN FRANCISCO

Die Premiere eines Dokumentarfilms über Harvey Milk versetzte Bill Kraus in die große Zeit der Homosexuellenbewegung in San Francisco zurück, als der Feind Anita Bryant und nicht irgendein Virus war und die Zukunft wie ein schöner Traum vor ihm lag. Als die Lichter wieder angingen und der Applaus abebbte, wurde Bill von allen Seiten dazu beglückwünscht, wie überzeugend er in dem Film gewirkt habe, als er schilderte, welche Gefühle ihn bei der Kerzenprozession zum Rathaus bewegt hatten.

Von der anderen Straßenseite aus sah Cleve Jones, wie Bill am Eingang zum Filmtheater von seinen Bewunderern umringt wurde. Cleve hatte gehört, daß Bill an AIDS erkrankt war, aber Bills Freunde hatten ihm auch ausdrücklich gesagt, daß Bill ihn nur ungern unter seinen Gästen sehen würde. Er hatte Cleve noch nicht verziehen, daß er sich vor sechs Monaten gegen die Schließung der Saunen ausgesprochen hatte. Bills Erkrankung war ein schwerer Schlag für Cleve, der zutiefst verzweifelt und deprimiert war. Von vier jungen Männern, mit denen er 1980 zusammengelebt hatte, waren zwei an AIDS gestorben, und ein dritter war an einer Lymphadenopathie erkrankt. Cleves lästige Gürtelrose war abgeheilt, aber er hatte immer noch die geschwollenen Lymphknoten. Und jetzt die Sache mit Bill ...

Als er nach Hause ging, fragte er sich, ob Bill wohl noch an alle Einzelheiten jener Nacht zurückdenken würde, in der Harvey Milk

660

und George Moscone ermordet wurden. Cleve und Bill hatten sich nach der Kerzenprozession geliebt. Bill tat diese Episode als eine Geschmacksverirrung ab. Doch Cleve empfand seit jener Zeit eine starke Zuneigung zu Bill. Und jetzt haßte ihn Bill. Diese Epidemie hatte unendlich viel zerstört. Cleve ging in die *Elephant Walk Bar* und ließ sich einen Drink geben.

Als Bill aus dem Kino kam, traf er einen alten Bekannten, der sich auch mit AIDS infiziert hatte. Steve Del Re berichtete Bill von dem Medikament, das die Franzosen versuchsweise gegen AIDS verwendeten, das HPA-23. Er würde nach Paris fliegen, um sich damit behandeln zu lassen. Bill solle es sich doch auch überlegen.

Am Abend vor Allerheiligen traf sich Bill mit Marc Conant und einem befreundeten Journalisten, der kürzlich in Paris gewesen war, um die Forscher am Pasteur-Institut zu interviewen. Der Reporter spielte ein Tonband ab, auf dem er ein Interview mit Dr. Willy Rozenbaum aufgenommen hatte. Der französische Arzt äußerte sich außerordentlich optimistisch über die Wirkung des Medikaments.

Bill Kraus geriet in eine euphorische Stimmung. Alle seine Hoffnungen hatten nur noch einen Namen: HPA-23. Er würde am Leben bleiben.

50. Der Krieg

NOVEMBER 1984

Am 6. November wurde Ronald Wilson Reagan mit der überwältigenden Stimmenmehrheit der Wahlmänner zum Präsidenten der Vereinigten Staaten wiedergewählt. Einen so erdrutschartigen Sieg bei den Präsidentschaftswahlen hatte es seit fast 50 Jahren nicht mehr gegeben. Für den demokratischen Kandidaten, Walter Mondale, gaben nur die Wahlmänner seines Heimatstaats Minnesota und des Distrikts von Columbia ihre Stimmen ab. In allen anderen Staaten siegte Reagan. Während des gesamten Wahlkampfs war die AIDS-Epidemie nie ein wichtiges Thema gewesen. Keiner der beiden Kandidaten hatte sich öffentlich zu diesem Problem geäußert, das auf der Prioritätsliste der Bundesgesundheitsbehörden an erster Stelle stand. Kein Reporter hatte dieses Thema im Wahlkampf zur Sprache gebracht. Präsident Reagan hatte das Wort AIDS noch kein einziges Mal vor der Öffentlichkeit in den Mund genommen oder erkennen lassen, daß er die in seinem Land grassierende Epidemie überhaupt zur Kenntnis nahm.

In der Wahlnacht rief Reagan der jubelnden Menge zu: »Die besten Tage Amerikas liegen vor uns.« Im Monat der Wiederwahl von Reagan waren mehr als siebentausend Amerikaner an AIDS erkrankt.

PASTEUR-INSTITUT, PARIS

Die unangenehmen nationalistischen Untertöne, die die französisch-amerikanische Rivalität zwischen den AIDS-Forschern kennzeichneten, waren ein ungewöhnliches Phänomen in der wissenschaftlichen Welt. Doch das Problem schwelte weiter. Die meisten Wissenschaftler, die vom Nationalen Krebsinstitut finanziell unterstützt wurden oder mit Dr. Robert Gallo zusamenarbeiteten, ergriffen Partei für die amerikanische Forschungsbehörde. Aber da die wissenschaftliche Zusammenarbeit die gleichen Städte miteinander verband wie die Fluglinie *Eastern Airlines* an der Atlantikküste, arbeiteten die Forscher an den an der Westküste gelegenen Instituten mehr mit den französischen Wissenschaftlern zusammen und stellten sich auf deren Seite.

Dr. Michael Gottlieb von der Universität von Kalifornien in Los Angeles, der als erster über die Epidemie berichtet hatte, beschloß, die Rolle des Seniors der AIDS-Forschung zu übernehmen. Er hatte das Gefühl, von den anderen Virologen an die Wand gedrückt zu werden, nachdem sich das Zentrum der AIDS-Forschung in die Laboratorien an der Ostküste verlagert hatte. Die Franzosen, die ständig im Schatten von Gallo und dem Nationalen Krebsinstitut arbeiten mußten, begrüßten es, als Gottlieb im November nach Paris kam, um das Pasteur-Institut zu besuchen.

Gottlieb war beeindruckt von dem Enthusiasmus des Forscherteams in Paris und den Erfolgen, mit denen die französischen Wissenschaftler aufwarten konnten, obwohl ihnen nur sehr geringe Mittel zur Verfügung standen. Wie die meisten europäischen Regierungen hatte auch die französische kein Geld in die AIDS-Forschung investiert. Man glaubte, das umfangreiche amerikanische wissenschaftliche Establishment werde in der AIDS-Forschung entscheidende Entdeckungen machen, von denen dann die übrige Welt profitieren könne. Dem Pasteur-Institut standen für dieses Spezialgebiet nur wenige Millionen Dollar zur Verfügung. Mit diesem Geld finanzierte das Pasteur-Institut die umfangreichen Bluttests mit Serum aus Afrika, wo französische und belgische Forscher den heterosexuellen Übertragungswegen der Krankheit nachgingen. In den Pariser Laboratorien untersuchten die Franzosen außerdem die genetischen Eigenschaften des AIDS-Virus. Sie hofften, daß es ihnen gelingen würde, einen Punkt in der Ribonukleinsäure des Retrovirus zu entdecken, an dem man mit einer erfolgreichen Therapie ansetzten konnte.

Da sich die NIH und das wissenschaftliche Establishment in den Vereinigten Staaten kaum damit befaßten, eine für die Behandlung von AIDS geeignete Methode zu entwickeln, wurde das Pasteur-Institut auf diesem Gebiet zu der wichtigsten Forschungseinrichtung der Welt. Die Franzosen erprobten die verschiedensten Medikamente an AIDS-Patienten, die sich alle bereitwillig zur Verfügung stellten, weil sie wußten, daß sie ohne Behandlung mit Sicherheit sterben würden. Dr. Willy Rozenbaum und Dr. Dominique Dormant waren begeistert von den Erfolgen mit dem HPA-23. Mit diesem Mittel hatte Dr. Dormant Rock Hudson behandelt.

Gottlieb war von den intensiven Bemühungen der Franzosen beeindruckt, denn nichts deprimierte ihn mehr als die Tatsache, daß er seinen verzweifelten Patienten keine Hoffnung auf eine erfolgreiche Behandlung machen konnte. Als die *Food and Drug Administration* zum Beispiel Versuche mit dem Medikament Isoprinosin gestattete, durften nur 200 Patienten im ganzen Land damit behandelt werden. Nach den für solche Versuche geltenden Bestimmungen sollten die Tests streng überwacht werden, wobei weder der Arzt noch der Patient erfahren durften, ob dieses Medikament oder ein Placebo verabreicht wurde. Die Hälfte der Versuchspersonen bekam das Isoprinosin und die andere Hälfte ein Placebo. Um sicherzustellen, daß die Ergebnisse der Testreihe nicht durch die Erwartungen der Ärzte und Patienten beeinflußt wurden, hatte man weder den Ärzten noch den Patienten mitgeteilt, wer das echte Medikament bekam und wer nicht. Vom wissenschaftlichen Standpunkt aus war das richtig. Diese strengen Bedingungen sollten sicherstellen, daß die Bevölkerung nicht durch unerprobte Medikamente mit schädlichen Nebenwirkungen gefährdet wurde. Außerdem konnten die Wissenschaftler nur mit solchen kontrollierten Versuchen wirklich feststellen, ob das Medikament sich für die Behandlung von AIDS-Patienten eignete.

Es war jedoch schwierig, tödlich erkrankte Patienten von der Richtigkeit dieser wissenschaftlichen Grundsätze zu überzeugen. Gottlieb wußte, daß sehr viele AIDS-Kranke nach Mexiko fuhren, um sich dort mit Isoprinosin und Ribavirin behandeln zu lassen. Angeblich ließ sich AIDS mit diesem letzten Medikament heilen, das allerdings nicht in den Vereinigten Staaten zugelassen war. Währenddessen kamen immer mehr amerikanische AIDS-Kranke nach Paris, um sich mit dem HPA-23 behandeln zu lassen.

Die Ärzte am Pasteur-Institut konnten nicht begreifen, daß die Amerikaner nicht mit allen Mitteln versuchten, eine geeignete AIDS-Therapie zu entwickeln. Sie hielten Versuchsreihen für inhuman, bei denen die Hälfte der an AIDS erkrankten Versuchspersonen mit dem echten Mittel, die andere Hälfte aber mit einem Placebo behandelt wurden – denn der Patient, dem das Placebo verabreicht wurde, mußte unter Umständen ohne eine wirksame Behandlung sterben. Deshalb meinten die Franzosen, jeder Patient, der eine bestimmte Therapie wünschte, sollte sie auch bekommen. »Ihr Amerikaner laßt die Menschen sterben, ohne ihnen die Hoffnung auf Gesundung zu geben«, erklärte Rozenbaum gegenüber einem Reporter aus Kalifornien. »Was haben diese Leute denn zu verlieren?«

Gottlieb war mit den Forschungsmethoden der Franzosen nicht einverstanden, wenn er auch anerkennen mußte, daß sie sich mit großem Eifer an diese Aufgabe gemacht hatten. Ein Grund, weshalb sie Schwierigkeiten hatten, ihre Forschungsergebnisse in den Vereinigten Staaten zu veröffentlichen, lag darin, daß sie keine Erfahrungen bei der Abfassung von Forschungsberichten für amerikanische medizinische Fachzeitschriften hatten. Sie verstanden es nicht, ihre Daten so gut zu erläutern wie die amerikanischen Wissenschaftler. Darüber hinaus verfügte der Sprecher des Pasteur-Instituts, Dr. Luc Montagnier, nicht über das Charisma und die Überzeugungskraft, die Gallo auszeichneten.

Die Forscher am Pasteur-Institut baten nun Gottlieb, ihnen bei der Abfassung eines Berichts über die ersten Erfolge mit dem HPA-23 zu helfen. Den Franzosen war unter anderem auch deshalb viel an der Veröffentlichung ihrer Ergebnisse gelegen, weil sie fürchteten, Gallo könnte ihnen mit einem Bericht über seine Arbeit mit Suramin zuvorkommen.

Das Forscherteam am Pasteur-Institut wurde jedoch immer wieder vor den Kopf gestoßen. Auf jeder Konferenz, an der die Franzosen teilnahmen, wurde ihre Arbeit heruntergespielt. Als das Jahr zu Ende ging, seufzte Montagnier: »Ich habe während dieser ganzen Zeit mehr auf politischem als auf wissenschaftlichem Gebiet gelernt. Ich hätte nie geglaubt, daß ich ein so guter Verkäufer sein müsse, um mir Gehör zu verschaffen.«

Doch »der Krieg«, wie Rozenbaum die Kontroverse nannte, ging auch an der amerikanischen Front weiter. Gallo führte einen Papierkrieg mit den *Centers for Disease Control*, weil sie weiter darauf bestanden, das AIDS-Virus als LAV/HTLV III zu bezeichnen. Die medizinischen Fachzeitschriften gaben Dr. Jay Levy von der Universität von Kalifornien in San Francisco seine Arbeiten über das Virus zurück, das er mit dem Akronym ARV bezeichnete, und verlangten, er solle es HTLV III nennen. Die Lektoren dieser Zeitschrift waren, wie Levy feststellte, in der Regel Wissenschaftler, deren Arbeit vom Nationalen Krebsinstitut finanziert wurde.

Als Marc Conant noch das College besuchte, hatte er seiner streng katholischen Mutter gestanden, er glaube nicht mehr an Gott. Sie hatte ihn gescholten und erklärt: »Eines Tages wirst du sterben und ihn brauchen. Dann wirst du zum Glauben zurückfinden.«

Diese Worte seiner Mutter hatten Conant immer wieder beunruhigt. Die Vorstellung, daß die katholische Mystik eines Tages seine Urteilsfähigkeit beeinflussen könnte, widersprach seiner rationalistischen Denkweise als Wissenschaftler. An der *Duke University* hatte er sogar Theologie im Nebenfach studiert. Wenn es ihm gelang, tiefer in die Geheimnisse der Religion einzudringen, würde er nicht irgendeinem Mystizismus verfallen, hatte er gehofft. Conants ständige Furcht, dies könne doch noch irgendwann einmal eintreten, war auch der Grund für das Unbehagen, das er empfand, als Bill Kraus beschloß, sich in Paris behandeln zu lassen.

In Bill Kraus sah Conant das jüngere Spiegelbild seiner selbst. Bill war ebenso wie Conant ein ausgesprochener Verstandesmensch und hatte längst aufgehört, seine Erkrankung zu verdrängen. Doch jetzt glaubte er plötzlich an eine geheimnisvolle Therapie und gab sich der Illusion hin, in einem fernen Land mit irgendeinem unerprobten Medikament geheilt werden zu können. Für Conant war dies nichts anderes als eine Flucht vor der Realität.

Doch Bill glaubte fest an den Erfolg seiner Reise nach Paris. Er hatte sich im November dazu entschlossen, nachdem die zweite Läsion aufgetreten war. Auf einem Spaziergang entlang der windigen Steilküste von Land's End, hoch über der schäumenden Brandung des Pazifik, hatte er Catherine Cusic erklärt, ihn erschrecke die deprimierende Stimmung, die sich in der Homosexuellengemeinschaft von San Francisco breitgemacht habe. Er wisse nicht, was er sonst noch tun solle. Ein Gespräch mit den psychologischen Beratern des *Shanti Project*, einer Gruppe, die von vielen als »die Todesengel« bezeichnet wurde, lehnt er schroff ab. Er sagte Catherine: »Die erzählen den Menschen, wie man sterben muß, doch ich will leben. Ich werde nach Paris gehen.«

Catherine mußte zugeben, daß die Bewohner des Castro Bezirks von einer morbiden Nekrophilie ergriffen worden waren. In den meisten Todesanzeigen der Homosexuellenzeitungen starben die Menschen nicht mehr an AIDS. Sie »verließen vielmehr diese irdische Ebene«, »beendeten diese Inkarnation« oder »gingen auf die andere Seite

666

hinüber«. Bill lachte höhnisch, als einer seiner Freunde ihm sagte, wenn er AIDS bekäme, solle in seiner Todesanzeige stehen, er habe den Eimer umgestoßen. Doch Bill selbst hielt an seinen mystischen Vorstellungen fest und verbrachte Stunden damit, sich vorzustellen, er sei vollkommen gesund. Oder er träumte davon, daß das HPA-23 ihn heilen werde.

Viele seiner Freunde, die diese Flucht in die Metaphysik nicht billigen konnten, stellten fest, daß sich seine Stimmung wesentlich besserte, nachdem er beschlossen hatte, nach Paris zu gehen. Sie berieten, wie sie ihm helfen könnten, die Reise zu finanzieren, und dachten sogar daran, Bill in der französischen Hauptstadt zu besuchen, weil sie glaubten, er werde das Alleinsein dort nicht ertragen. Sehr bald waren die notwendigen Vorbereitungen getroffen, und seine politischen Beziehungen garantierten ihm, daß ihn die besten Ärzte dort behandeln würden.

Obwohl er als Katholik aufgewachsen war, wurde die Erkenntnis, daß er eine Seele hatte und in seinem Inneren ein reiner Geist lebte, der ihm Kraft gab, zu einem ergreifenden Erlebnis für ihn. Kico mußte lachen, als er eines Abends auf Bills Nachttisch eine Ausgabe des *Bhagavadgita* liegen sah.

Bill wollte sich nicht näher dazu äußern. Er meinte nur: »Es ist ein gutes Buch.« Aber dann erinnerte ihn Kico daran, wie er Kico vor vier Jahren ausgelacht hatte, als er auf dessen Nachttisch das gleiche Buch liegen sah. Das war an dem Abend gewesen, als sie sich kennengelernt hatten.

»Vor vier Jahren«, murmelte Bill. »Das ist also erst vier Jahre her.«

28. NOVEMBER, SAN FRANCISCO

In dem Gerichtssaal herrschte erwartungsvolle Stille, als der Vorsitzende des Obersten Gerichts in San Francisco, Roy Wonder, seine Entscheidung bekanntgab. Der Richter verkündete, die Saunen dürften wieder geöffnet werden, aber nur, wenn Aufsichtspersonen angestellt würden, die die Räume alle zehn Minuten kontrollierten und jeden hinauswiesen, der beim ungeschützten Geschlechtsverkehr angetroffen würde. Außerdem müßten die Saunen alle Türen entfernen und dafür sorgen, daß es nicht unbeobachtet zu sexuellen Begegnungen kommen könne. Jede Verletzung dieser gerichtlichen Verfügung könne zur Schließung der betreffenden Sauna führen.

Mit diesem Gerichtsbeschluß wurden die von Dr. Mervyn Silverman Mitte April vorgeschlagenen Bestimmungen über das Verbot sexueller Praktiken in den Saunen in Kraft gesetzt. Homosexuelle Anwälte betrachteten den Beschluß als einen Teilerfolg, wenngleich die Besitzer der Saunen diese Auffassung nicht teilten. In den zwei Monaten, die vergangen waren, seit Silverman die Schließung angeordnet hatte, hatten mehrere von ihnen ihr Geschäft abgemeldet. Trotz des ganzen Geredes um die von der Verfassung garantierte Versammlungsfreiheit, auf die sich die homosexuellen Gegner der Schließung beriefen, wußten die Saunenbesitzer besser als jeder andere, daß die Schwulen nur zu ihnen kamen, um sich sexuell zu betätigen. Deshalb verzichteten die meisten darauf, ihre Lokale nach der Entscheidung des Richters Wonder wieder zu öffnen. Einige taten es, aber das Geschäft ging schlecht. Im Lauf der Zeit schlossen daher die meisten Saunen und Sexclubs ihre Tore, und das Problem war damit praktisch erledigt.

Nachdem die Gesundheitsbehörden in San Francisco sich nicht mehr um die Saunen kümmern mußten, begannen sie mit einer aggressiven Aufklärungskampagne. Nun nahmen sie kein Blatt mehr vor den Mund, wenn sie die Homosexuellen ermahnten, ihr Sexualverhalten drastisch zu ändern. Flugschriften, Anzeigen in den Homosexuellenzeitungen und Fernsehspots informierten die Öffentlichkeit sehr eindeutig über die Gefahren der AIDS-Infektion. Die Aufklärungskampagne in San Francisco wurde zum Vorbild für die Gesundheitsbehörden im ganzen Land. Doch diese Ende 1984 begonnene Aufklärungskampagne verwirklichte nur die Vorschläge, die Bill Kraus vor 16 Monaten den führenden Homosexuellen unterbreitet hatte.

AUSTRALIEN

Während noch die letzten Kommentare zum Ausgang der Präsidentschaftswahlen in den Vereinigten Staaten geschrieben wurden, wurde AIDS ganz plötzlich zu einem explosiven Thema in einem ansonsten recht lustlosen Wahlkampf in Australien. Die Kontroverse begann eine Woche nach der Wiederwahl des Präsidenten Reagan, als der Gesundheitsminister der Provinz Queensland bekanntgab, daß vier Säuglinge durch das Spenderblut eines Mannes aus Brisbane mit AIDS infiziert worden waren. Drei dieser Kinder, die die Bluttransfusionen im Februar bekommen hatten, waren inzwischen gestorben, ein viertes lag im Sterben. Der siebenundzwanzigjährige homosexuelle Spender zeigte keine AIDS-Symptome, doch anschließend vorgenommene Tests ergaben, daß er HTLV-III-Antikörper im Blut hatte. Bis zu dieser Zeit waren in Australien erst sechsundzwanzig Personen an AIDS erkrankt, und neun von ihnen waren gestorben. Doch diese ersten Todesfälle bei Heterosexuellen wurden zum Blitzableiter für die Kritiker der amtierenden Labourregierung des Premierministers Bob Hawke. Schon einen Tag nach Bekanntgabe der Todesfälle verabschiedete die Legislative in Queensland ein Gesetz, nach dem jedes Mitglied einer Risikogruppe, das Blut spendete, mit einer hohen Geldstrafe und zwei Jahren Gefängnis rechnen mußte.

Die konservative Oppositionspartei reagierte darauf mit dem Vorwurf, die *Labourparty* habe mit der Aufhebung des alten Sodomiegesetzes gegen die öffentliche Moral verstoßen. »Wenn *Labour* die Homosexualität nicht als normales Verhalten gefördert hätte, dann wären diese armen Kinder nicht gestorben«, sagte Ian Sinclair, der Führer der rechten *National Party*. Ein Kandidat der *National Party* empfahl, jeden Homosexuellen, der Blut spendete, wegen Totschlags vor Gericht zu stellen. Andere gingen sogar noch weiter und verlangten eine Verurteilung wegen Mordes.

Führende Fundamentalisten erklärten, diese Todesfälle hätten verhindert werden können, wenn die Nation 1983 ihrer Aufforderung gefolgt wäre, alle homosexuellen Männer, die die Vereinigten Staaten besucht hätten, in Quarantäne zu nehmen. Homosexuelle Bürgerrechtsgruppen berichteten von zahlreichen tätlichen Angriffen auf Homosexuelle.

Angesichts der erregten Stimmung im ganzen Land unterbrach Premierminister Hawke eine Wahlkampfreise und berief eine Sondersitzung von AIDS-Experten und den Gesundheitsministern der einzelnen Staaten in Melbourne ein, um über die Krise zu beraten. Die Stimmung war gereizt. Nach einem Bericht weigerte sich der Gesundheitsminister von Queensland, den Sitzungssaal zu betreten, solange sich ein Mann darin aufhielt, der sich offen zu seiner Homosexualität bekannte.

Die Gesundheitsminister einigten sich darauf, im ganzen Land geltende Richtlinien zu erlassen, nach denen strenge Maßnahmen gegen Personen ergriffen werden sollten, die die Blutbanken beim Ausfüllen von Fragebögen über ihre Zugehörigkeit zu Risikogruppen nicht wahrheitsgemäß unterrichteten. Zugleich rief Hawke die australischen Frauen dazu auf, mehr Blut zu spenden.

Obwohl die AIDS-Hysterie 1984 in Australien am stärksten war,

669

nahm die Besorgnis der Bevölkerung auch in den anderen Teilen der Welt zu. Die Weltgesundheitsorganisation berichtete, daß sich die Zahl der AIDS-Fälle in Westeuropa verdreifacht hatte. Hier waren siebenhundertzweiundsechzig Fälle registriert worden. Etwa ein Drittel der AIDS-Kranken lebten in Frankreich. Dänemark und die Schweiz, die beiden Länder, in denen homosexuelle Bürger am meisten dazu neigten, Auslandsreisen zu unternehmen, meldeten den höchsten an der Bevölkerungszahl gemessenen Prozentsatz an AIDS-Kranken auf dem europäischen Kontinent.

Die Bluttests zeigten, daß das AIDS-Virus auch den Weg in Länder fand, in denen bisher nur eine relativ geringe Zahl von Infizierten registriert werden konnte. Finnland meldete zum Beispiel nur fünf Fälle, die alle im zweiten Halbjahr 1984 diagnostiziert worden waren. Dagegen zeigten die an 175 finnischen Homosexuellen vorgenommenen Tests, daß zehn Prozent von ihnen mit dem HTLV III infiziert waren. Ein Drittel von ihnen waren bereits an Lymphadenopathie erkrankt.

In der Bundesrepublik Deutschland, dem von der Epidemie am zweitstärksten betroffenen europäischen Land, ergaben die Tests, daß zwei Drittel aller Bluter, zwanzig Prozent der drogensüchtigen Fixer und ein Drittel aller homosexuellen Männer mit dem HTLV III infiziert waren. Westdeutsche Fachleute rechneten bis 1990 mit zehntausend AIDS-Fällen in ihrem Land. Diese Prognosen führten zu den ersten Vorschlägen, bei AIDS-Patienten die gleichen Maßnahmen anzuwenden wie bei Personen, die an Syphilis oder Gonorrhö erkrankt waren. In den meisten nordeuropäischen Ländern durfte eine mit einer sexuell übertragbaren Krankheit infizierte Person keinen Geschlechtsverkehr haben.

In Afrika hat sich AIDS höchstwahrscheinlich sehr viel rascher ausgebreitet als in irgendeiner anderen Region der Welt. Allerdings fehlen hier zuverlässige Zahlen. Jeder sechste AIDS-Patient in Europa stammte jedoch aus Afrika. Diese Fälle ließen sich alle in achtzehn südlich der Sahara gelegene Länder verfolgen.

Zwei Drittel aller mit Afrika in Verbindung zu bringenden AIDS-Fälle in Europa kamen jedoch aus einem Land, und das war Zaire. Elf Prozent kamen aus dem benachbarten Kongo. Belgische Wissenschaftler hatten in diesen Ländern nur einen größeren Risikofaktor feststellen können: die heterosexuelle Promiskuität.

Im Dezember nahm die Besorgnis der Öffentlichkeit in Großbritannien erneut zu. Die Gesundheitsbehörden berichteten, daß fünfundfünfzig Briten Transfusionen mit Blutproben erhalten hatten, die mit dem AIDS-Virus kontaminiert waren. Schon nach wenigen Tagen wurde der erste durch eine Bluttransfusion verursachte AIDS-Fall in Großbritannien gemeldet. Das Opfer war ein neugeborenes Kind, dessen Mutter in der Schwangerschaft eine Transfusion mit infiziertem Blut bekommen hatte. Nun beobachteten die Ärzte besorgt den Gesundheitszustand der Mutter, um festzustellen, ob sich auch bei ihr die typischen AIDS-Symptome zeigten.

In den Vereinigten Staaten hatten die CDC bis Ende 1984 neunzig durch Transfusionen mit infiziertem Blut verursachte AIDS-Fälle registriert. Bei weiteren neunundvierzig Blutern war die Krankheit zum Ausbruch gekommen, nachdem sie mit dem infizierten Faktor VIII behandelt worden waren.

10. DEZEMBER, SETON MEDICAL CENTER, DALY CITY, KALIFORNIEN

Einer der Ärzte glaubte, die neue Patientin Frances Borchelt litte an Psittakose (Papageienkrankheit). Er meinte, sie habe sich vielleicht bei ihrem Wellensittich angesteckt. Frances Tochter Cathy war jedoch weiterhin überzeugt, daß ihre Mutter AIDS hatte. Aber die Ärzte blieben bei ihrer Diagnose und erklärten, sie zeige keine für AIDS typischen Symptome.

Sie nahmen Blutproben von Frau Borchelt, untersuchten ihr Knochenmark und wendeten alle Diagnoseverfahren der Nuklearmedizin an, um festzustellen, was ihr fehlte. Doch der Zustand der Patientin verschlechterte sich mit jedem Tag. Besonders quälend war die zunehmende Atemnot.

Am 23. Dezember hatte Frances einen Erstickungsanfall und wurde sofort auf die Intensivstation verlegt und an ein Beatmungsgerät angeschlossen.

AM HEILIGEN ABEND

Bills Mutter Mary Kraus hatte sich schon lange darauf gefreut, ihre beiden Söhne zu Weihnachten in San Francisco zu besuchen. Die Nachricht von der Erkrankung Bills hatte sie zutiefst erschüttert, und nun fühlte sie sich völlig isoliert, denn sie hatte keinen Menschen, mit dem sie über ihre Sorgen sprechen konnte. Das Thema AIDS war in ihrem Freundeskreis tabu. Sie hatte es sogar in den letzten Jahren vermieden zu sagen, daß ihre beiden unverheirateten Söhne in San

Francisco lebten, weil sie fürchtete, man werde daraus den Schluß ziehen, sie seien homosexuell.

Am Heiligen Abend mußte Bill wegen einer schweren Erkältung das Bett hüten. Er war schlechter Stimmung und schien sich große Sorgen zu machen.

»Ich habe wieder diesen schrecklichen Traum gehabt, in dem eine Mauer aus Eis vor mir steht«, sagte Bill.

»Stelle dir vor, daß das Eis schmilzt«, sagte Mary. »Laß es einfach verschwinden.«

Bill zögerte einen Augenblick. Dann gestand er seiner Mutter: »Ich habe einfach Angst.«

25. DEZEMBER

Frances Borchelt lag auf der Intensivstation und war an ein Beatmungsgerät angeschlossen. Die in ihre Luftröhre eingeführten Schläuche hinderten sie am Sprechen, aber sie hatte offenbar nichts von ihrer Tatkraft und Vitalität verloren. So schrieb sie für Cathy das Rezept für den Weihnachtsbraten und das Kartoffelpüree auf einen Zettel. Weihnachten war für die Familie Borchelt immer ein großes Fest gewesen. Auch in diesem Jahr wollten sich die Familienmitglieder nicht die Feststimmung verderben lassen – obwohl die Krankenschwestern verlangten, daß sie Schutzkleidung und Gummihandschuhe anzogen, bevor sie Frances besuchten. Die beiden Enkeltöchter mußten draußen warten, denn sie sollten ihre Großmutter nicht in diesem jammervollen Zustand sehen.

Drei Tage nach Weihnachten sagte der Hausarzt Bob Borchelt, die Lungenbiopsie habe gezeigt, daß Frances an einer Pneumocystosis erkrankt war. Er erwähnte zwar, daß AIDS-Kranke sich manchmal mit dieser Lungenentzündung infizierten, ging aber nicht näher auf diesen besorgniserregenden Aspekt der Krankheit ein. Als Bob seiner Tochter Cathy davon erzählte, hätte sie laut aufschreien können.

»Dad, das ist AIDS«, sagte sie. »Mom hat AIDS.«

Indessen hatte die Reagan-Administration in Washington die $ 8,4 Millionen noch immer nicht freigegeben, die der Kongreß vor mehr als zwei Monaten bewilligt hatte, um die Entwicklung des von den Blutbanken durchzuführenden HTLV-III-Antikörper-Tests zu beschleunigen. Ein Sprecher des Weißen Hauses erklärte, über die Angelegenheit werde noch »beraten«.

Alle Versuche, die gegen Ende des Jahres unternommen worden waren, auch andere Regierungsbehörden auf die möglichen Auswirkungen der Epidemie aufmerksam zu machen, blieben erfolglos. Verteidigungsminister Caspar Weinberger lehnte es ab, sich mit dem scheidenden Chef der Bundesgesundheitsbehörde, Edward Brandt, zu treffen. Brandt hatte mit ihm über die Gefahr sprechen wollen, die die Epidemie für die amerikanischen Streitkräfte bedeutete. In Privatgesprächen mit Versicherungsbossen forderte Tim Westmoreland sie auf, ihren politischen Einfluß zu nutzen und darauf zu drängen, daß für die AIDS-Forschung mehr Geld zur Verfügung gestellt würde. Er sagte, man müsse in den kommenden Jahren mit Behandlungskosten in Milliardenhöhe rechnen, die von den Versicherungsgesellschaften nicht mehr aufgebracht werden könnten. Doch wie die meisten großen Unternehmen unterstützten auch die Versicherungsgesellschaften die konservativen Politiker, die die Staatsausgaben senken und nicht erhöhen wollten.

1984 war das Jahr des großen Erfolgs der Filme *Amadeus* und *Purple Rain*. Tina Turner feierte ihr dramatisches Comeback und kreierte einen neuen Stil für Kostüme zu Silvesterfeiern in New York und im ganzen Land. Im Mittelpunkt der meisten Fernsehsendungen, die sich mit den Ereignissen des vergangenen Jahres beschäftigten, standen die Erfolge der amerikanischen Sportler bei der Olympiade in Los Angeles sowie der Parteikonvent der Republikaner. Dazu ertönten die Songs der am meisten verkauften Schallplatte *Born in the U.S.A.* Dieses Plattenalbum von Bruce Springsteen war eine Sammlung von Songs über die vergessenen Amerikaner, die nicht an der Verwirklichung des amerikanischen Traums teilnehmen durften, sondern irgendwo gestrandet waren, ohne daß sich ihre Bestrebungen und Sehnsüchte erfüllt hätten. In den letzten zwanzig Jahren hatte niemand die Verzweiflung dieser Menschen in einer so ergreifenden Form zum Ausdruck gebracht, und doch empfand man *Born in the U.S.A.* als einen Teil jenes fähnchenschwingenden Patriotismus, von dem die ganze Nation in diesem Jahr ergriffen wurde.

Es war nicht schwer, die Fehlentwicklungen des Jahres 1984 zu übersehen. Präsident Reagan, in dessen Amtszeit der Haushalt der Vereinigten Staaten das größte Defizit aufwies, das eine Regierung in der ganzen Menschheitsgeschichte zu verzeichnen hatte, gewann die Wiederwahl mit einem Wahlprogramm, das versprach, eine defizitäre Ausgabenpolitik für verfassungswidrig erklären zu lassen. Und jedermann war überzeugt, daß die Vereinigten Staaten einer glänzenden

Zukunft entgegengingen. Am 31. Dezember meldeten die *Centers for Disease Control*, daß 7699 Amerikaner an einer Krankheit gestorben waren oder im Sterben lagen, von der man noch nichts gehört hatte, als Präsident Reagan zum ersten Mal den Amtseid leistete. Und nun beachtete niemand die Warnung der CDC, daß weitere Zehntausende am Ende der zweiten Amtsperiode gestorben sein würden.

SAN FRANCISCO

In San Francisco ging die Kontroverse um die Maßnahmen zur AIDS-Bekämpfung im Dezember zu Ende, als Dr. Mervyn Silverman auf einer Pressekonferenz eine Erklärung abgab, die niemanden mehr überraschte. Nach einer siebenjährigen Amtszeit als Direktor des Städtischen Gesundheitsamts müsse er »jetzt andere Aufgaben übernehmen«. Mit anderen Worten, er trat von seinem Posten zurück.

Man hatte schon seit einigen Wochen mit dem Rücktritt von Dr. Silverman gerechnet. Im November hatten die Wähler einem Vorschlag zugestimmt, nach dem das Gesundheitsamt nicht mehr dem Direktor der Stadtverwaltung, sondern einem vom Bürgermeister zu ernennenden Ausschuß für das Gesundheitswesen unterstellt werden sollte. Drei Tage nach der Abstimmung gab Bürgermeisterin Feinstein die Bildung einer Expertengruppe bekannt, die die Übernahme der Befugnisse durch den Ausschuß organisieren sollte. Dabei vermied sie es bewußt, Silverman mit der Leitung dieser Gruppe zu beauftragen.

Silverman hatte im übrigen schon seit einiger Zeit die Unterstützung der meisten politisch relevanten Gruppen verloren. Ärzte und Politiker, die sich dafür einsetzten, energische Maßnahmen zur AIDS-Bekämpfung zu ergreifen, vertraten die Ansicht, daß Silverman zu lange gezögert habe. Andererseits gab es zahlreiche Homosexuelle, die ihm vorwarfen, er habe zu viel unternommen. Das von den Gesundheitsbehörden der Stadt entworfene Aufklärungsprogramm sei nichts anderes als eine neue Auflage des zu Anfang des Jahres von Dr. Marcus Conant vorgelegten Plans für eine »Modifizierung des Sexualverhaltens«, erklärten sie verbittert. Monatelang hatten die Homosexuellenzeitungen gehässige Leitartikel und Leserbriefe abgedruckt, in denen Silverman der Homosexuellenfeindlichkeit beschuldigt wurde.

Daher sehnte sich Silverman jetzt nach Ruhe und freute sich darauf, sich ins Privatleben zurückziehen zu können. Er mußte seinen Posten auch nicht aufgeben, weil er in Ungnade gefallen war. Ganz im Gegenteil. Schließlich hinterließ er seinem Nachfolger ein AIDS-Programm, das international anerkannt war und allen künftigen Bemühungen in anderen Städten zum Vorbild diente. Wohl hatte es Jahre gedauert, die geeigneten Maßnahmen zur Aufklärung der Bevölkerung und zur Vorbeugung gegen die AIDS-Infektion in der angespannten Atmosphäre der Gesundheitspolitik in San Francisco vorzubereiten und durchzusetzen, aber jetzt war diese Arbeit geleistet. Silverman war stolz darauf und glaubte, wenn er das alles noch einmal tun müßte, würde er sich nicht viel anders verhalten.

ACHTER TEIL

Die Fleischerrechnung 1985

... die Müdigkeit, das Fieber und der Kummer, hier wo die Menschen sitzen und einander stöhnen hören; wo schütteres graues Haar dem Grind zum Opfer fällt, wo junge Menschen sterben, bleich und abgezehrt; wo alles Denken sich in Schmerz verwandelt, und die Verzweiflung sich bleischwer auf deine Lider legt ...

John Keats
Ode an eine Nachtigall

51. Die Heterosexuellen

JANUAR 1985, NEW YORK CITY

In der Notaufnahme des *St. Vincent's Hospital* in Greenwich Village lag der Pneumocystosis-Patient auf der Tragbahre und rang schwer nach Atem. Er lag dort schon seit 24 Stunden und wartete darauf, daß ein Bett für ihn frei wurde. Unter normalen Umständen hätte sein Arzt das Krankenhaus angerufen, und der Mann wäre aufgenommen worden. Aber die Krankenhausverwaltung wollte nicht noch mehr AIDS-Patienten aufnehmen; es waren schon zu viele. Der Arzt hatte seinem Patienten gesagt, um der normalen Aufnahmeprozedur aus dem Wege zu gehen, sollte er sich einfach in die Notaufnahme bringen lassen, wo nach den in New York geltenden Gesetzen niemand abgewiesen werden durfte.

Das rieten die Ärzte in New York Anfang 1985 allen AIDS-Patienten, die stationär behandelt werden mußten. Dr. Mathilde Krim vom *Memorial Sloan-Kettering Cancer Center* mußte täglich die Aufnahme von Patienten ablehnen, deren Ärzte sie verzweifelt anriefen, weil sie keine andere Unterbringungsmöglichkeit finden konnten. Viele scheuten sich, die AIDS-Patienten in die städtischen Krankenhäuser zu überweisen, weil sie dort bisher nur sehr schlecht versorgt worden waren. Die wenigen Krankenhäuser, in denen sich Ärzte und Pflegepersonal wirklich um die AIDS-Kranken kümmerten, waren überbelegt und dem Ansturm nicht gewachsen.

Das *St. Luke's-Roosevelt Hospital*, eines der größten Krankenhäuser der Welt, hatte die Hälfte seiner Privatzimmer sterbenden AIDS-Opfern zur Verfügung gestellt. In einem sehr bekannten New Yorker Krankenhaus konnte sogar der Vizepräsident eines der größten Handelsunternehmen in New York City, der am Kaposi-Sarkom erkrankt war, kein Bett bekommen und war gezwungen, den Weg über die Notaufnahme zu gehen. Obwohl er 40 Grad Fieber hatte, mußte er sieben Stunden warten, bis ein Bett für ihn freigemacht wurde. Unter den AIDS-Klinikern ging das Gerücht, ein Patient sei bereits gestorben, während er in einem der angesehensten Universitätskrankenhäuser auf ein Zimmer wartete. Die AIDS-Kliniker der ganzen Stadt konnten sich nicht vorstellen, was sie in den nächsten Monaten tun würden, wenn die Zahl der AIDS-Patienten die Aufnahmekapazität der Kliniken und Krankenhäuser sprengen würde.

»Wir sprechen hier nicht etwa von einem Alptraum, der uns noch bevorsteht«, sagte der AIDS-Spezialist Dr. Michael Lange vom *St. Luke's-Roosevelt Hospital*. »Der Alptraum hat schon begonnen.«

Im *Jacobi Hospital* in der Bronx winkte die dreijährige Diana mit mattem Lächeln Dr. Arye Rubinstein zu. Es war eines der wenigen vertrauten Gesichter, die sie in ihrem kurzen Leben kennengelernt hatte. Sie lebte schon seit 1983 im Krankenhaus, nicht weil sie stationär behandelt werden mußte, sondern weil es in New York City keinen anderen Ort gab, an dem man einen AIDS-Patienten unterbringen konnte. Es gab mindestens 25 Kinder, die wie sie in einem Krankenhaus in New York und New Jersey lebten, und jeden Monat kamen neue hinzu, wenn die Eltern dieser Kinder starben oder sie im Stich ließen. Natürlich hatte man diese Entwicklung voraussehen können, aber niemand hatte sich um die Lösung dieses Problems gekümmert.

Die Krise, die in New York bei der Behandlung der AIDS-Patienten eingetreten war, kennzeichnete die neue Phase in der AIDS-Epidemie. Da man 1983 nicht auf die Warnungen der Fachleute gehört und 1984 versäumt hatte, das Notwendige zu tun, kam es 1985 zur Katastrophe. Die erschütternden Auswirkungen der AIDS-Epidemie waren jetzt für jeden sichtbar geworden; nun war die Fleischerrechnung fällig.

3. JANUAR, THE TENDERLOIN, SAN FRANCISCO

Die Straßenlaternen und flackernden Neonlampen warfen ihre Schatten über das Gesicht der jungen Frau. Sie verzog spöttisch das Gesicht, als ein Polizeibeamter in Zivil sie nach ihrem Ausweis fragte. Die anderen Frauen verdrückten sich rasch in die düsteren Seitenstraßen der Ellis Street, die im Herzen des Prostituiertenviertels von San Francisco lag. In diesem Teil der Stadt waren solche Festnahmen etwas ganz Alltägliches.

Silvana Strangis war es gleichgültig, daß die in ihren Autos vorüberfahrenden Männer sie anstarrten, während der Polizeibeamte darauf wartete, daß die Zentrale ihm über Funk mitteilte, welche Vorstrafen die 34jährige Brünette schon hatte. Ihr Vorstrafenregister war in der Tat beeindruckend und umfangreicher, als man es selbst in diesem Stadtviertel erwarten konnte. Die Liste ihrer Straftaten reichte vom Raub über den schweren Diebstahl bis zu der heute festgestellten »Verkehrsbehinderung auf einem Gehweg«.

Als sich Silvana das lange dunkle Haar aus der Stirn strich, konnte der Beamte die dunkelbraunen Einstichstellen an ihrem Arm sehen, wo sie sich das Heroin gespritzt hatte. Er kannte ihre Geschichte. Sie war nicht anders als die der anderen Prostituierten, die in diesem Stadtteil arbeiteten.

Er legte Silvana die Handschellen an und verfrachtete sie auf den Rücksitz des Streifenwagens. Die Beamten vom Rauschgiftdezernat schienen diesmal besonders gesprächig zu sein. Anstatt ihr ihre Rechte vorzulesen, wollten sie sich mit ihr über ihren Zuhälter, Tony Ford, unterhalten. Sie hatten von ihren Kontaktleuten gehört, daß Tony AIDS hatte. War das richtig?

Die jahrelange Abhängigkeit vom Rauschgift hatte bei Silvana alle Hemmungen beseitigt, und so war sie auch sofort bereit zuzugeben, daß Tony erst vor wenigen Tagen aus der AIDS-Klinik entlassen worden war. Sie sagte, sie fürchte, daß auch sie sich mit AIDS infiziert habe.

In diesem Augenblick stellte sie fest, daß der Streifenwagen nicht zur Polizeidirektion fuhr, sondern in den *Mission District* einbog. Kurz nach Mitternacht brachten die Polizeibeamten die immer noch mit Handschellen gefesselte Silvana in die Notaufnahme des *San Francisco General Hospital*.

»Wir möchten Sie bitten, sie auf AIDS zu untersuchen«, sagte einer der Polizisten.

Das Krankenhauspersonal war überrascht. Die Schwester in der Aufnahme sagte, bisher gäbe es noch keinen regelrechten AIDS-Test. Der HTLV-III-Test müsse erst noch offiziell genehmigt werden. Außerdem dürften die Ärzte keinen mit Handschellen gefesselten Gefangenen zu einem Test zwingen und der Polizei das Ergebnis mitteilen. Die Frau könne später in die Sprechstunde der AIDS-Klinik kommen und dann selbst entscheiden, ob sie sich testen lassen wolle oder nicht.

Die enttäuschten Polizisten brachten Silvana zurück in den Streifenwagen, verfaßten eine Anzeige wegen Verkehrsbehinderung und fuhren zurück ins Tenderloin. Sie wiesen Silvana an, sich am nächsten Tag in der AIDS-Klinik zu melden und die dort üblichen Tests vornehmen zu lassen. Das Ergebnis sollten ihr die Ärzte schriftlich geben. Sie würden wiederkommen und sich danach erkundigen.

Am nächsten Morgen erschien bei Silvana ein Reporter des *Chronicle*, der von einem Krankenpfleger in der Notaufnahme einen Tip bekommen hatte.

»Sage ihm, er soll verschwinden«, brummte Tony.

»Aber irgend jemand muß mich doch in die Klinik mitnehmen«, sagte Silvana und zog sich einen abgetragenen Poncho über die Bluejeans.

Die Stationsschwester an der AIDS-Klinik, Gayling Gee, nahm sich die Zeit, mit Silvana Strangis zu sprechen, die allerdings so eingeschüchtert war, daß sie nicht viel sagen wollte. Sie bat den Reporter, Mrs. Gee zu erklären, welchen Beruf sie hatte, daß sie von Beamten des Rauschgiftdezernats festgenommen worden sei und dringend auf AIDS getestet werden müsse. Frau Gee und das Pflegepersonal waren verblüfft. Sie fragten sich, ob ein solches Verfahren nicht einen Verstoß gegen die Persönlichkeitsrechte darstellte.

Aber Silvana wollte nichts davon hören. Sie brauchte nur ein Stück Papier, auf dem ihr bescheinigt wurde, daß sie nicht mit AIDS infiziert war. Das konnte sie dann den Polizisten zeigen und wieder an ihre Arbeit gehen. Frau Gee gab ihr einen Termin für die kommende Woche.

»Wie sind Sie eigentlich in diese Lage geraten?« fragte der Reporter, als er Silvana in ihr Hotel an der Jones Street zurückbrachte.

Silvana drehte die *Moody Blues* im Kassettenrecorder des Autoradios auf, seufzte und erzählte, sie sei als Tochter anständiger italienischer Einwanderer in einem Vorort von San Francisco aufgewachsen. Nachdem sie 1968 die katholische High School abgeschlossen hatte, blickte sie optimistisch in die Zukunft und war überzeugt, die Welt stehe am Beginn eines neuen Zeitalters. Doch ihr Idealismus verblaßte in den folgenden Jahren, sie fing an Drogen zu nehmen, lernte Tony kennen und bekam ein Kind von ihm. Die Prostitution war die bequemste Art, Geld zu verdienen, und jetzt bestand das Leben nur noch aus dem Warten auf den nächsten Freier und den nächsten Schuß Heroin.

Als sie und Tony erfuhren, wie gefährlich es war, die bereits benutzten Nadeln zu verwenden, war es schon zu spät. Bei Tony zeigten sich schon die ersten AIDS-Symptome. Doch die Tatsache, daß sie vielleicht irgendwann krank werden könnte, verblaßte im Vergleich zu dem dringenden Bedürfnis, mit einem Schuß Heroin die Sorgen vergessen zu machen. Sie sagte, im Tenderloin interessiere sich niemand besonders für diese Krankheit. Als Tony vor einigen Wochen in der AIDS-Klinik lag, hatten ihn ein paar andere Zuhälter aus der Gegend besucht und Heroin mitgebracht. Sie hatten ihre Witze über die schwulen Krankenpfleger gemacht und sich alle mit derselben Nadel Heroin gespritzt.

Natürlich war klar, was Silvana heute abend tun würde. Tony konnte nicht arbeiten und wollte auch nicht, daß sie ihre Arbeit aufgab, denn dann würde es kein Heroin mehr geben.

»Es ist die Drogensucht«, sagte sie schließlich. »Wenn du einmal angefangen hast, kommst du nicht mehr davon los.«

Deshalb ging Silvana am Abend wieder auf die Straße. Ja, sie machte sich schon Sorgen, daß sie andere anstecken könnte. Sie hatte ja auch schon geschwollene Lymphknoten, wachte nachts schweißgebadet auf und litt ständig unter dieser schrecklichen Müdigkeit. Aber sie mußte arbeiten. Es gab für sie keine andere Möglichkeit, das notwendige Geld zu beschaffen.

Der Bericht über die Prostituierte, den die Morgenzeitungen auf ihren Titelseiten brachten, stellte die Öffentlichkeit vor die Frage, was die Gesundheitsbehörden unternehmen könnten, um eine wahrscheinlich mit AIDS infizierte Dirne daran zu hindern, die Krankheit unkontrolliert weiterzuverbreiten. Dr. Paul Volberding erklärte, eine solche Prostituierte stelle eine ungeheure Gefahr für die öffentliche Gesundheit dar. Hier ergäbe sich der klassische Konflikt zwischen den Interessen der öffentlichen Gesundheitspflege und dem Persönlichkeitsrecht der Betroffenen. Die Berichte anderer Medien über Silvana Strangis waren weniger zurückhaltend.

»Eine menschliche Zeitbombe macht die Straßen von San Francisco unsicher«, erklärte der Sprecher der Abendnachrichten im Fernsehen.

Die Aufnahmewagen der Fernsehgesellschaften fuhren am Wochenende durch die Straßen des Tenderloin Bezirks, und die Reporter versuchten, die verängstigten Prostituierten zu interviewen. Die meisten Anrufer, die sich bei den Talkshows im Fernsehen zu Wort meldeten, verlangten, die Polizei solle die Frau so schnell wie möglich einsperren und den Schlüssel zu ihrer Zelle fortwerfen.

Silvana selbst wurde in der Gegend, in der sie lebte, zur persona non grata. Vier andere Prostituierte verjagten sie von der Straße und drohten ihr, sie zu erstechen, wenn sie noch einmal auftauchen würde. Die Zeitungsartikel hatten dem Geschäft außerordentlich geschadet. Fast jeder Freier begann seine Verhandlungen mit den Worten: »Bist du das Mädchen mit AIDS?«

An diesem Aufruhr zeigte sich deutlich, wie sehr die Presse von heterosexuellen Männern beherrscht wurde. Jahrelang hatten sich Tausende von Homosexuellen gegenseitig angesteckt, aber alle Versuche, die Nachrichtenmedien für eine energische AIDS-Aufklärung durch die Stadtverwaltung zu interessieren, waren kaum beachtet worden. Doch bei einer einzigen heterosexuellen Prostituierten war alles ganz anders: Sie konnte schließlich heterosexuelle Männer anstecken, Leute also, die etwas in der Gesellschaft galten.

Den ersten Nachweis dafür, daß AIDS auch auf heterosexuellem Wege übertragen werden konnte, hatten die epidemiologischen Studien der Centers for Disease Control bereits im Sommer 1981 erbracht, doch erst Anfang 1985 begann sich die Öffentlichkeit stärker für diese Übertragungswege zu interessieren. Die beunruhigendsten Berichte kamen aus Zentralafrika, wo man AIDS ganz einfach als die »verheerende Geschlechtskrankheit« bezeichnete. Obwohl die um ihr Image besorgten afrikanischen Regierungen die innerhalb ihrer Grenzen arbeitenden Forscher unter allen Umständen zum Schweigen verpflichten wollten, wurde bekannt, daß Tausende von Menschen in Schwarzafrika an dem Immunmangelsyndrom starben. Die opportunistischen Infektionen wurden zumeist durch Gastrointestinalparasiten ausgelöst. In Uganda, wo man die im Westen üblichen wissenschaftlichen Bezeichnungen für das Syndrom nicht kannte, sprach man von »Magersucht«, weil die von den virulenten Parasiten befallenen Kranken in kurzer Zeit bis auf die Knochen abmagerten.

Auf den medizinisch-wissenschaftlichen Konferenzen berichteten die europäischen Forscher, die eng mit den Teams in Zentralafrika zusammenarbeiteten, am ausführlichsten über die heterosexuelle Dimension der Epidemie. Diese Ärzte, zumeist Belgier und Franzosen, hatten es von Anfang an als ein seltsames amerikanisches Vorurteil angesehen, daß AIDS in erster Linie als Homosexuellenkrankheit behandelt wurde. Angesichts der in Ländern wie Zaire und Ruanda gewonnenen Erkenntnisse warnten sie ihre Kollegen in der westlichen Welt davor, die Bedrohung zu übersehen, die diese neue Krankheit für die ganze Bevölkerung bedeutete.

In den Vereinigten Staaten wurde die energische Forschungsarbeit über die heterosexuelle AIDS-Übertagung von einer Institution geleistet, von der man es zunächst nicht erwartet hätte: von der amerikanischen Armee. Aus den Untersuchungen von Dr. Robert Redfield am

Walter Reed Army Institute in Washington ergab sich eindeutig, daß AIDS ohne weiteres beim heterosexuellen Geschlechtsverkehr übertragen werden konnte. So hatte Redfield zum Beispiel festgestellt, daß von sieben verheirateten, an AIDS oder Lymphadenopathie erkrankten Männern fünf Frauen hatten, die mit dem HTLV III infiziert waren. Von diesen fünf Frauen zeigten drei bereits die klinischen Symptome der Lymphadenopathie. Die Tatsache, daß ein Drittel der an AIDS oder Lymphadenopathie erkrankten Soldaten behauptete, ihr einziges Risikoverhalten seien Sexualkontakte mit Prostituierten gewesen, überzeugte Redfield davon, daß die Krankheit mit Sicherheit auch von Frauen auf Männer übertragbar war. Er hatte jedoch einige Schwierigkeiten, die Richtigkeit seiner These zu beweisen, weil das Militär mittlerweile dazu übergegangen war, alle mit AIDS infizierten Homosexuellen zu entlassen. Dies war für infizierte Soldaten ein gewichtiger Grund zu behaupten, sie hätten sich bei Prostituierten und nicht bei homosexuellen Kontakten infiziert.

»Gewöhnlich veranstalten wir keine Pressekonferenz, um jeden neuen AIDS-Fall bekanntzugeben«, sagte Volberding, nachdem er die Anwesenden informiert hatte, daß zwei heterosexuelle Männer sich bei Prostituierten angesteckt hatten. »Wir sollten aber nicht vergessen, daß wir jetzt vielleicht die letzte Chance haben, der Ausbreitung der Epidemie auf die Heterosexuellen Einhalt zu gebieten.«

Schon nach wenigen Tagen wurden Volberdings Sorgen bestätigt: eine Frau in San Francisco war auf heterosexuellem Wege mit AIDS infiziert worden. Schon nach wenigen Tagen wurde sie als erste Frau in der AIDS-Station 5B eingeliefert, und während sie aus dem Fenster ihres Krankenzimmers auf die trostlose Landschaft hinunterstarrte, konnte sie noch immer nicht begreifen, wieso ein Seitensprung mit einem bisexuellen Mann vor mehreren Jahren sie hierhergebracht hatte.

Wenige Wochen vor seinem Ausscheiden als Direktor des Gesundheitsamtes in San Francisco gab Dr. Mervyn Silverman bekannt, daß seine Behörde in den Aufklärungsschriften über die AIDS-Vorbeugung einen Abschnitt über die Risiken für Heterosexuelle aufnehmen werde. Eine neue Gruppe von Fachleuten sollte die Grundlagen für eine noch gründlichere Aufklärung erarbeiten. Volberding ging noch einen Schritt weiter, als er den Vorschlag machte, die Epidemiologen der Gesundheitsbehörde sollten in jedem bei Heterosexuellen auftretenden AIDS-Fall die Infektionswege feststellen.

Aber die wohlbegründete Auffassung des Mediziners konnte sich nicht durchsetzen. Der *AIDSpeak* beherrschte immer noch die Entscheidungen der Gesundheitsbehörden, und nach diesen Regeln durfte man selbst angesichts einer tödlichen Epidemie nichts unternehmen, was die Gefühle anderer verletzen könnte.

Bei allen Sorgen um die heterosexuelle Übertragung – und angesichts der Rolle, welche die Prostituierten bei der Ausbreitung der Krankheit spielen konnten – gab es wahrscheinlich keinen Aspekt der Epidemie, bei dem es so schwierig war, einen klaren Nachweis zu erbringen. Bisher gab es in den Vereinigten Staaten nur 50 AIDS-Patienten, die sich bei heterosexuellen Kontakten infiziert hatten. Es waren 45 Frauen und nur fünf Männer, die augenscheinlich kein anderes Risiko eingegangen waren als den Sexualkontakt mit infizierten Frauen. Fünf von fast achttausend AIDS-Fällen im ganzen Land – das war noch keine Epidemie. Und es ließ sich nicht mit absoluter Sicherheit feststellen, daß diese fünf Männer, von denen zwei in San Francisco lebten, nicht doch homosexuell waren und es nur nicht zugaben.

Bisher war es auch sehr schwierig festzustellen, auf welche Weise die Krankheit von Frauen auf Männer übertragen wurde. Welche weibliche Körperflüssigkeit konnte so massiv in den männlichen Körper eindringen wie das Sperma bei vaginalem oder analem Geschlechtsverkehr? In Afrika erschien eine Infektion deshalb möglich, weil dort vaginale, mit Blut vermischte Flüssigkeit durch offene Wunden in den männlichen Körper eindringen konnte, die von unbehandelten Geschlechtskrankheiten verursacht waren. In den Vereinigten Staaten wurden Geschlechtskrankheiten in fast jedem einzelnen Fall behandelt, und eine Infektion von Männern durch Frauen kam nur selten vor. Mit Sicherheit gab es solche Fälle, und ihre Zahl würde sich vermutlich erhöhen, je mehr Frauen mit dem Virus infiziert wurden. Aber bei den Heterosexuellen gab es keine Verbreitungsmöglichkeit, die sich mit den von den Homosexuellen besuchten Saunen vergleichen ließ. Künftig würde das auf heterosexuellem Weg erworbene Syndrom immer noch ein Problem für die bereits Infizierten bleiben. Die Sexualpartner von Drogenabhängigen, die sich das Heroin intravenös spritzten, gehörten in den meisten Fällen den ärmeren Bevölkerungsschichten und Minderheiten an, die in den Großstädten an der amerikanischen Ostküste lebten. Deshalb erschien es unwahrscheinlich, daß sich die Epidemie mit der gleichen Geschwindigkeit unter Heterosexuellen ausbreiten würde wie in der Homosexuellenszene.

Wahrscheinlich war kein einziger Aspekt der Epidemie so lehrreich wie das Problem der mit AIDS infizierten Prostituierten. Zur gleichen Zeit, als die Geschichte von Silvana Strangis auf den Titelseiten der Zeitungen ausgebreitet wurde, arbeiteten die Forscher an der Universität von Kalifornien in San Francisco an ihrem Protokoll über den ersten AIDS-Patienten in den Vereinigten Staaten. Sie behaupteten, die erste Person, bei der eine AIDS-Infektion festgestellt wurde, sei nicht ein homosexueller Mann, sondern eine Prostituierte aus San Francisco gewesen. Diese Frau hatte ebenso wie Silvana ein langes Strafregister und war im Tenderloin-Bezirk immer wieder wegen Straftaten festgenommen worden, die mit Prostituierten und Drogenmißbrauch im Zusammenhang standen. 1977 brachte die damals Fünfundzwanzigjährige ein kleines Mädchen zur Welt, das elf Monate nach seiner Geburt die ersten Symptome einer Immunschwäche zeigte. Während sich der Zustand des Kindes verschlechterte, gebar die Mutter 1979 eine zweite Tochter. Auch dieses Baby zeigte Unregelmäßigkeiten des Immunsystems, unter anderem eine chronische Diarrhö und geschwollene Lymphknoten. Im April 1982 wurde eine dritte Tochter geboren. Schon nach zwei Monaten hatte sie in Mund und Vagina eine Candidiasis. Drei Monate später begründeten die Ärzte ihre Atemnot mit einer Pneumocystosis. 1984 waren zwei der drei Kinder tot. Die Ursache für das Versagen ihres Immunsystems wurde schließlich gefunden, als die Forscher an der Universität von Kalifornien die tiefgekühlten Blutproben der Kinder auf das Vorhandensein von HTLV-III-Antikörpern untersuchten. Alle drei Kinder waren infiziert. Die Mutter, deren Lymphknoten schon 1982 geschwollen waren, war offensichtlich bereits 1977 mit dem Virus infiziert gewesen, und zwar kurz nach dem ersten Auftreten der Mikrobe in den Vereinigten Staaten.

Während all dieser Jahre hatte die infizierte Frau im Tenderloin-Bezirk als Prostituierte gearbeitet, und sie tat dies auch noch bis zu ihrem Tod im Mai 1987. Wenn die Gefahr der Übertragung des Virus von dieser Frau auf ihre Freier tatsächlich so groß gewesen wäre, dann hätten in dieser langen Zeit zahlreiche Männer mit AIDS infiziert werden müssen. Es gab aber in San Francisco nur zwei heterosexuelle männliche AIDS-Patienten. Auch in New York City gab es nur wenige heterosexuelle Männer, die erklärten, sie seien von Prostituierten infiziert worden. Wenn man alle diese Fakten berücksichtigte, mußte man den Eindruck gewinnen, daß die Gefahr einer Übertragung von AIDS durch Prostituierte in der öffentlichen Debatte stark übertrieben wurde.

Doch die Tatsache, daß sich das öffentliche Interesse Anfang 1985 immer mehr den wenigen AIDS-Fällen bei Heterosexuellen zuwandte, zeigte schon jetzt, in welche Richtung die AIDS-Debatte in den folgenden zwei Jahren gehen würde. Nichts würde die Aufmerksamkeit der Redakteure und Manager bei den Nachrichtenmedien stärker fesseln als das Gerede von der Möglichkeit, daß AIDS einen großen Teil der heterosexuell veranlagten Bevölkerung bedrohen könnte. Für die Behandlung dieses Themas räumten die Nachrichtenmedien ihren Reportern breiten Raum in den Spalten der Zeitungen und reichlich Zeit in den Fernsehsendungen ein. Das hatte wiederum zur Folge, daß für die Bekämpfung von AIDS sehr bald erhebliche Geldmittel zur Verfügung standen. Obwohl die Ergebnisse der epidemiologischen Untersuchungen kaum befürchten ließen, daß sich AIDS unter Heterosexuellen zu einer regelrechten Epidemie entwickeln würde, hüteten sich die meisten Forscher, dies in aller Öffentlichkeit zu erklären. Die in fünf Jahren gesammelten bitteren Erfahrungen hatten sie gelehrt, daß die Wahrheit in der AIDS-Politik nicht sonderlich viel galt.

10. JANUAR

Eine Kollegin reichte Cathy Borchelt die Morgenausgabe des *Chronicle* über den Tisch und wies sie auf den Artikel auf Seite acht hin. Es handelte sich um eine Erklärung der *Irwin Memorial Blood Bank*, in der es hieß, eine ungenannte Patientin am Seton Medical Center habe sich im August 1983 mit einer von dieser Blutbank gelieferten Blutkonserve mit AIDS infiziert.

»Ist das deine Mutter?«

Auf diese Weise erfuhr Cathy, daß Frances tatsächlich durch eine Bluttransfusion mit AIDS infiziert worden war.

Cathy kannte ihre Mutter und wußte, daß sie die Öffentlichkeit scheute und auf keinen Fall damit einverstanden gewesen wäre, in einer Zeitung erwähnt zu werden, auch wenn ihr Name nicht genannt wurde. Deshalb rief sie das Krankenhaus an und bat, ihr diese Ausgabe des *Chronicle* nicht ins Zimmer zu bringen.

Als Cathy ihre Mutter am Abend im Krankenhaus besuchte, liefen gerade die Nachrichten im Fernsehen. Der Nachrichtensprecher berichtete über den neuen durch eine Bluttransfusion verursachten AIDS-Fall im *Seton Medical Center*. Frances Borchelt schüttelte traurig den Kopf.

»Die arme Frau«, sagte sie. »Ich würde an ihrer Stelle die Blutbank auf Schadenersatz verklagen.«

Cathy war erschüttert. Offensichtlich hatte niemand ihrer Mutter gesagt, daß sie AIDS hatte. Noch am gleichen Abend sprach Bob Borchelt mit den Ärzten und verlangte von ihnen, Frances die Wahrheit zu sagen.

Am folgenden Tag sagte Frances nichts über ihr Gespräch mit den Ärzten, aber ihre Angehörigen spürten sehr deutlich, wie deprimiert sie war.

»Die Frau im *Seton Medical Center* ist mittlerweile das hundertste amerikanische AIDS-Opfer, das sich mit einer Bluttransfusion infiziert hat«, erklärte der Präsident der *Irwin Memorial Blood Bank*, Brian McDonough, am folgenden Tag. Im Rahmen einer Politik der Offenheit gab die *Irwin Blood Bank* jeden neuen, durch Bluttransfusionen verursachten AIDS-Fall öffentlich bekannt. Damit sollte der Verdacht ausgeräumt werden, daß die Blutbank dieses Problem unter den Teppich kehren wolle. Zugleich teilte McDonough mit, daß in den vergangenen Jahren 32 AIDS-Patienten bei seiner Blutbank Blut gespendet hatten und daß wenigstens 72 Patienten Blutprodukte von diesen Spendern bekommen hatten. Die Blutbank rechnete damit, daß im nächsten Jahr weitere zwei Dutzend Empfänger an AIDS erkranken würden.

Die Bereitschaft der *Irwin Memorial Blood Bank*, das Problem mit solcher Offenheit zu behandeln, stieß bei den anderen Blutbanken auf Ablehnung. Dort hielten die Verantwortlichen immer noch an dem Argument fest, es bestünde nur ein Infektionsrisiko von eins zu einer Million.

Die *Food and Drug Administration* hatte die Freigabe des HTLV-III-Antikörper-Tests für den 15. Februar angekündigt. Doch die Beamten der örtlichen Gesundheitsbehörden und die organisierten Homosexuellen machten sich Sorgen wegen der politischen Konsequenzen. Es gab kaum ein Problem, das mit so vielen sozialen, politischen, psychologischen und medizinischen Unstimmigkeiten belastet war.

Befragungen von homosexuellen Männern ergaben, daß bis zu 75 Prozent von ihnen beabsichtigten, den Antikörper-Test bei sich vornehmen zu lassen. Man fürchtete jedoch, daß diese Männer, sobald die Tests eingeführt waren, zu einer Blutbank gehen würden, um Blut zu spenden und dabei festzustellen, ob sie infiziert seien oder nicht.

Mittlerweile bezweifelten jedoch einige Wissenschaftler die Zuverlässigkeit des Tests. Dr. Robert Gallo sagte Anfang Januar, mit diesem Test könnten fünf bis dreißig Prozent der AIDS-Virusträger übersehen werden. Das läge sowohl an der Unzuverlässigkeit des Tests als auch daran, daß die Infizierten augenscheinlich erst sechs Wochen nach der Infektion feststellbare HTLV-III-Antikörper bildeten. Deshalb würden erst kürzlich mit dem AIDS-Virus infizierte Personen nicht positiv auf den Antikörper-Test reagieren. Aus diesem Grund befürchteten die Beamten der Gesundheitsbehörden, wenn homosexuelle Männer Blut spendeten, um zu erfahren, ob es Antikörper enthielt, könnte kontaminiertes Blut in die Vorräte der Blutbanken geraten.

Neben diesen Befürchtungen bestanden auch Bedenken wegen einer möglichen Verletzung der Persönlichkeitsrechte von homosexuellen Männern, bei denen solche Tests vorgenommen wurden. Da einige Untersuchungen vermuten ließen, daß bis zu 50 Prozent der Homosexuellen mit dem HTLV III infiziert waren, konnte der Test Hinweise auf die sexuelle Orientierung der getesteten Personen geben. Wenn nun die Testergebnisse der Öffentlichkeit zugänglich wären, würde das unter Umständen zu einer Diskriminierung der Homosexuellen durch Arbeitgeber, Versicherungsgesellschaften oder eine Regierung führen, die möglicherweise irgendwann einmal mit Repressionen gegen Homosexuelle vorgehen würde.

Nach offiziellen Schätzungen lag die Zahl der Personen mit positiven Antikörper-Tests, die dann auch an AIDS erkrankten, bei fünf bis zehn Prozent, obwohl man noch nicht voraussagen konnte, um welche Personengruppe es sich dabei handeln werde. Da man also aufgrund der Tests keine sicheren Voraussagen machen konnte, hieß es im *AIDSpeak* sehr bald: »Die Tests haben keinerlei Bedeutung«.

Als Präsident der *U. S. Conference of Local Health Officers* hatte Dr. Mervyn Silverman nun die Aufgabe, angesichts all dieser Bedenken eine vernünftige AIDS-Politik zu entwickeln. Silverman legte einen Vorschlag vor, der alle Betroffenen zufriedenstellen sollte. Darin verlangte er zusätzliche Mittel für die Einrichtung besonderer Testlabors, wo sich Homosexuelle und andere um ihren Gesundheitszustand besorgte Personen außerhalb der Blutbanken testen lassen konnten. Außerdem forderte Silverman die Regierung auf, eine Verordnung zu erlassen, nach der die Ergebnisse der in den Blutbanken vorgenommenen Tests vertraulich behandelt werden mußten.

Die *Centers for Disease Control* begrüßten diese Vorschläge. Doch bei den Regierungsbehörden stieß Silverman auf harten Widerstand. Sie erklärten ihm, die Einrichtung zusätzlicher Testlabors werde hohe

Kosten verursachen und die Bundesregierung beabsichtige nicht, noch mehr Geld für die AIDS-Bekämpfung auszugeben. Die Reagan-Administration hatte bisher immer noch nicht die $ 8,3 Millionen freigegeben, die der Kongreß im vergangenen Oktober bewilligt hatte, um die Freigabe der Antikörper-Tests für die Blutbanken zu beschleunigen. Darüber hinaus war die Regierung nicht bereit, die Vertraulichkeit der Testergebnisse bei den Blutbanken zu garantieren. Die Beamten wollten diese Entscheidung den örtlichen Behörden überlassen.

Bei einer Besprechung mit Vertretern der *Food and Drug Administration* am 15. Januar schlug Silverman eine härtere Tonart an. Er sagte, wenn die Regierung das Geld für die zusätzlichen Testlabors nicht zur Verfügung stellte, werde er öffentlich erklären, die Beamten der Bundesregierung gefährdeten mit ihrer Haltung den einwandfreien Zustand der Blutprodukte. Er gab der FDA eine Bedenkzeit von zwei Wochen bis zu einer endgültigen Entscheidung dieser Frage. Die Verwaltungsbeamten waren empört über dieses Ultimatum und behaupteten, er wolle mit seinem Vorgehen nur die Kassen seiner Behörde füllen. Über diesen Vorwurf konnte Silverman nur lachen, denn es war der letzte Tag seiner Amtszeit als Direktor des Gesundheitsamts von San Francisco. Das Büro für Sozialfürsorge der *San Francisco AIDS-Foundation* sorgte dafür, daß sich Silvana Strangis einer Entziehungskur mit Methadon unterziehen konnte und mit Lebensmittelmarken und Geld unterstützt wurde, damit sie nicht mehr auf die Straße gehen mußte. Silvana zeigte sich einsichtig und schien bereit zu sein, ein neues Leben zu beginnen. »Endlich sehe ich eine Möglichkeit, mit all dem Schluß zu machen«, sagte sie unter Tränen.

Aber es gab kein neues Leben für Silvana. Die Betreuung von drogenabhängigen Fixern, die sich infiziert hatten, war ungeheuer kraftraubend. Diese Menschen waren keine lebensfrohen homosexuellen Männer, die am Ende ihres Lebens mit den freiwilligen Helfern des *Shanti Project* über das Eintauchen in ein ewiges Licht meditierten. Sie waren ihrer Sucht völlig ausgeliefert.

Tony Ford wußte, daß er sterben würde, und hatte auch nicht die Absicht, auf das Heroin zu verzichten. Deshalb konnte Silvana bei ihm keinen Halt finden. Schon nach wenigen Wochen beteiligte sie sich nicht mehr an der Entziehungskur. Zwei Monate später wurde sie wegen Diebstahls festgenommen, und im Lauf des nächsten Jahres folgten fünf weitere Festnahmen wegen Prostitution und Drogenhandel.

Tony Ford erkrankte viermal an Pneumocystosis, doch er konnte jedesmal behandelt und wieder entlassen werden. Schließlich aber starb er am 20. Juni 1985 an Nierenversagen.

Silvana Strangis starb am 24. Januar 1986 – elf Tage, nachdem sie an einer Kryptokokken-Infektion erkrankt war. Sie wurde in der Vorstadt von San Francisco beerdigt, wo sie geboren war und auf ein neues goldenes Zeitalter gehofft hatte.

52. Ein Leben wie im Exil

20. JANUAR 1985, CASTRO STREET, SAN FRANCISCO

Die Menge auf der Castro Street wogte durcheinander, die Menschen schwenkten Fahnen und riefen im Chor immer und immer wieder: »Wir sind die Nummer eins. Wir sind die Nummer eins.«

Den ganzen Tag drängten sich die Fans in den Bars an der Castro Street ebenso wie überall in den Vereinigten Staaten und warteten gespannt auf den Ausgang des Fußballspiels. In Washington hatte Präsident Reagan sogar seine Amtseinführung um einen Tag verschoben, um das Entscheidungsspiel zwischen den *San Francisco 49ers* und den *Miami Dolphins* miterleben zu können. Es freute die Männer von der Castro Street, daß sie für kurze Zeit das Interesse an einem so wichtigen Ereignis mit der übrigen Bevölkerung teilen konnten. Dieses Gefühl war während der vergangenen Jahre immer seltener geworden. Die Homosexuellen hatten allein die ganze Last eines Problems tragen müssen, das von den Heterosexuellen kaum beachtet wurde.

Als die *49ers* zum zweiten Mal in drei Jahren den Pokal gewannen, wurde in San Francisco das ausgelassenste Volksfest seit Ende des Zweiten Weltkriegs gefeiert. Nirgends war die Begeisterung größer als im Castro District, wo die Menschen dankbar für jeden Anlaß zum Feiern waren. Die Polizei sperrte die Castro Street für den Autoverkehr und überließ die Durchgangsstraße der jubelnden Menge, die rotgoldene Fähnchen schwenkte. Einige kletterten auf die Straßenlaternen, und andere tanzten auf dem Dach eines Trolley-Busses, der im Gedränge nicht mehr weiterkam.

Vor dem Eingang des *Bear Hollow* stand Cleve Jones und ließ mit seinen Freunden die Fußballmannschaft hochleben. Der Fußball interessierte ihn in Wirklichkeit nicht im geringsten, aber es erregte ihn jedesmal, wenn sich irgendwo eine große Menschenmenge versammelte. Außerdem freute es ihn, daß der 21jährige Todd Coleman ein

693

außergewöhnliches Interesse für ihn zeigte. Todd hatte glänzendes braunes Haar, schöne Augen und ein zartes Gesicht, das Cleve sehr anziehend fand. Er war auch ein politischer Anhänger von Cleve, dessen Lebenslauf er genau kannte, und das machte ihn für Cleve unwiderstehlich.

Cleve hatte Todd während der ersten Halbzeit im *Bear Hollow* kennengelernt. Er hatte den jungen Mann nach seiner Telefonnummer gefragt, doch Todd war ihm die Antwort schuldig geblieben. Deshalb wich Cleve jetzt nicht mehr von seiner Seite. Als Todd sich mit einer Gruppe von Freunden zu einem Bummel durch die Lokale aufmachte, ging Cleve mit. Nach ein paar Stunden zogen sich die beiden in Cleves Wohnung zurück und verbrachten die Nacht zusammen.

Als Cleve einige Tage später bei einem Wodka mit Tonic im *Bear Hollow* saß, kam Todd mit Freunden herein.

»Siehst du den hübschen Jungen dort«, sagte Cleve zu einem Bekannten und fügte mit einem gewissen Stolz hinzu: »Ich bin mit ihm ausgegangen.«

»Ja wirklich? Er hat AIDS«, sagte Cleves Bekannter.

»Was?«

Der Mann erzählte, Todd lebe in dem Heim des *Shanti Project* für obdachlose AIDS-Patienten.

Jetzt begriff Cleve, weshalb Coleman ihm nicht seine Telefonnummer hatte geben wollen und warum er so genau über Cleves Arbeit bei der Gründung der *AIDS-Foundation* Bescheid wußte.

Cleve war entsetzt. Als er Todd zur Rede stellte, gab der junge Mann zu, daß er AIDS hatte. Er erklärte, er habe Cleve schon immer bewundert, seine Karriere aufmerksam verfolgt und alles gelesen, was er über den jungen Aktivisten auftreiben konnte. Als er Cleve am Sonntag des Pokalspiels sah, hatte er genau gewußt, was er wollte. Cleve hatte nicht ihn verführt, sondern er Cleve.

»Warum tust du so etwas?« wollte Cleve wissen. »Du hast gegenüber deinen Partnern die Verpflichtung, ihnen zu sagen, daß du AIDS hast. Und noch wichtiger ist es, daß du dich selbst schützt.«

»Beim *Shanti Project* haben sie gesagt, daß es für mich wichtig ist, Sex zu haben«, sagte Todd. Cleve war verzweifelt und hatte das Gefühl, als schnüre sich ihm die Kehle zu. Die Menschen schienen verrückt geworden zu sein.

Cleves Stimmung wurde von Monat zu Monat schlechter. Es verging kaum ein Tag, an dem nicht bei einem seiner Freunde oder Liebhaber AIDS festgestellt wurde. Er selbst rechnete schon seit einem

Jahr damit, daß die Krankheit bei ihm ausbrechen werde. Seit Monaten spielte er mit dem Gedanken, nach Hawaii zu fliegen. Nach der Begegnung mit Todd Coleman festigte sich sein Entschluß, San Francisco zu verlassen. Hier starben die Menschen nur, oder sie wurden verrückt, und wenn er noch länger hierblieb, dann würde auch er sterben oder verrückt werden.

Von Zeit zu Zeit rief Cleve seine Mutter in Arizona an, um ihr sein Herz auszuschütten. Im Januar hatte er erfahren, daß sein alter Freund, Felix Velarde-Munoz, gestorben war. Marion Jones hatte Verständnis für den Kummer ihres Sohnes und erzählte ihm von dem jungen Mann, der vor 40 Jahren mit ihr das Abitur bestanden hatte. Damals hatte der Zweite Weltkrieg das Leben aller jungen Amerikaner überschattet. »All die jungen Männer, die ich kannte, gingen damals in den Krieg, und die meisten von ihnen kamen nicht mehr zurück«, sagte sie. »Und diejenigen, die zurückkamen, hatten einen Schaden für das ganze Leben. Wahrscheinlich erlebst du jetzt etwas Ähnliches.«

Cleve gab ihr recht.

Andere nachdenkliche Homosexuelle verglichen die Notlage, in der sich ihre Leidensgenossen befanden, nicht mit einem Krieg, sondern mit der Bedrohung durch den Terrorismus. Das Virus konnte jederzeit und ohne ersichtlichen Grund im Blut seines Opfers aktiv werden und seinem Leben ein Ende bereiten. Die erschreckende Amoralität dieser Epidemie ging weit über alle negativen Aspekte der Ideologien hinaus, die in einem Krieg aufeinanderprallen.

Die mit AIDS infizierten Homosexuellen in Amerika lebten wie im Exil. Die meisten Heterosexuellen kümmerten sich nur dann um die Epidemie, wenn sie das Gefühl hatten, daß sie auch betroffen sein könnten. Anstatt den Zusammenhalt in der Bevölkerung zu stärken, hatte die Epidemie die Gesellschaft in Amerika gespalten. Den Homosexuellen, die am Arbeitsplatz mit Heterosexuellen zusammenkamen, hatten das Gefühl, daß diese Menschen in einer anderen Welt lebten. Hier machten sich die Leute Sorgen darum, ob sie sich ein zweites Fernsehgerät oder noch ein Kind anschaffen sollten. Im Leben eines Homosexuellen ging es jetzt um ganz andere Dinge. Man fragte sich, ob der Liebhaber noch die nächste Woche überleben werde oder man selbst eines Tages aufwachen und auf der Haut einen purpurfarbenen Fleck entdecken würde, der das eigene Todesurteil bedeutete. Für einen Homosexuellen, der mit dieser grausamen Wirklichkeit fertigwerden mußte, gab es zudem niemanden, der ihm sagte: »Komm zu mir, wenn es dir schlecht geht.« Stattdessen spürte man eine gewisse Sympathie und manchmal sogar so etwas wie Mitleid, aber die Menschen distanzierten sich von einem, und man spürte die ablehnende Haltung, die bedeutete: »Im Grunde habt ihr euch das alles selbst eingebrockt.«

23. JANUAR

Der ältere Bruder von Bill Kraus, Mike, hatte eine Limousine gemietet und Sekt und Edith-Piaf-Kassetten mitgebracht, um Bill und seine Freunde zum Flughafen von San Francisco zu fahren. Bill war in letzter Zeit so abergläubisch geworden, daß er sich zunächst sträubte, in einen schwarzen Wagen zu steigen, der ihn an einen Leichenwagen erinnerte. Das war ein schlechtes Omen. Aber schließlich konnten seine Freunde ihn doch dazu bewegen, sich auf den Rücksitz zu setzen, und mit dem Sektglas in der Hand scherzte er, wenn er schon ins Exil gehen müsse, warum nicht nach Paris.

Die anderen merkten sofort, daß er mit solchen Redensarten nur seine Angst überspielen wollte. Er wußte nicht einmal, ob ihm die französischen Ärzte das HPA-23 geben würden. Aber was noch schlimmer war, er zweifelte daran, daß das Medikament ihm helfen würde.

AM NÄCHSTEN TAG, PARIS

Als Bill und seine Freundin Sharon Johnson in Paris landeten, herrschte in Frankreich der strengste Winter seit 50 Jahren. Am ersten Tag suchten die beiden sich eine Wohnung. Am zweiten Tag gingen sie in das am Stadtrand von Paris gelegene amerikanische Militärlazarett aus dem Ersten Weltkrieg, um mit Dr. Dominique Dormant über die Behandlung mit dem HPA-23 zu sprechen.

Dormant war bereits über den Fall von Bill Kraus unterrichtet. Es fiel Sharon auf, daß der Franzose Bill für eine viel bedeutendere Persönlichkeit hielt, als er wirklich war. Bill wollte ihm diese Illusion nicht rauben. Dormant erläuterte ihnen die Wirkungsweisen der Medikamente, die jetzt versuchsweise zur Behandlung von AIDS-Kranken angewendet wurden. Das waren Isoprinosin, Interferon, Ribavirin und das HPA-23.

»Es handelt sich dabei um keine Heilbehandlung«, sagte der Arzt. Das Mittel könne nur die Vermehrung des Virus aufhalten, und Bill werde es wahrscheinlich ständig nehmen müssen. Sobald das Medikament abgesetzt würde, werde das Virus wieder lebendig, und das bedeute mit großer Wahrscheinlichkeit den Tod des Patienten. »Ich möchte es versuchen«, sagte Bill. »Ich will am Leben bleiben.«

Dormant sagte, er könne in der nächsten Woche mit der Behandlung beginnen.

Nichts deprimierte die AIDS-Kliniker und -Forscher in den USA so sehr wie das ungelöste Problem einer Therapie für AIDS. Auf keinem Gebiet der AIDS-Forschung hatte der Geldmangel verheerendere Auswirkungen als bei der Entwicklung solcher Behandlungsmethoden.

Dr. Donna Mildvan am *Beth Israel Medical Center* in New York bekam täglich durchschnittlich fünf Anrufe von Partnern, Freunden und Verwandten von AIDS-Patienten, die sie anflehten, diese Menschen zu behandeln, wenn eine solche Therapie auch nur die geringste Aussicht auf Erfolg bot. Es verging kaum ein Tag, ohne daß eine Mutter sie schluchzend bat: »Bitte, retten Sie meinen Sohn.«

Die Beamten am Nationalen Krebsinstitut beantworteten jede Anfrage mit der Versicherung, jedes nur denkbare Medikament werde daraufhin geprüft, ob es sich zu einer versuchsweisen Behandlung von AIDS-Patienten eigne. Sie verschwiegen jedoch, daß nur drei Leute – Dr. Sam Broder und zwei technische Assistenten – an diesen von der Bundesgesundheitsbehörde angeordneten Untersuchungen arbeiteten. Das von der Bundesregierung verhängte Einstellungsverbot machte es dem Nationalen Krebsinstitut unmöglich, mehr zu unternehmen.

Der Mangel an ausgebildeten Retrovirologen und die Tatsache, daß für die Einrichtung von retrovirologischen Labors kein Geld zur Verfügung stand, erwiesen sich darüber hinaus als unüberwindliche Hindernisse für die Erprobung neuer Medikamente. Um festzustellen, ob ein gegen Viren wirksames Mittel sich eignete, die Vermehrung der Retroviren zu verhindern, mußten die Wissenschaftler Viren aus dem Blut jedes einzelnen Patienten isolieren. Die Kosten einer solchen Isolierung betrugen $ 700. Selbst für das Nationale Krebsinstitut, das über den größten Etat aller medizinischen Forschungseinrichtungen der Welt verfügte, waren die Kosten für eine so umfangreiche Erprobung von Medikamenten und Virusisolationen zu hoch. Aber selbst wenn das Geld zur Verfügung gestanden hätte – es gab nur sehr wenige Labors und zu wenige Retrovirologen, die diese Arbeit hätten leisten können. In New York City konnte zum Beispiel nur ein Labor das LAV-Virus isolieren.

Daß es nur so wenige geeignete Forschungseinrichtungen gab, war eine Folge der Etatkürzungen im ersten Amtsjahr der Reagan-Administration. Als das für die Retrovirus-Forschung zur Verfügung gestellte Geld Anfang 1980 verbraucht war, hatten die Wissenschaftler kein Interesse mehr daran gehabt, sich als Retrovirologen ausbilden zu lassen. Dieses Wissensgebiet schien ihnen keine Zukunft mehr zu bieten. Jetzt jedoch suchten die Forschungseinrichtungen im ganzen Land verzweifelt, aber vergeblich nach Retrovirologen. Sollte das notwendige Geld zur Verfügung gestellt werden, dann würde es Jahre dauern, die Fachleute auszubilden und die Labors einzurichten.

Als die NIH in Bethesda eine Konferenz abhielten, um über die Erprobung neuer Medikamente zu sprechen, beklagte sich Don Francis: »Wir brauchen keine Konferenzen. Wir brauchen Laboratorien und Geld.«

DUBLIN STREET, SAN FRANCISCO

»Ich komme mir vor wie eine Aussätzige«, sagte Frances Borchelt ihrem Mann und ihren Kindern, als sie aus dem Krankenhaus nach Hause kam. »Unsere Verwandten wollen mich nicht besuchen, und ich wage mich nicht aus dem Haus.«

»Sei nicht traurig, Mom«, sagte Cathy Borchelt. »Sei zornig. Wir werden gemeinsam dagegen kämpfen.«

Doch Frances spürte keinen Zorn. Sie war zu müde, zu krank und fühlte sich einsam. Ihre Schuppenflechte war zurückgegangen, als ihre Pneumocystosis im Krankenhaus mit Antibiotika behandelt wurde. Doch nun begann sie sich wieder auszubreiten. Als Cathy ihrer Mutter beim Duschen half, erschrak sie über ihren Anblick. Frances wog jetzt nur noch 98 Pfund. Sie war so mager, daß sich das Steißbein deutlich unter der schlaffen Haut abzeichnete. Sie sah aus wie die KZ-Opfer, die Cathy auf den Fotos in den Büchern über den Zweiten Weltkrieg gesehen hatte.

Die Familie Borchelt litt unter der gleichen Ungewißheit wie die Homosexuellen, die nicht wußten, welchem Infektionsrisiko sie ausgesetzt waren. Die Ärzte hatten den Borchelts gesagt, sie sollten nicht das gleiche Geschirr benutzen wie Frances und Gummihandschuhe tragen, wenn sie das Geschirr und die Wäsche wuschen. Sie fürchteten, sie könnten sich schon mit dem AIDS-Virus infiziert haben. Noch gab es keine Tests, die ihre Sorgen hätten zerstreuen können.

Cathy versuchte, sich über den Verlauf des durch Transfusionen übertragenen Immunmangelsyndroms Klarheit zu verschaffen. Dr.

698

Marcus Conant erzählte ihr von den T-Zellen-Tests an der Stanford University und der Kontroverse um die Hepatitis-Core-Antikörper-Tests. Er riet ihr auch, einen Rechtsanwalt einzuschalten.

Am 31. Januar löste Dr. Mervyn Silverman sein Versprechen ein und stellte sich hinter die Forderungen der *American Public Health Association* und der *U.S. Conference of Local Health Officers*. Diese Gruppen verlangten die Finanzierung der Einrichtung alternativer Testlabors für AIDS-Bluttests. Silverman erklärte, die Weigerung der Bundesregierung, diese Mittel zur Verfügung zu stellen, könne zur weiteren Kontaminierung der Blutprodukte führen.

Bisher hatten sich die Beamten im Gesundheitsministerium und bei der FDA nicht entschließen können, die für die Einrichtung der Testlabors benötigten Gelder freizugeben. Doch unmittelbar nachdem die Presse über die Erklärung von Silverman berichtet hatte, versprachen sie ihm, $ 12 Millionen für dieses Vorhaben zur Verfügung zu stellen. Die Freigabe des Tests verzögerte sich allerdings um weitere zwei Wochen, bis die Labors eingerichtet waren.

Obwohl das gesundheitspolitische Problem der Freigabe der Tests damit gelöst war, blieben die Fragen besorgter Homosexueller nach der Einhaltung der Persönlichkeitsrechte noch unbeantwortet. Die Bundesregierung hatte nichts unternommen, um die vertrauliche Behandlung der Testergebnisse zu garantieren. Die Fronten verhärteten sich. Der *Lambda Legal Defense Fund*, eine Vereinigung homosexueller Juristen in New York, drohte, die Freigabe der Tests durch eine einstweilige gerichtliche Verfügung zu blockieren. Die Anwälte warfen die Frage auf, wie die Regierung einen Test freigeben könne, der sich unter Umständen verheerend auf die Lebensumstände zahlreicher Amerikaner auswirken würde. Die Ärzte bei den CDC, die an der Erforschung des durch Bluttransfusionen übertragenen Immunmangelsyndroms gearbeitet hatten, reagierten verständnislos. Wie konnten diese Leute einen Test verhindern wollen, der mit Sicherheit Leben retten würde? Mitte Februar konnten sich beide Seiten auf einen Kompromiß einigen.

UNIVERSITÄT VON KALIFORNIEN, SAN FRANCISCO

Seit einem Jahr funktionierte die Zusammenarbeit zwischen Marc Conants klinischem AIDS-Forschungszentrum an der Universität von Kalifornien in San Francisco und dem *General Hospital* nicht mehr so reibungslos wie bisher. Dieses Krankenhaus hatte inzwischen internationales Ansehen gewonnen, und deshalb hatte sich die Regierung entschlossen, die dort arbeitenden Forscher finanziell zu unterstützen. Der Schwerpunkt der AIDS-Forschung in San Francisco hatte sich auch deshalb auf das Bezirkskrankenhaus verlagert, weil die Verwaltung der Universität von Kalifornien in San Francisco nicht damit einverstanden war, daß die Medizinische Fakultät der Universität als Zentrum der AIDS-Forschung angesehen wurde.

Marc Conant vertrat jedoch die Auffassung, daß die Medizinische Fakultät im Rahmen der AIDS-Forschung einen größeren Teil der Aufgaben übernehmen sollte, die auf die medizinischen Einrichtungen der Stadt zukamen. Dies erschien ihm sehr naheliegend – schon wegen der geographischen Lage der Universität in unmittelbarer Nähe eines Gebiets, in dem sich die größte Ansammlung homosexueller Männer in der westlichen Welt befand. Doch Conant hatte in letzter Zeit an Einfluß verloren. Seit er sich mit seinen Forderungen über die Köpfe der Universitätsverwaltung hinweg an die Legislative gewandt hatte, war er in den Augen der Verwaltungsbeamten mit einem gewissen Makel behaftet. Es überraschte ihn daher nicht, als man ihm bei einer Lagebesprechung erklärte, für die Universität wäre es am besten, wenn er von seinem Posten als Direktor der klinischen Forschungsabteilung zurücktreten würde. Die Universität hatte natürlich stichhaltige Gründe für diese Forderung. Die Verwaltungsbeamten erklärten, er habe nur den Rang eines klinischen Professors, und angesichts der großen Bedeutung der Forschungsabteilung sollte ihr Direktor ein ordentlicher Professor sein.

Aber jeder, der etwas mit der AIDS-Forschung zu tun hatte, wußte, daß in Wirklichkeit ganz andere Gründe hinter diesem Wechsel standen. Wenn Conant von einem anderen Kollegen abgelöst wurde, dann war die Universität einen unbequemen Mahner los, dessen Prioritäten sich nicht mit den Vorstellungen der Akademiker deckten.

Jetzt brauchte sich die Universität auch keine Sorgen darum zu machen, daß die Homosexuellen ihr wegen der Ablösung von Conant politische Schwierigkeiten bereiten würden. Sein Engagement für die Schließung der Saunen und eine offensive Aufklärungskampagne hatte ihn für die meisten homosexuellen Politiker und die *Bay Area Physicians for Human Rights* zur persona non grata gemacht. Fast in jeder Ausgabe der Homosexuellenzeitung *Bay Area Reporter* fand sich ein persönlicher Angriff gegen Conant.

Der Dekan, der das Rücktrittsgesuch von Conant entgegennahm, meinte, dies sei die beste Lösung. Conant hatte nicht vergessen, daß derselbe Mann einmal gesagt hatte: »Wenigstens werden durch AIDS viele unerwünschte Leute verschwinden.«

UNIVERSITÄT VON KALIFORNIEN, LOS ANGELES

Dr. Michael Gottlieb hatte während der vergangenen zwei Jahre immer wieder dafür plädiert, eine AIDS-Klinik einzurichten, aber die Verwaltung der Universität von Kalifornien in Los Angeles hatte nichts davon wissen wollen. Als sie ihm schließlich ein Ordinationszimmer zur Verfügung stellte, wo er seine Patienten empfangen konnte, wollte Gottlieb seinen Augen nicht trauen. Das Zimmer lag am Ende eines Korridors im alten *Veterans Administration Hospital*, das nach dem Bau eines neuen Krankenhausgebäudes in unmittelbarer Nähe zum größten Teil geräumt worden war. Um in das Ordinationszimmer von Gottlieb zu gelangen, mußten die Patienten durch eine staubige, leere Halle und schmutzige Korridore an verwahrlosten Räumen vorübergehen. Aus den Rissen in den Wänden krochen dicke Küchenschaben. Ganz offensichtlich legte die Universität keinen besonderen Wert auf die Patienten, die hier behandelt werden sollten.

29. JANUAR, SAN FRANCISCO DEPARTMENT OF PUBLIC HEALTH

Die neugebildete *San Francisco Health Commission* hatte sich zu ihrer ersten Sitzung versammelt. Jim Foster betrachtete sorgenvoll die Bürgerrechtler und homosexuellen Aktivisten, die gekommen waren, um ihre Argumente gegen das Verbot »riskanter Sexualpraktiken« in den Saunen der Stadt vorzutragen. Foster wußte, daß die ganze Debatte in kürzester Zeit jede Bedeutung verlieren würde. Von den elf Saunen in San Francisco waren nur noch drei geöffnet. Ihre Besitzer, die den neuen »Ausschuß zum Schutz der sexuellen und bürgerlichen Freiheiten« finanzierten, waren ebenfalls erschienen, um gegen die Reglementierung der Sexualpraktiken zu protestieren.

Natürlich war sich Jim Foster klar darüber, was diese Leute erreichen wollten. Als einer der ersten Aktivisten der Homosexuellenpolitik in San Francisco und Begründer der wegbereitenden *Society for Individual Rights* und des *Toklas Democratic Club* hatte Foster sich stark für die Idee der sexuellen Befreiung eingesetzt, auf die sich die Saunenbesitzer jetzt beriefen.

Aber heute erschienen ihm ihre Worte hohl, und er überlegte sich,

701

wie homosexuelle Männer gerade jetzt verlangen konnten, man solle sich für ihr Recht einsetzen, sich in jeder beliebigen Weise sexuell zu betätigen.

Jim Foster dachte an die Situation vor wenigen Stunden, als er seinem Liebhaber Larry Ludwig, mit dem er nun schon seit zwölf Jahren zusammen war, die Hand gehalten hatte. Larry litt seit 17 Monaten an den verheerenden Auswirkungen des Kaposi-Sarkoms und lag jetzt im Koma. Um Mitternacht hatte er noch einmal einen tiefen, gequälten Atemzug getan und dann aufgehört zu atmen.

Es war ein furchtbarer und zugleich ungeheurer Augenblick gewesen, dachte Jim Foster.

Er spürte, daß in der durch AIDS verursachten Tragödie ein neues Zusammengehörigkeitsgefühl entstand. Es war jetzt nicht mehr die Gemeinschaft von Politikern oder Radikalen, die über den Wert der Saunen diskutierten, sondern eine Gemeinschaft von Menschen, die gelernt hatten, für sich selbst und füreinander Verantwortung zu übernehmen.

Die Führer des »Ausschusses zum Schutz der sexuellen und bürgerlichen Freiheiten« waren entsetzt, als dieser seit Jahren bewährte Vertreter der Homosexuellenpolitik in San Francisco sie mit der Bemerkung nach Hause schickte, ihre Anliegen seien »trivial«.

31. JANUAR, CENTERS FOR DISEASE CONTROL, ATLANTA

Don Francis hatte seinen neun Seiten umfassenden Entwurf für das Programm »Operation AIDS Control« endlich fertiggestellt. Darin erklärte er zunächst, daß man »in den nächsten Jahren« mit 20000 bis 50000 AIDS-Toten würde rechnen müssen. Nach seinem Plan gab es nur zwei Waffen, mit denen die Gesundheitsbehörden die Epidemie bekämpfen konnten: die Bluttests und eine umfassende Aufklärung. Francis wollte im Verlauf von sechs Monaten alle Blutproben testen lassen, die von Drogenabhängigen und Geschlechtskranken in den Rehabilitationszentren und Kliniken gesammelt worden waren. Die bevorstehende Freigabe des HTLV-III-Tests bedeutete, daß sich die CDC endlich ein genaues Bild davon machen konnten, wie weit das Virus in die amerikanische Bevölkerung eingedrungen war. Man konnte außerdem die Betroffenen informieren, daß sie Virusträger waren und andere Menschen anstecken konnten.

Außerdem empfahl Francis Aufklärungsprogramme mit dem Ziel, die Übertragung auf sexuellem Wege nach Möglichkeit zu verhindern.

702

Diese Programme mußten auf die verschiedenen Risikogruppen zuge-schnitten sein – die homosexuellen Männer, die Drogenabhängigen und die Heterosexuellen mit häufig wechselnden Sexualpartnern. Um zu verhindern, daß immer mehr AIDS-Babies geboren wurden, mußte die Regierung infizierte weibliche Drogenabhängige zur Empfängnis-verhütung bewegen. Homosexuelle Männer sollten ermutigt werden, sich auf Antikörper testen zu lassen, und zwar in Labors außerhalb der Blutbanken, wo die Ergebnisse vertraulich behandelt wurden.

Francis wußte, daß sein Vorschlag auf politische Schwierigkeiten stoßen würde. Organisierte Homosexuelle würden gegen die Erfas-sung möglichst vieler Homosexueller in dem Testprogramm Ein-wände erheben. Die Konservativen würden die allgemeine AIDS-Aufklärung ablehnen. Schon jetzt hatte er festgestellt, daß die Bundes-regierung nicht bereit war, ein AIDS-Aufklärungsprogramm zu unter-stützen. Sie fürchtete einen Sturm der Entrüstung bei den Konservati-ven, wenn die Regierung Homosexuelle informierte, wie sie sich beim Geschlechtsverkehr vor einer Ansteckung schützen könnten. Bisher hatte die Regierung für die Aufklärung nur einen geringen Betrag zur Verfügung gestellt, der über die Konferenz der amerikanischen Bür-germeister verteilt worden war.

Sogar die Veröffentlichung der von den CDC ermittelten Daten über die Möglichkeiten einer Anwendung von Nonoxynol-9 führte zu einer Kontroverse. Ende 1984 hatte ein Forscher im Labor von Francis in Versuchen nachgewiesen, daß das Nonoxynol-9, eine Substanz, die Spermien abtötet und deshalb als Verhütungsmittel eingesetzt wird, auch das AIDS-Virus in der Retorte zum Absterben brachte. Francis war begeistert von dem Ergebnis dieses Laborversuchs, denn hier bot sich den Homosexuellen endlich eine Gelegenheit, etwas gegen die Infektionsgefahr zu unternehmen. Die Anwendung von Nonoxynol-9 mit einem Kondom konnte, wie Francis glaubte, eine Übertragung des AIDS-Virus verhindern, und er wollte das Ergebnis dieser Laborversu-che sofort veröffentlichen lassen. Aber Jim Curran zögerte die Ver-öffentlichung hinaus, weil einige angesehene Wissenschaftler, die an dem Bericht mitgearbeitet hatten, Zweifel an der Zuverlässigkeit der Untersuchung äußerten. Curran wollte es vermeiden, daß die CDC angreifbare wissenschaftliche Erkenntnisse veröffentlichten. Francis vermutete politische Hintergründe. Die Bundesregierung wollte sich wahrscheinlich nicht zum Nonoxynol-9 äußern, weil dies unter Um-ständen als Billigung des Analverkehrs interpretiert werden konnte.

Die Konflikte zwischen Don Francis und Jim Curran ergaben sich zum Teil daraus, daß sie bei der Bekämpfung der Epidemie verschiedene Wege gingen. Unter der Leitung von Curran hatten die CDC bei der Ermittlung wichtiger Daten im Zusammenhang mit AIDS außerordentlich wertvolle Arbeit geleistet. Er hatte die AIDS-Forschung bei den CDC auf einen Kurs gebracht, der nach seiner Meinung unter einer konservativen Administration der einzig mögliche war.

Francis hatte trotz aller Widerstände nicht seinen Optimismus verloren und verfolgte unbeirrt das Ziel, der Epidemie Einhalt zu gebieten. Ihm kam es vor, als hätten sich die CDC von der Aufgabe, AIDS in den Griff zu bekommen, abgewendet, um stattdessen die zuverlässigsten Statistiken zu erstellen. Im Grunde wußte er, daß er auf verlorenem Posten stand. Die »Operation AIDS Control« war sein letzter verzweifelter Versuch, alle Kräfte der CDC für die Eindämmung der Epidemie zu mobilisieren. Das von ihm empfohlene Programm sollte $ 32,8 Millionen kosten. Dies war bedeutend mehr als der Betrag, den die Bundesregierung für die gesamte AIDS-Forschung bei den CDC im vergangenen Jahr ausgegeben hatte, aber Francis hielt Ausgaben in dieser Höhe für bescheiden im Vergleich zu den vielen Milliarden Dollar, die in den kommenden Jahren für die Behandlungskosten und die Vorbeugung ausgegeben werden müßten, wenn die Regierung nicht sofort energische Maßnahmen zur Eindämmung der Epidemie ergriff.

Am 30. Januar, dem Tag, an dem Francis seinen Vorschlag einreichte, veröffentlichten die CDC eine Statistik, die zeigte, daß die Zahl der AIDS-Kranken in den Vereinigten Staaten in der vergangenen Woche die achttausend überschritten hatte.

4. FEBRUAR, CAPITOL, WASHINGTON, D.C.

Selbst die zynischsten Kritiker der Reagan-Administration waren verblüfft, als das *Office of Management and Budget* bekanntgab, welcher Betrag im Haushalt des Rechnungsjahres 1986 für die AIDS-Bekämpfung vorgesehen war. Die Administration hatte den AIDS-Etat nicht nur nicht erhöht, der Haushaltsplan sah sogar eine Senkung der Ausgaben für AIDS von $ 96 Millionen auf $ 85,5 Millionen vor. Diese zehnprozentige Kürzung würde auf allen Gebieten der AIDS-Forschung deutlich spürbar sein, vor allem aber bei den CDC, wo die Mittel sich um 20 Prozent verringern sollten, so daß nur noch $ 18,7 Millionen übrigblieben. Für die AIDS-Aufklärung, die sich in erster Linie an die Homosexuellen wendete, wollte die Regierung $ 250000 ausgeben, und auch dieses Geld sollte über die Konferenz amerikanischer Bürgermeister verteilt werden. Schließlich konnte man von keiner Bundesbehörde verlangen, daß sie den Schwulen Ratschläge für ihr Sexualverhalten gab. Etwa fünf Prozent des für die AIDS-Bekämpfung vorgesehenen Geldes sollten für die Vorbeugung und die Aufklärung ausgegeben werden.

Die Kürzungen kamen zu einer ungünstigen Zeit. Die Gesundheitsministerin Margaret Heckler hatte gegenüber führenden Homosexuellen erklärt, sie sei nicht gewillt, sich im Kampf für die Finanzierung der AIDS-Bekämpfung zu verausgaben, solange sie wüßte, daß der Kongreß ohnedies die zu diesem Zweck bewilligten Beträge erhöhen werde. Im übrigen war Frau Heckler in letzter Zeit auch in persönliche Schwierigkeiten geraten, was ihre Position innerhalb der Administration nicht gerade stärkte. Ihr Mann, mit dem sie 31 Jahre verheiratet war, hatte in Virginia die Scheidung eingereicht und unter anderem behauptet, Margaret habe vor 22 Jahren die ehelichen Beziehungen mit ihm abgebrochen. Als überzeugte Katholikin hatte es Mrs. Heckler bisher abgelehnt, sich scheiden zu lassen. Nun aber fürchtete sie, dieser Angriff könnte ihrer politischen Karriere schaden, und willigte in die Scheidung ein. Führende Homosexuelle waren entsetzt, daß jemand, der seit 1963 keine sexuellen Beziehungen gehabt hatte, für die von der Regierung zur AIDS-Bekämpfung ergriffenen Maßnahmen verantwortlich war. Der Administration war das Bekanntwerden der persönlichen Schwierigkeiten von Frau Heckler offenbar sehr peinlich. Ironischerweise wurde sie innerhalb der Administration sogar dafür kritisiert, daß sie zu viel für die AIDS-Bekämpfung tat. Es gab sogar Gerüchte, nach denen die Ministerin demnächst zurücktreten würde.

Die Beamten des *Office of Management and Budget* waren verärgert über die ständigen Anträge des Gesundheitsministeriums auf weitere Geldzuweisungen. Mrs. Heckler konnte schließlich mit den $ 8 Milliarden, die die Regierung den Gesundheitsbehörden zur Verfügung stellte, schalten und walten, wie sie wollte. Die Beamten hatten gar nichts dagegen, wenn die Ministerin mehr Geld für die AIDS-Bekämpfung ausgab – sie wollten ihr nur nicht noch mehr Geld zur Verfügung stellen.

Viele Berater von Kongreßabgeordneten fühlten sich verunsichert. Sie hatten sich in den vergangenen Jahren hinter den Kulissen abgemüht, damit der AIDS-Forschung mehr Geld zur Verfügung gestellt wurde. Einige von ihnen erklärten dem zweiten Direktor der National *Gay Task Force*, Jeff Levi, ihnen sei die Lust vergangen, für Präsident

Reagan die Kastanien aus dem Feuer zu holen. So sehr sich die Regierungsbeamten auch darum bemühten, die aus dem Kongreß kommenden Initiativen für die Bewilligung zusätzlicher Gelder abzuwehren – sie waren doch stets bereit, sich die Fortschritte in der Forschung, die durch die Bewilligung zusätzlicher Gelder erreicht wurden, als Verdienst anrechnen zu lassen.

Bisher hatte sich weder im Senat noch im Repräsentantenhaus ein Volksvertreter gefunden, der bereit war, die Rolle eines Sprechers für die Belange der AIDS-Bekämpfung zu übernehmen. Die meisten Gesetzesvorlagen wurden von den Abgeordneten Henry Waxman aus Los Angeles oder Ted Weiss aus New York City bearbeitet, aber beide waren Vorsitzende von Unterausschüssen, die sich in erster Linie mit anderen Problemen beschäftigen mußten. Die beiden Abgeordneten aus San Francisco, Barbara Boxer und Sala Burton, beschäftigten sich vorrangig mit Fragen des Umweltschutzes und der Landesverteidigung. Ohne einen Sprecher in der Legislative mußten homosexuelle Aktivisten wie Jeff Levi und Berater von Kongreßabgeordneten wie Tim Westmoreland die Aufgabe übernehmen, für die ausreichende Finanzierung der AIDS-Bekämpfung zu sorgen. So wurde das AIDS-Problem im amerikanischen Kongreß ausgesprochen stiefmütterlich behandelt. Daran änderte sich auch nichts durch die besorgniserregende Zunahme der AIDS-Fälle und die geradezu apokalyptischen Prognosen über die noch zu erwartenden Todesfälle.

Am gleichen Tag, an dem die Reagan-Administration ihren Haushaltsplan vorlegte, gaben die Gesundheitsbehörden in Hongkong den ersten AIDS-Fall auf dem asiatischen Festland bekannt. Der Sechsundvierzigjährige chinesische Seemann hatte im vergangenen Jahr seinen Urlaub in Miami verbracht. Jetzt rang er in einem Krankenhaus in Hongkong mit dem Tode.

Die AIDS-Epidemie hatte sich damit auf alle Kontinente der Erde ausgebreitet.

CENTERS FOR DISEASE CONTROL, ATLANTA

Der erste Assistent des Direktors des *Center for Infectious Diseases* teilte Don Francis die Entscheidung seiner Behörde über seinen ehrgeizigen Vorschlag für eine »Operation AIDS Control« mit. Er erklärte, die CDC verfügten nicht über die für die Finanzierung dieses Vorhabens notwendigen Mittel.

Francis wußte bereits, was er tun würde, wenn es ihm nicht gelingen sollte, seinen Vorschlag für die AIDS-Bekämpfung durchzusetzen. Er war nicht bereit, seine Zeit damit zu verschwenden, daß er versuchte, diese Mauer mit dem Kopf einzurennen. Im übrigen sollte die ganze AIDS-Arbeit bei den CDC umorganisiert werden. In dieser Abteilung sollten die epidemiologische Arbeit und die Forschung im Labor zusammengefaßt werden. So war es für Francis die richtige Zeit, seinen Posten zur Verfügung zu stellen. Inoffiziell hatte er sich bereits darum bemüht, als Verbindungsmann der CDC zu den staatlichen Gesundheitsbehörden von Kalifornien zu gehen. Nun war er entschlossen, Atlanta zu verlassen.

53. Abrechnung

8. FEBRUAR 1985, HARLEY HOTEL, NEW YORK CITY

Dr. Joseph Sonnabend, einer der führenden AIDS-Spezialisten in New York, machte einen besorgten Eindruck. Die Journalisten, unter ihnen viele Reporter, die ausführlich über die AIDS-Epidemie berichtet hatten, schienen noch nicht so recht zu wissen, worauf er hinauswollte.

»Daraus können sich schlimme Konsequenzen ergeben«, sagte Sonnabend vorsichtig.

Er versuchte ihnen die Bedeutung dessen zu erläutern, was Dr. Luc Montagnier in seinem Vortrag auf der AIDS-Konferenz gesagt hatte, die von der *AIDS Medical Foundation* und dem *Scientists' Institute for Public Information* veranstaltet worden war.

In seiner besonnenen Art hatte Montagnier die Ergebnisse der genetischen Untersuchungen erläutert, die das Pasteur-Institut mit den Prototypen der drei AIDS-Viren – LAV, HTLV III und Jay Levys ARV – vorgenommen hatte. Die Gensequenzen des LAV und des ARV zeigten Abweichungen von etwa sechs Prozent. Das war nach Auffassung der an der Konferenz beteiligten Wissenschaftler normal. Die Gene von zwei beliebigen Isolaten des gleichen Virus zeigen normalerweise Abweichungen von sechs bis zwanzig Prozent. Doch Montagniers Gesicht schien zu erstarren, als er berichtete, daß die genetische Sequenz bei dem Isolat des HTLV III gegenüber dem des LAV eine Abweichung von weniger als einem Prozent gezeigt hatte.

Diese Mitteilung schien die anwesenden AIDS-Forscher zu beunruhigen, während die Reporter ihre Bedeutung nicht begriffen hatten und gelangweilt gähnten. Sie hatten schon immer vermutet, daß HTLV III, LAV und ARV nur verschiedene Bezeichnungen für das gleiche Virus seien. Deshalb entging ihnen die eigentliche Bedeutung dessen, was Montagnier gesagt hatte.

»Wir haben den Eindruck, daß das HTLV und das LAV einander zu

708

ähnlich sind«, sagte Sonnabend. »Sie gleichen einander so sehr, wie man es bei zwei verschiedenen Isolaten von Viren derselben Familie nicht annehmen darf.«

Die Reporter hatten es noch immer nicht verstanden. Die anwesenden Ärzte wußten, worum es hier ging, doch keiner wollte sich äußern.

»Ich fühle mich dazu nicht berechtigt, mehr darüber zu sagen«, schloß Sonnabend.

»Wovon reden Sie eigentlich?« fragte der Reporter der *Associated Press.* »Wissen Sie etwas, was Sie nicht sagen wollen?«

»Es hat den Anschein, daß es sich jedesmal um das gleiche Isolat handelt«, sagte Sonnabend schließlich. »Es kann natürlich auch ein sehr seltsamer Zufall sein.«

Dr. Mathilde Krim, die diese Konferenz organisiert hatte, trat ans Mikrofon.

»Dr. Montagnier hat sich verständlicherweise nicht berechtigt gefühlt, die Folgerungen aus seiner Feststellung zu ziehen.«

Der erfahrene Wissenschaftsreporter des *Philadelphia Inquirer,* Donald Drake, war einer der wenigen Journalisten, die begriffen hatten, was die Andeutungen von Sonnabend bedeuteten.

»Wollen Sie sagen, daß Gallo sein Virus den Franzosen geklaut hat?« fragte Drake.

»Oder Montagnier hat das Virus von Gallo geklaut... vielleicht haben wir es ja auch mit einem sehr eigenartigen Zufall zu tun«, sagte Sonnabend diplomatisch.

»Jetzt geht mir ein Licht auf«, sagte der Reporter des *San Francisco Chronicle.*

Jetzt endlich wußten die Journalisten, worüber die Wissenschaftler sich den ganzen Tag auf den Korridoren des Harley Hotels unterhalten hatten. Jeder Virologe wußte, daß es zwischen zwei verschiedenen Virusisolaten keine unter einem Prozent liegende genetische Abweichung geben konnte. So etwas kam ganz einfach nicht vor.

Was diese Übereinstimmungen noch erstaunlicher machte, war die Tatsache, daß die Isolate der Prototypen des LAV und des HTLV III angeblich in einem zeitlichen Abstand von 17 Monaten hergestellt und zwei verschiedenen Männern entnommen waren, die auf zwei verschiedenen Kontinenten lebten. Die Übereinstimmung beider Prototypen ließ sich nur dadurch erklären, daß das Virus in beiden Fällen von derselben Versuchsperson stammte.

Montagnier kannte den zeitlichen Ablauf der Ereignisse, die zur Entdeckung des AIDS-Virus von Gallo geführt hatten, genau genug,

709

um mißtrauisch zu werden. Er hatte seinen amerikanischen Kollegen allerdings niemals öffentlich verdächtigt. Und sogar Gallo selbst hatte zugegeben, daß er das HTLV III erst Ende 1983 isoliert hatte – also nachdem das Pasteur-Institut ihm die LAV-Präparate geschickt hatte. Die Feststellungen von Montagnier wiesen darauf hin, daß der vom Nationalen Krebsinstitut im April 1984 isolierte Prototyp des HTLV III aus einer von den Franzosen im Januar 1983 hergestellten Viruskultur stammen konnte. Wenn dies zutraf, dann konnte daraus ein gewaltiger wissenschaftlicher Skandal entstehen.

Auf der Konferenz der *AIDS Medical Foundation*, die an jenem bitterkalten Freitag im Februar in New York stattfand, ließen sich schon die ersten Anzeichen dafür erkennen, wie sich die AIDS-Epidemie in nächster Zeit entwickeln würde. Die Fleischerrechnung war so hoch, daß lange geduldete Fehlleistungen nicht länger ignoriert werden durften. Die Abrechnung stand unmittelbar bevor.

Mrs. Krim hatte die Konferenz organisiert, weil sie stets nach neuen Möglichkeiten suchte, die Reporter für die Epidemie zu interessieren. Nun wollte sie die besten AIDS-Spezialisten und die tüchtigsten AIDS-Journalisten zu einem Gespräch zusammenbringen. Aber viele der maßgeblich an der AIDS-Bekämpfung Beteiligten hatten so viele andere Verpflichtungen, daß sie ihr Erscheinen im letzten Augenblick absagen mußten.

Auch die Gesundheitsministerin Heckler teilte Mrs. Krim erst in letzter Minute mit, daß sie ihren mit Spannung erwarteten Vortrag nicht halten könne, weil sie an Grippe erkrankt sei. Vielleicht hatte sie erfahren, daß Mrs. Krim die »gefälschten Zahlen« ansprechen wollte, mit denen die Bundesregierung zu rechtfertigen suchte, daß sie der AIDS-Forschung nicht die dringend benötigten finanziellen Mittel zur Verfügung gestellt hatte. Auch Dr. Robert Gallo hatte sich kurz vor Beginn der Konferenz entschuldigt.

Dafür nahm der Forscher Jean-Claude Chermann vom Pasteur-Institut an der Konferenz teil, um die Daten über die vielversprechenden Versuche mit dem Medikament HPA-23 vorzulegen. Mrs. Krim und andere Kliniker in New York hatten bereits viel Zeit darauf verwendet, die *Food and Drug Administration* zu drängen, möglichst bald die praktische Erprobung von AIDS-Medikamenten zu genehmigen.

Die Ausführungen von Montagnier über die genetischen Eigenschaften des LAV bestätigten immer deutlicher, daß er zu recht behauptet hatte, das LAV sei kein mit der HTLV-Familie verwandtes

Leukämievirus, sondern ein Lentivirus. Die Klarstellung dieser Frage hatte mehr als nur akademische Bedeutung, denn einige AIDS-Forscher beschäftigten sich immer noch intensiv mit Untersuchungen des HTLV I und des HTLV II in der Hoffnung, daß diese angeblich mit dem AIDS-Virus verwandten Viren zur Lösung der Rätsel beitragen könnten. Diese Arbeiten gingen eindeutig in die falsche Richtung, wenn das »HTLV III« mit den anderen HTLV-Viren nichts zu tun hatte. Außerdem ging es bei diesem Problem auch um Prestigefragen, nachdem die kleine Gemeinschaft der AIDS-Forscher vom »Stockholm-Fieber« ergriffen worden war.

Chermann und Montagnier waren auch deshalb zu der Konferenz eingeladen worden, weil hier versucht werden sollte, die schwelende Rivalität zwischen dem Pasteur-Institut und dem Nationalen Krebsinstitut beizulegen. Daher stellte Mrs. Krim in ihrer Eröffnungsansprache fest: »Diese Rivalität steht der Wahrheit und dem gegenseitigen Verständnis im Wege. Dr. Gallo hat uns allen mit seiner Absage einen Schlag ins Gesicht versetzt. Offenbar hat er nicht den Mut, sich den französischen Forschern zu stellen.«

Frau Krim, die sich jahrelang darum bemüht hatte, das Interesse der New Yorker Stadtverwaltung für die Bekämpfung der Epidemie zu gewinnen, wollte die hier bestehenden gesundheitspolitischen Probleme auch in einer Podiumsdiskussion mit dem Leiter der Städtischen Gesundheitsbehörde, David Sencer, und Dr. Mervyn Silverman behandeln lassen. Nachdem es Silverman gelungen war, die Kontroverse um die Saunen in San Francisco ein für allemal beizulegen, stand er bei den AIDS-Klinikern im ganzen Land in hohem Ansehen, besonders in New York. Schließlich hatte Silverman für die Einrichtung von AIDS-Kliniken und die Aufklärung der Risikogruppen beachtliche Summen ausgegeben. Sein anfängliches Zögern erschien im Vergleich zu dem Verhalten von Sencer belanglos. Dieser sollte jetzt erklären, weshalb er keinen einzigen Cent für die AIDS-Aufklärung, die Betreuung der Patienten oder die Koordinierung der Behandlungsmöglichkeiten ausgegeben hatte. Für den Fall, daß die Konferenzteilnehmer sich der Ironie der Paarung Silverman-Sencer nicht bewußt werden sollten, war Larry Kramer gekommen, um von einem Platz in den hinteren Sitzreihen aus Sencer mit den für ihn typischen Zwischenrufen auf seine Versäumnisse hinzuweisen. Silverman war es peinlich, daß Sencer auf diese Weise bloßgestellt wurde und daß er selbst ungewollt dazu beitrug. Doch dies war erst der Anfang einer für Sencer außerordentlich peinlichen Entwicklung.

»Bevor ein Impfstoff gefunden werden kann, wird sich fast jeder homosexuelle Mann angesteckt haben«, sagte Dr. Emma Brookner. »Ned, Ihre Organisation ist wertlos. Ich bin gestern abend in meinem Rollstuhl die Christopher Street hinauf- und hinuntergefahren und habe gesehen, wie diese Burschen allein in den Bars verschwanden und zu zweit wieder herauskamen. Und vor den Saunen habe ich nur die langen Reihen von Männern gesehen, die hineingingen. Warum sagen Sie ihnen nicht ganz unverblümt: ›Hört auf damit!‹ An jedem Tag, den Sie verstreichen lassen, nimmt die Zahl der Infizierten zu.«

Ned Weeks hatte Verständnis für die Verzweiflung der Ärztin.

»Halten Sie mir keine Vorträge«, sagte er. »Glauben Sie mir, ich stehe auf Ihrer Seite.«

»Sie sollen nicht auf meiner Seite stehen«, fuhr Dr. Brookner ihn an. »Ich brauche Sie nicht auf meiner Seite. Sorgen Sie dafür, daß auf Ihrer Seite etwas geschieht. Ich behandle 238 Patienten – und ich bin nur eine von vielen Ärzten. Sie tun so, als wären es die Masern.«

»Was ich geschrieben habe, würde niemand drucken«, erwiderte Ned.

An dieser Stelle legten die Schauspieler eine Pause ein. Larry Kramer starrte auf die leere Bühne. Gelegentlich hatten diese Proben etwas Surrealistisches für ihn. Das war sein Leben. Ned Weeks war natürlich er selbst, der Held dieses Dramas, der in den ersten Jahren nach Ausbruch der Epidemie lautstark protestierend durch New York City stürmt. Das Vorbild für die Figur von Dr. Emma Brookner, die vergeblich gegen die Interesselosigkeit der Bundesregierung und die Lethargie der städtischen Gesundheitsbehörden kämpft, war eine an den Rollstuhl gefesselte Vorkämpferin der AIDS-Fürsorge in New York, Dr. Linda Laubenstein. In dem Stück wurden alle Hindernisse realistisch nachgezeichnet, auf die Kramer in den vergangenen Jahren gestoßen war. Es war zugleich eine sehr detaillierte Darstellung der Schwächen und Mängel der *Gay Men's Health Crisis* und ihrer Führer.

Kramer hoffte verzweifelt, als Bühnenautor zu erreichen, was ihm als Aktivist nicht gelungen war. Er wollte mit diesem Stück die Stadtverwaltung von New York und die Homosexuellengemeinschaft aufrütteln und veranlassen, endlich etwas gegen AIDS zu unternehmen. Sein Stück war eine vernichtende, gegen die Gleichgültigkeit der Stadtverwaltung gerichtete Anklage. Die politischen Freunde des Bürgermeisters Koch verbreiteten das Gerücht, Joseph Papp habe es nur deshalb in seinen Spielplan aufgenommen, um dem Bürgermeister eins auszuwischen, mit dem er noch eine alte Rechnung zu begleichen hatte. Kramer fürchtete, die Stadtverwaltung würde auf diesen Angriff ebenso reagieren wie auf jede Kritik an ihrer AIDS-Politik in den vergangenen Jahren – das heißt, das Stück ignorieren oder die Aufführungen behindern. Aber er wußte auch, daß die ganze Entwicklung diesen schwerfälligen Beamtenapparat schließlich doch zwingen würde, energischer gegen die weitere Ausbreitung der Krankheit vorzugehen.

Der Charakter der AIDS-Epidemie hatte sich in der letzten Zeit in besorgniserregender Weise verändert, und man mußte mit den ernstesten Konsequenzen rechnen, wenn die Stadtverwaltung die notwendigen Maßnahmen noch länger hinauszögerte. Mehr als irgendwo anders war AIDS in New York City längst nicht mehr nur ein Problem der Homosexuellen. Der Anteil der AIDS-Infizierten unter den heterosexuellen drogenabhängigen Fixern hatte in einem Jahr um ein Drittel zugenommen. Da in erster Linie die ärmeren Bevölkerungsschichten von der Epidemie heimgesucht wurden, zeigten die AIDS-Statistiken für Januar 1985, daß zum ersten Mal 54 Prozent aller AIDS-Fälle in New York City bei Schwarzen und Farbigen zu verzeichnen waren.

Die Ausbreitung von AIDS in der Drogenszene führte zu zahlreichen sozialen Problemen, weil die Drogenabhängigen das Virus in den heterosexuellen Bevölkerungsteil einschleppten. Die AIDS-Kliniker, die auch drogenabhängige Patienten hatten, machten sich bereits Sorgen darum, daß die Krankheit in den ärmeren Bevölkerungsschichten an der Ostküste endemisch werden könnte. Dr. Arye Rubinstein fürchtete, das Virus werde auch von Drogenabhängigen in die Oberschulen eingeschleppt werden, wo es sich unter den sexuell aktiven Teenagern ausbreiten könnte. So regte er an, in den Schulen eine aktive AIDS-Aufklärung zu betreiben. Doch sein Vorschlag wurde abgelehnt, und man bezeichnete ihn als verantwortungslosen »Schwarzseher«.

Die Frage, wie man mit der immer größer werdenden Zahl der AIDS-Patienten fertig werden sollte, beunruhigte jetzt nicht mehr nur die Ärzte. Auch die Stadtverwaltung fing langsam an, sich Gedanken darüber zu machen. Ende Januar reisten sieben Beamte der städtischen Gesundheitsbehörden nach Kalifornien, um sich ein Bild davon zu machen, wie die AIDS-Patienten in San Francisco betreut wurden und welche Verhütungsmaßnahmen man dort getroffen hatte. Nach ihrer Rückkehr schlugen diese Beamten ein Programm für die AIDS-Aufklärung und die Betreuung der Infizierten vor, das nach dem Vorbild der in San Francisco getroffenen Maßnahmen gestaltet werden sollte. In dem 59 Seiten umfassenden Bericht, der auch dem Leiter der Städtischen Gesundheitsbehörde, Sencer, vorgelegt wurde, verlangten seine Verfasser sowohl Sofortmaßnahmen der Stadtverwaltung als auch eine Planung auf längere Sicht. Sie wiesen darauf hin, daß AIDS »durchaus das ganze System der medizinischen Versorgung der Bevölkerung in den Krankenhäusern lahmlegen könnte«.

Auch das Problem der Saunen wurde inzwischen häufiger zum Gegenstand der öffentlichen Diskussion. Die Homosexuellenzeitung *Village Voice*, die die Epidemie erst in allerletzter Zeit zur Kenntnis genommen hatte, beschäftigte sich mit der Kontroverse um die Saunen und brachte – was noch keine Homosexuellenzeitung gewagt hatte – die Argumente beider Seiten. In einem langen Leserbrief berichtete Michael Callen, der selbst an AIDS erkrankt war und dem AIDS-Beirat des Staates New York angehörte, wie homosexuelle Politiker seine Versuche vereitelt hatten, die Schließung der Saunen im Stadtrat zur Diskussion zu stellen. Sencer hingegen stützte seine Argumentation gegen eine Schließung auf die Studie eines Epidemiologen der städtischen Gesundheitsbehörden, Alan Krystal, in der behauptet wurde, nach der Schließung der Saunen werde die Ausbreitung von AIDS nur um ein viertel Prozent zurückgehen. Die Organisation, die einen Teil der Forschungsarbeiten von Krystal finanziert hatte, war jedoch, wie sich herausstellte, der Verband der Saunenbesitzer in Nordkalifornien.

In den Augen seiner Freunde war David Sencer ein Mann, der in seiner beruflichen Laufbahn vom Pech verfolgt wurde und sich zudem noch durch seine Wichtigtuerei schadete. Als ehemaliger Direktor der *Centers for Disease Control* hatte er eine interne Untersuchung der Tuskegee-Experimente geleitet. Bei diesen Experimenten hatte man auf die Behandlung einiger armer, an Syphilis erkrankter Schwarzer aus dem Süden verzichtet, um die Langzeitauswirkungen der Krankheit zu studieren. Auch als das Bekanntwerden dieser Ungeheuerlichkeit zu einem Skandal zu führen drohte, sprach sich Sencer für eine Fortführung der Versuche aus. Später leitete Sencer die Maßnahmen zur Bekämpfung der Schweinehüterkrankheit und überredete den damaligen Präsidenten Gerald Ford, eine umfangreiche Impfaktion zu veranlassen. Es kam jedoch zu keiner Epidemie, sondern es starben mehr Menschen an den Folgen der Impfung als an der Krankheit selbst. Wegen dieses Übereifers verlor Sencer seinen Posten.

Anfang 1982 kam David Sencer als Leiter der Gesundheitsbehörden nach New York City. Damals ließen die ersten AIDS-Fälle den Beginn einer neuen Epidemie befürchten. Fast vom ersten Tage an hatte Bürgermeister Koch Sencer die alleinige Verantwortung für die Bekämpfung dieser Krankheit übertragen. Noch im Februar 1985 weigerte sich Koch stets, die Fragen von Reportern nach den Maßnahmen der Stadt zu beantworten und verwies sie an Sencer. Dieser ließ jedoch während der ganzen Epidemie deutlich erkennen, daß er nicht gewillt war, die Fehler zu wiederholen, die ihn seinen Posten bei den CDC gekostet hatten. Anstatt das Falsche zu tun, beging Sencer nun den Fehler, nichts zu unternehmen, und tröstete sich mit dem Gedanken, daß er wenigstens nichts unternommen habe, was eine Panik hätte auslösen können. Jahrelang hatte Sencer es auf diese Weise verstanden, sich nicht dem Zorn der Homosexuellengemeinschaft auszusetzen, denn abgesehen von Larry Kramer interessierten sich die Homosexuellen in New York mehr für die politischen als für die medizinischen Aspekte von AIDS. Auch die Kritik der Presse blieb Sencer erspart, denn die großen Tageszeitungen berichteten kaum je über AIDS.

Doch in den ersten Monaten des Jahres 1985 veränderte sich die Lage zu Sencers Ungunsten. Im Januar mußte er bei einer Anhörung im Stadtrat eine Reihe peinlicher Fragen beantworten. Die Anhörung war von Mitgliedern des Stadtrats organisiert worden, die fürchteten, das AIDS-Problem werde bei den nächsten Wahlen eine Rolle spielen. Als er gedrängt wurde zu erklären, wieviel Geld die Stadt für die AIDS-Bekämpfung ausgab, sagte Sencer, es seien »etwa $1 Million im Jahr«. Er konnte jedoch nicht sagen, wofür dieses Geld ausgegeben wurde, und behauptete, es sei unmöglich, darüber nähere Angaben zu machen.

Nach Sencers öffentlicher Diskussion mit Dr. Silverman erklärte der Leiter der Pressesabteilung seiner Behörde einigen Reportern, Sencer werde ihnen kein Interview geben, wenn sie Vergleiche zwischen den Zuständen in San Francisco und in New York anstellen würden.

Am Vormittag des 12. Februar erklärte sich Sencer bereit, mit einem Reporter des *San Francisco Chronicle* über die Reaktion der Gesundheitsbehörden von New York City auf die AIDS-Epidemie zu sprechen. Der Reporter nutzte nun die Gelegenheit, um Sencer zu sagen, wie heftig die Stadt für ihre Nachlässigkeit kritisiert wurde.

»Ich bin mir dieser Probleme nicht bewußt«, erklärte Sencer unbeeindruckt. »Bisher hat mir noch niemand etwas von diesen Dingen gesagt.«

Er bestritt, daß durch AIDS eine »Krise« entstanden sei, und behauptete, alles sei unter Kontrolle.

In der gleichen Februarwoche, in der die Stadtverwaltung von New York City behauptete, die AIDS-Epidemie habe noch nicht das Ausmaß einer Krise angenommen, stieg die Zahl der registrierten AIDS-Fälle in der Stadt auf mehr als dreitausend.

Eine Woche später erschien der erste Artikel einer Serie über die Reaktion der New Yorker Stadtverwaltung auf die AIDS-Epidemie – doch nicht etwa in einer New Yorker Tageszeitung, sondern im *San Francisco Chronicle*.

Die AIDS-Aufklärung war in den von der Epidemie am härtesten betroffenen Großstädten inzwischen zu einem umstrittenen Thema geworden. Obwohl das konservative Bezirksparlament von Los Angeles für die AIDS-Aufklärung noch keine Gelder zur Verfügung gestellt hatte, wurde hier eine aufwendige Anzeigenkampagne zur AIDS-Aufklärung mit dem Motto »Los Angeles nimmt Anteil« mit Mitteln des Staates Kalifornien finanziert. Plakate und Anzeigen in Homosexuellenzeitungen zeigten eine Mutter mit einer Küchenschürze, die ihrem kräftig gebauten Sohn mit einem Holzlöffel drohte und ihn mit Sätzen wie »Sieh dich vor« oder »Vergiß deine Gummis nicht« ermahnte.

Doch dabei wurde wenigstens freimütig über ein Thema gesprochen, das der Durchschnittsbürger nur ungern berührte – über Sex. Die Organisation *AIDS Project Los Angeles* mußte monatelang mit den Nahverkehrsbetrieben verhandeln, bevor es ihr erlaubt wurde, in den Omnibussen Aufklärungsplakate anzubringen. Nur eine Fernsehstation war bereit, Aufklärungsspots über AIDS im Auftrag dieser Organisation zu senden. Alle anderen Fernsehstationen im Umkreis von Los Angeles weigerten sich mit der Begründung, das verstieße gegen den guten Geschmack. Sehr bald erzählte man sich in AIDS-Kreisen den Witz, seit es diese Epidemie gäbe, stürben Homosexuelle zum ersten Mal an Geschmacksverirrung.

Als das *San Diego AIDS Project* seine Kampagne mit dem Schlagwort »Ban-AIDS« begann, kam der Protest aus einer ganz anderen Ecke. Die Firma *Johnson & Johnson* erwirkte eine einstweilige gerichtliche Verfügung gegen dieses Schlagwort, weil es zu sehr der Markenbezeichnung des von dieser Firma hergestellten Pflasters »Band-Aids« gleiche.

21. FEBRUAR,
RAYBURN HOUSE OFFICE BUILDING, WASHINGTON, D. C.

Die Aufnahmeteams der Fernsehanstalten waren pünktlich um 9.45 Uhr zum Beginn der Anhörung vor den beiden Unterausschüssen des Repräsentantenhauses unter dem Vorsitz von Henry Waxman und Ted Weiss erschienen. Der Direktor der *Centers for Disease Control*, James Mason, der nach dem Rücktritt von Edward Brandt den Posten des amtierenden Staatssekretärs für das Gesundheitswesen übernommen hatte, wartete mit gemischten Gefühlen auf die Aussagen der zu der Anhörung geladenen Zeugen. Er wußte, daß Waxman und Weiss diesmal nicht nur mit den gewohnten Vorwürfen der Demokratischen Partei aufwarten würden, die Administration habe zu wenig für die Bekämpfung der AIDS-Epidemie unternommen. Diesmal stützten sie sich auf einen sehr ausführlichen Bericht des *Office of Technology Assessment*, eines hochangesehenen, im Auftrag des Kongresses arbeitenden Gremiums, das die Legislative mit objektiven Analysen über komplizierte wissenschaftliche Fragen versorgte. Der 158 Seiten umfassende Bericht über »die Reaktion der Gesundheitsbehörden auf AIDS« schloß mit den Worten: »Das *Office of Technology Assessment* hat festgestellt, daß die Bundesregierung AIDS zwar die höchste Dringlichkeitsstufe im Rahmen der öffentlichen Gesundheitsfürsorge zuerkannt hat, daß jedoch die für die AIDS-Bekämpfung zusätzlich benötigten Mittel der Forschung nur auf Initiative des Kongresses zur Verfügung gestellt worden sind und die Behörden des öffentlichen Gesundheitsdienstes bei der Planung der für die Bekämpfung von AIDS notwendigen Maßnahmen Schwierigkeiten gehabt haben, weil sie nicht mit festen Zusagen für die Finanzierung und die Einstellung des benötigten Personals rechnen konnten.«

Mit zahlreichen Fußnoten, Tabellen und graphischen Darstellungen erläuterte der Bericht bis in alle Einzelheiten den Verlauf der deprimierenden Geschichte der AIDS-Finanzierung durch die Bundesregierung. Die Studie dokumentierte alle Probleme der CDC und der NIH bei der Beschaffung der finanziellen Mittel während jedes einzelnen Jahres seit Ausbruch der Epidemie. Auch die erbitterte Rivalität zwischen den einzelnen für die AIDS-Bekämpfung zuständigen Behörden, besonders die Meinungsverschiedenheiten zwischen dem Nationalen Krebsinstitut und den *Centers for Disease Control*, wurden rückhaltlos offengelegt. Am gravierendsten war jedoch die Feststellung, daß die Regierung bis jetzt noch keinen umfassenden Plan entwickelt hatte, wie sie die AIDS-Epidemie in den kommenden Jahren bekämpfen und welche Maßnahmen sie zur AIDS-Vorbeugung treffen wollte.

»Die Reagan-Administration hat so getan, als sei AIDS nur ein statistischer Schönheitsfehler auf den Tabellen der Gesundheitsbehörden, der sich bald korrigieren ließe«, sagte Waxman zu Beginn der Anhörung. »Nach den sorgfältigsten epidemiologischen Prognosen werden zu Beginn des nächsten Präsidentschaftswahlkampfes ebenso viele Menschen an AIDS gestorben sein wie im Vietnamkrieg. Wir dürfen nicht tatenlos zusehen, wie diese Amerikaner sterben.«

Persönlich hatte Dr. Mason schon lange den Eindruck gehabt, daß die AIDS-Forschung nicht ausreichend finanziert wurde. Er hielt es zwar für seine Pflicht, sich gegenüber der Reagan-Administration loyal zu verhalten, wußte aber auch, daß man für die erfolgreiche Bekämpfung der AIDS-Epidemie wesentlich mehr Geld brauchen würde, als bisher bewilligt worden war.

»Wir stimmen dem Bericht des *Office of Technology Assessment* insofern zu, als die Zahl der AIDS-Fälle rapide zunimmt und wir wirklich damit rechnen müssen, daß sich die Infektion über die gegenwärtigen Risikogruppen hinaus ausbreiten wird«, räumte Mason als Zeuge vor den Untersuchungsausschüssen ein. »Wir bereiten uns auf einen längeren Kampf gegen AIDS vor.«

Mason wies auf die »aufsehenerregenden« Fortschritte hin, die bei der Bekämpfung der Krankheit gemacht worden waren. »Nie zuvor in der Geschichte der Medizin hat man in so kurzer Zeit so viel über eine bisher unbekannte Krankheit gelernt.« Was nun die Kürzung der Beträge für die AIDS-Forschung um $ 10 Millionen betraf, so konnte Mason nur das wenig überzeugende Argument vorbringen, daß der zu diesem Zweck zur Verfügung gestellte Betrag nicht »im Verhältnis eins zu eins« mit der Zunahme der AIDS-Fälle erhöht werden müsse.

Tim Westmoreland, der Berater des Abgeordneten Waxman, fühlte sich durch den Bericht des *Office of Technology Assessment* bestätigt, der die Doppelzüngigkeit der Reagan-Administration unwiderlegbar dokumentierte. Die Reporter würden das jetzt nicht mehr ignorieren können.

Obwohl die wirklich entscheidenden Aussagen erst 30 Minuten nach Beginn der Anhörung zu erwarten waren, wenn die Zeugen ins Kreuzverhör genommen wurden, packten die Kamerateams der Fernsehanstalten schon jetzt ihre Sachen zusammen. Sie hatten genug Material für die zwei Minuten dauernde Reportage, und mehr brauchten sie nicht.

Als die Reporter das Sitzungszimmer verließen, hatte Waxman eben begonnen, Mason wegen der Etatkürzungen zur Rede zu stellen.

Die Medien reagierten kaum auf den Bericht des *Office of Technology Assessment* und die während der Anhörung gemachten Aussagen. Die *Washington Post* erwähnte den Bericht mit keinem einzigen Wort. In der *New York Times* wurde er sechs Tage nach seiner offiziellen Bekanntgabe auf Seite 14 in einem Artikel mit sechs Absätzen erwähnt.

Zwar mußte sich die Administration keine Sorgen darum machen, daß die Presse ihre Entscheidungen zu kritisch unter die Lupe nahm, aber der Bericht hatte in den folgenden Wochen doch gewisse Auswirkungen, vor allem wegen des hohen Ansehens, das das *Office of Technology Assessment* in Regierungskreisen genoß. Es war Mason außerordentlich peinlich gewesen, die Administration gegen eine solche Masse erdrückender Beweismittel verteidigen zu müssen. Nach der Anhörung hörte der zweite Direktor der *National Gay Task Force*, Jeff Levi, wie Mason murmelte: »Ich werde mich nie wieder in eine solche Situation bringen lassen.« Er war nicht gewillt, die Finanzierung der AIDS-Bekämpfung auch weiterhin der Gesundheitsministerin Heckler zu überlassen, deren Position innerhalb der Administration deutlich schwächer geworden war. Daher ging er persönlich in das neue Verwaltungsgebäude der Exekutive, wo die Buchhalter des *Office of Management and Budget* an ihren Bilanzen arbeiteten. Er erklärte ihnen, AIDS sei wie ein Schneeball, der den Berghang hinunterrollt. Die Lawine würde täglich größer und sei durch nichts aufzuhalten.

Nach dem Vortrag, den Jean-Claude Chermann auf der Konferenz der *AIDS Medical Foundation* über das Medikament HPA-23 gehalten hatte, riefen täglich etwa hundert besorgte AIDS-Patienten im Büro der *Foundation* an, und Dominique Dormant in Paris wurde immer wieder mitten in der Nacht von amerikanischen AIDS-Kranken geweckt, die dringend eine wirksame Therapie brauchten, aber nicht wußten, wie groß die Zeitverschiebung zwischen Amerika und Europa war. Ein Amerikaner rief ihn vom Flughafen aus an und bat ihn dringend um eine Behandlung. Für den Transport ins Krankenhaus brauchte er einen Krankenwagen, aber dort stellte sich heraus, daß sein Gesundheitszustand eine versuchsweise Behandlung mit dem neuen Medikament nicht mehr zuließ. Er starb zehn Tage später in dem Pariser Hospital.

Die französischen Wissenschaftler mußten ihren amerikanischen Patienten immer wieder beibringen, daß das Pasteur-Institut ihnen keine Wunderheilung anbieten könne. Sie waren empört darüber, daß die amerikanische Regierung so wenig unternahm, um eine geeignete Behandlungsmethode zu finden, und daß sich deshalb so viele Amerikaner nach Paris begaben, um mit dem HPA-23 behandelt zu werden. »Die Vereinigten Staaten sind schließlich kein Entwicklungsland«, sagte Dr. Philippe Sansonetti vom Pasteur-Institut. »Es gefällt mir gar nicht, daß man uns als eine Art Lourdes ansieht.«

Jean-Claude Chermann, Donna Mildvan und Michael Lange waren nach Washington gereist, um mit den leitenden Beamten der *Food and Drug Administration* über die beschleunigte Zulassung des HPA-23 und anderer Medikamente zu sprechen, doch die Behörde schien es nicht eilig zu haben. Die AIDS-Forscher in den Vereinigten Staaten waren überzeugt, daß die FDA vor der Freigabe neuer Medikamente für eine AIDS-Therapie die gleichen langwierigen Erprobungen verlangen werde wie für alle anderen neu auf den Markt kommenden Heilmittel. Sie begründete dieses langwierige Verfahren mit der Notwendigkeit, die Zulassung von Medikamenten zu verhindern, die schädliche Nebenwirkungen haben könnten. Die AIDS-Kliniker erklärten, das sei durchaus vernünftig, wenn es sich um Schlankheitspillen oder Medikamente zur Behandlung zu hohen Blutdrucks bei Frauen in den Wechseljahren handelte. Im Falle von AIDS würden jedoch die zu erwartenden Nebenwirkungen eines Medikaments mit Sicherheit nicht schädlicher sein als die Auswirkungen der unbehandelten Erkrankung.

Über den Wert der Behandlung war die Ärzteschaft geteilter Meinung. Einige Kliniker waren der Ansicht, jeder AIDS-Patient sollte die Gelegenheit bekommen, sich behandeln zu lassen, auch wenn man nicht mit dem Erfolg einer solchen Therapie rechnen könne. Der *New York Native* forderte die Homosexuellen sogar auf, sich nicht mehr an den epidemiologischen Studien der Bundesgesundheitsbehörden zu beteiligen, wenn die Regierung nicht energischer an der Entwicklung wirksamer Behandlungsmethoden arbeitete. Doch andere Ärzte hielten sich an den obersten Grundsatz des Eides des Hippokrates: »Primum, non nocere« – »Erstens, füge niemandem Schaden zu.«

Sie sprachen sich dafür aus, diese Medikamente besser zunächst an wenigen Patienten zu erproben, als sie breit zu streuen und dann vielleicht feststellen zu müssen, daß bisher nicht erkannte Nebenwirkungen auftraten.

Bill Kraus und seine Freundin Sharon Johnson waren zwar katholisch, doch sie verkehrten in Kreisen, in denen es nicht als schick galt, für Wunder oder für die Mutter Gottes zu schwärmen. Deshalb fühlten sich beide während der ersten Stunden in Lourdes nicht sonderlich wohl in ihrer Haut, denn weder Sharon noch Bill wollten zugeben, wie sehr die besondere Atmosphäre des Wallfahrtsorts sie berührte. Beide hatten katholische Schulen besucht und von den Wundern gehört, die sich in der Grotte ereigneten, wo Bernadette die Vision von der Jungfrau Maria gehabt hatte. So war es nur natürlich, daß diese ersten Eindrücke sie erregten.

Als Sharon den Vorschlag gemacht hatte, nach Lourdes zu fahren, hatte Bill noch recht zynisch darauf reagiert: »Zum Teufel, ich habe nichts mehr zu verlieren.«

Als sie dann aus dem Zug stiegen, wollte er immer noch nicht zugeben, daß er sehr wohl etwas zu verlieren hatte und wie so viele andere auf ein Wunder hoffte.

Bill und Sharon gingen zuerst zur Basilika und betrachteten die vielen Souvenirläden, in denen das wunderwirkende Wasser aus der Grotte flaschenweise verkauft wurde. Die Hauptsaison war vorüber, und deshalb war auch nichts mehr von den Pilgerscharen zu sehen, die sich hier in der warmen Jahreszeit drängten. Bill beobachtete die Menschen, die zur Grotte kamen. Er sah portugiesische Hausfrauen, die zwanzig Jahre für diese Wallfahrt gespart hatten, und er sah eine Nonne, die ihren Motorrad-Schutzhelm in den Händen hielt und andächtig vor der Grotte kniete. Auf dem Weg zur Grotte gingen sie durch die Gänge, an deren Wänden die Krücken der Gelähmten hingen, die im Lauf der Jahre hier Heilung gefunden hatten.

»Diese Krücken sehen alle aus, als seien sie vierzig Jahre alt«, sagte Bill. »Vielleicht hat sie 1945 aufgehört, Gelähmte zu heilen.«

Aber als sie an die Grotte kamen, in der das Wasser aus der Quelle tröpfelte, schwieg Bill. Sharon entschuldigte sich und ging fort, um sich die Umgebung anzusehen. Bill setzte sich auf eine steinerne Bank und starrte auf die Marienstatue in der Grotte. Die Worte »Jesus« und »Gott« kamen ihm in den Sinn, und er versuchte automatisch, sie zu verdrängen, wie er es jahrelang getan hatte. Während er die anderen Pilger beobachtete und sich in den Anblick der Statue vertiefte, mußte er sich eingestehen, daß er den Gedanken an Jesus nicht beiseite schieben konnte wie eine lästige Störung. Das Wesentliche an der

Gestalt Christi waren Liebe und Mitleid, so sehr die Christenheit auch die Botschaft Jesu verfälscht haben mochte.

Während Bill seinen Blick auf die Jungfrau richtete, begann er sie als den Archetypus der Mutter zu sehen: nicht als die »historische« Mutter Gottes, sondern als die Quelle allen Lebens und aller Hoffnung. Mit dieser Mutter konnte er sprechen; er konnte beten, und nicht nur mit leeren Worten.

Jetzt wurde ihm erst bewußt, daß die innere Bitterkeit, mit der er die Kirche ablehnte, ihn dieser elementaren Kraftquelle entfremdet hatte. Er hatte sich vom Ursprung der Liebe und Vergebung getrennt, die Jesus ihm anbot. Dies wurde Bill in diesem Moment bewußt, und zum ersten Mal seit vielen Jahren betete er.

Sharon Johnson genoß die heitere Ruhe dieses einzigartigen Ortes und dehnte ihren Spaziergang über Stunden aus, bevor sie zur Grotte zurückkam und sah, daß Bill immer noch am gleichen Ort saß, wo sie ihn verlassen hatte. Sie hatte bei Bill noch nie einen so sanften Gesichtsausdruck gesehen. Alle seine Ängste waren von ihm genommen, und an ihre Stelle war eine innere Ruhe getreten, wie sie sie noch selten bei ihm erlebt hatte.

Die beiden beschlossen, in der Basilika zur Messe zu gehen. Doch hier war der Zauber plötzlich gebrochen. Die Heiligkeit von Lourdes lag im Glauben der Menschen, nicht in den Riten der Kirche.

Es war schon Abend, als Sharon und Bill die Kirche verließen. Die gewundenen alten Straßen waren dunkel, und niemand konnte ihnen den Weg zu ihrem Hotel zeigen, denn außerhalb der Saison waren alle Läden und Restaurants geschlossen. Für Sharon war das die bleibende Erinnerung an diesen Tag: wie sie sich beide in dem Gewirr der Straßen des nächtlichen Lourdes verirrt und versucht hatten, den Weg nach Hause zu finden.

54. Ausgesetzt

2. MÄRZ 1985, IRWIN MEMORIAL BLOOD BANK, SAN FRANCISCO

Die Antikörper-Tests, die künftig im Mittelpunkt des Kampfes gegen AIDS stehen sollten, konnten endlich beginnen, nachdem am Abend des 2. März ein schwarzer Chevrolet in San Francisco angekommen war. Die Abbott-Laboratorien hatten der *Irwin Memorial Blood Bank* per Luftfracht die ersten AIDS-Antikörper-Tests zugeschickt, die in den Vereinigten Staaten offiziell zugelassen worden waren. Gerade diese Blutbank genoß den zweifelhaften Ruf, besonders viele mit AIDS kontaminierte Blutprodukte für Transfusionen geliefert zu haben. Der Bezirksvertreter der Abbott-Laboratorien, Ray Price, hatte die sechs Kartons mit den beigefarbenen Plastikschachteln am Flughafen in seinen Chevrolet geladen, um sie so rasch wie möglich bei der Blutbank abzuliefern.

Erst vor wenigen Stunden hatte die Gesundheitsministerin Margaret Heckler in Washington, D.C., die Freigabe der Abbott-Tests bekanntgegeben, und nun durften 2300 Blutbanken und Plasmazentren im ganzen Land mit den Test-Präparaten beliefert werden. Vier andere pharmazeutische Firmen hatten sich auch um die Lizenzierung ihrer Tests beworben, denn auch sie wollten sich bei einem erwarteten Jahresumsatz von $ 75 Millionen ihren Anteil beim Verkauf von Blut und Plasma auf dem amerikanischen Markt sichern.

Technisch unterschied sich der Test kaum von den schon seit längerer Zeit bei Hepatitis und anderen Krankheiten vorgenommenen Tests. Auf winzige Plastikkügelchen wurden Partikel des AIDS-Virus aufgetragen. Wenn in die Vertiefung, in der das Kügelchen lag, ein Blutstropfen kam, griffen die Antikörper des HTLV III die Viruspartikel an. Nun wurde das Präparat mit bestimmten Farben und Chemikalien gewaschen, und wenn das Blut Antikörper enthalten hatte, nahmen die Kügelchen eine Purpurfarbe an. Mit diesem Test wurde die

Wahrscheinlichkeit, daß sich der Empfänger einer Bluttransfusion mit AIDS infizieren konnte, praktisch ausgeschlossen. Soweit war die Angelegenheit ganz einfach. Im übrigen würde die Einführung des Tests jedoch unabsehbare Auswirkungen auf die künftige Entwicklung der AIDS-Epidemie, besonders aber auf das Leben der Homosexuellen haben.

Nachdem sich die Freigabe des Tests immer wieder verzögert hatte, trafen Vertreter der *Food and Drug Administration* und der *Centers for Disease Control* am 22. Februar zu einer Arbeitssitzung zusammen. Die Daten der pharmazeutischen Industrie über die Zuverlässigkeit ihrer Testverfahren mußten normalerweise bis zur Freigabe des Tests vertraulich behandelt werden, aber die Firmen veröffentlichten ihre Testergebnisse trotzdem, um alle Zweifel zu zerstreuen. Es zeigte sich, daß der Abbott-Test in 95 Prozent aller Fälle das richtige Ergebnis brachte. Bei den spezifischen Tests bestand eine 99-prozentige Sicherheit. Das hieß, nur in einem von hundert Fällen war das Testergebnis positiv, obwohl das getestete Blut keine Antikörper enthielt. Die Zuverlässigkeit dieses Tests war daher sehr viel größer als bei vergleichbaren, bei anderen Krankheiten angewendeten Tests, und das überzeugte auch die Zweifler von seinem medizinischen Nutzen.

Aber das alles vermochte den Führern der Homosexuellenorganisationen nicht die Sorge zu nehmen, daß der Test unter Umständen zur Diskriminierung der Homosexuellen führen konnte. Auf der Sitzung der Vertreter der CDC und der FDA sagte Dr. Stephen King, ein Beamter der Gesundheitsbehörden von Florida, bei ihm seien bereits Anfragen von Schulbehörden eingegangen, die homosexuelle Lehrer entlassen wollten. Einige Country Clubs hätten verlangt, alle Personen testen zu lassen, die mit Lebensmitteln in Berührung kamen. Angesichts der Tatsache, daß Homosexuelle bei den Streitkräften schon seit langem diskriminiert wurden, fragten manche, ob und wie man bei der Armee den Test anwenden werde. Die Bundesregierung hatte bisher noch keine Garantie dafür gegeben, daß die Testergebnisse bei den Blutbanken unter allen Umständen vertraulich behandelt würden.

48 Stunden vor der Freigabe des Abbott-Tests durch Frau Heckler hatten die *National Gay Task Force* und der *Lambda Legal Defense and Education Fund* beim Bundesgerichtshof den Antrag gestellt, die Freigabe von Antikörper-Tests durch eine einstweilige Verfügung solange zu verbieten, bis die Zuverlässigkeit des Tests erwiesen sei

und die Regierung zugesichert habe, daß nach der Freigabe keine Massenuntersuchungen von homosexuellen Männern auf HTLV-III-Antikörper stattfinden würden.

Die Gesundheitsministerin Heckler, die um ihr politisches Überleben in der Administration kämpfte, wollte den Test so bald wie möglich freigeben, um diesen wichtigen Erfolg im Kampf gegen AIDS für sich verbuchen zu können. Damit war eine äußerst gespannte Lage entstanden. Wenige Stunden nachdem sie den Antrag auf eine einstweilige Verfügung beim Bundesgericht eingereicht hatten, trafen sich die Anwälte des *Lambda Legal Defense and Education Fund* und die Führer der *National Gay Task Force* mit Frank Young von der *Food and Drug Administration*. Young stellte sich hinter die Forderungen der Homosexuellen und wollte die Regierung auffordern, die gewünschten Zusicherungen zu geben. Danach sollte für jeden Test die Regel gelten: »Es ist unzulässig, diesen Test als Instrument für die Diskriminierung von AIDS-Kranken oder für die Diskriminierung von Personen zu benutzen, die innerhalb der Gesamtbevölkerung einer AIDS-Risikogruppe angehören.«

Obwohl kurzfristige Befürchtungen damit ausgeräumt werden konnten, ließen sich die Probleme, denen die Homosexuellen noch jahrelang ausgesetzt sein würden, auf diese Weise nicht lösen. Eine mit getesteten Personen durchgeführte Studie zeigte, daß 14 Personen derjenigen, bei denen die Tests positiv gewesen waren, Selbstmordgedanken hegten. Sich testen zu lassen oder darauf zu verzichten – das sollte für die meisten homosexuellen Männer zu der wichtigsten Entscheidung ihres Lebens werden. Wer sich testen ließ, erfuhr damit unter Umständen, daß er jederzeit einer tödlichen Krankheit zum Opfer fallen konnte. Das war eine psychische Belastung, die sich nur wenige Heterosexuelle vorstellen konnten. Auf den Test zu verzichten bedeutete andererseits, daß man Träger eines tödlichen Virus war, das man auf andere übertragen konnte. Zahlreiche Studien zeigten, daß homosexuelle Männer sehr viel weniger zum ungeschützten Geschlechtsverkehr neigten, wenn sie wußten, daß sie infiziert waren und andere gefährden konnten. Daneben stellte sich aber auch die sehr viel weiterreichende Frage, wie man eine Infektionskrankheit bekämpfen sollte, wenn man sich weigerte festzustellen, wer bereits infiziert war.

In den Monaten vor der Freigabe des Tests hatten die Beamten der Gesundheitsbehörden und die AIDS-Forscher ihre Meinung über seine Anwendung grundsätzlich geändert. Angesichts der psychologischen Belastung des Infizierten, der nach einem positiven Testergebnis wußte, daß er das Virus in sich trug, hatten Ärzte und Forscher empfohlen, die homosexuellen Männer nicht zu testen. Aber inzwischen waren viele von ihnen zu der Überzeugung gekommen, daß der Test ein wertvolles Werkzeug bei der Eindämmung der AIDS-Epidemie sein könnte. In San Francisco führte der Meinungsstreit dazu, daß die *AIDS Foundation* beschloß, sich in dieser Frage neutral zu verhalten. Stattdessen begann sie eine offensive Aufklärungskampagne in den Homosexuellenzeitungen und äußerte sich darin zum Für und Wider des Tests. Die homosexuellen Männer wurden aufgefordert, die komplexen Fragen genau zu prüfen und persönlich zu entscheiden, ob sie sich testen lassen wollten oder nicht.

Führende Homosexuelle in den meisten anderen Großstädten sahen diese neutrale Haltung jedoch als Verrat an und behandelten die Frage sehr bald ausschließlich als ein politisches Problem. Der entscheidende Punkt dabei war die Vertraulichkeit. Die Vorstellung, der Test könnte als Voraussetzung für die Anstellung eines Stellenbewerbers oder für die Aufnahme in einer Krankenversicherung mißbraucht werden, erhitzte die Gemüter. Doch schließlich begründeten die leidenschaftlichen Gegner der Tests ihre ablehnende Haltung mit einer geradezu apokalyptischen Vorstellung. Sie meinten, daß irgendwann jeder, bei dem die AIDS-Antikörper festgestellt würden, damit rechnen müsse, in einem medizinischen Konzentrationslager eingesperrt zu werden.

Anfang 1985 wurde dieser Alptraum für viele Homosexuelle aufs neue aktuell. Der Herausgeber des *New York Native*, Charles Ortleb, unterstützte mit seiner Zeitung die Wiederwahl des Bürgermeisters Koch im Wahlkampf von 1985, obwohl sich dieser nicht hatte entschließen können, im Kampf gegen AIDS energische Maßnahmen zu ergreifen. Ortleb tat es, weil er überzeugt war, der leicht erregbare Bürgermeister werde sich jedem Versuch der Bundesregierung widersetzen, für infizierte Homosexuelle eine Massenquarantäne anzuordnen. Auf einer von der *Mobilization Against AIDS* Ende März veranstalteten Konferenz stimmten die Teilnehmer für einen Beschluß, der zum bewaffneten Widerstand aufrief, falls der Versuch unternommen würde, »positive« Homosexuelle zu internieren. Die meisten Heterosexuellen hielten diese ganze Aufregung für sinnlos und sogar absurd, aber sie hatten nicht am eigenen Leib erfahren, welche psychologischen Auswirkungen traditionelle Vorurteile bei unterdrückten Minderheiten haben. Wenn Menschen ein Leben lang unter den bigotten Vorstellungen der Bevölkerungsmehrheit gelitten haben, kann man ihnen keinen Vorwurf daraus machen, daß sie in Grenzsituationen das

Schlimmste befürchten. Die allgemeine Gleichgültigkeit, die sich in den Vereinigten Staaten gegenüber der AIDS-Epidemie gezeigt hatte, vertiefte nur das Mißtrauen zwischen Homosexuellen und Heterosexuellen. So war es nur zu verständlich, daß die Homosexuellen den Absichten einer Bundesregierung mißtrauten, die während der vergangenen vier Jahre kaum etwas zur Eindämmung der Epidemie unternommen hatte.

In dieser vergifteten Atmosphäre interessierten sich die Homosexuellen weniger für die langfristigen Möglichkeiten, die sich aus der Überwachung der Infektionswege ergeben konnten. Wieder wurde nur auf der politischen Ebene argumentiert. Die Politisierung des Problems der Antikörper-Tests führte zu einer weiteren Bereicherung des *AIDSpeak*-Lexikons.

Um zu beweisen, daß der Antikörper-Test keine große medizinische Bedeutung hatte, mußte der Wert des Tests selbst herabgesetzt werden. Deshalb lautete der neueste Satz im *AIDSpeak*-Jargon: »In Wirklichkeit bedeutet der Test gar nichts.« Begründet wurde diese Behauptung mit der Annahme, daß nur fünf bis zehn Prozent der Männer, bei denen der Antikörper-Test positiv ausfiel, auch wirklich an AIDS erkranken würden. Viele Forscher vermuteten, ein noch unentdeckter Nebenfaktor sei unter Umständen notwendig, um aus einer HTLV-III-Infektion einen regelrechten AIDS-Fall zu machen. Sie behaupteten daher, der Test sei noch kein Nachweis für die Existenz eines solchen Nebenfaktors. Mit dem Test ließe sich also nur feststellen, ob jemand Antikörper im Blut hatte, aber nicht, ob er zu den Unglücklichen gehörte, die an AIDS erkranken würden.

Die vielleicht widersprüchlichste neue Vokabel des *AIDSpeak* war das Wort »ausgesetzt«. Wenn bei jemandem HTLV-III-Antikörper festgestellt wurden, dann war er dem Virus »ausgesetzt«. Schon bald wurde dieses Wort zu einem Lieblingsbegriff bei den Gesundheitsbehörden im ganzen Land. Dr. Bruce Voeller, ein Mikrobiologe aus San Diego und ehemaliger Direktor der *National Gay Task Force*, wandte sich mit aller Schärfe gegen diesen Euphemismus: »Wenn man Antikörper eines Virus im Blut hat, ist man mit diesem Virus infiziert – man ist ihm nicht nur ›ausgesetzt‹«, sagte Voeller, der die Auffassung vertrat, daß sich die Homosexuellen nach Möglichkeit alle freiwillig testen lassen sollten.

Die AIDS-Aktivisten in New York, die immer noch nicht verstehen konnten, weshalb sich Homosexuelle in San Francisco für die Schließung der Saunen eingesetzt hatten, waren entsetzt, als sie erfuhren, daß die Bereitwilligkeit, sich testen zu lassen, an der Westküste sehr viel größer war. Die Vertraulichkeit war in San Francisco nie eine so entscheidende Fage gewesen wie in New York. Dies lag zum großen Teil daran, daß die Homosexuellen in San Francisco keinen so großen Wert darauf legten, ihr Privatleben gegenüber der Öffentlichkeit abzuschirmen.

In San Francisco arbeitete Larry Bush, ein Berater des Abgeordneten Art Agnos, schon seit vier Monaten am Entwurf eines Gesetzes über die vertrauliche Behandlung der Testergebnisse. Als der Test freigegeben wurde, hatte die Legislative des Staates Kalifornien bereits Gesetze verabschiedet, die die Bekanntgabe der Testergebnisse verboten. Arbeitgeber und Versicherungsgesellschaften durften von Bewerbern und Antragstellern keine Antikörper-Tests verlangen. Niemand durfte getestet werden, ohne daß er zuvor seine schriftliche Zustimmung gegeben hatte. Jeder Arzt, der den Test ohne Zustimmung des Patienten vorgenommen hatte oder das Testergebnis weitergab, machte sich strafbar. Um es jedem zu ermöglichen, sich freiwillig testen zu lassen, stellte der Staat Kalifornien die für die Einrichtung alternativer Untersuchungslabors notwendigen Mittel zur Verfügung. Im Februar wurde in der Legislative eine Gesetzesvorlage eingebracht, nach der $ 5 Millionen für diesen Zweck bereitgestellt werden sollten. Da ein positives Testergebnis für den Betroffenen eine schwere psychische Belastung darstellen konnte, sah das Gesetz für solche Fälle eine vom Staat zu finanzierende psychiatrische Behandlung vor.

Die in Kalifornien getroffene gesetzliche Regelung für die Anwendung der Tests wurde bald zum Modell für alle anderen Gesundheitsbehörden in den Vereinigten Staaten. Der homosexuelle Journalist Larry Bush, der erkannt hatte, welche Bedeutung dieser Test in den kommenden Jahren haben werde, bemühte sich, den Inhalt der kalifornischen Gesetze publik zu machen, um die anderen Staaten zu ähnlichen Gesetzesvorschlägen anzuregen. Nach einiger Zeit folgten Wisconsin und Florida. Der Gouverneur von New York hingegen zeigte kein Interesse.

Der energischste Befürworter der Gesetzesvorlage war schließlich der konservative Senator Orrin Hatch, ein Mormone aus Utah. Er verteilte den Gesetzestext an seine Kollegen im Senat und empfahl ihnen, diesem Beispiel zu folgen. Hatch erkannte den großen Nutzen des Tests und war sich klar darüber, daß die Homosexuellen sich nicht freiwillig testen lassen würden, ohne die Garantie dafür zu haben, daß damit nicht ihr ganzes Leben zerstört würde. Die vernünftige Haltung des Senators gegenüber dem AIDS-Problem bewies Bush, daß es gleichgültig war, ob ein Politiker einer konservativen oder einer liberalen Partei angehörte. Ausschlaggebend war, daß er die gesundheitspolitischen Probleme wirklich ernst nahm.

SAN FRANCISCO CHRONICLE, SAN FRANCISCO

»Meine Frau war heute bei ihrer Friseuse, die ihr erzählt hat, erst gestern habe sich die Frau eines wichtigen Mannes an der Universitätsklinik bei ihr die Haare färben lassen, und der Mann dieser Frau habe gesagt, ein großer Filmstar werde dort behandelt.«

»Gegen was...?«

»...AIDS.«

Der Reporter hatte schon davon gehört. Es war der fünfte Anruf, den er während der letzten Stunde zu diesem Thema bekommen hatte.

»Und der große Filmstar war Burt Reynolds, nicht wahr?«

»Ach, Sie haben schon davon gehört?«

Seit Jahren hatte sich in San Francisco kein Gerücht so schnell ausgebreitet wie das Gerede darüber, daß Burt Reynolds, der Macho-Star ungezählter Western-Filme, an AIDS erkrankt sei und in der Universitätsklinik oder im San Francisco General Hospital behandelt werde. Einige Leute wollten auch noch wissen, bei wem er sich angesteckt hatte.

Zeitweilig gingen beide in San Francisco erscheinenden Tageszeitungen und drei örtliche Fernsehstationen diesen Gerüchten nach.

Es gab auch Gerüchte, nach denen Ron jr., der Sohn des Präsidenten Reagan, an AIDS erkrankt war. Und viele homosexuelle Anhänger der »Reagan-Dynastie« sprachen mit geheucheltem Erstaunen davon, daß Rock Hudson in letzter Zeit stark abgenommen hatte. Am hartnäckigsten aber hielten sich die Gerüchte über Reynolds. Anfang März dementierte der Pressesprecher des Filmstars mit aller Entschiedenheit, daß Reynolds an AIDS erkrankt sei. Ein Auftritt des Schauspielers in den Studios von Universal ließ das Gerede eine Zeitlang verstummen. Manche Homosexuelle in San Francisco bedauerten das, denn sie glaubten, die Presse und die Bundesregierung würden die Epidemie erst wirklich ernst nehmen, wenn irgendeine Berühmtheit an AIDS erkrankt war.

Mittlerweile waren schon viele prominente Persönlichkeiten der Epidemie zum Opfer gefallen, doch sie hatten es bis zum bitteren Ende nicht zugeben wollen. Die Ärzte hatten Verständnis dafür und fälschten deshalb sogar die Totenscheine.

In einem aufschlußreichen Leitartikel schrieb der Redakteur der Zeitung *Advertising Age*, James Brady: »Ich habe es satt, alle diese Todesfälle zu registrieren. Es sind Schauspieler und Schriftsteller, Designer und Tänzer, Zeitungsredakteure, Kaufleute und Schaufensterdekorateure, und wenn man ihre Namen in den Todesanzeigen der *New York Times* liest, dann erinnert man sich, ja, ich habe den Burschen gekannt... Die Toten sind Homosexuelle, die sich infiziert haben und an AIDS gestorben sind. Fast jeder, der sie gekannt hat, weiß das, aber es gibt eine sanfte, liebevolle Verschwörung des Schweigens, die die Wahrheit leugnet... Die Menschen sterben, und wir Presseleute hüsteln höflich und lassen die Wahrheit hinter dem Vorhang des Vergessens verschwinden. Die Devise lautet: Tue bloß niemandem weh. Man muß schließlich den Namen, die Familie, den guten Ruf und das Andenken dieses Menschen schützen. So verschleiern wir die Todesursache mit kleinen Notlügen...«

UNIVERSITÄT VON KALIFORNIEN, SAN FRANCISCO

Marc Conant hatte den ganzen März über das Gefühl, verraten worden zu sein. Er hatte den Posten des Direktors des *AIDS Clinical Research Center* aufgeben müssen, und die ständige Kritik, welche die Homosexuellenzeitungen an seiner Arbeit übten, hatte ihm jeden Einfluß in der Homosexuellenszene genommen. Seine Privatpraxis allein konnte ihn nicht befriedigen.

Im März eröffnete ihm der fröhliche junge Mann, der als Sprechstundenhilfe bei ihm arbeitete, er könne nicht mehr zur Arbeit kommen, weil er an Atemnot leide. Jim Sheridan war vor ein paar Jahren Computerspezialist gewesen, doch dann war sein Freund an Pneumocystosis gestorben. Darauf hatte er seinen aussichtsreichen Beruf aufgegeben, um Medizin zu studieren, und hatte in den ersten Semestern sehr gute Leistungen gezeigt. In seiner Freizeit arbeitete er in der Praxis von Conant.

Und jetzt war auch er an einer Pneumocystosis erkrankt. Er erklärte Conant, daß er sich nicht behandeln lassen wolle: »Ich habe gesehen, wie diese Menschen sterben, und ich bin nicht bereit, das alles über mich ergehen zu lassen. Wenn ich es habe, dann will ich schnell sterben.«

Marc Conant und seine Schwester konnten den Zweiunddreißigjährigen schließlich überreden, sich wenigstens in das Universitätskrankenhaus einweisen zu lassen. Zunächst schien sich sein Zustand zu bessern. Conant freute sich, als er davon hörte, und eines Morgens wollte er Jim einen Besuch abstatten, bevor er in die Praxis ging.

Als er die Tür öffnete, mußte er jedoch feststellen, daß das Bett abgezogen war und die Bettwäsche daneben lag. Auf der Matraze lag die Leiche von Jim Sheridan in einer schwarzen Plastikhülle.

Während der vergangenen vier Jahre war es Conants Hauptaufgabe gewesen, seine Patienten auf den Tod vorzubereiten, aber jetzt mußte er erkennen, daß er das Problem bisher zu intellektuell behandelt hatte. Er hatte das Gefühl, daß er die Realität des Todes noch nie so greifbar erlebt hatte. Marc Conant dachte jetzt nicht an die bedrückende Zukunft, denn diese Zukunft hatte ihn unmittelbar berührt. Zum ersten Mal seit vielen Jahren hatte er das Bedürfnis zu weinen.

PARIS

Wie die meisten Beamten der öffentlichen Gesundheitsbehörden in Europa betrachteten auch die französischen AIDS als ein amerikanisches Problem, das sie im Grunde nichts anging. Die Regierung interessierte sich nur wenig für die AIDS-Forschung, und als das Pasteur-Institut einen eigenen LAV-Antikörper-Test entwickelte, taten die Behörden nichts für seine praktische Anwendung bei den Blutbanken.

Dr. Jacques Leibowitch, der das für eine unverzeihliche Unterlassungssünde hielt, führte daraufhin eine Testreihe mit willkürlich ausgewählten Pariser Bürgern durch. Dabei zeigte sich, daß bei 7500 Versuchspersonen eine von zweihundert mit dem AIDS-Virus infiziert war. Nach seiner Schätzung wurden allein in den Pariser Krankenhäusern wöchentlich fünfzig Patienten infiziert. Erst als Leibowitch diese alarmierenden Ergebnisse auf einer Pressekonferenz bekanntgegeben hatte, erklärte die Regierung, sie werde eine Verfügung erlassen, nach der alles für Transfusionen gespendete Blut getestet werden müsse.

APRIL 1985, SAN FRANCISCO

Cathy Borchelt erlebte am Bildschirm mit, wie der Präsident der *Irwin Memorial Blood Bank* auf einer Pressekonferenz erklärte, daß seine Blutbank für die nächsten Jahre mit 72 durch Transfusionen verursachten AIDS-Fällen rechne.

731

»Und wie war das mit dem Infektionsrisiko von eins zu einer Million?« fragte sie sich.

Schon einen Monat nach Einführung der Bluttests zeigte sich, daß die Wahrscheinlichkeit, durch Bluttransfusionen mit AIDS infiziert zu werden, auch noch Mitte 1985 sehr viel größer war als eins zu einer Million. Von den 5300 Einheiten des im März bei der *Irwin Memorial Blood Bank* gespendeten Blutes waren zwölf mit AIDS infiziert. Dies bedeutete, daß einer von 440 Empfängern von Bluttransfusionen in San Francisco infiziert werden würde. Auch das Amerikanische Rote Kreuz meldete, daß nach den vorliegenden Testergebnissen von 500 Blutspendern in den USA einer mit dem AIDS-Virus infiziert war. Dies ließ Schlimmes für die Zukunft befürchten. Da Millionen Amerikaner in den letzten Jahren Bluttransfusionen bekommen hatten, mußte man selbst dann, wenn nur ein fünftel Prozent des gespendeten Blutes infiziert war, mit Tausenden von AIDS-Toten rechnen. Die Untersuchung von Blutproben aus der Zeit vor der Freigabe des Tests zeigte zum Beispiel, daß allein in den letzten Wochen vor diesem Termin das Blut von 150 infizierten Spendern bei 200 Patienten für Transfusionen benutzt worden war. Eine Presseverlautbarung der *Irwin Memorial Blood Bank* unterstrich diesen tragischen Umstand: es wurde bekanntgegeben, daß im Monat März vier neue AIDS-Fälle gemeldet worden waren, bei denen die Erkrankten Transfusionen mit Blutprodukten dieser Blutbank bekommen hatten. Besonders wichtig war dabei die Tatsache, daß bei keinem dieser Patienten die Transfusion vorgenommen worden war, nachdem die Blutbank den Hepatitis-B-Core-Antikörper-Test im Mai 1984 eingeführt hatte.

Der Anwalt der Familie Borchelt hatte inzwischen eine Schadenersatzklage gegen die *Irwin Blood Bank* vorbereitet. Anders als bei den bisher in solchen Fällen eingereichten Klagen begründete der Anwalt der Familie Borchelt seinen Antrag nicht damit, daß das gelieferte Blutprodukt fehlerhaft gewesen sei, denn in solchen Fällen war die Haftung des Herstellers durch ein besonderes Gesetz ausgeschlossen. Die Klage warf der Blutbank vielmehr Nachlässigkeit vor und erklärte, die Hersteller von Blutprodukten hätten es versäumt, etwas gegen die Gefahr einer AIDS-Infektion zu unternehmen, obwohl sie sich dieses Problems bewußt gewesen seien. In den Schriftsätzen wurde die Geschichte der AIDS-Epidemie bis zu der Konferenz vom Januar 1983 in Atlanta zurückverfolgt, wo Don Francis mit der Faust auf den Tisch geschlagen und gefragt hatte: »Wie viele Menschen werden noch sterben müssen, bevor wir etwas unternehmen?«

Sharon Johnson erkannte sofort die Stimme von Bill Kraus am Telefon. Er war eben aus einem Alptraum erwacht.

In diesem Traum war Bill über einen Friedhof gegangen, und aus den Gräbern hatten sich ihm die Hände der Toten entgegengestreckt, an seinen Hosenaufschlägen gezerrt, nach seinen Fußknöcheln gegriffen und versucht, ihn in die Erde hineinzuziehen. Bill hatte versucht, auf den schmalen Fußwegen zwischen den Grabsteinen fortzulaufen, aber nun erhoben sich aus den Gräbern gespenstische Gestalten, jagten hinter ihm her und zerrten an ihm.

Nur ganz allmählich gelang es Sharon, Bill zu beruhigen.

Bill erzählte ihr, die Ärzte wollten es mit einem neuen Medikament versuchen. Er wußte nicht, was das bedeutete, und hatte Angst. Er fürchtete, wenn er nach San Francisco zurückkäme, würden seine Freunde ihn im Stich lassen. Er sagte, die Menschen, die er geliebt habe, hätten ihn alle verlassen.

Er wollte nicht wieder allein sein. Er fühlte sich furchtbar einsam in Paris.

55. Erwachen

14. APRIL 1985, ZIMMER 304, WORLD CONGRESS CENTER ATLANTA

»Don Francis ist ein Nazi«, flüsterten sich die homosexuellen Politiker zu, während sie mit Abscheu auf den Virologen der CDC blickten, der sich an einem Podiumsgespräch über die Frage beteiligte, ob sich homosexuelle Männer auf HTLV-III-Antikörper testen lassen sollten. Der Korridor vor dem Konferenzraum füllte sich mit den 2000 Wissenschaftlern und Fachärzten, die sich in die Anwesenheitsliste für die Erste Internationale Konferenz über das Erworbene Immunmangelsyndrom eintrugen. Obwohl die Eröffnungssitzung erst für den nächsten Tag vorgesehen war, hatten sich die homosexuellen Teilnehmer schon an diesem Sonntagnachmittag versammelt, um über Probleme zu diskutieren, die ihnen besonders unter den Nägeln brannten. Dazu gehörte auch die Podiumsdiskussion über den Test.

Die Fachleute, die sich an der Diskussion beteiligten, erläuterten ihren Zuhörern die verschiedenen Gründe, weshalb die Homosexuellen den Antikörper-Test geschlossen ablehnen sollten. Doch dann ergriff Don Francis das Wort und illustrierte seine Vorstellungen an der Wandtafel mit zwei geraden Linien und zwei Kreisen.

Die beiden Linien überschnitten einander wie das Andreaskreuz. Die abwärts führende Linie stellte die sich verringernde Zahl der Sexualkontakte der meisten Homosexuellen dar, eine Entwicklung, die vor etwa zwei Jahren begonnen hatte. Sie mußte günstig beurteilt werden. Doch die nach oben führende Linie stellte die dramatische Zunahme der Virusinfektionen bei Homosexuellen dar und zeigte, weshalb es nicht genügte, nur die Anzahl der Sexualkontakte zu verringern. Francis erklärte, da die Zahl der Sexualpartner homosexueller Männer, die mit dem AIDS-Virus infiziert waren, auf das Vierfache angewachsen war, reiche es nicht aus, die Sexualkon-

734

takte auf die Hälfte zu reduzieren. Die Wahrscheinlichkeit, sich anzustecken, sei aus diesem Grund jetzt doppelt so groß wie vor zwei Jahren. Die homosexuellen Männer spielten, wie Francis erklärte, jetzt zwar weniger häufig in der AIDS-Lotterie mit, doch die Chance, eine Niete zu ziehen, sei jetzt sehr viel größer geworden.

Es genüge nicht, Handzettel zu verteilen, die den Homosexuellen rieten, die Zahl ihrer Partner zu verringern. Die in einer Hepatitis-Studie in San Francisco gesammelten Daten zeigten, das sich immer noch viele Homosexuelle mit dem AIDS-Virus infizierten. Die Gemeinschaft der Homosexuellen müsse jetzt beginnen, an wirksame Kontrollmaßnahmen zu denken.

Nun zeichnete Francis die beiden Kreise ein. Der erste Kreis umfaßte die mit dem AIDS-Virus infizierten Männer, der zweite die noch nicht infizierten. Eine wirksame Kontrollmaßnahme wäre es nun, dafür zu sorgen, daß jeder wisse, in welchen Kreis er gehört. Aus diesem Grund sollte sich jeder dem Test unterziehen. Die mit dem AIDS-Virus Infizierten sollten nur mit infizierten Partnern ins Bett gehen, und die Nichtinfizierten sollten nur mit Personen Sexualkontakte haben, von denen sie genau wußten, daß auch sie nicht infiziert seien. Francis betonte ausdrücklich, daß er es ablehne, Homosexuelle zwangsweise testen zu lassen. Die Unverletzbarkeit der Bürgerrechte müsse unter allen Umständen garantiert werden, damit jeder unbesorgt die Tests an sich vornehmen lassen könne. Doch die beiden Kreise müßten auf jeden Fall voneinander getrennt bleiben, wenn nicht noch weitere Tausende sterben sollten.

»Ich habe bei meiner Arbeit schon viele Viren kennengelernt, doch vor diesem hier habe ich einen besonderen Respekt«, sagte Francis zum Schluß. »Die Menschheitsgeschichte kennt nicht viele Viren, die zehn Prozent der Infizierten umbringen. Jetzt müssen wir darüber nachdenken, wie wir dieses Virus unter Kontrolle bringen.«

Daß die Homosexuellen das Wort »Kontrolle« so entschieden ablehnten, lag zum Teil daran, daß sie das im Gesundheitswesen gebräuchliche Vokabular nicht kannten – ein Mangel, der leider im Verlauf der Epidemie noch nicht behoben worden war. Seit Jahrzehnten war das Wort Kontrolle ein Schlüsselbegriff im Lexikon der Epidemiologen, deren Aufgabe es war, Infektionskrankheiten zu bekämpfen. Im Zusammenhang mit der AIDS-Epidemie war es jedoch nur selten verwendet worden, weil es nur so wenige Kontrollmöglichkeiten gab. Don Francis sah jedoch in den beigefarbenen Plastikkästchen, die an die Blutbanken verschickt wurden, das erfolgversprechendste Instrument für eine wirksame Kontrolle und wollte auf keinen Fall darauf verzichten.

Francis wußte besser als jeder andere Regierungsbeamte, daß die Gesundheitsbehörden dieser Administration in den kommenden Jahren keine ernsthaften Kontrollmaßnahmen ergreifen würden. Deshalb glaubte er, die Homosexuellengemeinschaft selbst müsse für solche Kontrollmaßnahmen gewonnen werden.

Die führenden Homosexuellen aber mißtrauten der Argumentation von Francis. Sie hatten sich schon darüber geärgert, daß er sich gegen den »kommerzialisierten Sex« in den Saunen ausgesprochen und sie als ein »Amplifikationssystem« bezeichnet hatte, das es dem AIDS-Virus erlaubt habe, sich in der Schwulenszene auszubreiten. Schließlich gehörte Don Francis selbst zu einer Bundesregierung, die sich kaum um das Massensterben in der Homosexuellenszene gekümmert hatte. Weshalb war die Kontrolle plötzlich so wichtig geworden?

Außerdem waren ihnen Francis' Motive unklar. Nachdem sie vier Jahre lang vor allem mit dem höflichen Geschwätz der Beamten des öffentlichen Gesundheitsdienstes im unverbindlichen *AIDSpeak*-Jargon konfrontiert gewesen waren, wirkte der Appell an die Eigeninitiative ungewohnt für die AIDS-Aktivisten. So taten sie mit Francis das, was sie in den vergangenen Jahren mit jedem getan hatten, der eine andere Meinung zu AIDS hatte als sie selbst: Sie beschimpften ihn.

Während Jim Curran von einer hinteren Sitzreihe aus die Vorgänge nervös beobachtete, wurde Francis von einem Sprecher nach dem anderen vorgeworfen, ein Nazi zu sein, der Homosexuelle in Konzentrationslager einsperren wolle.

Im Grunde mußte Jim Curran der Auffassung von Don Francis zustimmen. Er hatte erst kürzlich von drei Homosexuellen aus San Francisco gehört, die sich für die Hepatitis-Studie zur Verfügung gestellt hatten und zu ihrer Überraschung feststellen mußten, daß bei ihnen erst in letzter Zeit HTLV-III-Antikörper festgestellt worden waren. Sie sagten den Ärzten, sie hätten während der vergangenen Jahre in rein monogamen Beziehungen gelebt. Deshalb war das Testergebnis völlig unverständlich. Doch nun stellte sich heraus, daß ihre Partner infiziert waren. Curran wußte, daß diese drei monogam lebenden Männer verschont geblieben wären, wenn sie gewußt hätten, daß ihre Partner infiziert waren. Dazu aber brauchte man den Test. Das war die Lösung des Problems.

Der Anblick der feindlichen Zuhörer jedoch machte Curran äußerst nervös. Den Reportern gegenüber erklärte er: »Don Francis spricht nicht für die CDC, er spricht nur für sich selbst.«

Und doch brachte die Veranstaltung an diesem Sonntagnachmittag manchem Teilnehmer das große Erwachen. Zwar behaupteten die homosexuellen AIDS-Aktivisten gern, AIDS sei keine Homosexuellenkrankheit, aber in Wirklichkeit hatten sie diese Pest doch stets als spezifische Homosexuellenkrankheit behandelt, als Domäne einer Gemeinschaft, die die Gesundheitspolitik nach ihren politischen Vorstellungen gestalten wollte. Nun kamen plötzlich andere Menschen mit anderen Ideen und machten ihnen dieses Monopol streitig. Manche verstanden dies als Anregung, über den eigenen Tellerrand zu blicken.

AM GLEICHEN ABEND

Beim Verlassen des *Westin Peachtree Plaza Hotel* traf Marc Conant auf den Präsidenten der *Bay Area Physicians for Human Rights*.

»Don Francis sagt, die Homosexuellen sollten sich auf Antikörper testen lassen, und diejenigen, bei denen der Test negativ ausfällt, sollten keinen Sex mit Antikörper-positiven Partnern haben«, sagte der Arzt mit hämischem Grinsen. »Was meinen Sie dazu?«

»Ich bin derselben Meinung«, sagte Conant. »Ich halte das für vernünftig.«

Auf dem Begrüßungsempfang waren die »faschistischen« Ideen von Francis das Hauptgesprächsthema der homosexuellen Ärzte, während sich die Beamten der CDC über sein Versetzungsgesuch nach San Francisco unterhielten. Angeblich hatte er gegenüber Walt Dowdle geäußert, die *Centers for Disease Control* hätten seit ihrem Bestehen noch nie eine Krankheit unter Kontrolle gebracht.

Conant war erleichtert, in Francis endlich einen Mann gefunden zu haben, der sich vernünftig zu den Antikörper-Tests äußerte. Conant war ebenso wie Francis der Ansicht, daß sich schließlich sehr viele Menschen aus allen Gesellschaftsschichten dem Test unterziehen würden. Die Frage war nur, wie viele Menschen noch sterben mußten, bis Homosexuelle und Heterosexuelle endlich begriffen, daß sie wesentlich zur Bekämpfung der Krankheit beitragen konnten.

Was seine persönliche Zukunft betraf, war Francis durchaus optimistisch.

737

»Wenn es eine Chance gibt, dieser Epidemie Einhalt zu gebieten, dann in San Francisco«, meinte er.

Andere Beamte der CDC meinten jedoch später im Gespräch mit Conant, sie hielten die Versetzung von Francis für eine »Verbannung nach Sibirien«.

AM NÄCHSTEN TAG, AUDITORIUM, WORLD CONGRESS CENTER

»Die AIDS-Epidemie hat bis heute bereits alle Großstädte in den Industrieländern erfaßt«, sagte Jim Curran in seinem Eröffnungsvortrag auf der AIDS-Konferenz. Zwischen fünfhunderttausend und einer Million Amerikaner seien mit dem AIDS-Virus infiziert. Die Krankheit sei in den Vereinigten Staaten so endemisch, daß alle amerikanischen Kinder noch vor dem Schuleintritt gegen AIDS geimpft werden sollten, sobald eine Vakzine zur Verfügung stünde. Er schlug vor, daß Kliniken und Ärzte, die sich mit der medizinischen Betreuung von Personen beschäftigten, die einer Risikogruppe angehörten, ihre Patienten routinemäßig auf HTLV-III-Antikörper testen sollten.

Im Anschluß an den Vortrag von Curran ergriff Robert Gallo das Wort und sagte, es sei unverantwortlich und viel zu optimistisch, schon jetzt von der Möglichkeit einer Impfung gegen AIDS zu sprechen. Die Schwierigkeit, einen wirksamen Impfstoff zu finden, liege nicht nur darin, daß das Virus sehr rasch mutiere, sondern auch in dem Nachweis der Wirksamkeit einer Vakzine. »Bevor man davon spricht, daß eine Vakzine in größerem Umfang angewendet werden kann, muß man sie testen und erproben – aber meines Wissens ist bisher noch niemand so weit vorgedrungen«, sagte Gallo.

Normalerweise testete man eine Vakzine, indem man eine Gruppe infektionsgefährdeter Personen zur Hälfte mit der Vakzine impfte und die andere Hälfte ungeimpft ließ. Wenn dann nur die Nichtgeimpften erkrankten, war das der Beweis für die Wirksamkeit des Impfstoffs. Im Falle von Hepatitis war dies ein ganz einfaches Verfahren, weil die erkrankten Personen geheilt werden konnten. Bei AIDS jedoch stellten solche Versuche die Wissenschaftler vor ein ernstes ethisches Problem. Wem durfte man zumuten, sein Leben zu riskieren, um zu beweisen, daß eine AIDS-Vakzine wirksam war?

Darüber hinaus gab es gewaltige finanzielle Risiken. Welches pharmazeutische Unternehmen würde das Risiko auf sich nehmen, auf Schadenersatz verklagt zu werden, wenn die Vakzine versagte? Schon die Entwicklung der Hepatitis-B-Vakzine hatte zu einem Debakel geführt. Seither war die Bereitschaft, neue Impfstoffe herzustellen, merklich zurückgegangen.

Aber das war nur ein Teil der schlechten Nachrichten, die die Konferenzteilnehmer mit nach Hause nehmen mußten. Die wissenschaftlichen Beobachtungen, die in den an den folgenden Tagen gehaltenen 392 Vorträgen erläutert wurden, trugen wenig dazu bei, die Zuversicht der Zuhörer zu stärken. Die medizinischen Erkenntnisse über AIDS waren deprimierend und die Erfolgsaussichten düster.

Die Fachleute waren sich darin einig, daß das Virus die bösartigste Mikrobe war, mit der es die Menschheit seit Jahrhunderten zu tun gehabt hatte. Das Vorhandensein von Antikörpern war der »Indizienbeweis« für die Infektion mit dem Virus. Ein infizierter Virusträger konnte sein Leben lang andere mit dem Virus infizieren. Das Virus befiel Gehirnzellen und das Zentralnervensystem und erzeugte außerdem durch die Infektion der T4-Lymphozyten verursachten Immunmangel eine Vielzahl neurologischer Schäden. Bob Gallo erklärte dazu: »Wir wissen sehr genau, was der Antikörper-Test bedeutet. Ein positives Testergebnis bestätigt eine Virusinfektion. Ich glaube nicht, daß es einen besseren Nachweis für AIDS geben wird als den Antikörper-Test.«

Alle Hoffnungen, daß nur wenige Virusträger an AIDS erkranken müßten, schienen sich angesichts der von James Goedert gesammelten Daten zu zerschlagen. Er hatte seit 1982 Reihenuntersuchungen bei homosexuellen Männern in New York und Washington vorgenommen und diese Versuchspersonen laufend überwacht. Von den mit dem AIDS-Virus Infizierten in Manhattan waren mittlerweile zwanzig Prozent an AIDS erkrankt. Bei weiteren fünfundzwanzig Prozent zeigten sich erhebliche Schäden am Immunsystem, ein Syndrom, das Goedert als das »geringere AIDS« bezeichnete. Nur noch fünfzig Prozent von ihnen waren gesund. In Washington litten zwölf Prozent an AIDS und elf Prozent an dem »geringeren AIDS«. Von den Homosexuellen in Dänemark, die Biggar untersucht hatte, waren mittlerweile acht Prozent an AIDS erkrankt. Goedert vermutete, daß die Zahl der Erkrankungen in den verschiedenen Gruppen nur deshalb nicht die gleiche sei, weil sich diese Versuchspersonen zu verschiedenen Zeiten infiziert hatten. Augenscheinlich war das Virus zuerst in New York aufgetreten und hatte in Manhattan eine längere Inkubationszeit gehabt. Die Infektionen in Washington folgten denen in New York, und in Dänemark war das Virus noch später aufgetreten.

Goedert war überzeugt, daß die CDC die Risiken für eine AIDS-

Erkrankung unterschätzten. Nach seiner Auffassung brauchte das AIDS-Virus nur einen Nebenfaktor, um die tödliche Krankheit zu erzeugen – und dieser Nebenfaktor war die Zeit. Das Virus und die erforderliche lange Inkubationszeit würden nach seiner Meinung bei sehr viel mehr als fünf bis zwanzig Prozent der Infizierten die tödliche Krankheit verursachen. Diese Prognose der CDC hielt er für viel zu optimistisch.

Welche Rolle die Zeit bei der Ausbreitung der Epidemie spielte, zeigten in dramatischer Weise die Inkubationsstudien, über die Dale Lawrence von den CDC berichtete. Lawrence war schon Ende 1983 zu seinen Erkenntnissen gekommen, doch seine Forschungsergebnisse waren erst ein Jahr und vier Monate später für die öffentliche Bekanntgabe auf dieser internationalen Konferenz freigegeben worden. Die Anwesenden hörten gebannt zu, als Lawrence erklärte, nach seinen Feststellungen betrage die durchschnittliche Inkubationsperiode des AIDS-Virus fünfeinhalb Jahre. In einzelnen Fällen käme es erst vierzehn Jahre nach der Infektion zum Ausbruch der Krankheit. Das bedeutete, daß sich der AIDS-Patient, bei dem die Krankheit im April 1985 diagnostiziert wurde, im Oktober 1979 infiziert hatte. Die große Zahl der Personen, die 1982, 1983, und 1984 infiziert worden waren, als das Virus sehr viel verbreiteter war als jetzt, würde bis Ende der achtziger Jahre voraussichtlich keine AIDS-Symptome zeigen. Bei einzelnen Personen, die sich zum Zeitpunkt dieser Konferenz ansteckten, würde die Krankheit erst um die Jahrhundertwende zum Ausbruch kommen.

Es erhob sich aber auch die Frage, was mit denen geschehen werde, die mit dem AIDS-Virus infiziert waren, aber nicht an einer der opportunistischen Infektionen erkrankten, die nach der Definition der CDC kennzeichnend für das Syndrom waren. Jim Curran wies darauf hin, daß Personen, deren Immunsystem nach Organtransplantationen künstlich geschwächt würde, später häufiger als andere an Krebs erkrankten. Man müsse außerdem bedenken, daß das Virus auch das Nervensystem angreife. Zum Schluß seines Vortrags sagte Curran: »Das Altern einer infizierten Population bedeutet eine größere Häufigkeit von Krebserkrankungen, neurologischen Schäden und anderen Infektionen als Folge der Schwächung des Immunsystems bei Menschen, die mit dem HTLV III infiziert sind.«

Die bisher aufgetretenen AIDS-Erkrankungen waren also tatsächlich nur die Spitze eines furchterregenden Eisbergs, der die Vereinigten Staaten in den kommenden Jahrzehnten bedrohen würde.

Auch die umfangreichen Berichte über AIDS, die von den Epidemiologen aus aller Welt vorgetragen wurden, ließen Schlimmes befürchten. Harold Jaffe und Andrew Moss legten die bei der in San Francisco vogenommen Hepatitis-B-Studie ermittelten Daten vor, nach denen das Virus 1978 im Blut von 4,5 Prozent der Versuchspersonen, 1980 bei zwanzig Prozent und Ende 1984 bei siebenundsechzig Prozent festgestellt worden war. Mit anderen Worten, eine große Zahl homosexueller Männer war schon vor Jahren mit dem Virus infiziert worden, als man noch nichs von dessen Existenz wußte.

Untersuchungen über die Häufigkeit von AIDS-Infektionen im ganzen Lande bestätigten das. In Pittsburgh, wo bisher verhältnismäßig wenige AIDS-Fälle vorgekommen waren, hatte man bei einer Studie festgestellt, daß sich fünfundzwanzig Prozent der homosexuellen Männer mit dem Virus infiziert hatten und außerdem zwei Prozent der dort lebenden Homosexuellen monatlich frisch infiziert wurden. Eine in Boston vorgenommene Untersuchung zeigte, daß einundzwanzig Prozent einer Gruppe homosexueller Männer HTLV-III-positiv waren. Bei all diesen Untersuchungen mußte allerdings berücksichtigt werden, daß es sich bei den Untersuchten um sexuell aktive Männer handelte, die in Spezialkliniken für Geschlechtskrankheiten behandelt wurden. In San Francisco waren zum Beispiel nur vierzig Prozent einer willkürlich zusammengestellten Gruppe von homosexuellen Männern infiziert, wogegen siebenundsechzig Prozent der Gruppe, die sich an der Hepatitis-B-Studie beteiligt hatten, HTLV-III-positiv waren. Alle Untersuchungen zeigten übereinstimmend, wie unbarmherzig das Virus andere Städte heimgesucht hatte, von denen nur sehr wenige etwas für die AIDS-Aufklärung und Vorbeugung getan hatten.

Es gab beunruhigende Anzeichen dafür, daß sich das Virus jetzt auch in der heterosexuellen Bevölkerung ausbreitete, wenn auch sehr viel langsamer. Nach einer Studie, die in Manhattan vorgenommen wurde, waren 3,4 Prozent von 300 jungen, sexuell aktiven heterosexuellen Männern Antikörper-positiv. Besonders wichtig war dabei die Tatsache, daß keiner von ihnen homosexuelle Kontakte gehabt hatte oder drogenabhängig war. Allerdings bestand bei den Infizierten eine größere Wahrscheinlichkeit, daß sie mit drogenabhängigen weiblichen Partnern sexuelle Beziehungen gehabt hatten, als bei den Nichtinfizierten. Doch wie bei praktisch allen Untersuchungen über heterosexuelle Personen schienen auch hier Sexualkontakte mit Prostituierten die Häufigkeit der Infektionen nicht beeinflußt zu haben.

Die epidemiologischen Studien über Haitianer, die im übrigen von den CDC inzwischen aus der Liste der Risikogruppen gestrichen worden waren, zeigten jetzt sehr deutlich, auf welche Weise sich die Virusträger unter ihnen infiziert hatten. Die hohe Infektionsrate war auf die heterosexuelle Promiskuität sowie darauf zurückzuführen, daß drogensüchtige Haitianer unter ihnen oft die Injektionsnadeln mit anderen teilten. In Zaire war das Virus so verbreitet, daß die Wissenschaftler große Schwierigkeiten hatten, die Risikofaktoren zu ermitteln. Es gab kaum eine Kontrollgruppe, die nicht infiziert war.

Alle Untersuchungen über die Infektionshäufigkeit kamen zu dem Ergebnis, daß es unbedingt notwendig sei, für eine bessere klinische Behandlung der AIDS-Patienten zu sorgen, wenn auch aus keinem anderen Grunde als dem, daß man für die kommenden Jahre mit einer sehr großen Zahl von Patienten rechnen mußte. In seinem Vortrag auf der Konferenz sagte Dr. Paul Volberding, die Qualität der Behandlung von AIDS-Patienten in den Vereinigten Staaten habe mit der wissenschaftlichen AIDS-Forschung nicht Schritt gehalten. Den Gesundheitsbehörden anderer Großstädte warf er vor, »AIDS nur halb so ernst zu nehmen wie San Francisco«, und rief sie auf, nach dem Vorbild der AIDS-Klinik in San Francisco koordinierte Behandlungsmethoden zu entwickeln.

AIDS war bei unverheirateten jungen Männern in den Vereinigten Staaten nach Unfällen, Mord, Selbstmord und Krebs mittlerweile die häufigste Todesursache. Doch in Manhattan gingen durch AIDS mehr menschliche Lebensjahre verloren als durch alle oben genannten Todesursachen zusammen. Auch der Preis, den die Gesellschaft dafür bezahlen mußte, war gewaltig angestiegen. Die CDC hatten berechnet, daß die neuntausend AIDS-Patienten das Land bereits $ 5,6 Milliarden für Krankenhausrechnungen, verlorene Löhne und Gehälter und soziale Beihilfen gekostet hatten. In wenigen Jahren würde sich diese Summe dem Betrag von $ 50 Milliarden nähern, die jährlich für die Krebsbekämpfung ausgegeben wurden, oder sogar den $ 85 Milliarden, die für die Behandlung und Betreuung von Herzpatienten aufgewendet werden mußten.

Aber das war noch nicht alles, denn auf der Konferenz wurden auch alle die Probleme genannt, durch welche die AIDS-Forschung immer noch behindert wurde. Am ersten Vormittag hielten Luc Montagnier und Robert Gallo Vorträge, die eigentlich nichts anderes waren als eine Fortsetzung des Intrigenspiels der Wissenschaftler, das die AIDS-Virologie so schwer belastete. Obwohl Gallo erklärte, daß die nationalistischen Tendenzen, welche die wissenschaftliche Forschung belasteten, »eine Verhöhnung der Wissenschaft« seien, verwandte er viel Zeit darauf zu erklären, weshalb sein AIDS-Virus zu der HTLV-Familie gehöre. In den letzten Wochen hatte Gallo versucht zu erklären, wie es zu der peinlichen genetischen Übereinstimmung zwischen dem LAV und dem HTLV III gekommen war: Er behauptete einfach, der Homosexuelle aus Paris, dessen Blut das LAV entnommen worden sei, habe Sexualkontakte in New York gehabt. Dabei habe er sich mit dem später von Gallo in Bethesda isolierten Virus infiziert.

Nach dem Vortrag von Gallo erläuterte Luc Montagnier, warum das LAV kein Leukämie-Virus, sondern ein Mitglied der Lentivirus-Familie sei. Die Vorlesungen über die Retrovirus-Systematik waren deutlicher Ausdruck der wissenschaftlichen Fehde zwischen dem amerikanischen und dem französischen Forscher, und darüber konnte auch die Tatsache nicht hinwegtäuschen, daß sich Gallo und Montagnier am Schluß freundschaftlich die Hände schüttelten. Aber noch entmutigender als die Streitigkeiten zwischen den Forschern und die deprimierenden Daten der Epidemiologen war der Auftritt der Gesundheitsministerin Margaret Heckler, die gekommen war, um ein Grundsatzreferat zu halten.

Stockend und mit einer oft unverständlichen Ausdrucksweise ging Mrs. Heckler zwölf Seiten lang auf die komplizierten virologischen Probleme ein, mit denen sich die Wissenschaftler bei AIDS konfrontiert sahen. Auch wenn die Fachausdrücke in ihrem Manuskript orthographisch richtig geschrieben waren, gelang es ihr nicht, diese Worte richtig auszusprechen. Doch das war weniger peinlich als die Tatsache, daß sie auf den Gedanken verfallen war, sich in die wissenschaftliche Debatte einzuschalten.

Die Wissenschaftler waren nicht gekommen, um sich von der Gesundheitsministerin die Feinheiten der Retrovirusvermehrung erklären zu lassen; sie wollten wissen, was die Reagan-Administration gegen die Epidemie zu unternehmen gedachte. Welche Beträge konnte Frau Heckler der AIDS-Forschung zur Verfügung stellen? Wann würde die Regierung beginnen, die AIDS-Aufklärung zu finanzieren? Doch Frau Heckler beschränkte sich auf die nichtssagende Aussage: »AIDS wird auch weiterhin an erster Stelle auf der Prioritätsliste des Gesundheitsministeriums stehen, bis wir die Krankheit besiegt haben.«

In der einzigen Abweichung vom vorbereiteten Text ihrer Ansprache fügte Frau Heckler hinzu: »Wir müssen AIDS besiegen, bevor die Krankheit auf die heterosexuelle Bevölkerung übergreift ... Wir haben ein sehr starkes öffentliches Interesse daran, AIDS Einhalt zu gebieten, bevor sich die Epidemie auf andere Bevölkerungsteile außerhalb der Risikogruppe ausbreitet und zu einem überwältigenden Problem wird.«

Diese Aussage empörte die Organisatoren der AIDS-Gruppen, die die Epidemie schon jetzt als ein »überwältigendes Problem« ansahen und nicht der Auffassung waren, daß die AIDS-Forschung der Seuche nur deshalb Einhalt gebieten müsse, damit sie nicht »auf die heterosexuelle Bevölkerung« übergreifen könne.

Schon wenige Minuten nachdem Mrs. Heckler ihre Ansprache beendet hatte, beschlossen die homosexuellen Konferenzteilnehmer, offiziell gegen diese Aussagen der Ministerin zu protestieren. Die Reporter, denen sich Mrs. Heckler mit gerötetem Gesicht stellte, konnten kaum glauben, was sie gehört hatten.

Die Pressekonferenz war für die Journalisten ein unsanftes Erwachen. Die meisten von ihnen hatten wirklich geglaubt, daß AIDS auf der Prioritätsliste der Gesundheitsbehörden an erster Stelle stünde. Jetzt mußten sie erkennen, daß die Priorität bei der Verhinderung des Übergreifens von AIDS auf die Heterosexuellen lag.

17. APRIL

Als Edward Brandt zum Renderpult ging, um auf der letzten Plenarsitzung der AIDS-Konferenz das Abschlußreferat zu halten, wurde er mit stürmischen Ovationen begrüßt. Die Homosexuellen spendeten ihm Beifall als einer der wenigen Persönlichkeiten, die sich über politische und persönliche Gesichtspunkte hinweggesetzt hatten, um sich nach besten Kräften am Kampf gegen AIDS zu beteiligen. Die Wissenschaftler erkannten ihn als den Mann an, der sich gegen den Widerstand der Administration für eine ausreichende Finanzierung der Forschung eingesetzt hatte. Brandt war sich bewußt, welche Kontroverse Mrs. Heckler mit ihren Bemerkungen ausgelöst hatte, und sagte: »Die einfache Tatsache, daß die Angehörigen der AIDS-Risikogruppen Menschen sind, ist das Entscheidende. Jeder hat ein Anrecht auf unsere Hilfe.«

Brandt empfahl den Angehörigen der Risikogruppen, sich freiwillig testen zu lassen. Bei den Tests sollte aber auch die Vertraulichkeit garantiert werden, weil »zahlreiche Gruppen energisch darauf drängen würden, die Namen der mit der Krankheit infizierten Personen bekanntzugeben«.

744

Über die bisherige Entwicklung sagte Brandt: »Ich glaube nicht, daß wir bei Beginn der Epidemie alles getan haben, was wir hätten tun sollen. Wir müssen ein Verfahren entwickeln, mit akuten Notsituationen wie der AIDS-Epidemie umzugehen, ohne die wissenschaftlichen Normen zu verletzen.«

Was jedoch die Zukunft betraf, der die meisten Anwesenden so pessimistisch entgegensahen, so empfahl Brandt, die Ruhe zu bewahren, und schloß die Sitzung mit einem Zitat aus seinem Lieblingsbuch, der Bibel:

»... verbirg dich einen kleinen Augenblick, bis der Zorn vorübergehe.«

21. APRIL, PUBLIC THEATRE, NEW YORK CITY

Rauschender Beifall erfüllte das ganze Theater. Die Menschen waren aufgestanden und applaudierten den Schauspielern, die sich auf der Bühne verbeugten. Larry Kramer sah zu seiner 85jährigen Mutter hinüber. Sie hatte ihm immer schon geraten, für die Bühne zu schreiben. Nun war dieser Traum Wirklichkeit geworden. Die Kritiker lobten »The Normal Heart« fast einstimmig als ein gelungenes politisches Bühnenstück. Bereits in den Vorbesprechungen hatten die Rezensenten nicht mit Superlativen gespart, und die großen Nachrichtenmedien in New York City suchten sich gegenseitig mit Lobeshymnen zu übertreffen. Bei NBC hieß es, das Stück »pulsiert vor Leidenschaft«, das Nachrichtenmagazin *Time* schrieb, es sei »ungeheuer wirkungsvoll, spannungsgeladen und ergreifend«, und in der Kritik der *New York Daily News* stand zu lesen, das sei »ein zorniges, erbarmungsloses und ergreifendes Stück politischen Theaters«. Der Kritiker des *New York Magazine*, John Simon, der angeblich noch vor kurzem erklärt hatte, er freue sich auf den Tag, an dem AIDS alle Homosexuellen in den New Yorker Theatern umgebracht habe, behauptete nun in einem Interview, daß er die Aufführung mit Tränen in den Augen verlassen habe.

Mit seinem Bühnenstück war Larry Kramer etwas gelungen, was Forscher und Fachleute mit ihren Mahnungen zur Vernunft nicht hatten erreichen können: Plötzlich war das Problem zu einer der in der Öffentlichkeit meistdiskutierten Fragen geworden.

Wenige Stunden vor der Premiere hatte Bürgermeister Ed Koch in aller Eile eine Pressekonferenz einberufen, um eine »wesentliche Erweiterung aller Maßnahmen zur Betreuung« der AIDS-Patienten in der

Stadt bekanntzugeben. Koch ordnete an, daß die AIDS-Hilfe in Zukunft nicht mehr von Sencer, dem Leiter der Städtischen Gesundheitsbehörden, sondern vom zweiten Bürgermeister Victor Botnick betreut werde. Er sorgte sofort für eine Koordinierung der Sozialarbeit auf diesem Gebiet und die Schaffung von Einrichtungen, wie sie schon seit Jahren von den AIDS-Klinikern gefordert worden waren. Zu dem Programm, für dessen Durchführung $ 6 Millionen zur Verfügung gestellt wurden, gehörten der Einsatz zusätzlicher Kräfte für die Betreuung AIDS-Kranker in der eigenen Wohnung, die Bereitstellung weiterer Krankenhausbetten zur stationären Behandlung, die Einrichtung von Tagesstätten für AIDS-kranke Kinder und die Finanzierung von zehn aus Spezialisten bestehenden Teams, die die AIDS-Patienten in den Krankenhäusern betreuen sollten. Diese Initiativen waren nur ein kleiner Teil der Maßnahmen, die in einer Stadt ergriffen werden mußten, in der ein Drittel aller AIDS-Kranken in den Vereinigten Staaten lebte. Doch es war wenigstens ein Anfang.

Bei der Bekanntgabe dieser Vorhaben versuchte Koch, der sich in sechs Monaten zur Wiederwahl stellen wollte, in die Offensive zu gehen. Anstatt zuzugeben, daß für die AIDS-Bekämpfung bisher viel zu wenig Geld zur Verfügung gestellt worden war, behauptete er, die Stadt gebe bereits $ 31 Millionen für AIDS aus. Diese Summe überstieg den Betrag, den Kochs Beauftragter für das Gesundheitswesen noch vor sechs Wochen genannt hatte, um etwa 3000 Prozent. Wie sich herausstellte, hatte Koch dabei die gesetzlich vorgeschriebenen Pflegekosten für jeden AIDS-Patienten in einem städtischen Krankenhaus in seine Rechnung einbezogen. Koch hatte sogar die Stirn zu behaupten, sein neuer Plan sei so gut, daß San Francisco eines Tages vielleicht dem Beispiel von New York bei der AIDS-Bekämpfung folgen werde. Den Vorschlag, die Stadt müsse mehr für die Aufklärung der Bevölkerung tun, lehnte er strikt ab. »Die Einwohner unserer Stadt sind sehr gut unterrichtet«, behauptete er.

Larry Kramer hatte zwar beabsichtigt, mit seinem Stück unmittelbare politische Wirkungen zu erzielen, aber das Publikum war am meisten davon beeindruckt, wie das sehr viel umfassendere Thema der gesellschaftlichen Vorurteile darin behandelt wurde. Für Kramer war AIDS nicht die Strafe Gottes, sondern die Folge der Feindschaft der Heterosexuellen. Die von Heterosexuellen erlassenen Gesetze bestimmten, daß Homosexuelle nicht heiraten oder in einer eheähnlichen Gemeinschaft zusammenleben durften, ohne von ihren Mitmenschen verachtet zu werden. Die Homosexuellenbewegung war nach

Auffassung von Kramer mit der übrigen Gesellschaft in Konflikt geraten, weil sie sich in erster Linie für die sexuelle Befreiung eingesetzt hatte und nicht für die Befreiung aller Menschen, denen ihre Persönlichkeitsrechte vorenthalten wurden. Ned Weeks, das alter ego von Larry Kramer, sagt an einer Stelle: »Warum habt ihr Schwulen nicht für das Recht zu heiraten gekämpft, anstatt für das Recht der sexuellen Promiskuität?« Das Stück endet damit, daß Weeks seinen Geliebten, der kurz darauf an AIDS stirbt, an einem Krankenhausbett heiratet.

Die *Gay Men's Health Crisis* war für Kramer eine Gruppe Menschen, die dem Beispiel von Florence Nightingale folgen wollten, aber sich jetzt mehr für melodramatische Sterbeszenen als dafür interessierten, die Regierung unter Druck zu setzen und mehr Geld für die AIDS-Forschung und -Fürsorge zu verlangen. Im zweiten Akt empört sich Weeks: »Anfangs glaubte ich, diese Leute würden jede Gelegenheit nutzen, für ein politisches Ziel zu kämpfen, aber dann habe ich mit ansehen müssen, wie sie sich in eine Truppe von Krankenpflegern verwandelten.«

Fast jede Rolle in dem Stück war das Porträt einer bekannten Persönlichkeit aus der Hierarchie der GMHC. Der Direktor der Organisation, Rodger McFarlane, der Geliebte von Kramer, hieß im Stück Mickey: ein liebenswerter Südstaatler, der sich täglich mit dem tragischen Schicksal der AIDS-Opfer auseinandersetzen mußte. Unter anderem Namen tauchte auch der phlegmatische Präsident der GMHC, Paul Popham, in dem Stück auf – der schwule Aktivist, dem es peinlich war, daß das Wort »gay« auf den von seiner Organisation verschickten Einladungen stand.

Paul Popham hatte durch die Kritiken nach der Generalprobe genug über den Inhalt des Stücks erfahren, um auf einen Theaterbesuch zu verzichten. Außerdem hatte er jetzt andere Sorgen.

Im März hatte der Arzt ihm gesagt, daß der purpurfarbene Fleck an seinem Hals auf ein Kaposi-Sarkom zurückzuführen war. Paul hatte diese Mitteilung sehr gelassen zur Kenntnis genommen und nur seine besten Freunde davon unterrichtet. Wenn die Leute erfuhren, daß man AIDS hatte, behandelten sie einen plötzlich ganz anders, und er wollte nicht anders behandelt werden. Seine Freunde rieten ihm dringend, nun auch selbst die Hilfe der GMHC in Anspruch zu nehmen, aber Paul lehnte das ab. Er sagte, das sei etwas für andere Leute, nicht für ihn.

Paul Popham zweifelte nicht daran, daß sein Engagement für die GMHC richtig gewesen war, auch wenn diese Organisation jetzt von vielen heftig kritisiert wurde. Paul hatte vier Jahre seines Lebens für die Organisation geopfert und dabei manches verloren – vor allem das Vertrauen zu der Stadt, die seine Wahlheimat geworden war, und er fühlte sich von einer Regierung betrogen, an deren Integrität er stets geglaubt hatte.

Doch er hatte auch etwas gewonnen. Paul Popham war der Homosexuellenbewegung früher eher gleichgültig gegenübergestanden; er war kein »bewußter« Homosexueller gewesen. Doch wenn er jetzt erlebte, wie ein freiwilliger Mitarbeiter der GMHC vom Krankenbett eines Sterbenden zurückkam, wurde ihm die Bedeutung und der Wert der so sehr in Bedrängnis geratenen Homosexuellengemeinschaft bewußt. Larry Kramer mochte über die Arbeit der GMHC spotten – für Paul jedoch waren diese freiwilligen Mitarbeiter Pioniere der Menschlichkeit. Die Männer, die an den Sterbebetten der AIDS-Opfer die Totenwache hielten, bezeugten den Respekt vor dem Leben eines jeden Homosexuellen, das von der schrecklichen Krankheit ausgelöscht wurde. Ihre Gegenwart beim Tode eines von aller Welt verlassenen, leidenden Menschen war der lebendige Beweis dafür, daß »dieser Mensch einen Wert hatte und eine Persönlichkeit war«.

Die Saunenbesitzer warteten nervös darauf, daß das Gesundheitsministerium die Schließung ihrer Etablissements überall in den Vereinigten Staaten anordnen würde. Sie hatten schon seit der Reglementierung des Sexualverhaltens in den Saunen von San Francisco damit gerechnet. Der Verband der unabhängigen homosexuellen Gesundheitsclubs gab bekannt, seine Mitglieder hätten sich verpflichtet, $ 500 000 für die Gerichtskoten aufzubringen, die bei einer Klage des Verbands gegen eine Schließung entstehen würden. Kritische Stimmen erklärten, das sei mehr, als diese Gruppe jemals für die AIDS-Vorbeugung auszugeben bereit gewesen sei. Die Nervosität im Zusammenhang mit der AIDS-Aufklärung war so groß, daß der Verband der Saunenbesitzer den *Key West Club Baths* mit dem Ausschluß drohte, weil sie sich erboten hatten, eine aus fünf Folgen bestehende örtliche Fernsehsendung über AIDS zu finanzieren.

Anfang Mai überlegte sich eine Reihe von Saunenbesitzern, ob sie aus dem Verband austreten sollten, weil sich dieser der AIDS-Aufklärung in den Saunen widersetzte. Aber der Direktor des Verbandes blieb fest. »Wo soll man eine Grenze ziehen?« fragte er die Mitglieder in einem Rundschreiben. »Wenn jemand in einer Sauna stürbe, würden wir dann alle unsere Mitglieder auffordern, die Saunen aus unseren Clubs zu entfernen?« Anstatt AIDS-Broschüren zu verteilen, solle man zunächst einmal abwarten, wie sich die Epidemie weiterentwickeln würde.

Zu der ersten Kontroverse um das in Kalifornien erlassene Gesetz über den Antikörper-Test kam es in San Francisco, nachdem ein homosexueller Mann, der behauptete, AIDS zu haben, einen Polizeibeamten gebissen hatte. Der Beamte verlangte, daß der Homosexuelle auf AIDS getestet würde, und der Bezirksstaatsanwalt erklärte, wenn der Polizist infiziert wäre, werde er den Angreifer wegen »eines tätlichen Angriffs« unter Anklage stellen.

Doch das Gesetz über die Anwendung des Antikörper-Tests räumte dem Angreifer alle Rechte ein. Das Gericht erklärte in seinem Urteil, er dürfe nicht gezwungen werden, sich testen zu lassen, und jeder Arzt würde gegen das Gesetz verstoßen, wenn er das Ergebnis eines Antikörper-Tests ohne Zustimmung des Mannes bekanntgäbe. Der Polizeibeamte war hier eindeutig das Opfer. Wie stand es um die Wahrung seiner Persönlichkeitsrechte?

Mit solchen Situationen hatten die Leute, die die Gefahren dieser Epidemie immer wieder herunterzuspielen suchten, nicht gerechnet. Sie taten so, als könne ein AIDS-Kranker nie etwas Unrechtes tun. Der Polizist mußte nun die üblichen Beschimpfungen über sich ergehen lassen. Was ihn vor dem Vorwurf bewahrte, er habe alle Homosexuellen in Konzentrationslagern einsperren wollen, war lediglich die Tatsache, daß er selbst homosexuell war und sich auch dazu bekannte. Er war der erste Schwule gewesen, der sich unter Berufung auf das in San Francisco geltende Gesetz gegen die Diskriminierung von Homosexuellen um eine Anstellung im Polizeidienst beworben hatte.

Doch der Pressesprecher der *San Francisco AIDS Foundation* reagierte auf die Klage des Polizeibeamten mit einer neuen Wortschöpfung für das *AIDSpeak*-Lexikon: Er erklärte, der Beamte leide an «AIDSphobie».

Was war AIDSphobie?

»Wenn man so tut, als sei AIDS das Schlimmste, was einem passieren kann«, lautete die Antwort.

749

CENTERS FOR DISEASE CONTROL, ATLANTA

Die AIDS-Statistik der CDC wurde jetzt per Computer zusammengestellt. Jede Woche registrierte ein Team, dessen Aufgabe darin bestand, die AIDS-Daten auf den neuesten Stand zu bringen, die Todesfälle nach Risikogruppen und geographischen Regionen. In der letzten Aprilwoche 1985, genau vier Jahre nachdem die technische Assistentin Sandra Ford einen Bericht über ungewöhnliche Anforderungen des Medikaments Pentamidin von einem homosexuellen Arzt aus New York City geschrieben hatte, meldete der Computer, daß die Zahl der AIDS-Fälle in den Vereinigten Staaten die 10 000 überschritten hatte.

56. Das Schicksal annehmen

Mai 1985, Maui, Hawaii

Wenn er schon an AIDS sterben mußte, wollte Cleve Jones wenigstens nicht den körperlichen Verfall an sich erleben, den er in den vergangenen Monaten an so vielen Freunden gesehen hatte. Als Cleve San Francisco verließ, kaufte er sich eine einfache Flugkarte, denn er glaubte, er werde nicht mehr lebend zurückkommen. Aber wenige Wochen nach seinem Eintreffen in Maui besserte sich sein Gesundheitszustand. Seine Stirnfalten glätteten sich, und er hoffte, er werde in Hawaii bleiben können – nicht um zu sterben, sondern um sich wieder seines Lebens freuen zu können.

Cleve verbrachte die Tage damit, daß er Marihuana rauchte und im tropischen Wald spazierenging. Jeden Abend besuchte er die Homosexuellenbar *Hamburger Mary's* und trank bis zur Sperrstunde einen Wodka mit Martini nach dem anderen. In den ersten Monaten genoß er dieses Leben, dann aber rührte sich sein Gewissen. Eines Morgens nach dem Aufwachen nahm er sich vor: »Von heute an wird sich das ändern. Ich werde nicht mehr trinken. Ich werde gesund werden.« Aber am Abend saß er wieder in der Bar und trank Wodka mit Martini. Jeden Morgen faßte er beim Aufwachen den gleichen Entschluß, und jeden Abend landete er wieder im *Hamburger Mary's*.

Er war sich jetzt darüber klargeworden, daß er das Trinken nicht mehr aufgeben konnte. Er war schon seit Jahren vom Alkohol abhängig, hatte es aber nicht zugeben wollen. Er hatte dieses Problem verdrängt und sich eingeredet, er könne auch mäßig trinken, wenn er nur nicht ganz darauf verzichten müßte. Aber Cleve beherrschte seine Trunksucht nicht, sie beherrschte ihn. Der Katzenjammer wurde jedesmal schlimmer, und in seinem Gehirn entstand eine entsetzliche Leere. Jeden Morgen kam die Reue, aber abends war er wieder betrunken und brachte es nicht fertig aufzuhören.

Was war aus dem Aktivisten geworden, der an der Spitze von Protestdemonstrationen durch die Straßen marschiert war? Diesen Cleve gab es nicht mehr. Von ihm schien nichts mehr übriggeblieben zu sein außer der Zwangsvorstellung, trinken zu müssen. Als er zu dieser Einsicht gekommen war, nahm er das Telefonbuch zur Hand und suchte eine Nummer heraus.

Am Abend betrat Cleve nervös das *Wailuku Community Center* und setzte sich in einer der hinteren Reihen auf einen Klappstuhl. Er hörte zu, wie ein dreizehnjähriger Junge und ein achtzigjähriger Mann über ihre Probleme mit dem Alkohol berichteten. Was sie erlebt hatten, kannte er nur zu genau. Er fing an zu weinen.

In den folgenden Tagen blieb Cleve zu Hause und las Bücher über den Alkoholismus. Er spürte, wie sich sein Magen vor Angst zusammenzog. Wenn er jetzt nichts unternahm, gab es keine Hoffnung mehr. Wenn er seine AIDS-Infektion überlebte, würde seine Trunksucht ihn umbringen. Er mußte entweder lernen, mit der Wahrheit zu leben, oder sich darauf gefaßt machen, mit einer Lüge zu sterben.

Nachdem er eine Woche lang versucht hatte, mit sich selbst ins reine zu kommen, ging Cleve wieder in die Versammlung, wo die Leute ihre Erfahrungen austauschten, um die Kraft zu finden, sich von der Trunksucht zu befreien. Als irgend jemand fragte, ob einer der Anwesenden neu dazugekommen sei, holte Cleve tief Atem und sagte, was er schon seit so langer Zeit wußte, sich aber niemals hatte eingestehen wollen:

»Ich heiße Cleve und bin Alkoholiker.«

JARDIN DE LUXEMBOURG, PARIS

Nach einem strengen Winter genoß Bill Kraus das milde Frühlingswetter in vollen Zügen. Paris war für ihn eine einzige Enttäuschung. Er hatte ständig Geldsorgen und fürchtete, völlig mittellos nach Kalifornien zurückkehren zu müssen. Im April hatte er seine Stellung verloren: Sala Burton hatte Bill entlassen müssen, weil er ins Ausland gereist war. Der Stadtrat Harry Britt und einige Freunde von Bill hatten einen Rundbrief unterschrieben, in dem sie um Geldspenden für Bill Kraus baten. Aber diese Aktion scheiterte, als der *Bay Area Reporter*, der Bill seine Haltung bei der Kontroverse um die Saunen noch nicht verziehen hatte, die Geldsammlung in einem Leitartikel als »elitär« verurteilte.

Der einzige Vorteil, den das Leben in Paris ihm bot, war die Tatsache, daß AIDS in Frankreich als ganz normale Krankheit wie etwa die Leukämie angesehen wurde. Hier war es nicht so wie in Amerika, wo schon das Wort AIDS Abwehrreaktionen auslöste. Aber Bill vermißte seine Freunde und hatte Heimweh nach San Francisco.

Auch die Therapie hatte nicht den erwarteten Erfolg. Bills Ärzte hatten kein sehr großes Zutrauen zu dem Medikament HPA-23 und empfahlen ihm, Isoprinosin zu nehmen, ein Medikament zur Stärkung des Immunsystems. Dieser Vorschlag beunruhigte Bill, denn er hatte geglaubt, das HPA-23 werde ihm das Leben retten. Daß es nun doch kein Allheilmittel sein sollte, bedrückte ihn sehr.

Diese Erkenntnis ging bei ihm an die Substanz, denn bisher hatte er sich beharrlich eingeredet, AIDS sei heilbar. Anfang Mai erlebte er eine neue große Enttäuschung, denn nun zeigten sich weitere Läsionen in seinem Gesicht.

Als sein Freund und Hausgenosse Ron Huberman zu einem vierwöchigen Besuch nach Frankreich kam, lebte Bill sichtlich auf. Gemeinsam durchstreiften sie die von Homosexuellen bewohnten Pariser Stadtteile und trafen sich zum Abendessen mit anderen AIDS-Kranken aus San Francisco, die nach Paris gekommen waren, um sich mit dem HPA-23 behandeln zu lassen.

»Vielleicht sollten wir unser Haus in San Francisco verkaufen und hierher übersiedeln«, sagte Ron auf einem Spaziergang durch den Jardin de Luxembourg. »Ich liebe Paris, und du könntest dich weiter beim Pasteur-Institut behandeln lassen. Vielleicht können wir hier auch Arbeit finden.«

»Nein, ich möchte nach San Francisco zurück«, sagte Bill. »Dort will ich...«

Er stockte.

Ron konnte sich denken, welches Wort es war, das Bill nicht aussprechen wollte.

»... dort möchte ich leben«, fuhr Bill fort. »Ich kann die Einsamkeit nicht mehr ertragen. Und ich sehne mich nach meinen Freunden.«

»Wenn du wieder nach Hause zurückkehren willst, dann komm doch«, sagte Ron. »Wir werden alle für dich dasein.«

Die beiden gingen eine Zeitlang schweigend auf den von Hecken und Statuen gesäumten Parkwegen nebeneinander her. Schließlich sagte Bill:

»Ich glaube nicht, daß ich das noch schaffen werde.«

Zum ersten Mal gestand er seinem Freund, daß er fürchtete, sterben zu müssen. Bisher hatte er seinen Freunden verboten, an eine solche Möglichkeit auch nur zu denken – denn wenn sie sich ihn auf dem

Sterbebett vorstellten, schadeten sie ihm mit ihren negativen Gedanken. Manche hielten das für überspannt, doch sie wollten den Zustand von Bill ebensogern verdrängen wie er selbst, und deshalb erfüllten sie seinen Wunsch. Ron war erleichtert zu sehen, daß Bill jetzt bereit war, sein Schicksal anzunehmen. Aber noch am gleichen Abend schien Bill seine Ansicht wieder geändert zu haben.

»Vergiß, was ich dir vorhin gesagt habe«, sagte er Ron. »Ich bin in eine Sackgasse geraten.«

Er schien richtig wütend zu sein. Während des Besuchs von Ron regte er sich immer wieder darüber auf, daß es in den Vereinigten Staaten noch immer keine regelrechte AIDS-Therapie gab. Etwa hundert amerikanische AIDS-Kranke waren nach Paris gekommen, um sich hier behandeln zu lassen, und fuhren täglich zu dem am Stadtrand gelegenen *Percy Hospital,* um sich das HPA-23 spritzen zu lassen.

In seinem Zimmer am Quai des Celestins am Ufer der Seine schrieb Bill wütende Briefe an seine Freunde und an amerikanische Journalisten, um sie zu drängen, Artikel über die Notwendigkeit einer wirksamen AIDS-Therapie zu schreiben. Weniger als zehn Prozent der amerikanischen AIDS-Patienten wurden versuchsweise mit irgendwelchen Medikamenten behandelt. Nur ganz wenige der schätzungsweise mehr als hunderttausend Personen, die an Lymphadenopathie litten, waren in ärztlicher Behandlung, obwohl viele Wissenschaftler meinten, eine Behandlung könne bei solchen Patienten sehr viel wirkungsvoller sein als bei anderen in einem fortgeschritteneren Stadium, denn ihr Immunsystem sei noch nicht so weit geschwächt wie bei den Kranken, bei denen der Ausbruch von AIDS unmittelbar bevorstand. Den Patienten mit AIDS und Lymphadenopathie sagte man, sie müßten warten, bis die in Frage kommenden Medikamente ausreichend getestet seien. Erst dann könne man mit einer versuchsweisen Therapie beginnen. Aber viele wußten, daß sie längst tot sein würden, wenn es so weit war.

Die Bundesregierung interessierte sich offenbar noch immer nicht für die Entwicklung einer wirksamen AIDS-Therapie. Anfang Mai gab die *Food and Drug Administration* bekannt, sie werde der Firma *Newport Pharmaceutical International* erlauben, Ärzte nach den für Versuchsdrogen geltenden Bestimmungen mit dem Medikament Isoprinosin zu beliefern. Um jedoch den von der FDA erlassenen Bestimmungen zu genügen, hätte die Firma nach eigenen Berechnungen für jeden Patienten, der mit dem Medikament behandelt wurde, $ 2000 für Bluttests ausgeben müssen. Die Regierung stellte jedoch für solche

754

Versuche kein zusätzliches Geld zur Verfügung. Wie nicht anders zu erwarten, erklärte die Firma *Newport,* sie werde das Mittel nur für die Behandlung ganz weniger Patienten in den Vereinigten Staaten liefern können. Indessen versicherte James Mason den besorgten Kongreßabgeordneten, die wissen wollten, was die Bundesregierung für die Entwicklung geeigneter AIDS-Therapien unternehme: »Der öffentliche Gesundheitsdienst unterstützt auch weiterhin die Entwicklung neuer Versuchsmodalitäten für die AIDS-Therapie mit allen ihm zur Verfügung stehenden Mitteln«.

In San Francisco war angesichts der verzweifelten Lage vieler AIDS-Patienten ein weitverzweigtes illegales Netz zur Versorgung dieses Personenkreises mit den noch nicht zugelassenen Medikamenten Ribavirin und Isoprinosin entstanden. In Mexiko konnte man diese Präparate nämlich in jeder Apotheke kaufen. Eine Gruppe in Berkeley, die sogenannten *Tooth Fairies,* hatte Handzettel in Umlauf gebracht, auf denen man nachlesen konnte, wie man mit den Medikamenten am besten über die Grenze kam. Wer sie allerdings bei gewissenlosen Geschäftemachern kaufte, mußte einen horrenden Schwarzmarktpreis dafür bezahlen. In Mexiko kostete eine Schachtel mit 20 Isoprinosin-Tabletten $ 2,50. In San Francisco mußten verzweifelte AIDS-Kranke $ 1,20 für eine Tablette ausgeben.

Bill Kraus war empört darüber, daß die AIDS-Organisationen nichts unternahmen, um die AIDS-Patienten mit diesen Medikamenten zu versorgen. Er forderte daher seine politischen Freunde auf, sich dieses Problems anzunehmen: »Es ist wirklich absurd. Eigentlich sollten die Menschen, die sich behandeln lassen wollen, in die Vereinigten Staaten kommen. Stattdessen müssen Amerikaner ins Ausland reisen.«

Während seines Aufenthalts in Paris hatte Bill es vermieden, sich ins homosexuelle Nachtleben zu stürzen. Doch Ron Huberman war ein geselliger Mensch, und deshalb begleitete ihn Bill an manchen Abenden in die Bars und Discos. In dem beliebten Tanzlokal *Haute Tensione* lernte Bill einen gutaussehenden jungen Mann kennen, der sich für ihn zu interessieren schien. Als Bill ihm erzählte, er sei aus San Francisco, wandte sich das Gespräch sofort dem Thema AIDS zu.

»Ist das wirklich etwas so Furchtbares, oder wird es nur aufgebauscht, um uns moralisch zu schaden?« fragte der Franzose.

Bill erklärte, daß die Epidemie eine furchtbare Bedrohung darstelle.

Der Mann fragte ungläubig: »Ist es wirklich wahr, daß man alle Bars und Saunen geschlossen hat?«

Auch in Paris beschäftigte man sich bereits mit diesem Problem. Es gab auch hier Homosexuellenbars mit dunklen Hinterzimmern, in denen Sexorgien gefeiert wurden, die sich durchaus mit denen in San Francisco vergleichen ließen. Die Polizei verlangte, daß die Barbesitzer das Licht in diesen Zimmern einschalteten, aber die Pariser Homosexuellenpresse bezeichnete diese Verordnung als faschistisch.

»Ich finde das schrecklich«, sagte der junge Pariser, »diese Art, wie sie uns ihre Moral beibringen wollen.«

Bill hatte das Gefühl, das alles schon einmal erlebt zu haben. In San Francisco hatte er Hunderte solcher Gespräche geführt. Er hätte den jungen Mann am liebsten bei den Schultern gepackt und ihm gesagt: »Um Gottes willen, macht nicht den gleichen Fehler, den wir gemacht haben.«

Im Mai 1985 hatte die Furcht vor der AIDS-Epidemie die Menschen auf allen fünf Kontinenten ergriffen. Die Gesundheitsbehörden in Europa hatten tausend AIDS-Fälle registriert. Mehr als dreihundert waren in Frankreich gemeldet, hundertzweiundsechzig in der Bundesrepublik Deutschland und hundertvierzig in Großbritannien. In Österreich war ein einjähriges Kind an Pneumocystosis erkrankt, dessen Mutter vermutlich eine Prostituierte war. Dieses Kind war das erste an AIDS erkrankte Baby in Europa. In Schweden waren acht Personen an AIDS gestorben, und dreihundert zeigten die Symptome einer Lymphadenopathie. Die schwedischen Gesundheitsbehörden empfahlen der Regierung, AIDS nach den für Geschlechtskrankheiten geltenden Bestimmungen zu behandeln. Nach geltendem Recht konnte jeder schwedische AIDS-Kranke mit zwei Jahren Gefängnis bestraft werden, der bewußt sexuelle Kontakte pflegte, mit denen die Krankheit übertragen werden konnte. In England erklärte der höchste für das Gesundheitswesen zuständige Regierungsbeamte, AIDS sei die ernsteste Bedrohung der öffentlichen Gesundheit seit dem Zweiten Weltkrieg. Der Gesundheitsminister Kenneth Clarke kündigte den Erlaß neuer Bestimmungen an, mit denen die Gerichte bevollmächtigt werden sollten, einen AIDS-Patienten in einem Krankenhaus isolieren zu lassen, wenn er nicht auf Sexualkontakte verzichtete, mit denen AIDS übertragen werden konnte.

Spektakuläre Berichte über AIDS in der britischen Presse bestärkten viele Bürger des Landes in ihren Vorurteilen gegenüber Homosexuellen. Ein bekannter homosexueller Aktivist wurde vor einer Londoner U-Bahn-Station von einer Gruppe Jugendlicher mit Messern bedroht. Sie schrien ihn an, sie würden ihn umbringen, bevor er andere mit der

»Schwulenpest« infizieren könne. Als die Telefonvermittlung einer Homosexuellenberatungsstelle in London wegen Überlastung versagte, weil zu viele Anrufer Auskünfte über AIDS einholen wollten, weigerten sich die Angestellten der Telefongesellschaft, die Schaltungen zu reparieren. Sie fürchteten, sich dabei mit AIDS zu infizieren.

Das britische Adelsverzeichnis, *Burke's Peerage*, erklärte, um »die Reinheit der menschlichen Rasse« zu bewahren, werde es keine Familie mit in das Verzeichnis aufnehmen, in der ein Mitglied an AIDS erkrankt sei. »Wir fürchten, daß AIDS keine einfache Infektion ist, auch wenn es auf ungewöhnliche Weise übertragen wird«, sagte der Cheflektor, »unserer Ansicht nach ist diese Krankheit ein Zeichen für einen genetischen Defekt.«

Der Tod des ersten AIDS-Patienten auf dem asiatischen Festland löste in Hongkong eine AIDS-Panik aus. Die Bemühungen der Gesundheitsbehörden in Hongkong, den Infektionsherd zu finden, scheiterten jedoch an den drakonischen Gesetzen gegen die Homosexualität. Ein Homosexueller mußte in Hongkong mit einer lebenslangen Freiheitsstrafe rechnen. Als die Regierung eine telefonische AIDS-Beratungsstelle einrichtete, waren nur wenige Anrufer bereit, Namen und Adresse zu nennen, um sich Aufklärungsbroschüren schicken zu lassen. Die gegen die Homosexualität gerichteten Gesetze machten auch jede epidemiologische Forschung unmöglich. Ein schwuler Geschäftsmann erklärte, wenn die Regierung die Homosexualität nicht entkriminalisiere, mache sie sich des Mordes schuldig.

Die Gesundheitsbehörden überall auf der Welt machten sich darauf gefaßt, daß die Zahl der AIDS-Fälle noch wesentlich ansteigen würde – auch in den Ländern, in denen bisher nur wenige Erkrankungen gemeldet worden waren. Eine Untersuchung in Montreal ergab, daß hier achtundzwanzig Prozent aller homosexuellen Männer mit dem AIDS-Virus infiziert waren. In der australischen Stadt Melbourne waren es zwanzig bis dreißig Prozent. Der Organisator einer bedeutenden AIDS-Organisation in Großbritannien, Terence Higgins Trust, empfahl den englischen Homosexuellen, sexuelle Kontakte mit Männern aus London zu vermeiden, nachdem festgestellt worden war, daß ein Drittel der homosexuellen Männer dort mit dem HTLV III infiziert war.

Die Regierungen der afrikanischen Länder, die am schwersten von der Epidemie betroffen waren, spielten die Situation herunter. Doch ein Mitarbeiter der CDC berichtete im März, daß es allein in Zaire elftausend AIDS-Fälle gebe. Die große Zahl der Prostituierten, die in

Ländern wie Ruanda und Uganda mit dem AIDS-Virus infiziert waren, ließ vermuten, daß hier die »Magersucht« auch weiterhin ungehemmt auf heterosexuellem Wege übertragen wurde.

Anfang 1985 war die Zahl der mit AIDS Infizierten, gemessen an der Einwohnerzahl des Landes, in Dänemark größer als in allen anderen europäischen Ländern. Nach einer Studie waren sechsunddreißig Prozent der homosexuellen Männer mit dem AIDS-Virus infiziert, und jeden Monat infizierten sich zusätzlich drei Prozent der Besucher von Homosexuellensaunen. Kliniker wie Dr. Ib Bygbjerg empfahlen, die Saunen sollten geschlossen werden und man solle AIDS ebenso wie in Schweden rechtlich als Geschlechtskrankheit behandeln. Doch die Gesundheitsbehörden unternahmen nichts ohne die Zustimmung der gutorganisierten Homosexuellengemeinschaft. Führende Homosexuelle ließen sich durch die verhältnismäßig geringe Zahl von AIDS-Fällen nicht beeinflussen und behaupteten, die AIDS-Gefahr sei eine Übertreibung homosexuellenfeindlicher Kreise. Den Gesundheitsbehörden erklärten sie, die Schließung der Saunen sei ein Eingriff in ihre Persönlichkeitsrechte.

Doch die AIDS-Fälle, die im *Rigshospitalet* in Kopenhagen behandelt werden mußten, häuften sich, und Bygbjerg war der Verzweiflung nahe. »Die homosexuellen Radikalen bestimmen unsere Behandlungsmethoden«, erklärte er. »Wir müssen dieser Krankheit Einhalt gebieten, aber man läßt uns nicht.«

17. MAI, DUBLIN STREET, SAN FRANCISCO

Die Schuppenflechte von Frances Borchelt ließ sich auch während ihres wochenlangen Aufenthalts im Universitätskrankenhaus von San Francisco nicht heilen. Für Bob Borchelt war es ein herzzerreißender Anblick zu sehen, in welchem Zustand seine Frau nach Hause zurückkam.

Manchmal stand Frances vom Bett auf und setzte sich in den orangefarbenen Polstersessel im Wohnzimmer. Doch sie scheuchte jeden fort, der ihr zu nahe kam.

»Kommt mir nicht in die Nähe«, sagte sie.

Frances hatte keinen Appetit mehr. Cathy und ihr Vater mußten ständig überlegen, womit sie die Kranke ernähren sollten. Sie notierten gewissenhaft die Flüssigkeitsmengen, die Frances zu sich nahm. Jeder Schluck wurde zu einem kleinen Sieg.

Auch ihr Verstand schien zeitweise getrübt. Schon seit Jahren löste Frances das tägliche Kreuzworträtsel in der *New York Times*, aber plötzlich konnte sie sich nicht mehr konzentrieren und an die richtigen Lösungswörter erinnern. Es fiel ihr sogar schwer, den Bleistift zu halten.

In den letzten Maiwochen litt sie an zahlreichen Infektionen: Zu einer schweren Lymphadenopathie war vor kurzem eine idiopathische thrombozytopenische Purpura gekommen. Außerdem litt sie an einer Brustdrüsenentzündung und an Mundsoor.

Doch trotzdem versuchte Frances den Anschein zu erwecken, als führe sie ein normales Leben. Jeden Morgen machte sie selbst ihr Bett, wie sie es während ihrer vierzigjährigen Ehe immer getan hatte. Doch nun dauerte das Glätten der Laken manchmal 45 Minuten. Es fehlte ihr ganz einfach die Kraft. Als Frances Borchelt in den ersten Junitagen einen trockenen Husten bekam, zweifelten Bob, Cathy und die anderen Familienangehörigen nicht mehr daran, daß das Ende nahe war.

Am Montag, dem 10. Juni, wurde Frances Borchelt von ihren Angehörigen wieder in das Seton Medical Center gebracht, wo ihre Bronchopneumonie behandelt werden sollte. Ihre Lungen hatten sich mit Flüssigkeit gefüllt, sie hatte hohes Fieber und war ständig in Schweiß gebadet. Nachdem der Krankenhaus-Geistliche ihr die Letzte Ölung gespendet hatte, blickte Frances zu ihrer Tochter auf und fragte: »Wer war das?«

Nach einigen Tagen fing sie an Selbstgespräche zu führen. Cathy stellte fest, daß das unverständliche Murmeln den gleichen Tonfall hatte wie ein lebhaftes Gespräch. Einmal wandte sie sich von ihrem vermeintlichen Gesprächspartner ab und fragte Cathy: »Warum bin ich krank?« Bald darauf fiel sie ins Koma.

Am Samstag, den 15. Juni, erblindete Frances Borchelt.

Einige Wochen zuvor hatten die Anwälte der Blutbank für den 20. Juni ein Gespräch mit Frances verabredet, um zu erfahren, für wen sie die Summe bestimmt hatte, die ihr von der *Irwin Memorial Blood Bank* als Schadenersatz gezahlt werden sollte. Als die Anwälte hörten, daß die Patientin im Krankenhaus lag, baten sie um einen neuen Besuchstermin. Cathy wurde böse, als sie das hörte.

»Sie sollten gezwungen werden, hierherzukommen und zu sehen, was aus einem Menschen wird, der an AIDS erkrankt«, sagte sie. Aber die Anwälte kamen nicht.

Am Montag, dem 17. Juni, saß Bob Borchelt den ganzen Tag am

759

Bett seiner Frau, die immer noch im Koma lag. Als die Krankenschwester sah, wie erschöpft Bob war, riet sie ihm, nach Hause zu gehen und sich auszuruhen. Sie würde ihn anrufen, wenn irgendetwas geschähe. Doch das Telefon läutete schon sehr bald, nachdem Bob in der Dublin Street angekommen war. Frances war gestorben.

Am Todestag von Frances Borchelt meldeten die *Centers für Disease Control*, daß die Zahl der an AIDS erkrankten Amerikaner die 11000 überschritten hatte. Man müsse damit rechnen, daß monatlich etwa tausend neue Fälle hinzukämen. Nach dem Bericht der CDC hatten sich bis zum 15. Juni 11010 Amerikaner mit AIDS infiziert und 5441 von ihnen waren gestorben.

Als die AIDS-Patienten im George-Washington-Universitätskrankenhaus am 21. Juni ihre Augen öffneten, sahen sie eine Frau in einem weißen Leinengewand die Bettreihen entlanggehen. Sie trug keine Gesichtsmaske und keine Handschuhe und fürchtete sich nicht, an die Betten zu treten und die jungen Männer nach ihrer Krankheit zu fragen. Mutter Theresa war direkt aus dem Weißen Haus gekommen, um die AIDS-Patienten zu besuchen. Dort war sie von Präsident Reagan, der sich bis zu diesem Tage nicht zu der AIDS-Epidemie geäußert hatte, mit der *Medal of Freedom* ausgezeichnet worden.

Auch wenn die dramatischen Ereignisse während der folgenden fünf Wochen solche Gesten in den Schatten stellen sollten – es zeigte sich in den ersten Sommertagen des Jahres 1985 sehr deutlich, daß das allgemeine Interesse am AIDS-Problem zunahm. Zu viele Menschen waren mittlerweile davon betroffen, als daß man es noch länger hätte ignorieren können.

Auch kirchliche Autoritäten setzten sich jetzt entschieden für eine energische Bekämpfung der Epidemie ein. In San Francisco hielt Bischof William Swing von der Episkopalkirche eine Grundsatzpredigt, in der er erklärte, wenn Jesus im Jahre 1985 leben würde, stünde er nicht auf der Seite der Moralisten, welche die Homosexuellen verurteilten, sondern auf der Seite derer, die an AIDS litten. Das Mitgefühl Christi habe sich gerade darin ausgedrückt, daß er sich der Geächteten annahm.

Als erste einer ganzen Reihe ähnlicher Presseveröffentlichungen brachte die Zeitschrift *Life* einen dramatischen, mit zahlreichen Fotos illustrierten Sonderbericht. Der Titel auf der Umschlagseite faßte die durch AIDS drohende Gefahr in den folgenden Worten zusammen: »Jetzt ist niemand mehr sicher vor AIDS.«

In Wirklichkeit jedoch waren die meisten Amerikaner sicher vor AIDS, und wenn *Life* behauptete, heterosexuelle Bluter, heterosexuelle Empfänger von Bluttransfusionen und heterosexuelle Partner von drogenabhängigen Fixern seien die »neuen Opfer« der Epidemie, dann stimmte das ganz einfach nicht. Das waren keine neuen Risikogruppen. Neu war vielmehr die Tatsache, daß die Medien jetzt anfingen, über die Bedeutung von AIDS für die Heterosexuellen zu sprechen. Erst in diesem Zusammenhang war AIDS zu einem Thema geworden, über das es sich zu berichten lohnte. Der Satz, den die Organisatoren des Kampfes gegen die Epidemie in diesem Sommer am häufigsten gebrauchten, lautete: »AIDS ist keine Homosexuellenkrankheit.«

30. JUNI, SAN FRANCISCO

Im strahlenden Sonnenschein wölbte sich ein porzellanblauer Himmel über San Francisco, und die sanften bewaldeten Hügel außerhalb der Stadt leuchteten in saftigem Grün. Die Sonne wollte offenbar die Freiheitsparade der Homosexuellen und Lesbierinnen wie jedes Jahr mit ihren wärmenden Strahlen verwöhnen. 250000 Menschen drängten sich auf den Bürgersteigen und Straßen im Stadtzentrum von San Francisco. Sie hatten sich schon eingefunden, bevor sich die Kolonne mit ihren Festwagen, Musikkapellen und kostümierten Gruppen zu der dreistündigen Prozession in Bewegung gesetzt hatte.

Die Vielfalt, mit der sich die Homosexuellenszene auf diesem alljährlich stattfindenden Fest darstellte, war ein Beweis dafür, daß sich die Homosexuellen und Lesbierinnen nicht über einen Kamm scheren ließen. Da gab es Männer, die ihre sechsjährigen Kinder auf den Schultern trugen, auf deren T-Shirts man die Worte lesen konnte: »Ich liebe meinen schwulen Dad«. Einen Häuserblock hinter dieser Gruppe kam der Festwagen der *Chaps Leather Bar*, besetzt mit Männern, die sich mit schwarzen Lederriemen in den verrücktesten Stellungen gefesselt hatten. Den »Dykes on Bykes« (Lesbierinnen auf Fahrrädern) folgten die »Ducks in Trucks« (schwule Männer auf Lastwagen), ein Wagen, auf dem Gummienten in Kunststoffwannen schwammen. Den lesbischen Feministinnen, die gegen die frauenfeindliche Politik in Mittelamerika protestierten, folgten die *Ladies Against Women* (Damen gegen Frauen) mit satirischen Transparenten, die sich gegen die freie Liebe oder die Frauenemanzipation wandten.

Aber diesmal war die Stimmung der Demonstranten anders als in den vergangenen Jahren. Die depressive Ratlosigkeit, die die Homosexuellenszene lange Zeit gelähmt hatte, war überwunden. Jetzt nahmen diese Menschen ihr Schicksal an. Sie wußten, daß es niemals mehr so werden würde wie »früher«. Die Vergangenheit ließ sich nicht mehr zurückholen. Mit dem Ausbruch der Epidemie hatte ein neues Leben begonnen. Das war grausam, aber es ließ sich nicht ändern, und auf der 16. *Gay Freedom Day Parade* konnte man erkennen, daß die meisten Homosexuellen in San Francisco sich darüber im klaren waren.

Nach den Jahren der Verdrängung, des Zorns und der lähmenden Verzweiflung hatte sich die Homosexuellengemeinschaft in San Francisco aufgerafft, die Epidemie mit aller Entschlossenheit zu bekämpfen. Der Aufmarsch war zugleich eine Gedenkfeier für den ehemaligen »KS-Poster-Boy« Bobbi Campbell, der im vergangenen Sommer gestorben war. Die Festwagen mit den nackten Männern ernteten diesmal weniger Applaus als die Wagen der zahlreichen Gruppen, die sich zur Bekämpfung von AIDS zusammengeschlossen hatten. Tausende von homosexuellen Männern waren jetzt bereit, ihre Freiheit zu opfern, um sich dem telefonischen Beratungsdienst zur Verfügung zu stellen, Spenden für die Betreuung AIDS-Kranker zu sammeln und AIDS-Patienten in ihren Wohnungen zu betreuen. Es war dies eine neue Homosexuellengemeinschaft, die durch die von der Nachmittagssonne beschienenen Straßen zog und von allen Zuschauern mit Beifall empfangen wurde. Auf dem Festwagen der *San Francisco AIDS Foundation* stand ein schwarzer, mit Girlanden drapierter Marmorgrabstein. Dieses Symbol war aus dem Leben der Homosexuellen nicht mehr wegzudenken. Die Preisrichter erkannten diesem Festwagen daher einen Sonderpreis zu.

Der größte Block des Zuges marschierte hinter einem Transparent mit der Aufschrift »Nüchtern leben«. Diese Leute vertraten die ständig wachsende Zahl derjenigen, die sich entschlossen hatten, auf Alkohol und Drogen zu verzichten. Sie gehörten zu den Pionieren des neuen Lebensstils, der sich in der Homosexuellengemeinschaft entwickelte. Andere Gruppen verteilten Tausende von Kondomen, ohne fürchten zu müssen, daß die Homosexuellen sie einfach zu Ballons aufblasen und wegwerfen würden, wie sie das bei anderen Aufmärschen getan hatten. Und niemand machte dumme Witze darüber, daß er nicht wüßte, wie man diese verdammten Dinger benutzte. Der Besitzer einer Boutique an der Castro Street berichtete, er verkaufe an jedem Wochenende durchschnittlich viertausend Gummis. Ein ehemaliger Pornostar warb bei der Parade auf seine Art für den Safer Sex: Er trug ein Transparent mit der Aufschrift »Laßt die Mikroben sterben«.

An dem Stand der *AIDS Foundation* verteilten die Mitarbeiter Handzettel mit den Ergebnissen einer Umfrage, bei der festgestellt worden war, daß vier von fünf Homosexuellen in San Francisco auf den ungeschützten Geschlechtsverkehr verzichteten, nur noch einer von elf ungeschützten Oralverkehr praktizierte und nur einer von vierzehn beim Analverkehr kein Kondom benutzte. Mehr als die Hälfte aller homosexuellen Männer lebten in einer monogamen Beziehung zu ihrem Partner. Die *Foundation* hatte es aufgegeben, mit dem Schlagwort »Auch Safer Sex kann Spaß machen« zu werben. Statt dessen wurden die Homosexuellen ermahnt: »Ungeschützter Sex läßt sich nicht mehr rechtfertigen.«

Die Homosexuellengemeinschaft nahm diese Umkehrung der sexuellen Normen mit dem für sie charakteristischen Humor auf. Der Komiker Doug Holsclaw belustigte seine Zuhörer am Schluß seiner Auftritte jedesmal mit dem Satz: »Ich ficke gern mit Fremden – auch wenn ihr mich deshalb für altmodisch haltet.«

Besonders bemerkenswert war die Tatsache, daß sich der politische Einfluß der Homosexuellen im Verlauf der Epidemie gestärkt hatte. Das zeigte sich am deutlichsten darin, daß Alan Cranston als erster amerikanischer Senator am *Gay Freedom Day* auf der Massenversammlung nach dem Aufmarsch eine Ansprache hielt. Darin sagte er: »Unsere Freiheit erzeugt die Vielfalt, und aus unserer Vielfalt gewinnen wir die Kraft, ein Problem zu bewältigen.«

Die größte Begeisterung aber löste die Bekanntgabe der Entlassung von zwei homosexuellen Männern aus, die zu den 29 amerikanischen Geiseln gehört hatten, die im Libanon von Terroristen gefangengehalten worden waren. Sie waren im Verlauf einer Weltreise auf dem Flug von Athen nach Rom an Bord der TWA-Maschine 847 gewesen. Während der Geiselhaft hatten sie ständig in der Angst gelebt, ihre fundamentalistischen moslemischen Bewacher könnten dahinterkommen, daß sie homosexuell waren, und sie umbringen.

Unmittelbar nach ihrer Entführung hatten die Nachrichtenmedien in San Francisco erfahren, daß Jack McCarty Geschäftsführer einer der bekanntesten Homosexuellenbars gewesen war, bevor er mit seinem Geliebten, dem Postboten Victor Amburgy, auf die Reise gegangen war. Mit beispielloser Diskretion verzichtete die örtliche Presse darauf, diesen Umstand zu erwähnen, weil man in den Redaktionen fürchtete, die Entführer würden die beiden Freunde töten, wenn sie etwas von diesen Zusammenhängen erfuhren.

Während der langen Geiselhaft waren McCarty und Amburgy in einem schmutzigen Keller eingesperrt, in dem es von Ratten wimmelte, und ihre Bewacher spielten täglich russisches Roulette mit ihnen. Während andere Geiseln mit den Nerven am Ende waren, blieb McCarty ruhig und gefaßt. Er bemühte sich sogar, beruhigend auf die anderen einzuwirken. Diese Aufgabe war ihm nicht fremd, denn er hatte in San Francisco als Freiwilliger beim *Shanti Project* mitgearbeitet.

Während der ganzen Geiselhaft mußte McCarty an Scott Cleaver denken, einen jungen Mann, den er im Rahmen seiner Arbeit betreut hatte. Cleaver hatte im Kampf gegen seine unheilbare Krankheit eine unglaubliche Kraft und bewundernswerten Mut bewiesen, und McCarty war jetzt, da er sich in der Gewalt der Terroristen befand, entschlossen, den gleichen Mut aufzubringen. Diese Haltung übertrug sich auch auf die anderen Geiseln und half ihnen zu überleben.

Als Amburgy und McCarty nach ihrer Freilassung aus der Maschine der amerikanischen Luftwaffe stiegen, kamen sie Arm in Arm die Gangway herunter. Sie zeigten, daß sie sich liebten und stolz darauf waren. Und daß sie überlebt hatten, verdankten sie zum großen Teil der Kraft, die sie als Homosexuelle in San Francisco entwickelt hatten.

An jenem sonnigen *Gay Freedom Day* in San Francisco zeigte es sich, daß die Gemeinschaft der Homosexuellen manches mit der Mehrzahl ihrer Mitmenschen teilte. Man durfte jetzt hoffen, daß alle Amerikaner etwas aus den Fehlern der Homosexuellen lernen und nicht wertvolle Zeit damit verschwenden würden, die ihnen durch AIDS drohende Gefahr zu verdrängen. Aber vielleicht konnten sie sich auch an der Kraft und dem Mut der Homosexuellengemeinschaft ein Beispiel nehmen. Zwar ging der politische Machtkampf weiter, aber er stand im Schatten des inneren Ringens um den Mut, einen der schwersten Schläge zu ertragen, die das Schicksal jemals einer Gruppe von Amerikanern versetzt hatte. Während die Homosexuellen einander halfen, diese Kraft zu finden, war eine echte Gemeinschaft entstanden, die mehr war als eine bloße Interessengemeinschaft. Alle, die ihr angehörten, hatten einen gemeinsamen Traum vom Überleben. Der Weg dorthin hatte in fünf schweren und schmerzlichen Jahren zurückgelegt werden müssen, aber an diesem Tage zeigte es sich, daß das Ziel erreicht war.

57. Der letzte Akt

FREITAG, 12. JULI 1985,
RAYBURN HOUSE OFFICE BUILDING, WASHINGTON, D. C.

Unmittelbar vor der Verabschiedung des Haushaltsplans für das nächste Rechnungsjahr durch den Kongreß kam es erneut zu Konflikten zwischen der Administration und dem Repräsentantenhaus. Der Abgeordnete Henry Waxman drängte die Gesundheitsministerin Margaret Heckler schon seit zwei Monaten, ihm schriftliche Belege vorzulegen, welche Summen die bei den Gesundheitsbehörden arbeitenden Ärzte für die AIDS-Forschung angefordert hatten. Die Administration behauptete, die Forscher bekämen alles, was sie brauchten – anscheinend mußten diese Ärzte also eine Kürzung der Beträge um zehn Prozent verlangt haben!

Doch das Büro von Mrs. Heckler beantwortete ihre Anfrage nicht.

Indessen wurde bekannt, daß der Abteilungsleiter im Gesundheitsministerium, Dr. James Mason, mehrfach beim *Office of Management and Budget* vorgesprochen und um die Zuweisung größerer Beträge gebeten hatte. In einem Interview des *Cable Health Network* hatte Dr. Robert Gallo noch vor wenigen Wochen auf die Frage, ob ihm für die AIDS-Forschung genügend Geld zur Verfügung stünde, die Antwort mit dem üblichen »Kein Kommentar« verweigert. Doch privat beschwerte sich Gallo bitter darüber, daß die Administration ein Jahr nach der Bekanntgabe seiner Entdeckung des HTLV III die seinem Labor zur Verfügung gestellte Summe nur unwesentlich erhöht hatte. Einer Gruppe von französischen Journalisten sagte Gallo ganz offen: »Was wir jetzt in der therapeutischen Forschung tun, genügt bei weitem nicht.«

Auch zahlreiche Kongreßabgeordnete zeigten sich beunruhigt. Senator Cranston aus Kalifornien, der 1986 mit einem schwierigen Wahlkampf rechnen mußte, bemühte sich um eine ausreichende Finanzierung der AIDS-Forschung. Der Vorsitzende des Bewilligungsausschusses des Repräsentantenhauses, Ed Roybal, setzte sich ebenfalls leidenschaftlich für eine energische Bekämpfung der Epidemie ein, nachdem ein homosexueller Mitarbeiter in seinem Bezirksbüro in Los Angeles an AIDS gestorben war.

Der Abgeordnete Waxman hatte für Montag, den 22. Juli, eine Anhörung über den AIDS-Etat angesetzt. Dazu brauchte er die bei Mrs. Heckler angeforderten schriftlichen Unterlagen. Deshalb schrieb er der Ministerin am 12. Juli einen geharnischten Brief.

»Wenn alle schriftlichen Unterlagen bis zu diesem Datum nicht vorliegen sollten, werde ich mich gezwungen sehen, einen Gerichtsbeschluß für die Vorlage zu erwirken. Es tut mir aufrichtig leid, meiner Bitte in dieser scharfen Form Nachdruck verleihen zu müssen... Aber der Kongreß wartet seit sechs Monaten vergeblich darauf, daß Sie eine höfliche Anfrage mit der gleichen Höflichkeit beantworten. Während dieser sechs Monate sind fast 1800 Amerikaner an AIDS gestorben, und fast 3300 sind nach den Erkenntnissen der behandelnden Ärzte so schwer erkrankt, daß sie in absehbarer Zeit sterben werden. Angesichts dieser Tatsachen und der Verzögerungen und Versäumnisse, deren sich die Administration in den vergangenen Jahren schuldig gemacht hat, glaube ich nicht, daß wir noch länger warten können.«

MONTAG, 15. JULI, CARMEL, KALIFORNIEN

Die Freunde von Rock Hudson hatten den Schauspieler dringend gebeten, die Aufnahmen für einen Fernsehauftritt mit Doris Day abzusagen, aber der charmante Filmstar bestand darauf, seine Zusage einzuhalten. Er wußte, daß Doris Day, seine Partnerin in »Bettgeflüster« und anderen Filmen, damit rechnete, daß sein Auftritt in ihrer neuen Show das besondere Interesse des Fernsehpublikums wecken würde.

Als Hudson ins Studio kam, waren Doris und die Reporter, die zu ihrer Pressekonferenz nach Carmel gekommen waren, erschüttert, als sie sein eingefallenes Gesicht sahen. Er hatte in der letzten Zeit abgenommen und war so schwach, daß er sich kaum aufrecht halten konnte.

Doch er stand die zwei Tage dauernden Aufnahmen tapfer durch und erklärte, er habe nur die Grippe.

Es war sein letzter öffentlicher Auftritt.

Auf die Frage, ob Hudson krank sei, erklärte sein Pressesprecher Dale Olsun, er sei »vollkommen gesund« und habe nach einer Diätkur etwas abgenommen.

Nach Los Angeles zurückgekehrt, brach Rock Hudson zusammen. Sein Kaposi-Sarkom hatte sich im Lauf eines Jahres erheblich verschlimmert. Vor einigen Wochen hatten die Ärzte ein lymphoblastisches Lymphom bei ihm festgestellt, eine Krebsart, die in letzter Zeit häufiger bei AIDS-Patienten vorkam. Seinen Freunden sagte Hudson, wenn er sich einigermaßen erholt habe, werde er wieder nach Paris gehen, um sich mit dem HPA-23 behandeln zu lassen.

Am 17. Juli ordneten die Gesundheitsbehörden auf den Bahamas die Schließung einer Krebsklinik an, die ihre Patienten mit aus Blut gewonnenen Heilmitteln behandelte. Man hatte festgestellt, daß diese Mittel zum Teil mit dem AIDS-Virus infiziert waren. Etwa tausend Patienten waren in dieser Klinik behandelt worden. Nach den ersten von den CDC vorgenommenen Ermittlungen teilten die Gesundheitsbehörden diesen Patienten mit, daß sie damit rechnen müßten, an AIDS zu erkranken.

Zu diesen Patienten gehörte auch der ehemalige Gouverneur von Georgia, Lester Maddox. In der Zeit der Bürgerrechtsbewegung hatte sich Maddox einen führenden Platz in der Geschichte des amerikanischen Rassismus erobert. Er hatte Axtstiele an die weißen Gäste seines Restaurants verteilt, nachdem einige Führer der Bürgerrechtsbewegung erklärt hatten, sie würden in dem Lokal, in dem Schwarze keinen Zutritt hatten, ein Sit-in veranstalten. Der stets wortkarge Maddox reagierte in einer für ihn charakteristischen Weise auf die Mitteilung, daß er mit dem AIDS-Virus infiziert sein könnte: »Ich würde lieber an einem normalen Krebs zugrunde gehen als an AIDS. Es ist würdiger, an Krebs zu sterben.«

FREITAG, 19. JULI, WASHINGTON, D. C.

Unmittelbar vor dem Erlaß der gerichtlichen Verfügung zur Vorlage der AIDS-Akten durch die Administration lieferte ein Kurier der Gesundheitsministerin Heckler die Papiere am späten Freitagabend im Büro des Abgeordneten Waxman ab.

Dazu schrieb Mrs. Heckler: »Das Kabinett ist einstimmig der Auffassung, daß zusätzliche Mittel zur Verfügung gestellt werden müssen.« Die Ministerin erklärte, die Administration habe erst jetzt einen »Fehlbetrag« in Höhe von insgesamt $ 45,7 Millionen im AIDS-Etat festgestellt und sie habe angeordnet, diesen Betrag von anderen Vorhaben im Bereich des Gesundheitswesens abzuzweigen und dem AIDS-Etat zu überweisen. Mit dieser Transaktion erhöhten sich die für die AIDS-Bekämpfung zur Verfügung stehenden Beträge um 48 Prozent auf insgesamt $ 126,4 Millionen.

SONNTAG, 21. JULI, PARIS

Unmittelbar nach seinem Eintreffen in Paris brach Rock Hudson in der Halle des *Ritz* zusammen. Der Arzt, der den Schauspieler in seinem Zimmer untersuchte, vermutete ein Herzversagen, denn Hudson war 1981 am Herzen operiert worden. Als er im *American Hospital* im Pariser Vorort Neuilly eingeliefert wurde, erfuhren die Ärzte dort nur, daß Hudson schon seit längerer Zeit herzkrank war.

MONTAG, 22. JULI, WASHINGTON, D. C.

Die AIDS-Anhörung des unter dem Vorsitz des Abgeordneten Waxmann tagenden Unterausschusses für Gesundheit und Umwelt folgte dem üblichen Ritual der Zeugenvernehmungen über die von der Regierung zur Bekämpfung der Epidemie veranlaßten Maßnahmen. Mehrere Ärzte, darunter Paul Volberding aus San Francisco und Michael Gottlieb aus Los Angeles, kritisierten scharf die ungenügende Finanzierung durch die Regierung und insbesondere die Tatsache, daß für die Entwicklung einer AIDS-Therapie praktisch nichts geschehen war. Dr. Martin Hirsch vom *Massachusetts General Hospital* verlangte ein Sofortprogramm für die gründliche Erforschung der Krankheit und warnte: »Bevor das alles zu Ende ist, werden noch Tausende, ja vielleicht Hunderttausende der Epidemie zum Opfer fallen.«

Dr. James Mason verteidigte die bisherige Haltung der Administration und wies insbesondere auf die »gewaltigen Fortschritte« hin, die in einer relativ kurzen Zeit erzielt worden seien. Außerdem betonte er noch einmal, daß die Epidemie in der Gesundheitspolitik der Administration den absoluten Vorrang habe.

Das führte zu dem üblichen scharfen Kreuzverhör durch den Abgeordneten Waxman, der Mason aber trotzdem für die Bereitstellung zusätzlicher Mittel dankte. Doch verbittert fügte er hinzu: »Fast zweitausend Amerikaner sind gestorben, und Tausende haben sich mit dem AIDS-Virus infiziert. Für diese Menschen reicht auch dieser Etat nicht aus – und außerdem kommt er zu spät.«

DIENSTAG, 23. JULI

DRINGEND. ROCK HUDSON UNHEILBAR KRANK. DRINGEND

HOLLYWOOD (UPI) – Schauspieler Rock Hudson, letzter Prototyp des männlichen romantischen Helden, kürzlich aufgetreten in den Fernsehfilmen »McMillan & Wife« und »Dynasty«, leidet an inoperablem Leberkrebs, möglicherweise in Verbindung mit AIDS, wie am vergangenen Dienstag bekannt wurde.

Diese Depesche erreichte die Zeitungsredaktionen kurz nach 13 Uhr und konnte gerade noch in die Nachmittagsausgaben aufgenommen werden. Am 23. Juli berichtete der *Hollywood Reporter* ohne Umschweife, daß Hudson AIDS habe. Am gleichen Nachmittag bestätigte das Amerikanische Krankenhaus in Paris, daß der Filmstar seit zwei Tagen dort behandelt wurde. Labortests hätten ergeben, daß Hudson, der Alkoholiker sei, einen Leberschaden habe. So war das Gerücht entstanden, der Schauspieler habe Leberkrebs.

Hudson selbst hatte nur vier Freunden gestanden, daß er an AIDS litt, diese Gerüchte im übrigen aber entschieden dementiert. Sein Pressesprecher Dale Olson ließ das erste einer ganzen Reihe von Dementis schon wenige Minuten nach der ersten UPI-Depesche veröffentlichen.

Doch Hudsons Hausarzt in Los Angeles bestätigte, daß der Schauspieler nach Paris gereist sei, um Ärzte am Pasteur-Institut zu konsultieren. Da man wußte, daß sich das Pasteur-Institut intensiv mit der AIDS-Forschung beschäftigte, zogen viele Journalisten daraus die unvermeidlichen Schlüsse.

Am Spätnachmittag des gleichen Tages bestätigte Dale Olson, daß Hudson auf alle Möglichkeiten hin untersucht werde. Als die Reporter fragten, ob auch AIDS dazu gehöre, wiederholte Olson, er habe von *allen* Möglichkeiten gesprochen.

In einem Gespräch, das Nancy Reagan am Abend mit Reportern führte, erinnerte sie sich an den Abend, an dem Hudson mit ihr und dem Präsidenten im Weißen Haus an einem Staatsdiner teilgenommen hatte. Hudson habe ihr erzählt, er habe sich in Israel mit irgendeiner Mikrobe infiziert.

769

MITTWOCH, 24. JULI, PARIS

In knapper Form bestritt das *American Hospital*, daß Hudson Leber-krebs habe, und erklärte, er sei zur Behandlung eines »allgemeinen Schwächezustands« stationär aufgenommen worden.

Unter den amerikanischen AIDS-Kranken in Paris verbreitete sich sehr rasch das Gerücht, daß Hudson von Dr. Dominique Dormant behandelt würde, zu dessen Patienten auch Bill Kraus und die meisten anderen amerikanischen AIDS-Kranken gehörten. Die Nachrichten-medien begannen sich jetzt plötzlich für die »Wunderdroge« zu inter-essieren, mit der sich Hudson in Paris hatte behandeln lassen wollen. Daher versuchten die Reporter, soweit sie sich für das AIDS-Problem interessierten, von den amerikanischen Patienten Näheres darüber zu erfahren.

Ein Reporter der *Washington Post* eröffnete ein Interview mit Bill Kraus wie folgt: »Es tut mir leid, daß wir in dieser Richtung bisher kaum etwas getan haben. Wir haben den Ansatzpunkt nicht finden können, den wir brauchten, um die breite Öffentlichkeit für das Problem zu interessieren.«

Es kostete Bill seine ganze Selbstbeherrschung, den Mann nicht am Kragen zu packen und aus dem Fenster in die Seine zu werfen.

Am Nachmittag wurde Rock Hudson von einem alten Freund aus Hollywood angerufen.

»Präsident Reagan hat ihm gute Besserung gewünscht. Er und Mrs. Reagan seien mit ihren Gedanken bei ihm und beteten für ihn«, sagte ein Sprecher des Weißen Hauses. Dale Olson bestritt, daß mit der Erklärung, Hudson leide an Leberkrebs, eine AIDS-Erkrankung ver-schleiert werden solle. Das *American Hospital* habe sich nur unklar ausgedrückt, als es die Krebsdiagnose dementierte.

Doch schon die Möglichkeit, daß Rock Hudson an AIDS erkrankt sein könnte, ließ ganz Amerika aufhorchen. Plötzlich beschäftigten sich alle Nachrichtensendungen und Zeitungen mit der Krankheit. Die Redakteure der Fernsehgesellschaft CBS riefen den Abgeordneten Waxman in Washington an und baten ihn, am kommenden Sonntag in der Sendung »Face the Nation« mit Gesundheitsministerin Heckler über die AIDS-Politik der Regierung zu diskutieren. Waxman war begeistert, besonders weil eine große Fernsehanstalt zum ersten Mal bereit war, längere Zeit für ein Gespräch über die Rolle der Bundesre-gierung bei der Bekämpfung der Epidemie zur Verfügung zu stellen.

»Wenn sich allerdings herausstellen sollte, daß Rock Hudson nicht an AIDS erkrankt ist, werden wir diese Sendung absagen«, erklärte der Redakteur.

In New York erklärte Dr. Mathilde Krim vor Journalisten, es empöre sie, daß Präsident Reagan nun wegen Hudson »Krokodilstränen« vergießt. Wo war sein Mitgefühl in all diesen Jahren gewesen, als Tausende an dieser Krankheit hatten sterben müssen?

Der Direktor der *Gay Men's Health Crisis*, Richard Dunne, erblickte in dem plötzlich geweckten Interesse an der Epidemie eine Gelegenheit, Bürgermeister Koch und die Stadtverwaltung von New York unter Druck zu setzen. Nach wenigen Telefongesprächen mit den richtigen Leuten erfuhr Dunne, daß Koch ganz plötzlich offiziell zugegeben hatte, wie notwendig es im Interesse der öffentlichen Gesundheitspflege sei, alle AIDS-Hilfsprogramme in New York City finanziell zu unterstützen.

Für die meisten Nachrichtenmedien war es das größte Problem, wie sie mit der Ursache von Hudsons AIDS-Erkrankung umgehen sollten. Natürlich wußte praktisch jeder, der mit der Filmindustrie in Hollywood etwas zu tun hatte, daß Hudson homosexuell war, aber wenn es um die Homosexualität ging, dann war es den Medien immer noch lieber zu lügen, als die Wahrheit zu sagen. Deshalb vermieden es die Berichte über den Gesundheitszustand von Hudson, sich mit dieser Frage zu beschäftigen, und die Artikel sprachen nur von den verschiedenen Risikogruppen, denen Hudson angehören könnte. Den homosexuellen Gruppierungen und AIDS-Organisationen war das im allgemeinen ganz recht, denn sie wollten der Welt vor allem beweisen, daß AIDS keine Homosexuellenkrankheit war. Die Wahrheit zu verschleiern nahm manchmal absurde Formen an. Ein Pressesprecher der *San Francisco AIDS Foundation* erklärte zum Beispiel, Hudson habe bewiesen, daß »nicht nur homosexuelle weiße Männer an AIDS erkranken« – so, als sei Hudson etwas anderes als ein homosexueller Weißer.

Doch die Wahrheit ließ sich nicht mehr länger verbergen, als die Nachtausgabe des *San Francisco Chronicle* am Mittwochabend ausgeliefert wurde. Die Zeitung enthielt einen Bericht, der schilderte, in welchen persönlichen Konflikt Hudson geraten war, weil er seine Homosexualität jahrelang verschwiegen hatte. Mit unwiderlegbaren Zitaten aus dem engsten Freundeskreis von Hudson in San Francisco konnte die Zeitung nachweisen, unter welchen seelischen Qualen dieser Mann jahrelang um die Frage gerungen hatte, ob er sich öffentlich zu seinen sexuellen Neigungen bekennen sollte. Der Artikel schlug wie eine Bombe ein. Am Donnerstagvormittag berichteten Zeitungen und Fernsehnachrichten im ganzen Land von den Enthüllungen des *Chronicle* über das Sexualleben von Hudson.

DONNERSTAG, 25. JULI

Inzwischen hatte auch die Verwaltung des *American Hospital* erfahren, daß Hudson AIDS hatte, und wollte unter allen Umständen erreichen, daß er in einem anderen Krankenhaus untergebracht wurde. Die Ärzte dort wollten es vermeiden, daß ihr Krankenhaus mit einer Homosexuellenkrankheit in Verbindung gebracht wurde, denn sie fürchteten, das werde ihrem Prestige schaden und die Patienten abschrecken. Auch die Krankenschwestern hatten Bedenken, Hudson zu pflegen.

Dr. Dominique Dormant bat die Krankenhausverwaltung dringend um die Erlaubnis, seinen Patienten besuchen zu dürfen. Man wollte dem AIDS-Spezialisten zunächst jedoch nicht einmal erlauben, das Gebäude zu betreten. Als Dormant den Kranken schließlich doch sehen konnte, war er entsetzt, wie sehr sich der Zustand von Hudson verschlechtert hatte. Eine weitere Behandlung mit dem HPA-23 hatte keinen Sinn mehr.

Es fragte sich auch, was man der Presse sagen sollte. Die Krankenhausärzte sprachen mit Hudsons Freunden, die ihn nach Paris begleitet hatten, und sagten ihnen, wenn sie keine Erklärung über den Zustand des Schauspielers abgeben wollten, würde das Krankenhaus es tun. Hudson erlaubte schließlich einer Pariser Journalistin, eine kurze Erklärung abzugeben.

Um 14 Uhr eröffnete Yannou Collart den Reportern: »Mr. Hudson ist an dem Erworbenen Immunmangelsyndrom erkrankt.« Sie fügte jedoch sogleich hinzu, er sei »vollkommen geheilt«. Auf die Frage, wie der Schauspieler sich infiziert haben könnte, erklärte sie: »Er hat keine Ahnung, wie er sich mit AIDS angesteckt hat. Niemand in seiner Umgebung hat AIDS.«

In San Francisco erfuhr Marc Conant, daß Hudson von Michael Gottlieb behandelt worden war.

Er rief Gottlieb an und sagte: »Ich finde, es ist sehr mutig von ihm zuzugeben, daß er AIDS hat.«

»Was zum Teufel heißt schon mutig«, sagte Gottlieb. »Er ist schließlich in einer Hotelhalle zusammengebrochen.«

Doch für Conant war es vor allem wichtig, daß die Medien jetzt endlich verstärkt über AIDS berichteten. Einem Reporter sagte er: »Jetzt gibt es eine neue Risikogruppe für AIDS; die Reichen und die Berühmten.«

FREITAG, 26. JULI

Als bekannt wurde, daß Hudson nach Frankreich gegangen war, um sich gegen AIDS behandeln zu lassen, richtete sich das Interesse der Weltöffentlichkeit auf das Pasteur-Institut. Was die Presse bei ihren Nachforschungen entdeckte, war alles andere als schmeichelhaft für die medizinischen Forschungsinstitute in den Vereinigten Staaten.

Der Direktor des Pasteur-Instituts, Dr. Raymond Dedonder, hielt einen schon lange geplanten Vortrag vor der französisch-amerikanischen Handelskammer in San Francisco. Dabei berichtete er, daß die Franzosen sich im Dezember 1983 um die Anerkennung der Entdeckung des LAV-Virus bemüht hätten, während Dr. Gallo erst Anfang 1984 die Anerkennung seiner Entdeckung des HTLVIII beantragt habe. Dr. Gallos Antrag war jedoch sofort stattgegeben worden, während die offizielle Anerkennung der Entdeckung des Pasteur-Instituts noch immer nicht erfolgt war. Ohne diese Anerkennung aber durfte das Pasteur-Institut den von ihm entwickelten Test nicht auf den amerikanischen Markt bringen und verlor damit das Anrecht auf beträchtliche Geldbeträge, die für die Verwendung der LAV-Bluttests hätten gezahlt werden müssen. Dedonder erklärte, das Pasteur-Institut werde seine Forderungen gerichtlich einklagen.

Allmählich wurden auch die Einzelheiten der erbitterten Fehde zwischen den Franzosen und Amerikanern bekannt.

Dr. David Klatzmann vom Pasteur-Institut in Paris äußerte sich sehr befriedigt: »Endlich liegt der Marsch durch die Wüste hinter uns.«

SONNTAG, 28. JULI

Die Morgenausgaben aller großen Zeitungen in den Vereinigten Staaten brachten am Sonntag auf den Titelseiten ausführliche Berichte über AIDS. Dabei wurde auch jeder lokale Aspekt sorgfältig unter die Lupe genommen. In den Feuilletons erschienen Rückblicke auf die künstlerische Laufbahn von Rock Hudson. Die Erkrankung des Schauspielers schien eine archetypische Seite im amerikanischen Bewußtsein zu berühren. Seit Jahrzehnten hatte Hudson zu den wenigen Filmschauspielern gehört, welche die Männlichkeit des gesunden

Amerikaners personifizierten. Jetzt stellte sich plötzlich heraus, daß er homosexuell war und an einer Krankheit litt, von der bisher fast nur gesellschaftliche Randgruppen betroffen waren. Die AIDS-Forscher bezeichneten die Bekanntgabe der Erkrankung von Hudson als das wichtigste Ereignis in der Geschichte der Epidemie, und kaum jemand, der sich ernsthaft mit dem Problem beschäftigt hatte, widersprach dieser Auffassung.

In Los Angeles gingen viele Menschen auf die Straße und demonstrierten für das *AIDS Project*. Dabei wurden an einem Nachmittag $ 630 000 gesammelt. Das war ein Rekordergebnis, das noch bei keiner Wohltätigkeitsveranstaltung für AIDS hatte erzielt werden können. Der Bürgermeister von Los Angeles, Tom Bradley, und viele bekannte Filmstars lobten Hudson für seine Ehrlichkeit und erklärten, seine Haltung habe wesentlich zum Erfolg der Veranstaltung beigetragen.

In Washington sagte die Gesundheitsministerin Margaret Heckler ihr Erscheinen in der Sendung »Face the Nation« ab. Der Abteilungsleiter im Gesundheitsministerium, James Mason, nahm ihren Platz ein und versicherte den Zuschauern: »In den vergangenen Jahren ist unsere Arbeit nie durch Geldmangel behindert oder verzögert worden... Wir arbeiten an der Bekämpfung dieser Krankheit, seit sie im Jahr 1981 zum ersten Mal aufgetreten ist. Dieses Problem genießt absoluten Vorrang.«

Um zu beweisen, wie sehr sich die Administration dafür einsetzte, die weitere Ausbreitung von AIDS zu verhindern, wies Mason auf die Erhöhung des AIDS-Etats in der laufenden Woche hin. Die Androhung einer gerichtlichen Verfügung zur Vorlage des internen Schriftverkehrs bei einem Unterausschuß des Repräsentantenhauses erwähnte er nicht.

MONTAG, 29. JULI,
PHILIP BURTON MEMORIAL FEDERAL BUILDING, SAN FRANCISCO

Die *Mobilization Against AIDS* veranstaltete eine Pressekonferenz und verlangte dabei, daß sich Ronald Reagan endlich zu der Epidemie äußerte. Nun habe auch er erlebt, daß einer seiner Freunde an AIDS erkrankt war.

Ein Pressesprecher des Weißen Hauses erklärte jedoch, der Präsident werde sich weder zu den auf der Pressekonferenz gemachten Bemerkungen noch zu der Epidemie äußern.

774

Die Nachrichtenmagazine *Time* und *Newsweek* brachten ausführliche Berichte über Rock Hudson und die AIDS-Epidemie. Die großen Nachrichtenmedien in den Vereinigten Staaten bereiteten ausführliche Sendereihen und Artikelserien über die Epidemie vor. Das *AIDS Acitivities Office* bei den CDC wurde mit telefonischen Anrufen überschwemmt, und alle verfügbaren Mitarbeiter mußten die Anfragen der Presse beantworten. Dr. Harold Jaffe, der sich schon mit AIDS beschäftigte, seit Sandra Ford die CDC auf die seltsamen Pentamidin-Anforderungen einzelner Ärzte aufmerksam gemacht hatte, hätte am liebsten laut aufgeschrien und die Anrufer gefragt: »Wo seid ihr denn während der vergangenen vier Jahre gewesen?«

Angesichts all dieser dramatischen Entwicklungen mußte Don Francis an einen Tag seiner Rückreise zurückdenken, nachdem es ihm und seinen Mitarbeitern gelungen war, den virulenten Ausbruch des Ebolafiebers in Afrika erfolgreich zu bekämpfen. Er und andere Wissenschaftler von der Weltgesundheitsorganisation hatten die weitere Ausbreitung dieser schrecklichen, tödlichen Krankheit verhindern können und ihr Leben dabei aufs Spiel gesetzt. Als die Maschine, die sie nach Europa zurückbrachte, landete, warteten Tausende auf dem Rollfeld, um sie zu begrüßen. Doch dann stellte sich heraus, daß die Menschen nicht gekommen waren, um den Ärzten der Weltgesundheitsorganisation einen begeisterten Empfang zu bereiten, sondern um eine Basketballmannschaft zu feiern, die einen internationalen Wettkampf gewonnen hatte – ein paar verdammte Sportler, hatte Francis damals gedacht.

Bei der Hudson-Episode war es das gleiche. Viele gute, anständige Amerikaner waren der Epidemie zum Opfer gefallen, aber es war die Erkrankung eines Filmstars, der bis zum Schluß die Hintergründe seines Leidens verschwieg, die plötzlich ganz neue Maßstäbe setzte.

Am gleichen Nachmittag gaben die CDC in Atlanta die neuesten Zahlen bekannt, die zeigten, daß die Anzahl der AIDS-Fälle in den Vereinigten Staaten in der vergangenen Woche die zwölftausend überschritten hatte. Am Morgen der Bekanntgabe waren 12067 Amerikaner an AIDS erkrankt, und 6079 von ihnen waren gestorben. Am gleichen Tag meldeten die Gesundheitsbehörden in Peking den ersten AIDS-Fall in der Volksrepublik China.

30. JULI, PARIS

Zwei Minuten vor Mitternacht rollte eine gecharterte Boeing 747 der *Air France* auf die Startbahn des Flughafens von Orly. Die einzigen Passagiere waren Rock Hudson und sechs Krankenpfleger. Hudson hatte sich aus dem *American Hospital* in das *Percy Hospital* verlegen lassen wollen, um dort mit dem HPA-23 behandelt zu werden, aber Dr. Dormant hatte ihm geraten, darauf zu verzichten, und dem Schauspieler gesagt, daß er bald sterben werde. Die Ärzte könnten nichts mehr für ihn tun. Als Dormant erfuhr, daß Hudson für die Charter der Maschine, mit der er in die Vereinigten Staaten zurückfliegen wollte, $ 250 000 ausgegeben hatte, war er erschüttert. Der Schauspieler hätte ebensogut mit einer Linienmaschine fliegen können.

»250 000 Dollar sind mehr, als ich in vier Jahren für die AIDS-Forschung bekomme«, stöhnte Dormant.

Die Maschine landete am frühen Morgen um zwei Uhr dreißig Ortszeit auf dem Flughafen von Los Angeles. Hunderte von Reportern waren gekommen, um einen Blick auf den Schauspieler zu werfen, während er aus der Maschine in einen Hubschrauber gebracht wurde. Auf den Dächern der Flughafengebäude hatten sich die Fernsehkameras mit Teleobjektiven postiert, und die Fotografen warteten gespannt auf den Augenblick, in dem die Welt den Filmstar zum ersten Mal nach der Bekanntgabe seiner Krankheit zu sehen bekommen sollte. Nur wenige Sekunden erfaßten die Kameraobjektive die schlanke Gestalt in einem weißen Krankenhauskittel und verfolgten die mit einem Laken bedeckte Bahre, während sie zum Hubschrauber gefahren wurde.

Cleve Jones in Hawaii hätte am liebsten den Schirm seines Fernsehgeräts mit der Faust zerschlagen, als er das groteske Schauspiel verfolgte, wie sich die Kameraleute darum bemühten, die besten Aufnahmen von dem weltberühmten neuen AIDS-Patienten in den Kasten zu bekommen. Die Fernsehgesellschaften konnten es sich leisten, einen Hubschrauber zu mieten, um Rock Hudson 15 Sekunden lang auf der Tragbahre zu zeigen, aber sie hatten sich nicht die Mühe gemacht, von den Tausenden Notiz zu nehmen, die vor ihm den gleichen Weg gegangen waren. Cleve mußte an die vielen bleichen, angsterfüllten Gesichter der jungen Männer denken, die im Sommer 1982 vor der Tür des primitiven Büros der *KS Foundation* an der Castro Street angestanden hatten. Sie alle waren längst tot, und sie waren gestorben, ohne von den Medien betrauert oder auch nur erwähnt worden zu sein. Dazu mußte man ein berühmter Star sein und in der Halle eines Luxushotels zusammenbrechen, dachte Cleve.

Vor einigen Tagen hatte Cleve in einer Nachrichtensendung gehört, man habe das AIDS-Virus in der Tränenflüssigkeit eines AIDS-Patienten nachgewiesen. Diese Nachricht und das Spektakel um Hudson, das er auf dem Fernsehschirm verfolgt hatte, verschmolzen in Cleves Bewußtsein zu einem Gedanken: »Okay«, sagte er sich, »ich werde nicht mehr weinen. Ich werde gegen euch Schweinehunde kämpfen.«

Cleve Jones war entmutigt und schwach nach Hawaii gekommen. Jetzt hatte er seine Probleme mit dem Alkohol ausgeräumt und neues Selbstvertrauen gewonnen. Er hatte sich so weit erholt, daß er in die Castro Street zurückkehren konnte. Dorthin gehörte er, und dort wurde er gebraucht. So beschloß er, nach San Francisco zu fliegen und die Castro Street nicht mehr zu verlassen.

Durch ein großes Fenster im neunten Stock des Universitätskrankenhauses in Westwood, einem Vorort von Los Angeles, beobachtete Michael Gottlieb, wie der Hubschrauber mit Rock Hudson vor dem Krankenhaus landete. Die hellen Scheinwerfer des Fernsehhubschraubers ließen die Szene in einem gespenstischen, fast makabren Licht erscheinen. Gottlieb hatte sich bereit erklärt, nach Paris zu fliegen und seinen Patienten auf dem Rückflug nach Los Angeles zu begleiten, aber Dr. Dormant hatte ihm versichert, Hudson sei in den besten Händen. Als Gottlieb den Schauspieler nach seinem Eintreffen untersuchte, stellte er fest, daß er im Sterben lag. Er nahm kaum noch wahr, was um ihn her geschah.

Während der ganzen Nacht wurde das Krankenhaus immer wieder von den Medien angerufen, die sich nach dem Zustand des Patienten erkundigten. Soweit Gottlieb wußte, hatte noch kein Arzt Hudsons Diagnose bestätigt. Der einzige Hinweis war die etwas konfuse Erklärung von Yannou Collart in Paris gewesen. Gottlieb hatte das Gefühl, jetzt müsse Klarheit geschaffen werden, wenn die Belagerung durch die Nachrichtenmedien jemals aufhören sollte.

Am Vormittag entwarf er den Text einer Erklärung und las ihn Hudson vor.

»Natürlich«, sagte Hudson. »Das ist in Ordnung.«

4 Jahre, 1 Monat und 25 Tage waren vergangen, seit Gottlieb im *Morbidity and Mortality Weekly Report* über die ersten rätselhaften Fälle von Pneumocystosis berichtet hatte. Während dieser Zeit hatte er zweihundert AIDS-Patienten behandelt, und die meisten von ihnen

777

waren mittlerweile gestorben. Gottlieb war resigniert und erschöpft. Alle seine Warnungen und Bitten hatten kaum etwas genützt, und es bedrückte ihn, daß erst ein berühmter Filmstar der Epidemie zum Opfer fallen mußte, bevor sich die amerikanische Öffentlichkeit der Gefahr bewußt wurde. Dies warf ein bezeichnendes Licht auf Amerika und die vielgepriesene Achtung vor der Heiligkeit des menschlichen Lebens. Immerhin erkannte er, daß mit der Diagnose von Rock Hudson ein ganz neuer Abschnitt in der Geschichte der Epidemie begann. Nachdem die Aufmerksamkeit der Öffentlichkeit durch dieses Ereignis aufgerüttelt worden war, würde AIDS nicht wieder in der Versenkung verschwinden können.

Die Presseabteilung der Universität von Kalifornien in Los Angeles unterrichtete die Nachrichtenmedien von der bevorstehenden Erklärung, und Gottlieb ging in sein bescheidenes Büro, um seine Mitarbeiter abzuholen. Sie hatten die Enttäuschung und Verzweiflung der vergangenen Jahre mit ihm geteilt, und nun sollten sie auch mit ihm den Augenblick erleben, der eine Wende im Kampf gegen die Epidemie einleiten würde.

Das Gemurmel der Reporter verstummte, als Gottlieb das Mikrophon zurechtrückte, und es wurde still.

Auch Gottlieb schwieg einen Augenblick.

Er sah sich die Versammlung genau an und wußte, daß es auf jedes Wort ankam, das er sagte. Vor allem durfte nicht der Eindruck entstehen, daß es ihm peinlich war, diese Erklärung abzugeben. Das war von Anfang an das große Problem bei dieser scheußlichen Epidemie gewesen: Es handelte sich um Sex und um Homosexualität. Und deshalb war es den Menschen unangenehm gewesen, daran zu denken und darüber zu sprechen – den Politikern, den Reportern und den Wissenschaftlern. AIDS war für sie alle ein peinliches Thema gewesen, und deshalb würden noch Zehntausende von Amerikanern sterben müssen. Es war Zeit, daß die Menschen aufhörten, sich hinter ihrem Schamgefühl zu verbergen, dachte Gottlieb, wenn die Gesellschaft diesen furchtbaren Feind besiegen sollte.

In ruhigem, bestimmten Ton verlas Gottlieb seine Erklärung.

»Mr. Hudson wird gegenwärtig gründlich untersucht. Wir behandeln die Komplikationen, die infolge eines Erworbenen Immunmangelsyndroms bei ihm aufgetreten sind.«

778

EPILOG

Danach

»Es war mir bloß darum möglich«, sagte er, »weil es notwendig war. Ich mußte entweder das Buch schreiben oder verzweifeln, es war die einzige Möglichkeit meiner Rettung vor dem Nichts, vor dem Chaos, vor dem Selbstmord. Unter diesem Druck ist das Buch geschrieben, und es hat mir die erwartete Rettung gebracht, einfach weil es geschrieben ist, einerlei wie gut oder wie schlecht. Das war das eine, die Hauptsache. Und dann: Beim Schreiben durfte ich nicht einen Augenblick an andere Leser denken als an mich selber oder höchstens hie und da an einen nahen Kriegskameraden, und zwar dachte ich dann nie an Überlebende, sondern immer an solche, die im Krieg umgekommen waren. Ich war während des Schreibens ein Fieberkranker oder Irrsinniger, umgeben von drei, vier Toten mit verstümmelten Leibern – so ist das Buch entstanden.«

Hermann Hesse
Die Morgenlandfahrt

58. Ein Wiedersehen

31. MAI 1987, WASHINGTON, D. C.

Am Tage ihrer Ankunft war es in Washington stickig und schwül. Das Thermometer zeigte über 35 Grad Celsius, und die Luft war feucht. Manchmal leuchtete über dem Horizont ein Blitz auf, das Gespräch verstummte, und die Menschen warteten, bis es in der Ferne donnerte. Aber die ersehnte Abkühlung kam nicht.

Auch die an dieses Klima gewöhnten Stadtbewohner litten unter der Hitze und spürten eine leichte Übelkeit. Für die vielen tausend Menschen, die sich am Flughafen an den Taxiständen und Omnibushaltestellen und später am Nachmittag in den Hotelhallen drängten – die Wissenschaftler und Forscher, die Beamten der Gesundheitsbehörden und politischen Aktivisten, die in der Hauptstadt zusammengekommen waren – war die bedrückende Atmosphäre fast mit Händen greifbar.

Der Anlaß war die von der Weltgesundheitsorganisation und dem Amerikanischen Gesundheitsministerium veranstaltete Dritte Internationale Konferenz über das Erworbene Immunmangelsyndrom. Zwar sollte auf dieser Nachfolgekonferenz des Ersten Internationalen Symposiums, das 1985 in Atlanta stattgefunden hatte, alles erörtert werden, was mit AIDS zusammenhing, aber die Aufmerksamkeit der Weltöffentlichkeit hatte weniger etwas mit den hier zur Diskussion stehenden Themen als mit dem Zeitpunkt der Konferenz zu tun. In den vergangenen Monaten hatte die Epidemie in einer Weise zugeschlagen, die für die meisten Menschen völlig unerwartet kam.

Dr. Michael Gottlieb hatte recht gehabt, als er vor zwei Jahren in jenem Auditorium in Los Angeles sagte, dieser Tag bezeichne einen Wendepunkt in der Geschichte der AIDS-Epidemie. Die Fachleute, die schon seit Jahren wußten, welche Bedrohung AIDS für die Menschheit bedeutete, waren sich klar darüber, daß es in den Vereinigten Staaten zwei Phasen im Verlauf der Epidemie gab: *AIDS vor Rock Hudson* und *AIDS danach*. Die Tatsache, daß die Erkrankung eines Filmstars die ganze Entwicklung beeinflussen konnte, war an sich schon ein Beweis dafür, über welche Macht die Nachrichtenmedien am Ende des zwanzigsten Jahrhunderts verfügten.

Das Interesse für die Epidemie war 1986 leicht zurückgegangen. Es gab jetzt auch andere prominente AIDS-Patienten, die sich jedoch ebenfalls bemühten, den Charakter ihrer Erkrankung zu verschleiern. Das Thema AIDS blieb eine peinliche Angelegenheit. Als Michael Bennett, der Starchoreograph und Regisseur vom Broadway, AIDS bekam, behauptete er, an einer Kreislaufschwäche erkrankt zu sein. Ein Sprecher des berühmten Modekönigs Perry Ellis erklärte, Ellis habe sich mit der tödlichen Schlafkrankheit infiziert. Der Anwalt Roy Cohn behauptete, er habe Leberkrebs, obwohl er seine guten politischen Beziehungen dazu ausnutzte, an einer im Krankenhaus der *National Institutes of Health* versuchsweise durchgeführten AIDS-Therapie teilzunehmen. Der konservative Finanzberater der Republikanischen Partei, Terry Dolan, behauptete, er sei an Diabetes erkrankt. Liberace lag schon auf dem Sterbebett, als sein Sprecher die Presse informierte, der Pianist litte an den schädlichen Folgen einer Wassermelonendiät. Während diese bekannten Homosexuellen Lügen verbreiten ließen, um ihr posthumes Image zu wahren, wagte es Jerry Smith, der ehemalige Star der Washington Redskins, mit überlegener Ruhe die Wahrheit zu sagen.

Weiterhin gab es einen Aspekt der Epidemie, der sich jeder vernünftigen Erklärung entzog, und das war die Rolle der Bundesregierung bei der Bekämpfung des Virus. Der Kongreß erfüllte auch weiterhin seine Aufgabe, einer widerstrebenden Reagan-Administration die für die AIDS-Bekämpfung notwendigen Beiträge abzuringen. Die dafür ausgegebenen Summen waren inzwischen dramatisch angestiegen, aber in der Exekutive interessierte man sich offenbar kaum dafür, alle für den Kampf gegen die Epidemie geeigneten Kräfte zu einem koordinierten Angriff einzusetzen. Die Arbeit an der Entwicklung einer Vakzine und wirksamer Behandlungsmethoden ging nur sehr langsam voran, ohne daß die geringsten Erfolge sichtbar wurden.

Die Bundesregierung hatte es bisher auch versäumt, ein koordiniertes Programm für die AIDS-Vorbeugung zu entwickeln. Ende 1985 hatten die CDC sogar alle Mittel für die AIDS-Aufklärung gestrichen, denn die Konservativen im Weißen Haus hatten Bedenken dagegen geäußert, daß die Regierung den Homosexuellen Ratschläge zu ihrem

Sexualleben gab. Sogar Dr. James Mason hatte einmal in einem Gespräch beklagt, seit seiner Ernennung zum Direktor der CDC habe er immer wieder mit völlig fremden Menschen über sexuelle Praktiken sprechen müssen, die er nicht einmal in den eigenen vier Wänden gegenüber seiner Frau erwähnen würde.

Liberale Berater von Kongreßmitgliedern bemühten sich vergeblich, die Presse für das prosaische Thema der Versäumnisse der Bundesregierung zu interessieren. Die Medien beschäftigten sich statt dessen lieber mit an AIDS erkrankten Prominenten und mit angeblichen »Durchbrüchen« in den Labors der AIDS-Forscher. Fast jede große Tageszeitung in den Vereinigten Staaten hatte inzwischen eine Artikelserie über die persönlichen Schicksale von AIDS-Patienten gebracht. Und natürlich wurde auch jeder noch so weit hergeholte Hinweis darauf, daß die Krankheit auch die nichthomosexuelle Mehrheit der Bevölkerung bedrohte, auf den Titelseiten der Zeitungen erwähnt.

Indessen veranstaltete der öffentliche Gesundheitsdienst eine Konferenz seiner 85 tüchtigsten AIDS-Spezialisten in Berkeley, West Virginia, um Vorschläge für die von der Bundesregierung zu ergreifenden Maßnahmen zur AIDS-Bekämpfung zu erarbeiten. Die hier gestellten erschütternden Prognosen wurden von der Presse veröffentlicht: Im Verlauf der nächsten fünf Jahre werde die Zahl der AIDS-Fälle in den Vereinigten Staaten 270000 und die der Todesfälle 179000 erreichen. Die Wissenschaftler forderten eine umfassende Aufklärung der Öffentlichkeit, eine bessere Koordinierung der von den Bundesbehörden durchgeführten AIDS-Forschung und die Berufung eines ständigen Ausschusses, der gewährleisten sollte, daß für die AIDS-Forschung und die Betreuung von AIDS-Kranken stets die notwendigen finanziellen Mittel zur Verfügung standen. Doch diese Empfehlungen fanden in den Medien kaum Beachtung.

Vier Monate später versuchte das angesehene medizinische Institut der Nationalen Akademie der Wissenschaften die Aufmerksamkeit der Medien auf die Rolle der Bundesregierung bei der AIDS-Bekämpfung zu lenken. Dazu erstellte das Institut einen 390 Seiten umfassenden Bericht, in dem die Reaktion der Administration auf die AIDS-Epidemie als »völlig unzureichend« bezeichnet wurde. Der Bericht empfahl die Berufung eines ständigen nationalen AIDS-Ausschusses für die Sicherstellung einer koordinierten Planung und eine Erhöhung der Ausgaben für Forschung und Aufklärung auf $ 2 Milliarden jährlich. Der Bericht verlangte darüber hinaus ausdrücklich eine persönliche Initiative des Präsidenten mit dem Ziel, »alle gesellschaftlichen Gruppierungen an der Bewältigung des Problems zu beteiligen«. Wieder hofften die politischen Berater der Kongreßmitglieder, diese gegen die Administration erhobenen Vorwürfe würden ehrgeizige Reporter veranlassen, die Haltung der Reagan-Administration gegenüber der AIDS-Epidemie zu durchleuchten. Zwar haben alle großen Nachrichtenmedien einen Tag nach Veröffentlichung des Berichts der Akademie ausführlich dazu Stellung genommen und auf die Erklärung der Administration hingewiesen, daß AIDS an erster Stelle auf ihrer gesundheitspolitischen Prioritätsliste stünde. Aber damit endete die Berichterstattung, und schon nach wenigen Tagen wurde der Bericht in keiner Zeitung mehr erwähnt.

Das Blatt wendete sich schließlich, als ein weiterer Bericht im Oktober 1986 die Nachrichtenmedien aufschreckte und dazu führte, daß AIDS im Jahr 1987 zu einem der am stärksten beachteten Probleme wurde.

Präsident Reagan war auf Dr. C. Everett Koop aufmerksam geworden, weil dieser an führender Stelle am Kampf gegen die Abtreibung teilgenommen hatte. Seine konservativ-fundamentalistisch-religiöse Haltung erschreckte die liberalen, feministischen und homosexuellen Politiker, die sich 1981 leidenschaftlich seiner Ernennung zum *Surgeon General*, dem ranghöchsten beamteten Arzt im amerikanischen Gesundheitswesen, widersetzt hatten. Doch die Administration konnte sich durchsetzen, und kaum ein Mitglied des inneren Kreises im Weißen Haus äußerte Bedenken, als Reagan 1986 Koop einen Tag nach seiner Rede zur Lage der Nation bat, einen Bericht über die AIDS-Epidemie zu verfassen.

Koop brachte einen großen Teil des Jahres 1986 damit zu, Wissenschaftler, Beamte der Gesundheitsbehörden und sogar mißtrauische führende Homosexuelle zu interviewen. Nachdem er den Text seines Berichts fertiggestellt hatte, ließ er einige zehntausend Exemplare drucken, und zwar noch bevor er ihn dem Weißen Haus vorgelegt hatte. Jetzt konnte niemand mehr daran zweifeln, was Koop mit dieser Veröffentlichung erreichen wollte. Der »Bericht des *Surgeon General* über das Erworbene Immunmangelsyndrom« war ein leidenschaftlicher Aufruf zum Feldzug gegen die Epidemie, der allen Beteiligten ihre Aufgabengebiete zuteilte. Hier wurde das AIDS-Problem zum ersten Mal aus rein medizinischer Sicht und losgelöst von allen politischen Vorbehalten behandelt. So schrieb Koop zum Beispiel, die AIDS-Aufklärung sollte schon bei Kindern in einem möglichst frühen Alter beginnen. Ohne ein Blatt vor den Mund zu nehmen, empfahl er die

Verwendung von Kondomen zur Ausschaltung des Infektionsrisikos. Die zwangsweise Identifizierung von Virusträgern und jede Form der Quarantäne seien, wie Koop abschließend erklärte, als Maßnahmen zur Bekämpfung der Epidemie ungeeignet.

Daß sich der *Surgeon General* in seinem Bericht gegen die Diskriminierung bestimmter gesellschaftlicher Gruppen gewendet hatte, empörte eine Reihe konservativer Politiker. Sie erblickten darin eine Bevorzugung der Homosexuellen. Der konservative republikanische Gouverneur von Kalifornien, George Deukmejian, legte gegen Gesetzesvorlagen, mit denen AIDS-Kranke oder mit dem AIDS-Virus infizierte Personen vor jeder Diskriminierung geschützt werden sollten, stets sein Veto ein. Doch Koop sah in diesen Gesetzen geeignete Werkzeuge für die Bekämpfung der Epidemie.

Für die Medien war der Bericht eine Sensation. Daß der *Surgeon General* eine umfassende sexuelle Aufklärung verlangte und die Verwendung von Kondomen empfahl, verschaffte den Journalisten den richtigen »Aufhänger« für ihre Berichte. Hier wurde nicht nur von Sonderausschüssen und langweiligen bürokratischen Maßnahmen gesprochen, sondern von ganz konkreten, die Praxis des Sexuallebens betreffenden Fragen. Endlich hatte jemand mit vernünftigen Worten erklärt, warum es keinen Sinn hatte, obligatorische AIDS-Tests einzuführen. Koop hatte darauf verzichtet, den Kern des Problems mit Vokabeln aus dem *AIDSpeak*-Lexikon zu verschleiern, und drückte sich endlich so verständlich aus, wie man es von einem verantwortungsbewußten Beamten einer Gesundheitsbehörde erwarten durfte. Aber nicht nur das: Er scheute sich auch nicht, Worte wie »schwul« zu verwenden.

Die Wirkung des Berichts von Koop war aber auch darauf zurückzuführen, daß in der Öffentlichkeit bestimmte archetypische Vorstellungen geweckt worden waren. Erst als ein Schauspieler wie Rock Hudson, der den Inbegriff des männlichen Amerikaners verkörpert hatte, an AIDS erkrankt war, glaubten die Menschen, ohne Scheu über diese Krankheit sprechen zu dürfen. Und als nun auch ein ultrakonservativer Fundamentalist, der an einen alttestamentarischen Propheten erinnerte, zu dem Problem Stellung nahm, glaubte die amerikanische Öffentlichkeit endlich, daß es sich bei der Epidemie um ein ernstzunehmendes Problem handelte.

Ohne es zu wollen, hatte die Reagan-Administration einen glaubwürdigen Vorkämpfer im Feldzug gegen AIDS geschaffen. Im ganzen Land wurde der *Surgeon General* von AIDS-Forschern, medizinischen

Fachleuten und den militantesten Homosexuellen gepriesen, und seine Vorträge waren so gefragt, daß er sich vor Einladungen kaum noch retten konnte.

Koop hatte allerdings im Verlauf der Epidemie nicht immer eine so eindeutige Haltung gezeigt. Der *Surgeon General* hatte immerhin fünf Jahre lang geschwiegen, und als er sich endlich zu Wort meldete, waren bereits 27000 Amerikaner tödlich erkrankt oder tot. Der Bericht bedeutete aber einen entscheidenden Wendepunkt in der Geschichte der Epidemie, und diese Tatsache wurde von den Konservativen mit Staunen zur Kenntnis genommen.

Die führende Antifeministin Phyllis Schlafly erklärte, seine Empfehlungen für die Sexualaufklärung bedeuteten nichts anderes, als daß man im Lehrplan der Vorschulen die Sodomie als Unterrichtsfach aufnehmen sollte. Organisationen, die für das Verbot der Abtreibung kämpften, dachten sogar daran, Koop eine von ihnen verliehene Auszeichnung wieder zu entziehen. Präsident Reagan bewahrte sein zum Ritual gewordenes Schweigen, und die Beamten der Bundesgesundheitsbehörden, die die Veröffentlichung des Berichts vor seiner Freigabe durch das Weiße Haus zugelassen hatten, wurden strafversetzt.

In den ersten Wochen des Jahres 1987 revanchierten sich die Konservativen mit einer Kampagne für ein umfangreiches Test-Programm. Die Forderung, obligatorische AIDS-Tests einzuführen, hatte einen ausgesprochen homosexuellenfeindlichen Unterton. Das war *AIDSpeak* mit einem neuen Akzent. Die Konservativen behaupteten, die Homosexuellen seien so verantwortungslos, daß man sie zwingen müsse, sich testen zu lassen, um alle anständigen Menschen vor einer Infektion mit dem tödlichen Virus zu schützen. Umfragen ergaben, daß die Mehrzahl der Amerikaner umfangreiche AIDS-Tests befürwortete, vielleicht weil die meisten davon überzeugt waren, daß sie noch nicht mit dem Virus infiziert seien und deshalb auch nicht die Folgen eines umfangreichen Testprogramms zu tragen hätten. Da nun ihre Vorschläge von der Mehrheit der Bevölkerung unterstützt wurden, sprachen konservative Theoretiker bereits davon, daß AIDS bei den kommenden Präsidentschaftswahlen ein geeignetes Thema für die Republikaner sein könnte.

Indessen wurde sich auch die übrige Welt immer deutlicher der Bedrohung durch die AIDS-Epidemie bewußt. Während im Januar 1986 noch 51 Länder das Auftreten der Krankheit in ihren Grenzen gemeldet hatten, waren es im Frühjahr 1987 113. Insgesamt waren

51 000 AIDS-Fälle bekanntgeworden. Die Weltgesundheitsorganisation rechnete bis zum Jahr 1991 mit drei Millionen AIDS-Fällen auf der ganzen Erde.

In den europäischen Ländern beeilte man sich, umfangreiche Aufklärungsprogramme zu entwickeln. Zu Anfang des Jahres 1987 waren die Vereinigten Staaten die einzige westliche Industrienation, in der die Regierung noch keine landesweite Aufklärungskampagne angeordnet hatte.

Die amerikanischen Kontroversen um die AIDS-Aufklärung und die Antikörper-Tests gingen während des ganzen Frühjahrs weiter. Während die Internationale AIDS-Konferenz näher rückte, verstärkte sich der Druck auf die Reagan-Administration. Obwohl Reagan sich endlich bequemt hatte, das Wort AIDS in den Mund zu nehmen, wartete man doch immer noch vergeblich auf seine ausführliche Stellungnahme zu der nun schon sechs Jahre dauernden Epidemie. Sogar das hartgesottene Pressecorps des Weißen Hauses, das AIDS niemals wirklich ernstgenommen hatte, wartete ungeduldig auf eine Erklärung des Präsidenten. Dr. Koop, der sich in seinen Vorträgen darum bemühte, die Öffentlichkeit auf die Bedrohung durch AIDS aufmerksam zu machen, mußte immer häufiger die peinliche Frage beantworten, weshalb Präsident Reagan sich weigerte, ihn zu empfangen.

Anfang Mai sah sich der Senat gezwungen, Reagan in einem einstimmig gefaßten Beschluß zur Einsetzung eines Nationalen AIDS-Ausschusses aufzufordern.

Die Konservativen waren nicht weniger an einer klaren Stellungnahme des Präsidenten interessiert als die Liberalen. Der Erziehungsminister William Benett, ein führender Sprecher der Konservativen in allen AIDS betreffenden Fragen, verlangte lautstark die Einführung obligatorischer Tests und übte scharfe Kritik an Koop. Konservative Meinungsmacher und Leitartikler schlossen sich seinen Forderungen an. Einige von ihnen verlangten sogar den Rücktritt von Koop. Aber alle Senatoren waren sich darin einig, daß der Präsident endlich zu dem Problem AIDS Stellung nehmen müsse.

Unmittelbar vor Beginn der AIDS-Konferenz verkündete Reagan, er werde den Wünschen des Senats entsprechen und einen aus elf Mitgliedern bestehenden Ausschuß ernennen, der ihn in allen die Epidemie betreffenden Fragen beraten sollte. Am Vorabend der Konferenz werde er ein Wohltätigkeitsessen geben, auf dem Geld für den Feldzug gegen AIDS gesammelt werden sollte.

Ende Mai stellte sich heraus, daß diese Konferenz mehr sein würde als eine Versammlung von Wissenschaftlern. Hier, im Zentrum der politischen Macht in den Vereinigten Staaten, sollten die maßgebenden Persönlichkeiten aus Politik und Wissenschaft zusammenkommen, die sich am Kampf gegen die AIDS-Epidemie beteiligten. Diese Konferenz würde die Richtlinien der künftigen AIDS-Politik in den Vereinigten Staaten festlegen. Alle, die an jenem schwülen Sonntagnachmittag ihre Hotelzimmer in Washington bezogen, waren sich der historischen Bedeutung des bevorstehenden Ereignisses bewußt.

AM GLEICHEN ABEND, GEORGETOWN

In wenigen Tagen würde es genau sechs Jahre her sein, daß Michael Gottlieb seinen Aufsatz über die rätselhaften Pneumocystosis-Fälle bei fünf homosexuellen Männern in Los Angeles veröffentlicht hatte. Vor sechs Jahren war Gottlieb ein ehrgeiziger junger Immunologe gewesen, der erst wenige Monate an der Universität von Kalifornien in Los Angeles arbeitete. Jetzt war er zweiter Vorsitzender einer Stiftung, die ein offizielles Essen gab, an dem der Präsident und die First Lady als Ehrengäste teilnehmen sollten. Gottlieb unterhielt sich mit einer berühmten Filmschauspielerin, während sich Senatoren und Mitglieder des Repräsentantenhauses in dem Restaurant drängten und ihre Cocktails und *hors d'œuvres* genossen. AIDS war plötzlich gesellschaftsfähig geworden.

Er wußte, daß er den Erfolg des Abends und der AIDS-Stiftung seiner Begleiterin, der Filmschauspielerin Elizabeth Taylor, zu verdanken hatte. Schon lange bevor die Krankheit in Hollywood zu einem von allen beachteten Thema geworden war, hatte sich Liz Taylor mit AIDS beschäftigt. In seinen letzten Lebensmonaten hatte Gottliebs berühmtester Patient, Rock Hudson, die *American Foundation for AIDS Research* gegründet und selbst $ 250000 gestiftet. Frau Taylor hatte sich bereit erklärt, den Vorsitz zu übernehmen, und der Epidemie damit den Stellenwert gegeben, der ihr bis dahin nicht zugebilligt worden war.

Als Gottlieb mit Liz Taylor durch das Restaurant ging, unterhielten sich die anderen Gäste hinter vorgehaltener Hand darüber, weshalb er die Universität von Kalifornien in Los Angeles hatte verlassen müssen. Obwohl seine Leistungen als einer der international führenden AIDS-Kliniker wesentlich dazu beigetragen hatten, daß die Bundesregierung der Universität $ 10,2 Millionen für die Forschung zur Verfügung gestellt hatte, war Gottlieb in West Wood immer noch so etwas wie eine persona non grata. Niemand konnte bestreiten, daß er zu den angesehensten medizinischen Forschern der Lehranstalt gehörte und richtungsweisende Forschungsberichte veröffentlicht hatte, doch das erregte nur die Eifersucht der ranghöheren Professoren, die AIDS niemals als legitimes Thema für die wissenschaftliche Forschung anerkannt hatten.

Gottlieb hatte natürlich begriffen, daß die Antipathie vieler seiner Kollegen bis in das Jahr 1983 zurückging, als er und Dr. Marcus Conant über die Köpfe der Verwaltungsbeamten der Universität hinweg die Legislative veranlaßt hatten, zusätzliche Gelder für die AIDS-Forschung zur Verfügung zu stellen. Auch Conant war an der Universität von Kalifornien in San Francisco in das akademische Abseits geraten und mußte seine Arbeit an der AIDS-Forschung auf seine Privatpraxis beschränken. Anfang 1987 mußte Gottlieb feststellen, daß sein Verstoß gegen die akademischen Gepflogenheiten seine Aussichten auf eine erfolgreiche Universitätslaufbahn zerstört hatte. Innerhalb von nur sechs Monaten hatte die Verwaltung seine Ernennung zum ordentlichen Professor dreimal abgelehnt. Man sprach auch davon, daß mißgünstige Kollegen, die die Ernennung verhindert hatten, jeden Versuch Gottliebs vereiteln würden, an irgendeiner anderen Universität ein Forschungszentrum einzurichten.

Alle diese Schwierigkeiten erinnerten Gottlieb an ein Gespräch, das er im April 1982 mit Marc Conant geführt hatte, nachdem sie auf der ersten vom Kongreß veranstalteten Anhörung über AIDS ausgesagt hatten, die Forschung brauche mehr Geld und müsse von der Regierung tatkräftiger unterstützt werden. Damals hatten sie beide geglaubt, wenn sich die Öffentlichkeit der Gefahr bewußt sein würde, werde man ihnen den Vorwurf machen, die zuständigen Stellen nicht rechtzeitig gewarnt zu haben. Jetzt sahen sich Gottlieb und Conant außer Gefecht gesetzt, aber nicht weil man glaubte, sie hätten zu wenig getan, sondern weil sie zuviel getan hatten. Wenige Wochen vor der Konferenz verließ Gottlieb die Universität und eröffnete eine immunologische Privatpraxis in Santa Monica.

Das Hauptereignis des Abends fand vor dem Essen in einem großen Zelt statt, das im Freien aufgestellt und von den Beamten des Sicherheitsdienstes für die Rede von Präsident Reagan sorgfältig überprüft worden war. Als die Gäste aus dem Restaurant kamen, um sich im Zelt zu versammeln, wurden sie am Eingang von Dr. Mervyn Silverman, dem ehemaligen Direktor des Gesundheitsamts von San Francisco und gegenwärtigen Präsidenten der *AIDS Medical Foundation*, begrüßt, den man schon von weitem an seinem weißen Haarschopf erkannte. Von allen Persönlichkeiten, deren Verhalten bei Beginn der Epidemie Anlaß zu heftigen Meinungsverschiedenheiten gewesen war, hatte Silverman es am besten verstanden, seinen guten Ruf zu bewahren.

Nach seinem Rücktritt vom Posten des Direktors der Gesundheitsbehörden in San Francisco waren verschiedene Ärztevereinigungen in den Vereinigten Staaten an ihn herangetreten und hatten ihn gebeten, sie näher über die Bedeutung von AIDS im Rahmen der öffentlichen Gesundheitspflege zu unterrichten. Als der Fanatiker LaRouche in Kalifornien die Einführung von Zwangstests verlangt hatte, war er mit seiner mediengerechten Art der überzeugendste Sprecher all derer gewesen, die sich darum bemüht hatten, eine allgemeine AIDS-Hysterie zu vermeiden. Als es 1987 zu Kontroversen um den Antikörper-Test kam, war es wieder Silverman, der mit großer Geduld den Standpunkt der Gesundheitsbehörden erläuterte. In den vergangenen Tagen hatte er mit den Redenschreibern von Reagan an den ersten Textentwürfen der für diesen Abend vorgesehenen Ansprache des Präsidenten gearbeitet.

Während Dr. Silverman am Eingang des Zelts seine Kollegen begrüßte und sich mit Schauspielern unterhielt, suchte sich Dr. Paul Volberding einen Platz in einer der hinteren Sitzreihen. Die sommerliche Hitze erinnerte ihn an die Zeit, als die Epidemie begonnen hatte. Für Volberding war das der 1. Juli 1981 gewesen, sein erster Arbeitstag am *San Francisco General Hospital*, als ein Kollege auf die Tür eines Untersuchungszimmers deutete und sagte: »Dort wartet die nächste große Krankheit auf Sie.« Mit diesen ungewollt prophetischen Worten war Volberding auf seinen ersten Kaposi-Sarkom-Patienten aufmerksam gemacht worden. Während der folgenden sechs Jahre war er zu einem der international führenden AIDS-Kliniker geworden. Ein gedrängtes Programm hatte ihn heute kaum zur Ruhe kommen lassen. Schon am frühen Morgen war er in der Fernsehsendung »Meet the Press« aufgetreten. Dann war er in einen aus neun Mitgliedern bestehenden Ausschuß gewählt worden, der eine internationale AIDS-Gesellschaft organisieren sollte. In der kommenden Woche mußte er eine Reihe von Vorträgen halten, an Konferenzen teilnehmen und Interviews geben. In wenigen Tagen sollte er bekanntgeben, daß San Francisco zum Tagungsort der Internationalen AIDS-Konferenz von 1990 bestimmt worden war.

Die Blaskapelle intonierte die Fanfare des Marsches »Hail to the Chief« und alle Anwesenden erhoben sich von ihren Plätzen, als der Präsident und Mrs. Reagan das Zelt betraten.

Während Silverman die Begrüßungsworte sprach, mußte Volberding daran denken, daß noch vor wenigen Wochen kaum jemand für möglich gehalten hätte, was jetzt geschah; die AIDS-Epidemie war im Bewußtsein der amerikanischen Bevölkerung zu einem der wichtigsten Probleme geworden.

Die Versammlung applaudierte laut, und die Menschen erhoben sich von ihren Sitzen, als Elizabeth Taylor dem *Surgeon General* eine besondere Auszeichnung verleih. Nachdem Koop seine kurze Ansprache beendet hatte, in der er sich für »freiwillige« Tests aussprach, bei denen die Vertraulichkeit und der Schutz vor jeder Diskriminierung garantiert werden sollten, blickte Dr. Silverman kurz zum Präsidenten hinüber und stellte dann Dr. Gottlieb vor, der die erste von zwei wissenschaftlichen Auszeichnungen für Leistungen in der AIDS-Forschung verleihen sollte.

Verhaltener, aber höflicher Beifall begrüßte Dr. Robert Gallo, als er zum Rednerpult ging, um die Auszeichnung von Gottlieb entgegenzunehmen. Natürlich erkannte Gallo auch den französischen Beitrag zur AIDS-Forschung an und sprach davon, wie notwendig die internationale Zusammenarbeit der Wissenschaftler im Kampf gegen die Epidemie sei. Aber seine Kollegen im Zelt warfen sich vielsagende Blicke zu. Die in den vergangenen Jahren mit großer Erbitterung geführten Kämpfe zwischen französischen und amerikanischen Forschern konnten kaum als Beitrag zur internationalen Zusammenarbeit bezeichnet werden.

Das 1985 vom Pasteur-Institut gegen das Nationale Krebsinstitut eingeleitete Verfahren hätte fast dazu geführt, daß der häßliche Streit zwischen beiden Institutionen vor Gericht ausgetragen wurde. Zwar ging es zunächst nur um einen angemessenen Anteil an den Gewinnen, die das Nationale Krebsinstitut mit dem AIDS-Test erzielt hatte, aber in der wissenschaftlichen Welt wußte man sehr genau, daß es den Franzosen in Wirklichkeit um die Anerkennung einer Entdeckung ging, die ihnen bisher versagt worden war. Allerdings waren die Leistungen des Pasteur-Instituts bei der Entwicklung einer AIDS-Therapie aus Anlaß der Hudson-Affäre in der ganzen Welt bekannt geworden. Das Pasteur-Institut hatte auch weiterhin Hervorragendes bei der AIDS-Forschung geleistet. Ende 1986 war in seinen Labors ein weiteres mit dem AIDS-Erreger verwandtes Virus entdeckt worden. Aber das Institut fühlte sich trotzdem um die Anerkennung seiner bedeutendsten Leistung betrogen – der Entdeckung des Erregers der lange Zeit so rätselhaften Krankheit.

Die Regierung der Vereinigten Staaten, die aus den Arbeiten von Gallo so unverfroren politisches Kapital für die Reagan-Administration geschlagen hatte, klammerte sich immer noch an den Mythos, daß Gallo das AIDS-Virus entdeckt habe. Dabei hielt sie auch an der Auffassung von Gallo fest, das Virus sei mit der zuvor von Gallo entdeckten HTLV-Familie verwandt und deshalb habe er das Recht, das Virus zu benennen, wie dies traditionsgemäß dem Entdecker zusteht. Schließlich hatte ein internationaler Ausschuß entschieden, daß es kein Leukämie-Virus war und Gallo daher auch nicht das Recht hatte, es zu benennen. Doch um die Gemüter zu besänftigen, einigte sich der Ausschuß auf eine neue Bezeichnung: *Human Immunodeficiency Virus* oder HIV.

Doch während des ganzen Jahres 1986 machte das Pasteur-Institut auch weiterhin seine Ansprüche gegen das Nationale Krebsinstitut aufgrund des Gesetzes über die Informationsfreiheit geltend. Allmählich mußten auch die stursten juristischen Berater der amerikanischen Regierung erkennen, daß das Verfahren die Administration der Vereinigten Staaten in eine sehr unangenehme Lage bringen konnte. In einer sehr rücksichtsvollen Denkschrift über die möglichen Folgen eines solchen Gerichtsverfahrens warnte Dr. Don Francis die Administration: »Wenn dieser Rechtsstreit in einem öffentlichen Gerichtsverfahren ausgetragen wird, werden alle peinlichen Aspekte dieses Konflikts öffentlich bekannt werden und, wie ich glaube, sowohl der Wissenschaft als auch dem öffentlichen Gesundheitsdienst schaden. Die Franzosen haben den AIDS-Erreger nachgewiesenermaßen als erste gefunden, und Dr. Gallo hat ein Jahr danach versucht, ihnen den Rang abzulaufen.« Was nun das entscheidende Problem betraf, ob das HTLV III aus den französischen Isolaten entnommen worden sei, so stellte Don Francis die hypothetische Frage: »Können die Isolate des HTLV III und des LAV nur zufällig identisch sein?« Und seine Antwort lautete: »Aller Wahrscheinlichkeit nach nicht.«

Gallo wischte die ganze Angelegenheit mit einer leichten Handbewegung vom Tisch und erklärte, er sei auch ohne die Entdeckung des HTLV III ein international anerkannter Retrovirologe. Selbstverständlich wolle er mit dem Nobelpreis ausgezeichnet werden, doch er würde sich niemals unlauterer Mittel bedienen, um dieses Ziel zu erreichen.

In den ersten Monaten des Jahres 1987 reiste Dr. Jonas Salk wie ein Sonderbotschafter zwischen den streitenden Wissenschaftlern hin und her und brachte schließlich einen Kompromiß zustande. Die Vereinbarung wurde dann von Präsident Reagan und dem französischen Präsidenten Jacques Chirac im Weißen Haus feierlich unterzeichnet. Es war das erste Mal in der Geschichte der Wissenschaft, daß Staatsoberhäupter eine Meinungsverschiedenheit über die Entdeckung eines Virus beilegen mußten.

In dem Kompromiß wurde jedem der beteiligten Wissenschaftler ein Teil des Verdienstes für die verschiedenen Entdeckungen zugesprochen, die den Weg bis zur Isolierung des HIV geebnet hatten. Infolge dieses Kompromisses entstand der Eindruck, Dr. Robert Gallo und Dr. Luc Montagnier hätten das AIDS-Virus »gemeinsam« entdeckt. Soweit war Gallo erfolgreich aus diesem Streit hervorgegangen. Nun nahm Gallo wenige Augenblicke vor Beginn der ersten Rede des Präsidenten über die AIDS-Epidemie die Auszeichnung entgegen, die ihm als »Mitentdecker« des HIV verliehen wurde.

Dr. Mathilde Krim trat vor die Versammlung, um Montagnier eine vergleichbare Auszeichnung zu verleihen. Vielleicht waren es die Erinnerungen an alles, was sie in den letzten Jahren erlebt hatte, die die normalerweise durch nichts zu erschütternde Frau Krim an diesem Abend außer Fassung brachten. Bis zu diesem Augenblick hatte die Zeremonie in einer durchaus zivilisierten Atmosphäre stattgefunden, und niemand hätte ein unhöfliches Wort gesagt. Doch Frau Krim hatte in den vergangenen Jahren so leidenschaftlich dafür gekämpft, daß sie jetzt nicht alles mit höflichem Schweigen zudecken konnte, solange noch so viel zu tun übrig blieb.

So gab es zum Beispiel noch AIDS-Therapien, die getestet werden mußten, aber die Versuche mit neuen Medikamenten waren eingestellt worden. Es hieß, die *Food and Drug Administration* würde keine Therapie und keine Vakzine zur praktischen Erprobung zulassen, die nicht von den Bundesgesundheitsbehörden entwickelt worden seien. Die Regierung tat alles, um die Erprobung des im Nationalen Krebsinstitut entwickelten Medikaments AZT zu fördern. Es schien aber kaum eine bürokratische Hürde zu geben, die nicht aufgebaut wurde, um die Freigabe anderer Behandlungsmöglichkeiten zu verzögern. Überall im Land verteilten die Homosexuellen über ein eigenes Verteilungsnetz Medikamente für eine AIDS-Therapie, die zum Teil aus Mexiko eingeschmuggelt worden waren, aber auch in eigenen Küchenlabors hergestellt wurden.

Die Verzögerungen und die Verwirrung waren weniger dem bösen Willen der Behörden als der Unfähigkeit der Verantwortlichen, der Wichtigtuerei kleiner Bürokraten und vor allem dem Mangel an Initiative von seiten der Administration zuzuschreiben.

So erklärte Dr. Mathilde Krim ihren Zuhörern, sie habe einige Optimisten davon reden hören, daß irgendwann eine Vakzine gegen AIDS entwickelt werden könnte, und sie habe gehört, daß es eines Tages auch eine Therapie geben werde.

»Aber wann?« rief Frau Krim verzweifelt aus, und ihre Zuhörer starrten sie schweigend an.

Dann wies sie auf die Demonstranten hin, die sich mit Kerzen vor dem Zelt versammelt hatten und deren Protestrufe deutlich zu hören waren.

»Tausende von Menschen mit AIDS fragen: ›Wann wird etwas geschehen?‹ Es hängt von dem Willen des amerikanischen Volks ab, wie wir diese Frage beantworten werden.«

Tim Westmoreland saß in der vorletzten Reihe, nur wenige Stuhlreihen hinter Paul Volberding, und wartete gespannt auf die Ausführungen von Präsident Reagan.

Als Berater des Unterausschusses für Gesundheit und Umwelt des Repräsentantenhauses hatte sich Westmoreland länger mit dem AIDS-Problem beschäftigt als irgend jemand auf dem Capitol Hill. Er erinnerte sich noch daran, wie er und Bill Kraus sich glücklich geschätzt hatten, wenn es ihnen gelungen war, im Haushaltsentwurf $ 2 Millionen für AIDS freizubekommen. Die Zeiten, als es um solche Pfennigbeträge ging, waren jetzt vorüber. Erst in der vergangenen Woche hatte Senator Kennedy eine Gesetzesvorlage eingebracht, nach der im kommenden Rechnungsjahr $ 1 Milliarde für AIDS ausgegeben werden sollte, und es hatte den Anschein, daß ein Betrag in etwa dieser Höhe bewilligt werden würde. Das Schlüsselproblem war jetzt nicht mehr die Finanzierung; was fehlte, war eine straffe Führung im Feldzug gegen AIDS.

Westmoreland hoffte, der Präsident werde sich in seiner Ansprache weniger mit den Tests als mit der Forschung und Aufklärung beschäftigen, denn nur so ließ sich die Epidemie erfolgreich bekämpfen. Er und die Mitarbeiter der Senatoren hatten mit großer Sorgfalt AIDS-

Gesetzesvorlagen für diese Sitzungsperiode des Kongresses vorbereitet, denen die Vertreter beider Parteien zustimmen konnten. Den Demokraten und den gemäßigten Republikanern schien viel daran gelegen zu sein, einen Kompromiß zu finden, denn die meisten Politiker hatten begriffen, daß AIDS zu einer großen Gefahr werden könnte, wenn das Problem zu sehr politisiert würde. Hier wurden zu viele Empfindlichkeiten und Befürchtungen berührt, und viele waren sich darin einig, daß es besser sei, die AIDS-Bekämpfung den Gesundheitsbehörden zu überlassen. Hier galt die alte Weisheit: Wenn der Krieg droht, wende dich an die Politiker; wenn der Krieg erklärt ist, wende dich an die Generäle. Wenn nun die Vereinigten Staaten AIDS den Krieg erklärten, dann sollte der Präsident die Generäle der staatlichen Gesundheitsbehörden moralisch unterstützen und die Politiker mit ihrem Verlangen nach Zwangstests vom Kriegsschauplatz fernhalten.

»Meine Damen und Herren«, sagte Dr. Silverman, »der Präsident der Vereinigten Staaten.«

Ronald Reagan zeigte sein bekanntes jungenhaftes Lächeln und begann seine erste Rede über AIDS mit den Worten: »Vor vielen Jahren, als ich für das *General Electric Theatre* arbeitete...«

Nach einem kurzen Rückblick auf jene vergangenen Tage erzählte der Präsident einen kleinen Witz. Es war eine Geschichte, die in seinen Reden bei Wohltätigkeitsveranstaltungen immer wieder vorkam. Sie handelte von einem Wohltätigkeitsausschuß, der die reichsten Männer der Stadt aufsucht und sie um Spenden bittet.

»›Unsere Unterlagen zeigen, daß Sie in diesem Jahr noch nichts gespendet haben‹, sagt der Vorsitzende des Ausschusses dem reichen Mann.

Der wohlhabende Geschäftsmann fragt, ob aus den Unterlagen des Ausschusses auch ersichtlich sei, daß er eine kranke Mutter und einen behinderten Bruder habe.

›Aber nein‹, sagt der Ausschußvorsitzende. ›Das haben wir nicht gewußt.‹

›Nun‹, erwidert der Mann. ›Ich gebe meinen nächsten Verwandten kein Geld. Warum sollte ich Ihnen etwas geben?‹«

Die Zuhörer lachten verlegen. Tim Westmoreland fragte sich, ob es dem Präsidenten wirklich nicht aufgefallen sei, daß er mit diesem Witz genau das Verhalten seiner Administration schilderte. Während seiner Amtszeit hatte der Präsident kein Interesse dafür gezeigt, der Finanzierung irgendeines Vorhabens den Vorrang einzuräumen –

mit Ausnahme des Verteidigungsetats. Warum sollte er dann für AIDS etwas übrig haben?

In den folgenden zwanzig Minuten erläuterte der Präsident seine Ansichten über AIDS. Über die AIDS-Aufklärung verlor er kaum ein Wort, sprach aber sehr ausführlich über die Tests. Doch von Vertraulichkeit oder dem Schutz der Persönlichkeitsrechte derjenigen, bei denen das Testergebnis positiv ausfiel, war nicht die Rede. Das von Reagan empfohlene Programm würde die weitere Ausbreitung der Epidemie nicht verhindern können. Zwar weckte die Forderung, Heterosexuelle sollten sich vor der Heirat testen lassen, den Eindruck, daß etwas geschehen sollte, aber aus diesem Personenkreis waren nur sehr wenige mit dem AIDS-Virus infiziert, und so konnten mit den Tests auch nur wenige Leben gerettet werden. Die Rettung von Menschenleben gehörte nicht zu den Prioritäten der Reagan-Administration. Die Rede des Präsidenten sollte nicht der öffentlichen Gesundheitsfürsorge dienen, sondern ein politisches Problem mit politischen Mitteln lösen. Diese Lösung war für den Präsidenten und seine Anhänger die bequemste, aber sie würde vielen Menschen das Leben kosten.

Larry Kramer hatte sich schon den ganzen Nachmittag gefragt, wie er am Abend auf die Rede von Ronald Reagan reagieren sollte. Zwar war Larry immer noch einer der radikalsten homosexuellen Aktivisten in den Vereinigten Staaten, aber er war längst nicht mehr der einzige, der sich über die Methoden der Reagan-Administration empörte. Selbst seine schärfsten Kritiker konnten nicht mehr behaupten, daß er unrecht habe, auch wenn ihnen die Art seines Auftretens mißfiel; er war nur seiner Zeit voraus gewesen. Der Erfolg seines Stückes »The Normal Heart« rechtfertigte Kramers Haltung, und er arbeitete in Gedanken schon am Entwurf eines zweiten. Mit Paul Popham, dem Präsidenten der GMHC, hatte er schließlich Frieden geschlossen. Bei ihrem letzten Gespräch, wenige Tage vor Pauls Tod, hatte Larry ihn um Verzeihung gebeten, und Paul hatte nur gesagt: »Kämpfe weiter.«

Kramer war im Lauf der Zeit zwar besonnener und reifer geworden, hielt es aber doch für notwendig, gegen die Aussagen Reagans zu protestieren. Andere Vertreter der Homosexuellen, die an der Veranstaltung teilgenommen hatten, stimmten ihm zu, aber der Protest war nicht vorher organisiert worden. Frau Dr. Krim hatte die Konferenzteilnehmer wissen lassen, daß sie und andere AIDS-Forscher die Veranstaltung verlassen würden, wenn Reagan die Einführung von Zwangstests verlangen sollte, aber er war dieser Frage geschickt ausgewichen. Er hatte seine Zuhörer zu Mitgefühl und Verständnis aufgerufen und die Leistungen der Freiwilligen gelobt, die sich für die Betreuung von AIDS-Kranken zur Verfügung gestellt hatten. Dabei erwähnte Reagan sogar das *Shanti Project* in San Francisco.

Larry hörte sich die Rede sehr aufmerksam an und stellte fest, daß der Präsident es vermied, das Wort »gay« auszusprechen. Er sprach von den mit dem AIDS-Virus infizierten Blutern, den Empfängern von Bluttransfusionen und den Ehepartnern von drogenabhängigen Fixern, aber die Homosexuellen erwähnte er mit keinem Wort. Dann wandte sich der Präsident dem komplexen Thema der Antikörper-Tests zu.

Larry spürte die Wut in sich aufsteigen. An dem Abend, an dem Präsident Reagan endlich sein Schweigen brach, waren seit dem Tode von Paul Popham genau drei Wochen vergangen. Am Ende seines Lebens hatte er den Glauben an die Vereinigten Staaten verloren, an das Land, für das er in Vietnam gekämpft hatte. Dieses Land hatte sich von Popham und seinen Freunden abgewendet und sie sterben lassen. Und jetzt weigerte sich Reagan, Paul Popham oder die anderen Homosexuellen zu erwähnen, die während all dieser Jahre so viel Mut bewiesen hatten. Und als Reagan nun so tat, als sei das von ihm vorgeschlagene Testprogramm geeignet, der Epidemie Einhalt zu gebieten, konnte Larry Kramer seinen Zorn nicht mehr beherrschen und protestierte mit lauten Zwischenrufen.

Als Präsident Reagan seine erste Ansprache über das Erworbene Immunmangelsyndrom hielt, waren 36058 Amerikaner an AIDS erkrankt und 20849 von ihnen waren gestorben.

AM NÄCHSTEN MORGEN, HILTON HOTEL, WASHINGTON, D. C.

Wenn Dr. Dan William an die *Gay Freedom Day Parade* in San Francisco an einem sonnigen Junitag des Jahres 1980 zurückdachte, konnte er nur staunen, wie naiv er damals gewesen war. So ähnlich mußte es auch in den zwanziger Jahren vor der Wirtschaftsdepression und vor Ausbruch des Zweiten Weltkriegs in Europa gewesen sein, als die Menschen sorglos in den Tag hinein lebten, ohne an die Zukunft zu denken und ohne zu erkennen, welchen Gefahren sie ausgesetzt waren.

Mitte 1987 waren 185 seiner Patienten an AIDS erkrankt. Gegenwärtig behandelte William fast 350 Patienten, die an einer mit dem

797

HIV im Zusammenhang stehenden Krankheit litten. Hätte ihm irgend jemand vor sieben Jahren gesagt, daß er eines Tages Hunderte von unheilbaren Patienten würde behandeln müssen, dann hätte er den Betreffenden für verrückt erklärt.

Praktisch war AIDS jetzt leichter zu behandeln als bei Beginn der Epidemie, denn die im Lauf der Jahre gesammelten Erfahrungen ermöglichten zutreffendere Prognosen und gaben dem Arzt bestimmte Methoden an die Hand, den Krankheitsverlauf zu beeinflussen. Die Unbarmherzigkeit, mit der die Krankheit zum Tode führte, war immer noch erschütternd, aber man durfte heute wenigstens schon hoffen, daß im Lauf der Zeit eine wirksame Therapie gefunden werden würde.

So beurteilten viele der Ärzte und Wissenschaftler, die sich an jenem Morgen zur ersten Sitzung der AIDS-Konferenz im Washingtoner Hilton versammelt hatten, die Lage. Es gab bedrückende Sorgen, aber auch eine gewisse Zuversicht.

Alle die alten erfahrenen AIDS-Spezialisten trafen sich hier wieder. Zu ihnen gehörte Dr. Alvin Friedman-Kien, der Dermatologe, der als erster erkannt hatte, daß das Auftreten des Kaposi-Sarkoms in mehreren Fällen den Beginn einer neuen Epidemie bedeutete, und Dr. Linda Laubenstein, die Forscherin, die 1979 die ersten beiden KS-Fälle in New York diagnostiziert hatte. Dr. Marcus Conant unterhielt sich auf dem Weg zur Eröffnungskonferenz mit seinen Pariser Kollegen Dr. Jean-Claude Chermann und Dr. Françoise Barre. Auch die Wissenschaftler der CDC, die sich von Anfang an mit der Erforschung der Ursachen und Hintergründe der Epidemie beschäftigt hatten, waren gekommen: Dale Lawrence, Bill Darrow und Harold Jaffe arbeiteten immer noch an den verschiedensten epidemiologischen Vorhaben, und Jim Curran leitete auch heute noch die AIDS-Arbeit der CDC. Manchmal sagte er, AIDS sei jetzt in die Jahre gekommen. Man könne der Epidemie zwar keine günstige Prognose stellen, aber man könne ihr auch nicht ausweichen. Dr. Mary Guinan, die in dem frustrierenden Sommer 1981 so viele Gespräche mit den ersten AIDS-Patienten geführt hatte, war zur stellvertretenden Direktorin der CDC ernannt worden. Sie war zu der Konferenz gekommen, um für eine weitere Intensivierung der Forschung zu plädieren, denn sie war überzeugt, daß die Epidemie immer noch nicht ernst genug genommen würde. Die erste AIDS-Konferenz von 1985 war von dem Schock gekennzeichnet gewesen, den die Dimension der Epidemie ausgelöst hatte; die Konferenz von 1986 in Paris war vom allgemeinen Pessimismus der Wissenschaftler überschattet gewesen, doch die Teilnehmer an dieser letzten

Konferenz zeigten schon einen gewissen vorsichtigen Optimismus. Die Materie, um die es bei dieser neuen Wissenschaft ging und die auf der Konferenz im einzelnen dargestellt werden sollte, war allgemein bekannt. Es war eine Mischung aus guten und schlechten Nachrichten, und da es im bisherigen Verlauf der Epidemie kaum andere als erschreckende Nachrichten gegeben hatte, konnte einen der Inhalt einiger der an diesem Tag vorgelegten Berichte zumindest ein wenig optimistischer in die Zukunft blicken lassen.

Die wichtigste gute Nachricht betraf ein Medikament, das mit dem Akronym AZT bezeichnet wurde. Damit war es zum ersten Mal gelungen, den Lebenszyklus des AIDS-Virus zu beeinflussen und das Leben der Patienten zu verlängern. Es handelte sich allerdings um ein recht primitives Medikament, das viele schädliche Nebenwirkungen hatte. Aber es wirkte. Jetzt durfte man hoffen, daß es gelingen werde, noch bessere Verfahren zu entwickeln, um das Leben der Patienten zu verlängern, auch wenn eine Heilung zunächst nicht zu erwarten war. Während die Ärzte gegenwärtig schätzten, daß eine mit dem HIV infizierte Person eine durchschnittliche Lebenserwartung von sieben Jahren nach der Infektion hatte, von denen fünf für die Inkubationsperiode angesetzt wurden, sagten einige Fachleute voraus, daß sie nach weiteren fünf Jahren die Lebenserwartung nach der Infektion auf 20 bis 25 Jahre würden erhöhen können.

Obwohl es immer Schwierigkeiten bei der Entwicklung einer Vakzine gab, schienen sie nicht mehr so unüberwindlich zu sein wie vor zwei Jahren. Ein französischer Forscher hatte sich schon mit einem Prototyp eines Impfstoffs geimpft, der nun in Zaire erprobt wurde. Andere Vakzine warteten in tiefgekühltem Zustand auf die Zulassung durch die *Food and Drug Administration* nach den üblichen langwierigen Zulassungsverfahren. Einige Wissenschaftler glaubten sogar, daß das größte Hindernis die mangelnde Bereitschaft der Regierung sei, alle notwendigen Kräfte für die Entwicklung einer AIDS-Vakzine einzusetzen. Doch auch hier durfte man auf Fortschritte hoffen.

Das war jetzt besonders deshalb wichtig, weil auf der Konferenz auch die negativen Aspekte deutlich zum Ausdruck kamen, und das war in erster Linie die Virulenz des HIV. Die laufende Überwachung der 6700 homosexuellen Männer in San Francisco, die Ende der siebziger Jahre gegen die Hepatitis B geimpft worden waren, gab Anlaß zu den schlimmsten Befürchtungen. Von 63 in den vergangenen sechs Jahren mit dem HIV infizierten Männern waren 30 Prozent an AIDS erkrankt, und weitere 48 Prozent litten an einer Lymphadenopathie. Nur 22 Prozent zeigten keine Symptome der Krankheit. Darüber hinaus hatte es den Anschein, daß die Zahl der Erkrankten dramatisch anstieg, wenn die betreffenden Personen vor mehr als fünf Jahren mit dem Virus infiziert worden waren. Anstatt geringer zu werden, schnellte der Prozentsatz der Infizierten, die an AIDS erkrankten, in besorgniserregender Weise in die Höhe.

Die an Lymphadenopathie Erkrankten hatten keine günstigen Zukunftsaussichten. Das zeigte eine Studie des stellvertretenden Direktors der AIDS-Klinik am *San Francisco General Hospital*, Dr. Donald Abrams. Er hatte 1981 begonnen, Patienten mit geschwollenen Lymphknoten zu beobachten, und zunächst geglaubt, die Lymphadenopathie werde sich als Schutzreaktion auf eine Infektion mit dem AIDS-Virus erweisen, die den Patienten davor bewahre, an AIDS zu erkranken. In den ersten Jahren seiner Studie schien sich diese Hypothese von Abrams zu bestätigen. Jetzt mußte er feststellen, daß diese Patienten an AIDS erkrankten, wenn ihre Lymphknoten länger als drei Jahre geschwollen waren. Abrams rechnete sogar damit, daß die Hälfte dieser Patienten fünf Jahre nach ihrer Erkrankung an Lymphadenopathie AIDS bekommen würden.

Diese düstere Prognose mußte alle Verantwortlichen veranlassen, sich intensiver mit der Erprobung von Medikamenten zur Bekämpfung von Viren zu beschäftigen, denn niemand konnte mehr daran zweifeln, daß allein in den Vereinigten Staaten Hunderttausende sie brauchen würden. Schon jetzt sprachen die Marketing-Spezialisten der großen pharmazeutischen Firmen erwartungsvoll von einem künftigen »Lymphadenopathie-Markt«.

Natürlich waren alle diese Prognosen nichts Neues für Leute, die sich längere Zeit intensiv mit der Epidemie beschäftigt hatten. Die Zahlen, über die auf der Konferenz im Juni 1987 berichtet wurde, waren schon im Dezember 1983 genannt worden, als Dale Lawrence die Inkubationsperiode für AIDS mit fünf Jahren angab und die Epidemie mit einem Marathonlauf verglich. Jetzt bestätigten sich nur die schlimmsten Befürchtungen von damals.

Die neuesten Daten über die durch Bluttransfusionen hervorgerufenen Infektionen zeigten, daß Don Francis mit seinen schlimmsten Befürchtungen recht gehabt hatte. Schätzungsweise 12 000 Amerikaner waren durch Transfusionen infiziert worden, die sie in den meisten Fällen bekommen hatten, nachdem die CDC die Hersteller von Blutkonserven vergeblich gebeten hatten, etwas gegen die weitere Ausbreitung der

Krankheit zu unternehmen. »Wie viele Menschen werden noch sterben müssen?« hatte Don Francis 1983 die Vertreter der Blutbanken gefragt. Diese Frage ließ sich jetzt beantworten: Es waren Tausende.

Im Namen der Konferenz wurde auch ein Seminar veranstaltet, auf dem die Blutbanken darüber unterrichtet wurden, wie sie sich gegen gerichtlich eingeklagte Schadenersatzansprüche schützen könnten. Der Referent war ein Anwalt der *Irwin Memorial Blood Bank* in San Francisco, die kürzlich als erste Blutbank einen außergerichtlichen Vergleich mit der Familie eines Transfusions-Opfers geschlossen hatte. Die Familie Borchelt hätte wahrscheinlich einen Prozeß gewonnen, und dabei wäre ihr eine hohe Schadenersatzsumme zugesprochen worden, als die Blutbank den Vergleich anbot. Der Anwalt der Familie Borchelt hatte mit einem ausgefallenen juristischen Trick versucht, Don Francis als Zeugen zu laden, da er wußte, daß Francis das Verhalten der Blutbanken scharf kritisiert hatte. Doch schließlich stellte der Staatsanwalt im Namen der Bundesregierung beim Obersten Gericht den Antrag, Francis das Auftreten als Zeuge zu untersagen. Seine Aussage hätte die Regierung in eine zu peinliche Lage gebracht.

Francis war als Mitautor einer wissenschaftlichen Studie nach Washington gekommen, mit welcher der Versuch unternommen wurde, den voraussichtlichen weiteren Verlauf der Epidemie in den Vereinigten Staaten vorauszusagen. Man mußte nur die Übertragungswege der Hepatitis B kennen, um sagen zu können, wie sich AIDS künftig ausbreiten werde. Diese Analyse sollte Don Francis auf der Konferenz vortragen.

Als die Moderatorin Francis zu Beginn seines Vortrags vorstellte, nannte sie jedoch einen falschen Namen. Offenbar hatte sie noch nie etwas von ihm gehört. Zwei Mitarbeiter der homosexuellen *Howard Brown Memorial Clinic* in Chicago wurden ungeduldig, als Don sagte, es sei zu befürchten, daß AIDS bei der ärmeren Bevölkerung in den Großstädten zu einer endemischen Krankheit werden könnte, weil Drogenabhängige ihre Sexualpartner mit dem Virus infizierten. Schließlich flüsterte einer der homosexuellen Zuhörer dem anderen deutlich hörbar zu: »Wer ist dieser aufgeblasene Bursche, der da so lange redet?«

Viele von denen, die jetzt in wichtigen Positionen am Kampf gegen AIDS beteiligt waren, hatten keine Ahnung, wer Don Francis war. Robert Gallo erklärte sogar, Don Francis sei für die AIDS-Arbeit völlig »belanglos«.

Kaum jemand bezweifelte, daß Francis wegen seiner Konflikte mit Gallo während des »Krieges« zwischen den französischen und amerikanischen Forschern in Ungnade gefallen war. Die Tatsache, daß Francis den Bürokraten mit seinen ständigen Geldforderungen das Leben schwer gemacht hatte, trug auch nicht gerade zu seiner Beliebtheit bei. Das bekam er jetzt durch die feindselige Haltung des wissenschaftlichen Establishments bei den Bundesgesundheitsbehörden zu spüren. Kein wissenschaftlicher Bericht, unter dem sein Name stand, wurde in diesem Jahr von den Veranstaltern der AIDS-Konferenz zugelassen. Sogar eine Arbeit über die Vakzine-Forschung, die er zusammen mit Dr. Jonas Salk geschrieben hatte, wurde zurückgewiesen. Francis durfte nur deshalb sprechen, weil eine andere Wissenschaftlerin verhindert war.

In Berkeley arbeitete Francis immer noch an einem AIDS-Vorbeugungsprogramm für Kalifornien. Er besuchte auch regelmäßig den Campus der Universität von Kalifornien in Davis, wo er mit Salk an der Entwicklung einer AIDS-Vakzine arbeitete. Doch er war unzufrieden darüber, daß er nicht mehr in der vordersten Front der AIDS-Forschung stand. Vor der Konferenz war die Weltgesundheitsorganisation an ihn herangetreten und hatte ihn gefragt, ob er noch daran interessiert sei, seine alte Arbeit wieder aufzunehmen und sich in Afrika an der Bekämpfung von Infektionskrankheiten zu beteiligen. Nördlich des Äquators breitete sich die AIDS-Epidemie in besorgniserregendem Tempo weiter aus, und man brauchte dringend einen Fachmann mit den Erfahrungen von Francis.

Francis ließ sich den Vorschlag durch den Kopf gehen. Es war von Anfang an sein Ziel gewesen, der weiteren Ausbreitung dieser Epidemie Einhalt zu gebieten. Bis heute hatte sich Francis noch nicht geschlagen gegeben. Nicht AIDS, sondern das System hatte ihn besiegt, und deshalb hatte die Krankheit die ersten Gefechte gewonnen und überall in den Vereinigten Staaten Fuß fassen können. Als die Konferenz in Washington begann, wußte er bereits, daß er nach Afrika zurückkehren und dort gegen die Seuche kämpfen würde. Sein neuer Auftrag führte ihn zunächst in den Sudan. Ohne auf die Politik, die Finanzierung oder die kleinlichen Streitereien um wissenschaftliches Prestige Rücksicht nehmen zu müssen, würde er hier die Gelegenheit haben, erfolgreich tätig zu sein.

Für Cleve Jones war es schon immer ein erregendes Erlebnis gewesen, sich an Massendemonstrationen homosexueller Männer zu beteiligen. So wurde er auch heute von nostalgischem Kampfesmut beflügelt, als er den Protestmarsch zum Weißen Haus anführte und die Teilnehmer im Sprechchor riefen: »Ronald Reagan hat geschlafen, die Geschichte wird ihn strafen!«

Das Fernsehen hatte in den Morgennachrichten die Mißfallenskundgebungen bei der Ansprache des Präsidenten während des Wohltätigkeitsessens am vergangenen Abend gezeigt. Heute war Vizepräsident George Bush mit ähnlichen Zurufen begrüßt worden, als er auf der AIDS-Konferenz die Eröffnungsansprache hielt und das vom Präsidenten angekündigte Verfahren bei der Durchführung der AIDS-Tests verteidigte. Am Nachmittag hatte es den Anschein, daß alle Nachrichtenmedien in den Vereinigten Staaten ihre Reporter zum Weißen Haus geschickt hatten, um über die Demonstration des zivilen Ungehorsams zu berichten, die Cleve in der vergangenen Woche organisiert hatte.

Zuerst war es die Idee weniger führender Homosexueller gewesen, vor dem Weißen Haus gegen die AIDS-Politik der Administration zu protestieren. Sie hatten damit erreichen wollen, daß sie auf der Pennsylvania Avenue von der Polizei festgenommen wurden, um mit den Fotos von diesen Festnahmen bei weiteren Spendensammlungen zu werben. Dann aber hatten die Organisatoren beschlossen, Homosexuelle aus allen Teilen der Vereinigten Staaten zur Teilnahme an dem Protest aufzurufen. Da nun Cleve als Straßenaktivist einen legendären Ruf genoß, hatte man ihn gebeten, von San Francisco nach Washington zu kommen und die Blockade der Pennsylvania Avenue zu organisieren.

Bevor die Polizei in Washington 64 Homosexuelle festnahm, welche die Zufahrt zum Weißen Haus absperrten, zogen die Beamten lange Gummihandschuhe an. Zunächst hatten die Polizisten Schutzanzüge und Gesichtsmasken verlangt, wie sie von den Kommandos getragen werden, die das strahlenverseuchte Gelände nach einem Atomunfall aufräumen müssen, aber die städtischen Beamten hatten sie schließlich davon überzeugt, daß in diesem Fall Gummihandschuhe genügten. Cleve beobachtete die Schar der Zeitungsreporter und Kameraleute, die sich emsig darum bemühten, Demonstranten und Polizisten aus einem möglichst günstigen Blickwinkel aufzunehmen, und staunte, wie sehr sich alles geändert hatte.

Zweifellos war das verspätete Interesse der Medien dafür verantwortlich, daß alle Teile der Bevölkerung anfingen, die Bedrohung durch AIDS ernst zu nehmen. Praktisch jede große Tageszeitung in den Vereinigten Staaten beschäftigte einen Reporter, der ausschließlich über AIDS berichtete. Die *New York Times* würde wahrscheinlich demnächst sogar bereit sein, die Homosexuellen als »gay« zu bezeichnen. Die *Washington Post*, die sich in den vergangenen Jahren kaum zur AIDS-Politik der Regierung geäußert hatte, beauftragte sogar sechs Reporter, über die Eröffnung der AIDS-Konferenz und die anschließenden Protestdemonstrationen zu berichten.

Doch auch die Zahl der Opfer war größer geworden. Allein in San Francisco waren Zehntausende infiziert, und Cleve selbst gehörte zu ihnen. Bei mehr als 3300 Infizierten war die Krankheit zum Ausbruch gekommen. Obwohl er sich immer noch aktiv am Kampf gegen AIDS beteiligte und sich sogar um eine Kandidatur für die Stadtratswahlen von 1988 beworben hatte, fragte sich Cleve, ob er noch so lange am Leben bleiben werde.

Cleve hatte sich jetzt damit abgefunden, daß viele seiner Träume sich nicht verwirklichen lassen würden. In den vergangenen Jahren hatten er und andere Bewohner der Castro Street auf eine Zeit gehofft, in der die Vorurteile gegen die Homosexuellen überwunden und die Schmerzen gelindert sein würden, die diese Vorurteile verursacht hatten. Sie würden dann vielleicht schon alte Männer sein und in den Erinnerungen an jene Zeit schwelgen, als sie daran geglaubt hatten, die Welt verändern zu können, was ihnen nun – wenigstens zum Teil – gelungen war. Viele dieser Freunde waren inzwischen gestorben, und Cleve wußte, daß die meisten von ihnen nicht sehr alt werden würden.

Was sich jedoch nicht geändert hatte, das war der Traum selbst, für dessen Verwirklichung sie gekämpft hatten und für den Harvey Milk gestorben war. Cleve wußte, daß es sich gelohnt hatte, um die Verwirklichung dieser Ideale zu ringen. Es war ein Kampf um Anerkennung und Gleichberechtigung gewesen, ein Kampf gegen Unwissenheit und Furcht, und dieser Kampf hatte Cleve heute nach Washington geführt.

Das Erbe des schändlichen Versagens der amerikanischen Nation ließ sich in den Gesichtern derer ablesen, die Cleve nie vergessen würde, in den Gesichtern der Toten. Diese Gesichter starrten Cleve an, als er vor dem schmiedeeisernen Tor des Weißen Hauses stand und die Menge im Chor rief: »Schande, Schande, Schande!« Die Tränen flossen ihm die Wangen hinunter, als er die Faust drohend gegen das Oval Office erhob. Vor seinem geistigen Auge erkannte er Simon Guzman und Bobbi Campbell, Gary Walsh und Felix Velarde-Munoz. Und natürlich sah er auch Bill Kraus.

59. Das Fest der Herzen, Teil III

KENT: »Ist dies das verheißene Ende?«
EDGAR: »Sind's Bilder jenes Grauens?«
Shakespeare, König Lear, V; 3

»Wo ist meine Brille?«

Bill Kraus suchte seine Brille; das war alles. Weshalb sahen ihn die Leute mit so seltsamen Blicken an?

»Wo ist meine Brille?«

Dennis Seely und einige andere Freunde blickten Bill verwundert an und wußten nicht recht, was sie sagen sollten. Bill lag ausgestreckt auf dem Fußboden. Offenbar war er gestolpert und hingefallen.

»Ich suche meine Brille!« schrie Bill.

Aber die anderen hörten nur unverständliche Laute. Es war so, als spräche Bill irgendein unverständliches Kauderwelsch.

»Bill, wir können dich nicht verstehen«, sagte Dennis.

Bills Lippen verzogen sich zu einem blöden Lächeln.

Wieder wollte er etwas fragen, aber die Zunge gehorchte ihm nicht.

»Wir können nicht verstehen, was du sagen willst«, wiederholte Dennis.

Bill richtete den Blick nach oben. Zwischen den unverständlichen Silben, die er murmelte, konnte Dennis die Worte »Jesus Christus« heraushören.

Draußen schien die Sonne, die Luft war atemberaubend klar, und der Himmel war ein mit zartem Porzellanblau gemaltes Gewölbe. Es war diese unglaublich klare Luft, die den Aufmärschen der Homosexuellen in San Francisco jedes Jahr im Juni ihren besonderen Zauber verlieh. Doch nun war es Januar, und nachdem der wärmende Nebelschleier zerrissen war, brachte der klare Himmel nur beißende bittere Kälte.

Es hätte jeder beliebige Tag in der Geschichte der AIDS-Epidemie und jede beliebige amerikanische Großstadt gewesen sein können. Es waren schließlich solche alltäglichen Dramen, die hinter den Zahlen der AIDS-Statistiken standen: Begabte junge Männer, die viel hätten leisten können, starben eines sinnlosen Todes. Aber es war der 5. Januar 1986, die Stadt hieß San Francisco und der junge Mann war William James Kraus. In den Statistiken würde er demnächst als das AIDS-Opfer Nummer 887 in San Francisco verzeichnet werden.

Catherine Cusic, Bills alte Freundin aus dem *Harvey Milk Gay Democratic Club*, kniete neben ihm auf dem Fußboden.

»Bill, wir müssen dich ins Krankenhaus bringen«, sagte sie. »Steh auf.«

Michael Housh, der die Wohnung mit Bill teilte, hatte die Symptome des neurologischen Schadens schon unmittelbar nach Bills Rückkehr aus Paris vor vier Monaten festgestellt. Beim Frühstück hatte Bill kaum das Glas mit Orangensaft halten können, weil sein Arm so stark zitterte.

»Du hast das nicht gesehen«, hatte ihm Bill mehr als einmal befohlen.

In diesen letzten Monaten hatte Bill kaum seine Wohnung verlassen, um auf die Castro Street zu gehen. Er glaubte, seine politischen Feinde, die ihn als »Verräter« und »Faschist« beschimpft hatten, würden sich an seinem Unglück weiden. Bills Freunde versuchten ihn davon zu überzeugen, daß er in seiner Zurückgezogenheit nur versäume zu erleben, wie sehr er von vielen bewundert wurde. Früher war Bill praktisch die Verkörperung aller politischen Bestrebungen der Homosexuellengemeinschaft gewesen. Zu Beginn der Epidemie gab es kaum ein mit AIDS in Zusammenhang stehendes Problem, in dessen Mittelpunkt er nicht gestanden hätte – ob es sich nun um die Finanzierung der Forschung durch die Regierung, die Aufklärung, die Verantwortlichkeit der Homosexuellengemeinschaft oder um die Zulassung neuer Behandlungsmethoden gehandelt hatte. Er war für viele Homosexuelle die Brücke gewesen, die ihnen den Übergang aus der Zeit vor Ausbruch der Epidemie in die Zeit danach erleichtert hatte. Er war auch der erste gewesen, der gesagt hatte, wie der Idealismus der Homosexuellen die furchtbaren Folgen der Epidemie überleben könne, denn er hatte mit klaren Worten definiert, welches die Ziele der Homosexuellenbewegung waren. Zunächst waren die von ihm verkündeten Ideale sehr umstritten gewesen, aber mittlerweile fingen die Leute an ihn zu verstehen und erkannten, was sie ihm zu verdanken hatten. Für viele war er ein Held.

Um die Weihnachtszeit hatte Bill kaum noch etwas essen können und litt an einer chronischen Diarrhö. Er wog nur noch 120 Pfund. Sein Kopf schmerzte wie von heftigen Schlägen mit einem Knüppel. Aber er weigerte sich, dem Rat seiner Freunde zu folgen und sich ins Krankenhaus einweisen zu lassen. Er behauptete, das sei nur eine Magengrippe, die er bald überwunden haben werde. Seine Freunde hatten sich an diesem kühlen Sonntagnachmittag in seiner Küche versammelt, um zu überlegen, wie sie ihm helfen könnten, als sie hörten, wie Bill in seinem Schlafzimmer stolperte und hinfiel.

Catherine stellte fest, daß Bill die Fähigkeit verloren hatte, zusammenhängend zu denken. Offenbar hatte er irgendeinen Anfall gehabt. So dauerte es eine ganze Weile, ihn davon zu überzeugen, daß er stationär behandelt werden müsse.

Dr. Marcus Conant erklärte sich am Telefon sofort bereit, ihm ein Bett in der Universitätsklinik von San Francisco zu besorgen. Als es Zeit wurde, ins Krankenhaus zu fahren, wollte sich Bill auf keinen Fall helfen lassen. Er stand ganz langsam auf, stellte sich gerade hin, ging zur Treppe und fing an hinunterzugehen.

Draußen in der kalten Winterluft konnte Bill seinen dampfenden Atem sehen. Er knöpfte seinen Mantel fest zu, als er den Castro-Bezirk zum letzten Mal verließ.

Seine Freunde einigten sich darauf, abwechselnd rund um die Uhr bei ihm zu wachen. Bills ehemalige große Liebe, Kico Govantes, kam häufig zu Besuch ins Krankenhaus. Er war jetzt ein erfolgreicher Maler. Der geistige Verfall von Bill bedeutete eine schwere seelische Belastung für ihn, und Bills Freunde fürchteten, er werde die nächtlichen Wachen am Krankenbett nicht durchhalten können. Deshalb lösten sich Dennis und Harry Britt in den Nachtstunden ab, und es begann das angstvolle Warten. Mitten in der ersten Nacht – Dennis hatte sich auf dem Fußboden des Krankenzimmers ausgestreckt – fing Bill wieder an normal zu sprechen.

»Als ihr mich in eure Gewalt bekamt, wurdet ihr Faschisten«, sagte Bill.

»Was redest du da?«

»Ich suchte meine Brille, und ihr wolltet sie mir nicht geben.«

»Bill, wir konnten nicht verstehen, was du sagtest«, sagte Dennis. »Du hast unverständliche Laute von dir gegeben.«

»Oh«, sagte Bill.

Daran konnte er sich nicht mehr erinnern.

Am folgenden Tag mußte Bill eine ganze Reihe neurologischer Tests über sich ergehen lassen. Die Hälfte der Zeit war er bei klarem Verstand, es hatte aber doch den Anschein, daß bestimmte Hirnnerven versagten. Er sah zum Beispiel doppelt.

»Wer ist der Präsident?« fragte einer der Ärzte, um Bills Geistesgegenwart zu testen.

»Kennedy«, sagte Bill.

Der Arzt sah ihn kopfschüttelnd an. »Reagan«, korrigierte er.

»Bitte erinnern Sie mich nicht daran«, stöhnte Bill. »Mir geht es schon schlecht genug. Machen Sie es nicht noch schlimmer.«

Die Diagnose lautete: Kryptokokkenmeningitis. Jede Erkrankung des Gehirns war gefährlich, aber die Ärzte sagten, eine Kryptokokkose ließe sich behandeln und es gebe keinen Grund, weshalb Bill die Krankheit nicht überstehen sollte. Doch Bill war verzweifelt, als er erfuhr, was ihm fehlte. Mehr als alles andere beunruhigte ihn die Vorstellung, daß er einen Gehirnschaden davontragen könnte. Das Funktionieren seines Intellekts war ihm wichtiger als jede andere Fähigkeit.

»Fürchtest du dich vor dem Sterben?« fragte Bills Bruder Mike.

»Ich fürchte mich mehr davor, was mit mir geschehen könnte, solange ich noch lebe«, sagte Bill.

Das eisige Winterwetter hielt die ganze Woche an. Am Samstagnachmittag saß Sharon Johnson am Krankenbett. Bill war eingeschlafen. Er war in den letzten Tagen sehr launenhaft gewesen, und Sharon war erleichtert, im Gesicht des schlafenden Bill eine gewisse Heiterkeit feststellen zu können. Er schien irgendeine Entscheidung getroffen zu haben. Während Sharon ihn beobachtete, erinnerte sie sich daran, daß sie diesen Ausdruck schon einmal bei Bill gesehen hatte. Das war vor fast einem Jahr in Lourdes gewesen, als Bill stundenlang auf einer steinernen Bank vor der Statue der Jungfrau Maria gesessen hatte. Bill hatte, seit sie ihn kannte, noch niemals so friedlich ausgesehen, und bis heute hatte sie diese innere Ruhe nicht wieder an ihm erlebt.

Später am Abend kam Dennis Seely, um sich für die Nacht auf den Fußboden des Krankenzimmers zu legen. Bills Freunde hatten die Krankenschwester gebeten, ihn nachts nicht mehr zu wecken, um seine Temperatur zu messen. Sie sagten, er habe Schwierigkeiten, anschließend wieder einzuschlafen. Das überzeugte die Schwestern.

So wachte Dennis erst um sechs Uhr morgens auf, als die Schwester ins Zimmer kam.

»Wecken Sie ihn nicht«, sagte Dennis.

»Ich muß die Temperatur messen«, sagte die Schwester.

Dennis setzte sich auf, streckte die Glieder und fühlte sich ausgeruht. Er hatte die ganze Nacht durchgeschlafen. Zum ersten Mal hatte Bills lautes Schnarchen ihn nicht gestört.

Obwohl es noch dunkel war, konnte Dennis sehen, wie die Schwester Bill das Thermometer in den Mund legte.

Dann hörte er, wie das Thermometer an Bills Zähne schlug und ihm aus dem offenen Munde fiel.

»William?« sagte die Schwester. »William?«

»Nennen Sie ihn Bill«, sagte Dennis und stand auf.

»Bill?«

Dennis trat ans Bett und sah Bill bewegungslos daliegen. Er hatte den Kopf zur Seite gewendet, und sein Haar lag auf dem Kissen.

»Ich glaube, er ist tot«, sagte Dennis.

Die Krankenschwester war ein hübsches blondes Mädchen. Sie blickte auf den Patienten hinunter und sagte mit stockender Stimme, als könne sie es nicht glauben:

»Ich bin noch neu hier. Ich habe noch nie erlebt, daß jemand gestorben ist.«

Sorgfältig knüpfte sie ein weißes Tuch um Bills Kinn. Er war ganz ruhig gestorben – mit einem letzten tiefen Atemzug.

»Jetzt kann ich es sehen«, sagte die Schwester mit sanfter Stimme. »Er ist tot, aber eigentlich doch nicht, nicht wahr?«

Die Schwester betrachtete den regungslos daliegenden Bill. Es schien, als habe sie in diesem Augenblick eine ganz wichtige Einsicht über das Leben und über den Tod gewonnen.

Dank des Verfassers

Ich hätte dieses Buch nicht schreiben können, wenn ich nicht Reporter beim *San Francisco Chronicle* gewesen wäre. Es war die einzige Tageszeitung in den Vereinigten Staaten, die nicht erst durch den Tod eines Filmstars veranlaßt wurde, sich mit AIDS zu beschäftigen, weil ihr erst dann eine gründliche Berichterstattung über diese Epidemie legitim und notwendig erschienen wäre. Der vorurteilsfreien Haltung dieser Zeitung habe ich es zu verdanken, daß ich seit 1982 nach eigenem Ermessen frei über die Epidemie berichten konnte. Seit 1983 habe ich praktisch nur noch über das Thema AIDS geschrieben. Meine Berichte stellen den Kern dieses Buches dar. Für das Engagement der Zeitung sind alle Mitglieder der Redaktion verantwortlich; mein besonderer Dank gilt jedoch dem Lokalredakteur Alan Mutter, der die Bedeutung dieses Themas schon lange erkannt hatte, bevor es in aller Munde war. Ich möchte auch den folgenden Kollegen beim *San Francisco Chronicle* für ihre guten Ratschläge und ihre Hilfe danken: Katy Butler, David Perlman, Jerry Burns, Keith Power und Kathy Finberg. Auch die Mitarbeiter der Bibliothek des *Chronicle*, besonders Charlie Malarkey, haben mir wertvolle Hilfe geleistet.

Ohne das Vertrauen, das mir mein Lektor beim Verlag St. Martin's Press, Michael Denneny, geschenkt hat, wäre aus meinen Zeitungsberichten niemals ein Buch entstanden. Er hat an den Erfolg dieses Vorhabens schon zu einem Zeitpunkt geglaubt, als die meisten Verleger noch bezweifelten, daß die Epidemie Ausmaße annehmen werde, die das Erscheinen eines umfangreichen Buches rechtfertigen könnten. Auch meinem Agenten Fred Hill muß ich für sein Vertrauen danken.

Zahlreiche andere Persönlichkeiten haben mir bei der Redaktion des Manuskripts geholfen. Ohne den Zuspruch und die verständnisvollen Korrekturvorschläge von Doris Ober hätte ich diesen dicken Wälzer wahrscheinlich niemals zustande gebracht. Auch Katie Leishman und Rex Adkins muß ich aufrichtig dafür danken, daß sie mir bei der Durchsicht des Manuskripts ihre wertvollen Fachkenntnisse zur Verfügung gestellt haben.

Während der Recherchen für dieses Buch habe ich ausgedehnte Reisen unternommen, die ohne die Gastfreundschaft von Poul Birch Eriksen in Kopenhagen, Mark Pinney in New York City und Bob Canning und Steve Sansweet in Los Angeles kaum möglich gewesen wären. Mein Dank gilt auch Frank Robinson, der mir seine umfangreichen Unterlagen über die Epidemie großzügig zur Verfügung gestellt hat. Zu den Persönlichkeiten, die mir Einsicht in ihre Akten gewährt haben, gehören Tim Westmoreland, Dan Turner, David Nimmons, Jeff Richardson, Lawrence Schulman, Tom Murray von *The Sentinel*, Don Michaels von der *Washington Blade*, Terry Biern von der *American Foundation for AIDS Research* und Jim Kepner vom *AIDS History Project* an den *International Gay and Lesbian Archives* in Los Angeles. Steve Unger und Fred Hoffman haben mich als Computerfachleute unterstützt. Ich möchte auch nicht versäumen, mich für die Unterstützung zu bedanken, die mir von den für die Zusammenarbeit mit den Medien verantwortlichen Persönlichkeiten am *San Francisco General Hospital*, am *Pasteur-Institut*, am *National Cancer Institute*, am *National Institute für Allergy and Infectious Diseases* und besonders von Chuck Fallis an den *Centers for Disease Control* gewährt wurde. Sie haben mir meine Arbeit ganz wesentlich erleichtert.

Besonderen Dank schulde ich meinen Brüdern Reed Shilts, Russell Dennis Shilts III und Gary Shilts, die mir während der langen Zeit, in der ich an diesem Buch gearbeitet habe, tatkräftig geholfen haben. Darüber hinaus habe ich das Glück gehabt, daß mir in der Hektik dieses Unternehmens großartige Freunde zur Seite gestanden sind: Janie Krohn, Bill Reiner, David Israels, Bill Cagel, Will Pretty und Bill Shortell. Auch den Freunden von Bill W. muß ich dafür danken, daß sie mich mit ihrer Erfahrung, ihrer Charakterstärke und Zuversicht unterstützt haben.

Und schließlich ist ein Reporter nur so viel wert wie seine Quellen. Die Menschen, denen ich am meisten zu danken habe, sind die Hunderten von Persönlichkeiten, die mir während meiner Arbeit als Zeitungsberichterstatter und bei meinen Recherchen für dieses Buch ihre wertvolle Zeit geopfert haben. Viele von ihnen waren vielbeschäftigte Wissenschaftler und Ärzte, denen das sicher nicht leicht gefallen ist. Auch dort, wo ich für meine Nachforschungen an die Basis gehen mußte, habe ich große Unterstützung erhalten; auch hier möchte ich jedem einzelnen danken.

Meine besondere Hochachtung gilt den Opfern der AIDS-Epidemie. Einige von ihnen haben mir in ihren letzten Lebensstunden Interviews gewährt, während sie auf dem Sterbebett nach Atem rangen. Als ich sie fragte, warum sie mir ihre Zeit zur Verfügung stellten, äußerten die meisten die Hoffnung, ihre Informationen könnten vielleicht andere vor einem solchen Leiden bewahren. Diese großartige Haltung kann ich nur bewundern.

Quellenverzeichnis

Dieses Buch ist ein journalistischer Tatsachenbericht und kein Roman. Um der besseren Lesbarkeit willen habe ich bestimmte Szenen rekonstruiert, Gespräche in direkter Rede wiedergegeben und den Gedanken einzelner Personen die Worte »er dachte« und »sie glaubte« hinzugefügt. Den Inhalt solcher Abschnitte habe ich entweder meinen Interviews mit den handelnden Personen oder den Ergebnissen meiner Nachforschungen entnommen, die ich in den Jahren angestellt habe, in denen ich für den *San Francisco Chronicle* laufend über die AIDS-Epidemie berichtete.

Viele Persönlichkeiten, die in diesem Buch eine Schlüsselrolle spielen, kenne ich schon aus der Zeit vor Ausbruch der Epidemie und habe sie schon damals im Rahmen meiner journalistischen Arbeit interviewt. So sind z. B. Dr. Selma Dritz, Dan William und David Ostrow schon 1976 meine Interviewpartner gewesen, als ich für ein homosexuelles Nachrichtenmagazin Artikel über gesundheitspolitische Fragen schrieb. Auch einige in dem Buch erwähnte Politiker und führende Homosexuelle aus San Francisco habe ich in den vergangenen zehn Jahren Dutzende von Malen interviewt, und zwar als Fernsehreporter und als Verfasser eines Buches über das politische Leben in San Francisco. In dem folgenden Verzeichnis sind jedoch nur die Interviews erwähnt, in denen die AIDS-Epidemie behandelt wurde. Das Verzeichnis enthält auch nicht alle Gespräche, die ich in den vergangenen fünf Jahren über AIDS geführt habe. Eine solche Liste würde mehr als 900 Namen enthalten.

Die nach den Namen genannten Daten beziehen sich sowohl auf Telefongespräche als auch auf persönliche Interviews. Wenn ich in einem Monat mehr als ein Gespräch mit einem Interviewpartner geführt habe, dann ist die Zahl der Gespräche hinter dem Datum in Klammern angegeben.

In diesem Buch, wo die zeitliche Abfolge der Ereignisse eine so wichtige Rolle spielt, hat es mir sehr geholfen, daß die meisten Wissenschaftler Tagebücher führen, in denen sie bestimmte neue Erkenntnisse und Gespräche mit anderen Wissenschaftlern festhalten und zeitlich fixieren. Auch Krankenblätter und Sterbeurkunden haben mir manche Lebensdaten der hier erwähnten AIDS-Kranken geliefert. Andere wichtige Unterlagen und Quellen werden an den entsprechenden Stellen genannt.

DIE POLITIK IN WASHINGTON

Kongreß: Abgeordneter Henry Waxman, Juli 85, Febr. 86; Abg. Sala Burton, Nov. 84; Michael Housh, Gehilfe der Abg. Boxer, Febr. 85, Jan. 86, März 86; Abg. Barbara Boxer, Dez. 83; Susan Steinmetz, *Intergovernmental and Human Resources Subcommittee*, Febr. 85, Nov. 86; Bill Kraus, Mitarbeiter d. Abg. Phil & Sala Burton, Okt. 82, März 83 (3), Apr. 83, Mai 83, Juni 83, Okt. 83, Nov. 83, Dez. 83 (2), Jan. 84, Febr. 84 (4), Apr. 84, Okt. 84, Nov. 84, Juni 85, Juli 85, Sept. 85, Okt. 85 (6), Nov. 85; Tim Westmoreland, Berater d. *House Subcommittee on Health and the Environment*, Febr. 85, Nov. 85, Febr. 86, Juni 87; Larry Mike, *Office of Technology Assessment*, Febr. 86; David Sundwald, Berater des *Senate Committee for Labor and Human Resources*, Febr. 86; Dan Maldonado, Berater des *House Appropriations Subcommittee for Health*, Febr. 86; Abg. Ted Weiss, Dez. 83.

Reagan-Administration: Dr. Edward Brandt, Abteilungsleiter im Gesundheitsministerium, Dez. 83, Febr. 85; Surgeon General C. Everett Koop, März 87; Dr. Lowell Harmison, Stellv. Abteilungsleiter im Gesundheitsministerium, Febr. 85; Dr. Anthony Fauci, Direktor NIAID, Febr. 85, Sept. 85, Febr. 86; Dr. Richard Krause, Direktor NIAID, Febr. 86; Dr. James Whitescarver, Mitarbeiter d. Dir. NIAID, Febr. 86; Peter Fischinger, Mitarbeiter d. Dir. d. Nationalen Krebsinstituts, Febr. 85; Dr. James Mason, Direktor d. CDC & Abteilungsleiter im Gesundheitsministerium, Febr. 86; Dr. Don Hopkins, stellv. Dir. d. CDC, Febr. 86; Dr. Walter Dowdle, Dir. d. *Center for Infectious Diseases*, Apr. 84; Bill Grigg, Sprecher der *Food and Drug Administration*, Febr. 85.

Die Einsichtnahme in interne schriftliche Unterlagen wurde ermöglicht durch das Gesetz über die Informationsfreiheit. 1983 wurde die Einsichtnahme in die Akten des *Office of Management and Budget*, des Gesundheitsministeriums, der *Centers for Disease Control* und der *National Institutes of Health* beantragt. Ein neuer Antrag auf Einsichtnahme in die internen Unterlagen derselben Behörden sowie des Verteidigungsministeriums und des Justizministeriums wurde 1985 gestellt. Die Entscheidungen der Bundesregierung über die Finanzierung der gegen AIDS zu treffenden Maßnahmen werden darüber hinaus dokumentiert durch »Review of the Public Health Service Response to AIDS« des *Office of Technology Assessment* (1985) und durch »The Federal Response to AIDS«, einen Bericht des *Intergovernmental Relations and Human Resources Subcommittee of the House of Representatives Committee on Government Operations* (1983).

AIDS-FORSCHER UND ÄRZTE

New York: Dr. Mathilde Krim, *AIDS Medical Foundation & Memorial Sloan-Kettering Cancer Center*, Febr. 85, Jan. 86; Dr. Arye Rubinstein, *Albert Einstein College of Medicine*, Febr. 85, Febr. 86; Dr. Joyce Wallace, *St. Vincent's Hospital*, Febr. 85; Dr. Michael Lange, *St. Luke's Roosevelt Hospital*, Febr. 85, Febr. 86; Dr. Dan William, Jan. 86, Juni 87; Dr. Alvin Friedman-Kien, *NYU Hospital*, Jan. 86; Dr. Linda Laubenstein, *Bellevue Hospital*, Febr. 86; Dr. Donna Mildvan, *Beth Israel Medical Center*, Febr. 86; Dr. Stuart Nicholls, Febr. 86.

Der Bericht über die von der *AIDS Medical Foundation* im Februar 1985 veranstaltete AIDS-Konferenz wurde einer Videoaufzeichnung entnommen. Der Name des AIDS-kranken Kindes im *Jacobi Hospital* wurde in Diana geändert, um die Vertraulichkeit zu wahren. Das ist die einzige Namensänderung in diesem Buch.

San Francisco: Dr. Marcus Conant, Universität von Kalifornien in San Francisco, Apr. 82, Apr. 83, Febr. 84, März 84, Juni 84, Aug. 84, Okt. 84, Nov. 84, Dez. 84, März 85, Apr. 85, Aug. 85, Okt. 85, Dez. 85, Jan. 86, Juli 86, Sept. 86 (2), Okt. 86; Dr. Paul Volberding, Dir. d. AIDS-Klinik am *San Francisco General Hospital*, März 84, Aug. 84, Jan. 85, Febr. 85, Jan. 86, Febr. 86, März 86, Dez. 86, Juni 87; Dr. Constance Wolfsy, stellv. Dir. der AIDS-Klinik am SFGH, Mai 83, Jan. 85; Dr. Donald Abrams, stellv. Dir. an der AIDS-Klinik des SFGH, Okt. 83, Febr. 85, Mai 85, Juli 85, Aug. 85, Sept. 85, Okt. 85, Jan. 85, Jan. 87; Dr. Andrew Moss, Epidemiologe a. d. AIDS-Klinik des SFGH, März 83, Juli 83, Febr. 84, Juli 84, Nov. 84, März 85; Dr. Jay Levi, *Center for Human Tumor Virus Research* a. d. Univ. v. Kalif. in San Francisco, Aug. 84, März 85, Juli 86; Dr. Mort Cowan, Universität von Kalifornien in San Francisco, Juli 86; Dr. Michael Gorman, Epidemiologe, März 83; Dr. James Groundwater, Dermatologe, Nov. 83, Jan. 85, Febr. 86; Dr. Robert Bolan, März 83, Mai 86; Peter Arno vom Institut für gesundheitspolitische Studien an der Universität von Kalifornien in San Francisco, Aug. 85; Dr. Edgar Shaw, Poliospezialist, Okt. 85; Dr. Warren Winkelstein, Prof. für Epidemiologie, Universität von Kalifornien, Berkeley, Okt. 83, Nov. 84, Okt. 85, Mai 87; David Lyman, San Francisco's Men's Study, Aug. 84; Cliff Morrison, AIDS-Koordinator im *San Francisco General Hospital*, Okt. 83, Jan. 84, März 84, Nov. 84, Mai 86; Bill Barrick, AIDS-Station, *San Francisco General Hospital*, Okt. 83; Cathy Juristo, AIDS-Station, *San Francisco General Hospital*, Okt. 83; Bill Nelson, AIDS-Station, *San Francisco General Hospital*, Nov. 84; Alyson Moed, AIDS-Station, *San Francisco General Hospital*, Nov. 84; Paul O'Malley, Hepatitis-Studie am Städtischen Krankenhaus von San Francisco, März 86; John S. James, Redakteur bei *AIDS Treatment News*, März 87; Dr. Samuel Stegman, Dermatologe, Apr. 83; Dr. Arthur Ammann, Universität von Kalifornien in San Francisco, Aug. 83; Dr. Dan Stites, Universität von Kalifornien, San Francisco, Aug. 83; Dr. Cornelius Hopper, Sonderassistent des Präsidenten der Universität von Kalifornien, Aug. 83; Dr. Rudi Schmid, Dekan der Medizinischen Fakultät der Universität von Kalifornien in San Francisco, Aug. 83; Dr. James Wiley, *San Francisco Men's Study*, Okt. 84.

Centers for Disease Control, Atlanta: Dr. Don Francis, Leiter des Labors der *AIDS Task Force*, Aug. 85, Okt. 85 (4), Nov. 85 (2), Jan. 86, Mai 86; Dr. James Curran, Direktor der *AIDS Task Force*, Juni 83, Okt. 83, Dez. 83, Febr. 84, Apr. 84, Aug. 84, Dez. 84, Febr. 85, Apr. 85, Apr. 86, Febr. 87; Dr. V. S. Kalyanaraman, Apr. 86; Dr. Bruce Evatt, März 86, Apr. 86; Don Berreth, Apr. 84; Bill Darrow, Apr. 86, Febr. 87; Dr. Harold Jaffe, Apr. 82, Apr. 84, Nov. 84, Febr. 85, Febr. 86; Dr. Mary Guinan, Apr. 84, Apr. 86; Dr. Dale Lawrence, Apr. 86 (2), Febr. 87; Ward Cates, Apr. 86; Dr. Paul Weisner, Apr. 86; Dr. James Allen, Febr. 85, Apr. 86, Febr. 87; Dr. Meade Morgan, Jan. 86; Dr. Richard Selik, März 83, Dez. 83; Sandra Ford, Apr. 84; Mary Cumberland, Apr. 84; Dr. Thomas Spira, Apr. 84; David Cross, Apr. 84; Dr. Russ Havlak, *Center for Prevention Services*, Jan. 86.

National Institutes of Health, Bethesda: Dr. Bill Blattner, Nationales Krebsinstitut, Febr. 86; Dr. Samuel Broder, klinischer Direktor des Nationalen Krebsinstituts, Febr. 86; Dr. James Goedert, Nationales Krebsinstitut, Febr. 86; Dr. Robert Biggar, Nationales Krebsinstitut, Febr. 86; Dr. Harry Haverkos, Nationales Institut für Allergien und Infektionskrankheiten (ehemals bei den CDC), März 84, Febr. 86; Dr. Robert Gallo, Nationales Krebsinstitut, Abteilung für Tumorzellen-Biologie, Apr. 86.

Los Angeles: Dr. Joel Weisman, März 86; Dr. Michael Gottlieb, Universität von Kalifornien, Los Angeles, März 86, Sept. 86; Dr. David Auerbach, Universität von Kalifornien, Los Angeles, März 86; Dr. Wayne Shandera, Mai 86.

Miami: Dr. Mark Whiteside und Dr. Caroline MacLeod, *Miami Institute of Tropical Medicine*, Apr. 85.

Paris: Dr. Luc Montagnier, Pasteur-Institut, Sept. 84, Dez. 85; Dr. Jean-Claude Chermann, Pasteur-Institut, Sept. 84, Febr. 85, Juni 87; Dr. Willy Rozenbaum, Pitie-Salpetriere-Krankenhaus, Sept. 84, Dez. 85, Juni 87; Dr. Françoise Brun-Vezinet, Claude-Bernard-Krankenhaus und Pasteur-Institut, Dez. 85; Dr. Françoise Barre, Pasteur-Institut, Dez. 85; Dr. Jacques Leibowitch, René-Descartes-Universität, Sept. 84, Dez. 85; Dr. David Klatzmann, Pitie-Salpetriere-Krankenhaus und Pasteur-Institut, Dez. 85; Dr. Jean-Baptiste Brunet, Weltgesundheitsorganisation, Dez. 85; Michael Pollack, Soziologe, Dez. 85; Dr. Didier Seux, Pitie-Salpetriere-Krankenhaus, Dez. 85.

Brüssel: Dr. Nathan Clumeck, Universität Brüssel, Nov. 85.

Kinshasa: Dr. Z. Lurhama, Universitätsklinik, Nov. 85.
Boston: Dr. Myron Essex, *Harvard School of Public Health*, Febr. 86.
Chicago: Dr. David Ostrow, Okt. 83, Apr. 85, Nov. 85.

Kopenhagen: Dr. Bo Hoffman, *Rigshospitalet*, Dez. 85; Dr. Viggo Faber, *Rigshospitalet*, Dez. 85; Dr. Ib Bygbjerg, *Rigshospitalet*, Dez. 85; Dr. Jan Gerstof, Staatliches Seruminstitut, Dez. 85. Andere Freunde von Dr. Grete Rask, die ich interviewt habe, baten mich, ihre Namen nicht zu nennen.

New York City: Dr. David Sencer, Direktor des städtischen Gesundheitsamts, Febr. 85; Kevin Cahill, Gesundheitsamt, Febr. 85; Mel Rosen, Direktor des AIDS-Instituts des Staates New York, Febr. 85, Febr. 86.

San Francisco: Bürgermeisterin Dianne Feinstein, Okt. 82, März 83, Okt. 83, März 84, Apr. 84, Mai 84, Juni 84; Dr. Mervyn Silverman, Direktor der städt. Gesundheitsbehörde, Mai 83, Juni 83, Okt. 83, Jan. 84, Febr. 84, März 84, Mai 84, Juni 84, Okt. 84, Nov. 84, Jan. 85, Febr. 85, März 85, Apr. 85, Aug. 85, März 86, Juni 87; Dr. Selma Dritz, stellv. Dir. der Gesundheitsbehörde, Abt. zur Bekämpfung von Infektionskrankheiten, Apr. 82, März 83, Apr. 83, Mai 83, Juni 83, Juli 83, Okt. 83, Nov. 83, Febr. 84, Jan. 86; Bill Cunningham, AIDS-Koordinator, Sept. 83; William Petty, Gesundheitsinspektor, Okt. 84; Städtischer Anwalt George Agnost, März 84; Victoria Hobel, stellv. städt. Anwalt, Nov. 83; Phil Ward, stellv. städt. Anwalt, Okt. 84; Dr. Dean Echenberg, Direktor des Büros für die Bekämpfung von Infektionskrankheiten, Juli 84, Aug. 84, Nov. 84, März 85, Apr. 85, Aug. 85; Wendy Nelder, Präsident des Stadtrats, Juni 83, Sept. 83, Mai 84, Okt. 84; Stadtrat Richard Hongisto, März 84; Stadtrat Bill Maher, Sept. 83; Stadtrat Harry Britt, Juni 83, Sept. 83, Febr. 84, Mai 84, Juni 84, Okt. 84; Stadträtin Carol Ruth Silver, Juni 83; Dr. Steve Morin, *AIDS Task Force*, Jan. 84, Febr. 84, Juni 85; Bruce Decker, CA AIDS-Beratungsausschuß, Sept. 85, Aug. 86; Dana Van Gorder, Mitarbeiterin des Stadtrats Harry Britt, März 83, Mai 83, Juni 83, Aug. 83, Sept. 83, Nov. 83, Febr. 84, März 84, Apr. 84, Mai 84, Juni 84, Aug. 84, Dez. 84, Juli 86; Sprecher der Legislative Willie Brown, Aug. 83; Abgeordneter Art Agnos, März 85, Apr. 85, Juni 86, Juli 86; Dr. Robert Benjamin, Büro für Infektionskrankheiten im Bezirk Alameda, Aug. 85.

Sacramento: Dr. Ken Kizer, Direktor der Gesundheitsbehörde des Staates Kalifornien, März 85, Juli 85, Juli 86, Febr. 87; Dr. James Chin, Direktor des Büros für Infektionskrankheiten in der Staatlichen Gesundheitsbehörde von Kalifornien, Aug. 85; Dr. Robert Anderson, Staatliche Gesundheitsbehörde von Kalifornien, AIDS-Büro, Nov. 84, Juni 86, Juli 86, Mai 87; Stan Hadden, Gehilfe des Senatspräsidenten David Roberti, Aug. 86.

DIE HOMOSEXUELLENGEMEINSCHAFT, AIDS-KRANKE, AIDS-HILFS-ORGANISATIONEN UND INTERVIEWS ZU DIESEM THEMENKREIS

Los Angeles: James Kepner, *AIDS History Project, International Gay & Lesbian Archives*, März 86; John Mortimer, *AIDS Project Los Angeles*, Sept. 86; Paul Van Ness, Direktor des *AIDS Project Los Angeles*, Sept. 86; Bill Meisenheimer, Direktor des *AIDS Project Los Angeles*, Sept. 85.

New York City: Virginia Apuzzo, Direktorin der *National Lesbian/ Gay Task Force*, Jan. 86; Charles Ortleb, Herausgeber des *New York Native*, Febr. 85, Febr. 86; Rodger McFarlane, Direktor der Organisation *Gay Men's Health Crisis*, Aug. 84, Febr. 85, Febr. 86; Larry Kramer, Organisator der GMHC, Febr. 85, Jan. 86 (3), Apr. 86; Paul Popham, Präsident der GMHC, Febr. 86, Apr. 86; Enno Poersch, Aufsichtsratsmitglied der GMHC, Apr. 86; Richard Dunne, Dir. d. GMHC, Febr. 86, Mai 86; David Nimmons, Febr. 86; Terry Biern, *American Foundation for AIDS Research*, Febr. 85, Febr. 86; Jeff Richardson, Febr. 85, Febr. 86; Dr. Stephen Caiazza, Präsident der *New York Physicians for Human Rights*, Febr. 85, Okt. 85, Jan. 86.

San Francisco: Cleve Jones, Aug. 82, Okt. 82, März 83 (2), Dez. 84, Sept. 85, Jan. 86, Juni 86; Catherine Cusic, *Harvey Milk Gay Democratic Club*, Juni 83, Juni 85, Dez. 85; Jack McCarthy und Victor Amburgy, Geiseln, Juli 85; Gary Walsh, AIDS-Kranker, Mai 83, Juni 83, Juli 83, Dez. 83, Jan. 84; Rick und Angie Walsh, Okt. 85; Lu Chaikin, Sept. 85, Okt. 85 (2); Matt Krieger, Mai 83, Sept. 86, Nov. 86; Joseph Brewer, Nov. 84, Okt. 85 (2), Nov. 85; Larry Bush, Journalist und Gehilfe des Abgeordneten Art Agnos, Apr. 84, Okt. 84, Nov. 84, Jan. 85, Febr. 85, März 85, Juni 85, Juli 85; Paul Lorch, Herausgeber des *Bay Area Reporter*, Apr. 84; Konstantin Berlandt, Mai 83, Juni 84; Allen White, *Bay Area Reporter*, Juli 84; Pat Norman, März 83, Juni 86, Juli 86, Aug. 86; Sharon Johnson, Jan. 87; Dennis Seely, Jan. 87; Bill Jones, Besitzer des *Sutro Bathhouse*, Juni 83, Juni 84; Randy Stallings, Präsident des *Alice B. Toklas Democratic Club*, März 83; Russ Alley, Geschäftsmann, Juni 83; Martin Cox, AIDS-Kranker, Mai 83, Okt. 83, Nov. 83, Okt. 84; Paul Castro, AIDS-Kranker, Juni 83; Bob White, AIDS-Kranker, der sich in Paris mit dem Medikament HPA-23 behandeln ließ, Sept. 85, Nov. 85; Wayne Friday, Präsident der *Tavern Guild*, Juni 83, Dez. 86; Andrew Small,

820

AIDS-Kranker, Juni 83; Lawrence Wilson, *Alice B. Toklas Democratic Club*, Juni 83; Silvana Strangis, Jan. 85; Anthony Ford, Jan. 85; Louis Gaspar, Besitzer des *Hothouse*, Juli 83; Steve Folstad, Direktor des *Pacific Center for Human Growth*, Apr. 83; Leon McKusick, Psychologe, Apr. 83, Okt. 83, Febr. 84; Karl Steward, Kolumnist beim *Bay Area Reporter*, Apr. 83; Mark Feldman, AIDS-Kranker, Mai 83; Hal Slate, Besitzer von *The Cauldron*, Mai 83; Gloria Rodriguez, Mutter eines AIDS-Kranken, Okt. 83; Gary Ebert, *Shanti*-Freiwilliger, Nov. 84; Bob Owen, Besitzer des *Academy Sexclub*, Okt. 84; Bruce Schneider, Okt. 83; Roberta Achtenberg, *Lesbian Right Project*, Okt. 84; John Wahl, Ausschuß zur Bewahrung unserer sexuellen und bürgerlichen Freiheiten, Jan. 85; Deotis McMather, AIDS-Kranker, Okt. 83; Nick DiLorea, AIDS-Kranker, Okt. 83; Dale Bentley, Besitzer der *Club Baths*, März 84; Bill Morse, *Animals Sex Club*, Juni 84; Ron Huberman, *Harvey Milk Gay Democratic Club*, Dez. 86; Dick Pabich, Nov. 86; Ken Maley, Dez. 86; Larry Littlejohn, März 84, Apr. 84, Dez. 86; Jocelynn Nielsen, Jan. 87; Carole Midgen, Präsident des *Harvey Milk Gay Democratic Club*, Apr. 84; Nov. 86; Sal Accardi, Verband der nordkalifornischen Saunenbesitzer, März 84, Mai 84; Jim Foster, ehem. Präsident des *Alice B. Toklas Democratic Club*, Febr. 85; Mike Kraus, Jan. 86, März 86; Mary Kraus Whitesell, Jan. 86; John Graham und Larry Benson, Freunde von Ken Horne, Febr. 86; Enrique Govantes, März 86; Bobbi Campbell, Apr. 82; Ron Carey, Apr. 82; Tom Simpson, *Lambda Funeral Guild*, März 85; Dean Sandmire, *Mobilization against AIDS*, Sept. 85; Sam Puckett, *San Francisco AIDS Foundation*, Juni 84; Larry Bey, *Research and Decisions Corporation*, Okt. 84; Tristano Palermo, soziale Betreuung bei der *San Francisco AIDS Foundation*, Nov. 84, Jan. 85; Ed Power, Projektdirektor der *San Francisco AIDS Foundation*, Mai 83, Okt. 83; Jim Gary, Direktor beim *Shanti Project*, Apr. 82; Sam Pichotto, *Operation Concern*, Okt. 83; Richard Rector, *San Francisco People With AIDS*, Okt. 85; Dan Turner, AIDS-Kranker, Juni 83, Jan. 86; Kenn Purnell, *Kaposi Sarkom Foundation*, Febr. 86; a. a. O. Kraus.

Washington: Jeff Levi, *National Gay and Lesbian Task Force*, Apr. 85, Aug. 85, Febr. 86; Garry MacDonald, *Federation of AIDS-Related Organizations*, Aug. 85; Don Michaels, Hrsg. *v. Blade*, Febr. 86; Vic Basile, *Human Rights Campaign Fund*, Febr. 86.

Minneapolis: Stadtrat Brian Coyle, Apr. 84; Senator Allan Spear, Apr. 84; Karen Clark, Abgeordnete in der Legislative des Staates Minnesota, Apr. 84.

Boston: Stadtrat David Scoundras, Apr. 84.

Vancouver, British Columbia: Kevin Brown, AIDS-Kranker, März 86; Bob Tivey, *AIDS Vancouver*, März 86; zwei Freunde von Gaetan Dugas waren nur bereit, mir ein Interview zu geben, wenn ihre Namen in diesem Buch nicht genannt würden.

Der zeitliche Ablauf der letzten Tage von Rock Hudson in Paris wurde aus Berichten der Medien, Interviews und der beiden Biografien des Schauspielers, »Rock Hudson: His Story« und »Rock Hudson: The True Story of an American Film Hero«, zusammengestellt.

Die Zahl der in den Medien veröffentlichten Berichte über AIDS – in den großen Tageszeitungen und Zeitschriften – wurde einer NEXIS-Analyse entnommen, die im Auftrag der *Centers for Disease Control* erstellt wurde.

Die Auszüge aus dem Tagebuch von Matt Krieger wurden dem Original entnommen und mit seiner Erlaubnis verwendet.

Die statistischen Angaben über die Zuwanderung von Homosexuellen nach San Francisco Ende der siebziger und Anfang der achtziger Jahre sind der 1984 erarbeiteten Studie der Homosexuellengemeinschaft in San Francisco entnommen. Die Studie wurde im Auftrag der *San Francisco AIDS Foundation* von der *Research & Decisions Corporation* erstellt.

Die in diesem Buch enthaltenen historischen Angaben sind zum größten Teil das Ergebnis meiner Vorarbeiten für das Buch »The Mayor of Castro Street: The Life & Times of Harvey Milk«.

Die meteorologischen Daten in diesem Buch verdanke ich Steve Newman vom *Earth Environment Service* in San Francisco.

BLUT-INDUSTRIE

Dr. Joseph Bove, März 86; Dr. John Klok, *Pacific Presbyterian Cancer Research Center*, Aug. 84; Brian McDonough, Präsident der *Irwin Memorial Blood Bank*, März 85, Apr. 85, März 86; Dr. Herb Perkins, med. Direktor der *Irwin Memoiral Blood Bank*, Aug. 84; Gerry Sohle, *Los Angeles Red Cross Blood Services*, Aug. 84; Dr. Robert Huit,

Direktor des *Council for Community Blood Centers*, Aug. 84; Dr. Edgar Engleman, *Stanford Medical Center Blood Bank*, Aug. 84, Okt. 85; Ruth Cordell, Laborleiterin bei der *Irwin Memorial Blood Bank*, März 85; Ray Price, Verkaufsleiter der *Abbott Labs*, März 85; Dr. J. Lawrence Naiman, Direktor der *Blood Services*, Santa Clara Red Cross, März 85; Robert und Cathy Borchelt, März 86; James Waite und Sarah Jane Burgess, Anwälte der Familie Borchelt, März 86; a. a. O.: Dritz, Evatt, Lawrence, Curran, Francis, Jaffe, Westmoreland und Brandt.

Der Bericht über die Konferenz, auf der über die Verfahren zur Sicherstellung des einwandfreien Zustands von Blutkonserven beraten wurde und die im Januar 1983 stattfand, stützt sich auf damalige Presseverlautbarungen und Zeitungsberichte, vor allem auf die des *Philadelphia Inquirer*, des *New York Native* und die Schrift »The Truth About AIDS«. Allgemeine und spezielle Informationen über die Blutindustrie verdanke ich einem Bericht des *Office of Technology Assessment* (1985) mit dem Titel »Blood Policy & Technology«.

Glossar

AMÖBEN: Einzellige Parasiten, von denen einige Arten als Krankheitserreger beim Menschen Bedeutung haben. Am häufigsten kommt
es bei Amöbeninfektionen zu unter Umständen dramatisch verlaufenden Darmerkrankungen. Die Ansteckungsgefahr ist beim
ungeschützten Analverkehr besonders hoch.

CANDIDIASIS (SOOR): Durch Pilze der Gattung *Candida* hervorgerufene Infektion. Oft sind davon Haut oder Schleimhäute betroffen. Während es einem Organismus mit normal funktionieren-
dem Abwehrsystem meist gelingt, eine Pilzinfektion in Grenzen
zu halten, kann eine Schwächung des Immunsystems zum Befall
innerer Organe und schweren Krankheitsverläufen führen.

ENCEPHALITIS: Gehirnentzündung.

EPSTEIN-BARR-VIRUS: Virus, das sowohl mit einer meist gutartig
verlaufenden Infektionskrankheit (»Pfeifer'sches Drüsenfieber«)
als auch mit der Entstehung bösartiger Tumoren in Verbindung
gebracht wird.

INFEKTION, OPPORTUNISTISCHE: Erkrankung, die erst in einem bereits
geschwächten Organismus ausbricht. Während die Erreger opportunistischer Infektionen in gesunden Organismen zwar vorkommen können, dort aber keine Schäden verursachen, führen
sie bei einer Einschränkung der körperlichen Abwehr zu Krankheitserscheinungen (z. B. Pneumocystis-carinii-Pneumonie).

LAMBLIASIS: Meist milde verlaufende Darminfektion mit *Lamblien*
(Parasitenart).

LEGIONÄRSKRANKHEIT: Bei einem Legionärstreffen in Philadelphia,
USA, 1976 als Epidemie aufgetretene Lungenentzündung, die
durch ein bis dahin unbekanntes Bakterium hervorgerufen wird.

MELANOM: Besonders bösartige Form von Hautkrebs.

MONONUCLEOSIS INFECTIOSA: s. Epstein-Barr-Virus.

MUNDSOOR: s. Candidiasis.

PNEUMOCYSTIS-CARINII-PNEUMONIE: Durch opportunistische Krankheitserreger hervorgerufene Lungenentzündung, die gehäuft bei AIDS-Kranken auftritt.

PURPURA, IDIOPATHISCHE THROMBOZYTOPENISCHE: Durch Mangel an Blutplättchen *(Thrombozyten)* bedingte Blutstillungsstörung mit spontanen Blutungen an Haut und Schleimhäuten.

TOXIC SHOCK SYNDROME (TOXISCHES SCHOCKSYNDROM): Bei Frauen während der Regelblutung auftretende Erkrankung, die mit der Verwendung bestimmter Tampons in Verbindung gebracht wurde.

(Stephan von Koskull)

Randy Shilts

Im Namen der Hoffnung

Er kämpfte für Freiheit und Toleranz – deshalb mußte er sterben

600 Seiten · Goldmann-Taschenbuch 41102

27. November 1978, elf Uhr vormittags: In der City Hall von San Francisco wird die Leiche des Stadtrats Harvey Milk entdeckt. Kurz darauf wird auch der Bürgermeister George Moscone erschossen aufgefunden. Der Verdacht der Polizei konzentriert sich schnell auf den fanatischen Stadtrat Dan White, einen erklärten Gegner von Linken und Homosexuellen. White ist geständig, den engagierten Bürgerrechtler Harvey Milk ermordet zu haben. Denn Harvey Milk, der jahrelang für einen Sitz im Stadtparlament gekämpft hatte, stand für einen Traum – für den Traum der Homosexuellen, sich nicht länger verstecken zu müssen, ein Leben ohne Angst, Repression und Scham führen zu können. Zehntausende von Bürgern San Franciscos gehen noch in derselben Nacht spontan auf die Straße. Sie haben einen leidenschaftlichen Vorkämpfer für Toleranz und Gleichberechtigung verloren. Doch der Traum, den Harvey Milk verkörperte, bleibt als sein Vermächtnis: die Hoffnung auf ein neues Morgen, auf eine bessere, gerechtere Welt für ALLE. Authentisch und fesselnd schildert Randy Shilts das Leben und Sterben des Harvey Milk: seine Kindheit und Jugend, die Hinter- und Beweggründe seines politischen Engagements, seine Träume und Visionen, aber auch seine Selbstzweifel und Nöte.
Randy Shilts' packendes Porträt dieser charismatischen Person und ihres sinnlosen Todes war in den USA ein spektakulärer Erfolg. Das Buch wird gerade in Hollywood in großer Starbesetzung verfilmt.

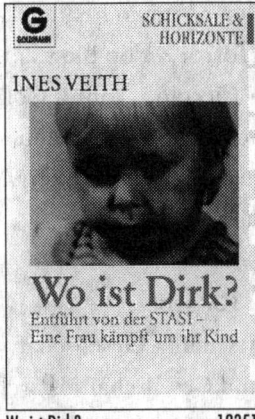

GOLDMANN TASCHENBÜCHER

Das Goldmann LeseZeichen mit dem Gesamtverzeichnis erhalten Sie im Buchhandel oder gegen eine Schutzgebühr von DM 3,50/öS 27,–/sFr 4,50 direkt beim Verlag

Literatur · Unterhaltung · Thriller · Frauen heute · Lesetip
FrauenLeben · Filmbücher · Horror · Pop-Biographien
Lesebücher · Krimi · True Life · Piccolo · Young Collection
Schicksale · Fantasy · Science-Fiction · Abenteuer
Spielebücher · Bestseller in Großschrift · Cartoon · Werkausgaben
Klassiker mit Erläuterungen

* * * * * * * * * *

Sachbücher und Ratgeber:
Politik/Zeitgeschehen/Wirtschaft · Gesellschaft
Natur und Wissenschaft · Kirche und Gesellschaft · Psychologie
und Lebenshilfe · Recht/Beruf/Geld · Hobby/Freizeit
Gesundheit und Ernährung · FrauenRatgeber · Sexualität und
Partnerschaft · Ganzheitlich heilen · Spiritualität und Mystik
Esoterik

* * * * * * * * * *

Ein SIEDLER-BUCH bei Goldmann

Magisch Reisen

ReiseAbenteuer

Handbücher und Nachschlagewerke

Goldmann Verlag · Neumarkter Str. 18 · 81664 München

Bitte senden Sie mir das neue Gesamtverzeichnis, Schutzgebühr DM 3,50

Name: _____

Straße: _____

PLZ/Ort: _____